Friedrich Hauss · Väter der Christenheit

FRIEDRICH HAUSS
VÄTER DER CHRISTENHEIT

neu herausgegeben von
Silvio Spahr

R. BROCKHAUS

©1991 R. Brockhaus Verlag Wuppertal und Zürich
Umschlaggestaltung: Carsten Buschke, Solingen
Satz: Breklumer Druckerei Manfred Siegel, Breklum
Druck und Einband: Sing Cheong Printing CO. LTD, Hongkong
ISBN 3-417-24625-3

INHALT

Der eigentlich Handelnde in der Geschichte der christlichen Kirche .   1

Von den apostolischen Vätern bis zur Reformation

Die Kirche im römischen Reich

Die apostolischen Väter   3
Clemens von Rom (4), Ignatius (4), Polykarp (5), Irenäus(7)

Die Kirche auf dem Weg zu geistiger Führerschaft   9
Tertullian (9), Cyprian (10), Origenes (12)

Sieg und Verweltlichung der Kirche   13
Konstantin (14)

Innere Kämpfe der Kirche   16
Athanasius (16)

Das Mönchtum   18
Antonius (18), Pachomius (19), Johannes Cassian (21)

Kirchenväter der nachkonstantinischen Zeit   25
Hieronymus (25), Basilius der Große (26), Gregor von Nazianz (27), Johannes Chrysostomus (28), Ambrosius (30), Augustin (31)

Die Zeit der christologischen Streitigkeiten   37
Nestorius/Cyrill (37), Leo der Große (38), Kaiser Justinian (40)

Die abendländische Kirche in den Stürmen der Völkerwanderung .   40
Benedikt von Nursia (40), Gregor der Große (41)

Die Kirche im germanischen Raum

Übergänge und Anfänge   44
Wulfila (45)

Die römischen Christen in Gallien   47
Martin von Tours (47)

Die Christianisierung der Franken   47
Chlodovech/Chlodwig (48)

Die iro-schottische Volksmission   48
Patricius/Patrick von Irland (48), Columba der Ältere (50), Columba der Jüngere (51)

Die angelsächsischen Missionare   54
Willibrord (54), Wynfrith Bonifatius (54)

Karl der Große, seine Vorgänger und Nachfolger   56
Karl Martell (57), Pippin (57), Karl der Große (58), Widukind (60), Ludwig der Fromme (61)

Christliche Gestalten im Zeitalter Karls des Großen   62
Ansgar (62), Gottschalk der Sachse (63), Der Helianddichter (64)

Die deutschen Kaiser als Schutzherren der abendländischen Christenheit   64
Heinrich I. (64), Otto der Große (65), Heinrich IV. (66), Gregor VII. (68), Friedrich Barbarossa (69), Friedrich II. (69), Innozenz III. (70)

Geistliche Kräfte, Volksmissionare und Heilige 71
Bernhard von Clairvaux (71), Norbert von Xanten (73), Franz von Assisi (74),
Elisabeth von Thüringen (78), Dominicus von Caraloga (79), Berthold von
Regensburg (80), Petrus Waldus (81), Niklaus von der Flüe (81)

Große Theologen und Denker 84
Anselm von Canterbury (84), Abälard (85), Petrus Lombardus (87), Albertus
Magnus (87), Thomas von Aquino (87), Duns Scotus (89), Wilhelm Occam (89)

Die Mystiker 90
Eckhart (90), Heinrich Suso (91), Johannes Tauler (92), Thomas von Kempen
(93)

Dichter, Sänger und Baumeister im Hochmittelalter 93
Wolfram von Eschenbach (93), Dante Alighieri (94), Erwin von Steinbach
(95)

Kirchenkampf und Kirchenkritik 96
Bonifaz VIII. (96), Johann Wiclif (98), Girolamo Savonarola (99)

Böhmische Früherweckung 101
Konrad von Waldhausen (101), Johann Milicz von Kremster (103), Matthias
von Janow (104), Johannes Hus (105), Hieronymus von Prag (107)

Die Gestalten der Reformation

Die Reformatoren 107
Martin Luther (108), Philipp Melanchthon (120), Huldreich Zwingli (126),
Johannes Calvin (132), Thomas Cranmer (138)

Die Mitarbeiter der Reformatoren 140
Johann Bugenhagen (141), Justus Jonas (142), Martin Bucer (144), Johannes
Brenz (146), Ambrosius Blarer (147), Heinrich Bullinger (148), Theodor Beza (151), Guillaume Farel (155), Pierre Viret (155/159), Johannes von Lasco
(166)

Frauengestalten der Reformationszeit 167
Argula von Grumbach (167), Margarete Blarer (168), Katharina Zell (168)

Die Fürsten der Reformation 169
Friedrich III., der Weise (169), Johann Friedrich der Beständige (169), Johann
Friedrich der Großmütige (170), Gustav II. Adolf von Schweden (171), Ernst
der Fromme (172)

Wiedertäufer – Täufer – »Brüder in Christo« 173
Balthasar Hubmaier (176), Hans Denck (179), Menno Simons (180)

Umstrittene Zeitgenossen der Reformation 182
Erasmus von Rotterdam (182), Kaspar Schwenckfeld von Ossig (185), Thomas Müntzer (186)

Gegner der Reformation 190
Ignatius von Loyola (190), Franz von Sales (193)

Zwischen den Stühlen 195
Georg Calixt (195)

Ein Pionier der Pädagogik 198
Johan Amos Comenius (198)

Ein evangelischer Theosoph 201
Jakob Böhme (201)

Ein berühmter Konvertit 202
Jean de Labadie (202)

Ein Zeuge Jesu Christi in Frankreich 204
Blaise Pascal (204)

Evangelische Zeugen in England und Schottland (205)
John Knox (206), Oliver Cromwell (208), George Fox (210), John Bunyan
(211), William Penn (213)

*Sänger der Evangelischen Kirche von der Reformation bis zum Drei-
ßigjährigen Krieg* 217
Paul Speratus (217), Nikolaus Herman (217), Johann Heermann (218), Philipp Nicolai (219), Paul Gerhardt (220), Martin Rinckart (222), Paul Fleming
(222), Georg Neumark (222)

Dichter, Maler, Bildhauer und Entdecker als reformatorische Zeugen 223
Hans Sachs (223), Matthias Grünewald (223), Albrecht Dürer (225), Michelangelo Buonarotti (226), Johannes Kepler (228)

Von den Hütern des reformatorischen Erbes bis zu Johann Christoph Blumhardt und seinen Geistesverwandten

Die Hüter des reformatorischen Erbes 230
Jakob Andreä (230), Johannes Arndt (231), Johann Gerhard (233), Valerius
Herberger (234), Johann Valentin Andreä (235), Christian Scriver (236)

Die Neubelebung der evangelischen Kirche im 17. und 18. Jahrhundert

Die Väter der Neubelebung 238
Philipp Jakob Spener (238), August Hermann Francke (241)

Männer im Umkreis Franckes 244
Karl Hildebrand Freiherr von Canstein (244), Bartholomäus Ziegenbalg
(245), Gottfried Arnold (247), Johann Anastasius Freylinghausen (248)

Der Liederfrühling des Pietismus 248
Joachim Neander (249), Johann Jakob Rambach (249), Ernst Gottlieb Woltersdorf (250)

Ein Erbauungsschriftsteller 250
Johann Friedrich Stark (250)

Die großen Musiker der Evangelischen Kirche 251
Heinrich Schütz (251), Johann Sebastian Bach (252), Georg Friedrich Händel
(254)

Zinzendorf und die Brüdergemeine 256
Nikolaus Ludwig Graf von Zinzendorf (256), Christian David (260), Johann
Leonhard Dober (261), August Gottlieb Spangenberg (263)

Ein norwegischer Missionar 265
Hans Egede (265)

Christuszeugen im Zeitalter der Aufklärung

Christuszeugen unter den Dichtern und Denkern 266
Friedrich Gottlieb Klopstock (266), Christian Fürchtegott Gellert (267), Johann Georg Hamann (269), Johann Kaspar Lavater (271)

Lebendige Zeugen in Rheinland-Westfalen 274
Gerhard Tersteegen (274)

Der Schwäbische Kreis der Väter 276
Johann Albrecht Bengel (276), Johann Jakob Moser (280), Friedrich Christoph Oetinger (283), Johann Friedrich Flattich (286), Philipp Friedrich Hiller (289), Philipp Matthäus Hahn (291), Michael Hahn (295)

Ein Vater der Inneren Mission 297
Johann Friedrich Oberlin (297)

Ein Zeuge des Evangeliums in der Katholischen Kirche 300
Martin Boos (300)

Angelsächsische Evangelisten 303
John Wesley (303), Charles Wesley (303), George Whitefield (307), William Carey (310)

Zeugen Jesu Christi an der Wende vom 18. zum 19. Jahrhundert

Vorboten der Erweckung 316
Heinrich Jung-Stilling (316), Matthias Claudius (318), Heinrich Karl Friedrich vom Stein (320), Ernst Moritz Arndt (324)

Die Erweckung des 19. Jahrhunderts

Zeugen Jesu Christi im Norden Deutschlands 326
Claus Harms (326), Johann Jännicke (328), Johann Evangelista Goßner (329)

Der rheinisch-westfälische Kreis der Väter 333
Gottfried Daniel Krummacher (333), Johann Heinrich Volkening (334), Tillmann Siebel (336), Jakob Gerhard Engels (338), Alfred Christlieb (339)

Die badischen und die württembergischen Väter 341
Aloys Henhöfer (341), Emil Frommel (346), Ludwig Hofacker (348), Christian Heinrich Zeller (352), Christian Friedrich Spittler (354)

Blumhardt, seine Geistesverwandten und Geisteserben 357
Johann Christoph Blumhardt (357), Dorothea Trudel (361), Samuel Zeller (363), Johannes Seitz (365), Christoph Friedrich Blumhardt (366), Otto Stockmayer (369)

Geistliches Erwachen in der Schweiz – der »Reveil« 371
Henry-Louis Empeytaz (371), Ami Bost (371), Felix Neff (372)

Von den Männern und Frauen der Erweckungsbewegung bis zu den Blutzeugen des 20. Jahrhunderts

Lutherische Zeugen 377
Ludwig (Louis) Harms (377), August Vilmar (380), Wilhelm Löhe (384), Hermann von Bezzel (388)

Glaubenszeugen in den nordischen Ländern und in den Niederlanden 392
Hans Nielsen Hauge (392), Paavo Ruotsalainen (393), Lars Levi Lästadius (395), Søren Aabye Kierkegaard (396), Nikolai Fr. Severin Grundtvig (400), Hermann Friedrich Kohlbrügge (401), Abraham Kuyper (405), Nathan Söderblom (409)

Glaubenszeugen in Frankreich, Nordamerika, England und Rußland 411
Adolphe Monod (412), Jean Henri Dunant (414), Charles Grandison Finney (417), Charles Haddon Spurgeon (419), George Williams (421), Dwight Lyman Moody (424), Friedrich Wilhelm Bädecker (427)

Die Väter der Inneren Mission 430
Johannes Falk (430), Theodor Fliedner (432), Carl Mez (435), Johann Hinrich Wichern (438), Gustav Werner (443), Georg Müller (446), Adolf Stoekker (451), Friedrich von Bodelschwingh d. Ä. (457), Friedrich von Bodelschwingh d. J. (462)

Frauen in der Liebesarbeit der Erweckung 466
Juliane von Krüdener (466), Elizabeth Fry (468), Amalie Sieveking (469), Julie Regine Jolberg (471), Eva von Tiele-Winckler (474), Mathilde Wrede (479)

Christuszeugen als Lehrer der Kirche 481
Friedrich August Tholuck (481), Johann Tobias Beck (483), Hermann Cremer (487), Martin Kähler (491), Adolf Schlatter (494), Julius Schniewind (498), Karl Heim (500), Hermann Menge (503)

Ein Christuszeuge unter Künstlern 506
Adrian Ludwig Richter (506)

Missionare und Evangelisten 510
Samuel Hebich (510), David Livingstone (512), Hudson Taylor (512), Ludwig Ingwer Nommensen (516), Gustav Warneck (519), Elias Schrenk (520), Samuel Keller (523)

Heidenchristen 525
Pandita Ramabai (525), Sadhu Sundar Singh (526), Kanso Utschimura (528)

Väter der Jungmännerarbeit und der Studentenbewegung 530
Eberhard von Rothkirch (530), Eduard Graf Pückler (533), Georg Michaelis (535), John Raleigh Mott (537)

Väter und Mütter der Gemeinschaftsbewegung und der Allianz; Freikirchliche Väter 542
Theophil Krawielitzki (542), Ernst Modersohn (545), Dora Rappard (548), Anne von Weling (551), Johann Gerhard Oncken (552), Hermann Heinrich Grafe (555), Carl Brockhaus (558), Georg von Viebahn (562), Ernst Gebhardt (564)

Blutzeugen des 20. Jahrhunderts 566
Traugott Hahn (566), Marion von Klot (567), Elisabeth von Thadden (567), Dietrich Bonhoeffer (568), Paul Schneider (569)

Alphabetisches Namensverzeichnis 575

Bildnachweis 579

Der eigentlich Handelnde in der Geschichte der christlichen Kirche

Der, der in der Geschichte der Christenheit handelt, ist der Herr Jesus Christus. Das war in den Darstellungen dieser Geschichte oft verdeckt, weil das Gewebe menschlicher Gedanken, Ordnungen und Kämpfe, kurz gesagt, das Vordergründige das ganze Blickfeld ausfüllte. So wurde auch der Gegenspieler Jesu Christi, der Fürst dieser Welt, der in den Ungläubigen sein Werk hat, nicht immer gesehen. Wenn schon die Profangeschichte ein Kampf des Glaubens mit dem Unglauben ist, so gilt das für die Geschichte der Christenheit noch viel mehr.

Christus will seine Gemeinde bauen, nicht einen Organismus sakramentaler Kräfte, der von einer Priesterherrschaft geordnet und geleitet wird, nicht nur eine Organisation schrift- und bekenntnisgemäßer Wortverkündigung und Sakramentsverwaltung, sondern seine Gemeinde, die durch den Glauben mit ihm verbunden ist wie die Reben mit dem Weinstock, wie der Leib mit dem Haupt.

Und die Pforten des Totenreiches sollen sie nicht überwältigen. Weil die Generation der gläubigen Gemeinde immer wieder wegstirbt, so muß die Gemeinde Jesu Christi immer von neuem gebaut werden. Von heilsamen Ordnungen oder von frommen Erinnerungen kann sie nicht leben. Sie bedarf des lebendigen Herrn, der nicht aufhört, seine Gemeinde zu bauen. Und da er seiner Gemeinde zugesagt hat, alle Tage bei ihr zu sein bis an der Welt Ende, wird keine Zeit sein, wo er nicht am Werke ist.

Er baut seine Gemeinde durch seine Bauleute. Sie hat es in allen Jahrhunderten gegeben, wenn auch von ihren Gemeinden nicht viel berichtet ist. Und ihr Glaube, ihr Leben, ihr Dienen, ihr Lieben und ihre Lehre ist der Gemeinde Jesu als Ganzem zugute gekommen. Wir sind angehalten, ihrer zu gedenken. Und auch durch dieses Gedenken baut der Herr weiter an seiner Gemeinde. Dieser Bau schreitet fort einem Ziel entgegen. August Vilmar, dem man einen prophetischen Blick und eine tiefe Einsicht in das Wesen der Kirche nicht abstreiten kann, sah hier eine Linie in diesem Aufbau der Gemeinde Jesu von der Verwirklichung des ersten bis zur Verwirklichung des dritten Glaubensartikels.

Doch sind diese Bauleute Gottes keine idealen Christen. Sie sind sündige, fehlsame Menschen, sie sind Kinder ihrer Zeit und Kinder ihres Volkstums. Ihre Gedanken werden gefärbt durch ihre natürliche Eigenart, durch Lieblingsideen ihrer Zeitgenossen. Ihre Handlungen und Entscheidungen werden bestimmt durch die Kämpfe mit den Widersachern des Glaubens, in denen sie stehen. Die Griechen bauen in der alten Kirche gern ihre Denksysteme auf. Sie verstehen das Wirken des Heiligen Geistes, vor allen in den Sakramenten, ma-

Petrus. Mosaik aus einer Taufkapelle in Ravenna, Italien

Jesus Christus:
Du bist Petrus, und auf diesen Felsen will ich meine Gemeinde bauen, und die Pforten der Hölle sollen sie nicht überwältigen.
(Mt 16,18)

1

gisch. Die Römer sind Meister der Organisation und des Gesetzes. Daraus ergeben sich Fehlentwicklungen. Der Glaube wird Zustimmung zur rechten Lehre. Die Gemeinde der Christusgläubigen wird durch die Herrschaft der Priester entmündigt. Mit dem magischen Verständnis des Heiligen Geistes als einer an und für sich auch ohne die Glaubensentscheidung der Menschen wirkenden Kraft strömt die Religion, das menschliche Eigenwerk der Frömmigkeit, das heilige Orte, heilige Zeiten, heilige Zeremonien, heilige Menschen und heilige Dinge schafft, in breitem Strom in die Christenheit ein. Und doch trennt sich der Herr von dieser mit vielen Irrtümern belasteten und verdunkelten Christenheit nicht, sondern baut auch da seine Gemeinde. Er überwindet die gnostische Irrlehre, den antichristlichen, totalen römischen Staat durch die Geduld und den Glauben der Märtyrer, er gibt der mittelalterlichen Kirche die Kraft zur Germanen- und Slavenmission, er bricht dem reinen Evangelium Bahn durch den Dienst der Vorreformatoren und Reformatoren, er erweckt die schlafende evangelische Christenheit in der Zeit des Pietismus und baut seine Gemeinde in den Erweckungen des neunzehnten und zwanzigsten Jahrhunderts und macht sie willig zur Heidenmission und Evangelisation, zur Allianz und zur ökumenischen Arbeit. Und das alles geschieht durch seine Werkzeuge, durch die Bauleute Jesu Christi, deren Gestalten darzustellen dieses Werk unternimmt.

Von den apostolischen Vätern bis zur Reformation

Die Kirche im römischen Reich

Die apostolischen Väter

Die Zeit des Urchristentums ist vorüber. Schon bei den apostolischen Vätern zeigt es sich, daß der Glaube an Christus, in dem der ganze Mensch nach Denken, Fühlen und Wollen erfaßt ist, mehr und mehr zu einer Sache der Erkenntnis wird. Es bricht, was zusammengehört, auseinander. Die Erlösung bezieht sich auf die Schuld der Vergangenheit, die durch die Taufe abgewaschen wird. Das Evangelium wird als das neue Gesetz mißverstanden, das der Getaufte zu vollbringen hat. Das heilige Abendmahl wird als magisch dinglich wirkendes Geheimnis angesehen, desen Kraft sich auch auf den Priester, der es austeilt, überträgt. Weil das Evangelium als Gesetz angesehen wurde, verstand man die Sakramente, die nur das Evangelium von Jesus Christus zum Inhalt haben, nicht mehr. Es blieb nur die Hülse übrig, das Wasser bei der Taufe, Brot und

Der Evangelist Johannes. Mosaik aus dem 11. Jh. aus Griechenland

S. 2:
Paulus. Mosaik aus einer Taufkapelle in Ravenna, Italien

Wein beim Heiligen Abendmahl. Heidnische Mysterienreligion gab nun der Sakramentshandlung die Deutung. Sie wurde mit magischen Kräften erfüllt. Und das geschah durch den Priester, den man durch seine Priesterweihe mit magischen Kräften ausgerüstet ansah. Die Kirche ist nicht mehr in erster Linie Bruderschaft der Christusgemeinde, sondern ein Organismus geheimnisvoller, durch den geweihten Priester in den Sakramenten vermittelter Kräfte. Die Einheit von Rechtfertigung und Heiligung im Glauben an Christus ist zerbrochen. Die Gemeinde spaltet sich in Geistliche und Laien. Ums Jahr 150 ist dieser Prozeß schon ziemlich abgeschlossen.

Trotz dieses bedenklichen Mißverständnisses hat die junge Kirche die Kraft, den größten Angriff des Heidentums in der sektiererischen Bewegung der Gnosis abzuschlagen. Im Kampf gegen diese Gefahr entstehen Glaubensbekenntnis, der Kanon (Richtschnur) der Heiligen Schrift und die Lehrautorität der Bischöfe. Unter ihnen gewinnt der Bischof der Hauptstadt Rom besonderes Ansehen.

CLEMENS VON ROM

ist der Schreiber eines hoch in Ehren gehaltenen Briefes der römischen Gemeinde an die korinthische Gemeinde. Er ist wahrscheinlich ein Freigelassener des zur Zeit Domitians (81-96) als Märtyrer gestorbenen Konsuls Flavius Clemens (vielleicht auch dieser selber) und genießt als Presbyter ein großes Ansehen. In seinem Brief ermahnt er die Gemeinde Korinth, in deren Mitte Uneinigkeit ausgebrochen war, die zur Absetzung der Ältesten geführt hat. Die hochangesehene, durch Martyrien gereinigte und gefestigte Gemeinde in Rom hat ein waches Auge auf die Schwestergemeinde in Korinth.

Worte aus dem Brief:

Geliebte Brüder! Unerwartete und anhaltende Drangsale sind daran schuld, daß wir, wie wir glauben, etwas spät unsere Aufmerksamkeit den bei euch bestrittenen Dingen zugewandt haben und der für die Auserwählten Gottes unziemlichen und befremdlichen, verbrecherischen und ruchlosen Empörung, welche einige wenige voreilige und anmaßende Personen in dem Maße geschürt haben, daß euer ehrwürdiger und weit gerühmter und von

allen Menschen geliebter Name gar sehr gelästert wird. Es ist gerecht und fromm, liebe Brüder, daß wir lieber Gott gehorsam sind, als daß wir denen folgen, die in Prahlerei und unordentlichem Wesen mit schmählicher Eifersucht vorangehen. Zum Gehorsam gegen die göttlichen Gesetze fordert schon die Natur auf. Bewegt sich doch der Himmel nach ewigen Gesetzen. Tag und Nacht durchwandeln die Sterne die ihnen angewiesene Bahn, ohne einander zu stören. Besonders ist uns durch Christus das erhabenste Beispiel des Gehorsams und der Demut gegeben. Wenn sich der Herr also gedemütigt hat, was sollen denn wir tun, die wir durch ihn unter das sanfte Joch seiner Gnade gekommen sind? Selbstliebe und Verwegenheit kommt denen zu, die von Gott verworfen sind, aber Gütigkeit, Demut und Sanftmut ist bei denen, die von Gott gesegnet sind. Die Liebe ist unaussprechlich herrlich. Sie verbindet uns mit Gott. Die Liebe deckt eine Menge von Sünden zu. Die Liebe bewahrt vor Hochmut. Sie macht keine Trennung, sondern tut alles in Eintracht. Ihr nun, die ihr den Aufruhr gestiftet habt, seid den Ältesten gehorsam und demütigt euch bußfertig mit Beugung eurer Knie. Lernet euch unterzuordnen und leget ab den hochmütigen Ehrgeiz eurer Zungen. Denn es ist besser, daß ihr kleingeachtet seid und in dem Schafstall Christi bleibt, als daß ihr über andere euch erhebt und aus eurer Hoffnung hinausgeworfen werdet.

IGNATIUS († ca. 117)

Bischof von Antiochien, der damals zweitgrößten Stadt des römischen Weltreichs, der bedeutsamen Gemeinde, die Paulus und Barnabas zu ihren Vätern zählt und die Heidenmission ins Werk gesetzt hat. Er lebte in der Zeit Trajans (98-117), als dem Staat die Christen durch ihre Geschlossenheit und Zurückgezogenheit vom öffentlichen Leben trotz aller Treue und Ergebenheitsversicherungen verdächtig wurden. Darum wollte man durch Abschreckung ihre Ausbreitung verhindern. Das Christsein an sich wird zu einem todeswürdigen Verbrechen. Ignatius wurde, als in Palästina und Syrien die Verfolgung ausbrach, zum Tode verurteilt, vielleicht vom Kaiser selbst, der im Jahre 115 nach Antiochien kam. Er sollte in Rom den wilden Tieren vorgeworfen werden. Auf dem Wege zum Blutzeugnis schrieb er herrliche Briefe an die Römer, Epheser und Polykarp. Aus diesen Briefen leuchtet die Glut der Christusliebe und ursprünglicher, apostolischer Hingabe. Die Gemeinden haben schon die bischöfliche Verfassung. Neben dem Bischof stehen die Ältesten.

Aus dem Brief des Ignatius an die Smyrnäer: Die Spaltungen fliehet als den Anfang der Übel. Folget alle dem Bischof, wie Jesus Christus dem Vater, und dem Presbyterium wie den Aposteln, die Diakonen aber ehret wie Gottes Gebot. Niemand verrichte kirchliche Handlungen ohne den Bischof. Diejenige Abendmahlsfeier gelte als die rechte, welche unter Leitung des Bischofs steht.

An die Römer:

Ich schreibe allen Kirchen und schärfe allen ein, daß ich freiwillig für Gott sterbe, wenn anders ihr mich nicht hindern werdet. Laßt mich der wilden Tiere Fraß sein, durch die hindurch ich zu Gott gelangen mag! Weizen Gottes bin ich, und von den Zähnen wilder Tiere werde ich zermahlen, auf daß ich als reines Brot Christi erfunden werde. Von Syrien bis Rom kämpfe ich mit Bestien zu Wasser und zu Lande, Tag und Nacht an Leoparden gefesselt, das sind die Soldaten, die auf erwiesene Wohltaten nur noch böser werden. An ihren Mißhandlungen schule ich mich. Was mir frommt, ich weiß es, jetzt fange ich an, ein Jünger zu sein. Es ist mir lieber, ich sterbe zu Christus, als daß ich König wäre über die Enden der Erde. Ich suche ihn, den für uns Gestorbenen, ihn will ich, den um unsertwillen Auferstandenen. Der Tag meiner Geburt zum ewigen Leben ist da. Führt nicht Jesum Christum im Mund und verlangt nach der Welt. Ich habe keine Freude mehr an vergänglicher Nahrung und nicht an den Freuden dieses Lebens. Gottes Brot will ich, das ist Jesus Christus. Und als Trank will ich sein Blut, welches ist die unvergängliche Liebe.

Das Aufkommen sektiererischer Richtungen macht das Herrngebot der Einheit ganz besonders wichtig. Die Einheit der Gemeinde Jesu wird aber von Ignatius nicht in Jesus Christus, dem Erzhirten seiner Schafe, sondern in der hierarchischen Organisation der Bischöfe gesehen. Aus diesem falschen Ansatz entsteht die Papstkirche, in der die Gemeinde Jesu sich kaum entfalten kann.

POLYKARP (†155)

war lange Zeit Bischof von Smyrna. Er war ein Schüler des Apostels Johannes und der Lehrer des Bischofs Irenäus von Lyon, der in seinem Brief an Florinus von der Apostelschülerschaft Polykarps berichtet. Seines Alters, das an die Urchristenheit heranreichte, und seiner Frömmigkeit wegen war er hochgeachtet. Die Gemeinde Smyrna war ihm sehr zugetan und setzte ihm in dem Rundschreiben über sein Blutzeugentum das schönste Denkmal. Von seiner Gemeinde wurde er, als ihm Gefahr drohte, auf einem Landgut unweit der Stadt verborgen. Er gab sich von da an ganz dem Gebet hin. Er betete für die einzelnen und für die Gemeinden auf der ganzen Erde, wie es seine Gewohnheit war. Im Gebet hatte er ein Gesicht drei Tage, ehe er gefangen genommen wurde. Er sah sein Kopfkissen von Flammen erfaßt. Nun sagte er zu den Seinen: Ich muß lebendig

verbrannt werden. Als am Rüsttag vor Ostern seine Häscher kamen, wies er die noch mögliche Flucht mit den Worten zurück: »Der Wille Gottes geschehe!«, stieg herunter vom oberen Stock seines Schlafgemachs und redete mit ihnen. Sein Angesicht strahlte dabei heiter und freundlich. Er ließ ihnen ein reichliches Mahl bereiten und bat sie um eine Stunde Aufschub zum Gebet. Er betete voll Dank gegen Gott und bat für alle, mit denen er jemals zu tun gehabt hatte.

Ignatius von Antiochien

Smyrna – heute Izmir, Türkei – in der römischen Provinz Asia: Aquädukte aus der Zeit der Römer

Smyrna: Reste der Säulenhallen der Agora

Danach wurde er in das Amphitheater vor den Statthalter geschleppt. Da er den Herrn Christus freimütig bekannte, wurde er im Jahre 155 lebendig verbrannt. Er war wohl gegen hundert Jahre alt bei seinem Ende. Wir besitzen von ihm ein Schreiben an die Philipper, in dem er ihren Glauben stärkt.

Aus dem Schreiben seiner Gemeinde Smyrna:

Der Statthalter: Schwöre und ich lasse dich frei, schmähe Christus! Polykarp: Sechsundachtzig Jahre diene ich ihm, und er hat mir nichts Böses getan, soll ich meinen König lästern, der mich erlöst hat? Statthalter: Schwöre bei der Fortuna des Kaisers. Polykarp: So vernimm mein freimütiges Bekenntnis: Ich bin ein Christ. Statthalter: Ich habe wilde Tiere, diesen lasse ich dich vorwerfen, wenn du deinen Sinn nicht änderst. Polykarp: Rufe sie, denn unvollziehbar ist für uns die Sinnesänderung vom Besseren zum Schlechteren, gut dagegen ist es, sich vom Schlechten weg zum Rechten zu wenden. Statthalter: Durchs Feuer lasse ich dich verzehren, wenn du deinen Sinn nicht änderst. Polykarp: Du drohst mit Feuer, welches eine Zeitlang brennt und bald verlischt, du kennst nicht das Feuer des Gerichts und der ewigen Strafe, welches den

Gottlosen vorbehalten ist. Jedoch, was zögerst du, laß kommen, was beliebt! Da schrie das ganze Volk mit unbändiger Wut: Dies ist der Lehrer Asiens, der Vater der Christen, der Vernichter der Götter, der viele lehrt, ihnen nicht zu opfern und sie nicht anzubeten. Da schrien sie einmütig, er solle Polykarp lebendig verbrennen. Als nun der Scheiterhaufen errichtet war und sie ihn mit Nägeln an dem Pfahl befestigen wollten, sprach er: Laßt mich so. Der mir die Kraft verleiht, das Feuer zu erdulden, der wird mir auch Kraft verleihen, unbewegt auf dem Scheiterhaufen stehen zu bleiben. Darauf betete er. Nachdem er das Amen zu Gott emporgeschickt hatte, zündeten die dazu bestimmten Männer das Feuer an. Den Sohn Gottes beten wir an, die Märtyrer aber lieben wir mit Recht als Schüler und Nachahmer des Herrn wegen ihrer unübertrefflichen Liebe zu ihrem König und Meister. O, daß auch wir ihre Genossen und Mitjünger werden möchten!

IRENÄUS (†202)

war ein Schüler Polykarps und so von Jugend an hineingetaucht in die Johanneischen Überlieferungen. Aus diesen hatte Irenäus die heilsgeschichtliche Schau, die das Wort im Alten Bunde wirken sieht, bis es Fleisch wurde und Wohnung unter uns machte. Von daher hat er auch den Kampf gegen die sektiererische Erkenntnislehre (Gnosis) über-

nommen, die den Boden der Tatsachen verließ und mit von der Wirklichkeit losgelösten Begriffen Phantasiegebäude aufführte und diese Wahngebilde Erkenntnis höherer Welten nannte. Er weist in fünf Büchern »Gegen die Häresien« unter genauer Darstellung der gnostischen Gedankengebilde ihre Widersprüche auf. Der Ausgangspunkt seiner Widerlegung ist die Einheit der Gottesoffenbarung in der Heiligen Schrift. Er beweist die Christusoffenbarung des Neuen Testaments aus der Erfüllung der alttestamentlichen Weissagung. Sein Grundgedanke ist dabei der: Christus ist nach Eph 1,10 die Summe, die Zusammenfassung, das Haupt aller Dinge im Himmel und auf Erden. Das Gegenteil des Begriffs, der von den Sondereigentümlichkeiten abgezogen ist, ist die Zusammenfassung alles Besonderen in der Person Christi. Adam und Christus entsprechen sich als solche Zusammenfassung der Menschheit. Irenäus schreibt die erste Theologie der Tatsachen, nicht der Begriffe. So bekämpft er die zügellosen Gedankenbilder der gnostischen Sekten durch das Zeugnis der alles zusammenfassenden Wirklichkeit der Person Jesu Christi.

Aus dem Brief des Irenäus an Florinus: Ich erinnere mich dessen, was damals geschah mehr, als was jüngst geschehen ist. Denn, was man von Kindheit auf in sich hineinnimmt, verwächst mit der Seele dergestalt, daß es mit ihr ganz eins wird, so daß ich noch den Ort beschreiben kann, wo Polykarp mit uns saß, und wie er von seinem Umgang mit Johannes sprach und mit anderen, die den Herrn noch gesehen hatten, und wie er sich ihrer Worte erinnerte und dessen, was er von ihnen über den Herrn gehört hatte, über seine Wunder und über seine Lehre, und wie er das, was er von Augenzeugen des Wortes des Lebens vernommen hatte, alles der Schrift gemäß verkündete.

Lyon: das römische Theater; Irenäus war Bischof von Lyon in den Jahen 177/178

7

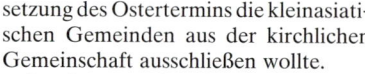

Reste einer byzantinischen Kirche in Sardes

Reste der im 3. Jh. erbauten, um 400 erneuerten Synagoge von Sardes

Er war der Bischof einer Märtyrergemeinde. Sein Vorgänger Pothinus fiel der Verfolgung im Jahre 177 zum Opfer. Während dieser Zeit war er in Rom, um für ein mildes Verhalten gegenüber den kleinasiatischen Montanisten einzutreten. In ähnlicher Friedensliebe trat Irenäus (Friedensmann) gegen die Anmaßung des Bischofs Viktor von Rom, der wegen einer unterschiedlichen Festsetzung des Ostertermins die kleinasiatischen Gemeinden aus der kirchlichen Gemeinschaft ausschließen wollte.

Irenäus war ein geistvoller, hochgebildeter Theologe. Er erkannte scharfsichtig die Bedrohung der Kirche durch die Gnosis, die er überwunden hat. Denn Tatsachen wiegen schwerer als Phantasien. Im Jahre 202 soll er den Märtyrertod gestorben sein. So hat seine Liebe zu dem Herrn ein Zeugnis besiegelt. Aus seinen Schriften:

Der göttliche Heilsplan

Denen, die ihm wohlgefielen, zeigte Gott wie ein Baumeister den Plan der Erlösung. Ohne, daß sie es sahen, führte er sie in Ägypten, gab denen, die ruhelos in der Wüste umherzogen, das passende Gesetz und denen, die in das gute Land einzogen, das schöne Erbe. Denen, die zum Vater zurückkehren, schlachtet er das Mastkalb und schenkt ihnen das beste Kleid und führte auf vierlei Weise das menschliche Geschlecht zu dem einen Heil. Daher sagt Johannes in der Offenbarung: »Seine Stimme ist wie die Stimme vieler Wasser.« Wahrhaft viele Wege hat der Geist, reich und groß ist der Vater.

Vom heiligen Abendmahl

Denn wie das von der Erde stammende Brot, wenn es die Anrufung Gottes empfängt, nicht mehr gewöhnliches Brot ist, sondern die Eucharistie, die aus einem irdischen und aus einem himmlischen Element besteht, so gehören auch unsere Körper, wenn sie die Eucharistie empfangen, nicht mehr der Verweslichkeit an, sondern haben die Hoffnung der Auferstehung.

Von der Kirche

Wegen kleiner und nichtiger Ursachen zerschneiden sie den großen und herrlichen Leib Christi in Stücke und möchten ihn, soviel an ihnen liegt, töten. Denn nimmermehr können sie eine Besserung bewerkstelligen, die so groß ist wie der Schaden eines Schismas. Die wahre Gnosis ist die Lehre der Apostel. Den Leib der Kirche erkennt man an der Nachfolge der Bischöfe, denen die Apostel die gesamte Kirche übergeben haben. Hier sind die Schriften in treuer Überlieferung aufbewahrt. Nichts ist hinzugetan, nichts ist fortgenommen. Hier ist vor allem das Geschenk der Liebe. Daher schickt die Kirche an allen Orten wegen ihrer Liebe zu Gott eine Menge Märtyrer zum Vater voraus, und alle übrigen können nichts derartiges aufweisen.

Die Kirche auf dem Wege zu geistiger Führerschaft

Es werden der Kirche Persönlichkeiten geschenkt, die geistige Führer eines weiten Kreises werden. Der scharfgeschliffene Geist des Juristen Tertullian bringt das römische Rechtsdenken zum Ausdruck. Die westliche Kirche hat wenige Theologen wie ihn. Er hat das Latein durch Schaffung vieler neuer Ausdrücke zur Kirchensprache gemacht. Die Kirche hat ihn, als er sich in seinem sittlichen Radikalismus dem Montanismus zuwandte, totgeschwiegen, aber seine Schriften noch Jahrhunderte später benützt. Denn er hatte theologische Formulierungen, die die Ostkirche erst in langem Ringen erarbeitet hat, die die Frage der Trinität und der Christologie lösten. Er spricht von der Trinität, in der Vater, Sohn und Heiliger Geist »einer Substanz, eines Wesens und einer Macht sind«. Christus »ist Gott und Mensch, eine Person, in der die zwei Substanzen nicht miteinander vermischt, sondern verbunden sind.«

Griechisch-philosophischer Geist erfüllt Origines. Die christliche Lehre wird bei ihm zur höchsten Philosophie. Der Glaube wird zur Erkenntnis. Man fühlt sich dem Heidentum weit überlegen.

TERTULLIAN (ca. 160-220)

ist um 160 in Karthago als Sohn eines Offiziers geboren. Er erhielt eine gute literarische Bildung. Er war Rechtsanwalt in angesehener, vermögender Stellung. In seiner heißblütigen Leidenschaft und Sinnlichkeit ergab er sich ganz dem Heidentum. Den sittlichen Ernst der Christen lehnte er als Genußmensch ab. Ihre Forderung, zu glauben, erschien seinem Scharfsinn als Torheit. Er muß eine plötzliche Bekehrung erlebt haben, wohl überwältigt von der Bekenntnistreue eines Märtyrers und der Geisteskraft der Christen bei einer Dämonenaustreibung.

Irenäus, Bischof von Lyon 177/178

Karthago in Nordafrika, die Heimat Tertullians

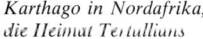

chener Folge von den Aposteln her kommende Priester- und Bischofsweihe keine Vollmacht zur Vergebung der Sünden gewährt, sondern nur Gott kann Sünde vergeben und tut dies durch Menschen voll Heiligen Geistes. »Des Herrn, nicht des Dieners, ist Rechtsprechung und Urteil.«

Doch konnte er diese Erkenntnisse der festgefügten Bischofskirche gegenüber nicht durchsetzen. Seine Schriften aus der montanistischen Zeit sind nicht erhalten.

Der Verteidiger der Kirche (»Apologeticus«):

Wie die Gesinnung der Heiden gegen die Christen, so ist auch die Art, wie sie sie behandeln, ungerecht. Sie verstößt gegen alle rechtliche Form. Sonst zwingt man die Angeklagten durch Martern zum Geständnis, hier nötigen die Richter zur Lüge. Sonst glaubt niemand dem Leugnenden, hier findet er sofort Glauben. Sonst werden die Verbrechen genannt und untersucht, derentwegen einer verurteilt wird. Hier weiß man nichts zu nennen, als daß einer sich als Christ bekannt habe ... In Verfolgungszeiten nehmen die Häretiker zu, sie bieten ein ungefährliches Christentum ... Gott mußte sich zu den Menschen herablassen, um ihnen nahezukommen. Daraus folgt alles, was seiner unwürdig erscheint ... In der Bekämpfung Marcions legt Tertullian den Hauptnachdruck auf den Nachweis, daß Altes und Neues Testament übereinstimmen. Die Weissagung bildet das Band zwischen Altem und Neuem Testament.

Tertullian (ca. 150-212)

Tertullian, »Über die Pflege der Frauen«:
Häuslichkeit, Einfachheit, Arbeitsamkeit zeichnet die Christin aus. Der Name Hausfrau ist ein Ehrenname. Gehen sie aus, so haben sie nicht den Grund, Vergnügen zu suchen, sondern Besuch des Gottesdienstes oder der Kranken, die Pflicht der Freundschaft oder eine freiwillige Dienstleistung. Die Kleidung sollte einfach, nicht auffallend und frei, sondern anständig sein ...

Der Haß des Volkes gegen die Christen, denen man alles öffentliche Unglück zur Last legte, kostete in jener Zeit in Afrika Ströme von Christenblut. In diesen Verfolgungen wird Tertullian zum Schriftsteller. Seine erste Schrift war eine Ermahnungs- und Trostschrift an die gefangenen Christen. Er schrieb zur Verteidigung der Christen »Zwei Bücher an die Heiden« und den »Apologeticus«. Er ist immer ein unermüdlicher Kämpfer gegen das Heidentum, ob er nun gegen die heidnische Religion und Ungerechtigkeit oder gegen Reste des Heidentums innerhalb der Christenheit kämpft. Leidenschaftlich bekämpft er den Irrglauben der Gnosis. Immer bewegt ihn der praktische Zweck. Seine Schriften sind Eruptionen seiner glühenden Seele. In späteren Jahren seines Lebens schloß er sich der schwärmerischen, asketisch-prophetischen Richtung des Montanismus an, die das Urchristentum erneuern wollte.

Er erkennt, daß die in ununterbro-

CYPRIAN (†258)

stammte aus begüterter, heidnischer Familie. Er war ein vielbewunderter Redner und lebte in seiner Vaterstadt Karthago in Üppigkeit und Sinnenlust. Durch die Bekanntschaft mit einem Presbyter Cälius wurde er veranlaßt, Heilige Schrift zu lesen. Er wurde überzeugt und ließ sich taufen. Besonders gern las er Tertullian und nannte ihn seinen Lehrmeister. Er fühlte sich wie einer, der nach langer Irrfahrt nach Hause gekommen ist. Er wurde ein Wohltäter der Armen. Da er infolge seines ernsten Lebenswandels bald zu großem Ansehen in der Gemeinde kam, wurde er zum Bischof von Karthago, einer der größten und angesehensten Gemeinden, gewählt. Mit großem Eifer arbeitete er durch Wort und Tat an der Hebung des Gemeindelebens. Als im Jahre 250 die große Christenverfolgung unter dem Kaiser Decius ausbrach, entzog er sich ihr durch die Flucht und leitete die Gemeinde von seinem verborgenen Aufenthaltsort aus. Da viele abfielen und den Herrn dadurch verleugneten, daß sie opferten oder sich Bescheinigungen ihrer Opferung erkauften, war die Frage ihrer Wiederaufnahme in die Gemeinde schwierig. Cyprian verlangte rechtschaffene Buße und war damit nicht einverstanden, daß die Abgefallenen durch die Fürsprache der mit dem Leben davongekommenen Bekenner so leichthin wieder aufgenommen wurden. Der Spaltung, die nun entstand, wurde der inzwischen wieder zurückgekehrte Cyprian bald Herr. In einer Pestzeit forderte er die Gemeinde zur Pflege der Kranken, zur Bestattung der Toten, ohne Unterschiede zwischen Christen und Heiden zu machen, auf und ging selbst mit tatkräftiger Liebe voran. So half er auch in dem Krieg, der bald darauf ausbrach, den betroffenen Gemeinden mit einer großen Spende. In Streitigkeiten, die in Rom wegen der Wiederaufnahme der Abgefallenen entstanden, stellte er sich auf die Seite des römischen Bischofs, wies aber dessen Anspruch, auf Grund der Überlieferung vom römischen Bischofsamt des Apostels Petrus, der Oberste aller Bischöfe zu sein, auf einer Synode zurück. Als es im Jahre 257 unter Valerian zu einer neuen Verfolgung kam, wurde er vor den Richter gestellt und verbannt. Nachdem er wieder freigekommen war, wurde er zum zweiten Mal ergriffen. Eine Menge von Christen scharte sich vor dem Hause, in dem er gefangen gehalten wurde, zusammen. Am andern Tag wurde er vor den Statthalter geführt und zum Tode verurteilt.

Statthalter: »Bist du der, den die Christen Bischof nennen?« – »Ich bin es.« »Der Kaiser befiehlt dir, die Götter anzubeten.« – »Das werde ich nicht tun.« – »Bedenke, was du tust und verachte die Götter nicht.« – »Meine Stärke ist Christus, dem ich ewig dienen will.« – »Ich bedaure dich und möchte dir helfen.« – »Ich wünsche nicht, daß es mit mir anders stehe; ich bete meinen Gott an, und meine Seele verlangt und sehnt sich nach ihm, denn dieser Zeit Leiden ist der Herrlichkeit nicht wert, die an uns soll offenbart werden.« – »Du hast lange als ein Religionsschänder gelebt, hast viele andere zu deiner gottlosen Verschwörung verführt und dich gegen die römischen Götter und die Gesetze und gegen den milden Kaiser empört. So sollst du den Verführern zur Warnung dienen. Dein Blut soll die Ordnung aufrecht erhalten.« Darauf verkündete er: »Cyprian soll mit dem

Cyprian (ca. 200-258), Bischof von Karthago

Schwert gerichtet werden.« Cyprian: »Gelobt sei Gott!« Das christliche Volk aber rief: »Wir wollen mit unserem Bischof sterben.«

Begleitet von Soldaten wurde er auf den Hinrichtungsplatz geführt. Viele stiegen auf Bäume, um ihn zu sehen. Er zog die Oberkleider aus, kniete nieder und betete. Darnach erhob er sich, legte die übrigen Kleider ab und erwartete den Scharfrichter. Er ließ ihm durch seine Freunde fünfundzwanzig Goldstücke geben. Darnach verband er sich selbst die Augen und ließ sich von zwei seiner Geistlichen die Hände binden. Mit zitternden Händen enthauptete ihn der Scharfrichter. Die Christen trugen ihn beiseite und bestatteten ihn bei Nacht im Schein von Wachskerzen unter Lobgesang und Gebet.

Cyprian über die Einheit der Kirche:
Es soll in aller Welt eine Herde und ein Hirte sein, und da glaube niemand, es könnten an einem Ort viele Hirten oder mehrere Herden sein. Niemand glaube, daß die Guten aus der Herde austreten können. Wenn sie von uns gewesen wären, dann wären sie bei uns geblieben, sagt Johannes. Außer der Kirche ist kein Heil. Wer die Kirche nicht zur Mutter hat, hat Gott nicht zum Vater.

Unter Kirche versteht Cyprian die Organisation, die ihre Einheit in der apostolischen Sukzession der Bischöfe hat. Die Einheit der Kirche beruht aber nicht auf ihrer einheitlichen Ordnung, sondern auf dem einen Herrn, der seine Gemeinde baut und sie durch das Wort zeugt, dem sie gehört. Wer dem Herrn Jesus gehört, hat Gott zum Vater und ist Bruder in der Gemeinde Jesu Christi. Es war verhängnisvoll, daß die Kirche sich die Funktionen des Herrn anmaßte.

Origenes von Alexandria (ca. 185-254)

ORIGENES (185-254)

Der größte Theologe der morgenländischen Kirche, wurde 185 als Sohn des frommen, gebildeten Christen Leonidas geboren. Der Vater erkannte alsbald die außerordentliche Begabung seines Sohnes und ließ ihn sorgfältig erziehen. Vor allem legte er Wert auf die Bildung des Herzens. Er ließ ihn große Stücke der Heiligen Schrift auswendig lernen. Origenes glühte schon als Knabe in einem solchen Feuer der Hingabe an Christus, daß er bei der Gefangennahme seines Vaters in der Christenverfolgung unter Septimius Severus im Jahre 202 sich selbst als Christ anzeigen wollte. Seine Mutter versteckte ihm die Kleider, um ihn davon abzuhalten. Er bat seinen Vater in einem Brief, nicht aus Rücksicht auf die Familie seinen Glauben zu verleugnen. Der Vater wurde hingerichtet. Da das Vermögen vom Staat eingezogen wurde, mußte der Siebzehnjährige durch Abschreiben wertvoller alter Handschriften seine Mutter und seine sechs Geschwister ernähren. In dem geistig sehr bewegten Alexandria, das ein Mittelpunkt antiker Bildung und der Sitz einer bedeutenden christlichen Katechetenschule war, nahm er mit eisernem Fleiß (sein Beiname war Adamantinos, der Stählerne) die ganze ihm zugängliche Bildung in sich auf, so daß sein Bischof den Achtzehnjährigen zum Lehrer an der Katechetenschule berufen konnte.

Seine theologische Arbeit war in der Hauptsache Arbeit am Bibeltext. Er verglich Bibelhandschriften und unterzog sich der mühsamen Arbeit der Textherstellung. Er erarbeitete eine genaue Ausgabe des alttestamentlichen Textes, die Hexapla, in der neben dem hebräischen Text und seiner griechisch geschriebenen Wiedergabe in vier Spalten verschiedene griechische Übersetzungen gegeben wurden, ein Riesenwerk, das lange in Cäsarea aufbewahrt wurde, aber zum größten Teil verlorengegangen ist. Er schrieb viele Auslegungswerke und erbauliche Predigten. Er verfaßte gegen die antichristliche Schrift des Juden Celsus eine gründliche Verteidigung. Sein berühmtestes Werk ist die auf Jahrhunderte hinaus einzige Darstellung der christlichen Lehre, seine vier Bücher »Über die Anfänge«. Darin

Von den Römern erbautes Amphitheater in Alexandria; die Stadt war ein Zentrum griechischer Kultur (Bibliothek) und besaß große wirtschaftliche Macht.

suchte er Evangelium und Griechentum in Einklang zu bringen mit dem Erfolg, daß künftig von den Griechen das Wort von Christus nicht mehr als Torheit, sondern als vollkommene Weisheit empfunden wurde. Das Evangelium ist Weisheitslehre, Philosophie geworden. Das Thema der Heilsgeschichte ist für ihn der Gegensatz von Geist und Stoff. Infolge des Mißbrauchs ihrer Freiheit fallen die Geister von Gott ab und werden in die Materie gebannt, aus der sie durch die Menschwerdung des Logos (Joh 1,14) herauserlöst werden. Mit dieser Auffassung hängt die Hochschätzung der Askese als Loslösung von der Materie und des Todes als eines Reinigungsfeuers zusammen. Da auch die Dämonen erlöst werden können, wird von Origenes die Wiederbringung (Allversöhnung) gelehrt. Damit verliert die neutestamentliche Lehre von den letzten Dingen ihre Bedeutung. Aber nach der Lehre der Heiligen Schrift stehen sich nicht Stoff und Geist, sondern Sünde und heiliger Gottesgeist gegenüber.

Origenes war nicht nur Lehrer, sondern auch Täter des Wortes. In seiner Liebe zur Askese hat er Mt 19,12 wörtlich verstanden. Er kasteite sich, besaß nur einen Rock und schlief auf dem Fußboden ohne Bett. Er wurde der Vater des zu seiner Zeit aufkommenden Mönchtums. Er hat viel erlitten. Sein Bischof verbannte ihn, weil er sich in Palä-

stina hatte zum Predigtamt abordnen lassen. An der Katechetenschule von Cäsarea fand er wieder eine Wirkungsstätte. Er erfuhr auch viele Ehrungen, so von dem christenfreundlichen Kaiser Philippus Arabs. Er besiegelte seine Theologie mit dem Martyrium in der Decianischen Verfolgung. An den erlittenen Mißhandlungen starb er zu Tyrus im Jahre 254. So war wohl seine Lehre irrig, aber seine Hingabe an Jesus echt.

Sieg und Verweltlichung der Kirche

Bisher hatte die Verfolgung der Christenheit für entschiedene Christen gesorgt. Andere hielten sich nicht in der

Römischer Speisesaal in Alexandria

Aus Origines' Schrift über das Märtyrertum: Ich wünschte euch, daß ihr dem ganzen euch bevorstehenden Kampf, eingedenk des großen Lohnes, welcher im Himmel den um der Gerechtigkeit und des Menschensohnes willen Verfolgung und Schmach Tragenden aufbewahrt ist, euch freutet und frohlocktet, wie einst die Apostel sich freuten, da sie gewürdigt waren, für den Namen Christi Schmach zu tragen. Ich bin gekommen, ein Feuer anzuzünden auf Erden. Es werde dieses Feuer auch in euch angezündet und verzehre allen irdischen Sinn in euch.

Gemeinde. Nun strömten Massen von weltlich Gesinnten in die Kirche ein. Die Kirche wird Volkskirche. Damit vergrößern sich Sakramentsmagie und Moralismus. Die Kluft zwischen Geistlichen und Laien wird noch breiter. Die Kirche wird Herrschaftskirche. Konstantin und seine Nachfolger benützen die Christenheit als Klammer ihres politischen Reichs. Während bisher die Kirche aus selbständigen Gemeinden bestand, unter denen die Bischöfe der größeren Städte besonderes Ansehen besaßen, wird jetzt mit Hilfe des Staates die Organisation der Großkirche geschaffen. Die Bischöfe der Hauptstädte werden Oberbischöfe ihrer Provinzen, die Bischöfe der Provinzen werden dem Bischof der Reichshauptstadt untertan.

Auf dem Konzil zu Nicäa, der Bischofsversammlung der ganzen Christenheit, präsidierte der Kaiser. Die Einheit der Beschlüsse wurde unter seinem Druck herbeigeführt, und mit staatlichen Maßnahmen wurden die Entschließungen im ganzen Reiche durchgesetzt.

Satan, der Widersacher der Christenheit, der über zwei Jahrhunderte lang die antichristliche Haltung des Staates zu Verfolgungen der Gemeinde Jesu benützt hatte, hat nun seine Methoden verändert. Die Begünstigung der christlichen Gemeinden durch den Staat wird ihnen weit gefährlicher. Sie geraten in tödliche Gefahr zu verweltlichen. Und doch hat der Herr auch in dieser Zeit seine lebendigen Zeugen.

Konstantin bezeichnet sich selbst auf dieser Münze als »Verteidiger der Kirche«

KONSTANTIN (ca. 280-337)

Er war der Sohn des Konstantius Chlorus, des Mitkaisers Diokletians, der die Christenverfolgung Diokletians nur unwillig und zögernd mitgemacht hatte. Konstantin wurde von den Truppen in Trier zum Nachfolger seines Vaters gewählt, als dieser im Jahre 306 starb. Diese Wahl mußte er sich erkämpfen. Er stürmte gegen Maxentius, der sich zum Kaiser in Italien hatte ausrufen lassen, nach dem Süden. Am 28. Oktober gewann er die Schlacht an der Milvischen Brücke, zehn Kilometer vor den Toren Roms, gegen eine fünffache Übermacht des Gegners. Kurz zuvor habe er, wie er dem Chronisten Eusebius selbst erzählt hat, am

Kopf einer Konstantin-Statue, die in der Konstantin-Basilika in Rom stand. Höhe des Kopfes: 2,46 m, Gewicht: ca. 9 Tonnen.

Abendhimmel über der sinkenden Sonne ein feuriges Kreuz gesehen, daneben die Schrift: »In diesem Zeichen wirst du siegen.« Auch sei Christus ihm im Traum erschienen und habe ihm befohlen, das Kreuz zum Feldzeichen zu machen. Soviel steht fest, daß Konstantins Soldaten in der Schlacht das Monogramm Christi auf den Schilden führten. Auch sein Standbild, das er sich in Rom nach dem Sieg errichten ließ, trug eine kreuzartige Lanze. Für ihn war Christus der Siegverleiher, die Kirche der Machtfaktor, den er sich zu Nutzen machte. Regiert hat er nach den Grundsätzen der Politik und Gewalt. Die Christenheit aber sah in ihm, wie die Biographie des Eusebius zeigt, den Retter aus tiefer Not und war ihm herzlich dankbar. Er erstattete den christlichen Gemeinden ihre Kirchen und ihren Besitz zurück, gab dem Christentum Gleichberechtigung mit der alten heidnischen Religion und ermöglichte so, daß es Staatsreligion wurde. Aber ehe der Kirche auch äußerlich der Sieg zufiel, hatte sie innerlich durch ihre Glaubenskraft und Glaubenstreue längst gesiegt. Er begünstigte die Kirche mit Vorrechten, gab den Bischö-

Triumphbogen in Rom zur Erinnerung an Konstantins Sieg an der Milvischen Brücke

fen die Gerichtsbarkeit über die Christen und gewährte ihnen Frieden von den staatlichen Lasten. Die Gladiatorenkämpfe wurden untersagt. Er ließ prächtige Kirchen bauen und führte 321 die gesetzliche Feier des Sonntags ein. Im Interesse der Einigkeit der Kirche präsidierte er dem Konzil von Nicäa 325, nachdem er ein Jahr zuvor im Kampf mit seinem Schwager Licinius, der im Osten des Römerreichs herrschte, die Alleinherrschaft über das Römerreich gewonnen hatte. Ob er selbst ein Christ gewesen ist, ist zweifelhaft. Er ließ die Heiden gewähren, nahm selbst die Würde eines Oberpriesters an, gewährte den heidnischen Tempeln die Staatszuschüsse, ja, er erbaute auch heidnische Tempel. Erst kurz vor seinem Tode ließ er sich taufen: 337. Sein Bild schwankt in der Beurteilung der Geschichte. Seine Begünstigung der Kirche führte sie in die große Versuchung, zu verweltlichen. Die Zeit der

Nicäa (heute Iznik, Türkei): Verhandlungsort des großen ökumenischen Konzils im Jahre 325

15

Martyrien ist für tausend Jahre vorbei. Doch schafft nun die Kirche als politischer Machtfaktor selbst Märtyrer. Augustin hielt siebzig Jahre später das Tausendjährige Reich, da der Satan gebunden ist und die Gläubigen mit Christus herrschen, für angebrochen. Der christliche Staat war da.

Innere Kämpfe der Kirche

Der Glaube wird eine neue Philosophie

Im zweiten Jahrhundert hatte die sogenannte Gnosis (Erkenntnislehre) versucht, den Glauben an Jesus Christus durch griechische Philosophie und orientalische Spekulation zu einer religionsphilosophischen Weltanschauung umzugestalten, war aber an der geistlichen Kraft der Christusgemeinde gescheitert. In diesen Kämpfen bekam die Gemeinde Jesu in der Sammlung der neutestamentlichen Schriften und im apostolischen Glaubensbekenntnis klare Richtlinien.

Aber durch Männer wie Justin und Origenes, die durch die Martyrien der Christen zum Glauben geführt worden waren, wurde nun der christliche Glaube philosophisch unterbaut. Dabei meisterte man den Glaubensinhalt durch das philosophische Denken. Man wagte es, an die Geheimnisse des Glaubens die Maßstäbe des Verstandes anzulegen und versuchte, das Geheimnis der Gottheit und Menschheit Christi denkmäßig zu ergründen und auf eine vernunftgemäße Formel zu bringen. Wer nicht mit der Formel übereinstimmte, wurde als Irrlehrer abgelehnt und fanatisch bekämpft. Der denkende Mensch erhob sich auf diese Weise über Gott und Christus und verlor den Lebenszusammenhang mit dem gekreuzigten und auferstandenen Herrn. Er wußte sich nicht mehr als verlorener Sünder, der einen Heiland nötig hat. Er wurde unduldsam und sicher. Die Lehrstreitigkeiten der Kirche sind ein trauriges Kapitel. Man hatte schließlich eine rechtgläubige Formel, aber den lebendigen Herrn hatte man weithin verloren. Und doch hat der Herr Jesus Christus auch in dieser Zeit seine Gemeinde gebaut. In allen Lehrstreitigkeiten mußte das Geheimnis der Dreieinigkeit und der Gottheit und Menschheit Christi stehen bleiben.

ATHANASIUS (†373)

war Diakon des Bischofs von Alexandrien. Arius, ein etwas eitler, rationalistisch eingestellter Mann, verkündete, der Sohn Gottes sei dem Vater nicht wesensgleich, sondern vor Grundlegung der Welt erschaffen. Das philosophische Interesse der Einheit Gottes bewegte ihn zu diesen Gedankengängen. Demgegenüber ging Athanasius, der an Kraft des Geistes Arius nicht nachstand, aber an inniger Frömmigkeit ihn übertraf, von der Tatsache der Erlösung aus. Der Christus, der uns erlöst hat, ist nicht selbst erlösungsbedürftig. Wer ihn zum Geschöpf macht, das selbst um die Erlösung ringen muß, nimmt uns den rettenden Erlöser. Von der Tatsache des Erlösers aus kämpfte er gegen die Theologie der Begriffe, die uns den Glauben an das ganze Heil in Christus rauben will. Athanasius drang in seinen Bischof, gegen die Irrlehre des Arius einzuschreiten. Der Kampf schlug hohe Wellen. Konstantin, dem an der Einheit der Kirche viel gelegen war, berief ein Konzil nach Nicäa, auf dem die innere Überzeugungskraft des Athanasius über die dürren Verstandesgründe des Arius siegte. Es entstand das Nicänische Glaubensbekenntnis. Doch die Kämpfe gingen weiter. Athanasius war inzwischen auf Wunsch seines sterbenden Bischofs dessen Nachfolger geworden. Er führte, wie er es von Antonius, dessen Biograph er wurde, gelernt hatte, ein Leben strengster Entsagung. Seine Gegner verdächtigten ihn, er gefährde die Einheit Gottes. Die Arianer erhoben aufs neue ihr Haupt. Es gelang ihnen, den Kaiser für sich zu gewinnen. Athanasius begab sich zum Kaiser, auf den seine edle Erscheinung tiefen Eindruck machte. Trotzdem verbannte er ihn, um endlich Frieden zu haben, nach Trier. Nach dem Tode des Kaisers kehrte er zurück, mit Freuden von seinen Gemeinden begrüßt. Von seinen Gegnern wurde er als eigensinniger, rechthaberischer Mensch ausgeschrien und in der schlimmsten Weise politisch verdächtigt. Fünfmal wurde er verbannt und wieder zurückgerufen, je nachdem die Gunst der Kaiser für oder wider ihn entschied. Achtzehn Jahre seines Amts brachte er in der Verbannung zu. In all diesen Trübsalen reifte die Wahrheit, die er vertrat. Sie sollte nicht

durch kaiserliche Gunst, sondern durch Kreuz und Verfolgung sich durchsetzen. Durch seine Schriften wirkte er auch in der Verbannung. Er bezeugte die Gottheit des Erlösers und ließ das Geheimnis seiner Person stehen, ohne die Spannung nach der einen oder anderen Seite lösen zu wollen. Dabei konnte er sich auf die Heilige Schrift berufen, die die Tatsache der Gottheit Christi bezeugt, aber nicht rationalistisch erklärt.

Seine Lehre:

Christus ist Gottes eingeborener Sohn. Darum muß er ein anderer sein als der Vater, sonst wäre er nicht der Sohn, und doch ihm ganz gleich, sonst wäre er nicht eingeboren. Ob du das reimen kannst oder nicht, das ist ganz gleich, so lehrt die Schrift, und dabei muß es bleiben.

Die römische Porta Nigra in Trier, wohin Athanasius 335/336 verbannt war

Römische Badeanstalt in Trier

Athanasius (ca. 296-373), Bischof von Alexandria

die Lebendigen und die Toten. Des Reich kein Ende haben wird.

Und an den Herrn, den Heiligen Geist. Der da lebendig macht. Der vom Vater und dem Sohn ausgeht. Der mit dem Vater und dem Sohn zugleich angebetet und zugleich geehrt wird. Der durch die Propheten geredet hat. Und eine einige, heilige, allgemeine, apostolische Kirche.

Ich bekenne eine einige Taufe zur Vergebung der Sünden. Und warte auf die Auferstehung der Toten und ein Leben der zukünftigen Welt. Amen.

Das Mönchtum

Das Mönchtum mit seiner Askese (Entsagung, Verzicht auf gewisse Speisen, Ehe, Besitz und alle Lebensannehmlichkeiten) war die Gegenbewegung zur Verweltlichung der Gemeinden. Diese Askese war nicht auf biblischem Boden erwachsen, denn die Bibel schätzt die Gaben des Schöpfers und ihren Genuß in Dankbarkeit, sondern hing zusammen mit der Leibesverachtung des heidnischen Denkens. Als man das Evangelium nicht mehr erkannte und sich durch eigene Bemühungen selbst fromm machen wollte, geriet man auf diesen Weg. Mit dem frommen Menschen, der durch eigene Anstrengung sich selbst heiligt, kam dann auch die Heiligenverehrung auf.

Doch war in diesen Klöstern eine innige Hingabe an Christus und Bereitschaft zum missionarischen Dienst. Hier stand eine Bruderschaft im Glauben und in der Liebe. So wurden die Klöster Kraftstationen missionarischen Lebens, ohne die man sich die Germanenmission nicht denken kann.

Das Nicänische Glaubensbekenntnis:

Ich glaube an einen einigen allmächtigen Gott, den Vater, Schöpfer Himmels und der Erden, alles Sichtbaren und Unsichtbaren.

Und an einen einigen Herrn Jesum Christum, Gottes einigen Sohn, der vom Vater geboren ist vor der ganzen Welt, Gott von Gott, Licht vom Licht, wahrhaftiger Gott vom wahrhaftigen Gott, geboren, nicht geschaffen, mit dem Vater in einerlei Wesen, durch welchen alles geschaffen ist, welcher wegen uns Menschen und wegen unserer Seligkeit vom Himmel herabgekommen ist, und leibhaftig worden durch den Heiligen Geist von der Jungfrau Maria und Mensch worden; auch für uns gekreuziget unter Pontio Pilato, gelitten und begraben; und am dritten Tage auferstanden nach der Schrift und ist aufgefahren gen Himmel und sitzet zur Rechten des Vaters. Und wird wiederkommen mit Herrlichkeit, zu richten

ANTONIUS (251-356) der Vater des Mönchtums

Eines Tages hörte ein Kopte aus Koma, namens Antonius, das Evangelium vom reichen Jüngling, wurde davon so ergriffen, daß er sich seines Besitzes entäußerte und in die Einsamkeit zog. Das asketische Ideal war heidnisch-philosophischer Herkunft und war durch Origenes christlich vertieft worden. Durch die Erzählung vom Wüstenaufenthalt des Elia veranlaßt, hauste Antonius in einer Felsenhöhle in der Wüste. Aber seine Anfechtungen nahmen immer mehr zu. Dämonen erschienen ihm in Tiergestalt. Als ihn fromme Wallfahrer überliefen, ging er so weit in die Wüste hinein, daß man seinen Aufenthaltsort nicht mehr fand. Der Heilige will in seinen frommen Übungen sich nicht stören lassen. Er ist vorwiegend mit dem Heil seiner eigenen Seele beschäftigt. Nur zweimal verließ er seine Einsiedelei und erschien in Alexandria. Als die Christenverfolgung ihren Höhepunkt im Jahre 311 erreicht hatte, kam er, um die Gläubigen zum Ausharren zu ermuntern. Fünfzig Jahre später trat der hundertjährige Einsiedler zur Zeit des Arianischen Streits für den wahren Glauben ein. Er machte einen ungeheuren Eindruck auf seine Zeit. Tausende sahen im Einsiedlerleben die Lösung des Konflikts zwischen Kirche und Welt. Je mehr die Kirche seit ihrer staatlichen Anerkennung verweltlichte, um so mehr gewann das Einsiedlerleben an Anziehungskraft. Sein Biograph Athanasius schildert die zunehmende geistliche Erfahrung des Antonius als einen Weg von der eigenen Gerechtigkeit zum Glauben an den Erlöser, der uns gerecht macht. Matthias Grünewald stellt auf dem Isenheimer Altar dar, wie der Heilige entthront wird unter seinen Anfechtungen. Antonius starb einhundertfünfjährig, nachdem er Befehl gegeben hatte, sein Grab geheim zu halten.

Worte aus seiner Lebensbeschreibung:
Vertraue nicht auf deine Gerechtigkeit. Kränke dich nicht darüber, daß du um deiner Sünde willen kein Gerechter mehr bist, noch jemals einen Gerechten aus dir machen kannst.

Mögen wir uns nur keine Schreckbilder von bösen Geistern vormalen und uns nicht betrüben, als wenn wir verloren wären. Laßt uns vielmehr getrost und freudig sein als Erlöste und eingedenk, daß der Herr mit uns ist, der sie besiegt und zunichte gemacht hat.

Einen Einsiedler, der wegen eines Vergehens von seinen Genossen ausgestoßen war, sandte er zurück und ließ ihnen sagen:
Ein Schiff strandete, verlor seine Ladung und wurde mit Mühe ans Land gerettet: Ihr aber wollt das ans Land Gerettete wieder in das Meere versenken.

PACHOMIUS (ca. 287-346)

Zur Unterscheidung von späteren Namensvettern wird er »Pachomius der Ältere« genannt.

Im Gegensatz zwischen Christi Vorbild, Leben, Geboten und dem Weltleben entstanden mit der Zeit innere Konflikte bei den nach Jesu Nachfolge strebenden Menschen. Die Unvereinbarkeit zwischen beiden Lebenswegen trieb in wachsender Zahl Menschen dazu, der Welt den Rücken zu kehren. Das Beispiel der Jünger, welche ihre Fischernetze verließen, um Jesus zu folgen, brachte Leute wie Ignatius von Antiochien und viele andere zur Abkehr vom landläufigen Christsein. Sie fingen an, als Wanderasketen und Träger der Frohen Botschaft durch die Lande zu ziehen. Dadurch entstand eine wachsende Bewegung asketischer Heimatlosigkeit, das ägyptische und syrische Eremitentum. Antonius der Große sammelte die Einsiedler in festen Eremitenkolonien in Nordägypten, denen er von seiner Höhleneinsamkeit zwischen Rotem Meer und Nil aus, auf Grund der Heiligen Schrift, »Ora et labora« (Bete und Arbeite) in seiner frühesten Form beibrachte und vorlebte.

In Südägypten dagegen entwickelte sich bald die neue Form des Zenobitentums, d.h. des Zusammenlebens von Mönchen. Ein durch Christen aus Theben in seinem 20. Lebensjahr zum Glauben geführter heidnischer Soldat wurde in Chenoboskion getauft und wurde zum Urheber dieser neuen Erscheinung, des Zenobitentums. Nach einer Anlaufzeit als Einsiedler unter dem Anachoreten Palamon, der ihn hart in die Schule nahm, ließ sich Pachomius ca. 320 im verlassenen Dorf Tabennisi am rechten Nilufer nieder. Hier hatte er die Vision einer fest geordneten, von einer Mauer umschlossenen Mönchsgemeinschaft (claustrum), deren Grundlage solidarische Armut, Gehorsam, Bescheidenheit und Weltentsagung sein sollte. Die urchristliche Gemeinde von Jerusalem und Antiochia war leuchtendes Vorbild.

Bis zu Pachomius' Tode entstanden elf solche Klöster, neun für Männer und zwei für Frauen, die in einem Um-

Die Sünde trennt von Gott
Du, mein Sohn, sei nicht beleidigt, wenn dich die Menschen verachten. Nur die eigene Sünde bringt wahre Beleidigung. Sie zerknirscht den Geist und verunmöglicht das Erkennen Gottes. Sünde entfremdet ihn vom Heiligen Geist und verhindert das Tragen des Kreuzes Christi. Hüte dich vor der Unreinheit, welche Gott und seine Engel erzürnt. Mein Sohn, wende dich zu Gott, liebe ihn, fliehe vor dem Feind und verachte ihn, damit dein Beten nicht ein tönendes Erz sei. Bekämpfe die Leidenschaften und Lüste, vertreibe sie wie Josua die Amoriter. Ertrage mutig den Spott. Gott gab dir Glaube und Erkenntnis, um den Unglauben zu vertreiben. Weisheit und Geisterunterscheidung, um die Absichten des Teufels wahrzunehmen, ihnen zu entfliehen und sie zu hassen. Wie unseren Vätern will Gott auch uns Licht und Reinheit verleihen.

Die große Hoffnung
Weil Christus Jesus für dich starb, mußt du dein Herz zu Ihm erheben, Ihn loben und preisen, damit der Feind dich nicht machtlos wie Samson machen kann, sondern durch den Geist Gottes in dir verjagt wird. Was wäre aus dem mächtigen David geworden, wenn er sich nicht bekehrt hätte und zu Gott zurückgekommen wäre? Erinner dich daran, daß Christus für dich geschlagen, verspottet und gekreuzigt wurde, wirf dich in Buße vor Ihm nieder, bitte Ihn um Vergebung und so wirst du vom Heiligen Geist erfaßt und bis zum Ende beglückt.

kreis von etwa 100 Kilometern dem Nil entlang Tausende von Insassen umfaßten. Pachomius war ihr geachteter und verehrter Vorsteher. In seinem Hauptquartier von Pboou hielt er jeweils an Ostern und im August eine Generalversammlung all seiner Adepten ab. Die einzelnen Klöster waren wirtschaftlich selbständige landwirtschaftliche oder handwerkliche Institutionen mit paramilitärischer, hierarchischer Organisation. Zwischen 30 und 40 Mönche bildeten jeweils eine Gemeinschaft. Sie wurden je nach Begabung und Kräften eingesetzt. Die geistliche Tätigkeit bestand im Memorieren von Schriftstellen, zwei täglichen Gottesdiensten, einem wöchentlichen Abendmahl, zwei wöchentlichen Katechesen und sechs vorgeschriebenen Abendgebeten. Pachomius lehnte jegliches Gelübde ab, vermutlich weil er in der Urgemeinde keinen Ansatz hierzu finden konnte. Dort basierte ja der Zusammenhang unter den Gliedern einzig und allein auf der persönlichen Hingabe und Nachfolge jedes einzelnen an Jesus Christus.

Pachomius' Regel umfaßte in 192 Artikeln jedes Detail des täglichen Lebens und Zusammenseins. Klopfverbot an anderer Zelle, kein Gespräch mit anderem Mönch in der Dunkelheit, keine Annäherung mehr als auf Ellenlänge, kein gegenseitiges Händehalten, Haarschneiden nur in Gegenwart des Hausvorstandes, genaue Kleidervorschriften, keine Gabenannahme ohne Bewilligung des Hausvorstehers, kein Zellenabschluß, Essen, Arbeit, Gottesdienst nur bei Glockenzeiten, absolutes Eßverbot in der Zelle, keine Gespräche beim Kochen oder Backen, usw.

Alle Handarbeit war göttlicher Dienst, ob Schneider, Schmied, Zimmermann, Gerber, Gärtner, Korbmacher oder Kamelzüchter. Die oberste Maxime hieß: Nicht den Tod mehr fürchten als Gott.

Als leichteste Strafe galt Stehenmüssen während des Gottesdienstes und der Mahlzeit. Lügen und Ungehorsam wurden sehr schwer bestraft.

Vor der Aufnahme mußte jeder Novize schreiben und lesen lernen. Analphabeten fanden keine Aufnahme. Auch Priester und Kleriker blieben

ausgeschlossen, um jegliche Ungleichheit in der Mönchsgemeinschaft zu vermeiden.

Ursprünglich wurde die Regel von Pachomius koptisch aufgeschrieben. Der belgische Forscher L.T. Lefort hat den Text, zusammen mit einer Katechese, 1932 anhand von zerstreuten koptischen Papyrus- und Pergamentfragmenten mühsam rekonstruiert.

Im 4. Jahrhundert verbreitete sich die Lehre des Pachomius über verschiedene Länder, so daß der in Bethlehem lebende Kirchenvater Hieronymus eine lateinische Übersetzung für den Westen herstellen mußte. Diese 404 fertiggestellte Arbeit ebnete den Weg für Pachomius' Lehre im Westen. Basilius von Cäsarea benützte sie im 4. Jahrhundert für seine eigene Hausordnung. Die 420 in Gallien entstande Regula Orientalis reflektiert in einem Viertel des Textes die Vorlage von Pachomius. Auch Cäsarius von Arles und sein Nachfolger Aurelius sowie die berühmte Regel des Benedikt von Nursia, um nur einige zu nennen, ließen sich im wesentlichen von ihm inspirieren. Nicht zuletzt war es sein Nachfolger Horsiesi (gest. ca. 380), welcher in seiner 50 Kapitel umfassenden »Doctrina de institutione monachorum« und in seiner koptischen Pachomius-Biographie die nötigen Voraussetzungen hierfür schuf.

Neben seiner Regel ist die »Katechese für einen nachtragenden grollenden Mönch« ein schöner Spiegel von Geist und Gesinnung des ersten Zenobiten. Einige Auszüge seien deshalb aus der 1956 von Lefort herausgegebenen Edition angeführt (s. Margina).

Die im Jahre 346 ausgebrochene Pest raffte auch Pachomius hinweg. Zuletzt ersuchte er seine um ihm ringenden Freunde, nicht mehr für seine Genesung zu beten, da es Gottes Wille sei, ihn zu sich zu nehmen. Sie mußten ihm versprechen, seine sterblichen Überreste an einem unbekannten Ort zu verbergen, damit jeglicher Unfug mit ihnen verhindert werde.

JOHANNES CASSIAN
(ca. 360-430/35)

Sein Leben

Der von vielen als »Heiliger« bezeichnete Mann wurde vermutlich im pontischen Skythien, in der heutigen Türkei, geboren. Nach den überlieferten Lebensdaten war er Zeitgenosse von Hieronymus und Augustin. Im Kloster von Bethlehem, in das er als Knabe eintrat, empfing er seinen asketischen Sinn. Da traf er seinen langjährigen Lebensgenossen Germanus, mit dem ihn eine enge Freundschaft verband. Es hieß, sie bildeten nur eine Seele in zwei Leibern. Nach zweijährigem Aufenthalt in Christi Geburtsstadt begaben sich die beiden Freunde für sieben Jahre zu den Anachoreten Ägyptens, für die sie große Achtung empfanden. Drei Jahre hielten sie sich in Thebais auf. Im Jahre 401 verließen sie das Land am Nil wegen der dort ausgebrochenen theologischen Streitigkeiten.

Ihr Weg führte sie nach Konstantinopel, wo sie Bekanntschaft mit Chrysostomus machten. Sie verehrten den großen Kirchenvater als seine begierigen Schüler. »Was ich geschrieben habe, hat er mich gelehrt«, bekannte Cassian einmal. Um 402 wurde er von Chrysostomus zum Diakon geweiht. Nach dem Sturz des Lehrers begaben sich seine beiden Schüler nach Rom, um dort von Papst Innozenz I. Schutz und Unterstützung für den geachteten Lehrer zu erlangen.

410 erstürmte Alarich die Stadt Rom. Cassian benutzte die psychologische Situation der verängstigten Bevölkerung, um seine Ideale zu verwirklichen. Das Kloster wurde nun auch im Westen heimisch. Das Ideal des Pachomius wurde als Ziel der Novität erklärt: Abbilder der Urgemeinden zu sein. Gegen 415 gründete Cassian zwei Klöster in der Nähe von Marseille: St. Victor unter seiner Leitung für Männer, und das Erlöserkloster für Frauen. Sie wurden die Stammklöster für viele andere in Frankreich und auf der Pyrenäenhalbinsel. Sie dienten als Zufluchtsstätten für die Opfer der einbrechenden Völkerwanderung. Ab diesem Zeitpunkt wird der Name von Germanus nicht mehr erwähnt.

Katharinen-Kloster am Sinai, 6. Jh.

In Marseille starb Cassian zwischen 430 und 435.

Sein Werk

Nach 419 entstanden seine berühmten zwölf Bücher »De institutis coenobiorum«, die die Benediktinerregel und die gesamte mönchische Literatur entscheidend beeinflußt haben. Sie beschreiben eingehend die äußere Lebensweise der Mönche in Ägypten und Palästina. Sein Zentralanliegen war die Betrachtung Gottes mit reinem Herzen und Willen. Er prangerte den Mönchen sieben Hauptfehler an, denen sie immer wieder ausgesetzt seien: Unzucht, Geiz, Zorn, Depressionen, Gleichgültigkeit, Ruhmsucht und Stolz. Diese Versuchungen könnten nur durch systematisches Schriftstudium, Ablehnung jeglicher kirchlicher Ämter und völlige geschlechtliche Enthaltung erreicht und durch Demut

S. 23:
Karfreitag in der Altstadt von Jerusalem

und Liebe besiegt werden. Das Gewissen diene den Mönchen als Licht und Regel. Solche Ziele könnten jedoch frisch bekehrte Gläubige nur in einer strengen mönchischen Gemeinschaft erlernen. Nach diesem für den äußeren Menschen verfaßten Werk schrieb Cassian ein zweites, für den inneren Menschen bestimmtes Werk: »Collationes patrum«, in Dialogform verfaßte Unterhaltungen von Cassian und Germanus mit den Mönchen. Diese 24 Bücher enthalten seine tiefe Lebensweisheit und Frömmigkeit. Sie stimulierten ungezählte Nachfahren wie etwa Benedikt, Cassiodorus, Alkuin, Tomas von Aquin. Dadurch wurde Cassian recht eigentlich zum Lehrer der Gallischen Mönche, der sie mit lebendiger, packender Sprache, gespickt mit Erfahrungen, Zeugnissen und Anekdoten zu fesseln verstand. Stete Grundlage seiner Erläuterungen war die Bibel.

Cassian über die Aufgabe des Mönchtums:

Das Endziel unserer Lebensweise ist Gottes Reich. Unsere Aufgabe aber, ohne deren Erfüllung wir jenes Ziel nicht erreichen können, ist die Herzensreinheit. Was diese fördert, müssen wir mit allem Eifer suchen, dem Gegenteil aber als gefährlich entfliehen. Diese Reinheit offenbart sich zunächst darin, daß unser Herz an nichts haften bleibt, sondern einzig von der Liebe Gottes erfüllt ist.

In heftige Kontroversen geriet Cassian vor allem mit dem britischen Mönch Pelagius, welcher die Erbsünde verneinte und die Sünde lediglich als nach der Geburt erfolgte Willensakte, die dem Nachahmungstrieb des Menschen entstammten, auslegte. Dem gegenüber statuierte Cassian, daß die menschliche Natur durch den Sündenfall tiefgreifend verändert sei, was eine allgemeine sittliche Schwäche und den Tod zur Folge habe.

Gegen Paulus lehrte Cassian nur eine Schwächung, nicht die völlige Verderbtheit der menschlichen Natur und traute dem Menschen die Kraft zu, sich für die Wirkung der Gnade Gottes zu entscheiden. Er dämpfte die Härte von Augustins Prädestinationslehre mit der These, Gott bestimme nur die zur Seligkeit, von denen er vorher wisse, daß sie glauben würden.

Cassian betonte die Notwendigkeit geistlichen Fortschrittes durch den Menschen, insbesondere des Mönchs.

Kloster Mar Saba in den Bergen Judäas, gegründet von Sabas im Jahre 492

Cassian:
Alles in dieser Welt geschieht durch Gottes Willen oder mit Seiner Zulassung. Das Gute durch Seinen Willen und mit Seiner Hilfe, das Böse aber mit Seiner Zulassung. Durch unsere Bosheit und Herzenshärte kann uns der göttliche Wille verlassen . . .

Ein Tag ohne geistlichen Fortschritt sei ein Zeichen von Rückschritt. Durch unaufhörliche Betrachtung der Bibel und durch Läuterung von allem Sinnlichen könne man sich von Gott erfassen lassen. Das Zusammenwirken von Gnade Gottes und menschlicher Entscheidungsfreiheit war die sogenannte Lehre des Semipelagianismus. Cassian tadelt jene Asketen, welche sich zwar von vielem getrennt hätten, aber an Kleinigkeiten hängen geblieben seien, die etwa wegen eines Buches oder einer Matte Streit mit dem Bruder anfingen. Dem Teufel sei daran gelegen, uns durch ständige Anfechtungen das Lesen, Meditieren und Fasten zum Ekel werden zu lassen. Solche Folgen könnten drei Ursachen haben: die eigene Nachlässigkeit, die Anfechtungen des Teufels oder Gottes Prüfungen unserer Widerstandskraft. Das einzige Mittel dagegen sei ständiges Gebet der Anbetung, welches viel höher einzuschätzen sei als Buß- oder Fürbittegebet. Er nennt es das reine Gebet. So wie die Seele von Gott geschaffen wurde, müsse sie wieder zu Ihm zurückkehren. Deshalb der Ruf zu vollkommen reinem Leben, das durch Gottes Gnade zur Ewigkeit führe.

Im Auftrag von Papst Leo I. verfaßte Cassian sein drittes Werk: De incarnatione Domini contra Nestorium (429/30), um die Nestorianische Irrlehre über die Person Jesu zu widerlegen:

Die Person Christi ist die geheimnisvolle Vereinigung beider Wesenheiten in der Majestät der Heiligen Geburt. Mensch und Gott wurden als Ganzes Gott, damit Paulus schreiben konnte: Er hat uns aus der Gewalt der Finsternis errettet und in das Reich Seines geliebten Sohnen versetzt, damit wir in Ihm die Erlösung haben durch Sein Blut. . . so ist vom ungezeugten Höchsten und ewigen Vater der eingeborene Höchste, ewige Sohn. Er muß für den gleichen gehalten werden im Fleische wie im Geiste, für den gleichen im Leibe wie in der Majestät, weil Er bei Seiner Geburt im Fleische nicht eine Trennung und Zerreißung Seiner selbst bewirkte, denn Kol 2,9 ist wahr. In Christus wohnt die ganze Fülle der Gottheit leibhaftig, und Er wohnt in den einzelnen Heiligen,

so wie Er sie Seiner Einwohnung würdig hält. Er erfüllte Himmel, Erde, Meer, kurz das ganze Universum mit der Unendlichkeit Seiner Macht und Majestät, das ganze Weltall aber konnte ihn nicht fassen.

Cassian war ein großer Menschenkenner und inspirierte unzählige Mönche, Geistliche, Seelsorger und Laien – auch außerhalb der Kirche.

Seine Bilder sind einprägsam. Er vergleicht etwa das menschliche Herz mit einer Mühle. Das Wasser treibt die Mühle unablässig, der Müller aber bestimmt, was er hineingibt, ob Weizen oder Unkraut. So werde auch der menschliche Geist vom gegenwärtigen Leben umtobt, von den Strömen der Versuchungen. Der Mensch bestimme aber, welche er zulassen und welche er verjagen will. Oder in der biblischen Aussage vom Hinhalten der linken und rechten Wange sieht Cassian ein Bild vom inneren und äußeren Menschen. Damit nach einem Schlag auf die rechte Wange (äußerer Mensch) im inneren Menschen keine Bitterkeit entstehe, müsse man die linke Wange (Bild für den inneren Menschen) auch noch hinhalten.

Seinen Mönchen empfiehlt Cassian verschiedene Mittel zur Erlangung der dargebotenen Barmherzigkeit Gottes. So etwa die echte Buße, die Fürbitte für andere, die Bruderliebe, die Freundschaft, welche durch Demut, Geduld und gegenseitige Hilfe zur gemeinsamen Weltentsagung führe. Aus letzterem klingen die reichhaltigen Erfahrungen mit Germanus nach.

Das letzte Ziel bleibe stets die Innewohnung Christi in den Heiligen, zwischen denen dasselbe Verhältnis bestehe wie zwischen einer Wohnung und ihren Bewohnern. Sie bestimmen über sie und richten sie ein. Alle, die an Gott glauben, sind Kinder Gottes durch Annahme, während der eingeborene Sohn es von Natur aus sei. Zu Ihm müssen die Menschen hineilen, damit sie durch die Gnade Gottes gerecht gesprochen werden können. Der Glaube bleibt aber ein Geschenk Gottes.

Kirchenväter der nachkonstantinischen Zeit

In dieser Zeit werden der Kirche lichte Gestalten geschenkt, die durch ihre Schriften und ihr Leben Väter der Kirche von hohem Ansehen wurden.

HIERONYMUS (ca. 347-420)

ist zu Stridon an der Grenze zwischen Dalmatien und Pannonien geboren. In Rom studierte er römische und griechische Literatur und Philosophie. Aber auch die Welt der Katakomben, das steinerne Zeugnis der urchristlichen Märtyrer, wirkte auf ihn. Im Jahre 360 wird er in Rom getauft. In einer fieberhaften Erkrankung erschien ihm der Herr im Traum und fragte ihn nach Stand und Beruf. Er gab zur Antwort, er sei ein Christ, worauf der Herr zu ihm sprach: »Du lügst, ein Ciceronianer bist du, nicht ein Christ. Denn wo dein Schatz ist, da ist dein Herz.« Darauf tat er das Gelübde, kein weltliches Buch mehr zu lesen. Seitdem wurde er mächtig zur einsiedlerischen Lebensweise hingezogen. 382 finden wir ihn in Rom als gelegentlichen schriftstellerischen Helfer des Bischofs Damasus. Ein Kreis frommer Frauen sammelte sich dort um ihn, denen er die Heilige Schrift erklärte und seelsorgerliche Weisungen gab, was ihm Verdächtigung und Tadel durch etliche vornehme Römer eintrug. Im Jahre 385 trat er mit einigen dieser Frauen eine Wallfahrt nach Jerusalem an. Er besuchte kurz Ägypten und lernte die dortigen Einsiedlervereine kennen. Dann zog er sich in eine Mönchszelle bei Bethlehem zurück, wo er bis an sein Lebensende blieb. Er beschäftigte sich dort mit wissenschaftlichen Studien. Im Jahre 420 ist er in Bethlehem gestorben. Seine Gebeine sollen später in Rom beigesetzt worden sein. Seine Hauptarbeit war die Bearbeitung der italischen Bibelübersetzung, der Itala, aus der später die Vulgata (die Allgemeine) hervorging. Bedeutsam zur Kenntnis der Heiligen Schrift sind seine geographischen und archäologischen Schriften. Er schrieb ein Buch über die kirchlichen Schriftsteller und einige Lebensbeschreibungen frommer Einsiedler.

Hieronymus (ca. 347-420): Statue in der Kirche St. Katharina in Bethlehem

Seine vielen Briefe geben ein gutes Bild seiner Zeit mit ihren großen Gegensätzen zwischen Entsagung und Üppigkeit und ein Bild seiner selbst, seiner eleganten Redseligkeit und Witzigkeit, seiner liebenswürdigen, fast schmeichlerischen Sprache gegenüber seinen Freunden, seines Gelehrtenstolzes, aber auch seiner Gelehrsamkeit und seines mönchischen Ernstes. Ein Buch über die Ordnung der sonntäglichen Bibellesungen wird ihm zugeschrieben, gehört aber einer späteren Zeit an. Das Bild des gelehrten und frommen Einsiedlers hat sich der Kirche tief eingeprägt, obwohl Hieronymus nicht die Tiefe Augustins, den er 394 kennenlernte und sehr verehrte, erreicht hat. Besonders dankte sie ihm die Übersetzung der Heiligen Schrift.

Das Gespräch des Hieronymus mit dem Kindlein in der Krippe:

Ich sage: »Ach, Herr Jesu, wie hart liegst du da um meiner Seligkeit willen, wie soll ich dir das je vergelten?« Das Kindlein: »Ich begehre nichts, singe du: Ehre sei Gott in der Höhe und Friede auf Erden und den Menschen ein Wohlgefallen, und laß dir's lieb sein! Ich will noch viel dürftiger werden am Ölberg und am heiligen Kreuz.« Ich spreche weiter: »Du liebes Kind, ich will dir etwas geben, ich will dir all mein Geld geben.« Das Kindlein: »Ist doch zuvor Himmel und Erde mein, mein ist Silber und Gold, ich bedarf nichts, gib's armen Leuten, das will ich annehmen, als sei es mir selbst gegeben!« Ich sage: »Das will ich gerne tun, aber ich will auch dir etwas geben, oder ich muß vor Leide sterben.« Da höre ich die Antwort: »Willst du ja so freigebig sein, so will ich dir sagen, was du mir geben sollst: Gib mir deine Sünden, dein böses Gewissen und deine Verdammnis! Ich will's auf meine Schultern nehmen.« Da fange ich bitterlich an zu weinen und sage: »O Kindlein, ich dachte, du wolltest, was ich Gutes habe; aber du willst, was ich Böses habe.«

Basilika von Aquilea, Italien. Hieronymus gehörte hier eine Zeitlang einer asketischen Gruppe an.

BASILIUS DER GROSSE (330-379)

wurde als Sproß einer Märtyrerfamilie in Kappadokien geboren. Sein Großvater hatte unter Diokletian sein Bekenntnis mit dem Tod besiegelt. Seine Großmutter war in die Wälder am Schwarzen Meer geflüchtet und führte dort ein asketisches Leben. Aus seinem kinderreichen Elternhaus gingen drei Bischöfe und eine Tochter Makarina hervor, das Muster eines asketischen Lebens gab. Mit seinem Freund Gregor von Nazianz empfing er seine wissenschaftliche Ausbildung in Athen. Die Freunde führten ein sittenreines Leben. Abgestoßen von dem sittenlosen Treiben der Stadt, zog sich Basilius in die Einsamkeit seines kappadokischen Landsitzes zurück, um mit einigen Gleichgesinnten ein Leben asketischer Frömmigkeit zu führen. Er wurde später ein Anwalt des Mönchtums. Er hat das Leben im Mönchsverein über das Einsiedlerleben gestellt. In seiner Mönchsregel hat er die Grundsätze des mönchischen Lebens

für weite Kreise und für lange Zeit gestaltet. Das Mönchsleben soll ein Leben der Heiligung unter seelsorgerlicher Leitung sein. Das Kloster soll sich auch der Jugenderziehung widmen. Doch läßt sich Basilius in ein tätiges Leben nach Cäsarea zurückrufen und wird dort Presbyter. Als solcher leitet er neben seinem Bischof den Sprengel, bis er im Jahre 370 selbst Bischof wird. Das Schwergewicht der Kirche lag zu seiner Zeit im Osten, wo die trinitarischen Kämpfe ausgefochten wurden. Basilius liefert die theologische Formel für die Einigung der Anhänger des Origenes mit den Anhängern des Athanasius, indem er den Begriff der Wesensähnlichkeit des Mittlers mit dem Vater an den der Wesensgleichheit heranrückte. Er begründet damit die kirchliche Trinitätslehre.

Er preist das Mönchtum:

Was ist seliger, als auf Erden den Chor der Engel nachzuahmen, gleich mit dem Anbruch des Tages zum Gebet sich zu erheben und den Schöpfer mit Lobgesängen und mit Liedern zu preisen, dann beim hellen Glanz der Sonne an die Arbeit zu gehen, überall begleitet vom Gebet, die Tätigkeit mit Lobgesang wie mit Salz würzend? Wenn sich jeder nur eifrig mit der Bibel beschäftigt, so findet er die für seine Seele zuträgliche Arznei. Eine Stunde nur sei zum Essen bestimmt, und immer die nämliche. Der Schlaf sei leicht, in natürlicher Übereinstimmung mit der geringen Nahrung.

Er ändert die Doxologie aus dogmatischen Gründen. Der Vater wird nun mit dem Sohn und dem Heiligen Geist gepriesen. In der Hauptsache fußt er auf der syrischen Liturgie.

Aus seinem Abendmahlsgebet:

Denn dich loben die Engel, die Erzengel, Thronen, Herrschaften, Mächte, Gewalten, Kräfte und die vieläugigen Cherubim. Rings um Dich stehen die Seraphim: Mit unermüdetem Munde ruft einer dem andern den Siegeshymnus zu, indem sie singen, rufen, schreien, sprechen: (Chor) Heilig, heilig, heilig ist der Herr der Heerscharen, Himmel und Erde sind voll von seiner Herrlichkeit; Hosianna in der Höhe! Gepriesen sei, der da kommt im Namen des Herrn! Hosianna in der Höhe!

Ein schönes Denkmal seiner Liebe zu den Armen erbaute er sich in einem großen Gast- und Krankenhaus in Cäsarea, wo auch Aussätzige aufgenommen wurde, die er bei seinen Besuchen wie Brüder umarmte. Er starb kaum fünfzig Jahre alt, da sein Körper infolge der Kasteiungen frühzeitig geschwächt war.

GREGOR VON NAZIANZ
(ca. 330-390)

ist in Nazianz als Sohn des reich begüterten Bischofs Gregorius und der frommen Nonna geboren. Schon bei seiner Geburt weihte seine Mutter ihn dem Herrn. Er zeigte früh eine Neigung zum beschaulichen Leben. Er erhielt eine sorgfältige Ausbildung in Cäsarea in Kappadokien, wo er Freundschaft mit dem gleichaltrigen Basilius schloß. In Alexandria nahm er die Theologie des Origenes in sich auf und vollendete dann seine Studien in Athen unter dem Redner Libanius. Dort empfing er die heilige Taufe, die er bei der Überfahrt in einem schweren Seesturm, bekümmert um das Heil seiner Seele, gelobt hatte. Dreißigjährig kehrte er in seine Heimat zurück, wo ihn sein Vater wider seinen Willen zum Presbyter weihte. Er entzog sich der hohen Verantwortung seines Amts durch die Flucht in die Stille nach Pon-

Basilius der Große (330-379): Wandgemälde aus dem 15. Jh. aus Zypern

Aus einer Predigt des Basilius über Joh. 1,1: Bewundere die Gemessenheit eines jeden Wortes. Er sagt nicht: In Gott war das Wort, sondern bei Gott, um die Besonderheit der Wesensform darzustellen. Er sagt nicht in Gott, um keinen Anlaß zur Vermengung der Wesensformen zu geben.

Gregor von Nazianz (ca. 330-390)

in Konstantinopel berufen zu lassen. Dort hat er fünf berühmte Reden über die Gottheit Christi gehalten. Als er im Jahre 381 nach dem Sieg der Nicäner zum Bischof von Konstantinopel gewählt worden war und seine Wahl angefochten wurde, zog er sich wieder in die beschauliche Stille des väterlichen Landguts zurück, wo er sein Leben beschloß.

Aus der Schutzrede:

Ich schämte mich der unwürdigen Priester, die der Meinung sind, dieses Amt sei kein Vorbild für die Tugend, sondern Mittel zum Lebensunterhalt. Es scheint mir in der Tat die Kunst der Künste und die Wissenschaft der Wissenschaften, den Menschen zu leiten, das verschiedenste und mannigfaltigste Wesen. Das Gute wird von der menschlichen Natur so schwer aufgenommen wie Feuer vom nassen Holz, dagegen sind die meisten zur Gemeinschaft mit dem Bösen so leicht beflissen, wie etwa ein Strohhalm bei einem Funken und Luftzug leicht Feuer fängt und verzehrt wird. Schneller nimmt man viel von wenig Bösem an, als nur ein wenig von tiefwurzelnder Tugend.

Darum ist Christus, der über die Sünde Herr geworden ist, um Adams willen dahingegeben . . . Darum Baum wider Baum, Hände wider Hand . . . Darum Erhöhung wider den Fall, Galle wider den Genuß, eine Dornenkrone wider die Gewalt des Bösen, Tod wider den Tod.

JOHANNES CHRYSOSTOMUS
(ca. 350-407)

bekam von der Nachwelt um seiner Beredsamkeit willen den Beinamen Goldmund (Chrysostomus). Er wurde in Antiochien in Syrien, einer Universitätsstadt mit vielseitigen Bildungsmitteln, als Sohn eines vornehmen kaiserlichen Offiziers und der Anthusa, einer hochedlen Frau, geboren. Sie blieb, obwohl sie in ihrem zwanzigsten Lebensjahr ihren Mann verlor, unverheiratet, um ihrem Sohn eine treue Mutter sein zu können. Sie gab ihm eine vielseitige und sorgfältige Bildung. Zuletzt brachte sie ihn zu dem heidnischen Redner Libanius, dem berühmten Lehrer Julians. Als dieser sie kennenlernte, rief er aus: Welche Frauen haben die Christen! Der Bischof seiner Vaterstadt, ein treuer Mann, taufte den jungen Johannes nach dreijährigem Unterricht. Johannes hatte einen Zug zum Mönchtum und lebte sechs Jahre in der Einsamkeit mit Gebet und Betrachtung der Heiligen Schrift,

tus zu seinem Freund Basilius. Dort verfaßte er seine Schutzrede zur Verteidigung seiner Flucht vor dem Priesteramt. Doch kehrte er wieder zurück und übernahm sein Amt. Später übertrug ihm Basilius, der Bischof von Antiochien geworden war, das Bischofsamt von Sasima, einer unbedeutenden Gemeinde. Er half seinem Vater bei der Verwaltung seines Bistums, um sich dann zum Bischof der athanasianischen Minderheit

die er teilweise auswendig lernte, bis ihn die Erschöpfung seiner Gesundheit zur Rückkehr nach Antiochien nötigte. In dieser Zeit entstanden die drei Bücher wider die Gegner solcher, die das Mönchtum zu fördern suchen, und die Schrift, daß das Mönchsleben etwas Höheres sei als der Besitz der Kaiserwürde.

Durch seinen Bischof wurde er in den praktischen Gemeindedienst gezogen. Er wurde Diakon und Presbyter und durfte predigen. Dabei entfaltete er seine wunderbare Beredsamkeit. Neben einigen seelsorgerlichen Schriften schrieb er sein Buch »Über das Priestertum«, in dem er die große Verantwortung des Seelsorge- und Predigtamts aufweist. Seine sorgfältig ausgearbeiteten Predigten wirken durch ihre glanzvolle Form wie durch ihren Inhalt, der mit dem Schriftwort die Zeitnöte und -sünden hell beleuchtete.

Im Jahre 398 wurde er zum Bischof und Patriarch in Konstantinopel durch den kaiserlichen Günstling Eutropius berufen. Er betrat damit gefährlichen Boden. Der Kaiser schwach, die Kaiserin Eudoxia ehrgeizig und eitel, der Hof sittenlos und ränkevoll, die Geistlichen äußerlich und verweltlicht, das Volk teils von Irrlehrern aufgewühlt, teils in dogmatischen Spitzfindigkeiten eines öden Kopfglaubens Genüge findend. Tatkräftig ergriff Johannes das Steuer. Er vereinfachte die vorher prächtige und schwelgerische Lebenshaltung, überließ seine Ersparnisse den Armen, strafte Habsucht und Üppigkeit der Geistlichen und griff die Sünden der Vornehmen an. Statt selten zu predigen wie die bisherigen Bischöfe, predigte er dreimal in der Woche, ja manchmal eine Woche hindurch täglich. Er richtete Abendgottesdienste ein für die mit Berufsarbeit Überlasteten und führte die Christfeier ein. Ein Kreis von Jungfrauen und Witwen versah die Armen- und Krankenpflege und erneuerte in freier Weise das Diakonissenamt. Auch förderte er tatkräftig die Mission unter den Goten und Phöniciern.

Dieser treue Mann gewann durch die Macht seiner Predigt die Liebe seiner Gemeinde. Der Glanz seiner Rede zog selbst die Heiden an. Mächtig hob sich das Gemeindeleben. Aber sein Freimut, mit dem er die Sünden der Großen strafte, und der Neid der Bischöfe, vor allem

Johannes Chrysostomus: Wandgemälde aus dem 15. Jh. aus Zypern

des ehrgeizigen Patriarchen von Alexandria, der ihn unter dem Vorwand, er sei Anhänger des Origenes, bekämpfte und ihn auf der Synode bei der Eiche verurteilen, seines Bistums entsetzen und aus der Kirche ausstoßen ließ, brachte ihn zu Fall. Er wurde auf Betreiben der Kaiserin aus der Stadt verbannt. Um seine Anhänger nicht zu reizen, stieg er im Abenddunkel auf das Schiff, das ihn in die Verbannung führte. Durch den Tumult des Volkes und ein Erdbeben erschreckt, rief ihn der Kaiser wieder zurück. Im Triumph zu seiner Kirche geleitet, sprach er: »Vertrieben lobte ich den Herrn, zurückkehrend lobe ich den Herrn. Gott sei Dank für alles!« Als er gegen laute und lärmende Feste predigte – kurz zuvor war eine silberne Statue der Kaiserin mit einem solchen Fest einge-

Der Liturg:
Es stehen Engel neben dem Priester. Der ganze Chor und der Raum neben dem Altar ist voll von himmlischen Heerscharen. (Joh. Chrys.)

*Antiochien in Syrien
(heute Antakya, Türkei)*

Der Märtyrer:
Es gibt nur ein Trauriges, die Sünde. Alles übrige ist Staub und Rauch. Demjenigen, welcher sich selbst nicht schadet, kann niemand schaden. (Joh. Chr.)

Aus der Auslegung von 1 Mo 1:
Und Gott ruhte. Ich danke dem Herrn, der ein solches Geschöpf geschaffen hat, in dem er ruhen konnte. Den Himmel hat er geschaffen. Ich lese nicht, daß er da ruhte. Die Erde hat er geschaffen. Ich lese nicht, daß er da ruhte. Wohl aber lese ich, daß er den Menschen geschaffen habe und dann geruht habe, indem er ein Geschöpf hatte, dem er die Sünden vergeben konnte. (Joh. Chr.)

weiht worden –, wurde er wieder verbannt. In den unwirtlichen Gegenden am Kaukasus litt er viel durch aufgehetzte Mönche und durch den wilden Volksstamm der Isaurier, vor dem er fliehen mußte. Als nach dem Tod der Kaiserin seine Freunde sich für ihn verwandten, ja Rom sich einmischte und für ihn sprach, erreichten sie nur das Gegenteil. Er wurde nach Pithyus am Schwarzen Meer verbannt.

An zwei Soldaten gefesselt wurde der greise Bischof dorthin geführt. Lange vor seinem Reiseziel erlag er den Strapazen der Reise. Man brachte ihn in die Kirche zu Comana zurück. Hier bereitete er sich in großer Ruhe zum Sterben, kleidete sich in sein Bischofsgewand und genoß das Heilige Abendmahl. Darauf betete er inbrünstig für Freunde und Feinde und entschlief, nachdem er zum letzten Mal ausgerufen hatte, was seines Lebens Wahlspruch war: »Gott sei Dank für alles!«

Über den Priester und Seelsorger:
Wir reden von einer Aufgabe, zu der es der Tüchtigkeit eines Engels bedarf. Bei einem Priester muß die Seele heller sein als die Sonnenstrahlen, damit nicht der Heilige Geist ihn jemals im Stich lasse, damit er sprechen könne: Ich lebe, doch nun nicht ich, sondern Christus lebet in mir. Priester sollen mehr in Ehren gehalten werden als Väter, denn sie haben den Grund zu unsrer Geburt aus Gott gelegt. Die schlimmste Klippe des Priesters ist der Ehrgeiz, ein Lehren nach der Maßgabe des eigenen Vergnügens, Verachtung der Armen, Auszeichnung der Reichen, knechtische

Furcht, gänzliche Verabsäumung der Zurechtweisung. Der Priester muß nüchtern und wachsam sein, weil er nicht bloß für sich, sondern für eine so große Volksmenge lebt. Die Wunden des Priesters erfordern besondere Pflege, weil seine Wunden schlimmer sind. Wir wandeln mitten unter Schlangen und auf den Zinnen von Städten. Ein Prediger ist dann unabhängig von der Gemeinde, wenn er das Lob verachtet und tüchtig ist im Reden. Auch der mit gewaltiger Redekraft Geübte ist fortwährender Mühe und Arbeit nicht enthoben. Er wird von seiner Kunst im Stich gelassen, wenn er nicht durch beharrlichen Fleiß und ausdauernde Übung seiner Begabung zu Hilfe kommt.

AMBROSIUS (340-397)

war der Sohn eines hohen römischen Beamten in Trier. Seine Familie gehörte seit hundert Jahren zur Kirche. Unter seinen Ahnen war eine Märtyrerin. Seine Schwester Marcellina hatte einen großen Einfluß auf ihn. Sie lebte in klösterlicher Entsagung. Er studierte Rechtswissenschaft und Redekunst. Früh wurde er infolge seiner Tüchtigkeit zum Statthalter Oberitaliens mit dem Sitz in Mailand ernannt. Als der arianisch gesinnte Bischof von Mailand starb, herrschte eine große Spannung in der Gemeinde. Ambrosius eilte herzu, um mit seinem Wort den Streit zu schlichten. Da rief die Gemeinde ihn, der noch nicht einmal getauft war, zum Bischof aus und ließ ihn nicht los, bis er nachgab und das Amt annahm. Wie mächtig muß ihn der Ruf Gottes getroffen haben! Wie angesehen muß das Amt eines Bischofs gewesen sein, daß sogar der Kaiser ihn gern freigab, da er in Mailand einen tüchtigen Bischof haben wollte! Ambrosius war ein Großer im Reich Gottes. Bekennt doch Augustin, daß ihm der Glaube durch den Dienst dieses Predigers geschenkt worden ist. Er war ein Bischof der Gesamtkirche in Klarheit der nicänischen Lehre, in Festigkeit seiner Führung Ketzern und Heiden und Gewaltigen gegenüber, die mit diesen gemeinsame Sache machten. Er ging in der Gestaltung des Gottesdienstes neue Wege. Im Kirchenkampf wurde seine Gemeinde eine singende Gemeinde. Er war ein ebenso weiser wie mutiger Seelsorger. Er war der geistliche Vater eines der Größten, der der Kirche gegeben war, Augustins. Es führt eine Linie von Paulus über Ambrosius und

Augustin zu Luther. Nach dreiundzwanzigjähriger Amtsführung starb er und wurde in seiner Basilika unter dem Altar beigesetzt.

Der Prediger

Seine Predigt ist in der Form an der klassischen Redekunst gebildet und liebt den knappen, geschliffenen Ausdruck. Sie ist Schriftauslegung und gebraucht gern neben dem sittlich-praktischen den tieferen, gleichnishaften Schriftsinn. Seine lehrhaften Schriften sind meist aus Predigten hervorgewachsen, so seine zahlreichen Auslegungen alttestamentlicher Schriften und die Auslegung des Lukasevangeliums.

Der Seelsorger:

Augustin bekennt von ihm: »Ich wurde von dir, mein Gott, zu ihm geführt ohne mein Wissen, auf daß ich von ihm zu dir geführt würde mit meinem Wissen.« Ambrosius war Seelsorger des Kaisers Theodosius. Nachdem dieser in Thessalonich ohne gerichtliche Untersuchung eine Anzahl Bürger hatte hinrichten lassen, schrieb er ihm einen seelsorgerlichen Brief.

»Ich kann es nicht leugnen, daß Du Eifer für den Glauben, daß Du Gottesfurcht hast. Aber Du hast eine natürliche Heftigkeit, welche Du, wird sie besänftigt, leicht in Mitleid verwandelst; wird sie aber von irgend jemand noch angestachelt, so steigerst Du sie, daß Du ihrer selbst kaum mächtig bist . . . Der Herr vergibt die Sünde nur denen, die in Buße zu ihm kommen. Ich habe Ursache, für Dich zu fürchten. Ich wage es nicht, das heilige Abendmahl auszuteilen, wenn Du ihm beiwohnen willst. Ich liebe Dich, ich bete für Dich.«

Theodosius soll später gesagt haben: »Ambrosius ist der einzige, der in Wahrheit den Namen eines Bischofs verdient.« In den Armen des Bischofs ist der große Kaiser gestorben.

Der Erneuerer des Kirchengesangs:

Neben dem Psalmodieren des Chors war die Gemeinde bisher kaum zum Singen herangezogen worden. Nun führte Ambrosius den Kirchengesang ein. Die Hymnen wurden im Wechselgesang gesungen. Dieser Gesang in seiner Innigkeit und Erhabenheit rührte, wie Augustin berichtet, die Zuhörer oft zu Tränen. Etwa zwölf Hymnen sind von Ambrosius selbst verfaßt, so der Lobgesang »Herr Gott, dich loben wir« (Te Deum). Dieses Singen setzte sich im ganzen Abendland durch, bis es nach seiner Entartung im sechsten Jahrhundert wieder durch den Chor abgelöst wurde, um in der Reformationszeit neu aufzubrechen.

Der Leiter seiner Kirche:

Der Kaiser verlangte die Herausgabe eines Gotteshauses für die Arianer. Ambrosius widerstand. »Dem Kaiser gehören die Paläste, dem Bischof die Kirchen!« Als Soldaten die Kirche, in der die Gemeinde versammelt war, umringten, beschwichtigte er: »Wir sind hier, zu beten, nicht zu kämpfen.« Als die Soldaten zum zweiten Mal die Kirche belagerten, spricht er: »Meine Waffen sind meine Tränen, das ist des Priesters Schutz und Wehr, anderen Widerstand kann und darf ich nicht leisten.« Eine Nacht war er mit der Gemeinde im Gotteshaus gefangen. Da hielt er seine berühmteste Predigt.

AUGUSTIN (354-430)

ist der größte Kirchenvater des Abendlands. Er entzündet die abendländische Frömmigkeit an der Glut seiner Feuerseele. Er ist aus der dem praktischen Leben und seinen Ordnungen zugewandten lateinischen Kultur, in der er als Redner und Lehrer der Beredsamkeit lebte, hervorgegangen. Seine Hauptfrage, deren Antwort ihm durch Gottes Gnade geschenkt wurde, war: Wie werde ich Herr über die Sünde? Seine Schriften sind Zeugen dieser Antwort. Er hat sie in den Raum der großen Kirche hineingesprochen über die Jahrhunderte hinweg.

Sein Werden

Augustin ist am 13. November 354 in Thagaste in Numidien geboren. Von Kind an zwischen den heidnisch unbeherrschten Vater und die innigfromme, kluge Mutter Monnica gestellt, geriet er in seiner Jugend unter den Einfluß heidnischer Sittenlosigkeit. »Ein kleiner Knabe und schon solch ein großer Sünder!« ruft er in seinen Selbstbekenntnissen aus. Doch lebt er in seinen sinnlichen Leidenschaften mit unruhigem Gewissen im Gedenken an seine Mutter. Die praktisch-philosophische Schrift Ciceros »Hortensius« rüttelt ihn auf, ohne daß er die Kraft findet, sich von seinen

Aus einer Predigt des Ambrosius:
Ich fürchtete den Herrn der Welt mehr als irgendeinen Herrscher. Ein Priester muß verstehen, zu leiden. Das ist seine beste Gegenwehr, seine einzige Waffe. An den Wunden, die er als Christ empfängt, stirbt er nicht. Im Gegenteil, sie geben neues Leben.

omino eximio filio bonifatio. aug. Iamrescripsera caritati tue.

Augustin von Hippo: Darstellung in einem mittelalterlichen Manuskript

sich schwer von seiner langjährigen Konkubine lösen; und als es der Klugheit der Mutter Monnica gelang, die Geliebte zur Rückkehr nach Afrika zu bewegen unter Zurücklassung ihres Sohnes Adeodatus, um einer rechtmäßigen Ehefrau Platz zu machen, ließ sich Augustin inzwischen mit einer anderen Buhlerin ein. So kraftlos war er!

Augustin war ein Meister des Zwiegesprächs und ein Virtuose der Freundschaft. Eines Tages besuchte ihn Pontianus, ein vornehmer Hofbeamter und Christ, und erzählte ihm, welchen Eindruck die Lebensbeschreibung des Einsiedlers Antonius auf zwei junge Hofbeamte gemacht habe, daß sie mit ihren Bräuten sich sofort zum mönchischen Leben bekehrten. Diese Erzählung beschämte und ergriff Augustin so, daß er von den Freunden weg in den Garten lief, um ihnen seine Erregung zu verbergen. Da hörte er eine Kinderstimme aus dem Nachbarhaus wie zum Spiel singen: »Nimm und lies!« Er nahm diese Stimme wie einen Befehl des Himmels, die Rolle des Römerbriefs, die auf der Gartenbank lag, zu öffnen, und das erste Wort, das sein Auge traf, zu lesen und fand Römer 13,13: »Nicht in Fressen und Saufen, nicht in Kammern und Unzucht, nicht in Hader und Neid, sondern ziehet an den Herrn Christus und pfleget nicht das Fleisch in seinen Wollüsten.« Gleich entflohen die Schatten des Zweifels, und Gewißheit goß sich wie ein helles Licht in seine Seele. Sofort schloß sich sein Freund Alypius ihm an. Glücklich eilten sie zur Mutter Monnica. Ostern 387 empfing er von Ambrosius die Taufe. Dabei soll im Wechsel mit Ambrosius und Augustin das »Te Deum« zum ersten Male gesungen worden sein. Bei der Rückkehr nach Afrika verlor er in der Hafenstadt Ostia die durch seine Bekehrung überglückliche Mutter durch den Tod. Mit gleichgesinnten Freunden führte er in Thagaste ein Leben mönchischer Stille, bis ihn die Gemeinde Hippo Rhegius zum Presbyter berief. Durch die Nöte seiner Gemeinde wurde er zum Schriftsteller. So wurde sein Dienst für die Gesamtkirche fruchtbar. In seinen »Confessiones« bekennt er sein Leben in Form eines Gebets. Es ist ein fast überzeitliches Buch, bewegt von religiöser Leidenschaftlichkeit und tiefster Kenntnis der Seele.

Gebundenheiten freizumachen. Sein Gebet war nach seinem eigenen Geständnis: »Herr, gib mir Keuschheit und Selbstüberwindung, aber, bitte, nicht sofort!« Das Zeitliche verschlingend, wurde er vom Zeitlichen verschlungen. In seinem Streben nach Herrschaft über seine Leidenschaft geriet er in die Sekte der Manichäer, die die Sünde aus der Leiblichkeit erklären und von den Vollkommenen strenge Enthaltsamkeit verlangen, die den Unvollkommenen zugute kommen soll.

In Mailand, wohin er als Lehrer der Beredsamkeit berufen wurde, half ihm die Beschäftigung mit der Philosophie des Neuplatonismus, von der Lehre der Manichäer loszukommen. Zugleich trat er in den Bannkreis der gewaltigen Predigt des Bischofs Ambrosius. Er näherte sich dem Christentum. Doch konnte er

Groß bist du, o Herr, und hoch zu loben. Und loben will dich der Mensch, der seine Sterblichkeit herumträgt, das Zeugnis seiner Sünde. Nun, du bist es selbst, der ihn lockt, daß er freudig dich lobe. Denn zu dir hin hast du mich geschaffen, und ruhelos ist unser Herz, bis es Ruhe findet in dir. Zu eng ist das Haus meiner Seele, um dich aufzunehmen: Erweitere du es. Schadhaft und hinfällig ist es, erneuere du es! Es birgt manches, was deine Augen beleidigt: Ich bekenne und weiß es; doch wer soll es reinigen? Wen anders soll ich anrufen als dich allein.

Reste der römischen Stadt Ostia, wo Augustin eine Vision erlebte.

Der Bischof von Hippo Rhegius

Aus Liebe zu seiner Gemeinde verzichtete Augustin auf das klösterliche Zusammenleben mit seinen Freunden und zog, als er 395 zum Bischof geweiht worden war, in das Bischofshaus, um sich nun ganz den Hirtenaufgaben einer großen Gemeinde zu widmen. In Nordafrika war die schismatische Kirche der Donatisten weit verbreitet. Weil ihnen die Kirche in ihrer Bußpraxis zu lax war, hatten sich die Donatisten von ihr getrennt und wollten heilige Gemeinden darstellen. Die Heiligen waren in ihrem Fanatismus Besprechungen unzugänglich und verlegten sich immer mehr auf gewaltsame Übergriffe gegen die Großkirche.

Nach der letzten großen Christenverfolgung war es bei der Bischofswahl in Karthago zu dieser Spaltung gekommen. Von einem Teil der Gemeinden wurde diese Wahl meist aus persönlichen Gründen (eine reiche, einflußreiche Dame fühlte sich von dem gewählten Bischof beleidigt, weil er ihrer Reliquienverehrung widersprochen hatte) angefochten, indem man die Rechtmäßigkeit der Bischofsweihe bestritt. Es

seien Traditoren (Bischöfe, die in der Verfolgungszeit heilige Bücher abgeliefert hätten) bei der Weihe beteiligt gewesen. Der eigentliche Grund war das Machtstreben des Donatus, des Führers der Unzufriedenen, denn er lehnte das Anerbieten des gewählten Bischofs, sich noch einmal weihen zu lassen, ab und ließ sich selbst zum Bischof wählen. Es wiederholte sich, was im 3. Johannesbrief von Diotrephes steht. In der Kirche, in der das Evangelium zum Gesetz geworden war, war die Liebe erloschen, die des Gesetzes Erfüllung ist.

Augustin bekämpfte sie mit geistigen Waffen. Er arbeitete heraus, was Kirche ist. Kirche ist Autorität. Diese Autorität beruht auf dem Kanon der Heiligen Schrift, auf den Bischöfen und Synoden. Sie beruht weiter auf den Sakramenten. Das Wort kommt zum Zeichen, und so wird das Sakrament. Er nennt Taufe, Abendmahl, Ordination und Ehe als Sakrament. Das Sakrament verleiht stets einen Charakter und ist auch bei den Ketzern gültig. Doch wirksam wird es erst durch den Heiligen Geist der Liebe, der nur in der Gesamtkirche wirkt. Denn wo man die Einheit zerreißt, ist

keine Liebe. Auch unwürdige Glieder können die Kirche nicht unheilig machen. Die Kirche ist ja der Leib des Christus. Er hält sie zusammen durch seine Liebesmacht. Auf die Kirche ist immer das Gleichnis vom Unkraut unter dem Weizen anzuwenden. Sie bleibt immer eine durchmengte Körperschaft. Ihren unvermischten Zustand wird sie erst in der Ewigkeit erreichen. Als die Donatisten sich nicht belehren ließen, stimmte Augustin einem Synodalbeschluß zu, der den Kaiser um Hilfe bat. Er begründete die Gewaltanwendung mit dem Wort: »Nötiget sie, hereinzukommen« (Lk 14,23). Dieser Grundsatz wirkte sich in den Ketzerverfolgungen der kommenden Jahrhunderte verderblich aus. Die Donatisten riefen die Vandalen, die die blühende Provinz verheerten. Das Kaisertum besiegte die Vandalen, die Arianer waren. Die Reste der sich gegenseitig bekämpfenden Christen erlagen dem Schwert des Islams.

Der Herr, der den kleinasiatischen Gemeinden gesagt hat: Ich werde dir bald kommen und deinen Leuchter wegstoßen von seiner Stätte, wo du nicht Buße tust (Offb 2,4), hat an der nordafrikanischen Kirche gerichtlich gehandelt. So ist das gemeindebauende Werk des Donatus und des Augustinus verbrannt, weil unter Gold, Silber und Edelsteine – Holz, Heu und Stoppeln gebaut waren (1Kor 3,12f).

Im Kampf mit Pelagius

Im Jahre 410 kam der Asket Pelagius nach Rom und verkündete die Fähigkeit des Menschen, aus eigener Kraft das Gute zu tun. Im Kampf mit diesen irrigen Anschauungen bildete Augustin seine Gnadenlehre aus. Adam hatte die Fähigkeit, nicht zu sündigen und zu sündigen. Er verlor durch seinen Fall die Hilfe der Gnade, so daß er nicht mehr die Fähigkeit hatte, nicht zu sündigen. Gott erwählt aus der Masse des Verderbens die Menschen, die zur Seligkeit berufen sind. Die Gnade weckt in ihnen das Bedürfnis nach Rettung, gibt ihnen den Entschluß zur Umkehr und das Geschenk der Beharrlichkeit. Rettend ist aber nur der Glaube, der in der Liebe tätig ist. Rechtfertigung und Heiligung sind voneinander getrennt. Die Erlösungstat Christi wirkt die Vergebung der Sünden in der Taufe. Die Liebe, die heiligt, ist durch den Heiligen Geist eingegossen.

Die katholische Kirche stellte die Erwählungslehre beiseite. Das Heil geschieht nach ihrer Auffassung durch die Zusammenarbeit des menschlichen Willens mit der Gnade. Das Thema, das Augustin gestellt, aber nicht gelöst hat, wird

Augustin:
Mögen sie sich alle bekreuzigen, mögen sie alle das Amen sprechen und das Halleluja singen, mögen alle getauft sein, durch nichts anderes unterscheiden sich die Kinder Gottes von den Kindern des Satans als allein durch die Liebe.

Reste der Gedächtniskirche Cyprians in Karthago, wo Augustin gepredigt haben soll

Die letzten Sätze aus dem »Gottesstaat«: Dort werden wir ruhen und werden schauen. Wir werden schauen und werden lieben. Wir werden lieben und werden loben. Siehe, das wird das Ende sein, dem kein Ende folgt.

erst durch den Augustinermönch Luther beantwortet: Rechtfertigung und Heiligung sind eins. Sie sind das Werk des Christus, der durch den Heiligen Geist den Glauben wirkt.

Augustins Staatsauffassung

Augustins größtes Werk ist der »Gottesstaat«, das in zweiundzwanzig Büchern den Vorwurf der Heiden zurückweist, die Christen seien am Zerfall des Römerreiches schuld. Der Kampf zwischen Gottesstaat und Weltstaat ist das Thema der Weltgeschichte. Das Reich der Selbstliebe steht dem Reich der Gottesliebe entgegen. Die erste Auferstehung wird auf die Wiedergeburt gedeutet. Wenn am Ende der Weltzeit der Satan losgelassen wird, wird kein einziger mehr selig werden können. Die Kirche ist das Tausendjährige Reich. Der Kultus der katholischen Kirche ist seine Darstellung. Der Einheitsstaat des Mittelalters, der dem Gottesreich dienen und den Frieden auf Erden herstellen wollte, das Gottesgnadentum der Kaiser und Könige hatte in diesem Buch seinen Ursprung.

In Augustin wurzeln gleichzeitig die römische und die evangelische Kirche. Auf ihn können sich ganz verschiedene

Ruinen von Karthago nahe Kap Bon, Tunesien

Geistesrichtungen berufen, weil er selbst nicht einheitlich ist. Er umfaßt die Tradition und Paulus. Er selbst war von der Liebe des Heiligen Geistes erfüllt. Doch er sieht in der Liebe des Heiligen Geistes, und das hängt mit seiner neuplatonischen Philosophie zusammen, eine magisch wirkende Kraft, die den Organismus der Kirche durchströmt, und ist die Grundlehre der katholischen Kirche geworden. Aber durch sein Verständnis der paulinischen Briefe hat er Luther, der ein Augustinermönch war, den Weg gewiesen.

Er hat der Kirche gedient in unablässiger Arbeit. Er blieb in Hippo, als die Stadt von den Vandalen belagert wurde, damit die Herde Christi, getötet von der Waffe, die den sterblichen Leib mordet, nicht an der Seele getötet werde. Zehn Tage vor seinem Ende ließ er sich die vier kürzesten Bußpsalmen Davids auf Wandtafeln schreiben und verlangte, allein gelassen zu werden. Er las sie und weinte. Er wollte nicht ohne gründliche Buße aus diesem Leben scheiden. Am 27. August 430 entschlief er.

Die Zeit der christologischen Streitigkeiten

In der Ostkirche wurde die griechische Philosophie auf den christlichen Glauben aufgepfropft. Die Lehrstreitigkeiten, die die östliche Kirche in tiefe Erschütterung brachten, waren nichts als ein Kampf christlicher Frömmigkeit gegen die griechische Gedankenwelt. Dieser Kampf ist in der Hauptsache siegreich für die Kirche verlaufen. Aber er hinterließ doch Einbrüche des griechischen Geistes: Naturhaft asketische Frömmigkeit und Zerspaltenheit um der Lehre willen werden Kennzeichen der östlichen Kirche. Ging der Streit zwischen Athanasius und Arius um die Stellung Christi innerhalb der Dreieinigkeit, so ging der Kampf zwischen Nestorius und Cyrill um das Verhältnis zwischen Gottheit und Menschheit in der Person Christi.

Die Germanenstämme, die der Lehre des Arius zugefallen waren, sind untergegangen: Ostgoten, Westgoten, Vandalen. Die Aufspaltung der östlichen Kirche in den Streitigkeiten um das Verhältnis zwischen Gottheit und Menschheit Christi führte zu solcher politischen Schwächung des Ostreiches, daß es zum größten Teil eine Beute des Islams wurde. Der Herr, der seine Gemeinde baut, kann auch ihren Leuchter wegstoßen von seiner Stätte, wenn sie die erste Liebe verläßt und darüber nicht Buße tut.

NESTORIUS UND CYRILL

Nestorius, ein Abt von strenger Rechtgläubigkeit und guter Redegabe, wurzelte in der syrischen Kirche, deren theologische Schule in Antiochien ausgezeichnete Arbeiten grammatischer Schriftauslegung geliefert hatte. Sie stachen von der allegorisch-willkürlichen Auslegung der Theologenschule in Alexandria vorteilhaft ab. Die Antiochener sahen die Einheit zwischen Gottheit und Menschheit bei Jesus in der geistigen Einheit des göttlichen und menschlichen Willens. Nestorius wurde als neutrale Persönlichkeit vom Hof zum Patriarchen von Konstantinopel berufen. Der christologische Streit begann um den Beinamen der Mutter des Herrn, die die Alexandriner Gottesgebärerin nannten. Nestorius trat für den Ausdruck Menschengebärerin ein. Den Marienkult, den er mit der Isisverehrung in Parallele setzte, bekämpfte er. Als Unruhen entstanden, empfahl er den Ausdruck »Christusgebärerin«. Inzwischen war er schon von einem kaiserlichen Beamten in Rom bei Papst Coelestin und in Alexandria bei dem Patriarchen Cyrill verklagt worden. Cyrill, ein kluger, fast ver-

Das römische Theater in Alexandria

*Cyrill von Alexandria
(† 444)*

rius des geheimen Pelagianismus verdächtigte. Auch den kaiserlichen Hof suchte er zu gewinnen. Der Kaiser schrieb das dritte ökumenische Konzil aus. Es fand 431 in Ephesus statt. Ehe die antiochenischen Freunde des Nestorius eintrafen, hatte Cyrill eine Front gegen Nestorius gebildet und seine Verdammung erwirkt. Nestorius sammelte seinerseits die antiochenischen Bischöfe und verdammte die Lehre Cyrills und erklärte ihn für abgesetzt. Der Kaiser bestätigte die Beschlüsse beider Synoden und enthob beide Patriarchen ihres Amts. Doch während Nestorius sich in ein antiochenisches Kloster zurückzog und den Kampf aufgab, kämpfte Cyrill weiter für seine Sache. Er entfloh aus der Haft, bestach Hofbeamte, erkannte eine Vermittlungsformel an und erreichte, daß sein Konzil als ökumenisches anerkannt wurde. Die Kämpfe gingen nach Cyrills Tode weiter, um schließlich auf dem vierten ökumenischen Konzil zu Chalcedon (451) mit einem Sieg der Lehre des Papstes Leo zu einem Ziel zu kommen. »Ein Christus in zwei Naturen, die sich nicht vermischen und nicht wandeln, nicht zerrissen, noch getrennt sind.«

Doch dauerten die Kämpfe im Osten fort, wo man mit dem Ergebnis von Chalcedon nicht zufrieden war. In Ägypten, Syrien und Armenien lehnten die Kirchen die Zweinaturenlehre ab. Die Syrer und Perser bekannten sich zur Lehre des Nestorius und verehrten Theodor von Mopsuestia als ihren Kirchenvater. Sie erlangten die Anerkennung der persischen Herrscher und entfalteten eine Missionstätigkeit, die bis China und Vorderindien reichte. So hat Christus die Leute des Nestorius benützen können, seine Gemeinde zu bauen bis an die Enden der Erde.

LEO DER GROSSE (†461)

Von seiner Herkunft wissen wir wenig. Doch war er schon vor seiner Wahl zum Bischof als Diakon eine hochangesehene Persönlichkeit, deren Ansehen der Kaiser benützte, um Streitigkeiten zwischen den beiden höchsten Beamten Galliens zu schlichten. Im Jahre 440 wählte ihn das Volk in Rom zum Bischof. Bei seinem Regierungsantritt

schlagener Gegner, suchte den Rivalen von Konstantinopel zu demütigen. Ihm lag viel an der naturhaften Einigung des Gottessohnes mit einer unverkürzten menschlichen Natur, damit die Zufuhr von Kräften der Unverweslichkeit an den Christen erklärbar wird. Cyrill gewann den Papst dadurch, daß er Nesto-

sprach er die Lehre vom Vorrang des römischen Bischofs auf Grund von Mt 16, 16-19 klar aus und beanspruchte, der Nachfolger Petri zu sein. Er war durchdrungen von der Wahrheit dieser Lehre und von ihrem göttlichen Recht. Darin liegt die Größe seines Erfolgs begründet. Wie Cyprian die Führung der Gemeinde durch den Bischof erkämpft hat, so erkämpfte er die Führung der Kirche durch den Bischof von Rom. Der Zerfall der kaiserlichen Macht, das Einströmen fremder, wilder Völkerschaften in den alten Kulturraum des Mittelmeers begünstigte eine solche Zusammenfassung der kirchlichen Kräfte in einem Mittelpunkt. Theorie und Bedürfnis der Tatsachen kamen einander entgegen. Leo setzte seinen Anspruch in Italien, in Afrika, in Illyrien und Gallien durch. Er widerstand dem Versuch des Bischofs Hilarius von Arles, der dort ein selbständiges Oberbistum errichten wollte. Kaiser Valentinian bestätigte dem römischen Bischof 445 die kirchliche Oberhoheit über das ganze Abendland. Sein Ansehen im Westen wuchs dadurch, daß es ihm an der Spitze einer Gesandtschaft gelang, den Hunnenkönig Attila, der nach der Schlacht auf den Katalaunischen Feldern im Jahre 451 in Italien eingebrochen war, zum Rückzug zu bewegen. 456 übernahm er wieder die Vermittlerrolle Geiserich gegenüber, vermochte jedoch nur das Anzünden der Stadt, nicht aber die Plünderung zu verhüten.

Er kämpfte um die Anerkennung der Führung des römischen Bischofs auch in der Ostkirche. In den unerquicklichen dogmatischen Streitigkeiten des Ostens sprach er die lösende Formel aus, die das Geheimnis »wahrer Mensch und wahrer Gott« stehen ließ. Beide Naturen handeln in völliger Einheit auf Grund wechselseitiger Anteilnahme (Communio). Auf dem besuchtesten aller bisherigen Konzilien, an dem sechshundert Bischöfe teilnahmen, auf dem Konzil von Chalcedon, das unter dem Vorsitz seiner Gesandten stand, wurde seine Lehre angenommen. So war in der Tat sein Anspruch, oberste Lehrautorität der Kirche zu sein, durchgesetzt. Doch seinem Kirchenregiment widerstand das Konzil, indem es in einem besonderen Kanon den Patriarchen von Konstantinopel zum obersten Kirchenregenten des Ostens einsetzte. Diesen Kanon haben Leos Abgesandte nicht unterschrieben.

Von dem apostolischen »Allein aus Gnade« ist er trotz seiner zeitlichen Nähe zu Augustin weit entfernt. Er lehrt das Zusammenwirken von Gnade und Menschenwerk.

Ephesus: eine Prachtstraße führte vom Hafen zum Theater, das 24000 Sitzplätze bot

Leo der Große: Wir wollen uns durch Werke der Barmherzigkeit und den Glanz unsrer Reinheit wie auf zwei Fittichen von der Welt zum Himmel hinaufschwingen. Wer mit Hilfe der göttlichen Gnade von solchem Sehnen erfüllt ist, der feiert das Ostergeheimnis, wie es sich gebührt.

gelang ihm nicht, auch nicht, als er die Ostkirche in der monophysitischen Lehre einigen wollte. Der griechische Geist mit seinem Besserwissenwollen spaltete die Kirche, was sich auch durch das Gewicht der politischen Gewalt nicht hindern ließ. Denn die Kirche kann nicht mit Gewalt, sondern nur durch die Liebe Christi geeinigt werden. Der kirchliche Zerfall war das Vorzeichen des nahenden politischen Zerfalls. Der Islam sollte nicht ganz hundert Jahre später Syrien, Palästina und Ägypten aus dem byzantinischen Reich reißen.

Die abendländische Kirche in den Stürmen der Völkerwanderung

Im abendländischen Mönchtum war eine Form gefunden, die die urchristliche Bruderschaft der ernsten Christen darstellen wollte. Wenn auch seine Weltflucht verkehrt ist, denn die Welt ist im eigenen Herzen und geht auch mit in die Einsiedelei, so hat doch das Mönchtum der Kirche in den Stürmen der Völkerwanderung eine Zuflucht geboten.

Aus dem römischen Tempel des Antonius Pius und der Faustina wurde die christliche Kirche San Lorenzo in Miranda

KAISER JUSTINIAN (482-565),

eine kraftvolle Persönlichkeit, suchte während seiner langen Regierung das römische Weltreich wiederherzustellen. Persönliche Mäßigkeit, ungeheurer Fleiß, hoher Gedankenflug, verschwenderische Prachtliebe, unruhige Reformsucht und phantastische Überschätzung seiner Kräfte charakterisieren ihn. Es gelang ihm durch seine Feldherrn Belisar und Narses die Unterwerfung der Vandalen in Nordafrika und der Goten in Italien und die Vernichtung ihrer Staaten. Afrika und Italien wurden oströmische Provinzen. Die lateinische Sprache sollte das Einheitsband bilden. Demselben Zweck diente die berühmte Sammlung des römischen Rechts, das Corpus Iuris. Da seit Konstantin die Kirche die stärkste Einheitsklammer des Weltreichs war, wollte Justinian sein Einigungswerk durch die Einigung der Kirche krönen. Er wollte der Lehrauffassung des Konzils von Chalcedon auch in den monophysitischen Randkirchen des Ostens Geltung verschaffen. Aber es

BENEDIKT VON NURSIA (ca. 480-543)

wurde zu Nursia, nördlich von Rom, geboren. Von der Herkunft seiner Eltern ist nichts bekannt. Jedenfalls genossen er und seine Schwester eine fromme Erziehung und wurden früh vertraut mit den Schriften der alten Asketen. Vielleicht hat auch das Kloster seiner Heimat Einfluß auf ihn gewonnen. In Rom, wo er studierte, fühlte er sich durch die lasterhafte Versunkenheit seiner Studiengenossen abgestoßen. Er floh die Welt und wandte sich der Einsamkeit zu. Er fand einen Mönch Romanus, der sich seiner annahm und das Essen mit ihm teilte. Er lebte in der schauerlichen Abgeschiedenheit einer niedrigen Höhle, mit Beten und Fasten beschäftigt. Bald verehrte ihn das Volk, empfahl sich seinem Gebet und hörte seine Lehren. Mönche sammelten sich um ihn. Er wurde zum Abt eines Höhlenklosters gewählt, dessen Sitten ganz verdorben waren. Als er nichts ausrichtete, verließ er das Kloster und ging wieder in die Einsamkeit. Er erkannte, daß er einen völligen Neubau wagen müsse und fand auf dem steilen Hügel des Berges Cassinus die geeignete Stätte zu einer eigenen Klostergründung. In einer Zeit, da unter den Stürmen der Völkerwanderung das weströmische Reich zusammenbrach und die Erschütterung alles niederwarf, was an Kultur vorhanden war, gab Benedikt der bedrohten Kultur- und Glaubenswelt ein Asyl in einer Mönchsgemeinschaft, die er aus dem ungeordneten, schwärmerischen Wesen des Orients in abendländischer Organisation zu einem geordneten Gemeinwesen gestaltete. Er erreichte das durch die schlichte Durchführung des Grundsatzes: »Bete und arbeite«, der Ortsgebundenheit und des Gehorsams gegenüber dem Abt. Papst Gregor gab seiner Ordnung und Regel die Anerkennung. Von Benedikt werden viele legendenhafte Geschichten erzählt, die die Wundersucht seiner Zeitgenossen ausgeschmückt hat. Er sah seinen Tod voraus und ließ sich sechs Tage zuvor sein Grab graben. Dann ließ er sich in das Bethaus tragen, empfing das heilige Abendmahl und starb mit betend erhobenen Händen am 21. März 543.

Aus der Regel Benedikts:

Der Prophet sagt: Ich lobe dich des Tages siebenmal (Ps 119,164). Diese heilige Siebenzahl wird von uns gehalten, wenn wir in der Frühe um drei, um sechs, neun, zwölf, drei Uhr, am Abend und zur Tagesschlußstunde um neun Uhr den Pflichten unseres Dienstes nachkommen. Zu diesen Zeiten laßt uns also unserem Schöpfer um der Rechte willen seiner Gerechtigkeit unser Lob darbringen.

Jeder soll sein eigenes Lager haben. Wenn möglich, sollen alle in einem Raume schlafen. Ist ihre Zahl zu groß, so mögen sie zu je zehn oder zwanzig mit den älteren Brüdern, die die Aufsicht haben, zusammen ruhn. Die Lampe hat unaufhörlich in dem Gemach bis zum Morgen zu brennen. Wir meinen, daß zur täglichen Stärkung zur zwölften wie zur dritten Stunde für alle Tische zwei gekochte Gerichte genügen im Blick auf die Schwächen etlicher, daß, wer etwa von dem einen nicht essen kann, am andern sich sättige. Ist aber Obst, sind Hülsenfrüchte vorhanden, so möge auch noch ein drittes Gericht hinzugefügt werden. Für den Tag mag ein Pfund Brot genügen. Alle, abgesehen von den Kranken und Schwachen, sollen sich bei ihren Speisen völlig des Fleisches von vierfüßigen Tieren enthalten. Es hat jeder seine eigene Gabe von Gott empfangen, darum tragen wir Bedenken, das Maß der Nahrung für andere zu bestimmen. Indes, im Blick auf das Unvermögen der Schwachen, glauben wir, daß täglich eine halbe Flasche Wein für einen jeden genüge. Welchen aber Gott es schenkte, daß sie völlig enthaltsam sein können, die mögen wissen, daß sie ihren besonderen Lohn empfangen werden.

Der Müßiggang ist der Feind der Seele. Deshalb müssen sich die Brüder zu gewissen Zeiten mit Handarbeit beschäftigen, zu anderen Stunden mit dem Lesen heiliger Bücher. Von Ostern bis zum ersten Oktober sollen die Brüder früh hinausgehen und auch noch von der sechsten bis zur zehnten Stunde die nötige Arbeit tun. Von der zehnten bis zur zwölften Stunde haben sie frei zum Lesen. Wenn sie nach der zwölften Stunde sich vom Tisch erheben, mögen sie auf ihren Betten in aller Stille ruhn. Doch wenn einer gerade etwas lesen will, so lese er für sich, störe aber keinen anderen. Die Hore für die dritte Stunde finde schon zeitig um halb drei Uhr statt. Dann sollen sie wieder, was zu tun ist, bis zur Vesper um sechs Uhr schaffen.

Bei aller Strenge zeichnet sich die Regel Benedikts durch Milde und Mäßigung aus.

GREGOR DER GROSSE
(ca. 540-604)

Er war Papst von 590 bis 604. Den Beinamen der Große hat er von der Geschichte bekommen, nicht, weil es ihm gelang, wie Leo dem Großen, den päpstlichen Anspruch in der Gesamtkirche durchzusetzen, sondern weil in einer Zeit, da die östliche Kirche in ihren Streitigkeiten um die göttliche und menschliche Natur des Mittlers sich mehr und mehr spaltete und in Nationalkirchen auflöste, ehe sie dem Gericht des Islam

Die Kirche Gregors des Großen in Rom

fiel, Gregor sich auf seine nächsten Aufgaben beschränkte. Er war in großer Treue ein Oberhirte seiner Bischöfe, ordnete in treuer Haushalterschaft die Verwaltung der kirchlichen Güter, verwandte die kirchlichen Mittel zur Heilung der Kriegsschäden und zur Herstellung friedlicher Beziehungen zu dem Langobardenreich, und vor allem dehnte er durch die Missionierung der Angelsachsen und die Anbahnung kirchlicher Beziehungen zu den germanischen Kirchen den Bereich seines Hirtenamts in zukunftsträchtiger Weise nach Westen und Norden aus.

Sein Werden

Gregor ist um 540 in einer sehr reichen Familie des römischen Hochadels geboren. Von frommen Eltern sorgfältig erzogen – seine Mutter Sylvia wurde später zu den Heiligen der Kirche gerechnet –, schlug er die politische Laufbahn mit großem Erfolg ein. In jungen Jahren wurde er Präfekt der Stadt Rom. Es war die Zeit, da die Langobarden einbrachen und der oströmische Exarch in Ravenna nur eine Scheinherrschaft aufrechterhielt. In innerem Konflikt zwischen Ehrgeiz und edleren Neigungen entschloß sich Gregor, der weltlichen Laufbahn zu entsagen und ins Kloster zu gehen. Er war damals fünfunddreißig Jahre alt. Er schenkte seine Güter zum Teil der Kirche, zum Teil ließ er sie zum Bau und zur Ausstattung von Klöstern verwenden. Die Regel Benedikts zog ihn an, und er führte sie in seinen Klöstern durch. Im Kloster fühlte sich der des weltlichen Treibens müde Mann »wohl wie ein Schiff, das aus dem Sturm sich in den Hafen retten konnte«. Lange dauerte sein beschauliches Leben nicht. Papst Pelagius II. ernannte ihn zum Gesandten in Byzanz. Diese Aufgabe löste er so vortrefflich, daß er, als Pelagius starb, zu seinem Nachfolger gewählt wurde.

Der Oberhirte der Bischöfe und Pfarrer

Gregor hatte eine hohe Auffassung von der Aufgabe der Kirche. Sie soll eine Erzieherin und Pflegerin der rohen, verwahrlosten Menschheit sein. Das geschehe vor allem durch die Seelsorge. Damit die Bischöfe auch rechte Bischöfe seien, dürfen sie ihr Amt nicht durch Geld oder Gunst erschleichen, sondern sie sollen durch Volk und Geistlichkeit gemeinsam gewählt werden. Gregor prüfte Sitten und Kenntnisse des Gewählten sorgfältig und verlangte Zusendung der Wahl- und Prüfungszeugnisse.

Seine »Regula pastoralis« erfreute sich einer solchen Wertschätzung, daß nach einem Bericht Hinkmars von Reims um 870 jeder fränkische Bischof bei seiner Weihe geradezu auf sie verpflichtet wurde.

Die Missionierung der Angelsachsen

Gregor war noch ein Mönch, als ihm angelsächsische Jünglinge auf dem Sklavenmarkt in Rom durch ihren edlen Wuchs auffielen. Als er hörte, daß sie Angeln seien, sagte er: »Angeli, d.h. Engel, sollt ihr werden!« Er selbst war schon mit andern Mönchen unterwegs nach dem Norden, um ihr Missionar zu werden, als ihn der Papst zurückrief. Als 596 eine fränkische Königstochter sich mit dem heidnischen König Aethelbert von Kent vermählte, sandte Gregor den Abt Augustin mit anderen Mönchen nach England. Den wegen der Sprachschwierigkeiten Entmutigten ermahnte er weiterzuziehen. Schon im Jahre 597 konnte er zehntausend Angeln taufen. In einem Brief ermunterte Gregor ihn zur Demut und gab ihm Weisungen für die Weiterarbeit. Nicht die Götzentempel solle man zerbrechen, sondern nur die Götzen, damit man die Tempel in christliche Gotteshäuser umwandeln könne. Dem heidnischen Brauch solle man einen christlichen Inhalt geben. Er gab der englischen Kirche noch eine feste Gestalt durch Einsetzung von zwei Erzbischöfen und zwölf Bischöfen.

Seine liturgischen Reformen

Die bewegten Weisen des rhythmischen Gemeindegesangs mißfielen ihm. Sie waren ihm zu wenig festlich. So führte er den strengen, gleichmäßigen Choregesang ein, den man den gregorianischen nennt. Er sorgte für die allgemeine Verbreitung dieser Liturgie, weil ihm an der Vereinheitlichung des Gottesdienstes viel lag.

Seine Bücher und seine Lehre

Seine Pastorallehre und sein Hiobkommentar behandeln ernst und eindringlich die kirchliche Sittenlehre. Seine vier Bücher über das Leben und die Wunder der italischen Väter bieten der Wundersucht seiner Zeitgenossen viel Stoff und

S. 42:
Gregor der Große, dargestellt auf einem Wandteppich aus dem 14. Jh.

*Gregor der Große:
Ich habe die Schönheit des beschaulichen Lebens wie eine Rahel geliebt, nun ist mir nächtlicherweile das tätige Leben als die Lea zugeteilt worden, die zwar fruchtbarer ist, aber kein so klares Auge hat.*

Aus der Regula pastoris Gregors des Großen:
Die Seelsorge ist die Kunst aller Künste. Niemand schadet der Kirche mehr, als wer den Ruf der Heiligkeit hat, aber verkehrt handelt. Hochmut ist die gefährlichste aller Versuchungen. Mose hat gezittert, als ihn Gott berief, und du Schwächling wagst ungescheut die schwere Bürde auf dich zu nehmen? Ein rechter Hirte ist seinen Schafen in der Zucht ein Vater, in der Liebe eine Mutter.

Ruinen der Abtei St. Augustin, Canterbury; Gregor der Große sandte 597 den Abt Augustin zur Missionierung der Angelsachsen

Als er unter der Feindschaft der Gottlosen litt, schrieb Gregor:
Ich halte den für keinen Abel, der nicht einen Kain zum Bruder hat.

verbreiten sich über die Lehren des Fegfeuers. Im Abendmahl sieht er die Wiederholung des Opfers Christi, das für die Abgeschiedenen verdienstlich sei. So läßt er bei aller Wertschätzung Augustins dessen Tiefgang vermissen und hilft mit, daß die Lehre von der Verdienstlichkeit der guten Werke auch für andere, deren eigenes Verdienst gering ist, in die kirchliche Lehre eindringen kann.

Im Jahre 599 schreibt Gregor der Große:
Es sind schon etliche Jahre her, daß ich mich aus Ursache meiner Sünden äußerst selten von meinem Lager erheben kann, so heftig sind die Schmerzen von Podagra, daß mir mein Leben zur schwersten Pein wird. Meine Leiden sind wie die Presse, die die Oliven auspreßt und die Trauben, damit sie süßen Wein geben.

Sein Ende
Er wollte demütig sein. Darum nannte er sich den Knecht der Knechte Gottes, eine Selbstbezeichnung, die fortan in den päpstlichen Schreiben üblich wird. Er war ein kränklicher Mann, der seinem schwachen Körper mit ungeheurer Energie eine große Arbeitsleistung abzuringen wußte. Am 12. März 604 starb er vierundsechzigjährig.

Die Kirche im germanischen Raum

Übergänge und Anfänge

Die germanischen Stämme, die, aufgeschreckt durch den Hunneneinbruch, ihre Wohnsitze im Osten verlassen und ums Jahr 400 in den Raum des römischen Weltreichs eintreten und damit in das Licht der Geschichte, sind bereits Christen, und zwar haben sie das Christentum in der arianischen Form. Sie sind unabhängig von Rom und schätzen die Bibel außerordentlich hoch. Das Christentum kam zu ihnen durch die Mission der Kleingoten unter Führung des Missionsbischofs Wulfila. Diese gotischen Missionare sind fast zu allen germanischen Stämmen gekommen, selbst zu den Sachsen. Sie haben christliche Worte aus der griechischen Sprache eingedeutscht, und zwar schon vor 500, als in dem Gebiet unserer deutschen Sprache die große Lautverschiebung stattfand.

Die bestehende Kirche wäre nicht in der Lage gewesen, diese Stämme zu missionieren. Aber der Herr selbst hat dort seine Gemeinde durch unscheinbare Bauleute gebaut, durch kappadokische Christen, die in die Kriegsgefangenschaft der Westgoten gerieten.

WULFILA (318-388)

Bischof der Westgoten, ist 388 im Alter von siebzig Jahren gestorben. Achtund- vierzig Jahre lang hat er sein Volk unter- wiesen. Er war ein Missionar von gewal- tiger Wirkung. Seine Sendboten zogen nicht nur durch das Gebiet der West-

Der Codex Argenteus, eine wertvolle Hand- schrift der Gotenbibel Wulfilas und Ostgoten, sie kamen auch zu den Burgundern, Vandalen und Langobarden. Ehe diese Stämme ihre großen Wanderzüge antraten, waren sie schon christianisiert, und zwar hatten sie das Christentum in arianischer Form übernommen. Diese Wirkung war nur möglich durch Wulfilas Übersetzung der Bibel in die gotische Sprache. In kostbaren Einbänden wurde sie von diesen Stämmen bei allen Feldzügen mitgenommen und bis ins neunte Jahrhundert hinein noch verstanden.

Der geschichtliche Rahmen seiner Wirksamkeit

Als die Westgoten über die untere Donau in das Gebiet des Römerreiches einbrachen, übernahmen sie das Christentum von Griechenland her. Unter ihren Kriegsgefangenen waren Christen, die den allertiefsten Eindruck auf die Sieger machten. Ein solcher Kriegsgefangener war der Großvater Wulfilas, der aus Kappadokien stammte. Viele Goten wurden Christen. Im Jahre 340 erschien Wulfila als Glied einer gotischen Gesandtschaft am kaiserlichen Hof. Dabei lernte er Eusebius kennen, von dem er die Weihe zum Missionsbischof der Goten empfing. Von ihm übernahm er eine liberale Vermittlungstheologie. Eine Christenverfolgung unter dem Gaufürsten Athanarich nötigte die gotischen Christen, ihre Heimat zu verlassen. Sie siedelten sich bei Nikopolis im heutigen Rumänien an. Unter den vertriebenen Goten befand sich auch Wulfila. Er wird Confessor genannt, hat also in der Verfolgung auch mitgelitten. Dieser Stamm der sogenannten Kleingoten entfaltet eine erstaunlich große missionarische Wirksamkeit. Der unbeschreibliche Drang in die Weite, der das Volk der Goten hineinstreute in den weiten Raum des römischen Weltreichs, wo sie wie eine Lawine alles niederschmettern, was sich ihnen in den Weg stellt, um dann nach einem halben Jahrtausend im Völkermeer zu versinken, wird bei den im Balkangebirge seßhaft gewordenen Kleingoten missionarische Sendung zu fast allen germanischen Stämmen, ehe diese ihre Wanderung nach Süden und nach Westen antreten. Diese Kleingoten sind ein Volk von Missionaren, es sind unbekannte Bauleute Jesu Christi, die zu Hunderten die Botschaft zu den deut-

schen Stämmen tragen. Und ihre Botschaft war die Bibel, das Wort Gottes in gotischer Sprache. Es geschieht jetzt, was später Luthers Bibelübersetzung wirken, was die Brüdergemeine mit ihrer Weltmission unternehmen sollte. Der Herr ist am Werk, seine Gemeinde zu bauen.

Seine Theologie

Das Glaubensbekenntnis Wulfilas ist uns erhalten. Es spricht den Glauben der Goten in arianischer Form aus: Nur der Vater ist dem Ursprung und Wesen nach Gott, der Sohn »ist in allen Dingen untertan seinem Gott.« Der Heilige Geist ist »weder Gott noch Herr, sondern in allen Dingen der Diener Christi«. Vielleicht hat bei dieser Vorstellung der Dreieinigkeit das germanische Königsbild mitgewirkt. Der Vater ist die Majestät des Königs, der Sohn ist der Kronprinz, der Heilige Geist der getreue Marschall. »Ich, Wulfila, habe immer so geglaubt, und in diesem allein wahren Glauben fahre ich hinüber zu meinem Herrn.«

Seine Bibelübersetzung

Im Dienst der Missionierung seiner Stammesgenossen schuf Wulfila das gewaltige Werk seiner Bibelübersetzung. Er mußte zuerst ein Alphabet aus griechischen, lateinischen und Runenbuchstaben bilden. Er entfaltete eine sprachschöpferische Kraft, wie sie nur noch Luther gehabt hat. Fast ohne Lehnworte aus dem Griechischen zu benützen, gelang es ihm, den Inhalt der Schrift in die gotische Sprachform zu gießen. Vom Heiligen Geist geleitet, wählte und prägte er die Worte und Begriffe, die die Sprache unserer Frömmigkeit bis zum heutigen Tag bestimmen. Er nahm nicht den geläufigen Götternamen Ass, um Gott zu nennen, sondern das Wort »Guth«. Das griechische Wort für Gnade übersetzte er mit »hulth«. Für Teufel sagte er »fiands«. Für erlösen gebrauchte er »ganasjan«, genesen. Für versöhnen nimmt er das Wort »gafrithon«, in den Frieden Gottes aufnehmen. Für Bekehrung sagt er »gawandeins«, Hinwendung. Unser deutsches Wort Glauben hat er geschaffen, indem er den biblischen Begriff mit »galaubeins« wiedergibt.

Diese grammatisch wunderbar klar und reich aufgebaute, klangreiche Spra-

Das Vaterunser in Wulfilas Übersetzung:
Atta unsar, thu in himinam, veihnai namo thein. Quimai thiudinassus theins. Vairthai vilja theins, sve in himina jah ana airthai. Hlaif unserana thana sinteinam gif uns himma daga. Jah aflet uns thatei skulans sijaima, svasve jah veis afletam thaim skulam unsaraim. Jah ni briggais uns in fraistubnjai. Ak lausei uns af thamma ubilin. Unte theina ist thiudangardi, jah mahts, jah vulthus in aivins.

che unserer Vorväter mit ihrer Genauigkeit des Ausdrucks, ihrer Würde und Kraft hat, wie Vilmar sagt, etwas »Herzbewegendes«. Die Worte Kirche, Bischof, Pfaffe, fasten, Sünde, Samstag, Teufel, Demut, Gebet sind aus dem Gotischen in unsere Sprache übergegangen. Nach dem Sprachbefund ist die Wirkung der Gotenmission auf die meisten germanischen Stämme außerordentlich stark gewesen.

Die römischen Christen in Gallien

Wenn die römisch-katholische Christenheit in Gallien in der furchtbaren Erschütterung der Völkerwanderung, als arianische West- und Ostgoten, Burgunder, heidnische Franken und Hunnen ins Land strömten, sich behauptete, ja durchsetzte, so verdankt sie das einigen mächtigen Persönlichkeiten.

MARTIN VON TOURS (316-400)

ist 316 zu Saberia, einer Stadt Pannoniens geboren. Er stammte aus einer heidnischen Offiziersfamilie und war Soldat. Mit sechzehn Jahren wurde er getauft. Damals soll er am Stadttor zu Amiens seinen Mantel geteilt und die Hälfte einem Armen gegeben haben. Im Jahre 375 wurde er Bischof von Tours, am 11. November 400 starb er im Kloster Marmoutiers. Er gründete das erste Kloster auf abendländischem Boden und wurde der volkstümlichste Heilige der Kirche. Die stärksten missionarischen Einflüsse gingen von ihm auf die heidnischen Kelten aus. Hat der Martyrer in den ersten Jahrhunderten das römische Weltreich überwunden, so gewinnt in der zweiten Epoche der Kirche, als die Missionierung der heidnischen Völker am Rande des Weltreichs gelingt, der Asket, der Büßer, die Herzen der durch den Strudel der Völkerwanderung aufs tiefste erschütterten Menschen. Die Kraft Martins von Tours lag in der völligen Abkehr von einer untergehenden Welt und in einer ganzen Hinkehr zum ewigen Reich, dem sein Hoffen und Lieben galt. »Er ist Mönchsva-

ter, Heidenmissionar und Volksarzt in einem.« Er fand viele Nachfolger, die in armseligen Hütten, Wäldern und Höhlen leben. Sie sind auf der Flucht vor einer chaotisch gewordenen Welt. Sie bilden, obwohl sie nicht organisiert sind, eine nach Tausenden zählende Bruderschaft und nehmen sich umeinander herzlich an. Zum Begräbnis Martins von Tours sollen zweitausend dieser Mönche zusammengeströmt sein. Ihr Weg war nicht der rechte, denn nicht durch Askese überwinden wir die Welt, sondern durch den Glauben an Jesus Christus und durch die Liebe zu ihm, und doch hat der Herr in jenen furchtbaren Zeiten der Völkerwanderung unter ihnen seine Gemeinde.

Bei seinem Tode hören viele Freudenlieder vom Himmel. Nach seinem Tode streiten sich Tours und Poitiers um seinen Leichnam. Zu Tours wird er dann unter Psalmen und Lobgesängen begraben. Gregor von Tours füllt vier Bücher mit den Wundern des Heiligen.

Die Verehrung des Heiligen spielt später eine große Rolle. Die Wundertaten an seinem Grabe stärken die katholische Christenheit Galliens. Die Ehrfurcht vor der Macht des Heiligen ist so groß, daß noch ein Jahrhundert später Chlodwig bei seinem Zug gegen die Westgoten befiehlt, nichts aus der Gegend von Tours zu entwenden, um den Heiligen nicht zum Feind zu bekommen.

Die Christianisierung der Franken

Der Stamm der Franken, der mächtigste und politisch erfolgreichste germanische Stamm, nahm infolge der Bekehrung Chlodwigs im Jahre 495 das Christentum in der römischen Form an. Dadurch gewann er innerlich die Reste der gallischen Christenheit, fand den Anschluß an Rom und damit das Übergewicht über die arianischen germanischen Stämme. Aber dieser wildheidnische Stamm war damit erst äußerlich christianisiert. In diese Zeit der Christianisierung, wo helles Licht und dunkelste Schatten nebeneinander waren, lassen uns die folgenden Lebensbilder hineinblicken.

Gregor von Tours, der Chronist und einer der Nachfolger Martins im Bischofsamt, berichtet über dessen Wirksamkeit:
Er hob an zu predigen in Gallien, tat durch viele Wunder unter dem Volk dar, daß Christus, der Sohn Gottes, wahrer Gott sei, und machte zuschanden den Unglauben der Heiden. Die Tempel zerstörte er und baute Kirchen, und unter vielen anderen Wundern erweckte er drei Tote zum Leben.

CHLODOVECH (†511)
(Chlodwig)

Der König der Franken, führte den kräftigen, durch seine Seßhaftigkeit im bäuerlichen Hinterland zwischen Rhein und Main den andern germanischen Stämmen, die auf fremdem Boden ihre Reiche gegründet hatten, weit überlegenen Stamm der Franken zum katholischen Christentum. Politische Erwägungen haben dabei zweifellos wie einst bei Konstantin mitgesprochen. Denn durch den Übertritt gewann er die Katholiken in den arianischen Reichen der Burgunder und Westgoten und schwächte diese dadurch. Solche Erwägungen sprachen vielleicht bei seiner Heirat mit einer katholisch-burgundischen Prinzessin mit. Der Geschichtsschreiber Gregor von Tours führt den Entschluß des Königs auf ein Gelübde, das er in der Not der Alemannenschlacht gegeben hatte, zurück. Chlodovech erlebte Christus als den Mächtigen, als den, der, wie der Eingang des salischen Gesetzes sagt, die Franken liebt.

Als die beiden Heere zusammenstießen, kam es zu einem gewaltigen Blutbad und Chlodovechs Heer war nahe dabei, vernichtet zu werden. Als er das sah, hob er seine Augen zum Himmel, sein Herz wurde gerührt, seine Augen füllten sich mit Tränen und er sprach: »Jesus Christus, Chrodechilde sagt, du seiest der Sohn des lebendigen Gottes, Hilfe sollst du, Sieg geben denen, die auf dich hoffen – ich flehe dich demütig an um deinen Beistand. Gewährst du mir jetzt den Sieg über diese meine Feinde und erfahre ich so deine Macht, die das Volk, das deinem Namen sich weiht, an dir erprobt zu haben rühmt, so will ich an dich glauben und mich taufen lassen auf deinen Namen. Denn ich habe meine Götter angerufen, aber, wie ich erfahren habe, sie haben mich verlassen mit ihrer Hilfe. Ich meine daher: ohnmächtig sind sie, da sie denen nicht helfen, die ihnen dienen.«

Als nun die Schlacht sich wandte und die Alemannen geschlagen wurden, ließ sich der König mit dreitausend fränkischen Kriegern taufen. Der Bischof Remigius von Reims, der ihn unterwies und taufte, sprach zu ihm die Worte: »Beuge still deinen Nacken, Sigamber, verehre, was du verfolgtest, verfolge, was du verehrtest.«

Von nun an galt Chlodovech als der katholische König, der bevorzugte Diener des heiligen Martin von Tours. Auf ihn sahen die Katholiken in den arianischen Reichen. Ohne Anwendung von Gewalt vollzog sich der Übertritt seines Volks. Teile von Burgund, der Teil Galliens, der den Westgoten gehörte, wurde erobert. Es entstand ein mächtiges katholisches Reich. Der König führte in Form und Gestalt der Kirche arianische Dezentralisation durch. Die erste Synode der fränkischen Kirche fand statt. Ihr Haupt war der König. Die noch heidnischen germanischen Stämme sollten von fränkischen katholischen Missionaren für das Christentum gewonnen werden.

Die iro-schottische Volksmission

In den Bruderschaften des Mönchtums, die wir um das Jahr 500 auf der Insel Irland finden, lebte urchristliche Glut. Die missionarische Kraft dieser Bruderschaft war so groß, das sie den fränkischen Raum mit ihrem lebendigen Zeugnis durchdringen konnte. Das geschah in der Volksmission des jüngeren Columba. Durch die Tätigkeit der irischen Volksmissionare wurde das äußerlich christianisierte Frankenreich erweckt. Die missionarische Kraft dieser Mönche reichte noch aus, um den heidnischen Alemannen einen entscheidenden Dienst zu tun.

PATRICIUS / PATRICK VON IRLAND (ca. 385 - ca. 461)

Irland liegt am atlantischen Westrand Europas, weshalb es erst verhältnismäßig spät vom Christentum erreicht wurde. Die Mission begann vermutlich im 4. Jahrhundert von Britannien aus und zog sich über mehrere Jahrhunderte hin. Die irische Kirche hat sich der lateinischen Kultur gegenüber stets ihre Eigenständigkeit bewahrt. Ihre Organisation folgte der Struktur des Landes gemäß nicht dem römischen Modell der in Diözesanverbände gegliederten Bischofskirchen, sondern ordnete die Gemeinden den zahlreichen Klostergemeinschaften zu. Der gestalterischen und dichterischen Denkweise zugetan, hat sie Kunstwerke von bleibendem Wert geschaffen.

Als Begründer dieser Kirche gilt der irische Nationalheilige Patrick. Er gehört zu den Gestalten der frühmittelalterlichen Kirchengeschichte, deren Lebensweg derartig von späteren Legenden umrankt worden ist, daß die historische Persönlichkeit nur noch schwer auszumachen ist. Selbst die beiden Werke, die er hinterlassen hat, ein Bekenntnis und einen Brief, stammen nur zum Teil von ihm. So läßt sich über sein Leben und Wirken nur wenig Zuverlässiges sagen.

Patricius wurde vermutlich um 385 im damals römischen Britannien geboren, sein Vater war Beamter. Im Alter von ca. 15 Jahren verschleppten ihn Piraten nach Irland und verkauften ihn als Sklaven. Während seiner sechsjährigen Gefangenschaft arbeitete er als Viehhirte. Von Visionen angeregt, wandte er sich dem Christentum zu und betete lange und oft. Endlich gelang ihm die Flucht in die englische Heimat. Doch im Traum rief ihn die »Stimme der Iren« zurück zur Bekehrung der Insel. Nach der Legende soll Patrick sich daraufhin zunächst zum geistlichen Studium nach Gallien begeben haben, aber dafür gibt es keine wirklichen Belege. Historisch sicher ist, daß er im Norden Irlands viele Jahre missionarisch wirkte und den Menschen, die noch nichts von Christus gehört hatten, das Evangelium predigte. Viele Tausende soll er getauft haben. Besonders stolz war er auf die Taufe der Kinder einiger heidnischer Könige, denn das war in der damaligen Umwelt ein herausragendes Zeugnis für das Christentum. Schließlich wurde Patricius der erste Bischof der Stadt Armagh. Wenn er auch die Hinwendung zum klösterlichen Leben förderte, so bemühte er sich doch um die Organisationsform der Bischofskirche nach römischem Muster. Dies freilich erwies sich als ungeeignet für das Land, das nicht über eine dafür erforderliche Infrastruktur verfügte. Weil die Klösterverbände eine immer wichtigere Rolle spielten, hat man sein Wirken im 6. Jahrhundert mit Schweigen übergangen. Erst später hat die legendenhafte Geschichtsschreibung ihn wieder entdeckt. Vermutlich im Jahre 461 ist Patricius gestorben.

An Gegnern hat es Patricius nicht gefehlt. Die Heiden leisteten erbitterten Widerstand gegen die christliche Predigt, so daß sein Leben nicht selten in Gefahr geriet. So mußte er es erleben, daß eine britische Kriegerbande einige

Patricius / Patrick, der Missionar Irlands

seiner Täuflinge tötete und andere in die Sklaverei verkaufte. In einem Brief setzte er sich für ihre Freilassung ein. Seinen kirchlichen Kritikern trat er mit der Abfassung eines Glaubensbekenntnisses entgegen, in dem er nach dem Vorbild des 2. Korintherbriefes Rechenschaft über seinen geistlichen Werdegang und seine missionarische Tätigkeit ablegte. Darin bekannte er, die Gnade Gottes habe ihn, den Sünder und Ungelehrten, nach Irland geführt und ihn zum Apostel der Iren erwählt. Allein der Taufbefehl Jesu Christi sei seine Antriebskraft gewesen. Sich selbst bezeichnete Patricius

Reste des Franziskaner-klosters in Armagh, wo Patrick der Überlieferung zufolge Bischof gewesen sein soll

St. Patricks Grab in Downpatrick, Nordirland

als »Flüchtiger aus Liebe zu Gott«. Aus dieser Liebe heraus hat er segensreich in Irland gewirkt.

COLUMBA DER ÄLTERE
(521-597)

Aus einem Zweig des Königshauses stammend, wurde er früh von dem stillen Ernst des Klosterlebens ergriffen

und ein Nachfolger Christi. Seit dem fünften Jahrhundert war die Insel Irland von Patricius christianisiert und in der bischöflichen Form geordnet worden. Die Klöster wurden Mittelpunkte des kirchlichen Lebens, ihre Äbte sind die geistlichen Hirten des Stammes, nicht die Bischöfe. Aus der weltabgewandten Stille dieser Klöster bricht eine starke Missionsbewegung hervor, die sich zunächst nach Schottland und dann nach Frankreich auswirkt.

. Columba der Ältere, »ein König dem Blute nach, Priester nach seiner Berufung und zugleich auch Barde« wird als Einundvierzigjähriger von dem Trieb, für Christus zu wandern, erfaßt. Er will Christus sein Liebstes, seine Liebe zur Heimat, opfern. Er geht nach dem Land der Schotten. Auf der heiligen Insel Iona sammeln sich um ihn einhundertundfünfzig Mönche in kleinen, einsamen Zellen. Abend für Abend steigen sie ins Meer und singen, bis an die Brust im Wasser stehend, ihre heiligen Lieder. Diese Kraft der Entsagung gab ihnen Vollmacht über die Herzen der Menschen. Dämonen wurden vertrieben, Zauber gebrochen, Heilungen vollbracht. Das Volk der Schotten wurde im Sturm für Christus gewonnen. Dreihundert Gemeinden hat Columba ins Leben gerufen. Auch das Königshaus wurde erfaßt. Auf dem Angesicht Columbas sei allezeit eine strahlende Freude gelegen. Ein Wort zeigt seinen flammenden Ernst. »Du sollst beten, bis dir die Tränen kommen, und du sollst arbeiten, bis dir die Tränen kommen.« Auf einem kleinen Hügel der Ionaabtei starb er, nachdem er mit zitternder Hand Irland und Schottland gesegnet hatte.

Die irische Kirche hatte den griechischen Ostertermin. Im siebten Jahrhundert siegte die römische Form auch in Irland. Aber die geistliche Kraft der irischen Kirche genügte zur selben Zeit, die ganz verweltlichte Kirche Frankreichs zu erneuern.

COLUMBA DER JÜNGERE (†615),

auch Columban genannt, bringt die ernste Bußfrömmigkeit der irischen Kirche ins Frankenland und an den Oberrhein

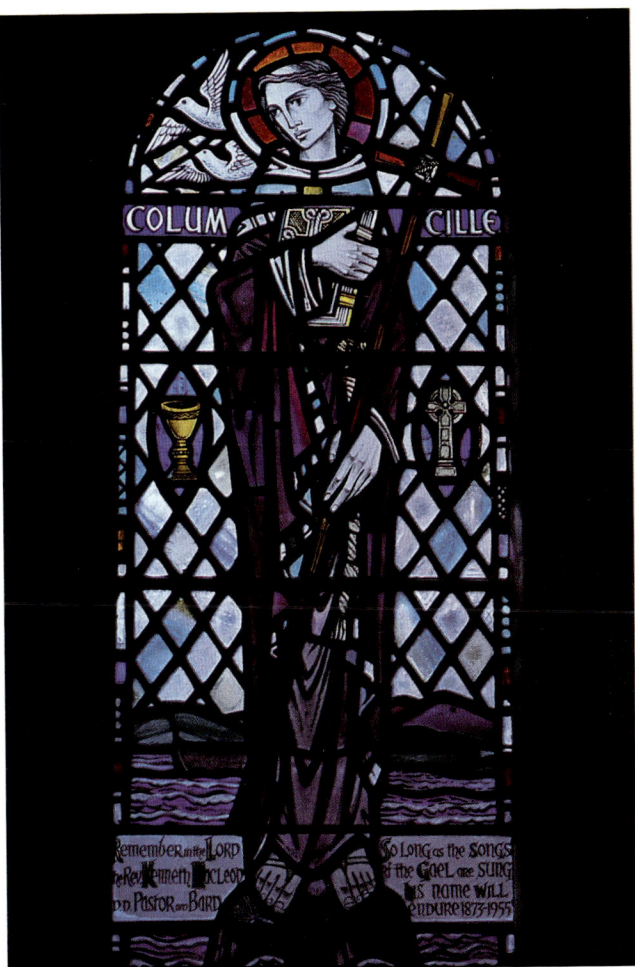

zu den Alemannen. Bei ihm ist klösterliche Stille und Zurückgezogenheit mit volksmissionarischer Glut vereint. So wird es ihm und seinen Gefährten geschenkt, die ganz verweltlichte fränkische Kirche zu erwecken und die heidnischen Alemannen zu missionieren. Die geistliche Bewegung, die er entfacht, ist eine Buß- und Beichtbewegung, die das führende germanische Volk für die Beichte gewonnen hat. Doch ist die Buße bei Columba etwas anderes als die neutestamentliche Buße. Im Neuen Testament ist Buße ein fröhliches Geschäft, nämlich Heimkehr zu Christus. Bei Columba ist Buße Abtötung des Fleisches durch eigene Bußübungen und durch den Seelsorger auferlegte Straflei-

Columba der Ältere: Glasfenster in der Abteikirche von Iona, einer Insel vor der Westküste Schottlands

Innenraum der Abteikirche von Iona

Die Küste von Iona, im Hintergrund die Abeikirche

Der Mönch in ganzer Hingabe an Christus

Um das Jahr 541 ist er in Ostirland geboren. Früh faßte er den Entschluß, ganz in die Nachfolge Christi zu treten. In leidenschaftlicher Entschlossenheit sprang er über seine Mutter hinweg, die, auf der Schwelle des Hauses liegend, ihn abhalten wollte, ins Kloster Bangor zu gehen, indem er sie auf Mt 19,29 hinwies. Von seinem Abt errang er sich als Neunundvierzigjähriger die Erlaubnis, für Christus in die Fremde zu ziehen (peregrinari pro Christo). Mit zwölf Genossen zog er über das Meer in die Bretagne, wo ja auch Kelten wohnten. Er fand in der festländischen Kirche keine Kraft der Frömmigkeit, denn Buße und Heiligung fehlten. Er wandte als Heilmittel die Buße und die Liebe zur Abtötung des sündigen Fleisches an (medicina poenitentiae et amor mortificationis). Er war ein Bußprediger von erschütternder Gewalt, die verweltlichte Kirche wurde sein Missionsfeld. Er wurde der Beichtvater von Vornehmen und Geringen.

Der Seelsorger und Klostergründer

In der Waldeinsamkeit der Südvogesen erhielt er von König Gunthar von Burgund im zerfallenen Schloß Anegray einen Platz zur Klostergründung. Die Mönche strömten ihm in solchen Scharen zu, daß noch einige Neugründungen von Klöstern nötig wurden, Luxueil, Fontaines, Besançon. Ein großer Teil des fränkischen Klerus lernte von ihm Buß- und Heiligungsernst und wissen-

stungen. So ist Gefahr vorhanden, daß der fromme Mensch in den Mittelpunkt tritt und Christus, der die Strafe für uns getragen hat, verdunkelt wird. Aber das Gewissen des Volkes wurde durch diese Predigt aufgeweckt.

Die Abtei von Iona, Schottland

schaftliche Betätigung. Seine Regel ist uns erhalten. Es wird Gehorsam gegen die Oberen, Schweigsamkeit und Mäßigkeit, Wachen und Fasten, Wandel nach dem Wort der Heiligen Schrift als Abtötung des Fleisches gefordert. Durch ein System strenger Klosterstrafen werden die Ordnungen durchgesetzt. Der Eigenwille sollte gebrochen und völlig dem Willen Gottes untertänig gemacht werden. Der Mönch gehorcht willenlos den Vorgesetzten wie dem Herrn Christus. Columban hat die Beichte in der deutschen Kirche eingebürgert.

Der Bußprediger und Heidenmissionar
Wie ein Johannes der Täufer trat er dem sittenlosen König Theuderich entgegen, erinnerte ihn an seine Pflicht, die verstoßene Gemahlin zurückzurufen, verweigerte es, seine Bastarde zu segnen. Er sollte auf Anstiften der rachsüchtigen Königin Brunhilde nach Irland zurückgebracht werden, floh aber, um seine Missionspläne ausführen zu können. Der Siebzigjährige wanderte über Metz, Speyer nach Bregenz. Dort legte er Feuer an einen Götzentempel zum Tatzeugnis. Die Götzenbilder wurden in den Bodensee geworfen. Viele Menschen bekehrten sich. Legenden umranken das Wirken der irischen Mönche. Sein Schüler Gallus heilte in Überlingen die Tochter des Alemannenherzogs Kunzo von dämonischer Besessenheit. Auf einem großen Evangeliar jener Zeit sind Szenen dargestellt, wie Gallus Bären mit einem Blick vertreibt. Dort ist auch das Bild eines irischen Mönchs zu sehen, dessen Aussehen dem Volk so tiefen Eindruck gemacht hat: Das Vorderhaupt ist kahl geschoren, ernst blicken die Augen unter schwarz und rot gemalten Augenlidern. Nach drei Jahren wieder vertrieben, wandert Columban nach Oberitalien und gründet dort bei Pavia das Kloster Bobbio, das sich unter dem Schutz der Langobardenkönige zu einem Mittelpunkt klösterlicher Kultur erhebt. Dort stirbt er 615. Zäh an der Eigenart seiner Heimatkirche festhaltend, gibt er in der Frage des abweichenden Ostertermins dem Papst nicht nach, ja, er richtet den Bußruf auch an ihn: Vigila, quaero, vigila Papa! Ich bitte dich, sei wachsam, sei wachsam, Papst!

St. Martinskreuz vor der Abtei von Iona

der Vorläufer des Bonifatius in der Friesenmission. Er war im Kloster Ripon bei York erzogen worden. In tiefer Sehnsucht nach Christus war er nach Irland gefahren, um dort für den Missionsauftrag erwärmt zu werden. Von den Franken freundlich aufgenommen, wandte er sich zuerst nach Rom, um sich die Bestätigung seines Auftrags und später die Weihe zum Erzbischof von Utrecht zu holen. Der Papst organisierte, kaum war die Mission begonnen, schon die Kirche. Doch das heidnische Friesenvolk wehrte sich gegen das Evangelium. Radbod soll Willibrord gefragt haben: Wo sind meine Väter, im Himmelreich oder in der Verdammnis? Und als im gesagt wurde: alle ungetauft Verstorbenen seien in der Verdammnis, habe er seinen Fuß vom Taufbecken zurückgezogen. Willibrord fuhr daraufhin nach Dänemark, fand aber keine Aufnahme dort. Auf der Heimfahrt landete er auf der Insel Helgoland und taufte dort am heiligen Quell einige Bekehrte. Dreimal warfen die empörten Heiden das Los über ihn, aber das Todeslos fiel nicht. Er konnte nach Utrecht zurückkehren. Noch einmal mußte er fliehen. Beim endgültigen Sieg Karl Martells über Radbod kehrte er wieder zurück, um in Friesland eine große Kirche zu errichten. Sein Werk sollte Wynfrith Bonifatius vollenden.

Die angelsächsischen Missionare

Die Missionsarbeit, die auf Veranlassung Gregors des Großen unter den Angelsachsen um das Jahr 600 eingesetzt hatte, trug ihre schönsten Früchte in der Arbeit von Wynfrith Bonifatius. Er kam im Auftrag des Papstes als Bischof und organisierte die fränkische Kirche. Er ordnete ihre Bistümer und unterstellte sie dem Papst. Er trug die christliche Botschaft zu den noch heidnischen Stämmen der Hessen, Sachsen und Friesen.

WILLIBRORD (†739)

Als Pippin, der Hausmeier des fränkischen Reichs, den Friesenkönig Radbod geschlagen hatte, war das Land beiderseits der Rheinmündung in seine Hand gekommen. Damit war die Möglichkeit für die Missionstätigkeit Willibrords unter den Friesen gegeben. Willibrord war

WYNFRITH BONIFATIUS
(675-754)

ist einer der Größten der germanischen Missionsgeschichte. Sein Werk, das die abendländische Kirche ordnete und einheitlich ausrichtete, hat die Grundlage zu dem großen abendländischen Reich des Mittelalters gelegt.

Seine Jugend und sein Werden
Er ist 675 als Sohn eines angelsächsischen Adelsgeschlechts in Kirton in Südwestengland geboren. Durch Mönche, die in seinem Elternhaus gastlich aufgenommen waren, wurde schon früh in ihm der Wunsch entfacht, einmal Mönch und Priester zu werden. Durch eine schwere Erkrankung des Knaben erschüttert, gab ihn sein Vater in klösterliche Erziehung, wo er sich mit seinem hellen Verstand eine beträchtliche

Bildung aneignete. Er zeigte schon früh bei Aufträgen seines Erzbischofs an englischen Königshöfen diplomatische Fähigkeiten. Doch der Funke des missionarischen Auftrags zündete in ihm, so daß er unter den stammverwandten Friesen auf dem Festland missionieren wollte.

Der Missionar

Im Jahre 716 reist Bonifatius auf das Festland. Ein kühner Vorstoß bei Radbod, dem Friesenfürsten, mißlingt. 719 holt er sich in Rom die Ermächtigung zur Heidenpredigt. Er sieht im Papsttum die geistliche Mitte der Christenheit und will sein Missionswerk im Zusammenhang mit der großen Kirche tun.

Seine Missionsinstruktion

Er wird ausgesandt als Gehilfe zur Verkündigung des Wortes Gottes, zur Predigt des Evangeliums, um das Wort der Gnade den Völkern zu bringen, die noch im Bann des Unglaubens festgehalten sind. Er soll die Heilslehren des Alten und Neuen Testaments in einer den ungelehrten Gemütern angepaßten Weise verkündigen.

Er zog durch Thüringen, durch Bayern und Hessen. Dort gründete er das Kloster Amöneburg, ein Mittelpunkt zur Ausbildung der Geistlichen. Von Anfang an drängt er auf die Ausbildung einer germanischen Pfarrerschaft. Schon im Herbst 722 ist er wieder auf dem Wege nach Rom, um dem Papst über seine Erfahrungen zu berichten. Man gibt ihm dort Briefe mit an Karl Martell, an hessische und germanische Fürsten. Er erhält die Bischofsweihe und den Auftrag, die Anfänge des Christentums in arianischer und iroschottischer Form in die katholische Kirche einzufügen. Diesen Auftrag hat er restlos ausgeführt.

Im Jahre 724 erlebt er einen großen Missionserfolg in Hessen. Mit dem Sturz der Donareiche bei Geismar, an die er kühn die Axt gelegt hat, siegt er über das Heidentum in Hessen. Es folgen lange Jahre, in denen er die jungen Kirchen ordnet. 753 zieht er noch einmal aus zur Heidenmission ins heidnische Friesenland. Er will das Werk seiner Jugend vollenden. Am 5. Juni, am Morgen eines Tauffestes, erschlagen ihn heidnische Friesen bei Dockum an der Borne.

In seine innersten Gedanken läßt ein Brief hineinblicken, den der alternde Bonifatius seiner Verwandten Lioba geschrieben hat: Er bittet sie, zu beten, daß er nicht sterbe, ohne die Frucht des Evangeliums zu ernten, daß er nicht heimkehre ohne geistliche Söhne und Töchter.

Über Utrecht brachten seine Genossen seine Gebeine nach Fulda, wo sie begraben wurden.

Der Ordner der germanischen Kirchen

732 bekam Bonifatius die Würde eines Erzbischofs. Viele Helfer aus der britischen Heimat gesellen sich zu ihm: Lul-

Bonifatius (675-754): die Statue des »Apostels der Deutschen« in Fulda

Bonifatius' letzte Worte in seiner Muttersprache: Seid stark in dem Herrn und ertraget dankbar, was er schickt und fürchtet euch nicht vor denen, die den Leib töten, aber die Seele nicht können töten. Werfet den Anker eurer Hoffnung auf Gott, der euch in der Himmelsburg bei den hohen Engeln Wohnung machen wird.

lus, sein Nachfolger im Amt, Burchard, später Bischof in Würzburg, Lioba, Äbtissin von Tauberbischofsheim. Zuerst ordnete er die Thüringer Kirche. Buraburg, Würzburg und Erfurt werden gegründet. Ohrdruf wird Kloster und Erziehungsstätte der künftigen Geistlichen. Dann ordnet er die bayrische Kirche, vom dortigen Herzog dazu berufen. Die großen Bistümer Salzburg, Regensburg, Freising und Passau werden eingerichtet. Alsdann bringt er im Auftrag Karlmanns die fränkische Kirche in Ordnung. 742 fand die erste deutsche Synode statt, die seine Beschlüsse bestätigte.

Der politische Erbe Roms, das Germanentum mit seinen besten Kräften und die christliche Kirche haben einen unlösbaren Bund geschlossen. Das christliche Abendland ist entstanden.

Karl der Große, seine Vorgänger und Nachfolger

Unter der kräftigen Herrschaft von Karl Martell, dem Großvater Karls des Gro-

ßen, unter Pippin, seinem Vater, und vor allem durch Karl selbst bildete sich das heraus, was des deutschen Kaisertums im Mittelalter höchste Aufgabe war, nämlich Schutzherr der Christenheit zu sein, die heidnischen Feinde der Christenheit an ihren Grenzen abzuwehren, Kolonisation und Mission miteinander zu verbinden und die Einheit der abendländischen Christenheit auch politisch darzustellen.

KARL MARTELL (ca. 689-741)

trat ab 714 als kräftiger Hausmeier der fränkischen Zersplitterung entgegen. Um seiner Zentralgewalt das Übergewicht zu geben, verlieh er seinen Kämpfern Kirchengüter. Mit ihren Machtmitteln führte er seine Kriege gegen die Friesen, Sachsen und Araber.

Doch leistete er der Christenheit einen unvergänglichen Dienst, als er 732 in der Schlacht bei Tours und Poitiers die Araberheere schlug.

PIPPIN (742-768)

beseitigte die Schattenmacht König Childerichs III. Seine Gewissenhaftigkeit verlangte nach päpstlicher Anerkennung dieses Schrittes. Diese Anerkennung gab der Papst und ließ durch seinen Legaten Pippin zum König salben. Nun zog Pippin auf den Hilferuf des Papstes, der in Bedrängnis durch die Langobarden war, gegen die Langobarden und besiegte sie in zwei Feldzügen. Schon vorher war durch den Papst ein Vertrag abgeschlossen worden, der Pippin den Titel Patricius der Römer und damit den Schutz des Papstes übertrug. Dem Papst wurden Teile des Exarchats zurückgegeben, die Anfänge des Kirchenstaats. Pippin übte darin eine Art Oberhoheit aus. In jener Zeit entstand wahrscheinlich die berühmte Fälschung, die Konstantinische Schenkung, die die weltliche Macht des Papstes auf ein Geschenk Konstantins zurückführte. Pippin nahm das durch Bonifatius begonnene Werk der Reform der fränkischen

oben links:
Das Grab des Bonifatius
im Dom zu Fulda

oben rechts:
Die Aachener Krönungskapelle

S. 56 oben und unten:
Der Dom zu Fulda, wo
Bonifatius begraben liegt

Kirche in seine Hand und führte es auf vier Reichssynoden durch. Die fränkische Kirche stand als Landeskirche unter der Oberhoheit des Königs.

KARL DER GROSSE (742-814)

ist eine der mächtigsten Gestalten der deutschen Geschichte. Seine Taten schufen das christliche Abendland und bestimmten seine tausendjährige Geschichte. Er hat das Thema Kirche und Staat dem Mittelalter gestellt und hat es selbst in einzigartiger Weise gelöst. Die Bildung der Antike leitete er in den germanischen Raum. Er hat die fränkische Landeskirche wie ein Vater geführt.

Der Mehrer seines Reichs
Im Jahre 774 hat Karl das Reich der Langobarden erobert. Hinfort ist der Papst ganz unter der Hoheit Karls. Im Norden zwingt Karl in einem dreißigjährigen Krieg den stolzen Stamm der Sachsen, sich in sein germanisches Reich einzugliedern. Die Uneinigkeit der Sachsen, die sich in eine Adelspartei und die

Partei der freien Bauern spalteten, führte zur schnellen Unterwerfung der frankenfreundlichen Adligen und zu ständigen Aufständen der »Frilinge«, die unter Führung des Adligen Widukind sich immer wieder empörten. Mit den Kämpfen wogte auf und ab die Christianisierung, die die Adligen anboten und die Freien bekämpften, bis die Zähigkeit Karls und sein rücksichtsloser Machtwille den Widerstand der Aufständischen brach.

Der Schutzherr der Christenheit
Die Feinde Leos machten diesem wegen seiner persönlichen Lebensführung schlimme Vorwürfe. Schließlich entzog er sich ihrer Gewalttat durch die Flucht zu Karl. Karl mußte sich nach Rom begeben, um dort über ihn zu Gericht zu sitzen. Er nötigte ihn zu einem Reinigungseid. Zwei Tage später setzte Leo beim Weihnachtsfest im Jahre 800 Karl die Kaiserkrone des weströmischen Reichs auf.

Damit hatte er seiner Würde als Nachfolger Petri einen neuen Glanz und ungeahnten Auftrieb gegeben, der sich

Idealbild Karls des Großen, wie er Maria die ihr geweihte Münsterkirche in Aachen darbringt (um 1215)

erst in der Zukunft auswirken sollte. Jedenfalls fühlte sich Karl als Schutzherr der Christenheit. Gedanken aus Augustins Buch »Der Gottesstaat«, in dem er nächtens zu lesen pflegte, erfüllten ihn.

Der Ordner der Kirche

Die Bischöfe ernannte Karl zum großen Teil selbst. Er vergab auch Lehen aus dem Kirchengut, aber so, daß die Inhaber zur Instandhaltung der Gebäude und zur Zahlung des Neunten an die Kirche verpflichtet wurden. Er sorgte für die genaue Inventarisierung des Kirchenguts und befahl die allgemeine Einführung des Zehnten als Kirchensteuer. Er ließ die Steuerfreiheit der Kirche bestehen und stellte ihr Gut unter den Schutz des Staates. Die niedere Gerichtsbarkeit blieb der Kirche. Er hielt darauf, daß die Bischöfe die Geistlichen ihres Sprengels regelmäßig zu Synoden beriefen, auch band er das Eigenkirchenwesen in der Verwendung der kirchlichen Gebäude und in der Anstellung und Absetzung von Priestern an die Genehmigung der Bischöfe. Auf die Vorbildung der Pfarrer war er sehr bedacht. Für die Zulassung zum Priesteramt verlangte er, daß Apostolicum, Vaterunser und Liturgie erklärt werden konnten. Bußbuch und Kirchengesetz mußten geläufig sein. Der Priester mußte predigen können. Karl wollte die sonntägliche Predigt in der Landessprache. Er übergab den Pfarrern ein Predigtbuch mit einer von ihm selbst verfaßten Vorrede. Die öffentliche Bußzucht trat zurück, dafür gewann die von Columban eingeführte heimliche Beichte mehr Raum. Doch wurde nur das Beichthören dem Priester, nicht das Beichten dem Laien geboten. Karl forderte von den Laien die Kenntnis von Vaterunser und Glaubensbekenntnis. Wo sie nicht vorhanden war, wurde das Recht der Patenschaft entzogen. Die tägliche Kommunion schwand, man begnügte sich mit mehrmaligem Abendmahlsbesuch im Jahr. Streng hielt er auf Sonntagsruhe. Er selbst besuchte den Gottesdienst vor- und nachmittags. Im Jahre 794 berief Karl eine ökumenische Synode nach Frankfurt, die die Bilderverehrung verwarf. So kümmerte er sich auch um die Gesamtkirche.

Der Förderer der Bildung

Karl zog die hervorragendsten Gelehrten seiner Zeit an seinen Hof. Mit ihnen gründete er die Akademie zu Aachen. Das umfassende Wissen der englischen Kirche, das in Beda seinen Stützpunkt hatte, wurde durch den ehrwürdigen Alkuin an den fränkischen Hof gebracht. Er verlieh ihm die Leitung des Martinsklosters in Tours. Alkuin lebte in der Frömmigkeit Augustins. Er vertrat die geistliche Missionsmethode, wenn er dem Erzbischof von Salzburg im Blick auf die Mission in Kärnten schreibt: »Sei ein Prediger der Frömmigkeit, kein Einforderer von Zehnten.« In dem Protokoll einer Missionskonferenz, die an der Donau stattfand, wird die Massentaufe abgelehnt und ein ein- bis sechswöchiger Einzelunterricht vor der Taufe gefordert. Diese Auffassung stammt aus dem Kreis der angelsächsischen Missionsfreunde um Alkuin. Der Langobarde

In einem Brief an Leo III.:
Mir liegt ob, mit Hilfe der göttlichen Barmherzigkeit, die heilige christliche Kirche überall gegen jeden Anfall der Heiden und jede Verwüstung der Ungläubigen mit den Waffen nach außen zu verteidigen und im Innern durch die Anerkennung des katholischen Glaubens zu befestigen. Euch liegt ob, heiliger Vater, wie Moses die Hände zu Gott zu erheben und meinen Kriegsdienst durch Gebet zu unterstützen.

Alkuin (ca. 735-804)

Das Münster von York

alles verloren scheint, kämpft dreizehn Jahre lang, oft besiegt, doch nie sich besiegt gebend. Als innere Zwistigkeiten ihn um die Früchte seines großen Siegs am Süntel bringen, als 784 das Blutbad zu Verden an der Aller erfolgt, schöpft seine Seele aus dieser abgrundtiefen Not neue Kraft zum Widerstand. Trotz letzten Kraftaufgebots wurde er besiegt. Da erkannte er, daß Christus stärker ist als seine Götter. Er hatte den Mut, den nur wahre Größe aufbringen kann, die Wirklichkeit anzuerkennen, und entschloß sich, dem Stärksten zu dienen. Darum ließ er sich taufen, nicht äußerlich, aber innerlich überwunden. Sein Sohn und sein Enkel sind Stifter christlicher Kirchen. Die Sachsen wollen von nun an Christen bleiben. Dafür ist der Heliand Beweis, das herrliche Epos, das aus der Seele des sächsischen Volks gedichtet ist. Auch in Schwächezeiten der Karolinger werfen sie das Christentum nicht ab. Ja, sie übernehmen hundert Jahre später die Führung des Reichs.

Paulus Diakonus schuf eine Predigtsammlung für den nächtlichen Gottesdienst der Priester. Der Deutsche Einhart, Fuldaer Klosterschüler, leitete die königlichen Bauten, deren schönster das Münster in Aachen ist. Der Vetter des Königs, Adelhart, war der Leiter der Hofgeistlichkeit und hatte großen Einfluß auf die politischen Geschäfte. Die Geisteshaltung dieses Kreises war ganz und gar kirchlich. Karl sorgte für die Volksbildung, indem er anordnete, daß bei allen bischöflichen Kirchen und bei allen Klöstern Schulen einzurichten seien. Einzelne Klöster unterwiesen bis zu hundert Knaben. Lesen, Schreiben, Singen und Latein waren die Hauptfächer.

WIDUKIND († um 807)

Der kühne Freiheitsheld der Sachsen haßt die Franken und den Christengott, dem sie dienen. Er hält fest an Vätersitte und Glauben und kämpft dafür mit unbeugsamem Trotz. Die Stunde ruft ihn zum Führer seines Volks in seinem Entscheidungskampf, bei dem es um Freiheit und Väterglauben geht. Er stammt aus unbekanntem Hause und ist reich begütert. Er tritt auf den Plan, als schon

Herzog Widukind: Ausschnitt aus seinem Grabdenkmal in Enger (Westfalen)

LUDWIG DER FROMME (814-840)

Der Sohn des großen Karl trug nur ungern die Kaiserkrone. Am liebsten wäre er Abt geworden. Ihn fürchtete man in Rom nicht. Er gab das Bestätigungsrecht der Papstwahl preis, ließ aber die Kaiserkrönung, die er mit eigener Hand vorgenommen hatte, durch den Papst ergänzen. Auch im Bilderstreit, in dem er von dem oströmischen Kaiser Michael um Unterstützung gebeten wurde, gab er, trotz der einmütigen Ablehnung der Bilderverehrung durch seine Bischöfe, dem Papst die Entscheidung in die Hand.

Er berief den asketischen Eiferer Benedikt von Aniane zur Reformierung der Klöster. Dieser entfremdete in seiner Weltflucht die Klöster ihrer Schulaufgabe, die ihnen Karl der Große zugewiesen hatte.

Als die Reichsgewalt sich durch Teilung an Söhne und Enkel zersplitterte, suchten die Freunde der Reichseinheit Hilfe in der Stärkung der Kirche, die ja eine Einheit bildete. Es entstanden Zwistigkeiten mit seinen eigenen Söhnen. Schließlich wurde er der Gefangene seiner Kinder.

Die Partei der Bischöfe demütigte den Kaiser und zwang ihn zu einem öffentlichen Sündenbekenntnis. Nach Ludwigs Tod zerfiel das Reich in drei

Der in Goldblech getriebene und mit Edelsteinen besetzte Einbanddeckel des Codex Aureus (um 870) zeigt den thronenden Christus, die Evangelisten sowie Szenen aus dem Leben Jesu.

Teilreiche. Der Herrscher des Mittelreiches, Lothar, trug die Kaiserkrone, ohne kaiserliche Macht zu haben. So hat die Schwäche Ludwigs, der zum Regieren hätte stark sein sollen, böse Früchte für das Reich getragen.

Christliche Gestalten im Zeitalter Karls des Großen

Der lebendige Christus wirkt in seiner jungen Kirche in wunderbarer Kraft und Tiefe. Das beweisen selbst die spärlichen Nachrichten, die wir von einigen christlichen Gestalten jener Zeit haben.

ANSGAR, der Missionar des Nordens (801-865)

Er ist einer der größten deutschen Missionare, nicht seiner Erfolge wegen, sondern durch seine zähe Treue unter schwierigsten Verhältnissen und seine ungebrochene Glaubenszuversicht. Von Jugend an im Kloster erzogen, wurde er in jungen Jahren Missionar unter den heidnischen Dänen. Später bekam er durch Ludwig den Frommen den Auftrag zur Missionierung der Schweden. Dann wurde er zum Erzbischof von Hamburg berufen mit dem besonderen Auftrag der Dänen- und Schwedenmission. Nach Hamburgs Zerstörung durch die Normannen wurde sein Bistum mit dem Erzbistum Bremen vereint. Von da aus hat er durch wiederholte Reisen zu kritischen Zeitpunkten der Mission in Dänemark und Schweden gedient.

Seine Herkunft und sein Ruf in die Mission
Er stammte aus edler fränkischer Familie und war der Sohn einer frommen Mutter. Nach dem Tod seiner Mutter wurde der Fünfjährige von seinem Vater der Benediktinerabtei Corvey übergeben. Mit zwölf Jahren wurde er durch einen Traum erweckt. Er sah seine Mutter unter schneeweiß gekleideten Frauen auf sicherem Pfad, während er selbst auf schlammigem Wege war. Es wurde ihm gesagt, er müsse allen Leichtsinn fliehen, sonst könne er nicht zu seiner Mutter kommen. So entschloß er sich, Mönch zu werden. In jener Zeit hatte die fränki-

sche Kirche einen großen Missionseifer. Ludwig der Fromme gab dem Dänenfürsten Harald, der sich hilfesuchend an ihn gewandt hatte, Ansgar zur Seite. Nach einem schönen Anfangserfolg wurde er samt Harald vertrieben. Ludwig der Fromme rief ihn zurück, um ihm bald darauf den Auftrag zur Schwedenmission zu geben. Unterwegs verlor er durch Seeräuber seine Ausrüstung und die Geschenke für den Schwedenkönig. Trotzdem nahm ihn der König freundlich auf und erlaubte ihm, die erste Kirche in Schweden zu bauen. Nach anderthalb Jahren kehrte er in die Klosterstille der Heimat zurück. Nun wurde er zum Erzbischof des neugegründeten Erzbistums Hamburg ernannt. Von da aus entfaltete er eine reiche Missionstätigkeit im Norden, deren stärkster Rückschlag die Zerstörung Hamburgs war. Seine wiederholten Reisen nach Dänemark bewirkten bei dem anfangs missionsfeindlichen Dänenfürsten die Erlaubnis zum Bau einer Kirche in Ripon. Der Dänenkönig ließ sich taufen. In Schweden aber wurde der Missionsbischof Gauzbert vertrieben und der Missionar Nidhart erschlagen. Lange fand er niemand, dem er die dortige Arbeit anvertrauen konnte, bis der Sechzigjährige, durch Träume und Gesichte berufen, sich selber auf den Weg nach Schweden machte, um freie Evangeliumsverkündigung zu erwirken. Auf einem Volksthing sollte die Entscheidung fallen. Fastend und betend ging er diesem Tag entgegen. Das Wort eines Greises, der auf die Gebetserhörungen, die schwedischen Christen zuteil geworden waren, hinwies, hatte den Erfolg, daß das Thing einstimmig beschloß, der Einführung des christlichen Gottesdienstes keinen Widerstand entgegenzusetzen. Das war der Höhepunkt seines Missionarslebens.

Sein Ende
Seine letzte Sorge war die Arbeit an den Heiden. Dann wandte sich seine Seele dem Himmel zu. Ihn verlangte nach Gesang und Gebet seiner Freunde. Am Morgen ließ er sich des Herrn Leib und Blut reichen. Er betete mit erhobenen Händen für seine Feinde. Dann sprach er kurze Gottesworte als Stoßseufzer zu Gott. Zuletzt mußten die Priester an seiner Statt beten.

GOTTSCHALK DER SACHSE
(† um 867)

war ein Sohn des Grafen Berno. Er wurde nach dem frühen Tod seiner Eltern dem Kloster Fulda übergeben. Das Kloster zwang ihn (violenter), die Tonsur anzunehmen, um sich in den Besitz seines Vermögens zu setzen. Gottschalk, eine gewaltige Kämpfernatur, kämpft zuerst um seine äußere Freiheit. Dann kämpft er um die innere Freiheit und wird mit Liedern und Gedichten ein Wanderprediger für Christus. Schließlich wurde er zum Märtyrer der Wahrheit.

Sein Kampf um die äußere Freiheit
Im Jahr 829 verklagte der junge Mönch seinen Abt Hrabanus Maurus, einen Schüler Alkuins, vor der großen Synode zu Mainz wegen Freiheits- und Vermögensberaubung. Die Synode gab ihm die persönliche Freiheit, das Kloster zu verlassen, aber sie erstattete sein Vermögen nicht zurück. Eine Berufung an eine zweite Synode änderte nichts an diesem Beschluß.

Sein Kampf um die innere Freiheit
Nun war er äußerlich frei, war er es auch innerlich? Er hatte schon in Fulda die Schriften Augustins kennengelernt. Ist das nicht die schwere Verschuldung des Menschen, daß er Gott verläßt und ruhelos wird ohne Gott? In einem zwanzigjährigen Wanderleben voller Unruhe kommt er schließlich ins Kloster Korbie zu dem Abt Ratramnus, der ihm Vater und Lehrer wird. Da wird ihm die Augustinische doppelte Vorherbestimmungslehre zur Seligkeit oder zur Verdammnis zum Schlüssel seines Lebensrätsels. Er wird aus freien Stücken Mönch und erhält die Priesterweihe.

Der Kämpfer für Christus in seinem Lied
In lateinischen Versen von wunderbarer Innigkeit besingt er Christus, zu dem er sich durchgerungen hat. Ein tiefes Sündenbewußtsein durchdringt ihn:

Oh, hab Erbarmen, Gott. / Schenk Erbarmen meiner Not! / Mich zu deinem Dienst zu schaffen, / machtest du mich, Herr! / Schmählich hab ich dich verlassen, / schweifte in die Leere. / Weh, was ist mir geworden! / In allem Guten stärke mich, bitte, / Unheil verfolge nicht mehr meine Schritte! / Nein, ich will werden / dein Knappe in Ehren, / daß mir die liebliche Ruhe kann werden, / die sich verdienen die Ritter dein!

Die Treue zur Heiligen Schrift besingt er:

Immer und ewig, o Christe, bewahre mich; / leihe Erbarmen, Höchster, mir Armen, / laß mich hienieden dich fürchten und lieben, / mich deiner heiligen Schriften befleißen: / Mein Herz sie kenne, mein Mund sie nenne. / Ohne Wanken und Zagen / will ich davon sagen. / Sie laß mich singen, / laß mich übersinnen, / Wort und Gedanke sie nur umranke. / Knecht möcht ich willig dir sein, o König!

Er wird ein Skalde des Christus und zieht mit seinen Gefährten predigend durchs Land und kommt bis nach Rom. Wir treffen ihn unter Barbaren und Heiden in Dalmatien, Pannonien und an der mittleren Donau. Als Verbannter lebt er mindestens zwei Jahre auf einsamer Insel, vielleicht durch den Bischof von Verona, der in ihm »einen Mann schädlicher Beweglichkeit« sah, gefangen. Dort dichtet er seinen schönsten Gesang zu Ehren des Christkinds:

O, was heißest du, liebes Kindlein, / O, weshalb ermahnest du, Söhnlein, / Mich hier süßen Sang zu singen, / Da doch Meer und Bannes Schlingen / Mich umringen?! / Warum heißest du singen mich?

Armes Kind, viel lieber möcht ich / Weinen, Knäblein – weinen möcht ich / Statt zu singen – Teure Liebe, / Sag, was soll dies Getriebe / Solchem Liede? / Warum heißest du singen mich?

Doch, da schon so lange währte / Dein Begehr, mein Lichtgefährte. / Sing ich denn zu hohem Preise / Gott, dem Vater, Sohn und Geiste / Meine Weise. / So will ich frei singen dir!

Dir, o König, will ich singen, / Singen zu der Harfe Klingen, / Singen fort mit Herz und Munde / Bei dem Kindlein jede Stunde / Süße Kunde / Dir, holdväterlicher Herr.

Der Märtyrer der alleinseligmachenden Gnade des Christus
Dem übermächtigen Drang, zu Ehren Christi für die Wahrheit der Augustinischen Lehre zu kämpfen, nachgebend, kam er 848 zur Synode von Mainz, um dort vor dem inzwischen zum Erzbischof von Mainz berufenen Hrabanus in des Königs Gegenwart die Wahrheit zu bezeugen. Mit Mehrheitsbeschluß wurde der »rebellische« Mönch, dem es nicht gelang, »sich von seiner Schlechtigkeit loszureißen«, mit seinen Begleitern öffentlicher Züchtigung preisgegeben und dem Erzbischof Hinkmar, zu dessen Sprengel er gehörte, mit einem scharfen Begleitschreiben übersandt. Da er bei seiner Lehre blieb, wurde er bei einer Synode, der Karl der Kahle anwohnte, noch einmal verurteilt. Er wurde solange geschlagen, bis er sein Bekenntnis selbst ins Feuer warf, und dann

»paene moriens«, »beinahe totgegeißelt«, zur Klosterhaft im Arbeitshaus verurteilt. Im Jahre 850 kamen noch Briefe von ihm aus seiner Haft, Verse an den treuen Ratramnus, in schwerer Krankheit die Bitte um kirchliche Gemeinschaft, aber kein Widerruf. Rede- und Schreibverbot traf ihn. Auch auf dem Sterbebett schlug er den Widerruf aus. Nach seinem Tode beschäftigten sich mehrere Synoden mit seiner Lehre. Papst Nikolaus wollte das Urteil revidieren. Wie ein Blitz war sein Zeugnis durch die Nacht der Werkgerechtigkeit gezückt.

DER HELIANDDICHTER

lebte zur Zeit Ludwigs des Frommen. Der Kaiser soll ihm aufgetragen haben, das Alte und das Neue Testament in deutsche Verse zu fassen. Nach einer anderen Quelle sei er, der bis dahin der edlen Sangeskunst unkundig gewesen sei, durch einen Traum aufgefordert worden, in seiner Muttersprache das Lob Gottes zu singen. Er war der Sprache nach ein Westfale. Im althochdeutschen Stabreim dichtete er das schönste christliche Epos, das wir haben. Diese Dichtung ist aus der Tiefe der deutschen Volksseele entsprungen. Sie ist ein Zeugnis dafür, wie empfänglich das deutsche Volk für das Evangelium war. Daß bald nach den Sachsenkriegen eine solche Dichtung möglich war, ist ein Wunder. »Aber manchmal wird bei manchen Gemütern durch schwerste Zucht, wenn der wilde Trotz gebrochen ist, die treueste, innigste Liebe erzeugt« (Vilmar).

Dem mächtigen Gefolgsherrn, dem Himmelskönig, sind die Seinen in treuer Gefolgschaft ergeben. Der allwaltende Heiland, der milde Christ, der Landeshort, ist auf seinem großen Heereszug gegen den Teufel begriffen. Von der Burg herab beginnt der Zug. Von den Burgen strömen ihm die Recken zu. Unverbrüchliche ganze Hingabe wird gefordert. Das Schlimmste ist Zweifeln und Zagen.

Die deutschen Kaiser als Schutzherren der abendländischen Christenheit

Sie gehen alle in den Linien Karls des Großen. Sie tragen das Kreuz auf der Kaiserkrone und auf dem Reichsapfel, der zum Zeichen der Vergänglichkeit mit Asche gefüllt ist. In ihren Schlachten gegen die heidnischen Feinde des Reichs wird die Reichsfahne, die den Erzengel Michael im Kampf mit dem Drachen zeigt, vorausgetragen. Sie haben das große Amt, Schutzherren der abendländischen Christenheit zu sein, ob sie nun gegen die Ungarn oder in den Kreuzzügen gegen die Sarazenen kämpfen. Entscheidend für ihr Kaisertum ist ihr Verhältnis zum Papst, das in vielfacher Spannung sich vollzieht. Gipfel der Spannung und Begegnung ergeben sich bei Gregor VII. und Innozenz III.

HEINRICH I. (918-993)

Ihm wurden im Auftrag des sterbenden Königs Konrad, der aus fränkischem

Thuo uuarth thiu tid cuman the
thar gitald habdun uuisa man
mid uuordun that scolda thena
uuih godas zacharias bisehan thuo
uuarth thar gisamnod filo Thar
a hierusalem Iudeo liudo uuerodes

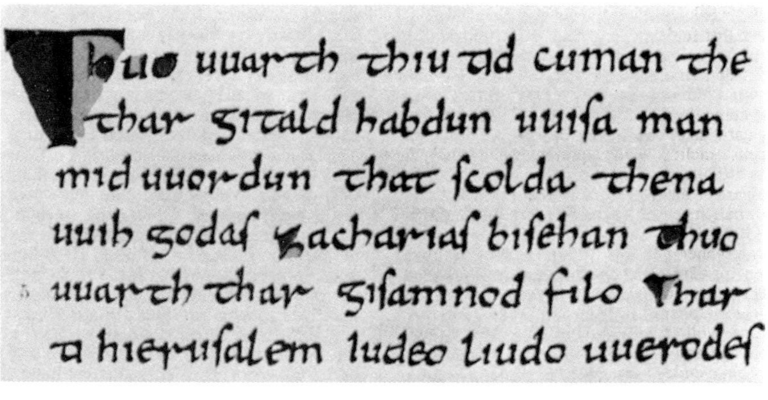

Heliand-Dichtung: Textabschnitt aus einer Handschrift des 9. Jh.

Stamme war, die Reichskleinodien überbracht. Die Zentralgewalt war unter den schwachen Nachfolgern Karls des Großen nicht genügend zur Geltung gekommen. Heinrich, der von den Herzögen dann zum König gewählt wurde, sah nüchtern die Möglichkeiten. Er baute die Reichsgewalt auf der herzoglichen Macht auf. Sein Gesicht war nach dem Osten gerichtet. Er breitete das Reich nach dem Norden und Osten aus. Eine glänzende Waffentat gelang ihm: Die Besiegung der Ungarn an der Unstrut im Jahre 933. Bei dieser Schlacht ließ er dem Heer das Reichsbanner mit der Gestalt des Erzengels Michael, der den Drachen besiegt, vorantragen. Und der Schlachtruf war: Kyrie eleison! Das Erbe Karls des Großen, die europäische christliche Sendung des Kaisertums, gewann mehr und mehr Macht über ihn. Daß er persönlich dem Christentum ergeben war, beweist auch, daß er seiner frommen Gemahlin Mathilde Raum gewährte und ihr große Ehre erwies. Sein Dank an die Gemahlin auf dem Sterbebett gibt tiefen Einblick in seine Seele.

OTTO DER GROSSE (912-973)

war der gewaltige Sohn Heinrichs und der Mathilde. Die tiefe Frömmigkeit seiner Mutter vereinigte er mit der nüchternen Fähigkeit seines Vaters, Menschen und Dinge richtig zu beurteilen. Er war ebenso Krieger wie König. Er fühlte sich als Schutzherr der Christenheit, als Beauftragter des Christus. Bezeichnend für den Vierundzwanzigjährigen war, daß er sich in Aachen von den Erzbischöfen von Mainz und Köln krönen ließ. Sein Biograph Widukind von Corvey schildert ihn folgendermaßen:

Von den Brüdern der älteste und beste, ist er vor allem durch Frömmigkeit verherrlicht. Im Handeln ist er von allen Sterblichen der Beständigste. Er zeigt sich, wo seine Königsstrenge nicht schreckt, allezeit freundlich. Er gibt reichlich, schläft sparsam. Freunden verweigert er nichts, er ist übermenschlich treu. Wir haben gehört, wie er Angeklagten und ihres Fehls Überführten selbst zum Anwalt und Fürsprecher wurde und wie er sie nachher hielt, als hätten sie sich nie gegen ihn verfehlt. Sein Verstand ist hoch zu bewundern. Er ist von gewaltigem Körperbau, der die königliche Würde voll erscheinen läßt. Die Augen funkeln hell und entsenden wie ein Blitz ein rasch einschlagendes Feuer.

Der Urenkel Widukinds erneuert das Kaisertum Karls des Großen und gibt dem mächtigen Deutschen Reich seine erste Blütezeit. Er wurde der Begründer des heiligen Römischen Reichs deutscher Nation.

Der Kämpfer

Es fiel ihm nichts in den Schoß, er mußte alles erkämpfen. Nach seiner Krönung mußte er gegen die Bayern, die ihn nicht anerkennen wollten, später gegen seinen eigenen Bruder kämpfen. Alle Schwierigkeiten bestand er in unerschütterlicher Zuversicht. Er betete oft vor der heiligen Lanze des deutschen Königs. Im Westen gewann er Frankreich gegenüber großes Ansehen, aber auch im Osten trat Böhmen unter seine Oberhoheit. Im Jahre 955 siegte er über die Ungarn auf dem Lechfeld. Die Ostmark mit Kärnten und Steiermark konnte gegründet und besiedelt werden. Die Eroberung der Grenzmark Geros, die Errichtung des Magdeburger Erzbistums mit den slawischen Missionsbistümern Brandenburg, Havelberg, Zeitz, Merseburg und Meißen, die Gründung der Nordmark mit den dänischen Bistümern war sein Werk. Mühelos errang er die Herrschaft über Oberitalien mit der Hand der Königinwitwe Adelheid. 962 wird er zum Kaiser gekrönt durch den Papst. Doch der Papst ist ganz in seiner Gewalt. Mission und Kolonisation im Osten, Südosten und Norden gehen Hand in Hand. So ist das Römische Reich ein heiliges Reich. Es ist Europa unter dem Zeichen des Kreuzes. Seine Stützen in diesen Kämpfen waren die Bischöfe und die geistige wie reale Macht der Kirche. Er belehnte die Bischöfe mit großen Herrschaften. Sie bekamen den Stab als Zeichen ihrer Würde vom König und schwuren ihm den Lehnseid. Bei ihrem Tode mußte der Stab zurückgegeben werden. Das Herzogtum Bayern gab er seinem Bruder Heinrich, dem er seinen Aufruhr gegen ihn großmütig verzieh. Lothringen bekam sein Schwiegersohn Konrad, Schwaben sein Sohn Ludolf. Das mächtige Erzbistum Köln verwaltete sein Bruder Brun. Die Bischöfe stellten mehr Gewappnete für das Heer des Kaisers und zahlten mehr Abgaben als die Herzöge.

Heinrich I.: Keiner gewann je ein so frommes und treues Weib. Du hast mich im Zorn besänftigt, mich, wenn ich hart wurde, wieder auf den Weg des Rechts geleitet und mich immer zur Hilfe gemahnt für die, welche Gewalt und Unrecht erfahren hatten.

Henric⁹ nei impe admodū cedenſ Lxxvii guſto æ anniſ·L·
quartuſ·hen ratoriſ filiuſ puer patri ſuc regnare cepit loco ab au regnauit

König Heinrich IV. in der sogenannten Kaiser-chronik (Rezension C der Weltchronik Ekke-hards von Aura)

HEINRICH IV. (1050-1106)

Die Geschichte hat ihn oft ungerecht behandelt, wie ja ein Unglücklicher auch gern ins Unrecht gesetzt wird. Von einer schwachen Mutter erzogen, als Sechsjähriger ihr durch den gewalttätigen Erzbischof Hanno von Köln geraubt, steht er von Jugend an im Kampf und ihm wird Gewalt angetan. Die heimlichen Gegner des mächtigen Kaisertums sehen ihre Zeit gekommen, die Untertänigkeit gegenüber dem Kaiser abzuschütteln. Der Papst Gregor VII. treibt auf den hochgehenden Wogen der kirchlichen Reformbewegung das Schiff päpstlicher Machtpolitik zielbewußt vorwärts. Die deutschen Bischöfe schwanken in Furcht zwischen dem rücksichtslosen Papst und dem Kaiser. Ein schwächerer und kleinerer Geist wäre in diesen Schwierigkeiten bald entmutigt worden, aber Heinrich IV. nahm den Kampf nach allen Fronten hin auf und führte ihn zäh durch in jahrelangem Ringen, mit großer Klugheit und tiefer Einsicht in das Wesen der feindseligen Kräfte, mit großen Entschlüssen, in denen er alles wagte und sich selbst nicht schonte.

Zweikampf zwischen Kaiser und Papst
Gregor VII. hatte auf der Fastensynode 1075 das Verbot der Laieninvestitur ausgesprochen. Heinrich IV., der eben über die aufständischen Sachsen gesiegt hatte, fuhr fort, Bischöfe einzusetzen. Gregor kündigte in einem leidenschaftlichen Brief Bann und Absetzung an. Der König erwiderte mit einem Beschluß der Bischöfe, der die Rechtmäßigkeit seiner Wahl anzweifelt und Gregor auffordert, seinen Papststuhl zu verlassen. Doch Heinrich war seiner Bischöfe nicht so sicher, wie er meinte. Gregor spaltete die Front der Bischöfe durch Drohungen und Versprechungen und schleuderte durch Beschluß der Fastensynode 1076 den Bannstrahl auf den König. Er erhebt den größten Machtanspruch im Namen des höchsten Priestertums. In demselben Augenblick verraten die deutschen Fürsten ihren König. Der Sachsenaufstand flammt aufs neue auf. Heinrich steht allein. Der Papst wird von den Fürsten nach Deutschland gerufen, um die Wahl des Gegenkönigs durchzuführen.

Da kommt die große Stunde Heinrichs. Durch seinen Bußgang nach Canossa stellt er den Papst vor die Entscheidung, ob ihm der Priester oder der Politiker mehr gilt. Er weiß es, daß der Priester siegen muß, wenn Gregor nicht seine eigenen Ideale mit Füßen treten und das Vertrauen der kirchlichen Reformfreunde verlieren will. Am 25. Januar kam der König im Büßergewand nach der Burg Canossa. Gregor stand vor der Erfüllung seiner Wünsche: Herrschaft über die deutsche Kirche mittels der aufständischen Fürsten. Drei Tage lang kämpfte er mit sich, bis der Priester über den Politiker siegte. Er absolvierte den König. Nun mußte er im Kampf Heinrichs gegen die aufständischen Fürsten neutral bleiben. In jahrelangen Kämpfen rang sie Heinrich nieder. Der Gegenkönig verlor Hand und Leben. Nun konnte Heinrich über die Alpen ziehen. Der Gegenpapst, den er wählen ließ, krönte ihn nach der Einnahme Roms zum Kaiser. Gregor, der

die Normannen zu Hilfe gerufen hatte, die in Rom furchtbar gehaust hatten, mußte sich in ihren Schutz nach Süditalien begeben und starb in der Verbannung.

Der Kampf ging weiter, denn die Gregorianische Partei lebte im Reformmönchtum der Hirsauer Mönche, die ganz Deutschland durchzogen und bei Volksmissionen asketische Männer-

Investitur eines Bischofs durch den Kaiser. Dargestellt auf einer Bronzetür aus dem 12. Jh. am Dom von Gnesen

REX ROGAT ABBATEM! MATHILDIM SUPPLICAT ATQ

Heinrich IV. bittet die Markgräfin Mathilde von Tuszien und den Abt Hugo von Cluny um Fürsprache bei Papst Gregor VII. Die Burg Canossa, auf der sich der Papst aufhielt, gehörte der Markgräfin

Gregors letztes Wort:
Ich habe die Gerechtigkeit geliebt und die Ungerechtigkeit gehaßt, deshalb sterbe ich in der Verbannung.

Erste Seite des »Dictatus papae« Gregors VII.

und Frauenvereine gründeten, die gegen Priesterehe und Simonie kämpften. In Italien setzte Heinrichs Gegenpapst seine Ansprüche gegenüber dem klugen und wendigen Papst Urban II. nicht durch. Und die unermüdliche Tatkraft Heinrichs ließ diesem Papst gegenüber nach. Hielt doch sein Sohn Konrad, dem er die Herrschaft von Turin gegeben hatte, zu Urban, der durch die Entfachung des Kreuzzuges großes Ansehen gewonnen hatte. 1102 bannte der Papst den Kaiser abermals. Der Kaiser hatte durch seine Begünstigung der Städte und des Bauerntums die Liebe des Volks gewonnen. Als sein ältester Sohn Heinrich die Mißstimmung des Adels wegen der volksfreundlichen Friedenspolitik seines Vaters zu einem Aufstand benutzte, da war der alte, unermüdliche Kaiser gebrochen. Er entsagte am Jahresschluß 1105 dem Thron. Ein halbes Jahrhundert hatte er um das Reich gekämpft, ohne etwas von den Rechten des Königs auszugeben. 1106 starb er zu Lüttich. Einige Jahre stand sein Sarg auf einer Maasinsel wegen des Bannes unbestattet. Ein treuer Mönch betete am Sarg, bis der Tote im Dom seiner Väter zu Speyer beigesetzt wurde.

GREGOR VII. (1020-1085)

Hildebrandt, später Papst Gregor VII., war im Toskanischen geboren und im Kloster zu Rom erzogen worden. Später wurde er mit den Reformgedanken der Cluniazenser und Lothringer Klöster bekannt. Er glühte fortan für die Selbständigkeit der Kirche dem Staat gegenüber, für die Ablehnung der Belehnung der Bischöfe durch Laien und für die Ablehnung der Priesterehe. 1048 wurde er von Brun, dem Vetter Heinrichs III., mit nach Rom genommen. Seitdem war er die Triebfeder des päpstlichen Handelns. Er war der Mann eines Gedankens und fanatisch darauf bedacht, diesen einen Gedanken in die Tat umzusetzen, zunächst als verborgener Ratgeber von fünf Päpsten, dann als Leiter der päpstlichen Politik, bis er selbst vom Volk zum Papst ausgerufen wurde (1073). Um seine Reformgedanken durchsetzen zu können, strebte er mit allen Mitteln nach der Herrschaft über die weltlichen Mächte und wurde ein fanatischer Despot größten Formats. Die Erzbischöfe und Bischöfe beherrschte er durch seine Legaten. Gegen Bischöfe, die sich von weltlichen Mächten einsetzen ließen, und gegen die in der Ehe lebenden Priester wiegelte er das Volk auf, wenn auch noch so große Verwirrung dadurch entstand. Das fromme Ideal war dabei immer sein Schutzschild. 1074 verbot er die Priesterehe. Wer nicht gehorchte, kam unter den Bann, seine Amtshandlungen hatten keine Gültigkeit mehr. Fanatisierter Pöbel trat von ehelichen Priestern geweihte Hostien mit Füßen. Aller Widerspruch von Synoden und Fürsten verhallte ergebnislos. Gregor setzte sein Gesetz durch. 1075 verbot er die Einsetzung der Priester und Bischöfe durch Laien. 1076 antwortete er auf die Absetzung durch Heinrich IV. mit dem Bann. Ungeheuer war der Eindruck. Der Mißbrauch kirchlicher Reformideen zu weltlicher Despotie wurde nur von Heinrich IV. durchschaut. Er zwang durch die Kirchenbuße von Canossa den Despoten nieder. Der lange Widerstand Gregors zeigt, daß er die Niederlage fühlte. Der junge König raffte seine Machtmittel zusammen, besiegte den Papst und trieb ihn in die Verbannung. Der den Bann mißbraucht hatte, starb selbst in der Verbannung.

FRIEDRICH BARBAROSSA
(ca. 1125-1190),

aus dem glänzenden Geschlecht der Hohenstaufer, hat den Gipfel des deutschen Kaisertums bestiegen. Seine ritterliche Gestalt, sein edler Schwung, seine wunderbare Herrscherkunst haben sich dem deutschen Volk tief eingeprägt. Er brachte das Zeitalter höchster mittelalterlicher Macht und Kultur des Reichs hervor. Mit kluger und fester Hand brachte er es fertig, daß die Bischöfe eifrige Diener des Reichs und seiner Macht wurden. Dann unternahm er seine Italienfeldzüge, die ihm militärisch nicht so glänzend gelangen. Erfolgreicher war seine Politik, durch die er Toscana in Norditalien in seinen Besitz brachte und die Normannen für ein Bündnis, das er durch die Heirat seines Sohnes festigte, gewann. So war er der anerkannte Führer der Christenheit, der sein weltliches und geistliches Amt durch die Übernahme der Führung des dritten Kreuzzuges krönte, aber dabei einen frühen Tod in den Fluten des kleinasiatischen Flusses Kalikadnus fand.

FRIEDRICH II. (1194-1250)

gelang es, von Innocenz gerufen, die deutsche Kaiserkrone zu erlangen. Der Zauber alter Stauferherrlichkeit umgibt ihn mit seinem Glanz. Er ritt, von wenig Getreuen begleitet, durch Italien, über die von den Langobarden vergeblich gesperrten Alpenpässe nach Konstanz. 1211 wird er von den deutschen Fürsten zum König gewählt. Bald unternimmt er den vom Papst verlangten Kreuzzug und erreicht in kluger Verhandlung mit dem

Sultan die Abtretung der heiligen Orte. Es half dem erzürnten Papst nichts, der ihm diesen Machtzuwachs nicht gönnte, als er das heilige Land mit dem Interdikt und den Kaiser mit dem Bann belegte.

Salerno war der Sitz seiner glänzenden Hofhaltung. Die deutsche Heimat hat er vernachlässigt, wenn auch das Be-

Bildfolge in einer Handschrift der Chronik Ottos von Freising: Neben Heinrich IV. wird der Gegenpapst Guibertus erhoben, Gregor VII. wird aus Rom vertrieben, Gregor bannt Heinrich IV., Gregor VII. stirbt.

wußtsein seiner abendländischen Sendung ihn zu großen Taten trieb. Der Kampf mit dem Papst entbrannte zu größter Heftigkeit. Beide bezichtigten sich des Antichristentums und wandten dabei die Bilder des dreizehnten Kapitels der Offenbarung des Johannes an. Friedrich erhob die Forderung, daß die Päpste nur dann das Recht auf die Leitung der Kirche hätten, wenn sie in apo-

Kaiser Barbarossas Siegel

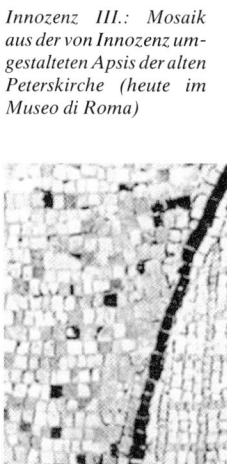

Innozenz III.
Der Papst in die Mitte gestellt zwischen Gott und die Menschen, geringer als Gott, aber größer als die Menschen.

Innozenz III.: Mosaik aus der von Innozenz umgestalteten Apsis der alten Peterskirche (heute im Museo di Roma)

stolischer Armut lebten. Das Ende des Kampfes war, daß Papst und Kaiser sich gegenseitig erschöpft hatten. Nach Innozenz kam kein großer Papst mehr auf, bis die Reformation als ein reinigendes Gewitter über die Kirche ging. Es nahte das Interregnum, die kaiserlose, die schreckliche Zeit.

INNOZENZ III. (1160/61-1216)

sollte das Papsttum auf die höchste Höhe der Macht führen, als er, ein Graf Segni, in rüstigem Mannesalter den Papststuhl bestieg. Nicht die fanatische Leidenschaft Hildebrandts, sondern sein zielsicherer Herrscherwille ließ ihn dieses Ziel erstreben und erreichen.

Daß er sein Ziel so bald erreichte, lag am völligen Zerfall der Kaisermacht. Konstanze, die Gemahlin Heinrichs VI., fühlte sich nicht als deutsche Kaiserin, sondern als sizilianische Königin. Sie nahm Sizilien von Innozenz als Lehen und vertraute ihm die Vormundschaft ihres unmündigen Sohnes Friedrich II. und die Verwesung des sizilianischen Reiches testamentarisch an. Er verdoppelte den Kirchenstaat. Im Kampf zwischen zwei Königen, Otto IV. und Philipp II., behauptete er, daß die Fürsten das Recht zur Königswahl vom Papst erhalten hätten und daß der Papst die Würdigkeit dessen, den er zum Kaiser krönte, zu prüfen habe. Otto IV., dem schließlich die Macht zufiel, verzichtete auf alle königlichen Rechte bei der Wahl seiner Bischöfe, auch auf das Recht der Entscheidung bei zwiespältigen Wahlen, das Innozenz für sich in Anspruch nahm. In straffer Verwaltungsarbeit festigte er die Macht der Kirche. Während er sich für Friedrich II. einsetzte, suchte er als Gegengewicht gegen die Staufer Verbindung mit den französischen Königen. Der König von England nahm sein Land von ihm als Lehen, um es vom Interdikt und sich selbst vom Bann zu befreien. Innozenz unterwarf die griechische Kirche durch den nach Byzanz umgeleiteten Kreuzzug. Das Laterankonzil von 1215 bot eine Heerschau seiner Weltmacht. Die kaiserliche Weltherrschaft war durch die pästliche abgelöst. Das Konzil hatte lediglich päpstliche Gesetze zu bestätigen. Eins der Gesetze sprach die Pflicht der Bischöfe aus, die Ketzer aufzuspüren, und die der Fürsten, sie auszurotten. Der Ketzerkreuzzug gegen die Katharer, eine orientalisch-manichäische Sekte, die durch Askese Befreiung von der Materie und dadurch Vollkommenheit suchte, gelang zwar und unterdrückte die Ketzerei mit unerhörter Grausamkeit, aber ihr Aufkommen, ebenso das starke Umsichgreifen der Armutsbewegung der Waldenser und des heiligen Franz waren doch Sturmzeichen. Die Kirche auf der Höhe ihrer weltlichen Macht war im Begriff, ihre eigentliche Macht, die geistliche Macht über die Gemüter, zu verlieren.

Geistliche Kräfte, Volksmissionare und Heilige

Die Großkirche hatte sich mit Hilfe der kräftigen deutschen Kaiser durchgesetzt. Das Ideal, das in den Büchern Augustins vom Gottesstaat aufleuchtet, schien verwirklicht zu sein.

Die Reformbewegung, die vom Kloster Cluny ausging, hatte die Ehelosigkeit der Priester und die Unabhängigkeit der kirchlichen Gewalten von weltlicher Macht auf die Fahne geschrieben. Man wollte der Christenheit durch strengere Gesetze und Ordnungen aufhelfen, weil man nicht mehr wußte, was Evangelium ist. Päpste wie Gregor der VII. und seine Nachfolger verwechselten Macht mit Vollmacht, die ja nur der Heilige Geist geben kann. Aus der Missionstätigkeit durch Wort und Zeugnis wurde der bewaffnete Kreuzzug. Gegen vermeintlichen Irrglauben wütete das grausame Ketzergericht der Inquisition. Aus der Gemeinde Jesu Christi wurde die Priester- und Machtkirche.

Die römisch-katholische Kirche hat sich weit entfernt von der Schlichtheit und Liebesglut der Urchristenheit. Sie ist Herrschaftskirche geworden. In Auseinandersetzung mit der griechischen Philosophie hat sie ihre Lehre gebildet. Vom römischen Staat hat sie Organisation und Rechtsformen übernommen. Vom überwundenen Heidentum ist manches in sie eingeströmt und beibehalten worden, so die feinste Form griechischen Heidentums in der neuplatonischen Mystik, aber auch gröbere Dinge, die an den Animismus erinnern. Imponierend an ihr ist die Einheit der Organisation und der Zauber ihres Gottesdienstes. Innerhalb dieser Kirche bewahren die Bruderschaften des Mönchtums etwas von der urchristlichen Glut, die nach jeder Erstarrung wieder in neuer Lebendigkeit in hinreißenden Persönlichkeiten hervorbricht und wahrhaft geistliches Leben in die Christenheit ihrer Zeit hineinträgt. Unter Heinrich III. ist es die Frömmigkeitsbewegung, die vom Kloster Cluny ausgeht, später ist es das Feuer Bernhards von Clairvaux, das im Zisterzienserorden fortwirkt. Auf der Höhe des Mittelalters erscheinen Franziskus mit seiner franziskanischen Armutsbewegung, die heilige Elisabeth und Petrus Waldus.

BERNHARD VON CLAIRVAUX (1090-1153)

Papst Innozenz III. (1160/61-1216)

ist eine der großen leuchtenden Gestalten der mittelalterlichen Kirche. Von Kind an hat er einen Zug zu Gott, den seine fromme Mutter pflegt. Der Jüngling nimmt die damals in Frankreich mächtig blühende theologische Wissenschaft in sich auf. Er liest mit großem Eifer die Heilige Schrift. Sein lebhaftes Gemüt macht ihn zum Dichter. Der Tod seiner Mutter bringt ihn auf ernste Gedanken. Die Sehnsucht nach einer völligen Hingabe an Gott führte ihn dazu, in eine Kirche, die an dem einsamen Weg lag, wo er über sein Leben nachdachte, einzutreten und sich ganz Gott zu weihen. Er gelobte, Mönch zu werden, und wählte sich den Zisterzienserorden, dessen strenge Regel viele abstieß, so daß er am Aussterben war. Aber gerade das zog ihn an. Zweiundzwanzig Jahre war er

Bernhard von Clairvaux (1090-1153)

Bernhard von Clairvaux:
Mein Verdienst ist Christi Barmherzigkeit.

den. Die Quellfrische seiner Persönlichkeit ist diesem unmittelbaren, betenden Umgang mit der Heiligen Schrift zu verdanken. Doch kam er theologisch nicht hinaus über den Neuplatonismus des Areopagiten. Seine Christuserfahrung ordnet er als Stufe der unmittelbaren Gottschau unter. Doch gesteht er, diese nur einigemal durch göttliche Heimsuchung erlangt zu haben. Er erkannte alles als Gnade.

Der Dichter
Sein inniges Gefühl vermählt sich mit dem Glanz und der Kraft seiner Sprache in seinen Hymnen. Fünf werden ihm zugeschrieben. Sie sind Lieder innigster Jesusliebe. Besonders bekannt ist der Hymnus auf den Namen und die Salutatio an Füße, Hände, Herz und Haupt Jesu. Die letztere ist Vorlage geworden für Paul Gerhardts Lied: »O Haupt voll Blut und Wunden«.

Der Abt und Seelsorger seiner Mönche
Schon 1115 war er Abt des neugegründeten Klosters Clairvaux geworden. In einem düsteren Tal baute er die Klosterniederlassung. Der Ertrag des Bodens war gering, die Nahrung spärlich. Oft bestand sie nur in Buchenblättern, Haferbrot und Hirse. Aber durch den Fleiß der Mönche erhob sich das Kloster zu reicher Blüte. Bernhard, der selbst den Kampf um den Frieden durchgekämpft hatte, konnte ein Seelsorger seiner Mönche sein. Einen Mönch, der an Glaubensanfechtungen litt, überzeugten keine Gründe, bis ihm Bernhard gebot: »Wenn du keinen Glauben hast, dann gebiete ich dir: Gehe hin und kommuniziere mit meinem Glauben.« Der Mönch gehorchte und seine Zweifel schwanden. Der Zisterzienserorden gewann eine große Bedeutung als Siedlungs- und Missionsorden in den ostelbischen Ländern. Bezeichnend ist für ihn die Einfachheit seiner Bauten und die streng durchgeführte Arbeitsaskese.

Sein Wirken in der Öffentlichkeit
Der Mann der Stille und des Gebets machte einen ungeheuren Eindruck auf die Öffentlichkeit. Er hatte Macht über die Geister. Auf das Volk wirkte seine Gabe, Kranke zu heilen. Der Glut seiner Rede konnte sich niemand entziehen. Er griff in die schwierigsten Verhältnisse

alt, als er mit dreißig Gefährten, die er gewonnen hatte, ins Kloster Citeaux eintrat. Die Glut seiner Hingabe war im Gebet und im innigen Umgang mit der Heiligen Schrift in ihm entflammt. Das Feuer Augustins glüht in seinen Schriften. Im mönchischen Drang nach Askese tötet er sein eigenes Leben ab, um als Mitleidender und Mitsterbender die Kraft der Auferstehung Christi und der Vereinigung mit ihm zu empfangen. Seine sechsundachtzig Predigten über das Hohelied (de diligendo Deo) sind durchwaltet von bräutlicher Liebe zu Christus. Seine Füße schwollen, weil er stehend Tag und Nacht im Gebet verharrte. Sein zarter Körper wurde hinfällig bei geringer Speise. In zurückgezogener Stille, in der Einsamkeit der Eichen und Buchen, die, wie er einmal scherzend sagte, seine liebsten Lehrer waren, ließ er Gott in seinem Worte mit sich re-

Hand entgegen und forderte ihn zur Versöhnung auf. Wie vom Blitz getroffen, stürzte der Graf nieder. Wirksam griff er ein, um eine Verurteilung Abälards zu erreichen, der die Vernunft über den Glauben stellte. Ebenso trat er der Sekte der Katharer entgegen. In der überfüllten Kirche von Albi widerlegte er die Lehre der Schwärmer und forderte alle auf, die zur Kirche zurückkehren wollten, die Hand zu erheben. Das taten alle, hingerissen von der Macht der Wahrheit. Als 1145 Edessa, der Eckpfeiler des Königreichs Jerusalem, an die Sarazenen verloren ging, wurde er zum Prediger eines neuen Kreuzzugs. Er durchzog Frankreich und Deutschland predigend. Das Volk am Niederrhein wurde allein durch die Erscheinung des abgezehrten Asketen, aus dem die Flamme heiliger Glut schlug, zu Tränen gerührt. Den zögernden Kaiser Konrad überwältigte er durch eine flammende Predigt im Dom zu Speyer, in der er das Jüngste Gericht und seine Verantwortung, die Wohltaten Gottes, die zu Dank verpflichten, so schilderte, daß der Kaiser gerührt ausrief, er erkenne die Wohltaten Gottes und wolle sich fernerhin nicht undankbar erfinden lassen. Als der Kreuzzug mißglückte, obwohl das ganze Abendland daran teilnahm, wurden manche irre an Bernhard, der das Mißlingen im weltlichen Wesen der Kreuzfahrer und im Streit der Fürsten begründet sah. Sein letztes Werk war der Brief an seinen Schüler Papst Eugen III. »de consideratione«, worin er die Pflichten des Papsttums und die Gefahren seiner Verweltlichung darstellt. Der schon Schwerkranke reist an die Mosel, um eine Fehde des dortigen Grafen beizulegen. Dann war sein Tagwerk vollbracht. 1153 entschlief er, zwanzig Jahre später wurde er heilig gesprochen.

ein, um dem Reich Gottes Bahn zu machen. Um der Gerechtigkeit willen trat er freimütig und beharrlich Fürsten entgegen, entzog Verurteilte ihrer Strafe und trat für Bedrängte ein. Um solcher Aufgaben willen machte er weite Reisen nach Frankreich, Italien, Deutschland. Wie ein Prophet wirkte er auf die Menschen. Als die unentschiedene Papstwahl die Gemüter bewegte, trat er auf die Seite von Innozenz. Eine Versammlung französischer Geistlicher bewegte er zu seiner Anerkennung. Persönlich beseitigte er die Bedenken des englischen Königs. Er führte den Papst nach Lüttich zu Kaiser Lothar und geleitete ihn nach Italien. Auf Volksversammlungen in Mailand umloderte ihn die Begeisterung des Volks. Hirten stiegen von den Bergen, um ihn zu sehen. Die Mailänder wollten ihn zum Erzbischof machen. Er lehnte es ab. Dem unversöhnlichen Fürsten von Aquitanien trat er bei einem Gottesdienst mit der Hostie in der

NORBERT VON XANTEN (†1134)

entstammte einem vornehmen rheinischen Geschlecht. Er besaß schon als Knabe reiche Pfründen, die er in einem bequemen Gelehrtenleben genießen wollte.

Assisi, Italien

S. 75:
Franz von Assisi: Portrait
aus dem späten 13. Jh. in
der Basilika von Assisi

FRANZ VON ASSISI (1182-1226)

Franz war der Sohn eines reichen Tuchhändlers in Assisi und einer Provencalin namens Pica. Das religiös tiefbewegte Gemüt war sein mütterliches Erbteil. Es ist wahrscheinlich, daß er früh von den armen Bußpredigern zu Lyon gehört hat. Er wuchs auf als Kind reicher Leute, die sich in jener Zeit des Übergangs von der Natural- zur Geldwirtschaft ein Schlemmerleben leisten konnten. Er tat es den Adligen an ritterlichem Auftreten gleich. Mit seinem liebenswürdigen, heiteren Wesen war er bald der Anführer der reichen Jugend in Assisi.

Der Ruf zur Nachfolge

Infolge einer schweren Krankheit, die ihn dem Tode nahebrachte, erwachte er innerlich und erkannte das Unbefriedigende seines bisherigen Lebens. Ein Traum half ihm weiter. Eine Stimme fragte ihn, der sich voll ritterlicher Begeisterung auf einen Kriegszug begeben hatte, wer ihm Besseres geben könne, der Herr oder der Knecht? Er antwortete: »Der Herr.« »Warum suchst du den Knecht statt den Herrn? Kehr heim!« Er kehrte um, doch nicht von ganzem Herzen. Als nach einem ausgelassenen Fest die junge Schar unter seiner Führung singend durch die Straße zog, blieb er sinnend stehen. Er sagte später davon, es habe ihn eine himmlische Seligkeit durchströmt, er habe sich die schönste Braut, die Armut, erwählt. In dieser Zeit reiste er nach Rom und lebte als Bettler verkleidet einige Tage unter den Bettlern, um ihr Elend kennenzulernen. Er überwand seinen Ekel, küßte einen Aussätzigen auf die Hand und pflegte die Kranken im Aussätzigenspital. Nun besserte er Kapellen aus. Dabei hörte er in der Portiuncula die Aussendungsrede, die für ihn der klare Ruf zur Nachfolge in einem Leben vollkommener Armut wurde. Er zog durch das Land und rief die Menschen zur Umkehr. Als ihn sein Vater Piedro wegen des Verkaufs von Stoffballen vor Gericht verklagte, zog Franz seine Kleider aus und brachte sie nackt seinem Vater. Der Bischof hüllte ihn in seinen Mantel ein. Franziskus sprach: Von jetzt an sage ich nicht mehr: Vater Piedro, sondern Vater unser, der du bist in dem Himmel!

Der Bußprediger

Von Heinrich V. war er zum Hofkaplan ernannt worden, übte aber keine geistlichen Pflichten aus. Als 1114 der Blitz in seiner unmittelbaren Nähe einschlug, tauschte er seine Hoftracht mit dem Büßergewand und wurde ein Bußprediger der Stiftsherrn zu Xanten. Seine bisherigen Standesgenossen lehnten ihn ab. Das Leben eines armen Mönchs und Wanderpredigers fand in Deutschland keinen Anklang. Die Synode von Fritzlar verbot ihm die Wanderpredigt. Da suchte er den Papst Gelasius auf, der ihm die Erlaubnis zur Wanderpredigt gab. Nun wandte er sich nach Frankreich, wo ihn das Volk begeistert aufnahm. In der Nähe von Laon gründete er die Einsiedelei Prémontré und den Prämonstratenserorden nach der Regel Augustins, mit der Hauptaufgabe zu predigen.

Der Erzbischof von Magdeburg

Kaiser Lothar, der durch seine Bußpredigt ergriffen wurde, gab ihm das Erzbistum Magdeburg. Barfuß ritt er dort auf einem Esel ein. Sein strenger mönchischer Eifer fand bei Kapitel und Bürgerschaft scharfen Widerspruch. Aber er siegte durch seine Beharrlichkeit. Seine Ordensbrüder berief er in das mit dem Dom verbundene Kloster. In ihrer Gemeinschaft fühlte er sich wohl. Lothar hörte auf seinen Rat und ließ sich von ihm nach Rom zur Kaiserkrönung begleiten. Krank kehrte Norbert zurück und starb bald darauf. Nach seinem Tode gewann sein Orden große Bedeutung in der Wendenmission. 1552 wurde er heilig gesprochen. Im Dreißigjährigen Krieg wurden seine Gebeine nach Prag überführt.

oben und unten: Die Franziskus-Basilika in Assisi

Die Stiftung des Ordens

Von da an gewann er Gefährten, die, gleichgesinnt mit ihm, genau nach der Aussendungsrede lebten und für das Essen arbeiteten in den Häusern hin und her. Was sie übrig hatten, gaben sie den

Armen. Nur Kranke durften Geld an- nehmen. Die ersten, die mit ihm zogen, waren ein Jurist, ein Domherr, ein Bau- ernbursche und Edelleute aus Assisi. Er gab seinem Orden die bekannten Mönchsregeln: Keuschheit, Gehorsam und Armut. Mit acht Gefährten zog er nach Rom, um sich seine Regel bestäti- gen zu lassen. Innozenz hielt die Or- densregel für zu streng. Der kluge Kir- chenfürst aber erkannte, daß durch eine kirchliche Armutsbewegung der ketze- rischen der Wind aus den Segeln genom- men würde. Er bestätigte die Regel des Franziskus, erteilte dem Orden die Ton- sur, daß sie als Männer der Kirche kenntlich waren, und erlaubte ihnen die Bußpredigt, aber nicht die dogmatische Predigt. Franziskus gelobte dem Papst Gehorsam. Später erbat er sich den Kar- dinal Ugolino zum Schutzherrn des Or- dens. Als Tausende dem Orden zu- strömten, wurde eine neue Regel nötig, die Franz 1221 verfaßte und Ugolino 1223 endgültig formte. Die Hauptfrage war die Frage des Besitzes. Die letzte Regel verband Bettel des Mönchs mit Besitz des Ordens, der Häuser haben durfte, doch nur zum usus pauper, zum armen Gebrauch.

Die Demut des Franziskus
Als Innozenz die zerschlissene Kutte des Franziskus sah, soll er gesagt haben: »In einen Schweinestall paßt du besser als hierher.« Darauf sei Franziskus in einen Schweinestall gegangen, aus dem man ihn erst wieder holen mußte. Später hat er das Ordensgeneralat freiwillig nieder- gelegt. Seinen Orden nannte er »fratres minores, geringere Brüder.« Seine De- mut führte ihn zur ständigen dienenden Liebe an Elenden, Kranken und Aussät- zigen.

Der Missionar
Er wurde der Erneuerer der Heiden- mission, die durch die gewaltsamen Be- kehrungsversuche der Kreuzfahrer in Vergessenheit geraten war. Viermal machte er sich auf den Weg ins heilige Land. Nach drei Versuchen gelangte er über Ägypten, wo er dem Sultan Kamil Christus verkündigte und sich zur Feu- erprobe bereit erklärte, was Kamil ab- lehnte, ans Ziel.

Franz von Assisi

Seine Naturverbundenheit machte ihn zum Dichter
Im Sommer vor seinem Tode betete er den Sonnengesang, das Preislied auf Schöpfer und Schöpfung.
Höchster, allmächtiger, guter Herr, dein ist das Lob, der Ruhm, die Ehre und jegliche Be- nedeiung, dir nur, Höchster, gebühren sie, und kein Mensch ist würdig, dich zu nennen. Gelobt seist du, o Herr, mit allen deinen Ge- schöpfen, vornehmlich mit unsrer Schwester, der Frau Sonne, die den Tag bringt, und du er- leuchtest uns durch sie, und sie ist schön und strahlend mit großem Glanz. Von dir, o Höch- ster, trägt sie das Sinnbild. Gelobt seist du, mein Herr, durch unseren Bruder, den Mond, und die Sterne. Am Himmel hast du sie gebil- det klar, köstlich und schön. Gelobt seist du durch unsere Schwester, das Wasser, das sehr nütz und demütig und keusch. Gelobt seist du durch unseren Bruder, den leiblichen Tod, dem kein Mensch kann entgehen. Weh denen, die in Todsünden sterben werden. Selig, der sich in deinen heiligen Willen wird finden, dem wird der zweite Tod kein Leides antun! Lobt und benedeiet meinen Herrn und dankt ihm und dient ihm mit großer Demut.

Franziskus, ein Zeichen vor der Welt
Er lebte in der Zeit der Überfeine- rung der Lebensbedürfnisse ein Leben der Bedürfnislosigkeit vor und tat es mit jubelndem, strahlendem Gesicht. Sin- gend zogen die Brüder von Ort zu Ort, immer zufrieden und heiter und bereit, dem Volk zu helfen. Ihr Ziel war die Lö- sung des Geistes von den Fesseln des Reichtums und der Armut in der Kraft Christi, durch die wir alles vermögen.

In seinem Testament schreibt Franz:
Danach gab mir Gott einen solchen Glauben an die Priester, die nach der Form der heiligen Kirche leben um ihres Amtes willen, daß, wenn mich auch die Kirche verfolgen würde, ich doch immer wieder zu ihr zurückkehren will. Ich will bei ihnen auf keine Sünde achten, weil ich in ihnen den Sohn Gottes erkenne und sie meine Herren sind.

Sein Heimgang

Im Sommer des Jahres, da er den Sonnengesang gedichtet hatte, erkrankte er während seines Predigens schwer. Er ließ sich von Assisi nach der geliebten Portiuncula bringen. Dort dichtete er die letzte Strophe des Sonnengesangs auf den Bruder Tod. Er wollte Musik hören. Sterbend sang er den 42. Psalm, dann ließ er sich das Gründonnerstagsevangelium vorlesen aus Joh 13. Auf seine Bitte hin wurde er nackt ausgezogen und auf den Erdboden gelegt. So verschied er am 3. Oktober 1226.

ELISABETH VON THÜRINGEN
(1207-1231)

Ausschnitt aus dem Reliquienschrein der Elisabeth von Thüringen in der Sakristei der Elisabethkirche zu Marburg an der Lahn. Der Schrein entstand in den Jahren 1236-1249.

Landgräfin Elisabeth von Thüringen war die Tochter des Königs von Ungarn. Ihre Mutter stammte aus dem Hause Andechs-Meran, in dem südliches Feuer brannte. Als vierjähriges Kind wurde sie als Braut des jungen Markgrafen nach der Wartburg gesandt. Sie wuchs

als fröhliches Kind auf, unberührt von den Schrecken ihrer Heimat, wo ihre Mutter ermordet wurde.

Die liebende Frau

Mit vierzehn Jahren wurde sie vermählt. Von ihrer innigen Verbundenheit mit ihrem Mann zeugt, daß sie ihn bei seinen Reisen begleitete und Trauerkleider anzog, wenn er ferne war. Er ließ sie in ihrer Mildtätigkeit gewähren und begegnete ihr mit ritterlicher Achtung und treuer Liebe. Eines Tages entdeckte sie das Kreuzeszeichen an seinem Gewand. Er hatte ein Kreuzzugsgelübde getan. Ohnmächtig sank sie zu Boden vor Schmerz. Sie begleitete ihn noch eine Tagereise weit und konnte sich von ihm nicht trennen. Er kehrte nicht mehr zurück. Ein hitziges Fieber hatte in Italien seinem Leben ein Ende gemacht.

Die gütige Mutter

Drei Kinder waren ihr geschenkt worden, die sie auf ihren eigenen Armen zur Kirche trug. Es war für sie ein herber Schmerz, als sie sich von ihren beiden ältesten Kindern trennen mußte. Das Kleinste behielt sie bei sich. Sie litt später so unter dem Fernsein von ihren Kindern, daß sie Gott bat, er möge diese Sorge von ihr nehmen. Ihr Gebet wurde erhört. Sie konnte sagen: »Ich habe meine Kinder Gott übergeben.« Als sie das letzte, das jüngste Kind hergeben mußte, – es war anderthalb Jahre alt – da sah sie schon ihren Tod voraus.

Die Frömmigkeit Elisabeths

Von jeher hatte sie die Armen in verschwenderischer Liebe geliebt. Nun hörte sie von den kürzlich in Eisenach eingezogenen Franziskanern das Armutsideal als Tat der Nachfolge preisen. Da sah sie ihren fürstlichen Reichtum mit andern Augen an. Sie hatte ein sehr zartes Gewissen. Sie wollte an keinem Unrecht teilhaben. Die Ausbeutung der Armen durch die Ritter, die rücksichtslos die Abgaben eintrieben, tat ihr weh. Sie aß manchmal nichts an der Tafel, ohne es merken zu lassen, um sich nicht an dem Unrecht zu beteiligen. Als sie neunzehnjährig den am Thüringer Hof hochangesehenen Konrad von Marburg als Beichtvater erhielt, da war kaum eine Änderung ihrer Lebenshaltung an ihr zu bemerken. Nach dem frühen Tod ihres Gemahls wurde alles anders. Die streng asketische Richtung ihres Beichtvaters setzte sich bei ihr durch. Sie floh von der Wartburg, um nicht am Unrecht des Hofes beteiligt zu sein, und barg sich in einer Scheune. Am folgenden Tag saß sie lange in einer Kirche zu Eisenach, bis man ihr die Kinder aus dem Schloß brachte. Sie suchte die Gastfreundschaft einer vornehmen Familie, aber aus Angst vor dem Bruder ihres Mannes, der die Herrschaft an sich gerissen hatte, wagte es niemand, sie aufzunehmen. In aufwallendem Stolz kehrte sie zu ihrer Scheune zurück. Sie sandte die beiden älteren Kinder zu Verwandten. Die Kleinste behielt sie bei sich. Dabei blieb sie fröhlich und ging in die Kapelle der Barfüßer und bat, ihr ein Tedeum zu singen, um der Trübsal willen, die der Herr ihr sende. Ihre Patin, die Äbtissin von Kitzingen bei Bamberg, machte sich auf, um sie zu ihrem Onkel, dem Bischof von Bamberg, zu bringen. Der wollte sie wieder verheiraten, aber sie weigerte sich. Er ließ sie auf Schloß Botenstein verwahren, bis sie wieder verlobt sei. Da kam die Nachricht, daß die Leiche ihres Mannes nahe. Der Bischof zog ihr mit feierlicher Prozession entgegen. An der Bahre niedergesunken, sprach Elisabeth weinend: »Herr, ich danke dir, daß du dich meiner erbarmst und tröstest mich durch die Leiche meines Gatten, nach der ich mich so gesehnt habe. Du weißt, wie sehr ich ihn geliebt. Doch dir hat er sich angelobt, und ich habe ihn zur Befreiung deines heiligen Landes dargebracht, das bereue ich nicht. Wenn ich ihn wieder haben könnte, so würde ich die ganze Welt drum geben und gerne mit ihm betteln gehen. Aber gegen deinen Willen – Herr, sei du mein Zeuge – wollte ich ihn nicht mit einem Haare zurückkaufen. So übergebe ich ihn und mich deiner Gnade, mit uns geschehe dein Wille!«

Ihr Beichtvater ließ sie im grauen Gewand der Laienschwester der Franziskaner in einer elenden Lehmhütte zu Marburg wohnen und gab ihr jede niedrige Arbeit. Er nahm ihr die Gefährtinnen und gab ihr zwei alte verdrießliche Weiber, damit sie vollkommen werde im Sinne des Armutsideals ihrer Zeit. Er verschaffte ihr auch ihre Güter, mit denen sie grenzenlos wohltätig war. Er züchtigte sie aufs härteste, wenn sie in verschwenderischer Liebe weiter ging

als sein Gebot. Es mag ihn später eine Ahnung überkommen haben, daß seine Härte sündig war, denn in seinem Bericht nach ihrem frühen Tode schreibt er an den Papst: »Gott vergebe mir.« Die Verwandten hatten sich ganz von ihr zurückgezogen, weil sie die Reichtümer dieser Welt verachtete. Sie nahm immer die Ärmsten und Elendesten zu persönlicher Pflege zu sich. Dabei gab sie den Armen nicht ohne Überlegung, so zur Erntezeit Sicheln und Schuhe. Ihre Liebe hatte nichts Enges und Finsteres, sondern sie übte alle Entsagung mit himmlischer Heiterkeit. So ließ sie im Hof des Spitals ein Feuer anzünden, um ihre Armen und Kranken zu erfreuen.

Sterbend sprach sie noch von Jesus und seiner himmlischen Geburt und war dabei fröhlich, als sei sie nicht krank. Am 19. November 1231 entschlief sie sanft im Alter von vierundzwanzig Jahren. Vier Jahre später wurde sie heilig gesprochen. Sie ist ein Opfer des Entsagungsideals ihrer Zeit. Diesem Ideal hat sie ihre Regenten- und Mutterpflichten geopfert.

DOMINICUS VON CARALOGA
(† 1221)

Der Spanier Dominicus von Caraloga hatte schon als Kind Freude am Kirchenbesuch, am Gebet und an Kasteiung. Früh bezog er die Universität und warf sich mit Feuereifer auf das Studium der Theologie. Er hatte ein leicht rührbares Gemüt und war für seinen Gott zu den größten Entbehrungen bereit. Vor allem bewegte ihn die Sorge um das Seelenheil seiner Nächsten. Bischof Diego berief ihn als Domherrn an seine Kathedrale zu Orma. Als Prediger zog er in der Diözese umher.

Bei einer Reise nach Südfrankreich bekam er den Eindruck, daß man die Waldenser und Katharer nur durch Übernahme ihrer Lebensweise überwinden könne. 1215 gründete er seinen Orden nach der Regel Augustins. Die Wanderpredigt wurde ihm vom Papst erlaubt. Der Orden pflegte die theologische Bildung, um seine Glieder zur Ketzerbekehrung zu befähigen. Auf einem Laterankonzil lernte er Franziskus kennen und übernahm von ihm den Grundsatz des Bettels.

Mechthild von Magdeburg über Elisabeth: Gott hatte sie als Botin gesandt zu den verlorenen Frauen, die in Hoffart und Eigenliebe auf den Burgen sitzen. Es ist des Boten Recht und Verdienst, schnell dem Ziele zuzueilen.

Im Jahre 1216 genehmigte der Papst den Orden. Dominicus hielt den Dienern am päpstlichen Hof, die nicht zum Gottesdienst kamen vor lauter Geschäften, besondere geistliche Vorträge. Der Papst machte ihn zum Oberhofprediger. Dieses Amt, das bei den Dominikanern verblieb, bestimmte die Theologie am päpstlichen Hof und handhabte die oberste Zensur. Er starb am 6. August 1221 und wurde 1233 heilig gesprochen. Bei seinem Tode gab es schon sechzig Dominikanerklöster.

BERTHOLD VON REGENSBURG (1220-1272)

Einer der gewaltigsten Prediger in deutscher Sprache im Mittelalter ist Berthold. Er ist in Regensburg geboren und daselbst auch gestorben, wo jetzt noch im Dom sein Grab gezeigt wird. Im Franziskanerkloster dort bekam er seine Ausbildung. Besonders verbunden war er mit dem Novizenmeister und Professor des Ordens, David von Augsburg, einem innig frommen, väterlich auf das innere Wohl der jüngeren Brüder bedachten Manne. Er entdeckte auch die Predigtgabe Bertholds und begleitete ihn mit seinem liebevollen Gedenken oft auch persönlich bei seinen Wanderungen. Wie ein Fackelträger trug Berthold die Predigt der Buße durch die süddeutschen Lande. Er trat zuerst in Niederbayern, dann am Rhein, im Elsaß und in der Schweiz auf. Dann wandte er sich nach dem Osten, nach Österreich, Böhmen, Mähren, Schlesien und Ungarn. Auf dem Rückwege zog er über Thüringen und Franken. Er predigte im Freien. Eine Feder zeigte ihm die Richtung des Windes, so daß er sich den Zehntausenden, die zusammenströmten, verständlich machen konnte.

Seine Predigt

ist Sittenpredigt. Es spiegelt sich in ihr der Zustand seiner Zeitgenossen, dessen durchdringende Kenntnis er dem Beichtstuhl verdankt. Sie ist in der Hauptsache Bußpredigt und schwingt den Hammer des Gesetzes. Oft in der höchst lebendigen Form eines Zwiegespräches mit den einzelnen Gruppen der Hörer entlarvt er den Sünder, schneidet ihm alle Ausflüchte ab, um ihn in die Buße hineinzutreiben. Er dringt auf die aufrichtige Beichte und die pünktliche Erfüllung der vom Beichtvater aufgelegten Bußwerke, wobei ihm vor allem die Rechtsbuße, die Wiedererstattung des Gestohlenen und die Wiedererstattung der verleumdeten Ehre des Nächsten am Herzen liegt. Die Gnadenverkündigung behält er der Beichte vor. Es wäre falsch, zu sagen, er wisse die Gnade nicht. Seine Phantasie malt Himmel und Hölle, Verführung der Teufel, Warnung und Mahnung der Engel blühend aus. Die Schriftauslegung tritt in seiner Predigt zurück, weil er nicht die Schrift auslegen, sondern Buße verkündigen will. Das sittlich-religiöse Interesse steht ihm vornan. So scheut er sich nicht, Mißbräuche der Kirche zu bekämpfen wie das falsche Vertrauen auf die Ablässe und die Fürbitte der Heiligen. Er straft die Ungerechtigkeiten der Mächtigen, tröstet die Betrübten und mahnt sie zur Geduld.

Gegen die Habgierigen:

Pfui, Habgieriger, womit hilfst du diesen armen Gotteskindern? Du hilfst ihnen, daß sie vollends zu Bettlern werden müssen. Ihr Räuber, ihr Abbrecher, ungerechte Vögte und ungerechte Richter und ihr habgierigen Wucherer, was wollt ihr Gott für Antwort geben am Jüngsten Tag, wenn diese armen Gotteskinder über euch rufen? Ja, predigte doch Gott selbst einem Habgierigen dritthalbe Jahre, und es half an ihm nichts, bis er den Prediger verkaufte um dreißig Pfennige.

Über die Ehe:

Bruder Berthold, ich bin noch ein junger Knecht, und die ich gerne nähme, die will mich nicht, und die mich gerne nähme, die will ich nicht. Sieh, nimm aus der Welt eine zur Ehe, da du recht und ehelich mit lebest. Bruder Berthold! Ich habe doch kein eigen Brot. Du willst durchaus nicht, höre ich wohl, bei der Ehe bleiben. Weil du es denn nicht entraten willst, mit der Unehe umzugehen, so nimm nur eine zur Unehe, so nimm dieselbe an die eine Hand und den Teufel an die andere Hand, und geht alle drei hin zur Hölle, wo euch nimmer Rat wird.

Über den Schatz im Acker:

Der Acker ist die heilige Christenheit. Der Schatz, der darin verborgen liegt, ist eines jeglichen reinen Christenmenschen Seele. Unser Herr Jesus Christus verkaufte seinen eigenen Leib und kaufte den Acker, daß ihm der Schatz werde. Er wollte den Acker niemand anvertrauen, weder den Propheten, noch einem der zwölf Boten, noch den Engeln. Er hat den Pflug selbst gehalten. Ein Pflug muß aus Eisen und Holz sein. Also war das heilige Kreuz von Holz und von Eisen, die Nägel, die gingen ihm durch Hände und Füße, und also hielt er den Pflug, bis der Tod daran nahm. So hat er den Acker mit seinem eigenen Blut gedünget. Nun seht, wie herzlich lieb euch Gott hat!

sittlichen Ernst sowie im Schriftprinzip liegt die Brücke zur Reformation.

PETRUS WALDUS († 1217)

Ein reicher Kaufmann zu Lyon bekehrte sich im Jahre 1176. Das Wort an den reichen Jüngling war ihm von einem Priester als Rat für ein evangeliumsgemäßes Leben gegeben worden. Im Jahre 1177 versorgte er Frau und Kinder, daß sie leben konnten. Den Rest seiner Habe verwandte er, um die Armen der Stadt täglich zu speisen, bis sie aufgebraucht war. Dann schloß er sich mit einigen Männern und Frauen zusammen, um Buße predigend durchs Land zu ziehen.

Die Armutsbewegung
Seit Bernhards Zeiten war Frankreich das Land der Wanderpredigt. Diese neue Bewegung ist klarer an der Bibel, und zwar an der Aussendungsrede ausgerichtet. Zu zweien machten sie sich auf den Weg im Büßerhemd und mit Holzsandalen an den Füßen. Ihre Seelsorge geschah in der Form der Beichte.

Die Lösung von der katholischen Kirche
Sie suchten auf dem Laterankonzil 1179 die Anerkennung der Kirche zu erlangen. Man versagte sie ihnen, weil ihr Ursprungsland, das Land der Katharer, sie in einem verdächtigen Licht erscheinen ließ. Nun griffen sie die Frage nach der Würdigkeit des Priesters auf und beantworteten sie so, daß nur der, der die Figura Christi an sich trüge, also ein Nachfolger sei, würdig sei, die Sakramente zu verwalten. Als sie wegen Ausübung der ihnen nicht erlaubten Predigt unter den Bann kamen, wurde der Bruch vertieft.

Die Lehre der Waldenser
Sie organisierten sich unter monarchischer Leitung durch Petrus Waldus als wandernde Prediger und Gemeinschaften von Gläubigen, die in der Kirche blieben. In der Lehre waren sie katholisch im Sinn der mittelalterlichen Asketik. Bedeutsam ist die Anerkennung der Heiligen Schrift als der maßgebenden Autorität. Sie nehmen Beichte und Buße ganz ernst. Alle Ablösung der persönlichen Bußleistung durch Ablaß, Fegefeuer, Seelenmesse, Fürbitte der Heiligen lehnen sie ab. In diesem hohen

NIKLAUS VON DER FLÜE (1417-1487)

»Gott grüße euch, liebe Herren, nach dringenden Bitten meines Bruders, der treue Pfarrer Hermann im Grund, der mit Tränen ermahnt, daß ich hierher komme und eure Gemüter vereinigen möge, theuerste Eidgenossen, worüber streitet ihr denn? über die Folgen von drei Siegen, die euch Gott verliehen hat (in den Burgunderkriegen von 1476/7)? War es eure Macht, ihr Städte der Eidgenossenschaft, die gesiegt hat? Überhebet euch nicht und erkennet die höhere Hand und danket derselben. Mit dem Beystande Gottes habt ihr die Feinde geschlagen. Mit ihm könnt ihr jetzt euren neuen tödlichen Feind schlagen, der euch allen im Herzen sitzt, ich meine die Zwietracht und Erbitterung der Gemüter. Wenn jeder des Andern Leben für das seine hält, des Andern Glück für sein eigenes nimmt, so werdet ihr sogleich über euch selbst aus dieser Versammlung gehen. Liebet und ehret eure mindergesegneten Brüder über alles, liebe Herren, muß ich euch bitten als ein alter, getreuer Eidgenoß, der sein Vaterland liebt und es vor dem Verderben bewahren möchte: strebet dem eitlen Hab und Gut nicht so sehr nach, lebt wie eure seligen Väter, haltet Zucht und Ehrbarkeit in euren Häusern zuerst und dann in dem ganzen Land unter eurem Volke, zieht es von Mutwillen ab und gewöhnt es an eine nützliche Arbeit. Nun behüt euch Gott, liebe Herren, tretet jetzt in Gottes Namen zusammen, wie ihr es vor dem Feinde getan, so wird, ob Gott will, ein Vergleich zustande kommen. Gott behüte eure Städte und Länder durch Seine Gnade!«

Das sind die Worte, welche Niklaus von der Flüe, dem Einsiedler aus Unterwalden, anläßlich der Tagsatzung zu Stans im Dezember 1481 in den Mund gelegt wurden.

Der eidgenössische und internationale Vermittler
Die alte Eidgenossenschaft war innerhalb von rund 200 Jahren zu einer Gemeinschaft von acht Gliedern angewach-

sen. Den ursprünglich drei Waldstätten hatten sich allmählich vier Städte und ein Land zur gemeinsamen Verteidigung gegen machthungrige Nachbarn angeschlossen. In einer ansehnlichen Reihe glorreicher Kriege gegen Habsburg und gegen den mächtigen Karl den Kühnen von Burgund (welcher dabei den Tod fand) hatten sie ihre Ehre und ihren Besitz verteidigt. Nun stellten zwei neue Städte, Freiburg und Solothurn, ihre Aufnahmekandidatur in den Bund der Eidgenossenschaft. Die Länder wehrten sich vehement gegen die Aufnahme weiterer Städte neben Luzern, Zug, Zürich und Bern. Sie waren gegen diese Gleichgewichtsstörung zugunsten der Städte. Der alte historische Stadt-Land-Konflikt machte auch vor den Toren der Schweiz keinen Halt. Hier Bürger, Zünfte und Kaufleute, dort freie Bauern und Landleute. Bern und Zürich vermochten ihre Bundesgenossen nicht umzustimmen. Nach Beseitigung der erwähnten äußeren Feinde kamen innere Zwiste auf. Wer sollte künftig die erste Geige spielen? Lange verbitterte Debatten vertieften den Graben zwischen den beiden Blöcken immer mehr. Am 22. Dezember 1481 drohte die damalige demokratische Vertretung, die Eidgenössische Tagsatzung, sich in Tumult und Haß aufzulösen. Die Delegierten rüsteten zum Aufbruch, ein Bürgerkrieg drohte. Da entschloß sich der Pfarrer von Stans, Hans im Grund, den Bruder Klaus zu alarmieren. Mit Recht sah er in ihm die letzte Retterfigur für die bedrohte Eidgenossenschaft. Hatte er doch in jüngster Vergangenheit die jahrhundertalte Feindschaft zwischen Österreich und den Eidgenossen durch vermittelnde Gespräche zu beseitigen vermocht.

Ob nun Niklaus von der Flüe jene Worte persönlich oder durch Vermittlung seines Boten an die abreisenden Delegierten gerichtet hat, ist umstritten. Nach dem ältesten Bericht soll der Eremit nicht selber erschienen sein, sondern sein durch Hans im Grund übermitteltes Votum habe den Frieden gestiftet.

Durch unzählige politische und seelsorgerliche Gespräche war der Unterwaldner Einsiedler hoch verehrt. Ein schwäbischer Schreiber war wegen Verunglimpfung von Klaus durch den Bischof von Konstanz schwer bestraft worden. Der Domherr von Straßburg, der Luzerner Schultheiß Heinrich Hunwil, der Bürgermeister von Halle an der Saale, Stadtbehörden von Konstanz, der Herzog von Mailand und unzählige Besucher aus ganz Europa pilgerten nach Sachseln, um Rat bei Bruder Klaus zu holen. Alle zeigten sich tief beeindruckt. Sogar der österreichische Erzherzog Sigismund ließ ihm Gaben zukommen, die er gleich an Bedürftige weiterleitete. Durch seinen Sohn Hans, welcher Landammann von Unterwalden geworden war, übte Klaus ohne Zweifel großen Einfluß auf die eidgenössische Politik aus.

Seine weltliche Tätigkeit während 50 Jahren

Durch seine Nidwaldner Mutter Hemma Robert von Wolfenschiessen, die ihm an einem unbekannten Tage des Jahres 1417 im Flüeli oberhalb Sachseln das Leben schenkte, kam Klaus mit der von Süddeutschland und dem Elsaß beeinflußten Mystik des Klosters von Engelberg in Berührung. Von seiner Jugend als Bauernjunge ist nichts bekannt, als daß sein Jugendfreund Erny Rorer berichtet, wie er sich oft von den Kameraden absonderte, um allein zu beten und wie er jeden Freitag zu fasten pflegte. Mit 14 Jahren stimmfähig, mit 16 als Soldat eingezogen, wurde Klaus somit in den Alten Zürichkrieg von 1440-44 und in den Thurgauer Feldzug von 1460 verwickelt. Immer darauf bedacht, keinen Haß, sondern Liebe und Verständigung zu verbreiten, gelang es ihm auch zu verhindern, daß die Schweizer das von den Österreichern besetzte Kloster von St. Katharinental in Brand stecken konnten.

34 Jahre hat er als Landwirt das väterliche Gut betreut. Mit 30 Jahren heiratete er die Sarnerin Dorothea Wyss, die ihm in zwanzigjähriger Ehe fünf Knaben und fünf Mädchen schenkte. Als Mann seines Volkes ließ er sich als Mitglied des sechzigköpfigen Landrates und als Richter wählen. Das Amt eines Landammanns hingegen lehnte er wohlbedacht ab. Seinen Kindern soll er gesagt haben: »Sehet, meine Kinder, wie groß, allmächtig und liebenswürdig euer Schöpfer, sehet den Himmel an, das

Nikolaus von der Flüe empfängt in seiner Einsiedelei Politiker, die um seinen Rat bitten

Haus unseres Vaters und die Ewige Wohnung aller guter Christen, erhebet ohne Unterlaß euren Geist und eure Hände zu eurem Schöpfer und betet ihn an. Alle Geschöpfe sollten ihn immer loben. Seht den großen Lehrmeister, der vom Himmel gekommen uns zu lehren die Demut, Geduld, Sanftmut, und wie wir alle Menschen lieben, alle Unbilden vergeben, unsere Feinde umfangen sollen. Höret euer Gewissen, da es euch erinnert, warnet, innerlich zuruft, was nicht recht ist, was böse Reden und Taten sind, um der Sünde zu entfliehen. Die Kinder der Sünder werden Kinder des Greuels, ihre Erbschaft wird vergehen und ihrer Nachkommenschaft wird ewige Schmach anhangen . . .«

Lebenswende als Einsiedler

Mit 50 Jahren kam er in schwere innere Nöte. Sein Hang zur Weltflucht und Einsamkeit steigerte sich zu einer Vision, in der er einen Turm in der Nähe seines Wohnortes als Zufluchtsstätte erblickte.

Am Gallustag 1467 schied Klaus von Frau, Familie und Gut. Zuerst wollte er ins Elsaß, der Wiege der damaligen Mystik. Unterwegs warnte ihn jedoch ein Bauer vor den Gefahren der Fremde, so daß er sich zur Umkehr in die Innerschweiz entschloß. Auf der Alp Klysterei im Melchtal verblieb er acht Tage im Gebet und ohne Nahrung, bis ihn Jäger entdeckten und wieder ins Flühli zurückbrachten. Dort suchte er seinen Seelsorger Hans im Grund auf. Dessen Rat »Betrachte andächtig die Leiden Jesu« befolgend, brachte Niklaus dazu, siebenmal am Tage dem Heiland für seinen Tod, seine Auferstehung, die Vergebung von Schuld und Sünde zu danken und ihn dafür zu loben. Das befreite ihn von Depressionen, Anfechtungen und Zweifeln.

Die Nachbarn erbauten ihm eine Zelle und eine Kapelle in der Nähe seines Wohnortes. Am 27. April 1469 wurde sie vom Bischof von Konstanz selber ausgestattet und eingeweiht. Niklaus' Ehefrau und seine politisch engagierten Söhne hielten ihn stets auf dem Laufenden. Es kam auch vor, daß er gelegentlich Dorothea ersuchte, für einen Gast ein Mahl zuzubereiten, was sie gerne tat.

Seine Einsiedelei wurde zur Anlaufstelle für Ratsuchende aus der ganzen Welt. In seiner Seelsorge durchschaute Klaus immer wieder das menschliche Herz, konnte die Gedanken geplagter Menschen lesen. Er wurde ungezählten Menschen Ratgeber und Helfer.

Zwanzig Jahre wirkte er so zum Wohle der Mitmenschen bis zu seinem Tod am 21. März 1487. Große Trauerfeiern in Luzern, Innsbruck und in Ungarn bezeugten seine Universalität zur Verherrlichung Gottes in einer Welt, in der Haß und Feindschaft herrschten.

Große Theologen und Denker

Die Theologen der mittelalterlichen Kirche gründen sich alle auf die Grundlagen der griechischen Philosophie, auf Plato und in der Hauptsache auf Aristoteles. Ihre Fragestellung wird ihnen von diesen griechischen Philosophen gegeben. Es geht darum, wie sich die Begriffe zu dem Sein verhalten. Den Unterbau ihrer Theologie bilden die Ergebnisse des natürlichen Denkens, die dann durch die übernatürlichen Erkenntnisse überhöht werden. Doch der letzte in dieser Reihe, Wilhelm Occam, lehnt die Vernunft als die Erkenntnisquelle alles Göttlichen ab.

ANSELM VON CANTERBURY
(ca. 1033-1109)

wurde als Sohn eines wilden Raubritters in Piemont geboren. Von einer frommen Mutter wurde er mit liebendem Ernst auf Gott hingewiesen. Er trat, angewidert vom weltlichen Treiben, dem er sich nach dem Tod seiner Mutter eine Zeitlang ergeben hatte, in das durch die Wissenschaft seines großen Lehrers Lanfrank und durch seine ernste Frömmigkeit berühmte Kloster Bec in der Normandie ein. Über dem Studieren vergaß er Schlaf und Essen. Bald wurde er Prior und Vorstand der Klosterschule. Pädagogisches Geschick und große, herzliche Liebe zu den Schülern schenkten ihm große Lehrerfolge.

Anselm:
Nondum considerasti, quanti ponderis sit peccatum (du hast noch nicht bedacht, welches Gewicht die Sünde hat)!

Der Prediger

Mit seiner Predigt leistete er Bedeutendes. Es lag ihm daran, den Text genau auszulegen. Seine Gleichnisse und Bilder machten die verkündigte Wahrheit anschaulich. Als Seelsorger war er treu, wie seine uns erhaltenen Briefe beweisen. Kranke pflegte er mit eigener Hand in herzlichem Erbarmen. Seine Gebetsstille fand er in durchwachten Nächten.

Der Lehrer der Kirche

Betend trieb er seine theologischen Studien. Sein Gottesbeweis ging davon aus, daß der Begriff des höchsten Wesens auch seine Existenz einschließen müsse, sonst sei es nicht das höchste Wesen. Seine wichtigste Schrift: Cur deus homo? schrieb er in der Verbannung. Um den Fall Adams, der den ganzen Zweck der Schöpfung in Frage stellt, zu versühnen, muß der Mensch eine Sühne vollbringen, die nur Gott leisten kann. So kann sie nur einer vollbringen, der Gott und Mensch zugleich ist. Die »überflüssige« Leistung, die Sühnecharakter hatte, war der Opfertod des Gottmenschen. Mit dieser Satisfaktionslehre hängt die katholische Lehre von den »überflüssigen« guten Werken zusammen.

Der Erzbischof

Von Wilhelm dem Roten wurde er gegen seinen Willen zum Erzbischof von Canterbury berufen. Er hatte mit dem rücksichtslosen, brutalen König viele Kämpfe zu bestehen, die zu seiner Absetzung führten. Der Streit um die Investitur spielte hinein. Anselm lehnte sie ab, bis ein Vergleich dem langjährigen Kampf ein Ende machte. Im sechsundsiebzigsten Jahr seines Lebens starb er, nachdem er mit letzter Kraft dem König und dem Volk die Absolution erteilt hatte.

ABÄLARD († 1142)

Der scharfsinnige, kritische Denker, gab der theologischen Wissenschaft durch sein Fragen viele Anregungen. Er hat den kühlen Verstand des Nordfranzosen und die Leidenschaft, jeden Gedanken, den er denkt, auszusprechen, und den brennenden Ehrgeiz, durch Kritik an den großen Denkern der führende Denker zu sein. In sein Leben gewinnen

Anselm von Canterbury (ca. 1033-1109)

wir durch seine Autobiographie (historia calamitatum) Einblick.

Der Denker

Das Grundproblem seiner Zeit war: Wie verhält sich der Begriff zum konkreten Ding? Schon war der Nominalismus, der in den Begriffen nur Abstraktionen der Vernunft erkannte und nur die einzel-

Die Kathedrale von Canterbury

nen Dinge als existierend anerkannte, aufgekommen. Abälard kritisiert den Nominalisten Roscellin, der schon von Anselm widerlegt worden war. Er wandte sich kritisch gegen den Anselmschüler Wilhelm von Champeaux, den berühmten Lehrer der Pariser Domschule, und unterlag, worauf er von Paris weichen mußte.

Seine heimliche Ehe
mit der schönen und geistreichen Heloise wurde ihm zum Verhängnis. Deren Onkel, der Domherr Fulbert, verriet prahlerisch das Geheimnis. Abälard mußte seine Frau, um einer unangenehmen Auseinandersetzung zu entgehen, in einem Kloster unterbringen. Fulbert, der meinte, er habe sich von Heloise losgesagt, ließ Abälard überfallen und verstümmeln, um ihn für die kirchliche Laufbahn unfähig zu machen. Abälard trat in das Kloster St. Denis ein und konnte dort seine Lehrtätigkeit fortsetzen.

Die Verurteilung seiner Schriften
Seine Erstlingsschrift über die Dreieinigkeit, die an den Begriffen Macht, Weisheit, Liebe verdeutlicht wurde, wurde von einer Synode verurteilt. Als Abälard nach längerer Zurückgezogenheit in einem Kloster wieder in Paris erschien, trat ihm der geistlich führende Mann seiner Zeit, Bernhard von Clair-

veaux, entgegen und ließ auf der Synode von Sens einige seiner Sätze christologischen und trinitarischen Inhalts verdammen und dieses Urteil durch den Papst bestätigen.

In Klosterstille

Der gütige Abt von Cluny, Petrus Venerabilis, nahm den Heimatlosen in sein Kloster auf. Dort unter dem heiligen Schweigen der Mönche kam der unruhige Geist zur Ruhe. Er erkannte, daß Theologie nicht kritischer Scharfsinn, der andere bekämpft, sondern eine Frucht betender Meditation ist, die anderen hilft, fromm zu werden. Dort erfolgte auch seine Aussöhnung mit Bernhard von Clairveaux.

PETRUS LOMBARDUS
(† 1160)

ist der Normaldogmatiker des Mittelalters. Er schuf das Lehrbuch, das künftig allen dogmatischen Vorlesungen des Mittelalters als Grundlage dient (libri quattuor sententiarum). Er ist in Novara geboren, studierte in Bologna Kirchenrecht und in Paris Theologie. Dort wurde er Leiter der Domschule und 1159 Bischof. Er bietet eine Menge Väterzitate und ordnet sie nach der Methode

Abälards, indem er die Widersprüche aufzeigt.

ALBERTUS MAGNUS
(1193-1280)

Albertus wirkte von 1245 bis 80 als Lehrer der Lehranstalt der Dominikaner in Köln. Sein Geist umfaßte die ganze mittelalterliche Bildung. Er schrieb naturwissenschaftliche, mathematische und philosophische Schriften und wertete dabei meist das Gedankengut des griechischen Philosophen Aristoteles aus. Auch in seinen theologischen Schriften verarbeitete er aristotelische, augustinische und neuplatonische Gedanken. Er kommt zu einer vorsichtigen und korrekten Formulierung der Kirchenlehre. Seine Einteilung: Gott, Welt, Erlösung, Sakramente. Zum ersten Mal wird hier die Siebenzahl der Sakramente genannt.

THOMAS VON AQUINO
(1225-1274)

Thomas ist zu Aquino bei Neapel geboren. Er schloß sich gegen den Willen seiner vornehmen Eltern dem Dominikanerorden an und studierte bei Albertus

Die Kathedrale Notre Dame, Paris

S. 86 oben:
Abälard (1078-1142)

S. 86 unten:
Abälard hält Vorlesung

S⊽S THOMAS DE AQVINO

Magnus in Köln, wo er für den kirchlich abgewandelten Aristotelismus gewonnen wurde. Nach längerer Tätigkeit an der Universität Paris arbeitete er in Rom. Er starb in seiner Heimat. Er ist bis heute der unbestrittene theologische Führer des Katholizismus.

Der Lehrer der katholischen Kirche

Er gab der Kirchenlehre die präzise Form. In der »Summa contra gentiles« schuf er eine glänzende Apologie des christlichen Glaubens, in der »Summa theologiae« eine umfassende Darstellung der christlichen Lehre. 1. Gottes Bewegung zur Welt. 2. Die Bewegung der Welt zu Gott. 3. Vermittlung der Einwirkung Gottes auf die Welt durch Christus und die Sakramente.

Die wesentlichen Erkenntnisse gewinnt er nach Aristoteles vom natürlichen Denken aus und ergänzt und überhöht sie durch die besondere übernatürliche Offenbarung. So ist die Verderbtheit des Menschen nicht radikal. Der Mensch hat das Wissen um die sittlichen Grundnormen und das Streben danach. Das wirkt sich im Naturrecht der außerchristlichen Welt aus. Aber er hat die Ergänzung durch das christliche Gebot nötig, weil der Wille durch die Verbindung mit dem Fleisch geschädigt ist. Die übernatürliche Gnade, die Erweckungs- und Bekehrungsgnade, vollendet die Ansätze christlicher Tugenden durch ein magisch sakramental gewirktes Wunder, durch eine Gnadeneingiessung. Dadurch wird der Mensch tatsächlich gerecht gemacht. Er kann diesen Zustand verlieren, aber durch das Bußsakrament wieder gewinnen und so zur Seligkeit gelangen.

Thomas behauptet den Vorrang des Papstes über die weltliche Herrschaft.

DUNS SCOTUS (1265/66-1308)

Zu Duns in Schottland geboren, studierte er in Paris und lehrte zu Oxford und Cambridge. Er verfaßte den Oxforder Sentenzenkommentar. Er starb zu Köln.

Er hielt es für unnötig, übernatürliche Wirkungen anzunehmen, da der Mensch kraft seiner ihm auch nach dem Fall verbliebenen Kräfte durch Gewöhnung an das Gute zu einer sittlichen Gesinnung kommen und Gott aus allen Kräften lieben könne. Der Mensch kann

das Halbverdienst erwerben (merita de congruo). Ob Gott es ihm als Vollverdienst annimmt, ist ein Akt seiner unabhängigen Gnade. Duns ist Franziskaner. Damit die Verdienste ungeschmälert bleiben, bekämpft die franziskanische Theologie die thomistische Verkürzung des freien Willens. Die größten franziskanischen Theologen sind Engländer.

Johannes Duns Scotus (1265/66-1308)

WILHELM OCCAM (1280-1349)

Der letzte mittelalterliche Theologe von Format, Wilhelm Occam, war ein Südengländer, ein Franziskaner und Schüler des Duns Scotus. Um 1315 wurde er Professor in Paris. 1320-28 wurde er in den Kerkern Avignons durch den Papst gefangengehalten. 1328 gelang ihm die Flucht zu Ludwig dem Bayern. 1349 starb er in München.

Grundeinstellung

Sein Denken geht von der Theologie seines Lehrers aus. Er kämpfte gegen den

S. 88:
Thomas von Aquino: Fenster aus Florenz

*Wilhelm von Occam
(ca. 1288-1348)*

thomistischen Versuch, Dasein und
Handeln Gottes mit Vernunftgründen
zu beweisen, und lehnt die Vernunft als
Erkenntnisquelle des Göttlichen ab. Er
erklärte alle Begriffe für termini und no-
mina (Namen). Sie sind nicht selbständige Wesenheiten. Sie haben zu den Dingen nur entfernte Beziehungen. Sie sind
lediglich Ordnungsfächer des menschlichen Denkens. Der Glaube stützt sich
allein auf die Autorität der Kirche.

Seine Gedanken über die Kirche
Er hält Kirche und Staat für zwei völlig
voneinander getrennte Gebiete, wo nur
im Notfall ein Übergreifen des einen zum
andern erlaubt ist. Er bestreitet, daß die
monarchisch-päpstliche Form die einzig
mögliche Lebensform der Kirche ist.

Die Mystiker

Die Mystik ist die Kunst des Augen-
schließens, der Versenkung der Menschenseele in den ewigen Urgrund. Sie
ist verbunden mit Weltentsagung und
Weltflucht. Mystik ist auch bei anderen
Religionen zu finden. Die Mystiker der
mittelalterlichen Kirche aber sind christlich bestimmt. Im Mittelpunkt ihrer inneren Schau steht der gekreuzigte und

auferstandene Christus. Diese Mystik
gleicht einem stillen Garten neben den
lauten Straßen verweltlichten und ver-
äußerlichten Kirchentums.

ECKHART († 1327)

entstammt dem thüringischen Adel, zu
Hochheim bei Gotha ist er geboren. Er
trat in den Dominikanerorden ein und
war da in führender Stellung in Sachsen
und dann in Böhmen tätig. Er lehrte in
Paris, zeitweilig in Straßburg, zuletzt in
Köln, wo er sein Leben beschloß.

Er ist der Meister der Sprache und begründet die philosophische Sprache. Er
schafft Begriffe wie Abgeschiedenheit,
Natürlichkeit, Persönlichkeit, Wirklichkeit, Zeitlichkeit und andere.

Seine Lehre
Er bildet seinen Meister Thomas in der
Richtung weiter, daß dem Menschen von
Gott nicht nur übernatürliche Tugenden,
sondern auch übernatürliches Sein vermittelt werde. »Gott ist das reine und
vollkommene Sein, unendliche Wahrheit,
unendliche Güte.« Er stellt die Gottheit
über Gott. Mit der Schöpfung wurde die
Gottheit Gott und Persönlichkeit. Aber
alle Gestalt strebt der formlosen Einheit
zu. So sehnt sich auch die Seele zurück in
die Gottheit. Dort, wo Wollen und Erkennen zur Einheit zusammenlaufen, im
Seelengrund liegt verborgen ein Fünklein
vom göttlichen Feuer. Dort ist tiefstes
Schweigen. Wo soll geschehen, daß Gott
im Menschen geboren wird? »Gott ist allezeit bereit, aber wir sind sehr unbereit,
Gott ist uns nah, aber wir sind ihm fern,
Gott ist daheim, aber wir sind fremd.«
Wir werden Gottes teilhaftig, wenn wir in
wahrer Demut dem Ichwesen sterben.

Diese philosophische Mystik unterschätzt die Sünde und die Bedeutung des
Erlösers, weil das Denken die Wirklichkeit hinter sich gelassen hat.

Seine Verurteilung durch die Kirche
Der Kölner Erzbischof lud ihn 1326 vor
das Gericht. Er appellierte an Rom und
schrieb seine Rechtfertigung. Er erklärte
sich zum Widerruf bereit, wenn man ihm
seinen Irrtum nachwiese. Ein Franziskaner führte die Anklage, neidisch auf das
Ansehen des großen Dominikaners. Da
ging es kleinlich und spitzfindig zu. Acht
seiner Sätze wurden verurteilt, doch er
wurde der Inquisition durch den Tod ent-

rissen. Er ging den christlichen Weg, doch ergänzte er ihn durch den philosophischen Weg. Damit wurde er der einsame Fromme der Klosterzelle, fern der christlichen Gemeinschaft der Kirche.

HEINRICH SUSO (SEUSE)
(geboren 1295)

Als Sohn eines alten ritterlichen Geschlechts wurde er in Überlingen am 21. März 1295 geboren. Seine Mutter, eine geborene Seuse, war eine zarte Frau, die unter ihrem Mann, einem rauhen Krieger, litt. Sie pflanzte früh die Liebe zu Gott in das Herz ihres Sohnes. Mit dreizehn Jahren kam er in das Predigerkloster in Konstanz, von da zog er nach Köln, um Theologie zu studieren. Von seinem achtzehnten Lebensjahr, vom Tode seiner Mutter an, kehrte sein Geist von der äußeren Welt in die Stille bei Gott ein, um wahren Frieden zu erlangen. Von da an nannte er sich nach dem Namen der Mutter.

Der Schüler Eckharts
Er wurde ein begeisterter Schüler Eckharts. Er lernte seine Sprache sprechen. Doch hatte er kaum Neigung zum abstrakten Denken. Er nahm alles bildhaft in dichterischer Phantasie. Das Hohelied, die Weisheit Salomos und das Buch Hesekiel gaben ihm das Bildmaterial. 1338 schrieb er das Buch von der ewigen Weisheit. Im Gespräch der Weisheit mit ihrem Diener wird gezeigt, wie der Fromme das Leiden Christi nachahmen soll.

Der Büßer
Seuse führte das Leben eines Büßers. Unter seinem Gewand trug er ein schweres, mit Nägeln beschlagenes Kreuz auf dem Rücken. Mit eisernem Griffel ritzte er sich den Namen Jesu auf seine Brust ein. Er schlief auf einer harten Tür mit einem Mantel zugedeckt auch im strengsten Winter in ungeheizter Zelle. In seinem vierzigsten Lebensjahr erkannte er dieses Büßen als unrichtig, denn er lehrte seine Schülerin, die Nonne Elisabeth Stägelin, Christus habe gesagt: Will mir jemand nachfolgen, der nehme sein Kreuz auf sich, nicht mein Kreuz.

In mancherlei Anfechtungen
Krankheit, böse Menschen und schwerste Verleumdungen machten ihm Not.

Ein unsittliches Weib, um das er sich in der Seelsorge bemüht hatte, verleumdete ihn, er sei der Vater ihres Kindes. Er wurde mit den Brüdern vom Geist, unsittlichen Schwärmern, die am Rhein lebten, in Verbindung gebracht. In dieser Not rang er sich zur inneren Gelassenheit hindurch.

Der Freund, Seelsorger und Prediger
Er war ein Freund der Gottesfreunde Tauler und Rulemann Meerswin in inniger Verbundenheit. Als Künder der Gottesminne war er ein wirksamer Prediger, dessen Angesicht beim Predigen oft wie verklärt leuchtete. Er war ein zartsinniger Seelsorger, ein Freund der Armen.

»Alles, was lebte auf Erden, fand Gnade und Mildigkeit in seinen Augen.«

Der Dichter der Gottesminne
Die Kreaturen sind in Gott und aus ihm herausgeflossen, sehnen sich wieder nach Rückkehr zu ihm. Der sich ganz lassende Mensch wird entbildet von der Kreatur, gebildet in Christo und überbildet in der Gottheit. Das ist des Geistes Überfahrt, wo er zur Unwissenheit seiner selbst und aller Dinge kommt und nur Gott allein in ihm wirkt.

Aus dem Buch der ewigen Weisheit:
Die ewige Weisheit: Ich bin der Wonnethron, die Heilskrone. Meine Augen sind so zart, meine Wängelein so lichtfarben und so rosenrot und alle meine Gestalt so schön und so wonniglich. Sollte ein Mensch bis an den Jüngsten Tag im glühenden Ofen sein, damit ihm nur mein Anblick würde, so wäre er dennoch unverdient. Aller Maien schöne Blüte, aller lichten Auen grünes Reis, aller schönen Heiden zarte Blümlein sind im Vergleich zu meiner Gezierde wie eine rauhe Distel.

Der Diener: Waffen, Waffen! Wo bin ich hingeführt, wie bin ich so gar verirrt, wie ist meine Seele so gar zerflossen von der Geminnten freundlichen Worten!

JOHANNES TAULER
(ca. 1300-1361)

Der Dominikanermönch lebte in Straßburg. Luther gibt ihm das Zeugnis, er habe weder in lateinischer noch in deutscher Sprache die Theologie irgendwo anders übereinstimmender mit dem Evangelium gefunden als bei Tauler.

Seine Entwicklung

Er wurde als Sohn wohlhabender Leute geboren und trat in das neuerbaute Dominikanerkloster zu Straßburg ein, von der Liebe zum beschaulichen Leben gezogen. Er studierte in Paris bei den Scholastikern, schloß sich unbefriedigt von deren spitzfindiger Gelehrsamkeit den Mystikern an. So kam er zurück nach Straßburg. Über die Stadt war durch den päpstlichen Bann tiefes Leid gekommen, weil sie Kaiser Ludwig unterstützt hatte. Das war die Stunde der sogenannten Gottesfreunde, die im tätigen Beruf ein Leben der Nachfolge Christi und des Gebets führten. Sie nahmen sich des Volks an und wirkten im kleinen Kreis als Seelenführer. Tauler wurde ihr Haupt und predigte trotz Interdikt seinen Mitbürgern. Im Jahre 1340 geschah die Wandlung in seinem Leben. Ein Gottesfreund, der bei ihm beichtete, fragte ihn nach dem Ziel seiner Predigt und sagte ihm, er suche noch seine eigene Ehre. Er ließ sich das sagen und bat den Gottesfreund, er möge sein Seelsorger sein. Er ging zwei Jahre in die Stille. Große Anfechtungen stellten sich ein, auch körperliche Leiden. Der Gottesfreund sagte ihm, jetzt sei er auf dem rechten Weg, denn Leiden gehörten zur Nachfolge Christi. Dann bekam er mitten in der größten Anfechtung wunderbaren Frieden. Er will predigen, aber die Tränen stürzen ihm aus den Augen. Er kann nicht. Nach einigen Tagen versucht er es zum zweiten Mal. Er predigt über den Text: »Der Bräutigam kommt, geht aus, ihm entgegen.« Diese Predigt hat die tiefste Wirkung.

Vielleicht ist der geheimnisvolle Gottesfreund Nikolaus von Basel, der eine führende Stellung unter den Gottesfreunden hatte und mit den Waldensern die Liebe zur Heiligen Schrift und ihre Anschauung über das Verderben der Kirche teilte. Die Inquisition war ihm beständig auf der Spur. In Südfrankreich fiel er als hochbetagter Greis in ihre Hände und wurde zu Vienne als Ketzer verbrannt.

Der Prediger

Tauler wurde ein großer Volksprediger. Er mied der lateinischen Ausdrücke, so daß ihn jedermann verstand. Seine Innigkeit und Herzlichkeit ergriff den Hörer unmittelbar. Er predigte in der Auslegung der Sonntagsepisteln ein praktisches Christentum tätiger Liebe. In den schweren Pestzeiten, da immer noch das Interdikt auf der Stadt Straßburg lag, tröstete er die Traurigen und Verzagten. Das Vertrauen zu ihm stieg immer mehr. Doch der Bischof und die übrige Geistlichkeit waren ihm feind. Seine Bücher wurden verbrannt als ketzerisch und er selbst aus der Stadt gewiesen. Er ging nach Köln. Nach zehn Jahren kehrte er wieder zu den geliebten Straßburgern zurück, nachdem das Interdikt aufgehoben war.

Seine Lehre

Es ist die Bestimmung des Menschen, des geschaffenen Bildes Gottes, von den ungeschaffenen Bildern im Seelengrund, wo Gottes Natur ist, überformt zu werden, damit Gott in uns seinen Sohn geboren werden läßt und wir Gottes Kinder aus Gnaden werden, wie es Christus von Natur ist. Dieses göttliche Bild im Gemüt ist das innere Wort. Das äußere Wort muß hinzukommen, wenn wir Christus finden sollen. Das äußere Wort bekommt durch das innere Wort Zeugnis, daß es wahr ist. Wir sehen nicht ohne die Sonne, aber der Mensch muß die Augen auftun. Das Blut Jesu Christi kann uns nur reinigen, wenn wir in rechter Buße zu ihm kommen. Diese Buße besteht in wahrer Abkehr von allem, was nicht Gott ist, und in lauterer Zukehr zu Gott. Das erste ist die Buße, das andere ist der Glaube, da der Mensch mit einem ganzen Vertrauen in Gott versinkt. Es kommt ihm vor allem auf die Überwindung des Eigenwillens, des falschen Grundes an. Dabei verwirft er das selbstgefällige geistliche Genießen.

Sein Ende

Im einundsiebzigsten Jahr seines Lebens wurde er schwer krank. Er schickte nach dem Gottesfreund aus dem Oberland. Der kam und stand ihm elf Tage bis zu seinem Ende bei und stärkte ihn. Sein Leiden war schwer, sein letzter Kampf war hart. Gott wollte ihn noch in tiefster Anfechtung vollenden.

Er war, wie das alte Bild auf seinem Grabstein sagt, ein ausgestreckter Finger auf Christus hin.

THOMAS VON KEMPEN (a Kempis) (1390-1471)

Er ist als einfacher Handwerkersohn geboren. Als Dreizehnjähriger verließ er sein Elternhaus, um in die Klosterschule zu Deventer einzutreten. Im zweiundzwanzigsten Lebensjahr entschied er sich für das Klosterleben und lebte bis zum zweiundneunzigsten Jahr bei Zwolle, auf dem Agnetenberg, in klösterlicher Stille. Von ihm sind die vier Bücher von der Nachfolge Christi, die nächst der Bibel das meistgedruckte Buch sind.

Aus Thomas a Kempis Nachfolge:

Das Zeichen des Kreuzes wird am Himmel sein, wenn der Herr zu richten kommen wird, dann werden alle Diener des Kreuzes, die sich dem Gekreuzigten im Leben gleichförmig gemacht haben, mit großem Vertrauen vor Christus, den Richter, treten. Warum fürchtest du denn das Kreuz zu leiden, durch welches man in das Reich Gottes kommt? Es ist nirgends der Seele Heil, noch ewigen Lebens Hoffnung, denn im Kreuz. Derhalben nimm dein Kreuz auf dich und folge Christo nach, so gehst du in das ewige Leben. (12. Kap.)

Dichter, Sänger und Baumeister im Hochmittelalter

Das Geistesleben des hohen Mittelalters ist im Deutschen Reich so durchtränkt von der christlichen Botschaft, daß die großen Sänger und Dichter Geheimnisse des christlichen Glaubens aussprechen und gestalten. Wolfram von Eschenbachs Parzival und Erwin von Steinbachs Münsterbau in Straßburg sind Zeugen dafür, wie sehr die größten Geister des Mittelalters von der Kraft des christlichen Glaubens durchdrungen waren.

WOLFRAM VON ESCHENBACH (1170-1217),

ein armer Ritter aus der bei Ansbach gelegenen Stadt Eschenbach, wo noch im fünfzehnten Jahrhundert sein Grabmal zu sehen war, gehörte zu dem Dichterkreis des Landgrafen von Thüringen. Auf der Wartburg sang er seine Lieder und dichtete seinen Parzival und Willehalm. Auch war er im Dienst der Grafen von Wertheim, deren Dienstmann er

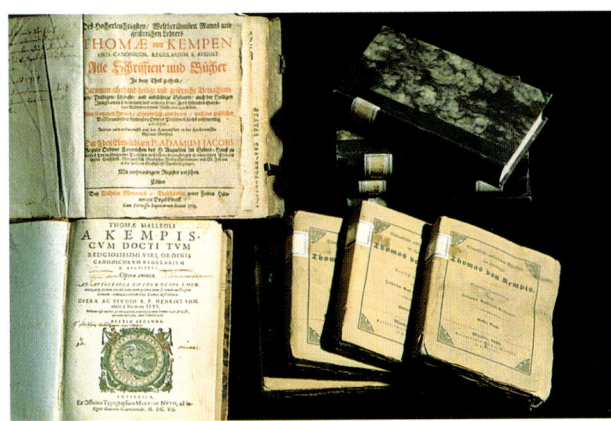

war. Sein starker und tiefer Geist lebt in seinem Werk. Sein Epos ist den Taten des Geistes geweiht. Es schildert, wie in einem Menschen Demut und Hochmut miteinander ringen, und stellt die Geschichte der inneren Reinigung und Läuterung des Dichters dar.

Parzival, der tatendurstige Jüngling, wird in die Gralsburg geführt und versäumt es, den an tödlicher Wunde siechenden König nach seinem Leid und nach der Bedeutung des Grals zu fragen.

»Die Nachfolge Christi« des Thomas von Kempen

Der Kölner Dom

Aus Parzival:
»Was ist Gott?« fragt der Knabe seine Mutter. »Er ist lichter als der klare Tag, einst aber hat er Menschenantlitz angenommen. Zu ihm sollst du flehen in deiner Not, denn er ist getreu. Aber es gibt auch einen Ungetreuen, den wir der Hölle Wirt nennen, von dem sollst du deine Gedanken abwenden und auch vor des Zweifels Wanken dich hüten.«

Die Gralsbotin flucht ihm. Vier Jahre lang irrt er umher in Trotz und Zweifel, bis er an einem Karfreitag von einem grauen Ritter an die Treue Gottes erinnert wird. So wird er zu christlicher Buße und Demut geführt. Nun kann er den siechen Gralskönig durch die Frage nach seinem Leiden erlösen und wird zum König und Hüter des Grals. Der Gral birgt das Allerheiligste, das Altarsakrament. Parzival ist

das Bild des irrenden, hochmütigen und verzagenden Menschen, der durch wahrhaftige Umkehr und Demut zum göttlichen Frieden kommt.

DANTE ALIGHIERI
(1265-1321)

Dante ist in Florenz geboren, das, üppig und reich durch den Handel, der durch

Buchmalerei aus dem »Parzival« Wolframs von Eschenbach: Höfisches Mahl, ritterlicher Zweikampf, Versöhnung.
Die Handschrift dürfte zwischen 1228 und 1236 in Straßburg entstanden sein.

die Kreuzzüge gefördert worden war, in furchtbaren, rücksichtslos geführten, familienzerspaltenden Parteikämpfen der Guelfen und Ghibellinen zerrissen war. In diese Kämpfe wurde er hineingezogen, ja er wurde ein führender Mann der Ghibellinen, der damals herrschenden Partei. Die Franzosen mischten sich ein, und um diese Einmischung zu hintertreiben, wurde eine Gesandtschaft an den Papst Bonifaz VIII. nach Rom gesandt, an deren Spitze Dante stand. Während er in Rom, durch Liebenswürdigkeit getäuscht, zurückgehalten wurde, rückte der Franzose Karl von Valois in Florenz ein und bemächtigte sich der Herrschaft. Dante wurde zu lebenslänglicher Verbannung aus der Heimat und zum Feuertod, wenn er zurückkehre, verurteilt. Seine Gemahlin, eine Donati, mit ihren fünf Kindern gehörte zur Gegenpartei und blieb in Florenz. Dante, der nun heimatlos bald da, bald dort sich bei Freunden aufhielt, trennte sich, als er das Verderbliche der Parteizerrissenheit erkannt hatte, vom Parteiwesen, nur Italiens Rettung im Auge behaltend. König Heinrich von Lützelburg schien der erhoffte Kaiser zu werden. Aber während der Vorbereitung zu einem Kriegszug gegen Florenz starb Heinrich, vermutlich an Gift. In tiefem Schmerz und im Willen, seinem Vaterland doch zurechtzuhelfen, schrieb Dante seine Komödie (Comedia). Durch den Dichter Vergil läßt er sich durch die Hölle führen und durch Beatrice, die Frauengestalt seiner ritterlichen Verehrung, der er schon, als sie noch ein Kind war, seine Liebe schenkte und auch, als sie früh gestorben war, bewahrte, durchs Paradies. Beim Gang durch Himmel und Hölle begegnete er seinen Zeitgenossen. Viele Päpste versetzte er in die Hölle.

Er hielt durch die Komödie, die nachher den Beinamen die Göttliche bekam, seinen Zeitgenossen eine erschütternde Predigt, um ihr sittliches Urteil zu stärken und gegen die Verweltlichung der Kirche zu kämpfen. Für dieses Zeugnis hat er sein Leben lang gelitten. Am 21. September 1321 ist er in Ravenna in der Verbannung gestorben.

ERWIN VON STEINBACH
(1277-1318)

In diesem Zeitraum war er Werkmeister des Münsterbaus in Straßburg bis zu sei-

nem Lebensende. Das Riesenwerk hat alles Persönliche von diesem Mann ganz verschlungen. Man nimmt an, daß er mitgewirkt hat beim Bau des Münsters in Freiburg. 1276 wurde der Grundstein zur Westfassade des Straßburger Münsters gelegt. Der noch vorhandene Grundriß der beiden Türme, die über einem viereckigen Unterbau, einem achteckigen Mittelstück sich zur Kreuzblume des Turms erheben, soll von Erwin stammen. Er hat die riesige Fläche der Westfassade durch Strebepfeiler, Gesimse und eine große Rose wunderbar gegliedert und mit einem Netzwerk von Steinhauerei übersponnen. Zugleich baute er auch die Florentiuskirche in Haslach, die sein Sohn, der dort begraben liegt, vollendete, und die vor dem Lettner des Münsters gelegene Marienkapelle, die die Jahreszahl 1318 und seine Unterschrift trägt. Am 17. Januar

Dante über die Heilige Schrift:
Daran wird nicht gedacht, wieviel Blut es kostet, sie in der Welt zu verbreiten, und wieviel Gnade der vor Gott findet, der voll Demut in ihre Tiefen eindringt. Denn, um des äußeren Scheines willen nur wird heute gelesen, und jeder trägt seine Empfindungen hinein. Darüber reden die Prediger. Das Evangelium selbst verschweigen sie. (Aus dem 29. Gesang des Paradieses)

Dante Alighieri (1265-1321)

Diese Zeichnung als Arbeitsvorlage für die Gestaltung der Westfassade des Straßburger Münsters zeigt, wie sorgfältig jede Einzelheit einer so großen Kirche vorher festgelegt war. Der Vergleich mit dem Resultat zeigt nur wenige Abweichungen.

1318 wurde er mitten aus seiner Arbeit durch den Tod gerissen und außen an der Münstermauer begraben. Auf der Grabinschrift wird er Magister gubernator fabrice ecclesiae genannt. Unter seinen Söhnen wurde nach seinen Plänen bis zum Jahre 1365 der Turm bis zur Plattform gebaut und endlich 1439 durch den Erbauer des Ulmer Münsters, Ulrich von Ensingen, und nach ihm durch Johannes Hültz vollendet. Die Inspiration zu diesem wunderbaren Bauwerk wurde Erwin von Steinbach geschenkt. Er hat damit den kommenden Jahrhunderten bis zum heutigen Tag eine steinerne Predigt gehalten. Diese himmelstrebende Gotik des Straßburger Münsters ist an der Grenze zwischen Deutschland und Frankreich, um die soviel Blut und Tränen in beiden Völkern geflossen sind, ein zum Himmel mahnend und wegweisend ausgestreckter Finger.

Kirchenkampf und Kirchenkritik

Doch dieser wunderbare Dombau mittelalterlichen Kirchentums ist bedroht vom Zerfall. Verweltlichung und Sittenlosigkeit innerhalb der Priesterschaft bis zum Papsttum hin und auch in den Klöstern nehmen überhand. Die Kirchenkritik mutiger Wahrheitszeugen wird durch die Inquisition unterdrückt. Die von vielen als nötig erachteten Kirchenreformen mißlingen. So endet das Mittelalter mit der großen Frage nach der Möglichkeit einer echten Kirchenerneuerung.

BONIFAZ VIII. (1294-1303)

Nachdem Cölestin V. durch Intrigen zum Rücktritt gezwungen worden war, wählten die Kardinäle ihren fähigsten Mann Benedikt Gaetani 1294 zum Papst. Er nahm den Namen Bonifaz VIII. an. Bei der Ohnmacht des deut-

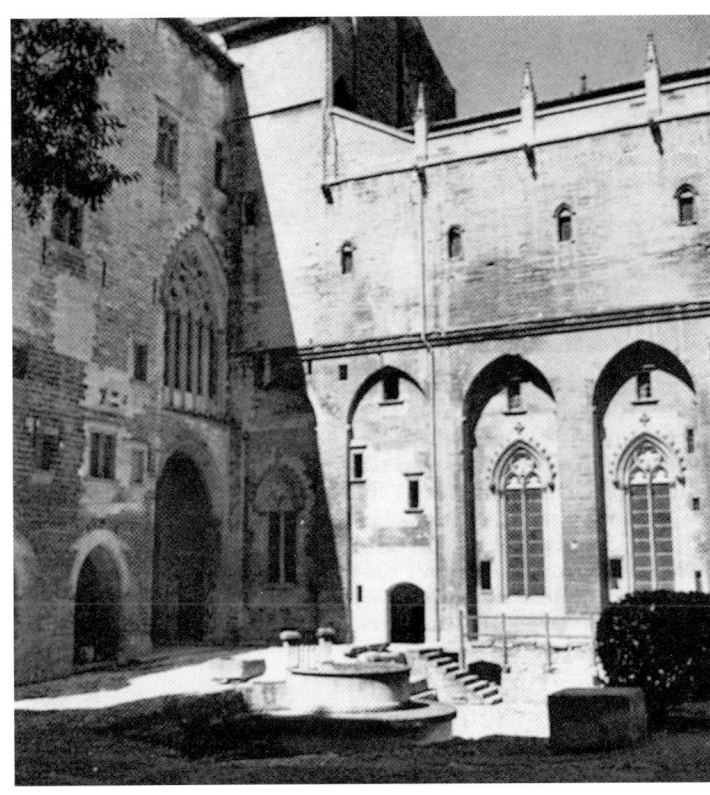

Hof der päpstlichen Residenz in Avignon, die während der »babylonischen Gefangenschaft der Kirche« gebaut wurde.

schen Kaisertums lag es nah, jetzt die Herrschaft über die Welt an sich zu reißen. König Albrecht von Deutschland schwur ihm sogar als erster und einziger deutscher König den Vasalleneid. Die Herrschaft über Italien errang Bonifaz durch den Sieg über die Colonnafamilie. In Polen, Ungarn, England wurden seine Machtansprüche abgewiesen. Das französische Königtum, vorher die Hauptstütze des Papstes im Kampf gegen das deutsche Reich, hatte seine Macht erweitert, die Gerichtsbarkeit sich angeeignet, die Kirche weitgehend besteuert und die Ausfuhr französischen Geldes nach Italien verboten. Der Papst rief den französischen Klerus zu einer Synode nach Rom und erließ gleichzeitig eine Bulle gegen den König Philipp den Schönen, die ihm ein Sündenregister vorhielt und ihn vor die römische Synode zitierte. Das Ergebnis dieser Synode war die Bulle Unam sanctam, die schärfste Ausprägung päpstlicher Weltherrschaftsgedanken. Zwei Schwerter führt die Kirche,

das weltliche und das geistliche. Das weltliche überträgt sie den Fürsten unter der Voraussetzung, daß sie es auf »Wink und Zulassung« des Priesters führen. Wo das nicht geschieht, hat die geistliche Macht die weltliche zur Rechenschaft zu ziehen, »denn die Unterordnung unter den römischen Oberpriester ist Bedingung für die Erlangung der Seligkeit«. König Philipp ließ durch einen Gewaltstreich Bonifaz VIII. gefangen setzen. Dieser Aufregung erlag der alte Papst trotz der Befreiung durch die Bürger von Anagni. Von da an kam das Papsttum unter die Macht der französischen Könige, die den Papst zwangen, nach Avignon überzusiedeln. Ebenso wurde die Einwilligung des Papstes zur Auflösung des Templerordens, die der Krone ungeheure Reichtümer zubrachte, erreicht. Der letzte Großmeister wurde als Anhänger eines antichristlichen Geheimkults, der unter der Folter von dem Templer gestanden worden sein soll, verbrannt.

greß zu Brügge die kirchlichen Beschwerden Englands über die wie eine Steuer verlangten Abgaben beim Wechsel im Genuß einer Pfründe vorbringen sollte. Dabei bekam Wiclif einen abstoßenden Eindruck von der Geldgier des päpstlichen Hofes. Nun wirft er die Frage nach der Rechtmäßigkeit des kirchlichen Besitzes auf und verneint sie vom apostolischen Armutsideal her. Das päpstliche Amt ist für die Kirche nicht nötig. Man kann es beibehalten, wenn der Papst ein apostolisches Leben führt. Daran erkennt man, ob er zur Gemeinschaft der Prädestinierten (Vorherbestimmten) gehört. 1377 und 1378 wurde er vor den Erzbischof geladen, doch seine Freunde erzwangen mit Gewalt Freispruch und Freilassung. Auch der Bann des Papstes gegen ihn wurde erst Ende 1377 veröffentlicht.

Seine Kritik an der katholischen Lehre
Nach diesen Erfahrungen wurde Wiclif schärfer in seinen Schriften und nannte in seiner Kampfschrift »Über Christus und seinen Gegner, den Antichristen« den Papst den Antichristen. Er übersetzte die lateinische Bibel, die Vulgata, in die englische Sprache und sandte nach Matthäus 10 arme Priester in Wollklei-

Johann Wiclif
(1321-1384)

Die Kirche von Lutherworth, Leicestershire

S. 99 oben:
Balliol College, Oxford

S. 99 unten:
Eine Seite aus der Wiclif-Bibel

JOHANN WICLIF (1321-1384)

wurde als Sproß eines alten Adelsgeschlechts in der Grafschaft York geboren. Er eignete sich auf der Universität Oxford eine umfassende Bildung an. Früh lernte er in der Studentenverbindung den national-kirchlichen Kampf kennen. Er schließt sich an Augustinische Gedanken an. Er sieht mit Occam in der Bibel die Grundlage aller christlichen Erkenntnis und im apostolischen Armutsideal die Lebensregel für die Geistlichen.

Sein Kampf gegen die Geldgier des Papstes
Im Jahre 1374 wurde der nunmehrige Doktor der Theologie Mitglied einer Abordnung, die auf dem Friedenskon-

dung und mit Stäben in der Hand aus. Die Anrufung der Heiligen sieht er in der Bibel nicht begründet, ebensowenig das Reliquien- und Wallfahrtswesen, und will es samt den Ablässen abschaffen. 1380 begann er die Wandlungslehre zu bestreiten.

Ende Wiclifs und seiner Anhänger
Die dogmatische Kritik Wiclifs machten der König und das Oberhaus nicht mit, so daß er bald, von seinen Gönnern verlassen, allein dastand. Er zog sich in die Stille seiner Pfarrei Lutterworth zurück und starb dort 1384.

Seine Anhänger wurden verfolgt. Der letzte bedeutende Führer der Bewegung, Lord Oldcastle, wurde hingerichtet. Viele Anhänger Wiclifs besiegelten ihren Glauben mit dem Flammentod. 1427 wurden auf Beschluß des Konzils zu Konstanz seine Gebeine ausgegraben und verbrannt und die Asche in den Fluß Swist gestreut.

GIROLAMO SAVONAROLA
(1452-1498)

Am 21. September 1452 erblickte Savonarola zu Ferrara das Licht der Welt. 1475 wurde er Mönch im Dominikaner-

*Savonarola wird auf der
Piazza della Signoria in
Florenz verbrannt.*

kloster zu Bologna. Die glänzende Kultur der Renaissance machte ihm ebensowenig Eindruck wie das Wohlleben an
den kleinen Fürstenhöfen. Ihn hatte der
Abscheu vor der Sünde gepackt. Einen
elfenbeinernen Totenschädel hielt er
sich oft vor Augen, um sein Herz vom
Ehrgeiz zu heilen. Mehr und mehr faßte
ihn über dem Studium der Heiligen
Schrift die heilige Glut, das leichtsinnige
Volk zu bekehren.

Die Grundlage seiner Bußpredigt

Er studierte vierzehn Jahre lang die thomistische Theologie und gewann ein
Verhältnis zur Heiligen Schrift. Die
Bußpredigt apokalyptischer Prophetie
tat es ihm besonders an. Er empfing
selbst prophetische Offenbarungen, deren Erfüllung ihm großes Ansehen beim
Volk verschaffte.

In der Erkenntnis der Äußerlichkeit
des Kultus und in der Hochschätzung
der Gnade Christi im Aufblick zu dem
Gekreuzigten schaute er das Morgenrot
der Reformation.

Der Bußprediger

In Florenz, in San Marco, dessen Novizenmeister er geworden war, fing er an,
Buße und Gericht zu predigen mit pro-
phetischer Vollmacht. Er weissagte den
großen Sündern und Tyrannen das Ende. Es bekehrten sich viele. Unrechtes
Gut wurde zurückgebracht, Streitigkeiten wurden beigelegt, den Armen wurden Stiftungen gemacht. Savonarola
stand als Bußprediger am Sterbelager
von Lorenzo di Medici, des Herrschers
von Florenz. Er sagte ihm, er müsse
Glauben fassen an die Vergebung seiner
Sünden, alles unrechte Gut zurückge-

ben und auf die unrechte politische Macht seines Hauses verzichten. Da wandte sich der Sterbende zur Wand und Savonarola ging. Im Karneval 1496 verbrannte Savonarola Masken und leichtsinnige Bücher, die er durch Kinder hatte sammeln lassen. Mönche und Kinder umtanzten das Feuer. Als das französische Heer Karls VIII. die Medicis vertrieb, richtete Savonarola eine demokratische Republik in Florenz ein. Auf seiner Kanzel hing ein Schriftband mit der Inschrift: »Jesus Christus, König von Florenz.« Er wollte mit politischer Macht der Gerechtigkeit zum Sieg verhelfen. Aber Christi Reich wird nicht mit äußerlichen Mitteln gebaut. Die toscanischen Klöster wollte Savonarola zu einer strengen Regel zusammenschließen. Alexander VI., ein listiger Politiker, einer der umstrittensten Päpste, ein Borgia, war der Feind des Bußpredigers. Er suchte ihn durch Verleihung des Kardinalshutes unschädlich zu machen, aber Savonarola wollte keinen andern Hut als den der heiligen Märtyrer, mit Blut gefärbt. Als er die toscanische Kongregation nicht auflöste, wie der Papst befohlen hatte, bannte dieser ihn.

Der Märtyrer
Von der Welt mehr und mehr verlassen, berief sich Savonarola allein auf Gott. Ein Franziskaner – aus Neid waren die Franziskaner seine Feinde – erbot sich gegen ihn zur Feuerprobe. Savonarolas Freund Domenico Maruffi war zur Feuerprobe bereit. Die Franziskaner verlangten Wechsel der Kutte, Ablegen des Kruzifixes. Darüber entstanden stundenlange Verhandlungen der beiden Parteien. Das Volk sah sich schließlich um sein Schauspiel gebracht. Die Wut richtete sich gegen Savonarola. Sein Kloster wurde am andern Tage gestürmt. Er und seine Freunde wurden in der Karwoche siebenmal auf die Folter gespannt. Im Kerker beschäftigte er sich mit der Auslegung des 51. Psalmes in tiefer Demut. Am 23. Mai 1498 wurde er mit seinen beiden Freunden an einem Kreuz erhängt und dann verbrannt. Das apostolische Glaubensbekenntnis auf den Lippen stieg er gefaßt in Gott die Leiter empor. Die Asche wurde in den Arno gestreut.

Er dichtete im Kerker folgendes Lied:
Herr Jesus, mich errette, der keine Hilfe hat, die Folter ist mein Bette, der Kerker meine Statt. In schwarzen Eisengittern, in schwerer Kettenlast muß ich vor mir erzittern, den du geschlagen hast. Mein Herz hast du getroffen, das klagt dir seine Schuld. Herr, laß auf dich mich hoffen in schweigender Geduld.

Böhmische Früherweckung

Wenn man von Böhmen im 14. Jahrhundert spricht, so taucht automatisch der Name von Johannes Hus auf und mit diesem Vorläufer der Reformation derjenige seines Lehrers und Vorbilds Wiclif. Die Böhmische Erweckung war jedoch völlig unabhängig von diesen beiden Männern. Konrad von Waldhausen, Jan Milicz, Matthias von Janow erwähnen Wiclif überhaupt nie, was allerdings nicht heißen kann, daß der Märtyrer von Konstanz nicht auf dem von diesen Männern vorbereiteten Boden säen konnte. Böhmen erlebte in der zweiten Hälfte des 14. Jahrhunderts eine völlig unabhängige, selbständige große Bewegung durch das Wirken obiger Männer. Sie hoben sich weit ab von weiteren Trägern dieser ersten Erweckung der Neuzeit. Alle drei wirkten im sogenannten »Goldenen Zeitalter« Karls IV., des Gründers der ersten deutschen Universität in Prag und der Loslösung Böhmens vom fernen Mainz mit Gründung eines eigenen Erzbistums Böhmen.

KONRAD VON WALDHAUSEN
(† 1369)

Der nach seinem Augustinerkloster in Österreich benannte Mönch hat als erster dem böhmischen Volke die Notwendigkeit einer Reformation zum Bewußtsein gebracht. Nach seiner Priesterordination erregte er zuerst nach 1343 in Wien Aufsehen, weil er gegen den Ablaß und das Jubeljahr von Papst Clemens IV. auftrat. 1358 berief Karl IV. den begabten Mann nach Prag, wo er an der Teynkirche, in Leitmeritz und wieder in Prag zu St. Galli so mächtig als Volksredner auftrat, daß er auf Gebildete und Ungebildete wie ein Magnet wirkte. In göttlicher Vollmacht predigte er Buße und Umkehr, so daß die Prager Frauen ihre Kleider wechselten, Wucherer ihr

Gebet Savonarolas aus der Auslegung des 51. Psalms:
Wie sollte ich verzagen, da du durch deinen Sohn die Sünden der Welt getilgt hast. O wasche mich in seinem Blute, erhöhe mich durch seine Erniedrigung, schaffe mich neu durch die Kraft seiner Auferstehung. Lösche alle meine Schuld, rechtfertige mich durch deine Gnade! Ich komme zu dir wie der Zöllner, der nicht wagte, seine Augen aufzuheben, denn ich erkenne meine Missetat und kann nur rufen: Gott sei mir Sünder gnädig!

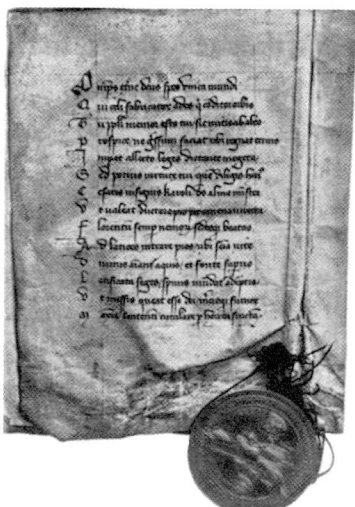

Kaiser Karl IV. und die Kurfürsten. Aus einem Wappenbuch aus dem Jahre 1370

Geld zurückgaben, Unzüchtige sich bekehrten und Gott dienten.

Konrad ging es um ein lebendiges Christentum, das allein der Herr wirken kann. Die Kirche müsse das Wort rein und lauter verkünden, weil die äußere Heiligkeit unnütz sei. Leider sind diese Evangelisationspredigten nicht mehr

vorhanden. Die 73 erhaltenen Botschaften sind Schulpredigten. »Was ich mit eigenem Munde und vergänglicher Stimme gepredigt habe, will ich der dauernden Schrift anvertrauen«. Es sind auf Wunsch seiner Studenten niedergeschriebene Homiletik-Vorlagen. Diese praktischen Anleitungen zum Predigen begann Konrad immer mit der Anrede »theuerste Jünglinge«. Sie enthielten wenig Dogma und Polemik, da es ihm vor allem um die geistliche Zurechtweisung seiner Zuhörer ging, ob diese nun Mönche, Bürger, Bauern oder Soldaten waren.

Selbst ein Bettelmönch, verärgerte er seine Ordensbrüder durch seine Angriffe. Sie sammelten deshalb 24 Sätze aus seinen Predigten, um ihn beim Erzbischof von Prag anzuklagen. Dieser veranstaltete am Pfingsttage, dem 13. Mai 1364, eine öffentliche Disputation in Gegenwart von hohen weltlichen und kirchlichen Behörden über die Angelegenheit. Konrad verteidigte sich so meisterhaft, daß es nicht zur Verurteilung kam. Er starb wenige Jahre später am 8. Dezember 1369 als Pfarrer der Taynkirche in der Prager Altstadt.

Die erste Seite der »Goldenen Bulle« von 1356

Glasbläser bei der Arbeit. Darstellung aus Böhmen, 15. Jh.

JOHANN MILICZ VON KREMSTER († 1374)

Als Kind armer Eltern im mährischen Kremster geboren, war Johann einer der bedeutensten und einflußreichsten Vorfahren von Hus.

Johanns genaues Geburtsdatum ist unbekannt. Sein Name bedeutet »der Geliebteste« (carissimus). Nach der Priesterweihe zog er sich zum Bibelstudium zurück. Matthäus 24 zeigte ihm die Greuel und Verwüstungen in der Kirche. Heuchelei und Habsucht beim Klerus schienen ihm eindeutig auf das Kommen des Antichrists hinzuweisen. Nach-

dem er ab 1358 vier Jahre als Kanzleibeamter bei König Karl IV. gewirkt hatte, übertrug man ihm die Ämter als Archidiakon in Prag und als Kanonikus der Hradschinkirche von St. Veit, zwei sehr einträgliche Stellen. Diese gab er jedoch wieder auf, um sich ganz in den Dienst der Armen zu stellen. Ihnen das Evangelium zu sagen, war sein einziges Verlangen. Sein Schüler Janow berichtet: »Unser Herr Jesus gab ihm erstaunliche und seit Jahrhunderten unerhörte Gnaden, denn er bekehrte in kurzer Zeit viele Sünder beides Geschlechtes, welche im Verborgenen sich von der Sünde bekehrten, junge Frauen, Jungfrauen und

Thomas von Stitny über Milicz:
O mit welchem Eifer predigte einst der edle Milicz in der St. Ägidiuskirche zu Prag! Da loderte ein mächtiger Geist aus ihm voll Gottesliebe und Flammenworte strömten aus seinem Munde!

Witwen gab es unzählige, welche auf wunderbare Weise durch sein Wort von dem Feuer der Liebe zu Jesus Christus entzündet, in ganz Böhmen bis heute verharren«.

Als Kaplan in der Pfarre von Bischof-Teinitz, dann zu St. Nicolaus und St. Ägidius in Prag lernte er Deutsch und predigte mit großem Erfolg in beiden Sprachen, so daß er nicht selten drei bis fünfmal am Tag sprechen mußte. Der Antichrist und das Weltende schienen ihm bevorstehend, so daß er gar eine gewagte Prognose für 1365-67 aufstellte. Scharen von Heilsbegierigen besuchten seine Predigten und wurden andere Menschen.

In seinem Eifer gegen das sittliche Verderben suchte er vor allem die Prostituierten der Stadt, die in ihrer Unterkunft »das kleine Venedig« hausten, zu bekehren. Auf vom Kaiser geschenktem Boden errichtete er für 200 bekehrte Huren ein eigenes Asyl, das »kleine Jerusalem«. Er verkaufte seine ganze Habe, unter anderem auch seine Bibliothek, um sie zu erhalten. Später errichtete er ein Konvikt, wo er mit bis zu 500 jungen Leuten zusammenlebte, die er als Prediger für ganz Böhmen ausbildete.

Beim Volke sehr beliebt, begab er sich 1367 in Begleitung eines Mönchs nach Rom und zog sich zunächst einen Monat in die Stille zurück, um sich auf den bevorstehenden Kampf vorzubereiten. Er hatte sich vorgenommen, das Übel in der Kirche an der Wurzel durch Bibel und Gebet anzugreifen. Er machte sodann einen öffentlichen Anschlag an der Peterskirche, um das Volk in seinem sündigen Gehaben aufzurütteln und auf das Kommen des Antichrists hinzuweisen. Die Bettelmönche zogen ihn öffentlich zur Verantwortung und ließen ihn einsperren. Da verfaßte er im Gefängnis eine Schrift »Prophetia et revelatio de Antichristo«. Von dem aus Avignon zurückgekehrten Papst Urban V. wurde er wieder freigelassen. Nach Prag zurückgekehrt, setzte er seine Bußpredigten fort bis ihn die Mönche erneut vor dem neuen Papst Gregor XI. verklagten. Dieser machte den slavischen Klerikern und selbst Karl IV. Vorwürfe, daß sie die Ketzerei in ihren Gebieten zuließen. Milicz beschloß, selber an den Papsthof nach Avignon zu reisen. Da fand er gute Aufnahme, wurde sogar vom Kardinal

von Albano zur Tafel geladen. Am 29. Juni 1374 starb er.

MATTHIAS VON JANOW
(† 1394)

Der Sohn eines böhmischen Ritters studierte sechs Jahre in Paris, wo er den »Magister Parisiensis« erwarb und mehrere Reisen nach Deutschland und Italien absolvierte. Über sein früheres Leben schrieb er selbst:

Ich bekenne, daß ich früher noch ganz geplagt und besessen war von dem Geiste des Antichrists, voll von Begierden und pestartigem Stolz, mit großen Eifer nach Reichtümern trachtend, nach Ruhm und Ehren dieser Welt und habe auch dafür viel getan, meine Kräfte und viele Ausgaben darauf verwendet, habe um vier Benefizien gestritten und noch zur Stunde besitzt einer meiner Gegner mein Benefiz, das mir mit allem Rechte gebührt. Und indem ich reich werden wollte auf dieser Erde, fiel ich tief in die Schlingen des Teufels.

Dann wurde er durch Johann Milicz zum Glauben an Jesus Christus geführt. Die Heilige Schrift war ihm von nun an sein Lieblingsbuch, seine Begleiterin durchs ganze Leben.

Papst Urban VI. ernannte Janow im Jahre 1381 zum Domherrn zu St. Veit in Prag und gleichzeitig zum Beichtvater von Kaiser Karl IV. Als solcher bekam er Einblick in Herz und Leben seiner Zeit. Innerhalb der Kirche geißelte er ihre Mißstände. Vor allem die Heuchelei und Schlechtigkeit der Mönche. Den Kaiser suchte er von der Notwendigkeit einer Kirchenreform zu überzeugen. Als Seelsorger verfaßte er fünf Bücher »Vom wahren und falschen Christentum«. Gegenüber leeren Zeremonien, nicht von Gott gewolltem Bilderdienst und Heiligenverehrung müsse die Kirche wieder auf ihre ursprüngliche, heilsame und einfache Gestalt zurückgeführt werden. Das Gesetz des Heiligen Geistes genüge, um die Völker und den Einzelnen rechtmäßig zu leiten. Janow verteidigte das geistliche Priestertum aller Gläubigen: »Jeder Christ ist ein Priester, insofern er mit dem Heiligen Geiste gesalbt ist. Dient der Priester dem Herrn mit Singen und Beten, so kann ihm auch der Bauer dienen mit Pflügen und dem Weiden der Herde. Das Wort heilig kommt allen Christen zu, die wahre Christen sind, aber freilich gibt es auch

Janow:
Wie andere Reliquien bei sich getragen und Gebeine der Heiligen, so habe ich meine Bibel mit mir getragen auf allen Wegen und Stegen.

Sein Freund Milicz bezeugte:
Er ist der Mann, durch den unser Herr Jesus wenigstens den Grund legte, daß aus Prag, der babylonischen Stadt, ein Jerusalem auf dem Berg erbaut wurde.

Janow:
Die Lehrer sagen gar vieles in den Schulen, was vor dem gemeinen Volk keineswegs so gepredigt werden muß, obgleich die heilige Kirche die Bilderverehrung zugelassen hat, so hat sie doch nie gelehrt, daß dieselben angebetet werden müssen.

Namenchristen, die nur die Taufgnade erhalten haben, aber der wahren Gnade Gottes entbehren«.

Janow schrieb an die »einfachen Leute in Christo«, ohne Anhäufung von Zitaten, mehr Praxis als Dogma. Sein Erzbischof hatte Freude an seinen Büchern, da er asketisch veranlagt war und selber Schriften zur Hebung des Klerus verfaßte. Janow bekämpfte nicht die Kirche als solche, sondern ihre unbiblischen Praktiken.

In Schwierigkeiten geriet Janow durch seine Auffassung von der täglichen Abendmahlspflicht, während die Kirche an der monatlichen festhielt. Es kam sogar zur Prager Synode vom 19. Oktober 1388 über diese Meinungsverschiedenheit. Janow wurde nicht angeklagt, obschon er unmißverständlich statuierte, die Pfarrer, Bischöfe und der Papst sollten ohne jegliche weltliche Machtstellung die Kirche leiten. Sein eindeutiges Votum: »Der Herr Jesus ist die Wahrheit, die Kraft Gottes, die Weisheit Gottes und die Liebe, wer dagegen handelt, der ist ein Antichrist, der Jesu Christo entgegengesetzte Geist. Der Antichrist kommt in dem Schein der Frömmigkeit, der Ähnlichkeit Christi, bedeckt und ausgerüstet mit aller Kunst der Wissenschaft, Religion und Heiligkeit, angestrichen von Tugend, so daß das Volk meint, es habe die höchste Heiligkeit gewonnen. Dabei ist zur Erlangung des Heils für den Menschen als einzige Bedingung die Wiedergeburt aus dem Heiligen Geist durch den Glauben an Jesus Christus nötig. Das ist aber ein Geschenk der Gnade Gottes. Alle anderen Lehren sind vom Antichristen . . .«

Visionär sah Janow den Kampf zwischen Antichristentum in der hierarchischen Kirche und Christus mit der Kirche der Erwählten. Ursache der Spaltung sei die Selbst- und Weltliebe der Scheinchristen, die nicht Christus, den Gekreuzigten, liebhaben. Die Kirche sei das große Babel, wo alle gegeneinander streiten. Menschensatzungen seien auszurotten und durch die Liebe und Nachfolge Jesu Christi zu ersetzen. Häufige Kommunion und freier Zutritt zum Gnadenthron Gottes und zu Jesus Christus sei der Weg zur wahren Kirche Gottes. Wer nicht zu diesem mystischen Leibe gehöre, sei ein Antichrist.

Mit diesem roten Faden durch Lehre, Predigt und Schrift setzte sich Janow ein Denkmal unter den Vorläufern der Reformatoren. Er starb am 30. November 1394 in Prag.

JOHANNES HUS (1370-1415)

in Husinetz nahe an der bayrischen Grenze im Jahre 1370 geboren, ist ein Tscheche. Die Tschechen hatten von jeher eine Abneigung gegen Rom. Sie hatten der Germanisierung widerstanden, und es lebte in ihnen ein glühender Deutschenhaß. Tschechische Studenten brachten Wiclifs Schriften nach Prag.

Unter dem Einfluß Wiclifs

Hus, der weniger durch wissenschaftliche Leistungen als durch seine glühende Beredsamkeit rasch zur Würde eines Universitätspredigers emporgestiegen war, verschrieb sich so völlig den Schriften Wiclifs, daß er sie in seinen Büchern meist bis auf den Wortlaut ausschrieb. Die Reformersprache zündete bei den Tschechen, zumal in der Kirche infolge der Sittenlosigkeit der Geistlichen und dem Nebeneinander von drei Päpsten vieles im Argen lag.

Der Kampf gegen ihn beginnt

Hus war inzwischen der beliebteste Prediger Prags geworden. Er predigte an der Bethlehemskirche, wo stiftungsgemäß in tschechischer Sprache gepredigt werden mußte. Bei König Wenzel und seiner Gemahlin war er gut angeschrieben. Hus wollte nur die Reformgedanken, nicht die dogmatischen Gedanken Wiclifs übernehmen. So hielt er an der katholischen Abendmahlslehre fest. Im Auftrag seines Erzbischofs Sbinko wandte er sich gegen den Kult, der mit der angebrannten, angeblich blutenden Hostie zu Wilsnak getrieben wurde. Über die Stellungnahme zu den drei Päpsten kam es zu Meinungsverschiedenheiten mit den Deutschen. Als König Wenzel das Universitätsstatut auf Vorstellungen von Hus hin änderte, wanderten die Deutschen, Studenten und Professoren, nach Leipzig aus. Es war die Schuld von Hus, daß er die kirchlichen Reformen durch politische Mittel vorwärtstreiben wollte. Immer mehr verquickten sich Kirchenreform und tschechisches Nationalbewußtsein.

Johannes Hus (1370-1415)

Das Hus-Denkmal in Prag

Papst Johannes XXIII. nahm Stellung gegen Hus und belegte seinen Wohnsitz mit dem Bann, so daß dieser Prag verlassen mußte. Hus wandte sich gegen den Papst und seinen Ablaß, dessen Gelder dieser zur Kriegführung gegen den König von Neapel nötig hatte, und verfaßte seine radikalste Schrift »de ecclesia«, in der er der Hierarchie den Gehorsam aufkündigte.

Das Konzil zu Konstanz verurteilt Hus
Der neue Kaiser Sigismund berief ein Konzil nach Konstanz, um das Papstschisma zu beseitigen und die hussitische Frage zu lösen. Auch Hus wurde unter Zusage freien Geleits nach Konstanz berufen. Mit großen Hoffnungen zog er dorthin. Er nahm seine sämtlichen Bücher mit und hoffte, Wesentliches zur Reform der Kirche beitragen zu können. Böhmische Ritter begleiteten ihn mit starkem Gefolge. Doch nun zeigte sich, wie verhängnisvoll die Verquikkung der Reformgedanken mit der tschechischen Bewegung und mit den als ketzerisch verurteilten Wiclifschen Sätzen war. Auch der Papst Johannes XXIII., gegen den er gekämpft hatte, war sein erklärter Feind. So kämpften die Deutschen, der Papst und die Wiclifitischen Lehren gegen ihn. Nichts nützte es ihm, daß er seine Rechtgläubigkeit beteuerte, man glaubte es ihm nicht, zumal jetzt seine Anhänger in Prag unter der Führung des unruhigen Hieronymus den Laienkelch einführten. Seine Beredsamkeit half ihm nicht. Die Konzilsväter überschrien ihn und ließen ihn nicht zu Gehör kommen. Man hatte ihn bald nach seiner Ankunft in einem jämmerlichen Turmgelaß in Ketten gelegt und den darüber beunruhigten Kaiser

beschwichtigt. Am 6. Juli 1415 wurde er bei einer feierlichen Sitzung im Münster, als er nicht widerrief, zum Feuertod als Ketzer verurteilt.

In seinem Leiden geläutert, starb er als christlicher Märtyrer

Hus sah bald, daß er die Wahrheit, die er vertrat, nur durch das Blutzeugnis zu Gehör bringen konnte. So rüstete er sich auf das Martyrium. Auf den Knien, die Augen gen Himmel erhoben, hörte er die Verkündigung des Urteils ruhig an. Dann rief er: »Herr Jesus, ich bitte dich um deiner Barmherzigkeit willen, verzeihe allen meinen Feinden.« Die Väter des Konzils lachten. Als er zum Scheiterhaufen geführt wurde, stand Johann von Chlum als einziger ihm bei und rief ihm Worte heiligen Trostes zu. Still Psalmen betend ließ er sich anbinden. Das Holz war aufgeschichtet bis an den Hals. Als der Scheiterhaufen angezündet war, sang er laut: »Jesu Christe, du Sohn Gottes, der du für uns gelitten hast, erbarme dich unser. Der du geboren bist aus der Jungfrau Maria«, da schloß der Rauch seinen Mund, und er erstickte nach kurzem Kampf. Seine Weissagung: »Nach seinem Tode werde Gott einen Mann senden, der stärker sei als er. Heute bratet ihr eine Gans, aber aus ihrer Asche wird ein Schwan auferstehn«, sollte erfüllt werden. Seine Asche wurde in den Rhein gestreut.

HIERONYMUS VON PRAG
(† 1416)

Der hochbegabte, aber unruhige und leidenschaftliche Böhme Hieronymus studierte in Oxford und verschrieb sich mit Begeisterung der Lehre Wiclifs. Er ist ein Freund von Hus und führt in dessen Abwesenheit den Laienkelch ein. Hus stimmt ihm brieflich zu, mahnt ihn aber zur Vorsicht gegenüber den kirchlichen Oberen. Nach Hus' Tod wandte sich der Haß seiner Feinde gegen Hieronymus. Er widerrief zuerst, nahm aber den Widerruf zurück und erlitt nach mannhafter Verteidigung an derselben Stelle wie Hus den Feuertod als Ketzer.

Die Gestalten der Reformation

Die Reformatoren

Es war ein wunderbarer geistlicher Frühling, als Luther das Evangelium neu entdeckte und es dem deutschen Volk sagte und sang. Die frohe Botschaft flog durch die deutschen Lande. Es blühte das fernste, tiefste Tal.

Da fiel so recht vom Widersacher her als Gegenaktion der Reif des Bauernkrieges und des Schwärmertums in diesen Frühling hinein. Luther, der der Kraft des Wortes Gottes die Erweckung und Ordnung der Gemeinden zugetraut hatte, war von nun an der Meinung, für eine den neutestamentlichen Linien entsprechende Gestaltung der Kirche nicht die Leute zu haben, und übergab die Neuordnung der Kirche als Organisation den Landesfürsten und den von ihnen berufenen, aus Juristen und Theologen zusammengesetzten Konsistorien, die in Visitationen das Land bereisten. Er rechnete damit, daß, wo nur das lautere Evangelium verkündet und die Sakramente nach Christi Einsetzung verwaltet werden, auch geistliches Leben erblühe. Und das ist auch geschehen und geschieht bis zum heutigen Tage. Dafür sind die lebendigen Zeugen der evangelischen Kirche Beweis genug. In den meisten Ländern, die von der Calvinischen Reformation durchdrungen wurden, standen die Fürsten feindselig der reformatorischen Bewegung gegenüber. So mußte sich die Gemeinde im Gegensatz zur staatlichen Obrigkeit entfalten. Darum kam hier die neutestamentliche Gemeindeordnung mehr zur Geltung als in den Gebieten der lutherischen Reformation. Aber das ist kein Gradmesser regeren geistlichen Lebens, denn die Ordnung ist ein Bett, aber nicht die Quelle des geistlichen Lebens.

Luther war unstreitig der Bahnbrecher der Kirchenerneuerung, das von Jesus Christus berufene Werkzeug. Aber neben ihm wurden die anderen großen Reformatoren berufen, Melanchthon, Zwingli und Calvin, alle von Luther angeregt und doch selbständig, beauftragt, in ihren Ländern Fackelträger des Evangeliums zu sein, damit die

Wahrheit durch mehrerer Zeugen Mund bekräfigt werde. Der Herr hat sie berufen, zu bauen seine Gemeinde.

Martin Luther im Alter von 63 Jahren

S. 109 oben und unten: Luthers Geburtshaus in Eisleben

MARTIN LUTHER (1483-1546)

ist der Reformator der christlichen Kirche. Er hat nicht eine neue Kirche entdeckt, sondern die ursprüngliche wiederhergestellt.

Weil die Kirche im Mittelpunkt allen Geschehens steht und die Geschichte des Reiches Gottes das entscheidende Geschehen der Welt ist, darum ist Luther ein entscheidender Mann nicht nur in der Kirchengeschichte, sondern auch in der Weltgeschichte. In seiner Botschaft bekam Deutschland eine neue Weltgeltung.

Seine Vorfahren und Eltern

sind freie Bauern gewesen (Erbzinser), da, wo der Thüringer Wald zur Rhön abfällt, zu Möhra, südlich von Eisenach. Da immer der jüngste Sohn den Hof bekam, mußte der älteste, Hans Luther, der Vater des Reformators, mit seiner Frau Margarete, geborene Ziegler, sich sein Brot fern der Heimat im Bergbau suchen und fand es zunächst in Eisleben. Dort ist der zweite Sohn Martin am 10.

November 1483 geboren und am folgenden Tag getauft worden. Er war seiner Mutter aus dem Gesicht geschnitten. Seine Eltern sind kleine, »brunliche« Leute gewesen, die es sich sauer werden ließen. 1484 zog Hans Luther nach Mansfeld zu dauerndem Aufenthalt. Dort brachte er es durch Pachtung und Erwerb von Schmelzöfen und Grubenanteilen zu einem gewissen Wohlstand. Der Eltern Frömmigkeit war traditionell, durchsetzt mit Hexenglauben und Aberglauben, und nüchtern, so daß sie ihrem Sohn keine tieferen religiösen Eindrücke vermittelten. Als Luther ins Kloster ging, sprach ihn der Vater wieder mit du an, zu dem Magister hatte er Sie gesagt. Er gab dann doch sein Einverständnis, erschreckt durch den Pesttod zweier Söhne und die Nachricht, Martin sei auch gestorben. Bei der feierlichen Primiz hielt der Vater seinem Sohn, als er das Mönchsleben rühmte, das vierte Gebot vor und bezeichnete sein Gewittererlebnis als Spuk.

Seine Jugend

Der Vater ließ seinen Sohn in der Stadtschule, die eine mechanistische, überstrenge Lehrweise hatte, Latein und Singen lernen, dann gab er ihn mit einem Schulfreund ein Jahr nach Magdeburg. Dort begegnete Martin dem Mönch Prinz Wilhelm von Anhalt, der, blaß wie eine lebende Leiche, den Bettelsack schleifte. Nach einem Jahr tat ihn sein Vater nach Eisenach, wo er sein Brot als Kurrendesänger mit Singen verdiente, bis er bei dem Kaufmann Heinrich Schalbe und später bei dessen Schwester Frau Cotta Unterkunft fand. 1501 zog er an die Universität Erfurt, um Rechtswissenschaft zu studieren. Dort wohnte er in einem Studentenheim der Georgenburse, mit Übungen, Disputationen, Kirchgängen eine ähnlich strenge Zucht hatte wie ein Priesterseminar. Er machte den sorgfältigen Studiengang der sogenannten Artistenfakultät mit und studierte die antike Bildung im Anschluß an Aristoteles. Seine Lehrer waren Occamisten, die den modernen Weg der Philosophie in Ablehnung der natürlichen Theologie gingen unter Begründung des Glaubens auf die übernatürliche Offenbarung. Der Einfluß des Humanismus war gering. Doch nahm Luther später Plautus und Vergil ins Klo-

ster mit. Schon zum frühsten Termin machte er das Magisterexamen. Am 2. Juli 1505 überraschte ihn auf der Rückreise zur Universität ein schweres Gewitter bei dem Dorfe Stotternheim. Im Schrecken der Todesangst betete er: »Hilf, heilige Anna, ich will ein Mönch werden.« Er empfand den Blitzschlag als ein Eingreifen Gottes in sein Leben. Wie ihn der Entschluß auch reute, er hielt sich für verpflichtet, ihm zu folgen.

Seine Klostererfahrungen

Das Klosterleben der Augustiner wollte die Heiligkeit sakramental durch die Mönchsweihe und durch gesetzlich strenges Halten der Moral vermitteln. Beides verfing bei Luther nicht, weil er bei aufrichtiger Selbstbeobachtung, zu der er als Mönch erzogen war, in seinem Herzen Unlust zum Guten verspürte. Es kam über ihn die Angst, von Gott verworfen zu sein. Er sagte darüber:

Ich kenne einen Menschen, der diese Strafen öfters erlitten zu haben behauptete, in kürzestem Zeitraum zwar nur, aber so groß und so höllisch, daß sie keine Zunge aussprechen, keine Feder sie beschreiben, kein Unerfahrener sie glauben kann, also daß wenn sie zu Ende kämen oder eine halbe Stunde, ja vielleicht

Vorrede zur Gesamtausgabe seiner Werke von 1540:
Da war es mir, als wäre ich ganz von neuem geboren und durch geöffnete Türen in das Paradies eingetreten. Die ganze Bibel hatte für mich ein anderes Gesicht erhalten.

Vor dem Reichstag zu Worms 1521:
Da ich weder dem Papst noch den Konzilien glaube, weil es Tatsache ist, daß sie oftmals geirrt und sich in Selbstwidersprüchen verstrickt haben, so bin ich, wenn ich nicht durch Schriftzeugnisse und helle Gründe überwunden werde, durch die von mir angeführten Schriftzeugnisse überwunden und gefangen in Gottes Wort. Widerrufen kann ich nicht und will ich nicht, weil wider das Gewissen zu handeln nicht sicher und nicht heilsam ist. Gott helfe mir, Amen!

S. 111:
Eine zeitgenössische Darstellung Martin Luthers

den zehnten Teil einer Stunde dauerten, er völlig zugrundeginge und alle seine Gebeine sich zu Asche wandelten. Da gibt es keine Flucht, keinen Trost, weder innen noch außen, sondern nur Anklagen von allen Seiten.

Der Trost der Klosterseelsorger half ihm auch nicht auf die Dauer. Sie sagten, Gott habe geboten, zu hoffen und zu glauben an das Glaubensbekenntnis und damit an die Vergebung der Sünden. Seine Sünden seien nur Puppensünden. Ihn quälten die großen Knoten, Sünden gegen die erste Tafel: Mangel an Gottesfurcht, Vertrauen und Liebe zu Gott. Es tröstete ihn sein Beichtvater Johannes von Staupitz, der Generalvikar des deutschen Augustinerordens.

Luther sagte später:
Ihr wisset nicht, wie es euch so nottut, sonst würde nichts Gutes aus euch. An ihrer Angst haben die Menschen das beste und glückhafte Zeichen dafür, daß Gottes Wort an ihnen seine Wirkung ausübt. Das sicherste Zeichen der Erwählung ist die conformitas (Gleichförmigkeit) der Leiden Christi. Ist jemand so geängstet, daß er den Tag des Jüngsten Gerichts erlebt, der ewig währt, dann hilft ihm nur, daß er hinfliehe zu dem erzürnten Gott und zu seiner in Jesus offenbar gewordenen Barmherzigkeit (confugere contra deum ad deum, Psalmenvorlesung 1519).

Staupitz war Anhänger des großen Theologen Thomas von Aquin und der Augustinischen Mystik. Er hat im Jahre 1512 Luther aus der Beschaulichkeit mystischer Versenkung, die in der Psalmenvorlesung noch nachklingt, herausgerissen, indem er ihn zur Übernahme des öffentlichen Lehramts der Heiligen Schrift drängte.

Während Luther im Jahre 1513 die erste Psalmenvorlesung vorbereitete, kam ihm in der Turmstube des Klosters zu Wittenberg die Erleuchtung, daß Römer 1,17 nicht die fordernde, sondern die schenkende Gerechtigkeit Gottes ist.

In der Römerbriefvorlesung 1515/16 spricht er diese Erkenntnis klar aus:
Das Wesen dieses Briefes ist es, zu zerstören und zu entwurzeln und zu verderben alle Weisheit und Gerechtigkeit des Fleisches, so groß sie auch in den Augen der Menschen, auch vor uns selbst sein mögen, so sehr sie auch von Herzen kommen und in Aufrichtigkeit bestehen, um sie aber einmal und fest zu gründen und groß zu machen die Sünde, wie sehr sie auch nicht da ist oder nicht da zu sein scheint.

Wie kann nun der Sünder gerecht werden vor Gott? Dadurch, daß er die außerhalb des Menschen liegende Gerechtigkeit Christi zugerechnet bekommt. Das Gesetz ist dem Menschen

von Gott gegeben, um seinen Hochmut auszuräumen. Diese Ausräumung ist nicht das Werk des Menschen, denn er wehrt sich dagegen, sondern das fremde Werk, das eigene Werk Gottes. Gericht ist Gnade, Buße ist Glaube, Demütigung ist Rechtfertigung. Durch den Glauben wird die Ichbezogenheit der Werke weggenommen, und sie werden auf Christus bezogen.

Alle Werke empfangen ihrer Gutheit Einfluß gleich wie ein Leben vom Glauben («Sermon von den guten Werken», 1520). Die Heilsgewißheit ruht nicht auf der Selbstbeobachtung, sondern auf dem Vertrauen zur Treue Gottes im Halten seiner Verheißung. Die Verdienste der Heiligen sind nicht ihre Verdienste, sondern Christi Verdienste in ihnen, um deren willen Gott ihre Werke annimmt, die er sonst nicht annehmen würde. Daher wissen sie niemals, daß sie Verdienste wirken und haben, sondern tun alles nur, um Barmherzigkeit zu finden und dem Gericht zu entgehen, indem sie mehr seufzend um Vergebung bitten, als anmaßend die Krone fordern. Sie wissen es nicht, wann sie gerecht sind, weil sie allein durch Gottes Zurechnung gerecht sind.

Die Frage der Erwählung wird im Licht der Erlösung durch das gegenwärtige Heil beantwortet. Sie wird zum Troste. Die quälende Frage nach dem Schicksal des Verworfenen rückt in die weite Ferne des göttlichen Geheimnisses. Man muß sich an den in der Erlösung offenbar gewordenen Gott und nicht an den verborgenen halten.

Luther erkennt, daß die Offenbarungsquelle der Wahrheit das Wort Gottes ist in der Heiligen Schrift, das Wort von der Gnade Gottes in Christus.

Darum widerruft Luther nicht, wenn man ihn nicht aus der Schrift widerlegen kann, weder vor Kardinal Cajetan, der im Jahre 1518 ihn zu Augsburg verhört und dem »die Bestie mit den tiefliegenden Augen unheimlich vorkommt«, noch vor Kaiser und Reich auf dem Reichstag zu Worms am 18. April 1521.

Aus demselben Grund erkennt Luther, daß die Konzilien, die Kirchenversammlungen sich irren können und geirrt haben (z.B. das Konzil zu Konstanz, das Hus zum Flammentod verurteilte), und spricht das, von seinem Gegner Eck gedrängt, bei der Disputation zu Leipzig zum ersten Mal aus, dann feierlich 1521 zu Worms.

Gottes Wort beleuchtet den Schaden der Kirche
Luther erkennt die falsche Bußpraxis der Kirche. Er hat wohl Gedanken der

Das Tor der Kirche zu Wittenberg

den Bußernst. Da entschloß er sich, am 31. Oktober 1517 zu einer wissenschaftlichen Disputation durch Anschlag von 95 Thesen in lateinischer Sprache an der Tür der Schloßkirche zu Wittenberg einzuladen. Gleichzeitig schrieb er einen scharfen Brief an den Erzbischof, er möge seine Ablaßpredigtinstruktion zurückziehen.

Der Inhalt der Thesen:
Wenn unser Herr Christus sagt »Tut Buße«, so will er, daß das ganze Leben eine ständige Buße sei (1. These).
   Die von Christus geforderte Herzensbuße darf nicht der sakramentalen Buße (Beichte vor dem Priester) gleichgesetzt werden (2. These).
   Es bleibt also die Strafe, der Haß gegen sich selbst, d.h. die wahre innere Buße bleibt, nämlich bis zum Eingang ins Reich Gottes (4. These).
   Der Papst kann keine Schuld anders erlassen als durch die Erklärung und Zustimmung dazu, daß sie von Gott erlassen sei (6. These).
   Diese Buße bringt alle Vergebung der Schuld wie der Strafe und gibt Anteil an allen Gütern Christi wie der Kirche. Das wird ihm auch ohne Ablaßbrief von Gott geschenkt (36. These).
   Der wahre Schatz der Kirche ist das hochheilige Evangelium von der Herrlichkeit und Gnade Gottes (62. These).
   Wir behaupten, daß der päpstliche Ablaß auch nicht die allerkleinste läßliche Sünde wegnehmen kann, soweit es sich um Schuld handelt (76. These).

   Buße ist bei Luther das innere Werk des Heiligen Geistes, durch das der alte Mensch getötet wird, damit der neue Mensch wiedergeboren werde. Buße ist der Beginn des Glaubens. Darum ist sie dem Heilsverlangenden willkommen, weil in ihr der Heilige Geist naht, der von dieser Buße nicht befreit sein will, wie die Ablaßprediger versprechen. Wo Buße ist, da ist schon Vergebung, da ist Willigkeit zum Bruch und Bekenntnis der Sünde, da ist demütige Unterordnung unter den Priester.
   Die Wirkung der Thesen geht wie ein Lauffeuer durch Deutschland. Im Dezember sind sie schon in Basel angeschlagen. Albrecht von Mainz meldet sich am 13. Dezember nach Rom. Luther stand mit einem Schlag im Herzen vieler Christen.

Luther überwindet die Sakraments-magie
Der Katholik sieht im Sakrament eine magisch übernatürlich wirkende Kraft, die im Priester von seiner Priesterweihe an wirkt, auch in einem unwürdigen. In

Kirchenreform, die aber nicht viel über die Gedanken der Reformer seiner Zeit hinausgehen. Weil er sich um das Heil der anvertrauten Seelen sorgte, stieß er zusammen mit der oberflächlichen Bußpraxis der Kirche, wie sie im Ablaßwesen gehandhabt wurde.
   Die Buße ist nicht Sühneleistung des Menschen, wozu der Wortsinn verführt, sondern Sinnesänderung. Sie fängt an mit der Liebe zur Gerechtigkeit und zu Gott, ist also eine von Gott gewirkte Umwandlung des Herzens. Dann aber nimmt sie auch die Züchtigung Gottes an, auch die vom Beichtvater auferlegte, um dabei Förderung für den inneren Menschen zu erfahren, und ist nicht bedacht auf Ablösung dieser Kirchenstrafen durch Geldbußen, wie sie das im Interesse der kirchlichen Finanzen vom Papst geförderte Ablaßwesen vorsah.
   Luther hatte damals die Vertretung des erkrankten Stadtpfarrers und merkte die verheerende Wirkung dieser Ablaßpredigt des Dominikanermönchs Tetzel, die im benachbarten Pirna geschah, im Beichtstuhl. Sie vernichtete je-

dieser magischen Kraft vollbringt er Opfer und Messe, deren sakramentale Kräfte wieder auf die Teilnehmer ausströmen. Dieser magische Sakramentalismus war vom griechischen Neuplatonismus her in die Lehre der Kirche eingeströmt. Er liegt auch ihren Weihehandlungen zugrunde.

In der Schrift von der »Babylonischen Gefangenschaft der Kirche« (1520) zerschlägt Luther diese Auffassung des Sakraments. Es ist nichts anderes als das gepredigte Wort von der sündenvergebenden Gnade Gottes, das durch das Zeichen bekräftigt wird. Das Wort macht das Zeichen zum wirksamen Sa-

Die Wartburg

Ablaßhandel. Das Banner symbolisiert päpstliche Autorisierung

113

In diesem Zimmer auf der Wartburg übersetzte Luther das Neue Testament vom Griechischen ins Deutsche

Brot und Wein ist ein göttlich Zeichen, da Christi Fleisch und Blut wahrhaftig innen ist. Wie und wo, das laß Gott befohlen sein («Sermon vom Abendmahl»).

Ähnlich auch in der Marburger Formel, wo der Reformator sich zu Butzers Freude einverstanden erklärte, die Gegenwart von Leib und Blut Christi einfach zu behaupten, ohne sich auf Erörterungen über die Möglichkeit dieser Gegenwart einzulassen. Zwingli lehnte diese Formel ab, so daß keine Einigung zustande kam.

Durch das Evangelium war Luther berufen und erleuchtet worden. Fortan wußte er, daß der Kirche in ihrem Schaden kein Kraut noch Pflaster, sondern allein das Wort Gottes Heilung bringt.

Dieser Grundsatz wurde am weitesten und schnellsten verstanden. Hunderte von Prädikanten, die auf einmal da waren und überall auftauchten, verkündigten ihn. Er hat der Reformation zum Sieg verholfen.

Luther hat die Bibel übersetzt, um das Wort unter die Leute zu bringen (1521-22 das Neue Testament, 1534 die ganze Bibel in der von ihm weiterentwickelten Sprache der kursächsischen Kanzlei). Eine Nebenfrucht war, daß diese Sprache sich durchsetzte als neuhochdeutsche Sprache, 1521 kam die »Kirchenpostille« heraus, wodurch er den Predigern zeigen wollte, wie von jedem Text her der Weg zum Hauptinhalt der Schrift, zu Christus, zu finden ist. 1529 gab er den Kleinen und Großen (für die Hand des Pfarrers) Katechismus heraus.

Durch das Evangelium wird die Kirche gebaut und erhalten

Luther wurde versucht, sich auf äußere Gewalt zu stützen, als Butzer im Auftrag Huttens ihn auf der Reise nach Worms bewegen wollte, auf der Ebernburg sich unter den Schutz Sickingens, des Führers der Reichsritterschaft, zu stellen, um dort mit dem kaiserlichen Beichtvater Glapion zu verhandeln. Er lehnte ab:

»Und wenn in Worms soviel Teufel wären als Ziegel auf den Dächern, will ich doch hinein.«

So wendet er sich auch gegen gesetzlichen Zwang:

Als in seiner Abwesenheit auf der Wartburg die Wittenberger Bilderstürmer mit Gewalt die Reformation einführen wollten, trat er ihnen entgegen, »das sei wider die Liebe, das Gewissen des

krament, denn es ist ein Wort der Verheißung und fordert Glauben. Luther kennt nur noch drei Sakramente: Taufe, Beichte, heiliges Abendmahl. In der Beichte ist das Wort von der Vergebung die Hauptsache. Sie kann vor jedem christlichen Bruder abgelegt werden, da ja jeder getaufte Christ ein Priester ist. Damit ist der Katholizismus, der ein System übernatürlicher Kräfte ist, die durch den geweihten Priester in die Kirche hineingeleitet werden, in seiner Wurzel getroffen. Es fällt auch die Wandlungslehre, die zur Anbetung der Hostie führte, dahin.

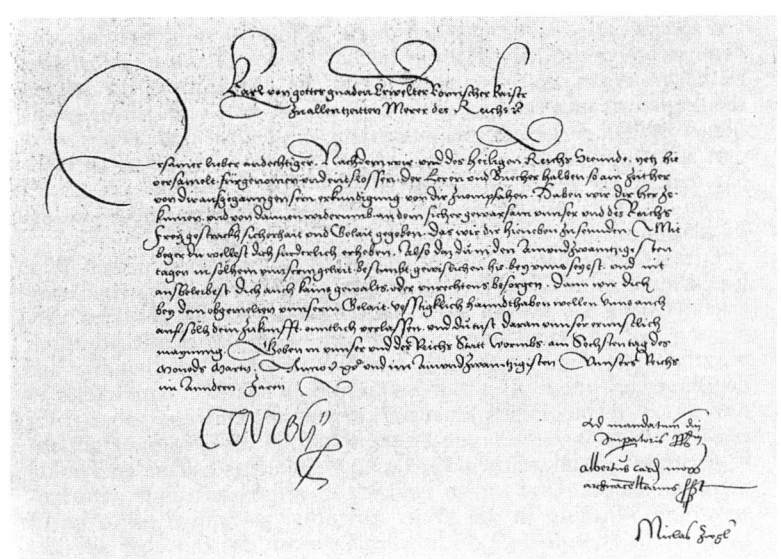

Ich bin dem Papst entgegengestanden, aber mit keiner Gewalt, sondern Gottes Wort habe ich allein getrieben, gepredigt und geschrieben, sonst habe ich nichts getan. Das hat, wenn ich geschlafen hab, also viel getan, daß das Papsttum also schwach geworden ist, daß ihm noch kein Fürst noch Kaiser so viel abgebrochen hat.

Bruders zu vergewaltigen«. Gott allein kann das Wort im Herzen lebendig machen.

Aus einem Brief von der Wartburg an den Kurfürsten:

Ich komme in einem viel höheren Schutz, als Euer Gnaden mir ihn geben können; wer hier am meisten gläubt, wird hier am meisten schützen.

Ähnlich sprach er sich 1525, als die Bauern im Evangelium eine Art sozialer Reform sahen und mit Gewalt vorgehen wollten, in seiner »Ermahnung zum Frieden an die Bauern« aus. Er lehnte das chiliastische Schwärmertum eines Thomas Müntzer ab, der gewaltsam das Reich Gottes errichten wollte. Als die Bauern sein persönliches Wort mit Hohn und Spott abwiesen, schrieb er die Schrift »Wider die räuberischen und mörderischen Rotten der Bauern« und setzte um des Wortes Gottes willen seine Volkstümlichkeit aufs Spiel.

Das Wort Gottes im Mittelpunkt des Gottesdienstes

Während der bisherige Gottesdienst in der Messe seinen Mittelpunkt hat, stellt Luther die Wortverkündigung in die Mitte. Das Lied, der reformatorische Choral, wurde wirksamste Evangeliumsverkündigung (1524 erschienen die ersten acht Lutherlieder). Den öffentlichen Gottesdienst sieht der Reformator als öffentliche »Reizung zum Glauben« an. »Viele sind, die noch nicht glauben oder Christen sind.« Er erwog den Gedanken einer freiwilligen Sakra-

Bulla contra Erro res Martini Lutheri et sequarium.

mentsgemeinde, wo Kirchenzucht und christliche Liebesarbeit gepflegt werden können. Aber er wollte abwarten, bis er die Leute dazu hätte, und nichts erzwingen nach seinem Kopf. Er hatte eine große Scheu, Gesetz und Evangelium zu vermischen.

Luther gründet das evangelische Pfarrhaus

Um das Wort Gottes persönlich zu bekennen, heiratete er mitten im Bauernkrieg, weil er dunkle Todesahnungen hatte, Katharina von Bora, die aus dem Kloster Nimbschen mit anderen Nonnen entflohen war. Luther wollte sie zuerst mit einem anderen verheiraten, aber sie wollte nicht, »lieber« – wie sie sagte – »Luther oder Amsdorf« (ein Mitarbeiter Luthers).

Das Augustinerkloster in Wittenberg wurde durch Schenkung des Kurfürsten sein Pfarrhaus. Es ist erquickend, in sein Familienleben hineinzusehen, wo die Hausfrau unermüdlich waltet und in schrankenloser Gastfreundlichkeit das Haus den Freunden ihres Mannes, den vielen auswärtigen Besuchern und Verfolgten öffnet, wo die Kinder wie die Ölzweige um den Tisch her wachsen: Hans, ein früh verstorbenes Töchterlein

Elisabeth, Magdalenchen, das mit dreizehn Jahren den Eltern genommen wurde, Martin, Paul und Margarete.

*Die äußere Ordnung der Kirche durch
das Notregiment des Staates*
Luther hatte eine Abneigung gegen Synoden, auf denen man sich mit »Gesetzen
und allerhand unnützen Fragen« von jeher befaßt habe. So trat er an Johann den
Beständigen (1525-1532) heran mit der
Bitte, eine Visitation zu veranlassen. Sie
erbrachte ein anschauliches Bild von der
Unkenntnis und geistigen Stumpfheit
der Gemeinden. Für Luther war der Unterschied zwischen Laien und Geistlichen gefallen (in der Schrift: »De capti-
vitate«): »Jeder Christ, der aus der Taufe gekrochen ist, ist geistlichen Standes.« In seiner Schrift »An den Adel der
deutschen Nation von des christlichen
Standes Besserung« (1520) hatte er die
Reichsstände, den Reichstag angerufen,
in der Kirche das Unrecht abzuschaffen.
Er leitete dieses Recht aus der Aufgabe
der Obrigkeit, dem Bösen zu wehren,
ab. An eine Sakramentsgemeinde oder
Synodalordnung war nicht zu denken.
Die alten Bischöfe waren bedeutungslos
geworden.

In der Vorrede zum »Unterricht« sagt
Luther, er hätte das rechte Bischofs- und
Besuchsamt als aufs höchste vonnöten
gern wieder angerichtet gesehen. Weil
nun aber keiner von ihnen dazu gerufen
oder gewissen Befehl hatte, so habe sich

auch keiner für befugt angesehen, dieses
Amt auszuüben. Statt dessen hätten sie
den Kurfürsten gebeten, diese Visitatoren einzusetzen.

In Hessen hatte Lambert von Avignon vor der Synode zu Homberg die
Bildung von Sakramentsgemeinden
vorgeschlagen, die Kirchenzucht halten
und die Pfarrwahl ausüben wollten. Die
nicht angeschlossenen Gemeindeglieder sollten als Heiden anzusehen sein.
Ein Synodalausschuß sollte als Auf-
sichtsinstanz die Pfarrwahlen bestätigen. Luther hielt in seinem Gutachten

*Titelseite von Luthers
Septembertestament
1522*

*S. 116 oben: Gemälde
von Raffael. Papst Leo
X. mit den Kardinälen
Giulio Medici, später
Papst Clemens VII., und
Ludovico de Rossi.*

*S. 116 unten: Holz-
schnitt von Hans Schäu-
felin. Bauern mit der
Bundschuhfahne bedro-
hen einen Ritter*

*Luthers Manuskript der
Psalmenübersetzung von
1524, mit roter Tinte
korrigierte Erstfassung
von Psalm 23.*

Aus den Schwabacher Artikeln:
In der Auffassung der Gegenwart des Leibes und Blutes Christi in Brot und Wein hat sich eine Meinungsverschiedenheit ergeben, die beide Parteien nicht daran hindern soll, die christliche Liebe, sofern eines jeden Gewissen immer leiden kann, zu erzeigen.

ein solches Gesetz für verfrüht, da sich der entsprechende Brauch noch nicht gebildet habe. Darum wurde Lamberts Vorschlag nicht angenommen. Der Vertrag von Passau 1552 und vor allem der Augsburger Religionsfriede 1555 haben den Grundsatz zur Durchführung gebracht: »Wem das Land gehört, der bestimmt über die Religion«: »cuius regio, eius religio«.

Die Ordnung der Kirche durch die Bekenntnisse

Die Bekenntnisse entstanden im Ringen um den Consensus, die Übereinstimmung der verschiedenen evangelischen Lehrauffassungen. Als Luther 1529 das Gespräch mit Zwingli in Mar-

burg hielt, legte er die Schwabacher Artikel dem Gespräch zugrunde, die er kurz zuvor ausgearbeitet hatte. In vierzehn Sätzen wurde eine Übereinstimmung gefunden, obwohl Luther bei der Diskussion über das Abendmahl festgestellt hatte: »Ihr habt einen anderen Geist als wir.« Der fünfzehnte Satz enthielt die Einigung in der Forderung des Laienkelchs, der Ablehnung der Messe und der Behauptung der geistlichen Nießung.

Am 25. Juni 1530 wurde das Augsburgische Bekenntnis vor Kaiser und Reich bekannt, das Philipp Melanchthon auf Grund der Schwabacher Artikel verfaßt hatte. Luther hat sich mehrfach sehr lobend über dies Bekenntnis

ausgesprochen und Melanchthon gegen spätere Angriffe in Schutz genommen: »Er hat bekannt.« – »Das Bekenntnis gefalle ihm sehr wohl, aber er könne so leise nicht treten.«

Luthers Sterben

Luther war oft krank. Er hatte ein schweres Steinleiden. Doch war er immer wieder, sooft er dem Tode nahe war, herausgerissen worden. Im Februar 1546 reiste er nach Eisleben, um einen Streit seiner ehemaligen Landesherren, der Grafen von Mansfeld zu schlichten. Auf der Reise hatte er sich sehr erkältet, doch war ihm die Schlichtung gelungen. Er hatte sich nicht geschont, sondern mehrmals gepredigt.

Vom 16. Februar 1546 kennen wir noch eine kurze Niederschrift Luthers. Sie läßt uns erkennen, daß seine Gedanken bei der Bibel weilten, und zeigt uns seine tiefe Demut:

»Die Heilige Schrift meine niemand genugsam geschmeckt zu haben, er habe denn hundert Jahre lang mit Propheten wie Elia und Elisa, Johannes dem Täufer, Christus und den Aposteln die Gemeinden regiert. Versuche nicht diese göttliche Äneis, sondern neige dich tief anbetend vor ihren Spuren. Wir sind Bettler. Das ist wahr. 16. Februar 1546.«

Aus dem Bericht des Justus Jonas an den Kurfürsten:

Er hat in der großen Stube Mahlzeit gehalten, viel von schönen Sprüchen in der Bibel über Tisch geredet, auch ein- oder zweimal gesagt: »Wenn ich meine lieben Landsherren, die Grafen, vertrage und, will's Gott, diese Reise ausrichte, so will ich heimziehen und mich in den Sarg schlafen legen und den Würmern den Leib zu verzehren geben.« Um acht Uhr ging er »ins kleine Stüblein, um seiner Gewohnheit nach ins Fenster gelegt sein Gebet zu tun«. Nicht lange darnach fing er an und klagte, wie ihm um die Brust fast wehe würde. Er stand auf, klagte nichts Sonderliches mehr, ging in seine Kammer und sprach: »In deine Hände befehle ich meinen Geist, du hast mich erlöst, du treuer Gott« (Psalm 31,6). Später: »Ja, es ist ein kalter Totenschweiß, ich werde sterben, ich werde dahinfahren.« – »Ich danke dir, Gott, Vater unseres Herrn Jesu Christi, daß du mir deinen lieben Sohn offenbart, dem ich geglaubt, den ich geliebt, den ich gepredigt und bekannt habe, den der Papst und alle Gottlosen schmähen und lästern, mein Herr Jesu Christe, laß dir mein Seelchen befohlen sein. O himmlischer Vater, ich weiß, ob ich schon von diesem Leib hinweggerissen werde, daß ich bei dir ewig werde leben. Also hat Gott die Welt geliebt, daß er seinen eingeborenen Sohn gegeben hat, auf daß alle die, so an ihn glauben, nicht verloren werden, sondern das ewige Leben haben« (Johannes 3,16). Weiter: »Wir haben einen Gott, der da hilft, und den Herrn Herrn, der vom Tode errettet« (Psalm 68,21).

Der kursächsische Kanzler verliest vor dem Kaiser (unter dem Baldachin) die Augsburger Konfession. Zeitgenössischer Stich.

Als er fühlte, daß das Ende nicht fern war, sprach er dreimal: »Vater, in deine Hände befehle ich meinen Geist.« Darauf schwieg er. Auf die Frage, ob er auch auf seinen Herrn Jesus Christus sterben wolle und die Lehre in seinem Namen bekennen, antwortete er »Ja« und wendete sich zur Seite, um zu schlafen. Kurz vor drei Uhr früh tat er einen tiefen Atemzug, und hiermit gab er sanft und in aller Stille mit großer Geduld seinen Geist auf. Es war am 18. Februar 1546.

Sein Begräbnis

Unter großer Anteilnahme des Volkes, das von Dorf zu Dorf die Leiche mit Glockenläuten empfing und unter Wehklagen und Tränen geleitete, wurde der tote Reformator nach Wittenberg gebracht und dort unter der Kanzel der Schloßkirche beigesetzt. Bugenhagen hielt die Predigt, Melanchthon den lateinischen Nachruf.

Luther war ein außerordentliches Werkzeug Gottes. Durch ihn wurde das Evangelium von der Gnade Gottes in Jesus Christus neu entdeckt und so verkündigt vor Fürsten und Königen, vor hoch und nieder, vor den Völkern der Welt, daß es gehört wurde. Seine Macht war von Gott. Sie wurde dem durch den Heiligen Geist im Wort Gottes Erleuchteten gegeben. Weil er nichts aus sich selbst hatte, war er einer der gewaltigsten Beter der Kirche. In ihm geschah ein mächtiger Durchbruch des Heiligen Geistes.

Das Ausmaß seiner Arbeit kann man nur mit Staunen sehen. Wer ihn kritisieren will, der glaube, bekenne, bete, liebe und arbeite zuerst so, wie es dieser Bote Christi von apostolischer Klarheit und Vollmacht getan hat.

PHILIPP MELANCHTHON
(1497-1560)

Philipp wurde geboren am 16. Februar 1497 zu Bretten als Sohn des pfälzisch-kurfürstlichen hochangesehenen Waffenschmieds Georg Schwarzerd. Der Kaiser Maximilian zog den Vater in seinen persönlichen Dienst. Aber aus Gewissenhaftigkeit kehrte er zu seinem Landesfürsten zurück.

Melanchthon als Lernender

Reuchlin war der Bruder seiner Groß-mutter. Seine Ausbildung vollzog sich unter den Augen des berühmten Gelehrten, dessen Pforzheimer Schule er zwei Jahre lang besuchte. Von ihm bekam er seinen griechischen Namen, als er ihn durch eine Aufführung einer Komödie des Terenz erfreute. Mit zwölf Jahren bezog er die Universität Heidelberg. Seine Beherrschung der griechischen Sprache erregte Aufsehen. Dort bekam er in Johannes Brenz und Martin Butzer treue Freunde, denen er lebenslang verbunden blieb. Als ihm die Heidelberger Universität seiner Jugend wegen die Magisterwürde versagte, siedelte er nach Tübingen über, wo er 1516 mit größter Auszeichnung die Magisterwürde erlangte. Dort wurden ihm Ökolampad und Ambrosius Blarer befreundet. 1518 wurde er nach Wittenberg berufen, um dort die Studien zu verbessern und Lehrer des Griechischen und Hebräischen zu sein. Er liebte seine süddeutsche Heimat sehr und reiste oft nach Bretten, wo er besonders mit seinem Bruder Georg verbunden war.

Melanchthon, der Lehrer

Er war von kleiner, schmächtiger Gestalt. Als er aber vor versammelter Universität seine lateinische Antrittsrede hielt über die Verbesserung der Studien, merkten seine Hörer, daß er einen hohen Geist hatte.

In seiner Antrittsrede bezog Melanchthon den humanistischen Grundsatz: Ad fontes!, Zu den Quellen!, auf die Schrift.

»Die Kirche ist bisher von den Sprachen und damit von der Wissenschaft verlassen gewesen und hat darum die rechte Frömmigkeit eingebüßt und Menschensatzung statt Gottes Gebot eingetauscht. Wenn wir unseren Geist zu den Quellen lenken, so lernen wir Christum verstehen.«

Die Zahl der Studenten schnellte auf das Zehnfache, auf über zweitausend hinauf. 1519 zog Luther Melanchthon an die theologische Fakultät durch die Verleihung des theologischen Bakkalaureats.

So hat Melanchthon Reformation und Humanismus miteinander befreundet und verbunden. Bald stand er mitten im geistigen Ringen um die Reformation an der Seite Luthers und half ihm in der Auseinandersetzung mit seinen Feinden. Er widerstand bei der großen Disputation in Leipzig Profes-

Luther in einem Brief an Spalatin:
Melanchthon hat eine so feine und gelehrte Rede gehalten und damit einen solchen Beifall und solche Bewunderung gefunden, daß du ihn uns nicht weiter zu empfehlen brauchst. Er ist ein Mann, der jeder Auszeichnung wert ist, er ist ein vollkommener Grieche, grundgelehrt, freundlich und leutselig, hat seinen Lehrsaal gestopft voll.

*Philipp Melanchthon
(1497-1560), gezeichnet
von Albrecht Dürer*

sor Eck von Ingolstadt und antwortete
auf die Angriffe der Pariser Hochschule. 1521 schrieb er seine berühmte große Glaubenslehre, die »Loci communes«, die erste Darstellung der evangelischen Lehre. Dabei richtete er in seinem Hause – er hatte inzwischen die
Tochter des Wittenberger Bürgermeisters, Käthe Krapp, geheiratet – eine
Privatschule ein, wo er die Jugend in
den Geist der alten Sprachen einführte.
In ihr betrieb er auch Erdkunde, Natur-
kunde und besonders Geschichtskun-
de. »Ohne Geschichte ist des Menschen Leben eine ewige Kindheit und
Blindheit.«

Melanchthon, der Freund und Mitarbeiter Luthers

Der große Luther fand in ihm den Mann,
der ihm geistig ebenbürtig war, dessen
Umgang ihn anregte, mit dem er seine
innersten Angelegenheiten besprechen
konnte, der die Sorgen um die Erneuerung der Kirche mit ihm teilte und sein
bedeutendster Mitarbeiter wurde als
Lehrer der akademischen Jugend, im
wissenschaftlichen Formulieren der reformatorischen Erkenntnisse, als Wortführer und Stellvertreter bei vielen Religionsgesprächen und Verhandlungen
mit Kaiser und Fürsten und päpstlichen
Gesandten, als Organisator von Kirchen
und Schulen. Ohne diesen kongenialen,

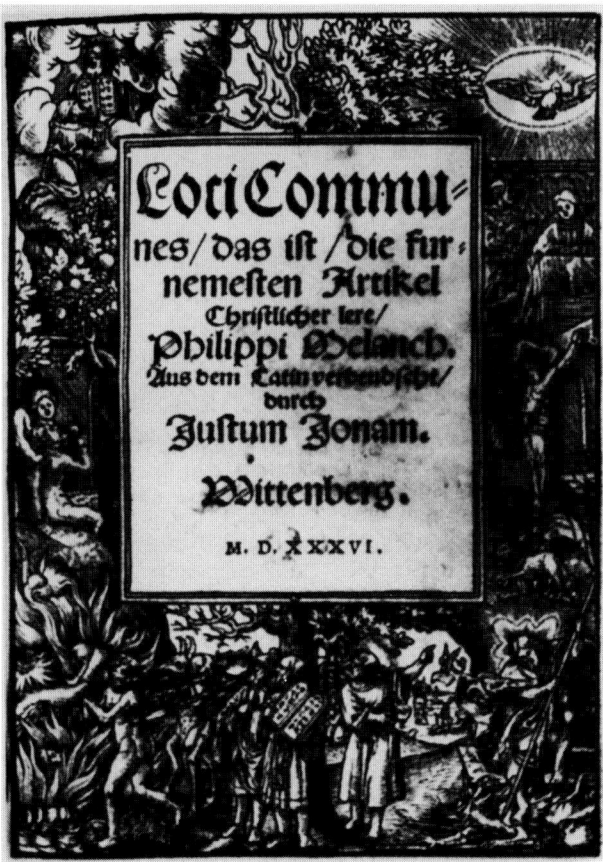

Luther an Reuchlin:
Unser Philipp Melanchthon ist ein wunderbarer Mensch, ja fast übermenschlich, aber mir höchst vertraut und befreundet. Philippus ist mir sehr lieb in Marburg gewesen, denn, wo ich zu hitzig wurde, hat er mir immer den Zügel gehalten und Frieden und Freundschaft nicht sinken lassen.

bescheidenen, sich aufopfernden Mitarbeiter hätte Luther das ungeheure Arbeitsmaß, das die Kirchenerneuerung mit sich brachte, nicht bewältigen können. Luther war der Titan im Glauben, der vollmächtige, starke Kämpfer. Melanchthon war bei aller Verehrung des großen Freundes doch selbständig, viel zarter, behutsamer, vorsichtig, gewählt in Worten, die er in großer Klarheit und Verstandesschärfe vortrug. Er war der Mann des Friedens und ein Brückenbauer zwischen den Gegensätzen in der Liebe des Heiligen Geistes.

Als Luther die Apologie las, sagte er:
Sie gefällt mir wohl und weiß nichts daran zu bessern, noch zu ändern, würde sich auch nicht schicken, denn so sanft und leise kann ich nicht treten.

Als Landgraf Philipp von Hessen die böse Sache hatte mit seiner Nebenehe

und die Reformatoren ihm erlaubten, heimlich eine Ehe zu schließen – seine rechtmäßige Frau war krank und trunksüchtig – kam die Sache ans Licht. Melanchthon nahm sich das so zu Herzen, daß er erkrankte. Luther eilte nach Weimar, wo er lag: »B'hüt Gott, wie hat der Teufel dieses Werkzeug geschändet.« Luther kehrte sich zum Fenster und betete. Darauf ergriff er Melanchthon an der Hand und sprach: »Sei guten Muts, Philippe, du wirst nicht sterben.« Und er genas.

Melanchthon über Luther:
Er ist der ehrwürdige Vater, der fromme Theologe, der Mann meiner Sehnsucht, der treue Seelenhirte. Seinen christlichen Sinn kann ich nicht genugsam lieben.

Der Lehrer Deutschlands mit Weltruf
Die erste Hochschule, die Melanchthon nach Wittenberger Muster einrichtete, war die Universität Marburg, wohin ihn Philipp von Hessen gerufen hatte. In Nürnberg ordnete er 1524 die berühmte Gelehrtenschule. In Kursachsen hielt er 1527 die erste Kirchenvisitation und ordnete Kirchen und Schulen. Das Ergebnis seiner Erfahrungen legte er nieder im »Unterricht der Visitatoren an die Pfarrherrn im Kurfürstentum Sachsen«. Darin ordnet er die Gemeinden, die Predigt in deutscher Sprache am Sonntag, Mittwoch und Freitag, die christliche Unterweisung des jungen Volks am Sonntagnachmittag in den zehn Geboten, im Glauben und Vaterunser. Für jeden Bezirk wurde zur Aufsicht ein Superintendent bestellt. Es müsse für gute Schulen gesorgt werden, für Lateinschulen mit drei Lehrern und einem Rektor. Unterricht soll in drei Klassen gegeben werden. Die Kinder sollen lesen und schreiben lernen, ferner Latein. Am Nachmittag sollen sie singen und in den christlichen Hauptstücken unterrichtet werden. Er selbst schrieb eine Lesefibel, eine Art biblischer Geschichte und Katechismus. Aesops Fabeln wurden lateinisch auswendig gelernt und viele lateinische Sprüche. In Brandenburg ordnete er Kirchen und Schulen. Der Erzbischof von Köln berief ihn. Drei Monate war er in Bonn. Die Universität Tübingen wurde nach seinen Vorschlägen erneuert. 1539 ordnete er die Universität Leipzig. Das Vertrauen, das er genoß, ging so weit, daß sogar der König Franz I. ihn nach Paris

In diesem Raum in Wittenberg lehrte Melanchthon

berief, um die Kirchenbereinigung herbeizuführen. Melanchthon war dazu bereit, weil er darin eine große Möglichkeit sah, aber der Kurfürst wollte ihn nicht ziehen lassen, um den Kaiser nicht zu verärgern. Sogar Heinrich VIII. von England trat in Briefwechsel mit ihm. Melanchthon sandte ihm seine »Loci«. Heinrich bedankte sich sehr und sandte ihm zweihundert Goldgulden mit einer stattlichen Gesandtschaft nach Wittenberg.

Der Vater des evangelischen Bekenntnisses
Auf dem Reichstag zu Augsburg legte Melanchthon das gemeinsame Bekenntnis der Evangelischen in einundzwanzig

Melanchthons Studierstube in Wittenberg

Artikeln dar. In sieben Artikeln wurde von den Mißbräuchen der Katholiken gehandelt. Der Eindruck der am 25. Juni verlesenen Konfession war außerordentlich stark. Der Kaiser zwar schlief dabei. Sein Beichtvater Aegidius sagte nachher zu Melanchthon: »Ihr habt eine Theologie, die man nur begreift, wenn man viel betet.« Eck getraute sich nicht, das Bekenntnis aus der Schrift zu widerlegen, aus den Kirchenvätern wohl. Luther hat es Melanchthon nie vergessen, wie tapfer er unter Löwen, Wölfen und Bären gestanden sei. Er sagte später, als man die beiden einander entfremden wollte: »Zu Augsburg hat er bekannt.« Auch die ausführlichere Apologie, die Melanchthon zur Erklärung der Konfession verfaßte, zählt zu den anerkannten Bekenntnisschriften der evangelischen Kirche. Zeitlebens rang Melanchthon um die Überwindung des Zwiespalts zwischen der sächsischen und der oberdeutschen Reformation. Im Jahre 1536 gelang ihm in Luthers Haus der Abschluß der »Wittenberger Konkordie« zwischen der sächsischen und oberdeutschen Kirche. In ihr wurde die Gegenwart von Leib und Blut in Brot und Wein behauptet ohne Erörterung des Wie. Bei den Vorbereitungen zu einem allgemeinen Konzil, das der Kaiser immer wieder plante, war er mit unentwegter Treue dabei, obwohl bei den Verhandlungen mit dem Kaiser nichts herauskam, denn die Katholiken wollten nicht nachgeben und die Evangelischen konnten nicht nachgeben um der Wahrheit willen. Er war in Leipzig (1534), in Hagenau (1540), zu Worms (1542), zu Regensburg (1541, 1545, 1546) mit dabei. Als er wieder einmal zu einem Kolloquium über die Elbe fuhr, rief der friedensbedürftige Mann, der am liebsten bei seinen Büchern und Kindern (libris et liberis) geblieben wäre: Vivimus in synodis et iam moriamur in illis! Wir leben auf den Konferenzen und müssen auf ihnen noch sterben!

Seine Widersacher

Melanchthon feilte an seinen Bekenntnisschriften immer wieder. Er wollte sie immer mehr zu einem Einheitsband gestalten. Es verging kein Tag, wo er nicht über das Abendmahl nachgedacht hätte, wie er einmal sagte. Luther hat ihm das verwehrt. »Philippe, du tust nicht recht, die Augsburger Konfession so oft zu verändern, sie ist nicht dein, sondern der Kirche Buch.« Jugendliche Heißsporne und übereifrige Lutheraner machten ihm deshalb das Leben sauer. So hatte er 1540 den Satz darin, »die Gegenlehre wird verworfen«, weggelassen und statt »Leib und Blut werden ausgeteilt«, werden »angeboten« gesetzt. Zu seinem tiefen Schmerz ließ der Kurfürst den Erzbischof von Köln im Stich, weil er die Butzersche Abendmahlsformel hatte, und Köln wurde gewaltsam wieder katholisch gemacht. Doch Luther ließ sich nicht von ihm trennen. Sie machten kurz vor Luthers Tod eine gemeinsame Reise nach Mansfeld. Da sagte Luther: »Lieber Philipp, ich muß es bekennen, der Sache mit dem Abendmahl ist zuviel getan.« Melanchthon erwiderte: »Herr Doktor, laßt uns eine Schrift stellen, worin die Sache gelindert wird, auf daß die Wahrheit bleibe und die Kirchen wieder einträchtig werden.« Luther entgegnete: »Ich habe das oft bedacht, aber so würde die ganze Lehre verdächtig. Ich will es dem allmächtigen Gott befohlen haben. Tut ihr auch etwas nach meinem Tode.«

Melanchthon hielt die lateinische Leichenrede auf Luther:

So etliche Leute sagen, er sei zu heftig gewesen, so antworte ich mit Erasmus: Weil die Welt so krank und verdorben war, mußte Gott ihr einen scharfen Arzt schicken. Weil die Feinde der Wahrheit so mächtig und übermütig waren, mußte ein solcher Streiter erscheinen. Aber Gottes Geist hat Luthers starkes und feuriges Gemüt im Zaume gehalten.

Nach Luthers Tod fühlte sich Melanchthon verwaist und stand unter schlimmen Vorahnungen, daß bald ein Religionskrieg ausbrechen werde. Und so kam es. Melanchthon mußte mit Luthers Witwe und mit seiner Familie vor dem siegreichen Kaiser fliehen. Von seinen Freunden wurde er mit Geldmitteln unterstützt. Nach dem Friedensschluß kehrte er in das zu Sachsen-Leipzig geschlagene Wittenberg zurück. Die Lutherischen Eiferer bekämpften ihn von Weimar aus und nannten seine Anhänger Philippisten. Der Kaiser verlangte seine Auslieferung. Doch der Kurfürst Moritz trat für ihn ein und zog ihn von der vorderen Front nach dem Kloster Zelle zurück. Der Berliner Hofprediger Agricola schloß das Interim mit dem

·1 5 4 0·

Kaiser ab, dem aber die meisten evangelischen Gemeinden widerstanden. Melanchthon lehnte das Augsburger Interim als »ein Götzenbild Nebukadnezars« ab, billigte aber das sogenannte kleine Leipziger Interim, das die reine Lehre erhalten, aber in den Mitteldingen nachgeben wollte. Diese Haltung erregte den Zorn der Eiferer, besonders des Königsberger Osiander und des Magdeburger Flacius von Illyrien. Melanchthon schwieg dazu, obwohl ihm die *rabies*, die Wut der Theologen, sehr weh tat. 1551 unterschrieben fast alle evangelischen Kirchen Deutschlands die Augsburger Konfession. Damit wollte Melanchthon nach Trient zum Konzil reisen. Er wartete in Nürnberg vergeblich auf den Befehl des Kurfürsten. Dafür kam die Nachricht, daß Moritz den Kaiser zum Passauer Vertrag gezwungen hatte, dem der Augsburger Religionsfriede folgte.

Die letzte Schrift Melanchthons war gegen die bayrische Inquisition gerichtet.

Lebensweise, Familie und Tod

Es war ein ungeheuer arbeitsreiches Leben, das Melanchthon führte. Siebenhundert Druckschriften hat er geschrieben. Zwischen zwei und drei Uhr begann er morgens seine Gelehrtenarbeit. Er aß und trank wenig. Den Feierabend brachte er im Familienkreis zu. Die stille, sanfte Ehefrau sorgte ängstlich für ihn. An seinen vier Kindern und Enkeln hatte er Freude. Seine jüngste Tochter war mit dem Arzt Peucer verheiratet, der der Erbe seines Ansehens war. 1557 starb seine Frau, während er auf Reisen war. Melanchthon war viel kränklich und zuletzt schwer leidend. Am Karfreitag hielt er seine letzte Bibelstunde vor ausländischen Schülern. Am Ostersamstag nahte das Ende. Der Kranke ließ sich ein Reisebettlein in seinem Studierzimmer aufschlagen. Er sagte lächelnd: »Das heißt mit Recht ein Reisebettlein, denn ich werde darin zur Heimat reisen.« Mit seinen Kindern und Enkeln redete er lieblich und segnete sie. Nur die Not der Kirche bewegte ihn noch. Auf einen Zettel schrieb er, was der Tod ihm nehme und gebe: »Du wirst ins Licht kommen, den Sohn Gottes sehen, die Geheimnisse der Welt verstehen.« Auf die andere Seite schrieb er: »Du wirst frei von Sünde, Mühsal und der Wut der Theologen.«

Als er in der Nacht, nachdem er reines Linnen angezogen hatte, gewöhnt an peinlichste Sauberkeit, von Peucer gefragt wurde, ob er etwas wünsche, sagte er: »Nichts als den Himmel! Laßt mir meine süße Ruhe!« Abends sieben Uhr schlief er sanft ein. Er wurde neben Luther in der Schloßkirche zu Wittenberg beigesetzt. Die Universität gab ihm folgende Schrift mit in den Sarg:

Ph. Melanchthon, ein Professor der Heiligen Schrift, zweiundvierzig Jahre lang ein unübertrefflicher Gelehrter, holdselig, gescheit, aufrichtig, fromm und heilig, geduldig und wohltätig, des Herrn D. M. Luther selig fleißiger und getreuer Gehilfe in Erklärung und Ausrichtung der reinen Lehre und des göttlichen Wortes. Er hat die Augsburger Confession gestellt und diese Wahrheit der himmlischen Lehre dreißig Jahre verfochten auf Reichstagen und in seinen Schriften.

Als er nun ein abgearbeiteter Mann und des Lebens satt war, hat er sich etliche Jahre zum Sterben gerüstet und seine Gedanken auf ein ander Leben zu dem Herrn Jesus gerichtet. Er hat in diesem Leben getan, was er konnte, und das andere Gott befohlen, und er tröstete sich dessen, daß er es treu und gut gemeint, hatte auch darin ein fröhliches Gewissen. Das gedachte er auch mit Gottes Hilfe unverletzt zu seinem lieben Heiland zu bringen, unangesehen, was die undankbare Welt dazu sage.

HULDREICH ZWINGLI
(1484-1531)

Jugend und Werdegang

Zwingli wurde am 1. Januar 1484 zu Wildhaus im Oberen Toggenburg in einem hochgelegenen, von mächtigen Bergen überragten Dorf als Sohn des Amtmanns, dessen Bruder Pfarrer war, geboren. Sein Onkel gab ihm den ersten Unterricht, dann wurde der hochbegabte Knabe nach Basel und Bern zur Schule geschickt. Dort studierte er bei dem gelehrten Humanisten Wölflin. Dann bezog er die Universitäten Wien und Basel. Die Schriften des platonischen Renaissancephilosophen Pico von Mirandola machten starken Eindruck auf ihn, aber auch Thomas Wyttenbach, der die Wahrheit von der vollkommenen Zulänglichkeit des Todes Christi für die Tilgung der menschlichen Sündenschuld lehrte. Wyttenbach hat die ersten Samenkörner des Evangeliums in das Herz des jungen Studenten gesät und ihn zum Lesen der Heiligen Schrift angehalten. Nach seinem Magisterexamen wurde Zwingli

OCCVBVIT ANNO ÆTATIS XLVII.
1531

· H·A ·

Klosterkirche Einsiedeln, Schweiz

Der Reformator

Zwingli nähert sich Luther theologisch insofern, als er anerkennt, daß alles Gute, was der Mensch vollbringt, ein Werk des Heiligen Geistes ist. Doch hat er nicht die persönliche innere Erfahrung menschlicher Verlorenheit und göttlicher Gnade wie Luther. Die Grenze zwischen Gesetz und Evangelium ist bei ihm verwischt. Auch die Aufgaben der Kirche und des Staates sind nicht scharf unterschieden. Im Jahre 1521 erscheint seine erste reformatorische Schrift: »Von Erkiessen und Fryheit der Spisen.« In allen größeren schweizerischen Städten traten nun Prediger des Wortes Gottes auf. In einer großen Disputation, die der Züricher Rat veranstaltete, siegte Zwingli. Mit Hilfe des Rats führte er nun schrittweise die Reformation durch. Die Bilder wurden abgeschafft, die Orgeln fielen, die christliche Jugendunterweisung wurde eingeführt und die Heranbildung tüchtiger Pfarrer begonnen. Das Abendmahl wurde reformiert. Die Sittenzucht wurde eingeführt und ein Ehegericht aus vier Ratsmitgliedern und zwei Leutpriestern berufen. Presbyterien, die die Sittenzucht auszuführen hatten, und eine Synode wurden gebildet. 1523 erschien seine »Kurze Christliche Einleitung«.

Sein Kampf gegen die katholischen Kantone

Zwingli setzt dem Bündnis der katholischen Kantone einen Bund der evangelischen entgegen. Er plante, die Reformation in der ganzen Schweiz durchzusetzen, womöglich mit Gewalt. Nach dem Sieg im Religionsgespräch zu Bern 1528 stand er auf dem Gipfel seines Ansehens. Von da an nimmt seine Sache eine Wendung zum Niedergang. Er überläßt den Fortgang der Reformation nicht dem Schwert des Geistes, sondern will auf politische Weise nachhelfen. Doch es gelingt ihm nicht, seine Zürcher von der Notwendigkeit, mit politischen Mitteln den gordischen Knoten zu zerhauen, zu überzeugen. Seine Mahnung »Tut um Gottes willen etwas Tapferes!« reißt sie nicht aus ihrer Unentschlossenheit. 1529 steht er mit viertausend Mann bei Kappel im Begriff, das katholische Heer anzugreifen, als ein herbeigeeilter Vermittler,

Pfarrer in Glarus. In brennendem Wissensdurst studierte er die griechische Sprache und hatte bald den Ruf, ein Vorkämpfer des Humanismus zu sein. Er trat auch schon politisch hervor, indem er gegen das Reislaufen der Schweizer, die sich gern als Söldner von Frankreich anwerben ließen, eiferte. Er selbst geleitete Schweizer Truppen als Feldprediger nach Italien. 1516 wurde er Pfarrer am Wallfahrtsort Mariä Einsiedeln, wo er fleißig predigte, die Heilige Schrift auslegte und gegen den Aberglauben kämpfte. Er dachte nicht daran, sich in Gegensatz zum Papsttum zu stellen, ja, er bewarb sich mit Erfolg um eine reiche Pfründe. 1518 wurde er als Leutpriester an das Großmünster in Zürich berufen und begann dort zu predigen, indem er das Matthäusevangelium auslegte. In dieser Zeit las er Luthers Schriften und wurde durch sie zu reformatorischem Wollen bewegt. Er gab seine Pfründe auf, um freie Hand gegen den Papst zu haben.

Landammann Aebli, einen Ausgleich anbahnt. Zwingli war nicht damit zufrieden. Er sagte zu ihm: »Gevatter Ammann, du wirst noch Gott müssen Rechnung geben; dieweil die Feinde im Sack und ungerüstet sind, geben sie gute Worte. Da glaubst du ihnen und scheidest. Hernach aber, wenn sie gerüstet sind, werden sie unsrer nicht schonen, und wird auch dann niemand scheiden.« Von da an hat er den Eindruck, daß die Sache des Evangeliums in größter Gefahr ist. Er dichtet noch im Lager das Lied: Herr, nun selbst den Wagen halt, schief wird sonst all unsere Fahrt, das brächte Lust dem Widerpart, der dich veracht so freventlich.

Sein Kampf gegen die Wiedertäufer
Die Wiedertäufer Grebel, Manz und Blaurock wollten Zwingli zur Absonderung und Begründung einer makellosen Gemeinde von begnadeten Kindern Gottes bestimmen. Er wies sie ab:

Das Rotten werde die Kirche nicht säubern, ja, in der Kirche werde allezeit etwas zu bessern bleiben und nicht ein Wesen mit dem Reich Gottes werden, wie sie sich einbilden. Durch unablässige Zudienung des Wortes Gottes sei die Mehrung der Gläubigen zu erzielen, nicht durch Zerreißung des Leibes in viele Teile.

Die Wiedertaufe wurde zum Feldzeichen, um das sich die wahre Gemeinde der Heiligen mit politisch-revolutionä-

Der Wandel im kirchlichen Leben wird im Kirchenbau deutlich. Zwinglis Kirche in Zürich ist für diese Veränderung im protestantischen Europa typisch: Der Altar für das Meßopfer im Chor ist entfernt worden, an seiner Stelle stehen Stühle. Die Kanzel befindet sich nahe bei der Gemeinde im Schiff.

te Maßnahmen. Es wurde die Ertränkung von Manz und zwei Genossen vollzogen. Inwieweit Zwingli für diese Maßnahmen verantwortlich war, läßt sich nicht feststellen.

Ketzerturm, Zürich

Rechts:
Die untere Fischerhütte
in der Limmat.

ren, phantastischen und religiösen Ideen sammeln sollte. In seinen Schriften »Vom Touf, vom Wiedertouf und Kindertouf« (1525) und »Vom Predigtamt« widerstand er ihnen. Zugunsten der Kindertaufe wird auf die Beschneidung hingewiesen, die Kinder der Christen seien Gottes, dem Gottesvolk zugehörig. Das Heil sei allein an den Glauben gebunden. Die Taufe in der Jugend bleibe wirksam. Es sei eine Vermessenheit, ohne Einwilligung der Gemeinde, der allein die Beurteilung der Schriftgemäßheit einer Lehre zustehe, durch eine Sonderlehre die Kirche Christi zu sprengen. Es fehle die Legitimation zur Handhabung des Predigtamts und zur Leitung der christlichen Gemeinde nach Eph 4,11-14. Sie richteten Spaltungen an unter den Gläubigen um äußerlicher Dinge willen und hätten es keineswegs auf die Bekehrung der Ungläubigen abgesehen. Das beweise hinlänglich, daß sie nicht von dem Gott des Friedens und der Ordnung erweckt, sondern nichts weiter als Revolutionäre und im Dienst des Streites stehende Selbstboten sind. Als sie hartnäckig waren, beschloß der Rat har-

Es berührt uns dieser Kampf gegen die Wiedertäufer und ihre gewaltsame Unterdrückung durch katholische und evangelische Obrigkeiten schmerzlich. Die Bestrebungen der Wiedertäufer hatten ein berechtigtes Anliegen in dem Ringen um die Brudergemeinde, um staatsfreie Gemeindegestaltung, um ein radikales Bibelchristentum, für das die auch von den Reformatoren stehengelassene Volkskirche scheinbar keinen Raum hatte.

Die Vermischung neutestamentlicher Gedanken mit politischen Umsturzgedanken, die den völligen Bruch mit allem geschichtlich Gewordenen vollziehen wollten (vgl. Bilderstürmer, Thomas Müntzer, Bauernkrieg und die Gewaltherrschaft Johannes von Leidens in Münster), machten auch die friedlichen Bestrebungen der Schweizer Wiedertäufer verdächtig. Erst Menno Simons sammelte die Reste der Wiedertäufer in friedlichen Gemeinden, die zuerst in den Niederlanden und dann in England und Deutschland die rechtliche Anerkennung fanden.

Zwinglis Begegnung mit Luther in Marburg
Nachdem Zwingli und Luther sich seit 1526 literarisch über das Abendmahl

ausgesprochen hatten, traten sie im Oktober 1529 auf Veranlassung Philipps von Hessen, der große politische Pläne hatte und einen Bund gegen Habsburg zusammenbringen wollte, in Marburg einander gegenüber. Bei ihrer Aussprache ging es besonders um die Bedeutung des »ist« in den Einsetzungsworten des heiligen Abendmahls.

»Est« im Sinn von significat bedeutet, Christus sitzt im Himmel zur Rechten Gottes und kann nicht zugleich im Abendmahl gegenwärtig sein. Eine geistliche Nießung des Leibes Christi sei unmöglich. Non esus, sed caesus Christus nobis salutaris – nicht der gegessene, sondern der getötete Christus sei uns heilbringend. Er wohne durch den Glauben in unserem Herzen, nicht durch das leibliche Essen (Zwingli).

Zwinglis Gründe waren rational. Die Tiefe der Theologie Luthers erreichte er damit nicht. Daß die Gottheit Christi seine Allenthalbenheit mit sich bringt, daß Leib und Geist bei dem erhöhten Herrn nicht unterschieden werden können, daß Christus sich im heiligen Abendmahl zu uns herabläßt, um uns Gewißheit der Vergebung und Gemeinschaft mit ihm zu gewähren, ist der nüchternen Verständigkeit Zwinglis fremd. Auch eine vermittelnde Formel Bucers, die die Gegenwart von Leib und Blut Christi behauptet, ohne sich auf die Erörterung des Wie einzulassen, lehnte Zwingli ab. Luther hätte sie angenommen. In vierzehn Artikeln hatte man sich einigen können, im fünfzehnten aber, bei der Abendmahlsfrage, ergab sich eine Meinungsverschiedenheit, die jedoch, wie man ausdrücklich kundgab, beide Parteien nicht hindern sollte, sich »christliche Liebe, sofern eines jeden Gewissen immer leiden kann, zu erzeigen«.

Zwinglis Sterben

Das Bewußtsein, daß der Kampf mit den katholischen Kantonen unglücklich ausgehe, hatte Zwingli in starkem Maße, als er seine weitblickenden politischen Pläne nicht durchsetzen konnte. Als vollends der Rat zu der halben Maßnahme der Proviantsperre für die Westkantone griff, ohne sich ernsthaft zu rüsten, hatte er dunkle Ahnungen. Am 20. Juni 1531 trat er vor den Rat mit der Bitte um Entlassung aus der politischen Verantwortung. Aber man ließ ihn nicht gehen. Er sagte zum Rat:

»Mich und manchen Ehrenmann wird es kosten, und wird die Wahrheit und die Kirche notleiden. Doch von Christus werdet ihr nicht verlassen werden.«

Im Oktober überfielen die durch den Hunger erbitterten, wie ein Mann zum Kampfe fanatisch entschlossenen Feinde die Züricher. Mit wenig schnell zusammengerafften Truppen, die noch durch Märsche übermüdet waren, zogen ihnen die Zürcher entgegen. Zwingli war als Feldprediger vom Rat beordert. Im Vorgefühl des nahenden Endes bestieg er das sich sträubende Pferd. Unterwegs hörte man ihn sich und die Kirche inbrünstig Gott anbefehlen. Er drängte zum Angriff, um die schon im Kampf stehende Vorhut zu entsetzen.

»Biedere Leute«, so redete er die Vordersten an, »seid getrost und fürchtet euch nicht, müssen wir gleich leiden, so ist unsere Sache doch gut. Befehlet euch Gott, der kann unserer und der Unsrigen pflegen. Gott walt sein!«

Von einem Stein getroffen, von einem Speerwurf verwundet, lag er unter den Toten und Verwundeten, die Hände zum Gebet gefaltet, die Augen gen Himmel gerichtet.

»Welch Unglück ist denn das«, hatte er fallend gesprochen, »den Leib können sie wohl töten, die Seele nicht!«

Die Zumutung, zu beichten, die Mutter Gottes und die Heiligen anzurufen, wies er zurück. Da versetzte ihm ein Hauptmann der Feinde mit dem Schwert den Todesstreich. Als am andern Tage der Leichnam erkannt wurde, verlangten die fanatischen Kriegshorden die Vierteilung und Verbrennung durch den Nachrichter. Die Eidgenossen, Freund und Feind, hatten bei der Nachricht von seinem Tode das Gefühl, daß das Land seinen bedeutendsten Mann verloren habe.

Der Schweizer Reformator und Gründer der reformierten Kirche steht selbständig neben Luther. Er hat nicht die Tiefe der Theologie Luthers. Er denkt und handelt politisch im Sinn eidgenössischer Demokratie. Mit dem Gesetz und mit staatlicher Gewalt will er die christliche Volksgemeinschaft herstellen. Das Hineinverflochtensein in das politische Handeln liefert ihn menschlicher Schwäche und Unzulänglichkeit aus. Der Fanatismus der Feinde siegt. Er aber stirbt, auf dem Schlacht-feld noch ein Zeuge des Evangeliums und ein Märtyrer. Aber sein Werk bleibt.

Die Kathedrale von Noyon, Calvins Geburtsort

S. 133:
Johannes Calvin

Aus Calvins Send-schreiben an Kardinal Sadolet:
Wie durch einen jähen Lichtstrahl erkannte ich, in welchem Abgrund von Irrtümern, in wel-chem Wust ich mich be-funden hatte.

JOHANNES CALVIN
(1509-1564)

Calvin, am 10. Juli 1509 in Noyon in Nordfrankreich geboren, hatte von sei-ner früh verstorbenen Mutter den from-men Sinn, von seinem Vater, der bi-schöflicher Verwalter war, die kluge Be-sonnenheit ererbt. Über sein Innenleben hat er wenig gesprochen. Er studierte in Paris zuerst die philosophischen Fächer, die jedem Studium zugrunde lagen, und die Rechtswissenschaft. Sein Lehrer war der scharfsinnigste Jurist Frankreichs, Pierre de l'Etoile. Calvin überragte alle an Auffassungsgabe und Stärke des Ge-dächtnisses. Sein Fleiß ist eisern, er ißt wenig, schläft nur wenige Stunden. In den frühen Morgenstunden wiederholt er das am Tag zuvor Gelernte und stei-gert dadurch sein Gedächtnis. Sein

Schüler und Biograph Beza verlegt seine Bekehrung in das Jahr 1527 oder 1528, als er von Luthers Evangelium gepackt wurde. Wahrscheinlich war es erst 1533, da er im Jahre 1534 seine Pfründen auf-gab, um dem Papst gegenüber frei zu sein.

Der junge Hirte der Verfolgten
Ein heiliges Feuer kommt über den Ge-lehrten. Es duldet ihn nicht mehr in der Studierstube. Es treibt ihn hinaus zu den Gläubigen, die heimlich dem Evange-lium anhängen. Er ist in den Hand-werksstuben, in den Sälen der Hoch-schule, in den Dörfern der Umgebung, auf den Kanzeln. Überall gewinnt er dem reinen Evangelium Jünger. Er wird das geistige Haupt der geheimen Ver-sammlungen. Einer der treuesten Ver-sammlungsbesucher ist der Wundarzt Pointet. Der wird, weil er freimütig das Evangelium bekennt, angezeigt und, weil er nicht widerruft, zum Feuertod verurteilt. Der Henker schneidet ihm die Zunge ab, die Qualen werden grausam auf Geheiß des Richters verlängert. Un-ter den Zuschauern kann sich Calvin kaum mehr halten. Mit Gewalt ziehen die Freunde ihn weg. Ein evangelisch gesinnter Mediziner wird zum Rektor der Pariser Universität gewählt. Calvin bestürmt ihn, in der Rektoratsrede das Evangelium zu bekennen. Der junge Prediger bearbeitet diesen Teil der Re-de. Man macht dem Rektor den Prozeß und will ihn hinrichten, aber der wird ge-warnt und flieht. Auch Calvin muß flie-hen. Schon klopfen die Häscher an der Haustür, als er von Freunden an Bettla-ken zum Fenster hinabgelassen wird und entrinnt. Aus der Ferne schreibt er der Gemeinde, mahnt die Lauen, tröstet die Leidenden, straft die Rückfälligen. Ei-nem Freund, der sich zum Bischof hat wählen lassen, schreibt er:
Entsteigt dem Morast, damit Ihr nicht darin versinkt. Sollen wir ein gemächlich Leben, so entgegnet Ihr, an ein unstetes Umherirren ver-tauschen? Wenn Ihr das für unerhört haltet, so seid Ihr kein Christ mehr. Es ist bitter, – o, ich weiß es – seine Heimat zu verlassen. Doch ver-klärt der Herr dieses vor Menschen so herbe Schicksal, daß es sich in eitel Freude wandelt.

Noch einmal kehrt er nach Paris zu-rück, als ein Edikt den Flüchtlingen ei-nen sechsmonatigen Aufenthalt in der Heimat gestattet. Traurig steht er vor dem Haus eines Freundes, der den Feu-ertod erlitten hat, er stärkt die Übrige-

I. CALVIN

bliebenen, ja, er gewinnt neue Anhänger für die reine Lehre. Dann muß er wieder fliehen.

Der Verfasser der Institutio, *des Christlichen Unterrichts*

Calvin gelangte auf der Flucht nach Basel. Dort gab er im Jahre 1536 die berühmte Institutio religionis Christianae heraus, die er Franz I. als Verteidigungsschrift des Evangeliums widmet.

Aus der Vorrede

Ein wahrer König ist nur der, der in seiner Regierung sich als Diener Gottes ansieht. Der König möge sich davon überzeugen, daß die französischen Protestanten nichts anders wollen als eine Wiederherstellung der alten und rechten Lehre der Christenheit, die durch Menschensatzung verdunkelt ist.

In der klaren Gedankenführung und scharfen Geprägtheit des Ausdrucks ist die Institutio ein Meisterwerk. Sie schließt sich der Einteilung von Luthers Katechismus an. Sie erkennt das Anliegen der reformatorischen Lehre: »Alles zu Gottes Ehre.« Der Gegensatz zwischen heiligem Gott und Sünder ist scharf herausgearbeitet. Calvin hat eine positivere Stellung zum Gesetz als Luther, vielleicht dadurch veranlaßt, daß die Freiheit des deutschen Reformators von vielen mißverstanden wurde.

Instit. II, 7: So mögen wir denn lernen, das heilige Band von Gesetz und Evangelium unverletzt aufrecht zu erhalten, welches viele in verkehrter Weise auflösen.

Der dritte Brauch des Gesetzes, der das Leben der Gläubigen regelt, rückt bei Calvin in die vorderste Linie. – Auf die dem Gläubigen erkennbaren Fortschritte in der Heiligung vermag er die Gewißheit seiner Erwählung zu gründen. Aber auch andere können Fortschritt und Versagen in der Heiligung feststellen. So ergibt sich die Möglichkeit der Kirchenzucht.

Seine Arbeit in Genf

Auf der Reise nach Straßburg bei der Rückkehr von Oberitalien, wo er Renate von Ferrara besucht hat, um Verbindung mit den Evangelischen in Italien anzuknüpfen, kommt er durch Genf. Guillaume Farel, der Reformator Neuenburgs, der Bahnbrecher der neuen Lehre in Genf, ein ungestümer Feuergeist, dessen Rede wie ein Lavastrom über alle Widerstände sich ergießt, erfährt davon. Der rothaarige, sommersprossige Farel kämpft mit dem bleichen, kränklich aussehenden Jüngling mit den feinen Gesichtszügen und den großen strahlenden Augen in ungestümer, polternder Rede, um ihn in Genf festzuhalten. Der schüchterne Calvin will nicht, er will in Straßburg in der Stille studieren und schreiben. Da packt er ihn an den Schultern in kochender Leidenschaft: »So verdamme Gott deine Ruhe, so verdamme Gott deine Arbeit!« Über Calvin fällt es wie Bergeslast herein. Er spürt, daß Gott aus Farel spricht. Während er dem Prediger die Hand reicht mit feuchten Augen, sagt er: »Ich gehorche Gott.«

Sofort ging er an die Arbeit. Er legt in täglichen Vorlesungen die Paulusbriefe aus, übersetzt die Institutio, daß der gemeine Mann sie lesen kann. Bald predigt er von der Kanzel im Münster und hält ein Pfarramt. Ein Glaubensbekenntnis von 21 Sätzen geht auf ihn zurück. Es enthält Leitsätze über die würdige Feier des Abendmahls, den Kirchenbann, den Psalmengesang, den Jugendunterricht, die Ehezucht. Es wird vom Rat der Zweihundert, der gesetzgebenden Körperschaft, angenommen. Durch diese Leitsätze erhält der kleine Rat (fünfundzwanzig Mitglieder, darunter die vier Bürgermeister) das Recht, jedes Vergehen wider Gottes Gebote zu ahnden. Die Pfarrer sollen ihm darin beistehen. Damit hat Calvin den Kampf um die Kirchenzucht begonnen und den Grund gelegt, aus Genf einen Gottesstaat zu machen. Die Durchführung der Kirchenzucht stieß auf starke Ablehnung. Als sich Farel und Calvin weigerten, an Ostern 1538, mit einer ungereinigten Gemeinde, die in Zank und Streit miteinander lebte, das Abendmahl zu halten, entsetzte sie der Rat ihres Amtes. Sie haben die Stadt zu verlassen. Calvin spricht zu den Ratsboten:

Hätten wir Menschen gedient, wir wären schlecht belohnt. Doch der Herr, dem wir dienen, gedenkt seiner Knechte über Gebühr.

In einem Brief an die Pfarrer von Zürich:

Ich sah mich von Gott auf einen Posten gestellt, von dem ich nicht weichen durfte. Wollte ich von dem Unglück berichten, das uns während eines Jahres schier zerrieb, es würde mir kaum Glauben schenken. Ich kann bezeugen, daß kein Tag verging, an dem ich nicht zehnmal den Tod ersehnte.

Calvin wandte sich, nun frei von seiner schweren Pflicht, Straßburg zu. Dort wurde er von Bucer, Capito und Hedio mit Liebe und Ehrfurcht empfangen. Er

gründete, vom Rat ermächtigt, eine französische Gemeinde, in der er die Kirchenzucht einführte, was den Deutschen für ihre Kirchen nie gelang. Auch hielt er theologische Vorlesungen, die, wie Beza schreibt, von allen bewundert wurden.

Durch Bucer wurde er in den Kreis der Reformatoren eingeführt (1539 Frankfurter Reichsversammlung), lernt Melanchthon kennen, der ihm sehr zugetan ist. Leider trifft er Luther, den er grenzenlos verehrt und der große Stücke auf ihn hält, nie.

Brief an Bullinger:
Besinnt euch darauf, welch großer Mann Luther ist, wie tapfer und unerschütterlich, wie geschickt, wie gelehrt und wirksam er stets gearbeitet hat an der Zerstörung der Herrschaft des Antichrists und an der Ausbreitung der Lehre zur Seligkeit.

Luther hat die Institutio mit Bewunderung gelesen und schreibt in einem Brief an Bucer: »Grüße mir ehrerbietig Calvin, dessen Buch ich mit Freuden las.«

Über das heilige Abendmahl:
Aller Segen des heiligen Abendmahls würde sich in nichts auflösen, wenn nicht darin Jesus Christus als Wesen und Grundlage dargeboten wird. Brot und Wein sind sichtbare Zeichen für Christi Leib und Blut, durch die er sich uns mitteilt. Unsere Gemeinschaft mit dem Leibe Jesu Christi, an sich unseren Sinnen verborgen, unserem Verstand unfaßbar, wird uns dadurch wahrnehmbar vor Augen gestellt.

Über den Abendmahlsstreit:
Ohne Zweifel hat ihn der Teufel entfacht, um den Lauf des Evangeliums zu hemmen, ja, wenn möglich, ganz zu vereiteln. Wenn wir das Sakrament empfangen, werden wir in Wahrheit des wahren Leibes und Blutes Jesu Christi teilhaftig. Wie das geschieht, das wissen die einen besser auszulegen als die andern. Das aber ist vornehmlich zu betonen, daß man, um alle fleischlichen Vorstellungen auszuschließen, das Herz in die Höhe, in den Himmel erheben muß.

Calvins Familienleben

In Straßburg heiratete er die Witwe Idelette de Buren, eine zierliche, feine Frau. Sie brachte zwei unerzogene Kinder mit in die Ehe. Sie ist züchtig, nachgiebig, geduldig, wie Calvin einmal das Wesen einer echten Frau beschreibt. Drei Kinder, die sie ihm schenkt, sterben kurz nach der Geburt. Nur neun Jahre sind sie verbunden. Sie mäßigt ihn, sie stärkt ihn mit dem gleichen Glauben. Im Todeskampf ruft sie noch aus: »O herrliche Auferstehung! Gott Abrahams und aller Väter, ich vertraue!« Den Rest seines

Calvin lebte während seiner Verbannung in Straßburg

Luther zum Buchhändler, der ihm diese Schrift gab:
Das ist gewiß ein frommer und gelehrter Mann, dem hätte ich wohl von Anfang an die Sache von diesem Streit dürfen anheimstellen.

Lebens verbringt Calvin einsam. Die Familie seines Bruders, die er zu sich genommen hat, führt ihm das Haus.

Rückkehr nach Genf

In Genf war nach dem Weggang der Reformatoren große Unruhe und Verwirrung eingetreten. Die auswärtigen Beziehungen verschlechtern sich. Rom streckt seine Hand aus durch einen Brief des Kardinals Sadolet, dem dann Calvin eine gründliche Abweisung erteilt. Die Freunde Farels gewinnen Mandat um Mandat, bis sie die Mehrheit der Stadtverordneten haben. Nun rufen sie flehentlich Calvin zurück. Calvin wehrt sich gegen den Ruf. Doch wieder gibt Farel den Ausschlag, der ihm einen stürmischen Brief schreibt. Calvin schreibt ihm: »Ich bringe mein Herz dem Herrn zum Opfer dar. Nachdem ich meine Seele bezwungen und gebunden habe, unterwerfe ich sie ihm ganz allein.« In seinem Wappen trägt er später eine Hand, die ein Herz umfaßt.

Seine Bedingung war die Annahme einer Kirchenordnung, die die Kirchenzucht ermöglichte. Bald erschienen Calvins »Ordonnances ecclésiastiques«. Diese Kirchenordnung ordnet vier Kirchenämter an: Pastoren, Doktoren, Prediger und Diakonen. Die Gesamtheit der Pastoren, die »vénérable compagnie«, leitet die Kirche. Die aus den Stadtverordneten erwählten zwölf Ältesten haben die Aufgabe, die Sittenzucht in zwölf Stadtbezirken zu überwachen. Mit den Pfarrern treten sie zusammen zu einem geistlichen Gerichtshof, der Strafen bis zur Exkommunikation verhängt. Der Rat der Stadt verschärft diese durch weltliche Strafen.

Der Kampf um die Gestaltung der Kirche

»Die Kirche muß Gottes Wort gemäß gestaltet werden«, so sprach sich Calvin bei seinem Empfang durch den Rat aus. Fünfzehn Jahre lang kämpft er um diese Gestaltung. Die Freigeister (Libertiner), die gegen die Kirchenzucht kämpfen, versuchen immer wieder, Calvin zu stürzen, aber er läßt sich nicht beirren. In einem Arbeitsmaß ohnegleichen verkündet er unablässig Gottes Wort. Man hat ihm jährlich zweihundertsechsundachtzig Predigten und einhundertsechsundachtzig Vorlesungen nachgerechnet. Dabei hat er einen ungeheuren Schriftverkehr. Jedes Schreiben ist sorgfältig durchdacht. Er besucht kranke und lässige Gemeindeglieder, Donnerstags leitet er den Ältestenrat, am Freitag eine Zusammenkunft der Prediger, in der die Heilige Schrift besprochen wird. Wieviele Besucher hat er zu empfangen, die seinen Zuspruch erwarten! Ein großer Teil der Nacht gehört der schriftlichen Arbeit. Die Kirchenzucht macht auch vor den Vornehmen nicht halt. Der Arzt Bolsec wird wegen Leugnung der Prädestination verbannt. Ami Perrin, einst sein eifriger Anhänger, wird verärgert durch einen Tadel Calvins, weil er mit seiner Frau getanzt hat, und geht ins Lager der Feinde über. Der Arzt Michael Servet, ein Spanier, um den Calvin schon in jungen Jahren gerungen hat, will aus Ehrgeiz ihn mit seinem Buch »Restitutio« übertrumpfen. Darin macht er die Dreieinigkeit verächtlich und wendet sich gegen die Rechtfertigung durch den Glauben und die Kindertaufe. Mit maßloser Schroffheit geht er gegen alle christlichen Kirchen vor. In dem katholischen Vienne wird er verhaftet. Mit Tränen unterwirft er sich der katholischen Kirche und sucht sich herauszulügen, er sei nicht Servet. Er entspringt der Haft und wird in Abwesenheit zum Feuertod verurteilt. Nun sucht er in Genf Zuflucht und hofft, mit Hilfe der Libertiner und aller durch die Kirchenzucht Verärgerten, Calvin zu stürzen. Anmaßend tritt er auf. Der Rat holt Gutachten ein bei allen Schweizer Ständen. Alle Gutachten sind empört über seine Gotteslästerungen und verlangen seinen Tod. Der einzige, der für ihn eintritt, ist Calvin. Der Rat von Genf, der in seiner Mehrheit aus Widersachern Calvins besteht, beschließt den Feuertod:

Maßen du Michael Servet fürchterlicher Lästerung wider die Heilige Dreieinigkeit, wider Gottes Sohn und andere Grundlagen des christlichen Glaubens überwiesen bist, item die Heilige Dreieinigkeit einen Teufel und dreiköpfiges Ungeheuer genannt hat, item allen Belehrungen unzugänglich und die gläubigen Christen als Atheisten und Zauberer bezeichnet . . .

Der Versuch Calvins, das Todesurteil zu mildern, ist vergeblich. Während der Hinrichtung liegt Calvin auf den Knien. Farel begleitet den Verurteilten auf seinem letzten Gang. Man hat Calvin zu Unrecht dieses Todesurteil zur Last gelegt. Auf dem Platz, wo Servet verbrannt wurde, steht heute ein Sühnedenkmal.

Hunderte von um ihres Glaubens willen verfolgten Hugenotten finden Aufnahme in der Stadt. Es sind vornehme Edelleute und Gelehrte, Industrielle und Handwerker. Calvin regt die Samtweberei an, um ihnen Arbeit und Brot zu schaffen. Die Stadt erfährt eine hohe wirtschaftliche Blüte. Nach jahrelangem Kampf kommt die Zeit des Triumphs. Die vielen Gottesdienste sind überfüllt. Die Predigt steht im Mittelpunkt des geistlichen Lebens. Ein prachtvoller Glaubenseifer hat alle ergriffen. Vor jeder Abendmahlsfeier versammelt sich der kleine Rat. Er ermahnt sich brüderlich.

Die Weltbedeutung der Genfer Kirche
Calvin gründet die Genfer Akademie, die Hochschule des Calvinismus. Von ihr strömen Geisteskräfte hinaus nach Frankreich, Holland, Schottland und Nordamerika. Ihr Rektor ist Théodore de Bèze (Beza). Der theologische Nachwuchs des Westens bekommt hier seine Prägung. Überall im Westen entstehen Gemeinden auf der Grundlage der Ältestenverfassung nach Genfer Vorbild, allein in Frankreich zweitausend Gemeinden, die durch die »Confessio gallicana« 1559 geeinigt sind. Der Adel Frankreichs, Admiral Gaspard de Coligny, Antoine de Bourbon, sein Bruder, der Herzog de Condé, wenden sich dem Evangelium zu. Die Wallonischen, die Waldensischen Gemeinden schlossen sich der Genfer Form an. Die Schweizer waren Calvins Art nahe verwandt. 1549 schloß er mit ihnen einen Bund im »Consensus Tigurinus«. Ebenso kam die englische, schottische und niederländische Kirche unter den Einfluß seiner Theologie. Genf war ein offenes Tor nach dem Westen. Diese vom Geist Calvins gestalteten Gemeinden waren so beständig, daß sie auch im Gegensatz zu katholischen Fürstenhäusern ihren Glauben festhielten. Sie hatten die innere Kraft zum Martyrium. Auch in Deutschland gewann der Calvinismus Eingang durch Friedrich von der Pfalz und durch Flüchtlingsgemeinden in Ostfriesland. Die Weltexpansion Englands trug den Calvinismus in die Weite. In der Calvinistischen Form hat die Reformation die Welt erobert.

Calvins Sterben
Calvin war seit langen Jahren krank. Als Folge seiner Entbehrungen und Nachwachen stellte sich einseitiger Kopfschmerz ein, der ihn zeitlebens kaum mehr verließ. Krankheiten der Luftröhre machten seine Stimme heiser, daß er nach Überanstrengungen auf der Kanzel Blut spie. Brustfellentzündungen bereiteten die Schwindsucht vor, der er einundfünfzigjährig erlag. Nierenkolik, heftige Magenkrämpfe, dazu noch schließlich die Gicht, erklären den Ausruf in einem Brief: »O, wäre nur mein Befinden nicht ein ständiger Todeskampf!«

In seiner Familie erlebt er schweres Leid und tiefe Anfechtungen: Kränklichkeit seiner Frau, die nach neunjähriger Ehe stirbt, der frühe Tod seiner drei Kinder. Während er für die Kirchenzucht kämpft, wird sein buckliger Diener mit der Gattin seines Bruders beim Ehebruch ertappt. Sein Stiefkind, die Tochter Idelets, bringt durch das nämliche Vergehen neues Herzeleid in sein Leben. 1564 ist seine Kraft zu Ende. Bis zuletzt hat er die Heilige Schrift ausgelegt. Seine Kommentare sind wertvollster Besitz der Christenheit. Bei seiner letzten Predigt ist die Atemnot so groß, daß er kaum zu reden vermag. Für die Öffentlichkeit verstummt nun sein Mund. Er liegt auf seinem Bett kraftlos ausgestreckt. Doch immer noch arbeitet er weiter an seinen begonnenen schriftlichen Arbeiten. Noch einmal erhebt er sich vom Lager, läßt sich zum Rathaus tragen und ersteigt, auf zwei Freunde gestützt, mühsam die Treppe. Er dankt dem Rat für alles, was ihm an Liebe erwiesen ward. Im Ratsprotokoll steht:

Redete mit großer Atemschwere und einer wunderbaren Güte, also daß die Herren das Augenwasser schier nicht behalten konnten

Noch einmal feiert er am Osterfest inmitten der Gemeinde das heilige Abendmahl und singt mit den übrigen mit dünner Stimme: »Herr, nun lässest du deinen Diener im Frieden fahren.« Am 2. Mai beginnt der Todeskampf. Ständig betet er. Oft hört man aus seinem Mund die Worte: »Ich will schweigen, denn du hast es getan.« In allen Kirchen Genfs, selbst im fernen Zürich wird für ihn gebetet. Am 27. Mai 1564 entschläft er.

John Knox schreibt 1556 aus Genf:
Hier besteht die vollkommene Schule Christi, die seit der Apostel Zeit hier auf Erden war. Auch an andern Orten wird Christus gepredigt. Doch nirgends fand ich, daß Sitte und Glaube so lauter gebessert worden seien wie hier.

Reformations-Denkmal in Genf: von links: Guillaume Farel, Johannes Calvin, Théodore de Bèze, John Knox

Beza schreibt über ihn:

Es hat Gott wohlgefallen, uns an einem einzigen Mann unserer Zeit zu zeigen, wie man wohl leben und wohl sterben kann.

Im Ratsprotokoll steht:

Dieu lui avait imprimé un caractère d'une si grande majesté: Es hat Gott gefallen, ihm einen Charakter von so großer Erhabenheit einzuprägen.

Er hat für sein Begräbnis bestimmte Weisungen gegeben. Er will in einen einfachen Tannensarg gelegt werden, am Grab soll weder geredet noch gesungen werden. Kein Grabstein soll seine Stätte bezeichnen. Wenige Monate später, als Fremde die Stätte auf dem Friedhof suchen, kann man sie unter den vielen frischen Erdhügeln schon nicht mehr feststellen. So diente auch diese letzte Anordnung seiner Losung: »Alles zu Gottes Ehre!«

S. 139:
Thomas Cranmer

THOMAS CRANMER
(1489-1556)

Thomas Cranmer war eine der bedeutendsten Gestalten der protestantischen Kirche von England. Er führte zunächst ein zurückgezogenes Leben in Cambridge, bis er im Jahre 1532 überraschend zum Erzbischof von Canterbury berufen wurde, und zwar aufgrund wichtiger Ratschläge betreffs der Scheidung von König Heinrich VIII. Er blieb während der ganzen Regierungszeit Heinrichs im Amt und stand auch unter dessen Nachfolger an der Spitze der reformatorischen Bewegung. Von der katholischen Königin Maria wurde er dann entlassen und 1556 als Ketzer in Oxford verbrannt.

Er war ein sehr frommer Mann und theologisch vor allem von Luther beeinflußt. Die Kirchenväter hatte er gründlich studiert und war von besonderer Begabung hinsichtlich der Liturgie wie auch der Sprache. Er war empfindsam

Der Lambeth-Palast in London, Amtssitz des Erzbischofs von Canterbury

wie mutig, vor allem aber vorsichtig und abwägend. Eine Durchsetzung der Reformation mit Gewalt lehnte er zugunsten einer allmählichen Überzeugung ab. Wie Luther hielt er daran fest, daß die Obrigkeit von Gott eingesetzt und damit beauftragt sei, für eine gerechte Ordnung wie für die Ausbreitung des Evangeliums zu sorgen.

Erzbischof Cranmer verfaßte mehrere liturgische Sammlungen, Schriften zum Kirchenrecht, zur Lehre von den Sakramenten und anderen theologischen Fragen. Sein Hauptanliegen war es, die Kirche im Westen Europas wieder zu ihrem katholischen Glauben zurückzuführen, den sie so lange mißachtet hatte. Als die römische Kirche sich der Reformation widersetzte, unternahm Cranmer die eigenständige Reformation seines Erzbistums von Canterbury. Er bemühte sich um eine ökumenische Begegnung mit den Lutheranern und den Calvinisten, die aber an Melanchthons Ängstlichkeit scheiterte.

Ein weiteres Hauptanliegen Cranmers war die Erneuerung einer erstarrten Theologie. Ihr Grund sollte die Erfahrung der Person und des Werkes Jesu

Christi sei. Er vertrat daher die Lehre von der Rechtfertigung aus Glauben und von der Gegenwart Christi beim Abendmahl. Ein weiterer Schwerpunkt war für ihn die Lehre vom Heiligen Geist, weswegen ihm Schrift und Tradition besonders wichtig waren.

Seine letzten Lebensjahre verbrachte er in Einzelhaft. Er wurde so lange gefoltert, bis er seine reformatorischen Grundsätze widerrief. Bei seinem letzten Prozeß im Jahr 1556 verteidigte er dann aber seinen Glauben in großartiger Weise und starb daraufhin auf dem Scheiterhaufen. Als erstes streckte er seine Hände, die einst den Widerruf unterzeichnet hatten, dem Feuer entgegen. Später wurde ihm und anderen Märtyrern der Reformation in Oxford ein Denkmal errichtet.

Die Mitarbeiter der Reformatoren

Die Wahrheit des Evangeliums in die Breite und Weite zu tragen wäre unmöglich gewesen ohne die treuen Mitarbeiter, die den Reformatoren geschenkt wurden. Sie haben die reformatorische Bewegung und Ordnung in den Ländern und Städten, wohin man sie rief, manchmal in wochenlanger volksmissionarischer Predigt um die Seele einer Stadt ringend, zum Sieg geführt. Herzerquikkend ist es, den Heiligen Geist an der Arbeit zu sehen in der Lebensführung dieser Männer, auf die zur erfüllten Zeit und Stunde das Feuer Gottes fiel.

JOHANN BUGENHAGEN
(1485-1558)

Bugenhagen wurde am 24. Juni 1485 zu Wollin als Sohn eines Ratsherrn, der ihm eine gediegene Bildung angedeihen lassen konnte, geboren. Im Jahre 1502 bezog er die Universität Greifswald und widmete sich humanistischen Studien. Als er Magister geworden war, übernahm er das Rektorat einer Humanistenschule in Treptow, der seine Tätigkeit ein großes Ansehen erwarb. Bei seinen theologischen Studien zogen ihn Hieronymus und Augustin besonders an, während er für die Scholastiker nicht viel übrig hatte. Er wurde in die Pfarrerschaft von Treptow aufgenommen. Aus seiner Predigttätigkeit erwuchs ein 1530 gedrucktes Predigtbuch »Historie des Leidens und der Auferstehung unseres Herrn«. Im Auftrag des Pommernherzogs sammelte er Urkunden über die Geschichte seiner engeren Heimat und überreichte seinem Fürsten die Geschichte Pommerns, die »Pommerania«. Als reifer Mann wurde er durch Luthers Schrift über die »Babylonische Gefangenschaft der Kirche« zum Glauben berufen. Er war schon ein Zeuge der erkannten Wahrheit geworden, als er nach Wittenberg eilte, um bei Luther zu sein. Rasch gewann er das Vertrauen der Reformatoren. Er begann in seinem Hause für seine Landsleute das Evangelium auszulegen. Als sich viele Zuhörer versammelten, hielt er auf Verlangen Melanchthons die Vorlesungen öffentlich und trat damit in den Kreis der Universität ein.

Der Seelsorger und Pfarrer Wittenbergs
Bugenhagen hat das Feuer der göttlichen Wahrheit von dem Feuerherd der Universität in die Praxis der kirchlichen Verkündigung und Seelsorge gebracht. 1522 wurde er vom Senat und Rat der

Bugenhagen als Stadtpfarrer. Altargemälde von Lucas Cranach d.Ä. in der Stadtkirche Wittenberg, 1547

Stadt einstimmig zum Pfarrer der Pfarrkirche zu Wittenberg gewählt, da er zur Zeit des Bildersturms in Luthers Abwesenheit sich in der Fähigkeit, Ordnung zu schaffen und zu erhalten, besonders bewährt hatte. Er war im besonderen Luthers Beichtvater und Seelsorger. 1525 segnete er seine Ehe ein. Er selbst war schon 1522 in den Ehestand getreten. So hat er den Reformator mit dem stillen Dienst der seelsorgerlichen Liebe begleitet. Er hat die Botschaft der Reformation in der Unterweisung der Gemeinde und im Aufbau eines evangelischen Gemeindelebens in die Praxis umgesetzt. Er nahm teil an den Beratungen der Reformatoren und hatte von seiner seelsorgerlichen Erfahrung her ein gewichtiges Wort zu sagen. 1546 hat er mit tränenerstickter Stimme Luther die Leichenpredigt gehalten.

Er ordnet auswärtige Kirchen dem Evangelium gemäß
Bugenhagen hatte in außerordentlicher Weise die Gabe der Leitung, wie auch bald von auswärtigen Fürsten und Regierungen erkannt wurde. Oft erbat man

ihn sich vom Kurfürsten, damit er evangelischen Gottesdienst einrichte. 1528 war er lange Zeit in Braunschweig, 1529 in Hamburg, 1530/32 in Lübeck. Seine Kirchenordnungen für diese Städte wurden maßgebend für ganz Norddeutschland. 1534 wurde er gebeten, wieder nach Pommern zu kommen. Dadurch, daß er schon 1525 das Neue Testament in die niederdeutsche Sprache übertragen hatte, besaß er das Vertrauen der niederdeutschen Gebiete in hohem Maße. Von 1537 an wirkte er mit einigen Unterbrechungen fünf Jahre lang in Dänemark, krönte König und Königin, setzte für die abgesetzten Bischöfe sieben evangelische Superintendenten ein und ordinierte sie. Er schuf die Kirchenordnung für Schleswig-Holstein und reformierte die Universität Kopenhagen. Allerdings standen alle diese Kirchen unter der Führung der jeweiligen Obrigkeit, weil die Reformation von oben her, von der Regierung her gemacht wurde und daher die lebendigen Gemeinden vorerst als Träger fehlten. Er sorgte für die Einrichtung evangelischer Predigt und evangelischen Unterrichts in der Hoffnung, daß, wo das Wort rein und lauter verkündigt wird, auch die Gemeinde sich sammelt. Von 1536 an war er Generalsuperintendent des Kurfürstentums. Man konnte ihn in Wittenberg immer weniger entbehren. Auch als Wittenberg nach der Schlacht bei Mühlbach vom Kaiser besetzt worden war, hielt er auf seinem Posten mutig aus und predigte täglich mit großer Freudigkeit. In den nunmehr beginnenden theologischen Streitigkeiten der lutherischen Eiferer gegen die Nachgiebigkeit im Interim zog er sich in die Stille seines Pfarramts zurück. Seine Körperkraft nahm ab, er vermochte nicht mehr zu predigen, besuchte aber täglich das Gotteshaus, um für die Kirche zu beten. Am 20. April 1558 entschlief er sanft. Sein Wahlspruch war: »Wenn du Jesus gut kennst, ist es genug, wenn du auch das übrige nicht weißt. Wenn du Jesus nicht kennest, ist alles nichts, was du auch lernst.«

JUSTUS JONAS (1493-1555)

Mitarbeiter Luthers an der Universität Wittenberg als Jurist und Theologe, ein wertvoller Mithelfer bei der Ordnung der evangelischen Kirche, der Reformator Halles und Landessuperintendent in Coburg.

Mitarbeiter Luthers an der Universität
Er ist am 5. Juni 1493 als Sohn des Bürgermeisters Koch zu Nordhausen geboren, wurde in Erfurt humanistisch gebildet und bekam dort eine Professur als Jurist. Auf Anraten des Erasmus, der den klugen und geschickten Gelehrten schätzte, wurde er Theologe. Als Luther durch Erfurt nach Worms zog, reiste ihm Justus Jonas, durch den Erfurter Augustinerprior Lange mit seiner Lehre bekannt geworden, entgegen und begleitete ihn nach Worms. Bald darauf wurde er nach Wittenberg berufen. In der Zeit des Bildersturmes blieb Jonas nüchtern und setzte sich mannhaft für die Ordnung ein. In seiner schriftstellerischen Arbeit findet er in der Schrift Wegweisungen für die Fragen der Gemeinde.

Mitarbeiter Luthers beim Bau der evangelischen Kirche
Er hat zahlreiche Schriften Luthers aus dem Lateinischen ins Deutsche über-

Justus Jonas, Reformator in Halle

setzt und war in vielen Fragen, zum Beispiel bei der Bibelübersetzung, Luthers treuster Berater und Mithelfer. Bei allen wichtigen Entscheidungen stand er Luther bei im Kampf für die Kirche. Seine lebenskluge Gewandtheit und sein praktischer Sinn machten ihn unentbehrlich. Er war sowohl beim Religionsgespräch in Marburg wie beim Reichstag in Augsburg dabei. Er schuf die Kirchenordnung in Zerbst und hielt die Visitation in Leipzig. In der Vorrede seiner Kirchenordnung heißt es:

> Welcher Pfarrer treulich den Namen und die Gnade Christi predigt, die Tauf und das Sakrament in rechtem Gebrauch reichet, der ist freilich alle Stunde ein gewaltiger Siegmann, ein König und Herrscher über die große Macht des Satans und vermehrt das Reich Christi.

Als Reformator in Halle

Halle war die Stadt des Kardinals und Erzbischofs Albrecht von Mainz, der mit allen Mitteln einen zähen Kampf gegen das Evangelium führte. Er scheute selbst vor dem Mord des evangelisch gesinnten Stiftspredigers Winkler nicht zurück. Aber es geschah, wie Luther in dem Trostbrief an die Christen in Halle geschrieben hatte:

> Daß Magister Georgen Blut ein göttlicher Same werde, also daß statt eines ermordeten Georgen hundert andere rechte Prediger aufkommen, die dem Satan tausendmal mehr Schaden und Leid tun.

Der Kardinal, durch den Ausfall der Ablässe in ständiger Geldverlegenheit, mußte der Bürgerschaft große Steuern auflegen, und diese verlangte dafür die Berufung eines evangelischen Predigers. Er gestand es nach langen Verhandlungen zu, übernahm aber keine Garantie für dessen Sicherheit. Da erschien am 14. April 1541 unerwartet Justus Jonas mit Magister Andreas Posch aus Wittenberg und hielt am Karfreitag seine erste große Predigt. Von nun an predigte er zehn Tage lang täglich vor einer großen Gemeinde. Am Donnerstag nach Quasimodogeniti feierte eine zahlreiche Gemeinde das Abendmahl unter beiderlei Gestalt. Die Reformation hatte in der Residenz ihres ärgsten Feindes gesiegt. Obwohl man Justus Jonas in Wittenberg nötig gebraucht hätte, setzte es Luther beim Kurfürsten durch, ihn dort zu lassen.

Luther schrieb an den Kurfürsten:

> Nun D. Jonas kann nicht ohne Gefahr und Schaden der Kirchen zu Halle sich dort wegbegeben, ist gar nicht zu raten, daß er solle Halle verlassen; Ursache der böse Wurm zu Mainz noch lebe.

Jonas, der Zeuge von Luthers Sterben

Er war als treuer Mithelfer zugegen bei den schwierigen Schlichtungsverhandlungen in Eisleben und erlebte Luthers Sterben.

Er schreibt darüber:

> Am 18. Februar 1546 um drei Uhr bin ich beim seligen Beschluß seines Endes gewesen und hab sein, des lieben Vaters, seliges Bekenntnis gehört, das ich nicht für einen großen Schatz entbehren wollte. Also hat es Gott geschickt, nachdem ich länger als zweiundzwanzig Jahr vertraulich und inniglich mit ihm gelebt, daß ich auch bei seinem letzten Ende und Absterben bin gewesen.

Der volkstümliche Prediger

Neben Luther war Jonas der volkstümlichste Prediger in Wittenberg. Melanchthon sagte in einem Tischgespräch über ihn:

> D. Jonas ist ein Orator, der kann die Worte des Textes herrlich und deutlich aussprechen, erklären und zu Markte richten.

Sein Familienleben

1522 verheiratete er sich mit der edlen Katharine von Falk, die ihm zwölf Kinder gebar und bei der Geburt des dreizehnten starb. Er stand in enger Familiengemeinschaft mit Luthers und Melanchthons Familie. Sie baten sich gegenseitig zu Paten und schrieben sich von ihren Reisen.

Jonas schrieb über den Tod seiner Gattin an Melanchthon:

> Geschieden ist von den Lebendigen meines Lebens bestes Teil, und wie ihr ganzes Leben Freundlichkeit, Reinheit, Anmut und süße Bescheidenheit war, so hauchte sie auch friedlich aus unter meinen bittern Seufzern und Tränen, nachdem sie mich noch mit ihrer Stimme voll Lieb und Treue angeredet: »Herr Doktor, ich brächt euch gern eine Frucht, ich weiß, ihr habt Kinder lieb. Weinet nicht, es gefällt dem Herrn Christo also wohl. Ich danke euch aller Treu. Hab ich euch zu Zeiten verzornet, vergebt mir's.«

Sein ältester, hochbegabter, aber maßloser Sohn endigte 1567 in Kopenhagen auf dem Schafott. In einer alten Nordhäuser Chronik heißt es: Gleichwie Adam einen Kain, Isaak einen Esau, David einen Absalom, also hatte auch unser frommer Theologus einen Sohn, der zwar des Vaters Namen hatte, aber von ganz ungleichem Gemüt war, welcher auch seinen Vater allezeit schnöde traktierte.

Der dritte Sohn ertrank in der Saale am selben Tag, als der Vater in Halle die

Anmerkungen zur Apostelgeschichte:
Die christliche Kirche ist nichts anderes denn eine Versammlung der Auserwählten und Gläubigen, welche da gläubt in Christum, und die da hat das lauter und rein Wort Gottes.

Aus einer Schrift zur Verkündigung der Priesterehe, 1523:
Du teilst mit dieser teuren Lebensgefährtin Freud und Leid. Nichts Frohes mag dir begegnen, worüber nicht aus vieler Mund Gott gedankt wird, nichts Schweres, was du allein trügest. Erfreut dich deine Frau mit Kindern, die dein Bild an der Stirn tragen, welch ein Kirchlein erbaut sich dann innerhalb der Wände deines Hauses.

Moritzkirche für den evangelischen Gottesdienst gewann.

Seine letzten Jahre
In den Kämpfen nach dem Interim, das er entschlossen ablehnte als den »Versuch, die zertilgt und zerhauen Schlangen, den Papst, wieder zu flicken«, hat er viel gelitten. Erzbischof Albrecht zog wieder in Halle ein und Jonas kam um sein Amt. Als er einige Jahre auf Besserung der Hallenser Zustände gewartet hatte, nahm er einen Ruf als Superintendent in Coburg an. Als ein kranker, hart mitgenommener Mann hat er dort getan, was er konnte. Er schrieb gegen Osiander, der Luthers Rechtfertigungslehre verderbt hatte. Er ordnete die Verhältnisse im evangelischen Regensburg. Er richtete die Universität Jena ein und schließlich erneuerte er das zerfallene Kirchen- und Schulwesen in Coburg.

Nach schwerem und schmerzvollem Kranken- und Sterbelager und qualvollen Anfechtungen, die er durch Gebet und Schriftwort überwand, ist er am 9. Oktober 1555 zu Eisfeld mit den Worten gestorben: »Herr Jesu Christe, in deine Hände befehle ich mein Seelchen, du hast mich erlöst.« Auf seinem Grabstein steht: Hier ruht der würdige Leib des Justus Jonas, Doktor der heiligen Gotteslehre, welcher seine fromme Seele in des Erlösers Christi Hände befohlen, nachdem er seinen Lauf vollbracht . . .

MARTIN BUCER (BUTZER) (1491-1551)

ist als Sohn eines Küblers zu Schlettstadt im Elsaß geboren und erhielt auf der Lateinschule seiner Vaterstadt nach der humanistischen Lehrmethode seine Ausbildung. Sein Ziel war, ein Gelehrter zu werden wie Erasmus. Um die Mittel dazu zu erlangen, trat er in den Orden der Predigermönche ein. Es gelang ihm mit Hilfe seines Priors, sich nach Heidelberg versetzen zu lassen, wo er den Baccalaureus und den Magistergrad erhielt.

Für die Reformation gewonnen
Die fünfundneunzig Thesen Luthers überzeugten ihn von der evangelischen Wahrheit. Als er im April 1518 bei dem Augustinerkonvent Luther selbst kennenlernte, war er vollends für das Evangelium gewonnen. Eine Zeitlang suchte er bei dem Humanisten Hutten, später bei Franz von Sickingen Schutz. 1521 wurde er durch den Weihbischof von Bruchsal in aller Form von seinen Klostergelübden entbunden und war nun Weltpriester, zuerst als Pfarrer in Landstuhl, einer Patronatsgemeinde Sickingens, dann zu Weißenburg, von 1523 an in Straßburg, wo ihn Matthäus Zell, der evangelisch gesinnte Leutpriester der Münstergemeinde, in sein Haus aufnahm. Schon 1522 hatte Bucer Elisabeth Silbereisen, eine von ihren Angehörigen ins Kloster gezwungene Nonne, geheiratet. In einem Kreise von Gelehrten legte er paulinische Briefe aus. Als der Bischof von Speyer seine Auslieferung verlangte, verfaßte er eine Verantwortung seiner Person und Lehre, die den Rat der Stadt für ihn gewann, worauf er im Münster vor immer größerer Schar predigen konnte. So half er der Reformation in Straßburg zum Sieg. Als

Martin Bucer, Reformator in Straßburg

MIHI PATRIA   COELVM ·

MARTINVS · BVCERVS
ANNO·ÆTATIS·53·

Karlstadt nach Straßburg kam, verfaßte er eine Schrift an Luther, worin die Prediger über ihr Verhalten Karlstadt gegenüber Luther Bericht erstatten. Über das Altarsakrament erklären sie:

»Wir lehren mit dir, das Brot sei der Leib Christi und der Wein sein Blut, obgleich wir die Gläubigen bei weitem mehr auf das Andenken des Blutes Jesu hinweisen, welches das Heilbringende dabei sei. Man müsse vielmehr zu Herzen fassen, wozu man esse, als was man esse und trinke.«

Sie bitten Luther um eine klare Antwort.

Bucer zwischen den Schweizern und Luther

Schon 1523 hatte sich Bucer an Zwingli gewandt mit der Bitte, ihm einen Wirkungskreis zu verschaffen. Auch weiterhin blieb er mit den Schweizern in Verbindung. So empfand er in seinem herzlichen Vertrauen zu Luther die Spannung zwischen Luther und Zwingli besonders schmerzlich. Auch bei dem Gespräch in Marburg (1529) war Bucer dabei und stand mit den Straßburgern auf seiten der Schweizer, suchte aber zum Schluß eine Vermittlungsformel zur Annahme zu bringen, die die Gegenwart von Leib und Blut einfach behauptete, ohne sich auf Erörterungen über die Möglichkeit dieser Gegenwart einzulassen. Luther war bereit, sie anzunehmen, Zwingli aber lehnte sie ab.

Im Jahre 1530 wurde den Straßburgern der Beitritt zum Augsburgischen Bekenntnis verweigert wegen ihrer Sakramentslehre. Sie reichten nun zusammen mit Konstanz, Memmingen und Lindau die sogenannte Tetrapolitana ein, ein Bekenntnis, das sich sehr eng an die Augsburger Konfession anschließt. Bucer bemühte sich, die Schweizer zu einer Annäherung an die Augustana zu bringen. Der Straßburger Rat nahm 1533 die Augustana an, um die Verbindung mit Kursachsen herzustellen. 1536 gelang es der Vermittlungsbemühung Bucers, der eigens dazu nach Wittenberg gereist war, die Wittenberger Konkordie abzuschließen, »daß mit dem Brot und Wein wahrhaftig und wesentlich zugegen sei und dargereicht und empfangen werde der Leib und das Blut Christi.« Die Straßburger und die übrigen oberdeutschen Städte erteilten ihre Zustimmung. Die Schweizer aber widersprachen. Bucer hielt die Sakraments-

lehre nicht für grundlegend, da das Neue Testament wenig darüber lehre. Unionspläne mit dem Katholizismus, um die sich Bucer auf dem Religionsgespräch zu Hagenau bemühte (1540) scheiterten. Aber der Kurfürst von Köln berief Bucer, an dem er Wohlgefallen gefunden hatte, zur Reformation des Erzbistums. Seine Reformationsordnung von 1545 war in ihrer Klarheit und Milde hervorragend. Da aber Kursachsen den Erzbischof fallen ließ, mußte Bucer auf des Kaisers Befehl das für das Evangelium beinah gewonnene Land verlassen. Daß Bucer keineswegs grundsatzlos weich und nachgiebig war, bewies er durch seinen unerbittlichen Widerstand gegen das Interim. Da er auch im Straßburger Rat wegen seiner ernsten Kirchenzucht unbeliebt war, wurde er aus seinem Amt beurlaubt. Er folgte einer Einladung an den königlichen Hof nach England, die neben anderen Einladungen nach Wittenberg, Basel, Kopenhagen und Genf an ihn gelangt war.

Als Mitarbeiter der Reformation in England

Eduard VI. berief ihn nach England, um die Kirchenerneuerung mit seiner Hilfe durchzuführen. Bucer begann sein Werk mit akademischen Vorlesungen, die von vielen Studenten gehört wurden. Trotz gesundheitlicher Störungen infolge der ungewohnten Lebensweise und des feuchten Klimas schrieb er auf Wunsch des Königs in weniger als drei Monaten das Werk »De regno Christi«. Der erste Teil lehrt, was das Reich Gottes sei, der zweite Teil, wodurch das Reich Gottes in seiner irdischen Gestalt in England verwirklicht werden könne. Der König ehrte ihn für dieses Werk hoch, die Universität Cambridge gab ihm die Würde eines Doktors der Theologie.

Am 22. Februar 1551 nahte sein Ende. Er segnete seine Angehörigen, die zu ihm nach England übergesiedelt waren, und entschlief unter deutschen Gebeten. Er wurde in der Hauptkirche zu Cambridge begraben, aber vier Jahre später ließ Königin Maria den Sarg wieder ausgraben und verbrennen. Königin Elisabeth I. brachte sein Gedächtnis wieder zu Ehren.

Er war ein Mann weiten Blicks, der das Ganze der evangelischen Kirche umfaßte. Er hat sich für die Verbreitung

Johannes Brenz, Reformator von Württemberg

Evangeliums zu bauen. Seine Gestalt war hoch gewachsen, seine Gesichtszüge mannhaft, seine Stimme tief und klangreich. Er erfreute sich einer guten Gesundheit sein Leben lang.

Seine Berufung zum evangelischen Prediger

Er ist am 24. Juni 1499 in der schwäbischen Reichsstadt Weil als Sohn eines Schultheißen geboren, der auf die sorgfältigste Erziehung seiner Kinder bedacht war. Von seinem dreizehnten Lebensjahr an war er auf der Universität Heidelberg Student. Mit Butzer zusammen erlebte er die Disputation Luthers. Er suchte mit seinen Freunden Luther in seiner Wohnung auf, dessen erleuchtetes Auge in ihnen künftige Träger der evangelischen Lehre erkannte. Bald verkündigte Brenz in seinen Vorlesungen als Leiter der Bursa die Botschaft der Reformation. 1520 wurde er Kanonicus an der Heiliggeistkirche und erlebte den Haß der Gegner, so daß der Ruf in die Reichsstadt Hall für ihn eine Rettung war. Mit großer Besonnenheit verkündigte er das Wort Gottes und pflanzte dadurch Glauben und Liebe in die Herzen. So gewann er Schritt für Schritt Boden in der Gemeinde. Als die vielen Klosterleute mit gehässigen Mitteln gegen ihn auftraten, zogen sie den kürzeren und mußten die Stadt verlassen. Die Klöster wurden in Schulen verwandelt und ihre Einkünfte für die Lehrer angewandt. Seine Hirtentreue bewährte das Evangelium. Im Bauernkrieg hielt er Fürsten wie Bauern das Wort Gottes als Richtschnur ihres Handelns entgegen. Nur, wenn die Obrigkeit Unrechtes gebiete, dürfe man ihr den Gehorsam verweigern, doch nie dürfe man Gewalt anwenden, sondern sei verpflichtet, eher Unrecht zu leiden, als Unrecht zu tun. Nach dem Sieg über die Bauern rief er die Fürsten zur Milde, da die meisten Bauern nur gezwungenermaßen mitgekämpft hätten. 1526 gab er die erste Kirchenordnung für die Stadt Hall heraus und wies darin das Recht der Obrigkeit nach, die christliche Gemeinde von Amts wegen und als Mitgenossin der Gotteskindschaft zu ordnen:

Die Bauernunruhen hätten bewiesen, zu welcher Zerrüttung die Vermischung des Wortes Gottes mit menschlichen Satzungen führe. Daher müsse es lauter

des Evangeliums eingesetzt, ohne sich zu schonen. Er rang um Eintracht und Frieden unter den Evangelischen. Mit großer Klarheit und Hingabe kämpfte er um die innere Ordnung und Festigung der Gemeinde durch Verfassung, Unterricht und Kirchenzucht. So stand er in der Mitte zwischen Luther und Calvin und ist in seiner Persönlichkeit eine Ausprägung der mannigfaltigen Weisheit Gottes, die das Werk der Kirchenerneuerung auf die Schultern mehrerer treuer Zeugen gelegt hat.

JOHANNES BRENZ (1499-1570)

Der Reformator Württembergs war ein Schüler Luthers und doch selbständigen Geistes. Er war ein Mann von steter Treue, tiefer Schriftgelehrsamkeit und freundlicher Milde gegen Andersdenkende. Seine besondere Gabe war es, seine Gemeinde und später seine Landeskirche auf den festen Grund des

und rein von Menschenzutat gepredigt werden. In dieser Ordnung findet sich auch ein Ansatz für die Kirchenzucht. Aus der Gemeinde sollen ältere, redliche Männer bestellt werden, die auf die Gemeinde fleißig Achtung geben und die, so ärgerlich leben, ermahnen. Eine Ehe-, eine Schul- und eine Armenordnung ist angeschlossen.

Schon 1527 gab er die Fragstücke des christlichen Glaubens für die Jugend von Hall heraus, die sich durch Einfachheit und Kindlichkeit auszeichnen.

Brenz' Bedeutung für die schwäbische Kirche

In den Abendmahlsfragen stellte er sich auf die Seite Luthers und verfaßte das am 21. Oktober 1525 von vierzehn Theologen unterschriebene Syngramma Suevicum.

1530 war er auf dem Reichstag zu Augsburg mit dabei. Melanchthon rühmt ihn: Er wollte lieber den einigen Brentium im Concilio haben, denn keinen anderen Theologen, denn da wäre Verstand und Beständigkeit, Rat und Tat beieinander. In jener Zeit schrieb er Kommentare zum Buch Hiob und zum Johannesevangelium, zu Hosea und Amos. Luther spricht ihm in der Vorrede zu Amos seine Anerkennung aus: Mit Brenz' Schriften verglichen, ekelten ihn die seinen an. Der Geist von Brenz sei viel lieblicher, sanfter, ruhiger, sein Ausdruck gewandter und anziehender. An Brenzens Schriften schätze er besonders hoch, daß er das Hauptstück, die Gerechtigkeit aus dem Glauben, getreu und rein vortrage.

Als 1534 Herzog Ulrich wieder in sein Herzogtum zurückkehrte, berief er Brenz als Berater, der darauf die von Schnepf verfaßte württembergische Kirchenordnung durchsah und die Universität Tübingen nach den Richtlinien Melanchthons neu ordnete. Er erkennt den Wert der Kunst für den Glauben an und erklärt sich nur gegen die ärgerlichen Bilder.

Berufung zum höchsten Amt seiner Landeskirche

Nach dem Sieg des Kaisers über die Evangelischen mußte er fliehen, kehrte aber wieder zurück. Da verlangten die Kaiserlichen seine Auslieferung. Es gelingt ihm, zu entrinnen. Herzog Ulrich versteckt ihn auf der Burg Hohenwittlingen bei Urach. Eine Zeitlang war er in Basel, kehrte aber nach Stuttgart zurück, wo er alsbald von den Spaniern gesucht wurde. Hinter einem Holzstoß versteckt, lebt er vierzehn Tage lang von einer Henne ernährt, die täglich ein Ei dorthin legte. Von da begab er sich auf die Burg Hornberg, wo er unter dem Namen eines Vogts Engster, mit seinen Psalmenauslegungen beschäftigt, ein Jahr zubrachte. Inzwischen berief ihn Herzog Christoph an die Stiftskirche in Stuttgart und ernannte ihn zum lebenslänglichen Herzoglichen Rat. Als solcher hatte er maßgebenden Einfluß auf die ganze Kirche des Herzogtums. Er arbeitete 1562 die Confessio Wirtembergica aus und organisierte das württembergische Kirchen- und Schulwesen. Die Umwandlung der Klöster in die niederen theologischen Seminare geht auf ihn zurück. Er prägte der evangelischen Kirche in Württemberg sein Wesen auf. Eine milde, wissenschaftlich klare Schrifttheologie mit milder kirchlicher Praxis, »nicht turbieret durch fremder unruhiger und eigensinniger Köpfe Singularität«.

Sein Ende

Am 11. September 1570 entschlief er im einundsiebzigsten Lebensjahr und wurde in der Stiftskirche in der Nähe der Kanzel beigesetzt nach seiner eigenen Anordnung, daß er, wenn jemand von dieser eine Lehre verkünden sollte entgegengesetzt der, welche er gepredigt, er sein Haupt vom Grab erheben und ihm zurufen könne: »Du lügst!«

Johannes Brenz:
Nicht der Glaube macht das Sakrament, sondern die Kraft Gottes, die durch das Wort der Verheißung wirksam ist. Das Wort bringt den Leib Christi in das Brot, macht dieses zum Corpus Christi.

AMBROSIUS BLARER (1492-1564)

Neben Luther ist Ambrosius Blarer der größte Dichter der Reformationszeit. Er stammt aus einem alten Konstanzer Patriziergeschlecht. In Tübingen studierte er lateinische und griechische Literatur, erwarb dort den Magistergrad und lernte Melanchthon kennen.

In der Klosterstille

Den feinsinnigen Mann zog bei einem Besuch die beschauliche Stille des Klosters Alpirsbach so an, daß er beschloß, dort Mönch zu werden. Bald wurde er infolge seiner Gelehrsamkeit und seines

Ambrosius Blarer, Reformator in Konstanz

Geistes kommt in seinen Liedern zum Ausdruck, die zu den köstlichsten Schätzen des Liedguts in der Reformationszeit gehören. Wundervoll ist sein Pfingstlied: Jauchz', Himmel, Erde, juble hell!

Der Reformator

Nachdem er 1528 in Memmingen die Kirche geordnet hatte, 1531 mit Bucer in Ulm an der Kirchenordnung der Reichsstadt beteiligt war und auch in Esslingen die Reformation eingeführt hatte, berief ihn Herzog Ulrich zur Reformation in Südwürttemberg, die er von Tübingen aus, wo er viel predigte, bewerkstelligte. Blarer stand in der Mitte zwischen Luther und Zwingli. 1534 gab er im Schloß zu Stuttgart folgende Erklärung zur Abendmahlslehre ab:

> Ich, Ambrosius Blarer, bekenne mit dieser meiner Handschrift, daß aus Vermög dieser Worte: Das ist mein Leib, das ist mein Blut, der Leib und das Blut Jesu Christi wahrhaftiglich gegenwärtig sei und gegeben werde (hoc est substantialiter an essentialiter, vel qualitative, vel localiter).

In den mannigfachen Spannungen nach beiden Seiten hin blieb ihm das Vertrauen des Herzogs erhalten. Im Gefolge des Herzogs finden wir ihn auf dem Religionsgespräch zu Schmalkalden 1537.

Sein Lebensabend

Uneigennützig hatte er gedient und fast sein ganzes Vermögen im Dienste der Kirche aufgewandt. Da wurde 1548 nach dem Interim seine Vaterstadt durch spanische Truppen gewaltsam erobert, die der Reformation ein Ende machten. Er verließ seine Heimat und begab sich nach Winterthur, wo er alle Rufe in eine größere Tätigkeit ablehnte, so die von Kurfürst Otto Heinrich von der Pfalz, und in der stillen Tätigkeit seines Pfarramts lebte bis zu seinem Ende am 6. Dezember 1564.

HEINRICH BULLINGER
(1504-1575)

Im Vergleich mit Luther, Melanchthon, Zwingli und Calvin gehört Bullinger zu den eher unbekannten Reformatoren. Er selbst hat sich stets als Erbe und Nachlaßverwalter des Zürcher Reformators Zwingli gefühlt. Dadurch ist vielen seine eigenständige Bedeutung für die Reformation bis heute verborgen geblieben.

freundlichen Wesens zum Prior gewählt. In jener Zeit erhielt er die begeisterten Briefe seines Bruders Thomas, der in Wittenberg studierte. Das Feuer des erneuerten Glaubens ergriff auch sein Gemüt, und er gab es weiter an seine Klosterbrüder, bis er vom Abte seines Amtes entsetzt wurde. Nach anfänglichem Zögern entschloß er sich, das Kloster zu verlassen und kehrte nach seiner Heimat zurück, wo man auch von der Botschaft der Reformation bewegt war. Auf wiederholte Bitten des Rates der Stadt übernahm er 1522 das Amt eines Predigers am Münster. Die Wahrheit seiner Botschaft, die mit tiefem Ernst in wunderbar lieblicher Form von ihm vorgetragen wurde, gewann die Herzen seiner Mitbürger. Er wurde mit seinem Bruder, dem Bürgermeister der Stadt, die Seele der Reformation in Konstanz.

Der Dichter

Sein tiefer Ernst, die hohe dichterische Begabung, der feurige Schwung seines

Heinrich Bullinger wurde am 4. Juli 1504 in Bremgarten (heute Kanton Aargau) als Sohn eines Priesters geboren. Nach dem Besuch der Lateinschule von 1509 an verließ er 1516 die Heimat zu der einzigen weiteren Reise seines Lebens: Er bezog die Stiftsschule in Emmerich am Niederrhein. Von dort aus ging es von 1519 bis 1522 zum Studium an die Universität Köln, das er mit dem Magistergrad abschloß. In dieser Zeit hat er sich für die Reformation entschieden. Nach seiner eigenen Aussage kam es zu dieser Entscheidung durch selbständiges Bibelstudium und die Lektüre der Kirchenväter. Daneben haben die Schriften des Wittenberger Reformators Luther einen erkennbar großen Einfluß auf den jungen Bullinger ausgeübt. Er selbst sagte: »Ich lernte, daß das Heil von Gott durch Christus kommt; ich lernte, daß abergläubisch und gottlos ist, was die Papisten lehrten; ungefähr ums Jahr 1522 begann ich die Messe und heiligen Versammlungen der Papisten zu meiden.«

Nach Hause zurückgekehrt, erhielt Bullinger eine Anstellung als Lehrer im Zisterzienserkloster Kappel südwestlich von Zürich. In der Auseinandersetzung mit der Heiligen Schrift und der theologischen Tradition gewann er hier durch intensive Arbeit das Profil, das sich bis an sein Lebensende kaum verändern sollte. In öffentlichen Vorlesungen legte er vor allem die paulinischen Briefe für eine breite Öffentlichkeit aus und schuf damit die Grundlage für die Reformation des Klosters. Auch mit Zwingli trat er in dieser Zeit in eine engere Verbindung. 1529 wechselte Bullinger ganz ins Pfarramt. In seiner Heimatstadt erhielt er die zweite Pfarrstelle, nachdem auch sein Vater zum neuen Glauben übergegangen war. In diesem Jahr heiratete er Anna Adlischwyler, eine ehemalige Nonne und Tochter eines Zürcher Wirts. Der glücklichen Ehe entstammten fünf Töchter und fünf Söhne. Als allseits geschätzter Prediger wirkte Bullinger in seiner Heimatstadt Bremgarten. Die Katastrophe von Kappel am 11. Oktober 1531 (Niederlage der Reformierten, Tod Zwinglis) zerstörte diese Arbeit, Vater und Sohn Bullinger mußten mit ihren Familien fliehen und fanden Unterschlupf in Zürich.

Der Siebenundzwanzigjährige hatte zu dieser Zeit schon einen überaus guten Ruf, so daß der Rat der Stadt Zürich ihn zum Nachfolger Zwinglis wählte. Vom 9. Dezember 1531 bis zu seinem Tode am 17. September 1575 wirkte Bullinger als oberster Leiter der Zürcher Kirche (das Amt trug die Bezeichnung 'Antistes') und Pfarrer am Zürcher Großmünster. Innerhalb der vielfältigen kirchlichen und politischen Beziehungen mit lokaler, eidgenössischer und internationaler Weite entfaltete Bullinger eine von allen Seiten respektierte Aktivität von bemerkenswertem Erfolg. Der Pfarrer an der ersten Kirche der Stadt mußte zunächst eine enorme Predigtlast erfüllen: In den ersten Jahren hatte er bis zu sechs, später in der Regel drei Predigten pro Woche zu halten. Während seiner Amtszeit dürfte Bullinger rund 7000mal gepredigt haben. Wie Zwingli legte er dabei biblische Bücher fortlaufend aus. Als ehemaliger Lehrer legte er den Schwerpunkt auf Glaubensunterweisung. »Lehren, Ermahnen, Strafen, Ermuntern, Trösten« – so verstand Bullinger selbst seine Aufgabe.

Darüber hinaus hatte er als Antistes zusammen mit einem Ratsherren der Stadt während 44 Jahren das Präsidium der Synode inne. Dadurch war er eine Art Vorgesetzter seiner Kollegen, rund 130 Pfarrer in mehr als 100 Gemeinden in dem ca. 70.000 Einwohner zählenden Stadtstaat Zürich. In dieser Synode wurde alles besprochen, auch das Verhalten und die Rechtgläubigkeit der Pfarrer. Denn man übte die sogenannte Zensur der Pfarrer, wobei jeder, auch Bullinger selbst, sich den Fragen der Kollegen stellen mußte. In diesen vertraulichen Gesprächen ging es nicht nur um Leben und Lehre der Pfarrer, sondern auch schon einmal um den Anstoß erregenden Lebenswandel einer Pfarrfrau. So wurde der Zürcher Stadtstaat mit all seinen Besonderheiten die Welt Bullingers. Wenn er auch Zürich in dieser Zeit nie verließ, so reichte sein Einfluß durch Schriften, Briefe und natürlich durch Schüler weit über die Grenzen der Eidgenossenschaft hinaus. In den rund 12.000 Briefen, die sich aus diesen vier Jahrzehnten erhalten haben, spiegelt sich die Reformationsgeschichte Europas.

Bullingers besonderes Verdienst war die Neubestimmung des Verhältnisses der Kirche zur Obrigkeit. Sein Vorgänger Zwingli war ein Mann, der von Ideen theologischer und politischer Art nur so sprühte. An politischen Entscheidungsprozessen war er unmittelbar beteiligt, er scheute sich ja auch nicht, als Feldprediger mit in den Krieg zu ziehen. Nach der Katastrophe von Kappel wollte der Rat der Stadt dem bei der Neubesetzung der Stelle Zwinglis einen Riegel vorschieben und verlangte von Bullinger und der gesamten Pfarrerschaft, sich künftig von allen politischen Geschäften fernzuhalten. In dieser Form lehnte der neugewählte Leiter der Zürcher Kirche das Ansinnen des Rates ab. Gewiß, die Aufgabe des Pfarrers sei es nicht, politisch mitentscheiden zu wollen. Aber der Pfarrer sei doch für das Gemeinwesen dadurch mit verantwortlich, daß er dem Politiker gegenüber die Stimme des christlichen Gewissens laut werden lassen müsse. Insofern habe der Pfarrer eine mittelbare politische Aufgabe. Dem stimmte der Rat zu, und so ging Bullinger in den folgenden Jahrzehnten den schmalen Weg der Ausgleichssuche zwischen dem Auftrag als Diener am göttlichen Wort, das zur Scheidung der Geister führt, und dem Anspruch des Gemeinwesens auf ein Leben in Frieden und Eintracht. Bullinger hat diese schwierige Aufgabe bestens gelöst. Sie stand unter der Spannung zwischen den nun beschränkten Möglichkeiten seines Amtes in Zürich und dem Anspruch seines Vorgängers Zwingli, der die gesellschaftliche Ordnung nach der Gerechtigkeit Gottes regeln wollte.

Ulrich Gäbler:
Darin liegt die historische, kirchliche und auch theologische Bedeutung Bullingers, daß es ihm gelungen ist, durch mehr als vierzig Jahre hindurch diese beiden einander widerstreitenden Tendenzen in der Balance zu halten.

Verbum Domini manet in aeternum

THEDODOR BEZA (THÈODORE DE BÈZE) (1519-1605)

Theodor Bezas Stellung in der Kirchengeschichte ist gegeben als Nachfolger Calvins. Er war jedoch nicht nur der »Bullinger« Genfs. Das war schon seine dritte Aufgabe, während er vorher bereits neun Jahre (1549-58) als Hauptlehrer und Seelsorger an der Seite Pierre Virets und zirka drei Jahre als Oberhaupt der Hugenotten in Frankreich gewirkt hatte. Letztere Verpflichtung kam ihm seitens der Genfer Kirche zu, wohin er 1558 umsiedelte. Lausanne und Genf waren also seit seinem 30. Lebensjahr nacheinander feste Residenzen.

Jugend und Werdegang
Am 24. Juni 1519 wurde Beza im durch die Kreuzzüge berühmt gewordenen Burgunder Städtchen Vézelay als siebtes Kind eines adeligen, königlichen Landvogtes geboren. Da die Mutter schon in seinem dritten Lebensjahr starb, wurde das Kind zunächst von einem Onkel in Paris und mit neun Jahren in Orleans vom berühmten Lehrer Melchior Volmar aus Rottweil wie ein eigenes Kind übernommen. Wie Farel und viele andere Studenten war Volmar im Kontakt mit Lefèvre d'Etaples in Paris zum Glauben an Jesus Christus gekommen. Die ebenfalls evangelisch gesinnte Königsschwester Margarete d'Alencon berief Volmar als Lehrer an die Akademie von Bourges, wohin er auch den Jungen mitnahm. Während der sieben Jahre im Hause Volmars lernte Theodor

*Theodor Beza,
gezeichnet von einem
seiner Studenten*

sich heimlich mit einem Mädchen verlobt. »Sie war zwar aus niedrigem Stande, aber ein mit so vielen Tugenden begabtes Weib, daß mich diese Verbindung niemals gereut hat«. Claude Desnoz blieb ihm zeitlebens treu.

Bekehrung und Konsequenzen

»Der Herr hatte anderes mit mir vor, und ließ mir darum das, was ich als den Preis meines bisherigen Lebens ansah, schon in kurzer Frist zuschanden werden. Siehe da, der Herr suchte mich durch eine schwere Krankheit heim, welche mich dergestalt angriff, daß ich an meinem Aufkommen verzweifelte. Was sollte ich Unglückseliger tun, dem nichts als Gottes furchtbares Gericht vor Augen stand? Nach unendlichen Qualen des Leibes und der Seele erbarmte sich doch der Herr seines flüchtigen Knechtes und tröstete mich, so daß ich nicht mehr an seiner verzeihenden Gnade verzweifelte. Unter tausend Tränen verabscheute ich mich selber, flehte ihn um Verzeihung an, erneuerte das Gelübde, welches ich mit meinem Freund Volmar abgelegt hatte, mich offen zu seiner wahren Kirche und Verehrung zu bekennen, kurz ich gab mich ihm ganz und gar hin. Jene Krankeit wurde der Anfang meiner Genesung und wahren Gesundheit. So wunderbar ist die Wirkung des Herrn bei den Seinen, daß er durch dasselbe Mittel niederschlägt, verwundet und heilt. Sobald ich also das Lager verlassen konnte, brach ich alle Bande, welche mich bisher gefesselt hielten, packte meine geringe Habe zusammen und verließ Vaterland, Eltern, Freunde zumal, um Jesu Christo nachzufolgen.«

Die von Volmar gesäte Frucht ging also auf. Wie viele andere Gläubige zog es ihn nach Genf, wo er am 23. Oktober 1548 eintraf. Die Begrüßung mit Calvin war umso herzlicher, als dieser trotz Krankheitszeichen den vielversprechenden Knaben im Hause Volmars in Bourges wieder erkannte. Dank seiner wissenschaftlichen und gesellschaftlichen Ausbildung schrieb ihm Calvin eine große Bedeutung für die Sache der Reformation zu. Nach der rechtmäßigen Trauung vor der Flüchtlingsgemeinde in Genf, brach das Ehepaar Beza sofort zu einer Reise nach Tübingen auf, wo ihn der väterliche Freund herzlich zu seiner

neben vielen anderen Gästen auch den 23jährigen Juristen Jean Calvin aus Noyon sowie Conrad Gessner aus Zürich kennen. Die 1534 von Franz I. erlassenen Gesetze gegen die »lutheriens« und die immer wieder aufflammenden Scheiterhaufen vertrieben Volmar in seine Heimat, wo er eine Stelle als herzoglicher Rat in Tübingen übernahm. Das väterliche Veto verhinderte, daß Theodor seinem Freund nach Deutschland folgen konnte. Die Jahre in dessen Haus jedoch hatten die Jungenseele entscheidend geprägt. Statt nach Tübingen mußte der 16jährige also schweren Herzens wieder nach Paris ziehen, um dort während vier Jahren unter väterlichem Diktat Zivilrecht zu studieren. Am 11. August 1539 schloß er dasselbe mit den Lizenziat ab. Sein Ansehen auf der Universität war so groß gewesen, daß er als Studenten-Prokurator in den Universitätsrat gewählt wurde.

Seine Familie wollte eine Prestige-Karriere bis zum Hof, während er eindeutig musisch veranlagt war und sich mit einem Freund zusammen als perfekten Humanisten in Venedig sah. Seine ersten Dichtungen »Juvenilia« und »Poenata« hatten bereits die Runde in der ganzen großen Bekanntschaft gemacht. Um seine fleischlichen Lüste zu zügeln, wie er sich ausdrückte, hatte er

Hingabe für Christus und zu seiner Lebensgefährtin beglückwünschte. Er riet indessen zur sofortigen Rückkehr in die Rhonestadt. Auf dieser Rückreise öffnete sich ihm sein weiterer Lebensweg bei der Begegnung mit Viret in Lausanne. Im Einverständnis mit Calvin, der ihn nur sehr ungern ziehen ließ, blieb der junge Burgunder als Mitarbeiter Virets in Lausanne hängen.

Bezas Aufgabe in Lausanne

Am 9. November 1549 mußte er in Bern (von dem Lausanne seit 1536 abhängig war) den politischen und religiösen Eid auf die Artikel der Berner Disputation von 1528 leisten, damit er sein neues Amt als Griechisch-Lehrer der Lausanner Akademie und als Lehrer des 1540 gegründeten zugehörigen Gymnasium antreten konnte. Die Augen der ostschweizerischen Kirchenmänner richteten sich bald auf den neuen Lehrer aus Frankreich. Das Ansehen und die Frequenz der beiden Lausanner Schulen nahmen rapid zu. Bullinger begrüßte den Bruder hocherfreut in einem schönen Brief, den Beza wie folgt beantwortete: »Gott schenkte mir die Gnade, deren ich mich immer möchte rühmen können, daß ich das Kreuz dem Vaterlande und allen Reichtümern vorzog. Dann schenkte er mir die Freundschaft – welcher Männer großer Gott! eines Calvin, Viret, Musculus und Haller. Wenn ich bedenke, daß ich solche Männer zu Freunden habe, so fühle ich nicht allein nicht, daß ich in den Sorgen der Verbannung lebe, sondern ich muß in jene Worte des Themistocles ausbrechen: Ich wäre verloren gewesen, wenn ich nichts verloren hätte!«

In Lausanne stand Beza noch im Schatten seiner drei großen Lehrer und Vorbilder Viret, Calvin und Farel. Der enge persönliche und briefliche Kontakt mit ihnen prägte auch seine Lehre, so daß der Calvinismus durch ihn zur reformierten Orthodoxie weiterentwickelt wurde, in der ein starkes rationales Element prägend wirkte. Im Februar 1566 reiste er nach Zürich, um offiziell den Anschluß der Genfer Kirche an das von Bullinger aufgestellte Helvetische Glaubensbekenntnis, der Confessio Helvetica II, zu unterschreiben. Beza nahm eine zentrale Stellung in den damaligen Kontroversen ein, wie sich etwa aus folgenden Statements nachweisen läßt:

Über die Prädestination:

Wir werden nicht wegen des Glaubens erwählt, sondern wir glauben, weil wir erwählt sind. Der Glaube ist also nicht die Wirkung, sondern die Ursache der Erwählung durch Gott. Soll man es nicht als Irrlehre betrachten, wenn einer behauptet, allen Menschen werde dieselbe Gnade angeboten und alle wären in gleicher Weise von Gott zur Seligkeit berufen, es stehe also in der Macht eines jeden, die Gnade Gottes anzunehmen oder zurückzuweisen, wie ist das?...«

fragt Beza, der in deutlichem Gegensatz zu Bullinger den freien Willen des Menschen ablehnt.

Über die Kirchenzucht:

Die Bestrafung der Ketzer ist ein Recht der weltlichen Obrigkeit, denn sie ist als Gottes Dienerin vor allem verpflichtet, dafür Sorge zu tragen, daß im öffentlichen Gemeinwesen Gott Seine wahre Ehre erhalte. Hat sie den rechten Gottesdienst aufgerichtet, so muß sie auch jeden, der an demselben frevelt, strafen. Es ist also keine Grausamkeit, wenn man um der Ehre Christi willen Menschen tötet, erhellt aus dem Beispiel des Elias, der um Gottes Ehre willen die Baalspriester schlachtete...«

(aus einer Schrift von 1554 anläßlich der Hinrichtung des Arztes Servet).

Über die Abendmahlslehre:

Zweck der Sakramente ist es, daß wir umso wirksamer Christus besitzen. Sie beruhen auf der Wirksamkeit des Heiligen Geistes, nicht aber auf den Zeichen, welche nur die Wirksamkeit haben, daß sie durch jene äußeren Dinge den inneren Sinn wecken. Wir haben in den heiligen Handlungen Wasser, Brot und Wein nicht einfach als solche, sondern als gewisse und wahre Symbole und Unterpfänder derjenigen Dinge, welche uns Gott zwar in anderer Weise, aber doch auf das Gewisseste und Wahrhaftigste schenkt, nämlich Christus mit allen Seinen Gaben. Wir schließen aus jede Ineinanderwirrung und Vermengung der Substanzen und ebenso jede Zusammenfügung und Aufrichtung natürlicher Teile und behaupten dennoch eine wahre Vereinigung der Gläubigen mit Christo, welche durch keine räumliche Trennung gehindert wird. Denn unser Glaube ruht auf dem Worte Gottes, welches gewährt, was es verheißt.«

(Summa doctrinae de re sacramentaria).

Neben dem Unterricht an der Akademie (ab 1552 als Rektor) und am Gymnasium förderte Beza in der Waadt vor allem die Gemeindeschulung durch praktisches Bibelstudium. Seine Erläuterungen zum Römer- und den Petrusbriefen waren besonders populär und praktisch. Seine Liebe zur Muse stellte er jetzt ganz in den Dienst Gottes. Er begann auch eine Psalmenübersetzung und bearbeitete alttestamentliche Geschichten aus dem Leben von Abraham, Mose und David dramatisch, »um die Größe und Wunder Gottes darzustellen«. Sein Drama »Das Opfer Abrahams«, welches von den Scholaren der Akademie öffentlich aufgeführt wurde, fand eine so günstige Aufnahme, daß es bald auch deutsche und lateinische Übersetzungen erfuhr.

Besonders Freude bereiteten ihm seine Schüler, die im Mannesalter zu geweihten Werkzeugen Christi heranwuchsen wie etwa jene fünf bekannten jungen Märtyrer, welche bei ihrer Ankunft in Lyon verhaftet und verbrannt wurden.

In Trostbriefen richtete er nicht nur diese, sondern auch immer wieder bedrängte Hugenottengemeinden auf.

In Lebensgefahr schwebte Beza im April 1551, als die zahlreiche Opfer fordernde Pest auch ihn erfaßte. Kaum genesen, was alle als Wunder Gottes ansahen, stürzte sich der Reformator wieder voll in seine Arbeit, vor allem auch die literarische. Der Veröffentlichung von Calvins Briefkommentaren folgten die eigene und Marots Psalmenübersetzung und die lateinische Übertragung des griechischen Neuen Testaments mit Anmerkungen.

In den Jahren 1556-58 unternahm Beza zusammen mit Farel eine ausgedehnte Reise zu den oberitalienischen Waldensern und anschließend drei Reisen in die Ostschweiz, um die Gemeinden dort zur Hilfe für die bedrängten Glaubensbrüder in Süd und West zu motivieren. Sie trafen u.a. auch den Kurfürsten von der Pfalz, den Herzog von Württemberg und andere der Reformation wohlgesinnte Magistraten. Die Gemeinden von Basel, Straßburg und Frankfurt spendeten zwar Geld und Güter, aber selbst eine fürstliche Intervention beim französischen Hof brachte kaum Linderung für die verfolgten Hugenotten.

Durch die zunehmenden Schwierigkeiten Berns mit seinen Untertanen in der Waadt wegen Handhabung der strengen Kirchenzucht nach Genfer Vorbild und von der abweichenden Prädestinations- und Abendmahlsauffassung bedrängt, nahm Beza im Herbst 1558 Calvins Angebot an und verabschiedete sich von Viret, wenige Monate vor dessen eigener Entlassung durch die Herren an der Aare.

Beza in Genf

Das Consistoire wählte Beza 1559 zum ersten Rektor der im Jahre zuvor gegründeten Akademie, wo er, zunächst noch an Calvins Seite, Hauptlehrer für Theologie wurde.

Vorderhand wurde er jedoch von der Genfer Kirche beurlaubt, um als deren Führer die Sache der bedrängten Hugenotten in die Hand zu nehmen. Nach zwölfjähriger Verbannung betrat er erstmals wieder heimatlichen Boden. Da Karl IX. erst zehnjährig war, stand das Land unter der Regentschaft der Margarethe von Medici, welche das Werkzeug der Guisen war. Deren Ziel war die völlige Ausrottung der etwa 2000 evangelischen Gemeinden Frankreichs. Dieser Zweck sollte selbst die brutalsten Mittel heiligen. Beza wandte sich an den mehrheitlich reformierten Adel, sprach am Hofe vor und wurde bald zum gefürchteten Kämpfer für Christi Sache. Im November 1561 präsidierte er dem großen Glaubensgespräch von Poissy, um vor sämtlichen maßgebenden weltlichen und geistlichen Behörden die Sache der evangelischen Minderheit des Landes zu verteidigen. Er tat es so meisterhaft, daß die Gegner nur mit Tumult, Chaos und Drohungen antworten konnten. Während der ausbrechenden Religionskriege stellte sich Beza – wie damals Zwingli – ganz auf die Seite der heldenhaft kämpfenden Hugenotten. Als die Sache für ihn immer bedrohlicher wurde, kehrte er 1563 nach Genf zurück, nicht ohne den französischen Gemeinden in der Stunde der Not immer hilfsbereit beizustehen. Nach der Bartolomäusnacht von 1572 verfaßte er die Schrift »De Jure Magistratu«.

Kurz vorher hatte er noch die beiden Nationalsynoden 1571 von La Rochelle und 1572 von Nimes geleitet, welche unter Anwesenheit der Königin von Navarra, des Prinzen Heinrich von Conde und von Admiral Coligny den einheitlichen Wortlaut des französischen Glaubensbekenntnisses erarbeitet hatten.

Anläßlich des Glaubenswechsels von Heinrich IV. hatte Beza wiederholt Kontakt mit dem Renegaten. Es war zu einem Teil Bezas Verdienst, daß derselbe fünf Jahre später das berühmte Edikt von Nantes 1598 zugunsten der Hugenotten erließ.

Nach dem Tod Calvins am 27. Mai 1564 statuierte ein Ratsbeschluß vom 2. Juni, daß der Moderator (Leiter der Genfer Kirche) künftig jedes Jahr neu zu wählen sei. Bis 1580 erkor man regelmäßig den beliebten und bewährten Reformator, welchen Calvin zu seinem Nachfolger bestimmt hatte. Bis zu seinem Tode blieb er auch erster Professor der Theologie. Bei 1600 Studenten, welche während Bezas Amtszeit in Genf studierten, läßt sich das Ausmaß an Belastung ermessen, der er ausgesetzt war:

> ... eine um die andere Woche täglich vor einer Versammlung, die kein Wort unbemerkt läßt, vor lauter Leuten, die es verstehen, einen Vortrag zu halten; an drei Wochentagen vor einem glänzenden Auditorium die Heilige Schrift erklären; alle Wochen einmal in einer öffentlichen Versammlung, wo jedem das Recht zustand, das Wort zu ergreifen und Einwendungen zu machen, über eine vorgeschriebene Schriftstelle zu diskutieren, alle Monate eine öffentliche Disputation anstellen, im Presbyterium sitzen, die kirchlichen Angelegenheiten untersuchen, Prozesse schlichten, die Stimmen der Beisitzer sammeln, nach ihrer Meinung den andern tadeln, die andern trösten, einen Dritten, wenn es nötig ist, aus der Kirche stoßen. Dabei kein gesetzliches Ansehen, kein Übergewicht über die andern besitzen, vielmehr den Kollegen, die auch ebensoviel Last tragen, durchaus gleich sein. Dazu eine umfangreiche Korrespondenz führen und zahllose Gespräche mit einzelnen, Gutachten und allerlei Geschäfte ...

Bezas literarische Arbeit umfaßt die älteste Calvin-Biographie als Vorrede zu des Reformators Josuakommentar; drei Bände »Tractationes theologicae«; »Icones«, Portraits zur Reformation mit 24 Holzschnitten versehen; eine Neuauflage von Calvin-Briefen, die Revision der Genfer Bibel; »Harmonia confessionum fidei«, eine Darlegung der reformatorischen und lutherischen Glaubenslehre im Vergleich.

Die Handhabung der Disziplin an den beiden Schulen, der Schutz der Bevölkerung vor schädlicher, unsittlicher und religionsfeindlicher Literatur war Beza ein großes Anliegen. Politisch mußte er Genf vor den wiederholten Zugriffen der Savoyerherzöge schützen.

Am Ende des Jahrhunderts gab es kein reformiertes Land, das nicht eine Anzahl von Predigern aufzuweisen hatte, die in Genf von Beza ausgebildet worden waren. Er war die eigentliche Seele der ganzen reformierten Welt geworden.

In seinen letzten Lebensjahren mußte Beza noch drei Bekehrungsversuche durch Franz von Sales erdulden. Am 13. Oktober 1605 ist er gestorben.

GUILLAUME FAREL (1489-1565) PIERRE VIRET (1511-1571)

Calvin schrieb 1549 im Vorwort zu seinem Titusbrief-Kommentar:

> Diese Arbeit ist für unsere Zeitgenossen bestimmt, aber hoffentlich auch für unsere Nachfahren. Sie zeugt von unserer Freundschaft und heiliger Verbindung. Ich denke, es gab kaum je Brüder, die in dieser Welt eine so tiefe Freundschaft in ihrem Amte miteinander verbunden hat. Hier in Genf habe ich mit euch beiden als Pfarrer gewirkt. Ohne die geringste Spur von Neid waren wir, wie mir scheint, stets eins. Dann wurden wir örtlich getrennt. Euch, Meister Wilhelm, hat die Kirche von Neuenburg gerufen, um sie aus päpstlicher Finsternis in Christi Licht zu führen, und an Euch, Meister Peter, hat die Kirche von Lausanne einen ähnlichen Ruf gerichtet. Jeder von uns steht an dem Platze, wozu er berufen wurde, damit sich die Kinder Gottes durch unseren Bund zur Schar Jesu vereinen, ja zu Seinem Leibe gehören und unsere Feinde vor Neid sterben.

Farel, der älteste, berief in Orbe den jungen Einheimischen Pierre Viret. Fünf Jahre später hielt er in Genf Calvin für immer fest. Der eine wurde Reformator von Lausanne und der andere von Genf.

Farels Herkunft und Bekehrung

Der Waadtländer Historiker Henri Meylan nennt den späteren Reformator von Neuchâtel »der aus den Hochtälern des Dauphiné stammende Bergler, den die Familie zum Waffendienst bestimmt hatte, welcher aber sein Leben lang für die Sache des Evangeliums focht, nachdem das Wort Gottes einmal seinen harten Kopf zerbrochen hatte. Er ist ein Mann der ersten Generation (sechs Jahre jünger als Luther und Zwingli), dann in Paris in der alten Leier der Scholastik geschult«.

1489 (Tag unbekannt) in der Dauphiné-Stadt Gap geboren, zog es den

Guillaume Farel
(1489-1565)

Jungen nicht in die Kaserne, sondern auf die Hochschule. Die unter päpstlicher Schutzherrschaft stehende Pariser Sorbonne war die Hochburg der Scholastik und der sogenannten Freien Künste des Mittelalters. Sie verlieh dem südfranzösischen Bergler nach acht Jahren Studium den Grad eines Magisters der Freien Künste, d.h. der Philosophie und alten Sprachen, inclusiv Hebräisch. Diese Studien hinterließen keine tiefe Spuren bei Farel, nennt er doch später einmal jene Lehrer Dummköpfe (»les bêtes de Sorbonne«). In seinem ersten Lehramt versah er am Collegium von Cardinal Lemoine den Unterricht in seinen Fächern. Nichts ging ihm damals über die katholische Kirche und alle ihre Einrichtungen: »Ich trug so viele Fürbitter und

Götter in meinem Herzen, daß es für ein vollständiges Heiligenregister gelten könnte«.

Der Kontakt des Studenten mit Jacques Lefèvre d'Etaples (1455-1536) wurde für Farel lebensentscheidend. Der wegen seines Christusglaubens von der Sorbonne abgesetzte Philosophieprofessor las mit Farel jeden Tag die Bibel und betete mit ihm auf den Knien. Dabei gingen dem jungen Studenten die Augen für die Unfehlbarkeit der Schrift, die Sündenvergebung mit Erlangung des Heils aus Gnade allein und die Nutzlosigkeit aller guten Werke auf. Wie ein Vater stand er ihm in allen Seelenqualen bei und förderte die direkte Konfrontation mit dem Gekreuzigten und Auferstandenen.

»Weder Geld noch Ehre hatten

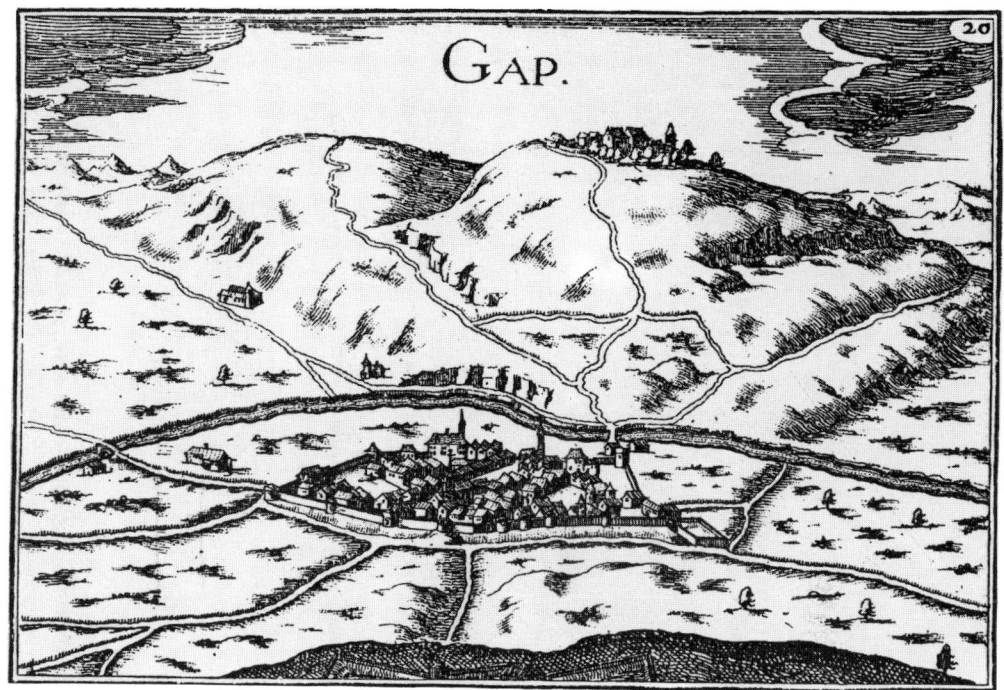

GAP.

mich bewogen, an dem Papsttum festzuhalten, sondern die Verblendung in der ich meinte, es sei von Gott; ebensowenig sind es irdische Rücksichten, die mich davon abwandten, sondern ich tat es gezwungen durch die Heilige Schrift«, bekennt er in einem späteren Sendschreiben, ohne einen Zeitpunkt dafür anzugeben.

Von Meaux, wo er sich mit Lefèvre aufgehalten hatte, kehrte Farel in seine Vaterstadt Gap zurück. Er verkündete das, was ihm auf dem Herzen brannte, mit solcher Autorität, daß sich seine vier Brüder Daniel, Jean, Walter und Claude sowie zahlreiche andere junge Zuhörer für Christus entschieden. Durch priesterlichen Zorn vertrieben, begab er sich in einsame Berghütten und abgelegene Adelsschlösser mit der Frohen Botschaft. Neben einem unterwegs angetroffenen Barfüßer aus Grenoble und anderen einsamen Seelen bekehrte sich auch der Ritter Animond von Châtelard. Dieser reiste gleich anschließend zum Studium an die Universität von Wittenberg.

Um Christi Willen verfolgt

Auf seinem weiteren Fluchtweg gelangte Farel nach Basel, wo er neben dem Reformator Ökolampad auch französische Flüchtlinge traf. Der Mann Gottes nahm ihn freudig auf und ließ ihn Vorlesungen halten, welche so nachhaltig wirkten, daß sich neben einigen anderen Priestern und Mönchen auch der Franziskaner Jakob Pellican bekehrte, welcher während 30 Jahren engster Mitarbeiter Zwinglis und Bullingers wurde. An Luther schrieb Farels Gastgeber, er halte den Mann aus Gap durchaus für stark genug, es mit der ganzen Sorbonne aufzunehmen. Der am Rheinknie anwesende Humanist Erasmus ärgerte sich über den »ungestümen jungen Mann« und veranlaßte seine Stadtverweisung.

Weitere Reisen und Bekanntschaften führten ihn nach Konstanz zu Blarer, nach Zürich zu Zwingli, nach Bern zu Haller und Mykonius, nach Straßburg zu Bucer und Capito. Diese sandten ihn nach Montbéliard, wo ein Schüler Luthers wirkte und Farel die Stadtkirche öffnete. Hier verfaßte Farel eine untheologische, einfache Glaubenslehre der Reformation, in der er u.a. über sein eigenes Land wetterte, das die Lektüre der Bibel verbot: »Ach Gott,

Gap, der Geburtsort Farels in einer zeitgenössischen Darstellung

Johannes Ökolampad, Reformator von Basel

»Ich komme langsam vorwärts wegen der ungebildeten und stupiden Mentalität dieser Landsleute, und ich muß noch viel Papistisches in Kauf nehmen«.

Am 8. März 1528 traf der Pfarrer von Aigle zum entscheidenden Religionsgespräch in Bern ein. Hier hatte Berchtold Haller schon seit acht Jahren durch die Auslegung des Wortes Gottes von der Münsterkanzel den Boden vorbereitet für einen religiösen Aufbruch. Farel knüpfte wertvolle Bande über die Sprachgrenze hinweg mit den reformatorischen Exponenten deutscher Sprache. Man debattierte während mehrerer Tage anhand von Zwinglis 67 Schlußreden, die der Verfasser eingehend mit der Bibel in der Hand erläuterte und kommentierte. Bern entschied sich eindeutig für die Reformation.

Im Juni 1529 erweiterte Bern Farels Wirkungskreis. Er siedelte sich deshalb in Murten an. Er nahm seine in Aigle verfaßte Schrift »Über den freien Willen« mit und verfaßte in Murten gleich eine neue. »Sendschreiben an die Obrigkeiten und Völker, zu denen mir der Herr Zutritt gestattete«. Das strategisch günstig gelegene, durch den Sieg über Karl den Kühnen (1476) bekannte Städtchen bot ihm ein günstiges Sprungbrett nach verschiedenen Richtungen. In Murten selber tobten inner- und außerhalb der imposanten, heute noch stehenden Ringmauern wildeste geistige und handgreifliche Auseinandersetzungen mit der Geistlichkeit. Diese wurde immer wieder vom nahe gelegenen Freiburg aus gegen die Prädikanten aufgehetzt. Das hinderte jedoch ein stetes Anwachsen der kleinen Gemeinde keineswegs.

Farel, der Reformator von Neuchâtel

Am 1. Dezember 1529 machte Farel noch von Murten aus erstmals Bekanntschaft mit seiner künftigen Aufgabe. Die von einem französischen Grafengeschlecht regierte Stadt gewährte Farel unter starkem Bernischen Druck Zutritt zu den Häusern, Plätzen und Straßen. Sieben fundamentale gegen den Papst und seine Lehre veröffentlichte Sätze und die Predigten in der Spitalkapelle erregten schwere Tumulte unter der Bevölkerung. Ein

welch ein Greuel! Sonne, kannst du mit deinen Strahlen noch ein solches Land bescheinen? Erde, kannst du solche Menschen tragen und denen, die ihren Schöpfer so verachten, deine Früchte schenken?« Wiederum intervenierte Erasmus, der Humanist von Basel aus beim bischöflichen Offizial von Besançon, damit er den gefährlichen Unruhestifter verjage. Die vielen Seelen, welche durch Farels Predigt zum Glauben kamen, hatten einmal mehr das Nachsehen.

Nach Aufenthalten in Straßburg und Metz gelangte Farel schließlich im Oktober 1526 über Basel nach Bern. Berchtold Haller verwies Farel von hier aus in die vor 50 Jahren durch die Berner eroberte Landschaft Aigle im unteren Rhônetal. In diesem ersten französischen Gebiet der Eidgenossenschaft ließ sich Farel zunächst als Schullehrer nieder, ehe ihn die Berner am 8. März 1527 nach vielerlei Schikanen durch die Einheimischen offiziell zum Prediger ihrer Landschaft machten. Nach Zürich schrieb der junge Prädikant:

denkwürdiger Vorfall im Herbst 1530 beschleunigte die Entwicklung. Die beiläufige Bemerkung des Reformators, wenn man schon das Recht habe, in der stolz über der Stadt thronenden Collégiale die Messe zu lesen, dann sei es auch billig, dort das Evangelium Jesu Christi zu verkünden, zündete so heftig, daß die Zuhörer auf den Hügel stürzten, Farel mit sich rissen und ihn auf die höchste Stadtkanzel hoben. Ei-

Neuordnung übergetretener Bürger. Ohne Bernischen Druck hätten die Dinge leicht einen anderen Verlauf nehmen können. Durch Farels geistliche Arbeit und unermüdlichen Einsatz kam es zu neuen, echten Entscheidungen für die Sache Christi.

Berufung Pierre Virets

Am 29. April 1531 entdeckte Farel beim Abendmahl einen strahlenden

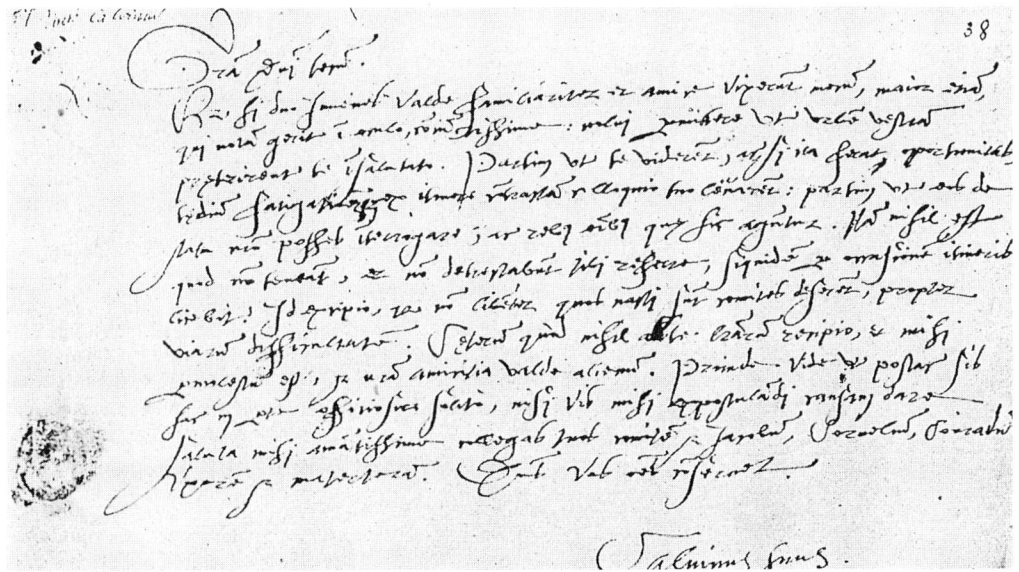

ne Brandrede vom 23. Oktober 1530 gegen den Bilderdienst erhitzte das Volk derart, daß die Requisiten im Kirchenraum kurzerhand in den Fluß Seyon geworfen wurden. Die Bevölkerung litt in den folgenden Tagen schwer unter den Tumulten zwischen Partisanen und Gegnern der neuen Lehre. Die herbeigeeilten Berner taten sich schwer mit der Herstellung von Ruhe und Ordnung in der Stadt.

Eine auf den 4. November vor die Collégiale einberufene Bürgerversammlung entschied sich mit der knappen Mehrheit von 18 Stimmen für die Einführung der Reformation. Die Abschaffung der Messe wurde auf den 23. Oktober zurückdatiert. Es gab nun in Neuchâtel offensichtlich eine sehr starke altgläubige Minderheit neben einer schwachen Mehrheit rein äußerlich zur

jungen Mann. Als er seine glühende Heilandsliebe sah, forderte er ihn sofort auf, in seiner Heimat das Evangelium allen Leuten zu sagen. Vom Werdegang des Jungen beeindruckt, verband sich sein Herz sofort mit ihm. Sein erster Lehrer in Orbe, Marc Romain, hatte ihm und einem Kollegen, Georges Grivat, die erste Liebe zur Bibel beigebracht. Während Grivat als Vorsänger und Musiker in Orbe verblieb, begab sich Pierre nach Paris, um Priester zu werden. Im Collège Montaigue lernte er nicht nur Loyola, sondern auch für Christus brennende Seelen wie Clement Marot kennen. Durch Lefèvre d'Etaples und andere »luthériens« fand er Jesus Christus. Während Farel Georges als Begleiter mitnahm, ließ er Pierre Viret mit seinem klaren Auftrag in Orbe zurück. Dort trat die-

Brief Calvins an Viret

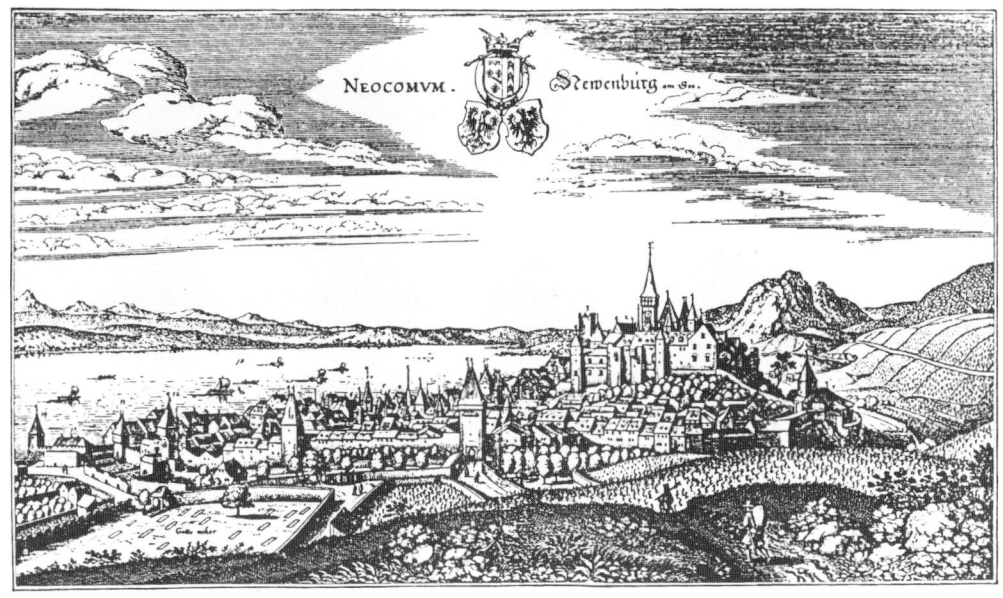

Die Stadt Neuchâtel, deren Reformator Farel war

ser schon am folgenden Sonntag, dem 6. Mai, öffentlich für Christus auf. Sein Zeugnis trug Früchte. »Ich danke Gott, daß er sich meines Amtes bediente, um meinen Vater und meine Mutter zur Kenntnis des Gottessohnes zu führen, und daß ich es erleben durfte, wie sie für Ihn in ihrem Leben und ihrem Tode ein lebendiges Zeugnis ablegten. Selbst, wenn mein Amt zu nichts anderem gedient hätte, müßte ich meinen Herrn für diese große Ehre loben«.

In den nächsten Monaten folgte Viret den Fußtapfen seines Lehrers nach Payerne, wo er an Ostern 1532 das erste Abendmahl mit 54 Männern und 23 Frauen feiern durfte. Den Freiburgern gelang es allmählich wieder, einigen Einfluß auf das Städtchen mit der imposanten 600 Jahre alten Cluniazenser-Abtei Abbatiale zu gewinnen. Bei seinem nächsten Besuch fand Viret die Kirchentüren verriegelt. Das hinderte ihn aber nicht, in Gasthäusern und Tavernen vor immer zahlreicher erscheinendem Publikum zu predigen. Am Vorabend eines mit dem Priester von Payerne anberaumten Gesprächs wurde er vor den Toren der Stadt von einem anderen Priester überfallen und zu Boden geworfen. Es gelang dem Prälaten sogar, Viret ein Ohr abzuhauen. Eine bleibende Erinnerung an Satans Wüten gegen die Predigt des Evangeliums unter einer begierig lauschenden Bevölkerung. Ihr widmete er später eine »Vom wahren Ministerium in der wahren Kirche Jesu Christ« betitelte

Schrift. Im Text heißt es:

Ihr Payerner gehört zu denen, die ich in die vorderste Reihe unter den treuen Zeugen dessen zählen darf, was ich euch gelehrt habe. Ihr gehört zu meinem Vaterland und zu meinem Volk, weshalb ich euch noch mehr verbunden bin als allen anderen Menschen. Als euer Landsmann unter euch geboren, kann es keinen größeren Wunsch geben, als mein Lebensziel Gottes Verherrlichung unter den Menschen, vor allem unter euch verwirklicht zu sehen. Ihr wißt auch, was ich wegen euch erdulden mußte. Gott allein hat mich vor dem sicheren Tod von Priesters Hand bewahrt. Aber gerade unter diesen Todfeinden gab es solche, welche heute meine Helfer und Diener geworden sind. Die hätten mir gescheiter ins Gesicht gesagt, was sie dann hintenherum meinem Leib unwiederbringlich angetan haben . . .

Als er Bullinger über seine ersten Erfahrungen im Reiche Gottes berichtete, fügte Viret bescheiden hinzu, er sei ja nur eine Gans unter allen Schwänen der Reformation und verstecke sich hinter ihnen.

Fortan verbanden sich die Lebensläufe des 46jährigen Lehrers und des 20jährigen Schülers. Sie brannten ja für das gleiche Ziel: verirrte Seelen dem guten Hirten zuzuführen.

Die Reformation Genfs durch Farel und Viret

Eine wichtige Schicksalsstunde schlug für die beiden Männer Gottes, als sie Anfang Oktober 1532 Genfer Boden betraten. Zwingli hatte schon im Jahr zuvor Farel auf die Rhônestadt aufmerksam gemacht. Die Stadt stand noch unter der Doppelklammer Savoyens und Roms, mit Freiburg als Verbündeter. Der »armselige, schmächtige Prädikant mit kleiner Statur, sonnenverbranntem Gesicht und rötlichem Bart« wurde sehr unsanft vom Bischof als persona non grata empfangen. Die kleine Gemeinde Gottes hieß beide Männer freudig willkommen. Berns Fürsprache nützte nichts, nachdem Farel vom bischöflichen Vikar angebrüllt wurde:

Komm daher, du böser Teufel Farel, warum ziehst du in der Welt herum, um alles zu verwirren, wo kommst du überhaupt her? Wer hat dich gerufen und dir zu reden erlaubt?

Die gelassene Antwort darauf ließ nicht auf sich warten:

Ich bin kein Teufel, ich ziehe herum, um Jesus Christus zu predigen, der für unsere Sünden gestorben und zu unserer Rechtfertigung auferstanden ist, so daß wer an Ihn glaubt, das ewige Leben erhalte, wer aber nicht an Ihn glaubt, verdammt wird. Das sage ich als Bote Christi all jenen, die mich hören wollen. Ich bin bereit, vor euch Rechenschaft abzulegen von meinem Glauben. Nicht ich störe die Ruhe dieser Stadt, ihr tut es, indem ihr nicht nur Genf, sondern die ganze Welt durch eure Menschensatzungen und euer schlechtes Leben in Verwirrung bringt.

In die Rhône mit ihm! Es ist besser, dieser abscheuliche Luther sterbe, als daß das ganze Volk durch ihn zugrunde geht!

so tobten die anwesenden Priester. 80 von ihnen überfielen die Besucher mit Prügeln und Stöcken. Ein Prälat schoß sogar mit einer Flinte auf sie, ohne zu treffen. Der Stadtrat wußte nur einen Rat: die Ankömmlinge innerhalb von drei Stunden der Stadt zu verweisen. Mit dem Schiff gelangten sie nach Lausanne-Ouchy, von wo sie für einige Zeit wieder in ihre Stammlande zogen.

In Genf spitzten sich indessen die Ereignisse derart zu, daß der Bischof im Sommer 1533 das Feld räumen mußte, um von Annecy aus den Herzog von Savoyen zum Krieg gegen die Stadt aufzustacheln. Er setzte die Stadt und ihre Einwohner in den Bann. Die Lage war derart gespannt, daß die Berner beide Reformatoren mit einer starken Eskorte in die Rhônestadt zurückschickten. Die Savoyer begannen mit ihrer Belagerung, um die Genfer auszuhungern. Trotz allem wirkten die beiden Reformatoren unerschrocken in Häusern, am Molardplatz und in der Klosterkirche von Rive, die ihnen von den Mönchen überlassen wurde. Sie tauften und trauten junge Gläubige. Am 1. März 1535 stand Farel erstmals unter Glockengeläute auf der Kanzel der Franziskanerkirche, von der er den Barfüßer Cordelier vertrieben hatte und nun jeden Tag predigte. Am 4. April hielt er mit 400 Teilnehmern das Abendmahl. Mehrere Mönche legten ihre Kutten ab.

Die inzwischen neugewählten Behörden waren reformfreundlich, logierten Farel und Viret im Kloster von Rive ein und setzten sie als Prädikanten ein. Die Menge forderte auch andere Kanzeln für die beliebten Redner. Am 8. August drangen die Massen mit Gewalt in die altehrwürdige Kathedrale von St. Pierre und hoben dort Farel auf die Kanzel. Nach seinem vehementen Angriff auf die Messe und den Bilder-

S. 160 unten:
Pierre Viret
(1511-1571)

161

kult wurde die Kirche, ähnlich wie in Neuchâtel, bis zum Abend völlig ausgeräumt.

Am 10. August versammelte sich der Rat der Zweihundert und nahm Kenntnis von den leeren Kirchen in der ganzen Stadt. Farel und Viret erläuterten zusammen mit dem bekehrten Klostervorsteher von Rive das reformatorische Anliegen.

Schon am 27. August erschien das Reformationsedikt, welches die Abschaffung der Messe verordnete. Alle Priester, welche nicht zum neuen Glauben übertreten wollten, hatten die Stadt zu verlassen. Es setzte nun ein allgemeiner Exodus ein, und sämtliche Kirchengüter wurden zu sozialen Zwecken veräußert. Die beiden Hauptkirchen der Stadt, St. Pierre und St. Gervais, standen nun für evangelische Gottesdienste offen. Aus der Residenz des Bischofs wurde ein Gefängnis. Man prägte eigene Stadtmünzen und gründete eine für alle Stadtkinder obligatorische Volksschule. Es entstand eine erste, einfache Kirchen- und Sittenordnung.

Während Viret nach Neuchâtel zurückkehrte, um sich der dortigen Gemeinde anzunehmen, widmete sich Farel dem Aufbau der Genfer Gemeinde. Er ließ das Volk in die Kathedrale kommen, um für den Frieden zu beten.

Am 27. Dezember endlich marschierte Hans Franz Nägeli mit seinen Berner Truppen ins Savoyische Waadtland, ins Chablais und anschließend in Genf ein. Während die beiden Seeufer definitiv annektiert wurden, verließen die Berner Soldaten Genf sofort wieder, nachdem die Savoyer das Feld geräumt hatten.

Farel hatte jetzt freie Hand für den inneren und äußeren Aufbau der Rhônestadt. Am 21. Mai 1536 beorderte er die gesamte Bürgerschaft zur Kathedrale, um aus dem Munde des ersten Bürgermeisters Claude Savoie den definitiven Reformationsbeschluß des Stadtrates zu vernehmen. Sie wurden angefragt, ob jemand Einwände dagegen habe und ob jedermann bereit sei, nach dem Evangelium zu leben. Unter der eindeutigen Wirkung von Farels Ministerium verkündete einmütiges Hände-Erheben:

Farel und Viret am 10. August 1535:
Wir sind bereit, die Wahrheit dessen, was wir verkündigen, durch unser Blut zu besiegeln, selbst der grausamste Tod erschrecket uns nicht. Wir verurteilen uns selber dazu, wenn unsere Gegner beweisen können, daß das, was wir in öffentlichen Gesprächen und in unseren Predigten behauptet haben, der Heiligen Schrift zuwider ist.

»Nous voulons vivre en ceste saincte loix evangelique et parolle de Dieu« d.h. sie wollten gemäß diesem heiligen evangelischen Gesetz und dem Worte Gottes zu leben geloben.

Das Schicksal Genfs war somit besiegelt. Farel schuf hier, nach Neuenburg, die zweite französisch sprechende Demokratie nach Zwinglis Zürcher Vorbild, allerdings ohne Zunft- und Patrizierdominanz wie in Zürich, Basel und Bern. Farel war der anerkannte und allgemein geschätzte Führer der Stadt. Einen Monat nach der Ankunft Calvins fand man am 8. September eine Verordnung, wonach die Stadtväter gehalten waren, jeden Morgen um 6 Uhr in St. Gervais Farel anzuhören, um dann um 7 Uhr zur Arbeit zu gehen.

Im Juli 1536 schlug für Genf eine weitere Schicksalsstunde, als Farel dem durchreisenden Johannes Calvin die Weiterreise verweigerte und ihm die Verantwortung für Genfs Zukunft aufdrängte.

Calvin hatte keine Ahnung von dessen unmittelbarer Vergangenheit noch von einer demokratisch regierten Stadt. Farel weihte ihn nun in diese Geheimnisse ein und überließ ihm die oberste geistliche Verantwortung über das Stadtwesen. Mit welcher beispielhaften Demut er diesen Akt der Unterordnung vollzog und der bisherige Meister zum Gehilfen wurde, geht aus dem Vorwort hervor, das er zu Calvins »Institutio« verfaßte:

Mein guter und voller Bruder Jean Calvin hat hier alle Jesus betreffenden Lehren so erschöpfend dargestellt, daß es niemand mehr nötig hat, die Schriften meiner Wenigkeit auch noch zu konsultieren. Bei Calvin findet man jene erschöpfende Auskunft, die man braucht, um alles über Jesus und den Glauben an ihn und seine Vorschriften, seine Anweisungen sowie die Anleitung zum Heiligen Wort Gottes zu bekommen.

Farel und Viret haben Genf zum Evangelium geführt. Calvin baute darauf weiter auf. Bis zu ihrer Vertreibung arbeiteten die beiden Freunde Hand in Hand für das Gedeihen der neuen Kirche, nicht ohne stets ein Auge auf die andere Stadt weiter oben am See zu werfen, wo Viret, eins mit ihnen, ebenfalls Aufbau trieb. Als eine ihrer ersten großen Aufgaben eilten sie ihm zu Hilfe, um die Berner davon zu überzeugen, ein grundlegendes Glaubensgespräch für die Waadt und das Chablais einzuberufen.

Pierre Viret in Neuchâtel und Lausanne

Von Farel in die von ihm reformierte Stadt am Chaumont geschickt, entledigte sich der junge Waadtländer mit angeborener Demut und Gewissenhaftigkeit einer keineswegs leichten Aufgabe. Beza sagte später einmal, niemand habe gelehrter gepredigt als Calvin, niemand kräftiger als Farel und niemand sanfter als Viret, und Farel schrieb an Bullinger über seinen Freund:

Gott hat uns Viret gegeben, ich kenne ihn besser als mich selber und bezeuge, daß ich nie etwas anderes in ihm gewahr ward als wahre, aufrichtige Liebe zu Christo und Sein Evangelium, ein demütiges, liebevolles, nach Frieden strebendes Gemüt; sähe er nicht, daß der Irrtum so vielen Verderben bringt, und wäre er sich nicht bewußt, von Gott getrieben zu werden, so würde er nie mit jemandem streiten. Im Streiten selbst zeigt er soviel Mäßigung, daß die Gegner, gezwungen, die Tatsachen anzuerkennen, nichts anderes zu tun wissen, als zu behaupten, es sei alles nur Heuchelei bei ihm.

Die milde und einnehmende Art Virets beeindruckte seine Zeitgenossen derart, daß Farel bezeugte, niemand sei in Genf so beliebt gewesen wie er. Das muß auch in Neuenburg auf seinem kurzen dortigen Aufenthalt der Fall gewesen sein, wie einem späteren Brief Virets an seine frühere Gemeinde zu entnehmen ist:

Es hat meinem Gott und Vater, dem ich im Ministerium Seines Sohnes Jesus Christus diene, gefallen, mich in meiner Jugend zu Euch zu berufen, um Eure Kirche auf dem Fundament aufzubauen, das unser guter und wahrer Diener Gottes, Meister Farel als Euer erster Hirte damals gelegt hat und heute noch in Eurer Mitte ausübt. Durch das Band des Heiligen Geistes wurden wir in echter Freundschaft miteinander verbunden. Ihr macht mir heute noch die große Ehre, mich als Euren Pastor anzusehen, als ob ich stets bei Euch geblieben wäre.

Beim Einmarsch der Berner rief Farel seinen Freund Viret wieder zu sich nach Genf. In Begleitung von Christophe Fabri stieß er jedoch am 1. März 1536 unterwegs in Yverdon auf einen Trupp Armbrustschützen aus Lausanne. Diese beschworen ihn, nach Beendigung der Feindseligkeiten als Verkündiger des Wortes Gottes in ihre

Stadt zu kommen. Also ließ er Fabri allein zu Farel weiterreisen.

Virets Start in Lausanne war eine rüde Zeit für den jungen Orber. Finanziell arm, war er ganz auf sich allein angewiesen. Die Stadt war bis zum 23. März noch vom Bischof und den Mönchen beherrscht. Am 31. März mußten sie den anrückenden Bernern weichen.

Viret predigte machtvoll in St. Francois. Die Bürger kamen in hellen Scharen unter seine Kanzel, so daß Berns Prediger Megander feststellen konnte, in Lausanne werde Christus von einem jungen, sehr gebildeten und frommen Mann machtvoll vor großen Mengen gepredigt.

Viret wurde nun der eigentliche Reformator von Lausanne und dadurch seiner ganzen waadtländischen Heimat. In der ersten Hitze des Gefechtes stürzten sich seine Zuhörer auf die Bilder. Das wurde aber im Gegensatz zu Neuenburg und Genf vom Rat verboten.

Am gegenüberliegenden Seeufer hatte Fabri Schwierigkeiten mit den Priestern, so daß sich Viret und Farel entschlossen, bei den Bernern vorstellig zu werden, damit sie ein Religionsgespräch auf den 1. Oktober in St. François einberiefen. Farel stellte für den Anlaß 10 Thesen über das Grundprinzip der Reformation zusammen. Hier ihr Wortlaut:

1. Die Heilige Schrift kennt keinen anderen Weg der Rechtfertigung, als den durch den Glauben an den einmal für uns dahingegebenen Christus. Diesen täglich neu opfern wollen, heißt seine Kraft und sein Verdienst verkennen.
2. Dieser gekreuzigte und auferstandene und zur Rechten des Vaters erhobene Christus ist der einzige Hohepriester, Mittler und Herr der Kirche.
3. Die Kirche Gottes besteht aus denen, die glauben, daß sie bloß durch das Blut Christi erkauft sind, und die Seinem Worte allein vertrauen.
4. Diese Kirche erkennt man an den durch Christus eingesetzten Anstalten, Taufe und Abendmahl, welche Sakrament heißen, weil sie Symbole und Zeichen der Gnade Gottes sind.
5. Sie erkennt keine anderen Diener an als solche, welche das Wort rein predigen und die Sakramente recht verwalten.
6. Sie kennt keine andere Beichte als die, welche vor Gott geschieht, und keine andere Absolution als die, welche Gott erteilt.
7. Sie erkennt keinen anderen Gottesdienst als einen geistigen, der weder der

Zeremonien noch der Bilder bedarf.

8. Sie kennt keine andere Obrigkeit als die der Laien; dieser ist der Christ Gehorsam schuldig, insofern als sie nichts gegen Gott befiehlt.

9. Die Ehe ist kein Hindernis der Heiligkeit irgend eines Standes.

10. Was die gleichgültigen Dinge betrifft, wie Speise, Trank, Beobachtung gewisser Zeiten, so ist der Fromme frei zu handeln, wie es ihn gut dünkt, sofern es nur in Liebe geschieht.

Entgegen wiederholten Protesten der Lausanner Stiftsherren, der katholischen Kantone und selbst des Kaisers, fand das Gespräch wie geplant statt. Zahlreiche Mönche und Priester aus der ganzen Waadt und ein französischer Arzt hatten sich eingestellt. Die Verhandlungen wurden protokollgemäß unter dem Vorsitz der Berner Abgesandten auf Französisch gehalten. Farel und Viret verteidigten abwechselnd die einzelnen Thesen. Der erst kurz vorher in Genf angesiedelte Calvin hielt sich im Hintergrund und nahm nur kurz zur Transsubstantiation in der 3. These Stellung, indem er feststellte, daß die Kirchenväter noch nichts davon wußten.

Die katholischen Geistlichen machten einen unsicheren Eindruck, so daß Viret ausrief: »seid ihr so herabgekommen, daß ihr nicht einmal wißt, ob ihr recht handelt oder nicht? Wenn ihr nicht wißt, ob die Messe von Gott ist, warum feiert ihr sie denn? Sind die Priester so unwissend, wie ihr es sagt, so sollten sie ihr Amt niederlegen. Ihr wäret nicht töricht genug, um euch einem Schiff anzuvertrauen, dessen ungeschickter Steuermann euch der Gefahr aussetzen würde, zu ertrinken. Wie könnt ihr euch daher wundern, daß wir eure Leitung nicht mehr wollen?«

Nach acht Tagen beschloß Farel die Verhandlungen mit einer langen Predigt, in der er die Thesen nochmals erklärte und die Verleumdungen gegen die Reformatoren zurückwies. Der Berner Schultheiß ermahnte die Versammlung, ruhig die Beschlüsse der Regierung abzuwarten. Am 24. Dezember 1536 war die Waadt offiziell reformiert.

Die letzten Jahre der beiden Reformatoren

Während die Franzosen Calvin, Farel und Beza ihr Ministerium in der Schweiz vollendeten, mußte der Waadtländer das seinige in der Heimat seiner Freunde finden. Zuerst wurde er in Nîmes begeistert empfangen, wo der Kranke an Weihnachten etwa 8000 Zuhörer in der Kathedrale mit Predigt und sechs Stunden dauerndem Abendmahl fesselte. Im Februar 1562 leitete er die Provinzialsynode von Bas-Languedoc. Der Gemeinde von Montpellier, welche ihn nachher aufnahm, widmete er sein meistgelesenes, wertvollstes Buch, die »Instruction chretienne«, eine für den Laien verständliche Zusammenfassung christlicher Lehre, wie er sie von der Kanzel herab zu vermitteln versuchte. Viele fanden durch diesen Dienst ihren Heiland und Herrn. Nächster Aufenthalt Virets war Valence, wo er einem zum Tode verurteilten Jesuiten dadurch das Leben rettete, daß er ihn vor seinen Richtern öffentlich umarmte und ausrief, allein Gott stehe das Recht über Leben und Tod zu. Von dort zog er für ein Jahr nach Lyon, weil seine Gesundheit merkliche Besserung gemacht hatte. Unvergeßlich blieb dort die Rettung von 7000 Frauen, Kindern und Greisen, die der Stadtkommandant der belagerten Stadt deshalb umbringen wollte, weil so viele unnütze Münder die Stadt aushungerten. Durch Virets Intervention konnte der Befehlshaber umgestimmt werden.

Im Mai 1563 traf Viret zu seinem definitiven Abschiedsbesuch in seiner Heimat ein. Schmerzlich waren die Abschiede in Orbe (1544 zur Reformation übergetreten) und in Genf. Die Gesundheit erlaubte ihm kein Verbleiben. Am Fuße der Pyrenäen fand er inmitten wütender Hugenottenkriege in Orthez Unterschlupf und konnte kurzfristig an der dortigen Akademie Unterricht erteilen. Er wurde von den Katholiken festgenommen und eingekerkert, dann aber von den Hugenotten wieder befreit.

Als letzter der drei großen Reformatoren der Westschweiz verschied Pierre Viret im März 1571 im südlichen Béarn. Aus unbekannten Grün-

Lausanne, von Viret reformiert

den blieb sein Grab verschollen. Seine Frau kehrte nach Genf zurück, wo sie auch starb. Nach Bezas Worten war das ganze Leben Virets ein beständiges Wunder Gottes. Von seinen zehn Lehrschriften, acht Ermahnungsschriften, vierzehn polemischen Traktaten und sechs Satiren sind viele verschollen.

Viret überlebte Calvin um sieben Jahre und Farel um sechs Jahre. Farel hatte am 20. Dezember 1558 mit 69 Jahren noch einen Schritt getan, welchen selbst Calvin als Verrücktheit bezeichnete. Er heiratete Marie Torel von Rouen, eine viel jüngere Frau. Calvin schrieb seinen Pfarrerkollegen in Neuenburg, sie sollten die Torheit des alten Mannes mit Geduld ertragen. Farels Lebenskraft wurde durch die neue Bindung eher erfrischt, findet man ihn doch häufig auf Reisen. Für die Flüchtlingshilfe im Piemont und in Frankreich reiste er nach Saarbrücken zu Graf Adolf von Nassau, nach Straßburg, Zürich, Basel. In einem Traktat von 1560 brandmarkte er nochmals den mit Kruzifixen getriebenen Aberglauben, welcher den Blick auf Golgatha völlig verdecke. In Genf wollte ihn der Rat zurückbehalten und ihm Wohnung und Pension anbieten, da er ja der Reformator der Stadt sei. Nach 40 Jahren besuchte er 1561/2 nochmals

seine Heimat Gap. Hier und in Lyon predigte er vor großem Auditorium, bis ihn die Behörden verjagten.

Bei seiner Rückkehr fand er am 1. Mai 1564 einen rührenden Abschiedsbrief des todkranken Calvin, an dessen Krankenbett er sogleich eilte, um von ihm Abschied zu nehmen. Calvin starb am 27. Mai 1564 und Farel schrieb an Fabri in Neuchâtel, hätte er doch an dessen Stelle sterben können. Das wurde ihm im folgenden Jahr am 13. September 1565, umringt von einer großen Trauergemeinde, gewährt. Ihnen und seinem abwesenden Freund Viret machte er noch bis zuletzt Mut mit Blick auf den Auferstandenen und Wiederkommenden Jesus Christus.

Aus seinen achtzehn Schriften zu allen einschlägigen Aspekten der Reformation sei lediglich die Grundlage zur Genfer Umwandlung festgehalten: »Confession de la foy, laquelle tous bourgeois et habitans de Genève et subjects du pays doivent jurer de garder et tenir«, welche 1537, unterstützt von Farels Seelsorge- und Predigtdienst, die Gemüter von der Wahrheit der Heiligen Schrift allein zu überzeugen vermochte. Diese Schrift und Calvins Institutio gehörten gewissermaßen zur literarischen Grundhaltung der Genfer Gemeinde.

JOHANNES VON LASCO
(1499-1560)

Er wurde in Warschau geboren. Seine Familie gehörte zum polnischen Hochadel. Sein Oheim war Erzbischof von Gnesen. Nach Vollendung seiner Studien reiste Johannes in die Niederlande, die Schweiz und nach Paris, um die Länder der Reformation kennen-

Johannes von Lasco

Johannes von Lascos Bekenntnis:
Ich war ein rechter Pharisäer, mit Titeln und Pfründen überladen von Jugend auf. Durch Gottes Gnade habe ich alles verlassen, nun will ich in der Fremde meines armen, gekreuzigten Herrn Christus armer Knecht sein.

zulernen. In die Heimat zurückgekehrt, reinigte er sich durch eine eidesstattliche Erklärung von dem Verdacht der Ketzerei und stieg nun in der kirchlichen Laufbahn von Stufe zu Stufe, bis ihn der König 1536 zum Bischof ernannte. Er lehnte aber, inzwischen zu klarer evangelischer Erkenntnis gelangt, diese Würde ab und verließ sein Vaterland.

Er zog nach Löwen, trat dort förmlich zur evangelischen Kirche über und erwarb sich, als er dort nicht bleiben konnte, in Emden ein kleines Gut. Zum Pfarrer in Emden gewählt und von der Landesherrin zum Superintendenten ernannt, nahm er sofort den Kampf mit den Katholiken und Sektierern auf. Er ordnete die Gemeinden

nach der Kölnischen Kirchenordnung, die auf Butzer und Melanchthon zurückgeht. Zur Herstellung der Lehreinheit arbeitete er unter Zugrundelegung des Genfer und Zürcher Katechismus ein Lehrbuch aus, das dem Heidelberger Katechismus als Vorlage gedient hat. Als er sich dem Interim nicht unterwerfen konnte, begab er sich nach England, wo sich unter dem Schutze Eduards VI. eine große Flüchtlingsgemeinde gesammelt hatte. Dieser Gemeinde diente er als Superintendent und gab ihr eine eigene Ordnung in Kultus und Aufbau. Zur Leitung der Gemeinde berief er die Ältesten, die Diakonen und Doktoren, die von der Gemeinde vorgeschlagen wurden und vom Presbyterium zu wählen waren. Durch einen Buß- und Bettag wurde die schriftliche Wahl vorbereitet. Die Ältesten und Doktoren wurden lebenslänglich gewählt, die Diakonen auf ein Jahr. Die Kirchenzucht ordnete er nach Matthäus 18. Er führte in dem Bestreben, auch den Kultus nach dem Wort Gottes zu gestalten, die sitzende Kommunion ein. Während von der Kanzel ein Diakon Stücke aus Johannes 6 vorlas, teilte der Pfarrer das Mahl mit den Abendmahlsworten aus 1. Korinther 10 aus. Das übrige Brot und den Wein trugen dann die Diakonen zu den Kranken. Nach dem Tode Eduards VI. suchte Lasco mit seiner Gemeinde einen neuen Zufluchtsort, wobei er schmerzliche Erfahrungen in den lutherischen Gemeinden machte, bis er nach langem Umherirren wieder in Emden Aufnahme fand. 1545 wurde er dringend nach Polen zurückgerufen, da Sigismund August, der der Reformation freundlich gegenüberstand, zur Regierung gekommen war. Lasco machte sich auf den Weg und sandte ein Schreiben voraus, in welchem er den König ermahnte, die Verantwortung der Stunde zu bedenken. Wenn das Land seine Heimsuchung verachte, werde Gottes richterliches Walten kund werden. Lasco wurde zum Landessuperintendenten der evangelischen Gemeinden in Polen ernannt und nahm auf seinem Gut Rabstein seinen Wohnsitz. In den folgenden Jahren suchte er die drei Gruppen, die Lutheraner, Reformierten und Böhmischen Brüder zu vereinigen, was ihm nur bei den beiden letzteren gelang. Er machte sich an die Übersetzung der Heiligen Schrift in die polnische Sprache und erlebte noch ihre Vollendung. Am 13. Januar 1560 entschlief er nach kurzer Krankheit. Die Gegenreformation zerstörte nach seinem Tode sein Werk fast völlig. Seine eigenen Nachkommen wurden wieder katholisch. Polen hat die Botschaft seines edelsten Sohnes verworfen. Unter seinem Bildnis, das die mächtige Gestalt mit dem großen, auf die Brust herabwallenden Bart zeigt, steht das Wort: Nulla piis patria in terris superna quaerentibus (nach Hebr 13,14).

Frauengestalten der Reformationszeit

ARGULA VON GRUMBACH
(1492-1530)

ist 1492 geboren als Tochter des Freiherrn Bernhardin von Stauffen, eines der ritterlichsten Männer seiner Zeit, der um des Kaisers willen mit seinem Bayernherzog in Streit geriet und Burgen und Wohlstand dabei verlor. Der Vater schenkte dem zehnjährigen Kind eine Bibelübersetzung und befahl ihr, eifrig darin zu lesen. Als ihr innerhalb von fünf Tagen beide Eltern starben und gleichzeitig ihr mächtiger Oheim Hieronymus von Stauffen aus politischen Gründen hingerichtet wurde, wäre sie mit ihren sechs Geschwistern ganz verlassen gewesen, hätte sie nicht, vielleicht einer Gewissensregung folgend, der Herzog an seinen Hof genommen, um sie dort im Frauengemach der Herzoginmutter erziehen zu lassen. Dort lernte sie ein fränkischer Edelmann, Friedrich von Grumbach, kennen und machte sie, von ihrer Schönheit und ihrem Verstand angezogen, zu seiner Gemahlin. Sie gelangte früh durch das Lesen der Schriften Luthers zur Erkenntnis der evangelischen Wahrheit. Während ihr Bruder Bernhardin auf seinem benachbarten Gut schon 1520 einen fleißig besuchten evangelischen Gottesdienst einrichtete, trieb sie der Be-

kenntniseifer, als evangelische Lehrerin sich zu betätigen. Als ein achtzehnjähriger Student, Arsatius Seehofer, von der Universität Wittenberg in seine bayrische Heimat zurückgekehrt war und an der Universität Ingolstadt die Episteln des Paulus auslegte, wurde ihm der Prozeß gemacht. Siebzehn meist paulinische Sätze zog man aus seinen Papieren aus und verdammte sie als ketzerisch. Er ließ sich durch die Inquisitoren einschüchtern und widerrief. Weil nun niemand für den jungen Menschen eintrat, schrieb Argula 1523 eine öffentliche Epistel an die hohe Schule in Ingolstadt.

> Wie werdet ihr bestehen mit eurer hohen Schule, daß ihr so töricht und gewalttätig handelt wider das Wort Gottes und mit Gewalt zwingt, das Evangelium zu verleugnen, als ihr mit Arsatio Seehofer getan habt und ihn mit Gefängnis und Drohung des Feuers dazu gezwungen, Christum und sein Wort zu verleugnen? Was lehrt dich Luther und Melanchthon anders als das Wort Gottes? Ihr verdammt sie unüberwunden, hat euch das Christus gelehrt, oder seine Apostel und Evangelisten? Ihr hohen Meister, ich finde an keinem Ort der Bibel, daß Christus, noch seine Apostel gekerkert, gebrennet, noch gemordet haben.

Die Universität soll ihr die Artikel Luthers und Melanchthons, die ketzerisch sein sollen, anzeigen. Sie erbietet sich, persönlich, am liebsten in Gegenwart ihrer drei Fürsten und der ganzen Gemeinde, Rechenschaft von ihrem Glauben zu geben, denn sie schäme sich des Evangeliums von Christo nicht.

Auch den Herzog hatte sie bald danach um Gottes willen gebeten, dem Evangelium freien Lauf zu lassen. An den Kurfürsten Friedrich und den Pfalzgrafen Johannes sandte sie Schreiben, wie sie auch mit Luther in Briefverkehr trat und ihn aufforderte, in den heiligen Ehestand zu treten. Während des Reichstages zu Augsburg schrieb sie an Spalatin: »Fürchtet euch nicht, die Sache ist Gottes, der sie in uns ohne uns angefangen hat, der weiß uns wohl zu beschützen.«

Weil sie nicht aufhörte, die Lehre Luthers zu bekennen, wurde sie schließlich außer Landes verwiesen und ihr Sohn Hans Georg aus dem herzoglichen Dienst entlassen. Ihr Mann, an dem sie keine Stütze in ihrem Kampfe hatte, war ihr 1530 im Tode vorausgegangen. Sie beschloß ihren unruhigen Lebenslauf auf fränkischem Boden in Zeilitzheim bei Schweinfurt, wo sie begraben liegt.

Wo viele Männer schwiegen, hat sie gewagt, zu bekennen und hat dem Evangelium zulieb Verfolgung auf sich genommen. Sie war eine heldenmütige Frau. Luther nennt sie die »Jüngerin Christi, Argula«.

MARGARETE BLARER
(1494-1541)

Sie stammte aus altem Konstanzer Adelsgeschlecht, von dem einige Vertreter auf dem Konstanzer Bischofsstuhl gesessen und geistliche und weltliche Ehrenämter bekleidet haben. Sie war mit ihren Brüdern Thomas und Ambrosius sorgfältig erzogen worden und verstand die lateinische Sprache, in der sie einen Briefwechsel mit mehreren Gelehrten unterhielt. Als ihr Bruder Thomas von der Universität Wittenberg die evangelische Lehre mitbrachte, schloß sie sich zugleich mit ihrem Bruder Ambrosius dem Evangelium an. Sie unterwies arme Kinder im Lesen, Arbeiten und im Christentum. Sie rief einen Kreis christlicher Frauen und Jungfrauen zusammen, um sich mit ihrer Hilfe der Kranken und Armen anzunehmen. Ambrosius schrieb ihr 1540:

Grüße dein ganzes Haus samt allen deinen Kranken und Armen, durch deren Fürbitte bei dem Herrn ich wünsche unterstützt zu werden. Lebe wohl, beste, liebste Schwester in dem Herrn! Tue, was du tust, geflissentlich, nähre, tränke, besuche, sammle in den Hungrigen, Dürstenden, Kranken und Vertriebenen Christum in der gewissen Zuversicht, daß dein Lohn bei ihm im Reich seiner Herrlichkeit dir bereitet ist.

Als im Jahre 1541 die Pest in Konstanz wütete, nahm sie sich persönlich der Kranken an. Ambrosius schildert ihr Walten in einem Brief an Bullinger:

Margareta, die beste Schwester, benimmt sich jetzt wahrhaftig wie eine Archidiakonisse unserer Kirche, indem sie ihr Leben und alles in Gefahr setzt. Täglich besucht sie jene öffentlichen Häuser, in denen die von der Pest Befallenen, jene gemeinen Knechte und Mägde und andere Leute dieser Art gepflegt werden, und das mit Mut und erhabenem Geist. Bitte, ich beschwöre Dich, den Herrn, daß er sie, welche jetzt unser einziger Trost ist, uns nicht entreiße.

Die Krankheit ergriff auch sie, und »weil ihre Seele Gott wohlgefiel, eilte er mit ihr aus diesem bösen Leben«. Sie vollendete ihren Lauf am 27. November 1541 in einem Alter von 47 Jahren.

KATHARINA ZELL (1497-1562?)

war die Ehefrau des Matthäus Zell, ehemals Professor und Rektor der Universität in Freiburg, seit 1518 Leutpriester an dem Münster zu Straßburg, der erste evangelische Pfarrer dieser Stadt.

Sie war 1497 in Straßburg geboren als Kind einer ehrsamen Handwerkersfamilie und erhielt eine sorgfältige Erziehung.

In einem »Brief an die Ganze Bürgerschaft der Statt Straßburg, von Katharina Zellin vom Jahre 1557« schreibt sie:

Von Mutter Leibe an hat mich der Herr gezogen und von Jugend auf gelehrt, darum habe ich mich auch seiner Kirche, nach dem Maße meines Verstands und der mir verliehenen Gnade, zu jeder Zeit fleißig angenommen und treulich gehandelt, ohne Schalkheit und mit Ernst gesucht, was des Herrn Jesus ist. Deshalb hat auch mein frommer Matthäus Zell zur Zeit und Anfang seiner Predigt mich zur ehelichen Gesellin begehrt, dem ich auch eine treue Gehilfin in seinem Amt und Haushaltung gewesen bin zur Ehre Christi, welcher mein Zeuge ist, daß ich Tag und Nacht meinen Leib, meine Kraft, Ehre und Gut, o mein Straßburg, zum Schemel deiner Füße gemacht habe. Dies hat auch mein frommer Mann herzlich gern zugelassen, sich selbst und sein Haus meiner oft ermangeln lassen, und mich gern der Gemeinde geschenkt.

Sie hat viele herrliche und gelehrte Leute auf der Flucht aufgenommen. Einmal nahm sie 15 Männer aus der Markgrafschaft Baden auf und tat ihnen Gutes. Im Jahre 1524 beherbergte sie von 150 flüchtigen Kenzinger Bürgern 80 in ihrem Hause und speiste vier Wochen lang nie weniger als 50 bis 60. Im Bauernkrieg nahm sie viele erschrockene Bauern auf und richtete für sie das Barfüßerkloster ein. Für arme Schüler besorgte sie eine Unterkunft. Ja selbst für Schwenckfeld und die armen Taufbrüder hatte sie ein Herz und nahm sie auf, ja sie nahm Stellung für sie gegen ihre Verfolger. Sie sandte eine Trostschrift »an die leidenden christgläubigen Weiber der Gemeinde Kenzingen, meinen Mitschwestern«. Sie, die noch mit ihrem Manne im Jahre 1536 die beschwerliche Reise nach Wittenberg gemacht hat, um Luther zu sehen, lehnte die Streittheologie der lutherischen Epigonen ab und trat mit Wort und hilfreicher Tat für echt evangelische Duldsamkeit ein. Und auch darin war sie eine Mutter der evangelischen Kirche. Ihr Todesjahr ist unbekannt. Die letzte Nachricht von ihr stammt aus dem Jahre 1562.

Die Fürsten der Reformation

Sie waren *praecipua membra*, hervorragende Glieder der Kirche durch ihr Amt und ihre Verantwortung. Das biblische Haushaltertum, das den wahrhaft christlichen Landesherrn erfüllt, kam in einigen leuchtenden Gestalten unter den Fürsten der Reformation zum Ausdruck, die Väter und Schutzherrn der evangelischen Christenheit waren.

FRIEDRICH III., der Weise (1463-1525)

Als verständiger Kurfürst von Sachsen genoß er großes Ansehen bei den Reichsfürsten und beim Kaiser. Er verwaltete 1496 das Reichsvikariat. 1502 stiftete er die Universität Wittenberg, der er eine geradezu zärtliche Fürsorge zuwandte. Ohne es zu wissen und zu wollen, wurde er dadurch der Schutzherr der Reformation. Er war ein guter Katholik, machte 1493 eine Reise ins Heilige Land und ließ sich zum Ritter des Heiligen Grabes schlagen. Er sammelte eifrig Reliquien für die Schloßkirche in Wittenberg. Er bat Cajetan um Vermittlung und freundliche Behandlung Luthers. Beinahe wäre er Kaiser geworden, doch er wollte nicht. Er hielt seine Hand über Luther, verhinderte seine Auslieferung sowie die Durchführung des Bannes. Er ließ Luther auf der Wartburg verstecken, doch war er froh, als Luther nach Wittenberg zurückkehrte, um dort Ordnung zu schaffen. Der Bauernkrieg hat den Fürsten tief erschüttert. 1525 starb er, nachdem er sich vorher das Abendmahl in beiderlei Gestalt hatte reichen lassen und sich dadurch als Anhänger der Reformation bekannt hatte.

JOHANN FRIEDRICH, der Beständige (1468-1532)

Der Bruder des weisen Kurfürsten ist 1468 geboren und am Hof seines Großoheims Kaiser Friedrich III. sorgfältig erzogen worden. Er verstand Latein und studierte Kriegswissenschaft, die er in mehreren Feldschlachten gegen Ungarn und Venezianer bewährte. Er war Mitregent seines Bruders in ungetrübter Einigkeit. Sein unbestechlicher Wahrheitssinn machte ihn früh zu einem überzeugten Bekenner des Evangeliums. Luther widmete ihm den Sermon von den guten Werken. Den Kleinen Katechismus Luthers schrieb er eigenhändig ab. In seinem Wappen trug er den Satz: Gottes Wort währt in Ewigkeit. Nach dem Reichstagsabschied von Speyer bemühte er sich um die allgemeine Kirchenvisitation in seinem Gebiet. Beim Reichstag zu Augsburg unterschrieb er das Bekenntnis, in dem er sagte: Ich will Christus mit euch bekennen.

Der Kaiser sagte zu ihm: »Oheim, das hätte ich mich zu Eurer Liebden nicht versehen.« 1531 schloß er den Schmalkaldischen Bund auf sechs Jahre und veranlaßte dadurch den Kaiser zum Religionsfrieden in Nürnberg 1532. Bald

Straßburg in einer Darstellung aus dem Jahre 1588

von links:
Friedrich III., der Weise,
Johann Friedrich, der
Beständige,
Johann Friedrich, der
Großmütige

darauf wurde Luther, den er oft zu sich kommen ließ, an sein Sterbebett gerufen. Luther nannte ihn einen frommen, aufrichtigen Fürsten, der gar keine Galle hat, und sagte von ihm, mit ihm sei die Redlichkeit, mit seinem Bruder die Weisheit gestorben.

JOHANN FRIEDRICH, der Großmütige (1503-1554)

ist 1503 geboren und war der letzte Kurfürst der Ernestinischen Linie. Seine Mutter starb bei der Geburt, er trug auf dem Rücken ein Muttermal in Gestalt eines Kreuzes. In seinem Testament hinterließ sein Vater den Wunsch, »Gott werde Seine Liebden behüten, daß sie nicht von teuflischen Räten verführt werden«. Oft wechselte er Briefe mit Luther, der ihm 1530 die Übersetzung des Propheten Daniel zueignete. Er war unerschütterlich treu Luther und seiner Lehre ergeben. Um seines evangelischen Glaubens willen war seine erste Verlobung mit der Schwester Karls V. aufgelöst worden. Später verheiratete er sich mit Sibylle, der Tochter des Herzogs von Cleve.

Auf Antrag des Landtags führte er unter der Leitung von Jonas und Bugenhagen die große Visitation durch, die die kirchlichen Verhältnisse des Landes vollends ordnete.

Beim Kaiser war er nicht in Gnaden. Er erteilte ihm lange weder die Genehmigung zu seiner Heirat, noch die Belehnung mit der Kurwürde. Johann Friedrich war von tiefem Mißtrauen gegen den Kaiser beseelt, so daß er die Reichstage von 1541 an kaum mehr besuchte. Als er bei Erledigung des Bistums Naumburg seine landesherrlichen Rechte gegen das Domkapitel geltend machte, wurde der Kaiser sehr verstimmt. Auch die Albertinische Linie wurde verärgert, so daß mit Mühe ein Waffengang zwischen beiden Häusern durch das Eintreten Luthers und Philipps von Hessen vereitelt wurde. Als der treue Beter Luther die Augen geschlossen hatte, entlud sich das Gewitter auf sein Haupt. Der Kaiser zog eine große Heeresmacht zusammen, und es kam zum Schmalkaldischen Krieg. Es fehlte den Evangelischen an einheitlicher Planung und einheitlichem Vorgehen. So verlor Friedrich die Schlacht bei Mühlberg gegen fünffache Übermacht und fiel, selbst tapfer kämpfend, verwundet in die Hände des Kaisers. Am 10. Mai sprach das Kriegsgericht unter dem Vorsitz des Herzogs Alba das Todesurteil über ihn aus. Friedrich war gerade beim Schachspiel, als man ihm die Mitteilung machte. Er hörte sie ruhig an und sprach: Pergamus, fahren wir fort! Im Unglück gewann der Fürst eine leuchtende Größe der Glaubenstreue und Beständigkeit. Er verlor den größten Teil seiner Länder und die Kurwürde. Er war aber durch alle Drohungen und Versprechungen nicht zu bewegen, das Interim und das Tridentinische Konzil anzuerkennen. Fünf Jahre blieb er in Haft, seelisch ungebrochen, durch den Glauben ein Überwinder seiner Feinde. Im Vertrag von Passau erlangte er wieder die Freiheit und zog unter dem Jubel der Bevölkerung in Coburg ein (1552).

Wenn ihm auch die Gabe politischer Kombination fehlte, so war er doch ein sehr tätiger, väterlicher Regent. Wissenschaft und Kunst hat er einsichtsvoll gepflegt und noch als Gefangener die Universität Jena gestiftet.

GUSTAV II. ADOLF VON SCHWEDEN (1594-1632)

war der Sohn des Königs Karl, der nach dem Tod seines katholisierenden Bruders von den evangelisch gesinnten Ständen Schwedens anstatt seines erbberechtigten Vetters, des katholischen Sigismund von Polen, zum König gewählt worden war. Karl war ein großer Feldherr von scharfsinniger, nüchterner Berechnung. Er hat mit den Dänen, Polen und Russen erfolgreiche Kriege geführt und dadurch die Herrschaft Schwedens über die Ostsee befestigt.

Gustav Adolfs Begabung und Erziehung
Gustav Adolf war von hochgewachsener Gestalt und heller Hautfarbe. Seine blauen Augen strahlten unter blondem Haupthaar. Er war sorgfältig erzogen, in allen Leibesübungen gewandt und in Kriegswissenschaft besonders ausgebildet. In die Geschichte der Niederlande hatte er sich besonders eingelesen. Wilhelm von Oranien, der Befreier, war sein Ideal. Er beherrschte fünf Sprachen und erlernte noch das Griechische dazu. Schon in ganz jungen Jahren besaß er ein so reifes Urteil, daß sein Vater ihn als elfjährigen Knaben zu den Sitzungen des Staatsrates zuzog. Oft sagte der Vater: Ille faciet. Jener wird es machen.

Seine weise Regierung festigt den Thron
Nach dem Tode des Vaters übernahm der Siebzehnjährige die Regierung. Es gelang ihm, den widerstrebenden Adel für den Staats- und Heeresdienst zu ge-

winnen. Er sanierte die Steuern und organisierte ein stehendes Heer, in dem die Muskete die Hauptwaffe war. Ja, er uniformierte Teile seiner Truppen. Durch einen Vertrag mit Dänemark beseitigte er die dänischen Plätze auf schwedischem Boden. Er konnte die festen Städte auf dem Ostufer der Ostsee besetzen. Das Vordringen Wallensteins an die Ostsee, die Unterstützung des polnischen Feindes durch kaiserliche Truppen ließ ihn die habsburgische Gefahr erkennen. Dazu war Habsburg der entschlossene Feind des evangelischen Glaubens, der sich anschickte, der evangelischen Sache einen vernichtenden Schlag zu versetzen.

Sein Angriff auf Habsburg
So einigten sich glaubensmäßige und politische Ziele, um den König zu einer Landung auf deutschem Boden zu bewegen, nachdem ihn evangelische Glaubensgenossen schon oft um Hilfe angegangen hatten. Es war ein Zeichen, daß

Gustav II. Adolf von Schweden

Urteil des Historikers Treitschke:
Die politische und religiöse Pflicht wiesen beide auf dasselbe Ziel. Den Ausschlag aber gab doch wie bei allen weltgeschichtlichen Entschlüssen der dunkle Drang des Genius, die geheime Ahnung ungeheuerer Erfolge und einer göttlichen Berufung

er am hundertsten Jahrestag der Augsburger Konfession, am 25. Juni 1630, auf der Insel Usedom mit einem streng disziplinierten, dem heldenhaften König völlig ergebenen, von Begeisterung des evangelischen Glaubens erfüllten Heer auf deutschem Boden landete.

Es gehörte ein hoher Mut und ein starkes Gottvertrauen zu diesem Schritt. Die evangelischen Fürsten von Brandenburg und Sachsen waren schwach und unentschieden und zögerten, sich ihm anzuschließen. Mit Gewalt mußte er sie in seine Bundesgenossenschaft zwingen, während Wilhelm von Hessen und Bernhard von Weimar, in denen der Geist ihrer großen Ahnen lebte, sich ihm begeistert als Bundesgenossen anboten. Aber ihre Länder waren zu weit entfernt, um ihm eine Hilfe zu sein. Das Zaudern der evangelischen Fürsten verlangsamte sein Vordringen und verursachte den Fall Magdeburgs. Am 17. September brachte das Heer Gustav Adolfs dem kaiserlichen Heer unter dem bisher unbesiegten Feldherrn Tilly in der Schlacht bei Breitenfeld eine vernichtende Niederlage bei. Vor der Schlacht betete Gustav Adolf mit weithin schallender Stimme:

Allmächtiger Gott, von dem Sieg und Niederlage kommt, wirf einen gnädigen Blick auf uns, deine Knechte, die wir aus fernen Landen gekommen sind, um für Freiheit und Wahrheit, für dein heiliges Evangelium zu kämpfen. Verleihe uns Sieg um deines heiligen Namens willen! Amen.

Im Triumph zog er nach Mainz. Das evangelische Volk nannte ihn den Lichtritter Gottes. Er selbst sah es nicht gern, daß man ihn so verehre.

Sie machen zuviel aus mir. Ich fürchte, daß mich Gott wegen der Torheit dieses Volkes strafen wird; denn es verehrt mich wie einen Abgott.

Die Soldaten mußten sich oft versammeln zum Gebet und Hören des Wortes Gottes. Im Mai 1632 rückte er in München ein, das er, im Unterschied zu Tilly, der Magdeburg zerstörte, verschonte, wie er auch gegen die Katholiken duldsam war. Inzwischen war der 1630 abgesetzte Wallensten vom Kaiser wieder mit dem Oberbefehl betraut worden. Er verschanzte sich mit einem großen Heer von sechzigtausend Mann bei Nürnberg. Monatelang lag ihm Gustav Adolf in einem befestigten Lager gegenüber, bis er im September nach Süden zog, um in Österreich einzufallen. Wallenstein zog

gegen Sachsen nach Norden, und Gustav Adolf mußte den Bundesgenossen zu Hilfe eilen. Am 16. November 1632 kam es zur Schlacht bei Lützen. Wallenstein hatte eine beträchtliche Übermacht. Gustav Adolf hatte sich noch vorher von seinem Kanzler und seiner Gemahlin Eleonore verabschiedet. Den Stahlharnisch wies er zurück mit den Worten: »Gott ist mein Harnisch.« Als der Nebel sich gegen elf Uhr verzog, gab der König das Zeichen zum Angriff, indem er die um den Degen gefalteten Hände zum Himmel aufhob und rief: »Nun vorwärts in Gottes Namen! Jesu, Jesu, Jesu, hilf mir heute streiten zu deines heiligen Namens Ehr!« Im Nebel kam der König ab von den Seinigen und geriet seiner Kurzsichtigkeit wegen zu nah an den Feind. Er wurde getroffen und sank vom Pferde. Als sein weißes Roß ohne Reiter über das Schlachtfeld sprengte, flammte ein furchtbarer Zorn in den Schweden auf, die sich unter der Führung Herzog Bernhards von Weimar auf den Feind warfen und den Sieg errangen. Aber Gustav Adolf, der Gideon der evangelischen Sache, war tot. Vierhundert samländische Reiter, an deren Spitze er gefallen war, geleiten den Toten über Wittenberg nach Wolgast ans Meer. In der schwedischen Heimat zu Stockholm in der Riddarsholmkirche findet er die letzte Ruhe.

ERNST DER FROMME
(1600-1675)

war der Urenkel Johann Friedrichs des Großmütigen. Als er vier Jahre alt war, verlor er den Vater. Er war von Jugend an so fromm gesinnt, daß er schon mit elf Jahren das heilige Abendmahl begehrte und erhielt. Er zog als Jüngling durch die Gemeinden, um sie kennenzulernen, und machte sich Auszüge von Urkunden und Akten, die in hundert Bänden gesammelt wurden. Im Dreißigjährigen Krieg kämpfte er als Oberst mit. Durch sein Eingreifen entschied er die Schlacht von Lützen. Nach der unglücklichen Schlacht bei Nördlingen zog er sich in sein Land zurück, um die Schäden des Krieges zu heilen. Psalm 101 war sein Regentenspiegel. Er ordnete zuerst das Schulwesen, so daß seine Schulen sogar im Ausland berühmt waren. Er ließ die Rechtsurkunden neu sammeln und ordnen, die durch den Krieg verloren waren. Seine Verwaltung war außerordentlich sparsam, so daß sein Land sich erstaunlich rasch von dem verheerenden Krieg erholte. Er führte, um der sittlichen Verwilderung entgegenzuwirken, den sonntäglichen Katechismusunterricht mit den Erwachsenen ein. Er veranlaßte die Herausgabe einer Bibel mit Erklärungen, die Weimarer Bibel, und richtete ein Landesinspektorat der Pfarrer ein, um den Besuchsdienst in den Pfarrhäusern durchzuführen. Am 26. März 1675 ist er entschlafen.

Wiedertäufer – Täufer – »Brüder in Christo«

Wer waren diese Christen, die es den Reformatoren dankten, daß sie durch die Bibel »den hellen Schein und Glanz der göttlichen Wahrheit« unter die Menschen gebracht hatten – sie aber gleichzeitig scharf kritisierten, »dem Papst den Topf aus der Hand geschlagen, die Scherben aber selbst darin behalten« zu haben?

Sie nannten sich »Brüder in Christo« und lehnten die Bezeichnung »Wiedertäufer« ab, weil die Taufe von Gläubigen etwas qualitativ so sehr anderes ist als eine Handlung an unmündigen Kindern, daß der Gedanke der Wiederholung nicht die Sache trifft.

Auch ist nicht schon derjenige ein Täufer, der die Kindertaufe lediglich ablehnt. Die Gleichsetzung von Kindertaufkritikern und Täufern ist ein bis heute wiederholtes Mißverständnis, das auch auf Luther zurückgeht. Er hatte kurzerhand seine Gegner Karlstadt, Schwenckfeld und Müntzer zu »Wiedertäufern« erklärt, obwohl die zwar die Taufe von Unmündigen kritisiert, selbst aber die Mündigentaufe weder empfangen noch geübt hatten.

Aber selbst wenn man nur die als Täufer bezeichnet, die die Mündigentaufe lehrten und praktizierten, bleibt dieser Sammelbegriff irreführend, weil er den entscheidenden Punkt nicht berührt. So dürfte man die friedlichen Täufer nicht einmal in einem Atemzug nennen zum Beispiel mit denen, die in Westfalen das sogenannte »Wiedertäuferreich zu Münster« errichteten. Dort jagte 1534 Jan Bokelsohn alle aus der Stadt, die sich der Wiedertaufe widersetzten, ließ sich zum neuen König David krönen, führte Krieg, ordnete die Gütergemeinschaft und die Polygamie an, errichtete eine unvorstellbare Schreckensherrschaft im »neuen Zion« und enthauptete schließlich eigenhändig eine seiner Gemahlinnen auf dem Marktplatz. Das einzige, was diese gewalttätige Gruppe mit den »Brüdern in Christo« gemeinsam hatte, war das unglückliche Umhängeschild »Wiedertäufer«.

Die Täufer in Münster werden belagert

Hutterische Familie aus dem 16. Jh.

Wie trotz der gemeinsamen Kindertaufe seit jeher sehr wohl zwischen der Römisch-katholischen und der Evangelischen Kirche unterschieden wird, muß auch zwischen der Mehrzahl friedlicher und einer Minderheit gewalttätiger sogenannter »Täufer« trotz der gleichen Taufform deutlich unterschieden werden.

Wenn es allerdings einzig und allein um den Taufvollzug ginge, stünde der Sammelbezeichnung nichts im Wege. Aber es geht nicht einzig und allein um die Taufe. Ja, es geht noch nicht einmal vor allem um die Taufe. Entscheidend ist vielmehr die Frage, für welches Gemeinde- und Kirchenverständnis sie Ausdruck ist.

Die Tauffrage rückte ab 1525 vor allem aus drei Gründen in den Vordergrund: Zum einen war eine nicht vollzogene Kindertaufe eine Unterlassung mit Öffentlichkeitcharakter. Außerdem wurde an der Gläubigentaufe offenbar, ob sich jemand gegen die Kirche des »Herrn jedermann« und für eine Gemeinde der Gläubigen entschied. Somit rüttelte diese Praxis vor allem an der bisher für selbstverständlich hingenommenen mittelalterlichen Idee vom »corpus christianum« als der Einheit von Bürger- und Christengemeinde, die durch

die Kindertaufe ermöglicht wurde und von kirchlichen Prinzipien durchdrungen war. Deshalb reagierte die katholische wie die evangelische Obrigkeit gleichermaßen aggressiv auf die täuferische Bewegung.

Für die Taufgesinnten war die Taufe sowohl das Zeugnis persönlicher Heilserfahrung als auch Eingliederung in eine konkrete und sichtbare Gemeinschaft der Heiligen. Damit unterwarfen sie sich gleichzeitig freiwillig der Gemeindezucht gemäß der »Regel Christi« nach Mt 18,15-18. Ferner war die Bekenntnistaufe im Sinne des »Priestertums aller Gläubigen« die Bereitschaftserklärung zum Dienst als Glied am Leib Christi und zum Zeugnis – bis hin zum Blutzeugnis, dem Martyrium. Sie nahmen den Missionsbefehl wörtlich und trugen die Botschaft vom Heil und von der Heiligung in die volkskirchlichen Massen hinein.

Sie verstanden sich als die von der »Welt« abgesonderte, wiederhergestellte Urgemeinde und damit als Vollendung dessen, was die Reformatoren ursprünglich gewollt hatten. Man versteht die Täuferbewegung entweder von diesem ihrem Gemeindeverständnis her – oder man versteht sie überhaupt nicht. Sie entwickelte eine eigene Theologie und bildete die am meisten geschlossene Gruppe neben den Spiritualisten einerseits, die Taufe, Abendmahl, Gemeinde und alles Äußerliche für belanglos hielten, um den militanten Radikalreformern andererseits, die die Erneuerung der Kirche und das Reich Gottes aufgrund besonderer Geistoffenbarungen und mit dem Schwert herbeizwingen wollten. Trotz mancher Lehrunterschiede im einzelnen war die täuferische Theologie mindestens ebenso einheitlich wie die lutherische und die zwinglische.

Ursprungsort der neutestamentlichen Entdeckungen und ihrer Anwendung auf die aktuelle kirchliche Situation war ein Bibelkreis junger Gelehrter um den Zürcher Reformator Huldreich Zwingli. Als Zwingli im Dezember 1523 begann, aus politischen Rücksichten wichtige Überzeugungen preiszugeben, gingen Dr. Konrad Grebel, Felix Mantz und andere Zwingli-Schüler den eingeschlagenen Weg ohne den Reformator weiter, bis es Anfang Januar 1525 zum endgültigen Bruch kam. Am 21. Januar 1525 vollzog Konrad Grebel in Zürich an dem ehemaligen Priester Jörg Blaurock die erste Glaubenstaufe. In dem unentwirrbaren Beziehungsgeflecht sozialer, politischer und gesellschaftlicher Konflikte

des ausgehenden Mittelalters unternahmen die »Brüder in Christo« es, ohne Rücksicht auf unvermeidliche und mißdeutbare Nebenwirkungen, Gemeinde nach dem Neuen Testament zu bauen. Damit begann die sich rasch von der Schweiz (Schweizer Brüder) nach Süddeutschland, Österreich, Mähren (Hutterer), Norddeutschland und Friesland (Mennoniten) ausbreitende Täuferbewegung, die alle gesellschaftlichen Schichten erfaßte.

Kirche und Staat reagierten hart. Bereits 1527 wurde eine Reihe der bedeutendsten Brüder hingerichtet. 1529 setzte eine reichsrechtlich verfügte Täuferverfolgung großen Stils in katholischen wie in evangelischen Gebieten ein. Das »Augsburger Bekenntnis« von 1530 legitimierte mit seinen »Täuferdammungen« nun auch die Inquisition durch die Evangelischen. Tausende wurden vertrieben, enthauptet, ertränkt und verbrannt. Täufer jeden Alters und Geschlechts, auch schwangere Frauen, wurden verurteilt, zwischen ihren Exkrementen und den verwesenden Leichnamen ehemaliger Mitgefangener bis an ihr Lebensende in Hungertürmen zu vegetieren.

Gott hat sie nicht vergessen, und ihre Überzeugungen von der leidensbereiten Christusnachfolge, der Bekenntnisge-

Die Städte der Täufer und ihre Wanderungen

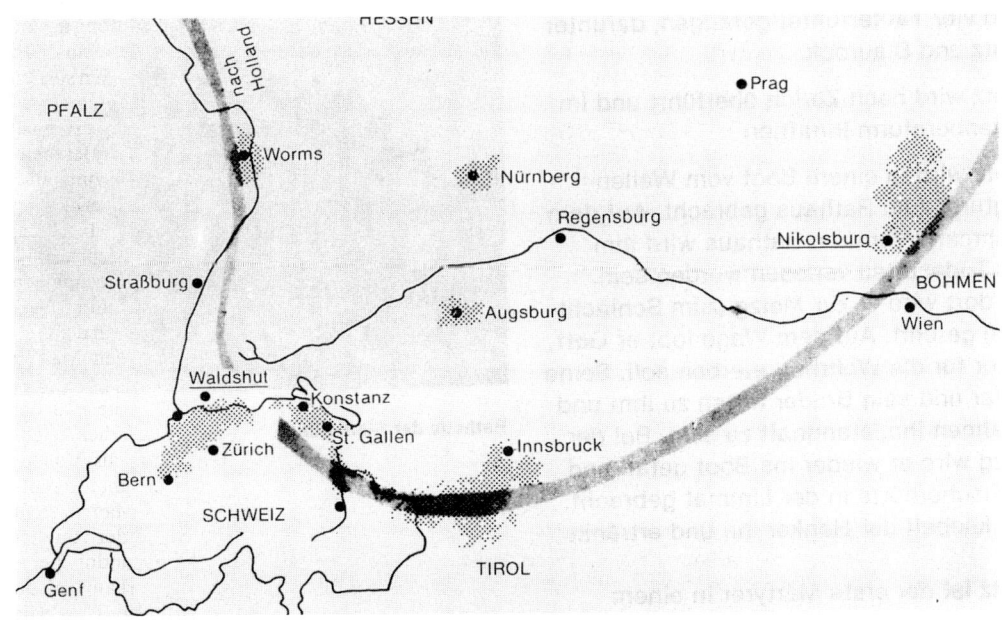

meinde, dem Priestertum aller Gläubigen, der Trennung von Kirche und Staat und der Glaubens- und Gewissensfreiheit werden heute von Christen auf der ganzen Erde geteilt und verwirklicht.

BALTHASAR HUBMAIER
(† 1528)

Balthasar Hubmaier war ein Zeitgenosse von Eck, Luther und Zwingli. Hohe Gelehrsamkeit und volkstümliche Predigtgabe zeichneten ihn aus. Unter Luthers schärfstem Gegner Johann Eck studierte er in Freiburg (Breisgau) und folgte eineinhalb Jahre später seinem Lehrer nach Ingolstadt. Dort wurde er schnell Lizentiat, Doktor und Professor der Theologie. Damit war er zugleich Pfarrer am Münster zur Schönen Lieben Frau, genannt Obere Pfarr. Für das Akademische Jahr 1515/16 wurde er Rektor der Universität. Aber noch vor Ablauf dieses Jahres nahm er den Ruf an

Balthasar Hubmaier

als Domprediger in Regensburg.

Hier beteiligte er sich an der Vertreibung der Juden. Die Synagoge wurde zerstört. An ihrer Stelle ließ er eine Holzkapelle »Zur Schönen Maria« bauen und machte daraus einen vielbesuchten Wallfahrtsort. Heute steht an dieser Stelle die evangelische Neupfarrkirche. Eine Gedenktafel erinnert an diese Vorgänge.

Nach fünf Jahren zog sich der geachtete und sehr volkstümliche Führer dieser blühenden Wallfahrtsbewegung 1521 in das damals zu Österreich gehörende Waldshut am Hochrhein zurück. Untadelig tat er hier seinen Dienst als katholischer Priester.

Zwei Jahre später kehrte er noch einmal für ein Jahr an die »Schöne Maria« in Regensburg zurück. In dieser Zeit lernte er Luthers Schriften kennen. Später bekannte Hubmaier, der Heilige Geist sei zu ihm gekommen. Darum konnte er nicht mehr Wallfahrtsprediger sein. Am 1. Mai 1523 kehrte er nach Waldshut zurück.

Jetzt suchte er die Verbindung zur evangelischen Bewegung in der benachbarten Schweiz. Mit Zwingli stimmte er innerlich weihin überein. Als geschätzter Disputationsredner hatte er an der Zürcher Reformation maßgeblichen Anteil, vor allem, als es um die Abschaffung der Bilder, um das Schriftverständnis und das Abendmahl ging. Die Reformation in Waldshut und Zürich geschah im gegenseitigen Austausch, wobei das kleine Waldshut unter dem starken Druck des übermächtigen Österreich stand.

Hubmaier näherte sich in Zürich dem Kreis gelehrter Männer um Konrad Grebel, die anfänglich Zwinglis engste Mitarbeiter waren, bald aber in der Kritik an der Kindertaufe und dem Ruf nach der Gemeinde der Gläubigen über ihn hinaus gingen. Dadurch kam es bei Hubmaier nach dem Bruch mit Eck auch zur Entzweiung mit Zwingli.

Am 23. Juni begann in Stühlingen, in Waldshuts Nachbarschaft, der Große Deutsche Bauernkrieg. Dadurch war die Stadt doppelt gefährdet. Um zur Entspannung beizutragen, zog sich Hubmaier bis Ende Oktober nach Schaffhausen zurück. Hier entstand seine berühmte Schrift »Von Ketzern und ihren Verbrennern«, das bedeutendste Werk des 16. Jahrhunderts für Toleranz und Gewissensfreiheit. Sein Reformationswerk verteidigte er mit der Schrift »Eine ernsthafte christliche Erbietung, 1524«, in der die berühmt gewordenen Worte stehen:

... die göttliche Wahrheit ist untödtlich, und wiewohl sie sich eine Zeitlang gefangennehmen läßt, geißeln, krönen, kreuzigen und in das Grab legen, würde sie doch am dritten Tage wiederum siegreich auferstehen und in Ewigkeit regieren und triumphieren.

Das wurde sein Leitwort, das er allen seinen Büchern voransetzte: »Die Wahrheit ist untödtlich!«

Nach der triumphalen Rückkehr aus Schaffhausen setzte er sein Reformationswerk fort. Am 13. Januar 1525 heiratete er die Müllerstochter Elsbeth Hügline.

In Zürich wagte der Grebelkreis am 21. Januar 1525 die Erneuerung der Taufe. Nach dem Neuen Testament sollten nur Gläubige die Taufe empfangen. Zu den Getauften gehörte auch der frühere Priester Reublin. Er wurde sofort aus Zürich verbannt und zog nach Waldshut. Dort taufte er einige Anhänger. Hubmaier ließ sich erst bei seinem zweiten Besuch am Karsamstag 1525 taufen und taufte selbst in den Ostertagen weitere 300 Menschen. In kurzer Zeit gehörte der größere Teil der Einwohner zur Täufergemeinde.

Waldshut wurde in die Bauernkriegswirren hineingezogen und von den Österreichern belagert. Auch Hubmaier hat mit einem Schlachtschwert am Unteren oder Baseler Tor Wache gehalten. Als sich die Lage der Stadt im Dezember gefährlich zuspitzte, wurde es jedem freigestellt, die Stadt zu verlassen. Hubmaier konnte mit seiner Frau nach Zürich fliehen. Dort wurde er verhaftet.

Unter den Qualen der Folter erklärte er sich zum Widerruf bereit. Am 29. Dezember 1525 predigte zunächst Zwingli im Fraumünster. Dann bestieg der Gefangene die Kanzel: »Oh, wie hab ich in dieser Nacht viel Streit und Anfechtung gehabt ...! So sage ich hier: ich kann und mag nicht widerrufen!« Daraufhin kam er in sehr strenge Haft, die ihn so zermürbte, daß er im April 1526 in drei Kirchen tatsächlich seine Überzeugungen widerrief.

Nach der Ausweisung aus Zürich hat er öffentlich in Wort und Schrift für sei-

Waldshut: Blick durch das Obere oder Schaffhauser Tor auf das Untere oder Basler Tor, in dem Hubmaier im Bauernkrieg Wachdienst tat.

ne »Blödigkeit« Abbitte getan. Für zwei Monate kam er nach Augsburg. Hier taufte er die für das Täufertum wichtig werdenden Männer Ludwig Hätzer und Hans Denck. Im lutherischen Nikolsburg in Mähren fand er Aufnahme. Hier konnte er eine nach Tausenden zählende Täufergemeinde aufbauen.

Selbst der Landesherr, Leonhard von Liechtenstein, ließ sich taufen und wurde ein »Bruder«.

Achtzehn Schriften verfaßte Hubmaier in dem für ihn so fruchtbaren Jahr von Juli 1526 bis Juli 1527, die die Grundlage täuferischer Theologie blieben. Er gab einen Katechismus heraus, schrieb über Taufe, Abendmahl und Gemeindezucht, die für die Gemeinde

Die Taufschrift von Balthasar Hubmaier (1525)

Von dem Chꝛiſtenlichen Tauff der glaübigen.

Durch Balthaſarn Hüeb= möꝛ von Fridberg: yetz zu ꝛvaldshut auſzgangen.

Die ꝛvarheit iſt untödtlich.

M. D. XXV.

Die lieb freüꝛvet sich der ꝛvarheit.

i. Coꝛin. xiij. cap.

ebenso wichtig ist, aber auch über den Waffendienst. Im Unterschied zu anderen Taufgesinnten hatte er eine positive Einstellung zum obrigkeitlichen Dienst, selbst mit dem »Schwert«. Wie in Waldshut, so tat er auch in Nikolsburg seinen Dienst in Anlehnung an die örtliche Obrigkeit. Er war der taufgesinnte Reformator!

In Nikolsburg kam es zu einer harten Auseinandersetzung mit dem Müntzerschüler Hans Hut, der die Gemeinde mit seinen Endzeitspekulationen erschütterte. Hut wurde verhaftet, konnte aber aus Nikolsburg fliehen und wurde fruchtbarer Pionier des Täufertums in Österreich.

Als die Habsburger ihre Herrschaft auf Mähren ausdehnen konnten, mußte Hubmaier ihnen ausgeliefert werden. In der Nähe von Wien wurde er mit seiner Frau gefangen gehalten. Nach manchen Gesprächen mit früheren Freunden verfaßte er noch seine handschriftlich erhalten gebliebene »Rechenschaft vom Glauben«. Am 10. März 1528 starb er in Wien auf dem Scheiterhaufen. Seine letzten Worte, ehe er vom Rauch erstickt wurde, waren: »O Jesus, Jesus!« Seine Frau hatte ihn zum Festbleiben ermutigt. Sie wurde drei Tage später mit einem Stein um den Hals von einer Donaubrücke gestürzt und ertränkt.

HANS DENCK (ca. 1500-1527)

»Niemand mag wahrlich Christum erkennen, es sei denn, daß er ihm nachfolge mit dem Leben.« Mit diesem Zitat aus den Schriften Hans Dencks, des bedeutenden süddeutschen Theologen und Täuferführers, sind bereits zwei zentrale Themen seiner Theologie benannt: die Erlebnisfrömmigkeit und die Betonung der Nachfolge Christi (Heiligung).

Um das Jahr 1500 wurde Hans Denck in Habach in Oberbayern südlich des Starnberger Sees geboren. Als Schüler und Student erwarb er sich eine ausgezeichnete literarische und philologische Bildung. Nach Abschluß seines Universitätsstudiums in Ingolstadt im Jahr 1519 arbeitete Denck zunächst als Lehrer an verschiedenen Orten und nahm schließlich im Jahr 1522 eine Stelle als Verlagslektor in Basel an. Hier hörte er unter anderem auch Vorlesungen bei dem Baseler Reformator Oekolampad und wahrscheinlich auch bei dem berühmten Humanisten Erasmus.

Auf dessen humanistischen Einfluß läßt sich grundsätzlich Dencks Lehre von der Heiligen Schrift zurückführen. Ebenso wie Erasmus konnte auch Denck in der Bibel nicht mehr eine harmonische Einheit sehen, sondern nur eine Zusammenstellung ganz unterschiedlicher Schriften mit teilweise sogar einander widersprechenden Aussagen. Im Unterschied zu Erasmus glaubte Denck aber nicht, daß durch philologisches und exegetisches Studium allein ein rechtes Verstehen biblischer Texte möglich wäre, sondern betonte vielmehr, daß es zum Verständnis der Schrift immer auch einer besonderen Erleuchtung des Menschen durch den Heiligen Geist bedürfe.

Von Basel aus ging Denck im September 1523 als Rektor an das St. Sebaldusgymnasium nach Nürnberg. Dort kam er erstmals in Kontakt mit einer Gruppe radikaler Reformatoren. Zu Beginn des Jahres 1525 wurde er in einen Abendmahlsstreit hineingezogen und daraufhin aus der Stadt Nürnberg ausgewiesen. Im Sommer 1525 begegnen wir ihm wieder im Schweizer Kanton Schwyz, wo er für kurze Zeit sogar gefangengesetzt wurde, weil er sich negativ über die Kindertaufe geäußert hatte. Nach seiner Freilassung ging er zunächst nach St. Gallen, wo er ebenfalls zu den dortigen Täufern und radikalen Reformatoren Kontakt aufnahm.

Im September 1525 kam Denck nach Augsburg, wo er sich schließlich unter dem Einfluß Balthasar Hubmaiers taufen ließ und damit endgültig der Täuferbewegung anschloß. Zunächst in Augsburg, später in Straßburg und in der Pfalz wurde Denck zu einem der geistlichen Führer und theologischen Lehrer der süddeutschen Täuferbewegung. An vielen Orten sehen wir ihn verwickelt in Auseinandersetzungen und theologische Streitgespräche mit den Vertretern der evangelischen Reformation Martin Luthers und Huldreich Zwinglis. Neben der Übersetzung der alttestamentlichen Propheten gab Denck in dieser Zeit verschiedene kleinere und größere theologische Abhandlungen heraus. Ende August 1527 wurde ihm auf der täuferischen »Märtyrersynode« in Augsburg noch einmal ein neuer Wirkungskreis zugewiesen. Er sollte als Missionar ins Baseler und Züricher Gebiet gehen. Doch als er im Oktober 1527 in Basel eintraf, dürfte er schon ein schwerkranker Mann gewesen sein. Nur einen Monat später starb Hans Denck in Basel an der Pest.

Dencks Theologie wirkte nicht nur auf die Täufer, sondern weit darüber hinaus. Sein Einfluß ist nachweisbar bei den Spiritualisten Sebastian Franck und Kaspar Schwenckfeld. Mit seinen Gedanken über Bekehrung und Heiligung war er Vorläufer der pietistischen Bewegung des 17. Jahrhunderts. Die Quäker verehren ihn als einen ihrer Glaubensväter. Und im 19. Jahrhundert wollten sogar einige liberale Theologen Denck als Zeugen in Anspruch nehmen für ihren Kampf gegen Dogmatismus und kirchliche Institutionen.

Letztlich jedoch entzieht sich Denck jeder Einordnung in bestehende theologische Kategorien. Er muß als einer der selbständigsten Denker der Reformationszeit bezeichnet werden. Mit manchen seiner Anschauungen war er seinen Zeitgenossen weit voraus, so zum Beispiel wenn er schrieb, »das in Sachen des Glaubens alles freiwillig und ungezwungen zugehen sollte«

So kann Hans Denck nicht nur als einer der tolerantesten und freiesten Täuferführer seiner Zeit gelten, sondern darüber hinaus als geistiger Wegbereiter für Glaubens- und Gewissensfreiheit überhaupt.

MENNO SIMONS (ca. 1496-1561)

Luthers Schriften wurden auch in den Niederlanden gelesen, aber recht Fuß fassen konnte das Luthertum dort bis heute nicht. Die Reformation kam über das Täufertum ins Land und erlebte hier eine sehr große Ausbreitung, bis es, trotz blutiger Verfolgung zwar überlebend, aber sehr geschwächt, von der Reformierten Kirche überflügelt wurde. Die Holländer sehen Menno Simons als ihren Reformator an.

Melchior Hoffman taufte im Mai 1530 in Emden etwa dreihundert Personen. Damit löste er eine Bewegung aus, die das Gebiet am Niederrhein, Nordwestdeutschland und die Niederlande überflutete. Das nach ihm benannte »melchioritische« Täufertum trug aggressive apokalyptische Züge. Ungewollt schuf Melchior Hoffman dadurch

die Voraussetzungen für die Täuferkatastrophe in Münster 1534/35.

Den verzweifelten Überlebenden, deren Endzeithoffnung in Münster so grausam zerstört wurde, entstand in Menno Simons der Mann, der sie sammelte und zu nüchternem Bibelglauben führte. Er lehrte sie, von Gewalt Abstand zu nehmen und malte ihnen das Bild von der Gemeinde Jesu ohne Flecken und Runzeln vor die Seele.

Sein eigener Bruder gehörte zu den dreihundert bewaffneten Täufern, die nach Münsterschem Vorbild die Zisterzienserabtei Oldeklooster bei Bolsward gestürmt hatten. Bei der Rückeroberung ist Peter Simons mit dem Schwert in der Hand getötet worden.

Das hatte Menno tief erschüttert, zumal er selbst in einer Glaubenskrise steckte. Er war 1524 in Utrecht zum Priester geweiht worden. In Pingjum, dem Heimatdorf seines Vaters, wurde er Vikar. Bis dahin hatte er noch nie in der Bibel gelesen! Er führte einen weltlichen Lebenswandel. Nach zwei Dienstjahren kamen ihm Zweifel an der Lehre seiner Kirche bezüglich der Messe. Zweifel an der Kindertaufe kamen, als er im März 1531 hörte, in der friesischen Hauptstadt Leeuwarden sei ein Mann, Sikke Snijder, enthauptet worden, weil er sich in Emden noch einmal habe taufen lassen. Obwohl harte Strafen auf ihrem Besitz lagen, forschte er in der Bibel und den Schriften namhafter Reformatoren.

Darüber erging an ihn der Ruf als Pfarrer ins benachbarte heimatliche Witmarsum. In diesem westfriesischen Marschdorf war er vermutlich 1496 geboren worden. Fünf Jahre tat er hier Dienst in innerer Zerrissenheit. Als er von den furchtbaren Umtrieben im westfälischen Münster hörte, schrieb er eine leidenschaftliche Anklageschrift gegen Jan Bokelson von Leiden, der sich in Münster zum »König von Zion« erhoben hatte. Das half Simons, für sich selbst Klarheit zu bekommen: Am 30. Januar 1536 legte er sein Priesteramt nieder.

Damit begann ein jahrzehntelanges gefahrvolles Wanderleben. Wann und wo Menno getauft wurde, wissen wir nicht, nur daß Obbe Philips sein Täufer war und der, der mit einer Abordnung von Brüdern ihn bat, das Amt des Bischofs oder Ältesten anzunehmen, und

der ihn nach der erbetenen Bedenkzeit zu diesem Dienst einsegnete.

Zunächst konnte er im ostfriesischen Oldersum verhältnismäßig sicher wohnen. Obwohl dort ein hohes Kopfgeld auf ihn ausgesetzt war, bereiste er heimlich seine alte Heimat und gewann in Friesland und Amsterdam viele Anhänger.

Nach einem Religionsgespräch mit Johannes von Lasco, dem Leiter der evangelischen Ostfriesischen, mußte er weiterziehen. Zwei Jahre lang waren der Kölner Raum, der Niederrhein und Südholland sein Missionsgebiet.

Solange der evangelisch gesinnte Hermann von Wied, der die Prostestanten in Ruhe ließ, Erzbischof von Köln war, konnte er sich dorthin immer wieder zurückziehen. Nach dessen Absetzung durch den Papst wehte ein anderer Wind!

Es folgten acht Jahre ständiger Gefahr und Heimatlosigkeit, die seine Frau Geertruida mit den Töchtern und dem Sohn Jan teilten. Wir hören von Reisen nach Lübeck, Emden, Friesland, Westpreußen, Lettland und Estland. Ein gutes Jahr lang konnte Simons verborgen in Wismar leben. Reformierte Glaubensflüchtlinge, denen er und seine Gemeinde selbstlos geholfen hatten, machten seines Bleibens ein Ende. Die Hansestädte Lübeck, Hamburg, Rostock, Stralsund, Wismar und Lüneburg erließen am 1. August 1555 ein strenges Mandat gegen »Sakramentarier und Wiedertäufer«!

Für die letzten Jahre seines Lebens fand er sichere Zuflucht auf dem Besitztum Fresenburg des Grafen Bartholomäus von Ahlefeld bei Bad Oldesloe. Der Graf hatte in den Niederlanden gesehen, wie Täufer für ihren Glauben in

Die Menno-Kate in Alt-Fresenborg

überzeugungen in die Hand. Es wurde ins Englische, Hoch- und Plattdeutsche übersetzt und erlebte viele Auflagen.

Sein Lebensabend war überschattet von harten Auseinandersetzungen um den »Bann« und die »Meidung« von in Sünde gefallenen Gemeindegliedern. Er hätte gern zwischen den Parteien vermittelt, kam aber gegen die Verfechter des scharfen Kurses nicht an. Deshalb kam es nicht zur Verbindung mit den schweizerischen und süddeutschen Täufern, denen der Norden zu rigoros war.

Menno Simons gab dem niederländisch-norddeutschen Zweig der Täuferbewegung eine klare, nüchterne Ordnung. Ihre Nachfahren, die Mennoniten, tragen bis heute seinen Namen. Sie sind die älteste Freikirche, eine kleine, aber weltumspannende Gemeinschaft.

Umstrittene Zeitgenossen der Reformation

ERASMUS VON ROTTERDAM (1466/69-1536)

den Tod gingen. Darum erlaubte er verfolgten Täufern, gegen eine Schutzgebühr von einem Taler pro Familie und Jahr, sich auf seinem Grund im Dorf Wüstenfelde niederzulassen. Er schützte Menno vor der Auslieferung an den dänischen König Christian III.

Das harte Leben hatte Menno, wie er selbst schrieb, zum Krüppel gemacht. In seinen letzten Jahren konnte er sich nur noch mit Krücken fortbewegen. Am 31. Januar 1561 starb er, 65 Jahre alt. In seinem eigenen Garten wurde er begraben. Weil das Dorf Wüstenfelde im Dreißigjährigen Krieg zerstört wurde, ist die Stelle nicht mehr auszumachen. Aber die »Menno-Kate« bei Fresenburg, in der er seine Druckerei unterhielt, ist heute eine vom Land Schleswig-Holstein geschützte Gedenkstätte.

Mennos Lebensinhalt war das Ringen um die sichtbare Gemeinde Jesu. Sein Wahlspruch war: »Einen andern Grund kann niemand legen außer dem, der gelegt ist, Jesus Christus« (1Kor 3,11). In vielen Büchern und Schriften legte er in leichtverständlicher Sprache die Bibel aus. Mit seinem »Fundamentbuch« gab er 1540 den Täufern ein Arbeitsbuch über ihre grundsätzlichen Glaubens-

Der gelehrte Humanist und Theologe Erasmus von Rotterdam gehört zu den umstrittenen Persönlichkeiten der Reformationszeit. Ehren ihn die einen wegen seiner Ausgabe des griechischen Neuen Testaments, so kritisieren andere seine Position im Streit mit Martin Luther um den freien Willen des Menschen. Schon zu Lebzeiten ist Erasmus unterschiedlich beurteilt worden, und auch heute gibt es in der Forschung gegensätzliche Einschätzungen seiner Person und seines Werkes. Einige werfen ihm vor, es habe für ihn keine objektiv feststehende Wahrheit gegeben, er sei ein Vertreter des Skeptizismus und Relativismus und deshalb für das Christentum eine größere Gefahr als der katholische oder protestantische Feind. Anderen galt er als habgieriger und gewissenloser Mann, der nur bestrebt war, sich der jeweils siegreichen Partei anzuschließen. Als Gegner bestimmter kirchlicher Formen habe er die Kirche als Institution ausgehöhlt. Daneben stehen die Bewunderer des Erasmus, die ihn als Erneuerer der Theologie preisen, habe er doch über das Mittelalter als eine Periode der Barbarei hinweg auf die Theologie der er-

IMAGO·ERASMI·ROTERODA
MI·AB·ALBERTO·DVRERO·AD
VIVA M·EFFIGIEM·DELINIATA·

ΤΗΝ·ΚΡΕΙΤΤΩ·ΤΑ·ΣΥΓΓΡΑΜ
ΜΑΤΑ·ΔΙΞΕΙ

·MDXXVI·

*Erasmus von Rotterdam,
gezeichnet von Albrecht
Dürer*

sten Jahrhunderte zurückgegriffen und sie in neuer Gestalt einer Reform der Kirche dienstbar gemacht. Sagen diese Urteile zum Teil auch mehr über ihre Urheber als über Erasmus aus, so sind sie doch allesamt zu einem gewissen Grade richtig, denn eine schillernde Persönlichkeit war Erasmus gewiß.

Desiderius Erasmus, der sich nach seiner Geburtsstadt Rotterdam den lateinischen Beinamen »Roterodamus« zulegte, wurde als zweiter Sohn eines Priesters 1466 oder 1469 geboren. Über seine Jugend und seine frühe Ausbildung ist wenig bekannt. 1492 empfing er die Priesterweihe in dem zum Orden der Augustiner-Chorherren gehörenden Kloster Steyn bei Gouda. Als Sekretär des Bischofs von Cambrai verließ er bereist ein Jahr später das Kloster, um nie dahin zurückzukehren. Neben seiner Tätigkeit konzentrierte sich Erasmus auf das Studium der klassischen lateinischen Schriftsteller und Kirchenväter, besonders auf Hieronymus. Schon in dieser Frühphase galt ihm das humanistische Ideal der klassischen Kultur als die Grundlage echter Bildung. 1495 ließ er sich von seinem Sekretärsposten beurlauben und wechselte nach Paris, wo er vornehmlich Theologie studierte und sich eine von den Zeitgenossen kaum erreichte Vollkommenheit im Lateinischen aneignete. Seinen Lebensunterhalt verdiente er sich, ohne viel Gefallen daran zu finden, durch die Erziehung junger Männer aus Patrizier- und Kaufmannsfamilien. Ein Aufenthalt in England 1499/1500 führte ihn zu dem Lebensziel, seine humanistischen Studien in irgendeiner Weise der Theologie nutzbar zu machen. In dieser Zeit lernte er auch perfekt Griechisch. Zwischen 1500 und 1516 führte Erasmus ein unstetes Leben, abwechselnd in Paris, den südlichen Niederlanden, England und Basel lebend. 1506 erwarb er in Turin den theologischen Doktorgrad. In einem allmählichen Entwicklungsprozeß kristallisierte sich als Lebensziel die Verbindung von Humanismus und Theologie heraus. Als 1516 seine Ausgabe des Neuen Testamentes und seine Edition der Werke des Hieronymus erschienen, wurde er in der gelehrten Welt und darüber hinaus zu einer Berühmtheit.

Auf dem besten Wege zur Durchsetzung seiner Ideale wurden seine Pläne jedoch durch das Auftreten Luthers durchkreuzt. Beide stimmten in der Verurteilung des geistlosen kirchlichen Zeremonialwesens und in dem Bemühen um Reinigung der Kirche überein, weshalb Erasmus Luther in den ersten Jahren auch durchaus gegen Angriffe in Schutz genommen hat. Freilich tat er dies vorsichtig zurückhaltend, um seine eigene Position nicht zu gefährden. Als er jedoch erkannte, daß Luthers Vorstellungen angesichts der Reformunfähigkeit der Kirche zum Bruch der Einheit führen mußten, was für Erasmus ein unvorstellbarer Gedanke war, setzte er sich mehr und mehr von ihm ab. Lieber wäre er neutral geblieben, aber von verschiedenen Seiten wurde er zu einem Angriff auf Luther gedrängt. Erasmus dachte an eine wohltemperierte wissenschaftliche Auseinandersetzung und wählte dazu das Problem des freien Willens. 1524 veröffentlichte er seine Schrift: De libero arbitrio diatribe. Als Luther in seiner Gegenschrift: De servo arbitrio (Vom unfreien Willen) 1525 das Problem als Lebensfrage behandelte und auch vor Angriffen auf den großen Humanisten nicht zurückschreckte, war Erasmus tief entrüstet, und Luther war für ihn fortan ein Fremder. Dabei dauerte sein eigener Streit mit den Theologen

der römischen Kirche an. Sie warfen ihm vor, er habe mit seinen Arbeiten die Reformation ausgelöst und die Debatte mit Luther sei nur eine Spiegelfechterei gewesen. Dadurch wurden des Erasmus Vorwürfe gegen die Reformatoren nur noch bitterer, und er geriet zunehmend in Vereinsamung. Als die Zwinglianer sich 1525/1526 im Abendmahlsstreit auf ihn beriefen, hatte das zur Folge, daß er sich von ihnen abwandte. Und als 1529 nach einem Bildersturm die Reformation in Basel durchgeführt wurde, wo Erasmus damals lebte, verlegte er schnell seinen Wohnsitz in das katholische Freiburg. Die theologische Auseinandersetzung aufmerksam verfolgend, stand er nach dem Augsburger Reichstag von 1530 eigentlich im Abseits. In einer Schrift setzte er sich 1533 nochmals für eine offene Kirche ein, die den Evangelischen eine beschränkte Autonomie zugestehen sollte, indes verlief die Entwicklung in eine andere Richtung. Erasmus starb vereinsamt am 12. Juli 1536 in Basel.

In der Gedankenwelt des Erasmus ist auffallend die scharfe Kritik gegenüber Theologie und Kirche. Zeremonienvielfalt und die damit verbundenen Aberglauben verurteilte er ebenso wie die Geldsucht der Kleriker. Dem stellte er sein Ideal einer lauteren, reinen und einfachen Kirche gegenüber. Dieses Wunschbild war vom Humanismus geprägt und betonte deshalb nachdrücklich die Freiheit des Christen, der nicht an Kirchenvorschriften gebunden werden dürfe. Daran wird deutlich, daß Erasmus großes Vertrauen in die Möglichkeiten des Menschen setzte. Geradezu grenzenlos war sein Vertrauen in die Kraft der von der Wahrheit erfaßten Vernunft. Mit Gebet und Erkenntnis, so glaubte er, könne die Sünde besiegt werden. Dabei war es seine Überzeugung, daß die Vernunft von der Sünde nicht betroffen sei. An diesem Punkt unterscheidet er sich radikal von Luther, denn damit stellte er zugleich dessen Rechtfertigungslehre in Frage. Hinter den Idealen des Erasmus steht seine Ansicht, erst die Vertiefung in das klassische Altertum vermittle wahre Bildung und mache den Menschen zum wahren Menschen. Die Antike sah er daher als intellektuelle und moralische Vorbereitung auf die Lehre Christi an. Dabei übersah er freilich, daß Humanismus und Christentum von unterschiedlichen Grundüberzeugungen ausgehen und deshalb nur sehr begrenzt zusammengebracht werden können.

Beachtendswert bis heute ist das Verdienst des Erasmus als Philologe. Wegweisend waren in seiner Epoche die vielbändigen Editionen der Werke der Kirchenväter. Seine größte wissenschaftliche Leistung stellt die Ausgabe des Neuen Testamentes dar. Nach jahrelangen Vorarbeiten erschien es im März 1516 in der Druckerei von Froben in Basel. Erasmus wußte selbst, daß seine Ausgabe verfrüht und übereilt war. Denn die Basis der Textedition bestand aus vier Handschriften aus dem 12. Jahrhundert. Da der einzigen Handschrift, die die Offenbarung des Johannes enthielt, auch noch deren letzte Verse fehlten, hat Erasmus sie einfach aus der Vulgata ins Griechische zurückübersetzt, ein für Philologen etwas ungewöhnliches Verfahren. Gleichwohl stellt sein aus Einleitungen, griechischem Text und lateinischer Übersetzung sowie Erläuterungen bestehendes Werk, das über 1000 Seiten umfaßt, eine grandiose Leistung dar. Aus evangelischer Sicht bleibt es bedauerlich, daß Erasmus sich nicht dazu verstehen konnte, seine immense Begabung trotz seines Strebens nach Veränderung der Kirche für die Reformation einzusetzen.

Kaspar Schwenckfeld von Ossig

KASPAR SCHWENCKFELD VON OSSIG (1490-1561)

ist in Liegnitz geboren. Er studierte in Köln und trat dann in die Dienste des Herzogs von Liegnitz, Friedrich II. Taulers und des jungen Luthers Schriften führten ihn zum lebendigen Glauben. 1522 lernte er Karlstadt kennen. Sein Fürst beauftragte ihn, mit anderen Theologen die Reformation im Herzogtum Liegnitz durchzuführen. In einer seiner Erstlingsschriften »Ermahnung des Mißbrauchs etlicher fürnehmster Artikel, aus welcher Unverstand der gemeine Mann in fleischliche Freiheit und Irrung geführt wird«, die schon vor dem Bauernkrieg erschienen ist, warnt er vor dem leichtsinnigen Mißverstehen der Rechtfertigungslehre. Er fühlt sich berufen, in die beginnenden Abendmahlsstreitigkeiten mit Zwingli durch eine Reise nach Wittenberg einzugreifen. Er versteht die Abendmahlsworte so: Christus habe sagen wollen: Mein Leib ist das Brot des Lebens, mein Blut ist der rechte Trank. Dabei stellte sich doch heraus, daß er kein studierter Theologe war, sondern ein gebildeter frommer Laie. Da damals schon im Kampf mit dem Schwärmertum die theologisch klar formulierte Lehre den Wittenbergern unerläßlich war, fand Schwenckfeld auch für seine Vorschläge der Gemeindezucht, die durch die Praxis der Böhmischen Brüder angeregt war, keine Gegenliebe. Luther sah keinen direkten Weg von der katholischen Volkskirche zur neutestamentlichen Gemeinde, den man durch Gesetz oder Verordnung hätte gehen können. Sein Gegenargument war: »Ich habe die Leute nicht dazu.« Luther vertraute darauf, daß durch die reine Verkündigung sich schon die Gemeinde unter dem großen Haufen bilden werde. Schwenckfeld erkannte nicht die Bedeutung der Gnadenmittel, weil er ein innerliches Christentum suchte. Als nun in Schlesien wiedertäuferische Bewegungen auftraten, machte man in Wittenberg Schwenckfeld dafür verantwortlich. Lutheraner und Katholiken verbanden sich gegen ihn, und der Oberlehnsherr von Schlesien, König Ferdinand, verlangte seine Ausweisung. Schwenckfeld ging freiwillig, um seinem Fürsten keine Ungelegenheiten zu bereiten, nach Straßburg, wo er freundlich aufgenommen wurde und fünf Jahre blieb. Auf einer Synode, die über Maßnahmen gegen das um sich greifende Sektenwesen beriet, trat er für Religionsfreiheit ein. Die Reformatoren von Straßburg entschieden dagegen. Darum verließ Schwenckfeld Straßburg. Wir finden ihn in der Folgezeit in Augsburg, in Speyer, zuletzt in Ulm, überall Verbindungen suchend, besonders mit dem Adel. 1539 begab er sich wieder auf das theologische Gebiet und schrieb in einer Schrift »Summarium« über die Vergottung des Fleisches Christi. Nun fiel er vollends in das Verdammungsurteil der Theologen. Dieses Verdammungsurteil wurde auf dem Schmalkaldener Konvent vollzogen und über ihn und Sebastian Franck ausgesprochen. Er wurde an die Spitze der gefährlichen Schwärmer gestellt, seine Bücher wurden verbrannt. Von nun an führte er sein Leben unter beständiger Bedrohung, von Ort zu Ort fliehend und sich im geheimen bei seinen adligen Freunden aufhaltend. Seine Anhänger zogen sich von der Kirche zurück. Dabei hatte er ein großes Sendungsbewußtsein und hörte nicht auf, seine Lehre in Druckschriften zu verteidigen und sie den maßgebenden Theologen ins Haus zu schicken. Am 10. Dezember 1561 starb er, umgeben von seinen Freunden, bis zuletzt von der Richtigkeit seiner Lehre überzeugt. Seine Gemeinden waren über ganz Deutschland zerstreut und waren trotz aller Maßnahmen der evangelischen Stände nicht auszurotten. Zinzendorf wollte die durch Jesuiten vertriebenen Schwenckfeldianer in Herrnhut aufnehmen, da aber die sächsische Obrigkeit es nicht zuließ, wanderten sie nach Nordamerika aus. Die in Schlesien Zurückgebliebenen fanden Duldung durch Friedrich den Großen.

Seine Lehre
Er betonte, daß der wahre Glaube dem Menschen ohne Mittel gegeben und erhalten werde.

Der wahre Glaube kann ohne Empfindlichkeit nicht sein, es muß ja der Kranke die Krankheit und der Gesunde die Gesundheit erkennen. Rechtfertigung ist der gnädige Handel mit dem Menschen von Anfang bis zum Ende, in welchem der Sünder bekehrt, wiedergeboren, fromm, heilig und selig wird. Sie ist also nicht eine bloße Nichtzurechnung der Sünde, sondern eine lebendige Empfindlichkeit und Erneuerung des Herzens. Der Glaube ist eine gnädige Gabe des Wesens Gottes, ein Tröpflein des himmlischen Quellbrunnens, ein Glänzlein der Sonne, ein Fünklein des brennenden Feuers, welches Gott ist und kürzlich eine Gemeinschaft und Teilhaftigkeit der göttlichen Natur und Wesens. Durch die Wiedergeburt wird eine Wesensmitteilung Gottes bewirkt.

Schwenckfeld hatte ein Pfund richtiger Erkenntnis. Er wußte etwas von der Gemeinde Jesu. Seine Botschaft von der wesenhaften Rechtfertigung hatte gegenüber der sich anbahnenden kopfmäßigen Rechtgläubigkeit ihre Bedeutung. Aber er verkannte doch, daß die große Kirche eine missionierende Aufgabe hat und daß der Heilige Geist durch das Mittel von Wort und Sakrament gegeben wird. Mit seinen theologischen Streitschriften hat er sich übernommen. Doch wirft die Not des Verfolgtseins ein versöhnendes Licht auf ihn.

THOMAS MÜNTZER – »Ein Knecht Gottes wider die Gottlosen« (1489-1515)

Am Rande der letzten Schlacht des sogenannten »Großen Deutschen Bauernkrieges« nimmt das Fürstenheer auch das thüringische Mühlhausen ein. Am 27. Mai 1525 bietet sich vor der Stadtmauer ein grausiges Bild. Die Sieger haben zwei Leichname gepfählt und die abgeschlagenen Köpfe oben auf die Pfähle gespießt. So enden die Führer des letzten thüringischen Bauernheeres: der Mönch Heinrich Pfeiffer und der Prediger Thomas Müntzer.

Thomas Müntzer zählt zu den umstrittensten Figuren der deutschen Reformation. Mönch, Student, Lehrer, Seelsorger, evangelisch gesinnter Prediger in Jüterborg, und ab Mai 1520 auf Empfehlung Luthers Prediger an der

sichem excudit.

Zwickauer Marienkirche – Stationen eines zunächst eher unauffälligen Werdeganges des Ratsherrensohnes aus Stolberg am Harz.

Er gilt als gelehrter Theologe, aber auch als unbeherrschter Redner mit hoher Ausstrahlungskraft. Beides wissen die Zwickauer Ratsherren zu schätzen,

Thomas Müntzer

wenn es um seine kompromißlose Kritik an der Kirche geht. Denn auch hier nutzen die immer selbstbewußter werdenden Patrizier und Handwerkerzünfte jede Unterstützung, sich dem Griff dieser alles beherrschenden Wirtschafts- und Finanzmacht zu entwinden. Müntzer glüht vor Eifer für das Evangelium und für die religiöse Erneuerung des Volkes. Luthers demonstrative Verbrennung der päpstlichen Bulle gießt Öl in das Feuer, das in Müntzer brennt. So ruft dieser schließlich offen zur Gewalt gegen altgläubige Priester auf.

An der Kirche St. Katharinen erlebt er bei den Tuchmacherknappen und ihren Meistern die sozialen Folgen der allgemeinen Wirtschaftsmisere. Als außerordentlich inspirierend und prägend wird sich erweisen, daß er unter ihnen die »Zwickauer Propheten« kennenlernt, ungelehrte Christen, die unter unmittelbarer Eingebung des Geistes den wahren Sinn der Heiligen Schrift auslegen. Müntzer wähnt auch sich voll Heiligen Geistes und will den Kampf für sein Evangelium fortsetzen. Jedoch muß er Zwickau verlassen, als sich das unentwirrbare Ineinander von christlichen, politischen, wirtschaftlichen und sozialen Konflikten in einem Aufstand zu entladen droht.

In Prag wird er feierlich als Lutheraner begrüßt. Von höchstem Sendungsbewußtsein durchpulst, ruft er in seinem »Prager Manifest« die Laien jeden Standes auf, die »Affen- und Pfaffenkirche« zu erneuern. Gegen Luthers Grundsatz »Allein die Schrift« lehrt er, der Heilige Geist bewirke das glaubenschaffende »innere Wort« durch Eingebungen, Visionen und Träume direkt im Herzen, vorbei am geschriebenen Gotteswort. Daß er nicht merkt, wie er damit den einzigen Maßstab zur Prüfung der Geister – auch seines eigenen – aus der Hand legt, gehört zur Tragik dieses Mannes.

Noch vor Luther führt Müntzer in Allstedt, wo er seit März 1523 Prediger ist, die deutsche Sprache in Predigt, Liturgie und Gesang ein. Auch in seinen theologischen Ansichten stellt er sich um. Die Kindertaufe und andere Zeremonien gelten ihm nun als christlich getarnter Aberglaube. Dennoch behält er den Brauch der Kindertaufe bei.

Der sachliche und persönliche Gegensatz zu Luther wächst, als ihm Müntzer in seiner Schrift »Vom erdichteten Glauben« vorwirft, der größte Hemmschuh der Reformation zu sein. »Bruder Sanftleben« zu Wittenberg habe sich aus Leidensscheu an die weltlichen Fürsten gehängt und in einem falsch verstandenen »Schonen der Schwachen« katholische Bräuche im Gottesdienst beibehalten. Den Nerv der Lehre Luthers trifft er, wenn er die Formel »Allein aus Gnade« als menschlichen Trick deutet, sich die Konsequenzen des Glaubens vom Leibe zu halten. Luther weise einen leichten und bequemen Weg zum Heil, das den Menschen nichts weiter kosten solle, als die Zustimmung zur neuen Lehre, das formale Sündenbekenntnis und die Annahme der Vergebung. Vielmehr gehörten Glaube und Heiligung zusammen. Beim Tragen des Kreuzes den Willen Gottes tun, sei der Kern christlicher Nachfolge.

Tausende aus der Umgebung Allstedts strömen herbei und lauschen gebannt dem mitreißenden Prediger. Angefeuert durch seine Attacken gegen die »Abgötterey« in der katholischen Kapelle zu Mallerbach, setzen einige Predigthörer sie wenig später in Brand. Das kann der Schutzherr der Reformation, Friedrich der Weise, nicht als Bagatelle abtun. Er fordert die evangelischen Allstedter vergeblich auf, die Täter an die katholische Polizei auszuliefern. Der Prediger gründet stattdessen mit Allstedter Bürgern und Mansfelder Bergknappen einen »Bund« unter der Parole »Bei dem Evangelium stehen«, was immer mancher darunter mit verstehen mag. Der Schwur, sich gegenseitig Beistand gegen die katholische Obrigkeit zu leisten, ist das Signal militanter Christen zur Durchsetzung des Gotteswillens. Schon sieht Müntzer die Herrschaft der Gottlosen wanken.

In seiner legendären »Fürstenpredigt« auf dem Allstedter Schloß vom 24. Juli 1524 sucht er mit suggestiver Gewalt, die Fürsten in seine Gewalt zu bringen. In seinem Gefolge sollen sie die katholischen Feinde des Evangeliums erbarmungslos töten. Es war wohl die dunkelste Stunde seines Lebens, als er im Hochgefühl göttlicher Sendung den finstersten Entschluß faßte, Menschen die Existenzberechtigung abzusprechen. Damit wurde er dem Evangelium prinzipiell untreu. Neu war diese Haltung jedoch nicht. War dies doch die im katholischen Lager in der Inquisition schon lange geübte, im evangelischen Lager in der Hinrichtung der Täufer auch bald wieder geübte Praxis.

Als Friedrich der Weise jedoch die Auslieferungsforderung wiederholt, bäumt sich Müntzers tief verletztes Rechtsempfinden auf: »Nun sie aber nit alleine wider den Glauben, sondern auch wider ihr natürliches Recht handeln, so muß man sie erwürgen wie die Hunde.« Dieses sich christlich gebärdende Regime könne nicht Hüter einer christlichen Ordnung sein. Der gemeine Mann müsse an die Macht.

Mit großem Einfühlungsvermögen beschreibt er die sozialen Ursachen der wachsenden Kriminalität und des geistlichen Mißstands. Die vor Arbeit wie betäubten »arbeitseligen Leut« seien nur noch mit der Beschaffung der »gantz sauren Nahrung« beschäftigt und müßten den »ertzgottlosen Tyrannen den Hals füllen«.

Luther warnt in einer Schrift vor dem »Satan von Allstedt«. Als Müntzer eine Erwiderung verwehrt wird, droht er den Fürsten, »ihnen das Ärgste« anzutun. Aber schließlich gibt er doch klein bei. Damit ist sein Einfluß gebrochen, und er flieht nach nur fünfzehn Monaten Tätigkeit aus der Stadt.

Er wendet sich nach Mühlhausen. Dort überschüttet seit Monaten der entlaufene Mönch Heinrich Pfeiffer den Klerus als »Nutznießer des Systems« mit ätzender Kritik und findet viel Anhang. Müntzer und Pfeiffer spielen sich gut aufeinander ein. An Müntzer fällt auf, daß sein vorwiegend reformatorisches Anliegen sich zu einem vorwiegend sozial-revolutionären Anliegen umformt. Aber der Versuch, unter Beteiligung des gemeinen Mannes einen neuen, »gotttreuen Rat« zu bilden, mißlingt. Pfeiffer und Müntzer müssen die Stadt verlassen.

Müntzer gelangt Mitte Dezember 1524 nach Süddeutschland, das seit Wochen von Bauernerhebungen erschüttert wird. Ein Bauernhaufen neben oder nach dem anderen erhebt sich. In seiner überspannten Erwartung sieht er darin den Beginn des heißersehnten Umschwungs. Zur selben Zeit irrt ein an ihn gerichteter Brief durch Deutschland. Er stammt von Dr. Konrad Grebel, also aus

dem Gelehrtenkreis in Zürich, der gerade mit Zwingli gebrochen hat und der wenige Wochen später die Täuferbewegung begründen wird. Die Zürcher kennen die jüngsten radikalen Äußerungen Müntzers noch nicht. So loben sie ihn in seiner kompromißlosen Kritik an Luthers »Schonen der Schwachen« und an dessen Taufpraxis und danken ihm für die biblische Belehrung. Doch sie benennen in dem gesunden Selbstbewußtsein von Bibelkennern in 25 Punkten auch ihre von Müntzer abweichenden Auffassungen in der Lehre vom Heiligen Geist und der Autorität der Bibel, von der Gemeinde und von den letzten Dingen. Offensichtlich haben sie von seinen jüngsten militanten Äußerungen spät erfahren. Denn erst im Postscriptum schreibt Grebel: ». . . du habest gegen die Fürsten gepredigt, daß man sie mit der Faust angreifen sollte. Wenn es wahr ist, so ermahne ich dich bei dem gemeinsamen Heil aller: Höre bitte damit auf . . .« Daß die Zürcher mit dem vorübergehend in ihrer Nähe weilenden Müntzer zusammengetroffen seien und »die Wiedertaufe aus dem Müntzer gesogen« hätten, wurde oft nachgesprochen, aber nie sachlich belegt.

Titelblatt der Schrift Müntzers »Protestation odder empietung . . .«

Müntzer kehrt im Februar 1525 nach Mühlhausen zurück und trifft wieder auf Pfeiffer, der nun den größeren Teil der Einwohner unter seinen Einfluß gebracht hat. Wie nie zuvor sport Müntzer die »Auserwählten« gegen die Tyrannei der Gottlosen an. Da der jetzt regierende »Ewige Rat« aber um den Frieden in der Stadt bemüht ist, fürchtet Müntzer, den Bürgern gerate sein hohes Ziel aus den Augen. An seiner Kanzel ist fortan die weiße Fahne mit dem aufgenähten Regenbogen als Zeichen des militärischen Kampfes zu sehen.

Die Welle der Aufstände erreicht nun auch Thüringen. Müntzer rast: »Dran, dran, dran! Last euch nit erbarmen. Lasset euer Schwerth nit kalt werden!« Die Katastrophe bahnt sich an, als die Stadt Frankenhausen Müntzer nach einem Aufstand gegen die Fürsten um Hilfe bittet. Er sagt zu. Die Nachrichten von den Gegenmaßnahmen der Herren machen zwar manche in Mühlhausen kompromißbereit, nicht aber den Gottesknecht »mit dem Schwerthe Gideons«. Er ist so darauf erpicht, die Welt durch einen Umsturz plötzlich in Ordnung zu bringen, daß er in die Einbildung flieht. Er gibt einander ausschließende Zusagen für weitere militärische Einsätze.

Die Zusage Müntzers hat sich herumgesprochen, und so sind inzwischen vor dem benachbarten Frankenhausen rund 6000 Bauern zusammengeströmt. Sie erwarten dringend weitere Bauernhaufen, vor allem aber die Ankunft des von Müntzer geführten Trupps. Die Stimmung sinkt von Tag zu Tag, so daß die militärische Führung schließlich einem Gesprächsangebot des evangelischen Grafen Albrecht von Mansfeld zustimmt.

Als Müntzer endlich eintrifft, sagt er das Gespräch ab und stellt stattdessen den Grafen Albrecht und Ernst in einer unheimlichen Steigerung seines Sendungsbewußtsein einen Unterwerfungs- und Selbstauslieferungsbefehl zu. In der Wagenburg der Bauern stimmt er einem hastigen Bluturteil der »Gemeinde Gottes« über drei Gefangene zu. Die Entscheidungsschlacht naht.

Während einer flammenden Predigt über das Bundeszeichen des Regenbogens auf ihren Fahnen erscheint ein Regenbogen am Himmel, und er nutzt geschickt die göttliche »Bestätigung« seiner Worte aus. Als dann auch noch in der Ferne Truppen heranziehen, bricht Jubel aus. Aber die kurzzeitig geweckte Hoffnung schlägt in noch größere Enttäuschung um, als sich die vermeintliche Hilfe als das vereinigte hessisch-braunschweigische Heer der Fürsten entpuppt. Der Belagerungsring schließt sich. Gleich die ersten Geschütztreffer in der Wagenburg der Bauern lösen eine Panik aus. In einem entsetzlichen Gemetzel werden sie zu Tausenden niedergemacht.

Es ist für die Fürsten die Krönung ihres Sieges, daß ihnen Müntzer lebend in die Hände fällt. Er muß erkennen: Gott war nicht mit uns – er ist gegen uns. Das Volk habe bewiesen, daß es ihm so wenig um die Herrschaft Gottes zu tun sei wie den Fürsten. Seinen nahen Tod verstehe er als Sühne für die Sünde. Grundsätzlich aber halte er daran fest, daß die Empörung gegen die Tyrannei einer gottlosen Obrigkeit notwendig und geboten sei – aber unter der weltfremden Voraussetzung, daß es den Aufständischen einzig und allein um die Herrschaft Gottes gehe . . .

Der damals 20jährige Landgraf von Hessen gesteht später, die Haltung Müntzers bei den Verhören und bei der Hinrichtung habe ihn tief beeindruckt. Eine solche Haltung angesichts des Todes wünsche er sich auch einmal. Zerknirscht wegen seiner Sünden habe der Gefolterte Gott um Barmherzigkeit gebeten, aber widerrufen habe er nicht.

Gegner der Reformation

IGNATIUS VON LOYOLA
(1491-1556)

Ignatius ist der Antiluther, der rastlos zur Aktion treibende Organisator der Gegenreformation, ebenso glutvoll wie kalt verstandesmäßig, in härtester Selbstbeherrschung widerspruchslos seinen Orden beherrschend. Der kleine, hagere Mann mit kahlem Schädel, den scharfgeschnittenen Gesichtszügen und dem Spitzbart ist in allem der Gegenpol zu Luther.

Wesen und Werden
Er stammt aus altem baskischen Adel, der sein Stammschloß am Golf von Bis-

kaya hat. Die Triebkraft seiner Seele ist der Ehrgeiz. Der junge tapfere Offizier wurde bei der Belagerung der Festung Pamplona, die er mit letztem Einsatz verteidigte, an beiden Beinen schwer verwundet. Nach gräßlichen Operationen, die er in eiserner Beherrschung klaglos erduldete, genas er. Während seines langen Krankenlagers las er Heiligengeschichten. Sein Ehrgeiz bekam ein neues Ziel, Heiliger zu werden. Er hatte eine glühende Phantasie. Wie er als Ritter seine Dame, die Königinwitwe, sich so lebhaft vorstellen konnte, daß er gleichsam in sie versank, so versenkte er sich jetzt in das Leben der Maria und der Heiligen. Dabei empfand er größere Befriedigung als bei weltlichen Gedanken. Im Dominikanerkloster Montserrat wollte er sich auf Missionsberuf und Pilgerfahrt rüsten, da fielen ihm die geistlichen Exerzitien Garcias, um 1530 erschienen, die den mystischen Weg zu Gott beschrieben, in die Hände. Als er über seiner nicht vollständigen Generalbeichte unruhig wurde, beschloß er, nicht mehr daran zu denken und war frei von Anfechtungen. Er ordnete sein Seelenleben und seine Phantasie seinem eisernen Willen unter. Seine Missionsfahrt nach Jerusalem mißlang. Er beschloß, sich noch mehr seiner Ausbildung zu widmen. Bei seinem Studium in Paris gewann er Macht über einige Freunde und Mitstudenten, die er ganz in den Bann seines Wesens zog, Franz Xavier, Salmeron, Lainez, Peter Faber. Sie wurden ihm so hörig, daß sie die Beziehungen zu ihren Familien lösten. Das erreichte er durch seine Exerzitien. Sie leiten an, eine Woche in der Betrachtung der Sünde und ihrer Strafe zuzubringen. In dunkler, kalter Zelle liegt der Lehrling. Er muß die Höllenqualen empfinden, den Schwefel riechen, die Hitze spüren. In der tiefsten Not wird ihm die Generalbeichte empfohlen. In der zweiten Woche muß er sich entscheiden, wem er dienen will, Christus oder dem Teufel. Es soll der Entschluß gefaßt werden, der Kirche in rücksichtslosem Einsatz zu dienen, schwarz zu nennen, was sie schwarz, weiß, was sie weiß nennt.

Ignatius über seinen Orden:
Von anderen Orden wollen wir uns gern übertreffen lassen in Fasten, Nachtwachen, schmaler Kost, schlechter Kleidung, im wahren und vollkommenen Gehorsam aber, in Ertötung

des Willens und des Urteils möchte ich unsere Gemeinschaft an erster Stelle sehen. Dies ist die niedrigste und unvollkommenste Stufe des Gehorsams. Sie verdient nicht den Namen der Tugend, es sei denn, daß sie sich zur zweiten Stufe erhebt und den Willen des Vorgesetzten als den eigenen annimmt. Wer sich aber Gott ganz und gar hingeben will, der muß außer seinem Willen auch die Einsicht hingeben. Dann will er nicht nur dasselbe wie sein Vorgesetzter, sondern er denkt auch dasselbe. Dies gilt für jeden einzelnen seinem nächsthöheren Vorgesetzten gegenüber. Die im Gehorsam leben, müssen sich von ihren Vorgesetzten leiten lassen, als wären sie ein Leichnam, der sich nach jeder Richtung tragen und in jeder Weise behandeln läßt.

Seine Tätigkeit
Als die Missionstätigkeit infolge kriegerischer Wirren nicht möglich wurde, stellten sich die Freunde dem Papst zur Verfügung. Das Kardinalskollegium hatte lange Zeit Bedenken, der Genehmigung zuzustimmen, wurde aber dann durch die volksmissionarischen Leistungen der Jesuiten, vor allem durch ihren erfolgreichen Kampf gegen die Reformation in den südlichen Ländern überwältigt. 1540 wurde der Orden genehmigt. 1556 ist Ignatius gestorben, nachdem er sich selbst schon zu seinen Lebzeiten zu einem Heiligen ausgestaltet hatte.

Die Mittel, durch die Ignatius seine Erfolge errang, waren nicht die dogmatische, sondern die ethische Predigt über Tugend und Laster und der Ausbau des Schulwesens zur Gewinnung der oberen Gesellschaftsschicht. Erziehungsprinzip ist der Ehrgeiz. Die Jesuiten wurden Beichtväter der Fürsten. Sie empfahlen sich durch ihre gewandten Umgangsformen und ihre laxe Beichtpraxis.

Die Organisation
Ignatius von Loyola wurde zum General des Ordens gewählt. Nach der Wahl ging er in die Küche, um im Dienst des Küchenjungen seine Demut zu beweisen. Man steigt auf vom Novizen über den Scholastiker zum Professen, eine Stufe, die von tausend Jesuiten nur fünfundfünfzig erreichen. Im Kollegium Romanum, einer Hochschule in Rom (1551 gegründet), wurden die Schüler zur Gewinnung des ketzerischen Deutschlands geschult.

Luther und Ignatius
sind die größten Gegensätze. Sie verhalten sich wie These und Antithese. Luther ist der Verkünder der frohen Bot-

schaft, daß wir aus Gnaden, nicht durch eigene Bemühungen selig werden. Ignatius steigert die religiöse Bemühung durch ein raffiniertes Training bis zur Spitze. Alles wird bei ihm vermenschlicht. Aus dem Gehorsam Christi, mit dem wir durch den Glauben verbunden sind, wird das Untertansein unter den Willen des Vorgesetzten. Aus dem Heiligen Geist wird mystische Übung. An die Stelle des milden, freundlichen Glaubenslichts tritt die düstere Brandfackel des Fanatismus, an die Stelle des Reiches Gottes die Organisation der Papstkirche.

FRANÇOIS DE SALES (1567-1622)

Franz von Sales, wie man ihn deutsch nennt, stellt für nicht-katholische Christen eine kontroverse Figur in der Kirchengeschichte dar. Stand er doch während zehn Jahren im Dienste der Jesuiten und des Papstes, um die Rückeroberung Genfs und der zugehörigen Gebiete, insbesondere des Léman-Südufers, in die Hand zu nehmen.

Der am 21. August 1567 nahe von Thorens im väterlichen Schloß von Sales geborene Knabe war der erste von zehn in seiner Familie. Nach einer Grundschulung in Annecy schickte ihn sein Vater, der Graf von Sales, in das Collège de Navarre nach Paris. Die Mutter erzwang seine Übersiedlung in ein Jesuitenkolleg, wo er nebst Ausbildung in alten Sprachen, Theologie, Rhetorik, Fechten, Tanz und Reiten einen tiefsitzenden Haß gegen die Evangelischen indoktriniert bekam. Das sensible Gemüt des elfjährigen Knaben stellte einen günstigen Nährboden für diese verhängnisvolle Schulung dar. Als der Vater die Gefährdung seines Sohnes wahrnahm, veranlaßte er die sofortige Versetzung an die berühmte Juristische Fakultät von Padova in Italien, wo er für seinen späteren weltlichen Beruf im Senat von Savoyen vorbereitet werden sollte. Die Rechnung ging jedoch nicht auf. Der Institution der Jesuiten konnte sich der Junge auch in Italien nicht entziehen, zumal in Padova der gefürchtete Protestantenhasser Possevin residierte. Dieser schob den vom Vater mitgesandten Schloßkaplan des 17jährigen zur Seite und machte sich zum Seelsorger von

Die »Kirche Jesu« in Rom

Franz. Zwei Stunden am Tag brachte er ihm kanonisches Recht und andere jesuitische Stoffe bei. Auch Franz' Freizeit stand unter völliger Aufsicht des Ordensmannes. Der Biograph spricht von besonderer Intimität zwischen den beiden. Loyola wurde sein großes Ideal und Vorbild.

Die Berner eroberten das Chablais 1536 gleichzeitig mit der gegenüberliegenden Waadt und führten dort auch die Reformation ein. Savoyische Abgesandte nahmen ebenfalls am entscheidenden Lausanner Gespräch im Oktober 1536 teil und Bern installierte u.a. Farels Mitarbeiter Fabri in Thonon. Sie setzten Pastoren ein und organisierten ihre Gemeinden wie am andern Lémanufer, so daß das Chablais 28 Jahre lang bernisch und protestantisch war. Dann schlossen die Berner aus unerklärlichen Gründen im Jahre 1564 einen Vertrag zu Nyon mit Savoyen ab. Jetzt war das Land savoyisch und protestantisch, denn auf dem Papier gewährten die neuen katholischen Landesherren den Untertanen Religionsfreiheit. Im Gegensatz zu den Bernern jedoch, die die Prie-

Franz von Sales
(1567-1622)

25jährige Franz nach langer Krankheit und Erlangung des Doktorhutes nach Hause zurückkehrte, erwartete ihn ein fertiges adliges Heiratsprojekt seines Vaters. Das paßte seinen Auftraggebern jedoch nicht. Rom verlieh ihm den Titel eines »Prévôt d'Annecy«. Als begabter Redner wurde er bald designierter Bischof von Annecy mit der leeren Floskel »Bischof von Genf«. Aus Schmerz über die durch die Reformation verlorenen Kathedralen in der Schweiz (Zürich, Basel, Bern, Lausanne, Genf) pflegte man den vertriebenen Bischöfen ihre alten, sinnlos gewordenen Titel weiter zu verleihen. Der Herzog von Savoyen warb zunächst spanische Horden an, um seinen Kampf gegen Genf wieder aufzunehmen. Seine Truppen überzogen die ganze Landschaft mit Blut und Tränen. Sales' Biograph' kommentierte, die Spanier führten sich wie in Mexiko gegen die Rothäute auf. Pastoren und viele Gläubige suchten in Genf Asyl. Ab 1594 fand der Herzog in Franz von Sales den Mann, welcher seinen ganzen Ehrgeiz in die Rückeroberung des Chablais und Genfs einsetzte. Mit päpstlichen und herzoglichen Vollmachten versehen, bearbeitete er zunächst mit Hilfe von Franziskanern und Pater Cherubim während zwei Jahren das Chablais rhetorisch. Die Bevölkerung ließ sich jedoch nicht überreden. Alle Beschwörungen »Außerhalb der römischen Kirche kein Heil« und trügerische Zusicherungen Savoyens für religiöse Toleranz gemäß dem Vertrag von Nyon waren umsonst. Die Bevölkerung wollte bei ihrem evangelischen Glauben verharren.

Da wurde die Anweisung gegeben, die Bevölkerung durch Terror gefügig zu machen – nach jesuitischer Sprachregelung »Die beste Art die Leute zu bekehren ist, sie hinzurichten«. In jedem der 40 Dörfer wurde ein Priester installiert, ab Weihnachten 1596 las man in Thonon wieder Messe und verbot evangelischen Gottesdienst. Mit bewaffnetem Aufmarsch versammelte der Herzog die ganze Bevölkerung vor dem Rathaus und stellte sie nach einer beschwörenden Rede von Sales' vor die Alternative »Entweder die Messe oder die Flucht«. Derart massiv unter Druck gesetzt, entschieden weite Teile der Bevölkerung für ihr Dorf und die Messe, während die Standhaften den Weg über den

ster nicht vertrieben und die Messe noch toleriert hatten, hieß es jetzt, die Bewohner des gegenüberliegenden Nordufers seien trotz ihrer reichen Städte und Dörfer, ihrer blühenden Weinberge und ansehnlichem Reichtum vom Teufel besessene Wesen und Sklaven des schlimmsten Aberglaubens. Eine Zeitlang bekannte sich der Herzog von Savoyen zu den von ihm unterschriebenen Bestimmungen im Vertrag von Nyon. Das war umso erstaunlicher, als man ja im benachbarten Frankreich blutige Kriege gegen die Hugenotten entfesselte.

Zum Leidwesen seiner protestantischen Untertanen verstarb der tolerante Emmanuel-Philibert im Jahre 1580, und sein Sohn und Nachfolger Charles-Emmanuel steuerte einen weitaus härteren Kurs.

Das Los des protestantischen Savoyens stellt ein Schulbeispiel jesuitischer Strategie dar. Der Herzog wurde als weltlicher Herr und Franz von Sales als geistliches Werkzeug gegen das evangelische Land aufgehetzt. Als der

See wählten. Bern und Genf schauten passiv zu, was einen Historiker zur Feststellung veranlaßte, die dritte Generation sei nicht mehr von dem Feuer ihrer Vorfahren getrieben gewesen.

Selbst der 78jährige Theodor Beza mußte bei drei persönlichen Besuchen des Franz von Sales dessen Bekehrungsversuche diplomatisch und entschieden kontern. Von Sales, der von Rom die Offerte einer lebenslangen großen Rente mitbrachte, schrieb dem päpstlichen Auftraggeber: »Der Alte hat ein steinernes, verdorbenes Herz«.

1602 wurde Franz von Sales nach dem Tod des Bischofs von Annecy zu dessen Nachfolger eingesetzt. Der Herzog sah die Inthronisation in der Cathédrale de St. Pierre vor. Als aber die heldenhafte Abwehr des savoyischen Überfalles durch die Genfer anläßlich der Escalade von 1602 das Vorhaben vereitelte, mußte dieser Traum Roms und Savoyens endgültig begraben werden.

Nach 1604 konnte Genf – im Gegensatz zum Chablais – aufatmen. Der Bischof von Annecy verlor die Calvinstadt definitiv aus den Augen. Sein Verhältnis zur unglücklichen Madame de Chantal aus Dijon veränderte den Mann so radikal, daß er neben seiner Diözese nur noch ein Ziel vor Augen hatte: der Witwe aus Dijon als Seelenhirt beizustehen. Ein sonderbare mystische Verbindung entstand zwischen beiden: »Meine Seele gehört nur noch der Ihrigen und Ihre der meinigen. Francois und Madame de Chantal haben nur noch eine Seele zu zweit«, schrieb der dem Zölibat verpflichtete am 5. Mai 1610. Sales gründete für sie und ähnlich veranlagte Frauen jeglichen Standes einen kontemplativen Frauenorden: »Die Visitandinnen« zur Armen- und Krankenpflege, ohne strenge Klausur. Dieser dehnte sich so rasch aus, daß es bereits 12 Filialen gab, als Franz starb. Ihnen allen und Madame de Chantal insbesondere weihte er zwei ausführliche Schriften: 1608 die »Einführung in das geistliche Leben« und 1616 ein Traktat über die Gottesliebe. Erstere machte ihn rasch weiterum bekannt, wie es sich anläßlich der Pariser Reise von 1608 zeigt. Sie sprach durch ihre Anleitungen und allgemeinverständliche Anweisungen auch die Herzen Andersgläubiger an.

»O süßer Jesus, mein Herr, mein Heiland und mein Gott, hier kniee ich vor Deiner Majestät nieder. Dir und Deiner Herrlichkeit weihe ich diese Schrift«, steht auf der ersten Seite. Es folgen dann einfache Anweisungen über Gebet, wahre Anbetung, über die Schöpfung, die wahre Bestimmung der Geschöpfe, über Sünde, Tod, Gericht und Ewigkeit, wie sie gesunder Schriftkenntnis entsprangen. Neben bewußt katholischer und mystischer Moral auch Tugend- und Sittenlehre für alle nach Frömmigkeit dürstenden Seelen: »Siehst Du, liebe Leserin, wie das Herz unseres geliebten Jesus das Deinige schon vom Holz des Kreuzes herab anblickte und liebte, lange bevor du lebtest. So innig, wie wenn es neben dir keine anderen auch geliebte Seelen gäbe. Versetze dich deshalb in die Gegenwart Gottes, bitte den Heiligen Geist um Licht und Klarheit, damit du mit Augustin beten kannst: Herr, daß ich Dich und mich besser kennen lerne«.

Man ist geneigt, hier, 13 Jahre vor Speners Geburt, von katholischem Pietismus zu reden.

Franz, den seine Diözese mit der damit verbundenen Betreuung der erwähnten Klöster voll beschäftigte, verschied auf einer Reise mit seinem Herzog am 28. Dezember 1622 im Visitandinnenkloster von Lyon.

Seine Kirche nahm ihn 1662 in die Reihe ihrer Heiligen auf und erklärte ihn 1877 zum Kirchenlehrer.

»Zwischen den Stühlen«

GEORG CALIXT (1586-1656)

Die Kirchengeschichte hat der Geschichte manches trübe Kapitel beigesteuert und damit den Atheisten aller Zeiten willkommene – wenn auch teilweise verfehlte – Argumente gegen das Christentum in die Hände gespielt. Jene Gegner beginnen und begehen den grundlegenden Irrtum, daß sie Christus, den von Gott gesandten Herrn und Erlöser der Menschheit und Haupt der wahren Kirche mit seinen verirrten

Nachfolgern verwechseln. Eines der traurigsten Kapitel in der Kirchengeschichte stellte die als Reaktion auf die Reformation gesteuerte Orthodoxie dar. Die Erstarrung namentlich in der lutherischen Kirche Deutschlands des 17. Jahrhunderts führte zu unglaublich engherzigem Eifer auf Verketzerung des anderen Bekenntnisses, der reformierten Lehre. Der Calvinismus wurde als todeswürdiges Verbrechen hingestellt. Zu Beginn des 17. Jahrhunderts enthauptete man auf Dresdens öffentlichem Markte den Kanzler Nicolaus Krell wegen sogenannten Calvinismus. Sein abgeschlagenes Haupt wurde dann öffentlich geschändet mit dem teuflischen Ausruf: »Krell, wie gefällt dir dieser Streich, in diesem Kopf stecken noch sehr verwirrte Sachen!« Als der Kurfürst Johann Sigismund von Brandenburg 1614 auf Grund seiner klaren Entscheidung für Christus zur reformierten Kirche übertrat, wurden lutherische Theologen so fanatisch, daß sie öffentlich verkündeten, die Reformierten seien ärger als die Papisten, ihre Lehre stamme vom Teufel ab und stimme in 99 Punkten mit jener der Türken überein. 1620 veröffentlichte der sächsische Hofprediger Hoe eine Schrift mit dem Titel: »Wie und warum man lieber mit den Papisten Gemeinschaft haben und mehr Vertrauen zu ihnen haben soll, denn mit und zu den Calvinisten«. Nicht nur Calvinisten waren Zielscheibe dieses unglaublichen Fanatismus, sondern jeder, welcher innerhalb seiner eigenen Kirche nicht fanatisch mit deren Lehre übereinstimmte. So wurde der Astronom Kepler als überzeugter Christ von den Lutherischen ausgeschlossen, weil er sich weigerte, die Reformierten zu verdammen und die lutherische Abendmahlsauffassung zu teilen. Die Mutter des großen Gelehrten wurde als Hexe angeklagt und hingerichtet.

Man muß diese Dinge im Auge behalten, um Leben und Schicksal von Calixt zu verstehen. Am 14. Dezember 1586 wurde er in Medelby in Schleswig-Holstein als Sohn eines lutherischen Pfarrers geboren. Nach Besuch der Lateinschule in Flensburg studierte er ab 1603 an diversen Universitäten: Helmstedt, Jena, Gießen, Tübingen, Heidelberg. 1605 hielt er als promovierter Magister Vorlesungen über moralphilosophische Be-

lange. 1606 studierte er in Helmstedt Theologie, wo er als Privatdozent ab 1611 dozierte. Bei Reisen nach Heidelberg, Leiden, Köln, Paris, London lernte er den Katholizismus gründlich kennen. Von 1614 bis zu seinem Lebensende war er ordentlicher Professor für Theologie an der Universität Helmstedt. Der ausbrechende Dreißigjährige Krieg störte den akademischen Betrieb nachhaltig. Im Gegensatz zu den meisten Kollegen und Studenten verharrte Calixt jedoch auf seinem Posten. 1619 hatte er sich verheiratet. Bis an sein Lebensende verfaßte er zahlreiche Schriften in lateinischer Sprache, die ihn zeitlebens in Streit und Disput verwickelten.

Calixt vertrat nämlich als Theologe Ansichten, die ihn in lutherischen Kreisen zum »Papist und Mameluk«, zur »Schmeißfliege«, »Rattenkönig«, »Ungeziefer Ägyptens« werden ließen. Warum?

Er erstrebte friedliebend eine Einigung der christlichen Kirchen aufgrund der Übereinstimmung ihrer Lehre in den ersten fünf Jahrhunderten. Die Lutheraner verurteilten ihn wegen seines Synkretismus (Vermischung der Konfessionen), die Katholiken verwarfen seine unverzeihliche Toleranz und konfessionelle Gleichgültigkeit. Dabei sind ja gerade lutherische Fürsten zum Übertritt in die römische Kirche gebracht worden.

Calixt hatte Umgang mit Gelehrten verschiedener Bekenntnisse. In Mainz sprach er mit dem Jesuiten und Apologeten Martin Becan über die Unterscheidungslehren. Ein halbes Jahr lang lernte er den Katholizismus in Köln von innen her kennen. In London unterhielt er sich mit Isaac Casaubon über Weltzustände und Gebrechen des religiösen Wandels der Christen sowie Notwendigkeit einer Einigung. In Paris sprach er mit Jacques-Auguste de Thou, dem gelehrten katholischen Anhänger einer Vereinigung der Konfessionen.

Das Studium der Kirchenväter und Kirchengeschichte zeigte ihm die wahren Fundamente des Christentums. So verlor er auch viele Vorurteile durch Anschauung im Leben. Widerlich erschien ihm die Engstirnigkeit der Lutheraner, die fast nur noch zwischen peinlichem Schwören auf ihr Glaubensbekenntnis oder dem Reich des Antichrists (alle anderen Auffassungen) unterschieden, aber wahre Gottesfurcht und gründliche Wissenschaft für unmöglich hielten.

Die Professoren von Helmstedt mußten bei Amtsantritt einen Eid ablegen, wonach sie sich für den kirchlichen Frieden einsetzen wollten. Der europäische Krieg bestärkte in Calixt das Sehnen nach Eintracht, gegenseitiger Anerkennung und Verträglichkeit in Liebe und Frieden zwischen den drei Bekenntnissen. Die Spaltung, sagte Calixt, wäre vermieden worden, wenn man sich leidenschaftslos auf das Wesentliche konzentriert hätte. Leidenschaften und Hass hätten aber überall nur die Unterscheidungsmerkmale hervorgehoben. Die zur Seligkeit notwendigen Grundlehren seien in den drei Bekenntnissen gemeinsam, so im ältesten Symbolum. Wer in diesem Bekenntnis übereinstimme, der sei ein Glaubensbruder und könne von der Seligkeit und von der Gemeinschaft nicht ausgeschlossen werden. Das Verdammen, die Lieblosigkeiten und die Intoleranz müßten jetzt um des Glaubens willen endgültig aufhören.

Eine solche Haltung war den Lutheranern ein Greuel, weil sie sich allein im Besitz der Wahrheit wähnten und Reformierte und Katholiken gleichermaßen verdammten.

Calixt hielt an Auffassungen fest, die von der Bibel und von der Reformation her als Irrlehren anzusehen sind, z.B. die Notwendigkeit der guten Werke, der Primat des Papstes, die Messe als Opfer oder die nicht gänzliche Verdorbenheit der menschlichen Natur. Calixt veranlaßte mit seiner Lehre mehrere Konversionen zur römischen Kirche.

Der Hemstedter Gelehrte wird einmal so charakterisiert: »Er hatte sich Welt- und Menschenkenntnis verschafft, er hatte seinen Geschmack gebildet und veredelt, er hatte sich mit einem Wort humanisiert, was in den Zeiten des 30-jährigen Krieges nicht allen Theologen gelang. Er hatte die scharfen Ecken abgeschliffen, ohne darum die Festigkeit seines Charakters einzubüßen, die er vielmehr seinen Verfolgern mit einem liebenswürdigen Vertrauen in den Sieg der Wahrheit entgegensetzte. Haß und Beschränktheit gegenüber zeigte er stets ein mildes Herz. Calixt war indessen nichts weniger als ein Indifferentist oder als ein unentschiedener

Mann, der selbst nicht wußte, was er glauben sollte. Er war für seine Person und seinen Glauben ein orthodoxer Lutheraner und hielt ihr Lehrsystem für richtig«.

Für Calixt war es ausreichend, wenn man wisse, daß man aufgrund seiner natürlichen Beschaffenheit von der ewigen Seligkeit ausgeschlossen bleibe und nur durch Gottes Gnade um Christi Verdienst willen errettet werden könne. Er will nicht den einfachen Gläubigen mit unnötigem Dogmenballast beschweren. Ihm genügte die allen drei Bekenntnissen gemeinsame Rechtfertigung des Sünders aus Gnaden. In seinem »Apparatus Theologicus«, dem 1628 entstandenen Hauptwerk, hält er fest, daß alle übrigen römischen Ansprüche später entstandene Mißbräuche und Auswüchse ohne biblische Belege seien. Der Todestag, stellt Calixt fest, ist für alle Frommen (gleich welchen Bekenntnisses) der Geburtstag des ewigen Lebens und der Eingang ins Vaterhaus, Trennung von Leib und Seele. Nach der Enthüllung des Antichrists und der Bekehrung Israels erscheint der Menschensohn mit seinen Engeln in den Wolken, wahrscheinlich irgendwo über Palästina, die Toten stehen auf, lebende Gläubige werden umgewandelt, es kommt zur Trennung der Guten und Bösen, zum Gericht für die Verlorenen und Gewissensprüfung für die Gerechten. Mit Augustin stellt Calixt fest, daß wir Menschen erst in der Ewigkeit selbst Antwort auf unsere Fragen bekommen werden. Er fühlt sich verpflichtet, die Leiden und Qualen zu schildern, damit sich der Mensch bemühe, ihnen zu entrinnen und nicht als Verdammter für immer von der Nähe und Gegenwart Gottes getrennt zu sein. Die Hoffnung auf das Jenseits des Todes ist für Calixt ein Fundament des christlichen Glaubens. Die wissenschaftliche Theologie habe die Aufgabe, dies zu zeigen. Er ist davon überzeugt, daß man einem Atheisten mit Hilfe der Vernunft und der Philosophie das Dasein Gottes und die Unsterblichkeit der Seele beweisen könne. Die Unsterblichkeit sei ja bereits von Sokrates und Plato als Axiom festgehalten worden.

Calixt unterschied deutlich zwischen Glauben und Wissen, zwischen dem Glaubensinhalt, den das fromme, gott-

Calixt, Schriften zur Eschatologie Band 4: es kennzeichnet einen bekehrten, gläubigen und christlichen Menschen, heilig und fromm zu leben und alle seine Handlungen dem Gesetz und dem Göttlichen Willen entsprechend zu gestalten, sonst fällt er aus dem Gnadenstand heraus und verliert den Heiligen Geist, die übernatürlichen Gaben und die Seligkeit.

Calixt: Wohl kann der Mensch das Heil durch sein Tun nicht verdienen, aber er kann es dadurch verlieren.

ergebene Gemüt auch in unvollkommener Gestalt festhält und der bloßen Explication dieses Glaubens für den Verstand; mit einem Worte unterschied er zwischen Religion und Theologie. Er sah gerade darin das Bedeutsame des Christentums, daß es nicht einen toten Kopfglauben, sondern einen Herzens- und Lebensglauben verlange.

Bitter enttäuscht wurde Calixt durch den unwürdigen Verlauf und Ausgang des vom katholischen Polenfürsten anberaumten Thorner Gesprächs vom August 1645, an dem neben katholischen Theologen 37 lutherische und 15 reformierte Theologen teilnahmen. Der katholische Bischof, welcher den Vorsitz führte, sprach jeden Morgen folgendes Gebet: »Gott, heiliger Geist! Du Gott, dessen heiliger Sache es hier gilt, senke Dich herab auf die Gemüther, auf die Zungen und Federn, und wohne in ihnen und erleuchte, leite sie, daß sie das allein aufnehmen, erwägen, beschließen, was Deinem in heiliger Schrift geoffenbarten Sinne durchaus entspricht und das am erfolgreichsten fördert, was zur Begründung und Befestigung des Friedens unter den Zwieträchtigen dient. Das thue, das gewähre um der heiligen Wunden unseres Herrn Jesu Christ willen. Amen!«

Der milde, versöhnliche und allseits beschlagene Theologieprofessor aus Helmstedt wurde als Synkretist verschrien: »Seht, die Anhänger des Calixt machen es wie die Lügner, die Creter aus Pauli Brief (Titus 1,12). Sie verleugnen den Grund und die Kraft der Wahrheit, sie halten wohl äußerlich zusammen, aber das ist ein erheuchelter Friede, eine falsche, unwahre, eine fleischliche Liebe, ein Bund der Finsternis wider Gott und Sein Wort«.

Nach Thorn wurde Calixt von den Lutheranern praktisch ausgestoßen. Todsünde war es für sie, im gleichen Hause mit Reformierten zu wohnen. Die Universitäten, die Fürstenhäuser gerieten schlimmer aneinander als zuvor. Der Reichstag zu Regensburg 1654 forderte den Kurfürsten von Sachsen auf, er möge seinen streitenden Theologen den Mund stopfen. Der Kurfürst antwortete, man sollte jenen, die die Wahrheit der symbolischen Bücher nicht glauben, das

Schreiben verbieten, aber dem Heiligen Geist könne man nicht den Mund stopfen, noch dessen Dienern wehren, die Wahrheit zu sagen . . .

Im 19. Jahrhundert stellte der Lutheraner Ferdinand Christian Baur (1863) fest, als streitsüchtiger Theologe habe sich Calixt am Synkretismus zu Tode gestritten. Mit dem Synkretismus trat Erkaltung und Gleichgültigkeit gegen das orthodoxe System ein, es verlor jeden Kredit in der Öffentlichkeit. Als Heilung kam nun der Pietismus, der das praktische Interesse des Christentums neu belebte und Calixt insofern Recht gab. Als der Helmstedter Professor 1656 starb, war Spener erst 21 Jahre alt.

Ein Pionier der Pädagogik

JOHAN AMOS COMENIUS (1592-1670)

Comenius gilt in der Erziehungsgeschichte als Apostel der Menschenliebe und überragender Geist im Reiche der Pädagogik. Er war »ein Edelgeist, ein Künder höchster Ziele, ein Weiser des rechten Weges, einer der großen Erzieher des Menschengeschlechtes, ein Pfadfinder auf pädagogischem Neuland, ein Säemann, der tausendfältige Frucht gebracht hat. Francke, Leibniz, Herder und Fichte gehören zu seinen Geisteserben«. Als Prediger der Liebe und Prophet des Friedens, als Anwalt der Humanität in den Stürmen des schrecklichen Dreißigjährigen Krieges sah er die vielen Mängel des damaligen Unterrichtswesens: »Seufzer stiegen aus meiner Brust, Tränen wurden mir aus den Augen gepreßt, Kummer im Herzen wachgerufen und Mitleid für die armen Kinder, denen die Blütejahre der Jugend mit unnützem Schulgeschwätz dahinschwanden«.

Es ist nicht der Ort, um seine Pionierleistungen in der Entwicklung eines neuen, modernen Schulwesens nach dem überholten, scholastischen seiner Zeit zu würdigen. Comenius gehört ebensosehr, wenn nicht in erster Linie, der Kirchengeschichte an. Comenius war Lehrer, Pfarrer, politischer Führer und letzter Bischof der Unität Böhmischer Brüder, die sich als Nachfolger der ersten Waldenser, als Husiten, als »ältere Refomierte« bezeichneten und blühende Gemeinden in Böhmen, Mähren, Deutschland und der Schweiz hatten. Durch besonderes Festhalten am Johannes-Evangelium strebten sie dem Urchristentum nach und kannten demzufolge weder hierarchisches Priestertum noch Opferdienst oder Sakramente in ihrem Gemeindeleben. Luther zollte ihnen seine tiefe Achtung und Verehrung, wie das Comenius in seiner »Geschichte der Böhmischen Brüder« nachweist.

Sein Leben
Johan Amos Comenius wurde am 28. März 1592 in einer alten Mühle des mährischen Dorfes Nivnice in einer zu den Böhmischen Brüdern gehörigen Familie geboren. Mit 10 Jahren verlor er den Vater, wenig später die Mutter und zwei Geschwister, so daß sich eine Tante seiner annahm. Nach dem Besuch der Lateinschule der Brüderkirche in Prerau immatrikulierte er sich 1611 auf der jungen Universität von Herborn, da die Pfälzische Dynastie der Nassau-Oranier Schutzherren der Unität der Böhmischen Brüder waren. Hier lernte er den berühmten Pädagogen Professor Alsted kennen, welcher ihn auf den spanischen Pädagogik-Pionier Ludwig Vives sowie die Zeitgenossen Campanella und Baco hinwies. In Heidelberg, wo er 1613 hinkam, lernte er auch den Schwäbischen Gelehrten Johann Valentin Andreä kenne, welcher auf die Krankheiten in Kirche, Staat und Schule hinwies und nach neuer Methode der Bildung zur konfessionellen Überbrückung rief. Professor Johannes Fischer, als engagierter Christ, und Wolfgang Ratke, der die Kluft zwischen Kirchen und Naturwissenschaften mit breiter Volksbildung überwinden wollte, prägten den jungen Comenius.

1616 wurde er Pfarrer in Prerau. Fulnek, eine Gemeinde, in der sich 1480 deutsche Waldenserflüchtlinge aus Brandenburg aufhielten, berief Comenius 1618 zu ihrem Geistlichen. Die Schlacht am Weißen Berg vom 8. November 1620 änderte jedoch die ganze Weltlage, da die Katholiken

Johan Amos Comenius

dort den Sieg davontrugen. Die Spanier zündeten 1623 unter anderem auch Fulnek an und vernichteten die gesamten Habseligkeiten von Comenius. Seine Frau und sein Kind waren Opfer der nach dem Brand ausbrechenden Seuche. Er flüchtete nach Brandeis in Böhmen und heiratete 1624 die Tochter des Bischofs der Bruderunität. Die Begegnung mit dem Schlesier Christoph Kotter öffnete ihm die Augen für die göttliche Inspiration der Bibel. Literarisch wurde er immer bekannter. Seine Kirche berief ihn 1625 nach dem polnischen Lissa, dem Zentrum der Unität, wo er bis 1641 als Aufseher der Gemeinschaft, Lateinlehrer und Leiter der höheren Schule wirkte. Seine Frau schenkte ihm fünf Kinder. Schriftstellerisch und brieflich pflegte er hier weltweite Kontakte, so auch mit England. Das dortige Parlament erteilte ihm den Auftrag, ein universalwissenschaftliches Institut zu gründen. Er verließ Polen und

Aus der »Didactica Magna:
Was ich für die Jugend geschrieben habe, habe ich nicht als Pädagoge, sondern als Theologe geschrieben . . .
Zur Besserung der menschlichen Verderbnis gibt es keinen zuverlässigeren Weg unter der Sonne als die rechte Unterweisung der Jugend.

kam am 26. September 1641 nach London. Gleichzeitige Einladungen von Kardinal Richelieu und von der Harvard-Universität in Massachusetts lehnte er wegen des Londoner Vorhabens ab. Da aber auch England vom Krieg (zwischen König und Parlament sowie mit Irland) heimgesucht wurde, war der Plan hinfällig geworden. Ein reicher holländischer Kaufmann gewährte ihm Asyl in Elbing an der Ostseeküste.

Der Westfälische Friede von 1648 versetzte Comenius einen neuen schweren Schlag. Die Böhmischen Brüder wurden als Gemeinschaft geächtet und ihre Gemeinden aufgelöst. Nun war Comenius ein Hirt ohne Herde. Die Brüder fanden später Aufnahme bei der Herrnhuter Brüdergemeine Zinzendorfs. Das veranlaßte ihn zu weiterer literarischer Produktion. Nach dem Tod seiner zweiten Frau reiste Comenius zu einer viertägigen Konferenz mit Kanzler Oxenstierna nach Schweden, anschließend nach Ungarn und Siebenbürgen, wo ihm die Reform der Schule von Sarajpatak und die Beratung des Fürsten Rakoczi übertragen wurde. 1654 nach Lissa zurückberufen, heiratete er dort zum dritten Mal. 1656 steckten die katholischen Polen das »Ketzernest Lissa« in Brand und Comenius verlor abermals seine sämtliche Habe. Nach Schlesien und weiter nach Hamburg fliehend, setzte er seine ganze Hoffnung auf den Schwedenkönig Karl X., bis ihn schließlich die Stadt Amsterdam, die Zierde des damaligen Belgiens und »Wonne Europas«, aufnahm. Hier verbrachte er die restlichen Lebensjahre bis zu seinem Tode am 15. November 1670 und konnte sich literarisch reich entfalten, so daß er schließlich mehr als 150 Schriften hinterließ, die seinen Weltruhm begründeten.

Universelle Bedeutung von Comenius

Ziel und Grundsatz all seines Tuns war: Jede Erziehung muß danach trachten, alles zu vermitteln, was für dieses und das künftige Leben notwendig ist. Im Gegensatz zu Geistlichen der übrigen Kirchen, welche sorgfältig von den neu aufkommenden Naturwissenschaften isoliert wurden, ließen die Brüder ihren Pastoren volle Freiheit. Comenius konnte sich nach Belieben mit Astronomie beschäftigen und erwarb sich in Heidelberg das Originalmanuskript von Kopernikus' »Die Revolutionen der Himmelskörper«. Seine Humanität war Glaube an den ewigen Wert, den jede noch so verkümmerte Seele vor Gottes Augen hat. Daraus betonten die Brüder die freie Entfaltung der Einzel- und der Volkspersönlichkeit, statt – wie die Kirchen – immer nur die Verderbtheit der menschlichen Natur zu unterstreichen. Das »Apostelamt an dem Kleinvolk« war für Comenius bloß ein Mittel für sein Prophetenamt des Friedens. Der Glaube an die Innerweltlichkeit Gottes war neu. Natur und Naturgeschehen waren nicht mehr nur wie in der Scholastik ein willkürliches Eingreifen eines außerweltlichen Gottes. Nach Christi Lehre wollten sie den Bau des Gottesreiches im Diesseits, nicht nur im Jenseits wie das Mittelalter. In krassem Gegensatz zur Neuscholastik aller Lehrkanzeln des 17. Jahrhunderts und im Einklang mit den Reformatoren mußte das Wissen dazu dienen, lebendige Früchte statt nur toten Glauben hervorzubringen. In seinem Riesenwerk »De rerum humanarum emendatione Consultatio«, welches lange verschollen war und erst 1935 wiedergefunden und 1966 von der Tschechischen Akademie in Prag veröffentlicht wurde, legt Comenius seine Weltanschauung ausführlich dar. Im ersten Band sagt er, daß alle Menschen bildungsfähig und -berechtigt seien. Im zweiten Band zeigt er die drei Quellen göttlicher Erkenntnis: die Natur, die Vernunft und die Schrift-Offenbarung. Alle drei gehören zusammen. Die folgenden Bände zeigen das riesige Bildungsprogramm des Menschen von der Wiege bis zur Bahre. Dann umschreibt er ein auf die gesamte Menschheit bezogenes Reformprogramm von Kultur, Politik und Kirche. Im Gegensatz zu einem anschließenden Blick auf die eigene Religionsgemeinschaft oder einer »alleinseligmachenden« Kirche befürwortet Comenius ein Weltsystem, das mit einfältigem Herzen in einfacher Weltsprache (»zehnmal leichter als die lateinische«) alles Überflüssige fahren läßt und nur das für den wahren Wert des Menschen Wichtige und Wesentliche festhält. Obschon er an seiner Mutterkirche festhielt, war Comenius weit entfernt von konfessioneller Beschränktheit. Er suchte und fand Fühlung mit Luther und Calvin zugleich und empfahl seinen Leuten, die Gemeinschaft mit allen Denominationen zu suchen.

Um die leidigen Klüfte zwischen den Ständen zu überbrücken, sah Comenius die gesamte Jugend, reich und arm, wenigstens eine Zeitlang im Unterricht der Volksschule vereint und damit offen für Eintracht und gegenseitige Achtung in Bescheidenheit. Seine Frömmigkeit war also aktiv tätig, um den Weg zum Himmel in den Fußtapfen des Herrn zu gehen und nicht davon zu weichen. Durch Erziehung sei die Jugend zur lebendigen Erkenntnis der christlichen Wahrheit zu führen und zu nützlichen Gliedern der Gemeinde zu machen, einer Gemeinde, die das Gemeinsame statt das Trennende sucht.

In Comenius' Pädagogik steht die Bibel als Gottes Wort an erster Stelle, denn die Jugend müsse lernen, daß, was nicht zu Gott und dem künftigen Leben in Beziehung steht, reine Eitelkeit sei. Von frühester Kindheit an müsse die Heilige Schrift über alles gestellt werden. Er kritisiert die Schule seiner Zeit, weil trotz des christlichen Namens der christliche Geist durch antik-heidnischen zurückgedrängt werde. Er fordert eine radikale Erneuerung ihres Geistes aus dem Worte Gottes heraus.

Gegen Ende seines Lebens legte der 77jährige in seinem letzten Buch »Eins ist Not« sein geistiges Testament nieder:

Fragt jemand nach meiner Theologie, so will ich mit dem sterbenden Thomas von Aquin – denn auch ich muß bald sterben – die Bibel nehmen und mit Herz und Mund sprechen: ich glaube, was in diesem Buche geschrieben ist. An meines Lebens Ende will ich es auch machen wie der kluge Kaufmann, der gute Perlen suchte und hinging und alles verkaufte, was er hatte, als er eine köstliche Perle gefunden hatte: Mt 13,45. Du, Herr Jesu, bist für mich die eine köstliche Perle, bist das einzig wahre Gute, bist das Eine, was not tut. Mein Leben war ein steter Wechsel von Wandern und Ruhe. Jetzt aber sitze ich mit Maria zu des Herrn Füßen, daß ich mich zu Gott halte nach Ps 73,28.

Ein evangelischer Theosoph

JAKOB BÖHME (1575-1625)

Jakob Böhme ist in Altseidendorf in der Oberlausitz als Sohn eines angesehenen Bauern geboren. Wegen seiner schwächlichen Konstitution ließ ihn sein Vater das Schusterhandwerk erlernen. Auf der Wanderschaft kam er in die ansehnliche Stadt Görlitz, machte sich dort ansässig und heiratete eine Bürgertochter, die ihm sechs Kinder gebar. Er betrieb sein Geschäft mit großem Fleiß, so daß er sich ein eigenes Haus erwerben konnte. Schon als Wandergeselle hatte er innere Kämpfe durchzumachen, bei denen er sich an das Wort Jesu hielt, daß der Vater den Heiligen Geist geben werde denen, die ihn darum bitten. Auf seine Gebete hin sei ihm Licht zuteil geworden, so daß ihn bei seinem Handwerk eine selige Ruhe überkommen sei, so daß er sieben Tage lang von göttlichem Licht umfangen gewesen und im Freudenreich gestanden sei.

Werkzeuge, die ihn gestalten
In jener Zeit fand er Umgang mit Görlitzer Ärzten, Anhänger des Paracelsus waren. Einige Ausdrücke aus dem theosophischen Sprachschatz des Paracelsus kehren in Böhmes Schriften wieder. Sie bezeugen aber auch seine Bekanntschaft mit der deutschen Theologie, mit Tauler und Seuse. Auch mit einigen Schülern Schwenckfelds aus dem schlesischen Adel stand er in Verbindung. Doch lehnt er es ab, literarisch abhängig zu sein. Den Grund seiner Theosophie hat er in der Bibel gefunden, die er von Jugend an liebte. Er suchte nicht aus spekulativem Trieb, sondern in der Sehnsucht nach dem Frieden des Herzens. Bei diesem Suchen half ihm seit 1600 sein frommer Seelsorger Martin Moller, Verfasser mehrerer Lieder und eines Erbauungsbuches, der schon vor Spener erbauliche Hausversammlungen hielt, an denen sich Böhme fleißig beteiligte.

Böhme schreibt über seine inneren Erfahrungen:

Nach harten Stürmen ist mein Geist durch die Pforten der Höllen hindurchgebrochen, und allda mit Liebe umfangen worden, wie ein Bräutigam seine Braut umfängt. Was das aber für ein Triumphieren im Geist gewesen, kann ich nicht beschreiben. Es läßt sich auch mit nichts vergleichen, als nur mit dem, wo mitten im Tod das Leben geboren wird. In diesem Licht hat mein Geist alsbald durch alles gesehen und an allen Kreaturen, selbst an Kraut und Gras Gott erkannt, wer er sei und wie er sei und was sein Wille sei. So ist denn auch alsbald in diesem Licht mit großem Trieb mein Wille gewachsen, das Wesen Gottes zu beschreiben.

Sein Wirken in der Öffentlichkeit und seine Feinde

1612 drängte ihn die Fülle der inneren Erfahrungen, eine Schrift zu schreiben, die er »Morgenröte« nannte. Das Manuskript war noch nicht vollendet, da wurde es schon von einem befreundeten Edelmann abgeschrieben. Eine Abschrift geriet in die Hände des Oberpfarrers Richter, des Nachfolgers Mollers, eines fanatischen Kopftheologen. Er sah in Böhme einen schlimmen Ketzer, hetzte den Pöbel gegen ihn auf, so daß der Stadtrat unter dessen Druck ihn gefangensetzte und erst wieder freiließ, als er versprach, nichts mehr zu schreiben. Fünf Jahre lang unterdrückte Böhme den Strom seines Geistes, bis er wieder anfing, um der Wahrheit gehorsam zu sein, kleinere Traktate zu schreiben. Es sind etwa dreißig an der Zahl. Wieder griff ihn Richter an. Der Magistrat legte ihm nahe, die Stadt zu verlassen. Er begab sich nach Dresden, wo er sich nun in der Gunst angesehener Männer sonnen durfte. Er soll sogar in einem Colloquium eine glänzende Rechtfertigung erfahren haben. Bei einer Reise nach Schlesien, wohin er eingeladen war, erkrankte er schwer. Er ließ sich nach Hause bringen und verlangte dort das heilige Abendmahl. Der Nachfolger Richters verlangte vorher ein bis ins einzelne gehendes Glaubensbekenntnis. Am 17. November, kurz vor seinem Sterben, hörte er wunderschöne Musik. Man solle die Tür öffnen, um den Gesang besser zu hören, verlangte der Sterbende. Er betet:

O du starker Gott, rette nach deinem Willen, o du gekreuzigter Herr Jesus Christus, erbarme dich mein und nimm mich auf in dein Reich!

Einer seiner Freunde bezeugt von ihm, er sei züchtig in Gebärden, bescheidentlich in Worten, demütig im Wandel, geduldig im Leiden, sanftmütig von Herzen gewesen.

Aus Böhmes Gedanken:

Kein Ding ohne Widerwärtigkeit mag ihm selbst offenbar werden, denn so es nichts hat, das ihm widersteht, so geht es immerdar von sich aus, und geht nicht wieder in sich ein. So es aber nicht wieder in sich eingeht, weiß es nichts von seinem Urstande. So ist Gott ein Ungrund. Ein Ungrund ist nichts als eine Stille ohne Wesen, eine ewige Ruhe ohne Anfang und ohne Ende. Die Ewigkeit sucht die Lust ihrer eigenen Offenbarung in sich, denn es liegt Kraft, Macht und Herrlichkeit, ja alles in ihrem Busen. Der Vater faßt in sich eine Lust zu seiner Selbstoffenbarung. Diese Lust ist dann des Willens oder Vaters gefaßte Kraft, das ist sein Sohn. Glaube ist nicht ein Gedanke oder eine Zulassung der Geschichte, daß Christus für unsere Sünden gestorben sei, sondern er ist ein Nehmen der verheißenen Gnade Christi. Glauben ist ein Nehmen aus dem Wesen Gottes. Wie Christus ein Mensch werden mußte, damit seine Gottheit in uns einfließen könnte, so sind auch elementarische Mittel nötig wie die Sakramente, welche nicht bloß Zeichen sind, sondern Vermittlungen des Wesens. Darum flößt Christus sein himmlisches Fleisch und Blut dem Leben des Menschen ein durch und mit dem wahren Lebensnutriment, durch die Tinktur des Brotes und Weines.

Böhme lehrt wie die Heilige Schrift nicht die Wiederbringung, sondern ein letztes Gericht.

Seine Gedankenwelt erhebt sich im allgemeinen auf der Grundlage der Heiligen Schrift, aber dazu kommt noch eine sich ihm mit innerer Gewißheit aufdrängende innere Anschauung, die über eine reine Schriftauslegung hinausgeht und die an der Heiligen Schrift geprüft werden muß.

Ein berühmter Konvertit

JEAN DE LABADIE (1610-1674)

Labadie war einer der berühmtesten Konvertiten vom Katholizismus zur Reformierten Kirche. Am Ende des sturen Orthodoxie-Zeitalters war er maßgebender Auslöser des kommenden Pietismus. In Genf zündete er im dort weilenden Philipp Jakob Spener jenen brennenden Jesusglauben an, durch den der junge Elsässer bald die neue Reformation des deutschsprachigen Europas entfachte, welche die Christenheit von Grund auf verwandelte.

Jugendzeit

Jean de Labadie wurde am 13. Februar 1610 in Bourg-en-Guyenne geboren. Sein Vater, ein Südfranzose, stammte aus aristokratischem Geschlecht und brillierte in der militärischen Karriere. Seinen Sohn übergab er den Jesuiten zur Erziehung. Er sollte natürlich ein Mitglied ihrer Gesellschaft werden und wurde dafür auch wissenschaftlich und psychisch gedrillt. Diese Rechnung sollte jedoch nicht aufgehen, denn später einmal schrieb er über diese Jugendjahre: »Ich wurde als Junge schon von Gottes Heiligem Geist und Seiner Heiligen Schrift erfaßt.«

Jesuit

Am 28. Dezember 1625 wurde er als Novize bei den Jesuiten in Bordeaux aufgenommen, wo er drei Jahre später das Philosophiestudium begann, um es nach drei Jahren in Perigueux und dann in Agen fortzusetzen. Nach der Rückkehr nach Bordeaux begann er 1636 das Theologiestudium. Dem Oberhaupt des Ordens mißfiel die Entwicklung des »jungen Theologen namens Labadie, welcher schon Visionen wie ein Seliger hat und sich folglich ganz unjesuitisch benimmt«. Vor zahlreichen Auditorien predigte er die alte Apostellehre, wie sie Lukas aufgeschrieben hat. »Ich sah, daß es für eine echte christliche Kirche des steten Bezugs auf das von Jesus Christus gegründete Urchristentum bedarf, so wie es die Evangelisten und die Apostelgeschichte beschreiben. Gott zeigte mir bald, daß Er mich für diesen Erneuerungskreuzzug brauchte. Er knüpfte es jedoch an eine Bedingung, über die ich am Anfang erschrak: den Orden, dem ich angehörte, zu verlassen.« Er vertraute in dieser wichtigen Entscheidung allein auf Gottes Verheißungen und Führung. Eine lange schwere Krankheit lieferte ihm den gesuchten Anlaß zu seiner Kündigung. Am 17. April 1639 wurde er aus dem Orden entlassen. Nun war er elf Jahre nur noch weltlicher Priester. Aus diesem Anlaß verfaßte er eine lange und eingehende Rechtfertigung für seine Ordensbrüder.

Weltlicher Pater   *Jean de Labadie*

Die unfreiwilligen Stationen seines Priestertums waren: Amiens, Toulouse, Bazas, La Graville. Trotz seiner Liebäugeleien mit den Jansenisten, jenen Todfeinden der Jesuiten, ging ihm schon ein großer Ruhm voraus. Der Bischof von Amiens gab ihm die Stelle eines Kanonikus mit Visitationskompetenz für die Klöster. Er veröffentlichte eine Proklamation, in der er Labadies Ernennung und seine Verdienste pries. Seine Vorträge zogen Scharen von Studenten an. Mit ihnen trieb er fleißig Exegese und machte ihnen die Bibel lieb. Mit den erweckten Seelen gründete er eine besondere Bruderschaft, wo er Bibelstunden hielt und das Abendmahl in beiderlei Gestalt feierte. Rosenkränze und Reliquien verschwanden, weil er lehrte, daß im Evangelium von Jesus Christus völlige Genüge für die verlorenen Seelen vorhanden sei und das Beispiel der Urgemeinde auch die Kirche erfassen und umwandeln müsse.

Ein Zeuge Jesu Christi
in Frankreich

BLAISE PASCAL (1623-1662)

wurde am 19. Juni 1623 zu Clermont als
Sohn einer wohlhabenden Magistratsfa-
milie geboren. Er verlor mit drei Jahren
seine Mutter. Seine ältere Schwester erzog ihn. Er war mit seiner jüngsten
Schwester ein Art Wunderkind. Der Vater war ein ausgezeichneter Mathemati-
ker und Stilist. Er zog sich aus seinem
Amt nach Paris zurück, um sich ganz der
Erziehung seines Sohnes zu widmen.
Der Knabe sollte zuerst zwei Sprachen
lernen, darum wurde dem strebsamen
Kind die Mathematik vorenthalten. Da
entdeckte der Zwölfjährige ohne jede
Anleitung die Euklidischen Sätze. Nun
faßte ihn die Leidenschaft für mathematische Studien. Mit siebzehn Jahren

Blaise Pascal

schrieb er eine Abhandlung über Kegel-
schnitte.

Um den Vater, der Steuerintendant in
Rouen war, bei seinen vielen Berech-
nungen besser unterstützen zu können,
erfand der Neunzehnjährige eine Rechenmaschine. Fünf Jahre hat er der
Verbesserung dieser Maschine und ihrer
industriellen Auswertung gewidmet.
Diese angestrengte Arbeit schwächte
ihn, der von Jugend auf sehr zart war, so
daß er zeitlebens krank war. Der frivole
Spötter Voltaire suchte daher Pascals
scharfsinnige Gedanken als Krankenge-
schwätz zu entwerten.

Inzwischen hatte ihn die Leidenschaft
für physikalische Forschungen erfaßt.
Pascal entdeckte, von dem italienischen
Physiker Torricelli angeregt, die hy-
draulische Presse, den Elevator und die
barometrische Höhenmessung, er fand
die Wahrscheinlichkeitsrechnung und
stellte Sätze auf, die später zur Erfin-
dung der Integralrechnung führten.

Pascal entdeckt den Menschen

Mit seiner Schwester Jacqueline, die mit
elf Jahren eine Komödie gedichtet hatte,
von der man vierzehn Tage lang in Paris
sprach, begab er sich nach Paris, um dort
bessere Ärzte zu finden. Jacqueline kam
in Verbindung mit den innig frommen
jansenistischen Kreisen, die sich um das
Kloster Port-Royal gesammelt hatten.
Die Jansenisten griffen auf Augustin zurück und betonten die Gnade und die
göttliche Erwählung. Sie standen in starkem Gegensatz zu den Jesuiten, die das
Geistesleben der katholischen Kirche
beherrschten. Jacqueline trat, ungern
von ihrem Bruder hergegeben, 1652 in
das Kloster Port-Royal ein.

In dieser Zeit geriet Pascal in leichtsinnige Gesellschaft. Es erfaßte ihn,
wahrscheinlich beim gesellschaftlichen
Umgang mit dem reichen, vornehmen
Herzogshause Roannet, eine leidenschaftliche Liebe zu der jungen Prinzessin. Wenn der Essay über die Leidenschaft der Liebe von ihm stammt, dann
spricht er darin seine skeptische Stimmung über dieses Stadium auf dem Le-
benswege aus.

Pascal wird Christ

Ein schweres Ringen kam im November
1654 zum Ziel. Pascal schrieb das Me-
morial, einen Pergamentstreifen, den er

in seinen Rock eingenäht immer bei sich trug. Darauf stand geschrieben, daß er der Welt entsage und völlige Unterwerfung unter den Christus und seinen Beichtvater gelobe. Er zog sich in die Klosterstille zurück nach Port-Royal. Ohne Mönch zu werden, lebte er mönchisch, er fastete, trug einen Stachelgürtel um den Leib. In den Kampf der Jansenisten gegen die Jesuiten griff er durch die »Lettres à un provincial« leidenschaftlich ein. Er schrieb ein leicht geschürztes Französisch von wunderbarer Klarheit der Sprache, voll Witz und Spott, brachte die Lacher auf seine Seite und versetzte damit dem Jesuitenorden einen schweren Schlag. Pascal erkannte in der laxen Moral und Doppelzüngigkeit der Jesuiten den Grundschaden der katholischen Kirche. Seine Gedanken setzten sich auch in der französischen Geistlichkeit durch, die im Jahre 1700 die kasuistische Moral der Jesuiten verurteilte. In diesen Briefen fehlt es nicht an evangelisch klingenden Sätzen. Aber Pascal blieb doch der treue Sohn der katholischen Kirche. Das Band, das ihn mit ihr verband, war stärker als alle Logik. Er hat sich immer wieder von dem Vorwurf der Ketzerei zu reinigen gewußt. Auch als seine »Lettres« durch den Papst Alexander VII. verdammt und durch Parlamentsbeschluß zur Verbrennung durch Henkershand verurteilt wurden, blieb er katholisch. Seine »Lettres« schließen mit der schmerzhaften Frage, warum seine Kirche zu den Anstrengungen ihrer Verwüster schweige. Als seine Nichte durch die Berührung mit einem auf dem Hochaltar zu Port-Royal ausgestellten Dorn aus der Dornenkrone Christi von einem schweren Augenübel geheilt wurde, faßte der davon tief bewegte Pascal den Plan, eine Apologie des Christentums zu schreiben, die sich auf den Wunderbeweis stützt. So schrieb er seine berühmteste Schrift, seine »Pensées« (Gedanken).

Von 1660 an ging ein Sturm über Port-Royal. Der Jesuitenorden hatte den Papst und den französischen Hof auf seine Seite gebracht. Es wurde die Unterzeichnung eines Formulars von den Nonnen verlangt, das die Sätze Jansens verdammte. Im Juli 1661 unterzeichneten alle Glieder des Klosters das Dekret. Jacqueline brach die Gewissensnot das Herz. Sie starb im selben Jahre. Auch ihr Bruder Pascal überlebte den vernichtenden Schlag nicht lange. Am 19. August, nachdem er die Sterbesakramente von einem katholischen Beichtvater empfangen hatte, entschlief er. In seinen »Gedanken« spricht er noch heute durch die Klarheit und Tiefe seiner Überlegungen zu uns.

Aus den Pensées:

Fraglos ist es ein Übel, voller Fehler zu sein, aber es ist ein noch größeres Übel, es zu sein und sie nicht kennen zu wollen . . . Ohne Jesus würde die Welt nicht bestehen, denn sie müßte entweder zerstört sein oder der Hölle gleichen. Nur durch Jesus kennen wir Gott. Ohne ihn als Mittler ist jede Gemeinschaft mit Gott ausgelöscht. Auf Jesus Christus schauen beide Testamente, das Alte in der Erwartung, das Neue auf ihn als Urbild, und beide als auf ihren Mittelpunkt.

Gebet, um den rechten Nutzen der Krankheit zu erflehen:

So gütig und so mild ist dein Geist in allen Dingen, o Herr, und so barmherzig bist du, daß nicht nur die Wohltaten, sondern selbst die Schicksalsschläge, die deine Erwählten treffen, Wirkungen deiner Barmherzigkeit sind. Laß mir die Gnade widerfahren, daß ich mich nicht wie ein Heide verhalte in der Lage, in die mich deine Gerechtigkeit geführt hat, und daß ich als ein wahrer Christ dich, in welcher Lage ich bin, als meinen Gott und meinen Vater erkenne. Da die Verkommenheit meiner Natur derart ist, daß deine Wohltaten mir zum Verderben werden, bewirke, o mein Gott, durch deine allmächtige Gnade, daß deine Schläge mir heilsam werden. Bewirke, o mein Gott, daß, wie du meinem Tod zuvorgekommen bist, ich der Härte deines Richterspruchs zuvorkomme und daß ich mich selbst vor deinem Urteil prüfe, um Barmherzigkeit vor dir zu finden . . . An den Malen deiner Leiden bist du von deinen Jüngern erkannt worden, und an den Leiden erkennst du auch die, die deine Jünger sind. Erkenne mich also als deinen Jünger an den Schmerzen, die ich im Körper wie im Geist erdulde für die Sünden, die ich begangen habe.

Pascal:
Solange das Feuer der Liebe in einem brennt, solange ist man der Liebe Freund. Aber das Feuer der Liebe erlischt! Welch schöner und großer Raum für den Ehrgeiz!

Evangelische Zeugen in England und Schottland

In England war die Reformation der Kirche zuerst durch Heinrich VIII. eingeleitet worden, der aber mit seinen Gewaltmaßnahmen überall unbeliebt war. Unter seinem Nachfolger Eduard VI. erfolgte die evangelische Umgestaltung der Kirche nach Lehre und Gottesdienst. Der Katechismus hatte lutherischen Charakter, die Gottesdienstordnung hatte katholische Formen beibehalten, das Glaubensbekenntnis zeigte

John Knox

calvinistisches Gepräge. In Schottland wurde das Evangelium durch das Königtum mit Gewalt unterdrückt, aber durch den eisernen John Knox zum Sieg geführt. Unter der Königin Elisabeth wurde die anglikanische Staatskirche mit reformierter Lehre und katholisierenden Gottesdienstformen vollends befestigt.

Als Karl I. über England und Schottland regierte, führten seine staatskirchlichen und katholischen Neigungen zu starken Spannungen mit den streng calvinischen Gemeinden Schottlands, die auch in England viele Anhänger hatten. Diese Gemeinden versammelten sich nach neutestamentlicher Art um das Wort Gottes und verlangten Bekehrung und Heiligung im Sinne der Trennung von der gottlosen Welt. Diese Kämpfe führten einerseits zur Auswanderung der strengsten Richtung nach Nordamerika. 1620 zogen einhundert Pilgerväter dorthin zur Siedlung; viele Gleichgesinnte folgten ihnen in der Auswanderung nach. Andrerseits kam es zu kriegerischen Erhebungen gegen Karl I.

Schottische Puritaner, englische Presbyterianer verbanden sich mit dem Heer des Parlaments, dessen Führung Oliver Cromwell hatte, und richteten den König hin. Cromwell übernahm die Regierung. In dieser Zeit traten geisterfüllte Persönlichkeiten auf, die durch ihr Zeugnis eine starke Frömmigkeitsbewegung nach Art der schottischen Gemeinden hervorriefen. Diese Bewegung kann als die eigentliche Reformation Englands angesehen werden, denn bisher waren die kirchlichen Reformen meistens vom Königtum her eingeführt worden. Die Schwäche dieser Gemeinden bestand darin, daß sie aus Gegensatz zur bischöflichen Staatskirche wenig Verständnis für die große Kirche hatten und daher die Kirche zersplitterten.

Das Ende der Kämpfe war die Toleranzakte des vom Parlament berufenen Oraniers Wilhelm III., die völlige Religionsfreiheit gewährte. Da zeigte sich, daß die anglikanische Bischofskirche doch die weitaus größte Zahl von Anhängern hatte.

JOHN KNOX (1513-1573)

war der Führer der evangelischen Bünde, ein untersetzter Mann mit dunklem

Haar, graublauen Augen, unbeugsamen, starren Willens, den römischen Irrtum wegzufegen.

Sein Werden

Er kommt als katholischer Priester in die Nähe des Märtyrers Wishart, dessen Zeugnis ihn überwältigt. Er wird in der aufständigen Garnison St. Andrews zum evangelischen Prediger berufen und gehorcht Gott. Seine erste Predigt geht über Daniel 7 wider den Antichrist. Er verkündet der sittenlosen Garnison das Gericht wie ein alttestamentlicher Prophet. Anderthalb Jahre ist er mit den gefangenen Soldaten auf den Galeeren. Seine Gesundheit wurde schwer beschädigt. Er bekennt später im Rückblick auf diese Zeit:

Ich kenne die heimlichen und murrenden Klagen des Fleisches, die Sorgen, den Kummer, der selbst an Gott irre wird. Wenn mein Unglück im Geist und meine Qualen am grausamsten waren, so wollte es die Weisheit Gottes doch, daß meine Hand immer das Gegenteil schreiben mußte, was dem Fleisch in den Sinn kam, nämlich: Gesegnet sei dein heiliger Name!

Er verbringt einige Jahre in England, dann, fliehend vor der Regentin Maria, in Frankfurt am Main und in Genf bei Calvin. 1559 kehrt er nach Schottland zurück. Die Königinregentin Maria Guise stirbt im Sommer 1560. Ein Jahr hat er Zeit, bis Maria Stuart landet. Wie ein Orkan fährt er durch das Land, veröffentlicht seinen Aufruf: »Im Namen der Gemeinde in Schottland.« Es entstehen die Bünde (Covenants).

Als Wächter und Warner

seiner jungen Kirche wird er der Vorkämpfer der Gottesherrschaft in seinem Volke. Seine Sorge gilt nicht dem einzelnen, sondern dem Ganzen, auch darin den alttestamentlichen Propheten gleichend. Um der Kirche willen greift er in die Politik ein. Aus den Psalmen, die er monatlich einmal durchbetet, hat er den Gedanken des sittlichen Königtums.

Er ordnet die schottische Kirche

Er verfaßt das Buch der Kirchendisziplin, das das Genfer Glaubensbekenntnis, Vorschriften über Pfarrwahl, Älteste und Diakonen, Wochenversammlungen der Pfarrer und Ältesten, Kirchenzucht, Krankenbetreuung, Ordnung des öffentlichen Gottesdienstes, Abendmahlsliturgie, Eheschließung, Taufe, Fasten und Gebete enthält. Das Buch wurde später erweitert um Verfassungsurkunde, Dienst- und Kirchenordnung. Später kommen zu dem Stamm der Pfarrer, Vorleser, Laienredner, Ältesten, Gemeindehelfer (Diakonen) noch die Lehrer der Kirche, die Dozenten der Theologie. Besonders bedeutsam sind die kirchlichen Wochenexerzitien, eine Art Textbesprechung mit Aussprache und Kritik, an der sich Prediger und Älteste beteiligen. Daraus wird die erste Synode berufen mit sechsunddreißig Laienvertretern der Gemeinde und nur fünf Pfarrern.

Er kämpft gegen die katholische Messe

Im Parlament erreicht er den Beschluß, katholischen Brauch im Lande abzuschaffen, besonders die Messe, die er als ein gotteslästerliches Zerrbild des

Abendmahls erklärt. Daß ein Mensch sich herausnimmt, durch sein Handeln Christus in der Hostie zu konkretisieren zur Anbetung dieser Substanz in der Gemeinde, und daß ein Mensch sich herausnimmt, den Sühnetod Christi am Kreuz jederzeit wirkungskräftig zu wiederholen, das bringt ihn in Zornesglut. Auf der Messe beruht der unzerstörbare magische Charakter des Priesters und seine Mittlerstellung. Knox hält zuerst achttägig eucharistische Abendmahlsfeiern, später vierteljährlich. In der Kirchenordnung, die die erste Synode annimmt, nennt er drei Kennzeichen der Kirche: rechte Wortverkündigung, rechte Sakramentsverwaltung und Kirchenzucht.

Sein Kampf gegen Maria Stuart

Da Maria Stuart die Messe wieder einführen will, bekämpft er sie mit allen Mitteln. Durch den Zauber ihrer achtzehnjährigen Schönheit will sie das Volk betören. In ihrer Sittenlosigkeit ist sie ihm widerwärtig. Er sagt ihr geradeaus grob die Wahrheit in dem Ton, in dem er einst gegen die Regentin Maria schrieb.

John Knox' Haus in Edinburgh

Sein Gebet für sie:

O Herr, wenn es dein Wohlgefallen ist, so reinige das Herz der königlichen Majestät vom Gift des Götzendienstes und befreie sie von den Stricken und Banden des Satans, in denen sie aufgewachsen ist und aus Mangel an rechter Einsicht beharrt. Laß sie durch das Licht des Heiligen Geistes erkennen, daß es kein Mittel gibt, dir zu gefallen, als deinen Sohn Jesus Christus.

Ihre »liebstrahlenden Sternenaugen« sieht er mit Mißfallen, denn sie haben die Ketzerhinrichtungen in Schloß Ambois mit angesehen.

Königin: Ich verstehe, meine Untertanen sollen Ihnen gehorchen, nicht mir. Knox: Ich halte dafür, daß Fürsten und Untertanen Gott gehorchen. Sie weint. Er: Auch, wenn ich es nicht gern will, muß ich Ihrer Majestät Tränen eher ansehen können, als daß ich es wagen dürfte, mein eigenes Gewissen zu verletzen.

Maria Stuart gibt die Regierungsgeschäfte in die Hand ihres Günstlings, des Italieners Rizzio, den ihr Gatte ermordet. Nun wirft sie sich dem jüngeren Bothwell hin und hilft mit, ihren Gatten Darnley zu ermorden. Da wird sie vom Parlament abgesetzt und ins Gefängnis geführt. Sie flüchtet zu ihrer Todfeindin Elisabeth von England, wird von ihr wegen politischer Verschwörung gegen das Leben der Königin zum Tod verurteilt und endigt auf dem Schafott.

Oliver Cromwell, Lordprotector von England

John Knox in der Familie und im Alter

In seinem Alter heiratet er, er ist schon fünfzig Jahre alt, die Tochter des Lords Ochiltrees, und nach deren frühem Tod schließt er eine zweite Ehe. Der rauhe Mann ist liebebedürftig und fürchtet die Einsamkeit. Zuletzt zieht der früh Gealterte nach St. Andrews, der Stätte seiner ersten Wirksamkeit. Ein Student preist seine Ankunft als tiefste Wohltat seines Lebens. Er hört ihn Daniel auslegen, etwa eine halbe Stunde lang in ruhigem Fluß. »Wenn er dann zur Anwendung kam, machte er mich zittern und schaudern, daß ich die Feder nicht mehr halten konnte.« Sein Pessimismus in der Beurteilung der katholischen Länder wird durch die Bartholomäusnacht bestätigt. Sterbend läßt er sich von seiner Frau Johannes 17 vorlesen, das Kapitel, »wo meine Seele zuerst Anker warf.« Er starb am 24. November 1572.

OLIVER CROMWELL (1599-1658)

ist als Sohn eines puritanischen Landedelmannes am 25. April 1599 geboren. Er hat die schwerblütige, vulkanische Art der Kelten.

Die christlichen Grundlagen seines Lebens

Er wird als Kind durch den gelehrten Pfarrer Dr. Beard, den Verfasser des »Theaters der Gerichte Gottes«, christlich unterwiesen. So wird in ihm der Grund tiefer Gottesfurcht gelegt. Im Blick auf seine Jugendzeit schreibt er als Mann: »Ich war ein Oberster der Sünder, doch Gott war mir gnädig.« Kurz nach seiner Verheiratung leidet der junge Gutsbesitzer an Schwermutsdepressionen, meint sterben zu müssen, so daß er oft mitten in der Nacht den Hausarzt holen läßt. Nach dessen Aussagen habe er sich in wirren Phantasien mit dem Kreuz beschäftigt. In einem Brief des dreiundfünfzigjährigen obersten Heerführers an seinen Schwiegersohn spricht er seinen Glauben aus an die Gnade Jesu Christi, die ihm aus diesen Depressionen geholfen hat.

Was für einen Christus habe ich doch! Was für einen Vater in ihm und durch ihn! Herrlich ist der Bund zwischen ihm und Christus und all seinem Samen; ja für jedermann, und er tut alles, die arme Seele nichts. Der neue Bund ist Gnade für die Seele, die einfach an sich geschehen läßt, die nur annimmt. Was Gott getan hat, was er in Christus für uns ist, ist die Wurzel unseres Getröstetseins.

Warum er Politiker wird

Er hört als Knabe die Erinnerungen an das Märtyrersterben treuer Evangelischer unter der Regentin Maria, ist Zeuge der ungeheuren Erregung, die die verantwortlichen evangelischen Familien anläßlich der Pulververschwörung gegen die Evangelischen und der Ermordung des Hugenottenfreundes Heinrich IV. von Frankreich ergriff. Schon 1628 ist er Mitglied der Landstände. 1630 ist er Mitglied des Parlaments, das der König bald auflöst. Es ist die Zeit der Unterdrückung puritanischer Neigungen durch den hochkirchlichen König. Im sogenannten langen Parlament siegt der Puritanismus mit seinen demokratischen Gedanken und macht Strafford und Laud, dem Erzbischof, den Prozeß. So ist der Henkertod, den sie über alle Puritaner verhängt haben, gerächt. Der Kampf gegen den despotischen, hochkirchlichen und wortbrüchigen Karl I., den Gemahl einer katholischen Prinzessin, der den Bürgerkrieg gegen das widerstrebende Unterhaus vom Zaun brach, führte Cromwell 1542 ins Feld, um der »heiligen großen Sache« zu dienen.

Über den Beweggrund des Kampfes schreibt Cromwell an einen Verwandten:

Laßt uns in Gottes geschichtliche Fügungen hineinschauen, die uns doch sicher etwas zu sagen haben. Anmaßende Bosheit steht auf gegen Gottes Volk, das man jetzt Heilige nennt, um sogar ihren Namen auszurotten. Und doch, diese armseligen Heiligen holen sich Waffen, und Gott segnet ihre Verteidigung. Den, der für den Grundsatz des passiven Leidens eintritt, nehme ich gewiß nicht leicht. Aber gebt acht, daß nicht fleischliches Denken in solchem passiven Verhalten größere, eigene, persönliche Sicherheit gewährt sieht, als wenn man aktiv handelt.

Wie schon seine Schriftzüge mit erstaunlich exakter Schreibweise zeigen, so ist Cromwell. Er erfüllt seine Aufgabe als Oberster so, daß er einen Kreis von Männern mit seinem Geist erfüllt und einexerziert. Es sind ernst christliche Männer, die im Maß ihrer Gottesfurcht alle Menschenfurcht verlieren. Er bildet diese Kerntruppe, diese »Eisenseiten«, aus lauter Freiwilligen. Sie sind auf ihren raschen Pferden wie ein unwiderstehlicher Sturm und stets entzündet von der Feuerglut ihres Obersten und doch in strengster Disziplin. »Verflucht sei, wer das Werk des Herrn lässig treibet«, das

ist ihr Wahlspruch, die Quelle ihrer Begeisterung. Cromwell sagt: »Wer am besten kämpft, der wird am besten predigen.« Er reißt mit seiner persönlichen tollkühnen Tapferkeit alle mit, als erster erstürmt er die Bastionen, doch redet er nie von seinen Taten, sondern gibt Gott die Ehre. Jeder Soldat trägt die Bibel in seiner Satteltasche. Psalmen singend ziehen sie in die Schlacht. Sexuelle Ausschreitungen, Plünderungen kommen nicht vor, aber wenn die Rotröcke im erbeuteten königlichen Lager irische Dirnen finden, ermorden sie sie.

Cromwell fördert die religiöse Lebendigkeit, indem er jedem Gewissenszwang abhold ist. Das unterscheidet ihn von den Presbyterianern, die durch Mehrheitsbeschluß in Glaubensdingen die Minderheit tyrannisieren und in einigen Menschenaltern auf diesem Wege dem Rationalismus zum Sieg helfen werden. Er ist der Mann des Independentismus, der unabhängigen Gewissensfreiheit. Seine Offiziere wählt er mit Vorliebe aus den Kreisen der Separatisten und Freikirchler. Mit diesen Truppen besiegte er Karl I. und nahm ihn gefangen, mit ihnen unterwarf er Schottland und Irland und errang die unumstrittene Macht im Staate.

Die Hinrichtung Karls I.

Das Unterhaus hat nun seinen größten Gegner in der Gewalt. Der König ist stur in seinen absolutistischen und hochkirchlichen Ideen, er spinnt sein Intrigenspiel weiter mit Freunden und Landesfeinden. In ernster Gebetsversammlung mit seinen Offizieren und Soldatenratsmitgliedern in Schloß Windsor berät Cromwell, was nun geschehen soll. Drei Tage lang prüfen sie ihre bisherigen Entscheidungen vor Gott. Sie erkennen es als fehlerhaft, sich überhaupt mit dem König und seiner Partei eingelassen zu haben, und beschließen, Karl Stuart zur Rechenschaft zu ziehen für alles Blut, das er vergossen, und für alles Unheil, das er angerichtet hatte wider des Herrn heilige Sache und sein Volk. Am 30. Januar 1649 wird König Karl I. auf Beschluß des Unterhauses enthauptet.

Er baut die englisch-schottisch-irische Republik

Cromwell löst den Rest des alten Parlaments wegen sittlicher Mangelhaftigkeit auf.

Sie sind kein Parlament, einige von ihnen sind Trunkenbolde, einige von ihnen in flagranter Verachtung von Gottes Geboten.

Er beruft einhundertundvierzig fromme Männer zu einem Parlament der verantwortlichen Gotteswerkzeuge. Als er ihm gegenübersteht, ist er ergriffen. Er zitiert Jes. 43,21: »Dies Volk habe ich mir gebildet, daß es mein Lob verkündige.« Nach kaum einjähriger Arbeit stirbt dieses Parlament an seinem Schwärmertum. Der kleine Rest muß gewaltsam aus dem Saal geführt werden. Chiliastische Gedanken haben sich eingenistet. Nach ernsten Gebetsversammlungen mit seinen Offizieren läßt er sich als Lordprotektor ausrufen und wird jetzt selbst seinen bisherigen Freunden durch seine Autokratie verdächtig. Nun führt er siegreiche Kriege durch seine stark ausgebaute Flotte mit Spaniern und Niederländern. Den Königstitel lehnt er ab. Gott soll allein König sein über dies Volk. Als seine alten Getreuen gehen, ruft er seine Söhne und Verwandten in die entscheidenden Regierungsstellen. Seine zweiundneunzigjährige, ängstlich um ihn besorgte Mutter und seine liebste Tochter sterben. Er selbst ist in seiner Gesundheit durch das Rückfallfieber, das er sich in den Feldzügen geholt hat, gebrochen. 1558 legt er sich zum Sterben. Man hört noch in der letzten Nacht bittere Selbstanklagen. Doch ringt er sich zur Gnade Christi durch.

Nachspiel

Nachdem sein schwacher Sohn Richard, der zum Lordprotektor ausgerufen war, sich ins Privatleben zurückgezogen hatte, wurde Karl II. Stuart nach England zurückgerufen. Das neue Parlament rächte das Todesurteil an Karl I. mit Grausamkeit. Die Leiche Cromwells wurde geschändet. Sein Versuch, Reich Gottes und Staat in noch nie dagewesener Durchdringung miteinander zu verbinden, war gescheitert.

GEORGE FOX (1624-1690)

Als Kind frommer Eltern, neunzehnjährig in der Lehre bei einem Lederhändler, macht er schlechte Erfahrungen mit sogenannten ernsten Christen. Tief bekümmert ging er in seiner Stube umher und betete. Da sprach der Herr zu ihm: »Wende dich ab von den Leuten und werde ein Fremdling«, worauf Fox alles verließ und in die Einsamkeit ging. Er empfängt das innere Licht, daß er den Dingen auf den Grund sieht, und erkennt die Liebe Gottes. Er sieht auch den Menschen ins Herz, ob sie Christen scheinen oder sind. Nun verkündet er den Heuchlern die Wahrheit, und die Kraft Gottes begleitet ihn. Während der Puritanismus zur Zeit Cromwells nach außen gekehrt ist, ist er nach innen gekehrt und auf die Umwandlung der Menschen bedacht.

Seine Lehre

Das innere Licht ist da. Es ist das wahre Licht, das alle Menschen erleuchtet (Joh. 1,9). In schwärmerischer Weise ordnet er diesem Schriftwort alles unter und findet diese Wahrheit in allen Schriftworten. Ein weiterer Begriff, der ihm aus der Schrift wichtig ist, ist der Begriff »Same aus Gott«. Er meint damit den Wiedergeborenen, in dem Christus lebt. Die kirchlichen Lehren, Wort und Sakrament treten zurück, ja werden oft in tumultuarischen Auftritten bekämpft.

Fox leidet tief unter dem geistlichen Niedergang der Kirchen. Deismus und Rationalismus sind im Kommen. Er ist ein flammender Protest gegen die Kirchen und sieht dort nur äußerliches Bekenntnis. Er wird mit dieser Hetze gegen die Kirche oft ungerecht. Es ist die Blindheit des Schwärmertums, das seinem einmal gefaßten Gedanken stur nachhängt. In dem Wissen um die Gegenwärtigkeit des Geistes wird er völlig ungeschichtlich. Seine dritte Lehre, die die beiden ersten beweist, ist die von der Kraft Gottes. Sie geht unstreitig von ihm aus. Menschen werden durch sein Wort so gepackt, daß sie zittern (Quäker). Selbst der große Cromwell hört ihm mehrfach still und ernst zu. Es geht ihm in seinem radikalen Ernst um das Heiligungswesen eines erlösten Menschen in Christus.

Sein Verhalten zum Staat

Seine Anhänger verweigern jeden Eid und jeden Kriegsdienst und erwecken deshalb den Verdacht politischer Revolution. Tausende von ihnen sind im Gefängnis und erleiden das mit Freudigkeit.

Der Gottesdienst der Freunde
besteht in stillen Versammlungen, wobei sie ganz inneres Ohr sind. Wenn der Geist nicht spricht, gehen sie still auseinander und kommen bald wieder zusammen, bis einer inspiriert wird.

Ihre weltweite missionarische Sendung
Man plant sogar, die Juden, die Mohammedaner und den Papst zu bekehren. Im Kampf gegen die Sklavenhalterei sind sie der Welt zum Segen geworden. Als Unordnung einreißt, setzt Fox diktatorisch vierteljährliche geistliche Versammlungen fest. Schließlich wird die geistlich revolutionäre Bewegung zu einer christlichen Philanthropie. Nur Kriegsdienstverweigerung und Protest gegen den Staat sind noch Erinnerungen an die Haltung der ersten Zeit.

JOHN BUNYAN (1628-1688),

in Elston geboren, ist ein Kind geringer Leute. Er war nie mehr als Kesselflicker. Er legte anderen unermüdlich die Bibel aus, war dafür oft und lang im Gefängnis. Vielen wurde er ein geistlicher Vater. Er ist vollgesogen wie ein Schwamm

George Fox predigt in einem Wirtshaus

von den Bildern der Bibel. Er ist voll Ewigkeitssehnsucht.

In seiner Jugend war er weit ab von Gott, so daß ihm jemand einmal sagte, er verderbe noch die ganze Jugend der Stadt. Gott ängstigt ihn durch furchtbare Träume. Teufel, die er nicht abschütteln konnte, wollen ihn fortschleppen. An Abgründen tiefster Not vorbei ringt er sich durch zu dem Licht vergebender

Gnade.

In seinen Selbstbekenntnissen erzählt er folgenden Traum: Er sah einige ihm bekannte gläubige Frauen auf der Sonnenseite eines Berges, während er in Kälte und Schnee fror. Zwischen ihnen war eine Mauer. Schließlich fand er nach langem Suchen eine schmale Öffnung. Doch er kam nicht durch. Endlich gelang es ihm. Nun war er überaus glücklich. Wer heim will zu Gott, muß die gottlose Welt hinter sich lassen, denn im Reich Gottes ist nur Raum für Leib und Seele, nicht aber für Leib, Seele und Sünde.

Sein Hauptwerk schrieb er 1678 im Gefängnis in London: The Pilgrim's Progress, die »Pilgerreise«, eine allegorische Auslegung von Matth. 7,13 und 14: »Gehet ein durch die enge Pforte.« Die Erfüllung dieses Aufbruchs ist das Kreuz, das der Pilger nach vielen Mühen und Verirrungen erreicht.

So lief er, bis er zu einer Stätte kam, die ein weniges anstieg. Auf dieser Stätte stand ein Kreuz und etwas tiefer darunter war ein Grab. Und ich sah im Traum, daß just, als Christ zum Kreuze kam, die Last von seinem Rücken abfiel und den Hang abwärts rollte bis in die Öffnung des Grabes und in der Tiefe verschwand.

Die allgemeinen Bilder der »Pilgerreise« sind schlicht und einfach, aber ungeheuer lebensnah und packend, zum Beispiel das Bild der Zweifelsburg, wo der Riese Dukannstnichtmehr mit seinem

*John Bunyan
(1628-1688)*

Weibe Traugottnicht die Pilger zu Tode schinden und zum Selbstmord der Verzweiflung treiben will, bis die Gefangenen sich an den goldenen Schlüssel mit der Aufschrift »Gottesverheißungen« erinnern und damit alle geschlossenen Türen öffnen und entrinnen.

Am 31. August 1688 starb Bunyan.

WILLIAM PENN (1644-1718)

Eines der größten Bundesländer der USA verdankt seinen Namen dem englischen Koloniengründer. Seinem Vater, einem englischen Flottenadmiral, schuldete der letzte Stuartkönig Karl II. eine beträchtliche Summe. Zur Begleichung verlieh ihm der Monarch ein großes nordamerikanisches Gebiet nördlich von Maryland. Der Admiral wollte es New Wales oder Sylvania taufen, aber Karl II. wollte es in Anerkennung des verdienstvollen Seekommandanten als

Bunyans Grab in Bunhill Fields, London

*S. 212 unten:
Heute Bunyan-Museum:
The Moot Hall in
Elstow, Bunyans Geburtsort*

»Penn-Sylvanien« bezeichnet haben. Nebst East Jersey erbte sein Sohn dieses Riesengebiet samt dem Delaware-Ufer, welches vorderhand noch Pennsylvanien zugeschlagen wurde.

William Penn wurde also als Sohn des gleichnamigen berühmten Vaters und von Margaret Jasper am 14. Oktober 1644 in der Nähe des Londoner Tower geboren. Der anglikanisch gesinnte Vater schickte ihn zur Ausbildung für zwei Jahre auf das Christ-Church-College nach Oxford. 1662 wurde er aber von dort als Nonkonformist wegen unerlaubter religiöser Tätigkeiten weggeschickt. Was den Jungen schon im 12. Altersjahr gepackt hatte, war die Begegnung und die Predigt des Quäkers Thomas Loe. Penns Freund John Aubrey berichtet später darüber:

Als wir zusammen auf der Chigwell School waren, wurde mein damals 12jähriger Freund William plötzlich von einer inneren Freude gepackt, daß sein Zimmer wie von einer ewigen Herrlichkeit erfüllt war und er von jenem Zeitpunkt an wußte, daß er Gott und die Unsterblichkeit fühlte.

Thomas Loe hatte den Knaben nicht nur mit Christus sondern auch mit dem Quäkertum bekannt gemacht, für das er zeitlebens zu leiden bereit war.

Mit 16 war ich ein großer Leider für die Religion an der Universität. Allein durch das Werk von Gottes Geist in meinem Herzen widerstand ich unzähligen Anfechtungen. Unseren Lehrern sagte ich ins Gesicht, daß

ich viele ihrer Lehren ablehne. Ich hatte nie eine andere Religion als was ich fühlte. Ich stand allein als Kind da. Aber Trost und Stärke kamen mir durch die Bibel und direkte Offenbarungen Gottes. Ich war ein geheimer Leidender an den Wassern von Babylon und erlitt viele harte Schläge von meiner Verwandtschaft . . .

Nachdem Penn das Christ-Church-College in Oxford verlassen mußte, jagte ihn sein Vater, der Admiral, aus dem Haus und ersann nach einiger Zeit eine besondere »Therapie«. Mit Bekannten wurde er auf eine lange Europareise geschickt. Während zwei Jahren studierte er Theologie in Saumur, wo er von Prof. Amyraut erneut Quäkereinflüsse erhielt. Dieser Kontakt war eine Art Fortsetzung der schon in Oxford gehörten Vorlesungen des abgesetzten Dekans von Christ Church, John Owen, wo er, statt in der Schulkapelle, zu sitzen pflegte und damit zu seiner Diskreditierung vor den Schulbehörden beigetragen hatte. Nach Saumur machte er mit seinen konformen »Betreuern« eine größere Rundreise durch Deutschland, Italien und Holland, wo er wertvolle Kontakte knüpfen konnte, die aber auch zu schweren Anfechtungen in seinem religiösen Leben beitrugen. Nach England zurückgekehrt, fiel diese innere Wandlung dem Vater sofort auf. Er empfing einen äußerlich aufgeputzten, mit französischen Kenntnissen und Savoir-vivre »genesenen« Sohn. 1665 immatrikulierte er ihn zum Jura-Studium in Lincoln's Inn und nahm ihn für einige Monate mit in den Krieg gegen Holland. 1666 schickte der Admiral seinen Sohn nach Irland, damit er dort in der Nähe von Cork die großen ihm gehörigen Ländereien verwalten sollte. Dieser Aufenthalt wurde zum entscheidenen Angelpunkt in Williams Leben.

Nach Verkehr mit dem weltlichen Adel am Hofe des Herzogs von Ormonde, des irischen Gouverneurs, stellte William auch militärisch seinen Mann, indem er mit Erfolg einer ausgebrochenen Meuterei Herr wurde. Aber, so berichtete er später:

nach Jahren innerer Zweifel seit Oxford, hörte ich immer wieder Christi Stimme, die mich rief. Oft weinte ich allein und sprach in meiner Seele: o wenn ich doch den Herrn kennte, wie ich sollte, oft rang mein Geist um meine Ewigkeit und weinte und rang um Ruhe für meine Seele am großen Trübsalstag. Die Eitelkeit dieser Welt ging mir immer mehr auf. Die Unreligion der Religion um mich herum machte mich gebrochen im Geist. Ich war entschlossen, koste es was es wolle, Gott nachzufolgen, ich rief und schrie zu Ihm, der allein Leben und Erlösung ist.

Gott hörte sein Rufen und schickte ihm seinen geistlichen Vater Thomas Loe nach dem irischen Cork. William besuchte seine Versammlungen, stand auf und gab ein schüchternes Zeugnis seiner Bekehrung ab. Er hatte den guten Hirten wieder gefunden. Leben und Rechtfertigung waren wieder in sein Herz gekommen. Regelmäßig besuchte er nun die Quäkerversammlungen: »Loe machte sanft einen Quäker aus mir«.

Zum großen Leidwesen des Admirals kehrte sein Sohn 1667 als völlig anderer Mensch von Irland zurück. William Penn war nun der Christus verkündende Quäker geworden. Seine Besuche der illegalen und verhaßten Quäkerversammlungen, das Abhalten ebensolcher verbotenen Versammlungen brachten ihn schon 1667 ins Gefängnis. Beim Verhör stellten die Richter fest, seine Kleider und seine ganze Erscheinung seien ja nicht die der Quäker. Da entgegnete er, er sei trotzdem ein Quäker und wünsche, wie sie verhaftet zu werden, so daß man ihn im Tower einsperrte. Da verfaßte er zwei Schriften: »Hochgehaltene Wahrheit« und »Verwerfung von mißgeleiteten Führern und ihrer Verweltlichung«. Auch richtete er geharnischte Briefe an die Behörden, mit denen er auf die Ungesetzlichkeit der Quäkerverhaftungen im Lichte der Menschenrechte und der traditionellen Glaubensfreiheit Englands hinwies. Er wurde wieder aus der Haft entlassen.

Fortgesetztes Auftreten für seinen Glauben und die Veröffentlichung einer Schrift »Sandiges Fundament erschüttert?«, die vehement gegen die orthodoxe Auslegung der Trinität, der Erlösung und der Rechtfertigung wetterte, hatten Ende 1668 eine neue Verhaftung wegen Gotteslästerung zur Folge. Während seiner neunmonatigen Einzelhaft in einer kleinen Zelle schrieb er weiter: »Kein Kreuz, keine Krone« und »Beschreibung der wahren Natur und Früchte beider Königreiche der Finsternis und des Lichtes«, die er seinem Vater mit folgender Widmung zukommen ließ: »Damit ich jeden Tag jeder Sünde, Pomp und Eitelkeiten dieser Welt absterben kann in ständiger Gegenwart

---

No Cross, No Crown.

A

DISCOURSE

Shewing the

Nature and *Discipline*

OF THE

Holy Cross of Christ:

And that

The *Denyal* of SELF, and Daily Bearing of CHRIST's CROSS, is the alone Way to the *Reft and Kingdom of* GOD.

To which are added,

The Living and Dying TESTIMONIES of many Perfons of Fame and Learning, both of *Ancient and Modern Times*, in Favour of this *Treatife*.

In Two PARTS.

By WILLIAM PENN, *Jun.*

---

von Gottes Herrlichkeit, bis ich in IHN verwandelt werde zu Seinem Ebenbilde. So komm Herr Jesu!«

Damit war ein grundlegendes Werk über die Moral und die Theologie der Quäker geschaffen. Eine dritte Verhaftung im Jahre 1670 gab Penn Gelegenheit, erneut auf grundlegende Menschenrechte und die uralten Freiheiten eines Engländers bei den maßgebenden Behörden zu pochen.

Im gleichen Jahr verschied der alte Admiral, nicht ohne sich mit seinem am Sterbebett erschienenen Sohn versöhnt zu haben.

1671, 1677 und 1685 begab sich Penn mit verschiedenen Begleitern (u.a. mit George Fox) auf ausgedehnte Missionsreisen nach Deutschland und Holland, um die dortigen Quäker zu ermuntern und zu stärken. Es wurden wertvolle Bekanntschaften geschlossen, so auch mit der pfälzischen Prinzessin Elisabeth und Freunden, welche ihm später nach Amerika folgten.

1672 heiratete er Gulielma Maria Springett, die ihm 22 Jahre lang treue Lebens- und Reisegefährtin bis zu ihrem Tode blieb. Missionarisch war er über-

Titelseite von Penns Schrift »Kein Kreuz, keine Krone«

zeugt von der Überlegenheit des Quäkertums, in dem er die Krönung der Kirchengeschichte erblickte, während die Reformation nur eine Zwischenstufe zu diesem Höhepunkt darstellte. Penn glaubte auch, daß die Quäker dieselbe Salbung wie die Apostel erlebt hätten: durch Gefahren und Verfolgungen geläuterte Abbilder der Urchristen, welche, wie sie, ohne Bezahlung reisen und predigen, um überall Zeugnis abzulegen. Als Prediger, Missionar, Schreiber, Redner wirkte er unablässig, um Evangelisation und Seelsorge nach England zu bringen, wie ein Wegbereiter zur methodistischen Erweckung des 18. Jahrhunderts. Mit mehr als 140 Traktaten und Schriften bezeugte der »neue Goliath unter Quäkern« seinen Glauben an die Wirksamkeit des geschriebenen Wortes. Viel weniger erfolgreich waren seine unzähligen öffentlichen Debatten mit Anglikanern, Presbyterianern, Independenten und Baptisten sowie mit Katholiken.

1676 erwarb Penn durch die eingangs erwähnten Transaktionen mit dem König Westjersey, 1681 Ostjersey und Pennsylvania, 1682 Delaware. Am 14. März 1681 ließ er sich von Karl II. die offizielle Konzession für eine Kolonie in Amerika übertragen, mit dem Ziel, dort eine Zufluchtsstätte für Verfolgte und eine tolerante christliche Gemeinschaft aufzubauen. Zu diesem Zwecke weilte er dreimal in der Neuen Welt: 1677 reiste er mit dem Schiff »Kent« und 200 Siedlern nach Delaware, 1682-84 und 1699-1701 war er in Pennsylvania. Die erste Expedition (1677) brachte die fundamentale Regierungscharta mit: »Kein Mensch und keine Menschengruppe auf Erden hat das Recht oder die Macht, über menschliche Gewissen in religiösen Angelegenheiten zu befehlen.«

In diesem avantgardistischen Sinne wurde mitten im europäischen und asiatischen Absolutismus eine Pflanzstätte der modernen Demokratie in Nordamerika aufgebaut. Erste Priorität hatte für Penn die demokratische Behandlung der Indianer als gleichberechtigte Menschen. Sie, die Quäker und alle andern Emigranten sollten in wahrem Frieden, freiem Handelsverkehr und freier Religionsausübung nebeneinander leben. Den Indianern schrieb Penn bei seiner Ankunft: »Ich habe große Liebe und

Der anglikanische Diakon von Derry:
Ich habe nur die ewige Wahrheit von ihm gehört und mein Herz sagte AMEN zu allem, was ich von Penn gehört habe.

Achtung vor euch und wünsche auch eure Gegenliebe und Freundschaft in einem gerechten, friedlichen Zusammenleben zu gewinnen.«

Diese Haltung trug Früchte. Penn und die Indianer schlossen verschiedene Verträge miteinander, »daß die Indianer und Engländer in Liebe zusammenleben solange die Sonne ihr Licht spendet«. Auch traf Penn Maßnamen, um die Rothäute vor dem Alkohol und schädlichen Einflüssen der Weißen zu bewahren. Sie verehrten ihn auch entsprechend, bis Penns unwürdige Nachfolger dann durch Verleugnung des angestammten Glaubens Betrug und Schande über die Eingeborenen brachten.

In strikter Selbstdisziplin und Selbstverleugnung durchstreifte Penn Pennsylvania, Delaware, Jerseys, New York, Long Island und Maryland, wo er überall die Quäker besuchte und in ihren Versammlungen predigte.

1682 stellte er als »heiliges Experiment« ein Grundgesetz für Pennsylvania auf. In dieser »Frame of Government« wird 100 Jahre vor Montesquieu das Prinzip der Gewaltentrennung und Glaubensfreiheit vertreten. 1683 gründete Penn die Stadt Philadelphia und gab dem Land freien Handel unter freien Menschen. Ein nach ihm benanntes Gymnasium sollte für die entsprechende Erziehung der nächsten Generation sorgen.

1684 kehrte Penn wieder für 15 Jahre in die alte Welt zurück, wo wichtige Aufgaben auf ihn warteten. Dank der Thronbesteigung seines alten Freundes, des Herzogs von York, als Jakob II., konnte er gleich die Befreiung von 1300 gefangenen Quäkern veranlassen. In den folgenden politischen Wirren mußte er allerdings wiederholt über seine Beziehungen mit dem abgesetzten König Rechenschaft ablegen. Für zwei Jahre wurde er sogar als Gouverneur seiner Besitzungen abgesetzt. Nachdem 1694 seine Frau starb, heiratete er 1695 Hannah Callowhill. In diesen Monaten gewann er auch einen maßgebenden Einfluß auf den in England weilenden Zar Peter den Großen.

1694 entwarf er ein »Essay zum gegenwärtigen und zukünftigen Frieden in Europa« mit einer internationalen Organisation zur Vermeidung von Kriegen durch Schiedsgerichtsbarkeit und 1696 einen Plan zur Union der amerikanischen Kolonien. 1694 entstand eine große Abhandlung »Erwachen und Wachstum des Quäker genannten Volkes Gottes von Adam bis George Fox«.

Bei seinem dritten und letzten Amerika-Aufenthalt 1699-1701 erneuerte er sämtliche Verträge zwischen den Indianern und Siedlern und setzte sich für die Befreiung der Sklaven ein. Als wichtigste politische Tat steht die Übergabe der grundlegenden »Charta für Pennsylvanien« da, ein Modell für das spätere gesamtamerikanische Dokument von 1776.

Bei Ausbruch des Spanischen Erbfolgekrieges wurden alle Eigentumskolonien der Krone zurückerstattet, und Penn mußte den Kontinent 1701 ein für allemal verlassen. Zwar blieb er Eigentümer, aber endlose Zwistigkeiten entfremdeten die Gouverneure und die Räte untereinander. In der Heimat geriet Penn in ernsthafte materielle Schwierigkeiten und litt unter dem ungeordneten Leben seines Sohnes. Ein Gläubiger ließ ihn wegen seiner Geldschuld vorübergehend in Haft nehmen. Nach drei weiteren Jahren missionarischer Aktivität befiel ihn eine heimtückische Krankheit, die ihm sämtliche geistigen Fähigkeiten raubte, so daß seine Gemahlin Hannah alle Angelegenheiten an seiner Statt zu erledigen hatte. Sein amerikanischer Besitz ging nach seinem Tod 1718 an seine Söhne John, Thomas und Richard über.

Sänger der Evangelischen Kirche von der Reformation bis zum Dreißigjährigen Krieg

Das Lied dieser Zeit ist angestimmt worden von dem Reformator selbst, ein Lied von solcher Kraft und Innigkeit, ein Lied der erneuerten Kirche, nicht des einzelnen, daß es in die fernste Zeit der Kirche wie eine Fanfare hineinklingen wird.

PAUL SPERATUS (1484-1551)

Zu Rottweil in Württemberg geboren, studierte er in Paris und Italien und

wurde 1518 als ausgezeichneter Prediger an das Domstift in Würzburg berufen. Er predigte, durch Luthers Bücher überzeugt, die evangelische Wahrheit. Er mußte auf Druck der Römischgesinnten weichen und ging nach Wien, wo er sich öffentlich zur Reformation bekannte. Auch dort war seines Bleibens nicht. Auf dem Wege in seine schwäbische Heimat hielt ihn die Bürgerschaft von Iglau fest. Er gewann sie im Sturm für das Evangelium. Von dem böhmischen König von Olmütz vorgeladen, geriet er in Haft. Nach drei Monaten entlassen und außer Landes verwiesen, suchte er Zuflucht bei Luther in Wittenberg. Im ersten evangelischen Gesangbuch finden wir drei Choräle von ihm, darunter das gewaltige »Es ist das Heil uns kommen her«. Mit diesem Lied hat die Bürgerschaft von Heidelberg die Reformation erzwungen (1545).

1524 wurde Speratus nach Preußen berufen als Hofprediger und Ratgeber des evangelisch gesinnten Hochmeisters, des Herzogs Albrecht von Brandenburg. Er wurde Bischof von Pomesanien. Er versah sein Amt mit großer Treue und verließ seinen Sprengel nie. Er kämpfte um die reine Lehre gegen schlesische Irrlehrer. Auf den Synoden rang er mit seinen Pfarrern um die Wahrheit. Unermüdlich hielt er Visitationen. Am 12. August 1551 beschloß er nach schwerem Siechtum sein Leben, das im Eifer für die Kirche des Herrn oft unter dem Druck äußerer Not verzehrt worden war.

NIKOLAUS HERMAN (1480-1561)

Der fromme Kantor zu Joachimstal lebt in der Mitte des sechzehnten Jahrhunderts. Er ist eng befreundet mit seinem Pfarrer Matthesius.

»Wenn der Herr Matthesius eine gute Predigt getan, so ist der fromme Kantor geschwind dagewesen und hat den Text mit den vornehmsten Lehren in die Form eines Gesanges gebracht.«

Er hat, wie er selbst erzählt, von Jugend an die Musik liebgehabt und die meiste Zeit damit zugebracht. Er hat zu Joachimstal die Kinder in der lateinischen Schule lange Zeit in der schönen

*Nikolaus Herman
(1480-1561)*

in Gesänge verfaßt für Kinder und christliche Hausväter«, und »Die Historie von der Sintflut, Joseph, Mose, Elia, samt etlichen Historien aus den Evangelien, auch etliche Psalmen und Lieder« (1560 und 1563). Seine kindliche und tiefe Einfalt ergreift uns unmittelbar.

JOHANN HEERMANN
(1585-1647)

wurde am 15. Oktober als Sohn eines Kürschners zu Rauten in Niederschlesien geboren. Als er fünfjährig schwer erkrankte, gelobte seine Mutter, sie wolle ihn Prediger werden lassen, und wenn sie das Geld zusammenbetteln müsse.

Treue Lehrer
wurden ihm zuteil. Er kam nach Fraustadt in die Schule und durfte im Hause des begnadeten Valerius Herberger wohnen, dessen Sohn er bei den Schularbeiten helfen sollte. Leben und Lehre dieses Mannes machten den tiefsten Eindruck auf ihn. Auf dem Gymnasium zu Brieg entdeckte sein Rektor seine dichterischen Gaben. Es wurde ihm die Ehre eines gekrönten kaiserlichen Dichters zuteil. Vorfahren der Rothkirch und Kottwitz, in deren Häusern er unterrichtete, wurden seine Gönner. Als er als Student nach Straßburg zog, betete sein Seelsorger viel für ihn auf der Kanzel. Augenkrank kehrte Heermann heim und fand seine Mutter krank vor. Ihr gemeinsames Gebet wurde erhört, die Mutter durfte genesen.

Der Pfarrer in Köben
Bald wurde er Hilfsprediger in Köben. Als acht Tage nach seinem Amtsantritt sein Pfarrer starb, bekam er diese Stelle. Liederdichter wurde er in Not und Leid seines Lebens, über das die dunklen Schatten des Dreißigjährigen Krieges fielen.

Als er seine inniggeliebte junge Frau verlor, dichtete er das Lied »Ach Gott, ich muß in Traurigkeit mein Leben jetzt beschließen«. Darin steht der Reim »Ich glaub und sag es ohne Scheu, getraute Treu ist doch die beste Treu, der muß ich jetzt entraten«. 1630 erschien seine »Haus- und Herzmusi-

Singkunst freudig unterrichtet, bis er zuletzt wegen körperlicher Gebrechen die Kantorei nicht mehr länger hat versorgen können, worauf er nach erlangter Ruhe die übrige Zeit seines Lebens verwendete, der Jugend und ganzen Gemeinde mit deutschen, christlichen Gesängen zu dienen und nützlich zu sein. Er will seine Lieder als Kinderlieder verstanden haben. Von ihm stammen die herrlichen Lieder: »Lobt Gott, ihr Christen, allzugleich« und »Die helle Sonn leucht' jetzt herfür«, ferner »Hinunter ist der Sonne Schein«; das mächtige Osterlied »Erschienen ist der herrlich Tag« und sein inniges Sterbelied: »Wenn mein Stündlein vorhanden ist«. Seine Lieder erschienen in zwei Sammlungen: »Die Sonntagsevangelien für das ganze Jahr

ka«, in der seine besten Lieder stehen:
»Frühmorgens, da die Sonn aufgeht«,
»Herzliebster Jesu, was hast du verbro-
chen« und »Jesu, deine tiefen Wunden«, »O Jesu Christe, wahres Licht«
und »O Gott, du frommer Gott«, das
Lied evangelischen Gehorsams.

Im Dreißigjährigen Krieg erlitt er
mit seiner Gemeinde Unsägliches.
Achttausend katholische Polen verheerten sie. Dann kamen lichtenbergi-
sche Dragoner, die die Leute plagten,
bis sie katholisch wurden. Heermann
war oft in größter Lebensgefahr. Ein
Kroate schwang schon den Säbel über
seinem Haupt, um ihn zu erschlagen,
da warf sich das Söhnlein Heermanns
dem Unhold entgegen; da ließ er, gerührt von der Kindesliebe, von dem
Vater ab. Als er aus der beschossenen
Stadt in einem Kahn mit Frauen und
Kindern zu einer Oderinsel flüchtete,
pfiffen die Kugeln über sein Haupt hinweg, aber trafen ihn nicht, da er sich im
selben Augenblick bückte, um ein
Kind aus dem Wasser zu ziehen. Dreimal wurde er geplündert und verlor
seine ganze Habe. Zu allem Elend kam
noch die Pest, die fünfhundert Menschen dahinraffte. In dieser Not sang er
seine Lieder. Wegen eines hartnäckigen Halsleidens mußte er sein Amt
aufgeben und bekam von einem Gönner zu Lissa in Polen einen Bauplatz
angewiesen. Neue Krankheit wartete
dort auf ihn. Ein hartnäckiges Fieber
entkräftete ihn so, daß er zwei Jahre
das Haus nicht verlassen konnte und
auch den Gebrauch seiner geistigen
Kräfte eine Zeitlang verlor. Der bitter-
ste Kelch seines Lebens war es, daß Jesuiten seinen Sohn überredeten, in die
katholische Kirche überzutreten. Als
der Vater es erfuhr, stellte er ihm in einem Brief in beweglichen Worten die
Schwere seines Abfalles vor: Strafe des
Abtrünnigen, der Jammer seiner Eltern, Grausamkeit gegen sich selbst,
Undank gegen seine Lehrer, Ärgernis
als Sohn eines evangelischen Lehrers . . .

In allen Deinen Briefen ist die Unterschrift: Des Herrn Vater gehorsamster Sohn
bis in den Tod. Solltest Du diese Zusage brechen, wollte ich Deine Faust vor der Richterstuhl Christi mitnehmen, sie allda aufweisen und um Rache bitten. Hierzu wirst Du es
nicht kommen lassen, mein Sohn, so noch
ein einziges Fünklein kindlicher Liebe gegen

Deine Eltern, so noch ein einziger Bluts-
tropfen in Deinem Leib ist, der da begeh-
ret, selig zu werden.

Der Sohn kehrte wieder zur evangelischen Kirche zurück, starb aber in
jungen Jahren. Das Leiden des Vaters
verschlimmerte sich.

Sein Beichtvater, der Pastor Hohl-
feld, besuchte ihn oft in seinem stillen
Heim. Sein Gebet war: »Herr, spanne
mich aus!« Am 17. Februar 1647 entschlief er.

*Johann Heermann
(1585-1647)*

PHILIPP NICOLAI (1556-1608)

Im Waldeckschen war der Dichter als
Pfarrerssohn geboren. Er ist kräftigen
Körpers und hellen Geistes. Auf der
lutherischen Universität Wittenberg

Wie schön leuchtet der Mor-gen-stern, voll Gnad und
Du Sohn Da-vids aus Ja-kobs Stamm, mein Kö-nig

Wahr-heit von dem Herrn uns herr-lich auf-ge-gan-gen.
und mein Bräu-ti-gam, du hältst mein Herz ge-fan-gen.

Lieb-lich, freundlich, schön und prächtig, groß und mächtig,

reich an Ga-ben, hoch und wun-der-bar er-ha-ben.

Ein Lied Philipp Nicolais, 1599

Viel Backenstreich und Narrenstich auf mich geschwind gerichtet sind von Freunden und von Feinden. Dein Abendmahl und ewig Mahl, dein Majestät und Herrlichkeit sind Stein des Anstoß worden.

Der innigfromme Sänger und Erbauungsschriftsteller

Der streitbare Dogmatiker hatte ein innig frommes Gemüt. Während der Pestzeit in Unna in Westfalen, als er auf dem Friedhof neben seinem Pfarrhaus täglich dreißig Menschen beerdigte, erlebte er unter der drohenden Lebensgefahr eine Zeit entrückten Schauens. Als die Pest aufgehört hatte, schrieb er von Januar bis August 1598 im »Freudenspiegel des ewigen Lebens« nieder, was er geschaut hatte, »eine gründliche Beschreibung des herrlichen Wesens der Ewigkeit, allen betrübten Christen zum seligen und lebendigen Trost zusammengefaßt«. In diesem Buch stehen seine machtvollen Lieder: »Wie schön leuchtet der Morgenstern« und »Wachet auf, ruft uns die Stimme«. Hier vernehmen wir die innigsten Klänge zarter Jesusliebe und die gewaltigen Posaunen, die das Nahen des wiederkommenden Herrn verkündigen.

Aus dem Freudenspiegel:

Wache auf, meine Seele, und bedenke mit Freuden, warum die Schrift von den Gütern Kraft, Herrlichkeit, Ehre und Wollust dieser Welt so viele Worte und Namen entlehnt und legt sie dem ewigen Leben zu. O liebe Seele, es ist der Heiligen Schrift darum zu tun, daß sie unser Herz und Gedanken zu dem ewigen und unvergänglichen Gut hinlocke; ja sie lehrt uns damit, daß keine Hochzeit, keine Brautliebe in dieser Welt so lieblich, so herrlich und so angenehm sein möge, wie das ewige Leben im Himmel ist.

Nachdem er fünf Jahre in Unna gewirkt hatte, wurde er 1601 nach Hamburg als Hauptpastor berufen, wo er nach gesegneter Wirksamkeit am 26. Oktober 1608 durch den Tod mitten aus seiner Arbeit gerissen wurde.

PAUL GERHARDT
(1607-1676)

Der größte Liederdichter der evangelischen Kirche wurde geboren am 12. März 1607 zu Gräfenhainichen als Sohn des Bürgermeisters. Seine Mutter stammte aus dem Geschlecht des Magisters Döbler, Hofpredigers in Dresden. In den Schreckenszeiten des Dreißigjährigen Krieges ist er aufgewachsen. Als

studiert er zur Zeit des Siegs der strengen Lutheraner über die Anhänger Melanchthons. Es war in der Zeit der Gegenreformation und des Vordringens calvinistischer Gedanken. Die theologischen Auseinandersetzungen waren streitbar und scharf.

Der Kämpfer für den rechten Glauben

Nicolai stand mit vielen polemischen Schriften mitten im Kampf für das Luthertum. Sein Hauptwerk war eine gelehrte und scharfsinnige Schrift über die Allgegenwart Christi. Dabei führt er den Grundsatz finitum est capax infiniti (das Endliche kann das Unendliche begreifen) durch. In einem Vers spricht er von seinem Kampf:

der Fünfzehnjährige auf der Fürstenschule in Grimma war, suchte ein Peststerben die Stadt heim. Von 1628 an findet er auf der Universität Wittenberg, lernend und wohl auch lehrend, eine Heimat, bis er 1643 eine Hauslehrerstelle bei dem edlen Kammergerichtsadvokaten Berthold in Berlin annahm. 1651 wurde er in der Nikolaikirche in Berlin ordiniert und bekam einundvierzigjährig das erste Pfarramt zu Mittenwalde. Als der Magistrat von Mittenwalde sich an die Berliner Geistlichkeit mit der Bitte wandte, einen geeigneten Mann für die erledigte Propsteistelle vorzuschlagen, gaben die Berliner Pfarrer dem gereiften Kandidaten folgendes Zeugnis:

Eine Person, deren Fleiß und Erudition bekannt, die eines guten Geistes und ungefälschter Lehre, dabei auch eines ehr- und friedliebenden Gemütes und christlich untadelhaftigen Lebens ist, daher auch bei Hohen und Niederen unseres Ortes lieb und wert gehalten wird . . .

Im Jahre 1655 führte er Anna Maria, die Tochter des Bertholdschen Hauses, heim. Im Jahre 1657 wurde er in das Diakonat an der Nikolaikirche in Berlin berufen. Diesem Rufe folgte er um so lieber, als ihm sein bei der Wahl zum Propst übergangener Amtsbruder das Leben schwer machte. Vier Kinder wurden ihm im zartesten Alter entrissen. Ein Sohn, Paul Friedrich, ein Erbe seiner Gesinnung, blieb am Leben.

Vom Jahre 1648 an, wo die ersten achtzehn Lieder erschienen sind, bis zum Jahre 1653 sind die meisten seiner Lieder, an Zahl achtundachtzig, entstanden. Am 7. Juni 1676 entschlief er.

Seine Lieder

Der Quell seiner Lieder war nicht seine allgemeine dichterische Begabung, sondern die Freude am Evangelium. Erfahrungen des lebendigen Gottes und seiner treuen Führung bewegten ihn zum Preis der Güte Gottes. »Sollt ich meinem Gott nicht singen, sollt ich ihm nicht dankbar sein«, das war der Ursprung seines Singens. Der durch die dunkle Nacht der Kriegsnot hindurchgegangen war, war überwältigt von der schenkenden Güte des Herrn. »Ich singe dir mit Herz und Mund«, dieses Lied überquellenden Erntedanks konnte nur entstehen nach Jahren veröderter Fluren und grauenhaften Darbens. Es ist in seinen Liedern, wie wenn nach schweren,

Paul Gerhardt

nächtlichen Ungewittern die Morgensonne aufgeht. Diese helle Sonne ist der Herr Jesus Christus. »Die Sonne, die mir lacht, ist mein Herr Jesus Christ!« Wer solche Erfahrungen mit Christus gemacht hat, der kann durch nichts mehr um seine Freude und Getrostheit gebracht werden. Paul Gerhardt ruft aus: »Warum sollt ich mich den grämen, hab ich doch Christum noch, wer will mir den nehmen?« Wolken können vor die Sonne treten, aber zerstören können sie sie nicht. »Keines Feindes Macht und List soll dir deinen Glauben und das Heil, das Jesus Christ dir erworben, rauben!« In vielen Gerhardt-Liedern leuchtet die Ewigkeitssonne herein.

Sein Kampf um die rechte Bekenntnistreue

Das brandenburgische Fürstenhaus war seit 1613 dem reformierten Bekenntnis zugetan. Der Kurfürst wollte ein Ge

Nun dan - ket al - le Gott mit Her - zen,Mund und
der gro - ße Din - ge tut an uns und al - len

Hän - den,
En - den, der uns von Mut - ter - leib

und Kin - des - bei - nen an un -

zäh - lig viel zu - gut bis hier - her hat ge - tan.

*Ein Lied Martin
Rinckarts, 1636*

spräch zwischen den beiden Konfessionen herbeiführen, weil er den Friedenszustand zwischen beiden Bekenntnissen haben wollte. Schließlich mußte jeder Pfarrer unterschreiben, daß er sich der Polemik gegen das andere Bekenntnis enthalte. Paul Gerhardt weigerte sich zu unterschreiben, weil er in seinem Gewissen sich dem lutherischen Bekenntnis verpflichtet fühlte. Er wurde alsbald seines Amtes enthoben (1666). Die Bürgerschaft, der Rat der Stadt, die Innungen traten für ihn ein. »Er ist ein frommer und exemplarischer und dabei friedliebender Theologe.« Zuletzt verwandten sich auch die Stände der Mark für ihn. Der Kurfürst war groß genug, ihn wieder in sein Amt einzusetzen, und

verzichtete auf einen schriftlichen Revers. Als aber der Überbringer hinzufügte, Seine Durchlaucht sei der gnädigsten Zuversicht, er werde sich auch ohne Revers den Edikten gemäß zu zeigen wissen, fühlte sich Paul Gerhardt gedrungen, sein Amt niederzulegen (1668). Bald darauf wurde er nach Lübben berufen. Mit seinem sechsjährigen Sohn, kurz nach dem Tod seiner Gattin, zog er dort ein. 1676 entschlief er dort mit dem Vers auf den Lippen: »Kann uns doch kein Tod nicht töten, sondern reißt unsern Geist aus viel tausend Nöten!«

In seinem Testament ermahnt er seinen Sohn, sich vor den Religionsmengern zu hüten. Sie suchen das Zeitliche und sind weder Gott noch Menschen treu. Auf seinem Bild, dem ersten, das in der Kirche aufgehängt wurde, steht: »Ein Theologe, in Satans Sieb bewährt.«

MARTIN RINCKART (1586-1649)

ist in Eilenburg geboren und erlebte von 1617 an als Archidiakonus das Elend des Dreißigjährigen Krieges in seiner Vaterstadt. In einem Jahr half er, 4 480 Pesttote zu bestatten. Er hat der Kirche das Lied geschenkt: »Nun danket alle Gott«, das im Anschluß an Sirach 50,24-26 im Jahre 1631 als Tischlied nach dem Essen entstanden ist. Auch die Melodie stammt von ihm. Er starb am 8. September 1649.

PAUL FLEMING (1609-1640)

ist am 5. Oktober 1609 zu Hartenstein im Erzgebirge geboren. Er studierte Medizin und ging 1633 mit der Gesandtschaft des Herzogs Friedrich von Holstein nach Persien. Ehe er die gefahrvolle Reise antrat, dichtete er das seiner Kirche unentbehrliche Lied: »In allen meinen Taten«. Krank kehrte er von dieser Reise zurück und starb am 25. März 1640 als Arzt in Hamburg.

GEORG NEUMARK (1621-1681)

In Langensalza geboren, studierte Neumark in Königsberg die Rechtswissenschaft und wurde durch Simon Dach in der Dichtkunst gefördert. 1651 kehrte er nach einem Aufenthalt in Thorn in die Heimat zurück und fand dort eine Stellung als Bibliothekar, Archivsekretär und Hofpoet. Als Lohn für seine Dichtkunst erhielt er den Titel eines kaiserlichen Hof- und Pfalzgrafen. Sein schönstes geistliches Lied unter den acht Liedern, die er gedichtet hat, ist das Lied: »Wer nur den lieben Gott läßt walten« aus dem Jahre 1640. Auch die Melodie ist von ihm geschaffen. Er ist am 8. Juli 1681 gestorben.

Dichter, Maler, Bildhauer und Entdecker als reformatorische Zeugen

HANS SACHS (1494-1576)

ist am 5. November 1494 in Nürnberg geboren als Sohn eines Schneidermeisters, der ihn »in Zucht und Ehr« aufzog. Er durfte eine Lateinschule besuchen und kam mit fünfzehn Jahren in die Lehre zu einem Schuhmachermeister. Wahrscheinlich ging er zu einem Meistersinger in die Schule. Im Jahre 1511 ging er auf Wanderschaft, die ihn, wie er in seinem Valete, einer Art Lebensbeschreibung, schreibt, von Lübeck bis Rom führte. Heimgekehrt heiratete er. Zwei Söhne und fünf Töchter entsprossen dieser Ehe, die er alle überlebt hat. In der Stadt hatte er ein eigenes Haus und war ein hochgeachteter Bürger. Er galt als der Patriarch der Meistersinger. Es war die Blütezeit der Stadt. Albrecht Dürer, Veit Stoß, Peter Vischer, Willibald Pirckheimer waren seine Mitbürger. Als Meistersinger war er ungeheuer fleißig. Vierunddreißig Folianten umfassen seine Werke, die er mit eigener Hand geschrieben hat. Es sind geistliche Dichtungen, weltliche Geschichten, Fabeln und Schwänke. Unter den geistlichen Dichtungen befindet sich »Die Wittenbergisch Nachtigall«, ein Passionsspiel mit zehn Akten, und »Das Jüngste Gericht« mit sieben Akten. Starke Wirkungen hatten seine polemischen Schwänke. So richtete sich das Stück »Heiltum für das unfleißige Haushalten« gegen das Reliquienwesen, »Der Ketzermeister« mit den vielen Kesselsuppen gegen das üppige Klosterleben. Im Alter hatte der Meister fast immer die Bibel vor sich liegen und las

Hans Sachs

darin. Am 20. Januar 1576 ist er gestorben. Er war in seiner Weise auch ein Mitarbeiter der Reformation, der er schon früh und von Herzen zugetan war.

»Die Wittenbergisch Nachtigall, die man jetzt höret überall«: Wacht auf, es gehet gen dem Tag! / Ich höre singen im grünen Hag / Ein wunnigliche Nachtigall, / Ihr Stimm durchklinget Berg und Tal (über Luther 1523).

MATTHIAS GRÜNEWALD (1460-1528)

Er ist um 1460 in Würzburg geboren und heißt eigentlich Neithard. Später nannte er sich Gotthard. Man nannte ihn Mathi, die Abkürzung von Matthäus. Weder von seinen Eltern noch

Matthias Grünewald

im selben Jahr wie Dürer. Seine Zeitgenossen schweigen über ihn. Schon 1598 kann der deutsche Kaiser nicht mehr feststellen, wer den Isenheimer Altar gemalt hat. Wollte Matthias seinen Namen nicht bekannt machen? Auch sein Namenszeichen auf den Gemälden ist verschieden. Ein späterer Zeitgenosse sagt von ihm, er habe ein zurückgezogenes und melancholisches Leben geführt.

Die Art, wie er seine Botschaft ausrichtet
Berühmte Bildhauer haben in der Klosterkirche der Antonitermönche, die sich der Pflege der Siechen und Pestkranken widmeten, zu Isenheim bei Colmar einen wunderbaren Hochaltarschrein geschnitzt, auf dem Antonius überlebensgroß in der Mitte thront. Die Kirchenväter Augustin und Hieronymus weisen auf ihn hin. Christus und die Apostel haben in ganz kleinen Figuren eine untergeordnete Rolle. Die Türen dieses Altarschreins hat Matthias so gewaltig bemalt, daß niemand mehr auf den Antonius achtet, sondern daß sie alle auf Christus sehen. Auf den Innenflächen der ersten Türen stellte der Maler die Versuchung des Antonius dar. Der greise Heilige liegt am Boden, von schauerlichen Dämonen umgeworfen und bedrängt. Sein Hilfeschrei ruft die himmlischen Mächte herbei, vor denen die Teufel feige auseinanderstieben. Die Sage erzählt von Versuchungen des jungen Antonius. Matthias zeigt, daß auch der reife Heilige versuchlich ist. Auf dem zweiten Bild wird der Besuch des Antonius bei dem Einsiedler Paulus dargestellt. Antonius trägt die Züge des damaligen Abtes, der Einsiedler das Antlitz von Matthias. Über dem reich gewandeten Antonius erheben sich dürre Bäume, über dem armen Einsiedler grünt der Palmbaum.

Auf den Außenseiten der ersten Türen zusammen mit den Innenseiten der zweiten Türen, auf einer großen Fläche von sieben Metern Breite und drei Metern Höhe erscheinen nun gewaltige Bilder:

Die Verkündigung der Maria, die gläubig die Botschaft von Jesaja 7,14 aus dem Mund des Engels vernimmt. Im Engelskonzert wird der Überschwang der Weihnachtsfreude dargestellt. Alle Linien weisen auf das Kind. Über den Zeichen der irdischen Niedrigkeit strahlt die Weihnachtssonne. Auf dem Auferstehungsbild ist dieselbe Sonne mit ihrer den Tod besiegenden überirdischen Pracht. Schließen

von seiner Lehr- und Wanderzeit erfahren wir etwas. 1485 ist er in Aschaffenburg Bürger und Meister. Aber alle Werke aus dieser Zeit sind verschollen. Dann lebte er in Seligenstadt, wo er zwanzig Jahre lang nachweisbar ist. In dieser Zeit tritt er in Beziehung mit dem Erzbischof Albrecht von Mainz, und von daher kam er nach Isenheim. Er ist vielseitig begabt wie Leonardo da Vinci. Er versteht den Brunnenbau und die Wasserkünste, Bildschnitzerei und Steinhauerei. Im Bauernkrieg verliert er die Gunst des Kardinals und lebt von da an in Frankfurt, wo er sein Testament macht und seinen Stiefsohn zum Erben einsetzt. Zuletzt zieht der bald Siebzigjährige nach Halle und stirbt dort 1528,

wir die zweiten Türen, dann sehen wir das Bild des Gekreuzigten. Die Verkündigung des Schmerzensmannes ist schonungslos wahrhaftig. In die dunkle Nacht hinein fällt Licht von dem hellen, leuchtenden Buch Johannes des Täufers. Sein überlebensgroßer Finger weist auf den Gekreuzigten hin. Zu den Füßen des Täufers steht ein weißes Lamm, mit dem Blut seiner Herzwunde den Abendmahlskelch füllend. Über der Hand ist eingeschrieben: Illum oportet crescere, me autem minui. Joh. 3,30.

Damit hat Matthias sein Glaubensbekenntnis gemalt. Es ist im Jahre 1516, ehe Luther auftrat, geschehen, und doch ganz und gar reformatorische Botschaft. Gott hat neben Luther den Zeugen Christi durch das Bild gestellt.

ALBRECHT DÜRER
(1471-1528)

Dürer ist ein Sohn der freien Reichsstadt Nürnberg mit ihren einzigartigen Kunstdenkmälern, den Erzbildern des Adam Kraft und Peter Vischer, den Hallen und Türmen von St. Lorenz und St. Sebald. Er hat von seiner Mutter viel empfangen. Ihr Bild hat er 1516 in Kupfer gestochen. Diese Frau, die zweimal die Pest gehabt hat und genesen war, sieht die Tiefen der Welt. Bei seinem Vater erlernt er das Goldschmiedehandwerk und kommt dann zu dem Meister in der Malerei Wohlgemut, bei dem er mit großem Fleiß lernt. Es war die Zeit, da Hans Sachs mit den Meistersängern sang und da sich in Willibald Pirckheimer seinen Mitbürgern die Welt der Antike auftat. Die beginnende Reformation bewegte die Nürnberger im Innersten. Im Jahre 1490 fängt Dürer an zu wandern und kommt nach Colmar zu Martin Schongauer. 1494 zurückgekehrt, heiratet er seine Agnes Frei. 1495 ist er in Italien, das er 1505 bis 1506 zum zweiten Mal besucht. Das unbestechliche Sehen des Charakteristischen, wie es der deutsche Mensch liebt, wird gemildert durch ita-

*Albrecht Dürer
(1471-1528)*

Kupferstich in die weite Öffentlichkeit des deutschen Volkes hinein. Es entstand 1498 der gewaltige Holzschnitt der apokalyptischen Reiter, der eine so ernste Kritik an der verweltlichten Kirche ist. Mit dem Kupferstich »Ritter, Tod und Teufel« (1513) begleitet er den Weg der Reformation. In seinen Passionen, in der Holzschnitt- und Kupferstichpassion, malt er dem Volk das Evangelium von Christus vor die Augen. Fünfmal hat er die Passionsgeschichte gezeichnet, so entscheidend war ihm das Leiden Christi für seine eigene Frömmigkeit wie für die der Kirche. Eine Kohlezeichnung des Jahres 1503 »Jesu dorngekröntes Haupt« trägt die Inschrift »gemacht in meiner Krankheit«. Aus dem Jahre 1515 stammt eine Federzeichnung, die das Treiben der bösen Geister in der Kirche darstellt. Die im Schiff versammelte Gemeinde wird von Teufeln verführt und geplagt. Es fehlt auch nicht der Hinweis auf den Ablaß. Die Engel im Chor haben sich um eine große Schrifttafel versammelt, aber sie ist leer. Dürer kennt die Botschaft der Befreiung damals noch nicht.

Seine Bildnisse sind unvergleichlich plastisch und licht. Einzigartig ist der Kupferstich mit Melanchthons Kopf. Die Münchener Apostelbilder sind das abschließende Meisterwerk künstlerischer und inhaltlicher Verkündigung. Tiefer Friede der Vollendung liegt auf dem Bild des Gekreuzigten, das in der Dresdener Galerie aufbewahrt wurde. Sein letztes Werk ist der gewaltige Holzschnitt des dorngekrönten Christushauptes, der erst nach seinem Tode erschienen ist. Mit diesem letzten Werk hat er das Christusbild uns Deutschen unvergeßlich ins Herz geschrieben. So ist unser größter Maler ein Christuszeuge. Melanchthon rühmt ihn als einen weisen Mann, an dem die künstlerische Begabung, so hervorragend sie auch war, noch das mindeste gewesen sei.

lienische Komposition und Harmonie der Linien. In den Jahren 1520 und 1521 ist er in den Niederlanden. Von da an bekommt seine Kunst ein wunderbares Wachsein und Reifsein. Er wird von der Botschaft und vom Geist Martin Luthers gepackt. Als Luther auf der Wartburg verschwindet, klagt er: »O Gott, Luther ist tot! Wer wird uns fürderhin das Evangelium so klar vortragen, wie es Luther getan hat? Was hätte er uns noch in zehn oder zwanzig Jahren schreiben mögen!« Am 26. April 1528 in der Karwoche wurde Dürer plötzlich abgerufen.

Seine Botschaft
Von reformatorischen Gedanken schon vor der Reformation bewegt, trägt er seine Botschaft durch Holzschnitt und

MICHELANGELO BUONAROTTI
(1475-1564)

ist geboren am 6. März 1475 zu Florenz als Kind einer Kaufmannsfamilie, die Erinnerungen an eine hohe deutsche Ahnfrau hatte. Er entsproß langobardischem Stamm. In der besten künstlerischen Tradition und Schule Domenico

Girlandaios ist er ausgebildet, im kunstbegeisterten Haus von Lorenzo de Medici als Hausgenosse aufgenommen und dort mit den schönsten Bildwerken der Antike bekannt gemacht worden. In der Bildhauerschule Lorenzos wurde er in der Kunst des Meißels eingeübt. In dieser Zeit wurde er vom Geist Savonarolas innig berührt. Als Savonarola den Märtyrertod starb, schuf er sein erstes großes Kunstwerk der Pieta, der Mutter mit dem Leichnam Jesu. Aus einem rohen Marmorklotz, der im Hof der Dombauhütte lag, meißelte er die Kolossalfigur des David. Der Papst Julius II. gewann ihn für die Ausführung des riesigen Grabmals, das er sich bei Lebzeiten erstellte. Mittelpunkt dieses Grabmals ist die gewaltige Mosesstatue, wohl das mächtigste Werk Michelangelos. Gleichzeitig gab ihm der Papst den Auftrag, die Decke der Sixtinischen Kapelle auszumalen. Vier Jahre lang lag er täglich acht Stunden auf dem Rücken auf einem eigens zu diesem Zweck erfundenen Gerüst, um die gewaltigen Bilder von Schöpfung, Sündenfall und Erlösung zu malen. In den Schreckenstagen der Eroberung von Florenz, das die kaiserlichen Truppen erstürmten und plünderten, entwirft er das gewaltige Gemälde des Jüngsten Gericht. Der Ruf des Weltenrichters: »Weicht von mir, ihr Übeltäter«, durchzuckt alle Gestalten dieser Bilder mit erschütternder Furcht.

Der schwer zugängliche, einsame Mann, der im Gegensatz zu dem heiteren Raffael keine Schüler hatte, war verbunden mit dem Kreis des Juan de Valdez, eines evangelischen Zeugen, der vielen edlen Seelen ein Führer zur evangelischen Heilserkenntnis geworden ist. Nach seinem frühen Tode vermeiden es seine Anhänger, in Gegensatz zur Papstkirche zu treten. Zu diesem Kreis gehört Vittoria Colonna, die Witwe des Markgrafen Francesco von Pescara. Die Inquisition war über diese Kreise hinweggegangen und hatte ihren Führer, den Kapuzinermönch Ochino, um dessen Predigten sich die erweckten Männer und Frauen gesammelt hatten, zur Flucht nach dem Norden genötigt. Vittoria trug ihren Glaubensschatz im verborgenen und öffnete ihn nur gleichgesinnten Menschen. Unter ihnen war Michelangelo, der durch Dante, Savo-

Die vier apokalyptischen Reiter. Holzschnitt von Albrecht Dürer

narola und fleißiges Lesen der Bibel vorbereitet war. In seinen Sonetten spricht er sein Innerstes aus. Sechzig Jahre alt ist er, als er die Freundschaft Vittorias gewinnt, und bleibt nun mit ihr verbunden in innerster Arbeits- und Seelengemeinschaft. Er vergleicht ihren Einfluß auf ihn mit dem Werk des Meißels:

Bald gibst du zu, was fehlt; dann wieder waltest
Du scharf wie Feilen, – aber was erwartet
Mein wildes Herz, wenn du es umgestaltest.

Daß er das innerste Anliegen der Reformation verstanden hat, bezeugt die Schlußstrophe eines anderen Sonetts, das er Vittoria gewidmet hat:

Damit im Israel dieser Lebenstage
Mir Antwort werde auf die Lebensfrage:
Ob die geringere Gnade einstmals finden,
Die demutsvoll sich mit tausend Sünden,
Als die, die stolz auf das, was sie getan,
Im Überfluß der guten Werke nahn.

Michelangelo sendet ihr die Zeichnung des Gekreuzigten, die er mit unbegreiflicher Zartheit und wunderbarer

Kunst gearbeitet hat. Er meißelt ihr eine Pieta. Am Fuß des Kreuzesstammes sitzt die klagende Maria. Das Kreuz trägt die Worte der Klage als Inschrift aus dem 29. Gesang des Paradieses von Dante: »Daran wird nicht gedacht, wieviel Blut es kostet, die heiligen Schriften auszusäen.« Anfang 1547 entschlief Vittoria. An ihrem Sterbebett stand Michelangelo. Er hat es nicht gewagt, ihr Stirn und Wangen zum Abschied zu küssen, sondern nur die Hand. Welch eine reine, zarte Liebe bei diesem Titanen. Der alte, einsame Mann fühlt sich fremd in dieser Welt, die von der Inquisition geplagt wird. Mit letzter Kraft meißelt er an seinem eigenen Grabmal, einem toten Christus, den Nikodemus und Magdalena der Maria in die Arme legen. Das Werk wird nicht vollendet, weil seine Körperkraft versagt. Nun entsagt der Meister dem Meißel und Pinsel in einem ergreifenden Gedicht:

Ich meißele nicht mehr, die Seele wendet
Zur Gottesliebe ruhig sich, die breitet
Vom Kreuz die Arme um uns aus.

Doch der unermüdliche Geist kann nicht rasten. Der Baukunst widmet er seine letzte Kraft. Zur gewaltigen Kuppel des Petersdoms macht er noch die Pläne. Am 18. Februar 1564, kurz vor Sonnenuntergang, entschlief er.

JOHANNES KEPLER (1571-1630)

Einer der größten Astronomen und Entdecker der Gesetze des Sternhimmels und ein standhafter und in vielen Leiden der Gegenreformation bewährter evangelischer Christ ist der in Weil der Stadt, einer kleinen schwäbischen Reichsstadt, am 27. Dezember 1571 geborene Johann Kepler. Sein Großvater war Bürgermeister in seiner Vaterstadt, der Vater aber war ein leichtfertiger, abenteuerlicher Mann, der Weib und Kind verließ, um in den Niederlanden gegen seine eigenen Glaubensgenossen zu kämpfen, und später seine Familie um den größten Teil ihres Besitzes brachte, so daß er als Pächter von Gastwirtschaften ein spärliches Brot verdienen mußte. So war er auch einige Jahre in dem badischen Ellmendingen, und niemand sah es seinem blassen Knaben Johannes an, der oft die Schule versäumen mußte, um in der Gastwirtschaft und auf dem Felde den Seinen zu helfen, was in ihm steckte. Da Johannes durch eine schwere Blatternerkrankung, als beide Eltern in den Niederlanden waren, körperlich geschwächt war und schwache Augen hatte, bestimmten seine Eltern den hochbegabten Knaben zu dem in den niederen Seminaren zu

Adelberg und Maulbronn und im Stift zu Tübingen kostenlos möglichen Theologiestudium. In den ersten beiden Jahren seines Studiums mußte er sich den allgemeinen Wissenschaften widmen. Sein väterlicher Freund war der Lehrer der Mathematik und Astronomie, Mästlin, mit dem er zeitlebens verbunden blieb. Dieser führte ihn und einige andere Studenten in Privatstunden in die Lehre des Kopernikus ein, während er in seinen öffentlichen Vorlesungen die alte ptolemäische Lehre vortragen mußte. Kepler hatte sich inzwischen in theologischen Disputationen große Anerkennung erworben, als er einen Ruf an das evangelische Gymnasium in Graz in der Steiermark als Lehrer der Mathematik und Moral erhielt. Er wurde durch das Ansehen seiner Lehrer gleichsam dahineingestoßen, wie er selbst darüber schreibt.

Christ und Forscher
1595 gibt er die Grundlinien des Geheimnisses des Weltbaues, worin er das wunderbare Verhältnis der himmlischen Bahnen und die wahren Ursachen ihrer Anzahl sowie der periodischen Bewegungen darstellt. Er machte diese Entdeckung, nachdem er unaufhörlich zu Gott gebetet hatte, er möge, wenn Kopernikus die Wahrheit gesagt habe, seine Bemühungen gelingen lassen. 1619 schloß er sein Hauptwerk »Die Harmonie der Welt«, in welchem er seine Entdeckungen im Zusammenhang darstellte. Sein erstes Buch schließt er mit dem Dankgebet:

Großer Künstler der Welt, ich schaue bewundernd die Werke Deiner Hände, in der Mitte die Sonne, die Ausspenderin des Lichts und Lebens, die nach heiligem Gesetz die Erde zügelt und sie lenkt in verschiedenem Lauf. Ich sehe die Mühen des Mondes und dort die Sterne auf unermessener Flur. Vater der Welt, was bewegte Dich, ein kleines, schwaches Erdengeschöpf so zu erheben, daß es im Glanze dasteht, ein weithin herrschender König, fast ein Gott, denn er denkt Deine Gedanken Dir nach.

Wir Astronomen sind Priester des höchsten Gottes für das Buch der Natur, daher ziemt es uns nicht, das Lob des eigenen Geistes, sondern nur die Ehre des Schöpfers im Auge zu haben.

Die Astrologie lehnt er als die buhlerische Tochter der Astronomie, als blinden Aberglauben ab.

Verfolgt wegen seines Glaubens
Da in den österreichischen Landen die jesuitische Gegenreformation die Evangelischen verfolgte, wurde er 1598 genötigt, Graz zu verlassen, und floh nach Ungarn, wird zwar um seiner wissenschaftlichen Bedeutung willen zurückgerufen und muß doch später das Land verlassen. Um 1600 findet er Zuflucht bei dem kaiserlichen Hofastronom Tycho de Brahe bei Prag. 1601 wird er nach Brahes Tod selbst zum kaiserlichen Hofastronom berufen. Aber man bezahlt ihm sein Gehalt nicht aus, so daß er in bitterer Not mit den Seinen leben muß. In der württembergischen Heimat, in die er gerne zurückgekehrt wäre, will man ihn nicht haben, weil er die Konkordienformel nur mit dem Vorbehalt des kirchlichen Friedens unterschreiben kann. Er wird als Calvinist verdächtigt. Seine Gattin wird schwermütig und stirbt. Die Kinder sind lebensgefährlich

Johannes Kepler

Kepler schreibt an Mästlin:
Ich wollte gern Theolog sein; lange trieb es mich um; aber siehe da, Gott wird durch meine Arbeit in der Astronomie auch verherrlicht.

Kepler über die Bibel:
Die Bibel redet von den Dingen des menschlichen Lebens mit dem Menschen, wie Menschen davon zu sprechen gewohnt sind. Sie ist kein Lehrbuch der Optik und Astronomie, sie will einen höheren Zweck erreichen. Es ist ein tadelnswerter Mißbrauch, wenn man die Bearbeitung von Fragen über weltliche Dinge in ihr sucht. Josua wünschte die Verlängerung des Tags. Gott erhörte seinen Wunsch. Wie? Das war hier nicht zu untersuchen.

erkrankt. Als er mit kaiserlicher Erlaubnis einem Ruf an das Gymnasium in Linz Folge leistet, schließt ihn der aus Württemberg berufene evangelische Oberpfarrer vom Sakrament aus, obwohl er sich zum Augsburgischen Bekenntnis und zur Abendmahlslehre Luthers bekennt. Seine Mutter war als Hexe angeklagt. Nach sechsjährigem Prozeß gelang es dem Sohn, ihre Freisprechung zu erwirken. Aber er wird um des Glaubens willen auch von Linz vertrieben. Allen Versuchen der Jesuiten, ihn zur Rückkehr in die katholische Kirche zu bewegen, setzt er entschlossenen Widerstand entgegen. In der Frage der Auszahlung seines rückständigen Gehalts (12000 Gulden waren es) wird er vom Kaiser an Wallenstein verwiesen, erlangt aber nichts. Als er nach Regensburg reist, um von Kaiser und Reich sein Recht zu erlangen, erkrankt er dort auf den Tod. Er findet seelsorgerlichen Zuspruch der evangelischen Pfarrer und stirbt »einzig auf das Verdienst unseres Herrn Jesu Christi« am 15. November 1630, 59 Jahre alt.

Ich bin Christ, ich habe das Augsburgische Bekenntnis aus dem väterlichen Unterricht, aus oftmals wiederholter genauer Prüfung, aus täglichen Übungen geschöpft. Ich hange ihm an. Heucheln habe ich nicht gelernt, Glaubenssachen behandele ich mit Ernst, nicht im Spiel. Ich hatte nicht geglaubt, daß in eben dem Maße, in welchem die Verfolgung steigt, auch die Freudigkeit zunehmen könne, jetzt begreife ich, wie es so leicht sein müsse, für die Religion zu sterben. (Brief an Mästlin)

Von den Hütern des reformatorischen Erbes bis zu Johann Christoph Blumhardt und seinen Geistesverwandten

Die Hüter des reformatorischen Erbes

Diese Zeugen des Evangeliums haben den innersten Schatz der Reformation weitergetragen: Arndt, Scriver, Valerius Herberger in ihren Erbauungsbüchern; Johann Gerhard in seinem mit riesenhafter Gelehrsamkeit und Klarheit des Geistes aufgebauten Lehrsystem; Jakob Andreä in seinem Einigungswerk des Konkordienbuchs und Valentin Andreä als Leiter seiner heimatlichen Kirche in schwerster Zeit. Sie haben in der dunklen

Zeit des Dreißigjährigen Kriegs wie helle Lichter die Richtung gewiesen, daß die schwer verstörte angefochtene Kirche den Weg sah, den sie gehen konnte. In ihnen bahnte sich die neue Belebung der evangelischen Kirche, die wir Pietismus nennen, an.

JAKOB ANDREÄ (1528-1590)

Der am 25. März 1528 zu Waiblingen geborene Jakob Andreä wurde von dem trefflichen Schulmann Märklin erzogen und studierte unter dem Einfluß von Erhard Schnepf, der als Prediger und Professor in Tübingen in der Richtung auf ein klares, aber friedliches Luthertum wirkte. In seinem achtzehnten Jahr wurde er Diakonus in Stuttgart. 1547 wurden die evangelischen Prediger durch den Schmalkaldischen Krieg aus Stuttgart vertrieben. Andreä blieb allein auf dem Posten. 1548 mußte auch er Stuttgart verlassen und bekam eine Stelle als Katechet und später als Diakonus in der Stiftskirche in Tübingen. Dort predigte er im Schiff der Kirche, während im Chor der Interimspfarrer die Messe las. Im Jahre 1550 war er der Seelsorger am Sterbebett des Herzogs Ulrich von Württemberg. Auf Wunsch des Herzogs Christoph erwirbt er den theologischen Doktortitel und wird zum Generalsuperintendent in Göppingen ernannt. Er ist unermüdlich tätig für seine Landeskirche als Mitarbeiter von Johannes Brenz. Große organisatorische und theologische Gaben waren ihm eigen; bei allen Religionsgesprächen und Reichstagen ist er Vertreter der Württembergischen Kirche. Maßgebenden Einfluß nimmt er bei Einführung der Reformation in der Markgrafschaft Baden-Durlach-Pforzheim; auch der Theologenkonferenz zu Bebenhausen zur Prüfung des Heidelberger Katechismus gehört er an, wie er sodann im Jahre 1564 am Kolloquium zu Maulbronn, wo über die Gegenwart Christi im Heiligen Abendmahl mit den Pfälzern verhandelt wurde, sich beteiligt. Von 1568-1580 gehören alle seine Bemühungen und viele Reisen dem Zustandekommen der Konkordie, wobei er fast alle evangelischen Fürstenhöfe besucht und für seine fünf Friedensartikel wirbt. Sein Plan war, durch eine Verbindung des norddeutschen und des süddeutschen Luthertums den Calvinismus auszuscheiden, das abgeschwächte Luthertum Melanchthons zu überwinden und in allen schwebenden Streitfragen eine für alle lutherischen Kirchen verbindliche Lehrnorm herzustellen. Trotz vieler Rückschläge wurde er nicht müde, faßte immer neue Pläne zur Überwindung der Schwierigkeiten und seine Zähigkeit kam zum Ziel. Das Konkordienbuch wurde am 25. Juni 1580 als eine Zusammenfassung der lutherischen Lehre von den lutherischen Landeskirchen unterschrieben. Als er im zweiundsechzigsten Lebensjahr auf den Tod erkrankte, gab er dem Arzt, der ihn nach seinem Ergehen fragte, die Antwort: »Von Gott ungeschieden!« Er entschlief betend und geleitet von den Gebeten der Seinigen im Frieden.

Groß an ihm war sein reiches Wissen, sein unermüdlicher Fleiß, die zähe Verfolgung des großen Ziels, die Einigkeit in der Lehre herbeizuführen. Seine Beredsamkeit und seine Gewandtheit im Verkehr mit Fürsten und Herren war erstaunlich, wenn ihm auch von seinen zahlreichen Feinden Rechthaberei und Eigensinn vorgeworfen wurde. Manchmal war er zu rasch und leidenschaftlich in seinem Wort, aber er konnte jederzeit um Verzeihung bitten und ebenso selber vergeben.

JOHANNES ARNDT (1555-1621)

Sein Leben

Johannes Arndt ist 1555 als Sohn eines Hofpredigers zu Ballenstedt in Anhalt geboren. Früh verwaist und kränklich, war er von Jugend auf ernst gestimmt. Er las, wie es damals in evangelischen Kreisen oft geschah, Schriften von Bernhard von Clairvaux, von Thomas a Kempis und Tauler. Er wollte eigentlich Medizin studieren. Doch von schwerer Krankheit genesen, gelobte er, sein Leben dem Herrn im Dienst der Kirche zu widmen. Er studierte auf der lutherischen Universität Wittenberg, wo kurz zuvor die Konkordienformel unterschrieben worden war. Anschließend war er in Straßburg und in Basel, dort hörte er medizinische Vorlesungen. Seine erste Gemeinde war Badeborn. Als aber der Herzog Johann Georg von Anhalt,

Jakob Andreä

Schwager des Pfalzgrafs Johann Casimir, der reformierten Lehre zuneigte und befahl, den Exorzismus bei der Taufe und die Bilder in den Kirchen zu beseitigen, weigerte er sich dessen und wurde seines Amtes enthoben. Im selben Jahr bekam er eine Pfarrstelle in Quedlinburg. Dort fand er in der Gemeinde wenig Anklang. Sie wollte ihr rohes und unfrommes Wesen nicht lassen, während seine bisherigen geistlichen Kinder ihn treulich aufsuchten. Er war froh, in Braunschweig eine neue Pfarrstelle zu finden. Die Gemeinde brachte ihm auch Liebe und Anerkennung entgegen, bis 1605 sein erstes Buch »Vom wahren Christentum« herauskam. Da er viel Beifall bei hoch und niedrig in ganz Deutschland fand, wurden seine Amtsgenossen mit Neid erfüllt und voller Feindseligkeit, daß er infolge dieser bitteren Erfahrungen an seinen Freund Johann Gerhard einen Brief bitterster Klage und voll Ewigkeitssehnsucht schrieb. Es war ihm wegen der strengen Zensur nicht möglich, die weiteren drei Bücher »Vom wahren Christentum« herauszubringen. Der Ruf nach Eisleben 1607 befreite ihn aus diesem »feurigen Ofen«. An dem neuen Amtssitz wurde er mit großer Liebe von den Grafen von Mansfeld aufgenommen. 1611 kam er als Hofprediger und Generalsuperintendent nach Celle, von wo aus er bis zu seinem am 11. Mai 1621 erfolgten Tode durch Visitationen und Durchführung einer neuen Kirchenordnung eine gesegnete Wirksamkeit im Herzogtum Lüneburg entfaltete.

Seine letzte Predigt hielt er über den Text: »Die mit Tränen säen, werden mit Freuden ernten«. Kurz darauf überfiel ihn ein »hitziges Fieber«. Nach sechs Tagen ließ er alle Amtsbrüder der Stadt Celle vor sein Bett kommen, legte in ihrer aller Gegenwart seine Beichte ab und empfing dann das heilige Abendmahl. Er erklärte, daß er in der reinen evangelischen Lehre, die er sein ganzes Leben lang wider alle Feinde und Widersacher verteidigt habe, getreulich sterben wolle. An seinem Sterbetag betete er den hundertdreiundvierzigsten Psalm: »Herr, gehe nicht ins Gericht mit deinem Knechte.« Sein Beichtvater antwortete ihm mit dem Wort: »Wer Christi Wort hört und glaubt dem, der ihn gesandt hat, der hat das ewige Leben und kommt nicht ins Gericht.« Dann schlief er ein. Über sein Angesicht verbreitete sich ein wunderbarer Schimmer. Er schlug die Augen noch einmal auf und sprach: »Wir sahen seine Herrlichkeit, eine Herrlichkeit als des eingeborenen Sohnes.« Als es neun Uhr schlug, sprach er: »Nun habe ich überwunden.« Dann entschlief er still unter den Gebeten der Umstehenden in einem Alter von fünfundsechzig Jahren. Seine Herzöge ließen in der Hauptkirche zu Celle sein Bild aufrichten, auf welchem die Worte stehen: »Arndt, der Jesum gesehen, die Welt und den bösen Feind besiegt hat, lebt und triumphiert in seinen Schriften.«

Die später gesetzte lateinische Grabschrift lautet:

Hier liege ich, Arndt, der ich ein wahrer Liebhaber Jesu gewesen bin und immer die innere Frömmigkeit geliebt habe. Ich habe viele gebessert, Verirrte oft zurückgeführt. Mein Sinn war keusch, meine Stimme durchdringend. Durch das nach meinem seligen Tode in den Flammen erhaltene Buch hat Gott die Wahrheit meiner Lehre bestätigt; sei gegrüßt, mein Jesu! Allerseligste Schar! – Unreine Welt, leb wohl! – Gütiger Jesu, sei mir gnädig.

Warum er seine fünf Bücher » Vom wahren Christentum« schrieb:

Aus einem Brief an den Herzog August:

Erstlich habe ich die Gemüter der Studenten und Prediger wollen zurückziehen von der gar zu disputier- und streitsüchtigen Theologie, daraus fast wieder eine theologia scholistica geworden ist. Zum andern habe ich mir vorgenommen, die Christgläubigen vom toten Glauben ab zum fruchtbringenden hinzuführen. Drittens, sie von der bloßen Wissenschaft und Theorie zur wirklichen Übung des Glaubens und der Gottseligkeit zu bringen. Und viertens, zu zeigen, was das rechte richtige Leben sei, welches mit dem wahren Glauben übereinstimmt, und was das bedeutet, wenn der Apostel sagt: »Ich lebe, doch nun nicht ich, sondern Christus lebet in mir«.

Seine Feinde:

1607 schreibt er:

Sobald ich von der geistlichen Verklärung zu sprechen anfange, so heißt es: »Das ist ein Enthusiast und Synergist«, da ich doch den menschlichen Kräften alles nehme und ihnen weder vor noch nach der Bekehrung etwas lasse, sondern alles der göttlichen Gnade zuschreibe.

Er klagt mit Recht, Christus hat viele Diener, aber wenig Nachfolger. Ein Theologe Corvinus trat 1618 gegen einige seiner frommen Amtsbrüder, die Arndts Schriften von der Kanzel her empfohlen hatten, auf mit den Worten: Der Satan solle dem Arndt den Lohn seiner Werke bezahlen. Er begehre nicht, nach seinem Tode dahinzukommen, wohin Arndt gefahren sei. Ein Universitätsprofessor, Lukas Osiander, nennt in einem »Theologischen Bedenken« (1624 in Tübingen) Arndts Werk »ein Buch der Hölle« und zählt achterlei Art von Ketzerei auf: »Papistische, monarchistische, enthusiastische, pelagianische, calvinische, schwenckfeldianische, flacianische und weigelianische Irrtümer.«

Doch blieben ihm die besten Theologen seiner Zeit dankbar zugetan. Valentin Andreä nennt ihn mehrfach seinen geistlichen Vater. Der Gothaische Generalsuperintendent unter Ernst dem Frommen, Glasius, sagt von ihm: »Wem Arndt nicht schmeckt, der hat gewiß den geistlichen Appetit verloren.« Der größ-

Arndt in einem Brief an einen Freund 1620:
Ich freue mich dessen, daß ich etwas leide, und will tausendmal lieber mehr leiden, als daß ich mein Pfündlein vergraben sollte.

te Theologe seiner Zeit, Johannes Gerhard, wurde durch ihn zu Christus geführt, wenn auch die mancherlei Anfechtungen Arndts später an ihm nicht spurlos vorübergingen.

Die fünf Bücher »Vom wahren Christentum«

Über den Gedankengang seiner Bücher schreibt Arndt in der Vorrede zum dritten Buch:

Gleichwie unser natürliches Leben seine Stufen hat, seine Kindheit, Mannheit und Alter, also ist es auch beschaffen mit unserem geistlichen und christlichen Leben. Denn dasselbe hat seinen Anfang in der Buße, dadurch der Mensch sich täglich bessert; darauf folgt eine mehrere Erleuchtung als das Mittelalter, durch göttlicher Dinge Betrachtung, durchs Gebet, durchs Kreuz, durch welches alles die Gaben Gottes vermehret werden. Letztlich kommt das vollkommene Alter, so bestehet in der gänzlichen Vereinigung durch die Liebe, welches St. Paulus das vollkommene Alter Christi nennet und einen vollkommenen Mann in Christo (Eph. 4,13). Solche Ordnung habe ich in diesen drei Büchern, soviel sichs hat tun lassen, inachtgenommen; und halte dafür, es sei das ganze Christentum (so das Gebetbuch dazukommt) hierinnen nach Notdurft beschrieben. – Das vierte Buch aber habe ich darum hinzutun wollen, daß man sehe, wie die Schrift, Christus, Mensch und die ganze Natur übereinstimme, und wie alles in dem einigen, ewigen, lebendigen Ursprung, welcher Gott selbst ist, wieder einfließe und zu demselben leite.

Im fünften Buch behandelt er den wahren Glauben, das heilige Leben, die Vereinigung der Gläubigen mit Christo, ihrem Haupte, und die heilige Dreieinigkeit.

Den Beschluß der fünf Bücher bildet das »Paradiesgärtlein voller christlichen Tugenden, wie solche zur Übung wahren Christenthums durch geistreiche Gebete in die Seelen zu pflanzen«.

JOHANNES GERHARD
(1582-1637)

In Johannes Gerhard tritt uns ein großer Lehrer der evangelischen Kirche entgegen. Sein Lehrgebäude ist ebenso vollständig wie durchsichtig und klar, vergleichbar dem des Thomas von Aquin. Sein Hauptwerk sind die »Loci communes theologici« in neun Bänden. Dabei war er ein großer Schriftausleger von durchdringender Kenntnis der Kirchenväter und exakter Genauigkeit.

Sein Leben

Er ist im Jahre 1582 als Sohn einer vornehmen, begüterten Ratsfamilie zu Quedlinburg geboren. Als Fünfzehnjähriger kam er während einer schweren Krankheit unter die Seelsorge Johannes Arndts und wurde von ihm im Falle seiner Genesung für das Theologiestudium gewonnen. Als Student schrieb er mit augustinischer Sprache, angeregt durch Bernhard und Tauler, seine »Meditationes sacrae«, die viel gelesen wurden. Er studierte in Wittenberg, Jena und schließlich in Marburg Theologie, nachdem er fast zwei Jahre hindurch, veranlaßt durch einen vornehmen Verwandten, Medizin studiert hatte. Die Entscheidung, die er während seiner schweren Krankheit unter dem Einfluß Arndts getroffen hatte, gab ihm die endgültige Lebensrichtung.

Mit vierundzwanzig Jahren übernahm er die Superintendentur in Heldburg, durch den Herzog von Coburg berufen. Zuvor hatte er die theologische Doktorwürde erlangt. Bei aller Tüchtigkeit und Bewährung in seinen praktischen Arbeiten, die ihn seinem Fürsten unentbehrlich machten und im Jahre 1615 den Ruf zur Generalsuperintendentur von Coburg einbrachten, war er doch unbefriedigt und in schwermutsvoller Stimmung; denn sein Sehnen ging nach der Lehrtätigkeit als Universitätsprofessor. 1616 gab ihn auf das nachdrückliche Verlangen des sächsischen Kurfürsten sein Landesherr frei für das Seniorat der theologischen Fakultät zu Jena. Nun war er in seinem Element (extra academiam non est vita). Dort wurde er bald ein berühmter Mann, dessen Gutachten man von allen Seiten einholte. Dabei blieb er in einfacher und rührender Demut, in unerschütterlichem Gottvertrauen auch in den schweren Prüfungen des Dreißigjährigen Kriegs. Sein zu bedachtsamer und friedliebender Charakter veranlaßte ihn manchmal, den Frieden auf Kosten der Wahrheit zu erkaufen. So hat er sich für seinen väterlichen Freund und geistlichen Vater, Johann Arndt, nicht genug eingesetzt gegen dessen Widersacher. Er war zu ängstlich besorgt für den Ruf seiner Orthodoxie, so daß er in der »Schola pietatis«, die er als Verbesserung des Arndtschen wahren Christentums geschrieben hat, trocken und pedantisch

Valerius Herberger

Herbergers Trost:
Wer Gott im Herzen,
ein gut Gebet stets im
Vorrat, einen ordentli-
chen Beruf im Gewissen
hat und nicht fürwitzig
ausgeht, wohin ihn we-
der Amt noch des
Nächsten Wohlfahrt
ruft, der hat ein starkes
Geleit, daß ihn keine
Pest ankommen kann.

wurde und nichts mehr von der innigen
Glut seiner Jugendschrift, den »Meditationes sacrae«, merken ließ.

Er starb im Alter von fünfundfünfzig
Jahren 1637 und ist in Jena begraben.

Seine Schriften
Auf dogmatischem Gebiet: die »Confessio catholica«, eine Erneuerung des
»Catalogus testium veritatis« von Flacius und die neun Bände der »Loci communes theologici«.

Auf exegetischem Gebiet schrieb er
einen Kommentar zur Leidens- und
Auferstehungsgeschichte, zur Genesis,
zum Deuteronomium und zu den beiden
Petrusbriefen. Er hatte die Leitung des
volkstümlichen Weimarer Bibelwerks.

Aus seinen »Loci theologici«:
Zur Frage »Gibt es eine Theologie?«
führt er folgendes aus:

Diese Frage ist durchaus zu bejahen: Daß es
eine Theologie gibt, folgt aus nachstehenden
fünf Punkten: 1. aus der göttlichen Offenbarung, auf der die ganze Theologie beruht. 2.
aus dem eigentümlichen Wesen Gottes, denn
da er das höchste Gut ist und folglich ein solches, das sich mitteilt und ausbreitet, so teilt er
auch den mit Verstand begabte Kreaturen zu
ihrem eigenen Heil die Kenntnis von sich mit.
3. aus dem Ziel der Schöpfung; denn darum
hat Gott mit Verstand begabte Kreaturen geschaffen, damit er von ihnen in diesem und in
jenem Leben erkannt und verehrt werde. 4.
aus der Gewißheit, die dem menschlichen
Geist angeboren ist, daß Gott wirklich vorhanden ist und daß er verehrt werden muß. 5.
aus der Übereinstimmung aller Völker; denn
obwohl die Heiden außerhalb der Kirche leben, sehr weit von der wahren Theologie ab-
geirrt sind, so bestätigen sie doch durch ihren
Eifer, mit dem sie nach ihr trachten, daß es eine Theologie gibt.

VALERIUS HERBERGER
(1561-1627)

Valerius Herberger ist in Fraustadt am
21. April 1561 als Sohn eines Kürschners geboren. Sein Vater ging, als er ihn
zur Schule brachte, zuerst mit ihm zur
Kirche, um ihn dem Herrn darzustellen,
damit er ihn zum Gefäß seiner Barmherzigkeit mache. Er gewann von Jugend an
treue und fromme Freunde, die nach
dem frühen Tod seines Vaters sich um
ihn wie um ein eigenes Kind annahmen
und es ihm möglich machten, Theologie
zu studieren. Er studierte in Frankfurt
an der Oder und in Leipzig, wo die
schützende Hand Gottes ihn einige Male aus Todesgefahr errettet. Von dort
wurde er durch den Magistrat, als er erst
einundzwanzig Jahre alt war, in den
Pfarrdienst nach Fraustadt gerufen. Sein
Leben lang diente er seiner Heimatgemeinde, bis er im Mai 1627 nach zwölf-
wöchiger Krankheit im Frieden Jesu
entschlief. Sein Gebetsseufzer war in
seiner letzten Not: »O Jesus esto Jesus«
(Jesus sei mir Retter)! Auf seinem Grabstein steht: »Valerius Herberger, der
Mann, dessen Liebe Jesus, dessen
Furcht Jesus, dem Jesus alles war, erwartet hier die Wiederkunft Jesu.«

Der Beter
Durch ein Stipendium war er angehalten, sonntäglich die sieben Bußpsalmen
zu beten. Er gelobte, täglich zwei Psalmen zu beten, und er tat es mit Herzenslust. Er war in einem unausgesetzten innigen Gebetsumgang mit dem Herrn,
und für das Bibelstudium verwendete er
die beste Zeit des Tages. Von diesem
Geist des Gebets war seine ganze Familie bewegt. Alles, was das Hauswesen
betraf, auch den Wechsel des Gesindes,
begleitete er mit seinem Gebet.

Der Seelsorger
Während einer Pestzeit, die zweitausend
Menschen in der Stadt hinraffte, tat er
treu seinen Seelsorgerdienst. In kühnem
Glauben verachtete er die Gefahr.

Der Prediger
Seine Predigten zielten gegenüber äußerlicher Rechtgläubigkeit auf das Herz
und eine innerliche Frömmigkeit. Als
die Katholiken ihm im Jahre 1603 die
Kirche wegnahmen, richtete er in zwei
aneinanderstoßenden Giebelhäusern
durch Ausbrechen der Zwischenwand

eine Notkirche ein, das »Kripplein Christi zu Fraustadt«.

Als 1612 die Ruhr ausgebrochen war, sagte er zu seiner Gemeinde:

Nun frage ich euch alle aufs Gewissen, könnt ihr euch auch rühmen, daß ihr nicht Gott durch eure Sünden fast mit Gewalt gezwungen, daß er diesen Staupbesen hat müssen binden? Wer will sich hinfort mehr durch den Geist Gottes regieren lassen? Jedermann ist sein eigener Gott und Herr, das kann kein gutes Ende nehmen.

Einmal predigte er über das Feuer des Jüngsten Gerichts und mahnte, mit beiden Augen als mit Feuereimern Wasser herbeizutragen und bitterlich zu weinen wie Petrus und herzlich wie Magdalena über die Sünden. Das letzte Feuer werde den größten Schaden tun. In dieser Predigt rief er: »Feuer ist da, Feuer, ihr Fraustädter. Wann wirds kommen? Um Mitternacht.«

Um Mitternacht des folgenden Tags brach eine Feuersbrunst aus, die drei Viertel der Stadt in Asche legte. Während des Brandes stand er am Markt beim Rathaus und betete, bis die Morgenröte anbrach. Am nächsten Sonntag predigte er dann vom Zündpulver, das solche Brandschäden verursache, und von dem Wasser, welches das zeitliche und das ewige Feuer löscht.

Der Liederdichter und Schriftsteller

Er hat das Lied gedichtet: »Valet will ich dir geben, du arge, böse Welt.« Seine Predigtbücher wurden zur Erbauung viel benutzt. Bekannt sind auch seine Trauerbinden (Leichenpredigten). Als seine Werke sind zu nennen die »Evangelische Herzpostille« und die »Apostolische Herzpostille«, die »Magnalia Dei« (die großen Taten Gottes), der »Passionszeiger« und das »Psalterparadies«.

JOHANN VALENTIN ANDREÄ
(1586-1654),

ein Enkel von Jakob Andreä, wurde am 17. August 1586 zu Herrenberg geboren. Er war ungemein vielseitig, lebhaften Geistes, in vielen Sprachen bewandert, in mancherlei Künsten zu Hause, so in Malerei, Tischlerei, Uhrmacherei und Goldschmiedekunst.

Er ist ein Freundschaftsvirtuose. Mit Johannes Arndt tritt er in Verbindung, begeistert von dessen »Wahrem Christentum«, das er in einem Auszug herausgibt. Jahre hindurch führt er einen Briefwechsel mit dem Herzog von Braunschweig-Wolfenbüttel und wechselt mit ihm gegen neunhundert Briefe, ohne ihn je gesehen zu haben.

Der Hirte und Spezial von Calw (1620-1639)

Durch eine Reise nach Genf wurde er durch die Sittenzucht der reformierten Kirche außerordentlich bewegt und trachtete mit allem Eifer danach, Ähnliches in seiner Kirche durchzuführen. Zunächst warf er sich ganz auf die Arbeit in seiner Gemeinde, wobei er dem Katechismusunterricht und der Erziehung der Jugend seine Hauptaufmerksamkeit widmete. Er sammelte ein Stiftungskapital durch Beiträge vermöglicher Bürger zu besserer Kindererziehung und Unterstützung armer Studenten, zur Ermunterung der Handwerker, zur Pflege der Armen, Kranken, Schwachsinnigen, Witwen und Waisen. Als die Folgen des Dreißigjährigen Kriegs in zunehmender Verarmung sich geltend machten, Scharen von Bettlern das Land überfluteten, sammelte er Kollekten bei seinen Straßburger und Nürnberger Freunden, um Kinderspeisungen durchzuführen und Kranke zu unterstützen. Er hatte in seinem Hause Flüchtlinge und Pflegekinder aufgenommen. Da wurde Calw nach der Nördlinger Schlacht überfallen und in Brand gesteckt. Er selbst irrte mit seiner Familie in den Wäldern umher. Als er wiederkehrte, war Haus und Habe verloren. Verlassen von seinen bisherigen Freunden, war er doch nicht verzagt über den Verlust seiner Güter und seiner Arbeit. Von viertausend früheren Bewohnern fanden sich noch fünfzehnhundert verwilderte und Andreä übel wollende Menschen zusammen.

Der Konsistorialrat der Württembergischen Kirche in Stuttgart

In dieses Amt wurde er 1638 durch den Herzog Eberhard III. berufen. Das Land war entsetzlich verwüstet. Von eintausendsechsundvierzig Pfarrern waren noch dreihundertachtunddreißig übrig. Noch zwanzig Jahre nach der Schlacht von Nördlingen lagen sechsunddreißigtausenddreihundert Gebäude in Trümmern. Die Verwilderung war aufs Äußerste gestiegen. Hartherzig stieß man

Ein Bekenntnis Andreäs:
Diese Geistesstärkung schöpfte ich nicht aus der Schule der Stoiker und Idealisten, sondern erwarb sie mir aus der Betrachtung, wie eitel alles Menschliche ist, und aus dem Blick auf das vollkommene Leben Christi.

Hilflose im strengsten Winter auf die Straße. In manchen Fällen wurden menschliche Leichname verzehrt. Man trank auf die Gesundheit des Teufels. Andreä begann, das verödete Tübinger Stift, das Theologenkonvikt, wieder aufzurichten. Die Mittel bekam er durch eine Landeskollekte von dreitausend Gulden. Es gelang ihm, die Kirchenzensur, die Herzog Christoph verordnet hatte, wieder einzuführen. Er bildete Kirchenkonvente aus geistlichen und weltlichen Beamten unter Hinzuziehung von zwei oder drei unbesoldeten Ratspersonen, die Vergehen gegen die zehn Gebote zu rügen und zu strafen hatten. Er führte die Bezirkssynoden wieder ein. Da er im Konsistorium manches nicht durchsetzen konnte, wandte er sich ernstlicher dem Predigtamt zu.

Der lutherische Christ

Er war dem Bekenntnis seiner Kirche treu und dem Calvinismus abgeneigt, aber er bewährte es, was das Wort sagen will: »Christianus mihi nomen, Lutheranus cognomen« (Christ ist mein Name, Lutheraner mein Beiname). Als Grund aller schweren Heimsuchung Gottes über Deutschland erkannte er die Verirrungen und Streitigkeiten der Theologen, die selbst einen so heiligen Mann wie Arndt der Ketzerei anzuklagen gewagt hatten. Sein Ideal war die unauflösliche Verbindung christlicher Lehre mit christlichem Leben.

Der Schriftsteller

Er schrieb einige kleine, sehr feinsinnige Schriften in lateinischer Sprache, die »Christiani kosmogeni genitura«, in der er die Wunderbarkeit des christlichen Lebens darlegt; die »Komödie Turbo«, eine Satire auf das gelehrte Treiben; den »Apap«, eine Schrift über den Staat; die »Peregrini errores«, »Civis christianus«, »Die geistliche Kurzweil«; die »Christianopolis«, die Beschreibung eines christlichen Musterstaates. Alle diese Schriften geißeln die Schäden der damaligen Christenheit und wollen wahres Christentum.

Spener ruft aus: »Könnte ich jemand zum Besten der Kirche von den Toten erwecken, so wäre es Andreä.«

Am 27. Juni 1654 ist Johann Valentin Andreä entschlafen.

CHRISTIAN SCRIVER
(1629-1693)

Christian Scriver, 1629 zu Rendsburg in Holstein geboren, wurde 1653 Archidiakonus in der St. Jakobskirche zu Stendal in der Altmark. 1679 bis 1693 war er an St. Jakob zu Magdeburg, wo er als Senior der Magdeburger Geistlichkeit begraben liegt.

Sein Vater, ein angesehener Kaufmann, bestimmte ihn schon in der Wiege zum geistlichen Beruf, indem er über ihn sagte: »Dieser mein Sohn soll ein Priester werden.« Der Vater starb mit allen Geschwistern des Christian an der Pest, von der nur die ebenfalls erkrankte Mutter allein genas. Obwohl sie ihn damals noch stillte, wurde das Kind von der Krankheit verschont. Sie war eine betende Mutter, die ehe Kinder und Gesinde wach wurden, jeden Morgen laut betete. Auch sein Stiefvater, der Propst von Rendsburg, starb früh, ehe Scriver sieben Jahre alt war; auch er hatte den Wunsch geäußert, daß Christian ein Prediger werde. Die Armut der verwitweten Mutter machte ein Studium unmöglich. Da bat sie einen Großonkel des Knaben, einen reichen Lübecker Kaufmann, sich seiner anzunehmen. Dieser sorgte treulich für ihn und ließ ihn auf seine Kosten studieren.

Sein Lehrer war Professor Lüdkemann in Rostock, der auch Pfarrer an einer Rostocker Kirche war. Sein Wesen wird gekennzeichnet durch seinen Wahlspruch: »Ich will lieber eine Seele selig als hundert gelehrt machen.« Scriver nennt ihn seinen Lehrer und Beichtvater und war ihm zeitlebens dankbar. Von ihm scheint er die besten Anregungen bekommen zu haben. Auf der Universität Rostock erwarb er den Magistertitel.

Scriver als Pfarrer und Seelsorger

Wie er sein Amt führte, sagt der Schluß seiner Antrittspredigt:

Der HErr JEsus gebe mir einen freudigen Mut wider allerlei Trübseligkeit, daß ich der keines achte, auch mein Leben nicht teuer achte, auf daß ich vollende meinen Lauf mit Freuden und das Amt, das ich empfangen habe von dem HErrn JEsu.

Er wurde durch viel Leid geführt. In der Kirche zu Magdeburg stehen auf seinem Grabmal die Namen von zwölf Kindern, darunter auf lateinisch:

Wundere dich, Wanderer, daß ein von Schmerz wunder, durch Arbeit überhäufter und am Leibe elender Vater hat nach so viel Leichenbegängnissen über bleiben können! Er konnte es, weil er an die Auferstehung des Fleisches und ein ewiges Leben glaubte.

Außerdem hat er noch drei Ehefrauen begraben.

Über das Kreuz im Predigerberuf spricht er in seiner bildhaften Sprache:

Es ist das Kreuz eine Bedingung im Pfarrersberuf, damit die Natur der Gnade, das Fleisch dem Geiste nicht hinderlich sei. Eine kleine Hausuhr bedarf nicht eines so schweren Gewichts als eine Uhr auf dem großen Turme, welche der ganzen Stadt durch die Bedeutung der Stunden dienen muß.

Infolge seiner vielen Schriften fiel er unter die Zungen und Federn der streitsüchtigen Theologen seiner Zeit, die ihn mit Johannes Arndt und Spener zusammenstellten und als von der reinen Lehre abgewichen bezeichneten. Er schreibt, so hart er darunter litt, doch als ein Getrösteter:

Das liebe Kreuz hat zwischen Gott und mir gutes Vertrauen und Freundschaft gestiftet. Er hat meinen Glauben bewährt, meine Liebe gestärkt, mein Gebet brünstig, meine Lehre andächtig gemacht. . . Prediger dürfen keinen Abgang ihrer Kräfte scheuen. Der Herr nennt sie ja das Salz der Erde. Man weiß aber, daß das Salz, indem es gebraucht wird, zerschmilzt.

Mit welcher Treue er die Seelsorge ausübte, bezeugt folgendes Wort:

Eine teure Seele ist es wohl wert, wenn auch ein Prediger seine ganze Lebenszeit mit voller Mühe und Arbeit ihreshalben zubrächte. O, ein schweres Amt, o übermenschliche Sorge. Ein jeder Mensch hat mit seiner eigenen Seele genug zu tun, wie alle, denen es mit ihrer Seligkeit ernst ist, erfahren. Und ein Prediger soll für so viele Seelen wachen, beten, sorgen, Rechenschaft geben! Fürwahr, wenn ich dies oft recht erwäge und mir zu Herzen ziehe, so schauert mir die Haut, der Angstschweiß bricht mir aus, und ich wünsche oft, daß ich nie ein Prediger geworden wäre.

Der Lehrer und Erzieher der Jugend
Er war ein großer Freund der Kinder und drang darauf, daß die Kirche sich ihrer herzlich annehme und den Katechismus mit ihnen im Gottesdienst übe. Darüber äußert er sich wie folgt:

Durch die Katechismuslehre, welche in Frage und Antwort besteht, werden die unwissenden und harten Herzen gleichsam aufgerüttelt, daß hernach die Lehre von der Kanzel besser durchdringe. Man kann die Herzen junger und unwissender Leute vergleichen mit einem Glase, das einen engen Hals hat. Wenn man über dasselbe Wasser mit ganzen Eimern ausstürzt, so kommt doch nur wenig hinein und die Menge selbst ist hierin hinderlich. Wenn man aber tropfenweise und allmählich es hineingießt oder sich eines Trichters bedient, so wird es bald gefüllt.

Der Freund der Heidenmission klagt:

Wenn man hört, daß neunzehn Teile von Heiden, sechs von Mohammedanern und nur fünf von Christen bewohnt sind, so wallt mir das Herz und die Tränen steigen mir in die Augen, und ich wünsche eine Stimme zu haben, die durch alle Weltteile erschallt.

Der Liederdichter und Schriftsteller
Wir verdanken ihm das tiefsinnige Abendlied »Der lieben Sonne Licht und Pracht«. Er hat Erbauungsbücher der verschiedensten Art geschrieben, von denen die drei wertvollsten folgende sind: »Gottholds zufällige Andachten«, eine Sammlung von vierhundert Gleichnissen, wobei irdische Dinge und Erlebnisse zum Gleichnis himmlischer Wahrheiten werden, zum Beispiel der Tau, die Kohlpflanze, ein unvermuteter Schuß, der Widerhall, ein Eichbaum mit Efeu bewachsen, die Axt am Baum, die Raupen, die Tulpen, die Kröte, der Hecht, die Schnecke, das Licht, der Käfer, der Bienenschwarm. Ferner nennen wir »Gottholds Siech- und Siegesbette«, achtundzwanzig Betrachtungen fürs Krankenlager.

Ein Beispiel daraus:

Kinder und Diener Gottes sind in ihrer heiligen Arbeit so emsig, daß sie zu sterben noch nicht verlangen. Und siehe, der Herr ruft ihnen und spricht: Laß alles sein, eile und säume dich nicht, zu mir zu kommen. Und sie verlassen willigst alles und folgen ihm nach. Sie sind wie die wohlgearteten und gehorsamen Kinder, welche, wenn ihnen der Vater ruft, ihr Spiel oder was sie sonst vorhaben, willigst verlassen und zu ihm eilen. Ihre Herzen sind nicht wie ein viereckiger, schwerer Stein, den man nicht leicht fortbringen kann, sondern wie eine runde Kugel, die sich leicht fortwälzen läßt.

Sein größtes Werk ist der »Seelenschatz«. Es sind vierundsiebzig Predigten, in denen er den christlichen Heilsweg dargestellt hat.

Sein Heimgang
Als man ihn auf seinem letzten Lager fragte, ob er den Herrn Jesus im Herzen habe, antwortete er freudig: »Ach ja, ich schmecke und sehe, wie freundlich der Herr ist.« Tags darauf ist er »in seinem Jesu« entschlafen, wie seine Grabinschrift sagt.

In seiner Kirche in Magdeburg hängt neben dem Lutherbildnis in Lebensgröße sein Bild; eine kleine, gedrungene Gestalt, große Augen in einem runden Gesicht, langer Bart und neben ihm ein Kruzifix, auf das er mit der rechten Hand weist.

Scrivers Zielsetzung war:
Ich habe den Gläubigen nicht nur eine gewohnte Mahlzeit, sondern ein Gastmahl anrichten wollen, in welchem man mit vollen Schüsseln aufträgt und seinen lieben Gästen mehr vorsetzt, als die Notdurft erfordert.

Die Neubelebung der evangelischen Kirche im 17. und 18. Jahrhundert

Die Väter der Neubelebung

Der Herr, der seine Gemeinde selbst bauen will, der sich nicht gereuen läßt, »was er vorlängst gedeut', sein Kirche zu erneuen in dieser gfährl'chen Zeit«, schafft diese Erneuerung durch Berufung außerordentlicher Werkzeuge, die wie Lichter weithin leuchten. Er beruft Philipp Jakob Spener, der nacheinander in drei Landeskirchen die Führung erhält. Er wirkt durch August Hermann Francke von der Universität her auf viele junge Theologen. Zinzendorf bekommt die lebendige Gemeinde geschenkt, die in urchristlicher missionarischer Glut das Feuer Christi in die weite Welt streut, vor allem auch in die neue Welt. Wesley wird durch das Zeugnis der Herrnhuter Brüder erweckt und ruft wie eine Posaune das lebendige Zeugnis über das englische Sprachgebiet hin. Und da die deutsche Christenheit reich gegliedert ist in Stämme und Landschaften, so zündet der lebendige Herr seine Lichter an im Westen und Süden wie im Norden und Osten. Es sammeln sich die Stillen im Lande um Tersteegen im rheinisch-westfälischen Kreis, die frommen Schwabenväter werden von Johann Albrecht Bengel gerufen. Im katholischen Bayern werden evangelische Zeugen erweckt. In der dürren Zeit der Aufklärung blühen wie Oasen die Gärtlein lebendiger Gemeinden. Sie blühen in die Jugend unserer klassischen Dichter hinein. Ohne Speners Frankfurt wäre Goethes Frankfurt nicht denkbar. Und als die Stimme der Dichter mehr gehört wird als das Wort der Bibel, da erheben Klopstock und Gellert und Lavater und Hamann ihre Stimme für Christus.

Man kann die Väter dieser Neubelebung unserer Kirche nicht leicht überschätzen. Oft aber hat man sie von den Auswüchsen ihrer Epigonen oder von der Erstarrung der Bewegung her, die sie entfachen durften, beurteilt und ihnen damit großes Unrecht getan. Sie haben das Evangelium in die Gemeinden getragen, und es wurde ihnen geschenkt, daß lebendige Gemeinden entstanden von neutestamentlicher Glut und missionarischer Kraft.

Wo man sie aber unter dem Vorwand, die rechte Lehre sei durch sie gefährdet, in Unbußfertigkeit ablehnte, da wurde aus der Betonung der rechten Lehre vielfach eine erstarrte Orthodoxie, die Zwillingsschwester des Rationalismus.

PHILIPP JAKOB SPENER (1635-1705)

ist als Sohn des gräflichen Registrators Johann Philipp Spener und der Agathe, geborene Salzmann, am 13. Januar 1635 zu Rappoltsweiler im Oberelsaß geboren. Seine Eltern weihten ihn von Kind an zum Predigerstand, und er ging freudig darauf ein. Seine Patin, die verwitwete Gräfin von Rappoltstein, liebte ihn sehr und ermahnte ihn zu einem gottseligen Leben. Die Eindrücke an ihrem Sterbebett bewegten ihn so tief, daß er am liebsten selbst gestorben wäre. Er las fleißig in der Bibel und in Arndts »Wahrem Christentum«. Mit sechzehn Jahren zog er auf die Straßburger Universität, wo ein mildes Luthertum mit manchem oberdeutschen Brauch verbunden war. Er hatte einen »ungemeinen Trieb zu den Studien« und war darin vielseitig. Es bewegten ihn heraldische Interessen, er studierte völkerrechtliche Bücher und erlernte zum Hebräischen noch das Arabische. Zuweilen sah er mehrere Tage keinen Menschen, so beschäftigten ihn seine Studien. 1659 studierte er in Basel und machte einen Besuch in Genf. Das Frömmigkeitsleben der Genfer Kirche bewunderte er und betete täglich für die um ihres Glaubens willen verfolgten Reformierten. In der Schweiz lernte er den in die reformierte Kirche eingetretenen Jesuiten Labadie kennen, dessen Bibelkreise und Hausversammlungen ihn anregten. Labadie war der Meinung, daß die Bibelkonferenzen mehr Frucht bringen als die kräftigsten Predigten. 1662 nahm Spener eine Predigerstelle in Straßburg an, die ihm Zeit ließ zum Weiterstudium. Er hielt Vorlesungen, so längere Zeit über Gal. 4,19 (»die ich abermals mit Ängsten gebäre«). Viele Christen seien im Zustand der Unwiedergeborenen, und es müsse durch Rückkehr in den Taufbund die Wiedergeburt wiederholt werden. Als Abschluß seiner Studien machte er auf Drängen seiner Lehrer die theologische Doktorprüfung. So war in seine Werdejahre alles hineingelegt, was er später entfalten sollte.

Sein Wirken

Spener wurde nach Gottes Vorsehung nacheinander in immer größere Wirkungskreise berufen. Zuerst kam er einunddreißigjährig als Senior der Pfarrerschaft nach Frankfurt a. M. Nach dreijähriger Tätigkeit wurde in seiner Gemeinde nach einer Predigt über die falsche und ungenügende Gerechtigkeit der Pharisäer und Schriftgelehrten ein großes Erwachen geschenkt. Viele taten Buße. Andere wurden ihm feind. Mit besonderem Eifer verlegte er sich auf den Unterricht der Jugend und führte Konfirmandenunterricht und Konfirmation nach oberhessischen Vorbildern ein. Zweimal in der Woche hatte er mit frommen Freunden Zusammenkünfte in seinem Studierzimmer zum gemeinsamen Lesen der Bibel. Diese Kirchlein innerhalb der Kirche fanden an vielen Orten Nachahmung, so in Hamburg, Essen, Wertheim und Augsburg. Dabei hatte er gegen Separationsgelüste zu kämpfen. »Man dürfe die Kirche nicht Babel nennen, sie sei nicht schuld an den schlechten Früchten.« Er verlangte darum von den Pfarrern, daß sie sich mit Liebe der Erweckten annähmen, damit sie nicht Separatisten würden. Die spezielle Seelsorge, wie er sie in Frankfurt ausüben konnte, hielt er, wie er später einmal gesagt hat, für das Kleinod im Predigtamt. 1686 wurde er auf Veranlassung des sächsischen Kurfürsten, der ihn in Frankfurt hatte predigen hören und dadurch innerlich ergriffen worden war, als Oberhofprediger und Kirchenrat nach Dresden berufen. Damit bekam er Einfluß auf die größte lutherische Kirche. Er führte den Katechismusunterricht ein, der auch von Erwachsenen besucht wurde. Diese Einrichtung wurde auf das ganze Land übertragen, nachdem der Landtag sich dafür entschieden hatte. Seine Feinde spotteten, der Kurfürst habe statt eines Hofpredigers einen Schulmeister bekommen. Zwei junge Universitätslehrer hielten auf seinen Rat am Sonntagnachmittag Versammlun-

Philipp Jakob Spener

gen mit Studenten und legten dabei die Schrift aus. Ihr Einfluß auf die Studenten wurde sehr segensreich. Aber auch seine Feinde machten sich auf. Die sittlich ungebundenen Hofkreise haßten ihn. Es gelang ihnen, allmählich den Kurfürsten gegen ihn einzunehmen. Auch die Theologen lehnten ihn ab. Er besuchte alle Amtsbrüder, aber nur ein einziger erwiderte den Besuch. Der Anstifter des sogenannten Pietistenstreits war der Professor und Rektor der Universität, Carpzow, der Erfinder des Spottnamens Pietisten. Wasser auf die Mühle dieser Feinde war das Hervortreten einiger Schwärmer in den Bibelkreisen, die das Tausendjährige Reich predigten. Alle Irrungen wurden Spener zur Last gelegt. Dazu kam noch der Beichtstreit, den Johann Kaspar Schade entfesselte. Die Beichte war durch ihre Massenhaftigkeit zu einer leeren Formel entwertet. Spener hatte ihn zu beruhigen versucht, indem er ihm sagte, die Absolution müsse allemal bedingt durch die Bußfertigkeit gegeben werden. Der Kurfürst entschied für Aufhebung des Beichtzwanges. Am Bußtag 1694 hatte Spener dem Kurfürsten bescheidene Vorhaltungen wegen seines Wandels gemacht. Der Kurfürst war zuerst bewegt, teilte aber den Brief einigen Hofleuten mit, die ihn gegen Spener aufhetzten. Er schwor, Spener nicht mehr predigen zu hören. Es war Rettung aus unhaltbarer Lage, als der Kurfürst von Brandenburg um Überlassung des Hofpredigers bat. Der Abschied von Dresden offenbarte die Liebe seiner Gemeinde, die weinend seinen Wagen umgab.

In Berlin hatte er als Konsistorialrat großen Einfluß auf die Besetzung geistlicher Stellen in den preußischen Provinzen. Er erreichte die Gründung der Universität in Halle und die Berufung seiner Freunde Breithaupt, Anton und Francke. Diese Universität übernahm die Führung der Erneuerungsbewegung, die von Spener ausgegangen war. Spener arbeitete mit unermüdlichem Fleiß. Als er fühlte, daß seine Kräfte ihn verließen, ließ er am 11. Januar 1705 seine Amtsbrüder zu sich kommen, um Abschied von ihnen zu nehmen.

Ich bekenne mich von ganzem Herzen zu den Bekenntnisschriften, stehe auch nicht im Widerspruch gegen den Artikel von der Wiederkunft Christi, wenn ich an den noch zukünftigen Eintritt des Tausendjährigen Reichs glaube. Ich glaube, daß Gott auch außerhalb der lutherischen Kirche die Seinen habe. Ich habe nichts als nur die Barmherzigkeit Gottes in Christo Jesu. Von allem Guten, was etwa durch mich geschehen ist, rechne ich mir nichts zu. Mir gebührt nichts davon, als was daran fehlt.

Am 5. Februar entschlief er, am 12. Februar wurde er zur Ruhe gebracht, weiß gekleidet, in einem weißen Sarg, wie er es angeordnet hatte, da er Zeit seines Lebens über den Zustand der Kirche getrauert habe und nun, da er zur triumphierenden Kirche eingehe, durch ein weißes Sterbekleid und durch einen hellen Sarg bezeuge, daß er in der Hoffnung auf eine Besserung der Kirche auf Erden sterbe.

Seine Schriften

Was Spener in Frankfurt praktisch durchführen konnte, legte er der Öffentlichkeit dar in einer schlichten Einleitung zu einer Neuausgabe zu Arndts »Wahrem Christentum«, in den »Pia desideria«.

Man habe die Grundforderung des Christentums, die Verleugnung seiner selbst, noch niemals ernst genommen. . . Der Mangel an Glaubensfrüchten zeige an, daß es den Predigern selbst an Glauben mangle. Sie sähen die gefährlichen Wunden der Kirchen nicht, daher komme, daß nicht wenige alles fast allein auf die Lehrstreitigkeiten setzen.

Viele beichteten und ließen sich absolvieren bei fortwährender Unbußfertigkeit.

Spener macht nun fünf Vorschläge zur Besserung der Kirche. Er empfiehlt als erstes Mittel reichliche Predigt und eigenes Suchen in der Schrift und Besprechungen in christlichen Hausversammlungen. Das Wort bleibt der Same, aus dem alles Gute bei uns hervorwachsen muß.

Zweitens will er die Aufrichtung und fleißige Übung des geistlichen Priestertums. Durch das Monopol der Pfarrer seien die Laien träge gemacht zu dem, was sie billig angehen sollte. Seine dritte Forderung: Es müsse die Lehre eingeschärft werden, daß in Christo nur der in der Liebe tätige Glaube etwas gilt. Als Viertes verlangt er, das Streiten und gegenseitige Verketzern der Evangelischen untereinander müsse aufhören. Stattdessen müsse man füreinander beten und in Sanftmut die Wahrheit ertragen. Nur durch Fürbitte und Sanftmut seien die Irrenden zu gewinnen. Fünftens: Die Theologen müßten zur apostolischen Einfalt geführt werden. Die Studiosen müßten von der Universität Zeugnisse mitbringen, nicht nur über ihre Geschicklichkeit und ihren Fleiß, sondern auch über ihr gottseliges Leben. Vor allem sollten die Studenten angehalten werden, zuweilen einige Unwissende zu unterrichten, Kranke zu trösten, vor allem aber erbaulich zu predigen.

Die Predigten müßten erbaulicher werden, damit ihr Zweck, der Glaube und dessen Früchte, bei den Zuhörern bestmöglich befördert werde. Die Kanzel sei nicht der Ort, da man seine Kunst sehen lassen solle, sondern das Wort des Herrn einfältig, aber gewaltig predigen als das göttliche Mittel, die Leute selig zu machen. Dabei habe der Prediger auf die Einfältigen zu sehen, die den größten Teil der Zuhörer ausmachten, mehr als auf einige wenige Gelehrte.

Seine übrigen Schriften sind Gelegenheitsschriften, die auf aufgebrochene Fragen ausführliche Antwort aus der Heiligen Schrift geben. So schreibt er in der Schrift »Das geistliche Priestertum« siebzig Antworten auf die Frage nach der Berechtigung des Laiendienstes in der Gemeinde. Der priesterliche Dienst des Christen besteht im Amt des Opferns, Betens und Bekennens des Christusnamens in gegenseitiger Ermahnung, doch nicht öffentlich, sondern privatim bei allerlei Gelegenheiten ohne Hindernis des öffentlichen Predigtamts. Bei den Sakramenten haben die Laien keinen Dienst, nur bei der Nottaufe. Das Predigtamt hat die Aufgabe, Unordnung dabei zu verhüten und in allem »die Aufsicht und christliche Leitung des Werkes in der Hand zu behalten«. Der öffentliche Gottesdienst darf dadurch nicht versäumt werden, noch darf man verächtlich von ihm halten und die ordentlichen Prediger darüber verachten.

In der Schrift »Klagen über das verdorbene Christentum, Mißbrauch und rechter Gebrauch« lehnt er die Separation von der Kirche als dem verdorbenen Babel ab. Ausführlich behandelt er die Frage, ob man wegen der Teilnahme Unwürdiger sich vom Abendmahl der Kirche fernhalten müsse. Er lehnt das Fernbleiben ab, weil die äußerliche Bezeugung der Unwürdigkeit kein unwürdiges Glied würdig macht, also auch kein würdiges Glied unwürdig. Alle Klagen sind dahin zu gebrauchen, daß wir immer mehr zu inbrünstigem Gebet entzündet werden. Das Gebet ist das kräftigste Mittel, auf das wir unser Vertrauen am meisten zu setzen haben.

Über die Reform des theologischen Studiums spricht sich Spener in dem lateinisch geschriebenen Gutachten »Von den Hindernissen des theologischen Studiums« aus. Er weist auf den Erziehungsfehler hin, daß der Ehrgeiz mehr gezeugt als gedämpft wird, so daß »sich das Hochmutsgift allen Adern mitteilt«. So gehen Jünglinge aus dem Studium hervor, die zwar eine sattsame Wissenschaft besitzen, aber Gott nicht kennen, sondern von Weltliebe und Selbstgefälligkeit erfüllt sind. Man hält die Theologie für eine menschliche Kunst, darum schreibt man alles dem Verstand und Fleiß, der göttlichen Gnade aber nichts zu. Darum wird wenig Zeit aufs Gebet verwandt. Ein weiteres Hindernis sieht er in der unzweckmäßigen Auswahl der Gegenstände des Studiums. Die Philosophie darf nur als Hilfsmittel in Betracht kommen und nicht einen Haupt-

akzent erhalten. Das exegetische Studium hat den Vorzug vor dem dogmatischen, da es unmittelbar mit der Heiligen Schrift umgeht. Die symbolischen Bücher dürfen nicht der Heiligen Schrift gleichgesetzt werden gegen die ausdrückliche Verwahrung ihrer Bekenner. Ihre Wahrheit ist aus der Schrift abgeleitet.

Spener, der Beter

Im Gebet liegt der Quellort seiner Kräfte und seines Dienstes. Er betete täglich dreimal, lang und ernstlich im Kämmerlein, ebenso mit den Seinen. In der Fürbitte war er besonders treu und hielt dazu täglich eine Betstunde in seinem Arbeitszimmer. Er schrieb sich die Namen auf und wandte sich in der Richtung, wo sie wohnten. Dabei beklagte er seine Untüchtigkeit zum Gebet sehr. Sein Arbeitsfluß war so groß, daß er niemals ganz ausgeschlafen hat, nie spazieren ging außer Amtsgängen. Den Garten bei seiner Amtswohnung in Berlin hat er in neun Jahren nur zweimal betreten. Haushaltung und Erziehung der Kinder konnte er seiner treuen und rüstigen Gattin vollständig überlassen.

AUGUST HERMANN FRANCKE
(1663-1727)

wurde am 12. März 1663 als Sohn eines Justizrates in Lübeck geboren. Sein Vater wurde später nach Gotha berufen, starb aber, als der Knabe fünf Jahre alt war. Er verdankt seiner frommen Schwester Anna sehr viel. Ein Betkämmerlein, das ihm zur Verfügung stand, hat er oft aufgesucht. Mit Eifer warf er sich auf das Studium, wobei ihm schon die akademische Laufbahn vorschwebte. Er beschäftigte sich im besondern mit Hebräisch. 1684 wurde er nach Leipzig als Professor der hebräischen Sprache berufen. Carpzow, der führende Mann der Universität, begrüßte in einer Predigt Speners Schrift »Pia desideria« und forderte auf, ein Collegium biblicum zu gründen. Der anwesende Francke und sein Amtsgenosse Anton, der gleicher Gesinnung war, setzten diese Anregung in die Tat um. Die Satzung des Collegiums nannte als Zweck der Zusammenkünfte: »Förderung des neuen Menschen, frommer Wissenschaft und ex-

August Hermann Francke (1663-1727)

selbst helfen wollte, um so tiefer stürzte ich mich in Unruhe und Zweifel. Inzwischen ließ sich Gott in meinem Gewissen nicht unbezeugt. Es kam mir mein ganzes Leben vor Augen als einem, der auf einem Turm eine ganze Stadt überblickt. Ich konnte gleichsam die Sünden zählen, aber bald öffnete sich auch die Hauptquelle, nämlich der Unglaube oder der bloße Wahnglaube, damit ich mich selbst solange betrogen. Da ward mir mein ganzes Leben und alles, was ich geredet und gedacht hatte, als Sünde und großer Greuel vor Gott hingestellt. In solch großer Not legte ich mich an diesem Abend nochmals nieder auf meine Knie und rief an den Gott, den ich doch nicht kannte noch glaubte, um Rettung aus solch elendem Zustand, wenn anders ein Gott wäre. Da erhörte er mich, der Herr, der lebendige Gott, von seinem heiligen Thron, da ich noch auf den Knien lag. So groß war seine Vaterliebe, daß er mich plötzlich erhörte. Denn wie man eine Hand umwendet, so waren alle meine Zweifel hinweg. Ich war versichert in meinem Herzen der Gnade Gottes in Christo Jesu, ich konnte Gott nicht allein Gott, sondern meinen Vater nennen; alle Traurigkeit und Unruhe des Herzens war auf einmal weggenommen, hingegen ward ich als mit einem Strom der Freuden plötzlich überschüttet, daß ich aus vollem Mut Gott lobte und preise. Da ich mich niederkniete, glaubte ich nicht, daß ein Gott wäre; da ich aufstand, hätte ich es wohl ohne Zweifel und Furcht mit Vergiessung meines Blutes bekräftigt.

Nun war seine Predigt ein mächtiges Glaubenszeugnis. Er war überzeugt, daß »Glauben wie ein Senfkorn mehr gälte als hundert Säcke Gelehrsamkeit«. Von 1689 war er wieder in Leipzig. Nun erfolgte der Angriff gegen die herrschende Orthodoxie. Seine durchschlagenden Vorlesungen griffen auch auf die Bürgerschaft über. Eine Anklageschrift, die er auf Anfrage der Regierung schrieb, war so scharf, daß sein Verbleiben in Leipzig unmöglich wurde. Speners Vermittlung schlug fehl und trug ihm die Feindschaft Carpzows ein, der den Pietismus an der Universität gewaltsam unterdrückte. Francke wandte sich nach Erfurt, wurde aber, da sich der Katholizismus mit seinen Feinden verband, seines Amtes entsetzt und aus der Stadt verwiesen, obwohl die Schulkinder einen Fußfall für ihn beim Statthalter taten. Unterwegs dichtete er das Lied: »Gottlob, ein Schritt zur Ewigkeit ist abermals vollend't.« In Coburg, Gotha und Weimar wollte man ihn haben, aber er entschloß sich, dem Ruf Speners an die neugegründete Universität Halle zu folgen. Halle wurde nun das Gegengewicht zu dem kursächsischen Leipzig. Francke wurde Pastor der Vorstadt Glaucha und Professor der orientali-

egetischer Theologie und Beispiel eines heiligen Wandels.« Spener, der gleichzeitig Hofprediger in Dresden war, nahm lebhaften Anteil an der Neugründung und trat in Fühlung mit den Mitgliedern. Inzwischen erfolgte im Herbst 1687, während eines Studienaufenthaltes in Lüneburg die

Bekehrung August Hermann Franckes
Sie geschah bei der Vorbereitung auf eine Predigt, die er über Joh. 20,31 zu halten hatte.
Franckes Bericht darüber:
Bei diesem Text gedachte ich sonderlich Gelegenheit zu nehmen, von einem wahren und lebendigen Glauben zu handeln und wie solcher von einem menschlichen und eingebildeten Wahnglauben zu unterscheiden sei. Dabei kam mir zu Gemüt, daß ich selbst einen solchen Glauben bei mir nicht fände. Es kam mir immer tiefer zu Herzen, daß ich noch keinen wahren Glauben hätte. Je mehr ich mir

schen Sprachen. Durch seine Überzeugungskraft, seine hervorragende Arbeitskraft und sein einzigartiges Liebeswerk eroberte er Universität und Bürgerschaft und verhalf dadurch dem Pietismus zum Sieg.

Der Gründer der Armenschulen und der Franckeschen Anstalten

Es lag ihm sehr am Herzen, seine Studenten zum Dienst christlicher Nächstenliebe anzuleiten. So kam er mit dem redlichen Kapital von vier Talern, die eine Frau in seine Armenbüchse warf, zur Gründung einer Armenschule. In einem Zimmer seines Pfarrhauses fing ein Student an, mit zwei Stunden täglich seinen Lebensunterhalt zu verdienen. Bald wuchs die Zahl der Kinder und auch Bürger schickten ihre Kinder zu ihm. So kam Francke auf den Gedanken, ein Pädagogium zu gründen. Seinen Helfer Freylinghausen betraute er mit der Aufsicht. Dazu kam die Gründung eines Waisenhauses und eines Gymnasiums. Den Unterricht erteilten geeignete Studenten, die dafür einen Freitisch erhielten. Die Anstalten wuchsen so gewaltig an, daß nach dreißig Jahren zweitausendzweihundert Kinder unterrichtet wurden von einhundertsiebenundsechzig Lehrern, einhundertvierundfünfzig Waisenkinder ihre volle Versorgung fanden und zweihundertundfünfzig Studenten ihren Freitisch. Schon ein Jahr nach der Gründung kaufte er das Haus neben dem Pfarrhaus, im nächsten Jahr das zweite. Sein Glaubensmut nahm zu. In Glaucha erwarb er den Gasthof zum Adler und den großen Platz daneben, außerdem einen Bauernhof, zu dem ein Steinbruch gehörte. Ohne das Geld zu

haben, legte er 1698 am 24. Juli den Grundstein zum Neubau des jetzigen Hauptgebäudes. Ein wunderbares Gottvertrauen und eine Reihe von Gebetserhörungen brachten die Mittel zu diesem Bau zusammen. Die Freunde wollten der Ersparnis wegen einen Fachwerkbau, aber Francke hatte das Wort vernommen, das Gott zu ihm sagte: »Baue aus Steinen, ich will es bezahlen.«

Er berichtet in den »segensvollen Fußstapfen des noch lebenden und noch waltenden, liebreichen und getreuen Gottes«:

Im Jahr 1698, im Oktober, ward einer frommen und durch Kreuz bewährten Christin ein Dukaten von mir zugesandt, worauf sie mir schrieb, daß sie Gott gebeten habe, daß er meinen armen Waisen einen Haufen Dukaten wieder bescheren möchte. Bald darauf brachte mir eine christliche Person einen Dukaten und zwölf Doppeldukaten. An demselben Tage wurden mir auch zwei Dukaten von einem guten Freund aus Schweden geschickt, und nicht lange darnach empfing ich durch die Post fünfundzwanzig Dukaten, wobei der Geber nicht genannt war. Um dieselbe Zeit bekam ich ein Vermächtnis von Prinz Ludwig zu Württemberg, fünfhundert Dukaten in einem roten Atlasbeutel. Ich gedachte an das Gebet der armen Frau. Während der Bauzeit benötigte ich eine große Summe, daß ich mit hundert Talern nicht auskommen konnte, und wußte nicht, woher ich auch nur zehn Taler bekommen sollte. Es kam der Verwalter und zeigte mir die Notdurft an. Ich beschied ihn, er solle nach der Mittagszeit wiederkommen, und begab mich inzwischen ans Gebet. Nach der Mittagszeit war noch nichts vorhanden, daher ich ihn auf den Abend wiederkommen ließ. Ich ward inzwischen von einem vertrauten christlichen Freund besucht, mit welchem ich mich im Gebet vor Gottes Angesicht vereinigte, und ward sehr bewegt, Gott zu loben und zu preisen für alle seine Werke und Wunder. Ich ward in solchem Lob Gottes so gestärkt, daß ich es nicht für nötig fand, Gott ängstlich zu bitten, daß er mich aus gegenwärtiger Not erretten möchte. Da nun dieser gute Freund von mir wegging und ich ihn bis an die

Tür begleitete, stand auf der einen Seite der Verwalter, der auf das verlangte Geld wartete, und auf der anderen Seite stand eine andere Person, die 150 Taler überbrachte in einem versiegelten Beutel zum Behuf des Waisenhauses.

Der Schriftsteller

Francke gabe eine Reihe kleiner Schriften heraus. So den »Timotheus«, die »Idea studii theologici« und seine paränetischen Vorlesungen von der Führung des Predigtamts, »Nikodemus oder von der Menschenfurcht«, »Schriftmäßige Lebensregeln«, »Kurze Anleitung zum Christentum«, »Christus, der Stern der Heiligen Schrift«, »Grundregeln Jesu Christi«, »Kurze Anleitung zur wahren und apostolischen Erkenntnis Jesu Christi«, »Betrachtung von der Gnade und Wahrheit«, »Kurzer und einfältiger Unterricht«. Die Schriften sind meistens an die zukünftigen Pfarrer gerichtet und hatten starke Wirkung.

Begründer der ostindischen Mission und der Bibelverbreitung

Als er das Collegium orientale 1702 ins Leben rief, nahm er auch das Studium des Armenischen, Persischen, Chinesischen und Türkischen in Aussicht. Dabei leitete ihn der Gedanke, daß, wenn »Gott zur Verherrlichung seines Namens eine Tür des Worts im Orient öffne, immer einige geschickte Leute parat seien, die man dahin senden könne«. Im Jahre 1705 öffnete Gott die Tür. Friedrich IV. von Dänemark wollte in seinen überseeischen Besitzungen die Heidenmission in Angriff nehmen und suchte dafür geeignete Leute. Im selben Jahr wandte sich der Schüler Franckes Bartholomäus Ziegenbalg an Francke und erklärte ihm brieflich die Bereitschaft, zu den Heiden zu ziehen. Ebenso war auch Heinrich Plütschau dazu willig. Der Geist der Hingabe und des kindlichen, unerschütterlichen Vertrauens war durch das Vorbild ihres Vaters in Christo, wie sie Francke nannten, in ihnen erweckt und gestärkt worden. Durch die Anregung des Freiherrn von Canstein entstand in Verbindung mit dem Halleschen Waisenhaus die Cansteinsche Bibelgesellschaft zur Verbreitung billiger Bibeln.

Seine Gehilfen

Der hochbegabte Mann war der Mittelpunkt vieler anhänglicher und empfänglicher Menschen, die seine Gehilfen wurden: Freylinghausen, Ehlers, der Arzt und Liederdichter, Christian Richter, von Canstein, Neubauer, Herrenschmidt, Karl-Heinrich von Bogatzky und Gottlieb Woltersdorf.

Sein Heimgang

Er entschlief am 8. Juni 1727 unter Gesang und Gebet der Seinen, nachdem er auf die Frage seiner Gattin, ob der Heiland ihm nahe sei, geantwortet hatte: »Daran ist kein Zweifel.« Der Wahlspruch seines Lebens steht auf dem Giebel seines Waisenhauses: »Die auf den Herrn harren, kriegen neue Kraft.«

Männer im Umkreis Franckes

KARL HILDEBRAND FREIHERR VON CANSTEIN (1687-1719)

Der Sohn eines edlen Mannes ging nach rasch und glänzend absolviertem Rechtsstudium auf Reisen ins Ausland, trat dann in den Dienst des Brandenburgischen Hofes und machte einen Feldzug in Frankreich mit. Dabei erkrankte er zu Brüssel schwer an der Ruhr. Im Schrecken des nahen Todes gelobte er in Gegenwart des Kammerdieners: »Wenn Gott, der Herr, mich von dieser Krankheit errettet, will ich ihm mein Leben lang dienen.« Er genas und kehrte in das Erbhaus seiner Mutter zu Berlin neben der Nikolaikirche zurück, in der damals Spener wirkte. Spener wurde sein Seelsorger und tröstete ihn am Sarg seiner Mutter.

Es hat dem großen und barmherzigen Gott gefallen nach seiner guten Hand über mir, den hochwürdigen und hochgelehrten Theologum, Herrn Philipp Jakob Spener, der Heiligen Schrift Doctorem, zu einem Werkzeug seiner Gnade an mir zu gebrauchen. Die Güte des Herrn hat mich eines innigstvertrauten, fast täglichen Umgangs mit diesem teuren Mann fast zehn Jahre und darüber gewürdigt.

Im Kreis von August Hermann Francke

Noch zu Speners Lebzeiten verknüpfte von Canstein ein inniges Band mit Francke und seinem Werk. Er hatte von einem Verwandten das vor den Toren Berlins gelegene Gut Dahlwitz geerbt, so daß ihm reiche Mittel zur Verfügung standen. Ohne öffentliches

Amt glaubte er besser imstande zu sein, »sich dem lieben Gott mit Seele und Leib, Hab und Gut gänzlich zu ergeben und aufzuopfern«. Durch August Hermann Francke wurde seine Wohltätigkeit stark angeregt. Er unterstützte einen bedürftigen Schüler, schickte ihn in ein Bad, um seine Gesundheit zu kräftigen. Das war der nachmalige Missionar Ziegenbalg. Armen Halleschen Studenten stiftete er Freitische. In Franckes Gemeinde gründete er ein Witwenhaus. Zinzendorf und Spangenberg geben ihm das Zeugnis, daß er das Hallesche Waisenhaus ganz besonders unterstützt habe.

Der Gründer der Bibelanstalt
Canstein lag ungemein viel daran, die Bibel unter das Volk zu bringen. So erließ er im Jahre 1710 einen Aufruf, mitzuhelfen, daß die Bibel zu einem geringen Preis den Armen gegeben werden könne, da die Heilige Schrift alle anderen Bücher übertrifft wie die Sonne die Sterne. Sie soll mit stehenbleibenden Lettern gedruckt werden, um dadurch eine Verbilligung zu erreichen. Der Handel ist vom gewöhnlichen Buchhandel aus demselben Grund ganz zu trennen. Der Aufruf hatte einen ungeheuren Erfolg. Von allen Seiten strömten Gaben herein, vielfach aus Adelskreisen, so daß Tausende von Bibeln und Neuen Testamenten gedruckt werden konnten, die rasch Abnehmer fanden.

Am 18. August 1719, während sein Beichtvater, Pfarrer Raue von St. Nikolai, der Feldmarschall von Natzmer, Zinzendorfs Pflegevater, und Professor Francke um sein Lager standen und ihn durch ihren Zuspruch stärkten, wurde er abgerufen.

BARTHOLOMÄUS ZIEGENBALG
(1683-1719)

ist der erste Heidenmissionar der evangelischen Kirche. Die Geistesbewegung um Spener und Francke bewies durch die Echtheit dadurch, daß sie Menschen zum missionarischen Zeugnis willig machte.

Seine Eltern
Seine Mutter sagte auf dem Sterbebett: »Meine Kinder, ich habe euch einen großen Schatz gesammelt: Suchet in der

Karl Hildebrand Freiherr von Canstein

Schrift, denn ich habe jedes Blatt mit meinen Tränen benetzt.« Sein Vater, ein Landwirt und Handelsmann, starb, als Bartholomäus sechs Jahre alt war. Er ließ sich bei Lebzeiten einen Sarg machen und stellte ihn in seiner Wohnung auf.

Seine geistlichen Führer
In seinem sechzehnten Lebensjahr wurde er von einem jungen Mann angesprochen, der ihn auf die rechte Harmonie mit Gott hinwies. Er bat um seine Freundschaft und überließ sich gern seiner Führung. Der Freund führte ihn zu Gottes Wort. Auf Franckes Rat besuchte er das Gymnasium in Friedrichswerder in Berlin. Canstein ermöglichte ihm diese Ausbildung. Der Direktor Dr. Lange und Spener wurden ihm Lehrer

Bartholomäus Ziegenbalg

zur Seligkeit. Da er kränklich war, erwog er den Gedanken, das Studium aufzugeben und Bauer zu werden. Francke ermutigte ihn, weiter zu studieren.

Der Ruf

Friedrich IV. von Dänemark suchte Missionare für seine ostindischen Besitzungen. Als sich in Dänemark niemand fand, wandte er sich durch seinen Hofprediger nach Berlin. Dort wurde ihm Ziegenbalg mit seinem Schulfreund Plütschau als geeignet empfohlen. Die

Entscheidung fiel Ziegenbalg im Blick auf seine Kränklichkeit schwer, aber bald hatte er sich zu einem freudigen Ja hindurchgerungen. Am 29. November 1705 schifften sie sich ein.

Die Missionstätigkeit

Die Zeit auf dem Schiff benutzten sie zur Zurüstung mit Gottes Wort, Beten und Singen. Daraus entstand ein Buch: »Allgemeine Schule der wahren Weisheit.« Am 9. Juli gelangten sie in Trankebar an. Der Empfang war kalt, die Kolonialbehörde lehnte ihre Aufnahme zunächst ab. Endlich kamen sie ans Land und erhielten eine Wohnung. Sie nahmen einen indischen Lehrer in ihr Haus mitsamt seiner Knabenschule und setzten sich unter die Schüler, um mit ihnen lesen und schreiben zu lernen. Später gewannen sie einen gelehrten Hindu, der einige europäische Sprachen beherrschte, ihnen Unterricht zu geben. Schon nach einem Jahr konnten sie die erste Katechese mit den Eingeborenen halten. Nach einem weiteren Jahr war ihre Kirche fertig. 1708 begann Ziegenbalg, das Neue Testament in die tamulische Sprache zu übersetzen. Bei allen seinen missionarischen Unternehmungen hatte er kein Vorbild, auf das er zurückgreifen konnte. Er war der Bahnbrecher der Heidenmission.

Sein Leiden um des Evangeliums willen
Der Gouverneur Hassius war ein Feind der Missionare und plagte sie unaufhörlich. Als sich Ziegenbalg nach langer Geduld beim dänischen König beschwerte, warf ihn der Beamte ins Gefängnis. Der Gefängniswärter fragte ihn mitten in der Nacht, ob er Papier und Bleistift habe, und besorgte ihm beides. Das war ihm ein Wink, eine Schrift zu schreiben: »Der gottgefällige Lehrstand.« Den Groll gegen den Kommandanten überwand er und schrieb ihm einen herzlichen Brief, ohne seine Lage zu erwähnen. Der Kommandant ließ sich besänftigen und gab ihm auf seine Bitte einen tamulischen Schreiber, so daß er an seiner Bibelübersetzung arbeiten konnte. Ein weiterer Brief, in dem er dem Kommandanten schrieb, daß er schuldig sei am Blut der Heiden, erbitterte Hassius so, daß er sein Leben bedrohte. Doch besiegte Ziegenbalg diesen Haß durch doppelte Liebe. Er lud den Kommandanten und seine Gemahlin zu sich in das Gefängnis und überwand ihn durch seine Sanftmut und Freundlichkeit, so daß er bald aus der Haft entlassen wurden.

Seine letzten Jahre
Im Jahre 1714 trat er seine Erholungsreise nach Europa an und warb in England, Schweden, Norwegen und Deutschland für die Mission. In Württemberg ließ der Herzog eine Landeskollekte für ihn erheben. In Merseburg fand er eine Lebensgefährtin in der ihm

ebenbürtigen Dorothea Salzmann und reiste am 14. März 1716 zum zweitenmal nach Ostindien. Der Nachfolger von Hassius war ein treuer Freund der Mission. Ziegenbalg gründete jetzt eine Bildungsanstalt für Katecheten und Lehrer und baute eine Kirche, weil die Gemeinde sehr angewachsen war. Er hieß sie »Kirche des Neuen Jerusalems«, wie schon die erste Kirche geheißen hatte. In diesen Kreisen begegnete man oft dem Namen »Neues Zion«, den man der erneuerten Kirche gab, weil man sich von der Kirche der Rechtgläubigkeit und Polizeigewalt schied. Selbst der Missionsvorstand in Kopenhagen machte ihm Schwierigkeiten. Vom Kirchenbauen, Schulehalten, Bibelübersetzen stehe nichts in der Missionsinstruktion, die der Herr selbst in Matthäus 10 gegeben habe. Am 13. Februar 1719 entschlief er. Er griff vorher mit der Hand nach den Augen und sagte: »Wie hell ist's doch; es ist, als schiene die Sonne in die Augen.«

GOTTFRIED ARNOLD
(1666-1714)

Er hatte die ausgeprägte Neigung, überall die Schatten zu sehen. Er ist der geborene Individualist und Separatist. Es beseelt ihn eine große Leidenschaftlichkeit des Empfindens. Die orthodoxe Theologie, die er während seines Wittenberger Studiums kennenlernte, sagte ihm nicht zu. Durch Spener kam er zur Umkehr. Als Spener von Dresden wegzog, verlor er den Glauben an die Besserung der kirchlichen Zustände. Neigungen zur Absonderung waren in den erweckten Kreisen vielfach vorhanden (vergleiche Speners Kampf dagegen). Die Teilnahme am Abendmahl mit den Ungläubigen zusammen machte vielen Not. Bei Arnold strömten mystische Gedanken von Jakob Böhme ein und gewannen Ausdruck in seiner Schrift: »Das Geheimnis der göttlichen Sophia« (Weisheit), um 1700 erschienen. 1696 gab er sein Buch »Erste Liebe« heraus, in dem er der Kirche im Spiegelbild aus der Märtyrerkirche vorhielt. Auf dieses Buch hin bekam er eine Professur in Gießen, die er aber schon 1698 wieder aufgab, abgestoßen durch das »hochtrabende Vernunftwesen des akademischen Lebens«. Er zog sich nach Quedlinburg, wo viele Separatisten waren, zurück. Dort schrieb er die »Unparteiische Kirchen- und Ketzerhistorie«. Unparteiisch ist nach seiner Auffassung allein der Mystiker. Die Wahrheit ist bei allen, die von der Kirche verfolgt wurden, am ehesten zu finden. Zugehörigkeit zu einer Kirche bedeute Abfall von Christus. Dieser Abfall setzt bald nach der Apostelzeit ein, als die Kirche im Kampf mit der Gnosis den Kanon (das Verzeichnis der gültigen heiligen Schriften) festsetzt und die Zugehörigkeit zu ihr an ein Bekenntnis und an das Amt bindet. Sein Urteil über die Kirche hat weithin Eindruck gemacht und den religiösen Individualismus gefördert. Doch hat dieser hochbegabte Christ der Kirche mächtige Lieder geschenkt wie das Lied: »So führst du doch recht selig, Herr, die Deinen« und das andere: »O Durchbrecher aller Bande«. Seit 1701 ist er wieder im Kirchendienst und stirbt als Superintendent zu Perleberg.

Es muß eine innere Veränderung in ihm vorgegangen sein, der er selbst folgendermaßen Ausdruck gibt:

Gott pflegt nach und nach den an sich selbst rechtmäßigen Eifer über das gemeine Elend in heilige Ordnung und Temperatur zu bringen, und seine genaue Zucht treibt sodann zu weiser Unterscheidung wie auch zu dem ganzen Sinn Christi in göttlicher Geduld und Langmut. Er gibt dem Gemüt Freiheit, sich den gemeinen Gewohnheiten zu unterwerfen.

In Perleberg, dessen Gemeinde ihn berufen hatte und sehr liebte, mußte er durch häusliches Leid hindurch. Seine beiden Kinder starben jäh. Er selbst wurde schwerkrank, genas zwar wieder, aber die Aufregung über das Eindringen preußischer Werber in seinen Abendmahlsgottesdienst, die einige junge Leute mit Gewalt zum Kriegsdienst zwingen wollten, gab ihm den Todesstoß. Er erkrankte wieder und starb nach drei Tagen. So hat ihn der Eifer um die Gemeinde des Herrn, der ihn vorher schon bewegt und geleitet hatte, getötet. Seine Grabinschrift sagt von ihm: Er war ein treuer Knecht Jesu Christi, dessen Evangelium er durch Wort und Schrift verbreitete, ein Liebhaber des Nächsten, in dessen Dienst er sich gänzlich opferte, und ein Mitgenosse der Leiden, die in Christo Jesu sind.

JOHANN ANASTASIUS FREYLINGHAUSEN (1670-1739)

ist 1670 zu Gandersheim geboren und wurde von seiner gottesfürchtigen Mutter zu ernsthafter Frömmigkeit erzogen. Ein älterer Student, der bei Breithaupt, dem Schüler Speners in Erfurt, lebendiges Christentum kennengelernt hatte, veranlaßte ihn, Arndts und Speners Schriften zu lesen und nahm ihn mit nach Erfurt, wo ihn Franckes und Breithaupts Predigten ansprachen. Später trat er als Hauslehrer in Erfurt in nähere Verbindung mit beiden und zog dann mit Francke nach Halle, wo er dessen rechte Hand wurde. Zwanzig Jahre lang aß er, ohne ein eigenes Einkommen zu haben, an Franckes Tisch und half vor allem im Pädagogium mit. 1715 heiratete er Franckes einzige Tochter, deren Pate er war. Nach Franckes Tod wurde er mit Franckes Sohn zusammen Direktor des Waisenhauses und Pädagogiums.

Er war einer der bedeutendsten Männer des Franckeschen Kreises und ein feinsinniger Liederdichter. Von ihm stammt das Lied: »Wer ist wohl wie du, Jesu, süße Ruh.« 1704 und 1714 gab er das Freylinghausensche Gesangbuch heraus mit über fünfzehnhundert Liedern. In diesem Buch sammelt sich wie in einem See der Strom des munteren Liederquells, der in der Erneuerungsbewegung der Kirche im 17. Jahrhundert aufgeströmt war. Vierundvierzig Lieder und viele Melodien gehen auf ihn selbst zurück.

Seine Tätigkeit war aufs Praktische gerichtet. Wie Spener und Francke verlegte er sich besonders auf die Unterweisung der Jugend. Seine Katechesen wurden sehr stark besucht. Er gab das erste Religionsbuch für Gymnasien heraus, das sich durch Klarheit, Übersichtlichkeit und biblische Einfachheit auszeichnet. Er war ein stiller, in hohem Grade bescheidener Mann, der nicht gern in den Vordergrund trat. Er starb am 12. Februar 1739.

Der Liederfrühling des Pietismus

Mit der Neubelebung der evangelischen Kirche entstand ein wunderbarer Liederfrühling. Es war wie das Erwachen eines Nachtigallenchores. Die großen Loblieder wurden uns geschenkt, deren

Klang, solange es eine evangelische Kirche gibt, nicht verstummen wird. Der Gipfel dieses neuen Singens und Musizierens wurde dann erreicht in Johann Sebastian Bach und Georg Friedrich Händel. Die Kirche aller Zeiten wird über das Lob Gottes, wie es in den großen Oratorien Johann Sebastian Bachs angestimmt ist, nicht hinauskommen. Das große »Wirlied« der Reformation, das die Reformatoren und ihre Helfer der Kirche vorgesungen haben, wurde nun von vielen einzelnen aus eigener innerer Erfahrung nachgesungen.

JOACHIM NEANDER
(1650-1680)

kam durch den Spenerschüler Undereyk in Bremen zur inneren Wendung. In Düsseldorf, wo er Rektor war, erlitt er mancherlei Zurücksetzung. Über ihn urteilt ein Zeitgenosse:

Da er auch zuweilen öffentlich predigte, und zwar ohne viel Kunst, jedoch nicht ohne Beweisung des in ihm wohnenden Geistes und der auf einige Seelen wirkenden Kraft, so wurde er beneidet und gehaßt und mit allen Zeugen der Wahrheit verfolgt.

Er mußte froh sein, in seiner Vaterstadt Bremen eine Anstellung als Frühprediger zu erhalten. Er ist nie ordiniert worden. Seine Lieder erschienen in seinem Todesjahr, als er dreißigjährig starb. Es sind viele Liederdichter aus diesem Kreis in jungen Jahren gestorben. Man nennt ihn wegen seiner Loblieder den »Psalmist des Neuen Bundes«. Er ist der Dichter der Lieder »Lobe den Herren, den mächtigen König der Ehren«, »Wunderbarer König« und »Sieh' hier bin ich, Ehrenkönig«. Seine Lieder waren nicht als Kirchenlieder, sondern als Gesellschaftslieder gedacht. Auf dem Titel seiner Sammlung heißt es: »Neu gesetzt nach bekannten und unbekannten Sangweisen, zu lesen und zu singen auf Reisen, zu Hause oder bei Christenergötzungen im Grünen.«

JOHANN JAKOB RAMBACH
(1693-1735)

wurde zu Halle als Sohn eines Tischlers geboren. Obwohl er das Gymnasium besucht hatte, wollte er Tischler werden, weil er dachte, seine Begabung reiche

Lobe den Herren, den mächtigen König der Ehren, meine geliebte Seele, das ist mein Begehren. Kommet zuhauf, Psalter und Harfe, wacht auf, lasset den Lobgesang hören!

Ein Lied Joachim Neanders, 1680

Ein Lied Johann Jakob Rambachs, 1734

Ich bin getauft auf deinen Namen, ich bin gezählt zu deinem Samen, Gott Vater, Sohn und Heilger Geist, zum Volk, das dir geheiligt heißt; ich bin in Christus eingesenkt, ich bin mit seinem Geist beschenkt.

Die Hand-schrift ist zer - ris - sen, die Zah-lung
Er hat michs las-sen wis - sen, daß er mich

ist voll-bracht.
frei ge-macht, er, der ver-sank in bit-tern Tod und

der für mei-ne See - le sich selbst zum Op-fer bot.

Ein Lied Ernst Gottlieb Woltersdorfs, 1752

für das Studium nicht aus. Erst ein Unfall brachte ihn zur Erkenntnis, daß das Studieren seine eigentliche Aufgabe sei. Auf der Universität bedrückte ihn, daß ihm das Sprechen schwer fiel. Er wollte lieber Medizin studieren, kehrte aber, einem inneren Drange folgend, zur Theologie zurück. Er leistete darin Ausgezeichnetes und wurde als Ausleger des Alten Testaments in Jena gern gehört. In seinem dreißigsten Lebensjahr kam er als Professor nach Halle, wo sich vier- bis fünfhundert Studenten in seinem Hörsaal drängten. Im Jahre 1727 wurde er Franckes Nachfolger als Professor. 1731 wurde er nach Gießen berufen und starb dort nach vierjähriger Tätigkeit.

Er ist »der Chorführer im heiligen Gesang dieser Zeit«. Man könnte aus seinen vielen Liedern allein ein Gesangbuch zusammenstellen. Er gab 1731 ein Kirchengesangbuch, 1735 ein Hausgesangbuch heraus. Er ist der Gellert jener Zeit, lichtklar und etwas verstandesmä-

ßig in seinen Ausführungen. Von ihm haben wir die Lieder: »Heiland, deine Menschenliebe« und »Ich bin getauft auf deinen Namen«, die sich in jedem Gesangbuch finden.

ERNST GOTTLIEB WOLTERSDORF (1725-1761)

ist als Sohn eines frommen Pfarrers in Friedrichsfelde bei Berlin geboren. Er studierte von 1742 an in Halle, wo ihm das Waisenhaus eine Heimat bot. 1748 wurde er als Pfarrer von der Gemeinde Bunzlau in Schlesien gewählt, wo er in seelsorgerlicher Treue vor allem an der Jugend seiner Gemeinde arbeitete. Er dichtete das Lied: »Blühende Jugend, du Hoffnung der künftigen Zeiten!« Ein Maurermeister seiner Gemeinde baute, durch Francke angeregt, ein Waisenhaus. Woltersdorf übernahm die Leitung und fand hier ein Tätigkeitsfeld für die Glut seiner Christusliebe. Er hatte eine überaus leichte Art, Verse zu machen. Wenn er beabsichtigte, drei Verse zu dichten, so waren es im Nu ein Vielfaches. Er dichtete das wertvolle Lied, das in allen evangelischen Gesangbüchern steht: »Komm, mein Herz, in Jesu Leiden«, ferner das Lied: »Es ist noch Raum« und »Kommt ins Reich der Liebe, o ihr Gotteskinder!« Seine Schriften sind Gelegenheitsschriften, meist zur Ermahnung der Jugend geschrieben. Er war eine beschwingte und liebenswürdige Persönlichkeit, voll heiliger Glut. In seinem siebenunddreißigsten Jahr starb er, am 17. Dezember 1761.

Ein Erbauungsschriftsteller

JOHANN FRIEDRICH STARK (1680-1756)

ist einer der am meisten von unserem Volk geliebten Erbauungsschriftsteller. In Hildesheim geboren, kam er als Student in Gießen in die Erbauungsstunden von Johann Christoph Lange und damit in die Spenersche Bewegung. Zwei Jahre war er in Genf Nachmittagsprediger und beherrschte bald so vollkommen die französische Sprache, daß er später der Flüchtlingsgemeinde in Frankfurt französisch predigen konnte. Er wurde dort der Erbe der Spenerschen Arbeit. Dreißig Jahre hindurch hielt er nach dem Sonntagnachmittagsgottesdienst eine Erbauungsstunde. Er nahm sich möglichst der einzelnen Seelen an und verfaßte, um den Dienstboten seiner Gemeinde, wenn sie ins Pfarrhaus kamen, ein gutes Wort mitgeben zu können, kurze Traktate. Sein Hauptwerk war ein Gebetbuch, in dem er in Einfalt in schlichter biblischer Sprache dem Volk in allen seinen Nöten vorbetet. Deshalb zählte das »Stark-Buch« zu den Trostbüchern, die man nicht missen mochte. Auch seine Predigten waren klar und zielten auf praktische Anwendung. An weiteren Schriften Starks sind zu nennen: »Kommunionbuch« (1723), »Frankfurtische Passionsandachten« (1735), »Das zwiefache Morgen- und Abendopfer frommer Christen«, »Ein Gebetbuch auf der Reise und zu Hause« (1737), »Kreuz- und Trostschule in Betrachtung und Gebet« (1754), »Das Gott geheiligte Herz und das Leben eines wahren Christen« (1743). Bis in sein hohes Alter hinein rüstig, starb er am 17. Juli 1756.

Die großen Musiker der Evangelischen Kirche

HEINRICH SCHÜTZ
(1585-1672)

Herkunft, Jugend und Ausbildung
Die Schütze entstammen einer Nürnberger Patrizierfamilie. Ihre Ahnen wanderten nach Chemnitz aus. Sie waren Juristen, Kaufleute und Gastwirte. Von der aus Gera kommenden Mutter hat Heinrich wohl die musikalische Begabung. Von seinen Vorfahren erbte er die vielseitige Veranlagung und den frommen Sinn.

Als der edle Landgraf Moritz von Hessen im väterlichen Gasthof abstieg, hörte er den Dreizehnjährigen singen und lud ihn dringend in seine Musikschule nach Kassel ein. Die Eltern trennten sich schwer von ihm, doch ließen sie ihn ein Jahr später dorthin ziehen. Dort empfing er die weitgespannte und nicht nur musikalische Ausbildung. Der Landgraf schätzte ihn so, daß er ihm ein Stipendium von zweihundert Talern zu einer Italienreise gab. In Venedig durfte er bei dem verehrten Tonmeister, dem innigfrommen Katholiken Johannes Gabrieli, lernen. Dankbar kehrte Heinrich Schütz zu seinem Landgrafen Moritz zurück. Seine Eltern hatten ihn vor der Italienreise zwei Jahre Rechtswissenschaft studieren lassen, aber der Landgraf griff durch das Italienstipendium in seine Berufswahl ein, schuf für ihn eine zweite Organistenstelle, als er zurückkehrte, und ernannte ihn zum Kapellmeister. Auf eine Einladung hin reiste er nach Dresden, wo man ihn festhalten wollte. Schweren Herzens gab ihn der Land-

Heinrich Schütz

graf frei, weil er ein sächsisches Landeskind war. Der sächsische Kurfürst war ein schwacher Charakter, der ganz vom Hofleben ausgefüllt wurde. Den Dreißigjährigen Krieg, der seine Kapelle fast zum Verfall brachte, weil man die Gehälter nicht auszahlen konnte, erlebte Schütz in Dresden. Enger verbunden war Schütz mit seinem ehemaligen Landesherrn, dem Fürsten Heinrich Reuss. Als dieser starb, komponierte er die Bibelworte, die der Fürst schon bei Lebzeiten hatte auf seinem Sarg anbringen lassen, als Trauermusik mit dem Titel »Musikalische Exequien«.

Seine Persönlichkeit und sein Familienleben

Heinrich Schütz war ein innerlicher Christ, dem nichts von der Rechthaberei seiner Hoftheologen anhaftete. 1619 hatte er Magdalena Wildeck in Dresden heimgeführt. Sie schenkte ihm zwei Töchter, starb aber nach sechsjähriger Ehe. Die zweite Tochter erreichte nicht das dreizehnte Lebensjahr. Auch die erste Tochter wurde nach kurzer Ehe vom Kindbettfieber dahingerafft, so daß Schütz immer mehr vereinsamte. In seinem Leid tröstete er sich mit Gottes Wort. Er selbst schreibt im Vorwort zu seiner Psalmenkomposition:

Es hat Gott, dem Allmächtigen, nach seinem allein weisen Rat und gnädigen Willen gefallen, durch ein sonderliches Hauskreuz und durch den unverhofften Todesfall meines weiland lieben Weibes mir fürhabende andere Arbeit zu verleiden und mir dieses Psalterbüchlein, aus welchem ich in meiner Betrübnis mehr Trost schöpfen könnte, gleichsam in die Hände gegeben.

Von seinem besten Schüler wünschte er sich Kompositionen zum 119. Psalm: »Deine Rechte sind mein Lied im Hause meiner Wallfahrt.« Über seine letzten Erdentage wird berichtet:

Die Kräfte, sonderlich das Gehör, haben etliche Jahre her sehr abgenommen, so daß er mehrenteils zu Hause hat bleiben müssen, daselbst er aber seine meiste Zeit mit Lesung der Heiligen Schrift zugebracht. Auch noch immer stattliche Compositiones über etliche Psalmen Davids, besonders den 119. Psalm, item die Passion nach drei Evangelisten mit großem Fleiß verfertigt.

An seinem Sterbetag wurde sein Herr Beichtvater zu ihm gefordert, der ihm allerhand Gebet und Sprüche vorgebetet und eingeschrien, da er denn etliche Male durch Neigung des Hauptes zu verstehen gegeben, daß er seinen Jesus im Herzen habe, worauf ihn der Beichtvater eingesegnet, bis endlich der Puls und Atem allmählich abgenommen. Er hat sein Alter gebracht auf siebenundachtzig Jahre.

Sein musikalisches Werk

Achtzehn Foliobände der Gesamtausgabe seiner Werke enthalten einen wunderbaren Reichtum geistlicher Musik. Seine weltlichen Werke sind verlorengegangen. Es ist weniger Instrumental-, als Vokalmusik. Das Geniale ist bei ihm das bildhafte Gestalten des Wortes. Vor allem in »den Psalmen Davids, samt etlichen Motetten und Konzerten« ist die ganze Skala vom tiefsten Bußernst bis zum himmelstürmenden Lobpreis durchmessen. Schon 1623 hat er die »Biblische Geschichte der fröhlichen und siegreichen Auferstehung unseres einigen Erlösers und Seligmachers« vertont und damit den Boden betreten, auf dem Johann Sebastian Bach seine großen Werke schuf. Während Bach immer die Empfindung der Gemeinde predigt, schildert Schütz den Tatbestand der Heiligen Geschichte. Vierzig Motetten gibt er heraus unter dem Titel »Cantones Sacrae«. Seine »Sieben Worte« sind die Höhe seiner Kunst. Seine größten Werke schuf er als Achtzigjähriger, das Weihnachtsoratorium und die drei Passionen.

Seine Musik ist Verkündigung des Wortes. Jahrhundertelang war er vergessen, bis er Anfang des neunzehnten Jahrhunderts neu entdeckt wurde.

JOHANN SEBASTIAN BACH
(1685-1750)

Zur Zeit des wunderbaren Liederfrühlings unserer Kirche, der mit Speners Wirksamkeit einsetzte, als die großen Loblieder »Lobe den Herren, o meine Seele«, »Lobe den Herren, den mächtigen König der Ehren« erklangen, als Tersteegen seine innigen Lieder sang, schenkte uns der Herr der Kirche in Johann Sebastian Bach den großen Künder seines Evangeliums, der es wagte, die unaussprechliche Gnade in Tönen auszusprechen, die der Welt der Vollendung abgelauscht sind. Es ist inspirierte Musik, im Gebet empfangen. Davon zeugen die Anfangs- und Schlußzeichen: J.j. = Jesu juva (Jesu, hilf!) und S.D.G. = Soli Deo Gloria

(Gott allein die Ehre!). Ihre Grundlage ist der Choral, das Strombett, in dem der Strom seiner Töne ruhig dahinfließt. Ihre Kraft ist das sola fide des Rechtfertigungsglaubens, ihre Heimat der lutherische Gottesdienst. Diese Musik ist nicht zu verstehen ohne die Wendung seiner Zeitgenossen zur persönlichen Frömmigkeit, aber sie hat nichts von der Engigkeit und Gesetzlichkeit des ausklingenden Pietismus. Hier ist die Weite des »Alles ist euer, ihr aber seid Christi«.

Seine Ahnen

Sein Ahnherr, ein Bäcker zu Preßburg, verließ Ungarn, als sein evangelischer Glaube dort unterdrückt wurde, und kehrte in die Stammheimat seiner Väter unweit Gotha zurück. Er hatte sein größtes Vergnügen an der Zither, die er sogar zum Mahlen in die Mühle mitnahm. Von ihm an pflanzte sich die musikalische Begabung durch sechs Geschlechter fort. Sein Urenkel war Ambrosius Bach, Stadtmusikus in Eisenach. Dessen jüngster Sohn ist Johann Sebastian, der nach dem frühen Tod des Vaters unter Vormundschaft und Unterweisung seines Bruders, eines Organisten, stand. Sein musikalischer Drang war nicht zu bändigen. Als Zehnjähriger schrieb er ein Notenheft von Pachelbel, das ihm der Bruder verschlossen hatte, in mondhellen Nächten ab.

Sein Weg

Nach des Bruders frühem Tod wanderte der Fünfzehnjährige nach Lüneburg, wo er im Schülerchor des Klosters sein Brot verdiente. Von dort pilgerte er öfter nach Hamburg, um den großen Organisten Reinken zu hören. In Braunschweig bekam er die festlichen Weisen französischer Tonkunst zu hören. Im neunzehnten Lebensjahr wurde er Organist zu Arnstadt. Die dortigen Bürger beschwerten sich über »seine wunderlichen Variationes, wodurch die Gemeinde confundiert werde«. Zwischendurch war er in Lübeck, um Buxtehude kennenzulernen, und erlebte zwei große Chorwerke mit, die anläßlich der Thronbesteigung Kaiser Josephs dargeboten wurden. 1708 war er Hoforganist in Weimar. Dort schuf er sein Orgelbüchlein, das die herrlichen Choräle in mannigfacher Weise darbietet. Dort entstanden auch seine ersten Kantaten,

Johann Sebastian Bach

zu denen sein Schulfreund Neumeister, später Pastor in Hamburg, die Texte in dichterischer Komposition zusammenstellte. In seiner Adventskantate »Nun komm, der Heiden Heiland« grüßt eine holde Kinderstimme in der Arie den Herrn: »Der Heiland ist gekommen, hat unser Fleisch und Blut angenommen.« Die Kirche steht am Wege, hebt ihre Hände auf: »Komm, Herr Jesu, komm zu deiner Kirche.« Ein Tenor bringt die Freude am Herrn zum Ausdruck. Ihm antwortet der Herr: »Siehe, ich stehe vor der Tür und klopfe an.« Wuchtig dröhnen die Schläge. Innig erklingt die Arie: »Öffne dich, mein ganzes Herze, Jesus kommt und ziehet ein.« 1722 spielt er in der Katharinenkirche zu Hamburg, wo ihn der beinahe hundertjährige Reinken hört, tieferschüttert von seinem Spiel. »Du hast die Kunst zu neuem Leben erweckt, nun kann ich mit Freuden sterben«, sagte er zu dem Spieler. Im Mai 1723 wurde er Kantor an der Thomaskirche zu Leipzig. Damit hatte er seine Lebensarbeit gefunden.

Seine Aufgabe

Er hatte den Organistendienst am Sonntag. In der Woche mußte er eine Musikschule leiten und den Thomanerchor führen. Für die Chöre schrieb er die Partituren meistens mit eigener Hand. Aus fünfundfünfzig Thomanern mußte er fünf Chöre zum Dienst in den übrigen Kirchen abordnen, so daß ihm für seinen eigenen Chor nur zwölf Stimmen blieben. Auch das Orchester war klein. Mit sechzehn Schülern mußte er die Matthäuspassion singen. Jeden Sonntag war eine Kantate zu komponieren, die zwanzig Minuten dauerte und nach dem Credo einsetzte.

Seine Werke

Drei Jahrgänge Kantaten, denen unsere Choräle zugrundeliegen, drei Oratorien, vier Messen, zwei Passionen, die Matthäus- und die Johannespassion, hat er uns hinterlassen. Die Texte dazu dichtete ihm Picander. Bach hat ihm dabei die Hand geführt. Die Passionen sind die gewaltigste Predigt, die je gehalten worden ist. Das Evangelium von Jesus Christus ist im tiefsten erlebt und bezeugt. Während der glaubensarmen Zeit des Rationalismus wurden sie vergessen, bis sie 1829 von Mendelssohn neu entdeckt wurden. Unserer heutigen Kirche sind sie unverlierbar. Seine Zeit ehrte den Virtuosen, wie es Friedrich der Große in Sanssouci tat, der ausrief: »Nur ein Bach!« Wir ehren den erhabenen Künstler und Verkünder.

Seine Familie

Er war in erster Ehe mit seiner Base Maria Barbara Bach verheiratet, nach deren frühem Tod mit Magdalena Wülken. Beide waren ihrem Manne treue Gefährtinnen und Gehilfinnen im Amt. Anna Magdalena half ihm Noten schreiben, und ihre Schrift glich sich der ihres Mannes völlig an. Zwanzig Kinder blühten um ihn, neun blieben am Leben. Drei Söhne waren gleich genial wie der Vater in der formalen Beherrschung der Kunst, aber ihm nicht gleich im Glauben und im Leben. Im Alter versagten seine Augen, überanstrengt von dem Schreiben der vielstimmigen Notenpartituren. Infolge einer Kur bei einem berühmten Augenarzt wurde seine Körperkraft gebrochen. Er erblindete, und so saß er an der geliebten Orgel. Sein letztes Werk war eine Choralphantasie über das Lied: »Wenn wir in höchsten Nöten sein«, die er seinem Schwiegersohn diktierte. Er befahl ihm, folgenden Text der Weise zu geben:

Aus der Originalhandschrift der Arie »Ich weiß, daß mein Erlöser lebt« aus dem »Messias« von Händel

Vor Deinen Thron tret ich hiermit, o Gott, und dich gemütig bitt', Wend Dein gnädig' Angesicht von mir blutarmen Sünder nicht. Ein selig Ende mir bescher, am Jüngsten Tag erweck mich, Herr, Daß ich Dich schaue ewiglich. Amen, amen, erhöre mich.

Diese Komposition ist nach einem Wort seines Biographen Albert Schweitzer der Höhepunkt seiner Kunst. Eines Morgens erwacht er und kann sehen. Aber wenige Stunden nachher trifft ihn der Schlag, auf den ein hitziges Fieber folgt, das seine Kraft verzehrt. Am 28. Juli 1750, im sechsundsechzigsten Jahre seines Lebens, verschied er auf das »Verdienst seines Erlösers sanft und selig«, wie sein Nachruf sagt.

GEORG FRIEDRICH HÄNDEL
(1685-1759)

Sein musikalisches Genie setzt sich durch

Die Ahnen seines Vaters waren schlichte Handwerker aus Schlesien. Sein Vater war Friseur, später Leibarzt des Fürsten August von Sachsen und hochangesehen. Seine Mutter war Dorothea Taust, eine Pfarrtochter aus dem nahen Giebichenstein, die der sechzigjährige Vater noch heiratete. Ihr zweiter Sohn war Georg Friedrich. Seiner großen Begabung wegen setzte der Vater Hoffnung auf ihn und wollte ihn durch das Studium der Rechtswissenschaft zu hohem Amt bringen. Darum war ihm das musikalische Talent des Knaben eher ein Är-

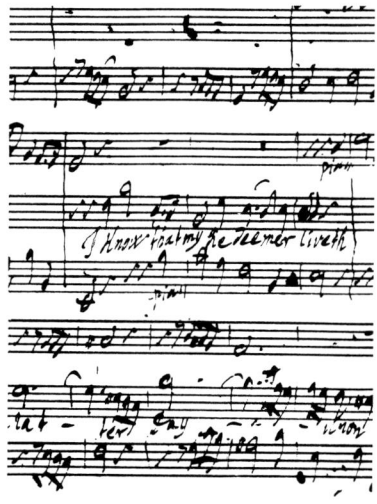

gernis. Aber der Knabe übte in einer Dachkammer auf einem alten Spinett das Klavierspiel. Der Achtjährige spielte schon virtuos die Orgel. Im Alter von zwölf Jahren spielte er dem Kurfürsten in Berlin vor. Der Vater lehnte alle Angebote des für den Knaben begeisterten Fürsten ab. Der junge Mensch sollte nicht Musiker, sondern Jurist werden. Nach des Vaters Tod schlug die Musik Händel so in den Bann, daß er das Studium aufgab und nach Hamburg wanderte, um dort bei dem berühmten Komponisten Keiser zu lernen. Buxtehude wollte ihn zu seinem Schwiegersohn und Nachfolger machen, aber er lehnte ab. 1704 komponierte er seine deutsche Passion und die erste Oper, »Almira«, die ungeheuren Beifall fand. Von den Einnahmen der Oper konnte er eine Italienreise unternehmen, um sich weiterzubilden. Er wollte damals schon in das aufblühende England, um dort den Boden für seine Bemühungen zu finden. Er bekam einen Ruf als Kapellmeister an den hannoverschen Hof. Der Kurfürst gab ihm Urlaub zu einer Englandreise. Bald war er dort infolge einiger Kompositionen sehr angesehen und hatte hohe Einnahmen. Er vergaß die Heimkehr und fiel beim Kurfürsten von Braunschweig in Ungnade. Durch eine geniale Komposition, die »Wassermusik«, gewann er den Kurfürsten, der König von England geworden war.

Aus Ehrgeiz und Gewinnsucht unternahm er es, ein italienisches Theater zu gründen. Es brachte nicht den erwarteten Gewinn. Die Sorge untergrub seine Gesundheit. Da erkannte er diesen Versuch als einen Fehlweg und beschloß, seine ganze Kraft dem Oratorium zu widmen, um den gewaltigen Stoff der Bibel zur Ehre Gottes in die Sprache der Musik zu übersetzen.

Er findet seinen eigentlichen Beruf im Oratorium

Nun erreicht sein Schaffen den Höhepunkt. Er arbeitet ungeheuer rasch in einer unerschöpflichen Fülle von Einfällen. Der »Messias« wurde am 22. August 1741 begonnen und am 17. September vollendet. Hinreißend gewaltig ist das große Halleluja im »Messias«, wunderbar zart die Melodie »Er weidet seine Herde«. Vorher hatte er die Oratorien »Esther«, »Debora«, »Israel in

Georg Friedrich Händel

Ägypten« geschaffen, »Samson«, »Judas Makkabäus«, »Josua« und »Jephta« folgten. Vierzehn Tage vor seinem Tode leitet er, obwohl seit acht Jahren völlig erblindet, den Messias. Er hat mit diesen Oratorien den uneingeschränkten Beifall aller Schichten der englischen Bevölkerung. In der Westminsterabtei wurde er unter den größten Engländern beigesetzt.

Nikolaus Ludwig Graf von Zinzendorf

Zinzendorf:
Ich habe von Kind auf ein Feuer in meinen Gebeinen, die ewige Gottheit Jesu zu predigen, in herzlicher Liebe, mit hinreißender Bewegung; mein Herz lebt, wenn es davon hört.

Zinzendorf und die Brüdergemeine

NIKOLAUS LUDWIG GRAF VON ZINZENDORF (1700-1760)

Eine der leuchtendsten christlichen Gestalten nach Franckes Tod ist der Gründer der Brüdergemeine und ihrer großen Heidenmission. Er leuchtet, als schon das Dunkel der Aufklärung sich auf die Christenheit legt, und leuchtet durch sein Werk lange nach seinem Tode.

Seine Vorfahren

Sein Großvater, aus niederösterreichischem Hochadel stammend, verließ seine Heimat, um seines evangelischen Glaubens leben zu können. Seine Großmutter mütterlicherseits, eine Freiin von Gersdorf, die ihn nach dem frühen Tode seines Vaters erzogen hat,

gehörte zum Spenerkreis. Spener, dem auch sein zweiter Vater, Feldmarschall von Natzmer, nahestand, war sein Gevatter.

Seine Kindheit

Er ist ungemein lebhaften Geistes, leicht bewegt und zu Tränen gerührt und von Kind an dem Heiland zugetan. Als sein Hauslehrer Edeling bei seinem Abschied ihm Jesus, den Erlöser, vor Augen stellte und ihn bat, sich zu ihm zu halten, »wurde er zu Tränen gerührt und beschloß, dem Mann zu leben, der sein Leben für ihn gelassen hat«. In seinem achten Jahr geriet er durch ein Lied, das ihm die Großmutter beim Schlafengehen sang, in ein Meditieren und Spekulieren, daß er die ganze Nacht schlaflos lag. Zuletzt verging ihm Hören und Sehen über raffinierten Ideen des Atheismus, die sich in seinem Denken entspannen. Da überwand er diese Zweifel und faßte den Entschluß, das Wort Gottes mit ganzem Herzen zu glauben.

1711-16 war er auf dem Pädagogium Franckes in Halle. Die Großmutter sagte zu Francke: »Man muß ihn kurz halten, damit er nicht hochmütig wird und sich auf seine guten Gaben etwas einbildet.« Darum wurde er im Anfang streng behandelt.

Zu einem nach Franckes Erlebnis bei der Erziehung der Jugend zur Methode gemachten Bußkampf konnte man ihn auch vor seinem ersten Abendmahlsgang nicht bringen. Canstein sprach von seiner »unüberwindlichen Bosheit«. Die Seelsorge Franckes selbst half ihm zur Sünden- und Gnadenerkenntnis. Der Knabe hatte das Bedürfnis, kleine Gesellschaften zu gründen, in denen er sich über die Gnade Jesu mit seinen Freunden unterhielt, seine kleinen Taten nach der Schrift prüfte und bei guter Gelegenheit vor der unsichtbaren Majestät zum Gebet sich niederwarf. Sie nannten diese Sozietät zuerst »Gesellschaft der Tugendsklaven«, später den »Senfkornorden«. Sein Symbol war ein Ring, auf dem die Worte standen: »Unser keiner lebt ihm selber.«

Sein Studium

In Wittenberg studierte er Rechtswissenschaft. Die lutherische Kirchlichkeit der Wittenberger machte auf ihn starken Eindruck, so daß er sich zeitlebens als Lutheraner fühlte. Der Rechtfertigungsglaube stand im Mittelpunkt seiner Frömmigkeit. 1734 unterzog er sich einer Rechtsgläubigkeitsprüfung in Stralsund und ließ sich in Tübingen in den Stand der lutherischen Theologen aufnehmen.

Seine Reise

Im Jahre 1719 reiste er über Frankfurt, Düsseldorf, Holland nach Paris und bekam dadurch einen weiten Blick. Er lernte ausgezeichnete Kirchenmänner kennen, so den frommen Erzbischof von Paris, Kardinal Noailles, und erhielt den Eindruck, daß die Herzensreligion das gemeinsame Kennzeichen der Frommen in den verschiedensten Konfessionen sei.

Zinzendorf und die Aufklärung

Zinzendorf sieht früh die Gefahr, die dem lebendigen Christentum von der Aufklärung her droht. In seiner Zeitschrift »Le socrate de Dresde« weist er 1725 die Aufklärung in die Schranken von Natur- und Geschichtsforschung zurück, während der christliche Glaube auf Offenbarung beruht und seiner selbst ohne verstandesmäßigen Beweis gewiß ist.

Der Gründer der Brüdergemeine und ihrer Mission

Auf Wunsch der Seinen, denen er seine Neigung, an den Franckeschen Stiftungen Canstein zu ersetzen, zum Opfer brachte, wurde er Hof- und Justizrat in Dresden. 1722 kaufte er von seiner Großmutter das Gut Berthelsdorf und vermählte sich mit der Gräfin Erdmuthe von Reuss. Im selben Jahr kam Christian David, ein Zimmermann, mit zwei anderen Familien, die um ihres evangelischen Glaubens willen aus Böhmen vertrieben waren, zu ihm, und er nahm sie auf und gab ihnen Siedlungsland auf seinem Gut am Hutberg. 1723 schloß er mit seinen drei Freunden Rothe, dem Pfarrer von Berthelsdorf, Schäffer und Friedrich von Wattewille einen Bund, dem Reich der Finsternis Abbruch zu tun, die Verbindung mit Kindern Gottes in anderen Ländern durch Briefe und Reisen zu unterhalten, Erbauungsschriften zu verbreiten und Erziehungsanstalten zu errichten. Es kamen immer mehr Siedler nach. 1724 wurde der Grund gelegt zu einem Gemeindehaus. Dabei hielt Friedrich von Wattewille ein Gebet von solcher Geisteskraft, daß die

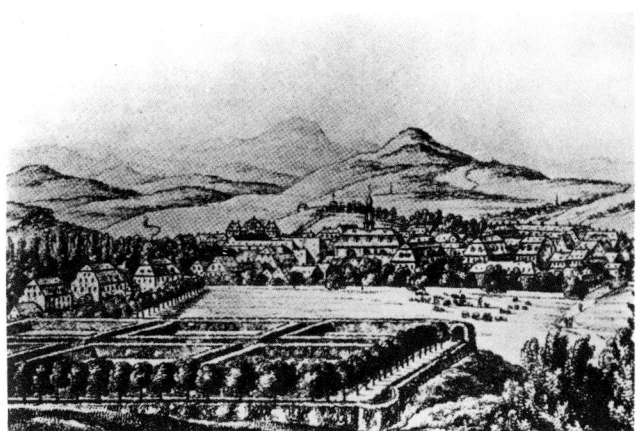

anwesenden in Tränen zerflossen und Zinzendorf sagte, er habe nie mehr ein solches Gebet gehört. 1727 waren in Herrnhut 30 Häuser erbaut, in denen mehr als 200 Exulanten und sonst noch 100 Ansiedler wohnten. Es war in der Gemeinde viel Zwietracht. Die Mähren wollten die Kirchenform und Kirchenzucht ihrer auf die Waldenser zurückgehenden Brüderkirche festhalten. Die Lutheraner hingen an ihrer sächsischen Landeskirche. Zinzendorf entschied, daß die Verfassung mährisch bliebe, aber die Lehre lutherisch. Am 13. August 1727 bei einer Abendmahlsfeier in Berthelsdorf wurden die Spannungen, die vielen den Abendmahlsgang zur schweren Last hatten machen wollen, durch eine Ausgießung des Heiligen Geistes überwunden. Es war eine entscheidende Stunde, von der sie später sagten, »wir lernten einander lieben«. Die Brüdergemeine war da. Nun wählten sie den Grafen zum Vorstand, und er verließ sein Amt in Dresden, um sich ganz der Gemeine zu widmen. Von diesem Tag an datiert auch der Wille zur Missionstätigkeit, der die Brüdergemeine durchglüht. Die jungen Männer der Gemeine zogen zusammen in sein Haus (viele waren elternlos), um miteinander Gottes Wort und Geographie zu studieren und sich in der Stille zum Missionsdienst zu rüsten. Auch die Mädchen bildeten solche Gemeinschaften, die »Chöre«, die besonders wohnten und gemeinsam lebten.

Von 1728 an entstanden die Losungen als Kampfparole für den Tag, die von Haus zu Haus weitergegeben wurde.

Herrnhut. Zeichnung von A.L. Richter

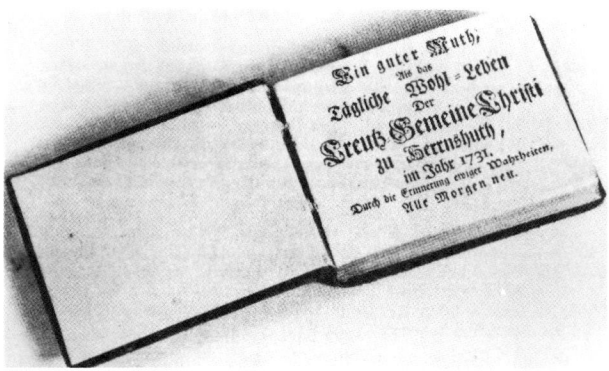

Das Losungsbüchlein 1731, der erste gedruckte Jahrgang der Losungen

Zinzendorf hörte bei einer Reise nach Dänemark am dänischen Hof vom Kammermohren Anton, wie traurig die Lage seiner Brüder auf der Insel St. Thomas sei. Als der Graf das der Gemeine berichtete, meldeten sich zwei Tage später Leonhard Dober und Tobias Leutfeld als Missionare nach St. Thomas. Sie wollten dort selbst Sklaven werden, um den Sklaven das Evangelium zu verkündigen. Zwei weitere Brüder waren zur Unterstützung der Mission Hans Egedes in Grönland bereit. 1739 besuchte der Graf selbst die Gemeinde auf St. Thomas. Als er bei der Liturgie sprach: »Ich glaube, daß Jesus Christus wahrhaftiger Gott . . .«, stimmten neunhundert Eingeborene mit Tränen ein.

Der Zeuge Jesu Christi

Zinzendorf war ein majestätischer Mann. Mit emporgehobenem Haupte pflegte er zu gehen. Er machte auf jedermann einen solchen Eindruck, daß man ihm mit Ehrfurcht begegnete. Selbst ein Räuber, der ihm einmal seine Börse abnahm, wurde durch seine Ermahnung, er solle, wenn er einmal am Galgen ende, an seinen Erlöser denken, zur Umkehr geführt. Die Wärme und Glut Zinzendorfs waren überwältigend. Er blieb immer in der ersten Liebe. So sagte er einmal: »Wer anfängt, die Sünde gemäßigt zu hassen, wird bald wieder Freund mit ihr werden.« Freimütig legte er in den hohen Ständen ein Zeugnis von Christus ab, einmal in einer Audienz vor Kaiser Karl VI. Einen besonderen Zugang hatte er zu dem preußischen König Friedrich Wilhelm I. Der war zuerst kalt ihm gegenüber; man hatte ihm Zinzendorf verdächtig gemacht. Nach dreitägigem Kennenlernen sagte er: »Gegen Zinzendorf bringe mir niemand eine Anklage, ich fühle ihn an meinem Herzen.« Auf seinem letzten Lager schrieb der König an Zinzendorf in einem Brief:

Die Frommen liebe er, nur nicht die Kopfhänger. Seinen Feinden vergebe er und wolle sich noch bessern, so viel wie möglich. Zinzendorf antwortete ihm, er habe im Brief des Königs seinen eigenen Glauben angesprochen gefunden. Aber drei Stellen wolle er doch nicht nachsprechen: 1. Es kommen auch Zeiten, wo Könige krumm und gebückt gehen und Kopfhänger werden müssen (Ps. 16). 2. Man müsse sich sehnlich darnach umsehen, daß unsere Feinde auch uns vergeben. 3. Man muß im Angesicht des Todes nicht noch von Besserung sprechen, sondern allein den suchen, der die Gottlosen gerecht macht.

Zinzendorf hatte eine mächtige Predigtgabe. Wenn er in Berthelsdorf den Gottesdienst hielt, strömten von allen Seiten die Leute herbei. 1738 hielt er in Berlin starkbesuchte Hausversammlungen. Einmal hielten 42 Kutschen vor der Tür. Er schreibt darüber:

Meine Präparation ist eine Stunde vorher eine solche Beklemmung und Armut, daß ich nicht weiß, wo ich anfange zu reden, fühle ich die Kohle am Altar. Ich fühle meine Zuhörer nach ihren unterschiedlichen Arten. Tränen sind nichts Seltenes bei ihnen, auch bei den Soldaten. Die ganze Stadt ist in Bewegung; alle Pfarrer sind gegen mich. Ich bin ein armer Sünder und Gefangener der Liebe, der wie im Triumph neben seinem Wagen daherläuft.

Der Bischof der Brüdergemeine

Im Jahre 1735 wurde er von dem polnischen Brüderbischof Jablonski, dem Hofprediger des Preußenkönigs, zum Bischof geweiht. Die Brüdergemeine hatte in Deutschland den Charakter einer innerkirchlichen Gemeinschaft, im Ausland den einer selbständigen Kirche. Durch die großen, weiten Reisen des Grafen und die missionarische Glut seiner Mähren verbreitete sich die Brüdergemeine in kurzer Zeit über ganz Deutschland. 1732 war er auf Verlangen der österreichischen Regierung, die sich beschwerte, daß er ihre Untertanen zur Auswanderung verführe, aus Sachsen verbannt worden. Er pachtete in der Wetterau das Schloß Ronneburg und gründete dort mit ausgewanderten Brüdern die Gemeinde Herrenhag. Jeder seiner Brüder wurde ein Missionar, der in der Zeit des zunehmenden Unglaubens das Feuer Christi durch die Lande trug. Der Graf selbst reiste zu Fuß von der Wetterau nach Livland. In Reval hielt er so erschütternde Predigten, daß das Volk sagte: »Wenn immer so gepredigt würde, müßte sich alles bekehren.« Die Nachwirkungen dieses Besuchs waren noch 150 Jahre später zu spüren.

Der Generalplan Zinzendorfs

1740 schreibt der Graf in Montmirail:

Ich habe keinen Generalplan, wohl aber folge ich bald diesem, bald jenem Spezialplan. Ich habe den Plan, die Mährische Kirche dem Heiland zu konservieren, daß sie kein Wolf zu fressen kriegt. Mein Plan ist, soviel heidnische Völker aufzusuchen, als ich kann; ein Plan, des Heilands Testament Joh. 17, soviel als möglich ist, durch Gnade ausführen zu helfen, damit die zerstreuten Kinder Gottes allenthalben in Ordnung zusammenkommen ins allgemeine Band der Gemeinschaft; ein Plan, soviel Seelen, als ich kann, zur Sünderschaft und Gnade zu bringen.

Seit 1745 vertrat er die »Tropentheorie«, wonach Gott die lutherische, reformierte und mährische Art (tropos) benützt, um die Menschen für sein Reich zu bereiten. Die Brüdergemeine sei die Zusammenfassung der Gläubigen aus den drei Kirchen.

Keiner sollte aus seiner angestammten Kirche austreten und sich jederzeit der Arbeit in seiner Kirche widmen. Er ließ 1749 die unveränderte »Augustana« von der Gemeinde annehmen. Doch ließ er im selben Jahr die Mährische Episkopalkirche durch das Londoner Parlament anerkennen.

Der Generalplan geht in Erfüllung. Damit ist die Gemeinde über die engen Schranken der Mährischen Brüdergemeine hinausgewachsen. Das Jugendideal Zinzendorfs, die Anhänger der Herzensreligion, die wahrhaft Christgläubigen zu sammeln, ist verwirklicht.

Der Liederdichter

Zinzendorf war ein Sänger der Gnade Christi. Der Liederquell strömte ununterbrochen aus seinem Herzen. Wenn er in der Gemeinde ein Lied vorsagte, so improvisierte er. Die Gemeinde antwortete im Wechselgesang, manchmal spontan mit passenden Versen. Er hat zweitausend Lieder gedichtet. Der dichterische Schwung, die Kühnheit seiner Reime ist überraschend. Seine Lieder sind in der Gefühlssteigerung des Barocks gedichtet und als Gemeindegesang für heute erst in der Umdichtung Christian Gregors, der 1778 das Brü-

dergemeine-Gesangbuch herausgab, zu gebrauchen, zum Beispiel:

Keusche Liebesgeistesflammen / lodern auf das Lämmlein zu / das vor jenes Alten Throne / in der Blutrubinen Pracht / und in seiner Unschuldskrone / liebliche Parade macht. (Aus dem Lied: Herz und Herz vereint zusammen).

Von Zinzendorf stammen auch die Lieder, die in jedem Gesangbuch stehen: »Jesu, geh voran«, »Herr, dein Wort, die edle Gabe«.

Seine Irrungen

In den von Zinzendorf eingerichteten Singstunden war ein Jubilieren und Loben. Verse und spontan von der Gemeinde angestimmte Antwortverse wechselten. Damit verband sich eine Zeit lang eine Sicherheit, die wie eine Krankheit und Schwärmerei durch die Gemeinde ging. Aus diesem Geist heraus wurden geschmacklose Lieder gedichtet und gesungen vom »Seitenhöhlchen des Blutbräutigams« und so fort. Diese Überschwenglichkeiten wurden der Brüdergemeine sehr übelgenommen. Der geistvolle Prälat Bengel polemisierte dagegen. Auch die Art und Weise, wie die Ehe als Gleichnis der Verbindung mit Christus angesehen wurde, war anstößig. Gegenüber der engen Gesetzlichkeit mancher Pietisten der dritten Generation betonten die Brüder die kindliche Fröhlichkeit. Dabei kam es auch zu Albernheiten.

Doch hat der Graf selbst sich von berechtigter Kritik etwas sagen lassen und hat die Gemeinde wieder zur geistlichen Nüchternheit geführt.

Auch finanzielle Unbesonnenheiten und die Großzügigkeit im Geben und Unternehmen brachten die Gemeinde an den Rand des Bankrotts.

Zinzendorf ist zu groß, um dadurch unsere Verehrung zu verlieren. Er hat mit einer Hingabe ohnegleichen den Gekreuzigten verkündigt zu einer Zeit, als Voltaire und die Freigeister sein Gedächtnis ausrotten wollten. Er hat in glaubensarmer Zeit das Liebesfeuer Christi durch die Welt getragen und in seinen Gemeinden Oasen des Glaubens in zunehmender Verwüstung und Kraftquellen missionarischer Arbeit hinterlassen.

Aus seinem Familienleben

Sein Söhnlein Johann Ernst liegt im Sterben. Die älteste Schwester Benigna weint. Renatus sagt: Was weinst du? Der

Bruder stirbt nicht, sondern sein Elend. Theodora Karitas geht um die Wiege und singt: »Stilles Lämmlein, frommes Schäflein, anders kann's nicht sein auf Erden, morgen wird es besser werden.«

Bald darauf kämpft auch sie mit dem Tode; als sie sich legt, singt sie: »Mein Heiland, nimm mich ein zur Ruh' / Und mich in dich füge. Tu du mir selbst die Sinne zu / Und sei meine Wiege.« Zinzendorf tritt ans Bett und singt: »Gib, daß sie in Liebe und Treu als ein Lamm gehorsam sei.« Wenige Tage darnach legt sie sich, als wollte sie einschlafen, die Hand aufs Gesicht; der Vater legt seine Hand auf die ihrige und betet: »Herz der offenbaren Liebe, meine Seele opfert dir – diese hier!« Und das Kind starb bei diesem Worte.

1756 starb seine Gemahlin ohne vorherige Krankheit. Zinzendorf schreibt in seinem Nachruf über sie:

Ich habe 25 Jahre aus Erfahrung gelernt, daß die Gehilfin, die ich habe, die einzige gewesen, die in meinen Beruf paßte. Wer hatte vor der Welt so unanstößig gelebt, wer hat mir so klug assistiert in Ablehnung der trockenen Moral; wer hatte den Pharisäismus so gründlich gekannt; – wer hatte so niedrig und so hoch sein können; wer hatte so bald Dienerin, bald eine Herrin repräsentiert; wer hatte zu Land und See solche beständige Mitpilgerfahrt übernommen?

Ein Jahr später vermählte er sich mit seiner alten Reisebegleiterin, der Ältesten Anna Nitschmann. Am 9. Mai 1760 entschlief er zu Herrnhut.

Die tiefste Quelle seines Wesens und Wirkens

Sein Wesen und sein Wirken ist Dank für die lebendig erfahrene Gnade Jesu Christi. Was er als Jüngling vor dem Kruzifix in Düsseldorf erlebt hat, ist der Ausdruck seines ganzen Wesens geworden: »Das tat ich für dich, was tust du für mich?« Darum hatte er nur eine Passion, das war Er, nur Er:

Die erste Liebe hat etwas Majestätisches; sie frißt die Feinde: die größten Schwierigkeiten sind ihr ein Bissen Brot. Die Märtyrer gingen zum Tode wie zu einem Gastmahle. Was nicht in Jesu Nähe gedacht, geschrieben, vor seinen Augen resolviert, ihm zu Liebe ausgestanden ist, darüber kann ich mich nicht freuen. Ich habe eine Passion, und das ist Er, nur Er. Es ist meine tägliche Meditation: ach möchte ich gefallen dem leidenden Herrn, dem Treuen, der meine Seele liebt, der meine Freude und Wonne ist.

Das Ablassen vom Gebet im Kämmerlein, sagt er, bringe unersetzlichen Schaden.

Als in Schlesien eine Brüderkolonie geplündert und verbrannt wurde, verbot er das Klagen und drang darauf: Wir sagen allezeit Gott Dank für alles.

CHRISTIAN DAVID
(1690-1751)

ist geboren am 31. Dezember 1690 zu Senftleben in Mähren, gestorben am 3. Februar 1751 in Herrnhut. Er hat den Grund gelegt zur Brüdergemeinesiedlung in Herrnhut.

Seine Jugend

Sein Vater war ein Böhme, seine Mutter eine Deutsche. Beide waren katholisch. In seiner Jugend hütete er Schafe und Kühe. Einmal jagte er ein Schaf dem Wolf aus dem Rachen. Später erlernte er das Zimmerhandwerk. Er sollte einmal viele Häuser bauen als Gründer der Brüdergemeinenniederlassungen. Evangelisch gesinnte Katholiken bezeugten ihm das Evangelium. Nun suchte er evangelisch zu werden und ging zu diesem Zweck nach Ungarn und nach Leipzig und schließlich nach Berlin als preußischer Soldat, wo ihm nach achttägiger Unterweisung der Übertritt ermöglicht wurde. In Görlitz fand er lebendige Christen, die er von Mähren aus oft besuchte. Es bestand bei seinen Gesinnungsfreunden in Mähren der Wunsch auszuwandern. In Görlitz hörte er vom Grafen von Zinzendorf und wandte sich an ihn. Zinzendorf erlaubte ihm, sich auf seinem neuerworbenen Gut Berthelsdorf anzusiedeln.

Christian David

Der Siedler in Herrnhut

Als er mit zwei Familien ankam, wies man ihm einen Platz an der Straße nach Zittau an. Am 17. Juni 1722 schlug David seine Axt in einen Baum, den er fällen wollte, mit dem Wort: »Der Vogel hat ein Haus gefunden und die Schwalbe ihr Nest.« Der Graf von Zinzendorf, der mit seiner jungen Gemahlin am 21. Dezember an dem Neubau vorüberfuhr, ging hinein, fiel mit ihnen auf die Knie und tat ein herzliches Gebet. Im Laufe der Zeit kamen immer mehr Siedler aus Mähren nach, so daß die neue Siedlung, die er Herrnhut nannte, wuchs.

Durch den Einfluß des schwärmerischen Justizrates Krüger verfiel David in separatistische Neigungen, hielt sich vom Abendmahl der Gemeine fern und sah in dem Grafen das Tier der Offenbarung und in Pfarrer Rothe den falschen Propheten. Als Krüger in Wahnsinn verfiel, wurde David ernüchtert. Zinzendorf, der damals nach Herrnhut zog, stellte die Ordnung wieder her und machte David zum Gemeindeältesten.

Der Wanderer Gottes

Nachdem er schon oft zwischen Sachsen und Mähren hin- und hergewandert war, um immer neue Siedler herauszuholen, begleitete er im Jahre 1733 die ersten grönländischen Missionare Matthäus Stach und Christian Stach nach Grönland. Nach Überwindung vieler Schwierigkeiten konnten sie mit der Losung: »Es ist der Glaube eine gewisse Zuversicht« nach Grönland absegeln. Sie hatten Bauholz von Kopenhagen mitgenommen und machten sich alsbald an den Bau eines Hauses, in dem sie nach fünf Wochen unter Lob- und Dankgesang eine Stube beziehen konnten. 1735 kehrte David zurück. 1737 reiste er nach Holland. Dort baute er Herrendick. 1738 zog er nach Livland und erlernte die lettische Sprache so, daß er in ihr predigen konnte. Später baute er dort die Siedlung Brinkenhof. 1747 begleitete er wieder einige Missionare nach Grönland und baute ihnen ein geräumiges Wohnhaus und einen Kirchensaal. 1738 war der erste Grönländer Samuel Kajarnak durch des Missionars Johann Beck Erzählung vom Leiden und Sterben des Herrn zum Glauben gekommen. Die Gemeinde war so gewachsen, daß an der Einweihung des Kirchensaals dreihundert Grönländer voll Freude und Dankbarkeit teilnahmen. 1748 zog er mit einer großen Siedlerkolonne nach Pennsylvanien, um auch dort den Grund zu legen. Von dort aus ging er zum dritten Mal nach Grönland, um ein Provi
anthaus zu erbauen, kehrte wieder nach Pennsylvanien zurück zu neuen Bauaufgaben. 1750 war sein letztes Wanderjahr. Er besuchte noch alle Brüdergemeinen in Deutschland, bis ihn am 29. Januar 1751 nach kurzer Krankheit der Herr in die ewige Heimat rief. Nach Zinzendorfs Zeugnis hatte er etwas Apostolisches. Seine Lieder atmen Kraft und Innigkeit aus, obwohl er kaum eine Schulbildung empfangen hatte.

JOHANN LEONHARD DOBER
(1706-1766)

wurde geboren am 7. März 1706 in Mönchsroth an der württembergisch-bayerischen Grenze; am 17. April 1766 ist er entschlafen.

Seine Berufung zur Nachfolge Christi

Seine Großeltern waren um ihres Glaubens willen aus Oberösterreich ausgewiesen worden. Sein Vater, ein Töpfer, war ein rechter Jünger Jesu, der seine Kinder aufzog in der Zucht und Ermahnung zu dem Herrn. In seinem siebzehnten Lebensjahr wurde Dober, der bei seinem Vater das Töpferhandwerk erlernte, innerlich stark angepackt. Als er 1725, seinem Bruder Martin folgend, nach Herrnhut kam, wurde er in der Gemeindeversammlung beim Gesang des Verses »In meines Herzens Grunde sein Nam und Kreuz allein funkelt allzeit und Stunde: Drauf kann ich fröhlich sein . . .« seines Glaubens und seiner Gotteskindschaft gewiß. 1726 hat sich nach seinen eigenen Worten der Heiland »ganz erstaunlich« an ihm »erwiesen«. Drei Jahre war er zur Unterstützung seines Vaters noch in Mönchsroth; dann zog er mit seinen Eltern nach Herrnhut, um dort zu bleiben. Im Jahre 1731 war er seines liebevollen Ernstes und seiner hohen Geistesgaben wegen Gehilfe des Oberältesten geworden in der Pflege der jungen Brüder. 1732 bekam er den Ruf, in die Mission nach St. Thomas zu ziehen.

Zinzendorf war in seiner Jugend durch den Besuch Ziegenbalgs zur Gründung des Senfkornordens angeregt worden. Er wollte das Evangelium unter den Heiden ausbreiten durch Werkzeuge, »die ihm Gott schon zuweisen werde«.

Eines dieser Werkzeuge war Dober. Zinzendorf hatte am Hof des Königs von Dänemark den Farbigen Anton kennengelernt, der ihm von dem Elend seiner schwarzen Brüder erzählte, die als Sklaven auf der Insel St. Thomas arbeiteten und nichts von Christus wußten. Heimgekehrt, berichtete Zinzendorf der Gemeinde. Diese Erzählung bewegte Dober mächtig. Im Gebet wurde er seines Rufs zur Mission unter den Sklaven gewiß. Sein Freund Tobias Leupold hatte denselben Ruf vernommen. Sie teilten es schriftlich dem Grafen mit, die Gemeinde aber hatte Bedenken und wollte abwarten. Schließlich entschied das Los, das Dober am 16. Juli 1732 in Gegenwart mehrerer Brüder zog: »Lasset den Knaben ziehen, der Herr ist mit ihm.« Daraufhin wurde Dober am 18. August verabschiedet. Mit ihm wurde der Zimmermann Nitschmann ausgesandt, der ihm für den schweren Anfang zur Seite stehen sollte. Am 21. machten sie sich in aller Stille auf den Weg. Der Graf nahm sie ein Stück weit in seinem Wagen mit. Dann stiegen sie aus, unter freiem Himmel knieten sie nieder, und der Graf segnete Dober unter Handauflegung. Jeder bekam einen Dukaten.

Er überwindet die Schwierigkeiten des Anfangs

Am 15. September kamen Dober und Nitschmann in Kopenhagen an, nachdem sie die ganze Reise zu Fuß gemacht hatten. Unterwegs rieten ihnen viele von ihrem Vorhaben ab. Nur die Gräfin Stolberg in Wernigerode ermunterte sie. Auch in Kopenhagen waren neue Schwierigkeiten. Die Dänisch-Westindische Kompanie verweigerte ihnen die Überfahrt. Hoch und nieder hielt die Bekehrung der Sklaven für unmöglich. Die Teuerung der Lebensmittel mache ihre dortige Existenz fraglich. Selbst der Einheimische Anton war wie umgewandelt und suchte, sie von ihrem Vorhaben abzubringen. Um so fester hielten sie sich an den Herrn. Schließlich lösten sich alle Schwierigkeiten. Der Kammerherr von Pleß schenkte ihnen das Reisegeld, 225 Mark. Sie konnten sogar noch wichtiges Zimmererhandwerkszeug anschaffen. Am 8. Oktober 1732 fuhren sie ab, am 13. Dezember gelangten sie in St. Thomas an.

Er schickt sich in alle Dinge

Ein freundlicher Farmer in Lorenzen nahm sie auf und wies ihnen die Fertigstellung eines im Bau begriffenen Hauses zu. Der Zimmermann Nitschmann baute, und der Töpfer Dober war sein Handlanger. Nach der Tagesarbeit zogen sie auf die Pflanzungen hinaus, suchten die Einheimischen auf, lasen ihnen aus der holländischen Bibel vor und beteten über ihnen. Dober sagt von dieser Verkündigung: »Die Zuhörer fühlten von dieser Wahrheit mehr, als sie sie begriffen.« Sie lasen in ihren Augen und fühlten aus ihren Worten die herzliche Liebe heraus. Der Versuch Dobers, durch das Töpferhandwerk sein Brot zu verdienen, scheiterte. Der Lehm des Landes war ungeeignet. Nach vier Monaten mußte Nitschmann auftragsgemäß nach Europa zurückkehren, um der Gemeinde Bericht zu erstatten. Dober war froh, daß Nitschmann unbehelligt von den auf der Insel herrschenden Fiebererkrankungen gesund nach Hause zurückkehren konnte. Drei Wochen lang plagte er sich mit Töpfern und Fischfang, um sein Brot zu verdienen. Gerne hätte er für die Einheimischen auf den ihnen zur Bearbeitung zugewiesenen Grundstücken gearbeitet. Aber die Verfassung des Landes verbot das. Da bot ihm der Gouverneur an, sein Haushofmeister zu werden. Nun hatte er ein sorgenloses Leben. Aber es war ihm unbehaglich dabei.

Er spricht sich darüber folgendermaßen aus:

Ich schämte mich so sehr, daß es nicht meinem ersten Plan gemäß war, nämlich ein Sklave auf St. Thomas zu sein, und die ganze Lebensart war mir so ungewohnt und unangemessen, daß ich manchmal ganz betrübt darüber war. Ich mußte mein Herz damit zufriedenstellen, daß ich gewiß wußte, es wäre nach des Herrn Führung geschehen.

Daher bat er später den Gouverneur um seine Entlassung, um mehr Freiheit für seinen Missionsdienst zu haben. Er verdiente sich seinen Unterhalt durch Nachtwachen, die er für die Bürger des Orts übernahm, und begnügte sich meist mit Brot und Wasser. Zuletzt bekam er eine Aufseherstelle auf einer Baumwollplantage.

Treue und Verkündigung

In jeder freien Stunde war er bei den Leuten von St. Thomas, besonders bei den Geschwistern Antons, die sein Wort gern annahmen. Auch der Mann der Schwester Anna, der im Anfang sich sehr feindlich gezeigt hatte, begann, den Herrn zu suchen. Ein Vierter wurde durch seine Predigt gewonnen. Mit diesen vieren versammelte er sich allabendlich zum gemeinsamen Gebet und unterrichtete sie in Gottes Wort. Sie gewannen ein so herzliches Verhältnis zu ihrem Lehrer, daß sie ihn täglich zweimal besuchten. Da kam am 11. Juni 1734 ein Schiff aus Europa an, das seinen Freund Leupold und vierzehn Brüder brachte und zugleich die Nachricht, daß er zum Oberältesten in Herrnhut gewählt worden sei. So mußte er sich schweren Herzen losreißen von seiner Arbeit, um in die Heimat zurückzufahren.

Der Oberälteste der Brüdergemeine

Zunächst blieb er in Herrnhut und leitete die Erziehung des jungen Grafen Renatus von Zinzendorf. 1738 siedelte er nach Amsterdam über, wo eine kleine Brüdergemeine entstanden war, um sich der Judenmission zu widmen. Drei Jahre später reiste er zu Fuß nach Kopenhagen, um der in Vewirrung geratenen Gemeinde Pilgerruh in Holstein zu helfen. Bei den schweren Kämpfen dort reifte in ihm der Entschluß, vom Amt des Oberältesten zurückzutreten. Das Los entschied dagegen. Da wurde den Brüdern die Erkenntnis zuteil, daß der Heiland selbst der Generalälteste der Gemeinde sein müsse. 1747 wurde Dober zum Bischof der Brüderkirche geweiht. Die Brüdergemeine hatte sich inzwischen weit ausgebreitet und machte große Reisen nötig. So finden wir Dober in demselben Jahr in Livland, zwei Jahre später in England. Er ist ständig unterwegs zu den verschiedenen Gemeinden und schreibt viele Briefe.

Im Alter von 60 Jahren ging er am 1. April 1766 zu Herrnhut zur Ruhe des Volkes Gottes ein. Sein schlichter, treuer Dienst, der in weiser Umsicht und tiefer Bescheidenheit getan worden war, war wesentlich für den Aufbau der Brüdergemeine.

August Gottlieb Spangenberg (1704 - 1792)

AUGUST GOTTLIEB SPANGEN-BERG (1704-1792),

geboren am 14. Juli 1704, gestorben am 18. September 1792 zu Berthelsdorf, Bischof der Brüdergemeine und Nachfolger Zinzendorfs, ist eine bischöfliche Gestalt von großer Weisheit, stiller, zäher Geduld und Tatkraft und inniger Glaubenstiefe.

Sein Weg

Er stammte aus altadeliger Familie, war der Sohn eines Hofprediges in Hannover und studierte zuerst Rechtswissenschaft. Durch eine Bemerkung des Theologieprofessors Buddeus, die er als Hospitant hörte – »Wer Theologe werden wolle, müsse sich auf Leiden um Christi willen gefaßt machen; wer sich dazu nicht entschließen könne, möge davon bleiben«, – wurde er veranlaßt, Theologie zu studieren. Zwei Grundsätze wurden ihm schon während seines Studiums deutlich: Kinder Gottes seien in allen Kirchen zu statuieren, und die eine Kirche Jesu Christi sei nicht in einer Teilkirche zu suchen, sondern überall da, wo Gläubige in der Christus- und Brudergemeinschaft stehen. Er geriet in Bekanntschaft mit separatistisch gesinnten Frommen und gewann eine kritische Stellung zur kirchlichen Abendmahlspraxis. Infolgedessen hielt er sich von öffentlichen Abendmahlsfeiern fern. Er trat einem christlichen Studentenverein bei, der von Buddeus angeregt war, dessen Mitgliedern es hauptsächlich um die Bußerfahrung zu tun war. Von 1726 an, als er den Magistergrad erreicht hatte, übte er mit wachsendem Beifall ein öffentliches Lehramt aus. 1727 lernte er einige Herrnhuter Brüder kennen, deren Glaubenseinfalt ihm tiefen Eindruck machte. Bald darauf kam er in Verbindung mit Zinzendorf, der ihm die Rechtfertigung durch den Glauben in den Mittelpunkt seiner Erfahrung rückte.

Adjunkt der theologischen Fakultät und Aufseher des Schulwesens im Waisenhaus zu Halle
Von Francke berufen ging er auf Zinzendorfs Rat 1732 nach Halle. Aber er wandte sich kritisch gegen die dortige Frömmigkeit:

Man habe die Spur verloren, Seelen zu gewinnen, zu erhalten und fortzuführen, und mache durch Tische, Stipendien und Testimonien den Leuten ein Compelle intrare (Zwang zur Bekehrung). Das Wirtschaftliche walte zu sehr vor, durch den Betstundenzwang bilde man Heuchler, man dringe mehr auf Enthaltung von Mitteldingen als auf Reinheit des Herzens und lauteren Wandel. Gegen die Separatisten sei man unduldsam und affektiere strenge Lehrreinheit.

Seine Stellung zu den Separatisten, seine Abendmahlsauffassung, sein Verhältnis zu Zinzendorf und Herrnhut brachten ihn vor den Richterstuhl der Fakultät. Der Fakultätsbericht wurde dem König zur Entscheidung vorgelegt mit einem Gesuch um Spangenbergs Entlassung. Einen Monat später erfolgte seine militärische Ausweisung aus Halle.

Kolonisator und Bischof der Brüdergemeine
Spangenberg schloß sich der Gemeinde in Herrnhut an. Zinzendorf, dem die Spannung mit den Hallensern unangenehm war, wollte ihn nötigen, die Schuld an seinem Zerfall mit Halle auf sich allein zu nehmen. Die Gemeinde durchkreuzte diese Zumutung und erließ eine Erklärung, in der auf jegliche Verteidigung Spangenbergs verzichtet wurde. Die Lage der Brüdergemeine war 1733 unsicher. Man fürchtete einen Ausweisungsbefehl, wie ihn die Schwenckfelder in der Lausitz vorher schon bekommen hatten. Da faßte Zizendorf den Plan, die Kolonisationspo-

litik der europäischen Seemächte für das Reich Gottes fruchtbar zu machen, und beauftragte Spangenberg, durch Vertragsabschlüsse mit Holland, England und Dänemark den Brüdern Eingang in den überseeischen Ländern zu verschaffen. Diese Aufgabe gelang Spangenberg im persönlichen Einsatz bei den betreffenden Regierungen. Die Gründung der amerikanischen Kolonie am Savannafluß übernahm er selbst. Dreißig Jahre lang diente er den Brüdergemeinekolonien in Nordamerika, die Sendestationen für die Indianermission wurden. Dabei bewies er eine große Umsicht und eine wunderbare Organisationsgabe. Die Konsolidierung der Brüdergemeinen in organisatorischer Hinsicht, ihre finanzielle Unabhängigkeit ist das Verdienst seiner Leitung.

Der Mann praktischen Glaubens und in Gott geborgener Ruhe
Bei seinen vielen Reisen zu Land und zu Wasser bedurfte er großen Muts. In einem gewaltigen Seesturm, dem das Schiff zu erliegen drohte, erklärte er:

Es fällt kein Haar von meinem Haupte ohne meines Vaters Willen, und was er meinetwegen für gut findet, es sei zum Leben oder Tod, das ist unverbesserlich gut. Das ist mir sonnenklar, daß nirgends eine wahre und bleibende Ruhe zu finden ist als in den Wunden Jesu.

Auf dieser inneren Geborgenheit beruhte der tiefgehende Einfluß dieses Mannes auf seine Glaubensgenossen. Er war ebenso mild wie sachlich, energisch und ernst beharrlich, tatkräftig und besonnen, klug und einfältig.

Es gelang ihm, zwischen widerstrebenden Meinungen zu vermitteln. Als sich eine Spannung zwischen ihm und dem eine Zeitlang dem Schwärmertum sich zuneigenden Grafen ergab, wurde er den mannigfaltigen Angriffen gegenüber der Apologet Zinzendorfs und hat dadurch von der gemeinsamen Grundüberzeugung aus dem Grafen und zugleich der Brüdergemeine zurechthelfen können.

Nachfolger Zinzendorfs
Er ordnete die organisatorisch und finanziell unklaren Verhältnisse der Brüdergemeinen in vielen Visitationen und verzichtete auf die Gründung neuer Gemeinden, öffnete hingegen seinen Brüdergemeinemissionaren den Weg zu selbstlosem Dienst an den alten Kirchen. Sein wichtigstes Werk war die Herausgabe und Abfassung einer Idia fidei fratrum. (Kurzer Begriff der christlichen Lehre in

den evangelischen Brüdergemeinen, 1779). In dem Aufkommen des Rationalismus sah er die Versuchungsstunde des evangelischen Christentums. In der Ablehnung der natürlichen Theologie hielt er an dem schon von Zinzendorf aufgestellten Grundsatz fest, daß Gott lediglich in Jesus Christus zu erkennen sei.

Ein norwegischer Missionar

HANS EGEDE (1686-1758)

Derselbe Herr, der die Missionare der Brüdergemeine aussandte, um seine Gemeinde unter den Heiden zu bauen, erweckte Hans Egede, einen Norweger, zu diesem Dienst.

Im Jahre 1707 bezog der norwegische Pfarrer Hans Egede seine Pfarrei Vogen. Er las gern in den Chroniken von den kühnen Seefahrten seiner Vorfahren, den Normannen und Wikingern. So las er einmal, daß sie im Norden ein Land entdeckt hätten mit grünen Wiesen und Wäldern und wunderbarem Fisch- und Wildreichtum. Dort hätten sie sich angesiedelt in 16 Kirchspielen. Aber keiner der Walfischfänger, die er fragte, wußte etwas von diesem Land und seinen Bewohnern. Eine Mauer von Eis und Schnee sperre das Land vom Meer ab, und seine Bewohner seien Heiden.

Wie er seinen Auftrag ausführte
Auf solche Kunde hin erfaßte ihn ein großes Verlangen, diesen wieder heidnisch gewordenen Landsleuten das Evangelium zu bringen. Er richtete durch seinen Bischof ein Gesuch an den König. Nun aber erfuhren seine Frau und seine Verwandten etwas von dem Plan und versuchten, ihm das Vorhaben auszureden. Aber schwere Erfahrungen mit den Leuten ihres Kirchspiels machten seine Frau willig, mit ihm zu ziehen. Nach elf Jahren legte er sein Amt nieder und reiste selbst nach Kopenhagen zu dem frommen König Friedrich IV. Der König sagte ihm seine Hilfe zu, wenn es ihm gelinge, eine Handelsgesellschaft zusammenzubringen, auf die er sich stützen könne. Drei Jahre gingen dahin, bis die Expedition zustande kam. Am 12. Mai 1721 stach man in See. Im Juli konnten sie endlich eine Landungsstelle

in Grönland erreichen. Aber die Menschen des Landes waren kleine Leute mit plattgedrückten Nasen und kleinen Äuglein, ganz und gar in Seehundsfelle gekleidet, keine Norweger. In ihren Hütten, die von brennendem Tran verpestet waren, war es kaum auszuhalten. Durch ihre Kinder bekamen die Missionare Fühlung mit den scheuen Eingeborenen. Egede ließ durch seinen Sohn biblische Geschichten zeichnen und erklärte sie den Heiden notdürftig. Besonderen Eindruck machten ihnen die Krankenheilungen des Heilands. Nun brachten sie ihm ihre Kranken, und er betete über ihnen. Da wurden etliche gesund. Die ersten Glaubensregungen zeigten sich.

Bei einem Todesfall tröstete einer der Eskimos die Trauernden, indem er ihnen von der Auferstehung sagte. Als sich Egede mit den Seinen über Gebet und Gebetserhörung besprach, bestätigten zwei Grönländer – er hatte einige in seine Wohnung aufgenommen, um ihre Sprache zu lernen -, daß ihre Gebete auch erhört worden seien. Mühsam lehrte er etliche schreiben und lesen. Die erste Übersetzung der Sonntagsevangelien entstand und konnte denen, die lesen konnten, in die Hände gegeben werden. Als zwei Mitarbeiter aus Dänemark kamen, beschloß er, sich mehr der Kinder anzunehmen, denn die Missionserfolge bei den Erwachsenen waren spärlich. Ein Ehepaar hatte nach jahrelanger Arbeit getauft werden können.

Eine große Anfechtung
Im Jahre 1731 starb der König Friedrich, und sein Nachfolger rief die Europäer aus Grönland zurück. Sollte er nun nicht mit dem Schiff zur Heimat fahren? Aber jetzt war seine Frau glaubensstärker als er. Sie bat ihn, um der hundertfünfzig getauften Kinder willen zurückzubleiben. Und sein Glaube wurde nicht zuschanden. Im nächsten Jahr kam wieder ein Schiff mit der freudigen Nachricht, daß auch der neue König die Missionsarbeit unterstützen wolle.

Die schwerste Not war im Jahre 1733, als die Blatternseuche ausbrach und furchtbare Opfer forderte. Von dreihundert Familien in seiner Umgebung blieben noch dreißig übrig. Nun zog es ihn mit Gewalt nach Hause. Aber als das Schiff ihn holen wollte, erkrankte seine

Frau schwer, und er mußte ihr nach kummervollen Tagen die Augen zudrücken. Da wurde es ganz dunkel in seiner Seele. Er schreibt darüber:

Meine Seele war mit Höllenangst umgeben und mit Todesbanden gefesselt. Da ich aber wieder ein wenig zu mir kam, traten die Worte mit Ach und Weh heraus, daß mich Gott verlassen habe. Das verursachte, daß sich meine Mitbrüder und lieben Kinder zu mir begaben und sich bemühten, mich aus Gottes Wort zu trösten. Ich war aber nicht imstande, irgendwelchen Trost anzunehmen; denn mein Gewissen verdammte mich, daß ich gedachte, ich hätte keine Hilfe mehr bei Gott. Ich wußte vor innerlicher und äußerlicher Angst nicht wohin. In diesem elenden Zustand brachte ich zwei Stunden zu. Der gütige Gott aber, welcher nicht ewig verwirft, ob er schon betrübt, erbarmte sich über mich und hörte die Stimme meines Flehns. Er führte mich wieder aus der Hölle und gab mir das Leben zurück.

Am 29. Juli 1736 hielt er seine letzte Predigt in Grönland über Jesaja 49, 4, taufte noch ein grönländisches Kind und begab sich dann mit einem Sohn, zwei Töchtern und der Leiche seiner Frau zum Schiff. Ein Sohn blieb zurück als Lehrer der Heiden, er selbst aber gründete in Kopenhagen eine Anstalt, in der er Missionare in der grönländischen Sprache unterrichtete. So konnte er auch weiterhin für seine geliebte Missionsarbeit tätig sein.

Er entschlief, siebenundsiebzigjährig, am 5. November 1758.

Christuszeugen im Zeitalter der Aufklärung

Die Orthodoxie, die den Lebensstrom pietistischer Frömmigkeit ablehnte, geriet in die sogenannte Aufklärung. Die Geister rissen sich los von der Lehre der Kirche. Die forschende Vernunft des Menschen wurde die oberste Instanz, die über die Wahrheit entschied. Doch waren die Männer der Aufklärung Menschen von sittlichem Ernst, die das Ideal edler Tugend zu verwirklichen suchten. Das reiche Geistesleben unserer klassischen Dichtkunst, das sich in dieser Zeit entfaltete, hängt doch irgendwie mit dem religiösen Erwachen in Reformation und Pietismus zusammen, wenn denn die Wurzel der Kultur im Religiösen zu suchen ist. Denn es ist bedeutsam, daß die großen Geister der klassischen Dichtkunst alle dem Boden der evangelischen Kirche entwachsen sind. Die klassische

Dichtung war die weltliche Auswirkung einer Bewegung, die geistlich begonnen hatte.

Christuszeugen unter den Dichtern und Denkern

FRIEDRICH GOTTLIEB KLOPSTOCK (1724-1803)

Klopstock ist am 7. Juli 1724 zu Quedlinburg als Sohn einer angesehenen Juristenfamilie geboren. Sein gläubiger Vater bekämpfte in tapferer Bekenntnisfreudigkeit die damals aufkommende Freigeisterei. Friedrich Gottlieb war der erste in einer langen Geschwisterreihe. Von Kindheit an, seine Familie lebte vier Jahre auf dem Lande, war er mit einem lebhaften Naturgefühl begabt. Auf der tüchtigen Schule in Schulpforta gewann er eine vertraute Bekanntschaft mit der Antike und dem Versmaß ihrer Dichtungen. Es entzündete sich seine Heimatliebe und vaterländische Begeisterung. In dem »Handbuch der Dichtkunst« von Bodmer fand er das Bild des epischen Dichters beschrieben und faßte den Plan, selbst ein großes Epos zu dichten.

Vorher hatte er an ein Epos über Heinrich den Vogler gedacht. Von 1745 bis 1748 studierte er in Jena und Leipzig Theologie. In dieser Zeit entstanden die ersten Gesänge des »Messias« und einige Oden. 1748 erschienen die ersten drei Gesänge des »Messias« in dem griechischen Versmaß des Hexameters. Seit einhundert Jahren war das Christentum in der Kirche zur Gelehrsamkeit und zum toten Bekenntnis geworden. Der Lebensstrom, der von Spener ausgegangen war, war in den Kämpfen der Orthodoxie versandet, und die Aufklärung begann siegreich ihr Haupt zu erheben. Da wurden viele hingerissen von der Glut und Inbrunst dieser Dichtung, die die Tat des Erlösers feierte. Der nachmalige Dichter Wieland, der damals Schüler war, weinte Tränen des Entzückens. Klopstocks Dichtung war, wie August Vilmar sagt, »wirklich der Morgenstern, der plötzlich aus dem tiefsten Dunkel, kaum durch eine leise Dämmerung angekündigt, sich erhob, um den Tag heraufzuführen«. Er war der Herold der klassischen Zeit unserer deutschen Dichtung, und es ist bedeutsam, daß er den erhabensten Stoff seiner Dichtung zugrundelegte. Der Na-

Klopstock:
In einer der glücklichsten schlaflosen Nächte war es wie durch eine plötzliche Eingebung, daß der Messias, als der würdigste Held, den ich besingen sollte, sich mir darstellte.

me Jesu Christi sollte in das neu erwachte deutsche Geistesleben unüberhörbar hineingesprochen werden. 1751 bekam Klopstock einen ehrenvollen Ruf von Friedrich V. nach Dänemark, damit er sich bei einem Jahresgehalt von vierhundert Talern ganz der Vollendung des »Messias« hingeben konnte. Im Jahre 1774 lebte er, eingeladen von Markgraf Karl Friedrich, als markgräflicher Hofrat ein Jahr lang in Karlsruhe. 1803 ist er in Hamburg gestorben. Ganz Deutschland trauerte. Sein Begräbnis war eine Feier, wie sie nie einem Dichter zuteilgeworden ist. Der aufgeschlagene »Messias« lag auf dem Sarg; am Grab sangen weinende Chöre: »Auferstehn, ja auferstehn wirst du.« Über einhundert Wagen und eine große militärische Ehrenwache gaben ihm das Geleite. Männer und Mädchen deckten seine Gruft mit Frühlingsblumen zu.

Der Dichter des Messias und der Oden
Die erhabene Schönheit seiner Sprache, die seiner innigen und tiefen Empfindung vollendeten Ausdruck verleiht und so zu einem gewaltigen Zeugnis wird, bewegt uns immer aufs neue:

Aus der Ode »Der Tod«:

Anblick der Glanznacht, Sternenheere, wie erhebt ihr! Wie entzückst du Anschauung der herrlichen Welt! Gott Schöpfer! Wie erhaben bist du, Gott Schöpfer! Wie freut sich des Emporschauns zum Sternheer, wer empfindet, wie gering er, und wer Gott, welch ein Staub er, und wer Gott, sein Gott ist! O sei dann, Gefühl der Entzückung, wenn auch ich sterbe, mit mir!

Aus dem »Messias«, 8. Gesang:

Adam ruft im Anblick der Gekreuzigten: Das Opfer steht an dem Schatten des Todes! Mache dich auf, erhebe dein Haupt, komm, stehe vom Staub auf! Menschengeschlecht, und schmücke dich schön mit betenden Tränen! Denn der Allerheiligste steht an dem offenen Grab, Meine Kinder, ach meine Kinder, ihr seid die Geliebten, Euch versöhnt er! O, kommt zu dem Sterbenden, Kinder von Adam! Wer im Palast mit Gold bedeckt wohnt, lege die Krone nieder und komme! Ihr, die sich mit Hütten von Erde beschatten, Laßt die niedrigen Hütten und kommt! Ach, aber sie hören Meine Stimme, die Stimme des Liebenden nicht . . . Du bist, der du dich opferst, auf ewig Bist du, Erbarmer! Vollender, du gnadenvoller Erdulder, Siehe, du wirst es vollenden! Und nun – unaussprechliche Wehmut Überfällt mich und dringt in jede Tiefe der Seele –

Nun, nun geht er hin! O, stärke mich Endlichen, stärke Mich, den ersten der Sünder, und der die Verwesung gesehen hat. Du, der ihn im Tode verläßt, Weltrichter Jehova! Die Pole donnerten sanfter herab und verstummten. Die stehende Schöpfung schwieg und zeigte des Opfers Stunden . . . Nun schauten mit allen ihren Unersterblichkeiten die Engel. Es schaute Jehova, hielt die Erde, die vor ihm sank, es schaute Jehova: Siehe, der sein wird und sein wird, auf Jesus Christus herunter: Und sie kreuzigten ihn.

Friedrich Gottlieb Klopstock

CHRISTIAN FÜRCHTEGOTT GELLERT (1715-1769)

Der Großhofmeister der deutschen Nation, wie ihn Carl v. Haase nannte, der zweite Praeceptor Germaniae, ist geboren am 4. Juli 1715 zu Haynichen im

Christian Fürchtegott Gellert

Sächsischen Erzgebirge als Sohn eines Pfarrers. Später kam er auf die Fürstenschule nach Meißen. Früh erwachte in ihm der Drang zum Dichten. Von 1734 an studierte er in Leipzig Theologie. Er war so schüchtern, daß er es nicht wagte, Pfarrer zu werden. Er wurde Erzieher. Im Jahre 1741 zog er noch einmal nach Leipzig auf die Universität, wurde 1742 Magister und 1744 Dozent.

Seine ersten schriftstellerischen Versuche bestanden in Fabeln und Erzählungen, die er in der Zeitschrift »Belustigung des Verstandes und Witzes« veröffentlichte. Zwischen 1746 und 1748 schrieb er seine berühmten Fabeln, das einzige Buch des Jahrhunderts, das von Prinzessin und Stallmagd zugleich gelesen wurde.

1751 wurde er außerordentlicher Professor in Leipzig mit einem Gehalt von nicht mehr als 100 Talern, so daß er oft in Geldnot war. Er hielt in deutscher Sprache Vorlesungen über Moral, die großen Zulauf fanden. Immer kränklich und von ängstlicher Gewissenhaftigkeit, hielt er seine Vorträge mit weinerlicher Stimme. Aber der Glanz seiner Sprache, seine echte, herzliche Frömmigkeit machte ihn zu dem volkstümlichsten Mann seiner Zeit. Seine Kränklichkeit erregte nur Mitgefühl. Er war so bescheiden, daß er eine ordentliche Professur, die ihm angeboten wurde, ablehnte. 1757 erschienen seine geistlichen Oden und Lieder. In diesen Liedern traf er den Volkston ebenso wie die Sprache seiner Gegenwart. Sie hatten feierlichen Charakter und doch lyrischen Schwung. In der Zeit der Aufklärung hielt er den christlichen Glauben wie eine uneinnehmbare Festung. Er entschlief in seinem fünfundfünfzigsten Lebensjahr, am 13. Dezember 1769.

Der Kirchenliederdichter
Seine Poesie ist zu Unrecht verketzert worden. Er hatte ein feines Verständnis für das klassische Kirchenlied der reformatorischen Zeit.

Gellerts Wertung des Kirchenlieds
Ich weiß alte Kirchengesänge, die ich mit ihren Melodien lieber verfertigt haben möchte als alle Oden des Pindar und Horaz, die Engel wetteiferten um den Ruhm, den Heiland verherrlichen zu dürfen – sollten wir Menschen in unserer Sphäre da zurückbleiben? Hier im Kirchenlied müsse das Menschwort – über das Subjektive und Zeitgenössische hinaus – sich erheben zur Höhe des Schriftwortes, dieser unnachahmlichen Sprache voll göttlicher Hoheit und entzückender Einfalt.

Rudolf Alexander Schröder bezeichnet Gellerts Werk als den monumentalen Schlußstein des jahrtausendalten Gewölbes des christlichen Kirchenlieds. Seine Lieder haben große Formulierungen, wie »Die Himmel rühmen des Ewigen Ehre« oder »Wie groß ist des Allmächtgen Güte« oder das Weihnachtslied »Dies ist der Tag, den Gott gemacht«. »Wenn ich dies Wunder fassen will, so steht mein Geist vor Ehrfurcht still, er betet an und er ermißt, daß Gottes Lieb' unendlich ist.« Wie mitreißend in seinem Schwung ist das Osterlied »Jesus lebt, mit ihm auch ich.«

Der Lehrer seiner Studenten

Seine Vorlesungen sind in einem wundervollen Deutsch gehalten und können sich hören lassen neben den besten Proben deutscher Prosa. Sie sind ein Bekenntnis zu Christus in der Sprache seiner Zeit, das nicht unbeachtet gelassen werden konnte. Goethe, der ihn als Student gehört hat, ja, ihn »herzlich lieb« hatte und um seelsorgerlichen Rat anging, sagt, daß Gellerts Schriften das Fundament der »deutschen sittlichen Kultur« waren. Die Verherrlichung des Allmächtigen ist der Grundton seiner Dichtung und seiner Lehrarbeit. Das Christentum Gellertscher Prägung beflügelte die jungen Kämpfer der Befreiungskriege. Daß der Sturm der französischen Revolution nicht überall in Deutschland seine zerstörenden Wirkungen ausüben konnte, verdanken wir mit der Breitenwirkung dieses volkstümlichen Mannes.

Wen soll ich anbeten und verehren und über alles verehren, als den Herrn über alles? Ich, ein Geschöpf von gestern her, der ich vor kurzem nicht war, ich Bewohner dieser nicht von mir erbauten Erde, ich, Zuschauer so vieler Wunder, die überall vor mir aufgestellt sind, ich, lebender Staub, ich, denkende und wollende Seele – wer schuf mich? Warum liebe ich, warum hasse ich, warum hoffe und fürchte ich? Wer hat mich so bereitet, daß ich unzähliger froher Empfindungen fähig bin? Wer ist es? Der Allmächtige . . . Solange ich ihn fürchte, darf ich sonst nichts fürchten; in meinem Grabe reife ich zu meiner zweiten Geburt; und wo auch mein Geist nach dem Tode sein wird – so weiß ich doch, daß er allezeit bei Gott sein wird; denn Gott ist überall.

Gellert bezeichnet den Unglauben als die größte Sünde:

Je mehr der Ekel gegen das Gebet wächst, desto näher sind wir dem Laster.

Am Schluß einer Vorlesung sagte er:

Ich habe fünfzig Jahre gelebt und bin mehr als einmal an den Pforten des Todes gewesen und habe es erfahren, daß nichts, nichts ohne Ausnahme, als die göttliche Kraft der Religion die Schrecken des Todes besiegen hilft; daß nichts als der heilige Glaube an unseren Heiland und Erlöser den bangen Geist bei dem entscheidenden Schritt in die Ewigkeit stärken und das Gewissen, das uns anklagt, stillen kann; dies bezeuge ich als vor Gott.

JOHANN GEORG HAMANN
(1730-1788)

Der »Magus des Nordens«, ein Mann der Gegensätze, aufwachsend und tätig in geringen Dingen und doch ein Patriarch unter den Geistesgrößen seiner Zeit, wurde am 27. August 1730 zu Kö-

Johann Georg Hamann

nigsberg als Sohn eines Wundarztes geboren. Der Vater war ein so schlichter und bescheidener Mann, daß er nichts sein wollte als der altstädtische Bader. Seine Eltern waren Feinde des Müßiganges und Freunde göttlicher und menschlicher Ordnung. Sie konnten ihren Kindern Lügen, Umtriebe und Naschhaftigkeit schwer verzeihen. Sie gaben ihrem Sohn eine möglichst gute Ausbildung. Zuletzt war er bei dem Hofmeister einer Pfarrerswitwe, die ihre Söhne mit ihm zusammen unterrichten ließ. In dieser Schule geriet er in verderbliche Gesellschaft. Er studierte Theologie, wandte sich aber dann juristischen und philologischen Studien zu, weil er eines Sprachfehlers – er stotterte – und seines schwachen Gedächtnisses wegen sich nicht zutraute, Pfarrer zu werden. Er wurde alsdann Jugenderzieher und Hauslehrer in Kurland. In Riga wurde er mit dem Sohn des Handlungshauses Berens befreundet. In jener Zeit starb seine Mutter, deren aufrichtige Frömmigkeit ihm unauslöschliche Eindrücke gegeben hatte. Von dem Hause Berens auf eine verfehlte Geschäftsreise nach London geschickt, wurde er unterwegs um seine ganze Barschaft betrogen. In London geriet er, als er das Lautenspiel erlernen wollte, in die Lasterhöhle eines Lautenspielers, von dem er sich dann mit Abscheu trennte. Die äußerste Not äußerlicher Armut und innerer Erschütterung trieb ihn zur Bibel, die er sich kaufte und die ihm Führerin zur Umkehr wurde. Das ernste Selbstgericht über sein bisheriges Leben legt er in rücksichtsloser Offenheit nieder in seiner Schrift »Gedanken über meinen Lebenslauf«. Die Familie Berens nahm ihn wieder auf, doch die Bewerbung um die Tochter des Hauses scheiterte. 1759 begann nun seine eigentliche Schriftstellerei mit den »Sokratischen Denkwürdigkeiten«, die seine rationalistischen Zeitgenossen mit größter Mißachtung begrüßten.

»Kein Alchimist, kein Jakob Böhme, kein wahnsinniger Schwärmer kann unverständlicheres und unsinnigeres Zeug reden und schreiben.« So schrieben die »Hamburger Nachrichten«. Doch eben diese Schrift trug ihm die Anerkennung der Besten seiner Zeit ein. Claudius, Herder, Lavater und Goethe traten mit ihm in Verbindung. Präsident Moser in Darmstadt gab ihm den Beinamen Magus des Nordens, den er dann auf einigen Titeln seiner Schriften selbst sich beilegte. Doch von seiner Schriftstellerei konnte er nicht leben. So suchte er zuerst als Kopist, dann als Kanzlist seinen Lebensunterhalt zu erwerben. Er ging eine Gewissensehe ein mit der Magd seines Vaters, die die liebste und beste Stütze des gelähmten Vaters war. Sie war von »blühender Jugend, eichenstarker Gesundheit und mannfester Unschuld«. Seine Begeisterung für das Volkslied und das Ursprüngliche hat ihn zu dieser Verbindung geführt. Eine kirchliche Sanktionierung dieser Ehe lehnte er, der einer der größten Apologeten seiner Kirche werden sollte, merkwürdigerweise ab. 1777 wurde er Packhofverwalter mit einem Gehalt von 300 Talern

und freier Wohnung. So war er oft in Geldnot, zumal er noch für einen geisteskranken Bruder zu sorgen hatte. Er schrieb eine Reihe merkwürdiger Einzelschriften, darunter die bedeutsamste »Golgatha und Scheblimini«, in der er die Schrift »Jerusalem« des Aufklärungsphilosophen Moses Mendelssohn angriff. Das Wunderwalten Gottes hob ihn über seinen Notstand hinaus dadurch, daß der Landedelmann Franz Buchholz aus Dankbarkeit für seine Schriften bat, ihn zu adoptieren, und jedem seiner vier Kinder 1000 Taler zur Ausbildung schenkte. Die katholische Fürstin Galitzin war durch Hamanns Schriften für den christlichen Glauben gewonnen worden und lud ihn nach Münster ein. Wider seinen Willen pensioniert mit einer Pension von einhundertfünfzig Talern, trat er in den Münsterer Kreis ein. Dort beschloß er, geborgen in dieser katholischen familia sacra, ohne seinem Lutherum irgendwie untreu geworden zu sein, am 20. Juni 1788 sein Leben und wurde im Garten der Fürstin begraben. Seine Grabinschrift war der Spruch 1.Kor. 1,23.27. Später wurde er auf Anordnung Friedrich Wilhelms III. auf dem Kirchhof zu Ueberwasser bei Münster beigesetzt. Die Kosten des Grabmals übernahm der preußische Staat.

Die Bibel als Quelle seiner Gedanken
Mit seiner Bekehrungsgeschichte wurde er der Bahnbrecher der Erweckung. Er hatte eine unerbittlich aufrichtige Selbsterkenntnis. Nach seinem eigenen Urteil war »Unordnung der allgemeine Fehler seiner Gemütsart«. Ungeordnet war sein Bildungsgang, ungeordnet sein Leben ohne einen Beruf, der seinen geistigen Fähigkeiten entsprochen hätte. Seine moralische Entwicklung war zerrüttet. Auf ihm lastete »eine Unzufriedenheit und Unvermögen, mich selbst zu ertragen«. Es durchtobte ihn ein »Tumult von Affekten«.

Ich war allenthalben gezwungen, für mich selbst in Ängsten, tiefsinnig, ohne zu denken, unstet und unzufrieden, gleich einem Flüchtling eines bösen Gewissens. Ich befand mich mitten unter redlichen und vergnügten Leuten und überließ mich dem Müßiggang und den Lüsten desselben zu sehr; ich strengte mich an, was ich konnte, zufrieden zu sein, und zerstreute mich nach aller Möglichkeit: alles umsonst, der Wurm stirbt nicht . . . Die Selbsterkenntnis ist die schwerste und höchste, die leichteste und ekelhafteste Naturgeschichte,

Philosophie und Poesie... Unter dem Getümmel aller meiner Leidenschaften, die mich überschütteten, daß ich öfters nicht Odem schöpfen konnte, bat ich immer Gott um einen Freund. Gottlob, ich fand diesen Freund in meinem Herzen. Ich hatte das Alte Testament einmal zu Ende gelesen und das Neue zweimal.

So wurde die Bibel die Quelle seines Denkens. Dazu las er die Vorrede Luthers zum Römerbrief und zu den Psalmen und konnte sich nicht satt daran lesen. Er schreibt über die Bibel folgendes:

Sie ist ein Schatz göttlicher Urkunden in irdenen Gefäßen... Er vergleicht sie mit den Lumpen, die Jeremia unter die Arme gelegt wurden, als man ihn aus der Grube zog. Lassen Sie mir meine alten Lumpen. Diese alten Lumpen haben mich aus der Grube gerettet. Was macht diese Lumpen so wertvoll: der Dienst, den sie tun.

Die göttliche Schreibart hat das Alberne, das Seichte und das Unedle erwählt, um die Stärke und Ingenuität aller Schreiber zu beschämen. Erkenne darum die Wahrheit und Gnade in der Niedrigkeit, in die sie sich hüllt. Der Buchstabe ist das Schloß des Heiligen Geistes.

Es ist der Geist Gottes, der durch den Mund und den Griffel dieser Männer sich offenbarte, der Geist, der über den Wassern der ungebildeten jungen Erde schwebte, der Maria überschattete, da sein Heiliger geboren wurde; der Geist, der die Tiefen der Gottheit allein zu erforschen und zu entdecken vermag. Mit wieviel Ehrfurcht soll dies uns bewegen, das göttliche Wort zu lesen und zu genießen. Die ganze Schöpfung ist nur ein Vorhof gegen dasjenige, was wir in diesem Wort sehen. Das Buch der Natur und der Geschichte sind nichts als Chiffren, verborgene Zeichen, die eben der Schlüssel nötig haben, der die Heilige Schrift auslegt und die Absicht ihrer Eingebung ist. Das Auge des Menschen ist blind und muß aufgetan werden. Das geschieht in der Herablassung Gottes in Christus.

Seine Christologie

Gott kann nur deshalb erkannt werden, weil er sich »herzuläßt«, um uns sein Leben mitzuteilen. Alles läuft auf die communicatio idiomatum hinaus. Das ist der »Endzweck der Menschwerdung Gottes. Dazu zieht der erhöhte Christus den Menschen zu sich«.

Nicht nur die ganze Geschichte des Judentums war Weissagung, sondern der Geist dieser Weissagung beschäftigte sich mit dem Ideal eines Ritters, eines Retters, eines Kraft- und Wundermannes, dessen Abkunft nach dem Fleisch aus dem Stamme Juda, sein Ausgang aber aus der Höhe des Vaters Schoß sein sollte. Mose, die Psalmen und Propheten sind voller Winke und Blicke auf diese Erscheinung eines Meteors über Wolken- und Feuersäule, einer Sonne der Gerechtigkeit mit Heil unter ihren Flügeln, auf die Zeichen des Widerspruchs in der zweideutigen Gestalt seiner Person, seiner Friedens- und Freudenbot-

schaft, seiner Arbeit und Schmerzen, seines Gehorsams bis zum Tode, ja zum Tode am Kreuz! und seiner Erhöhung aus dem Erdenstaub eines Wurms bis zum Thron einer unbeweglichen Herrlichkeit. Wie hat sich Gott, der Vater, gedemütigt, da er einen Erdenkloß nicht nur bildete, sondern auch durch seinen Odem beseelte! Wie hat sich Gott, der Sohn, gedemütigt! Er wurde Mensch, der Geringste unter den Menschen, er nahm Knechtsgestalt an, er wurde für uns zur Sünde gemacht! Wie hat sich Gott, der Heilige Geist, erniedrigt, da er ein Geschichtsschreiber der kleinsten, der verächtlichsten Begebenheiten auf der Erde geworden ist, um den Menschen in seiner Sprache, in seinen eigenen Geschäften, in seinen eigenen Wegen die Ratschlüsse, Geheimnisse und Wege der Gottheit zu offenbaren. Nicht in Opfern und Gelübden, die Gott von den Menschen fordert, besteht das Geheimnis der christlichen Gottseligkeit, sondern viel mehr in Verheißungen, Erfüllungen und Aufopferungen, die Gott zum Besten der Menschen getan und geleistet.

Sein Verständnis von Natur und Geschichte:

Natur und Geschichte sind die zwei großen Kommentare des göttlichen Worts, und dieses hingegen ist der einzige Schlüssel, uns eine Erkenntnis in beiden zu eröffnen... Je mehr die Nacht meines Lebens zunimmt, desto heller wird der Morgenstern im Herzen, nicht durch den Buchstaben der Natur, sondern durch den Geist der Schrift.

Die Geschichte ist ihm der »Schauplatz göttlicher Taten«:

Jede Annahme von Tatsachen beruht auf Glauben. »Facta beruhen auf Glauben... Das Christentum erfordert Glauben an Geschichtswahrheiten, die als solche nicht ewige Wahrheiten sind... Diese Lehre macht den charakteristischen Unterschied zwischen der jüdischen und der christlichen Religion aus.«

Hamann überwindet die Aufklärung

Da die menschliche Vernunft nach reformatorischem Urteil verderbt ist, ist eine Erkenntnis Gottes nur durch Offenbarung möglich. Damit verwarf Hamann Aufklärung und den Kantschen Idealismus zugleich. Unsere Vernunft ist kein schöpferisches, sondern nur ein empfangendes Organ. Was wir haben, ist uns gegeben.

Hamann:
Die Vernunft ist unfähig zu wahrer Gotteserkennnis. Sie entdeckt uns nicht mehr, als was Hiob sah, das Unglück unserer Geburt, den Vorzug des Grabes, die Unzulänglichkeit des menschlichen Lebens... Die Leute reden von der Vernunft, als wenn sie ein wirkliches Wesen wäre, und vom lieben Gott, als wenn er nichts als ein Begriff wäre.

JOHANN KASPAR LAVATER
(1741-1801)

Sein Leben

Als zwölftes Kind des Arztes und Regierungsmitglieds Heinrich Lavater in Zürich wurde Johann Kaspar am 15. November 1741 geboren. In seiner Jugend war er sehr verträumt und ungeschickt

Johann Kaspar Lavater

zug sich einsetzend im Dienst der Wahrheit als Zeuge Jesu Christi, starb er am 2. Januar 1801 an einer Wunde, die ihm ein unbekannter Soldat in den napoleonischen Kriegen durch einen Flintenschuß in die Brust verursacht hatte.

Sein mächtiges Gefühl für Recht und Gerechtigkeit
Der einundzwanzigjährige junge Pfarrer griff den ungerechten Landvogt Grebel an, forderte ihn durch eine Schrift, die er ihm zuschickte, auf, sein Unrecht bis zu einer bestimmten Frist wiedergutzumachen, sonst würde er ihn öffentlich verklagen. Als nichts erfolgte, ließ Lavater mit einem Freund zusammen eine Anklageschrift gegen Grebel drucken und vor den Türen der verschiedenen Regierungsmitglieder niederlegen. Die Regierung nahm sich der Sache an, der Landvogt flüchtete. Die beiden Freunde bekamen einen Verweis, waren aber mit einem Schlag wegen ihrer mutigen Tat in aller Mund. Sie machten nun beide eine Deutschlandreise zu dem frommen Vertreter der Aufklärung Spalding, der in Pommern lebte.

Lavater, dieser mutige Vorkämpfer für das Recht, hatte dann auch den Mut, einer ganz entgegengesetzten Zeitströmung gegenüber in vielen Schriften als Wahrheitszeuge Jesu Christi aufzutreten. In seinem Alter schrieb er die kühne Schrift »Worte eines freien Schweizers an die große Nation«. In dieser Schrift wagte er frei, das Unrecht der französischen Regierung aufzudecken; unterzeichnet war diese Schrift: »Zürich, im ersten Jahr der schweizerischen Sklaverei, 10. Mai 1798.«

Seine liebenswürdige Persönlichkeit
Sein liebevolles, heiteres Wesen gewann ihm viele Freunde, die in seinem Hause aus- und eingingen und Zürich bekanntmachten. Der Mensch ist ihm Extrakt der »Schöpfung«. Der »Menschengenuß« ist seine höchste Freude. In seinen wachsenden Freundeskreis wurden später Goethe, Herder, Hamann, Jung-Stilling und Oberlin einbezogen. Durch einen großen Briefwechsel blieb er mit seinen Freunden ständig verbunden. In seinen Briefen und seinem persönlichen Umgang war er in

und hielt sich fern von seinen Altersgenossen. Im Gebetsumgang mit Gott, im eifrigen Bibelstudium, im Gedankenaustausch mit frommen Freunden, in einem heißen Streben nach Vollkommenheit reifte er zu einem außerordentlichen Zeugen der Wahrheit. 1762 vollendete er seine theologischen Studien, wurde dann Diakon und später Pfarrer der Petersgemeinde in seiner Vaterstadt, wo er sein Leben lang blieb. Durch sein mutiges Eintreten für Recht und Gerechtigkeit, durch seine außerordentlich fruchtbare Schriftstellerei und seinen ausgedehnten Briefwechsel gewann er einen großen Freundeskreis und wurde weit über sein Vaterland hinaus bekannt. Von den einen bekämpft, von den anderen hoch geachtet und geliebt, bis zum letzten Atem-

diesem Kreis ein freudiger Christus-zeuge.

Der Schriftsteller

Seine Größe liegt nicht auf schriftstellerischem Gebiet. Er hat zu viel geschrieben, und seine Schriften sind weitschweifig und doch nicht gründlich. Aber sie sind voll geistvoller Gedankenblitze. Am wirksamsten waren seine christlichen Schriften. Er gab zweihundert christliche Lieder heraus, von denen einige in unseren Gesangbüchern stehen. Seine Schweizer Lieder wurden schnell volkstümlich. Klopstock regte ihn an zu epischen Dichtungen über die Evangelien und über die Offenbarung. Er veröffentlichte vier Bände »Aussichten in die Ewigkeit«, in denen er mit lebhafter Phantasie die eschatologischen Gedanken der Bibel ausmalte. Meisterhaft ist seine Spruchdichtung »Salomo«. Das Gebiet der praktischen Lebensphilosophie lag ihm besonders. Dem jüdischen Philosophen Moses Mendelssohn widmete er die Übersetzung von Bonnets Palingenesie, deren philosophische Beweise für das Christentum Lavater unwiderleglich erschienen. Er forderte Mendelssohn auf, diese Beweise zu widerlegen oder sich zu Christus zu bekennen. In seinem geheimen »Tagebuch eines Beobachters seiner selbst« teilt er seine genauen Selbstbeobachtungen mit. Diese Selbstbetrachtung stammt aus der Welt des Pietismus und seiner Bekehrungsgeschichten. Ohne irgendeine Verbindung mit dem Pietismus zu haben, hat er doch diese Selbstbeobachtung in die deutsche Literatur eingeführt. Diese Selbsterkenntnis machte ihn zu einem ausgezeichneten Menschenkenner. So schrieb er sein größtes Werk »Die physiognomischen Fragmente zur Förderung der Menschenkenntnis und Menschenliebe« mit vielen Schattenrissen und Bildern. An diesem Werk hat Goethe mitgearbeitet.

In seinen christlichen Schriften wurde er ein Christuszeuge, der wirksam in den Kampf gegen die Aufklärung eingriff und so der Wortführer des von den Gebildeten verachteten Evangeliums wurde. Er verkündet weniger die Verderbnis des Menschen als seine Gottebenbildlichkeit, die durch Jesus Christus nach dem Fall erneuert wird. Der Glaube ist für ihn Intuition, ein lichtheller Blick in das Innere. Christus ist das uns zugewandte Gesicht Gottes. Er ist das höchste Genie. »Liebe ist die Seele des Genies.« Besonderes Gewicht legt Lavater auf die fortdauernde Wirksamkeit Christi und des Geistes in der Gemeinde sowie auf wunderbare Gebetserhörungen. Unter seinen apologetischen Schriften sind die vier Bände seines »Pontius Pilatus« am bedeutsamsten. Anschließend an die Pilatusfrage: »Was ist Wahrheit« führt er aus, daß die Evangelien sich am besten erklären, wenn man sie als Wahrheit betrachtet, während die rationalistische Auffassung, die aus den Evangelisten Betrogene oder Betrüger macht, in unerklärliche Widersprüche verwickle.

Durch sein Wahrheitszeugnis erwarb er sich viele Feinde, aber auch eine Unzahl treuer Freunde, mit denen er in einem riesigen Briefwechsel stand. Der Niederschlag dieses Briefwechsels ist in seiner Schrift »Antworten auf Fragen und Briefe weiser und guter Menschen« zu finden.

Lavaters Vollendung

Der Menschenfreund und Seelsorger wird durch Leiden vollendet. Er war in seltener Weise selbstlos und uneigennützig und pflanzte einen Geist der Wohltätigkeit in seine Vaterstadt, der sie besonders auszeichnete. Der Niedrigste wie der Höchste hatte bei ihm Zugang. Wenn er einem Menschen helfen konnte, setzte er sich dafür völlig ein. Als er infolge jenes unglücklichen Schusses länger als ein Jahr in peinlichsten Schmerzen zubrachte, dichtete er für seinen Feind einige Zeilen, in denen er ihm verzieh und für ihn betete und der Hoffnung Ausdruck gab, ihn in jenem Leben einst umarmen zu können. In einer Sänfte ließ er sich noch zu den Schwerkranken tragen, als er selbst schon vom Tode gezeichnet war. Sein letztes Wort war: »Betet, betet!« Während von der Straße her ein ernster Neujahrschoral gesungen wurde, entschlief er.

Sein Handeln aus Empfindungen

Aus heroischer Empfindung wurde er ein Kämpfer für Gerechtigkeit und Wahrheit. Sein Glaube war Empfindung für das Echte und Wahre.

Lebendige Zeugen in Rheinland-Westfalen

GERHARD TERSTEEGEN
(1697-1769)

Sein Werdegang
Tersteegen wurde 1697 in Moers als achtes Kind eines Kaufmanns geboren. Als er sechs Jahre alt war, starb sein Vater. Deshalb mußte er das Gymnasium, wo er glänzende Fortschritte gemacht hatte – er hielt bei einer Feier eine lateinische Rede in Versen bei allgemeinem Beifall –, wegen Mittellosigkeit verlassen und kam als Kaufmannslehrling in das Geschäft seines Schwagers. Dort lernte er Kreise kennen, die auf die wirksamkeit Pfarrer Untereyks, eines

Gerhard Tersteegen

Spenerfreundes, zurückgingen.

In einer zeitgenössischen Lebensbeschreibung heißt es über ihn:

Im 16. Jahre wurde er bei seinem Schwager von der Gnade berührt. Er kam in Mülheim mit einem erweckten Kaufmann zusammen, auch wurde er vom Lesen eines wichtigen Dankgebets eines sterbenden Predigers tief gerührt. Er suchte ernstlich Sinnesänderung, deswegen brachte er ganze Nächte mit Lesen, Beten und guten Übungen zu. Sein Wandern in der Nachfolge des armen Lebens Jesu machte ihn bei seinen Verwandten so verächtlich, daß sie ihn kaum nennen hören mochten.

Nach beendigter Lehrzeit erlernte er die Bandwirkerei, um in der Stille ein geistliches Leben führen zu können. Fünf Jahre lang lebte er in einer solchen Einsamkeit, daß er tagelang keinen Menschen sah. Er lag einmal zehn Wochen krank zu Bett, ohne daß nur jemand von seinen Hausbewohnern auch ihm gesehen hätte. In dieser Zeit erkannte er die völlige Unmöglichkeit, in eigener Kraft Gott wohlgefällig zu werden. Am Ende dieser Zeit machte er die Gnadenerfahrung der Erlösung durch Christus. Nun wurde in seinem Leben alles hell. Er nahm einen Stubengenossen bei sich auf, den er das Bandweben lehrte. Die beiden lebten nach einem genauen Tagesplan. Von 6-11 Uhr arbeiteten sie, dann zogen sie sich in die Einsamkeit zurück, um die Schrift zu lesen und zu beten. Von 1-6 Uhr nachmittags waren sie wieder im Handwerk tätig, die Abendstunden verlebte jeder für sich allein.

Am Gründonnerstag 1724 hat er mit seinem eigenen Blut sich Jesus verschrieben; 1731 und 1738 hat er diese Verschreibung mit seinem Blut erneuert.

Ich verschreibe mich Dir, meinem einzigen Heiland und Bräutigam Christo Jesu, zu Deinem völligen und ewigen Eigentum. Ich entsage von Herzen allem Recht und aller Macht, die mir der Satan über mich selbst mit Unrecht möchte gegeben haben, von diesem Abend an, als an welchem Du, mein Blutbräutigam, mein Hort, durch Deinen Todeskampf, Ringen und Blutschwitzen im Garten Gethsemane mich Dir zum Eigentum und Braut erkaufet, die Pforten der Hölle zersprengt und das liebevolle Herz Deines Vaters mir eröffnet hast. Von diesem Abend an sei Dir mein Herz und meine ganze Liebe auf ewig zum schuldigen Dank ergeben und aufgeopfert von nun an bis in Ewigkeit; nicht mein, sondern Dein Wille geschehe. Befehle, herrsche, regiere in mir: Ich gebe Dir Vollmacht über mich und verspreche mit Deiner Hilfe und Beistand eher dieses mein Blut bis auf den letzten Tropfen vergießen zu lassen, als mit meinem Willen und Wissen in- oder auswendig Dir untreu oder ungehorsam zu werden. Siehe, da hast Du mich ganz, süßer Seelenfreund, in keuscher jungfräulicher Liebe Dir stets anzuhangen. Dein Geist weiche nicht von mir, und Dein Todeskampf unterstütze mich! Ja, Amen! Dein Geist versiegle es, was in Einfalt geschrieben, Dein unwürdiges Eigentum.

Gerhard Tersteegen

Gottesgelehrter und Schriftsteller
Tersteegen kennt die katholischen Asketen und Mystiker Madame de Guyon, Bernieres Louvigny ebenso wie die Reformatoren, wie Spener, Francke, Bengel und Arnold. Beim Studium ihrer Schriften sucht er stets die Erfahrungen ihres inneren Lebens sich selbst nutzbar zu machen. Dabei hat die Führung für ihn die Gottinnigkeit dieser Menschen, nicht die konfessionelle oder lehrhafte Ausprägung. Sie ist ihm ganz gleichgültig. So beschreibt er in jahrzehntelanger Arbeit 25 Lebensbilder katholischer und evangelischer Frommer, die ein verborgenes Leben mit Christus in Gott führten, unter dem Titel: »Leben heiliger Seelen.« Er übersetzt die Schrift des reformierten Mystikers Labadie »Handbüchlein der wahren Gottseligkeit« und die Schrift von Louvigny »Das verborgene Leben mit Christus in Gott«. Auch gibt er die Nachfolge von Thomas von Kempen neu heraus. Seine eigenen Schriften »Geistliches Blumengärtlein inniger Seelen«, »Kurze Schlußreime, Betrachtungen und Lieder über allerlei Wahrheiten des inwendigen Christentums«, »Geistliche Brosamen«, »Gedanken über die Welt des Weltweisen zu Sanssouci«, »Der Grundriß der christlichen Wahrheiten«, den er schon früh für den Unterricht der Kinder seiner Geschwister in Katechismusform schrieb, atmen seinen tiefen und feinen Geist. Die Schrift an Friedrich den Großen wagt es, die Nichtigkeit und Hohlheit der sittlichen Grundsätze des Königs und seine religiöse Beschränktheit offen, wenn auch schüchtern und rücksichtsvoll, aufzudecken. In seinen Schriften, die vor denen Goethes entstanden sind, finden wir das Schönste, was in damaliger Zeit in deutscher Sprache geschrieben worden ist. Friedrich der Große soll gesagt haben: »Können das die Stillen im Lande!«

Der Liederdichter
Seine Lieder, die in wundervoll poeti-

scher Sprache gedichtet sind, gehören zu den unverlierbaren Kleinodien unseres evangelischen Gesangbuches, wie »Gott ist gegenwärtig« – »Ich bete um die Macht der Liebe« – »Kommt, Kinder, laßt uns gehen« – »Nun schläfet man« – »Ein Tag, der sagts dem andern«.

Ein Stiller, der einen großen Freundeskreis hat
Von 1730 an sprach er in den Versammlungen der Frommen zu Mülheim jeden Donnerstagabend. Viele kamen von auswärts, um ihn zu hören. In der Pilgerhütte bei Heiligenhaus bekam die Bewegung einen Mittelpunkt. Eine Schar junger Männer zog dort ein und bildete eine Bruderschaft. Oft ist Tersteegen dort

Ein Lied Gerhard Tersteegens, 1729

hingeritten. Auf dringende Einladung reiste er zu einem Geistesverwandten nach Holland, bei dem sich eine Gemeinde sammelte, die ihm sehr zugetan war und die er alljährlich einmal besuchte. Auch mit den frommen Kreisen im Wuppertal, im Siegerland, in der Wetterau, in Frankfurt a. M., in Franken und in der Pfalz trat er in einen lebendigen Verkehr.

Abseits der Kirche bringt er Furcht für die Kirche

Er gehörte zu den Separatisten und nahm Anstoß an der verweltlichten Kirche und ihrer Abendmahlspraxis. Aber seine Freunde beriefen gläubige Pfarrer. Und je mehr geistliches Leben in der Kirche erwachte, um so freundlicher stellte sich der alternde Tersteegen zu ihr, obwohl er gerade von der Orthodoxie verketzert wurde und viel gelitten hat. Eine Zeitlang wurden seine Versammlungen verboten, aber er schickte sich mit innerer Gelassenheit darein und beschränkte seinen Verkehr auf den engen Familienkreis seiner Freunde, bis er von 1750 an die Versammlungen wieder halten konnte.

Ein Mystiker, der doch ganz aus der Rechtfertigung lebte

Man hört bei Tersteegen die Klosterglocken von ferne läuten. Seine Sprache hat er an der der katholischen Mystiker gebildet, wenn er von der Gelassenheit, von der Einkehr, von der Leidendlichkeit, der Überlassung spricht. Aber die Grundlage seiner Glaubensgewißheit ist die Rechtfertigung allein durch den Glauben an Jesus Christus, und dieser lebendige Glaube treibt ihn zum Dienst an seinen Brüdern.

Einige Proben aus dem Blumengärtlein:

Leidendlichkeit

Gott will der Wirker in dir sein:
Du mußt sein Wirken leiden.
Halt dich nur innig, still und klein
Vor ihm zu allen Zeiten.

Das inwendige Leben

Ein Stein sich nach der Erde neigt;
Ein Flämmlein in die Höhe steigt;
Ein Fisch will in dem Wasser leben,
Ein Vogel in den Lüften schweben;
Wann jedes da ist, wo es soll,
So ist es still, und ihm ist wohl;
Mein Geist ist ruhig und vergnügt,
Wann er in Gotte, seinem Ruhpunkt liegt.

Brich den Willen

Kopfzerbrechen findet nimmermehr
Des Herren Gegenwart und Lehr';
Ach, brich nur deinen Willen!

Dein Herz halt ausgeleert und rein,
Einfältig, innig, froh und klein.
Bald wird Dich Gott erfüllen.
Offenbarung, Wundergaben,
Trost und Süßigkeiten haben;
Ehre, Welt und Geld verachten;
Vieles wissen und betrachten;
Fasten, lesen, singen, beten
Und mit Engelszungen reden:
Alles dieses acht' ich nicht,
Wo man nicht den Willen bricht.

Nicht etwas von Gott – Gott selbst!
Laß Kreaturentrost, so kriegst Du Gottes Gaben,
Doch ruh auch hier nicht in, willst Du Gott selber haben.

Am 3. April 1769 ist er entschlafen.

Der Schwäbische Kreis der Väter

JOHANN ALBRECHT BENGEL (1687-1752)

wurde zu Winnenden am 24. Juni 1687, am Geburtstag seines Urgroßvaters Johann Brenz, als Sohn des Diakonus Martin Albrecht Bengel geboren. Er besuchte das Gymnasium in Stuttgart und die Klosterschule in Maulbronn, nachdem sich seine Mutter zum zweiten Mal mit dem Klosterverwalter in Maulbronn, Albrecht Glöckler, verheiratet hatte. Bis 1707 studierte er in Tübingen und wurde nach einjährigem Vikariat in Metzingen Repetent im Tübinger Stift. 1713 wurde er Präzeptor an der Klosterschule in Denkendorf. Zuvor unternahm er eine mehrmonatige Reise, um bei ähnlichen Anstalten Erfahrungen zu sammeln. Dabei kam er auch nach Halle und bekam tiefe Eindrücke durch den Franckekreis. 1714 verheiratete er sich mit Regine Seeger, die ihm 12 Kinder gebar. Sechs davon starben in frühester Jugend, vier Töchter heirateten bedeutende Männer, die ganz in des Vaters Geist standen. 1741 wurde er auf die Prälatur in Herbrechtingen und 1749 als Prälat von Alpirsbach und als Konsistorialrat nach Stuttgart berufen.

Seine Bücher:

1734 gab er den »Apparatus criticus« heraus, 1741 erschien sein »Ordo temporum«, 1742 der »Gnomon«, 1747 »Die richtige Harmonie der Evangelien«, 1751 der »Abriß der Brüdergemeine«. Im selben Jahr vollendete er die genaue Übersetzung des Neuen Testaments.

1751 wurde er von der Universität Tübingen zum Doktor ernannt. Am 2. November 1752 entschlief er.

Bengel ist ein Mann voll Heiligen Geistes, von einem reichen Vätererbe getragen – sein Vater hatte sich bei einer Seuche während vieler Krankenbesuche angesteckt und sein junges Leben dabei gelassen –, in unablässigem Umgang mit der Heiligen Schrift als Erzieher der Jugend in der Stille gereift. In seinem Alter an die führende Stelle seiner Landeskirche berufen, hat er das Wesen seiner württembergischen Kirche geprägt und redet durch seine Schriftauslegung, den »Gnomon«, noch heute, wiewohl er gestorben ist.

Seine Jugend

Die Kindergebetlein, die er zeitlebens schätzte, die Sprüche von Tod, Sünde und Gerechtigkeit, die an der Kirche seiner Vaterstadt angeschrieben standen, haben schon in seinem siebten Lebensjahr nach dem frühen Tod seines Vaters tiefen Eindruck auf ihn gemacht und legten den Grund seines geistlichen Lebens.

Er sagt selbst über seine Jugend:

Mein bester und größter Lehrer war Gott selber. Von meiner Kindheit an hat es Gott so gefügt, daß ich sein Wort hören, lesen und lernen konnte, und die Kraft ist unvermerkt dergestalt in mein Herz gedrungen, daß ein kindliches Vertrauen zu ihm, ein Ernst im Beten, ein Verlangen nach jenem besseren Leben, ein Vergnügen an den Sprüchen der Heiligen Schrift, eine Bewahrung des Gewissens, eine Scheu vor dem Bösen, eine Liebe zum Guten entstand. Von einer Zeit zur anderen mußten mir solche Bücher in die Hand kommen, woraus ich neue geistige Nahrung erhielt, und allermeist ward ich auf mancherlei Weise veranlaßt, die Heilige Schrift emsig zu lesen. Meine Jugend war ein Meer des Erbarmens: Soviel Gnade, daß einhundert alte Adam darin hätten ersäuft werden mögen. Das sage ich nicht zu meinem Ruhm, sondern zu meiner Demütigung.

In seinen Studentenjahren geriet er in Anfechtung durch die verschiedenen Lesarten in der Oxforder Ausgabe des Neuen Testaments. Durch den Zweifel wurde er ins Gebet und in sorgfältiges Studium geführt. Er war so gequält, »daß es ihm bisweilen unmöglich war, seine Miene zu regieren«. In einem Kreis frommer Studenten, die miteinander die Bibel lasen, fühlte er sich wohl. So wurde er, wie Luther, ein Schrifttheologe durch die Anfechtung.

Gegen Ende seines Studiums brachte ihn eine gefährliche Krankheit an den

Johann Albrecht Bengel

Rand des Grabes, aber auch in den innigsten Umgang mit dem Herrn, der ihm durch das Psalmwort: »Ich werde nicht sterben, sondern leben und des Herrn Werke verkündigen« die Zuversicht der Genesung gab, die nicht zuschanden wurde. Krankheit und Heilung waren der Abschluß seiner inneren Kämpfe und das Siegel auf seinen Glauben an das Wort.

Die Anregungen durch den Franckekreis

Das brüderliche Verhältnis Franckes zu seinen Kollegen Anton und Breithaupt, das in der Gemeinschaft am Wort und am Gebet wurzelte, ließ ihn erkennen, was »Gemeinschaft und Verbindung der Heiligen« ist. Er hatte das Empfin-

Das Tübinger Stift

den, bisher nur Christ für sich allein gewesen zu sein. Die Gemeinschaft mit anderen Christen wurde ihm nun so groß, daß er zeitlebens ein Freund dieser Versammlungen ernster Christen war. Er sah hier in Halle den Beweis für die Richtigkeit der Behauptung Speners, daß die Verkündigung des Wortes Gottes immer zu wenig wirke, wenn sie nicht durch häusliche Frömmigkeit und durch das fortgesetzte Lesen der Heiligen Schrift unterstützt werde und daß ein vertraulicher, auf Erbauung zielender Umgang der Zuhörer mit dem Prediger und untereinander nicht selten für die Heiligung des Lebens mehr Förderung bringe als das Anhören der trefflichsten Predigt.

Der Erzieher

Beinahe ein Menschenalter lang diente Bengel als Lehrer der Klosterschüler zu Denkendorf seiner Kirche. Er sah seinen Erzieherberuf als von Gott gegeben an. »Was bei meinem Aufzug in Denkendorf in der ersten Nacht zwischen Gott und mir vorgegangen, hat bei mir einen guten Grund meines ganzen Aufenthalts daselbst gegeben.« Darum hielt er so lange dort aus und schlug manchen ehrenvollen Ruf ab.

Seine Persönlichkeit, die von der Kraft des Wortes Gottes so durchdrungen war, daß ihn eine stille, gleichmäßige Heiterkeit erfüllte, war ausgerichtet auf das Ebenbild Christi. Flattich rühmt an ihm die Liebe. Sein Haupterziehungsziel war das Wort Gottes, vor dem er seinen Zöglingen eine große Ehrfurcht beibrachte.

Bengel:
Die Heilige Schrift ist selbst der beste Beweis ihrer Wahrheit. Die Sonne wird nur durch die Sonne gesehen, nicht durch eine Fackel, auch wenn es ein Blinder nicht begreifen kann.

Er schreibt:

Man schaffe den Kindern eine reiche Gelegenheit zum Wort Gottes, ob etwas davon sich eindrücken möchte. Bei Kindern muß man mit Beispielen anfangen, Geschichten zuerst sagen, darnach die Sprüche. Beispiele machen einem Lust, Befehle nicht. Kinder sind mit vielen Erklärungen und andringenden Zumutungen nicht zu überladen, sonst werden sie gegen alles verschlossen und widrig gesinnt. Hier und da bei unbekannten Stellen den Sinn kurz zu zeigen, ist desto besser. Man soll die Kinder morgens und abends zum Gebet anhalten, indem man ihnen entweder vorbetet oder sie zuweilen auch selbst beten läßt. Übrigens bete man auch selbst fleißig für sie in der Stille.

Er schätzte das Kind als Kind ein und gestand ihm jugendliche Munterkeit gern zu. Man soll nicht immer an einem Bäumlein herumschnippeln, es kann darum nicht besser gedeihen. So konnte er warten mit großer Geduld.

Der Schriftforscher

Über dreißig Handschriften des Neuen Testaments, die er sich mühsam verschaffte, arbeitete er durch und verglich ihre Lesarten. Er gab der schwierigeren Lesart den Vorzug. So entstand der »Apparatus criticus«.

Da er das Lesen des Wortes Gottes zur Grundlage der Bildung machte, las er mit seinen Zöglingen alle zwei Jahre das Neue Testament griechisch durch. Aus dieser Versenkung in den Text wuchs sein Hauptwerk »Gnomon« (Fingerzeig) hervor, an dem er mehr als zwanzig Jahre gearbeitet hat. Er wolle damit nur Randbemerkungen machen, nicht die Schrift durch sein eigenes Wort ersetzen. Sein Grundsatz war: Schließe dich ganz an den Text an, versenke den Text ganz in dich. Über das Ziel dieser Arbeit sagt er:

Ich hoffe, es soll der Geschmack an der Heiligen Schrift unter der guten Hand Gottes durch den »Gnomon« erfrischt werden.

In der Inspiration der Schrift unterschied er zwei Grade: Den Propheten wurden die Worte genau vorgeschrieben wie einem Schreiber; die Apostel waren wie Sekretäre, die den Sinn des Herrn so genau kennen, daß er ihnen die Formulierung des Ausdrucks überlassen kann.

Die Stoßgebete in seinem letzten Werk, der genauen Übersetzung des Neuen Testaments, zeigen, daß Bengel seine Schriftauslegung betend trieb. Sein Gebet am Schluß des »Gnomon« spiegelt seine Ehrfurcht vor dem Wort Gottes und seine Demut wider:

O Gott, deinem Urteil stehe oder falle, was steht oder fällt. Erbarme dich der Leser und meiner, dir sei Ehre in Ewigkeit!

Der Gründer der methodistischen Kirche, John Wesley, übersetzte schon 1755 den »Gnomon« ins Englische.

Der Liebhaber der Weissagung

Sein forschender Geist widmete den Weissagungen besondere Sorgfalt. Er erkannte in der Weissagung der Schrift das Gesetz der Perspektive. Nahes ist sehr genau geschildert, Fernes fließt ineinander. Die Zahlenbestimmungen der Bibel nahm er in den Bereich seiner Forscherarbeit auf. Die Zahl 666 leuchtete ihm als Schlüssel der Zahlenverhältnisse des neutestamentlichen Heilsplanes ein. Dabei ließ er sich verleiten, das Ende der Welt auf 1836 zu berechnen. Diese Berechnung hat viel Unheil angerichtet, weil viele Schwaben daraufhin

nach dem Osten wanderten, um einen Zufluchtsort vor dem Antichristentum zu finden.

Doch vieles, was Bengel in seiner Erklärung der Offenbarung voraussah, ist eingetroffen, so daß sein Grundgedanke, die Geschichte bewege sich zu einem Ende hin, kräftig bestärkt wird. Er hat ein Überhandnehmen der Sünde gegen das 6. Gebot geweissagt. 1740 sagte er, das abendländische Kaisertum werde noch 60 Jahre währen. Man achte darauf, ob nicht der König von Frankreich Kaiser werde. Von Büchern werden allerlei Erzählungen, ob sie nun wahr oder erdichtet sind, am meisten gelesen werden. Sozinianismus (Gegner der Dreieinigkeit) und Papismus werden noch einmal zusammenfließen. Das werde dann dem Faß den Boden ausstoßen.

Der Leiter seiner Kirche

Seit 1749 war er Mitglied des Konsistoriums in Stuttgart und hatte großen Einfluß in der Leitung seiner Kirche. Im Vordergrund seiner Tätigkeit stand die Abgrenzung seiner Kirche gegen die Irrlehre. Speners Gedanken hatten schon Ende des 17. Jahrhunderts Eingang in Württemberg gefunden, und Privatversammlungen waren da und dort eingerichtet worden. Diesem Bedürfnis kam Bengel entgegen durch Begünstigung der kirchenfreundlichen Privatversammlungen, um die sich die Pfarrer selbst annehmen sollten. Von 1729 an kamen Herrnhutische Reiseprediger nach Württemberg, deren Einseitigkeiten mancherlei Verwirrung brachten. Er

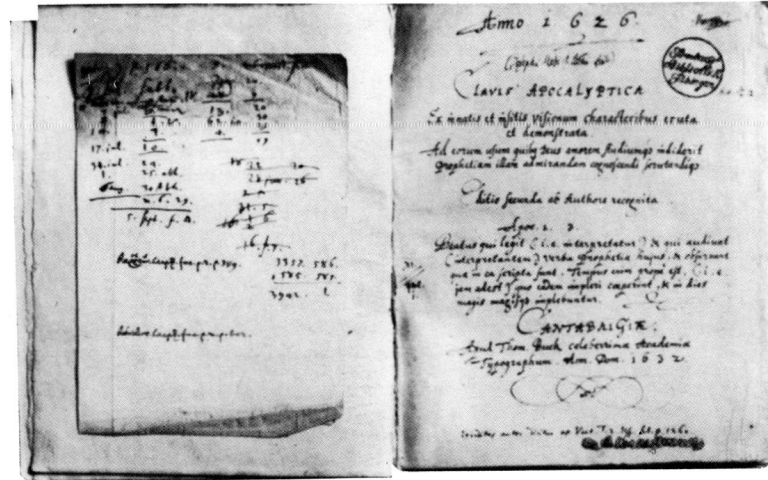

In einem von Bengel eigenhändig abgeschriebenen Buch zur Offenbarung fand sich auch ein »Rechenzettel« zum Termin des Weltuntergangs

trat vor allem ihrer Meinung entgegen, daß die Kirche rettungslos verloren sei und daß alle Redlichen sich in der Brüdergemeine versammeln sollten. Auch wandte er sich gegen die Menschenknechtschaft, in die Anhänger der Brüdergemeine hineingeführt wurden, weil selbst in der Frage der Wahl des Ehegatten die Mitglieder dem Beschluß der Gemeinde unterworfen waren. Besonders die einseitige Betonung der Bluttheologie konnte er nicht gutheißen (Sein Ausspruch: »Man kann nicht das ganze Jahr von Marksuppe leben«). 1751 schrieb er den »Abriß der Brüdergemeine«, in der er mit Ernst und Liebe seine Gedanken geltend macht. Dieser Schrift ist es zu verdanken, daß Zinzendorf seine Irrtümer einsah und zurücknahm und der nüchterne Geist in der Brüdergemeine den Sieg davontrug.

Bengel beklagte, daß die Theologen im Konsistorium nicht als Geistliche Leitung und Autorität hatten, sondern als Räte der Fürsten in juristischer Weise. Er hat jedenfalls seine Leitung seelsorgerlich ausgeübt. Davon geben seine vielen Briefe Zeugnis. Er gab den Rat, mit den Separatisten im bürgerlichen Leben verträglichen Umgang zu pflegen, aber vor einem geistlichen Umgang mit ihnen sich zu hüten.

Familienleben und Sterben
Die Grundlage seiner Ehe war die Gebetsgemeinschaft und der Wetteifer, einander in der Ehrerbietung zuvorzukommen. Seine Liebe verhielt sich in alten Tagen zu seiner Jugendliebe »wie abgeklärter und süßer Wein zum gärenden Most«. Als der ältere Sohn, der in Tübingen Medizin studierte, zu leichtsinnigen Gesellschaften neigte, brachten ihn die ernsten Briefe und Gebete des Vaters zur Umkehr.

Nach schwerer Krankheit schrieb Bengel 1741:
Wenn mich mein Gott wollte zu sich nehmen, ich wäre wie zeitiges Obst, das sich bald abpflücken läßt.

In seinem fünfundsechzigsten Jahre fing er an zu kränkeln und wurde dann bettlägerig. Meist betete er still vor sich hin. Als ihm kurz vor seinem Ende sein Schwiegersohn Burk zurief: »Jesus, dir leb' ich, Jesus, dir sterb' ich«, legte er seine erkaltende Hand auf das Herz, um seine Zustimmung damit zu bezeugen.

So blieb sie liegen, bis sie im Tode erstarrte.

Der Eindruck seines Sterbens war tief. Seine Landsleute hatten das Empfinden, daß ein Großer von ihnen gegangen war. Bei seinem Begräbnis schloß Stuttgart die Tore. Die ganze Bürgerschaft gab ihm das Geleite.

Sein scharfsinniger Geist hielt sich an das schlichte Evangelium in kindlicher Einfalt. Während einer Krankheit wünschte er den Zuspruch eines Geistlichen. Es war aber niemand da als ein Klosterschüler. Den verlangte er. Als er kam, forderte er ihn auf, ihm zuzusprechen. In seiner Not hub der Student an: »Das Blut Jesu Christi, des Sohnes Gottes, macht uns rein von aller Sünde.« »Nun, jetzt ist's recht, ich habe genug«, sagte Bengel und entließ ihn freundlich. Seine Frömmigkeit war echt und schlicht.

Ein siebenjähriger Knabe, der spätere Pfarrer Härlin, der ihn bei einem Hoffest zum erstenmal sah, schreibt von seinem Eindruck:
Die Pracht war unbeschreiblich. Ich gaffte alles mit offenem Munde um mich herum an, bis der selige Propst Bengel, der auch zur Tafel gezogen war, mir unter die Augen kam. Da verschwand vor meinen Augen alle Herrlichkeit des Hoffestes wie ein Nebel, wie die Sonne mit ihrer Kraft verscheucht. Ich war von dem kräftigen Magneten durch die Augen, die voll Licht und Leben waren, und durch die Stirn, auf der ich das Wort Ewigkeit zu lesen meinte, in eine andere Sphäre gezogen. Bloß dieser Anblick erregte eine große Veränderung in meinem ganzen Herzen.

JOHANN JAKOB MOSER
(1701-1785)

Der am 18. Januar 1701 geborene Johann Jakob Moser bezog die Universität Tübingen, um Rechtswissenschaft zu studieren. 1721 wurde er außerordentlicher Professor; 1722 verheiratete er sich mit Friederike Rosine Vischer, der Tochter eines höheren Beamten. Nach zweimaligem Aufenthalt am kaiserlichen Hof in Wien wurde er 1726 württembergischer Regierungsrat, 1729 Professor in Tübingen. Drei Jahre später zog er sich in das Privatleben zurück, weil ihm Zensur und Druckverbot seiner Bücher unerträglich geworden waren. In dieser Zeit der Stille kamen er und seine Frau zu dem Entschluß, mit Ernst Christen zu werden. 1734 wurde er wieder in sein Amt in Stuttgart eingesetzt. 1736-

Oetinger sagt über Bengels Abscheiden:
Er starb nach seiner Idee. Er wollte nicht geistlich pompös sterben, sondern gemein, wie wenn man unter dem Geschäfte zur Tür hinausgefordert wird.

39 war er als Rektor der Universität auf den Ruf des preußischen Königs Friedrich Wilhelm in Frankfurt/Oder. Er fiel aber wegen seines Freimuts in Ungnade und bekam seinen Abschied. 1739-41 lebte er als Privatmann zu Ebersdorf in der Grafschaft Reuß die glücklichsten Jahre seines Lebens. 1747 und 1748 hatte er als Geheimer Rat und Chef der Kanzlei die Leitung des hessisch-homburgischen Staates. Er nahm seinen Abschied, weil er die Grundsätze einer gesunden Finanzwirtschaft nicht durchsetzen konnte. Nun baute er in Hanau eine Kanzleiakademie für junge Leute auf. Da rief ihn die württembergische Landschaft (eine Art Volksvertretung), ihr Rechtsbeistand zu werden. 1759, nach achtjähriger Tätigkeit, ließ ihn der Herzog Karl in die Festungshaft auf dem Hohentwiel werfen. Das Kesseltreiben seiner Feinde hatte zum Ziel geführt. Als er 1765 auf Betreiben des Preußenkönigs und auf Fürsprache des Kaisers aus seiner Haft entlassen wurde, lebte er in der Stille, vom Herzog hochgeachtet, von seinen Mitbürgern geliebt, bis zu seinem Tode am 30. September 1785.

Johann Jakob Moser

Seine Herkunft und sein Werden

Moser stammte aus altwürttembergischen Geschlecht, das 1573 in den Adelsstand erhoben worden war. Er ist, wie Bengel, ein Ururenkel von Johann Brenz. Er war von Jugend an ein Mensch von überschäumender Tatkraft. Wie ein Gießbach sich über Felsblöcke stürzt, so stürzte sich Moser auf die Wissenschaft. Schon als Schüler schrieb er Bücher und übersetzte römische Schriftsteller. Als Sechzehnjähriger erstrebte er es, auf die Universität zu kommen, und es gelang ihm. Morgens um zwei Uhr ließ er sich vom Nachtwächter wecken, um an sein Studium zu gehen.

Der Rechtsgelehrte

Er kannte sich aus in dem, was in alten Zeiten in den verschiedenen deutschen Staaten rechtens war. In Wien faßte er den großen Gedanken des deutschen Staatsrechtes. Das Recht war ihm nicht nur eine geschichtliche Gegebenheit, sondern eine Macht, die die Gegenwart gestalten wollte. Er schrieb sein Lehrbuch über das deutsche Staatsrecht in deutscher Sprache. Er war ein Mann der neuen Zeit, der altes Herkommen, wo es unhaltbar war, überwand und neues

Recht schuf. So kämpfte er gegen die mittelalterliche Folterung, da ein in der Folter erpreßtes Geständnis jederzeit zurückgenommen werden könne. Bedeutsam sind seine Entscheidungen, die er im Grenzgebiet zwischen Staat und Kirchenrecht erkämpfte, desgleichen seine schonende Behandlung der Separatisten, die in der Landeskirche ein Sündenbabel sahen. Er hat eine ganze juristische Bibliothek geschrieben mit Tausenden von Seiten.

Der Christ

Moser nennt sich selbst einen ehrlichen Mann. Darunter versteht er eine Geradheit, die nicht schmeicheln kann. So blieb er bei einer Fronleichnamsprozession in Wien in dem Augenblick, als der Kaiser vorüberzog und alles bei dem Klingelzeichen der Wandlung in die Knie ging, auch der Kaiser, allein inmitten der knienden Menschenmenge stehen. Eine reich dotierte Stelle in der böhmischen Kanzlei, die ihm der Prälat von Weisbach unter der Bedingung anbot, daß er katholisch werde, lehnte er ab, obwohl er in Geldverlegenheit war.

281

Der Handel käme ihm verdächtig vor, daß man auf seinen Luther so viel aufzahlen wolle, daß der Schluß naheliege, die Ware des Prälaten sei schlechter als die seinige.

Damals huldigte er noch einer Art natürlicher Religion. Konfirmation gab es in seiner Jugendzeit noch nicht. So erhielt er keine tieferen christlichen Eindrücke. Auf der Universität kam er durch die Zweifel seines eigenen Herzens nach und nach von der Religion ab. Bei einer schweren Erkrankung in jener Zeit wurde ihm sehr angst vor Tod und Ewigkeit. Dieser Angstschweiß war seine Rettung, denn er brach die Macht der Krankheit. Er beschreibt selbst seine innere Entwicklung folgendermaßen:

Eine unter Speners theologischen Bedenken befindliche Antwort, die er einem Naturalisten erteilte, gab mir viel Befriedigung. Joh. 7,17: »So jemand will des Willen tun, der wird innewerden, ob diese Lehre von Gott sei.« Anfangs dünkte mich diese Forderung unbillig. Ich fand aber nachher aufs überzeugendste, daß sie in der Vernunft unbeweglich gegründet ist, so daß kein Atheist, er habe gegen die Wahrheit der christlichen Religion noch so viel einzuwenden, mit Recht sagen könne, sie sei ungegründet, solange er sich dieses Prüfsteins nicht bedient hat. Im Jahre 1733 fingen ich und meine Frau (ohne daß es eins vom andern wußte) an, unser Christentum uns einen wahren Ernst werden zu lassen. (Durch einen jüngeren Bruder Mosers, der damals in Tübingen studierte, und dem es mit seinem Christentum ernst war, wurde der Grund zu ihrer Erweckung gelegt.) Meine Frau und ich fuhren einst über Land. Da kam im Gespräch heraus, was Gott an beider Herzen getan. Wir waren erstaunt und erfreut und liebten einander aus diesem Grunde ganz von neuem und noch viel herzlicher als ehemals. Wir fingen an, ohne es von jemand gehört zu haben, aus dem Herzen miteinander zu beten. Wir hörten auch ganz anders die Predigt als vorher. Wir hatten neue Ohren und Herzen bekommen.

Weil das Ehepaar Moser sonntags viel unnützen Besuch bekam, beschloß es, um diese Zeit ein Lied zu singen, und wenn jemand dazukäme, ihn zum Mitsingen einzuladen. Wem damit nicht gedient sei, der werde von selbst wegbleiben. Am Sonntag waren sie zu dritt, am nächsten Sonntag fand sich eine kleine Schar, die Moser bat, ihr ein gutes Wort zu sagen. Daraus entstand eine zahlreich besuchte Erbauungsstunde.

Doch war er damals noch in einem gesetzlichen Zustand und meinte, er könne sich selbst den Frieden Gottes schaffen. Erst in Frankfurt an der Oder kam er zu tiefer Sündenerkenntnis:

Ich legte mich alle Tage auf mein Angesicht auf den Boden vor dem Herrn und bat ihn, weil er mein Herz kenne, er möge mir, der ich als ein Gottloser durch Christum gerecht zu werden verlange, eine gewisse und bleibende Versicherung der Vergebung aller meiner Sünden schenken.

Als er einige Wochen täglich so angehalten hatte, wurde er an einem Sonntagnachmittag im Geist vor Gottes Gericht gestellt:

Im Licht der Heiligkeit Gottes gestand ich alles, was mir vorgehalten wurde, willig zu und gab mich der Verdammung schuldig, bat aber zugleich um Gnade um Jesu Christi willen. Hierauf war es, wie wenn Jesus hereintrete, um für mich um Gnade zu bitten. Diese von Jesus geschehene Anzeige seiner für mich geschehenen Genugtuung war mir unaussprechlich lebhaft gegenwärtig. Zugleich erging in meinem Herzen ein Mahnwort an mich: Nun ist es Zeit zuzugreifen, und ich tat es augenblicklich. Ich fing an, Gott anzubeten, daß er das Blut Jesu Christi zur Versöhnung auch für meine Sünden angenommen habe. Unter diesem Loben und Danken wurde ich von dem Frieden Gottes nach Geist, Seele und Leib durchdrungen.

Seitdem hat er nie mehr Zweifel an seinem Gnadenstand gehabt.

Als er mit seiner Frau zum Glauben gekommen war, geriet er in mancherlei Anfechtung. Er erkannte aber, daß es Glaubensprüfungen waren und daß Gott ihm zur rechten Zeit immer durchgeholfen hatte.

Der Gefangene auf dem Hohentwiel

Die höchste Bewährung seines Glaubens waren die Leiden, die er um seines Kampfes willen für Wahrheit und Gerechtigkeit in seinem Amt als Wortführer und Rechtsbeistand der württembergischen Landstände auf sich nehmen mußte. Die vielen Veränderungen in seinen Stellungen hingen schon mit seinem rücksichtslosen Einsatz für Wahrheit und Gerechtigkeit, der auch vor Fürstenlaunen und Fürstensünden nicht haltmachte, zusammen. Darum fiel er in Frankfurt an der Oder in Ungnade, weil er dem König widerstand, der die närrische Disputation veranstalten wollte. In Hanau nahm er seinen Abschied, weil man auf seine Sparsamkeitsgrundsätze in der Hofhaltung nicht einging. Als er aber im Auftrag der Landstände gegen die Verschwendungssucht des württembergischen Herzogs ebenso wie gegen die Beteiligung am Siebenjährigen Krieg auf der Seite Österreichs sich wenden mußte, die der Herzog dringend wünschte, lud er den Haß des Herzogs auf sein Haupt. Er wurde nach Ludwigsburg berufen. Im Vorzimmer sagte er zu dem Geheimsekretär, der ihn geholt hatte: »Unverzagt und ohne

Grauen soll ein Christ, wo er ist, stets sich lassen schauen.« Der Herzog sagte ihm, als er vor ihn trat:

Weil alle meine bisher gegen Ihn erlassenen Resolutionen nichts gefruchtet haben, sondern die Landschaft mit ihren respektwidrigen und ehrenrührigen Schriften noch immer fortfährt, sehe ich mich genötigt, mich Seiner als des Verfassers Person zu versichern und Ihn nach dem Hohentwiel zu schicken. Ich werde die Sache durch die allerschärfste Inquisition untersuchen lassen.

Moser antwortete nur: »Euer Durchlaucht werden einen ehrlichen Mann finden.«

Moser wurde sofort unter militärischer Bewachung, ohne daß man ihm erlaubte, bei der unerträglichen Hitze ein Fenster an der Kutsche zu öffnen, in dreißigstündiger ununterbrochener Fahrt auf die Feste Hohentwiel gebracht. Als er dort anlangte, konnte er nicht mehr gehen. Die Haft war außerordentlich streng. Vier Jahre lang durfte er sein Turmzimmer nicht verlassen. Niemand durfte ihn besuchen. Das Reden war ihm verboten. Nicht die geringste Bequemlichkeit war ihm gestattet. Kein Buch, kein Schreibzeug durfte er haben. Das war für den ungeheuer fleißigen Mann ein Sterben. Er schrieb mit der Lichtschere an die Wand und mit einem Stichel, den er an der Ofenplatte geschärft hatte, in seine Bibel zwischen die Zeilen. Da entstanden viele seiner Lieder.

Großer Hirte aller Herden / in dem Himmel und auf Erden / treuer Heiland Jesus Christ / laß in diesen letzten Zeiten / sich dein Reich noch mehr ausbreiten / als bisher geschehen ist.

Der Kommandant, ein mürrischer, rauher Mensch, ließ ihm im Winter kaum einheizen, so daß er fast erfror. Er hätte diese Qualen nicht überstanden, hätte er nicht im christlichen Glauben die Kraftquelle gehabt, alles zu überwinden.

1762, während seiner Haft, starb seine Frau vor Gram. An Hüftweh und Gliederschmerzen erbärmlich krank, konnte er nur mit Krücken mühsam einige Schritte sich bewegen. Er berichtet:

An einem Morgen setzte ich mich an den Tisch, legte Krücke und Stock darauf, las in der Bibel die Geschichte, wie Jesus den zu ihm gebrachten Gichtbrüchigen gesund gemacht, gab ihm in meinem Herzen die Ehre, daß er auch jetzt noch auf seinem Thron eben dies tun könne, wo er Glauben antreffe. Ich stand auf und fand, daß ich imstande war, frei zu stehen. Ich ging etliche Schritte und konnte gehen, und zwar ohne Schmerzen. Ich nahm nach meiner wunderbaren Heilung in dankbarem Andenken gegen Gott die Krücken mit mir nach Hau-

se. Es sind jetzt zwölf Jahre her, seitdem habe ich kein Gliederweh mehr gehabt.

Nach fünf Jahren seiner Haft, als der Hubertusburger Friede geschlossen wurde, wurde er auf nachdrücklichste Vorstellung Friedrichs des Großen beim Hof in Wien und auf gerichtliche Klage der württembergischen Landschaft beim Reichshofrat freigelassen. Vorher versuchte der Herzog noch, Moser zu bewegen, sein moralisches Todesurteil selbst zu unterzeichnen und seine Freilassung als unverdiente Gnade anzuerkennen. Aber Moser lehnte es ab. »Mein Leib und Vermögen sei in Serenissimi Hand, aber meine Ehre nicht.« Als er am 25. September 1764 aus der Haft entlassen war, glich seine Fahrt nach Stuttgart einem Triumphzug. Überall wollte man ihn sehen. Man begrüßte ihn da und dort mit dem Vers: »Unverzagt und ohne Grauen.«

FRIEDRICH CHRISTOPH OETINGER (1702-1782)

Oetinger wurde geboren am 2. Mai 1702 in Göppingen als Sohn des Stadtschreibers Johann Christoph Oetinger. Seine Mutter war Rosine Dorothea geborene Wölfling, die aus einer alteingesessenen Verwaltungsbeamtenfamilie stammte. Friedrich Christoph war das dritte von elf Kindern. 1717 kam er in die Klosterschule Blaubeuren, wo der feinsinnige Professor Weißensee sein Lehrer war. 1720 trat er in die Klosterschule Bebenhausen ein. Dort entschied er sich nach einigem Schwanken für das Studium der Theologie. Von der Aufklärungsphilosophie Malebranches, Leibnizens und Wolfs rang er sich los, als er Böhme kennen lernte. Aus der blassen Welt der Ideen fand er ins Leben zurück. Nun sah er die Heilige Schrift in einem ganz neuen Lichte und fühlte sich mächtig zu dem Meister der Schriftauslegung, Johann Albrecht Bengel in Denkendorf, hingezogen. Die Grundbegriffe der Bibel wurden für ihn maßgebend. Er war bis 1737 mit einigen Unterbrechungen auf Reisen. 1738 bekam er die Pfarrei Hirsau. Dorthin führte er Dorothea Linsenmann heim. 1743 wurde er Pfarrer in Schnaitheim, um in die Nähe Bengels zu sein. 1746 bekam er die Gemeinde Waldorf bei Tübingen. 1752 übertrug man ihm das Dekanat Weinsberg, 1759 wur-

Friedrich Christoph Oetinger

Sein Werden

Er war ein eigentümlich besinnliches Kind. Die erste Regung seines Geistes war das Staunen. Als er einmal das Lied betete: »Schwing dich auf zu deinem Gott, du betrübte Seele«, wurde er heftig angetrieben zu verstehen, was es sei, sich zu Gott aufschwingen. Er bemühte sich inwendig vor Gott, und siehe da, er war aufgeschwungen in Gott. Das ließ ein helles Licht in seiner Seele zurück, so daß er sein Leben lang nichts Fröhliches empfand. Eines Tages bekam er von seiner Mutter den Befehl, in Jesaja zu lesen. Die Worte in Jesaja 54, 11-14 («Du Elende, über die alle Wetter gehen«) bewegten ihn tief, so daß er nach Jahren seinen Lehrer Weißensee fragte, wen diese Stelle angehe. Er antwortete ihm, was allen gesagt sei, sei auch ihm gesagt.

Er schreibt in der »Genealogie der reellen Gedanken eines Gottesgelehrten« von seiner Kindheit:

Bei Nacht hatte ich auch sehr unglückliche Träume von den Unseligen nach dem Tode. Ich sah eine alte Matrone mit dem Schlüssel die Gemächter auftun, allwo ich tief in die Behältnisse der verschiedenen Unseligen hineinsah und ihr Zetergeschrei anhörte.

In seinen Knabenjahren legte er den Grund zu seiner großen Allgemeinbildung, indem er historische, geographische und naturwissenschaftliche Bücher las. In seinen Jünglingsjahren schwankte er, ob er dem Ehrgeiz seiner Mutter, die einen Rechtsgelehrten und Politiker aus ihm machen wollte, oder dem Herzenswunsch seines Vaters, der ihn zur Theologie bestimmt hatte, folgen sollte, bis ihm sein Prälat den Rat gab, die Sache mit Gott zu besprechen. Da wurde es ihm alsbald klar, daß Gott zu dienen die höchste Freiheit ist. Von Stund an war er ein anderer Mensch:

Ich war nicht mehr galant in Kleidern, ich ging nicht mehr in Gesellschaft, redete wenig, ich las in Gottes Wort und nicht mehr in weltlichen Autoren. Und die Schüler sahen meine Veränderung, wunderten sich, sahen mich oft beten in meinem Zimmer durch ein Fensterlein, kamen zu mir mit dem Verlangen, mit ihnen zu beten. Das tat ich einfältig.

Er warf sich mit Feuereifer auf das Studium der Theologie und wollte sie erleben wie einst das Lied »Schwing dich auf zu deinem Gott«. In einer längeren Krankheitszeit kamen ihm die Sünden seiner Jugend zum Bewußtsein, und er erfuhr die Bußpsalmen.

Nun überwand er die Aufklärungsphilosophie. Er sagt darüber:

de er Dekan in Herrenberg. 1765 erhielt er die Prälatur in Murrhardt. Dort ist er am 10. Februar 1782 gestorben.

Oetinger war der bedeutendste Schüler Bengels. Er hat die Schrifterkenntnis zur Grundlage seines philosophischen und naturwissenschaftlichen Denkens gemacht. Er unternahm den großen Versuch einer Gesamtschau der Wissenschaft vom Blickfeld des Wortes Gottes aus. Er war ein umfassender Geist. Als Theologe war er Mediziner und Naturwissenschaftler. Als der Mensch sich anschickte, sich von der Grundlage des geoffenbarten Wortes loszulösen, um sich in die schwindelnden Höhen des leeren Begriffs zu erheben, als die Naturwissenschaft den Versuch machte, die Natur ohne Gott aus der Materie zu erklären, berief Gott Oetinger, damit er von der Schrift her die Gesamtschau der Wirklichkeit schaue und andere schauen lasse.

Gott hat mich durch viele Schmerzen so lange in meinem Innersten mit seinem Wort gepeinigt, bis ich diese Grundbildung der Gedanken habe fahren lassen und anders gestaltet habe, nämlich nach dem Grundgedanken der Apostel und Propheten.

Er schreibt im »Denkmal der Lehrtafel«:

Was ist der Idealismus? Ein pferdscheuer Schrecken vor dem Materialismus. Was hat der Teufel gekünstelt, diese Weltgefälligkeit in die Herzen der meisten Philosophen und Theologen einzugießen, damit Gottes Worte, welche lauter massive und bildliche Begriffe in uns erzeugen sollen, nicht mehr nach der eigentlichen Bedeutung, sondern nach der idealistischen, sadduzäischen Geisterei und Antigeisterei und nach vorgefaßten Meinungen, wodurch man die reichen Schriftbegriffe in leere und entkräftete Sätze verwandelt, erklärt werden. Nichts als Jesu Worte haben mich entzaubert.

Hier leuchtet schon die Erkenntnis auf, die der reife Oetinger in seinem berühmtesten Satz so formuliert hat: »Leiblichkeit ist das Ende der Wege Gottes.« So hat ihm Johann Albrecht Bengel das Entscheidende gegeben. – In den »Kurzen Gedanken von der heiligen Schrift« schauen wir ihm ins Herz:

Die ganze Heilige Schrift ist eine vollständige Symphonie. Alles hängt und stimmt zusammen. Alle Teile des göttlichen Wortes im alten und neuen Bund bilden ein großes, aber sehr genaues System.

Bei seinen Reisen lernte er in Frankfurt einen gelehrten Kabbalisten kennen und ließ sich von ihm in die Geheimnisse der Kabbala einführen. Dann zog es ihn zur Brüdergemeine, der mächtigsten geistlichen Bewegung seiner Zeit. Der Graf Zinzendorf erkannte sofort, was in Oetinger steckte. Er hatte kühne Pläne mit ihm. Er sollte nach Frankreich, um die verfolgten Hugenotten zu stärken. Dann sollte er nach Asien reisen, um China zu erforschen. Doch stießen gerade diese phantastischen Projekte den nüchternen Schwaben ab. Auch ergaben sich aus der verschiedenartigen Schriftauffassung Spannungen. Zinzendorf sah in der Schrift ein Spruchbuch, Oetinger war durch Bengel in das Ganze der Schrift eingeführt worden. Er schrieb an Bengel:

Ein zartes Gemüt habe ich gegen Herrnhut, aber ich fürchte mich vor allen weit aussehenden Versprechungen. Mich dünkt, der Graf nehme sich in Anbetracht seiner Gemeinde zu viel heraus.

Den Ertrag seines Ringens um die Gewißheit spricht er in drei Sätzen aus, die auch die Grundlage seiner Theologie sind:

Kloster Hirsau im Schwarzwald, Oetingers erste Pfarrstelle

Ich mußte drei Säulen haben, auf denen mein Gebäude ruhen konnte: 1. die Grundweisheit, welche ich aus der menschlichen Geistesgemeinschaft und aus der Natur vernahm, den Sensus communis, das allgemeine Wahrheitsgefühl; 2. den Sinn und Geist der Heiligen Schrift; 3. die Führungen Gottes mit mir auf diesem Grund.

Die Heilige Schrift war für ihn der entscheidende Grund. Das allgemeine Wahrheitsgefühl hatte für ihn nur vorbereitende Bedeutung. Unter Führung verstand er die Leitung durch den Heiligen Geist, die die Schrift lebendig macht und an der Schrift zu prüfen ist.

Der lange Weg des Erziehers

Oetinger hat schwer an der Aufgabe eines Pfarrers getragen. Wie fern war die Volkskirche vom ursprünglichen Leben der ersten Christenheit! An eine rasche Eroberung der Kirche, wie sie der feurige Geist Zinzendorfs erstrebte, konnte er nicht glauben. Er unterschied den kurzen Weg, den der Glaube des Kerkermeisters ging, und den langen Weg des Erziehers. Er ging diesen letzteren Weg. Er lehrte gern die Jugend die Sprüche Salomos und mühte sich um eine rechte Darbietung der Katechismuswahrheiten.

Ich arbeite an meinem kleinen Häuflein auf allerlei Weise: Ich bin ein Arzt, eine Magd, ein Schuldiener, weil die Frau, die Kirche, krank ist. Die Arbeit an Wort und Lehre darf ich nach meinem Gewissen nicht aufgeben, wenn ich schon viele Widersprüche im Amt begehen muß, davon mich der souveräne Herr des Gesetzes dispensiert, daß sie mir nicht als Schuld angerechnet werden. Die Regeln der Liebe sind weiter als die Regeln des Rechts.

In Weinsberg schreibt er:

Ich bin ein Hirte der Löwen, Bären, Schweine und etlicher Schafe Hirt. Ich besuche diese und jene in gleicher Weise.

Oetinger als Schriftsteller

Er diente der Allgemeinheit durch seine Bücher. In seinen Wanderjahren schrieb er den »Abriß der evangelischen Ordnung zur Wiedergeburt« und »Die schriftgemäßen Erwägungsgründe vom Separatismus und von der Condescendenz« (Herablassung). Als junger Pfarrer verfaßte er katechetische und exegetische Schriften. In Hirsau schrieb er als Frucht seiner Bibelstunden über den zweiten Jesaja die Schrift »Etwas Ganzes vom Evangelium«. Sein Hauptwerk war »Die Theologie aus der Idee des Lebens abgeleitet«. Durch dieses Werk wollte er Aufklärung und Orthodoxie, die beide einseitig den Verstand pflegen, überwinden. Sein biblisches Wörterbuch sollte in die biblischen Begriffe einführen und die Dürftigkeit des Rationalismus aufzeigen. In seinem Weinsberger »Predigtbuch« spricht er sich über die Aufgabe der Predigt aus:

Man muß kurz predigen, damit man nicht wieder hinauspredigt, was man hineingepredigt hat. Man muß schlicht predigen, gründlich reden und massiv reden, damit die Menschen gleichsam aus den Angeln gehoben und in andere Grundbegriffe hineingestellt werden.

In Waldorf verlegte er sich auf die Chemie und hantierte in einer Schmiedewerkstatt mit Gläsern und Tiegeln herum, weil er der Meinung war, daß die Wahrheit Gottes in der Heiligen Schrift zusammenstimmt mit der Wahrheit Gottes in der Natur. Dort gelang ihm das wunderbare Experiment mit dem Melissenöl, das die Form der Melissenblätter in feiner Linienzeichnung annahm. Daraus zog er wichtige Schlüsse in Bezug auf die Auferstehung. »Himmel und Erde war ihm ein Buchstabe aufs Ewige.«

Als todkranker Mann schrieb er in Herrenberg seine »Irdische und himmlische Philosophie«.

»Er, der ins ungeheure Ganze mit scharfem Seherauge blickt« (Schubart über Oetinger), zog auch verwunderliche Erscheinungen des Seelenlebens und jenseitiger Mächte in seinen Forschungsbereich. Er stand selbst in Beziehungen zur Geisterwelt, war aber in Andeutungen darüber sehr zurückhaltend. Es geht von ihm die Sage, er habe in Murrhardt um Mitternacht den Geistern in der Kirche gepredigt. Der Prälat Hiller sagt in einem Nachruf über ihn: »Er belauschte auch die Kammern, wo Verstorbene teils im Jammern, teils in ihrer Ruhe sind.«

Der alternde Oetinger beschäftigte sich lebhaft mit Swedenborg. Er wollte »lieber in einen Abgrund fallen als eine erkannte Wahrheit unterschlagen«.

Doch hat er ihn, als er sich in den Rationalismus verirrte, empört abgelehnt.

Oetinger, der Beter

Das Gebet war für ihn zu Gott zurückgewandtes Gotteswort, ein Wirken mit Gott. Er hat ein Gebetsbüchlein geschrieben, in dem er die Psalmen nach den sieben Vaterunserbitten ordnete. Betend drang er in die Wahrheit der Heiligen Schrift ein; betend überwand er seine Anfechtungen. Seine Gebete vor den Predigten, die Riethmüller 1934 herausgegeben hat, sind eine Fundgrube tiefer Schriftgedanken.

Weil er ein Beter war, darum hatte er Macht über die Geister. Bei einer Volksempörung in Murrhardt beruhigte sein Erscheinen, um das der Oberamtmann gebeten hatte, das aufgeregte Volk. Im Jahre 1770 setzte er mit drei anderen wackeren Männern die Wiederberufung des unbestechlichen Johann Jakob Moser zum Rechtsbeistand der Landstände durch.

Er war ein schlichter Mann in demütiger Einfalt. Als er einmal lang hinaussah, vom Herrenberger Pfarrhaus auf die weite Ebene, wo man die Lichter der Dörfer leuchten sah, und von einem Vikar gefragt wurde, was er denke, da er so still sei, antwortete er:

Ich dachte an die treuen Mütter in diesen Dörfern, die jetzt teils die Kleider ihrer Kinder zusammenflicken, teils ihre Säuglinge pflegen, und dachte: Es würde gut sein, wenn ich einmal einen so guten Platz im Himmel bekäme wie diese.

JOHANN FRIEDRICH FLATTICH (1713-1797)

Sein Vorfahre war Ferdinand Levin Flattich, ein mährischer Edelmann, der um des evangelischen Glaubens willen Besitz und Heimat verließ und in Württemberg eine neue Heimat fand. So wird auch in seinem Leben der Segen frommer Vorfahren sichtbar. Die Eltern Flattichs waren der Amtmann Johann Wilhelm Flattich aus Beyhingen bei Ludwigsburg und Maria Veronika Kapff, die Tochter des Stiftungsverwalters von Backnang. Flattich wurde am 3. Oktober 1713 geboren. Er war ein wilder Knabe, dem die strenge Zucht seines Vates wohltat. Als er fünfzehn Jahre alt war, verlor er seinen Vater. Seine Mutter mußte sich sehr einschränken, um ihren Sohn studieren zu lassen. Vier Stunden war er täglich unterwegs, um die Schule in Ludwigsburg besuchen zu können. Die harten Tage seiner Jugend waren ihm zeitlebens wertvoll, weil er dadurch entsagen lernte.

1729 wurde er als Schüler in das Kloster Denkendorf aufgenommen, an dem der fromme Präzeptor Johann Albrecht Bengel lehrte. Dieser Lehrer machte den allertiefsten Eindruck auf ihn. Durch ihn wurde er in die tiefe Weisheit der Heiligen Schrift eingeführt. Las doch Bengel mit seinen Schülern täglich im griechischen Neuen Testament. Die Liebe, mit der Bengel sich des fleißigen Schülers annahm, gewann ihm das Herz ab. Bengel wurde sein Seelsorger, mit dem er auch in späteren Jahren in Verbindung blieb. Wenn Flattich sich zeitlebens neben seinem Pfarramt der Erziehungsaufgabe widmete, so hat ihn die Persönlichkeit Bengels dazu angeregt. Flattich hat Bengels Erziehungsweisheit praktisch angewendet.

Nach zwei Jahren kam er in die höhere Klosterschule Maulbronn, wo ihm die Aufsicht über seine Mitschüler übertragen wurde. 1735 bezog er das Stift Tübingen. 1738 wurde er Vikar bei seinem Onkel, Pfarrer Kapff in Hoheneck. Um beschwerliche Krankheits- und Schwächezustände zu überwinden, arbeitete er täglich etliche Stunden bei einem Dreher in Ludwigsburg an der Drehbank.

Im Jahre 1742 schlug er ein recht verlockendes Angebot, eine Hofmeisterstelle in einem vornehmen Haus zu übernehmen, deshalb aus, weil seine Mutter dagegen war. Sie bestand darauf, er dürfe nicht mehr werden als ein einfacher Dorfpfarrer. Sie fürchtete, das üppige Leben eines Hofmeisters verwöhne ihn und schade ihm an Leib und Seele. Im selben Jahr bekam er die Pfarrei Hohenasperg. Dorthin führte er seine junge Frau heim, Christiana Margarete Groß, die Tochter einer Pfarrerswitwe, die ihm eine demütige, treue Gattin wurde. Unermüdlich stand sie einem großen Haushalt, wo oft 20-30 Personen am Tisch saßen, vor. Sie schenkte ihm 14 Kinder, von denen 2 Söhne und 4 Töchter am Leben blieben.

1747 kam er nach Metterzimmern. Er hatte seine Gemeinde lieb, aber für die große Familie war doch das Einkommen aus dieser Stelle zu klein, so daß er sich um eine bessere Stelle bewarb. Der Herzog Karl, der ihn hatte predigen hören, verschaffte ihm die einträgliche Pfarrei Münchingen, wo er 1760 einzog. Hier war die gesegnete Stätte seiner Hauptwirksamkeit, wo er die Zöglinge, die man ihm anvertraute, erzog. Am 1. Juni 1797 ist er dreiundachtzigjährig hier im Frieden heimgegangen.

Flattichs Originalität

Er war ein so ganz Eigener, daß er nichts nach der Meinung anderer fragte. Was er für recht erkannt hatte, das tat er, und wenn es tausendmal wider alle Mode war. Weder die seidenen Strümpfe noch den Haarpuder wandte er an, obwohl er in der Zopfzeit lebte und in den Schlössern der Edelleute gern gesehen war. Er konnte das Geschenk der seidenen Strümpfe, das man ihm einst machte, ausschlagen mit der Bemerkung, sie kämen ihm zu teuer, weil dann Anzug und Möbel und Essen dazu passen müßten. Weil er rasch mit dem Wort war, hatte er sich, um langsamer zum Reden zu kommen, die Redensart angewöhnt: »Do han i do jetzund«, mit der er alle seine Sätze einleitete.

Die Quelle seiner Ursprünglichkeit war das Leben aus der Weisheit der Bibel. Als er in seinen Studentenjahren das Wort von der Liebe, die größer ist als Glaube und Hoffnung, auf sich wirken ließ, wurde es ihm klar, daß das Christentum ganz und gar eine praktische Angelegenheit ist, und er entschloß sich, der Menschheit so viel als möglich zu dienen. Die Liebe seines Lehrers Bengel hatte auf den jungen Schüler den allertiefsten Eindruck gemacht. So kam er auf den Gedanken, daß er beim Unterrichten junger Menschen am meisten Liebe anwenden könne. Darum hatte er schon als Student Privatunterricht gegeben und hat bis in sein hohes Alter in all seinen Pfarrämtern Schüler gehabt, die er unterrichtete.

Flattich als Erzieher

Seine Erziehungsweisheit hatte er auf Aufforderung des Prälaten Oetinger in dem »Sendschreiben von der rechten Art, Kinder zu unterweisen« in Oetingers Zeitschrift »Die güldene Zeit« niedergelegt. Später gab er unter dem Titel »Pädagogische Blicke« Anmerkungen über das Informationswerk im »Süddeutschen Schulboten« heraus. In diesen Schriften steckt eine Fülle von christlicher Erziehungsweisheit. Sein

Haupterziehungsmittel war die Liebe. Er bemühte sich, seinen Zöglingen Liebe zu erweisen, denn er hatte die Erfahrung gemacht, daß man von Liebe fast so viel als von Brot lebt. So sagte er in seiner »Information nach der Heiligen Schrift«:

Die vornehmste Eigenschaft eines Lehrers ist, daß er eine Liebe zu den jungen Leuten hat. Wer diese nicht hat, ist untüchtig, ein Lehrmeister zu sein, denn das Unterrichten wird ihm zu einer großen Last, und jungen Leuten wird er unerträglich. Man kann daher besonders von einem Lehrmeister sagen: Wenn er die Liebe nicht hat, so ist er nichts.

Ein andermal schreibt er:

Ich bin froh, daß ich in meinem Hause viele Leute um mich haben darf, daß ich mich in der Liebe üben und Freude am Menschen haben kann. Dabei erfahre ich, daß, wenn ich nur wider einen einzigen Menschen in meinem Hause einen Widerwillen habe, so komme ich in ein Mißvergnügen. Wenn ich aber alle lieben kann, so bin ich vergnügt.

Flattich bekam diese Liebe dadurch geschenkt, daß er für seine Zöglinge viel betete. An sich neigte er von Natur zum Jähzorn und war deshalb auch gleich bereit, seine Erziehungsarbeit mit einigen Schlägen zu unterstützen. Da man ihm meist schwierige junge Leute anvertraute, war es begreiflich, daß ihm im Anfang seiner Erzieherarbeit manchmal der Geduldsfaden riß. Aber sein Gewissen machte ihm Vorwürfe. In seiner »Biblischen Informationslehre« schreibt er:

Da mir die Warnung Pauli vorkam, daß ein Bischof nicht pochen oder dreinschlagen soll, so nahm ich mir als Pfarrer vor, mich dessen zu enthalten.

Er wollte seine Kinder mit Gebet, Liebe und Geduld erziehen. Als das seine Knaben merkten, ließen sie sich mehr und mehr gehen. Zuletzt war es Flattich fast unmöglich, den Unterricht fortzusetzen. Aber er blieb bei seinem Vorsatz, nicht mehr zu schlagen, sondern in Geduld und Gebet auszuharren. Später hat er es einem Freund mit nassen Augen erzählt, daß diese Knaben, die sich so gehen ließen, es ihm mit Tränen abgebeten hätten.

Durch das Unterrichten hat Flattich selbst innerlich am meisten gelernt. Er lernte, sich zu seinen Knaben herabzulassen.

Er schreibt in seiner »Information«:

Kann sich der große Gott so weit zu den Menschen herablassen, daß er menschlich mit ihnen handelt, warum sollte sich nicht auch ein Lehrer zu den Schülern herunterlassen, daß er

ihnen erträglich, ja nicht nur erträglich, sondern auch angenehm wird.

Er sagte einmal, er hätte gemeint, für einen Dorfpfarrer wisse er genug. Als es ihm aber nicht gelang, einen zwölfjährigen Knaben recht zu erziehen, erkannte er, daß er noch viel lernen müsse, um einer großen Gemeinde helfen zu können.

Man hat beim Unterrichten eine harte Prüfungsübung in der Geduld und Sanftmütigkeit. Weil es so viel harte Köpfe und schüchterne Leute gibt, ist die Geduld das Vornehmste an einem Lehrmeister. Beim Lehren und Lernen kommt man durch Beständigkeit am weitesten. Was könnte man in zehn Jahren lernen, wenn man nicht vielerlei auf einmal lernen wollte, wenn man eins nach dem anderen lernte.

In seinem »Sendschreiben von der rechten Art, Kinder zu unterweisen« schreibt er:

Ich ging lange irre mit dem Grundsatz, daß sich der Wille bloß nach dem Verstand richte, bis mich die vielfältige Erfahrung es anders lehrte. Ich habe wahrgenommen, daß die Sünde das größte Hindernis am Wachstum der Seelenkräfte und am Fortgang des Lernenden ist. Wenn ein junger Mensch mit etwas Bösem umgeht, ist er dumm, ungelehrig und verdrossen zum Lernen.

So erkannte Flattich klar die Schranken der humanistischen Erziehung, die auf dem sokratischen Grundsatz der Lehrbarkeit der Tugend, also auf dem Primat des Verstandes, beruht. Wenn er auch den Primat des Willens erkannte, verfiel er doch nicht in den Fehler der jesuitischen Erzieher, die den Willen durch den Ehrgeiz anspornen. Wie hat er nun den verkehrten Willen seiner Zöglinge überwunden? Er wußte genau, daß im Elternhaus in der Übereinstimmung von Vater und Mutter, die ihre Kinder möglichst lang bei sich behalten sollen, die Grundlage der Erziehung gelegt werden muß. Was hier verdorben ist, kann schwer wiedergutgemacht werden. Oft hat Flattich eine eigentümliche Kur angewandt, die darin bestand, daß er die jungen Menschen ihrem verkehrten Willen überließ, ja sie geradezu nötigte, ihn bis zuletzt auszukosten. Einem Müßiggänger, den man ihm brachte, erlaubte er nicht, an den Lehrstunden teilzunehmen und ließ ihn wochenlang in Wald und Flur herumschweifen, bis es ihm leid war und er sich mit dem Wunsch an Flattich wandte, er möchte auch mitlernen. Von nun an lernte er fleißig.

Die Erziehungsweisheit Flattichs hat schöne Früchte getragen. Über zweihundert junge Leute konnte er im Laufe seines Lebens zurechtbringen.

Seine Niedrigkeit

Er erprobte seine junge Braut, ob sie demütig genug wäre, seine rasche und hitzige Art zu ertragen, indem er ihr am Hochzeitstag eine Ohrfeige gab. Sie hat die Probe glänzend bestanden. Seine seelsorgerliche Weisheit, die er gerade Eheleuten gegenüber anwandte, war wohl in seiner eigenen Ehe errungen und bewährt. Einer zänkischen Frau, die Schläge bekam, riet er, wenn ihr Mann betrunken heimkomme, einen Kieselstein in den Mund zu nehmen. Einem andern jungen Paar gab er den Rat, sich vor dem ersten Streit zu hüten, dann bekämen sie nie einen zweiten.

Sein Haushalt war denkbar einfach. Er hatte die Regel gefunden, wenn man nicht viel braucht, muß man nicht viel erwerben. In seinen »Hausregeln« sagt er, wenn man keine Wollust-Ehren und Reichtumssorgen hat, dann ist es nicht schwer, eine Haushaltung zu führen.

In seinem Alter verlegte er sich noch mehr auf die bescheidene Lebenshaltung. Bis zuletzt hat er gelernt, um innerlich jung zu bleiben, weil Leute, die nicht mehr lernen wollen, leicht verdrießlich werden.

Er ging noch durch eine harte Leidensschule und war es zufrieden. Denn der Mensch soll doch »poliert und geschliffen«, das ist vollendet und für den Himmel hergerichtet werden.

Flattich hat uns Heutigen gerade als Erzieher viel zu sagen. Das hohe Gut einer wahrhaft evangelischen Erziehungsweisheit darf unserer Kirche nicht verloren gehen.

PHILIPP FRIEDRICH HILLER
(1699-1769)

Hiller wurde am 6. Januar 1699 in Mühlhausen an der Enz als Pfarrerssohn geboren. Als er zwei Jahre alt war, verlor er seinen Vater. Seine Mutter heiratete wieder einen rechtschaffenen Mann, der treulich für ihn sorgte. Als die Familie ein Jahr in Vaihingen wohnte, mußten sie vor den Franzosen fliehen. 1713 trat der vierzehnjährige Knabe in die Klosterschule in Denkendorf ein, wo der mächtige Bengel auf ihn wirkte. Beinahe wäre er wegen seiner wohlklingenden Stimme zur Hofmusik gezogen worden, aber seine Vorgesetzten traten für ihn ein. 1716 trat er in die Klosterschule zu Maulbronn ein. Dort wurde er durch rohe Mitschüler so eingeschüchtert, daß er, um nicht von ihnen geplagt zu werden, mit den Wölfen heulte. 1719 bezog er das Stift in Tübingen, um Theologie zu studieren, war dann nach Vollendung seiner Studien in verschiedenen Gemeinden Vikar und wurde 1729 Hauslehrer in Nürnberg. Angeregt durch Paul Gerhards Lied »O Jesu Christ, mein schönstes Licht« fing seine dichterische Gabe an, sich zu regen. Er goß die Gebete in Arndts »Paradiesgärtlein« zu Liedern um. 1732 wurde er Pfarrer in Neckargröningen und verheiratete sich mit einer ihm innerlich verbundenen Pfarrerstochter Maria Regina Schikkardt. Das Ehepaar sei in so herzlicher Liebe miteinander verbunden gewesen, daß sie in siebenunddreißigjähriger Ehe nur von einem Teller gegessen hätten. 1736 wurde er als Pfarrer nach Mühlhausen berufen, um dann 1748 in Steinheim bei Heidenheim die Hauptstätte seiner Wirksamkeit zu finden. 1751 verlor er seine Stimme und brauchte ständig einen Vikar. In dieser Anfechtung wurde er zu einem außerordentlich fruchtbaren Lieddichter. Er verfaßte »Das geistliche Liederkästlein«, das für jeden Tag des Jahres einen Spruch und ein Lied enthält und lange Zeit das Liederbuch der württembergischen Gemeinschaften war. 1766 bekam er den Gebrauch seiner Stimme wieder, aber schon drei Jahre später wurde er im Alter von 70 Jahren abgerufen, am 24. April 1769.

Seine Anfechtungen

In Mühlhausen waren der Patron, Bürgermeister und Gemeinderäte Separatisten, die die Kirche ablehnten. Bei einem Essen im Schloß, wobei einige Separatisten mit eingeladen waren, kam das Gespräch auf den Zerfall der Kirche. Hiller schwieg lange bescheiden. Endlich sagte er:

Einst waren zwei Brüder, der jüngere fragte den älteren: »Hör, sag mir doch, was hältst du von unserer Mutter, dem alten Weib? Ich sage dir aufrichtig: Ich kann sie nicht mehr meine Mutter nennen.« Der Ältere, ganz erstaunt, fragte ihn: »Warum redest du so unbescheiden von unserer Mutter?« Hierauf erwiderte der Jüngere: »Merkst du denn nicht, daß sie ein abscheuliches Krebsgeschwür an der einen Brust hat und man fast nicht um sie sein kann?« Da hob der ältere Bruder warnend

Philipp Friedrich Hiller

Je-sus Chri-stus herrscht als Kö-nig, al-les wird ihm un-ter-tä-nig, al-les legt ihm Gott zu Fuß. Al-ler Zun-ge soll be-ken-nen, Je-sus sei der Herr zu nen-nen, dem man Eh-re ge-ben muß.

Ein Lied Philipp Friedrich Hillers, 1755

den Finger und sagte sehr ernst: »Fürchtest du dich nicht der Sünde, so von unserer Mutter zu reden? Ich glaube noch nicht einmal, was du von unserer Mutter Krankheit sagst. Und wenn es so wäre, bedenkst du denn nicht, daß sie einst dir und mir die so kranke Brust so treulich gereicht hat? Ist das jetzt dein Dank für ihre unverdrossene Treue? Ich werde sie dankbar ehren, solange sie lebt.«

Da wurden die Separatisten stille. Hiller pflegte später zu sagen, sie hätten bewirkt, daß er den Katechismus gut gelernt habe.

Als er die Stimme verlor, geriet er in so schwere Anfechtungen, daß er sich nicht mehr zu helfen wußte. Da schrieb er an seinen Lehrer Bengel:

Ich bete, weine, ich schütte mein Herz aus, flehe um Wiedererlangung meiner Stimme, ich glaube unter dem Gebet und bin ruhig nach dem Gebet. Aber unversehens kehrt die Bangigkeit zurück, die Sorgen brechen wieder herein, ich hange zwischen Furcht und Hoffnung. Welche Einwendungen erheben sich gegen mein Beten? Du bittest um Zeitliches, du betest nicht nach Gottes Willen. Du bist ihm wegen deiner Sünden mißfällig. Wenn Gott hören wollte, wäre die Krankheit längst gewichen. Doch wehrt er selbst mit Lukas 18 dem Lässigwerden. Ich bitte dich, den Diener Christi, aufs Angelegentlichste, daß du deinen und meinen Herrn angehest.

Der Schriftsteller und Dichter

Weil er nun vom Predigtamt ausgeschlossen war, vertiefte er sich mit noch größerer Hingabe in das göttliche Wort und verfaßte verschiedene Schriften: »System aller Vorbilder Jesu Christi im Alten Testament« und »Vorbilder der Kirche Neuen Testaments im Alten Testament«. Da findet sich sein schönstes Lied: »Jesus Christus herrscht als König«. Er beschrieb »Das Leben Jesu« in schlichten Reimen, die von Bengel sehr gelobt wurden, weil sie etwas Erhabenes in einfachster Form haben. Er hat seine Dichtkunst dem Wort Gottes aufgeopfert. Das Werk, das am meisten Verbreitung fand als Erbauungsbuch der Gläubigen, war sein »Geistliches Schatzkästlein«. Seine Tochter bezeugt von ihm, ihr lieber Vater habe in seinem Leben nicht viel geredet, aber desto mehr getan. Er sei meistenteils auf seinem Studierzimmer gewesen und habe sich der Erforschung des göttlichen Worts gewidmet. Er habe, sooft er zu den Seinen kam, stets eine sehr milde priesterliche Liebe und Freundlichkeit, manchmal auch ein kaum abgetrocknetes Auge mitgebracht, und es sei wohl zu merken gewesen, wieviel er mit seinem Herrn und Heiland zu tun gehabt habe. Oft habe er in seiner Gartenlaube gesessen, die Harfe gespielt und habe mit seiner heiseren Stimme ein Lied aus dem Stegreif gesungen, das die Seinen ihm heimlich nachschrieben. Seine Lieder sind aus einem geängstetem Herzen, aus der Anfechtung geboren und in ihrem ganzen Inhalt aus dem Wort Gottes geschöpft.

So war Hiller ein echter Schüler des Schriftgelehrten Bengel. Er hat den schlichten Gläubigen die biblische Weisheit ins Herz gesungen. In Kinderlehren und Erbauungsstunden in seinem Hause, wo seine leise Stimme ausreichte, hat er seiner Gemeinde das Lebenswort mit letzter Anstrengung zu Herzen gesprochen.

PHILIPP MATTHÄUS HAHN
(1739-1790)

Am 26. November 1739 wurde Hahn in Scharnhausen auf der Filder in einem Pfarrhaus geboren. Seine Eltern waren weltliche Leute, die nicht einmal ein Morgen- und Abendgebet mit der Familie hielten. Aber der Großvater, Pfarrer Kaufmann, und eine im Glauben starke Tante, die im Hause wohnten, beteten fleißig mit ihm und prägten ihm die Gottesfurcht ein. Die Tante erzählte biblische Geschichten. Da wurde die Bitte Salomos um Weisheit dem Knaben wichtig. Einmal kam er in ein fürchterliches Gewitter und betete den Berg hinauf um Vergebung seiner Sünden. Da sauste plötzlich eine leise Stimme an seinem Ohr vorbei: »Kann ich dich auf dem Felde nicht ebensowohl erhalten als zu Hause?« Dieser Vorfall machte einen tiefen Eindruck auf ihn.

Als er vierzehn Jahre alt war, fiel er durch das Landesexamen, weil zu viele Bewerber da waren. So war ihm der Weg zu einem kostenlosen Theologiestudium verschlossen. Da seine Mutter gestorben war und sein Vater in seiner Trunksucht kein Geld für den Knaben hatte, schien es aussichtslos für ihn zu sein, zum Studium zu kommen. Aber er entschloß sich, sich selbst vorzubereiten.

In jener Zeit zeigte sich bei ihm ganz unerwartet ein reges mathematisches Interesse und eine mechanische Fertigkeit. Er lernte, Sonnenuhren herzustellen. Bei seiner Konfirmation hatte er die ersten Eindrücke von Sünde, Vergebung und Gnade empfangen. Der heranwachsende Jüngling nahm sich vor, Arndts »Wahres Christentum« zu lesen. Die ersten drei Kapitel vom Ebenbild Gottes, von unserem Fall und vom Vollbringen des Ebenbildes Gottes in uns verstand er innerlich und legte damit die Grundlage zu seiner Theologie. Seine Beschäftigung mit Mathematik und Astronomie setzte er fort.

In seinem siebzehnten Lebensjahr ließ ihn sein Vater in Tübingen als Student der Philosophie einschreiben und gab ihm als erstes Geld 10 Kreuzer mit. So mußte der Student sehr große Entbehrungen auf sich nehmen. Schließlich lebte er nur von Brot und Wasser. Infolgedessen wurde er magenleidend. Die Aufnahme ins Stift, um die er sich bewarb, wurde barsch abgelehnt mit dem Rat, er solle ein Handwerk lernen, wenn er zum Studieren nicht die Mittel habe. Doch von anderer Seite erfuhr er freundliche Fürsorge durch Stipendien und Unterstützungen. Gern besuchte er die Studentenerbauungsstunde. Ungläubige Gedanken über Gott, die in ihm aufstiegen gegen seinen Willen, machten ihm Not. Er schlug sich selbst auf den Kopf und vor die Brust, um sich ihrer zu erwehren. Der Kanzler Reuß erwies ihm viel Teilnahme. Er half ihm auch, der seines Vaters wegen im Konsistorium keine Freunde hatte, nach Vollendung seiner Studien zum Examen.

1760 fand er als Hauslehrer bei einem Oberamtmann in Lorch ein Unterkommen. In seinen Freistunden beschäftigte er sich mit dem perpetuum mobile und mit dem Versuch, einen Dampfwagen zu konstruieren. Er kam auf den Gedanken, den Himmelsbau in einer Maschine beweglich darzustellen. 1764 wurde er Pfarrer in Onst-Mettingen. Dort erbaute er die astronomische Maschine, für die ihm der Herzog, dem er sie vorführen durfte, 300 Gulden schenkte. 1770 bekam er einen Ruf durch Markgraf Karl Friedrich von Baden. Der Herzog aber

Philipp Matthäus Hahn

hielt ihn fest, gab ihm die gute Pfarrstelle Kornwestheim und versprach ihm die einträgliche Pfarrei Echterdingen. Kurz nach seinem Einzug in Kornwestheim fiel der Turmknauf vom Kirchtum. Darin fand er Papiere, die ein Pfarrer 100 Jahre früher geschrieben hatte, in denen er den traurigen Zustand der Gemeinde schilderte, den er mit all seiner Bemühung nicht ändern konnte. Es werde aber ein Hahn kommen, der werde viel Gutes in der Gemeinde wirken. Und das geschah auch.

1774 starb seine Frau, mit der er sich nicht verstanden hatte. 1776 heiratete er Beate Regina, eine Tochter des Pfarrers Flattich, die ihm eine rechte Gehilfin wurde. 1781 wurde er nach Echterdingen versetzt. Vorher mußte er sich vor dem Konsistorium verantworten, warum er Verschiedenes ohne Erlaubnis habe drucken lassen, warum er sich in seinen Schriften Abweichungen von der Lehre der Bekenntnisschriften erlaubt habe und warum er bei seinen Versammlungen die Bestimmungen des Generalrescripts von 1743, das keine größeren Versammlungen als 15-20 Personen in einem Privathaus erlaubte, außer acht gelassen habe.

Der Herzog, der ihn sehr schätzte, bot ihm, ehe er in Echterdingen einzog, an, ihn als Professor der Mathematik nach Tübingen zu berufen. Doch Hahn hing an seinem geistlichen Amt und lehnte den Vorschlag ab. Im Jahre 1790 überfiel ihn bei einem Spaziergang, bei dem er über das Sonntagsevangelium »Über ein Kleines, so werdet ihr mich nicht sehen«, nachgedacht hatte, eine schwere Erkrankung. Die Gemeinde schrie zu Gott um seine Genesung. Sein Zustand war wechselnd, verschlechterte sich aber immer mehr. Als er sein Ende herannahen fühlte, ermahnte er seine vier Söhne aus erster Ehe, die ihm manche Not gemacht hatten, ein gottwohlgefälliges Leben zu führen. Seine jüngeren Kinder, von denen das älteste elf und das jüngste dreiviertel Jahr alt war, befahl er der Vorsehung Gottes. Er sagte: »Ich empfinde nun das Auflösen meiner äußeren Hülle, zugleich aber um so stärkere Regungen des inneren Lebens.«

Am 2. Mai 1790 entschlief er sanft. An seinem Todestag kam ein Brief eines angesehenen Freundes aus der Schweiz, der ihm verlockende Anerbietungen machte. Dieser Freund verkaufte dann für die Witwe die fertigen Maschinen und Uhren vorteilhaft in England.

Der Mechaniker und Erfinder

Die astronomischen und mechanischen Unternehmungen beschäftigten ihn meistens am Vormittag. Er plante und konstruierte und gab seinen Arbeitern in der Werkstätte Anweisungen. Er beschäftigte zwei Brüder und zwei Schwäger, für die er zu sorgen hatte, mit der Ausführung seiner mechanischen Erfindungen. Er baute eine Rechenmaschine, die viel bewundert wurde. In Echterdingen erfand er die sogenannte Zylinderuhr, deren Herstellung besonders einträglich wurde. Diese mechanischen Arbeiten zogen viele Besucher herbei. Der Herzog und die Herzogin kamen von ihrem nahegelegenen Schloß oft zu ihm. Da ihn die vielen Besucher in seiner Arbeit hinderten, wurde er oft verstimmt, so daß er selber einmal bekannte: Deine Uhren hindern dich, so daß du unmutig bist, wenn jemand zu dir kommt. Die geistliche Aufgabe hatte bei ihm das Schwergewicht, und er litt unter der Doppelaufgabe seines Lebens. Denn die äußerliche Arbeit machte ihn unruhig, aber bei der geistlichen Arbeit fand er tiefen Frieden. Der sterbenskranke Mann stand in seinen letzten Lebenstagen noch einmal auf, als er sich wohler fühlte, prüfte einige Probetaschenuhren seiner Werkstatt und ergänzte sein Tagebuch. Die Doppelaufgabe seines Lebens hat ihn bis zuletzt beschäftigt.

Der Hirte seiner Gemeinde

In seiner Predigt bemühte er sich, den Text recht zu erklären; denn er war der Meinung, bei einer zu dringenden Bekehrungspredigt gäbe es Gläubige ohne Verstand, die Mißgeburten würden. Seine Art sei solider, wenn auch langsamer. Er blieb nicht dabei stehen, Gericht und Gnade zu treiben, sondern suchte, die ganze Wahrheit des Wortes Gottes zu sagen. Dies tat er unter dem Gesichtspunkt des Königreiches Gottes und verkündigte den Erlösungsplan, der Anfang, Mitte und Ende aller Zeiten umfaßt. Von hier aus bekam er neue Blicke in die Lehre von der Dreieinigkeit, vom göttlichen Ebenbild, vom Sündenfall, von Person und Werk Christi und namentlich von der Wiederkunft Christi zur Aufrichtung seines Reichs und von Auferstehung, Himmel und Hölle. Die Gemeinde nahm sein Wort mit Freuden auf. Durch Hausbesuche und Privaterbauungsstunden vertiefte er die Wirkung seiner Predigt.

Seine Gedanken über die Volksmission

Wenn nur ein Konsistorium noch auf den Gedanken fiele, Anstalten zu machen zu einer Mission, daß geistvolle Männer im Land wie die Apostel herumreisten, hie und da predigten, acht Tage oder länger an einem Orte blieben, wo Aufnahme ist, in etlichen Jahren wiederkämen, die Brüder besuchten, wie in der Apostelgeschichte, das müßte Nutzen haben. So lang an einem Ort bleiben hat wenig Nutzen, man wird die Stimme gewohnt. Was sich herausrufen läßt, sozusagen von oben präpariert und zeitig ist, tritt heraus. Alsdann nimmt der Ernst bei den übrigen ab, sie werden verhärtet.

Seine Gedanken über Gemeinschaften und Hausbibelkreise

Die Erbauungsstunde in Kornwestheim war eingegangen. Nun aber sammelte sich infolge der Predigt Hahns eine große Schar im Pfarrhaus, mit der er eine geistliche Unterhaltung hielt. Es lag ihm sehr daran, die Leute in die Erbauungsstunde einzuladen, weil eine Art Verachtung darauf lag und der Besuch ein nicht geringer Beweis des Ernstes war. Er fing mit den Männern am Sonntagabend eine besondere Übung an, damit sie innerlich weiterkommen sollten. Am Dienstagabend versammelte er die Frauen und Jungfrauen und besprach mit ihnen jedesmal einen Vers aus dem Epheserbrief und diktierte ihnen ein Blatt. Aber er merkte nach zwei bis drei Jahren wenig Wachstum. Sie kamen, hörten, redeten aber wenig oder nichts.

So berichtet Hahn im Jahre 1779:

Ich sah, daß die Leute nicht weiterwachsen, wenn sie immer nur hören, jedoch nicht auch selber reden. Deswegen gab ich ihnen den Rat, am Sonntagabend eine Stunde unter sich zu halten. Durch das gemeinschaftliche Reden bekamen die Männer mehr Licht und Verstand. Aber sie waren noch zu sehr von mir abhängig, und ich spürte es, daß ich es nicht aushalten werde, neben allen Gottesdiensten so viel zu reden. So entschloß ich mich, die ganze Anzahl in 5 Teile zu teilen, da nicht mehr als 15-20 Personen in einem Hause zusammenkommen sollten (Generalrescript). Da wurden es denn drei und zwei Männerstunden. Ich wählte je zwei und zwei Älteste und Vorsteher und sprach ihnen Mut zu, wie weiland der Herr in Matthäus 10. Den zehn Vorstehern versprach ich, alle Samstagabend eine Vorbereitungsstunde mit ihnen zu halten über das, was in allen fünf Gesellschaften nach Ordnung des Textes vorkommen mußte. Die

Dienstagsstunde setzte ich in meinem Hause fort für die Frauen und die Donnerstagsstunde für die Männer. Damit die große Gemeinde auch etwas davon vernehme, wird am Freitag alle 14 Tage über den in den Bibelkreisen vorgenommenen Text gepredigt. Den Vorstehern merkt man's an, wie sie wachsen, seit sie selbst Stunde halten.

Der Theologe

Seine Theologie beruhte auf besonderer Erleuchtung. Schon der Knabe hatte an Salomos Beispiel um Weisheit bitten gelernt. Wohl nur auf diesem Wege waren ihm seine Erfindungen zugeflossen. Die Entdeckung der göttlichen Wahrheit hat er nicht anders gesucht. 1785 schreibt er:

Ich habe Gott schon oft gebeten, er möchte mir Glaubensüberzeugung von dieser wichtigen Sache (Christologie) geben. So hat er mir's von der Offenbarung Johannis gegeben, und jetzt erwart' ich's auch vom Zustand nach dem Tode und der Auferstehung.

Über seine Arbeitsmethode teilt er folgendes mit (und aus dieser Mitteilung geht hervor, daß er in seiner Theologie nichts Neues bringen will, sondern nur die Lehre Jesu entfalten):

Wenn man einmal die Lehre Jesu glaubt, so ist dies sehr klar darinnen, daß man von oben geboren werden muß, wenn man ewiges Leben bekommen wolle. Und weil zu dieser Geburt ein Himmelssamen erfordert wird, so ist dies nichts anderes als Jesu Lehre. Wer die Wahrheit, die er gelehrt hat, recht überlegt, der empfindet eine Lust und Wohlgefallen daran. Und dieses ist der Anfang der Zeugung von oben. Aus obigem Grunde kam es, daß ich die Lutherische Lehre in einen logischen Zusammenhang zu bringen suchte. Aus diesem Grunde durchdachte ich die Lehre von der Person Jesu und dem Zweck seiner Erscheinung im Fleisch, wie auch die Lehre von dem Zustand nach dem Tode und den künftigen Dingen. Und zwar immer so, daß ich die symbolischen Bücher als Marksteine ansehe, wieweit man denken und gehen dürfe, ohne ein Irrlehrer zu werden.

Seine Theologie war Dienst an der Gemeinde. Es ging ihm um die Hereinführung des einzelnen Menschen in die Jüngerschaft Christi und um eine Vertiefung in den ganzen Inhalt der Schrift.

Damit der Mensch ein vollkommener Christ werde, voll Heiligen Geistes und himmlischer Kraft, tüchtig, ein Lehrer und Priester zu stein, um zum Bau des Werkes Gottes zu seinem Teil zu wirken.

Der Kern seiner Theologie war das Königreich Christi:

Wer nur den Blick in den ganzen Haushaltsplan des Vaters in Christo, seinem Sohn, das erste Mal bekommt, dem hüpft das Herz vor Freuden, bei dem fängt ein beständiger Friede und Freude in gewisser Versicherung seiner Erwählung an . . . Da lernen wir uns als Glieder Jesu, des großen Hauptes, ansehen, welche mittels des verherrlichten Hauptes mit Gott zu einer Person vereinigt sind. Da lernt man sich als Jesum auf Erden ansehen, und weil wir Glieder Jesu sind, glauben: Der Vater liebe uns, wie er Christum geliebt hat, er erhöre all unser Gebet, wie er Christi Gebet erhört hat; es sei nichts unmöglich dem, der da glaubt, weil wir Söhne und Tempel des allmächtigen Gottes sind, in welchen Gott selber durch Jesum lebt, wandelt und wirkt.

Über die Christologie hat er sich tiefe Gedanken gemacht:

Niemand vermische die Gottheit mit der Menschheit. Es kommt lauter Unverstand und Stillstand des Verstandes heraus. Niemand trenne die Gottheit von der Menschheit, oder die Menschheit von der Gottheit. Niemand glaube, daß Jesus bald als Gott, bald als Mensch gehandelt habe, je nachdem es die Umstände erforderten. Nein, er hat immer als Mensch gehandelt, obschon er Gottes Sohn war. In seiner inneren Menschheit lag der ganze Kern seiner Herrlichkeit. Die zweite Person der Gottheit und die Person des Mariensohnes sind nicht zwei Personen, sondern eine einzige Person, gleichwie der Geist aus der neuen Geburt eine einzige Person macht. Der Mensch hat das Bestreben, möglichst frei von Gott zu sein. Hierin liegt seine ausgesprochene Feindschaft gegen Gott. Im Gegensatz zu dieser Trennung hat Gott aber das Ziel, das Irdische wieder himmlisch zu machen, es dem Geistigen unterzuordnen und so ein harmonisches Leben zu gründen. Das Wort, der Erstgeborene alles Geschöpfs, der Schöpfer des Geschöpfs, wurde selbst Fleisch, damit durch den höchsten Geist das Unterste, nämlich das Irdische oder die äußere Hütte, eine Wohnung Gottes in den Menschen und bei den Menschen nach dem Zweck der Schöpfung das Untergestell oder der Offenbarungsthron der Herrlichkeit Gottes werden möchte.

Durch das Haupt ist die entfernte Menschheit Gott innig nah gekommen und so die Versöhnung vollzogen, obschon noch nicht alles mit Gott vereinigt ist; und obgleich noch viele Menschen auf der Erde sind, die ihm noch nicht unterworfen, auch nicht so bald sich zu unterwerfen gesinnt sind, so gilt doch immer der gläubige Teil als der Erstling für das Ganze vor Gott, wie ein wenig Sauerteig den ganzen Teig durchsäuern wird.

Sein Ringen um die Gestalt der christlichen Gemeinde

In dem Aufsatz »Ein Wunsch zur Verbesserung des Christentums an hohe Obrigkeiten, welche den Mut und die Macht haben, etwas dergleichen zu versuchen« bringt er das Ergebnis seines ernsten Ringens. Er hat ihn nie drucken lassen, und er ist nicht vollständig erhalten. Seine Frau gab ihm folgende Erklärung bei:

Dies ist ein Prospekt, mit welchem er immer umging in seinen letzten Jahren. Und weil er in seinem Amt so gebunden war, wünschte er sich öfters, in Amerika zu wohnen und sich da eine eigene Gemeinde aufzurichten nach Christi und der Apostel Sinn und Lehre.

Er erkannte, daß die äußeren Anstalten fortgehen müssen, bis Gott Leute erweckt, die dazu tüchtig sind.

Die Christenheit ist im Verfall begriffen wegen ihrer Gleichgültigkeit gegen die Anweisungen des Stifters. Vor seinem Abschied hatte er drei Anordnungen getroffen, auf die alles ankommt. Er hat nämlich das Lehramt, die Taufe und das Abendmahl eingesetzt. Aus diesen Anordnungen folgt, daß Jesus nie geglaubt und gelehrt hat, daß jeder Mensch ein Mitglied seiner Gemeinde sein und werden müsse. Seine Gemeinde soll eine Sammlung von edlen Seelen sein.

Hahn will die Trennung von christlicher und weltlicher Gemeinde. Die Volkskirche ist ihm eine öffentliche Lehranstalt, eine Art Missionsinstrument. Er ist für Abschaffung der Kindertaufe. Die getauften Christen sollen ihre eigenen Erbauungsstunden haben. Und die Glieder der Volkskirche gelten der christlichen Gemeinde als Katechumenen und Kandidaten des Christentums. Er war zwar der Meinung, daß man in gegenwärtiger Zeit, solange die wahren Mitglieder unter den Namenchristen zerstreut sind, den weltlichen Gesetzen untertan sein, seine Kinder taufen und, wenn einer ein Pfarramt hat, selbst taufen soll, bis eine Zeit der Befreiung und Volljährigkeit kommt, da wahre Christen vom Gewissenszwang frei sind und ihre eigenen Einrichtungen und gottesdienstlichen Ordnungen schaffen dürfen. Es wirkt auf ihn das Ideal der Brüdergemeine, das dann in der Gründung der Gemeinde Korntal auf württembergischem Boden verwirklicht wurde.

Über Tod und Ewigkeit

Er verkündigt die Lehre vom Seelenschlaf bis zur Auferstehung. »Da bin ich wie ein ungeborenes Kind im Mutterleib in Gottes und in Christi Hand.«

Es bleibt bei jedem Menschen ein Lebenskeim übrig wie ein Auge am Baum, das im Frühling ausschlägt, wie ein Kern in jeder Frucht, da ein ruhendes Leben ist, welches wieder erweckt werden kann.

Er unterscheidet drei Stufen in der Entwicklung des Lebenskeimes: »lebendig gemacht, auferstanden, in die himmlischen Wohnungen an eben dieselbe Stelle wie Christus versetzt werden«.

Er glaubte auch an eine vorzeitige

Philipp Matthäus Hahn:
Ich glaube Himmel und Hölle nach dem Tod, aber nur so, wie es für Seelen möglich ist, ehe sie auferstehen, und daß Himmel und Hölle ihre Stufen haben.

Auferstehung zur Wohnung bei Christus oder zur Verdammnis, wenn die dem Lebenskeim innewohnende Kraft zum Guten oder Bösen übermächtig quillt. Er glaubte an die Wiederbringung aller Dinge, indem er die Ewigkeit für äonisch, also für zeitraummäßig hielt. Er glaubte, daß nach der Auferstehung noch einige durch die Blätter des Lebensholzes gesund werden.

Seine wichtigsten Schriften:
Die Hauptsache der Offenbarung Johannis (1772) – Fingerzeig zum Verstand des Königreiches Gottes und Christi (1774) – Sammlung von Betrachtungen über die sonn-, fest- und feiertäglichen Evangelien (1774) – Eines ungenannten Schriftforschers vermischte theologische Schriften (1779) – Erbauungsstunden über die Offenbarung Johannis – Erbauungsreden über den Kolosserbrief – Erbauungsstunden über den Brief an die Epheser (nach seinem Tode herausgegeben).

MICHAEL HAHN (1758-1819)

Sein Leben
Michael Hahn, geboren am 2. Februar 1758 zu Altdorf bei Böblingen, ein Jahr vor Schiller, war ein schlichter Bauernsohn. Er arbeitete in seinen Werdejahren auf dem Gut seines wohlhabenden Vaters. Sein sich mächtig regender Geist nährte sich von der Weisheit der Bibel. Er ließ alle irdischen Interessen hinter

sich, um sich zu Gott aufzuschwingen. Schon als Kind betete er um den Heiligen Geist. Im Metzgerhandwerk, das er nach dem Willen seines Vaters gehorsam erlernte, fühlte er sich nicht wohl. Der Vater suchte das sich regende Geistesleben des Sohnes zu unterdrücken. Er wollte keinen Sonderling haben an ihm und hätte ihn gern mit einem reichen Mädchen verheiratet. Michael war ein schöngewachsener blühender Mensch, dem schon aus natürlicher Zuneigung die Herzen der jungen Leute zuflogen. Augen-, Fleisches- und Sinnenlust machte ihm in tausenderlei Gestalten zu schaffen. Da hörte der Siebzehnjährige in der Kirche das Lied singen: »Der am Kreuz ist meine Liebe«. Das drang ihm so ins Herz, daß er sich entschloß, allen weltlichen Vergnügungen zu entsagen und lieber zu sterben als den am Kreuz noch einmal zu betrüben. Drei Jahre kämpften in ihm Fleisch und Geist, so daß er meinte, dem Gericht der Verstockung verfallen zu sein. Zum Frieden gelangte er auf dem Acker beim Gersteernten. In der tiefen Stille der einsamen Arbeit kam über ihn drei Stunden lang ein solches Licht und eine solche Wonne, daß nicht viel gefehlt hätte, daß seine Seele aus dem Leib gefahren wäre, wie er sagt, weil er glaubte, die Welt sei lauter Paradies, voll Heiligen Geistes. Diese Erleuchtung nannte er später die Zentralschau, die er noch öfters bekam. In seinem dreiundzwanzigsten Jahr hielt sie sieben Wochen an. Er schrieb, was er schaute, nieder, bis seine Hand erstarrt war, verbrannte aber die Aufzeichnungen wieder. Er sah die Gesichte Hesekiels und der Offenbarung.

Aus der schwarzdicken Wolke meiner verderbten Menschennatur war von innen eine Geburtsquelle, ein vierfaches Rad zu sehen. Hier erkannte ich den Ursprung und Anfang aller Kreatur.

Seine innere Schau und Erfahrung gibt er wieder in der Redeweise Jakob Böhmes, versichert aber, daß er ihn erst später kennengelernt habe. Vielleicht sprachen einige Menschen seiner Umgebung, die von Oetinger gebildet waren, diese Sprache, oder er hatte sie aus Oetingers Schriften selbst sich angeeignet.

Um dieses neuen Lebens willen, das ihn ganz und gar erfüllte, erlitt er mancherlei Verfolgung. Sein Vater schlug

Michael Hahn

ihn einmal und gab ihm siebzig Schläge. Als er anfing, in Privatversammlungen zu sprechen und viele Menschen, von seiner geistesmächtigen Persönlichkeit angezogen, sich um ihn sammelten, da wurde er vom Dekanat bei der Obrigkeit angezeigt und vom Konsistorium verhört. Konsistorialrat Riegger aber hatte Verständnis für ihn und erkannte in ihm ein Original, wie es in Jahrhunderten nur einmal vorkommt, und behandelte ihn rücksichtsvoll. Er gab ihm den Rat, er solle sich in seinen mündlichen und schriftlichen Äußerungen genauer an die Schriftsprache und den Schriftsinn anschließen.

Nach dem Tod seines Vaters, der ihn zuletzt wieder aufgenommen hatte, zog er nach Sindlingen zu dem Gutsverwalter der Herzogin Franziska, die ihn fortan schützte und werthielt. 1803 konnte er sich ein eigenes Haus bauen und nahm zwei Gehilfen zu sich. Das Verfertigen von Wanduhren, das er als erwachsener Mann gelernt hatte, gab er jetzt auf, um sich ganz seiner geistlichen Tätigkeit zu widmen. Er bekam viel seelsorgerliche Besuche und hatte einen weit ausgedehnten Briefwechsel.

Am 20. Januar 1819 entschlief er. Es war ihm noch der 116. Psalm vorgelesen worden, der ihn mit einer heiteren Freude erfüllte.

Michael Hahn:
Die am weitesten von der Stadt Gottes entfernt seyn, werden den Lichtglanz Gottes nur sparsam haben, aber auch nicht weiter ertragen können. Je mehr sie aber zunehmen, je näher werden sie der Stadt kommen.

Seine Schriften
Seine Schriften füllen fünfzehn stattliche Bände mit 12000 Seiten. Es sind Erklärungen neutestamentlicher Schriften, der Apostelgeschichte, des Kolosser- und Epheserbriefes und der Offenbarung Johannes; außerdem Betrachtungen über einzelne Texte der Bibel. Seine vielen seelsorgerlichen Briefe und seine Lieder sind gesammelt. Aus seinen Liedern »Jesu, Seelenfreund der Deinen« und »Herr, laß mich deine Heiligung durch deinen Geist erlangen« spricht ein mächtiger, mit der Anbetung Gottes und mit dem Streben nach der Heiligung beschäftigter Geist.

Die Grundgedanken Hahns, die im »System seiner Gedanken« ihren kürzesten Ausdruck finden, entwickeln eine eigenartige Lehre vom Urzustand des Menschen. Der erste Mensch sei »ein Bild Mann und Weib zugleich« gewesen. Durch den Anblick der paarweise geschaffenen Tiere aber sei in ihm das Begehren nach einer Gehilfin erregt und er sei demzufolge in zwei Personen mit geteilten Tinkturen geteilt worden. Das sei der Anfang des Sündenfalls gewesen. Die Wiedererneuerung in das Bild Gottes ist durch Christus geschehen, aber sein Heil darf uns nicht nur mit äußerlicher Zurechnung, sondern muß uns geburtsmäßig zuteil werden. Der Christus für uns hilft uns nichts, wenn nicht auch der Christus in uns Gestalt gewinnt. Wenn Gott im Menschen die Lust zur Wahrheit erweckt und der Mensch aus der Kreatur ausgeht und in Jesus gläubig eindringt, dann teilt sich ihm der Geist Jesu als ein neuer Lebenssamen mit. Durch Üben und Tun der Wahrheit entwickelt sich der Christ zum vollkommenen Mannesalter und wird in das Bild Jesu umgestaltet. Die Mittel zu dieser Vollendung in das Bild Gottes sind die Beschäftigung mit dem Wort der Wahrheit, Gebetsumgang mit Gott, treue Übung in der Verleugnung des eigenen Lebens, fleißiger Umgang mit geisterfüllten Gemeindegliedern. Mit diesen seinen Gedanken hängt die Wertschätzung des ehelosen Standes zusammen. Besonderen Wert legt Hahn auf die Lehre von der Wiederbringung aller Dinge. Gott wird nicht nachlassen zu wirken, bis er alles, was durch den Fall verderbt ist, wieder zurechtgebracht hat. So findet auch in jener Welt eine Unterweisung der unvollendeten Seelen durch vollendete Geister statt und eine Emporentwicklung durch mancherlei Stufen zur Herrlichkeit.

Seine Gemeinschaft
Er wirkte in einer Zeit, in der die letzten Bengelschüler starben und die Kirche mehr und mehr einem öden Rationalismus oder einem kraftlosen Supranaturalismus verfiel. Da gewann er als geisterfüllter Laie großen Einfluß auf seine besinnlichen, nach dem Heil Gottes strebenden Landsleute. Seine Schüler waren Originale, die in der Schrift wurzelten und in heiliger Zucht der Heiligung nachstrebten. Sie leuchteten wie Lichter in der dunklen Zeit und sammelten überall Kreise der Stillen im Lande um sich. Seine tiefsinnigen Gedanken sagten den Schwaben besonders zu. Heute umfassen die Hahnschen Gemeinschaften etwa 15000 Mitglieder.

Ein Vater der inneren Mission

JOHANN FRIEDRICH OBERLIN
(1740-1826)

Oberlin war ein Mann, der die Demut und Geduld hatte, in einer der ärmsten und am meisten verwahrlosten Gemeinden seines Landes ein Leben lang zu bleiben und ihr innerlich und äußerlich zurechtzuhelfen. Sein verborgener Dienst wurde nicht nur Gott, sondern auch den Menschen bekannt und wirkte bahnbrechend in vielfacher Hinsicht. Er wurde der Vater der Kleinkinderschulen, des Genossenschaftswesens und ein Anreger der Volkswirtschaft.

Von Kind an auf das Helfen bedacht, widmete er sich dem Beruf eines Landpfarrers

Er war der Sohn eines Gymnasialprofessors, Georg Oberlin in Straßburg, der mit seiner trefflichen Frau seinen neun Kindern eine liebevolle, sorgfältige Erziehung angedeihen ließ. Durch ein kleines Taschengeld, das Oberlin wöchentlich bekam, war er in die Lage versetzt, schon als Kind in Fällen außerordentlicher Not zu helfen. Als einmal mutwillige Buben einer Eierfrau den Korb vom Kopf gestoßen hatten, eilte das Kind Oberlin schnell nach Hause und holte seine gefüllte Sparbüchse und schüttete ihren Inhalt der weinenden Frau in den Schoß. Oder er bezahlte in einer Trödlerbude einem alten Mütterchen die paar Pfennige auf, die noch zu ihrem Rock fehlten. Ein andermal nahm er einen armen Krüppel, der von der Polizei beim Betteln erwischt worden war, in Schutz und stellte sich zwischen den Armen und den groben Polizisten.

Er war ein Frühaufsteher und verbrachte die Morgenstunden mit einem gewaltigen Fleiß bei seinen Studien, so daß er mit 15 Jahren für die Universität reif war. Eine Zeitlang hatte er geschwankt, ob er Soldat werden solle. Als aber die Predigten des Professors Dr. Lorenz ihn innerlich packten, war er entschlossen, Theologie zu studieren. Er hörte auch mathematische und naturwissenschaftliche Fächer. In einem Arzthaus, wo er Hauslehrer war, eignete er sich medizinische Kenntnisse an. 1765 mietete er sich ein Stüblein, um sich ungestört auf sein theologisches Examen vorbereiten zu können. Da findet ihn Pfarrer Stuber vom Steintal, der einen Nachfolger sucht. Er sieht die papierenen Bettvorhänge, die sich der junge Student in Ermangelung von leinenen gemacht hatte, fragt, was das eiserne Pfännchen über der Petroleumlampe bedeute und hört, daß Oberlin von dem Mittagstisch seines Elternhauses eine Brotschnitte mitbekomme, die er, mit etwas Wasser und Salz beigesetzt, auf der Studierlampe zu einer Brotsuppe zubereite. Stuber ruft erfreut: »Sie sind mein Mann für meine arme Berggemeinde.« Oberlin nahm den Auftrag mit Freuden an und übernahm 1767 den Pfarrdienst im Steintal.

Oberlin hilft der äußeren Not ab

Das Steintal war ein felsiges Tal in den mittleren Vogesen, das bis auf eine Höhe von 900 m hinaufreicht. Etwa 2000 Morgen, ein Viertel des vorhandenen Bodens, waren urbar gemacht worden. Die Wiesen waren versumpft und mit Felsgeröll bedeckt. Die Regengüsse schwemmten die fruchtbare Erde in die Talgründe; die Berghänge waren kahl. Der Ertrag der Kartoffeln war so gering, daß die Einwohner im Winter Gras, in Milch gekocht, essen mußten. An den steilen Felswänden klebten die ärmlichen Hütten, in denen schmutzige, unwissende Leute wohnten. Heute ist das Tal ein blühender Garten Gottes von einer trefflichen Straße durchzogen, gepflasterte Stege führen von einem Ort zum andern.

Zur Gemeinde Oberlins gehörten mehrere Ortschaften; der Hauptort war Waldbach, wo der Pfarrer wohnte. Oberlin sah, wie innere und äußere Not sich gegenseitig bedingten. Darum hat er, während er unter Gebet seinen Predigt- und Seelsorgedienst tat, auch Hand angelegt, um die äußeren Mißstände zu beseitigen. Zunächst hatte er gegen den Unverstand der Leute, die jede Neuerung ablehnten, zu kämpfen. Als er hörte, daß seine Feinde ihn durchprügeln wollten, besuchte er sie in dem Haus, wo sie sich versammelten, um sich ihnen zur Züchtigung zu stellen. Vorher hatte er über Matth. 5,39: »Ihr sollt nicht widerstreben dem Übel« gepredigt. Seine Furchtlosigkeit nötigte den mißvergnügten Bauern eine solche Ehrfurcht ab, daß sie nacheinander ihm die Hand

Johann Friedrich Oberlin (1740-1726)

machten Eindruck auf die Bauern, und sie ließen sich von ihm belehren. Aus Obstkernen zog er Pflänzlinge und veredelte sie in seiner Baumschule; auch legte er jedem Bauer nahe, doppelt so viel Obstbäume zu pflanzen, als seine Familie Köpfe hatte. Er verbesserte die Viehzucht und entwässerte die Wiesen, gründete einen landwirtschaftlichen Verein und eine Leih-, Spar- und Schuldentilgungskasse, die Mutter aller ähnlichen, jetzt noch überall eingebürgerten Unternehmungen. Durch eine geordnete Armenfürsorge beseitigte er das Bettlerunwesen.

Um Handwerke und Gewerbe in das Tal zu bringen, sandte er begabte Bauernburschen aus in auswärtige Handwerkerlehrstellen und unterstützte sie in väterlicher Weise dadurch, daß er ihre Einkleidung und einen Teil ihres Lehrgelds übernahm. Er führte die Strohflechterei ein, um durch Heimarbeit einen zusätzlichen Verdienst zu schaffen. Ferner sorgte er für Wege, Straßen und Brücken, indem er selbst Steine herbeitrug und seine Bauern veranlaßte, bei jedem Gang Steine zu tragen, bis die Straße gebaut war. Dadurch wurde die Verbindung mit der Stadt Straßburg, die nicht sehr weit entfernt war, hergestellt, und die Erzeugnisse des Tals konnten dorthin gebracht und abgesetzt werden.

Er war ein treuer Beter und Seelsorger
Jeden Morgen nahm Oberlin sein Familienbuch in die Hand und betete über den Familien seiner Gemeinde. Damit er niemand vergesse, schrieb er die Namen, die der Fürbitte bedurften, an die schwarze Tafel seiner Stubentür. Seine Predigten, die er in den drei Kirchdörfern Waldbach, Fondai und Belmont abwechselnd hielt, waren schlicht und anschaulich und gingen zu Herzen. Er predigte in der Kraft des einfältigen Glaubens das lautere Gotteswort. An diesem Mann predigte nicht nur sein Mund, sondern seine ganze edle Erscheinung von apostolischer Hoheit und sein Leben. Er war der Vater seiner Gemeinden. Besonders nahm er sich der Jugend an. Seine treue Magd Luise Scheppler diente ihm nach dem Tod seiner Frau ohne Lohn wie eine Tochter 48 Jahre lang bis zu seinem Tod und zog seine unmündigen Kinder auf. Sie war eine ausgezeichnete Lehrerin in den Kleinkin-

reichten und ihn um Verzeihung baten. Ein andermal wollten sie ihn, weil er zu viel Hitze habe, in einem Brunnentrog abkühlen. Aber die jungen Burschen, die den ihnen entgegenkommenden Pfarrer hinter einem Busch erwarteten, wagten nicht, Hand an ihn zu legen. In der Predigt vorher hatte er gesagt, daß er von diesem Plan erfahren habe, aber gewiß sei, daß ohne den Willen des Vaters im Himmel kein Haar auf seinem Haupt gekrümmt werden könne. Seine Uneigennützigkeit gewann ihm bald die Herzen der Menschen.

Sein erstes Augenmerk richtete er auf die vernachlässigten Äcker. Er bestellte seine Pfarrgrundstücke aufs beste, führte neue Kartoffel- und Gemüsesorten ein, bezog Saatgut von auswärts und pflanzte Obstbäume. Seine Erfolge

derschulen, die auf Anregung von Oberlin hin ins Leben gerufen worden waren. Die Katechismuslehre am Sonntagnachmittag, die auch von zahlreichen Erwachsenen besucht wurde, war besonders an die heranwachsende Jugend gerichtet. In der Woche hielt er Männer- und Frauenversammlungen und wöchentliche Bibelstunden in deutscher Sprache. Er baute mehrere Schulhäuser und nahm sich besonders der Ausbildung der Lehrer an. Allwöchentlich versammelten sich Lehrer und Schüler der fünf Dörfer in der Schule zu Waldbach, um hier von einem der Lehrer in seiner Gegenwart unterrichtet zu werden. Den Eifer der Kinder spornte er an durch kleine Preise, die er alljährlich den besten Schülern austeilte.

Er war ein Freund der Heidenmission, und ehe die erste Missionsgesellschaft zu London gegründet wurde (1795), hatte er schon eine Missionsgebetsstunde, wo er mit gläubigen Betern um das Kommen des Reiches Gottes zu den Heiden betete. Beinahe wäre er selbst nach Nordamerika als Missionar gezogen, weil er von einer deutschen Gemeinde, Nachkommen der vertriebenen Salzburger, dorthin gerufen wurde. Aber der Ausbruch des Krieges zwischen England und Amerika verhinderte seine Ausreise.

Eifrig förderte Oberlin die Verbreitung der Bibel. So opferte er mit Freuden sein Silberzeug bis auf einen einzigen Eßlöffel für die Missions- und Bibelsache. Auch seine Gemeinde hat für Bibelverbreitung und Heidenmission erstaunlich hohe Mittel aufgebracht. So bekam die Londoner Missionsgesellschaft einmal 125 Taler im Jahr, die Pariser Bibelgesellschaft 75 Taler. Dabei waren auch die vielen gemeinnützigen Einrichtungen im Steintal zu versorgen.

Seine Rundschreiben geben einen tiefen Einblick in die Art und Weise, wie er seine Gemeinde führte.

Über einen Wegebau schreibt er:
Teure Freunde, verschiedene Leute aus Zalbach wünschen, daß ein gewisser Weg, der dorthin führt, verbessert werden solle. Wollt Ihr es aus Liebe zu Eurem himmlischen Vater tun, zu dem Ihr jeden Tag betet und der verlangt, daß Ihr Euren Glauben durch neue Werke beweist? Wollt Ihr es aus Liebe zu Eurem Herrn Jesus Christus tun, der während seines Wandels auf Erden nur Gutes wirkte und uns erlöst hat, um aus uns selbst ein in guten Werken eifriges Volk Gottes zu machen?

Wollt Ihr es aus Liebe zu den Kindern Gottes in Zalbach tun? Ihr wißt, daß alle Dienste, die Ihr den Kindern Gottes tut, von Gott betrachtet werden, als hättet Ihr sie ihm selbst getan. Wollt Ihr es aus Liebe zu den Knechten des Mammons von Zalbach tun, um ihnen ein gutes Beispiel zu geben und mit Eurer Gefälligkeit ihre Zuneigung zu gewinnen?

In der Zeit der französischen Revolution bewährte er seine Weisheit und Furchtlosigkeit
Er mußte die Volksversammlung einführen statt der früheren Gottesdienste und ließ dafür den Lehrer zum Bruder Präsidenten wählen, der ihn zum Bruder Redner ernannte. Für den Tag der Volksversammlung bestimmte man den Sonntag und als Ort die Kirche. Der Befehl der Regierung war, es müsse gegen die Tyrannen gesprochen werden. Oberlin sprach nun gegen die Tyrannei der Leidenschaften, die in den Herzen und Häusern wohnen. Sein Haus wurde zum Zufluchtsort der politisch Verfolgten, die in Erhörung der heißen Gebete Oberlins bei Haussuchungen wunderbare Bewahrungen erlebten.

Der Wanderer zwischen zwei Welten
Schon durch den frühen Tod seines Bruders war Oberlin so bewegt, daß er am liebsten selbst abgeschieden wäre, um bei Christus zu sein. Der Tod schien ihm nicht eine eigentliche Trennung zu sein, sondern nur ein Auszug in ein höheres Stockwerk.

Unsere sichtbare Berührung wird eine Zeitlang unterbrochen sein. Nachher werden wir stets in demselben Haus sein, und ich werde mich in der Nähe des Herrn befinden, dessen Allgegenwart das ganze Haus erfüllen wird.

Im Jahre 1783 verlor er ganz plötzlich seine getreue Gefährtin, die Mutter seiner sieben Kinder. Sie hatte am Abend vorher noch jedes ihrer Kinder gesegnet.

Oberlin über den Tod seiner Frau:
Sie hatte eine Erscheinung ihrer verewigten Schwester gehabt, die ihr mitteilte, daß sie bald sterben werde und welche Vorbereitungen sie treffen solle. Sie machte ihren Kindern doppelte Kleider, richtete die Speisen für die Leichenmahlzeit zu, nahm rührenden Abschied von mir und starb den andern Morgen. Gleich in der folgenden Nacht erschien sie mir im Traum, und von da an sah ich sie neun Jahre lang fast alle Tage, träumend und wachend, teils hier bei mir, teils drüben in ihrem Aufenthaltsort in der unsichtbaren Welt, wo ich merkwürdige Dinge, auch politische Veränderungen, lange, ehe sie vorgingen, von ihr erfuhr. Sie erschien aber nicht nur mir, sondern auch meinen Hausgenossen und vielen Personen im Steintal, warnte sie oft vor Unglück,

In einem Rundschreiben wendet sich Oberlin an die Mütter und Väter:
Ich habe eine Bitte an Euch zu richten: Ihr haltet Schafhirten für Eure Schafe und tut wohl daran. Aber habt Ihr keine Furcht für Eure Kinder? Schleicht nicht Satan umher, um sie zum Bösen zu verleiten? Darum haltet ihnen gleichfalls Hirten. Vater, wo ist dein Sohn? In welchem Hause, in welcher Gesellschaft? Wie beschäftigt er sich? In welchem Hause, in welcher Gesellschaft? Wie beschäftigt er sich? Eure Pflicht ist es, sie bei ihren Vergnügungen und während ihrer Tätigkeit zu überwachen und anzuleiten.

sagte voraus, was kommen werde und gab Aufschluß über die Dinge jenseits. Nach neun Jahren geschah es, daß ein Bauer von meinem Filial Belmont, Joseph M., ein Mann, der samt seiner ganzen Familie oft Erscheinungen hatte, in der unsichtbaren Welt war. Dem sagte mein verstorbener Sohn, seine Mutter sei jetzt in einen höheren Zustand versetzt worden und könne fortan nicht mehr auf der Erde erscheinen. Von da an sah ich meine Frau nicht wieder.

Im hohen Alter ließen seine Kräfte nach. Am 28. Mai 1826 überfielen ihn Fieberschauer mit Bewußtlosigkeit. Am nächsten Tag hörte man ihn beten: »O Herr Jesu, mach bald Feierabend, mach ein Ende, o ich flehe zu dir, mach ein Ende der Mühseligkeit meiner Tage. Doch dein Wille geschehe.« Am 1. Juni 1826 entblößte er morgens früh 6 Uhr das greise Haupt, faltete die Hände und blickte gen Himmel. Der Mund konnte nicht mehr sprechen, die betenden Augen aber sprachen von Himmelsseligkeit und von Liebe. Bald schloß er die Augen, und der letzte Kampf war ausgekämpft. Man machte eine Glasscheibe in den Sarg. Zwei Stunden lang strömte der Zug der Leidtragenden an dem Sarg vorüber, um Abschied zu nehmen. Die Bürgermeister und Ältesten trugen den Heimgegangenen auf den Kirchhof zu Boudai. Auf seinem Grabstein steht: »Er war 59 Jahre lang der Vater des Steintals.«

Ein Zeuge des Evangeliums in der Katholischen Kirche

MARTIN BOOS (1742-1825)

Harte Jugendjahre

Er ist in Hüttenried an der Grenze von Oberbayern und Schwaben als Sohn eines begüterten Bauern geboren. Er verlor in seinem vierten Lebensjahr beide Eltern. Die Erbteile der 16 Geschwister wurden klein. Er wuchs in Augsburg im Hause seines Onkels, des Domfiskals Kögel, auf. Auf seinen Wunsch durfte er, der unter 300 Schülern, Theologie studieren. Er stand unter strenger Zucht des Onkels. Es fehlte ihm ganz die mütterliche Liebe. Als Schüler der Salvatorschule, eines Gymnasiums der Exjesuiten, machte er ähnliche Kämpfe

durch wie Luther im Kloster. Er schreibt:

Ich habe von klein auf mein Sündenelend erkannt, gefühlt und unter Seufzen getragen. Habe viele Jahre lang bei Tag und Nacht um Licht, um Ruhe, um Kraft und Erlösung geweint und gebetet. Ich habe mir – ein Tor redet – entsetzlich viel Mühe gegeben, recht fromm zu leben, ich lag jahrelang, selbst zur Winterszeit, auf dem kalten Boden und ließ das Bett neben mir stehen. Ich geißelte mich bis aufs Blut und krönte meinen Leib mit rauhen Bußhemden. Ich litt Hunger und gab mein Brot den Armen. Jede müßige Stunde brachte ich in der Kirche und Domgruft zu. Ich beichtete und kommunizierte fast alle acht Tage. Ich war so fromm, daß mich die Studenten und Exjesuiten einstimmig zum Präfekten der Kongregation erwählten. Ich wollte mit Gewalt aus meinen guten Werken leben. Aber der Herr Präfekt fiel bei aller Heiligkeit immer tiefer in die Selbstsucht hinein, war immer traurig, ängstlich, kopfhängend. Der Heilige schrie immer in seinem Herzen: »Ich elender Mensch, wer wird mich erlösen?« Kein Mensch antwortete ihm: »Die Gnade Gottes durch Jesum Christum!« Kein Mensch gab ihm das Kräutlein ein: »Der Gerechte lebt seines Glaubens.«

Zeuge des Evangeliums in der katholischen Kirche

Sein Onkel schickte ihn dann auf die Hochschule nach Dillingen, wo der fromme Sailer (1751-1832) lehrte. Sailer lebte aus der besten Frömmigkeit der mittelalterlichen Mystiker. Die »Nachfolge des Thomas a Kempis« war das Buch, dem er Entscheidendes verdankte. Sein heiteres, gelindes und freundliches Wesen, seine treuen Hinweise auf Jesus Christus und die Heilige Schrift machten einen tiefen Eindruck auf seinen Schüler, so daß Sailer, ohne es zu wissen und zu wollen, der geistliche Vater einer evangelischen Bewegung innerhalb der katholischen Kirche wurde, während er selbst Katholik blieb und schließlich Bischof von Regensburg wurde. Seine zahlreichen Schriften, die er in 41 Bänden herausgab, vor allem seine Grundlehren der Religion, haben ihm viele Freunde verschafft und einen weitreichenden Einfluß.

Von seinen immer mehr evangelisch werdenden Schülern hat er sich später zurückgezogen. Goßner, der zur evangelischen Kirche übertrat, hat er verurteilt. Boos nannte ihn in späteren Briefen Erasmus. Doch in der Zeit der Aufklärung, die die katholische wie die evangelische Kirche durchsetzt hatte, war seine innerliche Christusfrömmigkeit und seine Liebe zur Heiligen Schrift ein Feuerherd geistlichen Lebens in der katholischen Kirche, wenn er auch die Tiefen des Rechtfertigungsglaubens nicht erkannt hat.

Boos schrieb kurz vor seinem Ende einem Freund:
Ich möchte gerne auch von meinem Lehrer Sailer Abschied nehmen. Danken Sie ihm statt meiner für seine Lehren und Bemühungen, wodurch er mich in meiner Jugend den Vater und den Sohn und hiermit das ewige Leben kennengelehrt hat.

Nach vierjährigem fleißigem Theologiestudium erhielt Boos die Priesterweihe. Dabei waren fünfhundert Gäste zugegen. Der Onkel veranstaltete in seiner Freude dem Volk ein dreitägiges Scheibenschießen. Boos wurde zunächst Kaplan in Unterthingau bei Kempten, wo er treulich wirkte. Ein späteres Zeugnis eines Gemeindeglieds, eines österreichischen Hauptmanns, sagt:
Ich erinnere mich aus meiner Knabenzeit, wieviel Tränen er daselbst als Kaplan vergoß, wie er bei Tag und Nacht unermüdet am Krankenbett die Leidenden tröstete, mit welcher Herzlichkeit er lehrte und mit welchem Eifer er sein Predigtamt verwaltete.

In Unterthingau führte ihn das evangelische Zeugnis einer stillen Christin, die zu den »Betbrüdern« gehörte, zum Glauben an Christus. Er sagte zu der Kranken: »Sie werden doch recht ruhig und selig sterben.« Diese erwiderte: »Warum denn?« – »Weil Sie so fromm und heilig gelebt haben«, antwortete der Seelsorger. Die Kranke antwortete ernst: »Sie wären mir der rechte Geistliche, ein schöner Tröster; wenn ich im Vertrauen auf meine Frömmigkeit hin stürbe, so wüßte ich gewiß, daß ich verdammt würde, aber auf meinen Jesum kann ich getrost sterben.« Diese Worte bewegten ihn tief. Seine Predigt wurde kräftiger. Das Volk merkte, daß er bessere Speise anzubieten hatte als andere Priester, und lief ihm in Scharen zu. Das erweckte aber in Grönenbach, wo er seit 1790 Kanonikus war, den Neid der übrigen Pfarrer. Sein Dekan hätte ihn »am liebsten eingemauert oder aufgehängt gesehen«, wie er selber sagte, und ruhte nicht, bis er seines Amtes enthoben wurde. Boos sollte noch mehr leiden um seines Glaubens willen. Zunächst fand er eine Zuflucht in Seeg bei dem Pfarrer Feneberg, einem Mitlehrer und Freund Sailers, der in Dillingen an seiner Seite gewirkt hatte. 1795 bekam Boos von dem Fürstabt zu Kempten, der von seiner Unschuld überzeugt war, eine Kaplanei in Wiggensbach. Dort entwickelte sich das Senfkörnlein, das die sterbende Frau in sein Herz gelegt hatte, zu einem Baum klarer evangelischer Heilserkenntnis:
Hinter dem Hochaltar in Wiggensbach habe ich mir meinen lebendigen Glauben und all die Gnaden und Gaben, die mir der Herr schenkte, erfleht. Dort ist mir der Herr in seiner für uns voll und ewig gültigen Gerechtigkeit erschienen. Dort lernte ich sein Kreuz, sein Verdienst und seine Gnade kennen. Dort ist mir Christus das erste Mal in einem großen Licht erschienen. Dort erlebte ich in Gebet, Betrachtung und Arbeit meine seligsten Tage.

Der Zulauf zu seinen Predigten, auch aus den Nachbargemeinden, wurde immer größer. Aber auch die Feinde des Evangeliums regten sich. Durch die Neujahrspredigt vom Jahre 1797 wurde der eine Teil der Gemeinde völlig hingerissen; die andern fluchten und lärmten und verlangten seine Entlassung. Die vier Hauptgedanken dieser Predigt waren:
1. Tut Buße, das Himmelreich ist nah.
2. Glaubet an Christus für euch und in euch.
3. Dann werdet ihr die Gabe des Heiligen Geistes empfangen.
4. Zertretet nicht die euch jetzt bekanntgewordenen Perlen.

Er wird um Gerechtigkeit willen verfolgt
Dieser Aufruhr in Wiggensbach war das Signal für die Verfolgung der »Betbrüder« und der erweckten Priester in der Umgebung von Kempten. Boos, der eine Zuflucht in Seeg gefunden hatte, stellte sich selbst dem bischöflichen Rat zu Augsburg und kam in das geistliche Zuchthaus nach Göggingen. Seine beschlagnahmten Papiere bildeten das Belastungsmaterial. Fünfzigmal stand er vor dem geistlichen Gericht. Er bekannte frei, daß Christus für uns unsere vor Gott geltende Gerechtigkeit sei, und daß Christus nur durch Buße und Glauben in jungfräulichen Seelen geboren werden kann. Er bewies seine Lehre aus der Schrift, aus den Kirchenvätern und aus der Meßliturgie. Schließlich zwang man ihn, kniend Sätze abzuschwören, die er nie gelehrt hatte. Er beugte sich dieser Maßregel seiner geistlichen Oberen, weil er seine Kirche herzlich liebte und in ihr dem Evangelium Raum erringen wollte. Aber der Vorsteher des

Zuchthauses, der Priester Hoffmann, wurde für den lebendigen Glauben gewonnen. Boos kam zur Überwachung zu einem früheren Direktor des Korrektionshauses nach Langeneiflach als Kaplan. Da wurde es auch in dieser Gemeinde lebendig. Nun sollte er nach dem Willen seiner Vorgesetzten lebenslänglich gefangengehalten werden. Auf dem Wege in das geistliche Korrektionshaus traf ihn ein gläubiger Priester, der früher durch ihn zum Glauben gekommen war, und gab ihm den Rat nach Matth. 10: »Verfolgt man euch in einer Stadt, so fliehet in die andere.« So machte er sich auf zur Flucht. Der flüchtige Wanderer fand eine Zuflucht bei einem Gutsverwalter und lebte dort mehrere Monate in Verborgenheit, bis sein Zufluchtsort bekannt und er wieder nach Augsburg geladen wurde. Doch der Generalvikar Nigg schützte ihn und trat für ihn ein und verhalf ihm im Österreichischen zu einem neuen Priesteramt.

In Österreich, wo die katholische Priesterschaft der Aufklärung anhing, fand Boos in seinen Hilfspredigerstellen, die er zuerst bekleidete, höchste Zufriedenheit und Vertrauen seiner Vorgesetzten, so daß er nach achtjährigem Dienst Gallneukirchen, die größte Pfarrei des Bezirks, anvertraut bekam. Diese Pfarrei hatte ein großes Einkommen. Doch geriet er in die napoleonischen Kriege und wurde fünfzehnmal ausgeplündert. Der vorsichtiger gewordene Mann konnte in Gallneukirchen viereinhalb Jahre ohne Anstoß wirken. Das traurige Ende eines leichtfertigen Sünders, der, als seine Schuld ihm zum Bewußtsein kam, verzweifelte und sich erhängte, veranlaßte ihn, feuriger und noch klarer Christus zu verkündigen. Im Jahre 1810 entstand eine Erweckung. Auch in seinem Hause, wo lange Zeit der geistliche Tod unter den Dienstboten herrschte, zündete schließlich das Feuer der Erweckung. Dabei gab es solche seelischen Erschütterungen, daß sie von den Feinden leicht als Schwärmerei ausgelegt werden konnten. Boos selbst schreibt darüber:

A. fiel am ersten zu Boden, weinte und war wie tot. Sie konnte nicht reden, nur weinen. In der Nacht erschien ihr der Herr. Alles in ihr war Licht, Liebe, Freude.

Boos predigte nun jedem seiner Hausgenossen Buße und Glauben in Briefen und bekam wieder briefliche Antwort.

Gott segnete diese Hausschreiberei. Zuerst wurden zwei Stallmägde, dann der Gärtner, darnach der Roßbube, endlich gar die geschickte K. sehend, gläubig und lebendig.

Nun regten sich auch seine Feinde, die von einem neidischen Priester Brunner angestiftet waren. Sie nahmen an einzelnen kräftigen Aussprüchen von Boos Anstoß, so zum Beispiel an der Wendung:

Johannes der Täufer sagt nicht, daß unsere Haderlumpen, das sind unsere befleckten Werke, das Lamm Gottes seien, sondern er zeigt auf Jesum, der die Sünden der Welt wegnimmt.

Als man Boos nach seiner Ketzerei fragte, sagte er:

Wir Ketzer wollen, daß man zuerst einen guten Baum setzen und hernach erst gute Früchte ernten solle. Die Ketzermacher aber wollen, man solle zuerst gute Früchte ernten und dann einen guten Baum setzen.

Seine Feinde waren zäh und verklagten ihn immer wieder bei seinen Oberen. Sailer trat mannhaft für ihn ein. Boos verteidigte sich schriftlich gegen die Vorwürfe, die man ihm machte. Seine Rechtfertigungslehre sei die katholische:

1. Es ist kein Mensch gerecht, der nicht hat den Glauben in Liebe tätig.
2. Es kann der Glaube in Liebe nicht tätig sein, solange er selbst kein Leben hat.
3. Der Glaube wird aber nur lebendig und tätig durch Gott, durch Christus, durch Christi Geist.

Das zähe andauernde Anklagen seiner Gegner führte schließlich zu einer Hausdurchsuchung im Jahre 1812, die viereinhalb Tage dauerte. Man fand die weitreichende Korrespondenz, die er mit vielen Priestern und auch ausländischen Freunden führte. Das erweckte den Verdacht, daß er eine geheime Gesellschaft leite und die Kirche reformieren wolle. Aber das Wiener Konsistorium, das im Auftrag des Kaisers Franz I. die Sache untersuchte, fällte ein günstiges Urteil, so daß er weiter wirken durfte. Als aber von 1815 an der Metternichsche Geist in Österreich regierte, brachten es die unaufhörlichen Klagen seiner wenigen, aber rabiaten Feinde zustande, daß bei einer erneuten Haussuchung viel Material der Behörde in die Hände fiel, das den Verdacht, er gehöre einer geheimen pietistischen Gesellschaft an, noch verstärkte. Besonders die Briefe der evangelischen Anna Schlatter, der geistvollen Kaufmannsfrau in St. Gallen, belasteten ihn. Er wurde in Klosterhaft genommen. Seine Haft wurde härter. Ein vertraulicher Brief, den er einem Freund aus

Boos klagt:
Ach, wie lange werden sie noch löschen, wo es nicht brennt, und dort brennen lassen, wo die Hölle alles mit Flammen verzehrt.

dem Gefängnis schrieb, wurde erwischt. Das scherzhafte Urteil über sein Verhör: »Soeben kam ich aus einem Stiergefecht« verärgerte seine Richter vollends. Zwei junge Karmelitermönche, in deren Kloster er gefangen lag, wurden zum Glauben erweckt und versorgten ihn mit Schreibzeug und einem gebratenen Huhn, das sie vom oberen Stock an sein Zellfenster an einem Seil herabließen. Auf diesem Weg bekam er auch Post und schrieb Briefe. Sein Urteil stellte ihn vor die Wahl einer neuen Untersuchung beim Erzbischof in Wien oder Auswanderung binnen vierundzwanzig Stunden. Er wählte das letztere, erhielt eintausend Gulden Reisegeld und seine Entlassung. Sein Widersacher Brunner bekam seine Pfarrei übertragen. Die Feinde, die Boos verfolgt hatten, nahmen ein böses Ende. Der eine wurde auf der Landstraße tot aufgefunden, der andere, der lieber Eichhörnchen schoß, wie er sagte, als zu Boos in die Predigt zu gehen, verlor bei der Eichhörnchenjagd sein Leben. Indes ließen sich Gräfinnen und Fürstinnen in Wien die Verteidigungsakten von Martin Boos abschreiben und lernten das Evangelium. Boos wandte sich zuerst nach München, wo er schwer krank wurde. Er wurde von seinen Freunden, vor allem von Goßner, liebevoll aufgenommen und getreulich gepflegt. Als er wieder genesen war, kam der Ruf der Preußischen Regierung, die Religionslehrerstelle am Gymnasium zu Düsseldorf zu übernehmen. Diese Arbeit machte ihm nicht viel Freude, da er ihr gesundheitlich nicht mehr gewachsen war. Bald war er des Kämpfens mit »hircis et hoedis et pueris« (Böcken, Zicklein und Knaben) müde und war froh, als er in Sayn eine kleine Gemeinde übertragen bekam; doch auch dort hat er sich nicht wohlgefühlt. Er schrieb an Anna Schlatter:

Komm, hilf mir den Rhein anzünden. Er ist gar so naß, er will nicht brennen. . . Weniger Selbsterkenntnis und weniger Glauben habe ich noch bei keinem Volk angetroffen als hier am Rhein.

Als seine Gallneukirchner Gemeinde zu einem großen Teil zur evangelischen Kirche übertrat, erwuchsen ihm große Schwierigkeiten. Sein wohlwollender Generalvikar verlangte von ihm, er solle öffentlich allem Anteil am Aftermystizismus entsagen und sich zu den Grundsätzen der katholischen Kirche bekennen. Sailer hatte dasselbe getan. So folgte er aus Ruhebedürfnis diesem Beispiel und schwur dem Aftermystizismus ab mit dem ausdrücklichen Hinweis, daß, wenn man darunter den reinen, apostolischen Glauben verstünde, seine Absage nichts gelte.

Von 1824 an gingen seine Kräfte rasch zu Ende. Er schrieb an Goßner:

Ich denke, der Herr wird mich bald abholen, ich bin schwach und krank.

Er bekam eine schwere Wassersucht und litt sehr. Mehrere Wochen erfreute er sich der treuen Pflege der Frau Dr. Jakobi, einer Tochter des Matthias Claudius. Am 29. August 1825 entschlief er sanft, nachdem er noch gebetet hatte: »Herr Jesus, in deine Hände befehle ich meinen Geist.«

Martin Boos war mißtrauisch geworden gegen alles äußere Kirchentum. Er wußte, daß in jeder Kirche die Gläubigen nur ein kleines Häuflein bilden. Darum wollte er auch nicht zur evangelischen Kirche übertreten. Wenn man ihm die Mißbräuche Roms vorhielt, sagte er:

Wahr ist's, es ärgert mich vieles an meiner Mutter, aber an andern Müttern ärgert mich auch vieles.

Doch ist er durch seine Schüler Goßner und Henhöfer ein geistlicher Vater einer Erweckung in der evangelischen Kirche geworden.

Angelsächsische Evangelisten

JOHN WESLEY (1703-1791)

war ein Geistlicher der englischen Hochkirche, der die große Erweckungs- und Gemeinschaftsbewegung des Methodismus hervorrief. Er wurde als Sohn einer alten hochkirchlichen Pfarrfamilie zu Eppworth am 17.6.1703 geboren. Seine Mutter, die Tochter eines bedeutenden Predigers, war eine ausgezeichnete Erzieherin. Gehorsam war die Grundlage ihrer Erziehung. An der Bibel lernten ihre Kinder das Lesen. Jeden Abend um 5 Uhr hielt die Familie eine stille Andacht nach den vorgeschriebenen Gebeten und Psalmen.

Er schreibt im Rückblick auf diese Zeit selbst:

Ich wurde mehr und mehr von der Unmöglichkeit, ein halber Christ zu sein, überzeugt und entschloß mich daher durch Gottes

Einst hatte Boos an einen Freund geschrieben: Wenn ich einmal tot bin, so sage der Welt, ich lasse sie grüßen, und ich habe ihr weiter kein Kräutlein geben wollen als dieses: daß der Gerechte aus dem Glauben lebe.

Gnade, mich gänzlich Gott zu weihen, mich mit Seele und Leib und was ich bin und habe, ihm hinzugeben.

Als Gegenschlag gegen den strengen Puritanismus war in England unter den Stuarts Zügellosigkeit und Sittenlosigkeit eingerissen. Zoten in der Gesellschaft, Roheiten und Verbrechen auf der Landstraße waren an der Tagesordnung. Die Pfarrer waren verarmt, ihre Frauen aus geringem Stand. Mit den Pfarreien wurde Handel getrieben. Es gab bittere Armut neben großem Reichtum. England war reif für eine Revolution. Durch die Predigt Wesleys wurde es davor bewahrt.

Der heilige Club zu Oxford
Er suchte ein Leben in der Nachfolge Jesu in eigener Kraft zu führen. Der Vater riet dem Sohn das sorgfältige Studieren der Bibel im Urtext an. Als er Thomas a Kempis' Nachfolge gelesen hatte, bestimmte er eine oder zwei Stunden täglich am Morgen zur Meditation und ging jede Woche zum Heiligen Abendmahl. Er hütete sich vor jeder Sünde und begann, nach Heiligkeit zu streben. 1725 wurde er zum fellow (eine Art Repetent) an der Universität Oxford am Lincoln College gewählt. Um vier Uhr morgens ging er an das Studium. Wesley hatte einen Hang zur Einsiedelei. Da wanderte er eines Tages mit reifen Christen mehrere Meilen. Die rieten ihm, Gemeinschaft zu suchen, die Bibel wisse nichts vom Einsiedlerleben. In dem sozialen Programm des Clubs suchte er für sich selbst sparsam zu sein, um reichlich Almosen geben zu können. Von 60 Pfund Einkommen verschenkte er 32 Pfund. 1735 schloß sich Whitefield an ihn an, der große organisatorische Gaben hatte. Voll Hochachtung und Bewunderung schauten ihre Mitstudenten ihnen nach, wenn sie täglich miteinander zur Kirche und zum Abendmahl schritten. Er kam immer tiefer in mystische Ideen hinein. Sein Vater ermahnte ihn: »Sei standfest, der christliche Glaube wird gewiß in diesem Lande wieder aufleben.« Einige Monate später fuhr er nach Georgia in Amerika als Indianermissionar.

Seine Mutter, die er um Rat fragte, sagte:

Wenn ich zwanzig Söhne hätte, würde ich mich freuen, sie in einer solchen Tätigkeit zu wissen, auch wenn ich sie nie mehr in diesem Leben sehen sollte.

Auf dem Schiff traf er Herrnhuter Missionare mit ihrem Bischof Nitschmann. Diese unterzogen sich den niederen Diensten, die kein Engländer ohne Bezahlung getan hätte, indem sie sagten, das sei von Nutzen für ihre hoffärtigen Herzen. Sie waren voll Sanftmut im Ertragen von Widerwärtigkeiten, nie hörte man Klagen von ihnen. Georg Spangenberg traf ihn innerlich, als er ihn fragte: Hast du das göttliche Zeugnis in dir?

In Amerika entfaltete Wesley einen hochkirchlichen Eifer, er verweigerte Begräbnis und Abendmahl allen, die nicht vom hochkirchlichen Priester getauft waren. So bekam er Schwierigkeiten und Feinde. Das veranlaßte seine Rückkehr. Er war tief unbefriedigt und schrieb:

Ich ging nach Amerika, um die Indianer zu bekehren, aber ach: wer wird mich bekehren?

Seine Umkehr

Ein Prediger der Brüdergemeine, Peter Böhler, wurde das Werkzeug zu seiner Bekehrung. Er wies ihn auf den Glauben an Christus hin, und Wesley schreibt darüber:

Am Abend ging ich sehr ungern in eine Gesellschaft, wo man Luthers Vorrede zum Brief an die Römer las. Ungefähr ein Viertel vor neun Uhr, als man eben die Veränderung schilderte, die Gottes Kraft durch den Glauben an Jesum in den Menschen bewirkt, fühlte ich mein Herz auf sonderbare Weise erwärmt; ich fühlte, daß ich mein Vertrauen einzig auf Christum setzte. Ich hatte die Gewißheit, daß er alle meine Sünden von mir genommen und mich vom Tode erlöst habe. Ich fing nun an, ernstlich für die zu beten, die mich verächtlich behandelten und verfolgten. Ich bezeugte auch öffentlich vor der ganzen Versammlung, was ich jetzt in meinem Herzen fühlte.

Nun reiste er nach Herrnhut, um die Heimatgemeinde seiner geistlichen Väter kennenzulernen. Nach London zurückgekehrt, predigte er das Evangelium mit erstaunlicher Kraft und Vollmacht, so daß Tausende ihm zuströmten.

Der Volksmissionar

Durch die Eifersucht der staatskirchlichen Geistlichen wurde er aus den Kirchen hinausgedrängt, so daß er gezwungen war, im Freien zu predigen und damit seinen eigentlichen Beruf als Volksmissionar gewann.

Mit seinem Bruder Charles, der bald

City Road Chapel, London

*S. 304 oben:
John Wesley*

*S. 304 unten:
John Wesleys Haus in Moorfields, London*

Charles Wesley
(1707-1788)

ihn einen Kilometer weit hören konnte. Der Gesang der Massenversammlungen war eine halbe Stunde weit zu vernehmen. Die große geistliche Bewegung, die durch diese Prediger entstand, griff tief in die Seele des englischen Volks ein.

Die Festigung der Gewonnenen

Schon 1740 trennte sich Wesley von der Brüdergemeine und gründete die Methodistengesellschaft, die aus seinen Anhängern bestand und sich regelmäßig in der Kapelle zu Moorfield, wo er Gottesdienst hielt, einfand. An eine Trennung von der Staatskirche dachte er nicht und lehnte sie noch 1755 als unschicklich ab. Das tat er bis an sein Ende. Die wachsende Zahl der Gemeinschaften veranlaßte ihn, in den gewonnenen Kreisen Diakone zu ernennen, die jeden Kranken in ihrem Distrikt einmal wöchentlich zu besuchen hatten. Er teilte die Neugewonnenen in kleine Kreise, die unter Aufsicht eines erfahrenen Christen standen. Diese Verantwortlichen sollten wöchentlich einmal jede Familie besuchen. Später versammelte man die Kreise wöchentlich. Einer der Kreisvorstände oder Klassenvorstände, wie sie Wesley nannte, war dann der Gemeindevorsteher. Schon 1744 wurde die erste Synode der Prediger gehalten.

Einführung einer strengen Zucht in den Klassen

Die einfachste Kleidung war vorgeschrieben. Branntweintrinker, Pfandverleiher, gröbere Sünder wurden ausgeschlossen. Die Gemeindeglieder wachten übereinander und halfen einander. In ihrer lebendigen Gebetsgemeinschaft lag ihre Kraft.

Lösung von der Staatskirche

Schon zehn Jahre nach seinem Auftreten gab es in England 39 Bezirke mit 92 Predigern, unter denen die Gemeindeführer, Klassenaufseher, Krankenbesucher, Schulmeister und Hausverwalter standen. Die Prediger wurden nach dem Gesichtspunkt ausgesucht, ob sie die erforderlichen Geistes- und Körpergaben hatten und Früchte von ihrer Arbeit zu sehen waren. Die Prüfungszeit der Prediger war auf vier Jahre festgesetzt.

In der Frage der Gnadenwahl dachte Wesley anders als Whitefield, der

nach ihm erleuchtet wurde, wandte er sich dem durch die Rohheit seiner Bewohner berüchtigten Kohlengebiet Kingswood zu. Sein Freund Whitefield hatte diese Arbeit begonnen und ihn zur Mithilfe berufen. Von einem Schlackenhügel aus predigte er an einem Sonntagnachmittag zum ersten Mal vor etwa einhundert Leuten. Am Abend waren es schon zweitausend. Die Zahl wuchs immer mehr. Oft waren es zwanzigtausend und noch mehr. Whitefield schreibt von diesen Kohlengräbern:

Da keiner von ihnen der eigenen Gerechtigkeit zu entsagen hatte, so waren sie froh, von einem Jesus zu hören, der ein Freund der Zöllner und Sünder war und gekommen ist, nicht die Gerechten, sondern die Sünder zur Buße zu rufen. Die ersten Merkmale ihrer Rührung ließen sich an den weißen Rinnen erkennen, welche von den Tränen herrührten, die reichlich über ihre rußigen Wangen herabliefen. Die Erweckung und Veränderung, die mit ihnen vorging, lag vor aller Augen.

Wesley predigte bis in sein achtundachtzigstes Lebensjahr hinein, oft täglich zwei- bis dreimal. Whitefield hatte eine Stimme wie eine Posaune, daß man

streng für die Erwählungslehre eintrat, während Wesley diese Lehre verwarf, da sie ihm die Heiligung zu beeinträchtigen schien. Wesley schrieb dem Menschen eine gewisse Mitwirkung zur Erlangung des Heils zu, verneinte aber die Verdienstlichkeit dieses Tuns. Trotzdem blieb er mit Whitefield innig verbunden.

Auch in Nordamerika entstanden viele Methodistengemeinden. Infolge der Unabhängigkeit der Kolonie vom Mutterland mußten die dortigen Gemeinden zuerst selbständig werden. Dorthin sandte Wesley den ersten Superintendenten, den er selbst ordiniert hatte. Die dortige Kirche führte zuerst den Namen »Bischöfliche Methodistenkirche«. Im Mutterland ging die Trennung von der Staatskirche langsamer vonstatten.

Sein Heimgang

Am 17. Februar 1791 überfiel ihn während der Predigt ein heftiges Fieber. Aber er predigte noch einige Male. Doch nahm seine Schwäche immer mehr zu. Am 8. März entschlief er unter heißem Gebet seiner Freunde ohne Todeskampf.

Seine Grabschrift, die er sich schon bei einem Krankheitsanfall im Jahre 1753 selbst aufgesetzt hatte, lautet:

Hier liegt der Leichnam John Wesleys. Ein Brand, errettet aus dem Feuer, welcher starb . . ., ohne, nachdem seine Schulden bezahlt, auch nur zehn Pfund hinterlassen zu haben, betend: Gott sei mir, einem unnützen Knechte, gnädig.

GEORGE WHITEFIELD
(1714-1770)
Seine Jugend

George Whitefield (spr. Witfield) war der Schrittmacher der angelsächsischen Evangelisation im 18. Jahrhundert auf beiden Seiten des Atlantik. Die Gebrüder Wesley, seine Zeitgenossen und zeitweiligen Mitarbeiter, sind bekannt geblieben durch die Gründung des Methodismus, während Whitefields Vermächtnis die ungezählten Tausende von Seelen sind, welche ihm das ewige Leben zu verdanken haben.

George wurde am 16. Dezember 1714 in der Wirtschaft zur Glocke (Bell Inn) in der Hafenstadt Gloucester geboren, wo der Vater Gastwirt und Weinhändler war. Da dieser früh starb, mußte die Mutter den »ungezügelten Strolch«, wie er sich selber nannte, allein erziehen. Er blieb ihr auch zeitlebens dafür dankbar und stellte 1740 im »Short Accont« fest:

Es würde endlos sein, die Sünden und Übertretungen meiner Jugendzeit aufzuzählen. Ihrer sind mehr als Haare auf meinem Kopfe. Mein Herz würde bei ihrer Aufzählung erstarren, wenn ich nicht gewiß wäre, daß mein Erlöser lebt, um mich zu vertreten. Wenn der reiche Jüngling im Evangelium sich rühmte, die Gebote von seiner Jugend auf alle gehalten zu haben, so muß ich mit Scham und Bestürzung bekennen, daß ich sie alle von Jugend auf übertreten habe. Ich besuchte den öffentlichen Gottesdienst, aber nur um Spott damit zu betreiben. Ich fragte mich, warum mir Gott wohl Leidenschaften gegeben habe, um mir nicht zu erlauben, sie zu befriedigen. Ich machte große Fortschritte in der Schule des Bösen. Ich bemühte mich, liederlich auszusehen und war auf dem besten Wege, so schlecht wie der schlimmste unter meinen schlimmen Kollegen zu werden.

Trotzdem hatte George schon früh religiöse Eindrücke und Regungen des Herzens durch den Heiligen Geist und dachte sogar daran, einmal Geistlicher zu werden. Früh verließ er die Schule und arbeitete fast zwei Jahre als Kellner in Mutters Gasthaus. Dabei fing er an, bei völlig unverändertem Herzen hinter der Theke Predigten aufzuschreiben: »ich fühlte mich sehr zur Selbstprüfung gedrängt, fand mich indessen sehr unwillig, in mein Herz zu blicken. Oft las ich in der Bibel, während ich nachts aufblieb«.

1732 immatrikulierte sich George im Pembroke College in Oxford. Die dortigen Studenten versuchten, ihn in ihre gottlosen Vergnügungen zu ziehen, aber George zog es vor, nicht mit ihnen zu gehen, sondern sich allein auf sein Zimmer zurückzuziehen, nicht ohne sich dadurch ihrem steten Spott auszusetzen. Nach einiger Zeit fühlte er sich von jenem »Klub der Heiligen« angezogen, den die Gebrüder Wesley in Oxford aufgezogen hatten und der sich wegen fester Regeln ironisch als »Methodisten« verschrieen sah. Anläßlich eines Frühstücks bei Charles Wesley wurde Whitefield in den Klub aufgenommen. Er verteidigte ihn fortan gegen alle Verleumdungen und begann selber, nach Regeln zu leben, ja er übertrumpfte seine Kolle-

George Whitefield
(1714-1770)

in meiner Seele beständig geblieben und gewachsen.

Alte und Neue Welt

Im Frühling 1736 promovierte Whitefield in Pembroke, Oxford, zum »Ba-
chelor of Arts« (unterster akademischer Grad). Nach Gloucester zurückgekehrt, sah er sich zunächst Spott und
Ablehnung wegen seiner Frömmelei
ausgesetzt, aber auch dem Drängen
seines Bischofs, Dr. Benson, der ihn
zum Diakon der Church of England
ordinieren wollte. Das geschah am 20.
Juni 1736. Seine erste Predigt hielt er
in St. Mary de Crypt, wo er auch getauft worden war und das erste
Abendmahl empfangen hatte. Scharen von Neugierigen waren herbeige-
eilt, gespannt auf das, was ihnen der
junge Mitbürger und Prediger wohl zu
bieten habe. Mehrheitlich war man
überrascht und beeindruckt von der
unmittelbaren Autorität, mit der das
Evangelium nüchtern und ohne jegliche sentimentale Schwärmerei von
dem 22jährigen Diakon ausgelegt
wurde. Andächtig und ergriffen ver-
nahmen sie es:

Um Christi Erlösung vollkommen teilhaftig zu werden, ist es nötig, daß uns Gottes
Heiliger Geist verliehen wird, der da unsere
Natur verändern und uns so auf den Genuß
der Glückseligkeit vorbereiten will, welche
unser Erlöser durch Sein teures Blut uns erkauft hat. Also weit mehr als nur Vergebung
unserer Sünden, denn diese allein gibt uns
ebensowenig Grund zu Freude, als einem
Verbrecher sein Freispruch, wenn er trotzdem an einer tödlichen Krankheit zu Grunde gehen muß.

Diese Botschaft trug Whitefield nun
34 Jahre lang bei hunderten von Auftritten vor, hat er doch insgesamt über
1800 Mal auf beiden Kontinenten gepredigt. Das erste Mal trug sie ihm in
Gloucester eine Klage beim Bischof
ein, sie habe 15 Personen verrückt gemacht. Der geistesgegenwärtige Kirchenmann entgegnete den Kritikern
bloß, er hoffe, daß diese Verrücktheit
mindestens bis zum andern Sonntag
andauere.

Für die gleiche Botschaft überquer-
te Whitefield siebenmal den Ozean
und zurück. Jedesmal ein mehrwöchi-
ges aufreibendes Abenteuer, das ihn
mehr als einmal an den Rand des Todes brachte. Trotz häufiger gesundheitlicher Anfechtungen waren diese

gen durch mancherlei mönchische Kasteiungen, schlechteste Nahrung, elende Kleiung, unordentliche Haare und
zerrissene Schuhe. Furcht und Trauer
überwältigten ihn, tage- und wochenlang lag er im kalten und nassen Garten
unbeweglich auf dem Boden, genoß
nur hartes Brot und Tee, so daß er richtig erkrankte. Es war aber alles nur mo-
ralisch-menschlich, da auch die Wesleys noch keine Beziehung zum lebendigen Gott hatten.

Auf seinem Krankenlager fand
Whitefield schließlich zu Jesus Christus:

Etwa zu Ende der 7. Woche meiner Krankheit, nachdem ich unzählige Schläge Satans bekommen hatte, gefiel es Gott endlich, die drückende Last von mir zu nehmen,
mich zu festem Vertrauen auf Seinen lieben
Sohn zu bringen und mich mit dem Heiligen
Geist auf den Tag der Erlösung zu ver-
siegeln. Anfänglich glich meine Freude der
Springflut, die die Ufer überflutet. Wohin
ich ging, mußte ich ganz laut Psalmen
singen. Ich hatte, wie das Samaritische
Weib, nachdem sich ihr Christus am Brunnen enthüllte, keine Ruhe in meiner Seele,
bis ich meinen Verwandten Briefe schrieb,
um ihnen von der Neuen Geburt zu sagen.
Ich bildete mir ein, sie würden sofort zugrei-
fen, aber meine Worte ließen sie nur glauben, ich sei völlig von Sinnen gekommen.
Später wurde ich gemäßigter und bin außer
einigen wenigen Unterbrechungen seitdem

Überfahrten jeweils mit Andachten, Predigten und Gesprächen (mit vielen geistlichen Entscheidungen) ausgefüllt. Einmal soll er bei der Landung der Post 65 Briefe übergeben haben. Aber auch zu Land zwischen England, Irland, Wales, Schottland und zwischen Georgia und New England trotzte er allen möglichen Unbillen der Witterung, weglosen Weiden, Sümpfen, Wolfsrudeln usw. Seine erste Ausreise erfolgte Ende 1737 nach einem Appell der Wesleys, welche die Rückfahrt antreten wollten und Whitefield als Ablöser brauchten. Im Gegensatz zu seinen Vorgängern gewann er sofort alle Herzen, weil er ihnen nur Liebe zeigte. Die Notwendigkeit, Geld für ein in Savannah geplantes Waisenhaus zu beschaffen, und die Priesterordination trieben ihn zwar nach wenigen Monaten wieder nach England. Gerade diese Ordination zeigte, daß er der offiziellen Staatskirche keineswegs den Rücken kehren wollte. Es ging ihm vielmehr darum, dort die ganze Botschaft der Bibel, welche nur verstümmelt verkündet wurde, wieder einzuführen. Als man ihm das sehr übel nahm und die meisten Kanzeln sperrte, entschloß sich Whitefield am 17. Februar 1739 zu einem historischen Schritt. Er folgte dem Beispiel Jesu und seiner Jünger, indem er erstmals außerhalb der Kirchenmauern predigte: Vor hunderten von verachteten Köhlern auf einem Erdhügel im Minengebiet von Moorfield und Kennington, wo er weit mehr und viel aufmerksamere Zuhörer fand als in einer Kirche, die solche Massen ohnehin nicht fassen konnte. 9 wöchentliche Predigten und 18 Andachten hielt er regelmäßig vor mehr als 50.000 Ohren.

Als John Wesley nach London kam, überwand Whitefield dessen starke Aversion gegen Freiluftpredigten, welche er anfänglich sogar als Sünde betrachtet hatte. Beide traten in Blackheath vor 40000 Zuhörern auf. Noch nie hatte London so etwas erlebt, besonders nicht, als sich gar 80000 in Hyde Park einfanden, um Predigten auf Stühlen und Tischen zuzuhören. Ungeschminkte Hinweise auf Himmel und Hölle, Führungen durch den Heiligen Geist und unzweideutige Gebetserhörungen waren klerikalen Ohren zuwider. Als ein wilder Mob für Ausschreitungen sorgte und es klar wurde, daß noch nie ein Prediger zu solch großen Massen gesprochen hatte, da kannte der Zorn der Anglikaner keine Grenzen mehr.

Wie zur Zeit der Reformation wirkten alle inneren und äußeren Anfeindungen eher fördernd. Wie in London, Bristol, Bath, Glasgow usw., so ging auch in Philadelphia, Boston und New York die gewaltige Erweckung, der »Great Awakening« unvermindert weiter. Die Gründung und Leitung des Bethesda-Waisenhauses in Savannah, welches bald zu einem Collegium und einer Schule für schwarze Kinder anwuchs, soziale Aufgaben, bei denen ihm seine Frau Elisabeth James, die er 1741 geheiratet hatte, zur Seite stand, treten zurück hinter seiner gewaltigen Evangelisationsarbeit in USA, Wales, Irland und Schottland. Aus einem Brief aus Edinburgh liest man u.a.:

Nie habe ich so viele Bibeln gesehen, nie das Volk mit solcher Spannung hineinblicken sehen, wie beim Stellen auslege, sehe ich Tränen in den Augen. Ich predige täglich zweimal, halte abends Bibelerklärungen in Privathäusern und unter Tags viele seelsorgerliche Gespräche, mache jeden Morgen Besuche bei kranken Menschen. Um 7 Uhr eine Versammlung im Freien, wo Hoch und Niedrig kommen. Ich glaube, daß auch viele Adelige zu Jesus kommen werden. Ich fürchte nur, daß man das Werkzeug vergöttert und nicht genug auf den allein preiswürdigen Jesus schaut, den ich allein gerühmt sehen will. Seine Liebe macht mich stumm vor Anbetung.

Dadurch, daß Whitefield 1748 Kaplan der Gräfin Huntingdon (1707-91) wurde, führte er viele Adelige zum Herrn. Als entschiedene calvinistische Methodistin (also Whitefields Richtung) hatte sie in Brighton, Tunbridge Wells, Bath und London elgene Gemeinschaften gegründet und unterstützte maßgeblich Whitefields Waisenhaus und die von ihm geförderten Dartmouth College und Princeton University. Einige bekannte Persönlichkeiten wie Benjamin Franklin oder der Gottesleugner David Hume zollten Whitefield wohl Bewunderung, konnten sich aber nicht für seinen Erlöser entscheiden.

Weit verbreitete sich die Kunde von Whitefields von Gott reich gesegnetem Dienst, besonders nach dem Londoner

Dr. Coolman aus Boston schrieb:
Solche Kraft und Gottesnähe bei einem Prediger und in den religiösen Versammlungen sah ich nie zuvor. Jeder Tag gibt mir neue Beweise, daß Christus in Whitefield redet und eine göttliche Hand mit ihm ist.

Erdbeben vom März 1750, wo er um Mitternacht in Hyde Park die Massen an den Tag erinnerte, an dem diese Erde vergehen wird, oder im schottischen Cambuslang, wo er berichten konnte:

Ich predige hier in dieser Erweckung um 2, 6 und 9 Uhr. Herr M. machte noch weiter bis 1 Uhr morgens und konnte sie kaum überreden, nach Hause zu gehen. Jede Nacht hört man die Stimme des Gebets und des Lobes in den Feldern. Beim dort gespendeten Abendmahl waren weit über 20000 Menschen auf dem Felde anwesend.

Whitefields liebenswürdiges, gelöstes Auftreten zeigte sich auch in der Krise mit den Gebrüdern Wesley, aufgrund ihrer unterschiedlichen Auffassungen von Prädestination und Gnade. Die Wesleys betonten den freien Willen, Whitefield dagegen Calvins Erwählungslehre. Versöhnende Tränen und liebende Vergebung lösten die anfänglich harte Verbitterung nach weniger als zwei Jahren wieder ab.

Wie abbhold Whitefield jeglicher Unnüchternheit gegenüber war, bezeugt ein Pastor aus Boston:

Im Gegensatz zu dem Geiste der Sektiererei und Frömmelei strebt er nach Gemeinschaft mit allen protestantischen Kirchen. Im Gegensatz zur Schwärmerei predigt er engen Anschluß an die Schrift und wie notwendig es sei, alle Eindrücke derselben aufzunehmen und alles Unechte, Unwahre zu verwerfen. Im Gegensatz zur Gesetzlosigkeit predigt er die Kraft Christi. Sein Geheimnis war die Wahrheit, die er machtvoll predigte, der Geist, in dem er auftrat und der besondere Segen Gottes auf seiner ganzen Arbeit.

Als George Whitefield am 29. September 1770 in Exeter/New Hampshire letztmals predigte, verließen ihn die Kräfte, so daß er andertags verschied, ohne seine Heimat nach 7 Reisen wiedergesehen zu haben. Die Amerikanische Enzyklopädie stellt fest, Whitefield habe seine Popularität in Amerika während Jahrzehnten nie eingebüßt und wesentlich zur Verbindung, Gemeinschaft und Einheit der Kolonien beigetragen. Und im Blick auf Europa kann man sagen, daß die Erweckung in ihren tiefen Auswirkungen auf die Volksseele Großbritanniens diesen Inseln eine gewalttätige verderbliche politische Revolution erspart hat.

WILLIAM CAREY
(1761-1834)

Dorfschuhmacher und Sprachgenie

Als ältester von fünf Söhnen eines Webers wurde William Carey am 17. August 1761 in der Grafschaft Shakespeares geboren. Mit sechs Jahren kam William ins Schulhaus, wo sein Vater angefangen hatte, Unterricht zu erteilen. Die holländische Mutter nahm nie großen Anteil am Werdegang ihres Kindes. William sammelte von Kindesbeinen an Pflanzen und Insekten, die er sorgfältig einreihte und bezeichnete. Religiöse Bücher wie Bunyans Pilgerreise fesselten ihn früh. Seine Mitschüler sollen zu ihm gesagt haben, wenn ihn Spaß und Spiel nicht interessierten, so solle er sie wenigstens anpredigen. Es gab für ihn keine andere Berufsaussicht, als im 15 km entfernten Nachbardorf den Beruf des Schuhmachers zu lernen. Der ältere Lehrling dort gehörte zu einer Gruppe religiöser Separatisten, auf die William recht allergisch reagierte. Sie hatten beim Schuhflicken endlose Diskussionen über religiöse Belange. William erzählt, er habe seinem Gegner selbst dann widersprochen, wenn er wußte, daß dieser recht hatte.

Vom 16. bis zum 28. Lebensjahr war Carey Schuhmacher. Nach harter Wochenarbeit mußte er an Wochenenden die Produkte seiner Hände in die Stadt Northampton bringen. Als sein zweiter Lehrmeister starb, übernahm William dessen Geschäft, sorgte für die Hinterbliebenen und heiratete eine Verwandte des Verstorbenen. Die Ehe mit Dolly Packett war jedoch nicht glücklich. An der Ladentür konnte man lesen »An- und Verkauf von gebrauchtem Schuhwerk«. Der Inhaber war aber kein gewöhnlicher Handwerker. Schon mit zwölf Jahren hatte er angefangen, autodidaktisch Latein zu lernen, wenig später mit der Hilfe eines Pfarrers aus der Nachbarschaft auch Griechisch und Hebräisch. Er hungerte, um Bücher kaufen zu können, und bald lernte er auch Französisch. Privatunterricht an den Abenden sicherte ihm ein notdürftiges Auskommen.

Am 10. Februar 1779 hörte der 18-jährige in der Congregationalkirche von Olney eine Predigt über Hebr. 13,13. Der Ruf zur Nachfolge erfaßte den Jungen und er spürte, daß er die Schande eines Separatisten auf sich nehmen mußte, wenn er Christus nachfolgen wollte:

Ich fühlte mich leer und hoffnungslos, als ich im Geiste den Gekreuzigten und Sein Wort sah. Wie bei Paulus bewirkte der Lebendige eine vollständige Umwandlung: ich müsse evangelischer Prediger statt selbstbewußter Pharisäer, ein selbstverleugnender Heiliger statt ein Lastermensch werden, wurde mir klar.

Mit der Bibel als einzigem Hilfmittel fand er allmählich den Weg aus dem kirchlichen Formalismus heraus. Er bat einen bekannten Pastor, Rev. Ryland, ihn zu taufen. Dieser bekannte später einmal vor der Missionsgesellschaft:

Ich taufte in Northampton einen armen wandernden Schuhmacher, mit nicht der geringsten Ahnung, daß der Mann neun Jahre später das Werkzeug zur Gründung der ersten Gesellschaft werden sollte, die englische Missionare aussenden würde, um den Heiden das Evangelium zu sagen. Das war aber, wie sich zeigen sollte, die Absicht des Höchsten, welcher dafür nicht einen ausgesuchten, besonderen Mann bestimmte, sondern einen einfachen Schuhmacher.

Mit achtzehn Jahren lernte Carey Demut, Eifer und Begeisterung von Jesus, um nur Ihn zu verkündigen. Zu Hause war der Vater wenig begeistert von seinem Weg. Man staunte aber über den veränderten Jungen. Als dieser anfing, jeden Monat im Nachbardorf eine Andacht zu halten, gratulierten die Leute seiner Mutter zu ihrem Sohn. Und als sie einmal fragte, ob sie eigentlich glaubten, das gebe einen Pastor, war die Antwort: »Und was für einen Großen!

Geburt der Englischen Mission

Täglich hielt William Morgenwache in Hebräisch, Griechisch, Latein und Englisch. Er predigte mit solcher Vollmacht, daß die Leute von weither zusammenströmten, um ihn zu hören. Sein Weg war vorgezeichnet. Es war wie eine neue methodistische Erweckung, diesmal von einem Baptisten ausgelöst. Seine Gebete trugen Früchte. Die Baptisten setzten ihn am 10. August 1786 als Prediger ein, »da wo er berufen wird«. Das war nach we-

William Carey

nigen Monaten am 29. April 1787 durch die Gemeinde der Church of Christ in Moulton der Fall. Als Dorfpfarrer, Schulmeister und Schuhmacher hatte er so wenig Einkünfte, daß er sich in materieller Notlage befand. Dankbar nahm er die Hilfe seines Bruders an.

In dieser Zeit kamen ihm beim Schuhflicken immer wieder Gedanken an die Millionen von Heiden, die bisher keine Ahnung vom Evangelium hatten und von denen die Reiseberichte von Cook eingehend berichteten. Es wurde ihm klar, daß Christus auch für sie gestorben war. Ein Thema, das immer wieder in seinen Unterhaltungen mit Kollegen und Bekannten auftauchte. Da er aber nur auf Kopfschütteln und Unverständnis stieß, entschloß er sich zur Abfassung der inzwischen berühmt gewordenen Schrift: »Eine Untersuchung über die Verpflichtung der Christen, Mittel und Wege zur Bekehrung der Heiden einzusetzen, worin der religiöse Zustand der Völker der Welt, der Erfolg

Kirche zum Gedenken an Carey in Moulton, England

Pfarrkonvent von Nottingham über Jes. 54, 2-3 und rief den Kollegen zu: »Erwartet große Dinge von Gott und tut große Dinge für IHN«.

Am 2. Okotber 1792 fand im Hause der Witwe Wallis in Ketterring eine weitere Predigerzusammenkunft statt. Man besprach Careys Schrift (mit dem Titel »Essay«) und schritt gleich zur Tat. Man gründete die erste englische Missionsgesellschaft unter dem Namen »Baptistische Missionsgesellschaft zur Verbreitung des Evangeliums unter den Heiden«. Ein fünfköpfiges Komitee unter Leitung von Careys langjährigem Freund Fuller übernahm die Leitung.

Beginn der modernen Mission

In der entscheidenden Sitzung wurde über das Land diskutiert, wohin man zunächst gehen wolle. Fuller sagte, es gebe eine Goldmine in Indien, die aber so tief sei wie die Mitte der Erdkugel. Wer würde es wagen, dahin zu gehen? Carey erwiderte: »Ich will hingehen, aber ihr Brüder müßt mich anseilen und das Seil festhalten« – »Das versprechen wir drei, Fuller, Sutcliff und Ryland, solange wir leben«.

Die Besprechungen und Vorbereitungen liefen nun auf Hochtouren. Unter großem Bedauern sah man in Harvey Lane den beliebten Prediger in die Ferne ziehen. Am 20. März 1793 wurden Pfarrer Carey und Dr. med. John Thomas, welcher schon einen ersten Besuch auf dem Subkontinent gemacht hatte, verabschiedet. Wie Paulus und Barnabas in Antiochien, wurden die beiden von Fuller unter anhaltendem Gebet eingesegnet und ausgesandt, nachdem er zum Abschied über Ziel des Auftrags, Anweisungen, die zu befolgen seien, Schwierigkeiten, welche anstehen und die zu erwartende große Belohnung gesprochen hatte.

Nach fünfmonatiger beschwerlicher Reise landeten sie am 11. November 1793 in Calcutta, einer Stadt mit damals etwa 200000 Einwohnern. Die letzte Taufe hatte dort 1707 durch die Herrnhuter stattgefunden. Das NT war bereits ins Tamilische übersetzt, und die einheimische Gemeinde umfaßte etwa eine halbe Million nominelle Mitglieder. Die Aufklärung in

früherer Unternehmungen sowie die Durchführbarkeit weiterer Vorgehens behandelt werden.« Minutiös ermittelte er darin eine Weltbevölkerung von 731 Millionen, wovon 420 Millionen Heiden, 130 Millionen Mohammedaner, 100 Millionen Katholiken, 44 Millionen Protestanten, 30 Millionen Orthodoxe und 7 Millionen Juden seien.

Zusammen mit dem Bauernsohn Andrew Fuller entwarf er einen Plan, wie Indien und ganz Asien zu Christus gebracht werden könnten, wenn man ihnen die Bibel in ihren Sprachen gäbe. Bekannte Kirchenleute bezeichneten diesen Entwurf als Hirngespinst junger Leute.

Gebet, Glaube und Berufung auf die göttlichen Verheißungen führten im Lauf des Jahres 1784 zwölf junge Baptistenprediger zu regelmäßigem Gebet, um für eine Ausgießung des Heiligen Geistes unter den Heiden einzustehen. Als Carey am 24. Mai 1791 in der neuen Gemeinde von Harvey Lane in Leicester eingesetzt wurde, gab es da für ihn nur ein Thema: die Evangelisation der Heiden. Am 31. Mai 1792 predigte er am

Deutschland und Dänemark hatte aber die Aussendung weiterer Boten des Evangeliums verhindert, so daß die Kirche alle Kraft verloren hatte. Ein Versuch der Böhmischen Brüder zeigte 1777 keinen Erfolg.

Mit der Ankunft Careys und Thomas' begann die christliche Mission erneut.

Die ersten Erfahrungen sahen düster aus, denn die gesamte Regierung von William Pitt über das Parlament von Westminster, die Gouverneure und die gesamte Ostindische Kompanie sträubten sich gegen eine Evangelisierung der Eingeborenen. Carey mußte sich vorerst außerhalb Calcuttas in einer primitiven Holzhütte niederlassen, ehe er mit der Zeit eine Anstellung als Indigopflanzer im Hinterland von Madras finden konnte. Bei dieser unverdächtigen Tätigkeit fand er den gewünschten Kontakt mit den Einheimischen, so daß er sich ihre Sprache in kurzer Zeit aneignen und mit ihnen wichtige Gespräche führen konnte. Sein Sprachgenie kam auch hier voll zum Tragen. Wenn er einem Brahmanen die Wege Gottes mit den Sündern und die Torheit heidnischen Götzendienstes auseinandersetzte, blieben seine Partner bald stumm. Die lauschende Menge schrie: »Warum beantwortet ihr die Fragen des Engländers nicht?« Carey hatte die Sympathien der Eingeborenen bald gewonnen und die Gespräche mit Hindus, Mohammedanern, Brahmanen und Europäern kamen in erstaunlicher Weise voran. Carey erfuhr den Heiligen Geist als psychologischen Sprachlehrer sondergleichen. Mit Hilfe seines treuen Übersetzers Ram Basu, der sich zwar nie für Christus entschied, ihm aber jahrelang unschätzbare Dienste leistete, übersetzte Carey in erstaunlich kurzer Zeit die Bibel in die Bengalisprache und gewann so die Herzen von 37 Millionen Bengali sprechenden Hindus und Mohammedanern. Das erste Bengali-NT war 1796 fertig. Mit Hilfe von Ram Basu und einer Schar von weiteren Helfern war 1801 die erste gedruckte Auflage von 2000 Exemplaren fertig. Mit Hilfe der zwei neuen Missionare Ward und Marshingham sowie seines Sohnes Felix wurden die großen technischen Schwierigkeiten im Zusammenhang mit dem Druck bewältigt. Sie erfuhren den Heiligen Geist auch in organisatorischen Fragen. Nachdem das letzte Blatt der Bengalibibel am 7. Februar 1801 vorlag, erschienen zu Careys Lebzeiten noch fünf weitere Auflagen des AT und acht des NT in Bengali. Mittlerweile hatte sich das Sprachgenie Carey bemüht, Sanskrit zu lernen. Sanskrit galt nämlich als Schlüsselsprache zum indischen Sprachenwirrwarr. Mit Hilfe wertvoller Übersetzer und Partner, die er durch sein gewinnendes Wesen für diese Aufgabe begeistern konnte, erstellte Carey ein Wörterbuch und schuf, wie Martin Luther, neue Begriffe für Gott, Sünde, Erlösung, Gnade usw., um schließlich unter unglaublichem Einsatz auch den Bibeltext (mit Ausnahme von Josua bis Hiob) in Sanskrit vorlegen zu können. Das waren aber nur die zwei ersten von insgesamt 34 Übersetzungen (von Chinesisch über Burmesisch bis Afghanisch und Persisch), die Carey ganz oder teilweise mit Hilfe einheimischer Mitarbeiter schuf. Der Sprachschöpfer Carey hat als erster alle diese Sprachen drucken lassen. Bengalen wurde durch ihn das erste nihtchristliche Land mit einer Druckerei. Alles, was später in dieser Richtung getan wurde, geschah auf Grund von Careys Pionierleistung.

Doch diese philologische und theologische Aufbrucharbeit im Fernen Osten (durch einen Sohn wurden auch Java und Sumatra erschlossen) war keineswegs Careys einzige Leistung. Nachdem die von ihm und Thomas gegründeten Schulen 1799 schon 40 Schüler aufwiesen und Thomas sein erstes stets überfülltes Spital erstellte, hatten Carey und seine Mitarbeiter bis 1818 insgesamt 126 Eingeborenenschulen für über 10.000 Schüler gegründet, die in Sprachen, Rechnen, Geographie, Bibelkunde unterrichtet wurden. 1818 kam noch ein »College for the Instruction of Asiatic, Christian and other Youth in Eastern Literature and European Science« hinzu. Das Programm für die 37 Studenten im ersten Jahr umfaßte Sprachen wie Hindu, Sanskrit,

Arabisch, Persisch und Englisch. In der Theologischen Abteilung wurden eingeborene Missionare unter Brahmanen ausgebildet.

Die anhaltenden Schwierigkeiten mit den Engländern, aber auch neue, unter napoleonischem Druck entstandene Gesetze gegen evangelistische Tätigkeiten in den Kolonien zwangen Carey und seine drei Mitarbeiter zum Umzug in das Calcutta gegenüberliegende dänische Gebiet von Serampore, wo man am 10. Januar 1800 an Land ging und wo Carey nun als Apostel für die restlichen 34 Jahre seines Lebens in gewaltigem Segen wirkte. Schulen, Druckereien, Papiermühlen, Spitäler, Heime für Waisen und Witwen wurden gebaut. Der Ruhm von Careys Werk breitete sich aus; und als Gouverneur Wellesley für sein College in Fort William keinen andern Bengali-Lehrer als Carey finden konnte, öffneten sich für ihn wiederum ungeahnte Möglichkeiten in Calcutta und Umgebung. Während 30 Jahren war Carey stets unterwegs zwischen den beiden 25 Kilometer entfernten Zentren: Dienstag bis Freitag in Calcutta als Bengali-Lehrer und die Wochenenden als Leiter von Serampore. An beiden Orten hielt er unentwegt am Abend Bibelstunden und hatte seelsorgerliche Gespräche mit Einheimischen, Engländern und Portugiesen in ihren Sprachen. In Serampore hörten auch Blinde, Lahme und Aussätzige regelmäßig die Frohe Botschaft aus Careys Munde.

Die unentwegt in London eintreffenden Freudenbotschaften aus Indien über die medizinische, pädagogische, theologische, soziale und kulturelle Arbeit sensibilisierten die englischen und schottischen Gemüter so nachhaltig, daß es 1795 zur Gründung einer zweiten, nicht baptistischen London Missionary Society kam. Careys Freund Rev. Thomas Scott veranlaßte innerhalb der Anglikanischen Kirche die Church Missionary Society, in Edinburgh wurde die Schottische Missiongesellschaft und die erste Missionszeitschrift, das »Missionary Magazine« mit reichlich Nachrichten aus Indien gegründet. 1797 kam es in Holland zur dortigen Holländischen Missionsgesellschaft, in London unter dem Eindruck von Careys Bengali-Bibel zur British and Foreign Bibel Society, 1815 zur Gründung der Basler Mission, welche ihrerseits wiederum die Genfer Erweckung, den sogenannten Reveil bewirkte. Als Carey von dieser Entwicklung Kunde bekam, schrieb er nach Hause:

Die Erfolge des Evangeliums und die unauslöschliche Flamme der Mission in England und der westlichen Welt ermuntern nicht wenig unsere Herzen. Das Erwachen des Missionsgeistes ist ein Vorspiel zur weltweiten Ausbreitung des Evangeliums. Zuhause bleiben wird langsam zur Sünde. Männer, Frauen und Geld müssen jetzt mobilisiert werden für die Missionierung der Welt.

Sieben Jahre lang predigten Carey und seine Mitarbeiter jeden Tag in Bengali, die erste Auflage des Neuen Testaments wurde verbreitet, ohne daß sich ein Mensch für Christus entschieden hätte. Und als der erste Hindu-Täufling Fakeer nach Hause zurückkehrte, um sein Kind zu holen, verschwand er und wurde nie mehr gesehen (ermordet oder entführt?). Am 29. Dezember 1800 fand dann die feierliche Taufe des 36jährigen früheren Gurus Krishna Pal und seiner Familie statt. Aus dem Ex-Zimmermann machte Gott den ersten Bengali-Missionar und Liederdichter. Neben ihm wurde auch Careys Sohn Felix getauft. An der Feier, bei der Ward über Joh. 5,39 predigte, nahmen neben dem Gouverneur auch eine große Anzahl Europäer teil. Krishnas Zeugnis gipfelte in den Sätzen: »Ich war der schlimmste aller Sünder. Jetzt hat mich Christus durch Sein Leben erlöst. Dazu gab ER Seine eigene Seele preis, indem er freiwillig die Herrlichkeit des Himmels verließ. Jetzt werde ich im Heiligen Geiste leben, damit ich es der Welt verkündigen kann: Christus lebt . . .«

Dieses Zeugnis kann man mit Recht als das erste Kapitel der Indischen Kirche bezeichnen. In der Nähe seines Hauses baute Krishna die erste Eingeborenenkirche Indiens und Asiens. In der Nähe entstanden auch eine Schule und ein Haus für Witwen, alles von einem englischen Kapitän bezahlt. Krishna Pal wurde der erste eingeborene Missionar in Calcutta. Er predigte jede Woche an 14 verschiedenen Orten und besuchte 41 Häuser, um Familien und Gesinde zu evangelisieren. Im Gefängnis und in umliegenden Fabriken sowie Privathäusern erklang seine Stimme zur Verherrlichung desjenigen, der ihn aus dem Sumpf des Gurulebens erlöst hatte.

Carey selber war jeden Donnerstag für 20 und mehr seelsorgerliche Gespräche unterwegs. Bis 1804 zählte man 48 bekehrte Heiden (40 davon Eingeborene), auch solche aus höheren Kasten. Krishnas Pionierleistung bestand nicht zuletzt darin, daß die Kastenschranken mit dem Evangelium überwunden wurden. Es kamen auch viele Hindufrauen dazu, zunächst Krishnas Frau und ihre Schwestern. Erstere bekannte, daß ihr Christus mehr bedeute als sämtliche Schätze dieser Welt. Careys, Krishnas und ihrer Mitarbeiter Einsatz trug nicht unwesentlich dazu bei, daß den brahmanischen Grausamkeiten gegenüber Frauen Schranken gesetzt werden konnten. Eine unabsehbare Wohltat in einem Lande, wo von 124 Millionen Frauen anno 1881 noch 21 Millionen als Witwen ermordet wurden: 669.000 unter 19 Jahren, 286.000 unter 15 und 79.000 unter 9 Jahren!

Trotz aller antichristlichen Anstrengungen der Ostindischen Kompanie begründeten Carey und seine Mitarbeiter die starke Kirche von Nordindien und legten damit auch das Fundament zu einer neuen christlichen Zivilisation. Am 1. Mai 1800 hatte er in Serampur auch Schulen für Armenier, Portugiesen und Eurasiaten sowie Inder und Mischlinge begründet, womit viele Kinder (etwa 300 Jungen und 100 Mädchen) aus diesen z.T. verachteten Schichten die Gelegenheit erhielten, das Evangelium kennenzulernen. Careys Hoffnung ging damit in Erfüllung, daß viele dieser Leute nach Afrika, den Sundainseln und China emigrierten, um so als Fackeln der Frohen Botschaft in alle Welt auszustrahlen.

Nachdem seine erste Frau am 7. Dezember 1807 geistig umnachtet verstorben war, heiratete Carey am 9. Mai 1808 die Engländerin Charlotte Emilia Rhumor, welche ihm bis an ihr Lebensende unentbehrliche Dienste leistete. Als ebenfalls sprachgewandte Frau war sie 13 Jahre lang (sie starb 1821) die für Carey nötige Gefährtin.

1812 waren die Namen Careys und seiner vier Söhne Felix, William, Jabez und Jonathan in Großbritannien und der Neuen Welt in praktisch allen christlichen Kreisen geläufig. Als einziger Sanskritlehrer blieb Carey bis 1831 die Zentralfigur im College von Fort-William. Im Mittelpunkt der Bengal-Asiatic Society förderte er aktiv Orientalische Wissenschaften und Sprachen mit eigenen Wörterbüchern, Grammatiken und Lexika. Er bildete eine Generation von Studenten in den fünf Grundsprachen Indiens aus. Seine naturwissenschaftlichen Kenntnisse halfen ihm auch in diesem Bereich.

Carey war der Wicliff, Luther und Tyndale für Süd- und Ostasien. Mit Dr. Ryland, dem Rektor des Bristol-College korrespondierte er häufig in Hebräisch oder Griechisch. Jeden Morgen las er ein Kapitel der Heiligen Schrift zuerst in Englisch, dann in sechs verschiedenen orientalischen Sprachen. Er sagte:

Wir haben lange gewartet und fanden viele Entmutigungen, aber schließlich erschien der Herr. Mögen wir den richtigen Betreuergeist haben, um die lieben Einheimischen im Glauben und der wahren Lehre zu lehren. Ich habe keine Angst für sie in dieser Beziehung. Mögen sie gemäß ihrer Berufung gedeihen und andere lehren. Ich glaube, wir müssen das Maximum aus jedem machen, den uns der Herr schenkt.

Die Zukunft der Welt lag für Carey nicht in Rousseaus Träumen und anderen Theorien der Aufklärung, sondern in der Lehre Christi und der Ausbreitung seines Reichs in Menschenherzen. Careys Wirkung war größer als die irgend eines anderen Menschen seiner Zeit. Er öffnete seinem eigenen Volk die Augen für die Bedürfnisse der größten Kolonie, vor allem über die Not der Sklaverei, so daß es William Wilberforce am 16. Juli 1813 wagen konnte, erstmals vor dem Unterhaus für die Abschaffung der Sklaverei zu plädieren. Und die Tatsache, daß Gouverneur Wellesley vor dem Oberhaus voll Lobes über die Arbeit von Serampore sprach und die Anliegen Careys vertrat, trug dazu bei, daß mit der Charta von 1818 Freiheit gewährt wurde für Mission und Evangelisation auf dem Subkontinent. Die Publikation von Gottes Wort in den Eingeborenensprachen galt fortan nicht mehr als ein Verbrechen. Die 1825 vollendete Ausgabe des großen dreibändigen Bengali-Englisch-Wörterbuches war einmalig. In keiner anderen Sprache der Welt gab es damals etwas ähnliches.

1830-33 erlitt Carey eine Enttäuschung nach der andern. Die Trennung der Serampore-Mission von der Baptist Mission Society wegen menschlicher Haarspaltereien (nach dem Tode Fullers) brachte Carey mit 70 Jahren noch in schwere finanzielle Nöte. So wie er damals die Nachfolge des Herrnhuter Schwartz angetreten hatte, konnte er jetzt den 24jährigen Alexander Duff als Nachfolger einsetzen. Fast alle Freunde und Mitarbeiter waren vor ihm abberufen worden, so daß sich der Einsame liebevoll an den Jungen wenden konnte mit dem Wort »Bete«. Seine letzten Worte an Duff waren: »Herr Duff, sie sprachen von

Dr. Carey, Dr. Carey, Dr. Carey. Wenn ich weg bin, hören sie bitte damit auf, sagen sie nichts mehr über Dr. Carey, sondern über Dr. Careys Erlöser«.

Am 9. Juni 1834 starb Carey im Kreis weniger Freunde und Mitarbeiter.

Zeugen Jesu Christi an der Wende vom 18. zum 19. Jahrhundert

Vorboten der Erweckung

HEINRICH JUNG, genannt Stilling (1740-1817)

Jung-Stilling ist am 18. September 1740 zu Grund in Nassau-Siegen geboren. Er hatte ein reiches Empfindungsleben und war, wie seine Landsleute, zur Mystik, zum Übersinnlichen geneigt. Unter den Stillen des Landes ist er aufgewachsen. Er erlernte zunächst den Beruf seines

Heinrich Jung-Stilling

Vaters, das Schneiderhandwerk. Daneben war er Gehilfe des Lehrers.

Doch sein Geist strebte noch höher. Er eignete sich an, was er erreichen konnte: Geographie, Mathematik, Geschichte, Hebräisch, Französisch. So wurde er Hauslehrer eines begüterten Kaufmanns. Nun studierte er Ökonomie, Landwirtschaft, Kommerzialwesen von Grund auf. Ein katholischer Pfarrer teilte ihm ein geheimes Mittel zur Heilung von Augenkrankheiten mit.

Eine glückliche Kur führte ihn in das Haus eines vermögenden Mannes, der sein Schwiegervater wurde. Dessen Mittel erlaubten es ihm, in Straßburg Medizin zu studieren und das Doktordiplom zu erwerben. In Straßburg gewann er die Freundschaft Goethes und Herders, mit denen er lebenslang verbunden blieb. Goethe gab ohne sein Wissen seine Selbstbiographie heraus, deren schöner Ertrag ihm aus großer Geldnot half. Im Jahre 1778 wurde er Professor der Kameralwissenschaften in Kaiserlautern. Dann war er in Heidelberg in ähnlicher Stellung.

1787 kam er nach Marburg. Er entfaltete eine große Tätigkeit als Augenarzt und Erbauungsschriftsteller, die ihn in weitem Umkreis bekannt machte. Zuletzt bekam er einen Ruf als Geheimer Hofrat an den Hof des Kurfürsten Karl Friedrich in Karlsruhe, dessen Ratgeber und persönlicher Freund er in täglichem Umgang wurde. Er durfte sich nun ganz seinen Augenkuren und seiner Schriftstellerei widmen. Seine ärztliche Praxis übte er unentgeltlich aus. Etwa zweitausend Starleidenden hat er durch seine geschickten Operationen das Augenlicht wiedergegeben. Sein größter Beruf aber war, die Wirklichkeit des zukünftigen Lebens und des Geisterreiches ins rechte Licht zu setzen und viele wachzurufen.

Am 2. April des Jahres 1817 entschlief er, bald nach dem Tod seiner dritten Gattin. Er wurde viel geliebt und selbst von Andersdenkenden viel gelesen.

Über seine Erweckung und die Vorsehung Gottes in seiner Lebensführung berichtet er in seiner Selbstbiographie:

Beim Anblick einer lichten Wolke über seinem Haupte durchdrang eine unbekannte Kraft seine Seele. Ein inniges Wohlgefühl durchzitterte ihn, und er fühlte eine unwider-

stehliche Neigung, für die Ehre Gottes und das Wohl seiner Mitmenschen zu leben. Er fühlte einen unüberwindlichen Trieb, über seine Gedanken, Worte und Werke zu wachen. Auf der Stelle machte er einen unwiderruflichen Bund mit Gott, sich lediglich seiner Führung zu überlassen und keine eigenen Wünsche mehr zu hegen.

Der Schriftsteller

Es ging ihm keiner über Tersteegen, dessen Mystik ihn ansprach. Er hatte ein ähnliches Empfindungsleben. Dadurch, daß er mit Goethe und Kant in Verbindung blieb, war er von einem engen Pietismus geschieden, doch später näherte er sich ihm wieder. Zu Kant zog ihn dessen Lehre von der Freiheit, während er die praktische Vernunft als Quelle übersinnlicher Wahrheit ablehnte. Christus stand für ihn in der Mitte der Vorsehung. Sein Hauptwerk ist die Lebensgeschichte, die immer gelesen werden wird.

Wilhelm trat an das Fenster hin. Alles war in tiefster Stille, nur zwei Nachtigallen sangen wechselweise auf das Allerlieblichste. Dieses war ihm öfter ein Wink gewesen. Er sank an der Wand nieder: »Gott!« seufzte er, »Dir dank ich, daß Du mir solche Eltern gegeben hast! O laß sie Freude an mir sehen! Laß mich ihnen nie zur Last sein! Dir danke ich, daß Du mir eine tugendhafte Frau gibst. O segne mich!« Tränen und Empfindungen hemmten die Sprache, und so redete sein Herz unaussprechliche Worte.

»Die Siegesgeschichte der christlichen Religion« erklärt die Offenbarung nach Bengels Auslegung. Ferner schrieb er einige Romane, wie »Theobald, der Schwärmer« und den »Grauen Mann«. Die »Szenen aus dem Geisterreich« ha-

Jung-Stillings »Taschenbuch für Freunde des Christenthums«, 1807

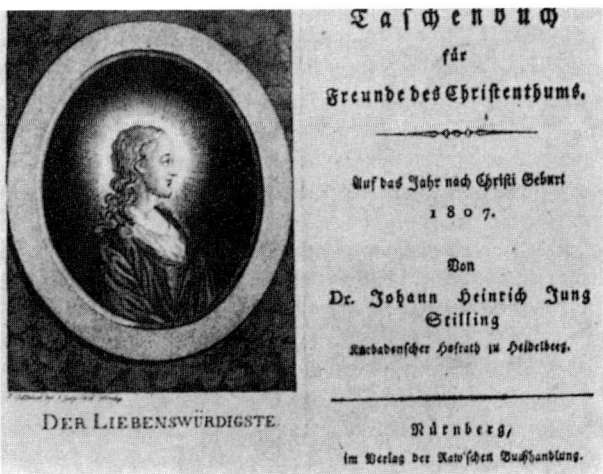

Taschenbuch
für
Freunde des Christenthums.

Auf das Jahr nach Christi Geburt
1807.

Von
Dr. Johann Heinrich Jung
Stilling
Badadenscher Hofrath zu Heidelberg.

DER LIEBENSWÜRDIGSTE

Nürnberg,
im Verlag der Raw'schen Buchhandlung.

Matthias Claudius

mir war er mehr, träufte mir von Segen, dieser Mann, wie ein milder Stern aus bessern Welten. Und ich kann ihm nicht vergelten, was er mir getan.« Er studierte in Jena Theologie, war aber von der Aufklärungsweisheit sehr wenig befriedigt und ging dann über zum Rechtsstudium. Sein größter Lehrmeister wird der Tod. Er machte ihn zum Dichter.

1764 wird er Sekretär bei dem Grafen Holstein, Kopenhagen. Aber in der großen Welt hält er es nicht aus. Er flüchtet wieder in seine Heimat und wird Journalist in Hamburg. Dabei macht er die Bekanntschaft mit Herder und Lessing. Schließlich bekommt er den Auftrag, eine neue Zeitung herauszugeben, den »Wandsbecker Boten«, und siedelt nach Wandsbek über. Dort hat er den größten Teil seines Lebens zugebracht.

Beim Schreiben des »Wandsbecker Boten« fand er seine ihm eigentümliche Sprache, Botschaft und Lebensaufgabe. So schlicht sein Dienst war, so groß war er doch. Er hat mitten unter den großen Geistern der deutschen Literatur als ein einzelner, aber dem deutschen Volk unüberhörbar, die Stimme des Evangeliums erhoben. 1772 heiratet er Rebekka, die Tochter eines Zimmermanns, ein »einfachs, ungekünsteltes Bauernmädchen«, wie er sie selber nennt, die für ihn eine Quelle des Glücks und Mittelpunkt eines einzigartigen Familienlebens wurde. Klopstock war bei der Hochzeit zugegen.

1775 bekam er auf Herders Vermittlung hin eine Stelle als Oberlandeskommissar in Darmstadt, fühlt sich aber dort so unglücklich, wird auch auf den Tod krank, daß er im April 1777 diese gesicherte Stellung aufgibt und wieder nach Wandsbek zurückreist. Gefragt, wovon er leben wolle, schreibt er an Herder: »Übersetzung, Fortsetzung von Asmus herausgeben, und Befiehl du deine Wege.«

1788 bekam er auf seine Bitte von dem dänischen Kronprinzen die Stelle eines Revisors an der Bank in Altona mit achthundert Reichstalern jährlichen Einkommens. Er kann in Wandsbek wohnen bleiben. 1794 wird sein zehntes Kind geboren. 1813 muß er als Flüchtling vor den Franzosen die Heimat verlassen. Zu Neujahr 1814 ermahnt er in der »Predigt eines Laienbruders« die Sieger, Fürsten und Untertanen, das

ben seiner Zeit tiefen Eindruck gemacht. In seinem »Heimweh« stellt er die Reise eines Christen in die Ewigkeit dar, wobei er den Satz prägte: »Selig sind, die Heimweh haben, denn sie werden nach Hause kommen.«

Er war ein Christuszeuge in der Aufklärung und sagte den Namen Christi in die Welt des Idealismus und der Literatur hinein. Seine besondere Botschaft war die Verkündigung von der Vorsehung des lebendigen Gottes und von der Erhörung des gläubigen Gebets. Beides war ihm Beweis für die Wahrheit des Christenglaubens. Sein Vorsehungsglaube bezog sich auf Christus: »Der wahrhaft gläubige Christ spricht mit Ehrfurcht: Das hat der Herr Christus getan!« Er hat in der Zeit des Rationalismus den Sinn für die übersinnliche Welt geweckt und das Endzeitliche, das damals ganz vergessen war, verkündigt. Er war der meistgelesene Erbauungsschriftsteller seiner Zeit und einer der wenigen Gebildeten jener Tage, die zum Volk sprechen konnten.

MATTHIAS CLAUDIUS
(1740-1815)

Matthias Claudius ist am 15. August 1740 zu Reinfeld bei Lübeck als Pfarrerssohn aus altem Pfarrersgeschlecht geboren. Was er an seinen Eltern hatte, kann man den Gedichten entnehmen, die er an ihren Gräbern schuf: »Ach, sie haben einen guten Mann begraben, und

Heil allein in dem göttlichen Willen zu suchen und als die Frucht des über Deutschland ergangenen Elends »nicht bloß den alten Schaden zu bessern, sondern einen von Grund auf neuen Bau des Reiches Gottes zu gründen«.

Inzwischen hatte er wieder in sein geliebtes Wandsbek zurückkehren können. Am 19. Oktober 1814 nahm er an der Gründungsversammlung der Hamburgisch-Altonaischen Bibelgesellschaft teil. Seine letzten Lebenstage verlebte er im Hause seines Schwiegersohnes, des Buchhändlers Perthes in Hamburg. Am 21. Januar 1815 entschlief er.

Der Bote

Der Philosoph Jacobi nannte ihn einen wahren Boten Gottes. Er ist ein Bote, der seine Botschaft schlicht ausrichtet, ohne auf sich selbst aufmerksam machen zu wollen. Er hat seine Botschaft in Begegnung mit dem Tode empfangen. Darum widmete er seinen »Asmus« dem Freund Hein. Auf seinem Totenbett sagte er, auf die Todesstunde habe er sein ganzes Leben lang studiert. In acht Bänden hat er seinen »Asmus omnia secum portans« herausgegeben.

Seine Botschaft

Weil er auf den Tod hin ausgerichtet war, suchte er das Wesentliche:

O du Land des Wesens und der Wahrheit, unvergänglich für und für, mich verlangt nach dir und deiner Klarheit, mich verlangt nach dir. Etwas Festes muß der Mensch haben, daran er zu Anker liegt, etwas, das nicht von ihm abhange, sondern davon er abhängt.

Der Mensch lebt nicht von Brot allein, das die Gelehrten einbrocken, sondern ihn hungert noch nach etwas anderem und Besserem, nach einem Wort, das durch den Mund Gottes geht.

In dem Wort, das durch den Mund Gottes geht, begegnet ihm Christus. Und nun ein Erretter aus aller Not und allem Übel! Ein Erlöser vom Bösen! Und nun ein Helfer, wie die Bibel den Herrn Christus darstellt, der umherging und wohltat und selbst nicht hatte, wo er sein Haupt hinlege; um den die Lahmen gehen und die Aussätzigen rein werden, die Tauben hören, die Toten aufstehen und den Armen das Evangelium gepredigt wird; dem Wind und Meer gehorsam sind, und der die Kindlein zu sich kommen ließ und sie herzte und segnete; der bei Gott und Gott war und wohl hätte mögen Freude haben, der aber an die Elenden im Gefägnis gedachte und verkleidet in die Uniform des Elends zu ihnen kam, um sie mit seinem Blut freizumachen; der keine Mühe und keine Schmach achtete und geduldig war bis zum Tod am Kreuz, daß er sein Werk vollende; der in die Welt kam, die Welt selig zu machen, und der darin geschlagen und gemartert ward und mit einer Dornenkrone wieder hinausging!

Andres, hast du je etwas Ähnliches gehört, und fallen dir nicht die Hände am Leibe nieder? Es ist freilich ein Geheimnis, und wir begreifen es nicht; aber die Sache kommt von Gott und aus dem Himmel; denn sie trägt das Siegel des Himmels und trieft von Barmherzigkeit Gottes. Man könnte sich für die bloße Idee wohl brandmarken und rädern lassen, und wem es einfallen kann, zu spotten und lachen, der muß verrückt sein. Wer das Herz auf der rechten Stelle hat, der liegt im Staube und jubelt und betet an.

Wer nicht an Christus glauben will, der muß sehen, wie er ohne ihn zurecht kann. Ich und du können das nicht. Wir brauchen jemand, der uns hebe und halte, weil wir leben, und uns die Hand unter den Kopf lege, wenn wir sterben sollen. Und das kann er überschwenglich, nach dem, was von ihm geschrieben steht, und wir wissen keinen, von dem wir's lieber hätten . . . Wir wollen an ihn glauben, Andres, und wenn auch niemand mehr an ihn glaubte.

Seine Unabhängigkeit von Menschen

Am Ende wird ja, was wahr und nützlich ist, auch wohl wahr und nützlich bleiben, wenn es von den Gelehrten auch nicht gelobt wird.

Wer nicht um der andern willen an Christus geglaubt hat, wie kann der um der andern willen auch aufhören, an ihn zu glauben?

An seinen Sohn: Gehe nicht aus der Welt, ohne deine Liebe und Ehrfurcht für den Stifter des Christentums durch irgend etwas öffentlich bezeugt zu haben.

Diese Unabhängigkeit von der Zeitmeinung hat Claudius als Christuszeuge reichlich bewiesen.

Die Schlichtheit und Bescheidenheit des Boten

Sie zeigt sich besonders in der Wahl seiner Frau. Er schreibt an Herder: »Ich weiß von ihr nichts zu schreiben, als daß sie ein Bauernmädchen ist und ich sie liebhabe«.

Ich war wohl klug, daß ich dich fand; doch ich fand nicht, Gott hat dich mir gegeben. So segnet keine andere Hand.

Bezeichnend ist sein Lied:

Ich danke Gott mit Saitenspiel,
daß ich kein König worden;
ich wär geschmeichelt worden viel
und wär vielleicht verdorben.
Auch bet ich ihn von Herzen an,
daß ich auf dieser Erde
nicht bin ein großer reicher Mann
und wohl auch keiner werde.

Bekannt ist sein Kartoffellied:

Pasteten hin, Pasteten her!
Was kümmern uns Pasteten . . .
Schön rötlich die Kartoffeln sind
und weiß wie Alabaster.
Sie däuen sich lieblich und geschwind,
sie sind für Mann und Weib und Kind
ein rechtes Magenpflaster.

In seinem Familienleben fand er sein Glück. Mit seinen Kindern feierte er fröhlich die einfachsten Feste, »das

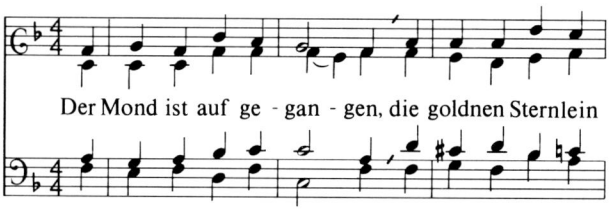

Der Mond ist auf ge - gan - gen, die goldnen Sternlein

pran - gen am Him-mel hell und klar. Der

Wald steht schwarz und schwei-get, und aus den Wie-sen

stei - get der wei-ße Ne-bel wun-der-bar.

HEINRICH KARL FRIEDRICH VOM STEIN (1757-1831)

Einer der größten deutschen Staatsmänner, dessen Staatskunst es geschenkt wurde, den mächtigsten Mann seiner Zeit, Napoleon I., zu besiegen, war der am 26. Oktober 1757 geborene Freiherr vom Stein. Seine überragende Größe, daß er wie ein unerschütterlicher Fels in der brausenden Brandung seiner Zeit stand, daß er die Kraft hatte, eine erschütternde Niederlage und einen totalen Zusammenbruch in einen strahlenden Sieg zu verwandeln, ist in seinem persönlichen, in jener Zeit so selten gewordenen Christusglauben begründet.

Seine Eltern

Seit Jahrhunderten gehörte das Geschlecht zur reichsunmittelbaren Ritterschaft. Der alte Stammsitz des Geschlechts war seit siebenhundert Jahren zu Nassau an der Lahn. Der Vater bekam von seinem Sohn die Grabschrift, die ihn charakterisiert:

Sein Nein war nein gewichtig
Sein Ja war ja vollmächtig,
Seines Ja war er gedächtig;
Sein Grund, sein Mund einträchtig,
Sein Wort, das war sein Siegel.

Seine Mutter hatte einen lebhaften, klaren Geist, einen festen Willen und war eine gläubige Christin, die ihre zehn Kinder früh lehrte, sich demütig unter Gottes Hand zu beugen und ihm willigen Gehorsam darzubringen. Ihrem Glauben folgte der Sohn nach.

Im Staatsdienst

Trotz seiner großen Besitzungen widmete sich Stein einem Beruf im Verwaltungsdienst des Königs von Preußen.

Im ländlichen Leben gewann er körperliche Frische und Gewandtheit. In der Dichtung und Literatur seiner Zeit, in der Beschäftigung mit der Geschichte seines Volkes und im Umgang mit großen Vorbildern stärkte sich sein Geist. In Göttingen studierte er Rechts- und Staatswissenschaft und Geschichte und fand treue Freunde. So sehr er sich allem Schönen und Edeln erschloß, so blieb er doch bei dem schlichten Katechismusglauben, den ihm seine Mutter eingepflanzt hatte. Den Weg der philosophischen Spekulation, den seine Freunde gingen, lehnte er ab und bewies hierin seine bewundernswürdige Selbständigkeit.

Wohl das bekannteste Lied von Matthias Claudius, 1779

Knospenfest, den Grünzüngel, wenn die ersten Erbsen und Bohnen auf den Tisch kamen, oder den Herbstling, den man mit gebratenen Äpfeln feiert, wenn der erste Schnee fällt, oder den Eiszäpfel, zu dem man nichts als einen Schneemann braucht«. Der erste Zahn wird besungen. Sonnenaufgang und Mondaufgang wird jubelnd miterlebt. In seinem Lied »Der Mond ist aufgegangen« kommt seine edle Einfalt und stille Größe wunderbar zum Ausdruck.

Gott, laß dein Heil uns schauen,
auf nichts Vergänglich's trauen,
nicht Eitelkeit uns freun!
Laß uns einfältig werden
und vor dir hier auf Erden
wie Kinder fromm und fröhlich sein!

Nach Vollendung seiner Studien trat er, nachdem er die süddeutschen Fürstenhöfe kennengelernt hatte, in den Dienst des großen Friedrich von Preußen, obwohl er als Erbe der Familiengüter eine große Aufgabe in ihrer Verwaltung gehabt hätte. Aber er suchte nach einer größeren Lebensaufgabe. Als Referendar im Bergwerks- und Hüttenwesen studierte er diesen Zweig der Volkswirtschaft und Staatsverwaltung und erweiterte in treuer Kleinarbeit seine Kenntnisse. Bald wurde er Oberbergrat; mit siebenundzwanzig Jahren übernahm er die Leitung der westfälischen Bergämter und zog nach Wetter an der Ruhr. Im Umgang mit dem Volk gewann er das Vertrauen und die Liebe zu dem einfachen Mann. Er wurde 1785 bei einer diplomatischen Aufgabe eingesetzt, die er sehr gut löste, behielt aber immer eine Abneigung gegen die »elenden Künste der Diplomatie«. Er wurde Geheimer Oberbergrat, dann erster Kammerdirektor bei den Domänenkammern zu Cleve und Mark, wo er das Fabrikwesen, den Wasserbau an Rhein und Ruhr und den Wegebau zu leiten hatte. Er machte die Ruhr schiffbar und baute Kunststraßen. Als die Revolutionstruppen der Franzosen über den Rhein strömten und Deutschland verheerten, faßte ihn vaterländische Glut. Er eilte von Hof zu Hof, um die Fürsten an ihre Pflicht zu erinnern und die Verteidigung des Landes zu bewerkstelligen. Mit einer Handvoll Troßknechte, die er in Uniform steckte, griff er selbst Franzosen, die eine unbefestigte Insel besetzt hatte, an und rettete dadurch die Festung Wesel. 1793 führte er die Tochter des hannöverschen Feldmarschalls Walmoden heim. 1796 wurde er Oberpräsident aller westfälischen Kammern mit dem Wohnsitz in Minden. Zur selben Zeit, als Napoleon sich die Kaiserkrone aufsetzte, wurde er als Staatsminister für Zoll, Fabriken, Handel und Banken nach Berlin berufen und führte das Ministerium vor und nach der Schlacht bei Jena, in der unglücklichsten Zeit Preußens.

Die Not des Vaterlandes erweckt ihn zu großen Taten
Er drängt auf Beseitigung unwürdiger und unfähiger Männer, die sich großen Einfluß in der Lenkung des Staates angemaßt hatten; er plant Reformen, die

Heinrich Karl Friedrich vom Stein

dem Volk Freiheit und den Städten Selbstverwaltung gewähren, wurde aber von dem König, der solche großen und raschen Entschlüsse, wie Stein sie forderte, nicht haben wollte, durch einen beleidigenden Brief genötigt, um seine Entlassung zu bitten. Nun ging es mit Preußen weiter abwärts. Am Tag des Schmachfriedens von Tilsit ließ ihn der König bitten zurückzukommen. Stein achtete seiner Krankheit – er hatte Gichtschmerzen – ebensowenig wie der erlittenen Kränkung und stellte sich in seiner großen Leidenschaft für die Sache des Vaterlandes sofort zur Verfügung.

Jetzt führt er die geplanten Reformen durch, hebt Leibeigenschaft, Erbuntertänigkeit auf, gibt den Städten die Selbstverwaltung; denn nur ein freier Bürger setzt sich mit Gut und Blut für sein Vaterland ein.

Stein über die kommunale Selbstverwaltung:

Hat eine Nation eine bedeutende Masse von Kenntnissen erworben, genießt sie einen mächtigen Grad von Denkfreiheit, so richtet sie ihre Aufmerksamkeit auf ihre eigene National- und Kommunalangelegenheit; räumt man ihr nur eine Teilnahme daran ein, so zeigen sich die wohltätigsten Äußerungen der Vaterlandsliebe und des Gemeingeistes. Verweigert man ihr alles Mitwirken, so entsteht Mißmut und Unwille, der sich auf schädliche Art auswirkt oder durch gewaltsame, den Geist lähmende Maßregeln unterdrückt werden muß.

Sein politisches Testament (aus einem Rundschreiben):

Die Regierung geht nur von der höchsten Gewalt aus, der Besitz eines Grundstücks kann nicht zur Herrschaft einem Mituntertanen das Recht verleihen, die Erbuntertänigkeit ist vernichtet, eine allgemeine Nationalrepräsentation steht in Aussicht, der Adel muß reformiert und die Kluft zwischen ihm und dem Bürgerstand ausgefüllt werden, die Wehrpflicht ist allgemein, die Fronen werden abgeschafft und, wenn alles gedeihen soll, muß der religiöse Sinn des Volkes neu belebt, unwürdige Geistliche müssen beseitigt, leichtfertigen und unwissenden Kandidaten muß der Eintritt ins Amt gewehrt, der Gottesdienst muß durch größere Feierlichkeit eindringlicher gestaltet werden. Und mit der Jugend werde begonnen mit einer Erziehung, die jede geistige und sittliche Kraft weckt, Liebe zu Gott, König und Vaterland pflegt und mit der Heranbildung eines sittlichen, kräftigen Geschlechts eine bessere Zukunft verbürgt.

Ende 1808 spricht Napoleon die Acht über ihn aus:

Der Name Stein, welcher Unruhe in Deutschland zu erregen sucht, ist zum Feind Frankreichs und des Rheinbundes erklärt. Seine Güter werden mit Beschlag belegt, er wird überall, wo man ihn erreichen kann, persönlich zur Haft gebracht.

Nun erkennen die Deutschen ihren besten Mann.

Steins Sieg über Napoleon

Er stärkt sich dadurch, daß er im Kreis der Seinen eine Predigt Schleiermachers liest über das, was der Mensch zu fürchten hat und was nicht. Dann reist er über Prag nach Rußland, wohin ihn der Zar Alexander zu seinem Ratgeber berief mit dem Ziel, alle Kräfte zu sammeln, um den Übermenschen Napoleon zu stürzen. Stein hat dem Kaiser Alexander eiserne Festigkeit eingehaucht. Durch den Mund Arndts, der sein Sekretär war, hat er die deutsche Jugend gerufen. Als Napoleon geschlagen war, reiste er hinter ihm her nach Ostpreußen. Sie rufen dort den Landtag ein, die deutsche Erhebung beginnt. Mit den siegreichen Truppen zieht Stein in Paris ein. Sein Werk ist vollendet, wenn auch der Wiener Kongreß zu seinem Schmerz enttäuscht.

Stein begibt sich zurück auf seinen Stammsitz nach Nassau.

Staatsmann und Christ

Stein schöpfte aus seinem Christenglauben die Kraft zu seiner hohen Verantwortungsfreudigkeit, zum Wagnis für das große Ganze und zur Treue im Kleinen.

Er schrieb nach dem Tod seiner Frau an Pfarrer Stein:

Dank meiner frommen Eltern – und besonders meiner vortrefflichen Mutter – ward mir frühe Achtung und Liebe für die Lehren und das Leben unseres Heilands eingeflößt; haben gleich Leidenschaften, Zerstreuungen, Überladung von Geschäften diese Gesinnungen öfters verdunkelt, bisweilen vergessen machen, so blieb ihr Keim, nie war er durch Verachtung oder Spott unterdrückt, und er erwachte und entwickelte sich wieder im Leiden und in den trüben Stunden, die den Abend meines Lebens begleiteten. Diese Welt ist einmal eine böse Welt, wo die Schelme oft oben schwimmen; man sehnt sich oft dahin, wo es besser ist. Ich hoffe, noch dahin zu kommen. – Es tut uns not, mehr als je sich mit festem Gottvertrauen zu wappnen und die rechte innere Stütze und Richtung nicht zu verlieren. Gott wird die Welt noch nicht untergehen lassen, aber die wohlverdiente Züchtigung wird er in seiner weisen Gerechtigkeit nicht immer erlassen.

Arndt erzählt, er habe ihn nie allein oder mit den Seinen beten gesehen, wohl aber beobachtet, wie Stein zuweilen bei seinem Eintritt eine aufgeschlagene Bibel oder ein Gesangbuch schnell beiseite getan. Jeden Morgen nach dem Ankleiden widmete er eine Viertel- oder halbe Stunde der stillen Betrachtung und dem Gebet. Einem Freund, der ihn am Karfreitag besuchen wollte, schrieb er, er möge nicht an diesem Tag kommen, weil er diesen ganz zu Andachtsübungen bestimmt habe. Den Gottesdienst besuchte er regelmäßig, aber rationalistische Prediger konnte er nicht leiden. Am liebsten waren ihm die Prediger, die schlicht und kräftig den gekreuzigten Christus predigten. Den Ausdruck »schöne Predigt« lehnte er ab. ». . . so sagt man nicht, sondern: das war eine christliche, eine erbauliche Predigt.« – »Ist die Predigt schlecht«, so sagte er einmal, »so klingt doch mitunter ein Lied von Luther oder Paul Gerhardt, und wenn man fromm sein will, so gehts doch.«

Das Festhalten am positiven Christentum verband ihn auch mit frommen Katholiken, trotzdem blieb er ein treuer Bekenner seines evangelischen Glaubens.

Er sieht auf die gesamte Kirche und erkennt, was ihr fehlt und was ihr hilft:

Eine Synodalverfassung wird unsere protestantischen, aufgeklärten Geistlichen zwingen, zu der Einfachheit der christlichen Lehre zurückzukehren, denn nicht ihr exegetisches, naturphilosophisches Gewäsch, nicht ihr christlich atheistisches Rotwelsch, sondern die einfache Lehre des Christentums, auf die sich Glaube, Liebe und Hoffnung gründen, will und bedarf das deutsche Volk zur Richtschnur im Leben, zum festen Hort und Anker im Tod: Es wird sich solche Geistliche wählen und von andern sich absondern.

Als Synodalmitglied beschäftigte er sich gegen Ende seines Lebens mit der Errichtung eines Predigerseminars und erbot sich zu einem Beitrag von fünftausend Gulden. Der Geist dieses Seminars war ihm die Hauptsache. Er spricht sich auch für ein Konvikt aus. Dazu schreibt er:

Was soll gelehrt werden: eine geoffenbarte christliche Religion, etwas Festes, Bestehendes in einem Geist, der bekennt, daß Christus von Gott ist? Oder der das nicht bekennt, den 1. Joh. 4,1-3 Geist des Widerchrist nennt, der Rationalismus, etwas Unbegrenztes, Vages, das zuletzt allen Irrtümern, deren menschlicher Dünkel und menschlicher Geist fähig ist, den Zugang eröffnet?

Über das Gesangbuch gefragt, sagte er:

Das erste ist, das Gesangbuch muß mit dem allgemeinen christlichen Glaubensbekenntnis übereinstimmen. Wer gibt einem Verein oder einzelnen Personen die Befugnis, von diesem allgemeinen Glaubensbekenntnis abzuweichen? Wer es bezweifelt, der verlasse Kanzel und Katheder.

Für die Liebestätigkeit der Christenheit hatte er eine besondere Teilnahme. Er war demütig genug, von anderen gute Gedanken und Anregungen anzunehmen. Darum hatte ihm der Dienst der barmherzigen Schwestern großen Eindruck gemacht. Es bewegte ihn der Plan, auch in der evangelischen Kirche Anstalten für solche Krankenpflegerinnen zu gründen. Er sprach darüber mit dem nachmaligen Minister Bodelschwingh,

durch welchen Amalie Sieveking in Hamburg von Steins Gedanken hörte und mit ihm in Briefwechsel trat. Er schrieb ihr:

Bei dem Besuch der Anstalten des Borromäus und des Vincenz von Paul war mir höchst auffallend der Ausdruck vom inneren Frieden und frommer Heiterkeit der Schwestern, ihre stille, geräuschlose Wirksamkeit, die liebevolle, segenbringende Behandlung ihrer Kranken. Dazu stand in beleidigendem Kontrast der Ausdruck von Unbehaglichkeit, aufgereizter, weil nicht befriedigter Eitelkeit, über Vernachlässigung gekränkter, unverheirateter, alternder Jungfrauen aus den oberen und mittleren zum Broterwerb durch Handarbeit nicht berufenen Ständen.

In seinem letzten Jahr klagte er sich an, zuviel verbaut und zu wenig für die Werke der Barmherzigkeit getan zu haben.

Sein prophetischer Blick

Einem Besucher sagte er:

Ich erlebe es nicht, Sie können es noch erleben, fürchterliche Kriege, Völkerwanderungen und Gott weiß was noch Fürchterliches mehr.

Den Pfarrer, der ihm das Abendmahl reichte, ermahnte er, in echtem Glauben zu wachen:

Der Kirche droht Gefahr von Frankreich her, ihre Diener müssen auf der Hut sein.

Sein persönlicher Glaubenskampf

Seine Glaubenserfahrung:

Den Glauben vernünftelt man so wenig herbei, als man ihn einschnupft, sondern man erbittet ihn von Gott in tiefer Demut und in gänzlicher Selbstverleugnung.

Nach einem heftigen Krankheitsanfall und Krampfhusten schrieb er:

Krankheit lehrt Geduld, Ergebung in den väterlichen Willen dessen, der sie uns sendet, löst vom Irdischen. Krankheit gehört zu den Erziehungsanstalten, die das ganze Leben annehmen und nach ihrer Bestimmung benützen.

Am 29. Juni 1831 ist er entschlafen. Als es zum Sterben ging, sagte er dem Pfarrer, den er hatte rufen lassen:

Herr Pastor, ich erscheine vor Ihnen als ein armer Sünder. Ich wünsche, meinem Erlöser meine Sünden zu bekennen und mich mit ihm auszusöhnen, und ich bitte um das heilige Abendmahl.

Seine Grabinschrift, die in dem Sehnsuchtswort der Christen: »Ich habe Lust abzuscheiden und bei Christo zu sein«, ausklingt, nennt ihn:

Demütig vor Gott, hochherzig gegen Menschen, der Lüge und des Unrechts Feind, hochbegabt in Pflicht und Treue, unerschüttert in Acht und Bann, des gebeug-

---

Freiherr vom Stein:
Dr. Luther hat uns den Weg und den Eintritt in den Himmel gottlob etwas kürzer gemacht, da er die vielen Hofmarschälle, Zeremonienmeister und Türhüter des Himmelspalastes weggeschafft hat. Sie wissen, ich liebe das Kurze. Wenn der Weg auch etwas abschüssig und gefährlich ist.

Ernst Moritz Arndt

siebzehn Jahren kam Ernst Moritz auf das Gymnasium nach Stralsund. 1791 zog er auf die Universität nach Greifswald, um Theologie zu studieren. Bei reichen Verwandten kam er in ein üppiges Leben. Da kostete es ein heißes Ringen, bis er in klarer Glaubensgebundenheit Herr wurde über seinen jugendlichen, kraftstrotzenden Körper.

Ich betete und rang, keusch und unschuldig zu bleiben um so eifriger, da ich wohl gewahrte, wie es unter den größeren Schülern mehr als einen leichtfertigen und liederlichen Gesellen gab, der solche schweren und düsteren Käuze, als ich solchen wohl zuweilen erschien, auslachte und verspottete. Alle Wälder, Büsche, Strandufer in Stralsund bis auf zwei bis drei Stunden in der Weite haben meine spazierenlaufenden, noch im November zum Baden eilenden Fußtritte gefühlt. Auf soldatischem Lager, auf harten Brettern oder Reisig, Übernachtungen unter freiem Himmel, wo ich mich in meinen Mantel gehüllt unter irgendeinem Baum oder hinter einem Heuhaufen hinstreckte, – alles um den Leib Tapferkeit und Gehorsam zu lehren. Nur ein lichtes und fröhliches Christentum, wo das Bild des Heiligsten und Reinsten, der je auf Erden lebte, immer als Muster vorschwebt, kann das Menschenherz vor den Sinnen retten.

Bis in sein einundneunzigstes Jahr war er an Leib und Seele rüstig und frisch. Morgens früh grub er im Garten, mittags ging er zum Rhein und nahm sein Bad. Täglich machte er weite Spaziergänge, auch im Winter ohne Mantel.

Das von Napoleon geknechtete Vaterland ruft ihn

Zuerst war er schwedisch gesinnt, da Rügen zum schwedischen Staat gehörte. Erst als er 1798 und 1799 auf einer großen Reise Deutschland, Österreich, Ungarn, Frankreich und Belgien kennenlernte, wachte sein deutsches Herz auf. Er erkannte in Napoleon den großen Zerstörer der Völker. Inzwischen wurde er Professor der Geschichte an der Universität in Greifswald. Dort schrieb er seine flammende Streitschrift gegen Napoleon: den »Geist der Zeit.« Nach dem Zusammenbruch Preußens im Jahre 1806 mußte er fliehen, zuerst nach Schweden, dann nach kurzem Aufenthalt bei seinen Eltern, die in Pommern sich ein Gut erworben hatten, über Prag nach Petersburg, wohin der Freiherr vom Stein ihn gerufen hatte. Er wurde sein Sekretär und engster Mitarbeiter:

Ich habe in seiner größten Zeit um ihn und mit ihm gelebt, habe auch zuweilen den Sturm

ten Vaterlandes ungebeugter Sohn, in Kampf und Sieg Deutschlands Mitbefreier.

ERNST MORITZ ARNDT (1769-1860)

Harte Jugendjahre

Er ist am 26. Dezember 1769 geboren. Sein Vater war Gutsinspektor auf Rügen, ein Mann von echtem Schrot und Korn, der seine fünf Buben von Jugend an abhärtete. Sie mußten nackt die Pferde in den Teich reiten zur Schwemme. Im Winter warf er sie, die auf den Schlittenkufen standen, mehrmals zum Spaß in den Schnee, damit sie, dem Schlitten nachspringend, wieder warm wurden. Er war der Meinung: »Ein Junge, der einst Stein und Stahl anfassen soll, darf nicht in Wolle gepackt werden.« Mit

und Strom seiner gewaltigen Natur gefühlt. Aber ich weiß, er hat mich geliebt, wie man einen Sohn liebt.

Nach der Niederlage Napoleons reist er mit Stein hinter dem geschlagenen Heer her. In Ostpreußen erlebte er die Erhebung des Volkes im Jahre 1813 mit. Dort entstanden sein »Katechismus für den deutschen Kriegs- und Wehrmann« und seine mächtigen Kampflieder.

Darum, o Mensch, hast du ein Vaterland, ein heiliges Land, ein geliebtes Land, eine Erde, wonach deine Sehnsucht ewig dichtet und trachtet.

Wo dir Gottes Sonne zuerst schien, wo seine Blitze dir zuerst seine Allmacht offenbarten und seine Sturmwinde dir mit heiligem Schrecken durch die Seele brausten, da ist deine Liebe, da ist dein Vaterland.

Wo das erste Menschenaug' sich liebend über deine Wiege neigte, wo deine Mutter dich zuerst mit Freuden auf dem Schoße trug und dein Vater dir die Lehren der Weisheit und des Christentums ins Herz grub, da ist deine Liebe, da ist dein Vaterland.

Und seien es kahle Felsen und öde Inseln und wohnen Armut und Mühe dort mit dir, du mußt das Land ewig lieb haben; denn du bist ein Mensch und sollst es nicht vergessen, sondern behalten in deinem Herzen.

Arndt wird ein gläubiger Christ
Er hatte in seiner Jugend tiefe christliche Eindrücke bekommen; der Jüngling verlor sie, der Mann, durch Leid gereift, rang sich zum lebendigen Glauben durch:

Seine fromme Mutter war eine gewaltige Bibelleserin. An den Samstagnachmittagen mußte er ein Lied und das Sonntagsevangelium auswendig lernen und durfte weder im Gottesdienst noch in der Kinderlehre fehlen. Der elfjährige Knabe hatte bei schwerer Erkrankung seines Vaters in heißem Beten Gott sein Liebstes, seinen Taubenschlag, zum Opfer angeboten für das Leben seines Vaters. Am andern Morgen kam die Freudenbotschaft, daß der Vater außer Gefahr sei. Als er nach seinen Tauben sah, fand er ein blutiges Schlachtfeld vor; der Marder war eingebrochen und hatte sie alle bis auf eine zerrissen. Diese Begebenheit machte einen unbeschreiblichen Eindruck auf ihn. Zwanzig Jahre lang hat er sie verschwiegen und dann erst seinen Freunden erzählt.

Sein Kinderglaube wurde, als er nach Stralsund kam, durch den verstandesmäßigen Religionsunterricht und dann durch die Aufklärungsweisheit, die er in Greifswald hörte, zerstört. Das Lesen Rousseaus, der Einfluß Goethes und Schellings entfremdeten ihn vollends dem christlichen Glauben. Der Pantheismus Spinozas beherrschte sein Denken. Alle diese Einwirkungen ließen ihn auf den Pfarrersberuf verzichten. Doch als er die gottlose Revolutionsjugend in Paris kennenlernte, fing er an, an seinen aufklärerischen Überzeugungen zu zweifeln und wandte sich den ursprünglichen Kräften des Lebens zu. Als ihm 1801 seine geliebte junge Frau nach einjähriger Ehe starb, erlebte er schließlich die dämonische Seite der Natur und die starke Hand Gottes. Im selben Jahr gesteht er:

Die ewige Gnade und Liebe lockte ihn, daß sie ihn von der Erdenliebe und Naturliebe rette. Ich betete als Knabe mit Inbrunst, lachte und spottete als Jüngling mit Frechheit, möge dem Manne und Greise die Unschuld und Frömmigkeit der Religion nicht fehlen.

Es kostete noch ein Ringen von acht bis zehn Jahren, bis er sich wieder zu Christus durchrang. Entscheidend half ihm dabei die Begegnung mit einer frommen Frau, die in Schweden auf seiner Flucht seine Gastgeberin war. Es war die Freifrau von Munck. Unter ihrem Einfluß schrieb er »Reime aus einem Gebetbuch für fromme Kinder«. Dazu gehört das schöne Weihnachtslied: »Du lieber, heil'ger, frommer Christ.«

In seinem »Katechismus des deutschen Wehrmanns« schreibt er, daß ein rechter Soldat ein Christ ist:

Der Christ ist fröhlich im Leben, fröhlich im Tode. Der Christ hat allein den rechten Stahl der Seele, die rechte eiserne Festigkeit, welche Sieg und Glück bringt und selbst das Unglück überwindet. Denn im Unglück erscheint die Probe, was ein Mann ist und wie er glaubt.

Arndt bewährt diesen Glauben
Im Jahre 1816 war er Professor in Bonn geworden. Da geschah das Unglaubliche, daß er 1819 der Staatsfeindschaft und Geheimbündelei angeklagt und seines Universitätsamtes entsetzt wurde. Die Proteste Steins, Schleiermachers und der Universität konnten nichts daran ändern. Der König wagte es nicht, für seinen treuen Diener einzustehen. Das trug er ohne Bitterkeit.

Er schreibt an seine Schwester:

Diese Zeit, die Könige, Fürsten und Herren umgetrieben hat, kann auch einen Professor zum Bettler machen und ihn auf die Probe stellen, ob er den linnenen Kittel und Kartoffeln mit Salz ertragen kann. Die Frage ergeht dann, ob der Glaube standhält, daß in diesem kurzen Leben alles aufgegeben werden muß, nur nicht die Wahrheit und das Recht.

An seinen Schwager Schleiermacher schrieb er:

Der große Walter mag es wohl am besten wissen, daß für mich harten Knarst harte Keile gehören.

Zwanzig Jahre später bekennt er:

Ich habe diese Demütigungen als ein Verhängnis des ausgleichenden und gerechten Gottes hingenommen, der mich für manche trotzigen und kühnen Worte hat bezahlen lassen wollen. Und dies hat mich, wofür ich Gott noch mehr danke, vor jeder Verbitterung und Verfinsterung behütet.

Aber am schwersten für ihn war es doch, als am 26. Juni 1834 sein begabtester Sohn Willibald vor seinen Augen beim Baden im Rhein unter ein Floß kam und ertrank. Das Gebet des am Ufer knienden Vaters, der um Rettung seines Kindes schrie, wurde nicht erhört. Eine Woche später schrieb er in einem Brief:

Sie können nicht wissen, was wir an dem Kind hatten, was namentlich ich an ihm besaß. Er war der begabteste meiner Söhne. Gott sei für alles gepriesen, was er uns einst in dem sü-

ßen Himmelsgast gegeben. Sein Wille ist der beste und gerechteste.

Als Arndt einundsiebzig Jahre alt war, gab ihm Friedrich Wilhelm IV. bei seinem Regierungsantritt seine Ehre wieder. Er lehrte noch bis zu seinem fünfundachtzigsten Jahr. Neunundsiebzigjährig trat er vor die Nationalversammlung in Frankfurt, »gleichsam ein gutes altes deutsches Gewissen«, wie er sich selbst vorstellte. Ein ungeheurer Beifallssturm begrüßte ihn. Man sang sein Lied: »Was ist des deutschen Vaterland.«

Sein neunzigster Geburtstag wurde zum Feiertag für ganz Deutschland. Sein größter Wunsch für sein Volk war, er ihn oft aussprach: »O einen einzigen frommen Fürsten, von Gott mit Kraft und Weisheit gerüstet, einen frommen Fürsten an deiner Spitze, deutsches Volk, und dann wird das Vaterland gerettet sein.«

Was er war und was er wollte, hat er über die Zeiten hinweg seinem deutschen Volk ins Herz gesungen mit Liedern wie: »Wer ist ein Mann, der beten kann und Gott, dem Herrn, vertraut« – »Ich weiß, an wen ich glaube, ich weiß, was fest besteht« – »Ach, bleibet treu und haltet fest. . . die Freiheit und das Himmelreich gewinnen keine Halben.«

Am 29. Januar 1860 entschlief er.

Claus Harms

Die Erweckung des 19. Jahrhunderts

Zeugen Jesu Christi im Norden Deutschlands

CLAUS HARMS (1778-1855)

Sein Werdegang:

Er wurde am 25. Mai 1778 in Süddithmarschen geboren als Sohn redlicher Müllersleute, bei denen Kirchgang und Sonntagspredigt, die aus einer Postille vorgelesen wurde, wenn sie einmal nicht zur Kirche konnten, zum Sonntag gehörten. In seiner Jugend war er schwer krank. Einmal stürzte er in den Brunnen. Noch als alter Mann ließ er sich dahin führen, legte die Hand auf die Brunnenwand und bekannte, hier habe er mehr gelernt, als er aus allen Büchern habe lernen können. Eine Dithmarscher Heldenchronik, Gellerts Fabeln, Robinson Crusoe und Scrivers »Seelenschatz« waren seine Jugendlektüre. Als er eine kleine Erbschaft erhielt, faßte der beinahe Zwanzigjährige den Entschluß, noch auf die Schule zu gehen, um zu studieren. In den stillen Nachtstunden, wo er bei der Mühle wachte, dachte er über sein Leben und die göttlichen Dinge nach. In seiner inneren Entwicklung verdankte er viel seiner Frau, die das Nachbarskind und, »ehe sie seine Frau wurde, zeitlebens seine Braut« war, wie er später einmal sagte. Schon nach zwei Jahren war er reif für die Universität und zog nach Kiel, um Theologie zu studieren. Der Rationalismus, der dort gelehrt wurde, ließ ihn leer. Da fielen ihm Schleiermachers Reden über die Religion in die Hand. Er las sie die Nacht hindurch und den anderen Tag und begriff nun in der Tiefe, daß das Selbstwissen und Selbsttun des Menschen ihm nicht helfen könne, sondern »daß sein Heil anderswoher kommen müsse«. Aber »der mich erzeugte, hatte kein Brot für mich«. Schleiermachers Predigten sagten ihm nichts. Doch in der Heiligen Schrift fand er die ersehnte Hilfe. Er nennt sie eine Mutter, »die alle geistlichen Kinder nährt und stillt«. Durch die Heilige Schrift kam er zu Luther. Er überwand nun auch den Idealismus, als er erkannte, daß das Gewissen nur eine formale Bedeutung hat.

Nach vierjährigem Warten bekam der Hauslehrer seine eigene Gemeinde in Lunden. Dort mühte er sich um die wirksame Predigtkunst, denn das Kirchgehen war fast ganz aus der Mode gekommen. Er bekam die Aufforderung, einen Predigtband herauszugeben, der 1808 erschien. 1811 folgte die Fortsetzung. Um der Jugend das Evangelium nahezubringen, schrieb er eine kleine Schrift: »Das Christentum in einem kleinen Katechismus aufs neue der Jugend vorgestellt und gepriesen.« In einer Predigt vom Jahre 1814 mit dem Thema »Der Krieg nach dem Krieg« nahm er Bezug auf das mancherlei Unrecht, das durch gewissenlose Beamte dem Volk zugefügt worden war. Diese Predigt erwarb ihm viele Freunde und Feinde, aber sie wurde auch der Anlaß zu einer Abhilfe seitens der Regierung.

Er war schon ein bekannter und viel umstrittener Mann, als er 1816 als Pfarrer an die St. Nikolaikirche in Kiel gewählt wurde. Der Nachmittagsprediger zog allmählich immer mehr Hörer an, obwohl sein Vortrag schmucklos, sein Organ unangenehm und der Inhalt völlig ohne Sentimentalität war.

Der Kämpfer für Gottes Wort und Luthers Lehr'

Die Harfe Davids konnte er nicht spielen, aber »seine Schleuder führen«, wie er selbst einmal sagte. Das Reformationsjubiläum des Jahres 1817 rief den Kämpfer mit seiner zornigen Liebe auf den Plan. Er ließ 95 Thesen erscheinen, mit denen er Luthers 95 Sätze begleitete. Sie wandten sich gegen allen Irr- und Mißglauben der lutherischen Kirche. Die Wirkung dieser scharfen und beißenden Sätze war ungeheuerlich. Sie löste zweihundert Gegenschriften aus. Aber das Signal wurde durch ganz Deutschland hindurch gehört:

1. These: Wenn unser Herr und Meister Jesus Christus spricht: Tut Buße, so will er, daß die Menschen sich nach seiner Lehre formen sollen; er formt aber die Lehre nicht nach den Menschen, wie man das jetzt tut dem veränderten Zeitgeist gemäß. 3. These: Man reformiere das Luthertum ins Heidentum hinein und das Christentum aus der Welt hinaus. 32. These: Die sogenannte Vernunftsreligion ist entweder von Vernunft oder von Religion oder von beiden entblößt. Die fünfundsiebzigste These wandte sich gegen die geplante Union: Als eine arme Magd möchte man die lutherische Kirche durch eine Kopulation reich machen. Vollzieht den Akt ja nicht über Luthers Gebein. Es wird lebendig davon, und dann wehe euch! 9. These: Den Papst unserer Zeit nennen wir in Hinsicht unseres Glaubens Vernunft, in Hinsicht unseres Handelns das Gewissen. Hört das Gewissen auf zu lesen und fängt an, selbst zu schreiben, so fällt das so verschieden aus wie die Handschriften der Menschen. 17. These: Die Vergebung der Sünden kostete im sechzehnten Jahrhundert doch noch Geld; im neunzehnten Jahrhundert hat man sie ganz umsonst, man bedient sich selbst damit. 21. These: In neuerer Zeit hat man den Teufel erschlagen und die Hölle zugedämmt. 24. These: Nach dem alten Glauben hat Gott den Menschen erschaffen, nach dem neuen erschafft der Mensch Gott.

Sein Einfluß in seiner Gemeinde wurde immer größer. Regelmäßig sammelte er einen Kreis von Theologiestudenten in seinem Hause. Aus dieser Art ist seine »Pastoraltheologie« entstanden, die 1830 herauskam. Seine Predigt war seelsorgerlich eingestellt. Unvergeßlich sind seine kräftigen und anschaulichen Formulierungen.

Seinen Konfirmanden gab er die Sätze mit:

Brich deinen Willen, wo nicht, so bricht dein Wille dir das Herz. – Erst spielt der Mensch mit seiner Sünde, dann spielt die Sünde mit dem Menschen. – Die Gottesstrafe geht auf wollenen Füßen und schlägt mit eisernen Händen. – Spätere Bekehrung ist möglich, aber nur möglich. – Das Gewissen ohne Gottes Wort ist eine Laterne ohne Licht darin. – Daß die Menschen sich nicht selber helfen können, so wenig wie einer, der in einen Graben gefallen ist, sich nicht selber an den Haaren herausziehen kann.

Die Grenzen seines Wirkens bestanden darin, daß er seine erweckten Gemeindeglieder außerhalb des Gottesdienstes nicht zu sammeln versuchte, so daß die Gemeinschaftsbildung völlig fehlte. Darum haben andere Erweckungsprediger wie Pfarrer Beck von Nordschleswig und Grundtvig, die die Erweckten in Kreisen sammelten und pflegten, eine bis zum heutigen Tag spürbare Wirkung gehabt, während kurz nach Claus Harms' Tod seine Spuren verweht waren.

1849 legte er wegen Erblindung seine Ämter nieder. Am 1. Februar 1855 entschlief der unermüdliche Kämpfer für das Evangelium.

JOHANN JÄNNICKE
(1748-1827)

Sein Werden

Johann Jännicke, Prediger an der böhmischen und deutschen Bethlehemsgemeinde, ist am 6. Juli 1748 als Sohn eines böhmischen Webers geboren, der um des evangelischen Glaubens willen geflüchtet und mit andern böhmisch-mährischen Flüchtlingen von dem König Friedrich Wilhelm I. in Berlin angesiedelt worden war. Welcher Geist in diesen Flüchtlingen lebte, bezeugt ein Wort seiner Mutter, das sie öfter sagte:

Als wir noch in Höhlen und Klüften in Böhmen die Heilige Schrift lasen, habe ich den Herrn Jesu oft gelobt, mit einem Krug Wasser und trockenem Brot zufrieden zu sein, wenn ich nur das Heilige Abendmahl nach des Herrn Einsetzung genießen könnte. Und nun haben wir Haus, Kirche und Schule. Wie sollten wir des Herrn Wohltaten vergessen können!

Johann konnte etliche Jahre die Realschule besuchen, die ein Schüler August Hermann Franckes, einer von Friedrich Wilhelm aus Halle gerufenen Schulmänner, gegründet hatte. Trotz dieser Ausbildung finden wir den neunzehnjährigen Johann Jännicke als Webergesellen auf der Wanderschaft in Schlesien, wo er in einer Flüchtlingsgemeinde durch einen Satz des Predigers erweckt wurde, der sagte, es sei schon Sünde genug, wenn man den Heiland von Jugend an nicht über alles geliebt habe. Von diesem Flüchtlingspfarrer wurde er im Lateinischen unterrichtet und bestand beim Konsistorium in Breslau seine Schulmeisterprüfung. In Dresden, wo er eine Schulmeisterstelle bekam, fand er in dem Leibarzt des Königs einen Gönner, der ihn, zusammen mit seinem Sohn, zum Universitätsstudium vorbereiten ließ. Die Mittel zum Universitätsstudium in Leipzig werden ihm durch Baron von Hohenthal geschenkt. Er wird noch in der Lehre der lutherischen Orthodoxie ausgebildet, die er sein Leben lang festhielt.

Als Lehrer der Brüdergemeine in Barby empfängt er unvergeßliche Eindrücke von Bischof Spangenberg. 1769 bekommt er den Ruf zum böhmischen Prediger an der Rixdorfer und Berliner Bethlehemgemeinde. Mehr als fünfzig Jahre hat Jännicke dieser Gemeinde und vielen anderen Berlinern gepredigt. Er bildete eine lebendige Brücke von August Hermann Francke bis zur Erweckung nach den Befreiungskriegen.

Er war ein vom Heiligen Geist geprägtes Original

Jännicke hat auch in der Zeit, als in Berlin die Aufklärung herrschte, ebenso im Zeitalter des feingeistigen Idealismus mit seltener Einfalt und Innigkeit nichts als den Heiland verkündigt. Er tat das oft mit den scharfen Waffen streitbarer Orthodoxie. Die Geringen hörten ihn gern, aber auch die Vornehmen, vor allem Offiziere wie Ludwig von Gerlach, der spätere General und Adjutant Friedrich Wilhelms IV. Seine Predigt wirkte wesenhaft, denn er stand selbst in der demütigen Buße. Er sprach nie über die Gebrechen anderer, ohne sich selbst anzuklagen, vor allem seine Hitzigkeit. Es durchglühte ihn die Liebe des Heiligen Geistes. Der vielbeschäftigte Mann pflegte in der Zeit, als es noch keine Diakonissen gab, in der Stille und Verborgenheit Schwerkranke, die er bei seinen unablässigen Hausbesuchen fand. In der napoleonischen Hungerzeit, als Berlin

Schweres erleiden mußte, gab eine von ihm gegründete Suppenanstalt über tausend Essen am Tag aus. Mit der Gründung einer Traktat- und Bibelgesellschaft sorgte er für die Ausstreuung der guten Saat in die Weite. Der Oberforstmeister von Schirding, ein in der Traktatmission außerordentlich tätiger Mann, der die größten Opfer dafür brachte, regte ihn dazu an, eine Missionsschule zu gründen, die für die verschiedenen Missionsgesellschaften etwa achtzig Missionare ausbildete. Seine Freunde stifteten die Mittel dazu. Für die Ausbildung war ihm die Bibel genug.

Es ist an der Bibel genug. Missionare sollen die Bibel bringen und weiter, die reine Schriftlehre tuts. Soll jemand zum lebendigen Glauben an Christus gelangen, dann muß er sich allein an das teure Wort Gottes halten und in demselben lernbegierig und demütig forschen, weil dies göttliche Wort die einzige reine Quelle ist, aus welchem ein jeder Freund der Wahrheit unter dem gnädigen Beistand Gottes zu einem immerwährenden Heil überzeugt wird.

Seine Freudigkeit zum Dienst war unerschöpflich, obwohl er öfters nach anstrengenden Predigten Bluthusten bekam. Aber er schlug im einfältigen Glauben alle Predigtverbote des Arztes in den Wind. Und wie oft predigte er sich gesund. Er war, nach einem Wort des Justizministers von Kircheisen, ein Wegweiser, der bei der Hand faßt und selber mitgeht. Weil er bei seinen fleißigen Hausbesuchen seine Gemeindeglieder kennenlernte, darum predigte er seelsorgerlich und praktisch. Er unterschied in seiner Predigt Bußfertige, Gläubige, Ungläubige und Wiederabgefallene.

Wie mancher geht jahrelang mit dem Vorsatz dahin, erst besser werden zu wollen und dann zu glauben. Aber wie verdirbt er da die schöne Zeit. Wie ganz anders spricht der Herr Christus: Kommet her zu mir alle, die ihr muhselig und beladen seid! Viele Seelen lassen sich auch dadurch von dem Herrn Christus abhalten, daß sie sprechen: Was wird die Welt sagen, wenn ich mich bekehre? Solchen ist nichts weiter zu sagen als: Können dir die Weltfreunde im Tode helfen, dir im Gericht beistehen? Wo nicht, so laß sie fahren!

Weil er in der Stille leben und ohne Gepränge wirken wollte, hat er selten einen Bericht von seiner Missionsschule gegeben und kam in die größte Verlegenheit, als ihm der König den Roten Adlerorden schickte. Er sandte ihn mit einem herzlichen Entschuldigungsbrief zurück. Sein Kreuz nannte er, als er an

großer körperlicher Schwachheit in seinem Alter litt, ein Splitterchen vom Kreuz Jesu. Sein Trost war das Blut Jesu Christi, das rein macht von aller Sünde. So konnte er auf seinem letzten Lager anfangen zu frohlocken:

Ich habe Jesus, meinen Herrn, bei mir. Ich habe ihn treu erfunden in meinem ganzen Leben, so wird er es auch bei meinem Sterben sein.

Am 21. Juni 1827 entschlief er, während er mit seinen Freunden sang: »Wenn ich einmal soll scheiden.« Als sie sangen: »Wer so stirbt, der stirbt wohl«, war er daheim.

JOHANN EVANGELISTA GOSSNER (1773-1858)

Sein äußerer und innerer Werdegang
Er ist als zehntes Kind wohlhabender Eltern auf einem Bauernhof in Hausen bei Augsburg am 17. Dezember 1773 geboren. Er wurde auf der Salvatorschule der Exjesuiten zu Augsburg erzogen. Auf Veranlassung von Fiskal Kögel, des Onkels von Martin Boos, studierte er in Dillingen, wo Sailer wirkte. 1793 verließ er Dillingen aus Protest, als seinen verehrten Lehrern auf Anstiften der Exjesuiten Lehrbeschränkungen auferlegt wurden, und zog nach Ingolstadt. Seine geistlichen Väter und Anreger wurden Thomas a Kempis, Lavater, dessen Briefe »An reisende Jünglinge« er in die Hand bekam, und Martin Boos. Es fiel ihm auf, daß bei Lavater auf jeder Seite der Name Jesus stand.

Er schreibt von ihm:

So hat kein Mensch auf mich gewirkt. Ich war so verbunden im Geist mit ihm, daß nach seinem Tod ich ihn immer noch lebendig nahe hatte und gleichsam mit ihm lebte und er mit mir.

Er war schon Kaplan, als er von einem Kaplan Sommer, einem geistlichen Sohn des damals gefangenen Martin Boos, die Briefe von Boos bekam.

Sommer schreibt darüber:

Diese Briefe taten Wunder, indem ihm der Herr durch sie die Augen öffnete. Er kannte die Kraft des Christentums nicht, hielt sich bloß an die Moral. Aber mit dem Gekreuzigten wußte er noch nichts zu machen, überhaupt war ihm der Glaube noch ein ziemlich fremdes Land. Jetzt liegt er dem Gekreuzigten immer zu Füßen, und sein einziges Werk ist, an die Brust schlagen und weinen über das innere Verderben des Adam, glauben an den Heiland und im Glauben kindlich nehmen.

Goßner wandte sich selbst an Boos und bekam von ihm einen seelsorgerlichen Brief, in dem es heißt:

versteckte Papiere, die ihm hätten gefährlich werden können. Aber bei einem anderen Kaplan fand der Dekan Briefe, die Goßner in den Verdacht der Schwärmerei brachten. Nach einem spitzfindigen Verhör, wo er auf 95 Fragen antworten mußte, ließen sich die geistlichen Richter, die ihn zuerst durch lebenslängliche Klosterhaft unschädlich machen wollten, mit dem Widerruf einer Reihe von Irrlehren genügen. Er kam auf acht Wochen in das geistliche Korrektionshaus in Göggingen, wo ihn der durch Martin Boos zum Glauben geführte Vorstand, der Priester Hoffmann, mit Tränen und herzlicher Teilnahme empfing und ihm sein Gefängnis so leicht wie möglich machte.

In Dirlewang

Ein Umschwung der bayerischen Regierung verschaffte ihm bald eine Pfarrei nahe bei den Tiroler Bergen in Dirlewang. Dort wurde ihm die erweckte Maria Ida Bauberg eine treue Pflegerin, die ihm fünfzig Jahre dienen sollte. In den Notzeiten der napoleonischen Kriege konnte er dort eine großzügige Liebestätigkeit entfalten und täglich vierzig bis fünfzig Arme und Kranke aus seiner Küche speisen. Die Gemeinde erwachte unter seiner gewaltigen Verkündigung, so daß die Kirche die Menge der Zuhörer nicht mehr fassen konnte.

Innerlich löste sich Goßner rascher und weiter von der katholischen Kirche als seine Freunde.

Er schrieb ihnen 1804:

Ich meine, man sollte dieses drückende Joch nicht immer auf sich liegen lassen. Wir sind einmal doch anderer Gesinnung als die herrschende Partei der römisch Gesinnten. Rom herrscht über unseren Glauben, legt uns gewaltsame Gesetze auf, die ich nicht länger tragen kann und mich im Gewissen nicht verbunden fühle zu tragen, sondern sie als Teufelserfindungen ansehe. Wie lange also noch heucheln? Ich möchte lieber mich davonjagen lassen als länger unter der Despotie der Hierarchie seufzen.

Die Gründung Korntals legte Goßner und seinen Freunden nahe, die Genehmigung einer Kolonie mit freier Religionsübung bei der Regierung zu beantragen. Aber die Männer der Christentumsgesellschaft, Blumhardt in Basel und Kiessling in Augsburg, wollten davon nichts wissen, sondern ermahnten sie, innerhalb der katholischen Kirchen ihren Dienst zu tun. Da wurde Goßner krank und verzichtete auf die große

Sollst hieraus lernen, daß du deine Rechtfertigung und Ruhe nicht auf geistliche Freude und Gnadenerfahrung (die hat man nicht immer), nicht auf gute Werke (die kann man nicht immer tun), nicht auf schöne Gebete (denn es fällt einem bisweilen das liebste »Stirb Adam« nicht ein) bauen dürfest, sondern auf Jesum für dich. Denn nur so ist deine Seele in den besten Werken sowohl als in den trockensten Verlegenheiten allen Bestürmungen unerreichbar.

Die Anfechtungen und Verfolgungen, die er erleidet, bestimmen seinen weiteren Lebensweg.

Inzwischen war er Domkaplan in Augsburg geworden. Im Jahre 1799, als Boos nach Österreich flüchten mußte, bekam der Dekan Steiner vom bischöflichen Ordinariat den Auftrag, bei einigen jungen Kaplänen Haussuchung zu halten. Einer dieser Kapläne wurde im Traum gewarnt und vernichtete und

Pfarrei in Dirlewang, der er sich nicht mehr gewachsen fühlte. Nun war er einige Monate in Basel bei den Freunden der Christentumsgesellschaft. Er dachte an ein ständiges Bleiben und an einen Übertritt zur evangelischen Kirche. Wohl lag ihm auch die Heirat mit Ida Bauberg am Herzen, die in innigem Glauben ihm verbunden war.

Der Benefiziat in München

Doch er überwand sich, um noch weiter innerhalb der katholischen Kirche wirken zu können, und reiste zurück nach München, wo er die bescheidene Stelle eines Benefiziaten an der Pfarrkirche »Unserer lieben Frau« schon vor seiner Reise in die Schweiz bekommen hatte. Dort wirkte er in der Stille als Schriftsteller an der Übersetzung der Bibel. Er gab das »Herzbüchlein« heraus und war der geliebte Seelsorger einer Kongregation, die ihn um seinen Dienst bat. Wenn er aushilfsweise predigte, waren seine Gottesdienste überfüllt.

Sailer zog sich von Goßner zurück, ebenso Wiedemann, sein Gehilfe bei der Bibelübersetzung, weil er in einem Privatgespräch die Verwandlungslehre verwarf. Um so mehr näherten sich ihm fromme Evangelische, wie der Jurist Karl von Lancizolle und der Offizier Adolf von Thadden, der spätere Kultusminister von Bethmann-Hollweg, die ihn besuchten. Selbst Schleiermacher suchte ihn auf. Es entspann sich ein Briefwechsel mit den Brüdern in Herrnhut. Aber ehemalige Freunde wandten sich gegen ihn und verlangten seine Abberufung. Die abgelaufene dreijährige Seelsorgeerlaubnis wurde ihm nicht wieder erneuert. Doch zu dieser Zeit wurde es ihm geschenkt, den Philosophen Fritz Jakobi zum lebendigen Glauben an Christus zu führen. Da bat Goßner bei der bayrischen Regierung, um ihr größere Verlegenheiten zu ersparen, ihm seine Entlassungszeugnisse zuzustellen, da er die Religionslehrerstelle am Gymnasium zu Düsseldorf angenommen habe. Mit großer Betrübnis sammelten sich seine Freunde zum letzten Mal um ihn zur Erbauungsstunde im Benefiziatenhaus. In zehn Wagen geleiteten sie ihn am anderen Morgen bis nach Augsburg. Auf der Reise wurde er in Gundremingen Zeuge, wie mächtig sein Freund Ignaz Lindl durch seine Predigt das Volk

anzog. Es hatten sich an jenem Sonntag, als Goßner für Lindl predigte, etwa fünfzehntausend Leute in der Kirche und vor der Kirche angesammelt. Sie urteilten über Goßners Predigt: »Es war zwar nicht Lindls Stimme, aber sein Geist.«

In Düsseldorf hatte Goßner bald bei seinen Predigten, die er alle fünf Wochen in der Franziskanerkirche hielt, einen großen Zulauf, aber auch große Anfeindungen. Lindl hatte einen Ruf nach Rußland als Propst der katholischen Einwanderer, die im Süden des Reichs einen Bergungsort suchten, erhalten. Durch ihn bekam Goßner 1820 die Einladung, Prediger an der Malteserkirche in Petersburg zu werden. Der Zar Alexander I., der damals ganz unter dem Einfluß der Frau von Krüdener stand, und sein frommer Kultusminister, der Fürst Gallitzin, nahmen ihn aufs freundlichste auf. Die Malteserkapelle, wo vorher Lindl gewirkt hatte, hatte nur fünfhundert Sitzplätze. Es wurde ihm deshalb die katholische Katharinenkirche eingeräumt, um die vielen Zuhörer zu fassen. Für die stark besuchten Erbauungsstunden mieteten seine Freunde eine herrschaftliche Wohnung, deren Tanzsaal über eintausend Personen faßte. Der Kaiser selbst soll als ungenannter Gönner die Miete dafür bezahlt haben. Doch begegnet Goßner auch da bald dem Widerspruch der Feinde. Die katholischen Dominikaner und der russische Metropolit arbeiteten gegen ihn. Die Pietisten wurden als gefährliche Reichs- und Kirchenfeinde dargestellt. Seine Feinde gewannen allmählich Macht über den Kaiser. Das führte zur Ausweisung Goßners aus dem russischen Reich. Der Kaiser ließ ihm eintausend Rubel Reisegeld reichen. Seine Freunde machten ihm große Geschenke und versammelten sich noch dreißig Jahre lang zu regelmäßigen Erbauungsstunden. Seine Bibelübersetzung aber wurde verboten und verbrannt.

Als Privatmann in Leipzig

Martin Boos schrieb ihm:

> Wo sollst du hingehen, der Herr wird's zeigen. Ach, wenn wir das zuvor gewußt hätten, wären wir kaum in das Schiff Christi gestiegen. Der Polizeidiener wird dir allezeit den Weg zeigen, wo du hin sollst.

Zuerst fand Goßner in Altona bei einem reichen mennonitischen Kaufmann von der Smissen eine sorgenlose Zuflucht. Er half der frommen Luise Reichardt zur vollen Glaubenserkenntnis. Sie schreibt von ihm:

Goßner scheint ein herrlicher Mann zu sein, durchaus natürlich und wahrhaft bei einer großen Lebendigkeit ohne alle Heftigkeit. Der Friede Gottes leuchtet aus seinen Augen.

Auch Amalie Sieveking wurde mit ihm bekannt und, ähnlich wie durch den Freiherrn vom Stein, ermuntert, einen Orden barmherziger Schwestern in der evangelischen Kirche zu stiften.

Sie schreibt:

Vorgestern in der ernsten Stunde des Abschieds bin ich kniend von ihm zu meinem künftigen Berufe geweiht und eingesegnet worden, und in seine Hand habe ich das Gelübde der Treue abgelegt.

Im Oktober kam er in Leipzig an. Dort gab er, in stiller Zurückgezogenheit von den Spenden seiner russischen Freunde lebend, sein Erbauungsbuch »Schatzkästlein« heraus, das den sterbenden Boos tröstete.

In einem letzten, kaum leserlichen Brief dankte er Goßner:

Als mir am 5. Juni dein Schatzkästlein durch einen Schuster ans Bett gebracht wurde und ich darin zu lesen anfing, so wurden die sieben Teufel ausgetrieben. Herz und Auge schwammen in Tränen und Friede und Freude im Heiligen Geist kamen wieder in solchem Maße, daß ichs nicht ausdrücken kann. Gott und dir sei Dank, so ist's gut sterben.

Bald sammelten sich wieder bei Goßner einige Personen zu einer Erbauungsstunde: »Ich ziehe die Blumen im Topf, da mir der Garten genommen ist.« Das veranlaßte das lutherische Konsistorium, gegen ihn vorzugehen. Sein Reisepaß lautete auf den römisch-katholischen Priester Goßner. Da er sich gegen diese Bezeichnung verwahrte und weder lutherisch noch katholisch, sondern nur ein Christ sein wollte, war das der Polizei verdächtig, und sie verfügte seine Ausweisung. So war die Weissagung von Boos in Erfüllung gegangen.

Pfarrer der Bethlehemskirche in Berlin

Am 23. Juli 1826 trat Goßner in aller Stille zur lutherischen Kirche über. Durch seine schlesischen Freunde wurde er nun nach Berlin geführt und richtete an das Brandenburger Konsistorium das Gesuch, ihm Gelegenheit und Erlaubnis zu verschaffen, das Wort Gottes öffentlich predigen zu dürfen. Nachdem er vom katholischen Konsistorium so viel erlitten habe, möge das evangelische Konsistorium seine Wunden heilen. Aber es dauerte lange und bedurfte des Eintretens seiner hochgestellten Freunde, bis seine Bitte Berücksichtigung fand. Man plagte den vierundfünfzigjährigen Mann mit einem dreitägigen Examen. Aber es währte noch fünfviertel Jahre, bis er als Pfarrer der Bethlehemskirche bestätigt wurde. Inzwischen war er Aushilfsprediger an der Brüderkirche und bei Schleiermacher, der ihn nach einer Predigt vor versammelter Gemeinde umarmte. Noch neunundzwanzig Jahre der Wirksamkeit wurden ihm geschenkt. Unter seinem Wort versammelte sich eine treue Gemeinde, vor allem aus den höheren Ständen. Sein Einfluß als Seelsorger war bei einfachen und hochgestellten Leuten kräftig und fruchtbar. Bekannt ist die Geschichte von dem Maurer, der ihm von einem Bau aus mit der Branntweinflasche zutrank, dem er hinaufrief: »Ich kann trinken, wann ich will, aber du mußt trinken.« Dem Mann wird seine Gebundenheit offenbar, er sucht Goßner auf und findet Befreiung.

Goßner in der freien Tätigkeit der Inneren und Äußeren Mission

Hier konnte er seine großen Gaben frei entfalten. Er hat sieben Kleinkinderbewahranstalten gegründet, Männer- und Frauen-Krankenvereine gestiftet, das Elisabeth-Krankenhaus in Berlin ins Leben gerufen.

Er hatte schon immer Missionsstunden gehalten. 1834 begann er, ein Monatsblatt »Die Biene auf dem Missionsfeld« zu schreiben. Für Rußland hatte er eine besondere Aufgabe, in der sein Name nicht genannt wurde. Der Praxis der damaligen Missionsanstalten mit ihrem großen Verwaltungsapparat, ihrem langen Studieren und ihrem vielen Regieren war er abhold. Als sich sechs Handwerker bei ihm meldeten, um irgendwelche Levitendienste unter den Heiden zu übernehmen, entschloß er sich, nachdem er mit ihnen gebetet hatte, sie zu übernehmen. »Ich will es mit der demütigen Einfalt versuchen.« Bald unterrichtete er ein Dutzend mit Hilfe frommer Lehrer und Studenten. Schon im Juli 1837 segnete er achtzehn ein und sandte sie zu den Papuas. 1838 versetzte er ein Dutzend ans Gangesufer. Im ganzen sandte er einhunderteinundvierzig

Männer aus, darunter sechzehn Theologen. Sie sollten einfach leben, baldmöglichst ihr eigenes Brot essen. Zu ihrem Unterhalt verpflichtete er sich nicht. Er forderte viel von ihnen:

Wenn nicht jeder ein bis zwei Heidenseelen mit in den Himmel bringt, werde ich sie ewig schelten als Taugenichtse.

Aber er betete auch viel für sie. Er war an rasches Handeln gewöhnt und konnte keine Unentschlossenheit ertragen. Er war »Inspektor, Hausvater, Sekretär, Packesel«, alles in einer Person. Er schrieb Briefe über die ganze Erde hin, redigierte seine »Biene« und den »Christlichen Hausfreund« und lernte noch mit siebzig Jahren Englisch. Der unermüdliche Mann war schroff, einseitig, ein eckiges Original.

1839 schrieb er dem Konprinzen:

Ich werde am Ende ganz zurücktreten, nur um von diesem Konsistorium erlöst zu werden, das voll Maurergesellen ist, die die Mauern Zions lieber abbrechen als aufbauen.

1846 legte er das Amt an der Bethlehemskirche nieder, lebte nun in einem Gartenhaus in der Nähe seines Elisabethkrankenhauses und leitete das Krankenhaus und seine Missionsarbeit. Er erlebte noch die außerordentliche Frucht der Missionsarbeit unter den Kols in Indien; er rief aus: »Wir müssen alle die Kols kriegen, der Teufel soll keine Gräte behalten als etwa die, die der Herr wegwirft, weil sie faule Fische sind.« Er fühlte sich in seinem Alter einsam. »Jetzt kommen sie vor lauter Bekenntnissen nicht zu dem zu Bekennenden, nicht zu Christus.«

Fünfundachtzigjährig wurde er aus einem reichen Tagwerk abgerufen.

Der rheinisch-westfälische Kreis der Väter

GOTTFRIED DANIEL KRUMMACHER (1774-1837)

Krummacher ist am 1. April 1774 als Sohn des Juristen und Bürgermeisters Krummacher in Tecklenburg in Westfalen geboren. Sein reformiertes Elternhaus war ein Mittelpunkt der Stillen im Lande. In seiner Schul- und Universitätszeit mußte er sich mit der Aufklärung auseinandersetzen. Er konnte es nicht ertragen, daß das, was seinen Eltern heilig war, bespöttelt wurde. 1798

Gottfried Daniel Krummacher

wurde er zum Pfarrer in Baerl gewählt. Dort kam er in einen Kreis erweckter Christen, die einen tiefen Eindruck auf ihn machten. Einer der Brüder legte dem jungen Pfarrer die Hand auf die Schulter und sagte mit feierlichem Ernst: »O Herr Prediger, was für ein köstliches Amt ist Ihnen übertragen! Sie sollen Brautwerber für den Herrn Jesus sein. Daß doch der Heilige Geist in reichem Maße über Sie kommen und auf ihnen ruhen möchte.« Krummacher war tief erschüttert, er weinte. »Weinen Sie nicht«, sagte der Christ, »wir haben einen reichen Herrn und die köstlichsten Verheißungen in der Schrift für die, welche mit ganzem Ernst nach ewiger Seligkeit trachten.«

Ein Brief aus jener Zeit läßt uns einen Blick in Krummachers Herz tun:

Herr Jesu, schlag zu und schone nicht, bis alles, was ich bin und habe, zu deinen gebenedeiten Füßen liegt. Nimm die Wurfschaufel und fege die Tenne meines Herzens, bis nichts darin übrig ist als du.

Danach war er fünfzehn Jahre in Wülfrath; dann kam er auf das Betreiben der Tersteegenkreise an die reformierte Gemeinde in Elberfeld. Hier entstand namentlich in den Jahren 1816-18 ein großes Erwachen, das auch die Jugend ergriff. Die Stillen im Lande nahmen die Führung der reformierten Gemeinden in die Hand. Sie, die gern abseits von der Kirche standen, machten das Anliegen der Kirche zu ihrem eigenen. 1837 wurde Krummacher heimgerufen.

Seine große Liebe zu seiner Gemeinde
Krummacher war mit Leib und Seele Ge-

*Alte reformierte Kirche
in Elberfeld*

Gott zur Weisheit, zur Gerechtigkeit, zur Heiligung und zur Erlösung«. Senken sich also die Toren auf dieses Fundament, so durchdringt sie dasselbe mit Weisheit; – die Gottlosen, so wird ihnen dessen Unsträflichkeit zuteil; – die Unheiligen, so werden sie seiner heilenden Wirkung teilhaftig; – die Schwachen, so werden sie mächtig; – die Geplagten, so sind sie unüberwindlich. Man sage an, was dem noch mangle, der auf eine wahrhafte Weise mit diesem Fundament verbunden ist.

Der Kämpfer

Daß der Kampf um die Kirche von den erweckten Kreisen geführt wurde, das war sein Verdienst. Als die unierte Agende eingeführt werden sollte, gab er dem Oberpräsidenten der Rheinprovinz die geharnischte Erklärung:

Ich bin Sr. Majestät untertänigster Untertan in allen Dingen, welche das leibliche Leben betreffen; will aber der König in die kirchlichen und geistlichen Angelegenheiten gebietend eingreifen, so ist er mir ein Gegenstand des tiefsten Abscheus.

Trotzdem hat der Oberpräsident »den Eindruck der tiefsten Ehrfurcht vor dem Charakter und der Frömmigkeit Krummachers empfangen«.

Seine Feinde

waren die Freisinnigen, sie haßten ihn. Der Pädagoge Wilberg sah in seinen Predigten »mit dem sauren Tonnengemüse des Alten Testaments nur Restbestände eines überlebten Denkens«.

Seine Freunde

Krummacher unterhielt eine beständige Verbindung mit den erweckten Kreisen um Claus Harms, mit den Herrnhutern, mit dem Kreis um Hofacker. Tillmann Siebel im Siegerland war sein geistlicher Sohn. Von ihm gingen Lebensströme aus, die ganze Landschaften umwandelten und deren Spuren bis zum heutigen Tag zu merken sind. Er war ein Gideon, der seines Herrn Schlachten siegreich schlug. In ihm war etwas von dem ehernen Geist Calvins. Kurz vor seinem Sterben soll sein Angesicht den Ausdruck eines Kämpfers angenommen haben, der sich durch ein Heer von Feinden hindurchschlägt, um nach dem Sterben wieder gelassen auszusehen.

meindepfarrer. Als er einmal verreist war und den Kirchturm von Elberfeld von ferne wieder erblickte, zog er den Hut ab und sprach unter Tränen ein lautes Gebet:

Ach Herr, vergib es mir doch, daß ich meine Gemeinde verlassen habe. Gott sei Dank, daß ich wieder nach Elberfeld zurückkomme.

Seine Gründlichkeit

Er war gründlich in seiner eigenen Bekehrung, gründlich im Bibelstudium und gründlich in der Unterweisung der Gemeinde. Er liebte besonders das Alte Testament. So hielt er 91 Predigten über die Wüstenreise Israels, wobei er besonders über die Namen der Lagerstätten nachdachte. Er zog eine strenge Grenze zwischen den Kindern Gottes und den unbekehrten Weltkindern und prägte es der Gemeinde ein, daß ein Mensch von neuem geboren werden müsse, wenn er ins Reich Gottes kommen will.

So sagte er:

Grabet tief, nehmet's nicht leicht und oberflächlich, weder was den Blick in euer Herz noch was das Evangelium und seine Gnade anbetrifft . . . Mißtraut euch selbst. Wer auf das vertraut, was er in sich selbst findet, verläßt sich auf Kreaturen.

Der Prediger der Rechtfertigung

1. Kor. 1,30: »Welcher uns gemacht ist von

JOHANN HEINRICH VOLKENING
(1796-1877)

Als Sohn eines Windmüllers bei Minden, der sich auch auf den Bau von Orgeln verstand, wurde Volkening am 10. Mai 1796 geboren. Der Vater gehörte zu den Stillen im Lande, die in der rationalistischen Zeit viel wanderten, um das lautere Gotteswort zu hören. Er war besonders angeregt worden durch Männer der Brüdergemeine, mit der auch sein Sohn zeitlebens in Verbindung blieb. Als Vater und Sohn in einem entfernten Dorf einmal einen Diasporaarbeiter der Brüdergemeine hörten, wurden sie auf Anzeige des Ortspfarrers wegen Besuchs unerlaubter Versammlungen eine Nacht in den Ortsarrest gesperrt, was auf den Knaben einen tiefen Eindruck machte. Zuerst sollte Johann Heinrich Schullehrer werden, dann kam er auf wunderbare Weise in das Gymnasium nach Minden und studierte auf der rationalistischen Universität in Jena Theologie. Dort trafen den unbefriedigten Studenten die zündenden Thesen Claus Harms' zum Reformationsjubiläum 1817 wie eine göttliche Offenbarung: »Fort vom Vernunftglauben zum Wort Gottes!« 1820 wurde er Pfarrer in Schnathorst, wohin er seine junge Frau Elisabeth Jakobs, eine Friesin, heimführte. Von 1827-38 war er Pfarrer in Gütersloh. Von da aus kam er nach Jöllenbeck, wo er bis zu seinem dreiundsiebzigsten Lebensjahr wirkte. Nach seiner Amtsniederlegung lebte er bei seinen Söhnen. Er wurde am 25. Juli 1877 abgerufen. In Holzhausen bei Lübbecke liegt er auf einer Anhöhe begraben, von der man sechs Kirchtürme des Ravensberger Landes überblicken kann. Sein Wirken galt nicht nur der Einzelgemeinde, sondern seinem Lande.

Das Land

Das liebliche Ravensberger Land ist nach Süden hin von der weiten Senne begrenzt. Jetzt sind wogende Kornfelder da, wo einst blühende Heide stand. Im Norden sind fruchtbare Hügel mit mächtigen, nach niedersächsischer Weise gebauten Bauernhöfen. Im Osten liegt Bielefeld, wohin die fleißigen Leineweber die Früchte ihrer Arbeit brachten. In jener Zeit war das Land sittlich verwahrlost. Die reichgewordenen Weber waren dem Trunk des Branntweins ergeben. Die Bauern wollten es ihnen gleichtun. Dabei verwahrlosten ihre Höfe. Bei einer Pfarrwahl wurden einmal vier Männer erschlagen. Jöllenbeck war besonders berüchtigt. Die Rationalisten konnten diese Zustände nicht ändern.

Die wenigen Wahrheitszeugen wie Weihe, Hartog, Erdsieck und Rauschenbusch waren abgerufen. Die stillen Kreise hatten ihre geistlichen Väter verloren. In diese Lücke trat Volkening ein.

Der Mann

Er war eines Hauptes länger als alles Volk, schwerfällig und zäh wie ein echter Westfale. Seine Erscheinung war würdevoll, seine großen, blauen Augen leuchteten in einem stillen Feuer. Er war ernst und zurückhaltend, fast scheu. Es liegen fast keine literarischen Zeugnisse von seiner eigenen Hand vor, nur wenige Predigten aus seiner Anfangszeit. Einige Dispositionen, die besonders scharf geschliffen und durchdacht waren, haben sich erhalten.

Er schrieb in seinem Alter an einen Freund:

Ich begreife es jetzt selber nicht, wie ich vor den Großen der Erde oft habe in solcher Freimütigkeit auftreten und reden können.

So reich gesegnet sein Leben war, so hoch er schließlich geachtet war von seinen Landsleuten, so demütig war er in seinem Wesen. Es ist ergreifend, von seinen Anfechtungen zu lesen, die er in seinem Alter durchzukämpfen hatte. Er kann kurz vor seinem Tode Nächte hindurch nicht schlafen und wagt oft nicht, zu essen und zu trinken; alles aus Furcht vor Gott. Seine Frau wird ihm zur Seelsorgerin:

Wenn wir dann in die Hölle kommen, so muß der Herr Jesus mit hinein. Er läßt sein Eigentum nicht los; denn ich bin dein und du bist mein, und wo ich bleib, da sollst du sein.

So ließ er sich trösten.

Der Prediger

Jeder sollte nur da und das reden, wo er wirklich glaubt, und sonst lieber schweigen. Denn von der Sache Jesu Christi reden, die man nicht glaubt und daher auch nicht kennt, ist oft schlimmer als schweigen, so schlimm das übrigens auch sein mag.

Leopold von Ranke, der ihn in Berlin hörte:

Ich muß gestehen, daß mir nie eine edlere, volkstümlichere Beredsamkeit begegnet ist.

Seine Predigtgedanken und Entwürfe wurden meist auf seinen »Amtsgängen und in der Studierstube« geboren.

Er sagt darüber:

Nachdem ich diese niedergeschrieben habe, pflege ich meine Hände darüber zu falten und zu sprechen: Herr, hier ist das Gerippe, nun laß du das Fleisch darüber wachsen. Sie schlafen dann mit mir ein, erwachen mit mir wieder auf dem einsamen Lager und beschäftigen mich am Morgen, bis ich die Hand auf den Drücker der Türe lege und zur Kirche gehe.

Aus Volkenings Antrittspredigt zu Gütersloh:
Das Gebet eines Seelsorgers für seine Gemeinde muß ihm so wichtig sein – o wäre es das nur immer! – als alle übrigen Verrichtungen seines Amtes. Denn auf den Betkammern wird wahrlich oft mehr ausgerichtet, als in die Augen fällt.

Einige dieser Predigtgliederungen:

Der weinende Jesus vor Jerusalem: 1. Was uns seine Tränen verraten: a) sein menschlich fühlendes Herz, b) sein göttliches Erbarmen, c) seine rettende Heilandsliebe. 2. Was uns seine Tränen anraten: a) uns zu besinnen, b) uns zu beeilen, c) uns ganz ihm hinzugeben.

Die elende Herrlichkeit der Kinder dieser Welt und das herrliche Elend der Kinder Gottes.

Apg. 1,1-11: Die vier Himmelfahrtsstationen: 1. Hinunter, 2. Hinauf, 3. Hindurch, 4. Hinein.

Zu Phil. 3,17-19: Feinde des Kreuzes Christi sind Feinde der Person Christi und daher Gottes überhaupt: 1. Die Bedeutung des Kreuzes Christi. 2. Warum nun dagegen die Feindschaft? a) Das Kreuz greift an die eigene Krone, die Werkgerechtigkeit. b) Das Kreuz greift das Fleisch vom lieben alten Menschen an. c) Das Kreuz greift an den Beutel. 3. Worin sich das besonders äußert: a) im Loben dessen, was dem Kreuz entgegensteht, b) in Feindschaft gegen die Bekenner, c) im offenen Verspotten der Person Christi und seiner Sache.

Der Kämpfer

Volkening genügte es nicht, die Gemeinde zu sammeln. Er sah in den zehn Geboten den Willen Gottes für die Welt. Darum fühlte er sich verpflichtet, die Welt um ihrer Sünde willen zu strafen und zum Gehorsam unter Gott zu rufen. In Schnathorst trieb er die leichtfertige Spinnstubengesellschaft auseinander. Keiner wagte, sich zu widersetzen. In Gütersloh kämpfte er um die Heiligung des Sonntags. Ein großes Schützenfest, das seine Feinde aufzogen, wurde durch einen Gewittersturm zerstört, das Tanzzelt umgerissen, Volkening aber wurde von seinen Gegnern als Störer und Verdammer erlaubter Vergnügungen verklagt. Die Regierung forderte ihn zum Widerruf, doch er weigerte sich und wurde seines Amtes enthoben, aber nur für kurze Zeit. Durch die Konfirmanden bekam das Evangelium Macht in den Häusern. Auf der Synode kämpfte er um die Pfarrer. Da gab es Sturm, Vorwürfe, Verdächtigungen. Aber ein Amtsbruder nach dem andern wurde überwunden; die Überwundenen bildeten zusammen die »Lutherische Konferenz«. Volkening war Lutheraner, aber jeder konfessionellen Rechthaberei abgeneigt. Er nannte das »kaffdreschen«.

Er wirkte in die Weite

Der Jugendarbeit widmete er ernsthafte Beachtung. Sein Jünglingsverein blühte. 1850 gründete er die Rettungsanstalt auf der Schildeschen Heide, um verwahrloste Jungen zu christlichen jungen Männern zu erziehen. Damit verband er

eine Lehrerbildungsstätte. Im Jahre 1852 legte er den Grundstein zu dem christlichen Gymnasium in Gütersloh.

Am Abend seines Lebens war das Ravensberger Land umgewandelt. Noch heute ist Ravensberg der Brunnquell der Bodelschwinghschen Anstalten in Bethel. Aus dieser Landschaft kommen die meisten ihrer Diakonissen und Diakone.

Die Erweckung

Schon in Schnathorst war der Kirchenbesuch so stark, daß in den Frauenbänken drei Reihen Zuhörerinnen in einer Bank untergebracht wurden. Die zweite Reihe saß der ersten auf dem Schoß. Davor stand die dritte Reihe. Die Gänge waren voll Männer. Draußen stand von weither geeiltes Volk, um durch die offenen Fenster und Türen zuzuhören.

Die Kirchenbehörde lehnte eine Erweiterung der Kirche ab, die die Gemeinde beschlossen hatte. Die Steine, die die Bauern freiwillig herbeigefahren hatten, mußten weggeräumt werden, damit der Jahrmarkt gehalten werden konnte. Außerdem sollten Wachtposten aufgestellt werden, um Auswärtige fernzuhalten. Aber der Lebensstrom brach durch alle Hindernisse. Zuerst wurden einzelne Menschen, dann größere Kreise der Gemeinden erfaßt. Die Erweckten wurden Missionare, die Gemeinden Missionsgemeinden, die sich für die Arbeit der Inneren und Äußeren Mission verantwortlich fühlten, dafür beteten und opferten.

TILLMANN SIEBEL
(1804-1875)

ist im Jahre 1804 als Sohn des Gerbermeisters Jakob Siebel im Siegerland, dem Land Jung-Stillings, geboren. Das Siegerland ist das Stammland Wilhelms von Oranien und seit der Reformation reformierten Glaubens calvinistischer Prägung. Die Gemeinden waren mündig und Träger der Kirche. Es ist ein Land lieblicher Berge und Täler, des Bergbaus und der Industrie. Der junge Gerber Tillmann wurde im Jahre 1822 durch vom Wuppertal heimkehrende, erweckte Siegerländer Handwerker vom Feuer Christi ergriffen. Oft wanderte er nach Elberfeld zu Krummacher, der sein geistlicher Vater wurde. Mit dem alten

Gerbermeister Dietrichs war er besonders befreundet. Als er sich mit der
gleichgesinnten Anna Maria Krämer
1835 verheiratete, wurde sein Haus der
Mittelpunkt der Erweckung. Da versammelten sich die Gläubigen unter
dem Wort, das ihnen schlicht ausgelegt
wurde. Sie lasen Krummachers und
Hofackers Predigten und beteten miteinander. Tillmann wurde der Vater des
aufblühenden Erweckungslebens im
Siegerland, der unermüdlich tätige
Volksmissionar seiner Heimat und der
Vorkämpfer des lebendigen Glaubens
in seiner Synode gegen eine rationalistische Pfarrerschaft. Bis in sein Alter war
er rüstig und unermüdlich tätig.

Am 15. September 1875 wurde er
heimgerufen.

Die Hausgemeinde

Aus der Lebensbeschreibung eines Pfarrers, der als Gerberlehrling in Siebels
Haus kam:

Welch eine friedensreiche Luft wehte mir bei
meinem Eintritt entgegen. Was war mein
Lehrherr für ein Kind des Friedens. Hier trat
mir die Herrlichkeit des Christenglaubens in
praktischer Gestalt entgegen.

Als der Lehrling an einem schweren
Nervenfieber erkrankte, holte der Meister die Bettstatt des Lehrlings in sein
Schlafzimmer und pflegte den Schwerkranken mit rührender Aufopferung.
Das hat dem Lehrling das Herz abge-
wonnen. Mit Freuden nahm er nun an
den Versammlungen teil.

*Freudenberg im Sieger-
land*

Er schreibt:

Die Sonntage und Abende wurden zugebracht in dem ernsten Geist des Hauses, mit

*Das älteste Siegerländer
Vereinshaus in Weide-
nau, erbaut 1857*

337

christlicher Lektüre, geistlicher Unterhaltung. Hierzu fanden sich jeden Abend eine Anzahl Freunde und Brüder ein. Es waren meist einfache Handwerker, Leute, denen man es abfühlte, daß sie imstande gewesen wären, um ihres Glaubens willen ein Märtyrertum zu tragen. Auch von fernwohnenden Gläubigen wurde das Haus aufgesucht. Was für Gebete der Kraft und himmelstürmenden Zuversicht waren es, die von einzelnen, besonders vom Meister selbst gen Himmel gesandt wurden! Alles wurde in den Kreis der Fürbitte gezogen. Je größer die Feindschaft der Welt wurde, um so mehr wurden gerade junge Männer unwiderstehlich angezogen.

Die Überwindung der Feinde
Auf Klage des rationalistischen Ortspfarrers gab die Regierung den Auftrag, die Versammlungen zu überwachen. Der Polizeidiener, der diesen Auftrag regelmäßig auszuführen hatte, wurde selbst gewonnen. Nun übernahm der Bürgermeister den Auftrag, und auch er wurde ins Innerste getroffen und ging nun in die verachtete Versammlung. Das Geheimnis dieser Siege war das Gebet der Gläubigen.

Die missionarische Arbeit der Erweckten
Die Träger der Erweckung waren schlichte Laienbrüder, die als Stundenhalter von Dorf zu Dorf Versammlungen einrichteten. Allen voran Tillmann Siebel. Mit seinem Bruder Spies pilgerte er viele Stunden weit, um Schlafende zu wecken und Gläubige zu sammeln. Eine der schwierigsten, verschlossensten Gegenden war der »Freie Grund«. Man sandte einen gläubigen Bergmann dorthin, daß er dort in der Grube arbeite und versuche, an das Herz der Kameraden zu kommen. Nach langer Zeit kam er zurück mit der Botschaft: »Der freie Grund ist verschlossen wie einstmals Jericho.« Nun beteten die Brüder anhaltend, bis die ersten Bergleute vom »Freien Grund« zum Glauben kamen. Diese Gegend wurde hernach die gesegnetste vom Siegerland.

Der Kämpfer um seine Kirche
Tillmann Siebel ging nicht aus der Kirche hinaus, um sich dadurch selbst lahm zu legen, sondern er suchte seine Kirche zu erobern. Schließlich war das ganze Presbyterium mit gläubigen Menschen besetzt. Das war durch tatkräftige Beteiligung an den kirchlichen Wahlen gelungen. Auf der Generalkirchenvisitation wurde Tillmann von den Rationalisten aufs schärfste angegriffen. Aber seine

Verteidigung war so vollmächtig, daß der rationalistische Ortspfarrer sein Amt niederlegte. Er wurde durch einen gläubigen Pfarrer ersetzt.

Sein Kampf um die Stadt
In Freudenberg war noch ein wildes Wirtshausleben. Aber Siebel nahm die Wirte so ins Gebet, daß mit der Zunahme der Gläubigen der Einfluß der Wirtschaften mehr und mehr schwand. Tanzbelustigungen und weltliche Feste unterblieben.

Aus seinem Abschiedsbrief:
Ihr, die ihr das Evangelium treibt und lehrt: Bleibt in Herzensniedrigkeit. Je gebeugter ihr seid, desto mehr Segen kann der Herr eurer Arbeit schenken! Haltet fest an dem ganzen Wort der Wahrheit. Zuletzt, liebe Brüder, freuet euch, seid vollkommen, tröstet euch, habt einerlei Sinn, seid friedsam, so wird der Gott der Liebe und des Friedens mit euch sein.

JAKOB GERHARD ENGELS
(1826-1897)
ist am 5. Oktober 1826 im Kreise Jülich geboren und als Pfarrerssohn in Köln aufgewachsen. Seine Familie stammt aus adeligem Hugenottengeschlecht. Sein Ahnherr d'Ange hatte den Adelsnamen abgelegt, als er um des Glaubens willen seine Heimat verließ. Engels wurde von einem treuen Pfarrer konfirmiert, der viel für ihn betete. Er studierte in Berlin und Bonn und war 1848 von den politischen Ideen der Burschenschaft ergriffen worden. 1849 erlebte er eine tiefe Herzenserneuerung. 1851 wurde er zu Nümbrecht im Oberbergischen, zwischen Köln und Siegen, Pfarrer und blieb dort bis zu seinem Lebensende am 16. Februar 1897.

Seine Gemeinde
Die Nümbrechter Gemeinde bestand aus vielen zerstreuten Höfen, die für den Pfarrer weite Wege über Berge und Tal nötig machten. Das Land war von den Franzosenkriegen her verarmt, sittlich verwahrlost und von rationalistischen Pfarrern aus seinem geistlichen Elend nicht herausgeführt worden. Vom Siegerland aus schlug die Erweckung ihre Wellen dorthin. So wurden von kleinen Kreisen gläubige Pfarrer berufen. Der Vorgänger Engels' war Thümmel, ein mächtiger Gesetzesprediger, der die Sünden der Gemeinde rücksichtslos ans Licht zog. Thümmel wurde einmal von

einer Schar seiner Feinde überfallen. Da faßte er kräftig seinen Knotenstock und rief mit dröhnender Stimme: »Heiliger Geist, stärke mich!« Da liefen seine Angreifer erschrocken von dannen. 1877 wurde durch einige Maurer, die in Barmen arbeiteten und dort zum lebendigen Glauben kamen, das Feuer der Erweckung nach Nümbrecht getragen. Es entstand eine gewaltige Bewegung, deren Seele und Führer Engels wurde.

Ein Mann, der mit ganzem Herzen dem Herrn gehörte
Otto Funcke erzählt von ihm:

Sein Angesicht war wie eines Engels Angesicht. Die Holdseligkeit und Freundlichkeit Christi spiegelten sich darin so, wie ich es selten bei einem Menschen gesehen habe. Er wurde von jedermann als eine Art Heiliger verehrt. Weil Christi Geist aus seinem ganzen Wesen herausflutete, war seine Arbeit in der übergroßen Gemeinde von einem wundervollen Segen begleitet. Er blieb in dem stillen Nümbrecht, obwohl er oft in die Großstädte der Rheinprovinz gewählt wurde. Ich habe nur ganz wenige Menschen kennenlernen können, die so stetig und in allen Lagen des Lebens mit Gott wandelten.

Nach seinem Tod fand man einen Zettel folgenden Inhalts:

Herr hilf, jeder neue Tag ist dein! – Ich will mich nicht rechtfertigen. – Ich will mich weniger genieren, sondern mehr in der Einfalt stehen. – Ich will mehr schweigen, aber auch zur rechten Zeit reden, auch über meine Sünde. – Ich will mehr lieben. – Ich will gegen meine eigene Natur angehen. – Ich will so leben, als ob ich es mit Gott allein zu tun hätte. – Ich will in keinem Stück mich selbst suchen, sondern nur die Ehre des Herrn. Ich will nichts sein, ich will auf alle guten Tage verzichten. – Ich will mich mehr in der Geduld üben und im Leiden. – Ich will jeden Tag, den ich lebe, als den letzten ansehen. – Ich will mich noch besser darin üben, der Kleinste zu sein. – Ich will alles willkommen heißen, was mich heruntersetzt. – Ich will nur des Herrn Knecht sein.

Als er sein fünfundzwanzigjähriges Amtsjubiläum feierte, predigte er über das Wort des Petrus: »Gehe hinaus von mir, denn ich bin ein sündiger Mensch!« und bat die Gemeinde, mit ihm zu singen: »Aus tiefer Not schrei ich zu dir.«

Seine Predigt war schlicht und kraftvoll. Aus einer Predigt über Psalm 119,94:

Ich bin dein. Der natürliche Mensch sagt: Ich bin mein. Es ist die Frucht der Bekehrung, daß sich's umdreht und wahr wird: Ich bin dein. Ich bin dein, Herr Jesu, der du mich geliebt und dich selbst für mich dahingegeben hast. Wenn ich aber dein bin, gehört dir alles, was ich bin und habe: Mein Geld und Gut ist dein, meine Ehre ist dein, die Glieder meines Leibes und meine Seele sind dein. So liegt es an mir, sie zu begeben zum Dienst der Gerech-

tigkeit, daß sie heilig werden. Meine Familie ist dein, mein Isaak ist dein, das Liebste, was ich habe; meine Sünden sind dein. Du bist als das Lamm Gottes für meine Sünden gestorben. Meine Schwachheit ist dein; mein Leiden ist dein; mein Sterben ist dein.

Seine gottesdienstlichen Abkündigungen gingen in großer freundlicher, ernster Liebe auf die seelsorgerlichen Bedürfnisse der Gemeinde ein. Als die Männer, die auswärts ihr Brot verdienen mußten, vor ihrer Abreise in der Kirche waren, ermahnte er sie:

Manche unserer Maurer haben die Heimat schon verlassen, manche gedenken in der nächsten Zeit aufzubrechen. Der Herr geleite euch. Darf ich euch aus treuem Herzen noch einige Bitten aussprechen: Trinket keinen Branntwein, weder auf der Baustelle noch in eurem Logis, noch in den Wirtshäusern. – Lasset das Wort Gottes ein Licht auf eurem Wege sein, leset täglich ein weniges darin. – Feiert den Sonntag. – Denket immer daran: Der Herr siehet mich. Und nun ziehet in Frieden.

ALFRED CHRISTLIEB (1866-1934)

Sein Vater
Alfred Christlieb wurde am 26. Februar 1866 als drittes Kind des späteren Professors der praktischen Theologie Theodor Christlieb in Friedrichshafen geboren. Sein Großvater mütterlicherseits war der Ostindienmissionar Jakob Weitbrecht. Die väterlichen Ahnen waren seit einem Jahrhundert württembergische Pfarrer und Dekane. Sie stammten von einem Türkenknaben ab, der von Baden-Durlachischen Soldaten in Ungarn mitgenommen worden war und bei seiner Taufe den Namen Christlieb angenommen hatte; er war Hoftapezier in badischen und später in württembergischen Diensten geworden. Der Vater Theodor Christlieb war sieben Jahre Pastor an der deutschen Gemeinde in London gewesen und hatte die Bekanntschaft mit Spurgeon, Moody und Sankey gemacht. Er war ein Freund der Allianz, der Gründer des Johanneums in Barmen und der deutschen Evangelisationsarbeit. Er hat Elias Schrenk zur Evangelisation nach Deutschland berufen. Theodor Christlieb war ein inniger Beter. Sein Sohn Alfred hörte eines Tages durch eine Rohrleitung seinen Vater im Studierzimmer beten: »Herr, laß mich darüber wegsterben, wenn es für dein Werk besser ist, aber deine Sache laß vorwärtsgehen.« So glühte der Vater

für das Kommen des Gottesreichs. Er starb im Alter von sechsundfünfzig Jahren. Sein getrostes Sterben, der Ewigkeitsfriede um ihn her, die himmlische Freudenatmosphäre im Sterbezimmer machten einen unauslöschlichen Eindruck auf den Sohn, der gerade sein Militärjahr in Bonn abdiente und täglich um den kranken Vater sein konnte.

Die Werdejahre Alfred Christliebs

Als Sohn eines solchen Vaters aufwachsen zu dürfen, war für Alfred ein Meer voller Gnade. Als der Vater ihn an die Bahn begleitete, damit er in dem evangelischen Gymnasium in Gütersloh seine Ausbildung finde, waren es die letzten Worte des Vaters, als der Zug sich schon in Bewegung setzte: »Kind, vergiß das Kämmerlein nicht.« In Gütersloh hatte er D. Braun zum Religionslehrer und Konfirmator, der ihm zum treuen und unvergeßlichen Seelsorger wurde. Alfred war wohl hochaufgeschossen und schmal, aber ein vorzüglicher Turner und Schwimmer. In dieser Zeit machte er mit seinen Freunden Mockert und Weigle einen Bund. Sie versprachen sich, täglich in der Bibel zu lesen und im Gebet einander zu gedenken. Nach seinem Abitur studierte er in Basel an der Predigerschule und in Halle bei Kaehler. Nach dem Tod des Vaters machte ein Ministerialdirektor einen Besuch bei der Mutter Alfreds und versprach dem Studenten ein Stipendium. Auf Mahnung der Mutter schrieb Alfred am nächsten Tag einen Dankesbrief. Als der Brief ankam, hatte der Herr sein Versprechen ganz vergessen, aber die Dankbarkeit des jungen Mannes bewegte ihn nun doch, Mittel und Wege zu suchen, um das Versprechen einzulösen. Beim Manöver im Westerwald erkrankte Christlieb schwer und blieb in einem Bauernhaus liegen. Gemeinschaftsleute hörten von dem Sohn des bekannten Professors Christlieb, nahmen sich seiner herzlich an und wurden ihm Wegweiser zur Heilsgewißheit. In ihrem Kreise verkündigte er zum ersten Male Gottes Wort. Nach seinem zweiten theologischen Examen wurde er Hilfslehrer im Johanneum. Schon damals beschäftigte er sich viel mit dem Alten Testament. Es war ein Verlust für das Johanneum, in dessen Bruderschaft er mit seinem feinen, bescheidenen Wesen als Vorbild wirkte, als er von dem weitbekannten Pastor Engels in Nümbrecht einen Ruf bekam, sein Hilfsprediger zu werden. Engels war ein beispielhafter Christ, der geistliche Vater der erweckten Kreise des Landes. An seiner Seite lernte Christlieb die schlichten Gemeinschaftsleute in den Dörfern und auf den zerstreuten Höfen kennen und lieben. Der Grundsatz von Engels war: Ich will keinen Tag vorübergehen lassen, an dem ich nicht irgendeinem Menschen eine Freude gemacht habe. Ich will Gott danken für alles, was mich in den Augen anderer Menschen herabsetzt.

Der Pfarrer von Heidberg

Gern hätte Pastor Engels, der an ständigem Kopfweh litt, ihn zu seinem Nachfolger gehabt, aber sein Weg führte in das ganz abgelegene Heidberg, das nur aus einer Kirche und einem Pfarrhaus auf einem Berge zwischen Tannen und Obstbäumen bestand, aber den kirchlichen Mittelpunkt vieler zerstreuter Höfe bildete. Es waren wenig Gläubige in jener Gegend. Sie wanderten meist nach Nümbrecht in den Gottesdienst. Aber sie beteten um einen Pfarrer nach dem Herzen Gottes, und ihr Gebet wurde 1896 erhört. Sie bekamen Alfred Christlieb zum Pfarrer, und der sollte sein ganzes Leben lang der Gemeinde gehörten. Als er, begleitet vom Kirchmeister Will von Nümbrecht und abgeholt von zahlreichen Gemeindegliedern, die Gemarkung von Heidberg betrat, las er das Gebet aus dem 43. Psalm: »Sende dein Licht und deine Wahrheit, daß sie mich leiten zu deinem heiligen Berge und zu deiner Wohnung.« Von weit her kamen die Leute, um seine geisterfüllten Predigten zu hören. Aber es regten sich auch die Widersacher und verklagten ihn mit allerlei nichtigen Gründen beim Konsistorium. Doch seine Freundlichkeit und Demut machten schließlich auch seine Feinde mit ihm zufrieden.

Heidberg war stundenweit von der nächsten Bahnstation entfernt. Da Christlieb immer mehr zum Dienst nach auswärts geholt wurde, mußte er mit dem Rad bergauf, bergab fahren. Dabei erkältete er sich und wurde todkrank. Statt sich von seinem langen Krankenlager zu erholen, wurde er immer schwächer. Christlieb dachte viel ans Heimgehen. Als der junge Kandidat Humburg am Buß- und Bettag bei ihm die Gottesdienste hielt, hörte er ihn immer das Lied vor sich hinsagen: »Wer seinen Hochzeitstag schon vor sich sieht, der ist um Erdentand nicht mehr bemüht.« Da traf Alfred Zeller von Männedorf in der Schweiz zum Besuch bei ihm ein. Und nun wurde das Gebet vieler erhört. Alfred Christlieb bekam eine besondere Erquickung durch das Wort, das sein Freund Zeller ihm sagte: »Sonne, stehe still zu Gibeon und Mond im Tale Ajalon« (Jos. 10,12). Er blieb zu Heidberg, statt den Winter über nach Italien zu gehen, wie es der Arzt gewollt hatte. Elias Schrenk besuchte ihn und tat ihm apostolische Dienste. Er genas, und im Frühling 1902 konnte er zur großen Freude seiner Gemeinde die erste Predigt halten: über den blutigen Rock Josefs, der nur kurze Zeit die Schuld der Brüder zudecken konnte, während das Blut Jesu unsere Sünde für immer bedeckt.

Viele Studenten kehrten bei ihm ein in der stillen Abgelegenheit seines Pfarrhauses und nahmen großen Segen mit. Die demütige Freundlichkeit des Hausvaters, der selbst seinen jungen Gästen die von den Feldwegen reichlich beschmutzten Schuhe reinigte, strahlte die Liebe Christi aus. Das Geheimnis seines Wesens war der Umgang mit dem Herrn im Gebet und im Wort Gottes. Seine Auslegung des Alten Testaments war so geistvoll, daß die Dispositionen seiner Texte denen, die sie hörten, unvergeßlich blieben. Die Hochmutsleiter Sauls und die Demutsleiter Davids war so ein Thema. Entscheidend für ihn selbst war der Spruch Jes. 26,12, der über seinem Bett hing: »Aber uns wirst du Frieden schaffen, denn alles, was wir ausrichten, das hast du uns gegeben.« Darum blieb er im Gebet. So war der Pastor vom stillen Heidberg der rechte Mann zum Seelsorgedienst an den Seelsorgern. 1918 wurde er zum Vorsitzenden des Pastorengebetsbundes gewählt, bei dessen Tagungen er einen wertvollen Dienst tun konnte.

Am 12. Januar 1934 durfte Christlieb heimgehen. Nachdem er vormittags nach Apg. 23,5-10 über die dreierlei Glaubensstellungen: den Vernunftglauben der Sadduzäer, die Rechtgläubigkeit der Pharisäer und den lebendigen Herzensglauben des Paulus, gepredigt hatte, entschlief er bald nach dem Essen in den wenigen Augenblicken des Schlummers, den er sich vor dem Nachmittagsdienst gönnte.

Die badischen und die württembergischen Väter

ALOYS HENHÖFER
(1789-1862)

Sein Lebenslauf

Henhöfer wurde am 17. Juli 1789 in Völkersbach bei Ettlingen geboren. Er war ein Sohn schlichter katholischer Bauersleute. Er besuchte das Gymnasium in Rastatt und bezog 1811 die Universität Freiburg, um Theologie zu studieren. 1814 kam er ins Priesterseminar nach Meersburg und empfing 1815 die Priesterweihe durch den Bischof von Konstanz. Auf der Universität bekam er keine tiefen Eindrücke. Auch die milde Aufklärung Wessenbergs, die in Meersburg herrschte, ging fast spurlos an ihm vorüber. Im gleichen Jahr wurde er Hauslehrer bei Julius von Gemmingen auf Schloß Steinegg bei Pforzheim. 1822 wurde er aus der katholischen Kirche ausgeschlossen. 1823 trat er zur evangelischen Kirche über und bekam die Pfarrei Graben übertragen. Am 15. März 1827 ernannte ihn der Großherzog Ludwig zum Pfarrer von Spöck-Staffort. Im November 1828 verheiratete er sich mit Luise Dahler aus Durlach. Im Jahre 1830 trat er für die Augsburgische Konfession ein und begann den Kampf gegen die Einführung des rationalistischen Katechismus. 1844 wurde er zum Vorstand des Badischen Vereins für Äußere Mission gewählt. Die Universität Heidelberg verlieh ihm im Jahre 1856 die theologische Doktorwürde. Am 5. Dezember 1862 entschlief er.

Henhöfer ringt sich zum evangelischen Glauben durch

In seinem Heimatort war noch hundert Jahre vor seiner Geburt ein evangelischer Pfarrer gewesen. Dann aber wurde von der katholischen Herrschaft Baden-Baden das Dorf wieder katholisch gemacht. Seine Mutter war eine innig

*Aloys Henhöfer
(1789-1862)*

fromme Frau. Sie fehlte nie in der Messe und wallfahrtete oft nach dem nahen Moosbronn. Ihr größter Wunsch war, einen geistlichen Sohn zu haben. Ihre drei ersten Kinder waren wenig danach geartet. Als sie das vierte Kind erwartete, gelobte sie es schon vor der Geburt dem Herrn. Sie nahm den Ortspfarrer zum Paten, um dem kleinen Aloys ein gutes Fortkommen zu ermöglichen. Der Nachfolger seines Paten half dem aufgeweckten Knaben, daß er das Gymnasium besuchen konnte. Seine Mutter nahm ihn von Kind an mit zur Messe. Kein Wunder, daß schon der Knabe Missionar werden wollte. Als Hauslehrer übte Henhöfer schon die Gabe pädagogischer Schlichtheit und Anschaulichkeit, die ihn später so volkstümlich machte. Als er Pfarrer in der Gemmingschen Patronatsgemeinde wurde, versuchte er, durch ernste Gesetzespredigt die schwierige Gemeinde auf einen besseren Weg zu führen. Aber die Leute gewöhnten sich an diese strenge Predigt und lebten im verborgenen in ihren alten Sünden, in Jagd- und Waldfrevel und Schmuggelei weiter. Die Fruchtlosigkeit seiner Predigt brachte eine tiefe Unruhe über den jungen Priester. Sein Nachfolger auf Schloß Steinegg, ein Sailerschüler, gab ihm den Rat: »Lies fleißig in der Heiligen Schrift.«

Henhöfer berichtet selbst von jener Zeit:

Mein Gebet und Seufzen wurden erhört. Gottes Wort wurde mir lebendig wie ein zweischneidig Schwert. Ein neuer Eifer, ganz anders zu werden, belebte mein Inneres. Die Heilige Schrift wurde meine tägliche Lektüre. Ich lernte viel auswendig und las und verglich immer gelehrter und frommer Männer Auslegung. Von Sonntag zu Sonntag wurde ich mehr zum Leben geführt. Mit vielem Eifer und Segen predigte ich nun Gottes Wort. Von allen Seiten kamen katholische und evangelische Zuhörer. Ein ganz neues Leben erwachte in Mühlhausen und in der Umgegend. Es war die fröhlichste Zeit meines Christen- und Erdenlebens. Meine Predigten wurden ganz anders. Statt Moralwurden es Bußpredigten. Viele Leute wachten auf und fragten mit Ernst, was sie tun sollten, um selig zu werden. Die ganze Religion jener Gegend war nichts als Messehören, Rosenkranzbeten, Kapellen- und Wallfahrtengehen und ein ehrbar bürgerliches Leben führen, das freilich noch durch manche Beichte, durch manches gute Werk ausgebessert werden mußte. Wer dies fleißig hielt, war ein frommer Christ und guter Katholik.

Diese Wendung Henhöfers brachte ihm freilich Feindschaft ein. Die neidischen Nachbarpfarrer verbanden sich mit den äußerlichen Katholiken und den Freigeistern, deren es damals unter den höheren Geistlichen und Beamten nicht wenige gab. Henhöfer schreibt davon:

Sie eiferten wider den lutherischen Christus, wider die lutherische Lehre, als wenn Glauben und tätige Liebe nur lutherisch und nicht auch katholisch wäre. Sie schrieben wider die Heilige Schrift als das Buch aller Ketzereien und wider alles, was auf Bekehrung und Herzensbesserung abzielte, und wollten durchaus beim alten bleiben.

Als Henhöfer einem sterbenden jungen Mann, den er bewußtlos antraf, die letzte Ölung nicht mehr gab, sondern nur mit ihm betete und in der Leichenpredigt sagte, daß nicht äußere Zeremonien, sondern der Glaube an Christus den Menschen selig mache, verklagte ihn ein Amtsbruder, dem er seine Predigt zur Begutachtung zugeschickt hatte, unter Einsendung dieser Predigt beim erzbischöflichen Vikariat in Bruchsal. Zuerst bot man ihm die reiche Pfarrei Büchenau an, um ihn still zu machen. Aber die Gemeinde Mühlhausen ließ ihn nicht gehen. In jener Zeit bekam er die Schrift von Martin Boos in die Hand: »Christus für uns und Christus in uns.« Diese Schrift gab ihm vollends Klarheit. Auch gaben sich durch Frau von Gemmingen Verbindungen zur freien pietistischen Gemeinde Korntal.

Im März 1822 wurde er zum Verhör nach Bruchsal bestellt. Zwölf Wochen war er in engem Arrest, so daß seine Gesundheit Not litt. Durch eine Eingabe an den Minister von Bernheim bekam er acht Tage Urlaub. Mit einem ärztlichen

Gutachten, das um Verlängerung des Urlaubs bat, legte er eine Abhandlung über die Messe vor und bat um Widerlegung oder Ausschluß aus der katholischen Kirche.

In diesem Schriftstück stand folgender Satz:

Zwar ich glaube an eine heilige allgemeine Kirche und halte sie auch für unfehlbar. Nur bedinge ich zu solchen unfehlbaren Aussprüchen der Kirche solche Konzilien, die aus wahren lebendigen Gliedern am Leib Jesu bestehen müssen. Ich kann mich nicht überzeugen, daß der Heilige Geist, der einzig unfehlbar ist, auch durch Leute, die ihn nicht haben, unfehlbare Beschlüsse abfassen kann.

Nach einigen Wochen kam die Antwort. Henhöfer wurde aus seiner Kirche ausgeschlossen, »weil man mit solchen Grundsätzen weder katholischer Christ noch viel weniger katholischer Seelsorger sein kann«. Man versprach, ihn wieder aufzunehmen, wenn er sich in Freiburg eines Besseren belehren lasse. Er erklärte sich dazu bereit, wurde aber nie dazu einberufen. Mit tausend Schmerzen rang er sich von seiner Kirche los.

Darüber sagt er:

Ich war ungern getrennt von einer Kirche, die mich erzogen, die mir viel Gutes erwiesen hatte, in der es der Arbeit und der hungrigen Seelen so viele gibt. Dazu rieten mir auch meine zeitlichen Umstände; denn ich bin ohne Vermögen und wußte nicht, ob und wo ich wieder Aufnahme und Brot finden würde. Doch wollte ich am Schluß lieber Brot als meine Überzeugung aufgeben.

Als Gast seines Gönners Gemmingen schrieb er nun zu Schloß Steinegg sein Glaubensbekenntnis, das den Untertitel hat: »Wer sich selbst kennt, kennt die ganze Welt und hat den Schlüssel zu aller Menschen Herzen.« In dieser Schrift sagt er im Bild des Ackers, der gepflügt und eingesät wird, die tiefen Glaubenswahrheiten so deutlich und verständlich, daß viele in allen Gegenden Deutschlands dadurch gepackt wurden. Inzwischen traten die ersten Mühlhausener Gemeindeglieder über zur evangelischen Kirche, durch einen groben Pfarrverwalter vollends ihres Wegs gewiß gemacht. Der Freiherr Julius von Gemmingen wandte sich an den Großherzog mit der Bitte, Henhöfer mit seiner Schar in die evangelische Landeskirche aufzunehmen. Er wurde unter die evangelischen Pfarrkandidaten aufgenommen, nachdem er im alten Kirchlein zu Rüppurr vor dem Großherzog, der evangelischen Kirchensektion und dem Prälaten Hebel gepredigt hatte. Der Großherzog Ludwig äußerte, er habe nun seit zwanzig Jahren wieder eine evangelische Predigt gehört. So trug der von Jung-Stilling am Hofe Karl Friedrichs ausgestreute Samen eine späte köstliche Frucht. Die evangelische Kirchensektion war gegen die Aufnahme Henhöfers und hatte das auch der katholischen Kirchensektion deutlich mitgeteilt. Sie hielt die Bewegung für Frömmelei und Separatismus. Henhöfer war von den Separatisten, deren es damals viele gab, sehr umworben, und der Rationalismus der evangelischen Landeskirche war für ihn, zusammen mit der ablehnenden Stellung der Kirchensektion, nicht einladend. Aber er ließ sich führen, und seine Führung wies ihn zur evangelischen Kirche, die durch ihn reich gesegnet wurde. Der Großherzog setzte sich der Kirchensektion gegenüber durch und gab Henhöfer die Pfarrei Graben.

Dort hatte er einen schweren Anfang. Die Anhänglichkeit seiner Mühlhausener, die den sechsstündigen Weg nach Graben machten, um ihn predigen zu hören, und das Heimweh nach seiner lieben Gemeinde machten ihn unsicher. Zu dieser Zeit bekam er von Dr. Anton Sulzer, Professor der Moralphilosophie zu Konstanz, zwei freundliche Schreiben, die ihn zur katholischen Kirche zurücklocken wollten, indem sie der evangelischen Kirche Mangel an Einheit der Lehre und Verfassung, die der Willkür Tür und Tor öffneten, vorwarfen. Die Henhöfer anstößigen Lehren der katholischen Kirche wurden als Volksglauben und Nebendinge bezeichnet. In dieser Zeit der Anfechtung trösteten ihn die Briefe aus dem Hause Gemmingen. Mühlhausen war durch sein Glaubensbekenntnis in ganz Deutschland bekannt geworden, und viele Mittel strömten von überall her zusammen, die den Bau der Kirche und die Gründung der Pfarrei ermöglichten. Wäre Henhöfer in Mühlhausen geblieben, wäre die ganze Gemeinde evangelisch geworden.

In seinem Tagebuch unter dem 14. September 1823 findet sich die Aufzeichnung:

Vom 14.-17. einen schweren, schweren Kampf. Endlich Trost aus Psalm 62,2 und 3. Der Herr bewahre mich vor jeder Sünde, weswegen diese Finsternis über mich kam und beinahe dreiviertel Jahr dauerte.

In dieser schweren Anfechtung kam Henhöfer einmal nicht zur Kirche. Man fand ihn kniend und ringend in seinem Studierzimmer. Mit vieler Not hielt er dann die Predigt. Henhöfer sah lange Zeit in Graben keine Frucht; seine Nachbarpfarrer waren Rationalisten, die ihn bei seiner Behörde verklagten, weil ihre Gemeindegleider anfingen, nach Graben zu strömen, um Henhöfer zu hören. Der Großherzog kam selbst nach Graben, ließ kurzerhand die Glocken läuten, um Henhöfer predigen zu hören. Er sagte nachher: »Gelehrt predigt er nicht, aber es geht einem ans Herz.«

Henhöfers Kampf um die evangelische Landeskirche

Der einsame Mann wurde das Werkzeug Gottes zur Erneuerung der Badischen evangelischen Landeskirche. Er ließ sich durch die Ablehnung seiner Amtsbrüder nicht abhalten, an den regelmäßigen Textkreisen teilzunehmen. Dabei gewann er Christoph Käß, Pfarrer zu Hochstetten, der später sein Nachfolger in Graben wurde, zum Freund. Der zweite, der an seine Seite trat, war der Pfarrer Georg Adam Dietz von Friedrichstal, ein vernunftstolzer Hegelianer, leidenschaftlicher Jäger und Kartenspieler. Er war durch Henhöfers Christusbekenntnis, das seinem Verstand und seiner Genußsucht widersprach, so verärgert, daß er den Ausspruch tat: »Eher muß mir eine Ader im Hirn zerspringen, ehe ich zu ihnen falle und ihrer Lehre Beifall gebe.« Doch sieben Monate später war Georg Adam Dietz ein anderer. Die Erklärungen Luthers zum Galaterbrief, die ihm Henhöfer zusandte, halfen ihm vollends zur Klarheit. Er wurde ein geistesmächtiger Verkündiger des lebendigen Christusglaubens und von seinen Gemeindegliedern, die vorher sein weltliches Wesen ohne Widerspruch ertragen hatten, so angefochten, daß sie ihm die Fenster des Pfarrhauses einwarfen und ihn ständig bei der Behörde verklagten. Dietz kam später nach Ichenheim, von wo aus er einer ganzen Landschaft zum Segen wurde.

In der Gemeinschaft mit diesen Freunden wurde nun Henhöfer mächtig, Aufgaben der Gesamtkirche anzufassen. Er war evangelisch geworden »nicht ins Blaue hin, sondern auf die Augsburgische Konfession hin«, wie er selbst sagt. Zum Augustanajubiläum 1830 gab er mit Dietz und Käß drei Predigten heraus. Das Bewußtsein, das Bekenntnis der Reformation zu vertreten, von dem so viele abgefallen waren, gab ihnen ein so starkes Hochgefühl, daß sie es wagten, gegen einen neuen rationalistischen Katechismus, den die Kirchensektion einige Wochen später herausbrachte, mit einer Petition aufzutreten und später mit einer Schrift mit dem Titel »Der neue Landeskatechismus der evangelischen Kirche im Großherzogtum Baden, geprüft nach der Heiligen Schrift und den Symbolischen Büchern«. Nun entbrannte ein heißer Kampf. Die sieben Aufrechten, die die Petition an die Kirchensektion unterschrieben hatten, bekamen den Zorn der Behörde zu fühlen. Vikar Haag, der mit unterschrieben hatte, wurde strafversetzt und dann aus dem Amt entlassen. Auch die Pfarrer sollten amtsenthoben werden. In der entscheidenden Kabinettssitzung – die Freunde hatten in der Nacht vorher miteinander im Gebet gerungen – trat der Kriegsminister General von Schäfer gegen den Staatsminister Winter, der für Absetzung war, für sie ein. Er sagte: »Wie kann man diese Leute absetzen; sie wollen ja nur den Kleinen Katechismus, den ich in meiner Jugend gelernt und liebgewonnen habe. Das ist ja kein Verbrechen.« Damit war der Antrag auf Absetzung einstweilen erledigt, bis er auf der Generalsynode 1834 aufs neue gestellt und dort durch den Großherzog abgelehnt wurde.

Im Jahre 1833 gründeten die Freunde eine erbauliche Wochenschrift »Christliche Mitteilungen«, durch die sie aufs Volk wirken wollten. Henhöfer schrieb eine klare Schrift »Die biblische Lehre vom Heilsweg und von der Kirche«. Darin sagte er über die Augsburgische Konfession folgendes:

Sie ist nichts anderes als ein kurzer Auszug der Hauptlehren des christlichen Glaubens, wie sie sich in der Heiligen Schrift finden. Die Heilige Schrift ist der Brunnen. Die Augsburgische Konfession ist Wasser, aus diesem Brunnen geschöpft. Sie ist mit der Heiligen Schrift ganz eins, so wie das Wasser, aus dem Brunnen geschöpft in ein Glas oder Gefäß, ganz eins ist mit dem Wasser im Brunnen. Jede Abweichung von den Lehren der Augsburgischen Konfession ist eine Rechtsverletzung. Ein Geistlicher, der die Lehre der Heiligen Schrift nach der Augsburgischen Konfession nicht mehr lehrt, müßte das Amt aufgeben; denn seine Besoldung ist nur für diese und keine andere Lehre gestiftet.

Henhöfer war 1827 Pfarrer von Spöck-Staffort geworden. Die Gemeinde hatte um ihn gebeten. Er hatte die Auflage, ständig einen Vikar zu halten. Etwa zwanzig Vikare hat er herangebildet und zum lebendigen Glauben führen dürfen, darunter geistig so bedeutende Männer wie Emil Frommel. Durch sie wirkte er in die Weite. Man kann heute noch die Segensspuren seiner Freunde und Vikare in den Gemeinden feststellen.

Das Revolutionsjahr 1848 rief Henhöfer und seine Kreise zur Tat der Liebe. Es entstanden Waisen- und Rettungshäuser und zwei Diakonissenhäuser in Karlsruhe und in Nonnenweier, die als steinerne Denkmale jener Zeit der ersten Liebe bis in unsere heutige Zeit hinein dauern. Es entstand die Gemeinschaftsbewegung des Inneren Missionsvereins der Augsburgischen Konfession. 1844 wurde Henhöfer zum Vorstand des Vereins der Äußeren Mission gewählt. Als solcher hielt er stark besuchte Jahresfeste in verschiedenen Gegenden des badischen Landes, bei denen er meistens die geistesgewaltige Festpredigt hielt. 1849 kam Wichern nach Durlach und gründete den »Landesverein für Innere Mission«. In dem Doktordiplom, das Henhöfer 1856 von der Universität Heidelberg verliehen wurde, wird er »der mutige Bekenner und Prediger des lauteren Evangeliums und ehrwürdige Begründer des zu unserer Zeit wiederaufblühenden christlichen Lebens in der Kirche unseres Vaterlands« genannt.

Henhöfer als Prediger

Henhöfer ist die Volkstümlichkeit in Person. Nichts an ihm ist Formel, alles ist ursprüngliches Leben. Noch heute lebt er in seinen Gemeinden fort, wie er mit dem großen Überrock, aus dessen Taschen auch einmal junge Hündchen schauten, Hühnerfutter den ihm nachfolgenden Hühnern streuend, nach dem Filial wandert, ein Kind in seinem Gemüt, ein Gotteskind, wie Frommel von ihm schreibt. Seine großen blauen Augen strahlen, wenn er auf der Kanzel in Feuer kommt. Die ganze Woche arbeitet er an seiner Predigt. Er sagt: »Man muß gut kochen und dann noch den Leuten den Brei ums Maul schmieren.« Er predigt so anschaulich, daß jedes Kind ihn versteht. Er hat den Apostel Paulus für den einfachen Mann neu entdeckt. Am wohlsten fühlt er sich bei Kindern und einfachen Leuten. Er ist so schüchtern, daß er es kaum wagt, auf die Kanzel der Karlsruher Schloßkirche zu steigen; seine Freunde müssen ihm in der Sakristei Mut zusprechen. Und dann ist seine Predigt so gewaltig, daß man noch wochenlang davon spricht.

Er beendigte jene einzige Stadtpredigt, die er gehalten hat, mit den Worten:

Die Weltkomödie hat bald ein Ende. Sechs Bretter und zwei Brettlein ist das ganze Erbe im Tod. Nur wer in Christus erfunden wird, wird selig.

Er hat seine Predigten auf den Knien gemacht. »Die seligsten Stunden bringt man auf den Knien zu«, hat er einmal gesagt. Er brachte in jeder Predigt den Heilsweg; er hielt »Hirschpredigten«, keine »Hasenpredigten«. So gibt er Quellwasser und Bauernbrot.

Seine letzten Schriften galten der Evangelisation der katholischen Kirche: »Abendmahl des Herrn« oder »Messe, Christentum und Papsttum«. »Die Unterscheidungslehre zwischen der evangelischen und der katholischen Kirche.« In seiner letzten Schrift vom Jahre 1861 »Der Kampf des Unglaubens mit Aberglauben und Glauben« tut er prophetische Blicke in die Zukunft.

In ihr sagt er:

Es wird siegen der Unglaube zur letzten Zeit und ein Reich gründen und eine Großmacht werden; denn auch die Großen der Erde werden dem Unglauben vor dem Glauben ihre Zustimmung geben. Viel in den Schulen verführte und leichtsinnige Jugend wird ihm zujauchzen. Können diese Zeiten nicht aufgehalten werden? Aufgehalten wohl, aber nicht abgehalten. Das erste Mittel zum Aufenthalt ist Rückkehr zu Gottes Wort, Rückkehr zum allgemeinen christlichen Glaubensbekenntnis.

Als er im Sterben lag, rief er mehrmals aus: »Nur kein unfruchtbarer Feigenbaum!« Einer der fruchtbarsten Prediger hatte in seiner tiefen Demut Sorge, ein unfruchtbarer Feigenbaum gewesen zu sein. Der Jugend galt seine letzte Liebe. Er rief: »Jugend, Jugend, Nacht bricht über dir herein!« Die Nacht ist hereingebrochen, aber solche Lehrer leuchten in ihr wie die Sterne.

Henhöfer:
Wer auf den Hirsch zielt, läßt den Hasen laufen, um den Hirsch nicht zu vertreiben. Einzelne schöne Sächelchen aus dem Text nehmen, das ist Hasenpredigt. Da geht der Hirsch vorbei.

EMIL FROMMEL (1828-1896)

Seine Jugendjahre

Emil Frommel ist am 5. Januar 1828 als Sohn des Galeriedirektors Frommel in Karlsruhe geboren. Der Vater, eine heitere, milde Künstlernatur, stammte aus einem Söllinger Geschlecht, dessen Ahn ein schwedischer Soldat gewesen sein soll, der im Dreißigjährigen Krieg dort ansässig wurde. Der Großvater väterlicherseits war ein badischer Baurat, der als Pfarrersbub bei einem Schulbesuch in Lörrach dem Großherzog Karl Friedrich aufgefallen und auf Staatskosten nach England zur Ausbildung in Mathematik und Astronomie geschickt worden war. Die Mutter Emils, eine elsässische Pfarrerstochter, blieb ihrer Straßburger Heimat zeitlebens verbunden und verdankte der dortigen Erweckung durch Pfarrer Härter Entscheidendes. Sie war eine lebhafte, gerade Natur von raschem Temperament und fröhlicher Tatkraft. Beide Eltern waren eng mit den Künstlern Karlsruhes, mit Weinbrenner, Hebel, Eisenlohr und Kachel verbunden. Über diesem Kreis leuchtete wie eine Abendsonne, die nach ihrem Untergang noch lange nachleutet, der Geist Jung-Stillings. Daß Eisenlohr und Frommel aus dem Idealismus zur Frömmigkeit der Erweckung hinwuchsen, gab auch dem Leben ihrer Kinder die Richtung. Rascher und entscheidender ging der jüngste Sohn Max seit seiner Konfirmation diesen Weg und nahm später auch seine Eltern in die konfessionelle Separation einer lutherischen Freikirche mit, während Emil, tiefer in künstlerischen Interessen wurzelnd, in Theater und Konzert seine Heimat findend, zögernder, ja, lange widerstrebend, sich dem Evangelium öffnete. Ein Besuch des Primaners bei Henhöfer, zu dessen Gottesdienst ihn die Mutter mitgenommen hatte, und ein persönliches Gespräch, bei dem Henhöfer dem in Schulnöten steckenden jungen Mann den Rat Luthers gab, daß recht gebetet halb studiert sei, und ihm prophezeite, er werde kein Schuster, sondern ein Pfarrer, war wegweisend für ihn. Er entschloß sich zunächst einmal auf Wunsch seiner Eltern zu einer dreijährigen Probe im Theologiestudium. Tholuck in Halle forderte seinen Widerstand heraus. Der Freiheitsdrang des Jahres 1849 führte ihn für kurze Zeit zur Burschenschaft.

Immer noch unklar und unruhig, verließ er Halle, um in Erlangen sein Studium fortzusetzen. Dort wurde die Begegnung mit dem innerlich reifen Kandidaten Carl Behm für ihn entscheidend. Behm fand den Schlüssel zu seinem Herzen durch seine verständnisvolle und zarte Liebe.

Hören wir, was er später darüber berichtete (in »Mein Philippus«):

Einmal aber, auf einem Spaziergang, nachdem wir viel geredet hatten über Natur und Kunst, blieb er stehen und fragte mich, indem er mich mit seinen blauen Augen liebend, aber durchdringend anschaute: »Lieber junger Freund, sagen Sie mir doch einmal, was hat Sie bewogen, Theologie zu studieren?« Ich schaute ihn groß an. Darnach hatte mich noch niemand gefragt. Ich konnte ihm nur die Wahrheit sagen: »Der Gehorsam gegen meinen Vater und der brennende Wunsch und das Gebet meiner Mutter«.

Ich stand wie einer, der an einem großen Bau verzweifelt – da kommt der andere und zeigt ihm den ganzen Plan und Aufriß des Doms, und alles fügt sich an seiner Stelle herrlich ein. Als ich ihm das einmal sagte, antwortete er: »Es wäre dir nicht geholfen, wenn du nicht selbst in den Dom gingest, ja vielmehr, wenn du nicht ein Teil dieses Doms würdest. Weißt du auch, was Wiedergeburt heißt? Und verstehst du Johannes 3?« Da ging er mit mir jenes Nachtkapitel durch. Mir fielen Federn und Fittiche aus über seiner Rede, als er mich so eines Stückes nach dem andern meiner ebenso eingebildeten als ausgebildeten Gerechtigkeit entkleidete. Als er mich kurz und klein hatte, fragte er mich: »Hast du einmal schon um Erleuchtung durch den Heiligen Geist gebetet in deinem Studium?« Ich mußte sagen: »Nein.« »Du willst göttliche Dinge verstehen, ohne Gottes Geist zu haben?« Mir schwankte der Boden unter den Füßen.

Von nun an war ihm die heilige Liebe Gottes der Weg zu einem innerlichen Verständnis des Evangeliums geworden. Ein Büchlein von Schöberlein »Die Grundlehren des Heils aus dem Prinzip der Liebe entwickelt« wurde ihm wertvoll. Eine schwere Krankheit, die ihn im Sommer 1849 zu Hause hielt, löste ihn vollends von dem bisherigen Gefangensein in der Welt der Kunst und befestigte ihn in der neugefundenen Heimat des Evangeliums. Das Kandidatenjahr verbrachte er in Heidelberg in anregender Gemeinschaft treuer Freunde unter dem segensreichen Einfluß von Ullmann und

Umbreit, die ihn in die praktische Theologie einführten.

Im Pfarramt

Mit dem Jahre 1851 finden wir ihn in seinem ersten Amt als Vikar in Altlußheim bei Schwetzingen. Sein Pfarrer, ein kränklicher und verbitterter Mann, macht es ihm im Anfang schwer, wird aber durch seine demütige Liebe überwunden. Die Gemeinde, die innerlich erstarrt war, taut auf im Sonnenschein der Liebe Christi, die von dem jungen Vikar ausstrahlt, vor allem die Kinder, die seine liebsten Freunde werden, durch die er auch den Zugang zu den Eltern gewinnt. In der Seelsorge am Krankenbett der Alten, vor der ihm angst war, empfing er selber mehr, als er gab. Etliche, die aus den alten Tröstern sich die Nahrung geholt hatten, die sie bei ihrem rationalistischen Pfarrer nicht fanden, gaben ihm das Zeugnis, er predige gerade wie der alte Brastberger. Die erste Christmette, die er hielt – die Kinder sangen vor dem von seinem Vater gemalten Transparent dreistimmig: »Ich steh an deiner Krippen hier«, die Kirche war nur von den mitgebrachten Weihnachtskerzen erleuchtet, und die Domglocken läuteten von Speyer her über den Rhein herüber -, brachte die Freude und die Liebe des Evangeliums in unvergeßlicher Weise zum Ausdruck. Die Gemeinde wollte nicht gehen, als die Feier zu Ende war. »Laßt mich doch da«, sagte ein eisgrauer Bauer, »da möchte ich am liebsten sterben!« »Nein, leben sollt Ihr, alter Simeon-Hansjörg, so lang Gott noch will. Geht nur heim, Euch muß man noch brauchen für das junge Volk.«

Nach einjähriger Tätigkeit erfolgt der Abschied von der Gemeinde seiner ersten Liebe. Bei einer Italienreise mit dem Bruder Max zusammen darf er seinen Blick weiten. Er wird dann bei Henhöfer in Spöck Vikar. Er habe Henhöfer ganz in sich aufgenommen, sagt sein erster Biograph von ihm. Gewiß hat die Liebe Henhöfers zu Kindern und einfachen Leuten und seine Gabe der Anschaulichkeit verwandte Saiten in Frommels Wesen berührt, aber die Liebe des Heiligen Geistes, die sich in diesem außerordentlichen Werkzeug verkörperte, ging auf den jungen Hilfsprediger über. Er wurde eines Geistes mit ihm und wurde auf diese Weise ausgerüstet, die Botschaft, die Henhöfer in einzigartiger Deutlichkeit und heiliger Glut in die badischen Dorfgemeinden getragen hat, in die Stadt, ja später in die Hauptstadt Berlin an den kaiserlichen Hof zu bringen.

Frommel hatte eine Künstlerseele, die im Schauen und Hören schwelgte. Nun erleuchtete sie der Lichtglanz des Evangeliums und schenkte ihr die Gabe der göttliche Liebe. Darum sah Frommel tief in die Herzen der Menschen. Weil er sich selbst erkannt hatte, hatte er den Schlüssel zu aller Menschen Herzen. Das machte ihn zum begnadeten, feinsinnigen Seelsorger. Das gab seinem innigen zarten Wesen die männliche Festigkeit und die Gabe, Brücken zu bauen zum Verständnis der einfachsten wie der vornehmsten Menschen.

Zunächst wurde er Pfarrer in Altlußheim. Die Gemeinde hatte um ihn gebeten. Dorthin führte er sein Mahlchen heim, die Tochter des Ministerialrats Bär, der mit Prälat Ullmann, dem Pfarrer Heintz und Mühlhäuser zusammen durch den Großherzog Friedrich in den evangelischen Oberkirchenrat berufen worden war. Aber schon ein Jahr später wurde er als Hofvikar nach Karlsruhe versetzt. Zehn Jahre lang wirkte er in seiner Heimatstadt, später als Stadtpfarrer an der Kleinen Kirche. Seine Liebe machte ihn zum Seelsorger der Armen im sogenannten Dörfle, deren Originalität er in ebenso köstlicher Weise beschrieben hat wie die vornehmen und gebildeten Kreise. In dieser Zeit erlebte er den Sturz des im Henhöferschen Geist wirkenden Oberkirchenrats mit, der an der Einführung einer Liturgie infolge demagogisch-politischer Umtriebe gescheitert war. Es war ein großer Verlust für seine Heimatkirche, als er im Jahre 1864 den Ruf einer Wuppertaler Gemeinde annahm. Diese im Wort Gottes lebende Gemeinde trieb ihren Prediger immer tiefer in die Schrift hinein. Die Cholerazeit im Jahre 1867 stellte große Anforderungen an den treuen Seelsorger. Bei einem Pockenkranken steckte er sich an und hat die Stille dieser Zeit später oft seliggepriesen. Im Frühjahr 1870 nahm er einen Ruf als Nachfolger des Garnisonspfarrers und Hofpredigers Strauß an die Garnisonskirche in Berlin an. Der Zuspruch seines Bruders Max hat bei dieser ihm nicht leicht fallenden Entscheidung den Ausschlag gegeben. Dieser schrieb ihm: »Es kommt ein großer Teil des Volkes in seinen besten, entscheidungsvollen Jahren an dir vorüber; wohl kurz nur, wie ein Strom, der vorüberrauscht, doch lang genug, um ihm dein 'Wer da!' zuzurufen und die Parole zu lehren: Jesus Christus herrscht als König!« In einzigartiger Weise durfte er dann im Dienst des Evangeliums in die unvergeßlichen Tage des jungen Kaiserreichs hineinwirken, bei dem ersten Gottesdienst in dem eroberten Straßburg, beim Einzug sämtlicher Fürsten Deutschlands in Berlin und bei der Totenfeier im Jahre 1871. Besonders nahe stand er dem alten Kaiser, den er sechzehnmal nach Bad Gastein begleitete. Bei seinem Rückblick über die fünfundzwanzig Jahre seines Berliner Wirkens spricht Frommel davon, daß er 1883 Kinder getauft und 1980 konfirmiert, 1526 Paare getraut und 1709 Menschenkinder begraben habe. Das bedeutet bei der seelsorgerlichen Liebe Frommels ebensoviele Begegnungen mit Menschen, denen er das Evangelium nahebringen konnte.

Ein Jahr später verließ er sein Berliner Amt, um in dem herrlich am See gelegenen Plön die beiden Kaisersöhne auf die Konfirmation vorzubereiten. Seine beiden Söhne und Töchter hatten sich längst einen eigenen Hausstand gegründet. Da kam die letzte Krankheit über ihn, die eine Operation nötig machte. Er überstand sie nicht mehr. Am 9. November 1896 entschlief er. Bei seinem Leichenbegängnis verlas sein Schwiegersohn nach seinem letzten Willen Psalm 103, aus Matth. 18 das Wort vom großen Schulderlaß, 1. Korinther 13 und 1. Petrus 1,3 ff. Eine Ansprache hatte er sich ausdrücklich verboten. In diesen Schriftworten ist das Geheimnis seines Christenlebens und seines Dienstes zum Ausdruck gebracht.

Der Volksschriftsteller

Als christlicher Volksschriftsteller hat er seiner Kirche einen Dienst getan, der in die Gegenwart und in die Zukunft hineinreicht. Er hat in seinen Schriften sein reiches Leben beschrieben. Im »Heinerle von Lindelbronn« spiegeln sich seine Werdejahre, in dem köstlichen Büchlein »Aus zwei Jahrhunderten« seine Amtsjahre. Sie sind, wie vor allem auch seine Erzählungen: »Aus der Chronik eines geistlichen Herrn«, »Nach des Tages Last und Hitze«, »O du Heimatflur«, Bekenntnisse aus seinem eigenen Leben. Seine Henhöferbiographie, die nie veralten wird, weil sie von einem kongenialen Geist geschrieben wurde, ist außerdem eine unentbehrliche Geschichtsquelle seiner Heimatkirche, die viel mehr Beachtung finden sollte.

Wenn wir Frommel lesen, dann kommen wir bald ins Weinen, bald ins Lachen, so echt ist sein Humor, diese Gottesgabe, die eigentlich nur ein Christ haben kann, für den auch der tiefste Schmerz vom Freudenschein des ewigen Lebens durchsonnt ist. Frommel erzählt auch in seinen Predigten. Das helle Licht des Evangeliums taucht das graue Dasein in seinen goldenen Schein.

Hier gibt eine kleine Episode aus dem Buch »Aus zwei Jahrhunderten« uns einen guten Einblick in seine Art:

Als einmal lieber Mann mit ihr sprach, von wegen dem Predigen, ob's nicht zu hoch oder zu nieder gepredigt wäre, sagt Annegret:

's gibt allerlei Vögel. Spatzen fliegen immer auf der Erde rum und steigen nicht hoch. Adler fliegen der Sonne zu wie auf der Orgel in Buchenbach am Christtag. Aber da kann keiner nachkommen. Am besten sind die Schwalben, die fliegen oft hart am Boden, und dann sind sie wieder hoch in der Luft, und zuletzt fliegen sie ins Nest ans Haus. Schwalbenflug und Schwalbenpredigt ist am besten. Zudem zieht die Schwalbe immer dahin, wo's warm ist. Ihr versteht mich wohl, Herr Pfarrer?' und dabei schaute sie ihn so lieblich an, als ob sie seine Frau Mutter wäre.

LUDWIG HOFACKER
(1798-1828)

Ludwig Hofacker wurde zu Wildbad als der dritte von sieben Brüdern am 15. April 1798 geboren. Sein Vater war Karl Friedrich Hofacker, seit 1812 Amtsdekan von Stuttgart und Stadtpfarrer von St. Leonhard. Seine Mutter war Friederike Klemm, eine württembergische Pfarrerstochter. Er entschied sich nach seiner Konfirmation für das Studium der Theologie. Auf den Seminaren Schöntal und Maulbronn empfing er seine Ausbildung und studierte von 1816 bis 1820 an der Universität Tübingen. Im Herbst 1818 erlebte er die innere Wendung, die seinem Leben fortan die Richtung gab. Im August 1820 traf ihn ein Sonnenstich. Er verletzte sich schwer beim Stürzen. Dieser Sturz wurde der Grund zu seinen späteren Leiden. Im Herbst 1820 war er einige Wochen in Stetten und Plieningen als Vikar tätig. Im Januar 1821 mußte er krank ins Elternhaus heimkehren. Vom Ende des Jahres 1822 an half er seinem Vater im Amt. Im März 1823 wurde er Stadtvikar an St. Leonhard. Die folgenden zwei Jahre waren der Höhepunkt seiner Wirksamkeit. Im Februar 1825 brach er wieder gesundheitlich zusammen. Im Herbst kam ein Nervenfieber hinzu, das ihm für den ganzen November das Bewußtsein raubte. Langsam erholte er sich wieder, so daß ihm im Sommer 1826 die Pfarrei Rielingshausen übertragen werden konnte. Am Himmelfahrtsfest 1827 starb seine Mutter. In diesem Jahr war er wieder sechs Monate krank. Im Winter 1827-1828 predigte er fast jeden Sonntag. Zu Ostern 1828 hielt er seine letzte Predigt. Dann legte er sich, an Brustwassersucht leidend, auf ein langes Krankenlager. Am 18. November 1828 entschlief er in einem Alter von einunddreißig Jahren.

Sein Predigtbuch, dessen Predigten er großenteils noch selbst gesammelt hat, wurde nach seinem Tode durch seinen Bruder Wilhelm herausgegeben und hat eine sehr große Verbreitung gefunden. Dadurch wirkte er auch nach seinem Tode in weite Kreise.

Der junge Hofacker

In einer Zeit, da die Schüler des rechtgläubigen, aber verstandesmäßig eingestellten Supranaturalisten Storr der württembergischen Kirche ihr Wesen einprägten, das nicht weit zum Vernunftglauben hatte, erweckte Gott Ludwig Hofacker zu einem außerordentlichen Zeugen Jesu Christi. Sein Vater, ein mächtiger Mann von trockener Gelehrsamkeit, in seiner überragenden Gestalt ein Fürst unter seinen

Ludwig Hofacker

Pfarrern, hatte keine persönliche Heilserfahrung. Er gründete seinen Glauben auf ein feinausgebautes dogmatisches System, wurde aber auf einem Krankenlager durch seinen Sohn Ludwig zu Christus geführt. Als ihn Direktor Süßkind, einer der gelehrtesten Männer Württembergs, besuchte, rief er ihm entgegen: »Lieber Direktor, nun sind mir alle meine Systeme zu Boden gestürzt und zunichte geworden. Systeme habe ich geliebt mein Leben lang. Den aber, der sein Blut für mich vergossen hat, habe ich nicht wahrhaftig geliebt.«

Ludwig Hofacker war wie eine Zeder gewachsen. Unter seinem kastanienbraunen, lockigen Haar leuchtete eine schöne, offene Stirn mit strahlend blauen Augen. Er war ungebunden und übermütig, ein Anführer seiner Mitstudenten zu allen Streichen. Öfter hörte er unter seiner Stube im Stift einen Kreis von Studenten, die sich um die Bibel sammelten, singen und schimpfte über sie. Aber er mußte sich sagen: »Diese Burschen haben etwas, was du nicht hast – Frieden.« Die Beschreibung vom seligen Heimgang Jung-Stillings gab ihm einen tiefen Eindruck vom Wesen eines wahren Christen. Von nun an suchte er Jesus.

Pfarrhaus der Leonhardskirche, Stuttgart

In seiner Krankheitszeit lernte Hofacker:
Der Herr will Leute haben, die nicht durch Rennen und Laufen, sondern nur durch sein Erbarmen selig werden wollen.

Als er 1818 in den Herbstferien nach Hause kam, erklärte er seinem Vater:

Ich stehe jetzt an einem Wendepunkt meines Lebens, entweder ich sinke nun vollends ganz in den Unglauben und ins Verderben zurück, oder ich werde ein anderer, ein neuer Mensch.

Er schloß sich mehrere Tage in sein Zimmer ein, um Klarheit zu finden und kam als ein anderer wieder heraus. Noch hatte er von Jakob Böhme her eine Gesetzlichkeit angenommen, da er meinte, ein so verdorbener Mensch wie er dürfe sich nicht die Gnade aneignen. Auch hatte er noch Verstandeszweifel und konnte die Gottessohnschaft Jesu und die Erlösung durch sein Blut nicht begreifen. Aber alle Schwierigkeiten wurden überwunden durch ein Erlebnis, das er seinem Freund Albert Knapp mitgeteilt hat:

Es war ihm, während er im Gebet vor Gott lag, so, wie wenn der Herr in seiner gottmenschlichen, sanftmajestätischen Persönlichkeit vor ihn trete. Ein Meer von himmlischer Lebenskraft und Wonne habe ihn durchströmt und ein solch heiliger Schauer habe ihn durchdrungen, daß er stracks auf sein Antlitz gefallen und in überschwenglicher Entzückung vor ihm liegen geblieben sei mit dem Seufzen: Nur du, nur du!

Von nun an hatte er einen Zug zu frommen Christen. Er besuchte die Gemeinschaftsstunde der schlichten Bauern und Weingärtner und fing an, Bengel und Oetinger zu lesen. Es ging eine mächtige Wirkung von ihm aus. Seine beiden Eltern wurden für den lebendigen Glauben durch sein Zeugnis gewonnen. Selbst seine Übungspredigten im Seminar ergriffen seine Altersgenossen.

In der Leidensschule

Als er nach dem Sturz infolge des Sonnenstichs krank im Elternhause lag, von seiner Mutter liebevoll gepflegt, besuchte ihn sein Freund Albert Knapp und wollte ihm eine gelehrte Abhandlung vorlesen. Er verbat es sich, bat ihn vielmehr, Offenbarung 1 vorzulesen. Unwillig las Knapp. Als er las von Christus, dem Fürsten der Könige auf Erden, »der uns geliebt hat und gewaschen von unseren Sünden mit seinem Blut und hat uns zu Priestern und Königen gemacht«, griffen ihn die Worte mit solcher Macht an, daß ihm die Tränen aus den Augen stürzten und er, ohne Abschied zu nehmen, hinwegeilte.

Der junge Vikar hatte in Plieningen, wo er nur viermal predige, schon einen großen Zulauf. Als er dann Vikar seines Vaters war, füllte sich die große Leonhardskirche mit heilsverlangenden Menschen. Durch seine Krankheiten wurde er treulich gedemütigt, daß er sich wegen seiner gewaltigen Predigterfolge nicht überhob. Er schrieb aus Plieningen an einen Freund:

Ach, bete für mich, denn ich bin schwach und elend, sehr arm, jämmerlich und bloß. Bis der Teufel des Ehrgeizes ausgetrieben ist, kostet es Mühe. Doch du wirst ihn überwinden, mein Herr und mein Gott!

In Stuttgart sagte er einmal zu seiner Mutter:

Ach Mutter, wenn da die Männer mit ihren Reisestäben so hundertweise hereinwandern und nun bald das große Gewimmel angeht, dann regt sich in mir der heillose Hochmut, der mir einflüstert, ich sei ein besonderer Prediger. Was soll ich denn machen, um diesen Feind zu verbannen?

Die Mutter sah in kaum an und rief halb lachend, halb spottend:

Schämst du dich nicht, du armseliger Mensch, den man alle Tage purgieren muß. Du willst mit deinem siechen, erbärmlichen Leib noch hochmütig tun und deinem alten Adam Heu aufstecken, wo du froh sein solltest, wenn du nicht stecken bleibst! Geh, schäme dich ins Herz hinein!

Das ist das persönliche Geheimnis seiner Kraft: Er wollte nichts in sich selber sein, er spürte die feinsten Formen der Selbstgerechtigkeit bei sich auf und gab sie in den Tod.

Am Ende seines Lebens schreibt er an einen Freund:

Soviel Selbstgerechtigkeit ist in diesem Herzen – wenn ihm alles genommen wird, will es wenigstens das aufweisen, daß es einen redlichen Ernst habe. Wenn ich müßte auf den Christus in uns meine Zuversicht bauen, so wäre ich verloren. Was werde ich zu dir bringen können, mein Heiland: Gebetskraft, Liebe, Treue, Verleugnung, Kämpfe? Nein, nichts als dich!

Man möchte sich in einen Zustand, der des Gottes Wohlgefallens würdig wäre, hineinbringen. In solcher Sicherheit liegt eine tiefverborgene Hoffart. Man möchte seine Seligkeit darin finden, daß man sich in seinem eigenen Bild spiegelt. Ein solcher ist nahe dem Gericht der Verstockung.

So wurde er aus eigener Lebenserfahrung ein Prediger der Gerechtigkeit allein durch den Glauben.

Der Prediger

Seine Predigt ist kein Ruf, sie ist ein Schrei, ein Posaunenstoß. Er hat nur eine Leidenschaft, Seelen zu retten.

Er sagt:

Ich möchte schreien, daß man's vom Südpol bis zum Nordpol hört, daß die Menschen doch Gott fürchten und ihm die Ehre geben. O Seelen, hierher, hierher, verstockte Herzen! So kommt doch, ihr abgematteten Seelen. Fliehet, fliehet auf den Hügel Golgatha. Laßt euch Leben und Gnade zuströmen aus seinen tiefen Wunden.

Seine Predigt hat zwei Pole. Er schildert den verlorenen Zustand des Menschen mit einer durchdringenden Kenntnis des menschlichen Herzens:

Der eine sucht die Freude seines Herzens an seinen Feldern und Gütern, der andere an seinem Geld, ein dritter an seinem Gewerbe, ein vierter liebt sein Weib, ein fünfter seine Kinder mehr als den Heiland . . . ein elfter allerhand Tugend und Gerechtigkeit, welche er sich zu eigen gemacht zu haben glaubt, ein zwölfter seine geistigen Gaben. Es ist ein leerer Raum in uns, den wir alle Zeit ausfüllen wollen: Man wirft hinein Fleischeslust, aber sie füllt nicht aus; man wirft hinein hoffärtiges Wesen. Man wirft hinein Geld, Berufstreue, die besten Vorsätze, gottseliges Geschwätz, man denkt, wenn man keine Nahrungssorgen mehr hätte, wenn man diese oder jede sündige oder unsündige Freude genießen könnte!

Hofacker kämpft gegen die Hindernisse, die das Menschenherz von Christus fernhalten. Es sind Hochmutsgründe, es sind Gründe der Weltliebe, es ist die verborgene Unaufrichtigkeit, es sind falsche Vorurteile.

Der faule Fleck, das böse Geschwür, das jeder unbegnadete Mensch im Herzen hat und zu berühren sich scheut, es muß erkannt werden . . . Du Mensch bist nichts als ein verlorener Sünder.

Der zweite Brennpunkt, um den seine Predigt sich bewegt, ist Christus. Wer zu den Erlösten gehören will, muß zuerst zu den Verlorenen gehören. Dies zeigen

Leonhardskirche, Stuttgart

Gedanken wie die folgenden:

Es muß in den Sünderhaufen hineingerufen werden, daß es die verstörtesten Herzen durchdringt: Jesus nimmt die Sünder an. – Jesus! Großer Name! Anbetungswürdiger Name! Er ist eine ausgeschüttete Salbe voll köstlichen Wohlgeruchs für Arme, für Elende, für in sich verlorene Sünder. Es ist Lebensluft in diesem Namen, himmlische Lebensluft. Jesus heißt unser Gott und Heiland, halleluja! - Tue einmal den großen Sprung aus der eigenen Gerechtigkeit heraus in die Gerechtigkeit Christi hinein. Man meint, man fällt in den Abgrund, aber man fällt einem liebenden Vater ans Herz.

Hofacker kennt keine Heiligung, abgetrennt von der Rechtfertigung oder als zweite Stufe nach ihr. Heiligung ist ihm das immer neue Fliehen in die Wunden Jesu:

Wie kann ich von Heiligung reden, solange ich jeden Abend nicht weiß, ob ich in die Hölle gehöre oder nicht.

Über die Wirkung seiner Predigt sagt Knapp:

Hofacker:
Wir sehen unsere Gemeinden falsch an. Sie sind meistens keine christlichen Gemeinden, sondern Pflanzschulen des Christentums.

351

Es lag eine Inbrunst, ein hinreißendes Feuer der Wahrhaftigkeit und einer seligen Lebenserfahrung in seinem Zeugnis, wovon ich bis dahin gar keinen Begriff hatte. Einige Male bemerkte ich ein fast allgemeines Weinen, womit die Zuhörer die göttliche Kraft vom Wort des Kreuzes bestätigten. Die Wirkung seines Gebets war wie ein Schauer der Allgegenwart Christi.

Hofackers Vollendung

Vor seinem Ende litt er große Qual. Davon berichtet sein Bruder an Albert Knapp:

Der härteste Sturm, der das Innerste seiner Seele ergriff, ging fünf Wochen vor seinem Ende über ihn. Er kam in Zagen und große Ängstlichkeit hinein über sein Verhältnis zum Heiland. Ich sah oft Tränen in seinen Augen, die ihm der Schmerz über die Untreue seines Herzens auspreßte. Da hörte man ihn laut um Gnade und Erbarmung rufen. Auf diesen Sturm wurde ihm große Ruhe und beseligender Friede zuteil. Sein Geist war Anbetung und überflügelte weit seinen leidenden Körper. Wie danke ich dem Heiland, daß sein banges Seufzen aufgelöst ist in ein ewiges Halleluja.

CHRISTIAN HEINRICH ZELLER (1779-1860)

Sein Lebensweg bis Beuggen

Heinrich Zeller war der Sohn eines württembergischen Hofrats in Ludwigsburg und ist am 18. April 1779 geboren. Er studierte gegen seine Neigung, dem Willen seines Vaters gehorsam, die Rechtswissenschaften und wurde Rechtsanwalt in Ludwigsburg. Aber an-

Christian Heinrich Zeller

statt einen Prozeß, der viele Einnahmen versprach, in die Länge zu ziehen, riet er den beiden streitenden Parteien zu einem Vergleich, weil er an dem Prozessieren keine Freude hatte. Besser lag ihm der Unterricht der Jugend. So folgte er gern einem Ruf als Erzieher in ein Augsburger Patrizierhaus. Auf die Empfehlung seines Tübinger Lehrers, des Professors Abel, wurde er Leiter einer Privatschule in St. Gallen. Er suchte Pestalozzi in Burgdorf auf und bekam tiefe Eindrücke von dessen Kunst, die geistigen Kräfte des Kindes zu wecken. 1809 wurde er Rektor des Schulwesens in Zofingen. Als solcher sollte er der ganzen Lehrerschaft Unterricht in der Methode Pestalozzis erteilen. Sein Wirken ging aber über die Schule hinaus dadurch, daß er Müttern und Frauen, die sich dafür interessierten, wöchentlich Anleitungen zur vernünftigen Kindererziehung gab. Am 7. Oktober 1811 vermählte er sich mit Sofie Siegfried, der Tochter einer Pfarrerswitwe. Kurz vorher hatte er das schweizerische Bürgerrecht erworben.

Am Karfreitag 1818 bekommt er beim Lesen einer Karfreitagspredigt die Gewißheit, daß Jesus sein Erlöser ist. Jetzt liest er täglich die Bibel und nimmt inneren Anteil an den geistlichen Bewegungen seiner Zeit. Vor allem wird er durch seinen Jugendfreund Blumhardt mit dem Basler Missionshaus verbunden und lernt dadurch Christian Friedrich Spittler kennen. In vielen Gesprächen bewegen die beiden Freunde die Not der einheimischen, sittlich gefährdeten Jugend. Man sollte verwahrloste Kinder sammeln und dafür geeignete junge Menschen zu Lehrern ausbilden.

Der Plan einer derartigen Anstalt stand ihnen bald deutlich vor Augen. Spittler erkannte, daß Zeller der einzige Mann sei, der diesen Plan durchführen könnte. Es gelang ihm, das anfängliche Sträuben Zellers, der eine sichere Stellung verlassen mußte, zu überwinden. Bald fand Spittler in dem verwahrlosten, ehemals dem Deutschen Ritterorden gehörenden Schlosse zu Beuggen die geeignete Stätte für dieses Erziehungswerk. Beide Freunde reisten nach Karlsruhe zum Großherzog Ludwig, dem sie ihren Plan vortrugen, und erreichten dort, daß man ihnen die Gebäude für sechzig Gulden Jahresmiete überließ.

Das Lebenswerk Zellers in Beuggen

Die Anstalt war während der napoleonischen Kriege Seuchenlazarett gewesen und vollständig verwahrlost. Verfaultes Stroh, eingetrocknete Blutlachen, Schmutz und Unrat, ja Skelette von Verstorbenen, die man nicht beerdigt hatte, waren da zu finden. Die seidenen Tapeten hingen in Fetzen von den Wänden. Am 17. April 1820, nachdem der gröbste Unrat in mühsamer Arbeit beseitigt war, zog Zeller mit seiner Familie ein. Spittler hatte die energische Frau Professor Fäsch aus Basel zu Hilfe geschickt. In schlichtem Gebet weihte Zeller das Haus dem Herrn und bat, es zu einer Lebensquelle für viele junge Menschen zu machen. Zum Empfang war der treue Spittler mit Basler Freunden erschienen. Am 15. Mai waren schon fünfzig Personen in der Anstalt, darunter zehn Schullehrerzöglinge. Spittler ließ eine Liste bei den Basler Freunden zirkulieren, worauf Wünsche für den nötigsten Hausrat standen. Sie schrieben darauf, was sie stiften konnten, und nun wurden Möbel und Betten abgeholt, um das Haus einzurichten. Zeller war zuerst zwei Jahre lang der einzige Lehrer für die ganze Schar. In der Lehrerschule wurde morgens von acht bis zwölf Uhr unterrichtet, in der Unterschule nachmittags von ein bis vier Uhr. Wenn die einen lernten, verrichteten die anderen ihre Handarbeiten. Zeller berichtet:

Da waren Schüler von dreißig Jahren bis sechs Jahren herab, fähige und unfähige, empfängliche und stumpfe, freundliche und finstere, frohe und mißmutige, dankbare und undankbare, wohlerzogene und verwilderte, unterrichtete und gänzlich unwissende, wohl gekleidete und zerlumpte, reinliche und schmutzige, und unter ihnen ein einziger Lehrer und Pflegevater, der vom Morgen bis zum Abend statt des Homer und des Virgil das ABC zu lehren hatte, aber dagegen auch, was ihm die größte Gnade war, täglich die Bibel mit seinen neuen Hausgenossen lesen durfte. Die liebste Stunde des Tages war ihm die Bibelstunde am frühen Morgen, die alle Hausgenossen um Gottes Wort sammelte.

Zeller hatte eine wunderbare Gabe, anschaulich zu erzählen. Damit machte er das Wort Gottes seinen Schülern lebendig.

Ein wichtiger Teil der Erziehung war die Anleitung zur Handarbeit. In den ersten Jahren der Anstalt wurden die Knaben mit Haus-, Feld- und Gartenarbeit beschäftigt. Im zweiten Jahrzehnt fing man an, sie das Strohflechten, Korbflechten, Anfertigen von Kinderschuhen zu lehren. Die Mädchen lernten das Flicken, Stricken, Waschen und Spinnen. Pestalozzis Ideal war, daß die Kinder sich selbst ihren Lebensunterhalt verdienen sollten. Aber damit erlitt er bekanntlich Schiffbruch. Eine Erziehungsanstalt kann nicht leben ohne beträchtliche Zuschüsse. Als Betriebskapital hatte Spittler eine goldene Dose gestiftet bekommen, die er so oft verloste und von dem glücklichen Gewinner immer wieder zurückerbat, bis er dreitausend Gulden damit zusammenbrachte. Ein Wohltäter schenkte zwei Kühe, eine andere Freundin des Werkes spendete ihre goldene Halskette. So lebten sie in kindlichem Vertrauen aus der Hand ihres Gottes und wurden durchgebracht.

Zeller bekannte im Jahresbericht von 1824:

Es ist sein Werk, daß wir noch da sind, es ist seine Gnade, die uns am Leben erhielt, sein Geist, welcher der Verwesung in uns widerstand. Seine Barmherzigkeit ist es, welche so viele Menschen wohltätig und barmherzig gegen uns machte.

Ein Höhepunkt des Anstaltlebens war der Besuch Pestalozzis am 21. Juni 1826. Pestalozzi war tief gebeugt von dem Scheitern seiner Unternehmungen. Nun wollte er seinen Schüler und Freund Zeller auf seinem Arbeitsfeld besuchen. Zeller ging ihm mit den beiden Kleinsten an den Händen entgegen. Die Kinderschar stand Spalier. Im großen Saal warteten die Hausgenossen. Dann stimmte die ganze Hausgemeinde mit den Kindern den Vers Goethes an: »Der du von dem Himmel bist, alles Leid und Schmerzen stillest.« Der alte Mann wurde zu Tränen gerührt; diesen Frieden hatte er gesucht und nicht gefunden. Mutter Zeller ließ ihm durch ihr dreijähriges Söhnlein einen Lorbeerkranz aufsetzen. Er ließ es sich aber nicht gefallen, sondern setzte ihn dem Knaben auf das Haupt mit den Worten: »Nicht mir, sondern der Unschuld gebührt der Kranz.« Er blieb einige Tage in der Anstalt. Am Schluß einer Andacht kam er mit Tränen in den Augen zu Zeller und sagte: »Vater Zeller, hüt hät ir für mi gepredigt. Das isch für mi gsi.« Unter dem Eindruck dieses vom Geist der Liebe Christi geleiteten Werkes soll er bei seinen Gängen durchs Haus öfters still vor sich hin gesagt haben: »Das war's, was ich wollte.«

Erziehungsregeln Zellers

Er lehnt allen Ruhm für etwaige Erfolge auf dem Erziehungsgebiet ab und preist immer wieder Christus als den einzigen Erzieher, »dem wir menschlichen Erzieher im besten Fall nur Handlangerdienste tun können«. So denkt er sehr bescheiden von dem menschlichen Tun bei der Erziehung:

Was von uns Menschen ausgeht und an den Kindern geschieht, ist nicht die wahre Erziehung, ist höchstens ein Pflanzen, Begießen und Pflegen. Die Hauptsache, das Leben und Gedeihen, kommt nicht von uns, sondern das wird nach dem Wohlgefallen Gottes von oben gegeben. Ein wahrhaft erzogener Mensch ist ein geheilter, geretteter und erlöster Mensch, der das ewige Leben hat. Wie kann man die Ehre einer solchen Erziehung einem Menschen oder einer menschlichen Anstalt zuschreiben!

Mit Pestalozzi war er darin einig, daß die Erziehung nicht die Aneignung von Kenntnissen, sondern die Ausbildung der geistigen Kraft im Kinde ist. Vor allem bekämpfte er die Meinung von der natürlichen Güte des menschlichen Herzens. »Nicht Aufklärung, sondern Erlösung von den Banden der Sünden tut dem Kinde not.«

Neben die natürlichen Erziehungsmittel: Belehrung, Beschäftigung, Bestrafung, vorleuchtendes Beispiel stellt er als übernatürliches Erziehungsmittel das fürbittende Gebet.

Dem Erzieher gab er folgende Regeln:

Sei, was die Kinder werden sollen. Tue, was die Kinder tun sollen. Unterlasse, was die Kinder unterlassen sollen. Lebe den Kindern vor, nicht nur wenn sie dich sehen und hören, sondern auch wenn sie dich nicht sehen und hören. Fehlt es an den Kindern, so untersuche dein Sein, dein Tun und Lassen. Findest du bei dir Fehler, Sünden, Abweichung, so bessere dich zuerst. Alsdann suche die Kinder zu bessern. Bedenke, daß deine Umgebung oft nichts anderes ist als der Widerschein deines Wesens. Wenn du dich täglich ziehen lässest vom Herrn, so lassen sich deine Kinder lieber ziehen von dir. Je gehorsamer du gegen den Herrn bist, desto gehorsamer pflegen die Kinder gegen dich zu sein. Sobald der Erzieher den Umgang mit dem Herrn vernachlässigt, reißt Nachlässigkeit bei den Kindern ein. Ein Vorbild ohne Liebe zu den Kindern leuchtet wie der Mond. Ein Vorbild mit herzlicher Liebe zu den Kindern leuchtet wie die Sonne.

Zeller ist selbst in der Erziehungsschule Gottes

Im zweiundsechzigsten Lebensjahr, in der Fülle seiner Kräfte, erkrankte er auf den Tod an der Ruhr. Er erkannte, daß er über der Lesesucht, die ihn oft bis Mitternacht beschäftigt hatte, das hauspriesterlich fürbittende Gebet fast ganz versäumt hatte. Darüber tat er Buße, wurde noch einmal völlig gesund und blieb rüstig bis in sein hohes Alter. Nachdem er noch die Morgenandacht gehalten hatte, legte er sich zu achttägiger Krankheit nieder, der er am 18. Mai 1860 erlag. Sein letztes Wort, das er kaum herausbringen konnte, war: »Brüder, liebet euch untereinander.« Er war einundachtzig Jahre alt, als er entschlief. Sein Sohn Reinhard Zeller wurde sein Nachfolger.

CHRISTIAN FRIEDRICH SPITTLER (1782-1867)

Als Neunzehnjähriger kam Spittler aus seiner schwäbischen Heimat nach Basel als Sekretär der deutschen Christentumsgesellschaft. Diese wollte christliches Denken und Leben durch Bibelstunden und durch Herausgabe einer Zeitschrift fördern. Sie war eine Gründung des Augsburger Seniors Pfarrer Dr. Urlsperger und nannte sich zuerst »Deutsche Gesellschaft zur Beförderung reiner Lehre und wahrer Gottseligkeit«. Ihr Ziel war, die bibelgläubigen Kreise zu sammeln und zu stärken zur missionarischen Aufgabe gegenüber dem überhandnehmenden Rationalismus.

Spittler wurde in seiner feurigen Begeisterung für alles Gute und Schöne, in seiner wunderbaren praktischen Begabung, mit seiner unerschöpflichen Phantasie, neue Mittel und Wege zum Helfen zu finden, ihre treibende Kraft und ihr geistlicher Führer, so bescheiden nach außen auch sein Dienst aussah. Im Fälkli, einer uralten Augustinerherberge am Münsterplatz, bewohnte er einige Räume. Hier richtete er seine Buchdruckerei ein; hier versammelte er wöchentlich seine geistlichen Freunde; von hier aus sandte er Bibeln und Traktate in alle Welt, hier nahm er einsame und heimatlose Menschen auf; hier bot er einen Zufluchtsort für Verfolgte. Eine Zeitlang hielt er eine Judenschule, in der er jüdische Knaben um sich sammelte und ihnen von Christus erzählte. Hierher führte er auch die treue und edel gesinnte Susanna Götz als seine Ehefrau heim. Er lebte ein geordnetes Biedermeierleben und verfolgte mit grenzenloser Zähigkeit seine Reichsgottespläne. Er hatte das Zeug zu einem Großunternehmer, wandte aber seine unglaubliche Geschäftüchtigkeit nur für das Reich Gottes an. Als in der napoleonischen Zeit alles drunter und drüber ging, Hungersnot im Schwarzwald herrschte, fremde Soldaten auf allen Straßen zogen, brachte er seinen Lieblingsplan zur Durchführung, die Gründung einer Missionsschule. Der Besuch von Frau von Krüdener in Basel, ihre Wirkung auf die Basler Patrizierfrauen, die großen Spenden, die die durch ihren Dienst Erweckten gaben, halfen ihm dabei. Der mächtige Staatsrat Peter Ochs, der nicht viel von der Kirche wissen wollte, genehmigte auf seinen Besuch hin die Schule. Das war im Jahre 1815. Spittler berief den geistesmächtigen Pfarrer Niklaus von Brunn an die Spitze des Kuratoriums. Im Fälkli waren die ersten Unterrichtsräume. Doch bald ermöglichten es die von allen Seiten einlaufenden Spenden, ein größeres Heim einzurichten.

Spittler gründet die Armenschullehreranstalt Beuggen

Nicht nur die Heiden sollten die frohe Botschaft hören, sondern auch die abgefallene Christenheit, an deren verwilderter Jugend der Dienst beginnen mußte. Vor allem brauchte man christliche Schulmeister. Aber woher sie bekommen? Spittler, der sich darüber schwere Gedanken machte, bekam eines Tages bei einem Spaziergang auf dem Basler Münsterplatz, den er mit seinem Freund Christian Heinrich Zeller, dem Schuldirektor aus Zofingen, machte, eine Erleuchtung. Er packte Zeller am Arm, strahlte ihn mit seinen leuchtenden blauen Augen an und sagte zu ihm: »Du, Zeller, mußt anfangen, christliche Lehrer auszubilden. Aufgeweckte junge Männer, die mit bescheidenem Essen und bescheidener Unterkunft vorliebnehmen, werden sich finden. Du mußt passende Schulbücher aussuchen, und wenn du keine findest, solche selbst schreiben.« Zeller wollte anfänglich nicht. Er hatte eine ausgezeichnete Stellung und wollte mit seiner zahlreichen Familie nicht ins Ungewisse gehen. Aber Spittler ließ nicht nach. Er schaute aus nach einem geeigneten Heim. Es mußte etwas Verwahrlostes sein, was man mit eigenen Kräften wiederherstellen konnte. Er fand das herrlich gelegene alte Deutsche Ordensritterschloß Beuggen bei Badisch Rheinfelden. Mit Zeller reiste er nach Karlsruhe, erhielt eine Audienz beim Großherzog, fand Verständnis und eine schriftliche Zusage. Da entschloß sich Zeller, seine Stellung aufzugeben und nach Beuggen zu ziehen. Es war eine ungeheure Arbeit, das Schloß wohnlich zu machen, das im Krieg als Seuchenlazarett gedient hatte und voller Unrat war. Bald waren fünfundsechzig verwahrloste Kinder versammelt, auch Zöglinge für den künftigen Lehrerberuf stellten sich ein.

Als er von der Not der griechischen Kinder hörte, die von den Türken als Sklaven verkauft worden waren, nützte er die Begeisterung für das in seinem Freiheitskampf gegen die Türken stehende Griechenvolk aus, sammelte Gelder, um diese kleinen Sklaven loszukaufen und christlich zu erziehen. Bald traf das erste Dutzend dieser Büblein aus dem Balkan in Beuggen ein, weitere Transporte folgten.

Spittler fiel auch die Not der taubstummen Kinder, die wie Tiere aufwuchsen, auf das Herz. War es nicht Christenpflicht, sich ihrer anzunehmen? War nicht in dem Riesenschloß Beuggen

Das Missionshaus in Basel

noch Platz für sie? Doch bald waren es über sechzig Taubstumme, und der Platz reichte nicht mehr. Da kaufte Spittler aus einer Erbschaft den Pilgerhof in Riehen. Dorthin zog der ausgezeichnete Verwalter und Taubstummenlehrer Arnold mit seiner Schar. Ein reicher Verwandter dieser Erblasser besuchte eines Tages die Anstalt und wurde dadurch so beeindruckt, daß er die Summe von 32000 Franken schon zu seinen Lebzeiten Spittler schenkte. Damit konnte der Pilgerhof bezahlt werden.

St. Chrischona

Spittler hatte schon wieder neue Pläne. Bei seinen Spaziergängen kam er oft zu dem lieblichen Aussichtspunkt bei Bettingen, zum St. Chrischonakirchlein, das seit zweihundert Jahren als Heuschuppen diente. Könnte man nicht hier eine neue Anstalt entstehen lassen? Auf sein Gesuch hin bekam er von der Basler Regierung das Kirchlein für fünf Franken Jahresmiete. Es gab doch brave junge Handwerker, die die theologische Wissenschaft des Basler Missionshauses sich nicht aneignen konnten, aber als Handwerker und Christuszeugen wohl zu gebrauchen waren. Wie wäre es, wenn man sie in der Bibel unterrichtete und dann aussandte zum Dienst an den erweckten Kreisen, an den Sonntagsschulen und auch zum Missionsdienst an den Heiden? Sie konnten sich ja ihr Brot selbst verdienen. Spittler hatte von einer Knopfmaschine gehört, die in Straßburg

preisgünstig zu haben war. Da konnte man aus Knochen, die es ja überall gab, Knöpfe machen. Damit konnten die jungen Brüder ihr Brot verdienen. Bald war auch der erste Zögling da: Josef Mohr, ein Zimmermann und Missionszögling im Basler Missionshaus, der das Herz auf dem rechten Fleck hatte, aber mit dem Lernen nicht mitkam. Der konnte in dem Kirchlein Ordnung schaffen und die Anstalt einrichten. Im Turm wurden einige Zimmer geschaffen, unter dem Kirchendach die Lehrsäle eingebaut, über dem Chor der Schlafsaal, das Kirchlein wurde neu geweißt, mit Bibelsprüchen versehen, die Knopfmaschine in Straßburg geholt. Bald kamen die jungen Handwerker, und das Werk fing an zu gedeihen. Spittler wußte für seine jungen Brüder überall Verwendung, in Amerika, in Jerusalem, auf dem Karmel und in Abessinien. Der Mann der großen Pläne, der in Gott die Energie hatte zu ihrer Durchführung, hatte die Gabe, auch im kleinsten alles sorgfältig zu überlegen und zu ordnen.

Doch damit sind seine Gründungen noch lange nicht erschöpft. Als er die verwahrlosten Kinder in Bettingen sah, sammelte er in Basel Geld für eine Kleinkinderschule für die Stadt. Ein Besuch Fliedners in Basel, der eine ganze Reihe Schwesternmeldungen für Kaiserswerth zur Folge hatte, regte ihn an, ein leerstehendes Knabenpensionat in Riehen, das er sich von den Besitzern schenken ließ, als Diakonissenhaus einzurichten. Den Arzt und die Oberin ließ er sich von Gott zeigen und gewann sie auch für diesen Dienst. Ein Kinderspital wurde ihm von einer reichen Baslerin geschenkt, in dem kranke Kinder umsonst unterkommen konnten. Er gründete eine Herberge für stellenlose Mädchen in der Nähe Basels, nahe bei dem munteren Wiesenflüßchen, in der er alsbald der Wäscherei einrichtete, um den stellenlosen Mädchen Arbeit und Brot zu verschaffen. Sein letztes Unternehmen war der Ausbau eines verlassenen Schlößchens in Inzlingen, von dem er gehört hatte, daß es fast umsonst zu haben sei. Hier wollte er junge Abessinier zum Missionsdienst ausbilden und setzte sich brieflich mit der Königin Victoria in England und dem Negus in Abessinien in Verbindung. An einem Spätsommertag des Jahres 1867 machte er im Rollstuhl dorthin seine letzte Inspektionsfahrt. Am 8. Dezember dieses Jahres starb er.

Spittler fühlte sich keineswegs als Heiliger. Kurz vor dem Sterben rief er aus: »Welch eine Sündenkette von sechsundachtzig Jahren! Aber alle Sünden sind durchgestrichen mit dem Blut Jesu.« Sein letztes Wort war die sachliche Feststellung: »Ich bin fertig.«

Blumhardt; seine Geistesverwandten und Geisteserben

JOHANN CHRISTOPH BLUMHARDT (1805-1880)

Johann Christoph Blumhardt ist am 16. Juli 1805 in Stuttgart als Sohn des Johann Georg Blumhardt geboren, eines Bäckers und Mehlhändlers. Seine Mutter war Johanna Luise, Tochter des Schneidermeisters Christoph Deckinger. 1815 bezog er das niedere Seminar in Schöntal, um den üblichen Ausbildungsgang eines württembergischen Theologen durchzumachen. 1824 war er auf der Universität in Tübingen. 1829 wurde er Vikar bei seinem ehemaligen Lehrer Kern zu Dürrmenz. 1830 berief ihn sein Onkel Christian Gottlieb Blum-

hardt, der erste Inspektor der Basler Mission, als Lehrer ans Missionshaus in Basel. Im Frühjahr 1837 wurde er nach sechseinhalbjähriger Tätigkeit im Missionshaus Vikar in Iptingen. Im August 1838 erhielt er die Pfarrei Möttlingen und führte am 4. September 1838 Doris Köllner als Frau heim. Fünf Kinder wurden dem Paar geschenkt: Karl, später Fabrikant im Rheinland, Christoph, der Geisteserbe des Vaters und sein Nachfolger in Bad Boll, Theophil, später Pfarrer in Boll, Nathanael, der Ökonom in Bad Boll, und Maria, später die Frau von Emil Brodersen. Im April 1842 begann der Kampf mit den Krankheitsmächten der Gottliebin Dittus, der bis Weihnachten 1843 dauerte. 1844 entstand die Bußbewegung. 1852 erwarb Blumhardt das Bad Boll und richtete darin eine Zufluchtsstätte für allerlei Mühselige und Beladene ein. Dort wirkte er bis an sein Ende am 25. Februar 1880.

Das Geheimnis der Erwählung im Leben Blumhardts

Bei diesem Zeugen Christi ist nicht die erstaunliche Leistung des Menschen bewunderungswürdig, sondern die Wirkung der göttlichen Kraft. Gott bereitet seine Taten vor. Die Menschen, die er mit seinen Gnaden beschenken will, sind von den Voreltern her erwählt. Blumhardts Voreltern gehörten zu dem Kreis der Stillen im Lande, die das Geisteserbe Bengels und Zinzendorfs durch die Zeit des Rationalismus hindurchretteten. Sein Urgroßvater, der Hofkutscher Blumhardt, betete am Hochzeitstag seines Sohnes Matthäus mit dem Vater der Braut im Kornfeld kniend für das Brautpaar, seine Kinder und Kindeskinder, daß sie alle selig werden möchten. Dem Vater Blumhardts war es ein Anliegen, seine Kinder zu Jesus zu führen.

Blumhardt schreibt darüber:

Er versammelte uns Geschwister regelmäßig zu Gebet und Bibellesen, ließ uns geistliche Lieder miteinander singen und ermunterte uns auf die verschiedenste Art. Unvergeßlich sind mir die Augenblicke, da er einmal eines Abends von etwaigen Verfolgungen mit uns redete, die in späterer Zeit das Bekenntnis des Namens Jesu zur Folge haben könnten. Alle meine Glieder durchzuckte es, als er unter lebhaften Bewegungen ausrief: Kinder, laßt euch lieber den Kopf abschlagen, als daß ihr Jesum verleugnet.

*Johann Christoph
Blumhardt (1805-1880)*

Im Seminar schloß er eine Herzens-
freundschaft mit Wilhelm Hoffmann,
dem Sohn des Vorstehers und Gründers
der Kolonie Korntal. Im Stift zu Tübingen gehörte er zu einem Bibelkreis. Der
Ruf nach Basel stellte ihn in einen der
wichtigsten Brennpunkte des geistlichen
Lebens seiner Zeit. Hier lebte man ganz
in der zweiten Bitte des Vaterunsers:
»Dein Reich komme.« Seine Frau war
die Tochter des Pfarrers Köllner, des
Mitarbeiters der »Christentumsgesellschaft« in Basel. Auch die Gemeinde
Möttlingen war auf die Gnade Gottes
vorbereitet worden. Eine Reihe frommer Pfarrer, die für die Gemeinde beten, waren seine Vorgänger, darunter
der geistesmächtige Machtolf und der
große Missionsschriftsteller Dr. Barth,
der Gründer des »Calwer Verlagsver-
eins«.

Blumhardt in der Liebe Christi

In Iptingen hatte er eine schwierige Stellung einerseits im Pfarrhaus, dessen
Pfarrer mit der Gemeinde ganz zerfallen
war, und andererseits in der Gemeinde
den zahlreichen Separatisten gegenüber. Er gewann den Pfarrer durch seine
Demut und die Gemeinde durch seine
Liebe, so daß die Separatisten zur Kirche zurückkehrten. Diese Liebe war ein
Spiegelbild der göttlichen Liebe. Er
schreibt an seine Braut:

Wie wurde mir doch alles so groß, was der
Herr an mir getan hat! Indem ich aber die unbegreifliche Liebe und Treue erwog, deren der
Herr mich würdigte, konnte es nicht fehlen,
daß ich auch einen prüfenden Blick in mein
Inneres warf. Wie beschämt stand ich vor mir
selber da. Am allermeisten mußte ich mich
meiner Härte und Lieblosigkeit anklagen. Ich
nahm mir Geist 1. Kor.13 vor. Und es wurde
mir wohl in dem Herrn, so tief ich auch
auch vor ihm stehen mußte.

Die Liebe Christi brachte den nüchternen, kindlich heiteren Mann, der dem
Unheimlichen so innerlichst abgeneigt
war, dazu, sich der unter unheimlichen
Erscheinungen erkrankten Gottliebin
Dittus in Möttlingen nicht nur anzunehmen, sondern zwei Jahre hindurch mit
letztem Ernst für sie zu ringen, bis der
Sieg erfochten war. Welche Hingabe
war nötig, in der Bußbewegung, die
dann folgte, von früh bis spät der priesterliche Seelsorger der achthundert-
vierundsiebzig Gemeindeglieder zu
sein, die von Februar bis Ostern 1844
mit wenig Ausnahmen in sein Studierzimmer kamen, um ihre Sünden zu bekennen und von Gott Vergebung zu
empfangen. Weil er infolge eines Verbots durch das Ministerium, Heilungen
in das Gebiet des Seelsorgers einzube-
ziehen, die Hilfesuchenden scharenwei-
se abweisen mußte, trieb ihn die Liebe
dazu, im Jahre 1853 seine Gemeinde zu
verlassen und in Bad Boll eine Zufluchtsstätte für Mühselige und Beladene zu gründen. Er erwarb das Bad vom
württembergischen Staat zu dem billigen Preis von achttausend Gulden, die
sein Freund, Fabrikant Dieterlen, ihm
vorstreckte. Der Dienst, den er dort bis
zu seinem Ende tat, erforderte ein völliges Opfer alles Eigenen. Bis zehn Uhr
abends widmete er sich seinen Gästen;
dann zog er sich bis zwei Uhr nachts in
sein Studierzimmer zurück, um seinen
großen Briefwechsel zu erledigen.

Blumhardt, der Glaubende in der Kraft Christi

Die Gemeinde Möttlingen war für Blumhardt eine rechte Demutsschule, denn gegenüber der gewaltigen Predigt Dr. Barths schien Blumhardts schlichte Natürlichkeit viel weniger gewichtig zu sein. Darum galt er lange Zeit wenig bei seinen Gemeindegliedern, und sie suchten oft Pfarrer Barth auf, der in Calw seinen Wohnsitz aufgeschlagen hatte. Blumhardt machte viele Besuche und war auch zu denen freundlich, die sich nicht zu den Stundenleuten hielten. Er nahm sich der Schule an, vertrat lange einen kranken Lehrer und versammelte, was Barth nicht gelungen war, die männliche Jugend in der Schulstube, um ihnen die Zeitung vorzulesen. Wahrscheinlich hatte er die einzige Zeitung am Ort. Der Kirchenschlaf der Leute bedrückte ihn. Daneben war er eifrig schriftstellerisch tätig. Dr. Barth gab ihm Aufgabe um Aufgabe. Er übernahm die Schriftleitung der Monatsblätter für die Missionsstunden; er bekam den Auftrag, ein Handbuch für Missionsgeschichte und Geographie auszuarbeiten. Daneben trieb der hochmusikalische Mann harmoniegeschichtliche Studien, setzte sich für den rhythmischen Gesang ein und half mit bei den Vorarbeiten zu einem neuen Württembergischen Gesangbuch. Er schrieb an einem Handbüchlein der Weltgeschichte für Schule und Familie. Diese Arbeiten belegten ihn völlig mit Beschlag, so daß er jede Minute auskaufen mußte. Sein heißes Sehnen nach dem Kommen des Reiches Gottes schien in dieser schriftstellerischen Arbeit Genüge finden zu sollen. Mitten in diese rastlose Tätigkeit fiel der Kampf um Gottliebin Dittus. Gottliebin war ein aufgewecktes Mädchen von lauterem Sinn und geistlicher Reife. Von Kind an hatte sie viel Unheimliches erlebt. Versuchungen traten an sie heran, die sie in abergläubische, okkulte Dinge hineinziehen wollten. Ihre Gottesfurcht ließ sie das alles ablehnen. Im Zusammenhang damit kamen eigentümliche Krankheiten über sie. Sie hatte einen hohen Rücken und einen kurzen Fuß. Als sie mit ihren drei Geschwistern in ein kleines leerstehendes Häuschen einzog, in dem vorher der Exschulmeister Sixt mit seiner Tochter gelebt hatte, geschah manches Unheimliche im Haus. Sixt hatte viel Zauberei getrieben. Gottliebin bekam gleich am ersten Tag beim Tischgebet einen Ohnmachtsanfall. Man vernahm Spukerscheinungen im Hause, über die die Familie selbst nach außen hin nichts merken ließ.

Im Februar 1842 besuchte Blumhardt Gottliebin, die an einer schwerer Gesichtsrose daniederlag. Sie trug ein abstoßendes Wesen zur Schau, grüßte ihn nicht, tat die Hände auseinander, wenn er mit ihr betete. Im April 1842 erfuhr Blumhardt von den Spukerscheinungen, die immer heftiger wurden. Gottliebin sehe oft ein vor zwei Jahren verstorbenes Weib mit einem toten Kind auf dem Arm, die Tochter dieses Sixt. Da das Gepolter immer zunahm, entschloß sich Blumhardt, der Sache durch eine gründliche Untersuchung ein Ende zu machen. Mit dem Bürgermeister und den Gemeinderäten untersuchte er in der Nacht das ganze Haus. Der Tumult wurde immer stärker, bis Blumhardt die Untersuchung aufhob. Der Bezirksarzt Dr. Spätz, der die Kranke behandelte, war ratlos, da die Krankheitserscheinungen immer mehr zunahmen. Er rief einmal unter Tränen: »Man sollte meinen, es sei kein Seelsorger im Ort, daß man die Kranke so liegen läßt; das ist nichts Natürliches.« Das nahm sich Blumhardt zu Herzen, und er nahm sich nun der Kranken an. Er berichtet:

Mir war klar geworden, daß etwas Dämonisches im Spiel sei, und ich empfand es schmerzlich, daß in einer so schauderhaften Sache so gar kein Mittel und Rat sollte zu finden sein. Unter diesen Gedanken faßte mich eine Art Ingrimm, und plötzlich kam's über mich: Es war eine Anregung von oben. Mit festen Schritten trat ich vor, rief ihr in ihrem bewußtlosen Zustand ihren Namen laut ins Ohr und sagte: »Lege die Hände zusammen und bete: 'Herr Jesu hilf mir!' Wir haben lange genug gesehen, was der Teufel kann. Nun wollen wir auch sehen, was der Herr Jesus vermag.« Nach wenigen Augenblicken erwachte sie, sprach die betenden Worte nach, und alle Krämpfe hörten auf, zum großen Erstaunen der Anwesenden. Dies war der entscheidende Zeitpunkt, der mich mit unwiderstehlicher Gewalt in die Tätigkeit für die Sache hineinwarf.

Aus Blumhardt war der Glaubenskämpfer geworden, der um den Sieg Gottes rang.

Es war nun eine große Anfechtung für ihn, daß die unheimlichen Erscheinungen immer schlimmer wurden, je mehr er sich einsetzte. Doch stärkten ihn

Schwäbische Pietisten-runde

Gottes Worte, die ihm begegneten. So die Stelle aus Sirach 2: »Mein Kind, willst du Gottes Diener sein, so schicke dich zur Anfechtung.«

Unter dem Eindruck der Macht Jesu schrieb er am 8. Juli 1842 an Barth:

Sooft ich den Namen Jesu schreibe, durchdringt mich ein heiliger Schauer, mit freudiger Inbrunst des Dankes, diesen Jesum mein zu wissen. Was wir an ihm haben, weiß ich jetzt erst recht.

Im August 1842, nachdem eine Weile Ruhe gewesen war, brachen die Krankheitserscheinungen aufs neue aus, geheimnisvolle Brustblutungen, in denen sich die schlimmsten Zauberei- und Hexereivorstellungen des Volksaberglaubens zu verwirklichen schienen. Blumhardt wurde dadurch immer mehr ins anhaltende Gebet getrieben. Der Seminardirektor Stern in Karlsruhe, dem er geschrieben hatte, machte ihn auf das Wort Jesu aufmerksam: »Diese Art fährt nicht aus denn durch Beten und Fasten.« Durch das Fasten gewann er eine große Sammlung im Gebet, so daß ihm die nachfolgenden Kämpfe sehr erleichtert wurden. Am 28. Dezember 1843 war die entscheidende Stunde des Sieges.

Wir hören Blumhardt aus seinem Bericht an den Oberkirchenrat:

Ein Heer von Dämonen plärrte aus der Schwester der Kranken. Der Dämon gab sich als einen vornehmen Satansengel aus, das Haupt der Zauberei. Wenn er in den Abgrund fahren müsse, erhalte die Zauberei den Todesstoß. Um Mitternacht, da war es, als erblikke er den geöffneten Feuerschlund. Da tönte aus der Kehle des Mädchens zu mehreren Malen, wohl eine Viertelstunde dauernd, nur ein Schrei der Verzweiflung mit einer erschütternden Stärke, als müßte das Haus zusammenstürzen. Die Hälfte der Bewohner des Ortes bekam dadurch Kenntnis von dem Kampf. Um zwei Uhr morgens brüllte der Satansengel mit einer Stimme, die man kaum aus einer menschlichen Kehle für möglich halten sollte, die Worte heraus: Jesus ist Sieger! Jesus ist Sieger! Worte, die, soweit sie verstanden wurden und vielen Personen einen unauslöschlichen Eindruck hinterließen. Damit war der zweijährige Kampf zu Ende.

Gottliebin erlangte allmählich die völlige Gesundheit. Der krumme Rükken, der kurze Fuß, das Magenübel verschwanden. Ihr christlicher Sinn, ihr hoher Verstand machten sie zu einem gesegneten Werkzeug.

Die schönste Frucht des Sieges war die große Bußbewegung, die die ganze Gemeinde erfaßte. Die Erweckten sammelten sich in den Häusern hin und her zu Gebetskreisen. Blumhardt wurde dazu geführt, denen, die gebeichtet hatten, unter Handauflegung die Absolution zuzusprechen. Dadurch wurden auch Kranke geheilt. So kam es, daß immer mehr Kranke auch von auswärts ihre Zuflucht bei Blumhardt suchten. Wunderbare Heilungen wurden geschenkt, oft nur beim Zuhören der Predigt. Ein großer Zustrom von auswärts setzte ein, der die Behörden auf ihn aufmerksam machte. Blumhardt warnte vor einseitigem, ungeistlichem Drängen nach Gebetserhörungen. Er sah eine Art geistlichen Ehrgeizes dahinter, vor dem ihm graute. Eine tiefe Demut gab ihm und seinen Mitarbeitern das Gepräge. Gottliebin war geradezu ängstlich darin, ins reine Nichts zu sinken, da man nur so etwas für das Reich Gottes wirken könne. Es war ein tiefer Schmerz für Blumhardt, als der Oberkirchenrat ihm verbot, fremden Leuten seelsorgerlich zu helfen. Doch als er das Schloß zu Bad Boll erwerben konnte, hatte er wieder die Möglichkeit, alle, die kamen, aufzunehmen.

Blumhardt, der Hoffende

Blumhardt hatte die Barmherzigkeit Gottes an den hartgesottensten Sündern so gewaltig erfahren, daß er Hoffnung faßte auch für die vielen scheinbar Ablehnenden, deren Unglaube, ja Spott und Hohn nichts weiter sind als verhüllte Verzweiflung. Es war in ihm auf Grund seiner großen Erfahrungen ein gewaltiges Sehnen nach dem Kommen des Reiches Gottes und eine zuversichtliche Hoffnung, daß der Herr bald mit Macht einbreche. Er lebte darum in einer lebendigen Naherwartung der Wiederkunft des Herrn. Aus dieser Hoffnung heraus hat er das Lied gedichtet, das er, als er mit einem Ältesten von Calw heimkehrte, gesungen hat, als Hunderte von Engelsstimmen vom nahen Wäldchen jubelnd mit einstimmten. Als er heimgekehrt war, teilte Gottliebin ihm den eben gedichteten Vers mit. Sie hatte den wunderbaren Gesang gehört:

Jesus ist der Siegesheld, der all' seine Feind' besieget. Jesus ist's, dem alle Welt bald zu seinen Füßen lieget. Jesus ist's, der prächtig kömmt und die Seinen zu sich nimmt.

DOROTHEA TRUDEL
(1813-1862)

Ihre Mutter, durch die Leiden ihrer unglücklichen Ehe ganz auf Gott geworfen, überwindet die Welt. Dorothea schreibt über ihre Mutter:

In den 27 Jahren, die ich sie gekannt, habe ich kein Klagewort gehört. Wir Kinder konnten es gar nicht fassen, wenn wir unsere Mutter, die Tag und Nacht im Gebet verharrte, immer in allen Lagen ruhig und heiter sahen, durch alle Schwierigkeiten hindurch ihren Mut und ihre Freudigkeit bewahrend. Besonders konnte ich nicht begreifen, wie sie mit Geduld die Ungerechtigkeiten ertrug, die sie erleiden mußte; denn ich hatte leider nicht den Geist meiner Mutter, sondern den Zorngeist meines Vaters. Wenn die Mutter still und sanft unserem Vater begegnete und uns stets eine gute Seite aufzudecken wußte, während wir mit unseren Augen wenig Gutes an ihm sahen, sagte ich: »O, Mutter, wie kannst du so mit uns reden? Wenn ich einen solchen Mann hätte, würde ich es anders machen. Du gewöhnst ihn nicht gut. Anstatt seine Ungerechtigkeiten ihm vorzuhalten, betest du allezeit.« Sie sah mich mit freundlichem Lächeln an und sagte: »Warte nur, Kind, du wirst mich noch verstehen lernen. Siehe, mein Mann ist mein Glück, durch ihn habe ich gelernt, wie ich mich allein an Gott halten muß. Ich könnte euch Kinder nicht so dem Herrn hingeben, wenn ich nur noch in etwas hätte meinem eigenen Willen leben können. Wenn ihr euch nicht belehren lasset, daß uns der Heiland durch alles segnen kann und segnen will, so macht ihr mir noch mehr Mühe als euer Vater. Meine Aufgabe ist zu beten, daß die Rute, die uns jetzt schlägt, an jenem Tag nicht ins Feuer kommt. Für die Rute aber will ich meinem Heiland zeitlebens dankbar sein.« Sie hatte, wie ihre eigene Mutter, elf Kinder, und da wir wenig Vermögen hatten, wurden wir sehr einfach erzogen. Ihr Grundsatz, den sie uns tief ins Herz prägte, war: Beten und nicht betteln. Wir machten in dieser Beziehung herrliche Erfahrungen, so daß jedes von uns bezeugen mußte: Es hat uns an nichts gefehlt. Sie prägte uns das Verslein ein: Was du Gutes willst im Leben dein, muß alles von Gott erbeten sein.

Durch Gebet und Arbeit gelang es ihr, ihre elf Kinder, die von Jugend an mitarbeiten mußten, großzuziehen, ohne daß der Vater, der seine eigenen Wege ging, mithalf. Kurz vor ihrem Tode im Jahre 1840 kam ein reicher Verwandter, Dr. Trudel, in seinem fünfundsiebzigsten Lebensjahr zu ihnen. Sie hatten keinerlei Verbindung mit ihm gehabt. Er versprach der sterbenden Mutter, für ihre Kinder zu sorgen, und lebte noch zehn Jahre, so daß sie es gut bei ihm hatten. Er vermachte ihnen einen großen Teil seines Vermögens.

In den vielen Krankheitsnöten der Familie wandte sich die Mutter an den himmlischen Arzt, da sie keinen irdischen Arzt bezahlen konnte. So war Dorothea von Kind an in der Schule des Glaubens:

Unsere Mutter erfuhr auf wunderbare Weise Dinge, die sich mit der Vernunft nicht fassen lassen. Durch den Umstand, daß, wenn Krankheiten uns Kinder oder die Mutter ergriffen, durchaus nie von einem Arzt die Rede war, wurden wir dahin geleitet, daß der Herr allein der rechte Arzt sei. Als ich im vierten Jahr die Pocken bekam, blind dalag und mein Bruder im vierzehnten Jahr von der Epilepsie befallen wurde, glaubte und traute die Mutter, daß der Herr allein helfe, und wir beide wurden in kurzer Zeit ganz gesund.

Dorothea sucht und findet Jesus

Sie hatte von Jugend auf einen Abscheu vor Unreinheit. Als sie zu einem schönen Mädchen heranwuchs, öffnete der Vater abends jungen Leuten sein Haus, daß sie seine junge Tochter besuchten. Sie aber duldete diese Besuche nur unter der Bedingung, daß die Vorhänge am Fenster nicht zugezogen werden durften und jedermann sehen konnte, was in der Stube vorging. Ein junger, starker Mensch überfiel sie einmal unterwegs, um ihr einen Kuß zu geben. Sie verteidigte sich und trug aus dem Zweikampf ein Übel davon, das die Ursache zur Verwachsung ihres Rückens wurde. Als eine Freundin, mit der sie gern tanzte, plötzlich an einem Blutsturz starb, war sie so tief erschrocken, daß sie von dem Augenblick an »nur begehrte, ein Eigentum Jesu zu sein«. Sie schreibt:

Ich rang so um Vergebung der Sünden, daß ich vor Weinen ganz matt wurde und endlich anfing zu kränkeln. Ich wurde so krank, daß alle glaubten, ich sterbe. Meine schöne Gestalt verfiel. Ich wurde ein krummes, abgezehrtes, ja ganz dürres Wesen. Aber ich konnte dabei meine Arbeit tun. Ich hatte Seide zu weben, und durch die Kraft Jesu durfte ich den Meinigen zum Segen werden; denn meine Seele hatte bei allen Leiden Frieden.

Sie lernt, nach Jakobus 5 Heilungen im Gebet zu erbitten

Als sie kranken Arbeitern aus dem Geschäft ihres Neffen, die vergebens beim Arzt Heilung gesucht hatten, betend die Hände auflegte, wurden sie alsbald gesund. Sie selbst wurde in tiefere Buße geführt. Sie erkannte, daß das Herzleiden, das sie noch hatte, wenn schwere Prüfungen über sie kamen, eine Folge der Leidenschaften des alten Menschen war ist, wenn sie die Liebe von 1. Kor. 13 hätte, die sich über nichts mehr aufregen läßt, das Herzweh nicht mehr bekäme. Nun wurden andere Kranke ihr zugeschickt. Eine ungeheilt aus dem Irrenhaus entlassene Pfarrfrau, die durch den Tod ihres Mannes ganz zerrüttet war, da sie mit ihren zwölf Kindern keinen Ausweg mehr sah, konnte nach sieben Wochen geheilt entlassen werden. Immer mehr Geisteskranke kamen, so daß sie ein zweites Haus kaufen mußte, um sie aufnehmen zu können. Ein junger Handwerker, dessen Krebsleiden so weit vorgeschritten war, daß eine Pestluft von ihm ausging, genas, als

er seine Sünden nicht nur Gott, sondern auch Menschen bekannte. Elias Schrenk, der als Missionszögling an Spinalirritation litt und ein Jahr lang zu keiner Kopfarbeit fähig war, suchte Hilfe bei Jungfer Trudel in Männedorf. Sie tat ihm gründlich den Rost herunter, wie er selbst berichtet, und legte ihm an drei Tagen täglich einmal die Hände auf und betete über ihm. Nach drei Tagen war er so weit wiederhergestellt, daß er nach Basel zurückkehren und konzentriert studieren konnte.

In hingebender Liebe diente sie ihren Geistes- und sonstigen Kranken, so daß sie über ihrem Dienst von früh bis tief in die Nacht oft das Essen vergaß.

Ihre Verkündigung

In ihrer Verkündigung war sie herb und zeigte die geheimen Sündentriebe auf.

Alle Tage sollen wir Gott loben, dann sind wir apostolische Christen, wenn wir Gott auch in bösen Tagen loben können. – Nicht obenan sitzen wollen, stets der erste sein, sondern sich gern unter die Kleinsten und Niedrigsten beugen, Staub werden und gestorbene Leute: das macht uns angenehm bei dem Herrn. Viele beten, der Herr möge sie zu Pfeilern machen oder zu Werkzeugen. Betet doch zuerst, daß ihr eine Null werdet! – Das macht allein glücklich, wenn Christus in uns herrscht. – Das unselige Sich-selbst-Bekehren und Sich-besser-Machenwollen muß aufhören, daß man sich ganz in das Erbarmen Jesu wirft und ihm vertraut, daß er die fremden Völker, die fremden Lüste ausräumt aus unseren Herzen.

Sie selbst wird im Ofen des Elends geläutert

Sie erlitt allerlei Verfolgungen. Man hängte ihr einen Prozeß an wegen unerlaubter ärztlicher Tätigkeit; sie wurde aber freigesprochen. Im Jahre 1862 steckte sie sich an einem Nervenfieber bei der Krankenpflege an. Sie siechte einige Wochen dahin in heißem Kampf mit der Krankheit und erlebte in dieser Krankheit das ernste Gericht Gottes. Sie verbot, ihre Lithographie, die in Arbeit war, zu vollenden, damit keine Kreaturenliebe aufkomme; auch tat sie Buße für ihren Unglauben, daß sie sich von der Krankheit habe übermannen lassen. Kurz vor ihrem Sterben rief sie aus: »Christus hat überwunden, Gloria!« Eines ihrer letzten Worte, an ein geistliches Kind gerichtet, das bei ihr stand: »Verlaß dich auf keinen Glaubensmann.«

Sie hatte schon in einer Vorahnung auf Grund ihres Neujahrsloses alles Äußere geordnet und ihr Werk und ihre Häuser ihrem geistlichen Sohn, Samuel Zeller, notariell vermacht.

Am 6. September 1862 entschlief sie.

SAMUEL ZELLER (1834-1912)

Eltern und Jugend

Samuel Zeller wurde am 9. April 1834 zu Beuggen als elftes Kind Christian Heinrich Zellers und der Sophie geb. Siegfried geboren. Der Vater, aus altem württembergischen Geschlecht, Direktor der nach Pestalozzis Grundsätzen arbeitenden Lehranstalt Zofingen, war durch Spittler zur Gründung einer auf christlichen Grundlagen beruhenden Erziehungsanstalt in dem verlassenen Ordensschloß Beuggen aufgefordert worden und hatte durch seine hingebende Arbeit aus Beuggen einen Garten Gottes gemacht. Die Mutter, eine tüchtige Erzieherin, Pfarrerstochter aus dem Berner Oberland, war als kleines Kind durch Gottes gnädiges Behüten vor einem riesigen Lämmergeier, der nur noch wenige Meter über dem Kind schwebte, durch einen Schuß des Vaters aus dem Fenster des Studierzimmers gerettet worden. Samuel sollte die pädagogische Tradition weiterführen und war zur Ausbildung in den Erziehungsanstalten Payenne, Schiers und zuletzt wieder in Beuggen. Aber er war ein friedloser junger Mann, und als er gar eine fressende Flechte bekam, da wurde er zum trübsinnigen Hypochonder. Auf einer Erholungsreise zu einer Schwester, die in Aarau verheiratet war, rät ihm ein ehemaliges Beuggener Kind, das ihn besuchte, er solle nach Männedorf gehen, dort sei eine Jungfrau, die bete mit den Kranken. Er reist dorthin. Jungfer Trudel sieht ihn an mit klaren Augen, die ihn ganz durchdringen: »Was, ein Sohn von Inspektor Zeller in Beuggen, und so ein finsteres Gesicht!« Als er ihr von seiner Krankheit berichtet, tröstet sie ihn freundlich: »Wenn einmal der Aussatz der Sünde weg ist, wird wohl diese Krankheit auch verschwinden.« Es wird ihm seine verborgene Sünde offenbar, und als alles bekannt und der Friede mit Gott da ist, wird ihm unter der Handauflegung der Jungfer Trudel auch die Heilung geschenkt. Er ist dann im Hause des Fabrikanten Schniewind in Elberfeld als Hauslehrer und gewinnt dort reiche

Samuel Zeller

geistliche Anregung und geistliche Freunde.

Berufung und Sichtung

Da ruft ihn Jungfer Trudel als Gehilfen nach Männedorf. Es war im November 1860. Es wurde ein gesegnetes und fröhliches Zusammenarbeiten, wenn auch der Anfang für Samuel schwer war, denn er mußte in engen Räumen mit sieben geisteskranken Männern zusammen schlafen. Doch er konnte sich in alles schicken, und Jungfer Trudel hatte eine mütterliche Freude an den praktischen und kräftigen Bibelstunden ihres geistlichen Sohns. Da kam der schwere Schlag über das Haus. Jungfer Trudel starb als Opfer einer Typhusepidemie, und am Beerdigungstag legte sich Samuel an derselben Krankheit nieder. Durch die Weisungen des Herrn, die ihr durch das Los zuteil geworden waren, war sie dazu geführt worden, die Häuser der Anstalt Samuel schenkungsweise zu vermachen. Gerade war man beim Aufbau eines großen Betsaals, als der Heimgang der Hausmutter und die schwere Erkrankung des Hausvaters alles in Frage stellte. Aber es stellte sich heraus, daß diese schwere Heimsuchung ein Gericht des Herrn war, um das Werk vor Menschenvergötterung zu behüten. Durch die Furcht des Herrn gezüchtigt, konnte Samuel nach seiner Genesung einen guten Anfang machen.

Wachstum des Werkes

Bald waren die vorhandenen Häuser wieder zu klein. Doch mußte man warten, bis im Jahre 1881 ein großes benachbartes Haus erworben werden konnte. Noch fünf kleinere Häuser und das Gut Talheim mit Wohnhaus und Ökonomiegebäuden gingen bis zum Jahre 1907 in den Besitz der Anstalt über. Eine Kapelle mit nahezu 1000 Sitzplätzen wurde erbaut, und der überschwenglich reiche Herr öffnete die Türen zu den Herzen und Schatzkammern der Menschen. Mit dem äußeren Wachstum hielt das innere Wachstum Schritt. Ein Evangelisations- und Gemeinschaftswerk entstand, das Zeller 1884 an die Evangelische Gesellschaft in Zürich abgab, um sich ganz seinen Gästen zu widmen. Sein Arbeitsmittel war die tägliche Bibelauslegung. Zwei gründliche Bibelstunden hielt er am Tag.

Die Bibelstunden

Diese Bibelstunden waren die Frucht eines unablässigen Umgangs mit der Schrift. Sie wollten keine tiefsinnigen Geheimnisse enthüllen, sondern sie gaben schlichtes Lebensbrot, das jedermann genießen konnte. Zeller stieg auf dem Apfelbaum der heiligen Schrift von Ast zu Ast, um überall Früchte zu pflücken. Einige Dispositionen mögen das veranschaulichen.

Das Thema einer solchen Bibelstundenreihe war:

Was Gott kann.
1. Er kann verborgene Dinge offenbaren. Dan. 2,28.
2. Wer stolz ist, den kann er demütigen. Dan. 4,34.
3. Er kann wohl reinigen. Matth. 8,2.
4. Er kann dem Abraham aus diesen Steinen Kinder erwecken. Matth. 3,9.
5. Er kann Sünden vergeben. Matth. 9,6.
6. Er kann abgehauene Zweige wieder einpfropfen. Röm. 11,23.
7. Er kann machen, daß allerlei Gnade unter euch reichlich sei. 2. Kor. 9,8.
8. Er kann alle Dinge ihm untertänig machen. Phil. 3,21.
9. Er kann denen helfen, die versucht werden. Heb. 2,18.
10. Er kann von den Toten auferwecken. Heb. 11,19.
11. Er kann schaffen, was er will. Ps. 115,3.
12. Er kann völlig selig machen. Heb. 7,25.

Völlig selig. Dazu gehören:
1. Völliger Glaube. Heb. 10,22.
2. Völlige Liebe. 1. Thess. 3,12.
3. Völlige Hoffnung. Röm. 15,13.
4. Völlige Freude. 1. Joh. 1,4.
5. Völlige Geduld. Jak. 1,4.
6. Völlige Werke. Offb. 3,2.

Seelsorge und Heilung

Aus dieser geisterfüllten Bibelarbeit erwuchs ihm die Seelsorge. Er drängte sie niemand auf, sondern wartete geduldig, bis die Leute zu ihm in die Sprechstunde kamen. Er sah in die Herzen hinein, und die innerlich Getroffenen beichteten ihm freiwillig. Vom Wort Gottes gelehrt, war er sehr nüchtern in seinen Ratschlägen. Den Kranken legte er nach Jak. 5 und Mark. 16 die Hände auf und betete über ihnen.

Ein Beispiel:

Fritz hieß der Metzgerbursche, der mit furchtbarem Lippenkrebs hierherkam und Handauflegung empfing. Längere Zeit spürte man an ihm keine Veränderung. Eines Tages kam er, von der Macht des Wortes Gottes überwältigt, bekannte dem Hausvater seine Sünden, und siehe da, von Stund an war der widerliche Krebsgeruch verschwunden. Dann folgte wieder ein Stillstand. Da steht Fritz noch einmal vor dem Hausvater und bekennt mit gesenktem Blick: Ich habe Ihnen die Hefen nicht geoffenbart. Und dann kamen wirklich die Hefen. Es ging nicht lange, so war er auch vom Krebs vollkommen geheilt. Vor einigen Jahren kam ein blühender Herr zu unserem Hausvater und fragte: »Kennen sie mich noch?« »Nein!« »Ich bin der Fritz mit dem Lippenkrebs.«

Diese Heilungen sind das Vorrecht der Kinder Gottes, die den Leib dem Herrn geben und dann auch die Erfahrungen machen, daß der Herr für den Leib da ist. Während die Kranken Handauflegung empfingen, mußten sie sich von ärztlichen Mitteln enthalten.

Damit war aber keine Verachtung der ärztlichen Kunst verbunden, wie auch Samuel aus der Heilung durchs Gebet kein Gesetz machte. »Gott hat nicht nur eine Sanitätsabteilung«, pflegte er zu sagen, »sondern auch eine Erziehungsabteilung«. Er kannte nicht nur die Heiligung durch den Glauben, die Pearsall Smith damals mit großem Nachdruck verkündigte, sondern auch die Heiligung durch die Zucht nach Hebr. 12,9. So war Samuel Zeller durch sein Verankertsein im Wort Gottes ganz nüchtern und blieb vor Einseitigkeiten bewahrt. Er wußte aus Hebr. 11, daß es Helden des aktiven und des passiven Glaubens gibt. Ein Leidender im Glauben war sein Bruder Reinhard, der Inspektor von Beuggen, der in seinem Alter von der Gicht völlig gelähmt war. Mit ihm war er herzlich verbunden.

Letzte Krankheit und Heimgang

Auch Samuel Zeller erkrankte in seinem achtundsiebzigsten Lebensjahr schwer und litt über ein halbes Jahr lang. Dabei tröstete ihn das Wort des Neukirchener Abreißkalenders vom Silberblick. Bis das Silber anfängt zu leuchten, läßt es der Schmelzer auf dem Feuer. Dann nimmt er es sofort weg. Am 18. April 1912 war für Samuel Zeller die Stunde da. Occidit, ut oriatur. Er ist untergegangen wie die Sonne, daß er aufgehe.

JOHANNES SEITZ (1839-1918)

Seitz empfängt sein Bestes aus der Blumhardtbewegung, die sein Elternhaus ergriffen hat

Seitz wurde am 7. Februar 1839 zu Neuweiler bei Wildbad, einem durch Trunksucht ganz heruntergekommenen Dorf, geboren. Sein Vater war durch wunderbare Heilungen, die in seinem Dorf durch Blumhardt geschehen waren – eine Gastwirtin wurde von Gesichtskrebs geheilt und ihr Mann von einer Geisteskrankheit –, aus Neugier zu Blumhardt geführt worden. Er wurde gläubig mit seinem ganzen Hause. Die Versammlung der Gläubigen fand von nun an bei ihm statt. So hat Johannes Seitz im Elternhaus von Jugend auf den besten Anschauungsunterricht im Christentum genossen. Auch Jungfer Trudel wirkte in sein Heimatdorf, das allmählich ganz umgewandelt wurde, hinein. Ein Schulkamerad von Seitz namens Keller, ein sehr begabter, aber leichtsinniger Weltmensch, fand bei Jungfer Trudel Heilung vom Lippenkrebs. Es war eine Zeit apostolischer Kräfte und Wunder. Eine wunderbare Gotteshilfe widerfuhr seinen Eltern, als sie in wirtschaftlicher Notzeit wegen ihrer Schulden um Haus und Hof kommen sollten. Da erhörte Gott das einfältige gläubige Gebet des Vaters und bewegte durch eine Engelserscheinung die Herzen der Gläubigen, die schon den Hof verkaufen wollten, so daß sie ihn an die Eltern Seitz' als Eigentum zurückgaben. Wie das auf den Sohn wirkte, zeigen seine eigenen Worte:

Das machte auf mich einen so tiefen Eindruck, als der Vater, von Stuttgart kommend, uns auf dem Acker es erzählte, daß ich in ein nahes Wäldchen eilte, mich auf das Angesicht zur Erde legte, meinen Dank ausweinte und sagte: »Lieber Gott, wenn du dich der Deinen so annimmst, da will ich mein ganzes Leben lang dir angehören und dir danken und dir leben.«

Seitz wird Prediger des Evangeliums und Gründer großer Missions- und Seelsorgeheime

Der heranwachsende Seitz wurde beim Lesen von Kriegsgeschichten von einem Schwarmgeist ergriffen, daß er nur noch Schilderungen von Schlachten und Kriegen lesen wollte. Durch eine innere Züchtigung Gottes kam er zur Erkenntnis seiner Verkehrtheit. Eine schwere Erkrankung, Knochenfraß am linken Arm, führte ihn zu einer völligen Übergabe an den Herrn. Danach fand er Heilung. Er entschloß sich, in die Missionsschule der Tempelgesellschaft zu gehen, zu der ein geistvoller Pfarrer seines Heimatdorfes die blühende Gemeinschaft gezogen hatte. Nach zweieinhalbjähriger Ausbildung wurde er mit dem Reisepredigerdienst an den Gemeinschaften in der Murrharder Gegend betraut, die geistlich ganz tot war. Das zwang ihn in ein anhaltendes Beten hinein. Darüber berichtet Seitz:

Das tiefe Verderben dieser Gegenden, in welchen tätig sein mußte, war für mich der mächtigste Antrieb und Sporn, nach der Heiligung, der Demut, der Liebe und den Geisteskräften der apostolischen Zeit zu trachten. Die Wortverkündigung muß in der Kraft des Geistes geschehen, wenn in solch gesunkenen Gegenden die Macht des Todes gebrochen werden und das Reich Gottes durchbrechen soll.

Als er nach Stuttgart versetzt wurde, sah er einige Jahre lang in seiner Missionsarbeit keine Frucht, während er vorher viele Erweckungen erleben durfte. Und was tat er?

Ich muß mir sagen: Das kannst du noch leisten: Du kannst anhaltend beten. Und jetzt fing ich an, wirklich anhaltend zu beten. Es mögen zwei bis drei Jahre gewesen sein. Als ich auch einmal wieder in den Wäldern um Stuttgart im Gebet dalag im Ringen mit Gott, da kam etwas so Gewaltiges über mich, daß ich fühlte, jetzt hat Gott mein Geschrei gehört. Und jetzt hatte ich wieder eine solche Kraft, für den Herrn zu wirken, und habe es auch erfahren, wie leicht es ist, Menschen zu erschüttern und zu bekehren, wenn eine göttliche Kraft da ist.

Neue Wirkungsstätten

Als die Leitung der Tempelgesellschaft dem Rationalismus verfiel, löste er sich von ihr. In der Zwischenzeit hatte er ein großes Arbeitsfeld in Ostpreußen gefunden. Die Liebe zum Heiligen Land, die die Tempelgesellschaft geweckt hatte, blieb auch nach der Trennung von ihr in ihm lebendig und führte ihn zur Grün-

*Christoph Friedrich
Blumhardt*

Bei dem Ringen um diese hart gebundenen Menschen machte er die Erfahrung, die schon Blumhardt gemacht hatte: wie wichtig das Sündenbekenntnis vor Menschen ist. »Wenn Gestohlenes nicht zurückerstattet wird, wenn Menschen unversöhnlich sind, dann können sie nicht glauben und bleiben im Bann.«

CHRISTOPH FRIEDRICH BLUMHARDT (1842-1919)

Umweht von der geistlichen Luft in Möttlingen und Boll wächst er auf

Der jüngere Blumhardt ist am 1. Juni 1842 zu Möttlingen als Sohn des Pfarrers Johann Christoph Blumhardt und dessen Frau Doris geb. Köllner geboren. Seine Kindheit war umweht von den geistlichen Erfahrungen des Kampfes mit den finsteren Mächten und von der Freude des Sieges Jesu. Die Jahre, da er heranwuchs, waren Zeiten der Mißernte und der Teuerung. Manchmal war kein Kreuzer mehr im Pfarrhaus, um ihn einem Bettler zu geben. Doch der vom Heiland geschenkte Herzensfriede war so groß, daß das einfachste Leben verklärt war. So hatte er es zeitlebens leicht, an Wunder zu glauben, weil er sie selbst erlebt hatte. Als er zehn Jahre alt war, erfolgte die Übersiedlung der Eltern nach Bad Boll. Dem Konfirmanden gab der Vater den Spruch aus 2. Chronika 15,2: »Der Herr ist mit euch, weil ihr mit ihm seid. Und wenn ihr ihn suchet, so wird er sich von euch finden lassen. Werdet ihr ihn aber verlassen, so wird er auch euch verlassen.« Dr. Barth, der ihn getauft hatte, rief ihm und seinem älteren Bruder, der mit ihm konfirmiert wurde, zu: »Der Herr mache es euch recht schwer, ja unerträglich, ohne ihn zu leben.«

Des Vaters Wesen zog ihn so an, daß er schon mit dreizehn Jahren seine Andachten und Predigten nachschrieb. Durch den Umgang mit den vielen, die bei dem Vater Hilfe suchten und fanden, wurde ihm unvergeßlich eingeprägt, daß das Erleben der göttlichen Hilfe seinen Grund in einer inneren Umwandlung hat.

Vom Bruder wurde er zuerst selbst unterrichtet, dann mit seinem Bruder nach Stuttgart zur Schule geschickt. Zuletzt war er noch drei Jahre Hospitant am Seminar in Urach. Durch regelmäßi-

dung einer Missionsstation auf dem Karmel. Ein Besuch Georg Müllers in Haifa regte die dortigen Freunde an, von dem Herrn Mittel zur Vergrößerung dieser Arbeit zu erbitten, die ihnen dann auch wunderbar geschenkt wurden. Und als das Karmelkloster den Weg zu ihrem Besitz sperrte und einen kostspieligen Prozeß gegen sie anstrengte, wurde dieser Widerstand auf das anhaltende Gebet von Seitz hin, der nach Haifa zu seinem Freund Keller gereist war, gebrochen. In ähnlicher Weise wurden ihm und seinem Mitarbeiter Blaich die Erholungsheime in Preußisch-Bahnau und in Teichwolframsdorf geschenkt. In den einhundert Zimmern des Teichwolframsdorfer Heimes konnte er viele Gäste aufnehmen, die in geistlicher und leiblicher Not Hilfe suchten. Er war fünfzig Jahre alt, als ihm seine Frau Luise zugeführt wurde, die ihm in der Verwaltung der großen Häuser und in der Seelsorge an den vielen Gästen zur Seite stand. In diesen Häusern durfte er eine wunderbare Segensarbeit tun, die er in seinen »Erinnerungen und Erfahrungen« beschreibt:

Das anhaltende Gebet gewann große Siege auch in hartnäckigen Fällen, die auf die im Volk verbreitete Zauberei zurückgingen. Wenn die Menschen in Krankheitsnöte kommen, haben sie kein Vertrauen zu Gott. Dann laufen sie zu allen Teufelsknechten und -mägden um Hilfe. Da werden die drei höchsten Namen in beschwörender Weise mißbraucht. Dadurch kommen sie derart unter die Gewalt finsterer Mächte, daß der Teufel Macht bekommt, sie in alle möglichen Sünden, oft in schwere und unnatürliche Fleischessünden, hineinzustürzen.

ge Briefe und Besuche blieben die Söhne in inniger Verbindung mit dem Elternhaus. Christoph bekannte später im Landtag, daß er seinem Seminarrektor Kapff, dem späteren Prälaten, die tiefsten religiösen Eindrücke verdanke. 1862 zogen beide Brüder nach Tübingen zum Theologiestudium. Er hörte Beck und Weizsäcker, vor dessen Kritik am Neuen Testament ihn der Vater warnte. Die Söhne wollten in eine Studentenverbindung eintreten. Der Vater erlaubte es schließlich.

Christoph hatte dem großen Vater gegenüber Minderwertigkeitsgefühle. Er litt darunter, der Sohn eines großen Mannes zu sein, und es regte sich in ihm der Drang nach Selbständigkeit. Nach bestandenem theologischen Examen wurde er 1866 Vikar bei Pfarrer Peter in Spöck, dem Nachfolger Henhöfers, des großen badischen Erweckungspredigers. Nach einigen Monaten kam er zu einem Freund Peters, Pfarrer Eisenlohr in Gernsbach. Die Unterscheidung zwischen gläubig und ungläubig, die er in der badischen Kirche oft machen hörte, befremdete ihn. Der Vater Blumhardt pflegte den Menschen ohne jegliches Vorurteil entgegenzutreten, und das tat er aus seelsorgerlicher Liebe und Weisheit und hatte auch seinem Sohn angeraten, es so zu halten. Nachdem er noch in einer württembergischen Vikarstelle tätig gewesen war, berief ihn der Vater 1869 nach Bad Boll an seine Seite. 1870 verheiratete er sich mit der Tochter eines größeren Landwirts aus der Tübinger Gegend, die in Boll Haustochter war, mit Emilie Bräuninger. An der Seite des Vaters wuchs er als sein Gehilfe in seine Aufgaben hinein. Als der Vater auf dem Sterbebett lag, beschäftigte er sich mit Hoffnungsgedanken auf einen großen Durchbruch des Geistes Gottes und sagte zu ihm: »Christoph, es muß durch, es muß!« Mit letzter Anstrengung legte ihm der Sterbende die Hand aufs Haupt und sagte: »Ich segne dich zum Siegen!« Am Begräbnistag des Vaters segnete ihn Zündel ein zur Nachfolgerschaft.

Der Nachfolger und Geisteserbe des Vaters

In Bad Boll ging alles weiter wie bei Vater Blumhardt. Der Geist war auf den Sohn übergegangen, die Hilfesuchenden umdrängten sein Sprechzimmer, und es geschahen in aller Stille Wunder durch die Hand des Herrn. Er stand in diesen Jahren in der Bußbewegung, die in Möttlingen die unmittelbare Folge des Sieges war. Sein Grundwort war: »Sterbet, so wird Jesus leben.« Der Heimgang seiner Mutter im Jahre 1886, von der er sagte, sie habe eine stille Majestät von Gott bekommen, und die bei ihrem selbstlosen Dienen in einem ständigen Warten auf himmlische Kräfte stand, bedeutete für Boll den Abschluß der alten Blumhardtzeit.

Die Ursprünglichkeit Blumhardts bricht durch und geht einen neuen, selbständigen Weg in der Weiterbildung des väterlichen Erbes

Die geheiligte Natürlichkeit des Vaters, der ja das Wort geprägt hatte, man müsse als bekehrter Mensch sich noch einmal zur Natürlichkeit bekehren, hatte dem Sohn Weite und Weltoffenheit mitgegeben. Von den engen Schranken des Pietismus wußte er nichts. Den Schüler fand der Vater einst im Zirkus. Der Student wollte in der Studentenverbindung sein, »wo es offen, frei und recht zugeht in der Weisung jugendlicher Kraft und Weisheit«. Das hohe Menschentum Goethes zog ihn lebenslang an. Er hatte naturwissenschaftliche Interessen, und das Entwicklungsgesetz der Natur übertrug er auch auf das Geistliche. So erwartete er immer weniger den Einbruch des Reiches Gottes als eine Katastrophe, sondern er sah es sich schon heute auswirken und sich in aller Stille entwickeln. Und da für ihn Jesus nicht ein Herr im Winkel, sondern der Herr der Welt war, sah er in den großen Zeitereignissen und auch in den weltlichen Bewegungen der Menschheit diesen Fortschritt des Reiches Gottes. Eine Erkrankung am Ende der achtziger Jahre vollendete in ihm eine neue Einstellung zu Krankheit und Heilung. Er wandte sich dem Gebiet der Gesundheitspflege zu, beschäftigte sich mit Wasser- und Luftbehandlung und der vegetarischen Lebensweise. Es war ihm, als hörte er Gott zu dem Kranken sagen:

Behalte dein Elend und frage nicht so viel danach. Das ist jetzt nicht die Hauptsache, daß ich dir jetzt da geschwind helfe. Komm, wir wollen ans Reich Gottes denken, das ist die Hauptsache und dein Elend ist Nebensache. Oft muß eine körperliche Krankheit gleichsam eine Brücke werden in die Trübsal hinein, durch welche wir ins Reich Gottes kommen.

Im Jahre 1894 verzichtete er auf die kirchlichen Formen für sein Haus. Hausvater zu sein, war ihm wichtiger, als den Talar beim sonntäglichen Hausgottesdienst zu tragen.

Immer größer wurde ihm die Liebe Gottes zur Welt:

Die Liebe Gottes ist der Schlüssel in die Welt, in der wir leben. Nicht die Welt sieht Gott, sondern Gott sieht die Welt, und wer von Gott ist, schaut auch in der Welt das Leben. In diese Welt sollen wir hingehen mit der Liebe Jesu Christi. Nur durch Liebe wird die Welt gut, nur durch Liebe wird die böse Welt überwunden.

In dieser Liebe wagte er es nun, jedem Menschen zu sagen: »Du bist Gottes.«

Von jeder Kanzel sollte verkündigt werden: »Ihr Menschen, ihr seid Gottes. Ob ihr noch gottlos seid oder schon fromm.«

Damit war die Unterscheidung von gläubig und ungläubig gefallen, und das Bekehrenwollen hörte auch auf.

Nun schaute er aus nach den Zeichen der Zeit, und er sah die große Arbeiterbewegung der Sozialdemokratie. War nicht ihr Protest gegen die ungerechte Gesellschaftsordnung eine in das Große der Welt eingedrungene Buße? War nicht hier in dem leidenschaftlichen Einsatz für die Enterbten und Unterdrückten im Kampf gegen Krieg und Klassenherrschaft ein Wesenszug des kommenden Reiches Gottes? Da sprang er mit beiden Füßen in diese Arbeiterbewegung hinein, bekannte sich am 24. Oktober 1899 öffentlich zum Sozialismus. Ein Sturm der Entrüstung erhob sich gegen ihn. Das Konsistorium forderte ihn auf, auf den Pfarrerstitel zu verzichten. Blumhardt hielt Vorträge in den Arbeiterversammlungen und ließ sich 1900 im Wahlkreis Göppingen zum Abgeordneten wählen. Er sah in der deutschen Flottenpolitik eine imperialistische Gefahr. Ohne hartes Urteil ertrug er den Atheismus in der Arbeiterwelt. Er verstand es, daß viele aus Verzweiflung zum Unglauben gekommen waren. Als Blumhardt zur Sozialdemokratie ging, wußte er sich von Gott geführt, und er hat um dieses Schrittes willen auch das Leiden, das damit zusammenhing, getragen. Ob dieser einsame Christusträger inmitten der materialistisch eingestellten Genossen das tun mußte, was die Kirche der Arbeiterschaft schuldhaft versagt hatte, nämlich zu ihr

stehen im Kampf um Gerechtigkeit und Liebe? Wenn einmal die materialistische Weltanschauung in ihrer Armseligkeit und Unrichtigkeit offenbar werden wird, ob dann nicht dieser opfervolle Einsatz Blumhardts eine Brücke bilden wird zu Christus hin?

In der Stille und wieder im Warten

Von einer Reise nach Palästina im Jahre 1906 brachte er eine Malariaerkrankung mit, die ihn öfters auf ein schweres Krankenlager legte. 1910 erkrankte er sehr schwer in Ägypten. Er wurde dadurch in die Stille geführt.

Er erkannte, »daß er ins Warten und Beten geführt sei, daß Gott etwas an den Menschen tue«, und sagte weiter: Wir müssen warten, bis durch Taten Gottes der harte Boden erweicht wird, und nicht ungeduldig werden und die Menschen bekehren wollen.

Seine Losung wurde mehr und mehr, alles in der Stille mit seinem Gott zu verhandeln, »und es wird regiert«. 1907 verlegte er seinen Wohnsitz in das eine Stunde von Boll entfernte Landhaus Wieseneck.

Seit 1896 stand Schwester Anna von Spreewitz an seiner Seite als eine »Helferin im Geist«. Sie war tief in die Not des Volkes und in eigene Krankheitsnot hineingestellt worden und hatte in Bad Boll die helfende Kraft des Heilands erfahren. Sie verstand Blumhardt ganz in seinem innersten Wesen und Wollen. Sie hat nach seinem Tode geholfen, daß Bad Boll an die Brüdergemeine überging.

In der Stille klärte sich dann sein Urteil über die Sozialdemokratie.

Ihm wurde nun klar (1912), daß der Sozialismus doch zu der Welt gehört, die vergeht, und nicht die Gemeinschaft der Menschen enthält, wie sie einmal durch den Geist Gottes kommt, daß ein zu starkes Eintreten für die heutige Anschauung einen Nebengeschmack bekommt, der störend wirkt in einem Dienst Gottes. Der Versuch, meine Reichsideen ins Irdische zu tragen, konnte keine Wurzel bekommen in einer Zeit, da die Menschen von Hoffnungen erfüllt sind, sie und allein könnten eine Menschheit des Glückes schaffen. Man muß jetzt erst scheitern an dem Felsen des Irdischen, um das Höhere zu begreifen.

Er erlebte den ersten Weltkrieg mit tiefem Schmerz. Er sagte:

Kriege sind nicht nach dem Sinn Jesu Christi. Die Hölle des Kriegs ist die Frucht des Machtbewustseins, des Reichtums, die Frucht all unseres irdischen Lebens. Gott hat eine große Gnade in unsere Zeit geschickt, daß wir wieder arm werden dürfen. Wir dürfen das Ewige suchen.

Es geht heimwärts

Bis zum Sommer 1917 hielt er die Predigten in Boll. Da traf ihn im Herbst ein leichter Schlaganfall. Nun vollendete er sein Leben in der tiefsten Stille. In all seinem Leiden blieb er von Freude und Dank erfüllt wie ein fröhliches Kind, auch als sein Sohn Georg auf dem Rückmarsch erkrankte und starb.

Ende Juli 1919 spürte man sein Ende nahen, und in der Nacht zum 2. August entschlief er ganz still und friedlich. Er lag da wie ein selig schlummerndes Kind, aber mit dem Ausdruck des Überwinders.

Christoph Friedrich Blumhardt hat Gedankenlinien, die er von seinem Vater übernommen hatte, einseitig ausgebildet. Was bei seinem Vater ausgeglichen war, erschien bei ihm in Gegensätzen. Die Grundmelodie seines Lebens aber blieben das Ganzheitsdenken und die Hoffnungsgedanken seines Vaters, wie es auch auf seinem Grabstein steht: »Daß Jesus siegt, bleibt ewig ausgemacht. Sein wird die ganze Welt.«

OTTO STOCKMAYER
(1838-1917)

Sein Werdegang

Otto Stockmayer ist am 21. Oktober 1838 als Sohn des sehr angesehenen, tatkräftigen Oberamtmanns Stockmayer in Aalen geboren. Vom Vater wurde er in strenger Zucht zum unbedingten Gehorsam erzogen. Früh verlor er seine Mutter, die sterbend sein Kinderköpfchen an sich preßte und zu ihm sagte: »O mein Ottole, wie wird dir's gehen in der kalten Welt mit deinem weichen Gemüt.« Bald nach dem Tod der Mutter mußte er das Elternhaus verlassen, um sich nach dem Willen des Vaters in dem niederen Seminar Schöntal zum Theologiestudium vorzubereiten. In den kühlen Klostermauern litt der Knabe unsagbar an Heimweh und Schwermut. Als Student in Tübingen empfing er seltsamerweise nichts von Professor Johann Tobias Beck, verlor aber unter dem Eindruck der Bibelkritik sein Vertrauen zur

Bibel und geriet unter den freimaurerischen Einfluß eines älteren Freundes, eines Malers und Professors in Stuttgart, der seine Aufnahme in den Freimaurerorden durchsetzte. Als Württemberg 1859 mobilmachte, wurde er Offizier und wäre es am liebsten geblieben, denn das Draufgängertum lag ihm; aber sein Vater verlangte, daß er zur Theologie zurückkehrte. Nach seinem Examen bekam er einen Ruf in die französische Schweiz als Hauslehrer in ein vornehmes, christliches Haus. Die innerlich edlen und frommen Menschen dieses Hauses machten einen tiefen Eindruck auf ihn. Beim Abschied, als er nach zwei Jahren seine Erziehungsaufgabe erfüllt hatte, sagte die Dame des Hauses zu ihm: »Mir ist es leid, daß Sie gehen, denn ich muß denken, was aus Ihnen wird.« Da ging er erschüttert in sein Zimmer und gab sein Leben Gott mit einer ganzen Wendung seines Willens. Er war der Sohn seines Vaters: voller Willenskraft. Seine Umkehr war eine Willensentscheidung, die er rigoros durchführte. Er ließ sich noch einmal durch Untertauchen taufen, um mit dem alten Wesen völlig zu brechen. Später hat er über die Taufe anders gedacht: »Das Wesen der Taufe besteht darin, daß wir das mit Christus Begrabensein und sein Leben praktizieren.« Er trat in die freie Kirche des Waadtlandes ein, die unter Führung von Alexander Vinet sich von der rationalistischen Landeskirche getrennt hatte. Er wurde Evangelist der freien Gemeinde in Genf, später Pfarrer in Auberson bei St. Croix. 1871 verheiratete er sich mit Henriette Marie Glardon.

Der Verkünder der Heiligung durch den Glauben

Der junge Pfarrer war nicht zufrieden mit sich selbst. Er sehnte sich nach Heiligung. Als er von den Erweckungen durch Moody hörte, zog es ihn, diese Bewegung kennenzulernen. Da bekam er eine Einladung zu einer Konferenz nach Oxford zur Förderung einer schriftgemäßen Heiligung. Dieser Einladung folgte er im September 1874. Erst in den letzten Tagen der Konferenz packte ihn der Satz des Versammlungsleiters, den er als Ausspruch des sterbenden Adolphe Monod zitierte: »Alle Dinge sind möglich nicht dem, der da fühlt, sondern dem, der da glaubt.« In der Predigerver-

*Otto Stockmayer
(1838-1917)*

sammlung am letzten Tag fiel unter dem Gebet eines greisen Gottesmannes ein Lichtstrahl der Erkenntnis in sein Herz. Er stand auf und bekannte: »Ich vertraue meinem Heiland. Ich habe etwas Neues gefunden. Ich sehe nicht mehr in mein eigenes Herz, sondern in meines Heilands Angesicht.« Es war eine heilige Stunde für die ganze Versammlung. Mit dieser Botschaft kehrte er heim. Fortan hatte er nur eine Richtung, den harrenden Glauben, der ständig auf Gott ausgerichtet ist. Das Ichleben lag hinter ihm. Seine gewaltige Tatkraft galt nur dem einen Ziel. Für sich wollte er nichts. Er entzog sich, wenn er gesprochen hatte, jeder Verehrung seiner Person und war darin echt und streng. Er wurde ein Bahnbrecher für die gläubige Gemeinde. Er wollte sie herausreißen aus der Bequemlichkeit, die betet: »Laß mich deine Strahlen fassen . . .«, statt angesichts der Realität von Golgatha zu sprechen: »Ich will es tun, und du schenkst Wollen und Vollbringen dazu.«

Der Sohn Gottes ist dafür herabgekommen und hat sich in die Krippe gelegt, er ist dafür ans Kreuz hinaufgestiegen, er hat dafür des Grabes Nacht durchbrochen, er hat dafür eine völlige Erlösung mit hinaufgenommen in den Himmel, auf daß wir nun ein Kapital hätten, das ausreicht, das kein Defizit zurückläßt.

Bei ihm bekam nun die Heiligung durch den Glauben einen besondern Inhalt, weil sie sich mit der Erwartung des wiederkommenden Herrn verband. Es war der Alarmruf Stockmayers, die Braut solle sich rüsten auf den Tag des Herrn, daß sie bereitet sei, wenn er kommt. Es ging ihm dabei nicht um einen Perfektionismus, nicht um einen Zustand, sondern um eine Stellung gegen die Sünde. Doch sah er, als er älter wurde, daß die Gemeinde als Ganzes nicht mitkomme, daß er ihr weit vorauseilte, darum faßte er den Gedanken der Auswahlgemeinde. Sein persönliches Ringen um Heiligung war ergreifend. Er hatte nur noch einen Gedanken, den Gedanken an den Herrn. Ein tiefer Ernst lag auf seinem Wesen. Seinen Widersprechern suchte er Liebe zu erweisen. Eine erkannte Sünde beichtete er ohne Schonung seiner selbst dem, dem er Unrecht getan hatte. Gott demütigte ihn tief durch einen geisteskranken Sohn, der ihm viel Schmerzen machte und sich schließlich das Leben nahm, so daß er nach 1. Tim. 3,4 der Meinung war, nicht mehr seine Verkündigungsarbeit in Hauptwil tun zu dürfen, und etliche Zeit auf Reisen ging, um dann doch wieder zurückzukehren zur bisherigen Arbeit. Auch die zarte Gesundheit seiner Frau war für ihn eine Aufgabe geduldiger Liebe.

Seine Hoffnungsgedanken

Es bewegten ihn die großen Hoffnungsgedanken eines Durchbruchs durch den Tod in der Heilung durch den Glauben. In dem Schloß Hauptwil am Fuß des Säntis, das ihm sein Freund, Major von Brunnschweiler, zur Verfügung gestellt hatte, richtete er ein Bibelheim ein, das von vielen heilsverlangenden Menschen besucht wurde. Am Vormittag und beim Essen herrschte Schweigegebot. Die Gäste sollten nur auf Gott ausgerichtet sein. Es geschahen wunderbare Heilungen an Seele und Leib. Er lehrte, wenn der Mensch auf die Züchtigungen des Herrn gehorsam eingeht, dann nimmt ihm Gott die Züchtigung weg. Doch auch da gab der Herr durch seine Lebensführung die nötigen Korrekturen dadurch, daß seine Mitarbeiterin Schwester Emilie ein zweijähriges, überaus schmerzhaftes Siechtum erleiden mußte. Er bekannte, daß es auch Krankheiten gibt, die zur inneren Ausreifung und Beugung dienen. Auch den Gedanken der Einzelentrückung, wie sie bei Henoch geschah, mußte er für seine Person aufgeben. Nach seinem fünfundsechzigsten Lebensjahr zerfiel langsam seine Kraft. Er wurde bereit, mit seinem Herrn zu sterben. Am 12. April 1917 entschlief er, 79 Jahre alt. Er war ein Wächter der Gemeinde und ein Bote der nahenden Wiederkunft des Herrn. Sein Ruf war: »Auf, Ihm entgegen!«

Seine Reden und seine Schriften

Stockmayer hatte eine große Vollmacht im Auslegen der Schrift. Er sprach nur ganz kurz, aber gesättigt mit tiefer Erkenntnis Der Heiligen Schrift. Da er aus tiefster Konzentration, aus der Gegenwart Gottes heraus redete, gingen seine Worte unmittelbar in die Herzen. Es herrschte alsbald eine heilige Stille, wenn er sprach, so daß man unmittelbar wußte: Der Herr ist an diesem Ort. Er wurde auf viele Konferenzen gerufen, im In- und Ausland, und seine Vorträge waren geistliche Höhepunkte. Er war ein Herold des Königs und hatte Macht über die Geister.

Johannes Seitz bekennt in seinen »Erinnerungen und Erfahrungen«, daß seine Schriften ihm denselben Dienst innerer Reinigung taten wie sein gesprochenes Wort. Das aufgenommene Stenogramm seiner Rede war in der Klarheit und Präzision druckreif. So haben wir viele Schriften von ihm: das Evangelium Matthäus und das Evangelium Lukas in seiner Auslegung, »Aus Glauben in Glauben«, »Bibelstunden über den Römerbrief«, »Die Gnade ist erschienen«, ein Andachtsbuch. Bedeutsam ist noch seine Schrift über Krankheit und Evangelium, die er je nach dem Stand seiner Erkenntnisse zweimal umgearbeitet hat.

Geistliches Erwachen in der Schweiz – der »Réveil«

Unter Réveil versteht man das geistliche Erwachen, welches in Genf anfing, von da aus die Kantone Waadt und Neuenburg, weiter auch die deutsche Schweiz, erfaßte.

Die französische Revolution – so bemerkt Hadorn in seinem Buch über den schweizerischen Pietismus – hat die Rechte der freien Persönlichkeit erobert und damit auch die religiöse Selbstbestimmung unter den Christen ausgelöst. Das bedeutete für die Nachkommen Calvins in Genf, Farels in Neuenburg und Virets in der Waadt Loslösung von der kirchlichen Bevormundung. Die Genfer Kirche hatte sich von der den Calvinismus ablösenden Orthodoxie längst losgesagt und sich der Aufklärung im Sinne ihres Landsmannes Rousseau verschrieben. Pfarrer Empeytaz stellte fest, daß sich in den 197 seit 1774 gedruckten Predigten in der Rhônestadt nicht eine einzige Erwähnung Jesu Christi als Gottessohn finden lasse. Am 3. Mai 1817 beschloß die seinerzeit von Calvin gegründete Vénérable Compagnie des Pasteurs, daß alle Pfarrer und Kandidaten künftig eine Erklärung zu unterschreiben hätten, wonach sie weder in der ganzen Predigt noch in irgend einem Teil derselben folgende Themen aussprechen dürften: die Vereinigung der göttlichen Natur mit der Person Christi, die Erbsünde, die Prädestination und die Art und Weise, wie die Gnade wirkt.

Man war also auf einem Punkt angelangt, der noch schlimmer war als jener, welcher seinerzeit die Reformation ausgelöst hatte. Es gab noch Pietisten in Genf, eine kaum mehr zehn Mitglieder umfassende Herrnhuter-Sozietät. Aber auch sie war ohne Leben und Kraft. Diese Not beunruhigte einige junge Leute wie Empeytaz, Ami Bost und andere, welche das innere Bedürfnis verspürten, nach Speners Vorbild eine ecclesiola in ecclesia (ein Kirchlein innerhalb der Kirche) zu bilden. 1802 fingen sie mit kleinen Hausversammlungen an, welche im Stillen weitergingen und allmählich Zuspruch unter den jungen Genfern fanden. Der Geist Calvins, Farels und Virets erwachte wieder in ihnen. Als sie sich zum Studium der Theologie entschlossen, nahmen sie den katastrophalen Zustand an der Universität wahr. Bost bezeugte: »Man öffnete die Bibel in unsern Hörsälen nie, dieses Buch war unnötig und unbekannt, da man sich nur mit dem Studium der sogenannten natürlichen Religion befaßte.« Die aufgeweckten jungen Leute mußten also anderswo, nämlich in den erwähnten Erbauungsstunden, geistliche Nahrung suchen. Sie gründeten zunächst 1809 die »Societé des Amis«, welche jedoch von der Kirche angefeindet wurde, so daß die Jungen ihren Verein wieder auflösten. Erweckte Schotten stießen dann allmählich zu diesem Genfer Kreis und brachten heimatlichen Erweckungsgeist

sich Malan weigerte, aus der Kirche auszutreten, wurde er 1823 von den Behörden dazu gezwungen. So gründete er also eine zweite neue Kirche, die Eglise du Témoignage. Einen Anschluß an die andere Kirche wollte er deshalb nicht, weil er nach wie vor glaubte, daß die Trennung nur vorübergehend sei und die Genfer Kirche doch wieder zum unverfälschten Calvinismus zurückkehren würde. Da der strenge Calvinismus jedoch alle Kraft verloren hatte, kam es nie dazu, und César Malan leitete als Prediger, Schriftsteller und Liederdichter, der großen Einfluß gewann, die getrennte Kirche bis zu seinem Tod 1864.

Im Dienst dieser Kirche stand nun auch der Laie Felix Neff, dessen Stellung in der Kirchengeschichte zwar wegen seines sehr kurzen Lebens bescheiden blieb, der aber nach den Worten Hadorns »sich im Dienste des Herrn verzehrte und als Prediger des Evangeliums vielen ein Führer zu Gott wurde«. Gabriel Mützenberg schreibt 1989, daß dieser Apostel der Hautes-Alpes das Gesicht jener Alpentäler völlig umgewandelt hat und in seinem kurzen Leben dort ein Feuer entfacht hat, welches selbst Felsen, Gletscher bis zum Himmel erfaßte (»A l'Ecoute du Réveil« S. 159).

Henry-Louis Empeytaz

mit. Empeytaz' Schrift über die Lehre von der Gottheit Christi als Grundlage des Christentums imponierte diesen Schotten, welche nun gemeinsame Sache mit den Einheimischen machten: 1816 Richard Wilcox, 1817 Robert Haldane und Henri Drummond. Durch sie und ihre Bibelstunden kamen unter anderen auch César Malan und Adolphe Monod zum Glauben an den lebendigen Christus.

Als die Kirche 1817 obigen Beschluß einführte, trennten sich Bost, Empeytaz und ihre Freunde von ihr und gründeten zusammen mit den schottischen Freunden eine Neue Kirche, die »Nouvelle Eglise«, welche sich 1818 in Bourg-de-Four etablierte. Malan jedoch wollte keine Trennung von der Landeskirche, obschon ihm dieselbe 1818 nicht nur die Kanzel verwehrte, sondern ihn auch in aller Form seines Amtes enthob. Er baute nun in seinem Garten die »Kapelle des Zeugnisses« (Eglise du Témoignage), wo sich regelmäßig seine erweckten Freunde versammelten. Obschon

FELIX NEFF, ein Kind des Réveil (1797-1829)

Neff bis zu seiner Bekehrung

Im Hinterland von Genf am 8. Oktober 1797 geboren, war Neff ein ausgesprochener Autodidakt. Mit drei Jahren konnte er schon fließend lesen, mit vier Jahren das Gelesene wiedergeben. Der Ortspfarrer gab ihm bereits mit fünf Jahren den ersten Lateinunterricht. Neff wurde aber kein Stubenhocker, sondern wanderte, beobachtete, hütete Vieh mit seinen Kameraden. Als Dreizehnjähriger arbeite er bei Bauern und Gärtnern seines Dorfes, was ihm reichliche Kenntnisse in Botanik vermittelte. Durch Selbststudium eignete er sich Geschichte, Geographie und Physik an. Bei der Lektüre von Rousseaus Naturschilderungen wußte er schon als Bub Irrtümer und Fehlschlüsse des Genfer Landsmannes vom Wertvollen und Beherzigenswerten zu unterscheiden. Auch das frivole Leben der Zeit sagte ihm nicht zu. Gott bewahrte ihn vor den unmoralischen Schriften seiner Zeit.

Mit siebzehn Jahren traf ihn das damals übliche Los zum Eintritt in die Garnison von Genf (die Stadt war eben vollwertiger 22. Kanton der Eidgenossenschaft geworden): Nach zwei Jahren brachte er es zum Artillerie-Unteroffizier, eine Zeit, in der er neben den Waffenübungen auch Mathematik und Naturwissenschaften studieren konnte, wobei ihm sein fabelhaftes Gedächtnis gute Dienste leistete. »Seine Unterhaltung war sehr anziehend, seine Vergleichungen treffend, mit wenigen Worten sagte er Vieles und zwar vortrefflich«, stellt sein Biograph Gerold Meyer von Knonau fest.

Neff war aber von einem starken Haß gegen die »Mômiers«, wie man die Gläubigen jener Zeit abschätzig nannte, erfüllt. Als er einmal mit seiner Truppe ausrücken mußte, um die Anhänger jener Gemeinschaften in einem von der Kirche geschürten Volkstumult zu beschützen, da soll der junge Artillerie-Unteroffizier erklärt haben, wenn ihm einer dieser Mômiers unter die Hand käme, würde er ihm gleich seinen Degen durch den Bauch stoßen.

Der Geist Gottes arbeitete aber auch an ihm, wie an den andern jungen Zeitgenossen seiner Stadt. Dem ungläubigen, selbstsüchtigen Jüngling wurde bange ob seines egozentrischen Wesens. Immer wieder betete er:

O Herr, mein Gott, wer du auch immer bist, lehre mich die Wahrheit erkennen und sei so gnädig, Dich meinem Herzen zu offenbaren.

Felix Neff begann die Bibel zu lesen und entdeckte Gott als Richter über sein schlechtes Wesen. Von Malan erhielt er Wilcocks Schrift »Köstliche Honigtropfen aus dem Felsen Christo«, wo ihm wiederholt entscheidende Stellen entgegentraten:

... willst du zu Jesus gehen, so laß alle eigene Gerechtigkeit zurück, bringe nichts als deine Sünden und dein Elend mit, laß dich immer tiefer durch den Geist Gottes in die Kenntnis der Heiligen Schrift einführen, so wirst du das Herz Christi entdecken.

Neff weihte sein Leben dem Heiland und folgte dem Ruf, das Evangelium zu predigen, von Stund an in der Kaserne, im Spital und bei den Gefangenen. Seine

Ami Bost

Offiziere schätzten Neffs Einfluß auf seine Waffenkameraden gar nicht und fingen an, an ihm herumzunörgeln.

Er schloß sich jener kleinen »Eglise du Témoignage« in der Nähe der Kathedrale von St. Pierre an, wo Malan sein geschätzter Seelsorger war. Von dieser Gemeinschaft wurde er, nachdem er den Soldatenrock ausgezogen hatte, als Missionar ausgesandt.

Erste Missionen

Er habe nur drei Bücher studiert, meinte er: die Bibel, sein Herz und die Natur. Mit fünfzehn Jahren hatte er schon eine Schrift über die Baumzucht verfaßt, nun aber streifte er durch die Dörfer des Kantons Genf, um auf Hausbesuchen die Bibel in einfacher, bildreicher Sprache zu erklären. Er konnte schon eine ganze Anzahl Kapitel auswendig hersagen und hatte sich eine eigene kleine Konkordanz erstellt.

1819 aufgefordert, in einem Waadtländer Gefängnis einen Mörder zu besuchen, erlebte er die große Freude, daß derselbe sein Leben Jesus übergab. Er scheute auch keine Hindernisse, um seinen brennenden Auftrag zu erfüllen: so erkletterte er beispielsweise eine steile Jurawand, um zu einem Hirten zu gelangen, dem er die Kunde von Jesus sagen wollte.

Außer den Kantonen Genf, Waadt und Neuenburg stattete er auch dem Berner Jura einen längeren Besuch ab, wo er überall religiöse Versammlungen und Hausbibelkreise ins Leben rief, die ihn lange überlebten. Unnötig zu sagen, daß die Pfarrer und Theologen den Sektierer oft scheel anschauten. Was wollte dieser ungebildete junge Sektierer? Aber gerade das war er nicht.

In einem Brief aus Lausanne schrieb er zum Abschluß seines ersten Einsatzes in der Schweiz:

Der Herr scheint in diesem Kantone der Predigt seines Evangeliums eine weite Türe zu öffnen. Sie wird sich nicht sobald schließen, insofern man sich mit Klugheit benimmt, und sich hütet, keine Nebenfragen auf die Bahn zu bringen, die, ohne daß sie sich gerade auf das Heil beziehen, die Gemüter beunruhigen und sie mit Furcht vor einer Spaltung erfüllen können. Wenn es aber in einem Lande, dessen Geistlichkeit orthodox ist, notwendig ist, so zu handeln, so ist es nicht weniger notwendig, daß man auf die Erweckung eines lebendigen und wahren Glaubens hinarbeite.

Daß dies im Rahmen der offiziellen Landeskirche möglich und notwendig ist, betont er in einem späteren Brief aus Frankreich (vom 11. Februar 1822 aus Mens):

Ich sage, daß man die Nationalkirchen als nützliche Einrichtungen betrachten könne, und in der Tat, wie würde sich ohne sie die Kenntnis Gottes und Jesu Christi in einer Menge von Ländern erhalten haben, wo es mehrere Jahrhunderte hindurch keine wahren Christen gegeben hat, und wo nach der separatistischen Ansicht folglich keine wahre Kirche sein konnte? Was würde nun die große Zahl derer sein, die sich Christen nennt und für die dieser Name ein beständiger Aufruf ist? Wo wäre der Sonntag? Wo die Bibel? Wer hätte sie in so viele Sprachen übersetzt? Wo wären endlich jetzt, wenn die Nationalkirchen untergegangen wären, die Elemente, welche alleine eine lebendige und geistige Kirche wieder herzustellen vermögen? Es gibt also entschiedene Gründe, um in einer Kirchengemeinschaft auszuharren, die uns nicht zum Bekenntnis eines falschen Glaubens nötigt.

Somit erklärt sich auch, warum Neff der Kirche Malans beigetreten ist und sich nun von ihr als Missionar aussenden ließ.

Erste Gemeindearbeit in Frankreich

Am 1. Juni 1822 wurde Neff zum Katecheten der Gemeinde Mens im Departement des Hautes-Alpes ernannt. Bevor er aber diese Arbeit richtig beginnen konnte, wurde er für eine sechsmonatige Stellvertretung nach Grenoble abkommandiert, um einen Prediger zu ersetzen. In einem Brief an seine Mutter, der er übrigens eine hingebungsvolle Betreuung und Erziehung zu verdanken hatte, schrieb er aus jener Stadt, die Gleichgültigkeit der Gemeinde mache seinen Aufenthalt in Grenoble einem Aufenthalt auf einem Friedhofe gleich, so wenig religiöses Leben zeige sich in derselben. Die geringen Früchte seiner Predigt zeigten ihm, wie unzulänglich die Stimme des Menschen und wie notwendig das Gebet ist, damit sich das Wehen des Heiligen Geistes zeige.

Nach Mens zurückgekehrt, wo er nun an der Seite eines Kollegen, Pfr. Blanc, wirken sollte, findet er neue Enttäuschungen. Die Gemeinde liebt leidenschaftlich Glaubensstreitigkeiten und endlose Debatten darüber. Doch seine aus Liebe kommenden Mahnungen fingen bald an, Früchte zu tragen. In einem Brief nach Genf liest man:

Ich habe den Herrn mit einem blutenden Herzen gebeten. Gestern predigte ich über die zehn Jungfrauen und bemerkte große Aufmerksamkeit. Schon befragt man mich über meine Vorträge, man will die Lehren erörtern, ich glaubte sogar, einige Spuren von Erweckungen zu sehen, aber ich habe schon so oft die Erfahrung gemacht, daß, sobald ich einen Blick auf mein Werk werfe, der Herr es mir wieder unter den Händen um meiner elenden Eigenliebe willen vernichtet.

Neffs Verkündigung bewirkte in Mens tatsächlich ein großes religiöses Erwachen. Wenn er predigt, waren die Kirchen gedrängt voll, obschon, wie er in einem Brief bekennt, er gegen Romane, Karten und Bälle ankämpfe. »Ich tue es aber mit Klugheit und vergesse nicht, daß man keinen neuen Wein in alte Schläuche gießen kann«. Ein das Dorf regelmäßig mit leichter und seichter Literatur versorgendes Verlagshaus von Grenoble bekam die Sendungen nun regelmäßig wieder zurückgesandt.

Neff besuchte nur jene Häuser, wo er offene Ohren fand, und das waren nur wenige. Viermal wöchentlich hielt er Katechismus, seine Schüler versammelten sich sonntags, um miteinander die

Bibel zu studieren. Daneben hatte er jeden Abend einen Hausbibelkreis. Auf Krankenbesuchen lud er regelmäßig auch die Nachbarn zu einer gemeinsamen Betrachtung ein. In kurzer Zeit hatte er alle Dörfer und Weiler seines Kirchspiels besucht. Abends eilten die Leute aus beträchtlichen Entfernungen zu den Zusammenkünfte herbei. Das war bei jenen hart arbeitenden Bergbauern keine Selbstverständlichkeit.

Oft mußte ich von fünf Uhr morgens bis elf Uhr abends immer sprechen und hatte aber weder Husten noch Brustschmerzen. Am Sonntag mußte ich einen weiten Weg zurücklegen, um fünf bis sechs Gottesdienste abhalten zu können. Im abgelegenen Dorf La Baume, wo seit Menschengedenken keine Predigt je gehört worden ist, predige ich beim Gemeindevorsteher. Da alle Leute Protestanten dem Namen nach sind, erschienen sämtliche Einwohner ausnahmslos und nahmen die kleinsten Kinder mit zum Gottesdienst.

Besondere Sorgfalt wandte Neff in der Betreuung seiner Katechumenen an. Er betete für sie, begleitete sie bis in ihre Familien. Von Christus ergriffene Mädchen fanden sich in zahlreichen Gruppen zusammen – man nannte sie »Die Marien«.

Neff gab sich alle Mühe, das Patois der Leute zu erlernen, da viele die größte Mühe zeigten, Französisch zu verstehen. Einigen geeigneten jungen Leuten erteilte Neff Nachhilfestunden in diversen Fächern, um ihnen im Blick auf ein späteres Predigtamt den Besuch der Akademie von Montauban zu ermöglichen. Mit väterlicher Liebe begleitete er sie in ihren Studien, nicht ohne die nötigen Warnungen vor aufblähendem Wissen auszusprechen.

Als die Regierung die Gründung einer Bibelgesellschaft verweigerte, gründete Neff eine Traktatgesellschaft, die von den Talleuten selber getragen wurde. Am 18. April 1823 betonte er in einer Botschaft nach Hause, alles gehe einfach, nüchtern und normal zu, zum Beispiel in La Baume, wo die Bevölkerung eine echte Erweckung erlebe.

Da man ihm die fehlende Ordination vorhielt, begab sich Neff nach London, um sich vor der Gemeinde von Poultry nach sehr genauer und eingehender Prüfung am 19. Mai 1823 durch neun Pfarrer und Theologen einsegnen zu lassen. Der Kernsatz seines Bekenntnisses lautete:

Ich halte mich voll an die Glaubensartikel der reformierten Kirchen von Frankreich und Genf, in welchen ich auferzogen worden bin und in denen ich das Predigtamt auszuüben wünsche.

Bei seiner Rückkehr erfanden Neffs Gegner neue Schikanen. Nur gebürtige Franzosen, die an einer französischen Schule ausgebildet wurden, seien zum Predigtamt zugelassen. Einzelne verdächtigten Neff sogar, für die Engländer Spionage zu treiben.

Anläßlich einer Vorsprache beim Präfekten des Bezirkes wurde ihm das weitere öffentliche Auftreten verboten. So entschloß er sich, die ihm liebgewordene Gemeinde zu verlassen, um einem neuen Ruf zu folgen. Zu seinem Abschied schrieb sein bisheriger Kollege Pfarrer Blanc:

Zu Mens wurde Neffs Name allgemein mit Achtung genannt. Weil er mit sehr großen natürlichen Gaben ausgerüstet war, einen leichten Vortrag und eine innige Liebe zum Heiland hatte, so predigte er mehrere Male an einem Tage, ohne je die nämlichen Reden zu wiederholen. Während seines fast zweijährigen Aufenthaltes in unseren Kirchen hat er unendlich viel Gutes gestiftet. Der Eifer für die Religion erwachte von Neuem, viele beschäftigten sich ernsthaft mit ihren unsterblichen Seelen, das Wort Gottes wurde aufgesucht und sorgfältiger gelesen. Die Katechumenen lernten ihre Christenpflichten besser kennen und bewiesen dies in ihrem ganzen Benehmen. Der Hausgottesdienst kam in manchen Familien wieder auf, die Liebe zu Luxus und Eitelkeit verminderte sich, die Almosen flossen reichlicher, die Zahl der Armen verminderte sich. An mehreren Orten wurden Schulen gegründet. Kurz: Die vielfachen Arbeiten Neffs, seine unermüdete Tätigkeit, seine Wanderungen, im Winter oft durch tiefen Schnee und über Gletscherzungen, sein Unterricht werden auf lange Zeit eine gesegnete Erinnerung an seinen hiesigen Aufenthalt zurücklassen.

Der Apostel unter Bergbauern

»Mit stetem Hinweis auf seine eigene Bekehrung, machte er auf die Notwendigkeit der Wiedergeburt aufmerksam«, liest man im obigen Brief von Pfarrer Blanc. Mit diesem Anliegen begab sich Neff nun auf seinen nächsten Posten unter dem altprotestantischen Volk der Oberen Alpen Savoyens. Die von den Waldensern abstammenden Einwohner jener einsamen Alpentäler hatten seit 600 Jahren der römischen Kirche getrotzt, waren aber inzwischen moralisch und physisch verwahrloste Menschen geworden.

Als erstes ließ Neff sämtliche jungen

Leute zwischen 15 und 30 sammeln, um sich so mit 102 Leuten mit dem Katechismus zu beschäftigen.

An einem Sonntagmorgen nahm ich einige junge Leute mit mir, und wir brachten an den gefährlichsten Stellen mit Axthieben Stufen in dem Eis an, damit unsere Freunde aus den tiefer gelegenen Dörfern ohne Unfall zu uns kommen konnten. Die Versammlung am Morgen war zahlreich, am Nachmittag hielt ich in einem Stalle die Kinderlehre. Viele blieben noch für den späten Abend, um dann mit Fackeln einen mehrstündigen Heimweg unter die Füße zu nehmen.

Das Tal von Fressinière erinnerte Neff an das, was er über den Urwald gelesen hatte. Menschen wohnten hier in unbeschreiblichen Zuständen. Man mußte dort für alles sorgen, für Unterricht, für Kanalisation, für Ackerbau, sanitäre Einrichtungen, usw.

Durch Neffs kurze Dienstzeit in diesen schwer zugänglichen, rückständigen Tälern hat sich deren äußeres und inneres Leben völlig gewandelt. Die Leute mußten nicht mehr in dunklen, übel riechenden Räumen, oft zusammen mit Tieren, wohnen; sie konnten ihre fruchtbaren Ackerflächen durch gemeinsam angelegte Wasserkanäle wesentlich ver-

mehren. Durch Anlegen eines eigenen Mustergartens hatte sie der Prädikant gelehrt, wie man eine viel reichere Kartoffelernte erzielen kann.

Die Einwohner spotteten meiner; da sie aber statt der erwarteten geringen Ergebnisses bis auf 70 Knollen an einer Pflanze sahen, baten mich alle, sie mein Verfahren zu lehren.

Neff machte aus einem Stall ein einfaches Schulgebäude, wo er die geeignetsten Jungen der Täler zusammenzog und sie zum schlichten Lehren zu befähigen. Die mit Genfer Hilfe ermöglichten Bildungsmöglichkeiten für die Jugend förderten auch deren religiöses Interesse. Neff erfuhr, wie aus verstockten Herzen lebendige Gemüter wurden. Ostern 1825 wurde für Dormillouse ein denkwürdiges Ereignis.

Während dieser acht Tage hatte ich nicht 30 Stunden Ruhe. Man hatte hier noch nie ein Osterfest gefeiert. Vor, nach und zwischen den öffentlichen Gottesdiensten sah man die jungen Leute zwischen den Granitblöcken, wovon das Land bedeckt ist, in verschiedenen Gruppen beieinander und sich gemeinschaftlich erbauen. Ich war über diese plötzliche Erweckung so erstaunt und erschüttert, daß ich mich kaum erkennen konnte. Die Felsen, die Gletscher sogar, alles schien mir belebt und bot mir einen lachenden Anblick dar. Dieses Tal wurde mir jetzt so teuer, weil es von Brüdern und Schwestern bewohnt war.

Auch viele Katholiken wurden von dieser Entwicklung erfaßt. Neben dem Priester von Mens, der Neff zum Teufel verdammt hatte, kamen auch Kollegen von ihm und hatten erbauliche Gespräche mit Neff, höchst verwundert darüber, daß Protestanten auch über Jesus und seinen Einfluß auf Menschen ansprechbar waren. Durch die neue Schule von Dourmillouse, wo Neff auch Physik-, Botanik- und anderen Unterricht einführte und erteilte, kam ein anderer Geist ins ganze Tal.

Nach einem kurzen, belebenden Besuch im benachbarten Piemont, dessen Waldenser Neff wie einen Engel aufnahmen, mußte er erfahren, daß man nicht ungestraft Raubbau mit seiner Gesundheit treiben kann.

Mit »bleischwerem Herzen« mußte er seine geliebten Pfarrkinder verlassen. Über Genf, Neuenburg, Bern, Basel, wo er überall alte Bekannte antraf, mußte er ins Elsässische Bad Plombières übersiedeln. Auch da konnte ihn Gott noch gebrauchen. Die protestantische Gemahlin des Präfekten der Vogesen hieß ihn sonntägliche Gottesdienste halten. Zwei

» Temple de Dormillouse «

Temple de Dormillouse

Säle füllten sich regelmäßig mit protestantischen und katholischen Zuhörern. Segensreiche Gespräche ergaben sich daraus. Gesundheitlich gab es für ihn jedoch keine Hoffnung mehr, so daß er sich zur Rückkehr nach Genf entschloß, um dort zu sterben, wo er geboren und aufgewachsen war. Dort erhielt er einen rührenden Brief seiner Pfarrkinder:

Teurer Pfarrer! Wir sind die Ursache Ihrer langen Krankheit. Wären wir lernbegieriger gewesen, so hätten Sie sich nicht so sehr im Schnee ermüden, Ihre Brust und alle Ihre körperlichen Kräfte erschöpfen müssen. O, wie viel Mühe hatten Sie, uns etwas begreiflich zu machen. Sie vergaßen Ihrer selbst, wie unser guter Heiland für uns alle sich Seiner selbst vergaß ... Alle Familien, ohne Ausnahme, vom Gipfel der Romans bis zum Fuße der Influs, grüßen Sie, und Sie werden die Namen von einigen in diesem Briefe finden.

Sie erhielten eine letzte Botschaft von ihm:

Es dünkt mich, ich sollte Euch alles noch vom Himmel herab verkündigen, daß nämlich der Gottessohn aus Gehorsam für uns unsäglich gelitten hat. Ich steige in vollem Frieden zu Ihm empor. Sieg! Sieg! Sieg! durch Jesum Christum, Euer Felix Neff.

Bevor er am Sonntag, dem 12. April 1829, um 8.45 Uhr verschied, hatte er noch eine große Anzahl tief bewegter Besucher an seinem Bett. Vor allem aber seine alte schwache Mutter, die ganz für ihn lebte und ihre Tränen nicht zurückhalten konnte. Er blickte ihr beim Weggehen mit Zärtlichkeit nach und flüsterte: »Arme Mutter«.

Von den Männern und Frauen der Erweckungsbewegung bis zu den Blutzeugen des 20. Jahrhunderts

Lutherische Zeugen

LUDWIG (»LOUIS«) HARMS (1808–1865)

In Walsrode im hannoverschen Gebiet ist Louis Harms am 5. Mai 1808 als Sohn des Pastors Hartwig Christian Harms und der Friederike Harms geb. Heinz geboren.

Von seinen Eltern wurde er liebevoll, aber streng erzogen. Er zeigte frühzeitig

Ludwig Harms

ungewöhnliche Anlagen, die sich bei sorgfältiger Unterweisung und bei eisernem Fleiß glänzend entwickelten. Im Jahre 1817 zogen seine Eltern nach Hermannsburg, das in mehr als einer Hinsicht seine Heimat werden sollte. Mit 16 Jahren kam er auf die höhere Schule in Celle, und zwar gleich in die Abschlußklasse, und verließ sie nach glänzend bestandener Abgangsprüfung, um auf die Universität Göttingen zu gehen. Hier studierte er drei Jahre bis 1830. An der Universität herrschte schmählichster Unglaube. Der wissendurstige Jüngling, selber ohne Glauben, aber in seinem ernsten, geraden Sinn von jener Afterweisheit abgestoßen, ging seinen eigenen Weg und beschloß, womöglich das ganze Gebiet menschlicher Weisheit zu durchmessen, um die Leere seines Herzens auszufüllen. Philosophie, Mathematik, Physik, Astronomie, Naturgeschichte, Theologie, die einschlägigen Sprachen, und auch Sanskrit, Syrisch, Chaldäisch, Italienisch und Spanisch studierte er mit großem Fleiß und Erfolg; aber Frieden fand er nicht. Dagegen gelangte er zu völliger Gottesleugnung. Da erbarmte sich der Herr des ringenden Jünglings, den er zu seinem auserwählten Rüstzeug machen wollte. In einer durchstudierten Nacht, als er im Johannesevangelium das 17. Kapitel las, wurde es licht in seiner Seele. Das Gebet des Erzhirten Jesus Christus erweichte und erleuchtete sein Herz. Von nun an schrieb ihm der Herr die Richtung seines Lebens vor. Nach ausgezeichnet bestandenem Examen kam er als Hauslehrer nach Lauenburg zu dem Kammerherrn von Linstow, wo er neun Jahre blieb. Sein Aufenthalt war für das Haus wie für die Stadt von großem Segen. Herzlich war dort die Gemeinschaft der Gläubigen, so daß er allezeit mit besonderer Liebe seines Lauenburgs gedachte. Dann ging er als Hauslehrer nach Lüneburg zu dem Landbaumeister Pampel und blieb dort bis 1843. Gott fügte es, daß Harms Berufung in das Missionshaus Hamburg ablehnen mußte. Auf diese Weise blieb er seinem Hermannsburg erhalten. 1843 ging er als Kandidat dorthin zurück, um seinem alternden Vater zu helfen. 1849 wurde er alleiniger Prediger in Hermannsburg. Am 21. nach Trinitatis hielt er seine Einführungspredigt über das Evangelium vom Sohn des Königischen.

Aus dem Lebenslauf bei seiner Trauerfeier: Am 21. nach Trinitatis 1865 hat er zum letzten Mal in seinem Leben über dasselbe Evangelium gepredigt. Was er in diesen 21 Jahren gewirkt hat, brauche ich Euch nicht zu sagen. Ihr alle seid des Zeuge, und die Tränen beweisen es. »Wehe mir«, hat er einst gesagt, »wenn ich mein Alter erreiche in Kraft.« Abgearbeitet bis auf den letzten Rest der Kraft, todesmüde und todesmatt, ein Greis von 57 Jahren, aber ein Jüngling an Kraft und Feuer des Geistes, hat er sich verzehrt im Dienst seines Herrn, seiner Gemeinde, seiner Mission und aller derer, denen er helfen konnte. Er ist unverheiratet geblieben. Seine Liebe war sein geliebtes Hermannsburg. Was Menschen tun konnten, ihn zu pflegen, das haben sie getan. Allein der Herr wollte die Pflege selbst übernehmen. Am vergangenen Montag kam der Todeskampf. Die Schmerzen wurden unsäglich. Aber kein Laut der Klage, wohl aber Gebete, dringend, brünstig, heftig, quollen über seine Lippen. Da erbarmte sich der Herr, und Dienstag morgen schlief er sanft und selig ein. Rheumatismus, Asthma, Wassersucht und ein Bruchschaden waren nötig gewesen, diesen armen Leib zu töten. Er selbst aber überwand in der Kraft seines Herrn, ein ganz auserwähltes Rüstzeug unseres Heilandes. Er hat sein Leben nur auf 57 Jahre 6 Monate und 8 Tage gebracht.

Seine hohe Begabung

Er war hoch gewachsen wie eine Tanne, der Sproß eines kernhaften Geschlechtes, ein ausgezeichneter Schwimmer, unübertrefflich im Fechten. Sein Körper war der größten Anstrengungen fähig, er war ein Meister in allen Leibesübungen. Ohne sonderliche Ermüdung konnte er 16 Stunden am Tag gehen. Dabei war er außerordentlich geistesbegabt. Er konnte ein Gedicht von zwanzig Seiten, wenn er es nur einige Male gelesen hatte, wörtlich aufsagen. Er hatte einen brennenden Lerneifer. Er war hart mit sich, von unüberwindlicher Zähigkeit. Als er einmal über einen Busch springen wollte, stürzte er so unglücklich, daß er stark aus der Nase blutete: er sagte: »Ik will röber und mut röber« und setzte wiederum an und sprang glücklich hinüber. Er erlernte neben dem Lateinischen, Griechischen und Hebräischen Italienisch, um Dante lesen zu können, Spanisch, um Cervantes recht zu verstehen. Kurz, er nahm den ganzen Wissensstoff, der ihm zugänglich war, mit Begeisterung in sich auf. Er machte große Reisen in seinen Ferien von ersparten Studiengeldern, um sein Vaterland kennenzulernen. Die hohe, blonde, schlanke Gestalt mit den strahlend blauen Augen, aus denen scharfer Verstand und ein lebhafter Geist sprachen, hatte etwas Bezwingendes.

Wie er zum lebendigen Glauben kam und ihn bewährte in großer Missionsliebe

All sein Wissen hatte ihn innerlich leer gelassen. Als er gegen Ende seines Studiums in seiner Stube über Joh. 17 geriet, überwältigte ihn dieses Wort und durchstrahlte ihn wie ein helles Licht. Er erlebte es, daß Jesus Christus allein ein Menschenherz völlig zufriedenstellt. Er, der nie krank gewesen war, wurde auch in die Leidensschule genommen. In der Zeit, da er noch Hauslehrer war, als er bei einer Schlittenpartie auf dem Eis der Elbe seine Hausfrau, die Kammerherrin von Linstow, im Schlitten vor sich herschob, brach er ein und kam mit einem Fuß auf einen Pfahl zu stehen, den halben Leib unter Wasser. Nach geraumer Zeit gelang die Rettung der beiden. Erst als die Kammerherrin geborgen war, wechselte er die angefrorenen Kleider und legte damit den Grund zu seinem Rheumatismus, der ihn dann sein Leben lang plagte.

In Lauingen und Lüneburg hat er oft gepredigt und regelmäßig Missionsstunden gehalten, um dadurch geistliches Leben zu wecken, was ihm auch in reichem Maß geschenkt worden ist. Die Verbindung mit diesen Missionsfreunden hat er zeitlebens durch Sendschreiben gepflegt. Als Pfarrer von Hermannsburg konnte er seine große Wirksamkeit entfalten, die zur Erweckung der Gemeinde und zur Gründung der Hermannsburger Mission führte.

Sein Dienst in Predigt und Seelsorge

Der ganze Sonntag in Hermannsburg war von morgens sieben Uhr an bis zum Abend dem Gottesdienst gewidmet. Der Vormittagsgottesdienst währte vier Stunden und endete immer mit der Austeilung des heiligen Abendmahls. Nach einer kurzen Mittagspause von anderthalb Stunden kam der Nachmittagsgottesdienst mit Vorlesung und Kinderlehre, der nach sechs Uhr endete. Nach einer halben Stunde Pause hielt Harms die Abendversammlung in plattdeutscher Sprache. Bei alledem kannte er keine Ermüdung. Das Feuer des Predigers war hinreißend, sein Gebet so mächtig und inbrünstig, daß jeder davon ergriffen wurde.

Wie er seinen Dienst auffaßte, entnehmen wir dem Brief an einen Freund:

Im Grunde sind es nie und nirgend die äußerlichen Verhältnisse, sondern immer die Herzen, die Schwierigkeiten machen. Ändern sich die Herzen, so ändern sich die Verhältnisse von selbst. Ich bin den Theorien durch und durch feind, daß ich glaube, daß alles verkehrt angefangen ist, was nach Theorie geschieht. Ich lasse nur eine Theorie gelten, die des Heiligen Geistes. Mit des Heiligen Geistes Kraft, akkurat nach dem Wort, getrieben von der Liebe Christi und gesprochen, wie einem der Schnabel gewachsen ist, und in jeder Seele eine Seele sehen, die Christus mit Blut erkauft hat, die ihm gehört und die man wiedergewinnen muß, das ist der frische Lebensweg. Predigen Sie rücksichtslos, entschieden Gottes Wort, strafen Sie die Sünden und Gottlosigkeit der Gutsbesitzer und Pächter, die Sünden und Gottlosigkeit der Tagelöhner, sie mögen da sein oder nicht, es übelnehmen oder nicht. Nie kommt das Wort leer zurück. Malen Sie Jesus Christus den Leuten vor die Augen in seiner ganzen Kreuzesgestalt und Herrlichkeit, beten Sie in der Gemeinde brünstig um den Heiligen Geist. Machen Sie ihre Predigten nicht, sondern erbeten sie sich auf den Knien, und wenn alle Leute schlafen, dann ringen Sie noch auf den Knien mit dem Herrn um die Seele der Menschen. Und opfern Sie Zeit, Kraft und Bequemlichkeit, alles dem Herrn und dem Seelenfrieden der Menschen.

Seine Predigt war ein ernstes Dringen auf Heiligung und Gehorsam. An der Heiligung des Sonntags lag ihm besonders viel. Ein Sonntag in Hermannsburg war ganz und gar dem Hören des Wortes geweiht, und mit ganz wenigen Ausnahmen stellte sich die Gemeinde unter dieses Wort.

Sein Missionswerk

Das Wort drang der Gemeinde unmittelbar ins Herz. Einer, der dabei war, bezeugt: »Das geit to Harten und dat kann man allens verstahn und beholen.«

Wenn er dann nach der Predigt mit der Gemeinde auf die Knie fiel und betete, wurden viele Herzen ergriffen. Er drängte gewaltig auf Buße und Heiligung. Der Sonntag sollte ganz frei sein zur Beschäftigung mit geistlichen Dingen. Er erkannte die Bedeutung der Versammlung der Gläubigen, mit der er dann den Sonntag beschloß.

Als die Gemeinde erweckt wurde, flossen nicht nur viele Gaben für die Mission, sondern es meldeten sich erweckte junge Männer in großer Anzahl. Da kein Missionshaus Platz hatte, sie aufzunehmen, gründete er in kühnem Glauben selbst ein Missionswerk. Er kaufte ein Bauernhaus mit etwa zehn Morgen Land und fing mit zwölf Missionszöglingen an, die sein Bruder als Missionsinspektor unterwies. Der Unterrichtsstoff bestand in der Bibel, in der englischen Sprache und in der Musik. Er verzichtete auf Griechisch, Hebräisch und Lateinisch. Als Missionsgebiet hatte er das Volk der Galla in Ostafrika ins Auge gefaßt. Da keine Schiffahrtsverbindung dorthin bestand, baute er mit den Spenden seiner Missionsfreunde das Missionsschiff Kandaze. Und als bei den Gallas kein Eingang zu finden war, fuhren die Missionare nach Natal in Südafrika, wo sie sich Land kauften, um die erste Missionsstation anzulegen. Ein junger Bauer namens Behrens vermachte seinen Hof mit dreihundert Morgen der Hermannsburger Mission und wurde selbst Missionar in Afrika. Aus kleinen Anfängen ist die Mission zu einem großen Werk gewachsen.

August Vilmar

AUGUST VILMAR (1800-1868)

der Kirchenvater des Hessenlandes

Es gibt große Männer, die sich wie ein Alpengipfel über ihre Zeitgenossen erheben. Das trübe Gewölk der Zeitmeinung verhüllt sie, so daß ihre überragende Bedeutung von den Zeitgenossen nicht erkannt wird. Erst im weiten Abstand eines Jahrhunderts, wenn die Hügel kleinerer Geister längst nicht mehr gesehen werden, erkennen wir ihre einsame Größe und beginnen, ihre Botschaft zu verstehen, die ihre Zeit nicht begreifen konnte, denn es war eine Botschaft weit über den Tag hinaus, eine Botschaft für ein kommendes Jahrhundert.

Eine solche Persönlichkeit war August Friedrich Christian Vilmar. Und sein Auftrag war, die Botschaft von der Kirche auszurichten an ein Geschlecht, das im Begriff stand, in einem Prozeß radikaler Verweltlichung jede Sicht für das wahre Wesen der Kirche zu verlieren.

Nicht in einem stillen abgeschiedenen Winkel, nicht im Raum kirchlicher Arbeit empfing er diese Botschaft. Man könnte sonst den berechtigten Zweifel haben, ob diese Gedanken der scharfen Luft der Wirklichkeit standhalten können. Seine Gedanken reiften in den heftigen Stürmen des öffentlichen Lebens, in denen er an entscheidender Stelle wie eine ungebeugte starke Eiche stand.

Sein Leben

August Vilmar ist im Jahre 1800 als Sohn eines kurhessischen Pfarrers in Solz geboren. Seine Familie stammte aus altem niederhessischen Geschlecht. Seine Jugendzeit im stillen Landpfarrhaus legte die Grundlagen seines Lebens. Hier empfing er durch die Poesie der Landschaft in den Bergen der Wasserscheide zwischen Werra und Fulda Eindrücke, die ihn später aufgeschlossen sein ließen für die deutsche Dichtkunst. Im Jahre 1806 erweckte der Untergang des alten Hessen unter Napoleons Gewaltherrschaft in dem Knaben eine heiße Vaterlandsliebe. Sein tiefernster Vater, der der vorrationalistischen Schule angehörte, lebte ihm echte Frömmigkeit vor. Mehr als die Predigt erfaßte ihn die feierliche Liturgie der Gottesdienste.

Mit seinem riesigen Gedächtnis, das besonders Fremdsprachen und die Tatsachen der Geschichte zäh festhielt, bewältigte er spielend den Unterrichtsstoff des Gymnasiums.

Die Theologie, die er bei seinem Studium in Marburg in Gestalt des Supranaturalismus und des Rationalismus kennenlernte, weckte in ihm nur den Zweifel, der ihm aber mehr als widerlich war, weil er den Dingen auf den Grund gehen wollte. So geriet er bald nach seinen Universitätsjahren in ein völliges Nichts. Er war dann drei Jahre lang Hauslehrer bei einer Herrschaft von Baumbach und Vikar seines in der Nähe wohnenden Vaters, später Rektor der Stadtschule in Rotenburg an der Fulda. An der völlig verwahrlosten Volksschule hatte er eine große Aufgabe zu bewältigen. Er gab dort zwischen fünfzig und siebzig Wochenstunden und entwickelte dabei hervorragende pädagogische Fähigkeiten.

In jener Zeit machte er wütende Ausfälle gegen Klaus Harms und gegen den Katholizismus. Als Burschenschaftler war er auch politisch radikal und von Sturm und Drang erfüllt gegen alle Tyrannei der Fürsten. Dabei predigte er oft. Doch war er selbst unbefriedigt davon.

Doch studierte er in seinem Wissensdrang Augustinus und Tertullian und wurde gerade von der Sachlichkeit des letzteren gepackt. Entscheidend war für ihn das Buch von Tholuck: »Die Lehre von der Sünde«. Der Professor Arnoldi hatte einmal im Kolleg gesagt: »Die allgemeine und totale Sündhaftigkeit der

Menschheit ist keine Lehre der Vernunft und von dieser niemals zu entdecken, sondern eine Lehre, die eigens der Lehre der göttlichen Offenbarung zugehört und von dieser gelernt werden muß.« Arnoldi hatte damit in das Herz des Studenten einen Stachel gesetzt, der fast zehn Jahre später ebenso die wohltätige tödliche Verwundung seines natürlichen Herzens wie dessen göttliche Heilung herbeigeführt hat.

Inzwischen war er vierter Lehrer am Gymnasium zu Hersfeld geworden. Schleiermacher zog ihn vom trockenen Rationalismus in die Welt des Gefühls. In jener Zeit wandten sich seine Frau und sein Bruder in einer Art seelischer Verzweiflung an ihn und stießen ihn selbst in furchtbare Kämpfe hinein. Er schreibt darüber:

Da habe ich freilich unter unglaublichen Schmerzen erfahren, daß an Christus glauben mehr ist als eine bloße Redensart und ein schönes Gefühl, daß es eine Tat und Kraft der Ewigkeit ist. Da wurde mein Dünkel und mein Hochmut niedergeworfen.

Die Gedenkfeier an die Augustana im Jahre 1830 veranlaßte ihn, sich mit diesem völlig in Vergessenheit geratenen Bekenntnis zu beschäftigen. Er leitete die Augustanafeier des Gymnasiums in die Wege. Sein Direktor, der die Augustana nie gelesen hatte, meinte, das Augsburgische Bekenntnis passe nicht in die Zeit und gebe nur Anlaß zu Spott. Vilmar hielt die Gedenkrede, die seinen völligen Umschwung kundtat.

Er sagte in dieser Rede:

Das kirchliche Interesse ist eins der wichtigsten unserer Zeit. So hat man heute die lang vergessenen, oft verkehrt beurteilten Symbole, diese Grundpfeiler der Kirche, aus dem rechten Gesichtspunkt betrachten gelernt.

Er schließt mit dem Wunsch für die Schüler:

Gott mache Euch zu rechten Stützen und Säulen seiner seligmachenden Kirche!

Er schreibt in seinen autobiographischen Skizzen:

Die Realität der Kirche ging mir auf: nicht mit einem Male, denn manches, z.B. die Realität der Absolution, war mir noch im Jahre 1837 nicht vollkommen klar, aber etwa im Jahre 1840 war ich in allen Dingen fest, die ich habe und, so Gott will, bis an mein Ende bewahren werde: wahrhaftige Gegenwart und persönliche, direkte Wirkung des Heiligen Geistes mit seinen Gaben, wahrhaftige Gegenwart Christi, dessen Leib die Kirche ist – nicht bloß indirekte Fortwirkung des Heiligen Geistes mit seinen Gaben, womit man am Ende doch wieder auf das alte Vorbild und Beispiel Christi in

sublimierter Weise zurückkommt. Entwicklung der Kirche durch den Heiligen Geist, nicht bloß durch menschliches Denken und Streiten in organischem Fortschritt.

In diese Zeit fallen auch die germanischen Studien Vilmars. Er begleitet die Arbeit der Gebrüder Grimm mit Begeisterung. Er entdeckt das altsächsische Heliandlied und bekommt Verständnis für den reformatorischen Choral. In dem Lied Luthers »Nun freut euch liebe Christeng'mein« findet er seine eigene religiöse Erfahrung Zug um Zug wieder. Er bekennt:

Die beiden Strophen: »Er sprach zu mir, halt dich an mich« und: »Vergießen wird er mir mein Blut, dazu mein Leben rauben; das leid ich alles dir zugut, das halt mit festem Glauben« waren ein Schatz meiner Seele, der über alles ging und mich begleiten wird bis ans Ende.

Im Dezember 1831 trat Vilmar aus der Stille in die Öffentlichkeit. Er wurde von Hersfeld in die neugeschaffene kurhessische Ständeversammlung gewählt und wurde Mitglied der Unterrichts- und Kirchenministerialkommissionen. In dieser Eigenschaft hat er das hessische Volksschulwesen neu geordnet. 1832 berief man ihn zum Hilfsreferenten im Ministerium des Innern, 1833 wurde er Gymnasialdirektor in Marburg, blieb aber Mitglied der Schulkommission für Gymnasialangelegenheiten. Er kann geradezu der Reformator des hessischen Gymnasiums genannt werden. Das Gymnasium sollte geschichtliche Erziehung im höchsten Sinn vermitteln. Die klassische Bildung, das Christentum und die Geschichte unseres Volkes sind die Haupterziehungsmittel. Vilmars Schulreden sind leuchtende Zeugnisse für den christlichen Glauben. Sein großartiger Religionslehrplan für das Gymnasium ist einer besonderen Behandlung wert, in ihm tritt er aufs wärmste für das Alte Testament ein, das, wie er sagt, aus dem Gesichtskreis auf »unglaubliche Weise entschwunden ist«. Er ist der Meinung, »durch nichts könne dem neuen Heidentum mit mehr Sicherheit begegnet werden als durch die von einem lebendigen Zeugnis vermittelte Kenntnis der Führungen Gottes im alten Bunde«.

Als die Revolution von 1848 sich ankündigte, gründete Vilmar eine Zeitung, den »Hessischen Volksfreund«, und stemmte sich mit ungeheurem Mut der Revolutionswelle entgegen. Er erkannte die tiefsten Wurzeln der Revolution in dem fanatischen Haß gegen alles, was Christentum und Kirche heißt. Er sieht den Antichrist nahe.

Im Dezember 1848 wurde von der Frankfurter Reichsregierung das sogenannte Religionslosigkeitsgesetz erlassen, das die Zivilehe einführte, die Staatskirche aufhob und das religiöse Bekenntnis für den Genuß der bürgerlichen Rechte als gleichgültig erklärte.

Kurz vorher hatte die hessische Regierung dem Drängen der Revolution nachgegeben und unter Vorsitz landesherrlicher Kommissare eine Kirchenkommission zur Vorbereitung einer konstituierenden Synode berufen. Man meinte, auf dieser Synode in Betreff der Lehre und des Kultus, der Verfassung und der Disziplin alles neu aufbauen zu können.

Vilmar sah deutlich, daß durch die Bekenntnislosigkeit des Staates auch die Leitung der Kirche von seiten des Ministeriums des Innern, aber auch das sogenannte Bischofsamt des Landesherrn unmöglich geworden war. Für ihn gab es nur einen Weg, aus diesen Schwierigkeiten herauszukommen, nämlich den Landesherrn zu bewegen, sein Amt in die Hände der Kirche zurückzulegen, und zwar nicht einer Synode, sondern dem geistlichen Aufsichtsamt des Superintendenten anzuvertrauen. Gleichzeitig sollte man auch dem Namen nach offen zur altlutherischen Kirche (der Kirche vor der Konkordienformel) zurückkehren. Und zwar sollte dem Staat gegenüber sofort Zeugnis abgelegt werden.

Es bestand bereits seit 1848 eine Konferenz von Mitgliedern und Freunden der hessischen Kirche. Diese Konferenz wurde zum zweiten Male auf den 14. Februar 1849 nach Jesberg (zwischen Kassel und Marburg) zusammengerufen »zur Beratung über das künftige Verhältnis der evangelischen Kirche in Kurhessen zum kurhessischen Staate.«

Die Konferenz verneinte einstimmig die Möglichkeit des mittelbaren Kirchenregiments des Landesherrn durch die Staatsbehörden, ebenso auch die unmittelbare Ausübung der landesherrlichen Kirchengewalt.

Diese Jesberger Beschlüsse bewirk-

ten erbitterte Erörterungen. Es schieden sich an ihnen die Geister. Die, welche für Emanzipation des gesamten Volks- und Staatslebens von Gott und seiner Kirche waren, waren gegen die Beschlüsse; die, die eben in dieser Emanzipation das Verderben erkannten, dafür. Vor allem die Pfarrer neigten sich in ihren tüchtigsten Gliedern und in ihrer Mehrzahl den Jesberger Richtlinien zu. So kam es, daß die Regierung auf die Einberufung der konstituierenden Synode verzichtete. Eine Antwort aber auf das Jesberger Memorandum erfolgte weder vom Ministerium, noch vom Landesherrn.

Während Vilmar sich sehnt nach einem Pfarramt und darin seine Hauptbefähigung sieht, sich weder die Fähigkeit zum Unterrichten noch zur Wissenschaft, am allerwenigsten aber zur Politik zuerkennt, beruft ihn der Kurfürst im Oktober 1850 zur Leitung eines antirevolutionären Ministeriums. Er stellt sich aus tiefer Scheu gegen jede Eigenwilligkeit zur Verfügung, richtet aber in der persönlichen Audienz bei dem Kurfürsten das Ansinnen an ihn: »Geben Sie die Kirche frei.« Daran scheiterte seine Berufung.

Er wird aber zum Vortragenden Rat im zweiten Ministerium Hassenpflug im Ministerium des Innern ernannt. Wie ein Berg fällt ihm diese Berufung auf die Seele, doch nimmt er sie an. Vergebens bewirbt er sich um eine Kasseler Pfarrei, um gleichzeitig ein Amt in der geliebten Kirche zu haben.

Als im Jahre 1850 der Landtag gegen das Ministerium und den Kurfürsten revoltiert, die Behörden den Gehorsam verweigern, von außen keine Hilfe zu erwarten ist und alles verloren scheint, stärkt er den Kurfürsten zum Widerstand. In heißem Gebet gewinnt er Mut und Klarheit dazu. Die Ordnung kann durch zeitweilige Verlegung des Regierungssitzes wiederhergestellt werden.

Als Ministerialreferent für kirchliche Angelegenheiten arbeitet er bei dem Elberfelder Kirchentag an der Gesangbuchkommission mit. Man einigt sich über 151 Lieder.

Im April 1851 wurde Vilmar mit der Stellvertretung des hochbetagten Generalsuperintendenten Ernst beauftragt. Fünf Jahre lang verwaltete er dieses hohe Amt als ein Oberhirte seiner Gemeinden. Hier hatte er in hohem Maße Gelegenheit, seine Lehre von der Kirche praktisch zur Geltung zu bringen.

Als im April 1855 Generalsuperintendent Ernst starb, wählten 110 von 124 abstimmenden Pfarrern Vilmar. Doch der Kurfürst bestätigte die Wahl nicht mit der formalen Begründung, Vilmar verwalte kein ordentliches Pfarramt. Das Ministerium trat dieser Rechtsverletzung wegen zurück. Da ernannte der Kurfürst Vilmar zum ordentlichen Professor der Theologie in Marburg und ordnete eine neue Wahl an. Schweren Herzens verzichtete Vilmar auf die Annahme der Wahl zum Generalsuperintendenten, um den Amtsbrüdern den Konflikt zu ersparen. Dreizehn Jahre lang verwaltete er die Professur. Sein »Collegium biblicum«, seine »Theologie der Tatsachen« und seine »Dogmatik« sind seine bedeutendsten Werke.

Für seine heimische Kirche war grundlegend sein Werk: »Die Geschichte des Konfessionsstands der evangelischen Kirche in Hessen, besonders im Kurfürstentum.« Vilmar wies darin überzeugend nach, daß die Lehre der niederhessischen Kirche lutherisch ist und nicht reformiert. So hatte ihn Gott in seine eigentliche Aufgabe hineingebracht, ein Lehrer der Kirche zu sein.

Es läßt sich leicht an Vilmars Beispiel einsehen, daß sich die Gedanken eines Mannes nicht im luftleeren Raum der Abstraktion entwickeln, sondern durch seine Lebensführung werden sie ihm von dem, der alle Weisheit gibt, geschenkt.

Vilmars Gedanken über die Kirche

Vilmar, der vielseitig begabte Mann, der eine glänzende »Deutsche Literaturgeschichte« geschrieben hat, der als Gymnasialdirektor Bahnbrechendes leistete, der ein Politiker von Format war, wurde Kirchenmann, weil er erkannte, daß die Hauptnot des öffentlichen Lebens die Emanzipation des gesamten Volkslebens von der Kirche und von Gottes Gesetz und Ordnung war. Er erkannte in einer Zeit, da die Gestalt der Kirche armselig war, daß

sie als Leib des Christus, dem alle Gewalt gegeben ist im Himmel und auf Erden, im Mittelpunkt alles Seins steht, daß an ihr sich alles orientieren muß, sei es zu Leben oder Tod:

Wer in seinem Leben erfahren hat, daß Christus der Mittelpunkt seiner eigenen Lebenszeit ist und daß es hier nur zwei Lebensabschnitte gibt: vor Christus – ohne ihn, und nach Christus – mit ihm, nur der vermag Geschichte in den Schulen als wirkliche Weltgeschichte, als wirkliches erziehendes und bildendes Element mitzuteilen.

Schon früh war es Vilmar klar geworden, daß der Herr in seiner Kirche gegenwärtig ist und durch den Heiligen Geist sie leitet in alle Wahrheit; daß die Lehrentwicklung der Kirche einen planvollen Fortschritt zeigt.

In den ersten vier Jahrhunderten wurde die Lehre vom Schöpfer in heißen Kämpfen mit dem Demiurgen der Gnosis errungen, dann die Lehre von der Gottessohnschaft Christi; elfhundert Jahre brauchte die Christenheit, um dann in der Reformation den ordo salutis, die Heilsordnung, die Rechtfertigung allein durch den Glauben auszubilden. Jetzt soll die Christenheit zu erfahren anfangen, in welcher Gestalt sie ihrem wiederkommenden Herrn entgegenzugehen habe, mit andern Worten, was Kirche sei. Soviel ich sehe: die Zeit der Kirche ist angebrochen, nachdem die Zeit der Lehre mit der Reformation zu Ende ist. Jetzt ist die Kirche nicht durch das Lehramt, sondern auch und vorzugsweise durch das Tatamt, das Sakramentsamt und das Schlüsselamt, zu wirken berufen. Aber nach dieser Zeit der Kirche kommt unmittelbar die Zeit der Letzten Dinge. Des bin ich völlig gewiß.

Vilmar behält es ausdrücklich dem prophetischen Geist vor, die Lehre von der Kirche zu entwickeln.

Die Kirche baut sich nicht von unten auf, sondern sie wird von oben aufgebaut. Sie ist kein freier Verein, der sich selbst um einen Mittelpunkt sammelt, sondern sie wird nur gesammelt. Die Kirche ist die von dem dreieinigen Gott getroffene Anordnung der steten unveränderten Anwesenheit des Heiligen Geistes unter den Menschen auf Erden und der durch denselben vermittelten Gegenwart Christi sowie der Mitteilung des Heiligen Geistes und Christi an die Menschen. Sie ist das Institut, durch das das Seligkeitsgut allen Nachkommenden gesichert und überantwortet wird.

Die Sünde der Katholischen Kirche liegt darin, daß sie die Erfahrung, die der Heilige Geist durch Luther die Kirche gelehrt hatte, nicht annehmen wollte, ja durch das Tridentinische Konzil sich dagegen verschanzt hat.

Zu Kirche und Staat

Vilmar sieht ganz klar, daß der Staat dem Antichristentum entgegentrieb, eine Entwicklung, die wohl verlangsamt und unterbrochen, aber nicht mehr dauernd aufgehalten werden kann. Damit fällt auch das unmittelbare Kirchenregiment des Landesherrn, wie das mittelbare durch eine von ihm berufene Synode.

Über die Bekenntnisse

Das Bekenntnis ist das abschließende Resultat des von der Kirche im ganzen Erlebten und Erfahrenen. Kirchliche Bekenntnisse lassen keine Diskussion zu, die unsicher macht. Halbierung und Zusammenschweißung verschiedener Bekenntnisse (Union) öffnet der Lüge Tür und Tor. Die Union schwächt die Kirche und führt zum Rationalismus, weil die Vernunft die übergeordnete Instanz über beide Bekenntnisse wird.

Die Ordnung der Kirche sieht Vilmar im Geistlichen Amt gewährleistet. Das Geistliche Amt verwaltet das Lehramt, das Sakramentsamt und das Schlüsselamt. Die Quelle der Vollmacht ist Christus selbst, der den schwachen Menschen an seiner Statt in das Amt des Worts und des Sakraments versetzt hat. Er lehnt die Herleitung des Amts aus der Gemeinde ab. Es handelt sich beim Geistlichen Amt nicht um die Verkündigung allein, sondern um ein vollmächtiges Handeln, um ein Binden und Lösen, ein Machthaben über die Geister:

Solange du noch etwas Eigenes dazutust, deine Ansichten, dein Selbstvertrauen, deine Zaghaftigkeit, hast du nur Einfluß auf die Geister, aber keine Gewalt über sie.

Aber das Amt hat keinen objektiven Charakter, darum betont Vilmar das demütige Gebet als Weg zu Vollmacht.

Er betonte nicht nur das Lösen, sondern auch das Behalten der Sünde, die ernste Kirchenzucht.

Als Oberhirte führte er die althessische Kirchenordnung ein und bemühte sich in häufigen Visitationen um ihre Verwirklichung. Ebenso ordnete er das tägliche Gebet der Pfarrer für ihre Gemeinden bei offenen Kirchentüren an, setzte auch die Wiederaufnahme des Brautexamens durch und die Wiederaufstellung der Abendmahlslisten und verlegte die Taufen in den Gottesdienst. In Fällen offenbarer Unzucht, Verweigerung kirchlicher Trauung, übte er Ausschluß vom Abendmahl.

WILHELM LÖHE (1808-1872), ein bayrischer Kirchenvater

Werdejahre

Wilhelm Löhe wurde am 21. Februar 1808 als Sohn eines angesehenen Kaufmanns, den seine Mitbürger oft zu städtischen Ämtern heranzogen, in Fürth bei Nürnberg geboren. Leider verlor er den Vater als Achtjähriger, so daß seine Mutter ihre sechs Kinder allein erziehen mußte. Sie war eine fromme, tatkräftige, arbeitsfreudige Frau. Ihr Lieblingswunsch war, ihren Ältesten Theologie studieren zu lassen. Löhe schreibt von ihr:

Als mein Vater starb, führte sie aus, was sie für gut hielt. Ihre Liebe zu Amt und Kirche machte sie dafür empfänglich, mich, obwohl eine Witwe, einen solchen Lebensberuf erwählen zu lassen. Ich habe es ihr tausend Mal zu danken. Wer weiß, ob ich ein Christ geworden wäre, wenn ich nicht Pfarrer geworden wäre.

Zu seiner Konfirmation schrieb die Mutter dem Sohn:

So nahe dich denn zu Jesu, des Göttlichen, Altare hin und finde ganz den Frieden und Seelenruhe, welche er würdigen Gästen bei seinem Liebesmahle verheißen hat. Weihe dich durch dasselbe zu deinem wichtigen Beruf und fasse die frommen, besten Vorsätze für dein ganzes Leben.

Im Gymnasium zu Nürnberg machte der Unterricht des Rektors C.L. Roth den tiefsten Eindruck auf ihn. Mit ausgezeichnetem Zeugnis verließ er die Schule mit dem Entschluß: »Ich will meiner Mutter die Freude machen, soviel als möglich einen vollkommenen Pfarrer an mir zu sehen.« Er war ein fleißiger, frommer Student, der sein Berufsziel nie aus den Augen verlor. Er las regelmäßig die Heilige Schrift, studierte die Bekenntnisschriften der Kirche und Luthers Werke. Erbauungsbücher von Kempis, Arndt, Gerhardt und Lebensbeschreibungen wie die von Zinzendorf gaben ihm Anregung. Darüber erzählt er:

Obwohl bei Gottes Wort aufgezogen, von Gottes Gnade nie verlassen, danke ich menschlich geredet mein geistliches Leben einem reformierten Lehrer, Herrn Professor Krafft in Erlangen. Er, dem ich noch in herzlicher Liebe anhänge, hat, ohne es zu wissen, meine Liebe zur lutherischen Kirche großgezogen, da ich sie von Kindesbeinen an in mir trug.

Im Jahre 1830 im Oktober bestand

er das theologische Examen zu Ansbach mit Auszeichnung. Er predigte über 1.Joh. 1,18. Seine Examinatoren fanden diese Predigt zu mystisch und herrnhutisch. Am 21. Juli 1831 wurde er in Ansbach ordiniert. Diesen Tag feierte er alljährlich.

In seinem Lebenslauf, den er in das Ordinationsbuch einzutragen hatte, schrieb er:

Die Augsburgische Konfession, wenn mir Armen diese Worte erlaubt sind, ist auch meine Konfession. Die übrigen mit der Augustana übereinstimmenden symbolischen Bücher der evangelisch-lutherischen Kirche sind auch mir feste Richtschnur. Mit Gottes Hilfe will ich die wahre Lehre predigen und nicht verstummen, bis der Herr selbst mich, seinen friedliebenden Soldaten, aus der streitenden Kirche in die heilige Stille der triumphierenden Kirche aufnimmt. Desgleichen soll es mein ernstes Bemühen sein, daß mein Leben meinem Glauben ähnlich sei.

An zwölf Stellen war er als Pfarrvikar verwendet. Er kümmerte sich um die Volksschulen und sammelte samstagnachmittags die Jünglinge, sonntagnachmittags die Mädchen, um sie für die Kirche Jesu zu gewinnen und in der Nachfolge zu stärken. Er schrieb einen Traktat »Dina, wider die Jugendlust«. 1834 wurde er Pfarrverwalter in St. Egidien zu Nürnberg, wo ihm bedeutende Männer wie Rektor Roth und Bürgermeister Merkel nähertraten. Als Pfarrverwalter in Behringersdorf bei Nürnberg konfirmierte er Helene Andreä, die später seine Lebensgefährtin werden sollte. 1837 am 1. August übernahm er die Pfarrei in Neuendettelsau, von dem er vorher gesagt hatte: »Nicht tot möchte ich in dem Neste sein«.

Löhe schrieb:

Neuendettelsau hat keine besondere Lieblichkeit für mich. Der Herr hat mich hierher berufen, das macht mir die Gemeinde lieblich.

Später schrieb er von dieser Gemeinde:

Ein weiter Blick, ein großer Horizont, ein strahlender Himmel, eine Flur voll feierlicher Stille, wie wenn sich da ein immerwährender Sabbath des Herrn gelagert hätte.

Seine Tätigkeit als Hirte seiner Gemeinde Neuendettelsau

In diesem stillen Dorf entfaltete er seine schöpferischen Kräfte in erstaunlicher Weise. Er fand schon ein reges

Wilhelm Löhe

geistliches Leben vor, das durch die Kraft seiner Predigt noch weiter aufblühte. Er richtete eine Kinderschule im Pfarrhaus ein, um den Müttern den Besuch des Gottesdienstes zu ermöglichen. Vor allem rang er um eine würdige Ausgestaltung des Gottesdienstes. Seine Heimat war am Altar. Sein Odem strömte aus wie eine Flamme, die sich Gott im Amte opferte. Er betonte die Privatbeichte neben der öffentlichen Beichte, und es wurde von der Gemeinde bald reichlich Gebrauch von ihr gemacht. Auch übte er das Gebet über den Kranken nach Jakobus 5,14. Sein Rat war:

Brauche den Arzt, er ist vom Herrn. Sei geduldig. Versöhne Dich mit allen Menschen; vor allem, laß Dich versöhnen mit Gott.

Eine besondere Begabung hatte er für die Seelsorge an Angefochtenen. Als Lehrer der Jugend war es ihm besonders darum zu tun, die Lernenden in den reichen Schatz der christlichen Heilswahrheit einzuführen. Im Mittelpunkt seines Unterrichts stand der Kleine Lutherische Katechismus, von dem er sagte, daß es der jugendlichste, hellste und durchdringendste Ton sei in dem Geläute der lutherischen Bekenntnisschriften. Er mühte sich darum, in den Kinderherzen ein kirchliches Pflichtbewußtsein und Liebe und Treue zum Heiland zu wecken. In seinem Büchlein »Konrad« gab er seinen Konfirmanden eine reiche Gabe seiner seelsorgerlichen Liebe. Unablässig war er bemüht, sich neuen Gedankenstoff zuzuführen. Bis um Mitternacht saß er bei Kerzenschein an der Arbeit. Dabei war er bestrebt, die heiligen Stätten seiner Kirche zu schmücken und würdig auszustatten. Schon 1839 kaufte er einen großen Acker und schenkte das Grundstück der Gemeinde als Friedhof.

Sein Ringen um die lutherische Kirche

In der bayrischen Landeskirche waren damals die Reformierten gleichberechtigt in Abendmahlsgemeinschaft mit den Lutheranern. Ein Reformierter hatte im Kirchenregiment Sitz und Stimme. Löhe kämpfte darum, daß die Kirche eine Gemeinschaft desselben Evangeliums und derselben Lehre sei. Er dachte eine Zeitlang daran, der Landeskirche den Rücken zu kehren. Aber im Jahre 1852 brachte die Leitung der bayrischen Kirche unter A.v. Harless eine reinliche und friedliche Sonderung der lutherischen und reformierten Kirche zuwege. Ein selbständiger lutherischer Kirchenkörper wurde geschaffen. Die Generalsynode von 1853 beschloß ein neues Gesangbuch und ein Kirchenbuch, das den Gottesdienst der lutherischen Gemeinden neu gestaltete. Löhes Gedanken hatten sich durchgesetzt. Seine Eingabe an die Synode vom Jahr 1849, die von vielen unterschrieben war, behandelte die Frage des weltlichen Summepiskopats, der gemischten Abendmahlsgemeinschaft mit den Reformierten und der strengen Kirchenzucht. Sie hätte beinahe zu seiner Suspension geführt, wenn er nicht infolge der Vermittlung von A. von Harless in der Frage des weltlichen Summepiskopats nachgegeben hätte. Im Jahre 1860 wurde er wegen einer Verweigerung, eine geschiedene Ehe zu trauen, zwei Monate suspendiert. Aber dann übernahm er sein Amt wieder, um seiner Gemeinde und seiner Kirche weiter zu dienen. Er dachte eine Zeitlang an Separation, dann an einen überparochialen engeren Zusammenschluß der Bekenntnistreuen zu einer Glaubensbruderschaft und Abendmahlsgemeinschaft. Doch nach vielen Kämpfen, »der Kirche, wie sie war, um die Kirche, wie sein sollte«, begnügte er sich, in seiner eigenen Gemeinde seine Gedanken von Beicht- und Zuchtordnung zu verwirklichen.

Seine Auffassung des Amts

Das Amt fließt nicht aus der Gemeinde, sondern ist eine Stiftung des Herrn. Die Kirche in ihrer Gesamtheit ist die Inhaberin des Amtes. Sie überträgt das Amt, sie kann allein absetzen. Das Priestertum aller Gläubigen darf nur im Notfall Amtsbefugnisse ausüben. In der brüderlichen Zucht helfen alle mit, ebenso im Bann, der die letzte Stufe der Ermahnung ist.

Die Berufung ist wichtiger als die Ordination. – Ein rechtmäßig Berufener kann ordinieren, auch wenn er selbst noch nicht ordiniert ist. Das Diakonat wird von der Gemeinde gewählt, das priesterliche und das Ältestenamt vom Apostolat. –

Ich glaube, daß Verfassung und Organisation, Liturgie und Zeremonien, soviel sie im Dienst der Wahrheit auch nützen können, doch keine Kirche im wahren Sinn des Wortes begründen, sondern nur Wort und Lehre.

Wir sind Glieder am Leib, es ist uns die Pflicht der Liebe zum ganzen Leib des Herrn übergeben. Es wird mit jeder Gemeinde, solange sie im Komplex des Ganzen ist, nicht durchgreifend besser werden, solange das Ganze nicht besser wird.

Sein Dienst an den Auswanderern

Damit sie bei der Auswanderung der Heimatsprache und Heimatkirche nicht verlorengehen, schrieb er eine Broschüre über die fränkischen Niederlassungen in Nordamerika, in der es heißt:

Viele Tausende von armen Deutschen verfallen daheim dem Proletariat. Es ist für Vereine wie Staaten unmöglich, die schrecklich anwachsende Verarmung zu dämpfen oder aufzuhalten. Kolonisation und Auswanderung ist ein wirksames Mittel der Hilfe. Man lasse die Landeskinder nur unter Hirten und Seelsorgern in die neue Heimat ziehen.

Er sammelte und stiftete ein Kolonisationskapital, mit dem Land gekauft werden konnte. Damit wurde viel Segen gestiftet. Zuletzt wurde von diesen dreitausend Gulden ein Heim für mittellos ankommende Auswanderer erbaut, das dann später das erste Schullehrerseminar der Iowasynode wurde. Die Auswanderer sollten ihre Verpflichtung zur Heidenmission erkennen, und ihre Kolonien sollten Stützpunkte der Missionsarbeit werden.

Er schrieb an die Siedler:

Meine teuren Kinder, die ich jahrelang mit Milch und süßer Kost, ja auch mit der Speise der Erwachsenen ernährt habe, Ihr seid mein Brief an die Heiden.

Es gelang ihm, einige Missionsstationen zu gründen, aber die hatten keinen Bestand, weil die Regierung die Indianer zwang, ihr Land zu verlassen und weiterzuziehen. Der amerikanische Bürgerkrieg machte der Missionsarbeit vollends ein Ende.

In den Kämpfen, ob die synodale oder die episkopale Form bei dieser lutherischen Kirche den Ausschlag geben sollte, schied sich die demokratische Missourisynode von ihm. Es gelang ihm, 1854 die Iowasynode zu gründen, die sich seiner episkopalen Amtsauffassung anschloß und die Erwählungslehre der Missourisynode ablehnte.

Der Diakonissenvater

Im Jahre 1849 gründete er die »Gesellschaft für Innere Mission« im Sinne der lutherischen Kirche Bayerns.

Wir konnten mit dem konfessionslosen Stand dieser Inneren Mission nicht übereinstimmen. Wir wollten nicht mit diesem Strom die Flut der guten Werke in die Kirche einströmen lassen, sondern uns an die Pforten stellen und ihm womöglich eine konfessionelle Bahn weisen.

Die Gesellschaft hatte vier Arbeitsgebiete: Innere Mission durch Prediger und Lehrer; Innere Mission durch Verbreitung von Schriften; Innere Mission durch Fürsorge für die auswandernden Glaubensgenossen und für lutherische Kolonisation; Innere Mission durch Abhilfe lokaler Mißstände des geistigen und geistlichen Lebens.

1854 gründete er den »Lutherischen Verein für weibliche Diakonie in Bayern« zur Erstellung lutherischer, mit Diakonissenanstalten derselben Konfession verbundener Spitäler; zur Ausbildung von Diakonissen der verschiedenen Arten; zur Ausbildung der weiblichen Jugend für den Dienst an der leidenden Menschheit; zur Übernahme der Krankenpflege in Heilanstalten. Die Muttergesellschaft sollte in seinem Bezirk Windsbach sein; die Tochtergesellschaften und Zweigvereine in den anderen Bezirken der lutherischen Kirche in Bayern. – Am 9. Mai 1854 wurde die Diakonissenanstalt Neuendettelsau eröffnet. Zuerst fand sie eine Heimstätte im Gasthaus zur Sonne. Einige Wochen später wurde der Grundstein gelegt für das Anstaltsgebäude, das mit eilender Entschlossenheit schon vier Monate später vollendet wurde:

Nicht aus dem Reichtum der Unternehmer, sondern auf Wagnis des göttlichen Wohlgefallens.

Mit eintausend Gulden, die ihm geschenkt waren, begann er den Bau, dessen Kosten sich schließlich auf fünfzehntausend Gulden beliefen. Es war ein zweistöckiges Gebäude von dreißig Metern Länge und einem zwanzig Meter langen Flügel. Nun begann ein frohes Arbeiten. Der oberste Zweck des Hauses war die Ausbildung von Lehrerinnen von Kleinkinderschulen und Krankenpflegerinnen für Familien und Spitäler, aber auch eine gediegene weibliche Ausbildung für Schülerinnen, die nicht Schwestern werden wollten. Die Schule gliederte sich in drei Teile: die rote Schule für unkonfirmierte Mädchen; die grüne Schule für konfirmierte, die sich zu einer höheren Töchterschule entwikkelte; die blaue Schule als Diakonissenschule. Die Schülerinnen wurden in ein reiches gottesdienstliches Leben eingeführt und trugen das Verständnis für den Diakonissendienst in weitere Kreise. Alljährlich war der 2. Juli der Versammlungstag der grünen und roten Schülerinnen.

Sein andächtiger Sinn, der auf die Schönheit des Gottesdienstes bedacht war, trieb ihn, die Paramentenanstalt zu gründen, die für würdige Altar- und Kanzelbekleidung Sorge trug. Es entstand ein lieblicher Kranz von Anstalten um das Mutterhaus herum: Die Kinderschule, das Rettungshaus, die Industrieschule, die Blödenanstalt, das Magdalenenheim, die Erziehungsanstalt für entlassene weibliche Strafgefangene, der Siechensaal, für den eine Schwester ihr Vermögen gestiftet hatte. 1860 wurde ein eigenes Bethaus gebaut.

In wundervollen Worten hat Löhe dem Diakonissenideal Ausdruck verliehen.

Malen würde ich die Jungfrau im Stall und am Altar, in der Wäscherei und wie sie die Nakkenden in reines Linnen der Barmherzigkeit kleidet, in der Kirche und im Krankensaal, auf dem Felde und beim dreimal heiligen Chor. Eine Diakonisse muß das Geringste und Größte können und tun. Die Füße im Kot und Staub niedriger Arbeit, die Hände an der Harfe, das Haupt im Sonnenlicht der Andacht und Erkenntnis Jesu.

Sein Diakonissenspruch:

Was will ich? Dienen will ich. Wem will ich dienen? Dem Herrn in seinen Elenden und Armen. Und was ist mein Lohn? Ich diene weder um Lohn noch um Dank, sondern aus Dank und Liebe. Mein Lohn ist, daß ich dienen darf. Und wenn ich dabei umkomme? Komme ich um, so komme ich um, sprach Esther, die doch den nicht kannte, dem zuliebe ich umkäme und der mich nicht umkommen läßt. Und wenn ich dabei alt werde? So wird mein Herz grünen wie ein Tannenbaum, und der Herr wird mich sättigen mit Gnade und Erbarmen. Ich gehe mit Frieden und sorge nichts.

Der Schriftsteller

Seine Schriften waren Gelegenheitsschriften mit praktischen Zielen. Der Glanz seiner Sprache ist einzigartig. Vilmar zollt ihm das Lob, seit Goethe habe niemand ein so schönes Deutsch geschrieben wie er. Seine Predigten sind aus der Tiefe des Gotteswortes geschöpft, eingetaucht in die Glut seiner Andacht und zum Ausdruck gebracht in einem erhabenen Schwung schöner Sprache. Es sind uns erhalten: Sieben Predigten (1834), Predigten über das Vaterunser (1835), »Evangelienpostille« (1848), Siebzehn Lektionen für die Passionszeit (1854), »Epistelpostille« (1858), Sieben Vorträge über die Worte Jesu am Kreuz (1859).

Als Frucht seines Lebens und Webens im Amt bezeichnete er selbst das »Haus-, Schul- und Kirchenbuch für Christen des lutherischen Bekenntnisses«. Er sagte davon: »Ich habe nichts Besseres nachgelassen.« Gesegnet waren seine Gebetbücher: die »Samenkörner des Gebets«, die »Rauchopfer für Kranke und Sterbende und deren Freunde«. Ebenso die Beichtbücher: »Einfältiger Beichtunterricht« und »Prüfungstafel und Gebete für Beicht- und Abendmahlstage«.

Ein Hochgesang auf die Kirche sind die »Drei Bücher von der Kirche« (1845); eine prachtvolle pastoraltheologische Handreichung: »Der evangelische Geistliche« (1852).

Sein häusliches Leben

Nach sechs Jahren verlor er seine geliebte Frau, die ihn mit drei Kindern allein ließ. Mit stiller Feier beging er alljährlich ihren Sterbetag. Seitdem war sein Leben wie eine abgebrochene Säule, und er ist ein einsamer Mann geblieben. Er lebte in großer Einfachheit und Bedürfnislosigkeit. Sein väterliches Vermögen stiftete er der Kirche, die Einnahme aus seiner Schriftstellerei dem Diakonissenhaus. Früh war seine starke Gesundheit gebrochen. 1855 war er auf den Tod krank. Doch erflehte er sich eine Alterszulage wie Hiskia. 1872, am 2. Januar, entschlief er.

Die Gestalt Löhes

Seine Seele war eine Flamme, die auf dem Altar Gottes loderte. Das »dreimal heilig« aus Jesaja 6 war ihm einst zur Ordination als besonderes Gotteswort geschenkt worden. Darum betete er am Altar in der Gegenwart Gottes und der heiligen Engel. In ihrer Gegenwart feierte er das heilige Abendmahl. Die Engelsgestalten im Chor der Diakonissenkirche zu Neuendettelsau erinnern an die Gegenwart der heiligen Majestät.

Seine große Liebe gehörte seiner lutherischen Kirche, der Kirche der Liturgie und des Sakraments, die doch ganz Kirche des Wortes und der christlichen Unterweisung ist und die Früchte des Glaubens in der Liebe bringt. Sein Kampf war ein Kampf um die lutherische Kirche, ein Kampf um das Bekenntnis und seine Geltung und um heilige Zucht, ein Kampf um die Bewahrung der lutherischen Kirche in Übersee. Sein reifstes Werk war die Diakonie, deren Herz im Gotteshaus schlägt. Er lebte mit der Gemeinde der vollendeten Gerechten, mit der oberen Schar zusammen, die er im Kalendarium und im Martyrologium seiner Kirche zugänglich machte.

Der Mann, der in der heiligen Geschichte seiner Kirche wurzelte, stand zugleich in Erwartung der kommenden Welt. Der Friedhof mit seiner sabbatlichen Stille war für ihn, zumal nach dem frühen Heimgang seiner Frau, wie der Altar der Ort, da Zeit und Ewigkeit einander besonders nahe sind. Er schaute aus nach der hochgebauten Stadt. Seine Harfe hatte den vollen Dreiklang des Glaubens, der Liebe und der Hoffnung. Eine hochbegabte Natur hat ihre Vollendung in ihrer Hingabe an den Herrn Christus und seine Kirche gefunden.

HERMANN VON BEZZEL
(1861-1917) ein lutherischer Kirchenführer

Sein Lebenslauf

Bezzel ist als Sohn eines alten Pfarrergeschlechtes am 18. Mai 1861 zu Wald nahe bei Gunzenhausen geboren. 1873-1879 war er Schüler des Gymnasiums in Ansbach und studierte dann in Erlangen Philologie und Theologie. 1882 legte er das philologische Examen ab. 1833 wurde er Assistent am Neuen Gymnasium in Regensburg. 1887 übernahm er noch das Amt des Religionslehrers am Gymnasium und wurde auf seine Bitte hin in Ansbach ordiniert. 1891 wurde er als Rektor nach Neuendettelsau berufen. 1909 wurde er zum Präsidenten des Oberkonsistoriums ernannt. Am 8. Juni 1917 starb er.

Bezzel war einer der Höhenmenschen, zu denen wir die Augen aufheben, weil der Morgenglanz der Ewigkeit auf ihnen liegt. Er war ein Mensch ungeheuren Fleißes, der zeitlebens ein Lernender war und ebenso ein Gebender in unermüdlicher Liebe. Er lernte aus der Geschichte seines Volkes und seiner Kirche, aus dem Zeugnis der Gotteszeugen, die ihm begegneten, aus Gottes Wort, das er in Ergriffenheit hörte und weiter verkündete. In der Schule und im Alumnat zu Regensburg begann er sein unablässiges Werk, dort schon für drei arbeitend, in die Tiefe grabend, sich um das Kleinste kümmernd. Der Mann ohne Familie lebte ganz dem Herrn, er rang um seine Schüler, um sie zu Christus zu führen. Als er nach Neuendettelsau berufen wurde, erweiterte sich seine Aufgabe. Den Schülerinnen und Schulen, den Schwestern, den Armen und Elenden wurde er Lehrer und Seelsorger, Prediger und Hausvater, im Spenden reicher werdend, Luthers und Löhes Erbe erwerbend, um es zu besitzen, bis dann der Ruf ihn an die Spitze seiner Landeskirche stellte und die Pfarrer seine Herde und die Kirche seine Gemeinde wurden. Der Hirtenbrief, der Vortrag, das Predigtbuch wurden seine Wirkungsmittel weit über sein Land hinaus. Das Hirtenamt der Feldbesuche bei den bayrischen Truppen mit der Sorge um sein Volk und seine Kirche verzehrte seine Kräfte, bis dann ein schweres Leiden ihn durch tiefe Anfechtung zu den Höhen der Herrlichkeit führte und ihn in Jesus vollendete.

Seine Jugend verbrachte er im trauten Familien- und Geschwisterkreis des elterlichen Pfarrhauses, in frohem Spiel, in das der Ernst des Lebens hineinragte. Es machte ihm Freude, im Spiel die Amtshandlungen des Vaters nachzuahmen, den Geschwistern zu erzählen, die Dorfjugend zu belehren. Dabei nahm er aus dem Mund seiner frommen Mutter die biblischen Geschichten in sich

Hermann von Bezzel

auf, die ihn stark ergriffen. Schon damals zeigte sich bei ihm ein tiefer Ernst. Mit elf Jahren mußte er das Elternhaus, wo ihn der Vater in Strenge selbst unterrichtet hatte, verlassen und kam in das Alumnat, das mit dem Gymnasium in Ansbach verbunden war. Schwerfällig, unbeholfen, kindlich verträumt und am Heimweh und den Hänseleien seiner Mitschüler leidend, fiel es ihm dort zunächst schwer, Schritt zu halten. Er mußte ein zweites Jahr in einer Klasse bleiben. Der Vater herrschte ihn an: »Aus dir wird nichts, du bist und bleibst ein Träumer!« Er ist tief traurig und weint viel. Er klagt: »Auf meiner Arbeit ruht kein Segen«. Die freundliche Mutter hat ihn getröstet und aufgerichtet. Und siehe da, auf einmal ging es in der Schule aufwärts. Seine Sprach- und Geschichtskenntnisse, seine gehaltvollen Aufsätze fanden die Anerkennung seiner Lehrer. Sein geschichtlicher Sinn wurde durch die historischen Erinnerungen in Ansbach angeregt. Gern hörte er Konsistorialrat Stählin predigen. Der lebendige Konfirmandenunterricht bei Dekan Seybold ergriff den ernsten Knaben. Mitten in diesen Jahren verlor er die heißgeliebte Mutter: »Die Mutter hergeben, heißt, sein Herz opfern«, sagte er später. Aber der Auferstandene tröstete ihn. Aus dem Jüngling wurde ein Mann. Sein Herz war fest geworden durch Gnade. Dem Gebot des Vaters gehorsam, studierte er in Erlangen Philologie und Theologie mit ungeheurem Fleiß. Frank, v. Zezschwitz, v. Hofmann waren seine verehrten Lehrer. Er schloß sich der Burschenschaft Bubenrutia an, die sein Großvater hatte gründen helfen. Seine Mäßigkeit und sein Ernst imponierten seinen Freunden so, daß sie ihn bald zum ersten Sprecher wählten. Er setzte durch, daß einige Semester hindurch die Bestimmungsmensur unterblieb.

Nicht der spielend leichte Werdegang des Genies, sondern der heiße Kampf eines unermüdlichen Fleißes, der im Bewußtsein eigener Schwachheit demütig aus dem Umgang mit Gott seine tiefsten Kräfte holt, war ihm beschert. Von seiner Jugend an begleitete ihn das heilige Heimweh, das den Mann nie verlassen hat.

Der Lehrer und Erzieher

Der zum Assistenten am Neuen Gymnasium zu Regensburg Ernannte ging mit ganzer Hingabe an sein Werk. Er war ein ebenso gründlicher Lateinlehrer, wie er anregend war im Geschichtsunterricht. Aber sein ganzes Herz legte er in den Religionsunterricht. Als ihm das verwahrloste evangelische Schülerheim übertragen wurde, schaffte er bald darin Ordnung. Seine Straf- und Bußpredigten schlugen bei den Schülern ein. Sie fürchteten seinen Zorn, der leidenschaftlich entbrennen konnte, wenn ihm der Gehorsam versagt wurde, und spürten seine fürsorgliche Liebe, mit der er von sechs Uhr früh bis abends spät ihr Leben teilte, mit ihnen badete, Schlittschuh lief, wanderte und sich ihrer seelsorgerlich annahm, nicht nur in den täglichen Andachten, sondern auch in langen Zwiegesprächen, vor allem in treuer Fürbitte. Man hörte ihn für diesen oder jenen laut in seinem Zimmer beten.

In einer späteren Predigt sagte er:

Wehe dem Mann, dem nicht eine Kinderseele schwere Nachtstunden bereitet, der nicht in die Ruhe des Abends das Bild eines gefährdeten Schülers verfolgt.

Monatlich berichtete er auf einer Briefkarte den Eltern seiner Zöglinge.

Der Rektor der Diakonissenanstalt Neuendettelsau seit 1891

Groß war Bezzel als Organisator. Das Werk hat sich in den dreizehn Jahren seiner Leitung um das Zehnfache vergrößert. Zweig- und Tochteranstalten entstanden. Zwei Schlösser prachtliebender Markgrafen wurden aufgekauft und für die schwachsinnigen Pfleglinge eingerichtet. Ein Lehrerinnenseminar wurde in Neuendettelsau eröffnet, ein neues Schulgebäude erstellt, die höhere evangelische Mädchenschule in Nürnberg gegründet und reichlicher Grundbesitz für landwirtschaftliche Selbstversorgung gekauft. In der oberpfälzischen Diaspora rief er eine evangelische Höhere Mädchenschule ins Leben. Sein letzter Bau war das große Krankenhaus in Neuendettelsau. Alle Verhandlungen und Verwaltungsarbeiten führte er selbst ohne Schreibschwester und ohne Schreibmaschine. Sein Grundsatz war, täglich alle Post, die einlief, aufzuarbeiten.

Den größten Segen stiftete er als Prediger, Lehrer und Seelsorger. Er hat wöchentlich mehrmals gepredigt. Seine Predigt war Bußpredigt. Er betonte die Verantwortung der menschlichen Entscheidung und drang auf Umkehr und Hingabe an die Wahrheit. Mit herzlicher Innigkeit pries er den Erschütterten das göttliche Erbarmen, das sich in Christus dem Sünder zuneigt. Er, der immer im heiligen Heimweh lebte, richtete den Blick oft aufs Ende und auf die Welt der Vollendung. Das »Memento mori« – Gedenke des Todes – war der tiefe Klang, den er immer wieder anschlug.

In seinen Unterrichtsstunden, im Konfirmandenunterricht, im Religionsunterricht der geistig Behinderten oder im Einsegnungsunterricht der Schwestern, immer hat er den Herrn Jesus vor die Augen gemalt. Seine Gedanken stiegen in die Tiefe theologischer Besinnung, wenn er die göttliche Herablassung als Grundgesetz der Gottesoffenbarung in seinem Einsegnungsunterricht darlegte und die Herrlichkeit der evangelischen Kirche pries.

Dem Seelsorger war die von Löhe eingeführte Einzelbeichte ein köstliches Kleinod. Er suchte, die Wurzel der gebeichteten Sünden bloßzulegen und kleidete seinen Trost und seine Ermahnung gern in Sprüche und Liederverse. Bei der Absolution nannte er noch einmal die Sünden, die vergeben werden sollten, mit Namen und schloß dann: »Diese und alle bekannten und unbekannten Sünden vergebe ich dir an Gottes Statt. Gehe hin in Frieden!«

Bezzel hat sich völlig in seinen Dienst hineingeopfert. Das verlangte er aber auch von seinen Schwestern. Er widerstand der Kulturseligkeit seiner Zeit. Er verbot den Schwestern den Besuch von Vergnügungsstätten, ja sogar von Ausstellungen zur Verherrlichung menschlicher Kulturarbeit.

Dieser Mann, der sich so hingab, hatte Macht über die Menschen. Seine Zeitgenossen fingen an, auf ihn zu hören. Sein Wirken ging weit über das Neuendettelsauer Werk hinaus. Er wurde 1909 durch den Prinzregenten von Bayern zum Präsidenten des Oberkonsistoriums der Evangelischen Landeskirche berufen.

Der Leiter seiner Kirche

Es war ihm schwer, aus der ländlichen Stille herausgerissen zu sein, aus dem reichen gottesdienstlichen Leben Neuendettelsaus. Depressionen drückten ihn. Öfter ging er über den Friedhof, um Stille zu finden und Friedhofserde auf seine Not zu streuen. Doch im Gottesdienst wehte vertraute Luft, dort rührte ihn die Ewigkeit an, so daß die alte Freudigkeit allmählich wiederkehrte, je mehr er Gelegenheit fand, regelmäßig mit dem Wort Gottes zu dienen. So benützte er jeden freien Sonntag, um in einer Gemeinde zu predigen, und hielt wöchentlich die Bibelstunden im Diakonissenhaus. Er bot sich auch dem Christlichen Verein junger Männer an, ihm zweimal im Monat die Bibelstunde zu halten.

Sein Kampf gegen die liberale Theologie

Seine tiefste Sorge war das Umsichgreifen der liberalen Theologie unter seinen jungen Pfarrern. Er suchte Dr. Geyer und Dr. Rittelmeyer, die Führer dieser Richtung, persönlich auf. Bei der Aussprache mit ihnen betonte er mit Tränen in den Augen seine unbedingte Treue zum Wort der Heiligen Schrift. Er gewann den Eindruck, fromme, wahrheitsliebende Männer vor sich zu haben. Aber er wußte nun auch, daß der Kampf sich kaum werde vermeiden lassen. Schon in der ersten Generalsynode, die er leitete, gab er eine Erklärung zum Bekenntnis ab.

Eine heftige Pressefehde leitete dann sein Hirtenbrief vom März 1910 ein:

Jetzt aber ist die Treue gegen den Glauben, der unsere Väter stark, siegesfroh und sterbensmutig gemacht hat, die Ehrerbietung gegen die Heilige Schrift, deren Wert nicht vergangen, sondern allen Zeiten vermeint ist, die

Willigkeit, Bedenken und Zweifel im würdigen Trotze niederzuzingen, nimmer das uns Geistliche einigende Band. Ich beklage es tief, daß die Kirche eine Philosophenschule und ihre Diener Kritiker werden sollen, da sie doch Haushalter über und in Geheimnissen sein dürfen ... Das erkläre ich mit aller Bestimmtheit aus einem an Ordinationsversprechen und Lebenserfahrung gebundenen Gewissen heraus, daß von einer Gleichberechtigung der Richtungen nicht die Rede sein kann ... Von eigener Unzulänglichkeit oft bedrückt und um Hilfe verlegen, viel bekümmert und wenig erfreut, will ich gern Zeit, Kraft und Erfahrung meinen Brüdern zur Befragung und, wenn es sein darf, zur Belehrung widmen.

Der Vorsitzende der deutschen evangelischen Kirchenkonferenz

Im Jahre 1911 wurde er zum Vorsitzenden der deutschen evangelischen Kirchenkonferenz gewählt. Unionistischen Bestrebungen trat er entgegen. Er sah die Aufgabe mehr in Angelegenheiten äußerlicher Natur. Gegenüber dem Reichskirchenplan Weinels stellte er die Losung auf: »Nicht Nationalkirche als Zweckverband, sondern Internationale als Bekenntnisgemeinschaft«.

Der Verteidiger der evangelischen Ehre

Als der Papst in der Borromäusenzyklika die Reformatoren »als Verführer, als Feinde des Kreuzes Christi, als Menschen irdischer Gesinnung, deren Gott der Bauch war«, bezeichnet, wandte sich Bezzel in einer Ansprache an alle Gemeinden seiner Landeskirche:

Aus den Händen der Reformatoren haben wir den herrlichsten Lobpreis der Erlösungstat, aus ihrem Leben den großen Ernst der Christusnachfolge empfangen und gesehen. Wer unsere Väter antastet, der tastet unseren Augapfel an.

Der Seelsorger seiner Pfarrer

Er war der seelsorgerliche Freund seiner Pfarrer und Vikare. Für jeden hatte er Zeit. Oft machte er Besuche in den Gemeinden, nicht nur um die Predigt zu hören, sondern um angefochtenen Pfarrern seinen Beistand zu leisten. Abendlich nahm er die Liste der Geistlichen zur Hand, um sich ihren Personenstand einzuprägen. Durch Briefe blieb er mit vielen in persönlicher Verbindung.

Sein Wirken in die Weite geschah durch die Herausgabe zweier Predigtjahrgänge, durch viele Vorträge und Artikel in kirchlichen Zeitschriften. Sein letztes Werk war das Buch: »Der Dienst des Pfarrers«.

Hermann von Bezzel: Die Kirchenleitung wird der Seelsorgepflicht eingedenk ihrer jungen Pfarrer mit Ernst und Milde sich annehmen. Sie erwartet und erbittet die allseitige Unterstützung in dem Bemühen, sie zur Erkenntnis und Verkündigung der schrift- und bekenntnismäßigen Wahrheit anzuleiten und in ihr zu stärken. Die Kirchenleitung wird aber auch aus der beschworenen Wächterpflicht heraus das gute Bekenntnis der Landeskirche nie beeinträchtigen noch verkürzen lassen, sondern ernstlich Sorge dafür tragen, daß die Gemeinde durch volle Erschöpfung der Heilstatsachen erbaut und gefördert werde.

Dienst, Opfer und Heimgang

Als der erste Weltkrieg kam, verdoppelte er seine Anstrengungen und übernahm die sonntägliche Predigt in der Vorstadtgemeinde Sendling und drei Morgenandachten in der Woche in der Matthäuskirche. Seine Höchstleistung waren die beiden Reisen an die Front von einem bayrischen Truppenteil zum anderen. (Achtzig Predigten und Ansprachen.) Aber dann war die Kraft des Sechsundfünfzigjährigen verbraucht. Er hatte sich seinem Dienst zum Opfer gebracht.

Vom 24. Januar 1917 an, wo er im Sitzungszimmer zusammenbrach, bis zum 8. Juni litt er nicht nur an körperlichen Angstzuständen, die mit seinem schweren Herzleiden zusammenhingen, sondern auch an seelischen Anfechtungen. Da erfreute er sich des geistlichen Zuspruchs seines Seelsorgers und der pflegenden Schwestern. Seine Schwester und Neuendettelsauer Diakonissen pflegten ihn. Am letzten Abend betete die Schwester mit ihm: »Allein zu dir, Herr Jesus Christ, mein Hoffnung steht auf Erden.« Als sie eine kleine Pause machte, fuhr er selbst ganz leise flüsternd noch fort: » . . . von Anbeginn«. Um zwölf Uhr veränderte sich sein Zustand merklich. Nun wurden Sterbelieder für ihn gebetet. Um dreiviertel zwei Uhr hob er plötzlich das Haupt, schaute in die Höhe und rief staunend aus: »Wie wunderbar!« Dann sank er still zurück.

Am 11. Juni wurde sein Leib in seinem Geburtsort Wald zu Grabe getragen. Man sang ihm beim Geleit zum Friedhof, wie er es selbst angeordnet hatte: »Wir danken dir, Herr Jesus Christ, daß du für uns gestorben bist, und hast uns durch dein teures Blut vor Gott gemacht gerecht und gut.« Wie ein Fürst wurde er begraben neben dem Grab seiner Eltern.

Glaubenszeugen in den nordischen Ländern und in den Niederlanden

HANS NIELSEN HAUGE
(1771-1824) ein norwegischer Kirchenvater

Das Erwachen des geistlichen Lebens in Norwegen knüpft sich an die Tätigkeit dieses schlichten Bauernsohnes, der auf dem Hof seiner Väter im Kirchspiel Thune aufgewachsen war. Seine Bildung war gering, doch sein früh erwachter religiöser Sinn beschäftigte sich mit der Bibel, Luthers Kleinem Katechismus, dem Gesangbuch und Arndts »Wahrem Christentum«. Am 5. April 1786 erlebte er den Durchbruch des ewigen Lebens, während er auf dem Felde arbeitend ein geistliches Lied sang.

Über dieses Glaubenserlebnis wird berichtet:

Sein Sinn wurde so zu Gott erhoben, daß er nicht aussagen konnte, was in seiner Seele vorging. Er wurde mit brennender Liebe zu Gott und den noch im Finstern wandernden Menschen erfüllt. Er wollte nun gern Gott unter ihnen dienen und bat ihn, ihm zu offenbaren, was er zu tun habe. Da kam ihm mit Jesaja 6 eine starke und lebendige Antwort.

Von 1797 an trat er als Bußprediger in verschiedenen Gegenden Norwegens auf. Er wanderte meistens zu Fuß. Er ging in diesen Jahren fünfzehnhundert Meilen und hielt zwei bis vier Reden am Tag. Dabei schrieb er volkstümliche Schriften, die gern gelesen wurden. Die rationalistische Geistlichkeit fing an, gegen ihn aufzutreten. Da das Herumstreifen durch das sogenannte Konventikelplakat gesetzlich verboten war, veranlaßte er seine Freunde, sich ringsum im Lande ansässig zu machen und sich der reisenden Laienprediger anzunehmen. Es wurden Bruderkreise gebildet, die in beständiger Verbindung miteinander standen. Wo ein gläubiger Pfarrer war, schlossen sie sich ihm mit Freuden an; wo keiner war, erbauten sie sich untereinander, hielten aber die Verbindung mit der Kirche aufrecht. Die Bewegung, die er entfachen durfte, war eine reine Laienbewegung und hatte sich schon über das ganze Land ausgebreitet, als im Jahre 1804 in Christiania gefangengesetzt wurde. Bis 1811 dauerte seine Haft. 1814 wurde er zu zwei Jahren har-

PAAVO RUOTSALAINEN

(1777-1852) die führende Persönlichkeit der finnischen Erweckungsbewegung

Sein Lebensgang

Paavo Ruotsalainen wurde am 9. Juli 1777 in Tölvänniemi im Kirchspiel Lapinlahti geboren. Er stammte aus einem mäßig begüterten Bauerngeschlecht. Seine Eltern, Vilppu Ruotsalainen und Anna Helena, geb. Svan, mußten hart arbeiten, um ihre Kinderschar zu ernähren. Die Natur der nördlich gelegenen Landschaft war herb und von Menschenhand fast unberührt. Die Stille und Größe der Landschaft mit ihren zackigen Felswänden mag von Kind an auf seinen Charakter eingewirkt haben. Paavo war ein lebhafter, mutwilliger, zu allen möglichen Streichen aufgelegter Junge. Sein erster Kirchgang, den er als Sechsjähriger mit seinem Vater zusammen machte, war ihm unvergeßlich. Als der Pfarrer vom Leiden und vom Tod Christi predigte, fragte er erschrocken: »Wer ist getötet worden?« Von seinem Onkel bekam er ein damals wertvolles Geschenk, – eine Bibel, die er bis zum 16. Lebensjahr schon dreimal durchgelesen hatte. Gott erschien ihm als der heilige, gerechte Richter. Man hörte ihn schon damals klagen: »Sicher gehe ich verloren!«

Bei der schwärmerischen Erweckungsbewegung, die unweit seiner Heimat aufgeflammt war, suchte er vergeblich Hilfe und Trost. Da hörte er von einem viele hundert Kilometer entfernten Schmied, der besonders viel geistliche Erkenntnis hätte. Er wanderte im Winter zu Fuß mit knapper Wegzehrung dorthin und kam völlig erschöpft an sein Ziel. Der Schmied sagte zu ihm, nachdem er den Bericht über seinen langen, schweren Kampf angehört hatte: »Eins fehlt dir und mit diesem Einen alles: Du hast Christus noch nicht in deinem Inneren erfahren. Nähere dich in deiner Sündhaftigkeit der Gnade Gottes im Vertrauen auf die Worte des Erlösers: Kommet her zu mir alle, die ihr mühselig und beladen seid, ich will euch erquiken. Wer zu mir kommt, den will ich nicht hinausstoßen!« Er erklärte dem Suchenden die Heilsordnung, daß der Sünder ohne Verdienst allein aus Gna-

Hans Nielsen Hauge

ter Festungsarbeit verurteilt. Man machte ihm zum Vorwurf, das Konventikelgesetz übertreten und sich in seinen Schriften Angriffe gegen die Geistlichkeit erlaubt zu haben. Da seine Gesundheit nach der langen Gefängniszeit sehr geschwächt war, wurde die Festungshaft in eine hohe Geldstrafe umgewandelt. Von nun an lebte er still auf seinem Hof, wo er viele Besuche erhielt. Er wird geschildert als ein Mann »mit mildem Gesicht, hellem Haar, breiten Schultern, breiter Brust und starken Gliedern«. Sein Auftreten erinnert sehr an das des Schwaben Michael Hahn. Wie dieser stellte auch Hauge gegenüber dem Rationalismus und der toten Orthodoxie seiner Zeit die Bekehrung und die neue Geburt in den Mittelpunkt seiner Verkündigung. Aus Sorge vor dem Mißbrauch der Rechtfertigung legte er den Hauptnachdruck auf Bekehrung und Heiligung. Noch heute besteht in der norwegischen Kirche neben dem Pfarramt die freie Tätigkeit der Laien. Die »Lutherstiftung«, die in den sechziger Jahren errichtet wurde, sendet ihre Bibelboten aus, die, nachdem sie sich mit dem Pfarrer des Sprengels in Verbindung gesetzt haben, das Recht der Wortverkündigung in kleinen Kreisen haben.

Hauge starb still in inniger Glaubenszuversicht am 29. März 1824.

den gerechtfertigt wird, und sprach zu ihm von der Notwendigkeit der ersten wie der täglichen Buße und davon, daß das Leben mit Christus zu Anfeindungen führen wird.

Paavo sagte von diesem Besuch: »Als ich mich anschickte, das Wort Gottes zu lesen, da war es, als wenn ich ein neues Buch läse. Aber von da ab brauchte ich niemand mehr um Rat zu fragen, sondern ich habe selber dem einen und anderen raten können.« Schon auf dem Rückweg nach Hause konnte er einem Greis den Weg zum Frieden zeigen. Bald wurde er aufgesucht von bekümmerten Menschen, denen er zum Seelsorger wurde. Diese Seelsorge setzte er bis zu seinem Lebensende fort. Ums Jahr 1809 wurde er der Leiter der Erweckten in Nordsavo.

Im Jahre 1800 verheiratete sich Ruotsalainen mit Riitta Olikainnen, einer Kleinbauerntochter. Das Paar hatte auf seiner Neubauernstelle schwer zu kämpfen, weil der Frost immer wieder die Saaten vernichtete, so daß sie Brot aus Kiefernrinde backen mußten. Er nannte das die Schule der Kiefernfabrik. Ein Auswanderungsversuch nach Polen wurde nicht genehmigt. Er kostete ihn aber sein letztes Vermögen. Doch seine Freunde halfen ihm wirtschaftlich wieder auf die Füße. Er bekam eine Häuslerstelle, bewirtschaftete dann zehn Jahre lang einen Teil des Hofes Tahkomäki, bis er sich zusammen mit seinem Schwiegersohn einen Hof in Nilsiä kaufen konnte, der heute der Wallfahrtsort der finnischen Erweckungsbewegung ist.

Bei den Erweckungen, die da und dort im Lande entstanden, griff er mit ernstem Widerspruch ein, wenn er sah, daß die Linie der Rechtfertigung aus Gnaden allein verlassen wurde. So stand er oft wie ein Fels in der Brandung.

Als die Erweckungsbewegung zunahm und sich über das weite Land verbreitete, verboten die Obrigkeit und die feindselig eingestellte Pfarrerschaft die Andachtsstunden.

Dazu bedrückte ihn häusliche Not, da seine Frau mit ihrer Sorge für die große Kinderschar seinen Bestrebungen kein Verständnis entgegenbrachte. Sie konnte es nicht begreifen, daß er, wenn die landwirtschaftlichen Arbeiten drängten, ständig Reisen unternahm. Das Schwer-

ste für ihn war, als böse Nachbarn seinen einzigen Sohn Juhana erschlugen. Er bekannte: »Gott hat mich während meines ganzen Lebens geschlagen wie einen Hund, und das war nötig für mich.«

Als im Jahre 1839 das Bezirksgericht eine Anzahl der führenden Männer der Bewegung wegen Übertretung des Konventikelverbots und wegen Einsammlung von Mitteln für die Heidenmission zu Geldstrafen und zu Amtsenthebungen auf ein halbes Jahr verurteilte, stimmten die Erweckten, die in großer Zahl auf die Verkündigung des Urteils gewartet hatten, das Lied an: Ein feste Burg ist unser Gott. Darauf kniete Ruotsalainen mit allen Anhängern nieder und dankte Gott mit lauter Stimme für die Gnade, die es ihnen ermöglichte, für Christus zu leiden.

Seine letzten Jahre verlebte er in der Stille seines Hofes Aholansaari unter dem Druck trauriger Botschaften über die Uneinigkeit der Erweckten, der Feindseligkeit seiner Gegner, die sein Lebenswerk herabwürdigten, und unter eigenen Anfechtungen. Aber immer wieder brach die Gnadensonne durch: »Nicht vermag ich dem Herrn zu danken, aber sei du, mein Erlöser, mein Dank vor meinem himmlischen Vater!« Am 27. Januar 1852 entschlief er. Sein Gedächtnis steht noch heute in der finnischen Kirche im Segen.

Seine Botschaft

Weil Ruotsalainen aller Werkfrömmigkeit abgesagt hatte, bot er nach außen hin eher das Bild eines Gottlosen als eines Frommen. Er spielte mit Kindern, liebte Humor und Scherz, er nannte sich gelegentlich einen Trinker und sah in der Abstinenz von Alkohol und Tabak eine Gefahr der Werkheiligkeit. Seine Ausdrucksweise war derb und bäuerlich urwüchsig. So meinte er einmal beim Schwimmen: »Soll dieser nackte alte Knacker ein Tempel des heiligen Geistes sein?« Menschenfurcht kannte er nicht, weil er in großer Gottesfurcht lebte. Er wollte keine Sonderlehre haben. für ihn war Luthers Kleiner Katechismus maßgebend. Spekulative Theologie mit ihren Grübeleien und Spitzfindigkeiten verwünschte er zum Teufel in die Hölle.

Wenn ich mich erdreisten darf zu sagen: sobald die Weisheit des Verstandes höher als richtig getrieben wird, ist sie der ärgste Feind

Jesu Christi. 1. Kor. 3,18.

Der Glaube, den der Mensch sich selber macht, ist ein Hirnglaube, dem die innere Christuserfahrung fehlt. Darum muß der Mensch geduldig warten, bis Gott ihm den Glauben schenkt.

Er verwirft schärfstens alles, was das Heil aus menschlicher Aktivität ableitet. Das Heil gehört nur den bedrängten und angefochtenen Seelen.

Geh zum Berg Golgatha und frage den gekreuzigten Schächer, ob Christus seine Gnade den Heiligen zuwendet! Geh zum verlorenen Sohn! Der gibt dir genau dieselbe Auskunft.

Die Scheinheiligen brüsten sich mit ihrer Heiligkeit, du aber, mein Freund, brüste dich vor dem Herrn mit deiner Schlechtigkeit!

Er verwirft den Weg der Mystik, weil sie an Christi Kreuz und Leiden vorbeiführt. Das geistliche Leben ist für ihn eine ständige Bewegung auf Christus hin und die Heiligung ein Wachstum in der Erkenntnis der Sünde und der Gnade.

Alle Anklagen deines Gewissens, deine Heiligkeit und deine Bosheit stelle vor deinen allesehenden Heiland und übe dich in sehnendem Vertrauen, dich auf den im Wort geoffenbarten Heiland zu verlassen. Solange man den Daumen noch bewegen kann – die Augen auf Christus!

(Aus den »Hundert seelsorgerlichen Briefen« Ruotsalainens an seine Freunde, seinem einzigen literarischen Nachlaß).

LARS LEVI LÄSTADIUS
(1799-1861) der Erweckungsprediger in Lappland

Lars Levi Lästadius wurde 1799 im Dezember aus altem schwedischen Geschlecht, das sich mit lappländischem Blut verbunden hatte, in der Nordmark Schwedens, in Lappland geboren. Seine Mutter hörte vor seiner Geburt seinen Namen nennen und sah im Traumgesicht ihren Mann Karl Lästadius vor dem Jungen hergehen. Ihr Mann, selbst lappländischer Pfarrerssohn, war Vogt beim Bergwerk, nach dessen Zerfall Leimsieder, Handelsmann und Siedler. In großer Armut ernährte er seine Familie und sprach dabei, und zwar mehr, als ihm zuträglich war, wie es viele Lappen taten, dem Branntwein zu. Als die Mutter Anna Magdalena, seine zweite Frau, das Kind in einer Birkenwiege zu dem über vierzig Kilometer entfernten Pfarrhaus zur Taufe mit dem Handschlitten fuhr, geriet sie in einen Schneesturm, in dem sie fast umkam. Der Junge wuchs mit seinem Bruder Petrus heran als echtes Lappenkind, wild und körperlich gewandt, bis sein großer Bruder aus erster Ehe, der in Uppsala Theologie studiert hatte, zum Pfarrer der nördlichsten Pfarrei Schwedens Kvikkjokk ernannt, Eltern und Brüder bei sich aufnahm und die beiden Brüder selber unterrichtete, um sie dann aufs Gymnasium nach Härnösand und später auf die Universität Uppsala zum Theologiestudium zu bringen. Inzwischen starb dieser Bruder, der Lappenpfarrer, von sieben Kindern weg, und bittere Armut kehrte in der Familie ein. Der Großvater ernährte die große Familie mit Leimkochen, Fischen und Jagen. Trotzdem studieren die beiden Brüder und leben in äußerster Bedürfnislosigkeit. Levi ist Botaniker, der neben seinem Theologiestudium die Pflanzenkunde betreibt und ein vorzüglicher Kenner der Flora seiner nordischen Heimat ist. Als Student findet Lars Levi seine künftige Frau in einem urwüchsigen Lappenmädchen, dem er Treue verspricht. 1825 werden die beiden Brüder ordiniert und Lars wird Hilfsprediger in seiner Heimatgemeinde Arjeplog. Dort ist uralte Zauberei und Trunksucht zu Hause. An der finnischen Grenze, in Karesuando, bekommt Lars seine erste eigene Pfarrei.

Lars litt unendlich unter dem Verderben seines Volkes, das unter einem christlichen Firnis im dunklen Heidentum lebte und dem Branntweinteufel verfallen war. Wohlstand und Gesundheit, ja die Seele, kostete diese Verfallenheit.

Aus seinem Traktat »Crampula mundi«, der Welt Katzenjammer:

Der Teufel kam mit einem Fäßchen auf dem Schlitten zu Aslak, dem Lappen. Den ersten und zweiten Schluck gab er umsonst, aber dann mußte Aslak zahlen. Für jeden weiteren Schluck verlangte der Teufel ein Rentier. Als Aslak nichts mehr hatte, sprach der Teufel zu ihm: »Nun gib mir deine Seele!« »Nimm sie hin«, entgegnete müde und schwach Aslak. Kaum hatte er diese Worte gesprochen, da spürte er Feuer in seinem Leib, kein liebliches, sondern brennendes und verzehrendes. Er schrie auf. Sein Weib schrie, seine Mutter schrie, seine Kinder schrien. Die heiße Flamme schlug ihm aus dem Mund. Sein Zelt brannte, seine Frau, seine Mutter, seine Kinder brannten. Der schöne Garten Lappland war eine einzige Feuerglut, weil Aslak, der Lappe, seine Seele dem Teufel verkauft hatte für ein Fäßchen Branntwein. Ganz Lappland brennt, hört ihr! Höllenfeuer ist um euch und in euch. – Ihr brennt alle mit: Es ist ein ewiges

Feuer – ein heißes, versengendes, ewiges Höllenfeuer, was da brennt –

Lästadius predigte das Gesetz vom Sinai, das göttliche Gericht.

Als er sein Söhnlein Levi durch den Tod geraubt bekam, ein liebes, frommes Kind, an dem seine Seele hing, als er selbst in schwerer Krankheit zwischen Leben und Tod schwebte, schüttelte ihn die Furcht Gottes um seiner Sünde willen. Als er wieder genesen durfte, verkündigte er noch strenger die Furcht vor dem Gericht Gottes. Die Händler und die Siedler, die Schweden und die Finnen, die Gastwirte werden seine Todfeinde. Sie verklagen ihn bei der kirchlichen Obrigkeit wegen grober, verletzender Sprache. Aber diese Sprache versteht der Lappe, sie greift an sein Herz. Die Stillen im Lande, die Bibelleser, stimmen ihm zu. Er macht seine Oberpfarrerprüfung vor dem Bischof Bergmann, und der ernennt ihn zum Propst über sieben Lappenbezirke. Nun kann er überall hinreisen, katechisieren, Pfarrer und Gemeinden ermahnen. Bei seinen weiten Reisen sucht er Pflanzen, die er zu Hause bestimmt, zeichnet und beschreibt. Er hat Pflanzen neu entdeckt, die fortan seinen Namen tragen.

Im Jahr darauf will ihn Maria, ein Lappenmädchen, als er in Äsele Visitation hält, in der Sakristei sprechen. Sie dankt ihm für seine Predigt:

»Ich glaube daraus zu hören, daß der Propst Frieden mit Gott hat oder doch auf dem Wege ist, Gott mit sich Frieden machen zu lassen.« »Hast du Frieden mit Gott?« »Ja!« »Und wie hast du ihn bekommen?« »Als unverdiente Gabe durch Gottes Sohn am Holz. So steht es geschrieben: Da wir gerecht geworden sind durch den Glauben, so haben wir Frieden mit Gott durch unseren Herrn Jesus Christus.« »Und wie spürt Maria diesen Frieden?« »Ich bin frei und kann zu allem, was Gott mir schickt, dem Guten wie dem Leidvollen, fröhlich Ja sagen.«

Als ein innerlich erweckter Mann kehrt er von seiner Visitationsreise zurück. Nun verkündigt er Gericht und Gnade. Nach dem Gottesdienst bleiben Gruppen von Menschen zurück, die in ihrer inneren Not den Propst sprechen wollen. Die Erweckung ist da. Im Jahre 1845 geschah es, daß Eeva, eine Lappenfrau, die unter dem Joch ihrer Sünden litt, im Gottesdienst jubelnd aufsprang, sich im Kreise drehte, Gott lobte und dann erschöpft umsank. Gleichzeitig bebte die Erde. Überall in Lappland

nahm man das Beben wahr. Viele wurden erweckt, oft unter ekstatischen Erscheinungen. Das Naturvolk der Lappen hat seine besondere, seelisch bewegte Art. Schulmeister und Gehilfen, die Lästadius selbst ausbildete, standen ihm zur Seite und trugen das Feuer Christi durch das Land. Die Zahl der unehelichen Kinder nahm stetig ab. Die Lappen weigerten sich in immer größerer Zahl, Branntwein als Tauschmittel von den Händlern zu nehmen. Alle Machenschaften seiner Feinde konnten Lästadius nicht schaden, auch nicht, als sie die Mordtat eines geisteskranken Lappen im weitentfernten norwegischen Gebiet auf sein Konto schrieben.

Der alternde Lästadius erkrankte auf einer Reise nach Stockholm schwer an der dort herrschenden Cholera. Er hatte einen Augenarzt wegen der zunehmenden Erblindung seiner Augen konsultieren wollen. Nach seiner Genesung erleidet er einen Rückschlag und erblindet auf der Heimreise mit dem Dampfer. Da rührt ihm, während er sich auf dem Schiff dem heimatlichen Ufer nähert, der große Arzt seine Augen an. Dankerfüllt sehend geht er an Land. Die große Lappengemeinde dankt mit ihm. Noch eine kleine Zeit des Wirkens ist ihm vergönnt. Der König ehrte ihn durch Verleihung eines hohen Ordens für Verdienste an der Wissenschaft. Dann wird er zusammen mit seinem lieben kleinen Sohn Daniel aufs neue krank. Im Frieden gehen beide heim, am 21. Februar 1861. Ganz Lappland weint um den großen Lehrer der Gerechtigkeit.

SØREN AABYE KIERKEGAARD
(1813-1855)

Der große Denker und Christuszeuge der dänischen Kirche

Der Vater Kierkegaards und des Sohnes innere und äußere Entwicklung

Starke Leidenschaft, reizbarste Phantasie, scharfer Verstand und tiefe Schwermut prägen das Wesen Kierkegaards auf. Den stärksten Eindruck machte auf ihn sein Vater Michael Petersen Kierkegaard, während er von der Mutter Ane geb. Sørensdatter Lund, einer jovialen, freundlichen Frau, wenig spricht.

Der Vater hatte eine schwere Jugend als armer Hirtenknabe und mußte manchmal hungern. Da stellte er sich als Elfjähriger auf einen Stein und fluchte Gott. Er wurde später durch seine Tatkraft ein reicher Wollhändler, der schon mit dem vierzigsten Lebensjahr privatisieren konnte. Aber jene dunkle Stunde seiner Jugend vergaß er nie. Es war über ihm eine düstere Schwermutswolke. Nach außen hin verbarg er seine Schwermut unter einem heiteren Wesen. Doch weiß er sich verantwortlich für sein und seines Sohnes Unglück. Er sagt einmal zu Søren: »Armes Kind, du gehst in stiller Verzweiflung dahin.« Der Sohn Søren sagt von seiner Jugend, er habe halb Kinderspiele, halb Gott im Herzen gehabt. Der Vater hörte regelmäßig den nachmaligen Bischof Mynster predigen und wollte gern, daß auch sein Sohn ihn hörte und seine Predigten nachschriebe. Oft ermahnte der Vater den Sohn, daß er den Herrn Jesus recht lieb haben solle.

In den »Stadien auf dem Lebensweg« hat Sören in Salomos Traum sein Wissen um die Ursache der Schwermut seines Vaters angedeutet und im Salomo sich selbst dargestellt:

Salomo, der bei dem Propheten Nathan wohnt, besucht einmal seinen Vater. In der Nacht erwacht er, weil er eine Bewegung hört, wo der Vater schläft. Er steht auf und sieht den Vater allein in Zerknirschung und hört einen Schrei der Verzweiflung. Ohnmächtig sucht er wieder sein Lager auf, schlummert ein und träumt. Sein Traum ist dieser, daß David ein Gottloser ist und von Gott verworfen, daß Gott nicht der Gott der Frommen ist, sondern der Gottlosen, daß man ein Gottloser sein muß, um der Auserwählte Gottes zu werden. Diese Entdeckung, dieser Traum, griff in Salomos Leben ein. Er ward ein Denker, heißt es, aber kein Beter, ein Prediger, aber kein Glaubender, er konnte vielen helfen, nur nicht sich selbst.

Kierkegaard studierte in Kopenhagen Theologie, Philosophie und Ästhetik, und durch eine Arbeit über die Ironie bei Sokrates wurde er Magister der schönen Künste. In einem philosophischen Journal Professor Heibergs schrieb er geistsprühende Aufsätze. Sein Witz wurde anerkannt.

Ich komme eben von einer Gesellschaft, deren Seele ich war. Witze strömten aus meinem Mund. Alle lachten, bewunderten mich. Ich aber ging hin und wollte mir eine Kugel vor den Kopf schießen.

Søren Aabye Kierkegaard

An keinem Menschen kann er mit Bewunderung und Ehrfurcht hinaufsehen. Vielleicht hat er in dieser Zeit einen tiefen moralischen Fall getan, worüber er in den »Stadien« eine Andeutung macht. Da aber kam die Entdeckung, von der er in Salomos Traum spricht. Bald darauf starb sein Vater. Da warf Kierkegaard das Steuer herum und fing an, mit Ernst Theologie zu studieren, um den Wunsch seines Vaters zu erfüllen.

Er bekennt:

Mein Vater ist eigentlich für mich gestorben, daß aus mir noch etwas werden könne.

In seiner Eingabe an die Fakultät um Zulassung zum theologischen Examen am 2. Juni 1840 schreibt er:

Wenn nicht der Tod des Vaters durch ein Gelübde mich genötigt hätte, hätte ich niemals von mir aus darnach verlangt, die schon verlassenen Studien wieder aufs neue zu ergreifen.

Kurz nach seinem Examen hatte er sich mit Regine Olsen verlobt. Nach einem Jahr entlobte er sich wieder, vielleicht, weil er sich nicht würdig hielt im Gedenken an die in den »Stadien« angedeutete Schuld. Diesen Schritt faßte er wieder als Schuld vor Gott auf, aber »er nahm sie auf sich, um eine schwere zu verhüten«. 1841 finden wir ihn in Berlin, um sich mit der Schelling'schen Philosophie vertraut zu machen. Er wurde aber von Schelling enttäuscht. Er fand auch hier wieder nur Spekulation. Darauf kehrte er nach Kopenhagen zurück und lebte im väterlichen Hause, das ihm gehörte, und verwandte das bedeutende Vermögen, das ihm zugefallen war, hauptsächlich für die Armen. Als er 1855 im Krankenhaus zu Kopenhagen nach kurzer Krankheit starb, war das Vermögen aufgebraucht, da er von der Substanz lebte, denn es hatte ihm widerstrebt, Zinsen zu nehmen.

Der existentielle Schriftsteller

Von 1842 an lebte er seiner Lebensaufgabe, der Schriftstellerei. Es scheint, daß seiner schriftstellerischen Arbeit ein klarer Plan zugrunde lag. Er wollte seine Zeitgenossen von Stufe zu Stufe höher führen, von der ästhetischen, philosophischen Stufe zum wahren Christentum. Und dann wollte er das verwässerte

Als Zweiundzwanzigjähriger schrieb Kierkegaard in sein Tagebuch: Die bestehende Christenheit ist die Karikatur des wahren Christentums oder ein ungeheures Quantum Mißverständnis, Sinnenbetrug und dergleichen, mit einer spärlich kleinen Dosis wahren Christentums versetzt.

Kierkegaard, von einem Zeitgenossen skizziert

Christentum der Kirche seiner Zeit angreifen. Seine Schriftstellerei war das Bekenntnis seiner eigenen Lebens- und Entwicklungsstadien. Sie war existentiell. Er wollte nicht gewissermaßen vom Schreibtisch aus spielerisch und theoretisch eine Wahrheit vertreten, sondern er wollte die Wahrheit tun.

Schon 1835 erkennt er:

Was mir eigentlich fehlt, ist das, daß ich mit mir selbst darüber ins reine komme, was ich tun soll. Es kommt darauf an, daß ich meine Bestimmung verstehe, daß ich sehe, was die Gottheit eigentlich von mir will, daß ich es tue; daß ich die Wahrheit finde; die Wahrheit ist für mich; daß ich die Idee finde, für die ich leben und sterben will.

Nach dem Tode seines Vaters und nach seiner Entlobung war er bereit für diese seine Lebensaufgabe. In zwölf Jahren hat er dreißig Bücher geschrieben. Es strömte nur so aus ihm heraus. Das war nur möglich, weil er sich zu einer inneren Klarheit über seine Lebensaufgabe durchgerungen hatte. In alldem war er Werkzeug in einer höheren Hand, um die in Ästhetik, Philosophie und in Materialismus abgeirrte und schläfrig gewordene Christenheit wachzurufen.

1. Das ästhetisch-philosophische Stadium

Im Jahre 1843 erschien sein erstes großes Werk »Entweder-Oder«. In diesem Werk unterscheidet er von der ethischen und religiösen Existenz die ästhetische Existenz, die den unmittelbaren Lebensgenuß sucht, aber ihn nicht auf die Dauer finden kann und zur Verzweiflung wird. Da die ethische Existenz zur Erkenntnis der Schuld führt, bedarf sie einer höheren Hilfe, um ihren ewigen Beruf durchführen zu können. Darum hat sie die religiöse Existenz nötig. Der Glaube ist wesentlich in dem Paradoxon zu Hause:

Hier wird die Kraft des Absurden, des spezifisch Christlichen geglaubt, nämlich, daß innerhalb der Zeit eine ewige Seligkeit entschieden wird durch das Sich-Verhalten zu etwas Geschichtlichem, und daß eine ewige Seligkeit mittels eines Sich-Verhaltens zu einem anderen Zeitlichen hier in der Zeit erwartet wird.

In demselben Jahr erscheinen »Zwei, drei oder vier erbauliche Reden«, ein Beweis dafür, daß er für sich persönlich schon zur christlichen Existenz durchgedrungen ist.

In seinen philosophischen Schriften

»Philosophische Bissen« (1844) kämpft er für die Wirklichkeit der Persönlichkeit gegen die Hegelsche Spekulation und den Idealismus. Die Subjektivität ist die Wahrheit, und die Wahrheit ist die Subjektivität.

In den »Stadien auf dem Lebensweg«, die nichts anderes sind als ein Selbstbekenntnis, vertieft er das, was er in »Entweder-Oder« geschrieben hat.

2. Das religiöse und christliche Stadium

In »Furcht und Zittern« (1843), »Begriff der Angst« (1844), »Krankheit zum Tode« (1849), schildert er die christliche Existenz. Der »Begriff der Angst« ist eine Darstellung der Erbsünde:

In dem Zustand der Unschuld ist alles Frieden. Da gibt es nichts zu streiten. Aber dieses Nichts gebiert die Angst, und wenn dann ein Verbot von außen dazukommt, kriegt die Angst ihre erste Beute, dann haben wir die Möglichkeit des Sündenfalls. Die Angst Adams geht von Geschlecht zu Geschlecht, und die Macht der Erbsünde wird immer größer.

In der »Krankheit zum Tode« verfolgt er den Gedanken der Sündigkeit des Menschen bis in seine letzten Folgerungen. Die Höhe der Darstellung dessen, was Christ sein ist, findet sich dann in der »Einübung im Christentum«

(1850). Er legt das Wort Matth. 11,28 »Kommet her zu mir alle« in wunderbarer Weise aus. Die Innigkeit, mit der er die Liebe Christi schildert, muß uns ergreifen:

O wunderbar, wunderbar, daß gerade der, der Hilfe bringen kann, sagt, »Kommet her«! Welche Liebe! Liebreich schon, wenn einer, der helfen kann, dem hilft, der um Hilfe bittet; aber selbst die Hilfe anbieten! Und sie allen anbieten! Ja, und gerade all denen, die nicht wiederhelfen können! Sie anbieten, nein, sie ausrufen, als brauchte der Helfer selbst Hilfe, als wäre doch auch er, der allen helfen kann und will, in einer Hinsicht selbst ein Bedürftiger, da er ein Bedürfnis empfindet und insofern des Helfens bedarf, der Leidenden bedarf, um ihnen zu helfen.

Der zweite Teil der »Einübung« geht von dem Wort aus: »Selig ist, wer sich nicht an mir ärgert!« Hier erklärt er die Kategorie des Ärgernisses als wesentlich für den Gottessohn und für die Entstehung des Glaubens an ihn.

In einem dritten Teil spricht er über das Wort »Von der Hoheit will er sie alle zu sich ziehen« (Joh. 12,32).

3. Sein Kampf gegen das offizielle Christentum

Als der Bischof Mynster starb, nannte ihn Martensen, der sein Nachfolger wurde, in der Grabrede »einen von den rechten Wahrheitszeugen in der heiligen Kette von den Tagen der Apostel die

Zeiten hindurch«. Diese Äußerung war für Kierkegaard die Veranlassung, den Kampf gegen das offizielle Christentum zu eröffnen. Er tat das in einer Reihe von kleinen Flugschriften »Der Augenblick« und in einer nachgelassenen Schrift »Richtet selbst«. Darin will er nachweisen, daß die Pfarrer das neutestamentliche Christentum verfälscht haben. Mit beißender Satire verhöhnt er die Träger des lau gewordenen offiziellen Christentums. Er behauptet, daß das wesentliche Christentum Leiden sei. Der Märtyrer ist der eigentliche Christ. Und die irdisch gesicherte Existenz des offiziellen Christentums verhüllt das wahre Christentum:

Die Verkünder des Christentums haben pekuniär und hinsichtlich des Ansehens, der Ehren, Titel und Würden lang genug davon gelebt. Die Kunde, daß es solche gegeben hat, die alles für das Christentum opferten, ist für eine wissende, aufgeklärte Gemeinde nicht mehr überzeugend. Daß ein und derselbe Mensch vor meinen Ohren die Wahrheit des Christentums mit dem Nachweis beweist, daß solche lebten, die alles für das Christentum opferten, und vor meinen Augen davon lebt und im Genuß und Besitz der mancherlei irdischen Güter steht und so seinen Beweis widerlegt -, wie sollte ein solcher Widerspruch mich überzeugen? Entweder verzichtet man wirklich auf das Irdische, um unter Leiden und Opfer das Christentum zu verkündigen; oder man sichert sich das Irdische, das Zeitliche, macht jedoch das Zugeständnis, daß diese Art Verkündigung eigentlich kein Christentum ist. - Das Aktienkapital der christlichen Bank ist rein aufgezehrt; statt Wechsel auf die Bank zu ziehen, muß man erst neues Kapital zusammenschießen, und zwar durch Handlungen, die hier allein Kurswert haben.

Was das Ziel seines Lebens war, steht auf seinem Grabmal:

Bald ist's gewonnen, dann ist der ganze Streit in nichts zerronnen, dann werd' ich mich laben an Lebensbächen und ewig, ewig mit Jesus sprechen!

NIKOLAI FR. SEVERIN GRUNDTVIG (1783-1872)

Der Kämpfer um die dänische Volkskirche

Grundtvig ist eine ähnliche Gestalt wie Vilmar. Er studierte die Geschichte seines Landes und gab ein Handbuch der Weltgeschichte heraus, das in seiner schlichten Sprache im Volk die Liebe zum Vaterland weckte. Er machte sich auch mit der nordischen Mythologie vertraut und verwandelte sie in eine Sinnbildsprache, durch die er seine Gegenwartsgedanken zum Ausdruck brachte. Er stammte aus einer gläubigen Pfarrersfamilie, während rings um ihn der Unglaube dominierte, der nach seiner Meinung von Deutschland her importiert worden war. Indem er auf das Nationalgefühl des Volkes zurückgriff, rief er das ursprüngliche Christentum wach. Beim Lesen eines Geschichtswerks trat ihm die Christentumsfeindschaft der Zeit und seine Aufgabe, für Christus einzutreten, so lebhaft vor Augen, daß er sich zum Reformator berufen fühlte. Christentum und Geschichte war nun seine Losung. In seiner Schrift »Inbegriff der Weltchronik im Zusammenhang« gab er eine schonungslose Kritik des achtzehnten Jahrhunderts. In seinem Überblick über die Weltgeschichte im Zusammenhang lieferte er den stärksten Angriff gegen den Rationalismus. Durch das Wohlwollen des Königs wurde er zum Pfarrer in Præstø, später nach Kopenhagen berufen.

Das Entscheidende war, daß ihn mitten in dieser romantischen Begeisterung für die Geschichte seines Volkes die Frage nach der Vergebung der Sünden getroffen hatte, und daß er still geworden war unter dem Kreuz des Versöhners.

Im Kampf gegen einen jungen Universitätsprofessor, der in einer Schrift die Vernunft, die philosophische Kritik und die wissenschaftliche Exegese zum Maßstab der biblischen Wahrheit erklärte, schrieb er das Buch »Kirkens Gjenmæle« (Protest der Kirche), das gewaltig einschlug und innerhalb acht Tagen dreimal aufgelegt werden mußte. Er wies auf die höchste Autorität der Kirche, auf die Autorität Christi hin, die noch höher sei als das geschriebene Wort: das an die Jünger gesprochene Wort, das sowohl gemeinschafts- als personbildende Kraft besitze. Den Inbegriff dieses lebendigen Wortes fand er im Apostolischen Glaubensbekenntnis, welches die Taufbedingungen enthält.

In dieser Schrift finden sich herrliche Worte über die Kirche:

Die Kirche Christi ist ein unbestreitbares Faktum, eine weltgeschichtliche Erscheinung, die im ganzen Verlauf der Zeiten sich als lebendige Realität bezeugt hat, die göttliche Heils- und Erziehungsanstalt für unser Geschlecht, welche in unwandelbarer Jugend fortbesteht, sie allein allen bösen Mächten überlegen, voller Leben und Kraft, sie allein die Völker wiedergebärend wie die einzelnen. Die Kirche Jesu Christi als die allgemeine ist hocherhaben über alle Schultheologie, hat aber eine individuelle Gestalt, ein feststehendes Bekenntnis, nämlich den apostolischen Glauben (hierdurch eine Glaubensgemeinschaft) und zwei lebenskräftige Sakramente, die das göttliche Gnadenwerk in den Seelen der Bekenner entzünden und nähren.

Im Verlauf dieses Kampfes wurde der Gebrauch seiner Gesänge, die er für die Tausendjahrfeier der dänischen Kirche gedichtet hatte, verboten. Da legte er sein Amt nieder. Im Dienst einer solchen Staatskirche, die Glauben und Bekenntnis verbietet, wollte er nicht länger stehen. Aber gerade jetzt fielen ihm viele zu, und seine erwecklichen Zeugnisse fanden Gehör. Seine mächtigen Gesänge wurden von vielen gesungen und bewegten das Volk. Durch diese Lieder ging doch der Odem der Erweckung. Im Jahre 1839 wurde er zum Seelsorger an der Hospitalskirche in Kopenhagen ernannt und hatte nun einen Mittelpunkt für die kirchliche Bewegung, die sich über Dänemark, ja sogar nach Norwegen hin ausbreitete. Mit seinen Anhängern errang er im Jahre 1849 durch ein Staatsgesetz unbeschränkte Religionsfreiheit, z.B. die Lösung des Parochialzwangs und das Recht, freie Gemeinden innerhalb des Volkskirche zu bilden. Durch diese freigemeindlichen Möglichkeiten wollte er die Gläubigen davor bewahren, daß sie einem ungläubigen Pfarrer preisgegeben würden

Die nationale Volkserziehung vom nordischen Geist her, verbunden mit einem lebendigen Christentum, förderte er nicht nur auf literarischem Weg durch seine Schriften und Gesänge, sondern vor allem auch durch die Gründung der Volkshochschulen. Diese Volkshochschulen trugen seine Gedanken in die bäuerliche Jugend.

Ein langes gesegnetes Leben war ihm beschert. Er war so angesehen, daß der König dem Achtzigjährigen den Bischofstitel verlieh. Bis zu seinem neunundachtzigsten Jahr hielt er seine Gottesdienste. Bei der Predigtarbeit auf den nächsten Sonntag ereilte ihn am 2. September 1872 der Tod. Eine ungeheure Volksmenge geleitete ihn, immer neue Lieder anstimmend, zum Grabe. Er war ein Prophet des dänischen Volkes.

Hermann Friedrich Kohlbrügge

HERMANN FRIEDRICH KOHLBRÜGGE (1803-1875)

Seine harte Jugend

Die väterliche Familie stammte aus der Nähe von Osnabrück; die Mutter war eine Holländerin. Als Sohn dieser Ehe wurde Hermann Friedrich Kohlbrügge am 15. August 1803 in Amsterdam geboren. Die napoleonischen Zeiten brachten das Geschäft seines Vaters, der ein Seifensieder war, fast zum Erliegen. Der Sohn mußte mithelfen, in der einen Hand die Rührstange, in der anderen das Buch. Eindrucksvoll war ihm das Erzählen der Großmutter am Herd, auf dessen Kacheln die biblischen Geschichten abgebildet waren. Innerlich geformt hat ihn der Vater, der ihm das

Alte Testament erklärte, in den fünf Büchern Moses die Grundlage der Bibel sah und in Sorgenstunden mit ihm »Befiehl du deine Wege« sang und sein Lieblingslied: »Wachet auf, ruft uns die Stimme«. Durch Betrug eines Teilhabers kam die Familie um das Geschäft. Der Vater überlebte den Schlag nicht lange.

Sein Leben in der Gottferne und seine Umkehr

Er schreibt später über seinen Weg zu Gott an seine junge Frau:

Ich erinnere mich einer Zeit, in der es mir ein Vergnügen war, die heiligsten Wahrheiten der christlichen Religion zu unterminieren, zu spotten mit Bekehrung und lebendigem Glauben, zu zweifeln an der Existenz eines Gottes, der über uns allen wacht, und seine heiligen Gesetze zu übertreten, während ich mich als ein Heuchler in allerlei greulichen Missetaten wälzte.

Der Tod seines Vaters brachte die Wende seines Lebens. Die tiefe Erschütterung machte ihn zum Dichter. Das letzte Wort seines Vaters »Helfer sei dir dein Gott« brannte in seiner Seele. Ohne diese Erschütterung hätte er »wahrscheinlich den Herrn nie kennengelernt«, wie er später bekennt.

In einer Privatschule hatte er fremde Sprachen gelernt. Er nahm in sich auf, was er erreichen konnte. Selbst mit dem Hebräischen, Syrischen und Arabischen machte er sich vertraut. 1823 fing er an, theologische Vorlesungen zu hören.

Er schreibt seinem jüngeren Bruder:

Des Nachts über studierte ich, tagsüber sorgte ich für euch, indem ich Stunden gab und Kunden bediente, und wenn das alles glücklich überstanden war, dann ging's für mich noch weiter, und ich saß – mehr ein Sterbender als ein Lebender – in der fürchterlichsten Kälte den ganzen Abend bis in die späte Nacht hinein, um Doktor der Theologie zu werden.

Er hatte seinem sterbenden Vater in die Hand hinein gelobt, Doktor der Theologie zu werden.

In jener Zeit kam er in den Kreis Bilderdyks, eines kampflustigen Bekehrten, der den Widerspruch gegen den Rationalismus verkörperte. Den Erweckten gehörte auch der bekehrte Jude Isaak da Costa an, den die Niederlande heute noch als einen ihrer großen Dichter verehren. Von ihm, »dem geliebten Bruder«, bekennt Kohlbrügge, »herrlichen Trost davongetragen zu haben«. Er vertiefte sich in die Mystik Tersteegens und lebte in ununterbrochenem Gebet.

Seine Abwendung von der Mystik

Da habe er eines Tages die Stimme gehört: Was betest du eigentlich an, Gott oder dich selbst? Er gestand, daß er sich selbst anbetete. Da hat er die Mystik verloren und verdammt.

Im Todesjahr seines Vaters war er Kandidat der Theologie geworden.

In seiner ersten Predigt rief er aus:

Einen anderen Weg als die eigene Tugend und das eigene Werk gilt es einzuschlagen. Es ist aus mit uns. Der Glaube allein rechtfertigt. So allein werden wir in das Königreich der Himmel eingehen. So allein können wir vor Gott bestehen.

Kohlbrügge war bei der Vorbereitung zu einer Predigt über Römer 5,1 ein anderer geworden.

Er berichtet:

Im Jahre 1826 hatte ich die Bibel vor mir. In einem Augenblick drang etwas in mein Herz, was ich nicht beschreiben kann. Es war schneller als der Blitz, und die Inbrunst kann ich ebensowenig beschreiben. Aber in der Inbrunst las und hörte ich die Worte aus Jes. 54: »Für einen Augenblick habe ich dich verlassen, aber mit großer Erbarmung will ich dich sammeln«. Eine Wolke von tiefem Frieden war in mir und um mich her, und alle meine Sünden waren von mir weg. Und von Stund an sprach ich eine andere Sprache, so daß die Frommen mich für sehr alt in der Gnade hielten.

So hat das Wort Gottes ihn herumgerissen.

Die großen Gedanken der Bibel standen im Vordergrund seiner Verkündigung: unser völliges Elend, die Allmacht des Heiligen Geistes, die einzig geltende Gerechtigkeit in Christus. Von da an hatte er ein eigenartiges Sendungsbewußtsein und ein Wissen um sein Wächteramt in der Kirche.

Die Leidenschaft seines Kampfes für den lebendigen Glauben bringt ihm jahrzehntelange Verfolgung ein

Im Jahre 1826 war er Hilfsprediger in der hersteld-lutherischen Gemeinde in Amsterdam geworden. Das war eine lutherische Minderheitsgemeinde, die sich im Kampf gegen die Irrlehre auf dem Fundament des unveränderten Augsburgischen Bekenntnisses gegründet hatte. Aber die kleine Gemeinde war voll Spannung und kleinlichen Zanks um die Macht. Der Senior, Pastor Ukkermann, bewegte sich in rationalistischen Bahnen. Der junge Kohlbrügge, der durch eine Predigt Uckermanns infolge seiner liberalen Auslegung aufs tiefste erregt war, richtete eine schriftliche Beschwerde an den Präses der Gemeinde. Uckermann fühlte sich beleidigt, das Konsistorium verlangte von Kohlbrügge den Widerruf, zu dem sich Kohlbrügge nicht verstehen konnte. Da wurde er aus seinem Amt entlassen. Als er ganz zerschlagen heimkehrte, fiel sein Auge auf den 124. Psalm: »Unsere Seele ist entronnen wie ein Vogel dem Strick des Voglers. Der Strick ist zerrissen, und wir sind frei.« Sein Gehalt wurde ihm gestrichen, von zu Hause hatte er nichts. Er stand mittellos auf der Straße. In dieser Not wurde er durch die Güte Gottes, die seine Freunde zum Helfen veranlaßte, wunderbar erhalten. In dieser schweren Zeit, als der Vormund seiner Braut Luisa Engelbert eine Verbindung mit dem brotlosen Kandidaten nicht zulassen wollte, ja das Mädchen, das treu an ihm festhielt, aus seinem Hause jagte, machte er seine Doktorarbeit über den 45. Psalm und erlangte die Doktorwürde, obwohl die Professoren seine Auslegung dieses Psalms von Christus und seiner Braut als unwissenschaftlich ablehnten; seine sprachliche Gelehrsamkeit, seine theologische Einsicht in das Schriftganze errang ihm jedoch die Achtung der Prüfenden. Nunmehr gab auch die Großmutter seiner Braut, zu der er sie gebracht hatte, die Einwilligung zu ihrer Heirat, die am 30. Juli 1829 stattfand. Von dem nicht unbeträchtlichen Vermögen seiner »Cato« konnte das junge Paar leben und nahm seinen Wohnsitz in Utrecht.

Die Lehre von der Gnadenwahl zog ihn, der von Kindheit an Wilhelm von Oranien, den Befreier der Niederlande, liebte, zur reformierten Lehre hin. 1830 bat er um Aufnahme in die reformierte Kirche. Sein Aufnahmegesuch wurde nach langer Wartezeit abgelehnt aufgrund eines zu diesem Zweck von der Synode beschlossenen Kirchengesetzes, »daß niemand, der ein kirchliches Amt bei einer anderen Kirchengemeinschaft bekleidet habe, in eine Gemeinde aufgenommen werden darf, ohne daß das Kirchenregiment das gute sittliche Betragen desselben in der früheren Gemeinde festgestellt hat.« Seine Freunde aus der Erweckung traten aus Scheu vor einem

Kampf in der Öffentlichkeit nicht genügend für ihn ein. Trotzdem wurde er in der Öffentlichkeit mit den Erweckten in einen Topf geworfen und von den Behörden als Staatsfeind betrachtet. 1833 verlor er seine Frau, die nach der Geburt des zweiten Kindes an der Schwindsucht dahingesiecht war.

Er schreibt von ihr:

Ich habe mit ihr gekämpft, ich bin mit ihr in den Finsternissen und Schatten des Todes gewesen und konnte mit ihr jauchzen. Ich bin mit ihr an den Pforten des Himmels gewesen, und als sie eingegangen war, habe ich den Herrn gepriesen über sein Erbarmen und seine Treue.

Er war ein einsamer Mann geworden. Sein Vertrauen zu den Erweckten war entschwunden. Die Kirchen hatten ihre Tore vor ihm zugeschlossen, den Staatsbehörden war er als Staatsfeind verdächtig, seine Frau, sein treuster Gefährte, hatte ihn verlassen:

Ich litt infolge all der Traurigkeit an der Schwindsucht, ich war dem Tode nahe und wollte manchmal von nichts mehr wissen.

Doch immer wieder richtete ihn die Macht des göttlichen Wortes auf.

Sein innerliches Armwerden

Um sich zu erholen, machte er eine Reise nach Deutschland. Dabei kam er ins Wuppertal und lernte Gottfried Daniel Krummacher kennen, mit dem er sich innerlich am meisten verwandt fühlte.

Seine erste Predigt, die er auf Krummachers Kanzel hielt, legitimierte ihn trotz der sprachlichen Schwierigkeiten, die er hatte, als einen von Gott gesandten Prediger. Sechzehnmal bestieg er im Sommer 1833 die Kanzel im Wuppertal. Bei der Vorbereitung auf eine Predigt über Römer 7,14 erlebte er seine zweite Bekehrung. Daß Paulus, der Wiedergeborene, von sich im Präsens schreibt: »Ich bin unter die Sünde verkauft«, machte ihn »trunken vor Trost«. Auch für den Wiedergeborenen ist nicht das geringste Lot von Gerechtigkeit in ihm selbst. Christus allein ist seine Gerechtigkeit und Heiligung und Erlösung. Kohlbrugge hatte gehofft, im Wuppertal eine Pfarrstelle zu bekommen. Doch sein Sendungsbewußtsein wurde ihm als unerträglicher Hochmut und Anmaßung ausgelegt. Sein Gesuch um eine Prüfung wurde abgelehnt. Er erhielt durch eine Verfügung des Ministers Altenstein für die ganze Rheinprovinz Re-

Kohlbrügge:
So, wie du bist, spricht der Herr, bist du mir heilig, abgestanden von allem eignen! Immanuel, du Aussätziger, bist rein.

deverbot und mußte wieder wandern. 1834 ging er eine zweite Ehe ein mit Ursuline Philippine van Verschuer, die aus den Kreisen der Erweckten stammte und sich in seine Gedanken in einem lebhaften Briefwechsel eingelebt hatte. Sie war zehn Jahre älter als er und hat mit ihrem klugen Urteil zur Milderung seines leidenschaftlichen Wesens viel beigetragen. 1836 schenkte sie ihm zu seinen beiden Söhnen noch eine Tochter. Mit ihrem reichen Vermögen konnte sie ihm ein sorgenloses Heim bieten. Kein Pastor hatte sich bereitgefunden, ihn zu trauen, so daß er nur bürgerlich seine Ehe schließen konnte. Man gab ihm kein Pfarramt.

Elf Jahre später schreibt er:

Ich bat, ich flehte, ich rang um ein kleines Fischerdorf, und es gefiel dem Herrn, mich nicht zu hören. So verließ ich das Vaterland, folgte blind, mit verwundeter Seele. In der Tiefe des Herzens klang es: Der Herr hat mich nicht erhört.

Seinem Freund Wichelhaus in Elberfeld teilt er mit:

Gottes Souveränität wird nicht anerkannt. Der Mensch meint doch immer, Gott müsse zu jeder Zeit für ihn bereit stehen, der Mensch habe doch auch etwas zu sagen und müsse mitregieren. Da kommt dann stets die Eigenliebe hervor. Man will Gott da hineinzwingen, aber das bricht entzwei. Gott sitzt im Himmel, und wir sind Staub. Laßt uns ihm Dank sagen.

Die Familie reiste 1846 zu einer Brunnenkur nach Godesberg. Der innerlich Armgewordene sollte hier nicht nur Hilfe für seine leibliche Schwachheit, sondern auch die Erhörung seiner Bitte um eine Gemeinde erleben.

Die Hilfe des Herrn

In Godesberg erlebte er seine schönste Zeit. Es entstand seine Schrift: »Wozu das Alte Testament?« In dieser Schrift legt er dar, daß die Lehre des Herrn und seiner Zeugen, das sogenannte Neue Testament, ganz im Alten gefunden werden muß. In Godesberg gewinnen ihn die einflußreichen Wuppertaler Brüder Daniel und Carl von der Heydt, Prediger, Katechet und Seelsorger der kleinen Schar zu werden, die den Einbau der reformierten Gemeinde in die große Landeskirche, ihre Unterstellung unter das Konsistorium und die aufgezwungene Agende Friedrich Wilhelms III. nicht mitmachen wollte. Im Mai 1846 siedelte er nach Elberfeld um und predigte in einem Privathaus unter ungeheurem Zulauf. Am 4. November 1846 trat er in die Wuppertaler reformierte Gemeinde ein; denn er wollte keine separierte Gemeinde. Aber die von Neid erfüllten Prediger kämpfen gegen ihn. Er wird mit Landesverweisung bedroht. Schließlich kommt es durch die Verwendung einflußreicher Freunde in Berlin (Daniel von der Heydt wendet sich an den Hofprediger Strauss) zu einem Toleranzedikt des Königs, das das Zustandekommen einer freien Gemeinde ermöglicht. Am 28. April 1846 konstituierte sich die freie reformierte, später »Niederländisch-reformierte Gemeinde«. Doch die Ordination Kohlbrügges wurde von allen Pfarrern abgelehnt, wen er auch fragte, bis ihn die Ältesten nach alter reformierter Ordnung ordinierten. Nun erst konnte er die Sakramente austeilen. Er ist vierundvierzig Jahre alt geworden, bis er zum Predigtamt kam. Die Gemeinde wuchs rasch auf tausend Glieder an. Kirche, Pfarrhaus, Gemeindehaus wurden gebaut, und der Friedhof wurde angelegt. Durch seine gedruckten Predigten wirkte Kohlbrügge weit über seine Gemeinde hinaus. Wie eine Eiche im engen Hof über die Mauern wächst, so wuchs er in die Weite. Was er einst im Traum gesehen hatte, erfüllte sich: Er sitzt als hochgeehrter Gast an der Tafel seines Königs. Nun wird er auch in Holland anerkannt. 1856 predigt er dort zum ersten Mal. Abraham Kuyper ruft ihn 1871 nach Amsterdam zur Predigt. In Deutschland steht er als Festprediger auf vielen landeskirchlichen Kanzeln. Seine Schüler tragen seine Botschaft nach Böhmen, Österreich und Nordamerika.

Doch erlebt er, damit er sich nicht überhebe, viel Leid in seiner Familie, an der er in der zärtlichsten Weise hing. Sein jüngster Sohn stirbt dreißigjährig als Offizier auf Java, sein ältester Sohn wird an dem Tag, da der Vater seine erste Predigt in Holland hält, geistig umnachtet und stirbt 1908 in einer Anstalt, 1866 verliert er seine verständnisvolle, ihm geistig ebenbürtige, tapfere Frau, 1873 seine Tochter aus zweiter Ehe, Anna, die Frau seines Schülers, des Theologieprofessors Böhler in Wien.

Am 5. März 1875 geht er heim, nachdem er in der Adventszeit seine letzte Predigt gehalten hatte.

Seine Erscheinung

Adolf Zahn schildert ihn folgendermaßen:

Er hatte eine kräftig gebaute, hohe Gestalt. Eine hohe Stirn, prächtige, hochgeschwungene Augenbrauen, dunkle Wimpern über blauen Augensternen, eine starke, spitze Nase, ein feingeschlossener Mund gaben dem merkwürdig ernsten Gesicht etwas sehr Bedeutsames. Sein Blick hatte etwas Durchschauendes, den Menschen Ergründendes. Man konnte sich ihm nicht entziehen, sondern mußte ihm Rede stehen, er hielt einen fest mit den Augen.

Seine Botschaft und seine Schriften

Er war ein Liebhaber der Bibel. Die in mehreren Sprachen gesetzte Bibel war ständig auf seinem Pult aufgeschlagen. Seine Botschaft war ganz aus ihr geschöpft.

Kohlbrügge verkündigte die menschliche Nichtigkeit. »Ich bin fleischlich, unter die Sünde verkauft«:

Da haben wir Mord und Ehebruch bei David, Unreinigkeit und Unzucht bei Simson und bei Lot, nachdem er aus Sodom errettet worden. Abgötterei bei Salomo, Hoffart bei Hiskia, Trunkenheit bei Noah, Zank und Zwietracht zwischen Paulus und Barnabas, Heuchelei bei Petrus. Bei den Aposteln Untreue an ihrem Heiland. Bei den ersten Christen Hurerei, Unreinigkeit, schändliche Brunst. Endlich die fleischlichste aller Sünden: Unglaube bei Moses, und bei Elia, Hiob und Jeremia Überdruß an Gottes Führungen. Wo sollen wir anfangen, wo sollen wir aufhören?

Aber dieser Sünder ist um Christi willen geliebt bei Gott. Da wird Kohlbrügge »trunken vor Trost«. Als er gefragt wurde, wann er sich bekehrt habe, antwortete er: »Auf Golgatha«.

Von der Auferstehung sagt er:

Wenn ich sterbe – ich sterbe aber nicht mehr – und es findet jemand meinen Schädel, so predige es ihm dieser Schädel noch: Ich habe keine Augen, dennoch schaue ich ihn; ich habe kein Gehirn noch Verstand, dennoch umfasse ich ihn; ich habe keine Lippen, dennoch küsse ich ihn; ich habe keine Zunge, dennoch lobsinge ich ihm mit euch allen, die ihr seinen Namen anruft. Ich bin ein harter Schädel, dennoch bin ich ganz erweicht und zerschmolzen in seiner Liebe; ich liege hier draußen auf dem Gottesacker, dennoch bin ich drinnen im Paradies! Alles Leiden ist vergessen. Das hat uns seine große Liebe getan, da er für uns sein Kreuz trug und hinausging nach Golgatha.

Seine Schriften

Drei Gastpredigten über Röm. 7,14, Ps. 65,5 und Ps. 45, 14-16, zwanzig Predigten, im Jahre 1846 gehalten. Seine Schriftauslegung: »Die Psalmen«; »Auslegung der fünf Bücher Mose« in neun Bänden, »Erläuternde und befestigende Fragen und Antworten zum Heidelberger Katechismus«, »Die Sprache Kanaans« und viele andere Gelegenheitsschriften.

ABRAHAM KUYPER
(1837-1920)

Kuyper empfing sein Bestes von seinem Elternhaus, vom Studium Calvins und vom Kreis der Stillen im Lande

Kuyper war der Sproß eines kinderreichen niederländischen Pfarrhauses. Seine Mutter war eine Schweizerin. Die Lust, Hindernisse zu überwinden, wie er auch in seinen Ferien das Hochgebirge gern bestieg, hatte er von ihr. Sein Vater war einer der wenigen erweckten Pfarrer in Holland, die von der geistlichen Bewegung zu Beginn des neunzehnten Jahrhunderts erfaßt worden waren. Kuyper ist zu Maassluis geboren und in Middelburg aufgewachsen. Er entwickelte sich in seiner Kindheit geistig langsam, reifte aber zu einer außerordentlichen Begabung heran. Von der strengen Hausordnung seines Elternhauses erlernte er die systematische Zeiteinteilung, die ihn später ein außerordentliches Arbeitspensum bewältigen ließ. Der Neunjährige hat ein so feines Empfinden für die Ehre Gottes, daß er Schiffsleuten, deren Fluchen ihn entsetzte, eine Predigt vorlas, wobei er ihnen für das Zuhören eine Zigarre aus des Vaters Kiste versprach. Zuerst woll-

Abraham Kuyper in einer zeitgenössischen Karikatur

te er Seemann werden. Inzwischen war aber die Familie in die alte Universitätsstadt Leyden übergesiedelt. Dort studierte er dann Theologie. Er war unbefriedigt von der lauen supranaturalistischen Theologie. Bei dem modernen Historiker Scholten lernte er geschichtliches Denken. Er machte sich an die Lösung der Preisaufgabe »Die Kirche bei Calvin und Lasco«. Über dasselbe Thema schrieb er seine Dissertation. Mit dieser Arbeit hatte er das Thema seines ganzen Lebens gefunden. Das Lesen eines Romans von Miss Yonge »Das Erbe von Redclyfe« brachte ihn zur Umkehr. Am Schluß dieses Buches las er ein Wort von der Mutter Kirche, das in ihm ein Heimweh nach der wahren Kirche weckte. Doch wußte er noch nichts von der Kraft der Versöhnung durch Jesus Christus. Als junger Landpfarrer in Beesd kam er mit den Kreisen der Stillen in Verbindung. Ein armes Mädchen Pietje Baltus wurde ihm ein Wegweiser zum Frieden. Zeitlebens stand ihr Bild in seinem Zimmer.

In seiner Abschiedspredigt in Beesd sagte er:

Durch den Geist der Zeit wurde mir eine Zeitlang mein Kinderglaube geraubt. Ich habe Jahre gehabt, in denen sich in meinem Herzen dieselbe Feindschaft gegen das Evangelium entwickelte, die ich jetzt von anderen erfahre. Die heilige Linie, deren Ausgangspunkt in meiner Taufe liegt, ist bei mir nicht ohne Störung durchgezogen, sondern wurde abgebrochen und eine Zeitlang ausgewischt . . . Aber als der Hunger kam nach Brot, als das Leben ernst wurde und durch innere und äußere Erfahrungen der Leichtsinn verging, da fühlte ich es auch in seiner entsetzlichen Tiefe, wie arm und leer, wie beraubt und trostlos jene neue Religion unserer Zeit mich gelassen hatte. Ich kam zu euch als einer, der sich zum Evangelium hingewandt hatte, hatte aber nur erst einzelne Tropfen geschöpft aus dem Quell des Lebens . . . Aber es entwickelte sich bei mir immer mehr eine Abkehr von der Richtung, die mir so durchaus unwahr in ihrem Ausgangspunkt erschien, bis endlich der Augenblick hereinbrach, daß ich mit einer Überzeugung, die nicht im Hirn ausgebrütet war, sondern in Herz und Leben zur Festigkeit und Entschiedenheit gekommen war, die Torheit des Kreuzes als höchste und einzige Weisheit angenommen und mich mit Lob und Dank zu denen geschart habe, die unter dem Panier des Kreuzes streiten.

Seine Wahrheitserkenntnisse und damit das Programm seines Handelns gestalten sich in den konkreten Fragen seiner Tätigkeit in Utrecht und Amsterdam

Mit seiner Bekehrung wurde das Wort von der Versöhnung der Quell seiner

Erkenntnis. Während die Vermittlungstheologie sagte: Gottes Wort ist in der Bibel, war seine Losung in Übereinstimmung mit der gläubigen Gemeinde: Die Bibel ist Gottes Wort.

Er sagt:

Wir müssen zur Gemeinde gehen, nicht um ihren Glauben bezüglich der Schrift abzubrechen, sondern um durch sie wieder zur Schrift gebracht zu werden.

Sein Bekenntnis zur Schrift war nicht das Resultat wissenschaftlicher Untersuchung, sondern der Ausgangspunkt seines Denkens. Er lehrte aber nicht eine mechanische Inspiration, sondern eine lebendige, im Glauben erfahrene. Es brach bei ihm die Erkenntnis durch, daß Gottes Wort nicht nur für die Erlösung der Einzelseele da ist, sondern daß es im ganzen Umfang des menschlichen Lebens zur Herrschaft kommen will. Der Königsanspruch des Königs Jesus bezieht sich auf alle Gebiete des öffentlichen Lebens:

Nur eine Sehnsucht bewegt mein Leben, der ich gehorchen werde, solange ein Odem in mir regt. Es geht mir darum, Gottes heilige Ordnungen in Haus und Schule, Kirche und Staat allem Widerspruch der Welt zum Trotz wieder festzustellen zum Heil des Volkes. Es geht mir darum, diese Ordnungen des Herrn, von denen Wort und Schöpfung zeugen, hineinzugraben in unser Volk, bis es sich wieder beugt vor Gott.

Das ist der Geist Calvins, der ihn durchglüht.

Kuyper erkennt, daß alle künstlich gemachte Einheit, die Nichtzusammengehöriges äußerlich zusammentun will, verderblich ist. Es ist ihm unmöglich, in derselben Kirche Leugner des Sohnes Gottes mit den Bekennern dieses Namens zusammenarbeiten zu sehen. Darum hat er lebenslang falsche Einigkeit gesprengt und ist ein viel gehaßter und viel bekämpfter Mann.

Er erkannte, daß unpassende Organisation Äußerung und Wirkung des Heiligen Geistes hindern kann. Er suchte die Kirche, die gewurzelt und gegründet Organismus und Institut zugleich ist. So konnte er sich nicht befreunden mit der der niederländischen Kirche aufgezwungenen Kirchenordnung, die sie zu einem Geschöpf des Staates machte, und kämpfte gegen die konsistoriale Kirchenordnung, die der Einzelgemeinde die Freiheit nahm. Auch eine rechtgläubige Synode war ihm verdächtig, weil sie die Organisation einer Massenkirche war und jede lebendige Regung lähmte.

Die Mittel, durch die er diesen Wahrheitserkenntnissen Raum schaffte, waren Predigt, Journalistik, Schriftstellerei und sein politisches Wirken. Seine Predigt sammelte in Amsterdam eine Riesengemeinde, die schon Stunden vor Eröffnung des Gottesdienstes sich einen Platz in der überfüllten Kirche sicherte. Er verstand die hohe Kunst, die Wahrheit des Evangeliums so zu verkündigen, daß sie auch die Einfältigen verstanden. Er hatte ein tiefes Verständnis für die missionarische Arbeit des Methodismus und selbst für die Heilsarmee, die er einmal als Unbekannter besuchte und von der er sich auf die Bußbank bringen ließ.

Er war ein genialer Journalist. 1871 übernahm er die Schriftleitung des Wochenblattes »Der Herold für freie Kirche und freie Schule im freien Niederland«, ein Jahr später die Redaktion der Tageszeitung »De Standaard«, die er sein Leben lang behielt. Durch sie hat er in großem Maße in die Öffentlichkeit gewirkt.

In allem, was Kuyper tat, schloß er sich an vorhandene Bestrebungen an. Das Wochenblatt »De Heraut« bestand bereits. Der Kampf für die Schule mit der Bibel war durch Groen van Prinsterer, den großen holländischen Dichter und einsamen Kämpfer, den Gründer der antirevolutionären Partei, begonnen worden. Er gewann Kuyper für die politische Arbeit und zum berufenen Fortsetzer seines Werks. Drei Gebiete waren es, auf denen Kuyper seinen Kampf zum Sieg führte.

Das erste Kampfgebiet war die »Schule mit der Bibel« und die freie Universität

Die Staatsschule war eine religiös neutrale Schule. Den Freunden der christlichen Schule aber war klar, daß eine Schule ohne Gott eine Schule gegen Gott ist. Auf der Grundlage des Elternrechts wurde nun erkämpft, daß christliche Eltern »Schulen mit der Bibel« gründen durften, wenn sie sie selbst bezahlten. Infolge der journalistischen und politischen Arbeit Kuypers wuchs die Zahl der »Schulen mit der Bibel« im ganzen Land. Es gelang diesen Schulen, die staatliche Anerkennung und geldliche Unterstützung durch den Staat zu erkämpfen.

Sein größtes und kühnstes Werk war die Gründung einer christlichen Universität. Der Zustand, daß auf den staatlichen Fakultäten der Rationalismus herrschte und die künftigen Diener der Kirche erzog, war ihm unerträglich. Das schier unmögliche Werk gelang infolge der Opferwilligkeit und des Glaubensmuts seiner Freunde. Er selbst war Rektor und Professor der Theologie an dieser Universität, die 1880 in Amsterdam eröffnet wurde.

Das Erziehungsziel faßte Kuyper einmal so zusammen:

Wir wollen stahlharte Männer heranbilden, die wie die alten Puritaner unerschütterlich feststehen, die nötigenfalls mit dem leibhaftigen Teufel handgemein werden, die nicht denken an Ruhe und Behaglichkeit, sondern auf der Wache stehen für den Herrn und Loblieder singen, wenn sie um seines Namens willen Schmach tragen dürfen.

Mit fünf Professoren und fünf Studenten begann das Werk, das harte Kämpfe zu bestehen hatte um die Anerkennung seiner Examina, aber unter dem Segen des Herrn wuchs und Holland die christlichen Führer schenkte, die es nötig hatte.

Das zweite Kampfgebiet: Die freie Kirche, die Organismus und Institut ist.

Als im Jahre 1883 die Landessynode die Verpflichtung der zu ordinierenden Pfarrer auf das Bekenntnis aufhob, versammelten sich Abgeordnete aus dem ganzen Land, die sich verpflichteten, keine Pfarrer zu berufen, die nicht von Herzen dem Bekenntnis der Kirche zustimmten. Im Bekenntnis sah Kuyper die Waffe der Kirche, die den ganzen, halben und Viertelsfeinden gilt.

Er erklärte:

Das Bekenntnis wird nur aus der Not geboren und ist in seinem Kern kein theologischer Entwurf, sondern ein Notruf der Seele und ein Freudengeschrei über die Größe und Erbarmung Gottes. Die Kirche besitzt ihr Bekenntnis nicht als Frucht des Denkens gelehrter Männer, sondern als teueres Kleinod, das der Heilige Geist ihr in den schwersten Kämpfen ihrer Seele herrlich zubereitet hat.

Eine Kirche, die Lehrfreiheit duldete, nannte Kuyper einen Enthaltsamkeitsverein, zu dem auch Wirte und Trunkenbolde als berechtigte Mitglieder gehören.

Man redete auf jener Versammlung davon, die Verbindung mit der allgemeinen Synode zu lösen, wenn sie die Gemeinden hindere, Christus als den souveränen Herrn der Kirche zu ehren und sich als »klagende« Kirchen zu organisieren. Als die Kreissynode von Amsterdam achtzig Pfarrer und Presbyter wegen Störung des kirchlichen Friedens und unordentlichen Betragens ihrer Ämter enthob, den suspendierten Pfarrern mit Polizeigewalt die Kirchen verschloß, sie aus ihren Pfarrhäusern vertrieb, das Kirchengut an sich riß, auch da, wo das ganze Presbyterium und der größte Teil der Gemeinde der »Doleânz« folgte, berief Kuyper eine Konferenz aller Ältesten, die »das Abwerfen der synodalen Hierarchie für Pflicht eines jeden hielten, der Jesu Königsmacht in seiner Kirche ehren will«. 1500 Männer folgten der Einladung; 56 Pfarrer von 200 Kirchen schlossen sich sofort zusammen, als »dolerende, rechtsuchende Kirche«; 156000 Gemeindeglieder folgten. 1892 gelang in Amsterdam die Vereinigung mit der 1834 aus der Landeskirche getriebenen Kirche der Erweckung, der Christlich Reformierten Kirche. Seitdem tragen beide Kirchen den gemeinsamen Namen: De gereformeerte Kerken van Nederland.

Das dritte Gebiet ist das der Politik. Die antirevolutionäre Partei gewinnt die Führung im Staat. Kuyper wird Ministerpräsident.

Im Jahre 1901 hatte der politische Kampf, den er mit den ihm zu Gebote stehenden Mitteln dreißig Jahre lang geführt hatte, den Erfolg, daß die Koalition der drei christlichen Parteien in den Landtagswahlen den Sieg errang. Kuyper wurde Ministerpräsident und Innenminister für vier Jahre. Die Zeit war zu kurz, um das ganze Programm Kuypers durchzuführen. Gegenüber der Uniformierung der französischen Revolution vertrat Kuyper die Dezentralisation. Um Minderheiten nicht mundtot zu machen, verlangte er das Verhältniswahlrecht, für die Arbeiterschaft forderte er Kranken- und Invalidenversicherung. In der Kolonialpolitik war er ein Gegner des Ausbeutungssystems. Die einzig erlaubte Kolonialpolitik ist die der Schutzherrschaft, die es auf Erziehung und Verselbständigung der Eingeborenen abgesehen hat.

In seiner Koalition mit dem Zentrum waren ihm drei Grundsätze maßgebend: Rastloser Kampf gegen Rom auf geistlichem Gebiet; Achtung vor dem gleichen Recht der Katholiken als Staatsbürger; Zusammenwirken mit ihnen zur Rettung der freien Schule.

Im Jahre 1905 gelang es wohl dem Freisinn und der Sozialdemokratie, wieder für wenige Jahre die Macht an sich zu reißen. Aber die bleibende Bedeutung der Arbeit Kuypers war, daß er den christlichen Volksteil aufgeweckt und in den Dienst am Staat hineingezogen hatte.

Als im Jahre 1918 die Revolution ihr Haupt erhob, um das Königtum zu stürzen, haben die friesischen Truppen, meistens Söhne antirevolutionärer Familien, den Anschlag vereitelt. Vor dem Hause des jetzt einundachtzigjährigen Kuyper sangen sie das Volkslied »Wilhelmus von Nassauen« und dann seinen Lieblingsvers aus dem 89. Psalm: »Wie selig ist das Volk, das sich in dir erfreut«. Sein politischer und sein kirchlicher Kampf hatte den Niederlanden die Revolution erspart.

Der Schriftsteller

Aus einer Artikelreihe über den Heidelberger Katechismus entstand das vierbändige stattliche Werk »E Voto Dordraceno«; 1894 erschien in drei Bänden die »Enzyklopädie der heiligen Gottesgelehrtheit«; 1878 in einem dreizehnhundert Seiten starken Band sein Programmwerk »Der Calvinismus, Ursprung und Bürgschaft unserer konstitutionellen Freiheiten«. Dazu kommen viele Gelegenheitsschriften zu den Zeitfragen. Besonders bedeutsam war noch die Schrift »Allgemeine Gnade«, die auf einem Calvinschen Satz beruht, daß die Verkehrtheit der menschlichen Natur durch die Gnade der Vorsehung gezügelt werde.

Am 8. November 1920 entschlief der dreiundachtzigjährige, bis in seine letzten Lebensjahre hinein unermüdliche Mann, betrauert von seinem Volk als einer seiner größten Söhne. In seiner Zeitung aber stand die von ihm selbst angeordnete Anzeige:

«Dr. A. Kuyper, in Jesus entschlafen.«

NATHAN SÖDERBLOM
(1866-1931)

Eltern und Jugend

Nathan Söderblom ist am 15. Januar des Jahres 1866 in Trönö in einem schwedischen Pfarrhaus geboren. Vom Fenster des Pfarrhauses sah man auf die alte, mächtige Kirche.

Sein Vater war ein eigenartiger Mann, der in der Erweckung wurzelte, ein Mann von asketischer Härte und urchristlicher Glut. Um seine Schuhe zu schonen, ging er manchmal die weiten Wege zu seinen Predigtstätten barfuß und hängte die Schuhe über die Schultern. Hatte er seinen Stock irgendwo stehen lassen, so konnte er zwei Meilen zurückwandern, um ihn zu holen, und dabei zu sich selbst reden: »Ich will Jonas lehren, vergeßlich zu sein.« Sein Gedächtnis war außerordentlich. Er konnte zwanzig Minuten lang Luther zitieren. Dem Vater schien der Werdegang des Sohnes ketzerisch, aber der Sohn war aufs tiefste ergriffen von dem religiösen Ernst des Vaters. Zum Sterbebett des Vaters kam Nathan von Paris angereist. Der Sterbende ordnete alle seine Dinge und sagte dem Sohn als letztes Vermächtnis, »er solle nicht ein Herr sein der Versammlungen, sondern ein Gehilfe zu ihrer Freude.«

Das Bild dieses Vaters war das Leitbild des Sohnes. Der Sohn sagte in seinen letzten Jahren zu einem Freunde, daß er den Eindruck habe, sein Vater geleite ihn vom Himmel her in allem, was er vorhabe und tue. Doch war der Sohn ausgeglichener, den Menschen zugewandter als sein Vater. Darin glich er seiner Mutter, die aus dänischem Geschlecht stammte.

Nathan war ein glänzender Schüler, der sich mit Leichtigkeit in alle Gebiete einarbeitete, musikalisch hochbegabt war und durch die Kraft der Reinheit, die von ihm ausstrahlte, einen starken Einfluß auf seine Kameraden ausübte.

Der Student in Uppsala

Zuerst gehörte er einer freien Studentenverbindung Verdandi an, die kritisch und radikal auch in politischer Hinsicht war. Ein Vortrag des Missionars Skrefsrud ergriff ihn so tief, daß er ein Mitgründer der Studentenmissionsvereinigung wurde. »Es war etwas von der

Flamme der ersten Liebe in unserem Beginn«, bekannte er vierzig Jahre später.

Die Vereinigung hatte einen ökumenischen Charakter. Bei den Zusammenkünften sprachen oft fremde Gäste in englischer und deutscher Sprache, und sie bedurften keiner Dolmetscher, wie nicht ohne Stolz erzählt wurde. Karl Fries, der erste Vorsitzende, schickt Söderblom zuerst nach England, nachher nach Amsterdam, zu großen Konferenzen. Der lebhafte und redegewandte Söderblom eignete sich dafür ausgezeichnet. In diesem Studentenmissionskreis wurden religionswissenschaftliche Studien getrieben. Im Jahre 1888 wurde er zum Schriftleiter der »Mitteilungen« gewählt, um Mitglieder und Freunde über Vorträge zu unterrichten. Die weltweite Sicht der Amerikaner und Angel-

Nathan Söderblom

sachsen begeisterte ihn bei einer ökumenischen Tagung, die er auf Moodys Sommersitz miterlebte. Er fühlte sich mächtig angezogen von Moody, Mott und Wilder, die die Studenten der Welt zu einem Kreuzzug für Christus aufriefen. Einer der stärksten Eindrücke der Konferenz war der Ausspruch eines Redners, man müsse gegenüber der Verschiedenheit der Kirchen an der Einheit des Reiches Gottes festhalten. Söderblom schrieb abends in sein Tagebuch: »Herr, gib mir Demut und Weisheit, der großen Sache der freien Einheit Deiner Kirche zu dienen.«

In diesen Jahren wurde er durch die historisch-kritische Betrachtung der Bibel tief erschüttert. Es wankte ihm der Boden unter den Füßen. Was sollte er glauben? Worauf war noch Verlaß? Eine fromme Bäuerin lieh ihm ein Erweckungsbuch. Das Wort aus Johannes 3 von der erhöhten Schlange, deren Anblick den Wunden Heilung bringt, sprach wie nie zuvor zu ihm. Er sah den Heiland am Kreuz und wurde geheilt. Er hatte das Erlebnis Luthers gemacht. Nun hatte sein Glaube ein unbewegliches Fundament. Er wußte, daß das Christentum nichts anderes als Christus ist. Doch hatte er eine Scheu vor der hergebrachten Sprache. Seine Zeit war der frommen Redewendungen besonders überdrüssig geworden, und als er noch in der Ritschlschen Theologie die Lösung des Konflikts zwischen Wissenschaft und Glauben für sich fand, wurde er von vielen als Ketzer angesehen. Albrecht Ritschl hatte in der deutschen Theologie damals eine beherrschende Stellung. Ritschl sah in der Geschichte die Offenbarung Gottes. Darum konnte nach seiner Auffassung die Wissenschaft, die den Tatbestand der Geschichte aufhellt, mit dem Glauben nicht in Widerspruch kommen. Dann hatte Ritschl die Theorie der Werte entwickelt. Nicht, was etwas an sich ist, macht seine Bedeutung aus, sondern was es für mich ist. Söderblom sprach eine neue männliche Sprache und hatte damit das Ohr vieler. Fast gleichzeitig wählte man ihn zum Vorsitzenden der schwedischen Studentenschaft und zum Vorsitzenden des CVJM. Beide Rufe nahm er an, weil er sich dem Ruf zu einem Dienst nicht versagen wollte. Er machte ein ausgezeichnetes theologisches Examen. Sein Lehrer, Professor Eckmann, forderte ihn auf, sich zu habilitieren. Da er von der »Studentenvereinigung für Mission« her ein reges Interesse an der Religionsgeschichte hatte, wählte er als Thema seiner Habilitationsarbeit die Eschatologie des Masdasnanglaubens und warf sich zunächst auf das Studium der persischen Sprache. 1893 wurde er ordiniert und zum Pfarrer der psychiatrischen Klinik in Uppsala bestellt. Bei seinem ersten Abendmahlsgottesdienst macht er die Erfahrung, »daß die Hilfe und der Trost der Religion viel weiter gehen als die Klarheit der Auffassung«.

Der lebendige Strom der Kirche, der ihn von Jugend an getragen hat, umgibt ihn, und er fühlt sich in seinem Lebenselement.

Der Pfarrer in Paris und die soziale Frage

Als Pfarrer der schwedischen Gemeinde in Paris (1893-1903) stieß er auf die soziale Not. Die Aufgaben des Glaubens, der in der Liebe tätig ist, werden ihm immer wichtiger. Der Erfurter Christlichsoziale Kongreß unter Naumanns Leitung gibt ihm wichtige Erkenntnisse. Er kommt zu der klaren Erkenntnis, daß die Kirche sich nicht von einer politischen Partei beschlagnahmen lassen darf, sondern daß sie das Gewissen aller Parteien und des ganzen Volkes sein soll. In Paris hört er an der Sorbonne den berühmten Religionswissenschaftler Sabbatier und macht dort den Doktor mit seiner Arbeit über die Vorstellung der persischen Religion über die letzten Dinge. Dabei leitet er die Eschatologie der Juden nicht aus persischen Gedanken ab, sondern läßt sie diese Gedanken aus ihrer eigenen Religion entwickeln. 1901 bekommt er einen Ruf als Professor der Religionsgeschichte nach Uppsala. 1912 nimmt er zusätzlich den Ruf an die Universität Leipzig an. Der berühmte Leipziger Kirchenhistoriker Albert Hauck, der die Berufung anregte, hatte von ihm den Eindruck, daß sich seine Auffassung von Religionsgeschichte ohne Schwierigkeiten in die theologische Fakultät einbauen ließe.

Erzbischof der schwedischen Kirche

Am 20. Mai 1914 wurde seine Wahl zum Erzbischof durch die Regierung bestätigt. Als Söderblom es erfuhr, sammelte er die Seinen zu einem Dankchoral um sich, so groß war seine Freude darüber. Er wußte um das Geheimnis der Kirche und des kirchlichen Amtes. Seine Heimatkirche war ihm lieb. Der so für das Fragen des Gegenwartsmenschen Aufgeschlossene hielt die Überlieferungen seiner Kirche heilig. Seine Freude an den alten Baudenkmälern half mancher verachteten Dorfkirche zur Wiederherstellung. Die Visitationen, die mit der Prüfung der Schuljugend begannen, waren ihm Tage festlichen Glanzes für die Gemeinde. Seine Güte beflügelte sie. Mit Freude erkannte er an, was anzuerkennen war. Halbvergessene kirchliche Bräuche belebte er aufs Neue. Jeder sollte von der Andacht und Schönheit des Gottesdienstes umweht sein. Ein neues Gesangbuch bereitete er vor, in das er auch die Gemeinschaftslieder und die Lieder der Gegenwart aufnehmen wollte.

Der Führer der ökumenischen Arbeit

Von der Studentenvereinigung für Mission und vom Weltbund des CVJM her lebte er in dem großen Gedanken der Einheit des Reiches Gottes. Das war ein Gedanke, der in jungen Herzen entstanden und in seinem jungen Herzen gezündet hatte. Aber wie weit, wie entsetzlich weit war der Weg während der Katastrophe des ersten Weltkrieges zu einer Zusammenarbeit der Kirchen. Da waren die tiefsten Gegensätze der Lehre und der kirchlichen Ordnungen nicht nur hinderliche, ja schier unübersteigbare Mauern, noch mehr, da war »die lange Kette menschlicher Sünde, die an dieser Konferenz mitwirkte«, wie er es in der Schlußansprache von Stockholm aussprach, um dann mit leuchtenden Augen fortzufahren: »Trotz unserer Sünden ist unsere Konferenz von Gott gebraucht worden, um seinen Willen zu erfüllen.« Es war ein unendlich mühsamer Weg von der ersten Predigt des neugeweihten Erzbischofs am 8. November 1914 an, wo er davon sprach, daß wir den Herrn bitten wollten, daß der Tag komme, da die Völker in Liebe vereint werden und Christus der Herr ist, bis zur Weltkonferenz für praktisches Christentum, die 1925 in Stockholm stattfand. Es war die Genialität Söderbloms, der unbezwingbare Glaubensmut, die zähe, alle Widerstände überwindende

Freundlichkeit, die herzliche Demut, die das Werk zustande brachten. Nein, nicht er hat es zustandegebracht, sondern Gott durch ihn.

Der tragende Grund der Konferenz, das, was das Wunder der Einigung fertigbrachte, war das, was der greise Bischof Photios in seiner Predigt sagte: Es gibt nur ein Wort: Jesu Liebe. Es gibt nur eine Tat: Jesu Liebe. Söderblom schrieb hernach über die Konferenz:

Das Entscheidende ist nicht das, was Menschen sagen oder nicht sagen über alle möglichen Dogmen oder Kultgebräuche, sondern das Schwere und Einfache zugleich ist, daß ein armer sündiger Mensch zu glauben wagt, daß Gott sich um ihn kümmert, und daß Jesus Christus für ihn gestorben ist.

Das wußte Söderblom. Das war der Quell seiner Güte. Diese Liebe drängte ihn, sich für die Einigung der Kirchen bis zur Aufopferung einzusetzen.

Sein Ende

Als er nach einer Operation dem Ende nahe war, gab er seinen Mitarbeitern die Losung seines sterbenden Vaters: »Nicht als Herren über die Gemeinde, sondern als Mithelfer zu ihrer Freude.« Er dachte an sein letztes Werk »Der lebendige Gott« und sprach: »Ich weiß, daß Gott lebt. Ich kann es durch die Religionsgeschichte beweisen.« »Ich bin gewiß, daß der Geist in für uns unfaßbaren Formen weiterlebt.« Seine letzten Worte waren: »Ewiges Leben«. Er entschlief am 12. Juli 1931. Als er seinen letzten Gang antrat, sang man ihm das Pilgerlied: Schönster Herr Jesu. Kein Lied hätte besser für ihn gepaßt. Sein für alles Schöne so empfänglicher Geist wußte seine Heimat bei Jesus.

Glaubenszeugen in Frankreich, Nordamerika, England und Rußland

Das Kolonialgebiet der angelsächsischen Welt, wo am wenigsten Bindung an kirchliche Sitte vorhanden war, wo also die Verweltlichung den höchsten Grad erreicht hatte, beginnt mit der Evangelisation. Den mächtigen Dienst, den Wesley und Whitefield im achtzehnten Jahrhundert in England taten, vollbringt Finney in Nordamerika im neunzehnten Jahrhundert, Moody setzt ihn fort, Spurgeon beschränkt sich auf die Hauptstadt des britischen Reiches. Elias Schrenk ist zweifellos zu seiner Evangelisationsarbeit im deutschen Raum von Moody angeregt worden. Samuel Keller geht in den Spuren Schrenks.

ADOLPHE MONOD
(1802-1856)

Sein Werden

Als sechstes Kind des französischen Pfarrers Jean Monod und seiner Ehefrau Luise von Koninck wurde Adolphe am 21. Januar 1802 in Kopenhagen geboren. Er wuchs mit seinen Brüdern Frédéric und Guillaume im elterlichen Pfarrhaus auf. Adolphe hatte ein lebhaftes, heiteres Gemüt. 1820 zog er mit seinem Bruder Guillaume, mit dem er unzertrennlich verbunden war, nach Genf, um Theologie zu studieren. Die dortige Fakultät war rationalistisch, aber in der Stadt bestand eine kleine Gemeinde des »Reveil«, der Erweckung, in der, als sie noch in ganz frischem Leben stand, sein älterer Bruder Frédéric zum Glauben gekommen war. Die Briefe und Predigten dieses Kreises hatten starken Einfluß auf das Brüderpaar. Die Erweckungsbewegung drängte auf Buße und Bekehrung, ohne auf Theologie und Kirche Wert zu legen. Die beiden Brüder studierten fleißig, lernten sogar das Arabische, daß sie den Koran lesen konnten. Vor allem übten sie sich in einem von ihnen gegründeten Verein unter gegen-

seitiger strenger Kritik in der Redekunst. Adolphe hatte einen Zug zu ernsten Christen hin, ohne daß er sich entscheiden konnte.

Er gibt uns Einblick in seinen Seelenzustand in seinem Tagebuch:

Ich nütze meine Kräfte durch ein Streben ab, welches dieselben weit übersteigt. Von einem Gefühl der Öde und des Unbefriedigtseins unablässig verfolgt, sehe ich, daß meine bösen Neigungen, vornehmlich Hochmut und Eigenliebe, täglich mächtiger werden. Ich verachte mich selbst um dieses launenhaften Wesens willen. Während ich dies schreibe, drückt mich die tiefste Schwermut darnieder.

Im Juli 1824 machte er das Examen. Einen Pfarrer Louis Gaussen, der voll Glauben und Liebe war, besuchte er oft; auch sein Freund Erskin, ein Schotte, der an die mittelalterlichen Mystiker anknüpfte, übte einen großen Einfluß auf ihn aus. Bei einer Italienreise, die die beiden Brüder antraten, blieb er in Neapel als Pfarrer einer kleinen französischen Gemeinde. Dort wurde er von Gewissensunruhen und Schwermut umdüstert.

Über seine Bekehrung schreibt er seinem Bruder folgendes:

Am Sonnabend, dem 21. Juli, ging ich morgens früh aus und konnte schon auf offener Straße nur mit Mühe die Tränen bekämpfen. Nach Hause zurückgekehrt, ließ ich meine Verzweiflung in Tränenströmen sich ergießen, sank auf die Knie nieder und schrie zum Herrn in meiner äußersten Seelennot. Seit dieser Stunde kann ich ohne Unterlaß beten und Gottes Wort lesen mit völligem Vertrauen.

In seiner ersten Predigt nach seiner Umkehr ruft er aus:

O mein Gott, der du nur niederbeugst, um wiederum zu erheben, und der du nur betrübst um zu trösten, nur erschütterst, um zu befestigen, wir beugen uns in Reue und Schmerz unter den Richterspruch, der uns verdammen müßte, aber auch wiederum in Dankbarkeit und Hoffnung, denn er ist uns gleichzeitig ein Unterpfand für unsere Erlösung. Möchten wir lernen, hinfort auf alle Selbstgerechtigkeit zu verzichten, nur unser Elend vor dich bringen als den einzigen Rechtstitel auf Deine Barmherzigkeit.

Er gab die Pfarrstelle in Neapel auf und nahm eine Pfarrei in Lyon an, wo er mit großer Freundlichkeit aufgenommen wurde. Und bald war er erster Pfarrer der Gemeinde. Als er aber 1831 gegen die Gleichgültigkeit der vielen Osterkommunikanten predigte, enthob ihn das Konsistorium seines Amtes, und ein Erlaß des Kultusministeriums bestätigte diese Entscheidung.

Adolphe Monod

Nun führte er in seiner Privatwohnung seine Bibelstunden fort, besuchte fleißig Kranke und Arme und blieb in Verbindung mit den heilsbegierigen Seelen, die ihn besuchten. 1829 hatte er in Hanna Honyman, einer Tochter schottischer Eltern, eine treue, ihm im Glauben verbundene Frau gefunden, die alles mit ihm trug.

Er wird Professor an der theologischen Fakultät in Montauban

Der Kultusminister berief ihn 1836 zur Professur in Montauban, wohl um ein Unrecht, das ihm durch seine Amtsentsetzung in Lyon geschehen war, wieder gutzumachen. Monod erkannte in diesem Ruf Gottes Führung. Jetzt hatte er Zeit und Stille zum Studium und konnte sich in Muße der Erziehung seiner Kinder widmen. In den Semesterferien konnte er Vortrags- und Evangelisationsreisen unternehmen. In großer Pünktlichkeit und Sorgfalt übte er sein Lehramt aus. Sein Grundsatz war: »Was sich zu tun verlohnt, muß möglichst gut getan werden.« Dem Umgang mit seinen Studenten widmete er viel Zeit. Er liebte sie herzlich und zog sie oft in seinen Familienkreis. Er gründete einen Bibeleseverein zur Förderung der Bibelkenntnis. Wöchentlich fand eine Zusammenkunft statt, um schwere Stellen zu besprechen. Tatkräftig studierte er die deutsche Theologie, besonders zogen ihn Tholuck und Neander an. Die Exegese des Alten und Neuen Testaments und die Fächer der praktischen Theologie bot er seinen Studenten dar. Eine Bemerkung Tholucks, daß seine Studenten aus seinen Predigten mehr Nutzen gezogen hätten als aus den Kollegien, bestärkte ihn darin, sonntäglich zu predigen.

Der Prediger

Seine Predigten waren in der Form vollendet, aber es glühte in ihnen auch sein ganzes Herz.

Er schreibt:

Die Erregung ist eine zu große, als daß ich mich Tag für Tag derselben aussetzen könnte. Ich fürchte manchmal, daß die mir vom Herrn verliehene Redegabe ihn hindern möchte, sich in mir zu verherrlichen. Umso treuer muß ich am Gebet halten, sonst werde ich stets unnützer werden. O mein Gott, laß mich nicht ein tönendes Erz oder eine klingende Schelle werden!

Weil er in der Predigt seine Hauptaufgabe erkannte, folgte er einem Ruf nach Paris als Hilfsprediger beim Präsidenten des Konsistoriums.

Als sein Bruder Frédéric aus der Landeskirche austrat und eine freie Gemeinde bildete, wurde er an seiner Stelle vom Konsistorium zum Pfarrer ernannt. Die große Kirche des Oratoire füllte sich mit Tausenden, die ihn hören wollten. Nach zwei Frühgottesdiensten um sieben Uhr und um neun Uhr hielt er um zwölf Uhr den Hauptgottesdienst. Am Abend versammelte er seine Kinder und Freunde zum biblischen Unterricht und beschloß dann den Tag mit einer Bibelstunde in der Sakristei seiner Kirche. Den Samstag widmete er ganz der Predigt und dem Gebet. Dabei ließ er sich nicht stören.

Er war von mittlerer Statur, üppiges dunkles Haar beschattete seine gewölbte, von Falten durchzogene Stirn. In seinen mageren Gesichtszügen und um den scharf geschnittenen, feinen Mund prägte sich ein Zug des Leidens aus. Wenn er seine großen Augen aufschlug, lag ein majestätisches Leuchten über seinem Antlitz.

«Die Bitterkeit der Predigt ist vorüber« pflegte er zu sagen bei seiner Rückkehr aus der Kirche. Sein Grundthema war: »La misère de l'homme et la miséricorde de Dieu« (im Französischen ein Wortspiel, deutsch: Das Elend des Menschen und die Barmherzigkeit Gottes). Seine Predigten waren durchbetet. Auf seinen Predigtkonzepten stehen noch seine Gebetsseufzer am Rand. »O Jesus«, ruft er einmal aus, »hilf mir durch das Blut deines Kreuzes«.

Ein Gebet:

O mein Gott, verleihe mir durch deinen Geist, daß ich am Fuß des Kreuzes deines lieben Sohnes all die Selbstsucht und Verzagtheit ablege, unter welcher ich seit drei Tagen zum Schaden meiner Predigt, meines Glaubens und deines Ruhmes, zum Ärgernis meiner Brüder darniedergebeugt bin.

Seine Grundsätze für den Religionsunterricht

Wie man Religionsunterricht erteilt, erprobte er am Unterricht seiner eigenen Kinder, die er, ehe sie lesen konnten, mit der biblischen Geschichte vertraut machte.

Ein Grundsatz für den Unterricht:

Wenn die Kinder älter sind, wird ihnen die biblische Geschichte eingehender in ihrem Zusammenhang vorgetragen. Sobald sie lesen können, nehmen sie selber die Bibel zur Hand und werden angeleitet, soviel als möglich ist, darin zu lesen. An diese Lektüre werden einige allgemeine Belehrungen angeknüpft aus der Weltgeschichte und Geographie. Der Schwerpunkt des Unterrichts muß stets in der Erbauung und in der praktischen Anwendung des Gelernten auf Herz und Leben ruhen. Täglich soll eine Bibelstelle auswendig gelernt werden, welche Bezug auf den vorliegenden Gegenstand hat. Dazu wird den Kindern eine Frage aufgegeben, deren Lösung sie selbständig suchen sollen. Die Abendstunde des Sonntags soll einem besonderen Jugendgottesdienst gewidmet werden. Dabei lesen die Kinder die schriftliche Antwort auf eine am vorhergehenden Sonntag gestellte biblische Frage, zum Beispiel: Welche Ereignisse haben in Bethlehem stattgefunden? Welches sind in den Paulinischen Briefen die Stellen, die uns über das Gebet belehren?

Sein Kampf um die Kirche

Als nach der Revolution des Jahres 1848 um des Bekenntnisses willen eine Spaltung der Landeskirche entstand und sein Bruder Frédéric mit der Minderheit der Synode aus der Landeskirche austrat, entschied er sich für die Landeskirche, weil er sie nicht, solange auf den Kanzeln Gottes Wort frei verkündigt werden durfte, dem Liberalismus zur Beute überlassen wollte. Das wäre ihm als Fahnenflucht erschienen.

Der Leidende

Im Jahre 1854 erkrankte er ernstlich an einem Nierenleiden. Er fühlte, daß seine Kraft nicht mehr ausreichte, um die vielen auswärtigen Evangelisations- und Vortragsdienste zu tun, und beschränkte sich auf sein Pariser Pfarramt. Eine halbjährige Erholungszeit brachte ihm keine Besserung. In diesem Jahr hielt er seine letzte Weihnachtspredigt über das Wort: »Es wird ein Schwert durch deine Seele gehen.«

Er sagte in seiner Predigt:

Du darfst wohl beten: Vater, führe mich aus dieser Stunde. Doch wie der Herr selbst, mußt du auch beifügen: doch darum bin ich in diese Stunde gekommen. Die Stunde, vor welcher dein Fleisch so sehr zurückgebebt hat, um derentwillen du ein Gethsemane nach dem anderen durchlebt hast, sie möge nun schlagen! Und wenn sie schon angebrochen ist, heiße sie ruhig willkommen. Wer kann wissen, welch reichen Gottessegen sie dir bringen wird ... Eilet, ergreifet euer Kreuz.

Anfang 1855 erkannte man die Unheilbarkeit seines Leidens. Treu und hingebend teilten sich seine Freunde in seine Pflege.

In dem letzten halben Jahr seines Lebens hielt er jeden Sonntag in der Mittagsstunde vom Krankenlager aus einen Gottesdienst mit der Feier des heiligen Abendmahls, zu dem dreißig bis vierzig Personen aus dem nächsten Freundeskreis abwechselnd geladen wurden. Dabei sprach der Kranke über einen Text, der ihm im Laufe der Leidenswoche besonders wichtig geworden war.

Diese Reden sind unter dem Titel »Adieux« in der ganzen Christenheit bekannt geworden und haben viel Segen gestiftet. Am 9. April 1856 verschied er.

Ergreifend die Worte des Leidenden:

Wer nicht absagt allem, was er hat, kann nicht mein Jünger sein. Ich habe oft und viel von der Nachfolge Christi unter dem Kreuz gepredigt und von der Notwendigkeit gezeugt, in dieselbe einzutreten. Wenn ich aber morgen die Kanzel wieder betreten dürfte, würde ich noch ganz anders darüber predigen.

Sein letztes Wort war ein inbrünstiges Gebet über den 100. Psalm:

Ich habe zu nichts mehr Kraft – so begann er – als dazu, daß ich mich mit der Liebe Gottes beschäftige. Er hat uns geliebt, das ist die ganze Dogmatik. Lasset uns ihn lieben, das ist die ganze Ethik des Evangeliums.

Adolphe Monod war der größte evangelische Prediger Frankreichs – durch sein rednerisches Genie und sein geheiligtes Leben.

Seine Schriften

Im Jahre 1830 erschienen »Drei Reden über das Sündenelend der Menschen und die Gnade Gottes«, 1844 eine Apologetik von achtundsechzig Seiten: »La crédulité de l'incrédule«, 1852 zwei Predigten über den Beruf der christlichen Frauen und fünf Predigten über den Apostel Paulus, 1856 »Adieux d'Adolphe Monod à ses amis«.

JEAN HENRI DUNANT
(1828-1910)

Der weltbekannte Wohltäter und Gründer des Roten Kreuzes wird mit Recht in unserem Jahrhundert als solcher gefeiert. Das appenzellische Heiden schrieb es auch auf sein Denkmal. Daß seine Leistungen aber als die eines Christen zu verstehen sind, wird im allgemeinen übergangen.

Am 8. Mai 1828 in Genf auf der Anhöhe von St.Pierre, unweit der Kanzel Farels und Calvins, geboren, sechstes Kind einer frommen, sozial sehr engagierten Familie, genoß der junge Henri die vorzügliche Erziehung einer frommen Mutter, die ihn auch zu Christus führte und auf häufige Hausbesuche in der Stadt mitnahm. Das weckte in dem Jungen »das Bewußtsein menschlichen Elends und Unglücks in den dunklen Gassen und Wohnungen, welche oft wie Ställe anmuten«.

Schon als Banklehrling sammelte der junge Dunant andere vom Geiste des Reveil erfaßte junge Leute. Felix Neff und viele andere Vorbilder schwebten ihnen vor Augen, wenn sie es als elementare Christenpflicht ansahen, die Armen, Kranken und andere auf der Schattenseite des menschlichen Daseins lebende Mitmenschen regelmäßig zu besuchen. Diese Pioniergruppe, deren Grundlagen gemeinsame Gebetsstunden, biblische Erbauungsabende und sozialer Einsatz waren, nahm 1853 in Anlehnung an das Londoner Beispiel von George Williams (1844) ebenfalls die Bezeichnung »Christlicher Verein Junger Männer« an. Ihr Präsident Perrot schrieb von Dunant, er sei »ein Juwel, hat großen Eifer und entfaltet eine erstaunliche Aktivität«. In der Tat konnte er nach Paris von 50 aus verschiedenen Kirchen stammenden Studenten und Lehrlingen ihrer Gruppe und von einem weitverzweigten Korrespondentennetz berichten. In einem Brief vom 15. Januar 1853 machte Dunant zum ersten Mal den Vorschlag einer Weltkonferenz aller CVJM in Paris, wozu es 1855 auch unter Beteiligung von 99 jungen Männern verschiedener Herkunft kam. (Über die dort erarbeitete, bis heute gültige »Pariser Basis« gibt unser Buch unter George Williams Auskunft. Über Entstehung (1855) und Entwicklung der von Henri Dunant konzipierten Organisation informiert der Beitrag über Dr. John Raleigh Mott.) »Welch eine Freude muß es so vielen gemacht haben, die zu der Konferenz kamen, seine Hand zu drücken und mit dem jungen Freund zu reden, dessen Briefe ihre Herzen erwärmt und sie dazu gebracht hatte, selbst mit Christus unmögliche Dinge zu tun«, schrieb Clarence Shedd in seinem Buch über die Geschichte des CVJM und später in einer Genfer Zeitschrift; »seine letzte Botschaft an die Vereine zeichnete die Grundlagen einer internationalen Orga-

Jean Henri Dunant

nisation auf, deren Analogie mit dem Roten Kreuz geradezu frappant ist. Das Werden beider Organisationen ist gekennzeichnet durch eine und dieselbe Person«. In Paris sagte Dunant am 10. März 1855 zum Abschied: ». . . jeder gebe jenen engen Geist auf, der bewirkt, daß man vor allem auf seine Ortschaft, seine Mundart, seine Partei oder Gattung sieht. Wir alle zusammen müssen das Werk Gottes auf der ganzen Erde und die kommende Vereinigung aller Kinder Gottes zu Gottes Ruhm vor Augen haben. . .«

Seine berufliche Ausbildung führte Dunant auf ausgedehnte Reisen nach Paris, London, Berlin, Algerien (mit mißglückter Geschäftsgründung) und Norditalien. Dort wurde die entscheidende Lebensweiche Dunants gestellt. Als Augenzeuge der ebenso sinnlosen wie mörderischen Schlacht bei Solferino am 24. Juni 1859 zwischen Österreich und Frankreich sah der 31jährige Genfer, was er einer Gräfin in seiner Vaterstadt schrieb ». . .seit drei Tagen sehe

– d'après l'Écriture – l'inspiration dans le livre – & ne pas la considérer dans l'homme. Tout ce qui est écrit en inspiré de Dieu

Il ne faut pas considérer l'inspiration dans l'auteur sacré; c'est un point de vue trompeur où l'on se place. Il n'y a eu chez eux ni excitation extraordinaire, ni illumination [ce n'est pas leur] sainteté personnelle, ou leur condition spirituelle qui a fait que l'écriture de l'écrivain sacré est divinement inspirée.

Il faut donc regarder l'inspiration dans ce qui est écrit. La Bible n'est pas, comme on a voulu dire, un livre que Dieu ait chargé des hommes préalablement illuminés, d'écrire sous sa protection. Elle est un livre que Dieu leur a dicté; elle est la Parole de Dieu.

Handschriftliche Aufzeichnungen Dunants, was er über die Bibel denkt.

ich in jeder Viertelstunde einen Menschen unter unvorstellbaren Qualen sterben. Ein Schluck Wasser und ein freundliches Lächeln, ein Händedruck, und Sie finden veränderte Wesen, die tapfer und ruhig die Todesstunde ertragen. Verzeihen Sie mir, aber ich weine unaufhörlich beim Schreiben. Ich muß aufhören. . .«

Er legt selber Hand an, mobilisiert die Bevölkerung der Umgebung, um den Opfern zu helfen und allerlei Hilfsmittel und Nahrung herbeizuschaffen.

Nachdem er 1857 bereits zwei Schriften gegen die Sklaverei verfaßt hatte, machte er sich nun an seinen weltberühmt gewordenen Aufruf »Erinnerung an Solferino«. Hier zieht er die Konsequenz aus dem Evangelium und richtet einen herzbewegenden Appell an alle Herrscher und Regierungen. Zum zweiten Mal wurde aus dem Seher ein Apostel. Das sofort in elf Sprachen übersetzte und von ihm selber finanzierte Buch

wurde zur Grundcharta für die Internationale Konferenz vom 26. Oktober 1863 in Genf und zur anschließenden völkerrechtlichen Sensation, der Konvention zur Verbesserung des Schicksals der verwundeten Soldaten der Armeen im Felde, wie sie bei der 2. Konferenz von 26 Delegierten am 8. August 1864 in Genf unter dem Vorsitz des ersten Schweizer Generals Henri Dufour, eines Landsmanns Dunants, im Rathaus der Rhônestadt von 13 Staaten unterzeichnet wurde. 33 Staaten bekräftigten den Vertrag 1868 in Berlin. Über das Buch, das Weltgeschichte machte, schrieb Dunant: »Als ich die Erinnerung an Solferino in aller Stille schrieb, war ich wie entrückt, beherrscht von einer höheren Macht und von dem Geist Gottes erfüllt. In dieser verhaltenen seelischen Erregung hatte ich ein unbestimmtes Gefühl innerer Eingebung, daß meine Arbeit ein Werkzeug Seines Willens wäre, um die Vollendung eines heiligen Werkes zu erreichen, das zukünftig für die Menschheit von ungeahnter Bedeutung werden könnte. Ich war von einer Kraft von oben wie gezwungen zu schreiben, das Buch mußte einfach geschrieben werden...«

Die Ehrungen aus aller Welt überströmten den Schöpfer des neu geschaffenen Roten Kreuzes. Dunants Visionen gingen weiter. Kaiserin Eugenie versuchte er, von der Erweiterung der Genfer Konvention auf den Seekrieg und die Kriegsgefangenen zu überzeugen. In einer mehrseitigen Denkschrift legt er dar, wie dem Judentum in Palästina eine endgültige Heimat gegeben werden kann, in der Hoffnung, daß dort neben einem jüdischen Staat in friedlicher Koexistenz auch ein arabisches Reich bestehen könne. Ferner entwirft er den Plan einer Universalbibliothek für die allgemeine Völkerannäherung und -verständigung. Der Entwurf einer »Vereinigung für Ordnung und Zivilisation« fand breite Zustimmung, so auch von dem abgesetzten Napoleon III. oder von Victor Hugo. Der Haager Schiedsgerichtshof und entsprechende Friedenskonferenzen gehen ebenfalls auf Dunants Anregungen zurück.

Die enorme Entwicklung, die Dunants Werk und Ideen zum Wohle von Tausenden von Kriegsopfern nahm, wurde von einer großen Tragik überschattet: Die Mißgunst und der Neid maßgebender Genfer Freunde drängten Dunant während zweier Jahrzehnte völlig in den Hintergrund. Andere ernteten seine Lorbeeren; »meine Feinde bedienen sich aller Mittel und jeder Art von Personen, nur um zu verhindern, daß ich meine Werke veröffentliche, aber ich will nicht klagen, ich will im Gegenteil Gott danken, denn durch diese Trübsal, Not und Armut ist mir mein Heiland köstlicher, teurer und gegenwärtiger geworden. Mein einziger Wunsch ist, Ihn zu verherrlichen und für Ihn leben und sterben zu dürfen...«

1876 nahmen sich Stuttgarter Freunde des armen, vergessenen Wohltäters an, gaben ihm Asyl und sorgten auch dafür, daß er nach langem Unrecht 1901 doch noch durch die Mitverleihung des Nobelpreises weltweite Anerkennung und verdiente Ehrung erhielt.

1888 fand Dunant im Bezirkskrankenhaus von Heiden im Aargan materielle und psychische Betreuung bis zu seinem Tode am 30. Oktober 1910. Sein Testament widerspiegelt etwas von der Tragik eines lange mißachteten Wohltäters der Menschheit: »Ich möchte wie ein Hund begraben werden ... ich bin ein Jünger Jesu Christi wie im ersten Jahrhundert und sonst nichts«.

CHARLES GRANDISON FINNEY (1792-1878)

Sein Werden

Finney ist als Sohn schlichter Landleute in Warren im Staate Connecticut in Nordamerika am 29. August 1792 geboren und am 17. Juli 1878 in Oberlin, Ohio, gestorben. Seine Eltern waren Farmer in einer entlegenen Gegend am Ontariosee. Weiter als zur Gründung von Elementarschulen brachten es die Siedler nicht. Eine solche Elementarschule besuchte der Knabe und wurde mit sechzehn Jahren in einer Prüfung für fähig erklärt, selbst den Unterricht an dieser Schule zu leiten. Ein evangelisches Gemeindeleben lernte er in seiner Jugend nicht kennen. Auch seine Eltern und Nachbarn waren nur dem Namen nach Christen, doch waren ihre Vorfahren einst um ihres evangelischen puritanischen Glaubens willen aus England ausgewandert. So war doch ein Vätererbe da, das unbewußt in ihm lebte. Als er im Jahre 1818 eine Stelle im Staate New York, in Adams, als Rechtsanwaltschüler und Bürogehilfe annahm, lernte er zum ersten Mal ein geordnetes Gemeindeleben kennen und fand Gelegenheit, regelmäßig Gottes Wort zu hören. Der Prediger Gale in der dortigen presbyterianischen Gemeinde war ein strenger Calvinist, der die Erwählungslehre vertrat. Jeden Monat sprach er mit dem jungen Finney über die Predigt. Dieser nahm auch an den Gebetsversammlungen der Gemeinde teil. Durch all das, was er hörte, wurde er unruhig und fing an, mit Ernst nach Gott zu fragen. Im Herbst 1824, zur selben Zeit, als auch in Deutschland ein inneres Erwachen war, beschloß er, alles daran zu setzen, um mit Gott ins reine zu kommen. Er zog sich in die Stille zurück, um zu beten. Dabei merkte er an der Furcht, die er vor Menschen hatte, daß sein Stolz das Hin-

Charles Grandison Finney

Lichterstrahl das Wort ins Herz: »Ihr werdet mich anrufen und mich bitten, und ich will euch erhören. Ihr werdet mich suchen und finden. Denn so ihr mich von ganzem Herzen suchen werdet, so will ich mich von euch finden lassen.« Ich erfaßte die Verheißung sofort in meinem innersten Wesen als mir geltend und erfuhr zum ersten Mal in meinem Leben, was Glauben heißt. Ich bekam eine Verheißung nach der anderen, von denen sich die meisten auf den Herrn Jesum Christum bezogen. Wie köstlich sie mir waren, vermag ich nicht in Worte zu kleiden. Ich erfaßte sie nicht mit dem Verstand, sondern sie sanken mir tief ins Herz, und ich hielt mich fest daran als an den untrüglichen Aussprüchen des Gottes der Wahrheit.

Als am Abend dieses Tages mein Prinzipal das Büro verlassen hatte, war es mir, als zerschmelze mein Herz, und ich konnte dem Drang nicht widerstehen, es vor meinem Gott auszuschütten. Wie von einer inneren Macht getrieben, sank ich auf die Knie. Klar und deutlich, von wunderbarem Glanz umstrahlt, stand das Bild Jesu Christi vor meiner Seele. Er sagte kein Wort, aber sah mich mit einem Blick an, der mich vor ihm in den Staub warf. Wie gebrochen sank ich zu seinen Füßen nieder und weinte wie ein Kind. Als ich von den Knien aufstand, strömte plötzlich der Geist Gottes auf mich nieder und überflutete mich ganz und gar, ohne daß ich je von einer Geistestaufe etwas gehört, geschweige denn sie erfleht hatte. Die wunderbare Liebe, die sich in mein Herz ergoß, läßt sich nicht mit Worten schildern. Ich wußte aus eigener Erfahrung, was Römer 5, Vers 1, bedeutet.

Erweckungen in Finneys Umgebung, sein Dienst als Evangelist

Der erste, dem er seine Erfahrungen mitteilte, war sein Prinzipal. Auch er fand keine Ruhe, bis er sich ganz Gott ausgeliefert hatte. Ein Diakon, der einen Prozeß mit ihm besprechen wollte, wurde durch sein Zeugnis so bewegt, daß er die Klage zurückzog und sich völlig seinem Heiland übergab. Finney hatte den Drang, allen Menschen, mit denen er zusammenkam, Christus zu bezeugen. Seine Worte machten überall tiefsten Eindruck. Nun beschloß er, Prediger zu werden, und stellte sich einem Evangelisationskomitee, nachdem er seine Prüfung bestanden hatte, zur Verfügung. Dieses Komitee sandte ihn als Prediger zu einer Gemeinde in Evansmill. Alsbald brannte das Feuer Gottes auch dort in hellen Flammen. Andere Gemeinden riefen ihn zum Dienst, und in den tief gesunkenen Ortschaften, wo kaum mehr ein lebendiger Christ war, wirkte seine Verkündigung so, daß große Erweckungen entstanden. Zweimal reiste er nach England und hatte auch dort viele Bekehrungen.

dernis war, das ihn nicht zum Frieden kommen ließ.

Nach dreitägigem Ringen war es ihm eines Morgens, als hörte er eine Stimme:

Worauf wartest du? Hast du Gott nicht versprochen, ihm dein Herz zu geben? Weshalb mühst du dich so vergeblich ab? Suchst du das Heil dir etwa selbst zu erringen, deine eigene Gerechtigkeit aufzurichten? – In demselben Augenblick enthüllte sich in mir in wunderbarer Weise das Geheimnis der Erlösung. Ich sah ein, daß die Erlösung eine vollendete Tatsache war und daß ich die mir von Christus erworbene Gerechtigkeit anzunehmen habe, anstatt irgend etwas Selbstgewirktes vor Gott bringen zu wollen. Willst du das Heil annehmen, heute, in diesem Augenblick? So hieß es in meinem Innern. Ja, antwortete ich, heute noch, und sollte ich darüber sterben. Aber mein Herz war wie erstorben, ich brachte kein Gebet über meine Lippen. Endlich überkam mich eine namenlose Angst. Hatte Gott mich dahingegeben? Mein Stolz erschien mir so schrecklich, daß ich wie gebrochen vor meinem Gott niedersank. Alsbald fiel mir wie ein

Der Beter

Das Gebet war die Kraft seiner Arbeit.

Er schreibt darüber:

Wollt ihr etwas erreichen, so müßt ihr viel beten. Sollen eure Gebete Erhörung finden, so müßt ihr im Namen Jesu beten. Ihr könnt nicht erhörlich beten, wenn ihr nicht allen euren Sünden den Abschied gebt. Ihr müßt im Glauben beten und erwarten, daß ihr das, worum ihr bittet, auch erhalten werdet. Ihr müßt ausharren, ihr dürft nicht gleich aufhören zu beten, wenn ihr ein Anliegen vor den Herrn gebracht habt. Das ist kein Glaubensgebet. Daniel hat 21 Tage gebetet und nicht nachgelassen, bis er das Gewünschte erlangt hatte. Der Geist des Gebets ist der Heilige Geist, und es ist unsere Pflicht, mit dem Geiste erfüllt zu sein, weil wir eine diesbezügliche Verheißung haben, weil es Gott geboten hat, und weil es zum Wachstum in der Gnade nötig ist; weil wir sonst unserem Herrn Schande machen und unseren Christennamen verunehren. Wir dürfen uns im Gebet auf die untrüglichen Verheißungen der Heiligen Schrift stützen.

Der Prediger

Er kritisierte die landläufige Predigt folgendermaßen:

Ein Jurist sagte zu ihm und er bestätigt das als richtig: Die Geistlichen lassen sich in der Behandlungsweise ihrer Zuhörer nicht vom gesunden Menschenverstand leiten, sie fürchten sich viel zu sehr vor Wiederholungen, bewegen sich in viel zu gewählten Ausdrücken, die die Mehrzahl der Leute nicht verstehen, und ihre Beispiele sind zu hoch für ihre Zuhörer. Anstatt es in ihren Predigten vor allem darauf abzusehen, die Leute zu einer sofortigen Entscheidung für Christus zu bringen, scheinen sie in erster Linie die Entfaltung einer glänzenden Beredsamkeit im Auge zu haben.

Ein starkes Hindernis für die Fruchtbarkeit der Predigt sah Finney in der Überspitzung der Lehre von der Alleinwirksamkeit Gottes, als müsse ein Mensch warten, bis Gott ihm den Glauben schenke.

Dazu führt er aus:

Angenommen, es predige jemand den Landleuten, Gott sei souveräner Herr, der ihnen nur Frucht schenke, wenn es ihm beliebe, und es sei Anmaßung von ihnen, zu pflügen und zu saen mit der Erwartung, durch ihrer Hande Arbeit eine Ernte zu erzielen. Das hieße, die Sache Gott aus der Hand nehmen, sei ein Eingriff in seine Herrscherrechte und ein Wirken in eigener Kraft. Die von ihnen angewandten Mittel und das erhoffte Resultat seien vollständig unabhängig voneinander. Angenommen, die Landleute glaubten den Worten des Predigers und richteten sich danach, was wäre die Folge? Die Menschen müßten Hungers sterben. Ebenso verhängnisvolle Folgen würde es für die Kirche haben, wenn sie sich einreden ließe, die Förderung christlichen Lebens sei so ausschließlich Gegenstand der göttlichen Herrschermacht, daß auf diesem Gebiet keinerlei natürlicher Zusammenhang zwischen Mittel und Endziel existiere. Es ist vor allem nötig, daß die Christen aus dem Schlafe

erwachen und in Buße und lebendigem Glauben zu ihrem Gott zurückkehren. Die Folge wird sein, daß auch die Draußenstehenden in Mengen auf dem gleichen Wege der Sündenerkenntnis, der Buße und des Zugebens alles erkannten Unrechts zu Gott kommen.

1851-66 war er Präsident des Oberlin College in Ohio. Er bestimmte die Heiligungsbewegung in Deutschland und den Neupietismus.

CHARLES HADDON SPURGEON (1834-1892)

Charles Haddon Spurgeon

Jugend und Bekehrung

Am 19.6.1934 wurde er in Kelvedon, Essex, geboren. Seine Familie stammt von holländischen Flüchtlingen ab, die vor dem Blutregiment Herzog Albas nach England entrannen. Einer seiner Ahnen war ein Märtyrer, der um des Evangeliums willen im Gefängnis gelitten hatte.

Im frommen Elternhaus und von seinem Großvater, einem Independentenprediger, empfing er von Jugend auf christliche Eindrücke. Als er fünfzehn Jahre alt war, wurde er Hilfslehrer und geriet in eine Periode des Zweifels hinein, so daß er an allem zweifelte, bis er anfing, auch an seinem Zweifel zu zwei-

*Spurgeons Geburtshaus
in Kelvedon, Essex*

Spurgeon:
Wenn ihr Geschichten
erzählen wollt, so seien
sie frisch und eigenartig.
Macht eure Augen auf
und pflückt selbst Blu-
men in Garten und
Feld. Die werden euren
Zuhörern besser gefal-
len als welke Blüten aus
anderer Leute Sträuße.

*Spurgeon mit seiner
Frau*

feln und wieder Gottes Wort zu hören.
Eine schlichte Predigt über Jesaja 45,22,
wobei der Laienprediger ihm immer
wieder zurief: »Junger Mann, blick auf
Christus!«, führte ihn zum Glauben an
die frei wählende, aber auch bewahren-
de Gnade. Nun kam über ihn die heilige
Glut in der Gewißheit, in Gnaden zu
sein. Er vertiefte sich in das Studium der
Heiligen Schrift, ließ 1850 in einem Fluß
die Großtaufe an sich vollziehen. Später
trat er um seiner Weitherzigkeit willen,
ähnlich wie sein Freund Georg Müller,
aus der Union der Baptistengemeinden
wieder aus.

Der Fürst unter den Predigern

Der Sechzehnjährige wurde ein Zeuge
Christi. Als Gemeindepastor in Worter-
beach predigte er in Scheunen und auf
Dächern und unter freiem Himmel bei
großem Zulauf, ab 1854 in London. Eine geplante theologische Ausbildung in
einem College mißglückte, so daß der

bereits durch seine Frucht legitimierte
junge Prediger darauf verzichtete und
durch fleißiges Selbststudium in den
Grundsprachen der Bibel und in den
Naturwissenschaften seine Ausbildung
ergänzte. Spurgeon ist in der Schule des
Heiligen Geistes der gesegnete Prediger
des Evangeliums geworden. Er sah alle
Hörer als Sünder an, die gerettet werden
sollen, und verkündigte ihnen, daß sie in
Christus neue frohe Menschen werden.
Das Geheimnis seiner Predigt war das
unablässige Gebet.

Er sagt darüber in seinen »Ratschlägen für Prediger«:

Das Gebet ist unser wichtigster Gehilfe, solange die Predigt noch auf dem Amboß ist. Wenn
andere, wie Esau, jagen gehen nach einer
Mahlzeit, werden wir durch das Gebet ein
köstliches Mahl zu Hause finden und können
wie Jakob – aber mit voller Wahrheit – sagen:
»Der Herr hat mir's beschert.« – Unsere ge-
betlosen Predigten weisen sich als Heu und
Stoppeln aus. Ein gewaltiger Beter ist eine
feurige Mauer um sein Vaterland her. Die Gebete eines Knox fürchten seine Feinde mehr
als die feindlichen Heere. – Wir sollten nicht
nur, wir müssen mehr beten. Das Geheimnis
all unseres Erfolgs im Predigtamt liegt im Beten.

Spurgeon hatte eine wundervolle Gabe, seine Predigten zu illustrieren. Er
nannte die Illustration das »Fenster der
Predigt«.

Anfangs predigte Spurgeon in weltlichen Sälen und Vergnügungsstätten.
Für den vierundzwanzigjährigen Prediger bauten dann seine Freunde, weil alle
Säle nicht mehr reichten, das Tabernakel in London mit 5500 Sitzplätzen.
Manchmal waren 10 000 Zuhörer im
Tabernakel. Man mußte schon eine halbe Stunde vorher kommen, um einen
Platz zu erobern. Spurgeon stand fröhlich auf der Plattform in der freudigen
Gewißheit des göttlichen Beistandes
und schlug siegreiche Schlachten für seinen Meister. 1874 gründete er ein Predigerseminar, aus dem 742 Prediger hervorgegangen sind.

Im Verkehr war unser Gotteszeuge
natürlich und liebte auch den Scherz.
Als die Cholera in London wütete, war
seine Seelsorge viel begehrt. Er war so
angespannt, daß er meinte, er würde
selbst krank werden. Da stärkte ihn am
Fenster eines Schuhmachers ein Bibelwort: »Weil du den Herrn, den Höchsten, zu deiner Burg gemacht hast, so
wird dir kein Übles begegnen.«

Seine Liebeswerke

Spurgeon baute eine lebendige Gemeinde mit vielen Mithelfern in Stadtmission und Sonntagsschule, sandte ferner Bücherboten und Bibelfrauen aus, hatte siebzehn Armenhäuser, Waisenhäuser für fünfhundert Knaben, eigene Schulen mit einem jährlichen Aufwand von 220 000 Mark und Altersheime zu versorgen. Die Mittel reichte ihm die Gemeinde dar. Zu seinem fünfzigsten Geburtstag sammelte die Gemeinde 12 500 Mark. Doch hatte er auch manchesmal Geldnot in seinen Werken, aber dann konnte er fröhlich sagen: »Wenn die Ebbe am tiefsten ist, muß die Flut bald zurückkehren.«

Der Schriftsteller

Seine Predigten wurden in der ganzen Welt verbreitet. 27 Jahre lang gab er die Zeitschrift »Schwert und Kelle« heraus. Seine gesammelten Schriften füllen 100 Bände, davon seine Predigten allein 43. Sein volkstümlicher Psalmenkommentar »Davids Schatzkammer« war sein Hauptwerk von bleibendem Wert.

Am 31. Januar 1892 ist er in Mentone, Frankreich, im Frieden entschlafen. In einem Alter von 58 Jahren war seine Kraft verbraucht.

Vor seinem Ende sagte er noch: »Meine Arbeit ist zu Ende, aber der Herr hat alles wohl gemacht.«

Auszug aus einer Predigt über die Samariterin:

Bemerkt, daß das Weib ihren Krug stehen läßt. Der Geist Gottes hielt es für gut, diesen Umstand zu berichten, und deshalb denke ich, muß eine Lehre hierin liegen. Sie ließ ihren Krug stehen, zuerst um der Eile willen. Es war ein großer irdener Eimer, den sie auf ihrem Kopf oder auf der Schulter zu tragen hatte, eine wirkliche Last für sie, und deshalb ließ sie ihn stehen, um schneller zu eilen. Es war weise von ihr, ihren Krug stehen zu lassen, wenn sie sich rasch bewegen wollte. Andere meinen, sie sei von ihrer Botschaft so hingenommen gewesen, daß sie ihren Eimer vergaß. Das ist eine gesegnete Vergeßlichkeit, die aus der Versenkung in einen heiligen Zweck entspringt. Der Krug hätte sie gehindert, aber er konnte Christo und seinen Jüngern nützlich sein. Sie konnten ihm nun zu trinken geben. außerdem konnten sie sich nun selber mit dem Kruge bedienen. Es war ein Pfand, daß sie zurückkäme. Sie wollte damit sagen, ich habe noch nicht zum letzten Mal den großen Lehrer gehört, ich will wiederkommen und ihn weiterhören. Zuweilen wirst du deinen Laden zu verlassen haben, um eine Seele zu gewinnen.

GEORGE WILLIAMS
(1821-1905) der Vater der Christlichen Vereine junger Männer

George Williams bekommt seinen Lebensauftrag

Trägt auch ein starker Strom dort, wo er ins Meer mündet, Ozeanschiffe auf seinen Wellen und liegen auch an seinen Ufern große Städte, so liegen seine Quellen doch gewöhnlich am Ende eines entlegenen, stillen Tals. So ist es bei George Williams. Er ist auf einem entlegenen Bauernhof Südwestenglands am 11. Oktober 1821 als der achte Sohn schlichter Eltern geboren. Seine Mutter war heiter und von gewinnender Art, der Vater starken Willens. Sie waren Glieder der englischen Staatskirche, aber ohne geistliches Leben. Der Sohn wurde mit bescheidener Schulbildung mit 13 Jahren zu einem Tuchhändler nach Bridgewater in die Lehre getan. Sein Prinzipal war treues Mitglied einer kleinen Congregationalistengemeinde. Er hatte für seine Lehrlinge die Verpflichtung zur regelmäßigen Teilnahme am Gottesdienst dieser Gemeinde in den Lehrvertrag aufgenommen. Später bekannte Williams:

Ich bin in Bridgewater als ein sorgloser, gottloser, fluchender junger Bursche eingetreten.

Gegen den Gottesdienstbesuch empfand er eine Abneigung, aber der Wandel zweier Mitlehrlinge übte einen entscheidenen Einfluß auf ihn aus. Es wurde ihm klar, daß deren Weg zum Himmel und sein Weg zur Hölle führte. Er versuchte sein erstes Gebet. Er sprach über seine innere Not mit einem dieser Mitlehrlinge. In einem Sonntagabendgottesdienst im Winter 1837 in der kleinen Congregationalistengemeinde traf ein Lichtstrahl Gottes seine Seele. Er eilte nach Hause, kniete in einer dunklen Ecke seines Ladens nieder und übergab sich dem Herrn Jesus.

Er berichtet später:

Gott half mir, mich Ihm ganz zu ergeben. Ich kann euch den Frieden und die Freude nicht beschreiben, die in mich strömten, als ich erkannt hatte, daß der Herr Jesus für meine Sünden gestorben ist, und sie mir alle vergeben sind.

Als er später in Bridgewater das Gebäude des CVJM einweihte, das sein Dankopfer darstellte, sagte er:

George Willams

nach Beendigung seiner Lehrzeit Gehilfe war, hat das strahlende Wesen des jungen Christen seine freisinnige Schwägerin für Christus gewonnen. Dabei war er geschäftlich außerordentlich lernbegierig. Ständig machte er sich Notizen von Wissenswertem. Der Fürsprache seines Bruders, der bei einer großen Firma in London gelernt hatte, gelang es, ihn als Kaufmannsgehilfen zu dieser Firma zu bringen. Der Chef hatte Bedenken gehabt wegen der auffallenden Kleinheit des jungen Mannes, nahm ihn aber doch zur Probe als Verkäufer. Nach einigen Jahren wurde er Einkäufer und steigerte durch seine Umsicht den Umsatz des Geschäftes um 600 000 DM. Mit 140 Handlungsgehilfen lebte er in großer Einfachheit bei langer Arbeitszeit von 7 Uhr bis abends 21 Uhr, im Winter 20 Uhr. Um 23 Uhr wurde die Haustür geschlossen. Der sittliche Zustand dieser Handlungsgehilfen war auf tiefer Stufe. Die Verführer und Verderber hatten das große Wort. George fand unter seinen Kollegen bald einen, mit dem er diese Not im Gebet vor Gott tragen konnte.

Er berichtet:

Wir kamen zusammen, und unsere Zahl wuchs, bis der Raum gedrängt voll war. In Erhörung unserer Gebete war Gottes Geist gegenwärtig, und eine Bekehrung folgte auf die andere. Ich konnte einstehen für die anderen, und ich glaube, der Herr hat mir gegeben (nennt drei Namen). Am nächsten Tag kam ein neuer Name dazu. Jede Woche wächst die Liste. Ein Schlafzimmer nach dem anderen wurde zum Ort ständig wachsender Gebetsversammlungen.

Einer der Kollegen war die Seele des Widerstands gegen die Erweckung. Er war der Vorsitzende einer Art Vergnügungsklubs. Als die Freunde eines Abends bekümmert wegen der Gegenarbeit dieses jungen Mannes beisammensaßen, fragte Williams: Wofür interessiert er sich eigentlich? Als einer antwortete: »Für Austern«, sagte Williams: Also laden wir ihn zu einem Austernessen ein. Der Vorschlag wurde mit viel Liebe verwirklicht. Der junge Mann kam und bekannte nachher, daß er einen feinen Abend bei diesen Muckern verbracht habe. Bald entschied er sich auch für Christus und wurde einer der zwölf Mitbegründer des ersten CVJM. Weinend fand man einmal George auf seinem Bett, weil einer seiner Kollegen trotz anhaltender Fürbitte sich immer

Die erste Liebe kann man nur schwer vergessen. Hier habe ich zuerst meinen lieben Heiland um dessen willen, was er für mich getan hat, lieben gelernt. In Bridgewater erkannte ich die überragende Bedeutung des geistlichen Lebens. In dieser Stadt sah ich zuerst die beiden Wege: den nach unten und den nach oben, ich begann darüber nachzudenken und mich zu fragen: Was wird aus mir, wenn ich den Weg nach unten fortsetze, wo wird er enden? Ich sah, daß ich auf diesem Wege sicherlich dahinkommen würde, meine Ewigkeit mit dem Teufel und seinen Engeln zu verbringen, und fragte mich: Kann ich dem entgehen? Gibt es keinen Ausweg? Hier wurde mir der Ausweg gewiesen: Bekenne deine Sünden, nimm Christus an, vertraue Ihm, gib dein Herz dem Heiland!

Er beteiligte sich eifrig an den Bibelstunden, um seine geringen Bibelkenntnisse zu vermehren, und wurde ein Mitarbeiter in der Sonntagsschule. Von seiner Bekehrung an war der Sinn und Zweck seines Christseins die Gewinnung seiner Mitmenschen für Christus. In dem halben Jahr, wo er bei seinem Bruder, der einen Tuchhandel auf dem Lande hatte,

noch Christus verschloß. So war er auch tief angefochten, wenn er selbst keinen Gebetsgeist hatte. Williams wartete abends auf den oder jenen, um liebevoll mit ihm zu sprechen. Auch der Chef des Hauses ließ sich von der Bewegung erfassen. Nach drei Jahren war das ganze Handlungshaus vom Chef bis zum Lehrling umgewandelt. Nun war die Frage: Was tun wir für die andern Handlungsgehilfen Londons? So schlossen sich am 6. Juni 1844 zwölf junge Männer als Christlicher Verein junger Männer zusammen, indem sie in der gesegneten Schlafkammer des George Williams auf seine Einladung hin zusammenkamen und miteinander beteten. Diese zwölf jungen Männer gehörten der Staatskirche, den Methodisten, den Congregationalisten, den Baptisten genau zu gleichen Teilen an. Sie arbeiteten zusammen im Sinn der Allianz, die unabhängig von ihnen zwei Jahre später entstehen sollte. So hat die CVJM-Bewegung der Allianz und der ökumenischen Bewegung die Bahn gebrochen. Es war eine große Weisheit des Heiligen Geistes, daß er der missionarischen Arbeit am jungen Mann eine solche Betonung gab, daß konfessionelle, politische und andere Fragen völlig über dem Hauptziel zurücktraten. So wurde der CVJM zu einer missionarischen Laienbewegung, die den jungen Mann durch den jungen Mann für Christus zu gewinnen suchte. Diese missionarische Arbeit wurde ganz zentral, aber in gewinnender Liebe getan, die auf die Bedürfnisse des jungen Mannes, der in den Versuchungen der Großstadt auf sich selbst angewiesen ist, einging. Allen voran ging Williams. Er war der Schwiegersohn seines Chefs geworden. Sein Geschäftserfolg war sehr groß. Er stiftete manchmal die Hälfte seines Einkommens für CVJM-Häuser, Erholungsheime, Neugründungen. Es war ihm klar, daß man erst das Vertrauen eines jungen Mannes haben müsse, ehe man ihm Christus bezeugen könne.

Er setzte seinen Zirkel in den festen Einsatzpunkt Christus und zog in seiner Liebe von hier aus weite Kreise in der Bildungs- und sozialen Arbeit der Christlichen Vereine junger Männer. Die Bibelstunde war ihm die wichtigste Stunde, auf deren Gespräch der innere Kreis der tätigen Mitglieder sich besonders vorbereitete. Für die Jahresfeste suchte er die besten Leute zu gewinnen. So wurde Lord Shaftesbury, einer der edelsten Männer seiner Zeit, für die Mitarbeit bei den großen Festen des CVJM gewonnen, die er während dreißig Jahren fast nie versäumte. Im August 1855 wurde zu Paris der Weltbund des CVJM geschlossen. George Williams war einer der engsten Mitarbeiter. Unter inbrünstigem Gebet kam es zur Annahme der Pariser Basis:

Die Christlichen Vereine junger Männer haben den Zweck, solche jungen Männer miteinander zu verbinden, welche Jesum Christum nach der Heiligen Schrift als ihren Gott und Heiland anerkennen, in ihrem Glauben und Leben seine Jünger sein und gemeinsam danach trachten wollen, das Reich ihres Meisters unter den jungen Männern auszubreiten.

1905 war er bei der Fünfzigjahrfeier des Weltbundes in Paris. Er stand als Vierundachtzigjähriger an der Schwelle der Ewigkeit. Gestützt auf einen alten Freund und auf einen seiner Söhne sprach er zur großen Delegiertenversammlung aus fünfundzwanzig Ländern.

Er schloß:

Mein letztes Vermächtnis sind die Christlichen Vereine junger Männer. Ich überlasse sie euch, geliebte junge Männer vieler Länder, um sie voranzutragen und auszubreiten. Ich hoffe, ihr werdet in der Arbeit so glücklich sein, wie ich es gewesen bin und noch mehr erreichen, denn das wird ein Segen sein für euch selbst und für die Seelen großer Scharen anderer.

Seine letzte Botschaft an den Londoner Verein lautete:

Erwartet große Dinge von Gott! Ich möchte alle jungen Männer dringend bitten, daß sie sich mit Leib, Seele und Geist dem Heiland ergeben, der sie geliebt hat und für sie gestorben ist, und ihr Leben dafür einsetzen, Sein Reich auszubreiten. So werden sie in diesem Leben Freude und Frieden empfangen und die ewige Herrlichkeit in dem Leben, das kommt!

George Williams, ein Großer im Reich Gottes

Bei der Fünfzigjahrfeier des CVJM in London hatte sich die Bewegung allein in England auf 5000 Vereine mit einer halben Million Mitgliedern ausgedehnt. Sein Volk verstand ihn zu ehren. Er wurde von der Königin in den Adelsstand erhoben. Als er das Schreiben mit dieser Benachrichtigung unerwartet erhielt, kniete er nieder zum Gebet und gab Gott die Ehre. Elf Jahre später wurde er in St. Pauls Kathedrale unter den größ-

George Williams: Willst du einen jungen Mann für Christus gewinnen, dann diskutiere nicht mit ihm, sondern lade ihn zum Abendessen ein.

ten Männern seines Volkes, nahe bei dem Grabe des Seehelden Nelson, begraben.

In dem Arbeitszimmer des Großkaufmanns hing an der Wand das Wort: »Gott zuerst!« Das Geheimnis seines Lebens war die im Gebet empfangene missionarische Liebe. Noch an den letzten Sonntagen seines Lebens hat der schon kranke, müde Mann christliche Traktate auf der Straße den Kutschern verteilt. Und das Geheimnis seiner Arbeitskraft war die strenge, ganz dem Dienst des Hörens geweihte Heiligung des Sonntags.

DWIGHT LYMAN MOODY
(1837-1899)

Der mächtigste Evangelist in Amerika und England im vorigen Jahrhundert war Moody.

Seine Zurüstung

Er war am 5. Februar 1837 geboren in Northfield im Staat Massachusetts. Seine Mutter Betsey Holton, eine Witwe, die nach dem frühen Tod ihres Mannes für acht Kinder zu sorgen hatte, erzog sie zu Gottvertrauen und Gebet. Sie wollte unabhängig sein von fremden Leuten und duldete es nicht, von Freunden und Nachbarn etwas zu bitten. Sie lehrte ihre Kinder, das letzte Stückchen Brot mit dem Bettler zu teilen, Versprechen unbedingt zu halten und regelmäßig zur Kirche zu gehen. Moody war der Anführer seiner Kameraden; er war immer dabei, wenn etwas los war. Als er herangewachsen war, fand er eine Stelle bei einem Onkel als Schuhverkäufer. Der nötigte ihn, die Sonntagsschule zu besuchen, um die Lücken seiner Ausbildung zu schließen. Durch die Vorbereitung auf diese Stunde wird er gesegnet. Das Studium der Bibel wird ihm zur großen Freude. Er bekommt eine ehrfurchtsvolle Liebe zum Wort Gottes. Durch den Besuch seines Sonntagsschullehrers Kimbal, der seelsorgerlich mit ihm redete, wurde er veranlaßt, sich ganz für Christus zu entscheiden.

Er berichtet darüber:

Vor meiner Bekehrung arbeitete ich auf das Kreuz hin, jetzt aber arbeite ich vom Kreuz aus. Einst arbeitete ich, um erlöst zu werden, nun geschah es, weil ich errettet war. Ich erinnere mich noch gut jenes Morgens, an dem ich aus meinem Zimmer trat, nachdem ich mich Christus übergeben hatte. Es schien mir, als scheine die alte Sonne viel heller als früher, als lächle sie mir zu.

Moody erlebte nun, daß das Lebenselement einer zu Christus bekehrten Seele die Liebe zu den Mitmenschen ist. Im Herbst 1856 zog er nach Chicago, wo er eine gut bezahlte Stelle in einem Schuhgeschäft fand.

Sein Wachsen im Dienst

In Chicago fing er an, mit der ihm eigenen Tatkraft und Findigkeit für Christus zu werben. Er mietete vier Kirchenstühle, die er durch seine Werbung auf der Straße jeden Sonntag mit jungen Leuten füllte. Er entdeckte eine kleine Sonntagsschule, die fast mehr Lehrer als Kinder hatte. Durch eine originelle Werbung, indem er die Kinder auf einem gemieteten Pony zur Sonntagsschule reiten ließ, brachte er eine Menge Kinder zusammen. Nun übernahm er eine neue große Sonntagsschule. Die Kinder waren so wild, daß er sie nur durch den Gesang zähmen konnte. Das Beispiel eines todkranken Sonntagsschullehrers, der keine Ruhe hatte, bis er seine Gruppe leichtsinniger Mädchen zu Christus führen konnte, legte ihm ganz nahe, sich ganz der Arbeit für Jesus zu widmen und seinen irdischen Beruf aufzugeben. Die Feindschaft der eifersüchtigen Katholiken besiegte er durch einen Besuch bei ihrem Bischof. Den Bischof, der ihn für die allein seligmachende Kirche gewinnen wollte, bat er, mit ihm niederzuknieen und für ihn zu beten, daß er die richtige Erkenntnis für die so wichtige Sache bekomme. Seine besten Sonntagsschüler wurden seine Leibgarde, mit der er in die berüchtigten Wirtschaften zog, um unter den Trinkern, Dirnen und Verbrechern für seine Gottesdienste zu werben. 1863 baute er eine eigene Kirche mit 1 500 Sitzplätzen. Tausende von Sonntagsschülern gaben ihr Opfer dafür. Er führte Bibelstunden, Missionsstunden und eine Kindergebetsstunde ein. Seine Gemeinde gehörte zu den Kongregationalisten, die die Selbständigkeit jeder Gemeinde betonen.

Seine Gemeinde stand für alle Gläubigen offen.

Eine besondere Liebe hatte er für die

Moody:
Der einzig richtige Weg, auf dem jede Kirche einen Segen erlangen kann, ist das Ablegen aller Zwietracht, aller Kritik, alles Parteihaders.

Arbeit des »Christlichen Vereins Junger Männer«. Als er seinen Beruf aufgegeben hatte, widmete er dem Chicagoer Jungmännerverein seine beste Zeit. Durch seine Bemühungen bekam die tägliche Mittagsgebetsstunde einen großen Aufschwung. Er wurde zu ihrem Leiter ernannt. Meistens stellte er sich zur Mittagszeit selbst vor den Saaleingang und verteilte Einladungen zum Besuch der Gebetsstunde. Viel tat er für die Armen, denen er mit seinen Freunden Körbe von Lebensmitteln brachte. An Sommerabenden hielt er Evangelisationsversammlungen im Freien vor dem Gerichtsgebäude. Die Jugend sang Missionslieder; die Treppe diente ihm als Kanzel.

Seine Ansicht war:

Die jungen Leute, die in die großen Städte kommen, brauchen jemand, der sich ihrer annimmt. Ich behaupte, daß dies niemand besser zu tun vermag als der Christliche Verein Junger Männer.

Durch seine Werbung und seinen Einfluß verschaffte er dem Werk dieser Jugend- und Männerarbeit einige Millionen Geldmittel.

Moody erkannte die Macht des Gesanges:

Ich will keine gehaltlosen Lieder und keine Sänger, die nicht mit dem Heiligen Geist getauft sind.

Im Jahre 1870 fand er bei seinem Kongreß der Christlichen Vereine Junger Männer den Sänger Sankey, als er bei einer Gebetsversammlung das Lied anstimmte. Er forderte ihn auf, ihm bei Evangelisationsversammlungen im Freien zu helfen.

Er erklärte einst:

Es ist ein Fehler, die Predigt als das allein Wichtige oder als die Hauptsache zu betrachten. In Evangeliumsliedern ist oft mehr Evangelium anzutreffen als in der Predigt. Die Lieder vermögen die Frohe Botschaft in manche Herzen zu tragen, die von der Predigt nicht erreicht werden.

Mit Sankey unternahm er 1867 eine Reise nach England, da seiner Frau eine Seereise vom Arzt verschrieben worden war. Er fing im Norden an, in Edinburgh, wo er fünf Wochen Vorträge hielt. Zu seiner Abschiedsversammlung versammelten sich 20000 Menschen. In einer Sonderversammlung in Glasgow für weibliche Warenhausangestellte erschienen gegen Eintrittskarten 5000 Mädchen. 1000 standen, ohne

Dwight Lyman Moody

Platz zu finden, vor dem Saal. Am nächsten Abend konnte er 6000 jungen Männer das Evangelium verkündigen. In seiner Abschiedsversammlung in Glasgow mußte er im Freien zu den 20-30000 Menschen auf einem Kutscherbock stehend sprechen. Er sprach über das Thema: »Sofortiges Heil«.

Moody hatte keinen Predigtton, er redete die Sprache des alltäglichen Lebens.

Das Geheimnis seiner Wirkung wird von einem Zeitungsberichterstatter folgendermaßen geschildert:

Es ist das schlichte Hinweisen auf das Kreuz Christi, das Voraugenhalten des Herrn Jesu in seiner ganzen Herrlichkeit, Einfachheit und Vollkommenheit, damit die Leute Jesus verehren und ihn in sich aufnehmen.

Die größte Versammlung hielt Moody 1875 in London. Nach viermonatiger Tätigkeit und 285 Versammlungen versammelten sich im riesigen Haymarkedtheater gegen fünfzigtausend Men-

Moody mit dem Sänger Sankey (am Harmonium) bei einer Evangelisation in Brooklyn, New York

schen. Bei Hohen und Niederen wirkte sein Wort. Lord Shaftesbury bezeugte, daß Moody Vollmacht besaß, an die Menschenherzen heranzukommen.

Die großen Erfolge in England öffneten ihm den Weg in seiner nordamerikanischen Heimat zur Evangelisation im großen Stil. Er begann seine Arbeit in Chicago, seiner Lieblingsstadt. Es wurde für ihn eine Halle erbaut mit 10 000 Sitzplätzen, die sich als viel zu klein erwies.

Sein größter Feldzugsplan für das Evangelium war der, die Weltausstellung von Chicago zu einer groß angelegten Missionstätigkeit zu benützen. Die Vorbereitungen waren sehr großzügig. Die vierzig berühmtesten Prediger aus Europa holte er zur Mithilfe, darunter Spurgeon, Monod und Stöcker. Die besten Reporter der amerikanischen Zeitungen wurden aufgeboten. Riesige Mengen von Plakaten und Handzetteln wurden gedruckt. Für die Dauer der Ausstellung wurde ein Theater mit 3000 Sitzplätzen gemietet. Für den Sonntag wurde ein Riesenzirkus mit 20 000 Plätzen belegt.

In seinem Aufruf sagte er:

Es scheint, daß wir während der letzten Wochen nur gespielt haben, nun wollen wir ans Werk gehen. Bis jetzt haben wir bloß am Ufer entlang gefischt, nun wollen wir auf die hohe See hinausfahren. Freunde, helft, die Kirchen zu füllen. Laßt uns sehen, ob wir nicht diese ganze Stadt zum Erwachen bringen können. Vor uns liegt nun die größte Gelegenheit, das Reich Gottes auszubreiten, wie sie dieses Land noch nie gesehen hat. Hunderttausende werden in den nächsten Wochen zum Besuch der Ausstellung kommen. Es ist möglich, sie mit der Botschaft des Evangeliums zu erreichen.

Damit die innere Tiefe und Vollmacht geschenkt werde, verlangte er, daß besondere Versammlungen zur Vertiefung der Mitarbeiter stattfinden:

Wir können die anderen nicht näher zu Christus bringen, als wir ihm selbst nahe sind. Solange wir nicht mit dem Heiligen Geist erfüllt sind, können wir keine rechte Arbeit tun.

Als die Ausstellung und die Evangelisation nach monatelanger, angestrengter Arbeit zu Ende waren, begann er laut aufzuschluchzen. Er fiel auf seine Knie und betete:

O teurer Herr, nach diesen wunderbaren Tagen bin ich so dankbar, daß du mich der himmlischen Vision gegenüber nicht ungehorsam werden ließest. Das alte Evangelium hat noch nichts von seiner Kraft eingebüßt, und es wird es auch niemals. Lieber Herr, ich kann heute mit Simeon sagen: »Nun kann dein Diener in Frieden fahren; denn meine Augen haben deine Herrlichkeit gesehen.«

Moody gründet Mitarbeiterschulen

In seiner Heimat Northfield errichtete er ein Seminar in der Hoffnung, »daß es eine große Hilfe werde, um Seelen zu Christus zu führen«. Das erste Seminar war zur Ausbildung von Schülerinnen für die Innere und Äußere Mission errichtet. Es konnte 1879 bezogen werden. 1880 errichtete er große Schulen für junge Männer. Er wollte Leute haben, die zwischen den Laien und den Pfarrern stehen. Im Jahre 1889 eröffnete er in Chicago ein Bibelinstitut, in dem Studenten, Prediger, Evangelisten und Theologen ihr Wissen durch Bibelstudium ergänzen und vertiefen konnten. Laien, die im weltlichen Beruf standen, konnten hier die Einführung in die Bibel erlangen, die sie zur Mitarbeit in den Gemeinden befähigte. In diesen Schulen versammelte sich alljährlich, von Moody eingeladen, eine große Studentenkonferenz.

Der Prediger und Seelsorger

Moody hatte ganz klein angefangen. Als er zum ersten Mal öffentlich in einer Gebetsversammlung sprach, erklärte ihm ein Diakon: »Nach meiner Ansicht können Sie Gott am besten durch Schweigen dienen«. Das Besondere an seiner Predigt war ihre große Einfachheit und ihre bilderreiche Sprache. Er liebte es, fröhliche Anekdoten einzuflechten. Doch drückte sein ganzes Wesen einen heiligen Ernst aus. Er glaubte, was er verkündigte, Wort für Wort. Die Kraft des Evangeliums sah er im Wirken des Heiligen Geistes:

Wir können keinen Sünder durch logische Gedankengänge, Redekünste oder menschliche Anstrengung zur Überzeugung bringen; sondern dies ist allein das Werk des Heiligen Geistes.

Vor seinem großen Evangelisationsfeldzug in Chicago hielt er lange vorher jeden Morgen mit den Schülern und Lehrern seiner beiden Erziehungsanstalten in Northfield eine Gebetsversammlung.

Mit nassen Augen sprach er:

Wenn ihr mich lieb habt, dann bittet, daß Gott mir für die Arbeit in Chicago die erforderliche Salbung gebe. Ich muß mit dem Heiligen Geist erfüllt werden, damit ich das Evangelium wie nie zuvor predigen kann.

Er hatte nur ein Ziel für seine Predigt: die Bekehrung, und erwartete mit Bestimmtheit, daß durch seine Worte Menschen zu Christus geführt würden. Unter Buße verstand er ein sofortiges Kehrtmachen. Die Erlösung durch das Blut Jesu Christi war ihm eine unersetzliche Wirklichkeit.

Er ließ es nicht zu, daß die Wiedergeburt mit der Taufe verwechselt werde.

Dazu bemerkte er:

Die Taufe ist ganz gut an ihrem Platz. Wenn man sie aber an die Stelle der Wiedergeburt setzt, so ist das ein furchtbarer Irrtum. Einzig allein durch den lebendigen Glauben an Christus wird der Mensch wiedergeboren.

Moody hatte einen handfesten Bibelglauben:

Was wir heute brauchen, sind Menschen, die vom Scheitel bis zur Fußsohle an die Bibel glauben, ganz an sie glauben, sowohl an das, was sie verstehen, als an das, was sie nicht verstehen. Wenn ich bete, rede ich mit Gott. Wenn ich aber die Bibel lese, dann spricht Gott zu mir, was viel wichtiger ist. Studiert die Bibel sorgfältig und mit Gebet!

Er glaubte nicht an ein passives Christentum. Er arbeitete, als hätte alles Beten keinen Wert; und er betete, als sei alles Arbeiten zwecklos. Dabei blieb er in der tiefen Demut eines wahren Christen. Nie sprach er von sich selbst noch von seinen Erfolgen, sondern sagte:

Mein einziges Wunder ist, daß Gott ein solches Werkzeug, wie ich bin, brauchen kann.

Sein Heim und sein Sterben

Seit 1876 wohnte er mit seiner Frau, die er bei der Sonntagsschularbeit kennengelernt hatte und die in ihrer stillen Art ihrem temperamentvollen Mann eine heilsame Ergänzung war, in Northfield, wo noch seine alte Mutter lebte, der er fast täglich einen kurzen Gruß schickte. In der Stille des Landlebens sammelte er neue Kräfte. Doch als er zweiundsechzig Jahre alt war, war seine Kraft aufgebraucht.

Er sagt in seinem letzten Vortrag:

Wir sagen, dies ist das Land des Lebens. Es ist aber falsch, es ist das Land des Sterbens.

Seine Herzkraft war erschöpft. Er mußte eine kaum begonnene Evangelisation abbrechen und nach Hause reisen. Am 22. Dezember 1899 stand das nimmermüde Herz still.

Moody:
Wenn ich aufhöre, Jesu Christi stellvertretendes Opfer zu predigen, weiß ich nicht mehr, was ich reden soll.

FRIEDRICH WILHELM BÄDECKER (1823-1906)

Ein Zeuge Jesu in Rußland

Er wurde geboren am 3. August 1823 zu Witten in Westfalen als Sohn eines gelehrten Naturforschers (Ornithologen). Er kam mit sechzehn Jahren in eine kaufmännische Lehre nach Dortmund. Dann war er zwei Jahre Soldat in Köln. Nach kurzer Ehe verlor er seine junge Frau und ging dann auf Reisen über London nach Australien. 1859 eröffne-

*Dr. Friedrich Wilhelm
Bädecker*

te er mit einem englischen Freund eine Privatschule in Weston super Mare unweit Bristol und schloß den Ehebund mit der verwitweten Mutter eines seiner Schüler, mit Frau Ormsby. In Bristol hörte er medizinische Vorlesungen und lernte Georg Müller kennen. In Freiburg im Breisgau erwarb er den philosophischen Doktorgrad. Während einer Evangelisation in Weston super Mare, die Lord Radstock hielt, wurde er zu Jesus Christus bekehrt. Zögernd folgte er der eifrigen Einladung, kam mehrmals, entzog sich aber geflissentlich der Begegnung mit dem Evangelisten. Doch einmal gelang es Radstock, an ihn heranzukommen. Er legte ihm die Hand auf die Schulter und sagte: »Lieber Freund, Gott hat durch mich heute eine Botschaft an Sie«, und zog ihn ins Nebenzimmer. Bädecker beugte sich vor Gott und traute seinem Heiland. Er selbst sagt über diese Stunde: »Hinein ging ich als ein stolzer deutscher Ungläubiger, hinaus als ein demütiger, gläubiger Jünger des Herrn. Gott sei Preis!« Seine Frau, von ganzem Herzen der Welt und ihren Freuden hingegeben – Musik und Tanz war ihr großes Vergnügen – empfing bald hernach mit ihm »denselben teuren Glauben«. Seine Gesundheit war vorher so schwach, daß er keinen Spaziergang ohne Arznei gegen Herzschwäche wagen durfte. Seine Verwandten hielten ihn für einen Todeskandidaten. Nun warf er die Arzneiflaschen fort und vertraute seinem Herrn für Seele und Leib. Er war von nun an vierzig Jahre hindurch nie krank bis zu seinem Heimgang mit 83 Jahren.

Er ist oft gereist, und seine Mühsale, zumal bei der Durchquerung Sibiriens, wo er mit seiner Herzschwäche und seiner Empfindlichkeit in Brust und Rücken so oft auf federlosem Karren im schnellsten Tempo fuhr, sind ein Beweis des Glaubens, der durch die Liebe tätig ist. Und er traute dabei seinem Herrn nicht vergebens: Wenn er auf lange und beschwerliche Reisen ging, die dem natürlichen Verstand über seine Kraft zu gehen schienen, so ward der Bogen immer stärker in seiner Hand (Lord Radstock).

Lord Radstock riet seinen Berliner Freunden, den amerikanischen Evangelisten Pearsall Smith kommen zu lassen. Dr. Bädecker übersetzte ihn bei seinen Vorträgen. Dabei wurde er selbst zum Evangelisten berufen. Durch Lord Radstock wurde er in die Kreise des baltischen und russischen Hochadels eingeführt. 1877 zog er mit seiner Familie nach Rußland, um in den Salons der baltischen Adelskreise, die durch Lord Radstock die Erweckung erlebt hatten, als Evangelist tätig zu sein. Durch den Einsatz einer vornehmen Christin bekam er die Erlaubnis, jedes Gefängnis im Riesenreich des Zaren zu besuchen und die Strafgegangenen mit der Heiligen Schrift zu versehen. Achtzehn Jahre lang hatte er allein das Recht, alle Gefängnisse von der Ostsee bis nach Ostsibirien und die Insel Sachalin zu besuchen. Zweimal hat er mit zum Teil primitiven Transportmitteln ganz Asien durchquert. Er war mehrmals in Finnland, wo Mathilda Wrede, seine Dolmetscherin, in den Gefängnissen war, und fand dort bereite Herzen. Er war in Baku am Kaspischen Meer, in Ungarn, Schweden, Norwegen, Deutschland und in der Schweiz. Die Liebe Christi trieb ihn dazu. Das Feuer der Liebe Gottes sprühte aus seinen Augen. Er war ein Sonderbote Gottes mit außerordentlichen Vollmachten des Heiligen Geistes. In tausend Gefahren durch ansteckende Krankheiten, die in den Gefängnissen grassierten, durch böse Tiere und böse Menschen, bei furchtbaren Strapazen der Reise, streute er den Samen des Evangeliums in die unermeßlichen Weiten Rußlands, ehe die antichristliche Nacht kam, wo niemand mehr wirken konnte.

Verfolgungen

Bald nach Beginn seiner Tätigkeit kam vermehrter Druck durch den Vorsitzenden des heiligen Synods Pobjedonostzeff, der alle verfolgte, die anderen Glaubens waren als der Zar. Oberst Paschkoff, ein vornehmer Edelmann, der seine Evangelisation in Rußland nicht aufgeben wollte, ein Freund der südrussischen Stundisten, wurde verbannt. Während Dr. Bädecker in Finnland offene Türen fand und Universitätsprofessoren seine Dolmetscher waren, hatte er in Reval große Schwierigkeiten.

Die lutherische Geistlichkeit schickte uns die Polizei auf den Hals, während an dreihundert Personen in einem Garten waren, um das Evangelium zu hören. Der Gouverneur kassierte die Anzeige. Die teuren Brüder hier haben einen Strauß für die freie Verkündigung des Wortes ausgefochten.

Seine Predigt

Diese Nacht sah ich im Traum alle die schauerlichen Schliche des Feindes, wie er dem Evangelium Hindernisse in den Weg legt, daß es die Ohren und Herzen der Sünder nicht erreichen kann; wie er dem Volk die Täuschung beibringt, daß Finsternis Licht und Licht Finsternis sei. Wenn ich überhaupt predige, muß ich wider die Sünde predigen! Unsere religiösen Formen sind etwas furchtbar Verwerfliches, wenn keine Kraft mehr drinnen ist.

Sünder muß man beim rechten Namen nennen, oder sie werden nie Christen werden.

Einer steht zur Rechten Gottes, der beständig für uns eintritt mit seinem teuren Blut, das für alle vergossen ist. Seine Arme brauchen nicht unterstützt zu werden, denn er wird nicht müde. Wir Erdenkinder sind so vergeßlich und werden so bald matt.

Was hier die Leute brauchen, ist dies: Einen lebendigen Christus!

Die Botschaft allein genügt nicht, wenn der Bote nicht von Gott ermächtigt und besonders gesandt ist. Ich brauche die Gemeinschaft der Heiligen bei dieser Arbeit, und ich vertraue darauf, daß viele dazu geführt werden, eine neue Salbung mit dem Heiligen Geist für mich zu erbitten.

Frucht

Ich habe großen Eingang bei diesem Volke. Sie nehmen das Wort mit Begierde auf wie das dürre Land den Tau.

Am Sonntag sprachen Dr. Bädecker und mein Mann viermal zu verschiedenen Zuhörern: Morgens und abends zu den Armeniern, nachmittags zu Russen und Deutschen. Der rote Faden in ihren Worten war, daß weder christliche Zeremonien noch das Halten von bestimmten Gebräuchen einen Sünder selig machen können. Nur lebendiger Glaube an Jesus Christus und völlige Entscheidung für den Herrn mit einfältigem Herzen können ein wirklich christliches Leben zustandebringen und uns geschickt machen, des Meisters Willen zu tun. Tränen standen in den Augen der Leute, als sie von ihrem geistlichen Vater Abschied nahmen. (Frau Morgan)

Ich habe das unschätzbare Vorrecht gehabt, auf dieser Reise etwa 12 000 Exemplare des Wortes Gottes zu verteilen und Sein Evangelium mehr als 40 000 Gefangenen zu verkündigen. (Dr. Bädecker)

Seine Liebe

»Ich schmachte nach den Gefängnissen in Finnland,« schrieb er seiner Frau. Auf einem Schiff im Kaspischen Meer gab er armen Auswanderern und ihren Kindern zu essen. Dann erzählte er ihnen von der Liebe Jesu.

Von Tiflis schreibt er:

Die Gefängnisse zu besuchen und den armen Seelen zu dienen, die in der schauerlichen Gewalt der Sünde sind, ist wahrlich für mich besser, denn von Engeln gespeist zu werden.

Mathilde Wrede als Übersetzerin

In einem Gefängnis in Finnland: Als der Professor übersetzte, blieben die Leute kalt und gleichgültig, weil er für die Worte Bädeckers »Meine lieben Freunde, meine Brüder« immer »Ihr Leute« oder »Ihr Gefangenen« übersetzte, während Mathildes Übersetzung ihre Herzen traf.

Gespräch mit Tolstoi

Der Graf: »Was ist Ihr Ziel in Rußland?«
»Das Evangelium in den Gefängnissen zu predigen,« antwortete der Doktor.
»Es sollte überhaupt keine Gefängnisse geben«, rief Tolstoi aus.
»Solange es Sünde in der Welt gibt, wird es auch Gefängnisse geben«, sagte ruhig der Evangelist.
»Es sollte auch keine Sünde in der Welt geben«.
»Wie meinen Sie das?«
»Ich meine, wenn die Leute richtig belehrt würden, würde es keine Sünde geben!« sagte Tolstoi feurig.
Als Antwort führte Dr. Bädecker die Stelle Luk. 11,21 an:
»Wenn ein starker Gewappneter seinen Palast bewahrt, so bleibt das Seine im Frieden. Wenn aber ein Stärkerer über ihn kommt und überwindet ihn, so nimmt er ihm seinen Harnisch und teilt seinen Raub aus«. Das ist ein Gleichnis von der Menschenseele und des Teufels Macht über sie. Da steht die wahre Ursache der Sünde. Meine Botschaft an die Gefangenen und die Sünder allerwegen lautet, daß es einen noch Stärkeren gibt, der imstande ist, die Gefangenen recht frei zu machen und sie in heilige und geliebte Kinder des ewigen Gottes zu verwandeln.

Der Freund der Allianz und der ökumenische Christ

In Basel machte er den Versuch einer Straßenpredigt, wurde aber mit Hohn und Steinwürfen empfangen. Da stellte sich eine hohe Gestalt an seine Seite. Es war Inspektor Rappard von Chrischona.

Er versuchte es noch einmal in Gernsbach, unterstützt von Freiherrn von Gemmingen. Dr. Bädecker war ein Freund der Großtaufe und hatte gerade deshalb Eingang bei den russischen Stundisten. Aber er war ein Mann der Bibel und stand über den Parteien. Das Testament des Herrn »Alle eins« lag ihm am Herzen. Er war beteiligt an der Gründung der Allianzkonferenz durch Frau von Weling in Blankenburg im Jahr 1886. Auf 21 Konferenzen hat er nur dreimal gefehlt, wird berichtet. Vor allem stellte er die Wahrheit von der völligen Erlösung durch Christus nach 1. Kor. 1,30 auf den Leuchter, die seine leuchtende Persönlichkeit wesenhaft bezeugte. Einem Chrischonazögling sagt er: »Bruder, studiere nicht deine Schwierigkeiten, sondern den herrlichen Heiland!«

Sein Heimgang

Auf einer Konferenz in der Nähe von Bristol erkältete er sich und bekam eine Lungenentzündung. In den wenigen Tagen seiner Krankheit war das sein ständiges Wort: Ich werde den König sehen in seiner Schöne! Das Sterbezimmer war von der Herrlichkeit des Herrn erfüllt. Ein Kranz lag auf seinem Grab: Ein Gruß seiner russischen Freunde aus London. Auf seinen Grabstein setzte seine Frau das Wort: Friedrich Wilhelm Bädecker, Dr. phil., er ging, den König zu sehen in seiner Schöne, errettet durch das teure Blut Jesu, am 9. Oktober 1906, 83 Jahre alt.

Die Väter der Inneren Mission

JOHANNES FALK (1768-1826)

Johannes Falk wurde am 28. Oktober 1768 zu Danzig geboren als Sohn eines Perückenmachers, der mit mühseliger Arbeit seine acht Kinder ernährte. Seine der Brüdergemeine zugetane Mutter säte guten Samen aus Bibel und Katechismus in sein Herz. Er sollte das Handwerk seines Vaters erlernen, sehnte sich aber nach dem Studieren. Wider Erwarten wurde ihm dies auf die Für-

Johannes Falk

sprache seiner Lehrer hin, die seine Gaben erkannten, ermöglicht, und zwar durch die Mithilfe der Ratsherren seiner Vaterstadt.

Als er sich nach Abschluß der Schule, ehe er 1787 die Universität bezog, bei dem Rat bedankte, sagte einer der Ratsherren feierlich und ernst zu ihm: Johannes, du ziehst nun von dannen. Geh mit Gott. Unser Schuldner bleibst du; denn wir haben uns deiner angenommen und als ein armes Kind dich liebreich gepflegt. Zahlen mußt du diese Schuld. Wohin Gott dich auch führen mag, und was auch deines Lebens künftige Bestimmung sei: nie vergiß, daß du ein armer Knabe warst. Und wenn dereinst ein armes Kind an deine Tür klopft, so denke: Wir sinds, die Toten, die alten grauen Bürgermeister und Ratsherren von Danzig, die anklopfen, und weise sie nicht von deiner Tür.

Unbefriedigt von der rationalistischen Theologie, die in Halle gelehrt wurde, wandte er sich der Dichtkunst zu und blieb als Privatgelehrter in Halle, um seinen Unterhalt durch Schriftstellerei und Unterrichten zu verdienen. Dort fand er seine Lebensgefährtin Karoline Rosenfeld, die siebzehnjährige Tochter einer begüterten Familie. 1797 siedelte er nach Weimar über, in die Stadt der hochberühmten Dichter.

Der Vaterlandsfreund

In der Zeit, als Napoleons Stern im Aufsteigen war und unser glaubenslos gewordenes Volk mutlos und kraftlos dem Untergang entgegenging, war Johannes Falk einer der wenigen aufrichtigen Männer, die die erloschene Vaterlandsliebe zu neuer Glut zu erwecken suchten.

Er schrieb in seiner Zeitschrift 1806:
Von der ersten in Deutschland durch Deutschland gewonnenen Bürgerschlacht wird ganz Europa eine andere Gestalt annehmen.

Er erwartete das Heil Deutschlands von der Kaiserkrone auf dem Haupt des preußischen Königs.

Nach der unglücklichen Schlacht bei Jena und Auerstedt begann in den Straßen der Stadt eine wüste Plünderung. Da warf sich Johannes Falk in diese chaotischen Zustände hinein, stellte sich mit seinen Sprachkenntnissen dem französischen Kommandanten zur Verfügung und schaffte, so gut er konnte, den Bedrängten Hilfe. Viele Leute bewahrte er vor Plünderung und verhalf ihnen wieder zu ihrem geraubten Eigentum. Der Herzog ernannte ihn aus Dankbarkeit für seine Verdienste zum besoldeten Legationsrat und verlieh ihm den Falkenorden. Als vor der Schlacht von Leipzig wieder alles drunter und drüber ging, stürzte er sich wieder mutig ins Getümmel. In einem Brief an den französischen General stellte er ihm die Gefahr eines drohenden Bauernaufstandes vor Augen, wenn die Plünderungen so weitergingen. Dieser stellte ihm zwei Kompanien Soldaten zur Verfügung, mit denen er durchs Land zog und Ordnung schaffte.

Im Feuer der Trübsal

Als die Franzosen nach der Schlacht von Leipzig abzogen, hinterließen sie schlimme Seuchen, die viele Menschen wegrafften. In einem kleinen Dorf klagten sechzig Waisenkinder um ihre Eltern. Von Falks sieben Kindern starben vier; er selbst wurde todkrank. Als er wieder genesen war, beschloß er, das neu geschenkte Leben den armen Kindern zuzuwenden, die ihre Eltern verloren hatten. Dabei gedachte er, wenn die bettelnden Kinder an seine Tür klopften, an das Wort des Danziger Ratsherrn. So sagt er:
In dem allgemeinen ungeheuren Schmerz vergaß ich den meinen. Ich hörte nur den Befehl von meinen vier Todeskanzeln wie ein höheres Gesicht wieder und wieder an mich gehen . . . Ich fragte mich nach den Ursachen des ungeheuren Zeitenuntergangs und fand sie in dem Untergang des Edlen und Großen in meiner und so vieler Zeitgenossen Brust, die wir hochmütig redeten, schrieben und schwatzten, aber nie lebendig die Hände ans Werk legten. Auf diesen Schmerz der Reue folgte bald eine stürmische Begeisterung, wo-mit der feurige Atem der vier Todeskanzeln mich plötzlich anwehte.

Der Wohltäter und Kinderfreund

Er gründete, um dem Kriegselend abzuhelfen, die »Gesellschaft der Freunde in der Not«, die beim Aufbau der Häuser und zerstörten Geschäfte mit Geschenken und unverzinslichen Darlehen mithalf. Die heimatlosen Kinder versorgte er in Pflegestellen bei ehrbaren, gottesfürchtigen Handwerksleuten. Bald hatte er zweihundert untergebracht. Die, die er nicht in andere Häuser geben konnte, nahm er selber auf. Im Frühjahr 1819 starb sein neunzehnjähriger Sohn, der eben zur Universität gehen sollte. Während er mit seiner Frau weinend vor dem Sarg sitzt, klopft ein vierzehnjähriger Bettelknabe an und bittet um Herberge. Er nahm ihn auf wie sein eigenes Kind. Zwei Jahre später starb sein letztes Kind, seine sechzehnjährige Tochter. Das Haus, in dem er seine Anstalt hatte, wurde ihm gekündigt. Da wagte er es, ein halbverfallenes Gebäude, den Lutherhof, zu erwerben und mit Hilfe seiner Waisenkinder unter Aufopferung eines großen Teils seines Vermögens aufzubauen.

An der Gedenktafel steht:
Nach den Schlachten von Jena und Leipzig erbauten die Freunde in der Not durch zweihundert gerettete Knaben dieses Haus dem Herrn zu einem ewigen Dankaltar.

Von seiner Arbeit sagt er:
Der Staat ließ die Kinder verkommen und nur immer mechanisch hängen, stäupen und köpfen, ohne auf die Ursache des Übels, die verwahrloste Volkserziehung, zurückzugehen . . . es ist das Vaterhaus, nicht das Strafhaus, zu welchem die Verirrten zurückkehren müssen!

Sein Vermächtnis an die Kommenden:
O ihr Könige und Väter des Volks! Eins ist not, schafft wieder die Furcht des Herrn in eure eigenen Herzen in die eurer Untertanen, sonst seid ihr und die Völker zugleich verloren.

Er erzählt den Kindern, als ein Kind fragt: Beten die Toten auch?
Die gebrochenen Augen und Herzen eurer Väter, die Rußlands und Frankreichs Erde bedeckten, schreien unablässig: Herr, erbarme dich unsrer zurückgelassenen Jugend!

Der Liederdichter

Er hat mit seinen Kindern das Lied gesungen, das er zu Weihnachten gedichtet hatte:«O du fröhliche, o du selige

Über sich selbst fällte Falk das Urteil:
Ich war ein Lump mit tausend andern Lumpen in der deutschen Literatur, die dachten, wenn sie am Schreibtisch säßen, so sei der Welt geholfen. Es war noch eine große Gnade Gottes, daß er, anstatt mich wie die anderen zu Schreibpapier zu verarbeiten, mich als Charpie benutzte und in die offene Wunde der Zeit legte.

gnadenbringende Weihnachtszeit«. Auch das Lied »Wie mit grimm'gem Unverstand Wellen sich bewegen« stammt von ihm.

Sein Ende

Im Jahre 1825 erkrankte er schwer. Nach monatelangem Schmerzenslager entschlief er still und ergeben am 14.Februar 1826.

Sein letztes Wort: Gott – volksfaßlich – Glaube – kurz – Christus – Punktum.

Auf seinem Grabstein steht die von ihm verfaßte Inschrift:

Unter diesen grünen Linden
ist, durch Christus frei von Sünden,
Herr Johannes Falk zu finden.

THEODOR FLIEDNER
(1800-1864)

Theodor Fliedner wurde am 21. Januar 1800 zu Eppstein in Nassau als viertes von elf Kindern als Sohn des Pfarrers Jakob Ludwig Christoph Fliedner geboren. 1813 verlor er seinen Vater, 1817 bezog er die Universität Giessen, 1819 die Universität Göttingen und war dann im Theologischen Seminar Herborn. Als Zwanzigjähriger wurde er ordiniert. In einer reichen Kaufmannsfamilie zu Köln wurde er Hauslehrer, dann trat er die Pfarrstelle der armen Gemeinde in Kaiserswerth an. 1826 rief er die »Rheinisch-Westfälische Gefängnisgesellschaft« ins Leben. 1833 gründete ein Asyl für entlassene weibliche Strafgefangene im Gartenhaus zu Kaiserswerth. 1836 gründete er den »Rheinisch-Westfälischen Diakonissenverein« zu Düsseldorf, 1847 die Diakonissenanstalt Bethanien in Berlin. Schon 1844 war eine Diakonissenanstalt in Duisburg begonnen worden. Von 1849 an widmete er sich ganz dem Diakonissenwerk. Von da an ging es in die Weite. In Nordamerika, in Konstantinopel, Smyrna, Alexandrien und Beirut entstanden Hospitäler und Diakonissenhäuser.

Schon 1835 richtete er eine Kleinkinderschule in seiner Gemeinde ein und eröffnete ein Kleinkinderlehrerinnenseminar, das später zu einem Lehrerinnenseminar für die Elementarschulen erweitert wurde. 1854 entstand unter der teilnehmenden Fürsorge des königlichen Hauses in Berlin eine Zufluchtsstätte für arbeitslose Mädchen, der »Marthahof«, auch eine Heilanstalt für Gemütskranke wurde dem Kaiserswerther Werk zugefügt. 1855 bekam er die Ehrendoktorwürde von der Universität Bonn. 1861 stiftete er die Kaiserswerther Konferenz, aus der sich der Kaiserswerther Verband der Diakonissenhäuser entwickelte. Am 3. Oktober 1864 entschlief er.

Seine Jugend ist arm und wird reich durch erfahrene Liebe

Im kinderreichen Pfarrhaus wuchs Theodor mit seinen fünf Brüdern und sechs Schwestern in fröhlicher Familiengemeinschaft auf und empfing seinen Unterricht von Mutter und Vater, so daß er schon mit dreizehn Jahren Homer lesen konnte. Er bekam unvergeßliche Eindrücke von der praktischen Tätigkeit eines in lebendigem Glauben und der Liebe stehenden Pfarrhauses. Sein Vater hatte ihn gerade noch konfirmie-

Theodor Fliedner

ren können, dann starb er am Lazarettfieber. Kosaken hatten das Pfarrhaus völlig ausgeplündert. Doch in der Not nahmen sich vermögende Freunde in Frankfurt der Witwe und ihrer Kinder an. Ein edler Fabrikant in Idstein nahm ihn und seinen Bruder in sein Haus auf, damit er das Gymnasium besuchen konnte. Doch seinen Unterhalt mußte er durch Stundengeben sauer verdienen.

In der Universitätsstadt Giessen fand er eine Wohnung bei einem Onkel. Für seinen Unterhalt mußte er auf ähnliche Weise wie als Schüler sorgen. So lernte er, in spartanischer Bedürfnislosigkeit zu leben. Mit zwei Gulden in der Tasche unternahm er eine Fußreise bis nach Nürnberg. Die rationalistische Theologie der Universitäten Giessen und Göttingen ließ ihn völlig unberührt, weil er mit seinem ganzen Streben auf die praktische Arbeit eines Pfarramts eingestellt war. In seinem letzten Universitätsjahr unternahm er eine große Reise nach dem Norden seines Vaterlandes über Bremen, Hamburg, Lübeck und Halle. Als Hauslehrer in Köln knüpfte er manche Beziehungen an mit führenden Männern, die ihm später zugute kommen sollten.

Seine erste Gemeinde ist arm und wird reich durch erfahrene Hilfe

Im Jahre 1821 wurde er, noch nicht 22 Jahre alt, zum Pfarrer der kleinen Diasporagemeinde Kaiserswerth gewählt. Sein Einkommen betrug nur 180 Taler im Jahr. Aber das focht ihn nicht an, sondern er begann mit großer Freudigkeit seinen Dienst an der Gemeinde. Infolge einer Wirtschaftskrise schmolzen die Einkünfte der Gemeinde vollends zusammen. Da machte sich Fliedner schweren Herzens zu einer Kollektenreise auf, die ihn zuerst zu den deutschen Gemeinden in Wuppertal und im Bergischen und kleveschen Land und dann später nach Holland führte. Dort in Holland lernte er die Einrichtung des altkirchlichen Diakonissenamtes bei einigen Mennonitengemeinden kennen. Das war für ihn wohl die Anregung zur späteren Gründung des Diakonissenwerks. Der reiche Erfolg dieser Kollektenreise machte ihm Mut, nach England zu fahren, um dort zu kollektieren. Er lernte ausgezeichnete christliche Persönlichkeiten kennen, wie Elizabeth

Fry, den Engel der Gefangenen.

Er schreibt davon:

Ich lernte in den beiden evangelischen Ländern eine Menge wohltätiger Anstalten für Leibes- und Seelenpflege, Schul- und Erziehungsanstalten, Armen-, Waisen- und Krankenhäuser, Gefängnisse und Gesellschaften zur Besserung der Gefangenen, Bibelgesellschaften, Missionsanstalten und andere durch den lebendigen Glauben, der in der Liebe tätig ist, ins Leben gerufene Werke des Reiches Gottes kennen.

Die erste Frucht dieser Erfahrung war die Gründung der »Deutschen Gefängnisgesellschaft«. Die Gefängnisse kannten nicht die Einzelhaft. Junge Gefangene lernten von alten Verbrechern die

Erster Bericht

des

in der General=Versammlung am 12. Mai 1828 gewählten

Ausschusses

der

Rheinisch=Westphälischen

Gefängniß = Gesellschaft

zur

sittlichen und bürgerlichen Besserung der Gefangenen.

I.

Düsseldorf,
gedruckt bei Joseph Wolf.
1828.

Titelseite des Berichts über die Arbit der Rheinisch-Westfälischen Gefängnis-Gesellschaft, 1828

Friederike Fliedner, geb. Münster

nen Gartenhaus, das heute noch beim Kaiserswerther Diakonissenhaus zu sehen ist. Für die Pflege dieser entlassenen Strafgefangenen brauchte man weibliche Hilfskräfte. Das gab den Anlaß, das apostolische Diakonissenamt neu zu beleben. 1836 kaufte er ein großes schönes Haus in Kaiserswerth, um darin ein Krankenhaus und eine Ausbildungsstätte für Diakonissen einzurichten. Im selben Jahr trat die erste evangelische Diakonisse, Gertrud Reichhardt, die Tochter eines Arztes, in das neuerworbene Haus ein. In aller Stille wuchs das Werk, und das Mißtrauen gegen römisches Nonnenwesen, das man hinter dem Diakonissenamt vermutete, wurde überwunden. Warme Freunde dieser Diakonissensache wurden die Könige Friedrich Wilhelm III. und Friedrich Wilhelm IV. Hatte doch schon der Freiherr vom Stein in einem Briefwechsel mit Amalie Sieveking die Einrichtung eines evangelischen Diakonissenwerks gefordert. Das Diakonissenwerk wuchs rasch in die Weite. Das Diakonissenhaus Bethanien in Berlin entstand unter lebendiger Anteilnahme des Königshauses. Der Protestantismus des Auslandes öffnete sich am schnellsten dem Diakonissengedanken. Es entstanden Diakonissenanstalten in Paris, Straßburg, in der französischen Schweiz, in Dresden, Utrecht, Konstantinopel, Smyrna, Alexandrien und Beirut.

Die Kindergartenarbeit, bald darauf ein Kindergärtnerinnenseminar, das sich zu einem Lehrerinnenseminar erweiterte, wurde ins Leben gerufen. Bildungsanstalten für Mädchen traten hinzu. Ein Waisenstift entstand, eine Heilanstalt für Gemütskranke. Der Gabenstrom, der immer von neuem floß, machte es ihm möglich, eine Gründung nach der andern vorzunehmen.

Sein Familienleben und sein Ende

Seine erste Gattin und die zweite, Karoline Bertheau, waren die Leiterinnen des Diakonissenhauses.

In den letzten sieben Jahren seines Lebens war er wegen eines Lungenleidens sehr geschwächt, aber trotzdem führte er seine Arbeit weiter. Sein Familienleben war ganz eingebaut in das Anstaltsleben. Von morgens fünf Uhr an war er bei der Arbeit. Punkt zwölf Uhr, wenn die große Anstaltsfamilie am

schlimmsten Künste. Fliedner erbat sich die Erlaubnis, alle vierzehn Tage am Sonntag im Arresthaus zu Düsseldorf den evangelischen Gottesdienst halten zu dürfen, und tat das drei Jahre lang ohne auszusetzen. Dabei gewann er tiefe Einblicke in die Verwahrlosung der Gefangenen. Über die Hälfte von ihnen waren Analphabeten. Er besuchte während eines Urlaubs zur Wiederherstellung seiner angegriffenen Gesundheit die Gefängnisse in Nassau, Hessen und Frankfurt am Main, später auch die in Westfalen. Als er eine christliche Pflegerin suchte für die weiblichen Gefangenen in Düsseldorf, fand er seine erste Gattin in Friederike geb. Münster. Da sich ihm die Notwendigkeit eines Asyls für entlassene Strafgefangene aufdrängte, gründete er dieses Asyl in einem klei-

Tisch stand, wurde er zum Essen gerufen. Täglich sprach ein anderes seiner Kinder das Tischgebet und den Tagespsalm nach dem Essen. Am Abend sagten sie ihm im Studierzimmer vor dem Schlafengehen den aufgegebenen Psalm oder einige Liederverse auf. So streng er in der Erziehung der Kinder war, so fröhlich konnte er mit ihnen sein. Am 2. Oktober 1864, am Tag vor seinem Ende, sammelte er all die Seinen in der Studierstube und sprach zu ihnen ein ergreifendes Abschiedswort:

Es ist wohl das letzte Mal, daß ich Euch so um mich sehe. Wir wollen es uns nicht verhehlen, daß ich in kurzem in die selige Ewigkeit eingehe. Ein ernster wichtiger Schritt! Wenn ich auf mein Leben zurücksehe, da ist es auch mein Gefühl: O wäre jeder Puls ein Dank und jeder Odem ein Gesang. Wie selig, solchem Herrn zu dienen, der die Sünde vergibt, der auch mir meine vielen Sünden reichlich vergeben will! Das Blut Jesu Christi, des Sohnes Gottes, macht ja rein von aller Sünde. Daran halte ich mich. Ich kann Euch, ihr lieben Söhne, nur das sagen: Wandelt im Geist und nicht im Fleisch; denn vom Geist werdet ihr das ewige Leben ernten. Betet auch für mich, daß mir Gott gnädig und barmherzig sei, mir eine selige Heimat verleihe, daß ich mein altes Haupt niederlege in den Staub in festem Vertrauen auf ihn, der die Barmherzigkeit ist.

CARL MEZ (1808-1877)

Carl Mez ist geboren am 20. April 1808 als Sohn des Bandwebers und Kaufmanns Carl Christian Mez zu Kandern im badischen Oberland. Sein kinderloser Oheim nahm im Jahre 1815 den heranwachsenden Knaben in sein Haus und Geschäft auf. 1832 übernahm Carl Mez mit seinem Vetter die Geschäfte des Vaters und des Oheims. 1834 erbaute er im Dreisamtal eine Seidenzwirnerei. 1840 gründete er das Seideneinkaufsgeschäft zu Amasia in Kleinasien. 1844 wurde er Abgeordneter der Kammer. 1848 wurde er von den Schwarzwaldbezirken einstimmig als Abgeordneter in die deutsche Nationalversammlung gewählt. Vom Juni 1849 an zog er sich vom politischen Leben zurück. Um so mehr konnte er sich für die kirchlichen Angelegenheiten einsetzen. So trat er im Jahre 1864 im sogenannten Schenkelstreit mit einem Aufruf öffentlich für das Bekenntnis der Kirche ein und wurde Mitbegründer des evangelischen Vereins, der die bibelgläubigen Pfarrer und Laien umfaßte. Von 1867 an war er Mitglied

der badischen Generalsynode. Am 28. Mai 1877 ist er entschlafen.

Die Diakonissenanstalt in Kaiserswerth

Carl Mez steigt auf zu den Höhen des Geschäftserfolges und wird Christ

Er stammte aus altem badischen Pfarrersgeschlecht. Sein Vater war ein außerordentlich tüchtiger Mann, der aus ganz kleinen Anfängen sein Seidengeschäft zur Blüte brachte. Auf dem Rücken trug er die selbstverfertigte Ware zu den Jahrmärkten. Auch sein Oheim hatte ein ähnliches Geschäft in Freiburg. Weil er kinderlos war, nahm er den geweckten Knaben an Kindes Statt an und übergab ihm später sein Geschäft. Die Mutter von Carl Mez war eine aufrichtig fromme Frau, die ihre Kinder zum Gebet erzog. »Betet!« war ihr erstes Wort am Tag und ihr letztes am Abend. Als der heranwachsende Carl in Freiburg war, stand sie in wöchentlichem Briefverkehr mit ihm und ermahnte ihn zu fleißigem Gebet, zu Gehorsam und Wahrhaftigkeit. In einer kaufmännischen Lehre in der Schweiz erlernte er peinliche Ordnungsliebe, ohne die er seine späteren Leistungen nicht hätte vollbringen können. Nach seiner Lehrzeit wanderte er nach Italien und nahm Granatsteine mit, um der zum Erliegen gekommenen Schwarzwaldindustrie ein neues Absatzgebiet zu verschaffen. Damit hatte er keinen Erfolg. Aber er fand bei einer Seidenfirma in Mailand eine Stelle, wo er die Seidenfabrikation von Grund auf erlernen konnte. Wieder heimgekehrt, übernahm er den Reisedienst seiner Firma und zog zu Pferd durch den Schwarzwald, wobei er tiefe Einblicke in die Not des Volkes tun

Carl Mez

In Mez' Notizbuch finden sich zwei Grundsätze, die ihn bewegten:
1. Mein Zweck ist Glück und Wohlsein der Menschen, Industrie ist mir nur Mittel zu diesem Zweck.
2. Eine Vermehrung des Wohlstands ohne Verbesserung der sittlichen Zustände führt allerlei Gefahren mit sich.

konnte. Schon der junge Mez hatte einen Blick für die öffentlichen Angelegenheiten. Weil er in der Anhäufung großer Menschenmassen in den Städten eine sittliche Gefahr sah, ging er mit seiner Fabrikniederlassung auf das Land hinaus. Er gründete im Dreisamtal eine Seidenzwirnerei.

Sein Geschäft blühte in allerlei Filialen so auf, daß er 1867 nahezu eintausend Arbeiter beschäftigte. In den Dreißiger Jahren des vorigen Jahrhunderts wurde der junge erfolgreiche Fabrikant durch eine Grabinschrift auf dem Friedhof der Brüdergemeine zu Königsfeld im badischen Schwarzwald erweckt. Eine dieser Tafeln hatte der Schnee freigelassen, – der Friedhof zeigt lauter kleine schrägliegende Tafeln mit der Namensinschrift und darunter: »heimgegangen« – wie, wenn dort nun stände: »Carl Mez heimgegangen«? Er entschloß sich, das Reich Gottes seine wichtigste Sorge sein zu lassen.

Carl Mez bewährt sein Christsein in seiner Familie

In der Eingangstür seines Hauses stand »Himmelan strebe du«. Mit seiner gleichgesinnten Frau Karoline von Langsdorff und seinen vier Kindern hielt er morgens und abends die Andacht. Er las mit ihnen reihum ein Kapitel der Bibel, kniete mit ihnen nieder und sprach ein inbrünstiges freies Gebet. Das tat er auch, wenn er Besuch hatte. Der junge Elias Schrenk, der bei ihm Kaufmannsgehilfe war, wurde durch das Miterleben

dieser Hausandacht zu einer klaren Entscheidung für Christus geführt. So ist Carl Mez der geistliche Vater dieses größten deutschen Evangelisten geworden.

In einem Brief, den Mez 1856 an seinen Sohn schrieb, lesen wir:

Der Reichtum des Herrn drückt mich zu Boden; denn ich erkenne wohl meine Unwürdigkeit. Wie bin ich dieser Tage über mich selbst erschrocken, daß ich nicht einmal die Bergpredigt meines Herrn, welche das Gesetz der Freiheit enthält, auswendig kann! . . . Würden wir nur recht treu sein und Segen verbreiten, o würde er uns dann füllen mit jeglichem Gut! Man sammelt himmlische Schätze, wenn man Gutes tut und nicht müde wird. Lieber Sohn, laßt uns tüchtige Kaufleute sein und werden, richtig spekulierend nach der einzig echten Perle suchen und nicht rasten, bis wir sie erhandelt haben.

Der Großindustrielle als Christ

Er wollte mit seinen Unternehmungen dem Volk dienen. In den sozialen Einrichtungen seiner Fabriken ist er seiner Zeit weit vorausgeeilt. Er achtete den Menschen höher als die Maschine und die Ware. Darum wollte er alles tun für die sittliche Bildung seiner Arbeiter. Für die vielen Arbeiterinnen seiner Seidenindustrie gründete er Fabrikheime, in denen er für neun Kreuzer täglich Kost und Wohnung gab und selber einen Teil der Kosten trug. Er gab diesen Heimen edel gesinnte Hausmütter, die einen guten Einfluß auf die Mädchen hatten. Er richtete auch eine Krankenversicherung ein, wobei er vierzig Prozent des Krankengeldes bezahlte, ferner führte er die Sparpflicht ein, damit jeder Arbeiter einen Notpfennig hätte, und ließ morgens und abends während der Arbeitszeit Andachten halten mit freiwilliger Teilnahme. Im Umgang mit den Katholiken war er sehr weitherzig.

Abgeordneter und Christ

Sechsunddreißigjährig war er in die zweite Kammer gewählt worden. Als er in das Paulsparlament gewählt worden war, schrieb er seinen Wählern in der Oberrheinischen Zeitung, nachdem er sich zu dem Grundsatz wahrer Freiheit bekannt hatte, die ihm wichtiger sei als Einheit:

Religion ist mir das allerwichtigste. Sie ist für meine ganze Lebensrichtung Quelle und Grundlage. Christus ist mein Herr und Meister, und sein Gebot »Liebet euch untereinander, denn ihr seid Brüder« enthält nach meiner Ansicht die einzige Politik, welche die

Menschheit beglücken kann. Ich glaube, daß ausschließlich nur die treue Befolgung der Lehre Christi uns vom Verderben zurückhalten und zu wahrem Glück führen kann.

Schon in der ersten Sitzung des Parlaments unterstützte er den Wunsch des katholischen Bischofs von Münster, die Sitzungen möchten mit Gebet eröffnet werden. Sein Antrag, die Sitzung mit einer Stille von fünf Minuten zu eröffnen, wurde unter Hohngelächter der Abgeordneten abgelehnt. Carl Mez hatte den Eindruck, daß in Deutschland das Christentum nur noch wie eine dünne Eierschale sei, das Ei aber sei antichristlich. Die Revolutionsjahre waren für ihn außerordentlich versuchungsreich. Er trat einem Volkshaufen in Freiburg, der anfing, Straßenbarrikaden zu bauen und von der Waffe Gebrauch zu machen, mutig entgegen mit dem Ruf: »Leget eure Waffen nieder. Wer das Schwert ergreift, soll durch das Schwert umkommen.« Aber er setzte sich nicht durch. Er trat mutig für Schanzlin, den regierungstreuen Bürgermeister von Kandern, vor dem Freiburger Schwurgericht ein, weil kein Rechtsanwalt es wagte, ihn zu verteidigen, und erwirkte einen Aufschub des Urteils. Inzwischen besetzten die Preußen Freiburg, und Schanzlin wurde frei.

In seinem Notizbuch finden wir in jenen Tagen den Eintrag:

»Ps. 34 V. 8: Der Engel des Herrn lagert sich um die her, die ihn fürchten, und hilft ihnen aus.« Wenn die Ordnung in Gefahr ist, sind wir für die Ordnung. Wenn die Freiheit in Gefahr ist, kämpfen wir für die Freiheit.

In jener Zeit trat ihm Seminardirektor Professor Stern besonders nahe. Stern war Theologe und Naturwissenschaftler, Pestalozzischüler, der 1832 von Christus ergriffen wurde und auf Henhoters Seite getreten war. Stern sprach ihm zu, sich von der Partei zu trennen, die offensichtlich verkehrte Wege gehe. Als Mez vom Rumpfparlament in Stuttgart nach Karlsruhe beordert wurde, um beim Finanzministerium Geld für das Parlament abzuheben, eilte er zuvor zu Stern und kam zu spät zur Unterschrift, da er sich bei Stern zu lange aufgehalten hatte. Kurze Zeit darauf wurden die, die unterschrieben hatten, gefangengesetzt, und sie verloren ihr Vermögen, während Mez verschont blieb.

Aus einer Rede in der badischen Kammer über die Ursachen der überhandnehmenden Verarmung:

Für alle Deutschen, welche arbeiten wollen, wäre Nahrung und Kleidung da in Fülle. Aber wir erhalten nicht, was wir haben, da wir es für ausländische Waren ausgeben.

Er verlangt eine vernünftige Binnenwirtschaft, ebenso die Errichtung von gemeinnützigen Liegenschaftsbanken zur Entschuldung der Landwirtschaft.

Einer seiner sozialen Grundsätze:

Alle anderen Mittel, der Vermehrung der Armut vorzubeugen, sind nicht so wichtig als die Stärkung der sittlichen Kraft. Dahin muß es kommen, daß jedes müßige Vergeuden der Zeit, jeder leichtfertige übermäßige Genuß von materiellen Gütern als ein Vergehen gegen die Gesellschaft betrachtet wird.

Sein Kampf um die Kirche

Es war für ihn entscheidend, daß er die Freundschaft mit den führenden Männern in der kirchlichen Erneuerungsbewegung fand. War Stern sein Seelsorger, so war Henhöfer der Zeuge Christi, dessen Wort er mit tiefer Dankbarkeit aufnahm.

Von einem Besuch in Spöck im Jahre 1849, wohin er mit Oberst v. Hügel und der Frau des Galeriedirektors Frommel gefahren war, um Henhöfer predigen zu hören, schrieb er:

Nie werde ich den Tag vergessen. Solche Beredsamkeit in geistlichen Dingen hatte ich vorher nirgends gefunden. Mir war es, als sähe ich den Apostel Paulus oder Luther auf der Kanzel. Sein ganzes Wesen, die originelle Art, die Tiefe und große Verständlichkeit des Vortrags trugen gleichviel dazu bei, den tiefsten Eindruck auf die Zuhörer zu machen.

Pfarrer Rein aus Nonnenweier war ihm der geographisch Nächste aus dem Henhöferkreis. Er traf oft mit diesem geistvollen Mann zusammen. Auch mit Gustav Werner schloß er innige Freundschaft. Beide Männer wollten die christlichen Grundsätze in sozialer Beziehung kräftig geltend machen, ehe das Antichristentum aus der gebildeten Schicht in die Arbeiterschaft eingedrungen sei. Mez verfaßte einen Aufruf an das christliche Volk in dieser Sache, aber keine Zeitung druckte ihn ab.

Bei seiner silbernen Hochzeit im Jahre 1859 legte er durch eine große Stiftung den Grund zu einer Wohltätigkeitsanstalt, dem Freiburger Evangelischen Stift. Er bewies damit, daß er ein Herr seines Gutes war. Der bedürfnislose Mann, der morgens um fünf Uhr mit seinen Arbeitern aufstand und mit ihnen ihre Brotsuppe aß, wollte sein Vermögen in den Dienst Gottes stellen.

Im Kampf gegen den Heidelberger Predigerseminardirektor Schenkel und im Kampf gegen dessen rationalistisches Jesusbild in seinem Buch »Das Charakterbild Jesu«, stand Carl Mez in vorderster Linie und kämpfte mit 118 badischen Pfarrern durch eine Eingabe beim Oberkirchenrat darum, die Direktion des Predigerseminars einem bekenntnistreuen Mann zu übertragen. Ihre Eingabe wurde abgelehnt. Da gründeten sie am 2. Mai 1865 in Durlach die »Evangelische Konferenz der bibelgläubigen Pfarrer und Laien«. Die Konferenz wollte einen bibelgläubigen Dozenten nach Heidelberg berufen. Aber als sich kein Dozent dafür gewinnen ließ, kam es zur Gründung der »Kapellengemeinde«, einer freien bekennenden Minderheitsgemeinde. Auf der Generalsynode von 1867 kämpfte er tapfer für das Bekenntnis gegen die Gleichberechtigung der Richtungen, die die Freisinnigen erstreben.

Er sagte in einer Rede: Lieber keine Prediger als solche, die nicht an ein bestimmtes Bekenntnis gebunden sind.

In seiner letzten Bibelstunde, die er im Evangelischen Stift hielt, ließ er das Sterbelied Albert Knapps singen: »Nicht unendlich ist mein Pilgerstand, ich hab ein Vaterland, wohin ich gehe. Mit Geistesaugen sehe ich schon hinein!«

Am 28. Mai 1877 entschlief er in Freiburg an den Folgen einer schweren Lungenentzündung.

JOHANN HINRICH WICHERN (1808-1881)

Seine innere Entwicklung

Wichern ist aufgewachsen in dem Hamburg des Matthias Claudius und dessen Schwiegersohns Perthes und der Amalie Sieveking. Sein Vater, ein Notar, war hoch musikalisch und sprachenbegabt; seine Mutter, Karoline geb. Wittstock, energisch, praktisch, fromm. »Lachen konnte sie wie ein Kind, arbeiten wie ein Mann.« Er ist geboren als der älteste von sechs Geschwistern am 21. April 1808.

Er besuchte die Privatschule des Kandidaten Ehlers, danach das ehrwürdige, von Bugenhagen gegründete Johanneum. Beide Schulen waren in einem dürftigen rationalistischen Geist geleitet. Aber Johann Hinrich saß mit den Seinen sonntäglich unter der Kanzel des lebendigen Christuszeugen Rautenberg, er war befreundet mit dem von Jakob Böhme angeregten Schuhmacher Oswald und trat feurig für den verachteten Bibelglauben ein.

Aus seinem Tagebuch über seinen Vater:

Mein Vater war der einzige, der mich ganz verstand mit allen meinen Gebrechen und auch mit allem, was in mir zum Licht emporstrebte. Oh, er hatte ein so reines Gemüt, das für alles Gute und Schöne und Edle entbrannte. Es gehörte zu den Erquickungen nach des Tages Last und Hitze, den Vater am Kontor abzuholen, mit ihm eingehend sich über alles auszutauschen, die Arbeit, die den Abend fortgesetzt wurde, durch eine Stunde gemeinsamen Klavierspiels zu unterbrechen, bis die Mutter ans Bett gemahnte.

Der Vater starb früh, schon 1823. Betend überwand der junge Hinrich den schweren Schlag.

Über seinen Konfirmandenunterricht schreibt er:

Dieser Unterricht ist entscheidend für mein Leben geworden. Ich danke ihm die Erkenntnis des Evangeliums.

Vor dem Abitur trat Wichern aus dem Johanneum aus, um eineinhalb Jahre in der Internatsschule von Pluns, einem begabten Pädagogen, als Erzieher mitzuarbeiten. Dort zeigte sich seine geniale Begabung in der erziehenden Beeinflussung junger Menschen. Daneben vollendete er seinen Studiengang im Gymnasium, um dann an der Universität Göttingen zu studieren (1828). Sein Tagebuch gibt Einblick in den Bußernst des jungen Mannes. Durch Stundengeben sucht er seine Mutter zu unterstützen. Er hat einen schönen Freundeskreis und bekommt auch Verbindung mit Amalie Sieveking, die ihn für seine Studienzeit mit einer jährlichen Rente ausstattet.

Wie eine Knospe, die sich später entfalten sollte, steht das Wort in seinem Tagebuch:

Wie der ganze Christus im lebendigen Gotteswort sich offenbart, so muß auch in den Gottestaten sich predigen, und die höchste, reinste, kirchlichste dieser Taten ist die Liebe.

Zuletzt studierte er in Berlin, wo ihn die Einfalt und christliche Tiefe Neanders besonders anzog. Er trat in den Mitarbeiterkreis des Barons von Kottwitz ein. In der Kaserne in der Alexanderstraße, wo Kottwitz die Ärmsten aufgenommen hatte, lernte Wichern das ganze Großstadtelend kennen, aber auch die wunderbare Hilfe der geisterfüllten evangelischen Verkündigung. Durch Neander kam er mit dem jüdischen, später katholischen Arzt Dr. Julius in Verbindung, der ihn für das Gefängniswesen interessierte. Von den berühmten Predigern Berlins war ihm Gossner der liebste wegen der schlichten Entschiedenheit seiner Verkündigung. 1831 ging er nach Hamburg zurück, um sein theologisches Examen zu bestehen. Der geistvolle Pfarrer Rautenberg berief ihn als Oberlehrer seiner nach Londoner Vorbild gegründeten Sonntagsschule. Unter seiner Leitung stellten sich die Helfer und Helferinnen mit neuem Eifer in die Arbeit. Sie gingen dem einzelnen Kind nach und machten viele Hausbesuche. Dabei sah er das Elend verwahrloster Familien. Bei einem Jahresfest der Sonntagsschule im Hamburger Schneideramtshause sprach Wichern nach Rautenberg in einer außerordentlichen und nur noch einmal bei dem ersten Wittenberger Kirchentag verliehenen Kraft des Wortes über diese Besuchs- und Sonntagsschularbeit. Amalie Sieveking bot sich als Lehrerin an; ebenso ein junges Mädchen, Amanda Böhme, die später seine Frau werden sollte. Reichlich wurde für die Gründung eines neuen Lokals geopfert. Der Gedanke an die Gründung eines Rettungshauses tauchte im Jahre 1832 auf. Vor dem Syndikus Karl Sieveking, einem Verwandten von Amalie, entwickelte Wichern bei einem Besuch seine Gedanken. Sieveking bot ihm das gerade freiwerdende strohgedeckte Haus in Horn, das ruge oder rauhe Haus, für diesen Zweck an. Bei einer Gründungsversammlung im Saal der Börsenhalle am 12. September 1833 erhält jeder Besucher ein gedrucktes Blatt, auf dem ein Bethaus, umgeben von kleinen Familienhäusern der Kinderfamilie, abgebildet war. Wichern schildert in seiner Rede die asozialen Verhältnisse der Armenviertel in Hamburg, aus welchen Bettelkinder und Vagabunden erwachsen, er berichtet von Familien, die Pflanzschulen der Laster, Verbrechen und der Schande sind. Dabei führte er aus:

Johann Hinrich Wichern

Ob den Alten noch geholfen werden kann, sei dahingestellt. Daß dem jungen Volk noch geholfen werden könne, glauben und wissen wir. Wie ihm zu helfen sei, darüber Ihnen die Idee dieser Anstalt als Vorschlag vorzulegen, ist die Ursache dieser Versammlung . . . In einer Anstalt müsse das Rettungswerk geschehen, aber sie werde dasselbe umso eher zustandebringen, je lebendiger sie dem Kind das Bewußtsein des Familienlebens gebe.

Die Knaben sollten unter kundiger Leitung am Bau der Häuser Hand anlegen, Garten und Feld sei von ihnen zu bestellen, in den Werkstätten werde es sich regen. Die Mädchen werden mit Haus- und Handarbeit dienen, und Freude und Friede werde dem Kindesleben in diesen Familien wiedergegeben.

Der Geist, der jenen entarteten Familien fehlt, werde hier herrschen, der Geist des Glaubens an Christum, der in der Liebe sich tätig erweist. Mit dieser Liebe will die Anstalt jedem einzelnen Kind gleich entgegentreten mit dem freimachenden Wort: Mein Kind, dir ist alles vergeben. Sieh hier das Haus, in das du aufgenommen bist, hier ist keine Mauer und kein Riegel, nur mit einer schweren Kette binden wir dich, die heißt Liebe, und ihr Maß ist Geduld.

Sein Wort fand freudige Zustimmung. Am 12. November waren sechstausendfünfhundert Mark gezeichnet.

Der Gründer des Erziehungswerks des Rauhen Hauses

Am 31. Oktober zog Wichern mit seiner Mutter und seiner Schwester in das hergerichtete »Rauhe Haus« ein. In der niedrigen Wohnstube waren auf dem Tisch Brot und Salz. An der Wand hing das Bild, wie Jesus die Kinder segnet. Es war ein Gruß von Karl Sieveking, der ihn noch am Abend besuchte und herzlich willkommen hieß. Bald wurden die ersten drei Knaben aufgenommen. Nach einigen Wochen waren es zwölf. Er gab jeder Familie einen Garten und jedem Knaben ein Beet. Hier lernten sie Ordnung und Fleiß. Er schaffte ihnen Arbeit im Holzschuhschnitzen, im Bauen neuer Häuser für die Kinderfamilie. Sein Frohsinn machte die Kinder fröhlich durch Sang und Klang, der den Tag begleitete, durch allerlei Feste, die sie feiern durften. In neun Foliobänden beschrieb er die Erziehungsresultate. Er war ein genialer Erzieher.

Proben seiner Erziehung:

Heute wurde Paul angenommen. Gottfried und Matthias führten ihn in den Betsaal, Karl und Jakob trugen Milch und Brot. Ich sagte einige Worte über den Spruch: »Wer ein solches Kind aufnimmt in meinem Namen, der nimmt mich auf.« Ich fragte Paul, ob er einen Wunsch habe. Seine Antwort war, daß er Durst habe. So erhielt er Milch und Brot, griff zu, aß und trank, während wir für ihn beteten und ein Lied anstimmten. Dann gab ich ihm einen Kuß und führte ihn zu meiner Frau und zu meiner Mutter, die ihm die Hand reichten. Der Junge wußte sich kaum zu fassen, ihm war, als wäre er in einer anderen Welt. Er war auch in einer anderen Welt. –

Über einen tief gesunkenen Knaben schreibt er:

Er machte in einer Nacht dreimal den Versuch zu entlaufen, woran er, wie er gestand, lediglich durch die Lust verhindert wurde, ein rotes Pennal, das er auf meinem Tisch gesehen hatte, zu entwenden. Ich schenkte ihm das Pennal. Darüber geriet er in völlige Verzweiflung, daß ich mich am folgenden Tag viel mit ihm beschäftigen mußte. Er hörte von mir noch einmal die Zusicherung der Vergebung unter der Bedingung aufrichtiger Reue, und das war für ihn die entscheidende Stunde. Seit der Zeit kämpft er mit großem Ernst gegen die Gelüste seines Herzens. Er faßte ein solches Vertrauen zu mir, daß er oft, wenn ihn eine böse Lust ankam, zu mir eilte und mit Tränen mir sagte: Es ist mir wieder in den Sinn gekommen!

Es entstand ein Häuschen nach dem anderen, das »Schweizer Haus«, – »Die grüne Tanne«, – die »Schwalbennester« für die Mädchen; denn auch die Mädchenarbeit legte sich ihm als Notwendigkeit aufs Herz.

Dazu äußerte er sich mit den Worten:

Ein wankender Hausstand wird möglicherweise länger aufrecht erhalten und vor völligem Untergang bewahrt, wenn die Verwahrlosung der Frau ihn bedroht. Ist das letztere der Fall, so ist der Ruin der Familie unausbleiblich.

Im Jahre 1839 wurde der Betsaal errichtet, das Herz der Anstalt. Ein Arbeitshaus »Der goldene Boden« war schon vorher gebaut worden. Den »Bienenkorb« baute er mit seinen Kindern und Hausgenossen ohne handwerkliche Hilfe für nur 800 Mark. 1842 wurde die Druckerei eröffnet, der sich die Verlagsbuchhandlung »Agentur des Rauhen Hauses« anschloß. Von 1844 an wurden die »Fliegenden Blätter« herausgegeben, durch die Wichern seine Gedanken einem weiteren Kreis kundtun konnte. Die Fischerhütte, ein landwirtschaftliches Gebäude und die Bäckerei kamen hinzu.

Der Gründer des Brüderhauses

Bald sah Wichern, daß er die rechten Gehilfen und Erzieher selbst ausbilden müsse und daß die Kirche überall diese Helfer nötig habe. Aber der Verwaltungsrat seines Werkes hatte lange Jahre dafür kein Verständnis. Schließlich konnte er doch die Gründung des Brüderhauses durchsetzen. Die Eintretenden sollten keine schiffbrüchigen Existenzen sein, sondern einen Beruf haben, der sie ernährte. Sie sollten Christen sein und alsbald in die Arbeit treten. Die Ausbildung vor der Arbeit lehnte er ab. Fünf oder sechs Brüder bildeten ein Konvikt, in dem ein Konviktmeister die Verantwortung für den Geist und die äußere Ordnung hatte. Mit dem Konvikt war eine Knabenfamilie in enger Hausgemeinschaft verbunden. Einer der Konviktgenossen hatte als Familienbruder die Sorge für die Knaben. Arbeit und Ausbildung wechselten miteinander. Eine Versetzung in andere Konvikte behielt sich Wichern vor. Zuerst hielt Wichern den Unterricht in einem strenggeregelten Tageslauf selbst. Später halfen Lehrer und theologische Helfer. Er selbst bot die Auslegung der wichtigsten biblischen Bücher und die Einführung in das Ganze der Inneren Mission dar.

Der Vater der Inneren Mission

Wichern hatte neben der treuen Kleinarbeit doch den Weitblick für das Ganze der Kirche. Von 1842 an begegnen wir in seinen Briefen und Schriften dem Begriff der Inneren Mission. Er begnügte sich nicht damit, das Werk rettender Liebe in Hamburg gegründet zu haben, sondern wollte es in ganz Deutschland anregen. Er reiste durch ganz Norddeutschland, suchte überall Fühlung mit führenden christlichen Persönlichkeiten. Der König Friedrich Wilhelm IV. ließ ihn zum Vortrag kommen und hörte ihn gern. Sein Ziel war die Erneuerung des Volkslebens durch die Kräfte des Evangeliums. Einer seiner Grundgedanken war die Aktivierung des allgemeinen Priestertums; zu ihm äußerte er sich, wie wir es aus Wicherns Werken (Band III, S.226) entnehmen:

Die lebendige Predigt vom allgemeinen Priestertum muß sämtliche Zuhörer aus der bisherigen Untätigkeit gegen die Armen und die Proletarier wecken, muß die Hörer der Predigt in ebenso viele Prediger des Wortes verwandeln, wenigstens zu verwandeln bestrebt sein. In ihr muß eine treibende Kraft des göttlichen Geistes sich mitteilen, welche den Kirchkindern wie das Herz zur Fürbitte gegen den Herrn, so auch den Mund und die Hand zum Wort und zur Tat der rettenden Liebe öffnet. Der Hausvater muß in seiner Familie, unter Gesellen, Lehrburschen, Dienstboten wieder zum Hauspriester, und das Gemeindeglied wieder zu einer Quelle des Lebens unter den ersterbenden und erstorbenen Gliedern der Gemeinde – zu denen vor allem die Proletarier gehören – herangebildet werden; dann haben wir hunderte von neuen Predigern aus der Kraft des Geistes Gottes.

Wichern sah die Revolution des Jahres 1848, die vielen die Augen öffnete, als Folge des sozialen Elends, des Versagens kirchlicher Verkündigung und Seelsorge lange voraus. Als sie dann eintrat, erhob er seine Stimme wie ein Herold, um seine Gedanken, wie durch Innere Mission, durch die Tat rettender Liebe und lebendiger Wortverkündigung der Not abzuhelfen sei, auszusprechen. Eine einzigartige Plattform fand er dafür auf dem ersten deutschen Kirchentag zu Wittenberg, nachdem er schon vor Zusammentreten der Versammlung seine Teilnahme davon abhängig gemacht hatte, daß die Innere Mission auf das Programm gesetzt werde. Das wurde ihm zugesagt. Als man ihn aufforderte, gleich zu Beginn der Tagung ein ausführliches Wort über die Innere Mission, das für einen späteren Zeitpunkt angekündigt war, zu sagen, hielt er aus dem Stehgreif die berühmte Heroldsrede über die Innere Mission, auf die er sein Leben lang studiert hatte. Die Rede selbst ist nicht erhalten, nur einige Aufzeichnungen aus dem Protokoll. Seine Rede schloß mit folgenden Sätzen:

Es tut eins not, daß die evangelische Kirche in ihrer Gesamtheit anerkenne: Die Arbeit der Inneren Mission ist mein; daß sie ein großes Siegel auf die Summe dieser Arbeit setze: die Liebe gehört mir wie der Glaube. Die rettende Liebe muß ihr das große Werkzeug, womit sie die Tatsache des Glaubens erweist, werden. Diese Liebe muß in der Kirche als die helle Gottesfackel flammen, die kundmache, daß Christus eine Gestalt in seinem Volk gewonnen hat. Wie der ganze Christus in dem lebendigen Gotteswort sich offenbart, so muß er auch in den Gottestaten sich predigen und die höchste, reinste, kirchlichste dieser Taten ist die rettende Liebe. Die evangelischen Prediger müssen sich zuerst mit ihren Brüdern im Amt sammeln und in bezug auf das auf diesem Gebiet Versäumte Buße tun und durch ihre Buße die Gesamtheit der Gemeinde zur Buße bewegen. Die aus der Buße hervorgehen, werden im Glauben auferstehen zum großen Werk der Errettung des Volkes aus Sünde und Elend durch Christi Kraft und Herrlichkeit. Die Gesamtheit der Kirche erkenne solches Tun an. Alsdann wird der Kern und Schatz der evangelischen Kirche, das allgemeine Priestertum, das seinen Mittelpunkt und Schutz hat in dem von Gott verordneten Amt, es wahr machen, daß je mehr und mehr das Senfkorn der Inneren Mission wächst und als ein alles überschattender Baum die rettende Macht des Herrn an unser ganzes Volk verkündigt.

Wicherns Vorschlag zur Einsetzung eines Zentralausschusses als Mittelpunkt der Inneren Mission wurde angenommen. Wichern hatte seinen größten Tag erlebt. Er schrieb seiner Frau am Abend dieses 22.September: »Mir ist zumut, als könnte ich hier den Beruf meines Lebens schließen.«

Nun entstanden in allen Provinzen und Ländern der evangelischen Kirche die »Vereine für Innere Mission«. Wichern reiste im Jahr 1829 unermüdlich durch ganz Deutschland. Die Männer seines Vorstands hatten ihn dazu beurlaubt, weil ihnen nun die Augen aufgingen, was für einen Mann sie in Wichern hatten. Bis zum Jahre 1855 entstanden über hundert Rettungshäuser in deutschen Landen. Ein solcher Aufbruch zur Tat wurde Wicherns Bemühungen geschenkt.

Im Jahre 1851 reiste er nach England, fand aber wenig Verständnis dort, weil die kirchlichen Verhältnisse in England ganz anders als in Deutschland lagen. Im selben Jahr erhielt er von der Universität Halle den theologischen Ehrendoktor.

Wichern wird Geheimer Konsistorialrat und Mitglied des preußischen Oberkirchenrates

Nun waren ihm weitere Türen geöffnet, nicht nur in der Kirche, sondern auch im Staat. Friedrich Wilhelm IV. wollte das preußische Gefängniswesen neu ordnen. Dazu berief er ihn in den Oberkirchenrat und in das Ministerium des Innern als Vortragenden Rat für Gefängnis- und Armensache. Am 19. Februar 1857 siedelte er nach Berlin über. In diesem Doppelamt rieb er sich auf, zumal der bürokratische Betrieb ihn auf Schritt und Tritt hemmte. Er hatte seine Vollmacht als Beamter überschätzt und den Druck der Bürokratie unterschätzt. Nicht wenige Lutheraner nahmen Anstoß daran, daß er sich der preußischen unierten Landeskirche anschloß.

Er urteilt in einem Brief an seine Frau am 6. März 1857:

Der Mangel an Personalkenntnis und an Fühlung mit lebendigen Menschen ist eines der fressenden Übel dieser Zentralwirtschaft, sowohl der kirchlichen wie der politischen, deren Himmel und Macht zum großen Teil das leidige Aktenpapier ist.

So unterlag er in seinem Kampf um die Gefängnisreform, im Kampf für die Einzelhaft und im Kampf für ein gutgeschultes Wärterpersonal.

Doch gelang ihm nebenbei die Gründung des Johannesstiftes in Berlin und die Organisation der Felddiakonie, die sich in den Kriegen 1864, 1866 und 1870 bewährte.

Am 19. April 1866 traf ihn ein Schlaganfall, der die linke Seite lähmte und der sich nach acht Tagen wiederholte. Im Rauhen Haus erholte er sich rasch, um wieder die alte Arbeit in Berlin auf sich zu nehmen, von einer Versammlung und Sitzung in die andere zu

eilen und ganze Aktenstöße durchzuarbeiten.

In dem Vielerlei dieser Arbeit zersplitterte er sich und verlor den alten Schwung. Viele Leiden und Sorgen hatte er in seinem großen Familienkreis mit acht Kindern, die seine Kraft lähmten. Das geistliche Leben des Rauhen Hauses hatte in der Zwischenzeit stark gelitten. 1872 bekam er die Erlaubnis, wieder ganz ins Rauhe Haus zurückzukehren. Sein Sohn Johannes wurde dort sein Gehilfe. Im April 1874 wiederholte sich der Schlaganfall. Da erbat er sich die Entlassung aus seinen Ämtern in Preußen.

Wichern und die Erneuerung der Kirche

Wichern verstand unter Innerer Mission nicht nur die Barmherzigkeitsübung in Rettungshäusern und Anstalten, sondern vor allem die volksmissionarische freie Wortverkündigung durch eine Wiederbelebung des allgemeinen Priestertums, wie aus seiner Wittenberger Heroldsrede von 1848 ersichtlich ist. In der üblichen Konfirmationspraxis sah er einen Grundschaden der evangelischen Kirche. Jahrzehntelang ließ er diese Gedanken in der Stille ausreifen, bis er sie dann auf dem Kirchentag in Stuttgart öffentlich aussprach. Er sah in der üblichen Konfirmation das Kreuz christlicher Erziehung. Er wollte Einsegnung und Abendmahlsberechtigung voneinander trennen. Im Alter von achtzehn Jahren sollten die Eingesegneten sich freiwillig zum Abendmahl melden können und vor der Zulassung einen besonderen Unterricht mitmachen.

Diese volksmissionarischen und kirchlichen Reformgedanken sind bei der Fortführung seines großen Lebenswerkes bisher zu kurz gekommen. Sie stellen der heutigen und kommenden Kirche eine ernste Aufgabe.

Wicherns Schrifttum

Er hinterließ sechs Bände gesammelte Werke. Es sind meistens Gelegenheitsschriften und Tagebücher, die viele Einzelheiten bringen. Auf dem schriftstellerischen Gebiet lag nicht sein Auftrag. Er hatte die Aufgabe, Herold zu sein.

Der leidende Wichern

Sieben Jahre dauerte seine Leidenszeit. Die Lähmung schritt unaufhaltsam vorwärts. Es war ein erschütterndes Bild, die einst so hohe Gestalt mit den blitzenden Augen und dem in Güte und Tatkraft strahlenden Antlitz im Fahrstuhl zu sehen, eine Ruine. Er empfand sein Leiden, die Schwäche, Schmerzen und Schlaflosigkeit aufs tiefste.

Er schreibt:

Es wird mir jetzt immer mehr ein heiliger Ernst mit dem Heimgehen. Wie anders sind doch die irdischen Dinge, wenn man sich zum Sterben rüstet und wenn man sie mit den Augen dessen prüft, der alles und bis ins Herz sieht! Er helfe uns, daß wir vor ihm wandeln und seiner harren im Frieden. -
Wie unglücklich bin ich, daß mir Hand und Fuß und Gehör versagen.

Um sich zu beschäftigen, lernte er häkeln und stricken. Die letzten anderthalb Jahre waren sehr schwer für ihn, er verlor noch ganz die Sprache. Am 7. April 1881 entschlief er.

Sein letztes Vermächtnis lautete:

Wenn Gott es beschlossen hat, mich zu sich zu nehmen, so sollt Ihr, meine Lieben, wissen, daß mein einziges Gebet ist, daß ich selig werde, daß ich zu ihm komme und Frieden in ihm finde. Ich habe mich immer zu ihm bekannt, aber in großer Schwachheit. Er wird mir aber meine Sünden vergeben, darauf geht alle meine Hoffnung um seiner Liebe und Liebestat willen, um seines für mich vergossenen Blutes willen.

Wichern war ein Großer im Reiche Gottes. Er sah die Wurzel der Nöte in unserm Volksleben. Er war tatkräftig im Helfen, er hat seiner ganzen Kirche Wege der Hilfe gewiesen. Dabei hat er seine Kraft in der Fülle der Aufgaben restlos verbraucht. Sein Dienst war Opfer. Aber sein Werk ist geblieben, und wird bleiben, solange Menschen da sind, die um der Barmherzigkeit Gottes willen im Dienst an den Brüdern sich selbst zum Opfer bringen.

GUSTAV WERNER
(1809-1887)

Er wird zur tätigen Liebe berufen

Gustav Werner ist am 12. März 1809 in Zwiefalten als Sohn eines Forstkassiers, der es später zum Vorstand der Reutlinger Finanzkammer und zum Vizepräsidenten der Abgeordnetenkammer gebracht hat, geboren. Seine Eltern waren ernste und nüchtern fromme Leute. In seiner Jugend bekam er einen unvergeßlichen Eindruck dadurch, daß ihm seine

Gustav Werner

Großmutter das Fahnentuch seines Onkels, das er in den Befreiungskriegen mit seinem Leib gedeckt und mit seinem Blut getränkt hatte, zeigte und ihn ermahnte, treu zu sein bis an den Tod. Im Haus eines Onkels, der Pfarrer in Göppingen war, konnte er sich auf das Landexamen vorbereiten. Der nervenleidenden Tante wurde er ein teilnehmender kindlicher Freund und Tröster. Als er später das Seminar in Maulbronn beziehen konnte, tauschte er einmal seine neuen Stiefel mit den zerrissenen eines Handwerksburschen, den er auf dem Weg nach seiner Heimat Reutlingen traf. Er bekam bei seiner Entlassung in Maulbronn das Zeugnis: »Sittlich, religiös, zu viel Gefühl ohne die gehörige Energie.« Im Stift zu Tübingen studierte er Theologie, wurde aber von der trockenen Gelehrsamkeit abgestoßen. Da machte ein Wort aus Swedenborgs Schriften, die er in einer befreundeten Tübinger Familie kennenlernte, tiefen Eindruck auf ihn: »Es ist kein Sandkorn groß mehr Wahrheit beim Menschen als Gutes; daher kein Körnlein Glauben mehr als Leben. Glauben und Leben gehen zusammen.« Dieser Satz wurde geradezu das Programm seines Lebens. Er suchte seinen Glauben in der Liebe zu erweisen. Gefährlich wurde es für ihn, daß er dadurch in die Swedenborgschen Kreise geriet. Seine Eltern kämpften gegen diese schwärmerische Neigung. Er versprach dem Vater, Swedenborgs Schriften nicht mehr zu lesen. Aber er kam nicht los von den Swedenborgianern, von denen einer durch den Sieg Swedenborgscher Gedanken das Paradies auf Erden herzustellen hoffte, aber seine eigene Frau im Elend sitzen ließ und von ihrem Vermögen, das er ihr entzogen hatte, lebte. Dieser Mann folgte ihm auch nach Straßburg, wohin Werner zum Studium übersiedelte. Der Straßburger Aufenthalt war für ihn entscheidend; denn dort geriet er in den frommen Freundeskreis, der sich einst um Oberlin, den berühmten Pfarrer vom Steintal, geschart hatte. Der wohlhabende Kaufmann Caspar Wegelin, der Freund Oberlins, begeisterte ihn für das praktische Christentum, das der Wohltäter des Steintals ausgeübt hatte. Sterbend gibt er ihm den Ring Oberlins, den dieser ihm einst mit der Bitte geschenkt hatte, ihn einem würdigen Nachfolger zu geben. Das ist die Stunde seiner Berufung zur tätigen Liebe. Mit neuer Freudigkeit und Zuversicht kehrte er in seine Heimat zurück und bekam durch den Oberkirchenrat die Vikarstelle in Walddorf bei Tübingen nachdem er schriftlich versichert hatte, sich aller Irrlehren in Predigt und Unterricht zu enthalten.

Mit Feuereifer geht er an seine Arbeit. Er will nicht nur die Rechtfertigung des Sünders predigen, sondern das Dorf zur tätigen Liebe umgestalten. An der Wand seines Zimmers hängt ein einziger Spruch, der er von Straßburg mitgebracht hat und der uns einen Einblick gibt in seine innersten Beweggründe:

Ihr, die ihr den Herrn liebet, lasset euch keine Ruhe und lasset ihm keine Rast, bis daß er Jerusalem herstelle in einem Stand der Herrlichkeit auf Erden.

Arme verwahrloste Kinder einer kranken Witwe erregen sein tiefstes Erbarmen. Aber sein Aufruf an die Gemeinde, sich dieser Armen anzunehmen, stößt auf den harten Widerstand der Bauern, die die Armut der Frau als Strafe für ihre Trägheit ansehen. Seine Predigt ist Bußpredigt und wird immer dringlicher. Die Kirche füllt sich mehr und mehr. Aber es bleibt alles beim alten in dem Leben der Leute. Nur das »Bäsle«, eine arme, kleine, unscheinbare Person, nimmt sich der Kinder an, bringt ihnen zu essen und näht ihnen Kleider. Als er die Alten nicht ändern kann, wirft er seine ganze Liebe in die Arbeit an der Jugend. Er gewinnt das »Bäsle« wie weiland Oberlin die Luise Scheppler für eine Kinderschule und Industrieschule. In Reutlingen läßt er sie in Handarbeiten ausbilden. Als sie wiederkehrt, kommt die Schule in Gang und wird von einer großen Schar Kinder und Mädchen besucht. Auf das Backhaus in Walddorf wird ein Stock aufgebaut, wo die Kinder- und die Industrieschule und die Stube der wackeren Gehilfin untergebracht werden. Als die arme Witwe stirbt und niemand ihre sechs Kinder nehmen will, nimmt er eines der Kinder und verzichtet auf sein Abendessen, um das Kind zu ernähren. Das »Bäsle« versorgt das arme Kind, zu dem bald noch andere Kinder kommen. Werner findet in Reutlingen treue Freunde, die er in Privatversammlungen mit Gottes Wort zur Liebestat stärkt. Auch da und dort in den Gemeinden hält er Erbauungsstunden. Als ihm das auf einen heftigen Angriff im demokratischen »Beobachter« hin vom Oberkirchenrat verboten wird, legt er sein Vikariat nieder. Er siedelte am 14. Februar 1840 mit zehn armen Kindern und zwei Gehilfinnen nach Reutlingen über. Die Schulkinder von Walddorf nahmen unter heißen Tränen von ihrem geliebten Vikar Abschied und sangen ihm das Lied: »Befiehl du deine Wege«.

Das Werk

– Das Bruderhaus in Reutlingen

Der Vikar mit den zehn armen Kindern fand in Reutlingen freundliche Aufnahme und aufrichtige Freunde. Ein Kreis junger Mädchen und Frauen versammelt sich morgens von fünf Uhr an, um Handarbeiten zu fertigen, die sie zum Besten der Anstalt verkaufen. Mit dem Erlös gelingt es, einen kleinen landwirtschaftlichen Betrieb zu erwerben. Aus dem Kreis dieser Mädchen stammt seine Frau Albertine geb. Zwister, die ihm eine treue Gehilfin wird und in ihrer kinderlosen Ehe sich mit ihm verzehrt im Dienst an den Armen.

An ihrem Sterbebett schreibt er:

Wenn ich müde wurde, warst du frisch; wenn ich zweifelte, hast du geglaubt; wenn ich zu weich war, warst du streng; wenn ich verschwenden wollte, hast du gespart. Nun habe ich niemand mehr, zu dem ich kommen darf; denn niemand will meine Sorgen mittragen wie du. Nun bin ich ganz auf Gott geworfen, allein mit ihm muß ich mich vollends durchkämpfen bis zum Ende.

Die Pfeiler, auf die er sein Werk baute, waren Arbeit, Liebe, Freude und Frömmigkeit. Morgens um vier Uhr war er der erste und abends um zwölf Uhr der letzte an der Arbeit. So viel als möglich sollte das Werk sich selbst erhalten. Sein Werk wuchs rasch. 1862 hatte er Heimaten für 437 Kinder in 20 Anstalten. Und dabei waren 84 Männer und 143 Frauen seine Hausgenossen, die ihr Leben ohne Lohn einsetzten für den Dienst an den Gebrechlichen und Kindern in einer Art christlichem Kommunismus. Ohne die aufopfernde Liebe dieser Brüder und Schwestern wäre es unmöglich gewesen, die Anstalten zu gründen und auszubauen. In einer weitverzweigten Vortrags- und Reisetätigkeit gewann er diese Menschen zur Mithilfe. Doch hat die kommunistische Form sich nur bei Ledigen bewährt. Sobald Familien entstanden, war das eigene Interesse so stark, daß sie aus dem Rahmen der Bruderschaft herausfielen. Auch wurde er mannigfach von Menschen enttäuscht, denen er zu schnell sein ganzes Vertrauen entgegenbrachte. Manche haben sich überhoben, wurden herrschsüchtig, gewalttätig und unverträglich. Als die große Krise seines Werks im Jahre 1861 eintrat, haben ihn viele verlassen. So schmolz noch zu seinen Lebzeiten ihre Zahl sehr zusammen.

Seine Hausgenossen waren angezogen von den großen Gedanken, die ihn beseelten: Erneuerung der Kirche und des Volks durch tätige Liebe. Die Hausgenossen brachten gewerbliche Kenntnisse und Fertigkeiten mit zum Dienst des Hauses. Da Vater Werner seine heranwachsenden Kinder in seiner Obhut behalten wollte, war er genötigt, ihnen die Möglichkeit einer Berufsausbildung und -ausübung zu verschaffen.

– Die landwirtschaftlichen Tochteranstalten

In den Hungerzeiten der fünfziger Jahre, als eine Kartoffelkrankheit und mehrere nasse Jahre eine große Not, vor allem in den Schwarzwaldbezirken, verursachten, wurde er nach Fluorn zur Hilfe gerufen. Dort waren die meisten Bürger um ihre Äcker gekommen, die sie aus Hunger versteigern mußten. Die Leute waren so entkräftet, daß sie nicht mehr arbeiten konnten. Da nahm er 40 ver-

wahrloste Kinder in eine Mühle auf, die er mit 40 Morgen Feld für ein billiges Entgelt erwerben konnte. Zwei zuverlässige Brüder aus dem Reutlinger Haus, Christian Härlen und Gerhard Krumm, arbeiteten sich durch bergehohe Schwierigkeiten hindurch, verwandelten die Wildnis in fruchtbares Land und schafften einen blühenden Gottesgarten aus ihr, der die 40 Kinder ernähren konnte. Im Laufe der nächsten Jahre entstanden 20 ähnliche Anstalten, die sich untereinander aushalfen und brüderlich miteinander verbunden waren.

– Die Fabrikbetriebe

Es war eine ganz große Tat, als er, ohne sich mit jemand vorher zu beraten, im Vertrauen auf Gottes Beistand im Jahre 1850 eine leerstehende bankrotte Papierfabrik in Reutlingen kaufte. Er erkannte in der Fabrik die wirtschaftsgestaltende Macht der Zukunft. Er ahnte, daß durch Profitgier und soziale Ungerechtigkeit das Reich Gottes eine mächtige Schädigung erleiden müsse, wenn es nicht gelänge, auf dem Gebiet des Fabrikwesens soziale Gerechtigkeit und tätige Liebe zum Sieg zu führen.

In diesem Gebiet hat der Gott dieser Welt seinen Thron aufgeschlagen. Er ist nur dann überwunden, wenn ihm dieses Gebiet entrissen ist. Hier liegt der Schlüssel zur Weltherrschaft. Darum muß er für Christus erkämpft werden, wenn er die Reiche der Welt nicht auf dem Papier, sondern in Wirklichkeit einnehmen soll.

In die neugekaufte Fabrik warf er seine besten Kräfte. Seine Hausgenossen, die ohne Lohn darin arbeiteten, betrachtete er als Teilhaber des Geschäfts. Mit den Arbeitern aus der Stadt, die gegen Lohn arbeiteten, wollte er eine christliche Arbeitsgemeinschaft herstellen. Die Arbeit sollte mit dem Kapital in ein gerechtes Gleichgewicht gebracht werden. Der Arbeiter sollte von übermäßiger Arbeit freigehalten, und für seine sittliche Bildung und Verbesserung seiner wirtschaftlichen Lage sollte Sorge getragen werden. Wenn auch diese Hochziele nur teilweise erreicht wurden, so hat sich der Plan Werners, durch diese Großbetriebe die Mittel zur Versorgung seiner Anstalten zu gewinnen, nach Überwindung der Anfangsschwierigkeiten bewährt.

Zur Eröffnung der Papierfabrik dichtete er:

Rolle, rüstige Turbine, hauch dem Werke Leben ein,
daß sich rege die Maschine und die Räder groß und klein!
Schaff' dem Armen seine Speise und dem Nackenden sein Kleid,
herrschen mög' in unserem Kreise Liebe und Gerechtigkeit.

Später wurde die Papierfabrik, da das Papier infolge des durch Färbereien getrübten Wassers nicht hell weiß wurde, in eine Maschinenfabrik umgewandelt, die heute 300 Menschen beschäftigt. Dazu kamen 1875 eine bedeutende Möbelfabrik und weitbekannte Lehrlingswerkstätten. Ende der fünfziger Jahre baute Werner eine große Papierfabrik in Dettingen bei Urach, die trotz größter Opfer seiner Hausgenossen sein ganzes Werk in Gefahr bringen sollte, da seine Gläubiger mißtrauisch wurden und ihm die Kredite entzogen. 1863 mußte er, um seine Gläubiger zufriedenzustellen, vierzehn seiner landwirtschaftlichen Anstalten verkaufen, um einen Aktienverein zu gründen, an dem der württembergische Staat sich mit 50 000 Gulden beteiligte. Aber jetzt waren ihm durch den Aktienverein die Hände zu neuen Unternehmungen gebunden. Er kam sich vor wie ein Krieger, der den Hall der Posaune, die zum Kampfe ruft, hört und sich nicht beteiligen kann, weil er in Ketten liegt. Von nun an konnte er eine Neugründung nicht mehr vornehmen; er mußte sich darauf beschränken, das, was ihm erhalten geblieben war, zu pflegen und auszubauen. Auch seine Reisetätigkeit hörte auf.

Der Vater der armen Kinder

Wenn er von seinen Reisen zurückkehrte, hingen sie an seinem Arm. Er spielte mit ihnen David und Goliath. Abends betete er mit seinen Kindern, die um ihn her im weißen Nachthemdchen knieten. Dann segnete er sie und gab jedem den Gutenachtkuß. Später nahm er auch Gebrechliche und Krüppel und Schwache in die Anstalten auf.

Anhänger und Gegner

In seinen vielen Vorträgen forderte er die Kirche machtvoll auf, aus ihrer paulinischen Richtung zur johanneischen Richtung, zur Verwirklichung der auf dem Glauben beruhenden Nächstenliebe fortzuschreiten. Er erhoffte sich davon eine Erneuerung der Kirche und des Volkslebens und eine Gewinnung der ganzen Menschheit für den König Christus in absehbarer Zeit. Daraufhin richteten seine Gegner unter den Pfarrern und Gemeinschaftsleuten scharfe Angriffe gegen ihn und verdächtigten ihn als Schüler Swedenborgs. Die Kirchenbehörde verlangte von ihm die ausdrückliche Anerkennung des Augsburgischen Bekenntnisses. Aber Werner glaubte, diesen Zwang aus inneren Gründen ablehnen zu müssen. Daraufhin wurde er 1851 aus der Liste der Württembergischen Pfarrer gestrichen. Doch er ertrug das mit demütiger Geduld.

Enttäuschungen

Im Jahre 1883 brannte die landwirtschaftliche Anstalt Schernbach, die ein Freund für ihn einst zurückgekauft und neu hatte herrichten lassen, ab. Ein Schweizer Kind, das er ganz verwahrlost aufgenommen hatte, hatte das Haus angezündet aus Zorn, weil es Schläge bekommen hatte, als es fortgesetzt seine Milch nicht trinken wollte. In tiefem Schmerz spricht er mit dem Kind:

Solang man jung ist und nicht folgen will, bekommt man von den Menschen Schläge. Später schlägt einen der liebe Gott.

Er betet mit dem Kind und verzeiht ihm. 1884 brennt das alte Haus in Göttelfingen ab. Ein Erwachsener hat es aus Rache angezündet, weil man ihn wegen Unverträglichkeit entlassen hat.

Trotz allem wird er nicht müde; er will, daß die Kinder sich einer freundlichen Heimat erfreuen, »weil sie dann edeln Gefühlen und Gesinnungen eher zugänglich sind als andere, die in kümmerlichen und unfreundlichen Verhältnissen aufwachsen«.

Am 2. August 1887 entschlief Werner in seinem selbsterbauten Krankenhaus nach wochenlangem Leiden.

GEORG MÜLLER (1805-1898)

Er kommt in jungen Jahren auf die Wege des Lasters und wird durch die Gnade des Herrn wunderbar bekehrt.

Georg Müller ist am 27. September 1805 in Kroppenstädt bei Halberstadt als Sohn eines Steuereinnehmers geboren. Er wurde durch seinen Vater ohne Zucht erzogen und seinem Bruder vorgezogen. Er bekam zu viel Geld in die

S. 447:
Georg Müller

Hand. Der Vater meinte, ihn dadurch zum rechten Gebrauch des Geldes zu führen. Aber die Rechenschaft über die Geldausgaben, die der Vater ab und zu verlangte, verführte den Jungen zu Lüge und Betrug. Früh wurde er ein Dieb, sogar die Staatsgelder, die seinem Vater anvertraut waren, waren vor ihm nicht sicher. Der Vater schickte ihn ins Gymnasium nach Halberstadt. Dort geriet er in schlechte Gesellschaft. Kartenspiel und Trunk wurden schon dem Vierzehnjährigen zur Leidenschaft. Der Konfirmandenunterricht führte zur weiteren Verstockung, weil er heilige Dinge unheilig behandelte. Vor dem ersten Abendmahlsgang betrog er noch seinen Pfarrer. Dieses Leben setzte er fort, bis er wegen Zechprellerei ins Gefängnis kam. Nun gab er sich eine Zeitlang Mühe, nach außenhin tugendhaft zu sein. Er lernte fleißig, führte aber im geheimen sein lasterhaftes Leben weiter, wiewohl er manchmal gute Vorsätze faßte. Wenn ihn seine Verschwendungssucht in Schulden gestürzt hatte, nahm er seine Zuflucht zu Betrügereien. Nach dem Abitur fing er an, in Halle Theologie zu studieren, wobei es ihm vor allem darum ging, als Pfarrer ein angenehmes, gesichertes Leben zu führen. Mit leichtsinnigen Kameraden unternahm er eine Schweizer Reise. Die Mittel dazu waren von den Eltern erschwindelt. Er führte den Beutel und verstand es, ein Drittel der eigenen Reisekosten aus dem Geld seiner Gefährten zu bestreiten. Einer seiner Genossen legte nach der Reise reumütig dem eigenen Vater ein Schuldbekenntnis ab. Er war durch einen christlichen Freund mit einem einfältigen Christen, Veit Wagner, bekanntgeworden, der in seiner Wohnung Erbauungsstunden hielt. Er lud eines Samstags abends Georg ein, mitzukommen. Es wurde eine Predigt gelesen und dann aus dem Herzen gebetet. Georg war dadurch so angesprochen, daß er zu seinem Kameraden sagte: »Alles, was wir auf unserer Schweizer Reise sahen, und alle unsere früheren Vergnügungen sind nichts im Vergleich zu diesem Abend.« Als er nach diesem Abend im Bett lag, kam ein nie gekanntes Gefühl von Frieden und Freude über ihn. Er versäumte diese Stunden nicht mehr und fing an, zu Hause das Gebet auf den Knien zu üben. So wurde er ein neuer Mensch. Die Übersetzung einer französischen Novelle, die er gefertigt hatte, um Geld zu verdienen, verbrannte er. Das Wort Gottes wurde ihm lieb. Als er sich gedrängt fühlte, seinem Vater und seinem Bruder Zeugnis zu geben von dem neuen Leben, das in ihm war, erklärte ihm der Vater zornentbrannt, daß er ihn nicht mehr als seinen Sohn betrachte. Georg wurde es dadurch klar, daß er, um sich seine Unabhängigkeit zu wahren, von seinem Vater kein Geld mehr annehmen dürfe. Um diese Zeit war Professor Tholuck nach Halle gekommen, der ihn mit seiner Predigt mächtig ergriff und das Missionsinteresse in ihm wachrief. Tholuck sorgte dafür, daß er einigen amerikanischen Studenten Sprachunterricht geben konnte. So gewann er seinen Lebensunterhalt.

Seinen ersten Predigtversuch machte er im Jahre 1826. Die wohlmemorierte Predigt am Vormittag hatte wenig Frucht. Als man ihn bat, auch einen Nachmittagsgottesdienst zu übernehmen, war er ratlos, weil er nicht vorbereitet war. Da wagte er es, Matth. 5 zu lesen und schlicht auszulegen. Nun wurden ihm die Lippen geöffnet, und er fühlte sich wunderbar getragen. Dabei entdeckte er, daß die wichtigste Vorbereitung zur Predigt das Gebet ist. Inzwischen fand er ein freies Quartier in dem Franckeschen Waisenhaus zu Halle. Unter Gebet und treuem Bibellesen reifte er innerlich weiter. Es entstand bei ihm der Wunsch, Missionar zu werden. Tholuck fragte ihn, ob er bereit sei, unter den Juden zu arbeiten. Die Londoner Missionsgesellschaft machte ihm den Vorschlag, ein halbes Jahr nach London zu kommen, um sich als Missionszögling vorzubereiten. In London erfuhr er von einem Zahnarzt, der ein hohes Einkommen aufgegeben hatte, um Missionar in Persien zu werden. Da ihn die Londoner Mission sehr lange warten ließ, fing er an, nur im Auftrag des Herrn unter den Juden in London zu missionieren. Von einer Gemeinde Taignemouth wurde er wiederholt zum Predigen aufgefordert. Die Gemeinde, die nur achtzehn Glieder hatte, berief ihn einmütig zu ihrem Prediger mit einem Jahresgehalt von 55 Pfund.

Im Jahre 1830 entschloß er sich, kein festes Gehalt mehr anzunehmen. Ihm schien die Art und Weise, wie die Gehälter für den Prediger zusammengebracht wurden – so auch durch Vermieten von Kirchstühlen –, nicht schriftgemäß zu sein. Im selben Jahr fand er in der Schwester jenes Zahnarztes eine treue Gattin, die bereit war, mit ihm sich völlig dem Dienst des Herrn hinzugeben. Im buchstäblichen Gehorsam gegen Luk. 12,33 verkauften sie alles, was sie hatten, um Almosen zu geben. Sie wollten ihr Vertrauen ganz auf den Herrn setzen, der für die Seinen sorgt, und sie wurden nicht zuschanden. In dieser Zeit fing Georg Müller an, sein Tagebuch zu führen, indem er sein Leben lang seine Not, sein Gebet und die erfahrene Gotteshilfe sorgfältig und genau aufgezeichnet hat. Es sollte ein Denkmal sein, daß auch die glaubensarme Christenheit erkenne, daß Gott lebt und zu seinem Worte steht. Er beschloß, keine Schulden zu machen und keine Schenkung anzunehmen, die aus Ehrgeiz oder unwillig gegeben wurde. 1832 platzte ihm ein Blutgefäß im Magen. Im Glauben wagte er es, am folgenden Tag an vier verschiedenen Orten zu predigen, und er wurde eher gestärkt als geschwächt. So bekannte sich der Herr zu seinem Glauben.

Eins der Waisenhäuser Georg Müllers

Sein Lebenswerk im Glauben

Im Frühjahr 1832 rief ihn der ihm sehr verbundene Bruder Craik zur Mithilfe bei einer Evangelisation nach Bristol. Auf ihrer Arbeit lag ein so sichtbarer Segen, daß sie daraus schlossen, der Herr habe sie für diese Stadt bestimmt. So siedelten sie im Mai nach Bristol über. Im Februar hatte er begonnen, die Lebenserinnerungen August Hermann Franckes, des Gründers der Halleschen Waisenanstalten, zu lesen. Am 12. Juli 1833 fing er an, morgens um acht Uhr auf die Straße zu gehen und arme Kinder zu sich zu rufen. Er gab ihnen ein Stück Brot zum Frühstück und unterrichtete sie dann eineinhalb Stunden im Lesen und las ihnen aus der Bibel vor. Dasselbe tat er auch an erwachsenen Armen. Er vertraute darauf, daß der Herr ihm die Mittel dazu darreichen werde. Und sie wurden ihm gegeben. Am 20. Februar 1834 gründete er unter viel Gebet und Flehen die Anstalt zur Ausbreitung der Schriftkenntnis für England und den Kontinent. Er hatte erkannt, daß die bestehenden Gesellschaften eine unrichtige Stellung zur Welt einnahmen. Man verwandte nichtschriftgemäße Mittel, um zu Geld zu kommen, nahm Hilfe von unbekehrten Personen an, suchte Schutz und Gunst von Weltleuten und machte ohne Bedenken Schulden. Diese Fehler wollte er in seinem neuen Werk vermeiden. Am Ende des Jahres bekennt er in seinem Tagebuch voll Dank, daß der Herr sein Werk hatte wachsen lassen. Es waren in der Sonntagsschule seiner Gemeinde 120 Kinder, in den Bibelkreisen der Erwachsenen 40, in den 4 Alltagsschulen 209 Knaben und Mädchen. 482 Bibeln und 520 Neue Testamente waren in Umlauf gesetzt und 75 Pfd. Sterling für Missionszwecke verwendet worden. Im November 1835 kam ihm wieder Franckes Lebensbild in die Hand. Er hatte auf sein Gebet hin zehn Pfd. Sterling für einen anderen Zweck bekommen. Das machte ihm Mut, eine Versammlung anzusetzen, in der der Plan, ein Waisenhaus zu eröffnen, den Brüdern vorgelegt wurde. Das Wort aus Ps. 81, 11: »Tue deinen Mund

Zwei Kinder aus Georg Müllers Waisenhaus in Bristol.

Knaben. Dabei war er oft krank und konnte wegen einer Kopfschwäche acht Wochen lang nicht reden. Er beobachtete bei seiner Krankheit, daß Gebet und Bibellesen ihn stärkten. Da machte er sich los von aller Sorge um seinen Leib, besonders von der ängstlichen Beobachtung seiner selbst, der Krankheitssymptome und Rückfälle. Dabei wurde ihm so viel Kraft geschenkt, daß er bis in sein dreiundneunzigstes Lebensjahr unablässig tätig sein konnte. 1838 las er das Lebensbild des großen Evangelisten Whitefield. Die unvergleichliche Fruchtbarkeit Whitefields war seinem mächtigen Gebetsgeist und seiner Gewohnheit, die Bibel auf den Knien zu lesen, zuzuschreiben. Das begann nun auch Müller nachzuahmen, nach der Aufforderung des Hebräerbriefes: Folget ihrem Wandel nach!

Mit seinen Waisenhäusern kam er oft in Geldnot. Gott ließ ihn oft lange warten. Aber er blieb dabei, keinen Menschen zu bitten, keine Schulden zu machen und sein einziges Vertrauen im Gebet auf die Hilfe Gottes zu setzen. Von diesem Grundsatz ist er nie abgewichen. Als sie einmal in besonderer Geldnot waren, besuchten ihn ein Herr und einige Damen, die erstaunt feststellten, wieviel Kapital nötig sei, um für die vielen Kinder zu sorgen. Er wurde gefragt: Haben Sie genügend Kapital? Die Antwort war: Unsere Kapitalien sind bei einer Bank niedergelegt, die nicht in Konkurs gehen kann. Da gab der Besuch eine Fünfpfundnote zum Geschenk, das sehr willkommen war, weil das Geld im Hause vollständig aufgebraucht war. 1845 legt er das Zeugnis ab:

Obschon etwa sieben Jahre lang unsere Hilfsmittel so erschöpft waren, daß es verhältnismäßig ein seltener Fall war, wenn wir auf drei Tage im voraus das Nötige für die Waisenkinder hatten, war ich doch nur einmal in Versuchung, im Glauben schwach zu werden, und das war am 18. September 1838, als Gott zum ersten Male nicht auf unser Gebet zu hören schien. Aber als dann die Hilfe kam und ich sah, daß es nur auf eine Glaubensprobe für uns abgesehen war und daß er das Werk keineswegs vergessen hatte, wurde meine Seele so gestärkt und ermutigt, daß ich seit jener Zeit nicht nur nie dem Herrn mißtraut habe, sondern auch in der größten Armut nie niedergedrückt war.

Im Jahre 1845 wurde es ihm klar, daß er ein großes Waisenhaus bauen sollte. Die Hausgemeinde und er fingen an, um das Geld zu beten. Nach 400 Tagen wa-

weit auf, laß mich ihn füllen« stärkte seinen Glauben so, daß er im Vertrauen auf dieses Wort um einen Bauplatz, 1000 Pfd. Sterling und geeignete Hilfe zur Aufsicht der Kinder bat. Kein Schritt wurde hastig getan. Er hatte es gelernt, geduldig auf Gottes Hilfe zu warten. Die erste größere Gabe wurde von einer armen Näherin geopfert, die 100 Pfd. Sterling, damals etwa 2000 DM, brachte. Ein Haus wurde gemietet und bezogen. Bald kam ein zweites und ein drittes Haus dazu. Auch das Werk zur Verbreitung der Schriftkenntnis war gewachsen. Jetzt wurde ihm persönlich klar, daß er sich in die Stille mit Gott zurückziehen müsse und mehr für die anvertraute Herde, deren Zahl auf 400 Mitglieder gestiegen war, zu sorgen habe. 1837 mietete er das dritte Waisenhaus für

ren 9000 Pfd. Sterling beisammen als Antwort auf des Gebet des Glaubens. Am 26. Mai 1856 waren 30 000 Pfd. für das zweite Waisenhaus beisammen, und 400 neue Waisen zogen ein. Das dritte Waisenhaus wurde 1862 eröffnet, 1868 das vierte und 1876 das fünfte. Die Häuser boten Platz für 2000 Waisenkinder. Das Geld war ihm alles dargereicht worden. Gott schenkte ihm in seinem Schwiegersohn Wright, der seine einzige Tochter Lydia geheiratet hatte, den gleichgesinnten Mitarbeiter und späteren Nachfolger.

Die letzten siebzehn Jahre seines Lebens verbrachte er auf großen Reisen, die ihn in alle Weltteile führten und vielen Menschen zum Segen werden ließen.

Am 10. März 1898, nachdem er am Abend vorher noch die Gebetsstunde in seiner Kapelle geleitet hatte, fand man ihn tot vor seinem Lager. Seine Demut spricht aus folgendem Wort:

Siebzig Jahre lang versuchte ich, der Gemeinde vor Augen zu stellen, daß ein Mensch sich nichts nehmen kann, es werde ihm denn von oben gegeben, und daß daher der große Geber und nicht der arme Empfänger zu verherrlichen ist.

ADOLF STOECKER
(1835-1909)

Am 11. Dezember 1835 wurde Christian Adolf Stoecker als Wachtmeistersohn in Halberstadt geboren. Zu Ostern 1854 machte er dort sein Abitur, studierte dann in Halle und Berlin, bestand 1859 sein erstes und zweites Examen und war dann dreieinhalb Jahre in Kurland bei dem Grafen Lambsdorff Hauslehrer. 1862 bis 1865 war er Pfarrer in Seggerde, dann fünf Jahre in Hamersleben. 1871 wurde er nach Metz gerufen. Am 18. Oktober 1874 berief ihn der Kaiser zum vierten Hofprediger nach Berlin. Am 12. Mai 1867 hatte er Änne Krüger, die zarte Tochter des Kommerzienrates Krüger, heimgeführt. Sie war die Seele seines Hauses, das wohl kinderlos, aber immer voll von fröhlichen Gästen war, die die Güte und der Geist des miteinander innig verbundenen Paares anzogen.

Am 9. März 1877 übernahm Stoecker die Leitung der Berliner Stadtmission. Am 3. Januar 1878 gründete er die Christlich-soziale Partei. 1890 wurde er

Mädchen aus einem der Waisenhäuser Müllers bei der Gymnastik

aus seinem Hofpredigeramt entlassen. Im selben Jahr rief er den Evangelischsozialen Kongreß ins Leben. Am 7. Februar des Jahres 1909 entschlief er.

Sein Elternhaus

Als Wachtmeisterssohn aus niedersächsischem Stamm wuchs er in der Kaserne zu Halberstadt auf, von Kind an bei den Kürassieren mit ihren Pferden heimisch, in Leibesübungen und körperlicher Gewandtheit, an geistiger Beweglichkeit und schneller Auffassungsgabe allen voraus. Sein Vater war der schlichte, bis auf die Knochen königstreue Soldat und Beamte. Von seiner Mutter schreibt Adolf, daß sie, eines ehrsamen Schneidermeisters Tochter, »von großer Kraft des Willens war, reich mit Phantasie begabt, voll starker Entschlüsse, die sie um jeden Preis in die Tat umsetzte«. Um ihren Kindern eine gute Bildung zu ermöglichen, haben beide Eltern sich in größter Anspruchslosigkeit durchgehungert. Der Sohn selbst, ein glänzender Schüler, half durch Studengeben. Auf diese Weise kam er in das Haus des Justizrats Krüger und lernte dort ein nüchternes Erweckungschristentum kennen. Zu Hause war er in einer mehr gesetzlichen kirchentreuen Frömmigkeit erzogen worden und war mit der Welt des Gesangbuchs, der Bibel und des Katechismus vertraut. Der Domprediger Hugo Lange sammelte die erweckten Kreise der Stadt um sich und nahm sich des Primaners auch seelsorglich an. Stoecker nennt seine Predigten »Zeugnisse, die gewiß zu dem größten gehören, das jemals auf der Kanzel gesagt ist«.

Von dem Kreis um Hugo Lange bekennt Stoecker:

Adolf Stoecker (1835-1909)

Im Jahre 1854 zog er zum Studium nach Halle in ein niedriges Dachstübchen. Eine Tasse Sauermilch mit trockenem Brot war sein Mittagsmahl; Freitische, die ihm Tholuck verschaffte, waren Höhepunkte des Genusses. Um vier Uhr begann er im Sommer sein Studium. In jeglichem jugendlichen Sport zeichnete er sich aus. Er gehörte zu den Korpsstudenten und besaß die Kraft, sich vom Kneipenleben vollkommen fernzuhalten. Als ihm das Leben des Korps immer anstößiger wurde, gründete er das Korps Borussia, dem er als Erstchargierter allgemeine Achtung erwarb.

Die Theologie hatte ihm im allgemeinen nicht viel zu geben vermocht. Tholuck war alt. Nitzsch macht ihm »von allen lebenden Menschen, mit denen er zusammengekommen ist, den tiefsten, geistlichsten und geheiligtsten Eindruck«, doch dessen Theologie war ihm zu sehr Vermittlungstheologie. Stoecker war in seinem inneren Glaubensleben und Charakter schon geprägt, ehe er die Universität bezog. Als Hauslehrer bei dem Grafen von Lambsdorff in Kurland hat ihn die freimütige, furchtlose Art des Grafen in seinem Wesen gefestigt. Ehe er auf seine Dorfpfarrei Seggerde zog, machte er ein glänzendes Oberlehrerexamen. Hatte er doch im Hause Lambsdorff in den dreieinhalb Jahren seiner dortigen Tätigkeit seine pädagogischen Fähigkeiten unter Beweis stellen können.

Im Pfarramt: Vom Dorf über die Kleinstadt und Garnisonstadt nach Berlin als Hofprediger

Seinem Patron schien sich das kirchliche Leben im sonntäglichen Hauptgottesdienst zu erschöpfen. Hausbesuch, Bibelstunde waren für ihn überflüssige Frömmelei. So hielt sich die Gemeinde, als Stoecker sie zur Bibelstunde einlud, furchtsam zurück. Nur der Dorfhirte erschien als einziger bei seinem Pastor zur Bibelstunde. Aber dem Gebet der beiden wurde es geschenkt, daß die ganze Gemeinde aufwachte. Sämtliche Dorfbewohner nahmen schon im zweiten Jahr am Tisch des Herrn teil. Stoecker hinterließ ein Interesse für die Äußere Mission, das noch Jahrzehnte später in Seggerde lebendig war. Das Kon-

Wenn ich an diese Zeit zurückdenke, so wird mein Herz von tiefster Dankbarkeit erfüllt; denn unter diesen lieben, aufrichtigen, zum Teil bedeutenden Menschen habe ich ein Christentum der Gemeinschaft kennengelernt, das mir die Seligkeit brüderlicher und schwesterlicher Zusammengehörigkeit aufschloß. So tief bin ich damals in die Lebensmacht des Christentums hineingeführt, daß ich von da ab niemals wieder in ernstliche Zweifel oder Anfechtungen des Glaubens gefallen bin. Um so stärker wurden die Anfechtungen von außen her. Die Pietisten des kleinen Christenkreises wurden verspottet und gehaßt. Ich habe gleich bei meinen ersten Schritten im Reiche Gottes lernen müssen, daß Gottes Freundschaft der Welt Feindschaft bringt.

Als er sein Abitur mit Auszeichnung bestand, konnte er den Entschluß verwirklichen, zu dem er sich unter Hugo Langes Kanzel durchgerungen hatte: Theologe zu werden.

sistorium versetzte ihn jetzt nach Hamersleben in ein verwahrlostes Kirchspiel. Die Mischehen waren fast alle katholisch, der Sonntag entheiligt, evangelisches Glaubensleben fast erloschen. Seine kräftige Predigt, seine fleißigen Hausbesuche, seine stramme Kirchenzucht – den Beschluß des Presbyteriums, Männer, die ihre Kinder katholisch werden lassen, in feierlicher Verkündung im Gottesdienst zu exkommunizieren, hatte er herbeigeführt und durchgeführt – brachten einen großen Aufschwung im Gemeindeleben. Seine Frau Änne war ihm dabei eine treue Gehilfin. Es packte ihn in dieser Zeit die soziale Frage. Der Unterschied zwischen den in der Knappschaft organisierten und dadurch gehobenen und gesicherten Bergleuten und den nicht organisierten Arbeitern der Zuckerfabriken, die in zwölfstündiger Arbeit für wenig Lohn in Verbitterung für ihre immer reicher werdenden Fabrikherrn schaffen mußten, war zu groß. Auf dem Stuttgarter Kirchentag hörte er 1869 Wichern und war von seinen Worten hingerissen. Die Gedanken der Trennung von Kirche und Staat und einer Neuordnung der Konfirmation, die Wichern dort vertrat, waren ihm aus der Seele gesprochen. Nach fünfjähriger Arbeit kam er um seine Versetzung ein, weil er die Siegesfeier nach dem Krieg 1870/71, die trotz seines Protestes mit

Adolf und Änne Stoecker

Einwilligung des Landrats mit einem Tanzvergnügen schloß, nicht gutheißen konnte. Er bekam einen Ruf nach Metz. In kurzer Zeit gelang es ihm dort in der feindlichen Umgebung, die deutsche evangelische Gemeinde zu sammeln, eine Garnisonkirche zu bauen, deren Bau er bei einem Besuch in Berlin dem Grafen Roon abgerungen hatte. Eine Herberge zur Heimat, ein evangelischer Jungmännerverein, eine Armen- und Krankenpflegestation, die zu einer Diakonissenanstalt heranwuchs, eine höhere Mädchenschule waren sein Werk. Nach drei reich gesegneten Jahren bekam er den Ruf nach Berlin an die

2. Januar 1903: 25 Jahren Christlich-soziale Partei – Bildmitte: A. Stoecker

Zeitschriften, die Adolf Stoecker begründet und an denen er mitgearbeitet hat

vierte Hofpredigerstelle. Kögel, der glanzvolle Kanzelredner, der die Gebildeten und vornehmen Kreise hauptsächlich anzog, führte ihn ein. Er war, wie sein Küster sagt, bald der Pfarrer der Armen. Jeder der vier Domprediger hatte seine Personalgemeinde in der ganzen Stadt.

Leiter der Berliner Stadtmission

Das Zivilstandsgesetz von 1874 machte die erschreckende Unkirchlichkeit der Berliner Massen offenbar, achtzig von hundert Ehepaaren wurden nicht kirchlich eingesegnet, die Hälfte der Kinder nicht zur Taufe gebracht. Die freisinnigen Zeitungen rühmten es als »erfreuliche« Tatsache, daß die ersten zwanzigtausend Kinder in Berlin nicht getauft worden waren. Stoecker, dem sein Amt viel Zeit ließ, diese Not zu studieren, stellte die drei Stufen des Niederganges fest: Entkirchlichung, Entchristlichung, Entsittlichung. Die Versäumnisse der

Kirche waren groß. Es gab Massengemeinden von hunderttausend Seelen zu einer Kirche, die nur jedes zweiundachtzigste Glied praktisch aufnehmen konnte. Einem einzelnen Pfarrer mutete man die Seelsorge an dreißigtausend Menschen zu. Schon 1849 war auf Wicherns Anregung die Stadtmission gegründet worden. Wichern hatte nachgewiesen, daß schon damals zweihunderttausend Menschen Gottes Wort nicht hörten und daß hundert Seelsorger fehlten. Er hatte das Johannesstift in Spandau, eine Diakonenanstalt, gegründet.

Im März 1877 wurde Stoecker die Leitung der Stadtmission zu einer Reorganisation übertragen. Er bestimmte die Stadtmission »als berufsmäßige Laienhilfe in der Seelsorge und Evangelisation innerhalb der Massengemeinde der Reichshauptstadt«. Er gründete damit das Apostolat des kleinen Mannes. Aus den Diakonenanstalten wurden die Besten zu diesem Dienst angefordert. Ihre Hauptaufgabe war die Besuchsmission.

Sie sollten zehn Besuche am Tag machen. In jeder Woche sollten zwei Halbtage für direkte Missionsbesuche bei unbekannten Menschen verwandt werden. Achtzig- bis neunzigtausend Besuche wurden im Jahr gemacht. Der Hausbesuch wurde durch die Schriftenmission unterstützt. Die sonntägliche Stoeckerpredigt, die er als Pfennigblatt herausgab, erreichte eine in die Hunderttausende gehende Auflage. Eine Kurrende wurde eingerichtet. In allen Stadtteilen Berlins entstanden Kapellen und Säle. Der Mittelpunkt der Arbeit wurde ein seit der großen Wirtschaftskrise leerstehendes Theater. Alle vierzehn Tage Freitag vormittags versammelte Stoecker die Mitarbeiter der Stadtmission zur Bibelarbeit, die er immer selber hielt, und zu Fachreferaten mit Austausch und Gebetsgemeinschaft. Für seine Inspektoren suchte er evangelistisch begabte Männer. Zwei Kirchen, zwei Kapellen, drei Hospize, eine große Druckerei, die »Vaterländische Verlagsanstalt«, eine Kunstanstalt für Kirchenausstattung wurden ins Leben gerufen, die dazu nötigen Gelder gesammelt und von Gott auf den Knien erbeten. Im ersten Jahr hatte er zehntausend Mark Einnahmen, im 25. Jubiläumsjahr weit über zweihunderttausend. Einmal wurden in einer Sitzung dreißigtausend Mark verlangt, die der Kasse fehlten. Da warf sich Stoecker, wie er hernach erzählte, in seinem Studierzimmer auf die Knie und rief ernstlich Gott an. Am nächsten Tag kam die Mitteilung, daß eine betagte Dame eine Leibrente von dreißigtausend Mark der Stadtmission vermachte.

Auf seine Anregung baute der Kirchbauverein des Freiherrn von Mirbach in wenigen Jahren zwanzig Kirchen in Berlin mit einem Aufwand von zehn Millionen Mark.

Stoecker als Prediger

Seine Predigt war schlicht, volkstümlich, packend für hoch und nieder. So wie er konnte niemand etwas deutlich machen. Das Entscheidende an seiner Predigt war der Mann, der mit seiner Glaubenszuversicht in der Kraft des Heiligen Geistes dahinter stand. Durch seine Pfennigpredigt, die er allwöchentlich schrieb, wurde er ein Prediger von Hunderttausenden. Er sollte durch seinen Öffentlichkeitsdienst der Hofprediger a.D. aller Deutschen, werden.

Der Gründer der christlich-sozialen Partei

Er konnte sein Licht nicht im Winkel behalten, er mußte mit seiner Botschaft in die Öffentlichkeit. Es war die Zeit des Kulturkampfes und der Sozialistengesetze Bismarcks, die auf die drei Attentate des Jahres 1878 auf den ehrwürdigen Kaiser Wilhelm I. folgten. Stoecker konnte nicht untätig zusehen, wie der materialistische Freisinn die Führung der Arbeiterschaft übernahm, um für ihre sozialen Notwendigkeiten in der Öffentlichkeit zu kämpfen. Die katholische Kirche hatte durch den Bischof Keffeler ihr soziales Programm entwickelt und führte es in einheitlicher Politik durch. Die evangelische Kirche hatte bisher, wohl in falscher Rücksicht auf den Thron, geschwiegen. Stoeckers Kirchenideal war: festes Bekenntnis, gläubige Gemeinschaft, Unabhängigkeit vom Staat. In dieser inneren Unabhängigkeit vom Staat hat der Hofprediger am 3. Januar 1878 eine Volksversammlung im Eiskellersaal einberufen zur Gründung einer christlich-sozialen Partei.

Aus seiner Rede:

Er stamme selbst aus den Kreisen der Arbeiter und wisse, wo den Arbeitsmann der Schuh drückt. In ihren Bestrebungen sehe er einen dreifachen Fehler, gegen den er Stellung nehmen muß. Wenn sie die Verwandlung des gesamten Privateigentums in gemeinschaftliches und dazu den vollen Arbeitsertrag verlangten, so sei das ein unerreichbares Ziel. Daß sie mit dem gegenwärtigen Wirtschaftssystem nicht zufrieden seien, sei erklärlich. Es sei wahr, daß man in der Fürsorge für die Arbeiterwelt viel versäumt habe. Ihre Existenz müsse gesicherter, ihre Invaliden, Witwen und Waisen vor Not bewahrt werden. Reformen, wie Schaffung eines Arbeiterrechts, Sonntagsruhe, Beschränkung der Frauenarbeit und andere Bedürfnisse seien durchzusetzen. Das dritte aber, was ihnen eigne, sei der unbegreifliche Haß gegen das Vaterland und das Christentum. Und das ist schlecht! Das Vaterland hassen, das ist, wie wenn einer seine Mutter haßt. Und Gott und den Geist leugnen, sei töricht. Das Gewissen in der Brust gebe der Heiligen Schrift recht. Die Liebe Christi allein mache von Sünden frei und gebe Trost und Kraft . . .

»O meine Herren, es ist einer großen Partei unwürdig, Vaterland und Christentum zu hassen. Wollen Sie als Arbeiterpartei wirklich eine geschichtliche Bedeutung gewinnen, dann dürfen sie das Edelste, was bisher in der Brust des Menschen gelebt hat, die Liebe zu Gott und die Liebe zum Vaterland nicht totschlagen. Wenn Sie in Ihren Blättern von den Pfaffen lesen, die das Volk nicht liebhaben, dann glauben Sie der Lüge nicht. Ich meine es treu, ehrlich und gut mit dem Arbeiterstand. So wahr mir Gott helfe!«

Die erste Versammlung war ein Mißerfolg. Die tausend Sozialdemokraten, die, von dem fanatischen Führer Most geführt, erschienen waren, schrien ihn nieder. Aber Stoecker ließ sich nicht entmutigen:

Mich trieb die Angst um mein Volk in die christlich-soziale Bewegung hinein. Ich sah in der sozialen Frage den Abgrund, der vor dem deutschen Leben klafft. Ich bin hineingesprungen, ohne die Tiefe zu ermessen, weil ich nicht anders konnte.

Sein Freund, der große Volkswirtschaftler an der Berliner Universität, Adolf Wagner, half ihm bei der Abfassung des christlich sozialen Programms. Es wurden eine große Staatshilfe zur Versorgung der Arbeiter, ihrer Witwen und Waisen, zum Schutz der Arbeit, und Vereinbarungen zwischen Arbeitgeber und Arbeitnehmer auf Grund von Tarifverträgen verlangt. Dieses Programm ist in der Folgezeit zum größten Teil erfüllt worden. 1879 wurde Stoecker vom Kreis Siegen und Minden-Ravensberg in den Reichstag gewählt. Als er sich am 19. September 1879 gegen das moderne Judentum wandte, weil es den Unglauben in der Öffentlichkeit und in der Presse propagiere, wobei er erklärte, daß er nicht die israelitische Rasse, sondern ihren reformerischen Unglauben bekämpfe, überfiel ihn eine Flut unerhörten Hasses. Man beleidigte ihn in den Zeitungen, stellte ihn als Lügner, als Meineidigen hin. Zweihundert Broschüren sind gegen ihn erschienen. Im Herbst 1890 mußte er seine Entlassung als Hofprediger nehmen. Der Kaiser, der als Kronprinz noch sein Gönner war, ließ ihn fallen. 1896 erklärte der Kaiser, christlich-sozial sei Unsinn. Bodelschwingh hatte einst an seinen Jugendfreund Kaiser Friedrich geschrieben. Es war ein prophetisches Wort:

Sinkt die christlich-soziale Fahne, die Stoecker erhoben hat zum Heil unseres deutschen Volkes gegen seine allergefährlichsten Feinde, dann ist auch die Stunde gekommen, wo der Hohenzollernthron fällt.

Adolf Stoecker und Friedrich von Bodelschwingh d. Ä.

Im Jahre 1890 gründete Stoecker den Evangelisch-sozialen Kongreß mit Adolf Harnack zusammen, um die evangelische Kirche Deutschlands in dem Aufgreifen der sozialen Frage zu einigen und damit den antichristlichen Sozialismus zu überwinden. Aber immer mehr riß in diesem Kongreß der kirchliche Liberalismus die Führung an sich, so daß Stoecker im Jahre 1896 austrat. Ebenso trat er aus der Konservativen Partei aus, weil die sozialen Belange dort nicht mehr genügend vertreten wurden.

Sein Sterben

Als sein kampferfüllter Lebenstag sich am 7. Februar 1909 dem Ende zuneigte, fragte er seine Frau: »Was ist das eigentlich mit der Todesangst?« Sie antwortete: »Die gibts für uns nicht, der Heiland hat sie doch für uns gehabt!« – »Ach ja, natürlich« kam es als frohe Bestätigung aus seinem Mund. Ein wunderbares sonniges Lächeln lag auf seinem Gesicht, als es zum Scheiden ging. Er durfte aus einem ungewöhnlich heißen Lebenskampf, als einer der geliebtesten und gehaßtesten Männer seiner Zeit, in den Frieden Gottes gehen.

Er war ein Mann, dessen Glaube Berge versetzte, Berge größter Not seiner Kirche: den Berg kirchlicher Großstadtnot in seiner Berliner Stadtmissionsarbeit und den Berg kirchlicher Untätigkeit und Gleichgültigkeit gegenüber der sozialen Not durch sein Öffentlichkeitswirken im christlich-sozialen Sinn. Dadurch hat er die unheilvolle Verbindung des Sozialismus mit dem Antichristentum gelockert. Unser deutsches Schicksal wäre anders verlaufen, hätten nicht seine Feinde sein Werk abgedrosselt.

FRIEDRICH VON BODEL- SCHWINGH d.Ä. (1831-1910)

Am 6. März 1831 ist er geboren in Tecklenburg als Sohn des damaligen Landrats Ernst v. Bodelschwingh und der Charlotte von Diest. 1832-42 war sein Vater Oberpräsident in Koblenz, von 1842-1848 Innenminister in Berlin. 1849 machte Friedrich v. Bodelschwingh das Abitur in Dortmund. Nach einem Semester Studium der Botanik in Berlin wurde er Landwirtschaftseleve im Oderbruch, um dann von 1851 an seiner Militärpflicht in Berlin zu genügen. Nach neun Monaten wurde er wegen der Nachwirkungen einer schweren Lungenentzündung als dienstuntauglich entlassen. Von 1852-54 war er Landwirtschaftsinspektor auf dem großen Gut des Herrn von Senfft in Gramenz in Pommern. 1854-56 studierte er in Basel, 1856/57 in Erlangen und Berlin Theologie. 1858 im April wurde er Pfarrer der deutschen Gassenkehrer in Paris, wo er bis 1864 blieb. Dorthin führte er seine Base Ida v. Bodelschwingh, die Tochter des Finanzministers Karl v. Bodelschwingh, als Gattin heim. Von 1864-72 war er Pfarrer in Dellwig in Westfalen. 1869 verlor er seine vier Kinder innerhalb von vierzehn Tagen. 1872 übernahm er die Leitung der epileptischen Anstalten und des Diakonissenhauses Sarepta in Bethel, die er bis zu seinem Tod am 2. April 1910 innehatte.

Seine Eltern

Die Bodenschwinghs waren alter westfälischer Landadel. Der Vater Ernst war

Friedrich von Bodelschwingh

in den Freiheitskriegen als Freiwilliger bei den Jägern gewesen. Als man ihn warnte, er gefährde sein elterliches Gut, das unter der Herrschaft Jérômes von Westfalen stand, rief er aus: »Was ist eine Handvoll Erde gegen mein Vaterland!« In der Schlacht von Leipzig bekam der junge Jägerleutnant einen Lungenschuß, von dem er zwar genas, an dem er aber sein ganzes Leben lang durch immer von neuem auftretende schwere Lungenentzündungen litt. Die Mutter stammte aus dem Geschlecht derer von Diest, das um das Jahr 1200 einen Heiligen und in der Reformationszeit zwei Märtyrer hervorgebracht hat. Ernst von Bodelschwingh gewann die Freundschaft des Freiherrn v. Stein. Als Landrat von Tecklenburg wurde er mit seiner Frau von der Erweckungsbewegung erfaßt. Als seine Frau ihr sechstes

Kind erwartete, war sie in einer besonderen Friedensnähe mit dem Herrn verbunden. Sie weihte das Kind schon vor der Geburt dem Herrn. Dieses Kind war Friedrich v. Bodelschwingh.

Seine Jugend

In den weiten Räumen des Dienstgebäudes zu Koblenz und in dem prächtigen Garten, den der Vater gepachtet hatte, erlebte er sein Kinderparadies. Der Zehnjährige legte eine Gehorsamsprobe ab, als er dem Verbot des Vaters entsprechend lieber einen Tag in seinem Garten, aus Versehen eingeschlossen, hungerte, als über die Mauer zu steigen. In den schweren Krankheitsfällen des Vaters, in denen er tagelang zwischen Tod und Leben schwebte, lernten Mutter und Kinder das anhaltende Flehen und Beten. Als Friedrich Wilhelm IV. den Vater zum Finanzminister machte und die Familie nach Berlin übersiedelte, weinte der Knabe Friedrich Tränen des Schmerzes, als er das Elend der Armen in Berlin kennenlernte. Die Mutter hielt sich fern von den glänzenden Hoffesten, sie war mit der Pflege eines kranken Sohnes beschäftigt. Später pflegte sie ihren kranken Bruder Karl, General von Diest und einen lungenkranken Studenten, den sie aufgenommen hatte. Der Vater konnte sich diesen Festen nicht entziehen. Er hielt zuerst mit den Seinen die Abendandacht und ließ sich dann zum Schloß fahren. Er meldete sich dort beim Königspaar, schritt durch die festlichen Räume, grüßte seine Bekannten und fuhr dann wieder nach Hause, um an seinem Schreibtisch bis in die Nacht hinein zu arbeiten.

Für Friedrich war bedeutsam, daß er in dieser Zeit als Gespiele zu dem Prinzen Friedrich Wilhelm, dem späteren Kaiser Friedrich, berufen wurde. In allen Leibesübungen, im Schwimmen, Reiten, Fechten, Wandern wurde er gleich seinem Vater, der ein großer Fußwanderer war, geübt.

Im Jahre 1848 erhielt der Vater bei Ausbruch der Revolution seine Entlassung. Die Familie verlegte ihren Wohnsitz nach dem Familiengut Velmede, und Friedrich machte Ostern 1849 am Gymnasium zu Dortmund die Reifeprüfung. Nach einem Semester Studium der Botanik und Physik in Berlin wurde er Landwirtschaftsschüler im Oderbruch

bei dem tüchtigen Gutsbesitzer Koppe, dem Begründer des landwirtschaftlichen Rechnungswesens. Von früh bis spät kam er nicht aus dem Sattel. Er lernte, große wirtschaftliche Zusammenhänge zu überblicken, verschiedenartige Unternehmungen zu leiten und mit Pächtern und Tagelöhnerfamilien umzugehen. Er nahm sich in treuer Kleinarbeit um die Fmilien an, die durch den Branntweingenuß verarmt und verschuldet waren. In seinem Posthalter Otto Mellin begegnete er einem lebendigen Christen. 1854 starb sein Vater. Dadurch kam er mehr als vorher zur täglichen Stille unter Wort und Gebet. Er verteilte christliche Traktate, die ihm sein Gutsherr zur Verfügung stellte. Dabei empfing er unter dem Lesen eines Basler Missionstraktats »Tschin, der arme Chinesenknabe« den Ruf Gottes in die Misison, der bei einem Missionsfest noch verstärkt wurde, so daß er den Entschluß faßte, sich dem Herrn als Missionar zur Verfügung zu stellen.

Nun eilte er nach Basel, um dort Theologie zu studieren. Hier begegnete er dem Vater Spittler, der ihn mit seinen großen Reichgottesplänen, die er in seinem glühenden Herzen bewegte, für die Mission in Abessinien begeisterte. Aber Inspektor Josenhans, der nüchtern auf eine gründliche theologische Ausbildung drang, riet von den Plänen Spittlers ab. Die Dankbarkeit gegen das Basler Missionshaus gab den Ausschlag. Bodelschwingh vollendete sein Studium und sagte Spittler ab. Ein Besuch bei Blumhardt in Boll, dem er sein Herz ausschüttete, wurde ihm zu großem bleibenden Segen. Durch einen Pariser Theologiestudenten, der in Basel bei ihm wohnte und ihn in der französischen Sprache förderte, kam er mit dem Pariser Pfarrer der deutschen Gassenkehrer, Meyer, zusammen, der ihn für die deutsche Mission in Paris gewann. Am 24. April 1858 kam Bodelschwingh in Paris an.

Die Arbeit in Paris, eine Schule der Bescheidenheit und der Hingabe

Im Norden der Stadt sollte er auf einem Gebiet von drei Stunden Länge und einer halben Stunde Breite die zerstreuten Deutschen sammeln. Es waren meist aus Hessen stammende Gassenkehrer. In einem kasernenartigen Gebäude mietete er sich zwei Zimmer mit dürftigem Hausrat und begann dort seine Arbeit. Er fing mit der Kinderarbeit an. Zwei Gassenkehrerkinder in Hessentracht waren ihm auf der Straße begegnet, er lud sie zu sich ein. Das größere seiner Zimmer war als Schulsaal und Kapelle eingerichtet. Über dem kleinen Harmonium an der Wand hing der Holzschnitt von Gaber »Christus am Kreuz«.

Er schreibt darüber:

Es wird mir für mein ganzes Leben ein unvergeßlicher Augenblick sein, als ich zum ersten Mal die zwei kleinen Mädchen die Hände falten ließ und Gott um seinen Segen bat. Es war mir so feierlich zumute, als sollte ich vor einer großen Pfarrkirche vor Tausenden meine Antrittspredigt halten, da ich nun anhob, den beiden Kindern, unter Hinweisung auf das Bild, von dem Mann mit der Dornenkrone zu erzählen, der um unserer Sünde willen an das Kreuz erhöht ward. Der Eindruck meiner höchst ungeschickten kurzen Erzählung war namentlich bei dem kleineren der beiden Mädchen so mächtig, daß ich selbst dadurch innerlich ganz ergriffen wurde ... Ich wußte nun wieder, was ich vom Kreuze Christi zu halten hatte, und konnte mit Freudigkeit davon predigen. Und von dieser Stunde an ist mir auch nie wieder ein Zweifel gekommen.

Er ging in den achtundzwanzig Hospitälern von Paris den kranken Deutschen nach, machte unzählige Hausbesuche und sammelte so eine kleine Gemeinde. Mit seinem praktischen Blick entdeckte er auf einem Hügel in der Nähe der Vorstadt Vilette einen geeigneten Bauplatz für Schulhaus, Kirche und Pfarrhaus, sechzig Schritt lang und vierzig Schritt breit. Zunächst baute er ein einfaches Blockhaus, das den drei Zwecken diente. Am Sonntag wurde die Bretterwand der kleinen Pfarrwohnung weggenommen und so der Schulsaal und Kirchsaal erweitert. Die Mittel für diese Bauten brachte er durch Berichte in deutschen Kirchenblättern und Kollektenreisen in der deutschen Heimat auf. Er gewann in dem Lehrer Witt einen selbstlosen treuen Mitarbeiter für die Schularbeit. 1861 führte er seine Base, die Tochter des damaligen Finanzministers Karl v. Bodelschwingh, Ida von Bodelschwingh, als seine Frau heim.

Sie war gegen alle gleich gütig. Hoheit blendete sie nicht, Niedrigkeit schreckte sie nicht.

In einem neu erstellten Holzhaus waren im ersten Stock Lehrerwohnung, im zweiten Stock Pfarrwohnung. Eine Erkrankung seiner Frau, die nach der Geburt des ersten Kindes in Schwermut fiel, legte ihm die Rückkehr in die Heimat nahe. Als ein tüchtiger Nachfolger gefunden war, übernahm er die zweite Pfarrstelle in der westfälischen Gemeinde Dellwig.

In heißem Kampf gegen Volkssünde und Unsitte

Die ländliche Stille nach der aufreibenden Pariser Arbeit tat den beiden Eheleuten wohl. Doch verloren sie sich nicht in Behaglichkeit. Die heiße Glut der Liebe trieb Bodelschwingh in den Kampf gegen die offenbaren Gemeindesünden. Nach einem üppigen Hochzeitsgelage erhängte sich ein junger Bursche, dem seine Mutter Vorhaltungen gemacht hatte. Noch stand die Leiche über der Erde, als die Dorfjugend bei einem Richtfest schon wieder übermäßigem Branntweingenuß frönte. Da nahm Bodelschwingh den Stock, stürzte sich, zutiefst verwundert, auf die lärmende Schar und rief:

Während die Witwe über den Tod ihres Sohnes verzweifelt, seid ihr hier am Tollen. Ich schlage jeden nieder, der nicht sofort nach Hause geht.

Einer der Burschen sagte: »Herr Pastor, man lebt nur einmal.« Am nächsten Sonntag predigte Bodelschwingh darüber: »Aber man stirbt auch nur einmal.« Er kämpfte gegen die ausgelassenen Volksfeste und blieb bei einem solchen Fest, wo er den Anfang hatte machen sollen und nur zugesagt hatte, wenn er auch den Schluß machen dürfe, bis zum wüsten Ende. Als letzter verließ er im Morgengrauen das Tanzzelt. Dabei tat er tiefe Einblicke in das sündige Treiben des jungen Volkes.

Wo Streit und Unversöhnlichkeit war, ließ er nicht nach, bis er eine Versöhnung zustandegebracht hatte.

In der Leidensschule

Er war von Jugend auf durch die Krankheit des Vaters, durch den Tod zweier Brüder mit dem Leid bekannt und dadurch gesegnet worden. Doch brach noch schwereres Leid über das junge Familienglück herein. Er verlor im Jahre 1869 an einer Seuche in vierzehn Tagen seine vier blühenden Kinder. Die beiden tiefbetrübten Eltern wurden durch Gottes Wort reichlich getröstet und gestärkt. Bodelschwingh machte sich eine Bank an den vier Gräbern, um darüber nach-

Nach dem Tod seiner vier Kinder sagte Bodelschwingh:
Damals merkte ich, wie hart Gott gegen die Menschen sein kann. Und darüber bin ich barmherzig geworden gegen andere.

zusinnen, was Gott ihnen durch solches Leid sagen wollte. Er empfand es nicht nur als Heimsuchung, sondern als Gericht.

Die Glut seiner Liebe wuchs so, daß er der Vater vieler Elenden werden konnte. 1872 folgte er dem Ruf an das Diakonissenhaus Sarepta in Bethel bei Bielefeld, das mit einer epileptischen Anstalt verbunden war. Dort in Bethel wurden ihm noch einmal vier Kinder geboren.

Der Vater der Elenden und Kranken

Nun konnte er den armen Fallsüchtigen seine ganze Liebe schenken. Er beklagte sie nicht, sondern seine Seele war auf den Ton der christlichen Hoffnung gestimmt: »Die Leiden dieser Zeit sind nicht wert der Herrlichkeit, die an uns soll offenbart werden.« Das wichtigste Anliegen war ihm, daß die Kranken zu einem fröhlichen Christusglauben kamen. Der gesunde Mensch ohne Christusglauben war für seinen Blick krank; der Kranke, der mit Christus verbunden war, war für ihn gesund.

Er entschuldigte nicht die Leidenschaftlichkeit und Reizbarkeit der Kranken mit ihrer Krankheit, sondern erweckte ihre sittliche Verantwortung und gab ihnen damit eine hohe Würde. Mit dem demütigen Sündenbekenntnis ging er ihnen voran, so daß es später seinen eigenen Kindern oft ärgerlich war, wie er, dessen ganzes Leben nur Hingabe war, so von seiner Sünde reden konnte. Dadurch machte er es den Kranken leicht, ihre Sünden zu bekennen. Die Bodelschwinghkinder empfanden, daß die epileptischen Kinder auf einer größeren sittlichen Höhe standen als gesunde Kinder im gleichen Alter.

Er konnte einmal von ihnen sagen:
Hier sitzen die Professoren auf ihren Lehrstühlen und bringen uns bei, was Evangelium und Gottes Kraft zur Seligkeit ist.

Ein weiteres Geschenk des Hausvaters an seine Epilepsiekranken war, daß er ihnen Arbeit gab.

Von Natur war Bodelschwingh jede Berührung mit Kranken peinlich. Nicht einmal ein Butterbrot, das von anderer als seiner Frau Hand geschnitten und gestrichen war, aß er ohne Widerstreben. Aber bei den Kranken merkte man es ihm nicht an. Ihren stürmischen Begrüßungen gab er sich willig hin.

Seine Mitarbeiter

Er rief sie, Schwestern und Diakone, meist aus dem Ravensberger Land. Er hatte einen besonderen Blick für brauchbare Menschen. »Nur wer Lust hatte und willig war, einerlei, ob Weib, ob Mann, sein ganzes Leben in dem allergeringsten, verachtetsten, verborgensten Dienst an der leiblichen Not des Nächsten zuzubringen, war in seinen Augen überhaupt für irgendwelche sogenannte geistliche Arbeit zu gebrauchen. Wer aber aus solch geringem Dienst emporschielte nach höheren geistlichen Aufgaben, den sah er schon als innerlich ungeeignet an für den Gesamtbereich der christlichen Bruderhilfe.«

Seine Frau, mit der er jeden Nachmittag durch die Anstalt ging, war seine beste Gehilfin. Ihre Bescheidenheit war so groß, daß sie mit den zweitausendvierhundert Mark Jahresgehalt, die Bodelschwingh bekam, den großen Haushalt bestritt.

Seine rechte Hand war jahrzehntelang Pastor Stürmer. Den Posthalter Otto Mellin holte er sich zum Kassierer. Der geistliche Vater des Ravensberger Landes, der blinde Wilhelm Heermann, war im Alter der Seelsorger der Kranken in der Anstalt. Als man Heermann auf dem Sterbebett Jesaja 53 vorlas, rief er mit letzter Kraft dreimal Halleluja.

In der Demut war Bodelschwingh seinen Mitarbeitern ein solches Vorbild, daß es schwer war, ihn darin zu überbieten. Als einmal die Bäckerburschen streikten und das Brot auf einem schlechten Pfad nicht zu einem Anstaltsgebäude bringen wollten, erschien Bodelschwingh in der Frühe mit der Kiepe und trug selbst das Brot.

Die Arbeitslosenkolonien, Arbeitersiedlungen und Obdachlosenversorgung

Das Elend der Landstreicher hatte ihn schon immer beschäftigt. Nach dem wirtschaftlichen Zusammenbruch der Gründerjahre lagen Tausende auf der Straße. Denen mußte er helfen dadurch, daß er nicht Almosen, sondern Arbeit gab. Sein in der Landwirtschaft geschulter praktischer Blick erkannte im Hinterland von Bethel, Paderborn zu, die Kultivierungsmöglichkeit großer Ödlandgebiete. Es brauchte nur der in einem Meter Tiefe befindliche Orthstein, der die Wasserversickerung verhinderte, zerschlagen und an die Luft gebracht zu werden, dann zerfiel er und ergab einen guten Dünger. So entschloß er sich, in der Senne, eine halbe Stunde von den Tälern, wo die Anstalt lag, die Arbeitskolonie Wilhelmsdorf zu gründen. Der Kronprinz bestimmte die Hälfte einer Stiftung, die für ihn zu seiner silbernen Hochzeit gesammelt worden war, um denen Prämien zu geben, die in jeder Provinz eine derartige Zufluchtsstätte gründeten. Die schon bestehenden Herbergen zur Heimat wurden ausgebaut, so daß sie Zwischenstationen wurden, die zu den einzelnen Kolonien hinführten. So brauchte Bodelschwingh diese Brüder der Landstraße nicht mehr abzuweisen oder mit Almosen abzuspeisen, sondern er konnte sie einer geregelten Tätigkeit zuführen und dadurch für ein normales Leben wiedergewinnen.

Weil er es für ein schweres Unrecht ansah, den kleinen Mann, der vom Land in die Stadt strebte, mit vielen Menschen in Mietskasernen zusammenzupferchen, gründete er den deutschen Verein »Arbeiterheim« mit der Parole: »Mehr Luft, mehr Licht und eine ausreichend große Scholle für den Arbeiterstand!« Wer fünfhundert Mark anzahlen konnte, bekam ein Siedlungshäuschen; war ein Drittel davon abbezahlt, ging es ganz in seinen Besitz über. Mit allen Mitteln suchte er die Behörde für diese Arbeitersiedlung zu gewinnen, rief die Grundbesitzer auf, Boden zur Verfügung zu stellen.

Zu einem Großgrundbesitzer hörte ihn sein Sohn sagen:

Zwanzig Jahre habt ihr noch Zeit. Wenn ihr dann nicht ernst gemacht habt mit der Siedlung, habt ihr die Revolution. Wenn ihr helfen wollt, dann helft, den Deutschen die eigene Scholle wiederzugeben.

Auf dem Kongreß für Innere Mission in Kassel 1888 sagte er:

Um reif zu werden für die himmlische Heimat und Heimweh nach dem Vaterhaus droben zu haben, ist es nötig, daß man zuerst einmal ein irdisches Vaterhaus liebgewonnen hat.

Der alternde Bodelschwingh suchte für die vielen Nichtseßhaften, für die vielen gestrandeten Menschen, die zu ihm kamen, nach der Kultivierung der Senne neue Arbeit und fand sie im Moorgebiet im Norden Westfalens. Dort gründete er die Kolonie Freistatt. Freistatt versorgt bis zum heutigen Tag Bethel mit Torfbrennmaterial und landwirtschaftlichen Erzeugnissen.

Als er die Not der Obdachlosen im Asyl zu Berlin durch häufigere Besuche persönlich kennenlernte, forschte er nach geeignetem Gelände, um eine Zufluchtsstätte in der Nähe Berlins zu errichten, und fand es auch in einem nördlich von Berlin gelegenen Gut, das der Stadt gehörte. Dort errichtete er die Kolonie Hoffnungstal, wo zum erstenmal der Gedanke der Einzelzimmer durchgeführt wurde, damit die Unverdorbenen nicht durch die alten verdorbenen Taugenichtse angesteckt wurden; damit der Mensch wieder als Einzelperson vor Gott und Menschen seinen besonderen Wert bekomme. In seinem letzten Lebensjahr wandte er sich noch an den Kriegsminister von Heringen, damit das Einzelstübchen auch in Neubauten von Kasernen eingeführt werde.

Das Kandidatenkonvikt, Theologische Woche und Theologische Schule

Seine persönliche Beziehung zu den Professoren der Theologie Schlatter, Cremer, Kähler und Schäder führte zur Gründung der »Theologischen Woche«, die zu einer Verbindung der Gemeinde mit der theologischen Wissenschaft helfen sollte und sich als außerordentlich fruchtbar erwies. Schon früher hatte er das Kandidatenkonvikt ins Leben gerufen, damit die künftigen Pfarrer das Liebeswerk der Kirche aus eigener Anschauung kennenlernten. Des Morgens taten die Kandidaten Dienst in der blauen Schürze in den verschiedenen Stationen der Anstalt, nachmittags widmeten sie sich praktischen theologischen Übungen in Predigt und Katechese.

Im Herbst 1905 wurde die »Theologische Schule« eröffnet, damit die jungen Theologen in der Verbindung mit der lebendigen Gemeinde ihr Studium treiben können, eine Möglichkeit, die in den Universitätsstädten mit ihrem weltlichen Treiben meistens nicht gegeben ist.

Die Mission in Ostafrika

Die Missionsliebe brannte schon im Herzen des jungen Bodelschwingh. Als die junge Ostafrikamission in Berlin seine Hilfe suchte, um durch die Verbindung mit Bethel Kräfte für den Missionsdienst zu gewinnen, stellte er sich mit ganzem Herzen in die Mitarbeit. Die Krankengemeinde trug die Mission, Kandidaten aus dem Kandidatenkonvikt stellten sich als Missionare zur Verfügung, ebenso Brüder aus Nazareth und Schwestern aus Sarepta. Damit war der Schwerpunkt dieser jungen Missionsgesellschaft nach Bethel verlegt. Bodelschwingh setzte sich mit allen Kräften dafür ein, die Missionsarbeit von der Küste weg zu den von der Zivilisation unberührten Stämmen des inneren Afrika zu verlegen. In der Glut seines Herzens mahnte der greise Vater Bodelschwingh den Missionsinspektor Trittelvitz: »Nur nicht zu langsam, sie sterben sonst darüber!«

Sein Ende

Im April 1909 traf ihn ein Schlaganfall. Er erholte sich wieder und hatte noch ein Jahr lang in einem stillen Abendfrieden zu leben. Mit größter Energie arbeitete er unablässig. Er rief sich selber zu: »Vorwärts, alter Kerl!« Die Verantwortung für die Gesamtleitung übergab er seinem jüngsten Sohn Friedrich. Seine Freude war die Übersiedlung alter Freunde wie Pastor Siebold, Pastor Schmalenbach und Pastor Kuhlo nach Bethel. In kindlicher Heiterkeit freute er sich mit diesen greisen Freunden auf die ewige Heimat.

Am 2. April 1910 entschlief er an den Folgen eines neuen Schlaganfalls, der ihm gleich das Bewußtsein nahm, in tiefem Frieden im Alter von neunundsiebzig Jahren.

FRIEDRICH VON BODEL-SCHWINGH der Jüngere (1877-1946)

Kindheit

Fritz von Bodelschwingh ist das jüngste Kind Pastor Friedrich von Bodelschwinghs, des Gründers der Anstalt von Bethel, und der Ida von Bodelschwingh. Er wurde am 14. August 1877 geboren. Nach dem Verlust der ersten vier Kinder war er von seinen tief gedemütigten Eltern von Gott erbeten und von Geburt an ein Kind des Glaubens und der Gnade.

Er erzählt selbst von seiner Kindheit: Mein Vater und meine Mutter! – Da wachen in meiner Seele die schönsten und liebsten Erinnerungen auf. Es ist mir, als fühlte ich die linde Hand der Mutter, wenn sie mir so zart über die Backen streichelte. Es ist mir, als spürte ich den starken Arm des Vaters, wenn er mich in die Höhe hob und auf seine Schultern setzte, um so mit mir in der Stube auf und ab zu marschieren. Und ich dachte, es gäbe in der ganzen Welt keinen höheren und vornehmeren Platz. Dann wird das andere Bild wach: Wenn Mutter am Tisch die Suppe austeilte oder wenn Vater die große Bibel aufschlug und uns Kindern in der Morgenandacht die Bilder erklärte und die Geschichten vom Heiland erzählte.

Von seiner Konfirmandenzeit schreibt er:

Wir waren damals eine bunt zusammengesetzte Kinderschar, gesunde und kranke Kinder. Man konnte an ihr merken, wie hier die Not aus aller Welt zusammenkommt. Eines der Kinder stammte aus Böhmen, ein anderes aus Belgien, ein drittes aus Nordamerika, ein viertes aus Indien, ein fünftes aus Natal in Südafrika. Mit besonderem Stolz sahen wir unter uns drei Jungen in Soldatenuniform. Sie kamen aus Potsdam aus dem Militärwaisenhaus und litten wie die meisten von uns an Krampfanfällen. Der merkwürdigste der Mitkonfirmanden war ein schwarzer Junge namens Ali, den ein heimkehrender Missionar einem Sklavenhändler abgenommen hatte. Wenn einer der kleinen Soldaten Krampfanfall bekam, sprang von der einen Seite der schwarze Ali, von der andern der junge Fritz von B. zu. Dieser gemeinsame Liebesdienst wurde eine neue Brücke zwischen unseren Herzen. Vater sprach mit uns die Sprache des Herzens, und hinter jedem seiner Worte stand die Erfahrung eines im Dienst Gottes reich gewordenen Lebens. So empfanden wir das, was er uns gab, nicht als eine fremde, unverständliche Lehre, sondern es war alles ernste, frohe Wirklichkeit. Darum konnte er uns die großen Grundlinien der biblischen Verkündigung von des Heilandes Sterben und Auferstehen, von Sünde und Gnade vor die Augen malen und ins Gewissen schreiben. Wir verstanden vieles noch nicht ganz, aber wir griffen doch, so gut wir konnten, mit unseren Kinderhänden nach dem einzigen Trost im Leben und im Sterben. Eines der kranken Mädchen starb plötzlich wenige Wochen vor dem Einsegnungstag. Ihr letztes Wort prägte sich tief in unsere Herzen ein und bestätigte das, was Vater uns gelehrt hatte. Als man sie fragte, ob sie sich nicht fürchte, antwortete sie ohne Zögern mit fester Stimme: »Nein, Sünde ist wohl noch da, aber noch viel mehr Gnade und das teure Blut Jesu Christi.« Unser Wissen war Stückwerk, unser Gelübde war Stückwerk. Aber wir glaubten, daß die Barmherzigkeit Gottes kein Stückwerk, sondern lauter Vollkommenheit sei. Und wir öffneten unsere Herzen dem Strom von Licht und Leben, der durch Christus in die Welt gekommen ist.

Sein Studium

Kurz vor dem Abitur erschütterte ihn der Tod der Mutter. Dann ging es zum

Studium der Theologie an die Universitäten Bonn, Basel und Tübingen. Am meisten verdankte er Adolf Schlatter. Bodelschwingh bekannte an seinem Grab:

Mir selbst und vielen meiner Mitarbeiter ist er ein Führer zu Christus geworden. Er zeigte uns den Dienst der Kirche. Immer, wenn wir an ihn dachten, durchfuhr uns ein Bild des Mannes, der frei und fruchtbar geworden ist, weil Gottes Evangelium in ihm lebte.

Eindrucksvoll war ihm schon die Mitarbeit Schlatters und Cremers auf der ersten Theologischen Woche in Bethel geworden:

Bei dem alten Cremer war es wie das Rauschen eines stillen tiefen Stromes. Bei dem jüngeren Schlatter sprangen aus hundert Quellen muntere Bäche ins Tal hinab, und wohin sie kamen, fing im dürren Land ein neues Blühen an. Doch in der Freude dieser Stunden lag ein tiefer Ernst. Wir standen vor der Majestät des in seinem Wort redenden und handelnden Gottes.

Der Mitarbeiter des Vaters und Leiter von Bethel

Ein halbes Jahr lang war er Hilfsprediger in Dortmund. Der Vater gab ihm den Rat mit:

Übergib all diese Menschenseelen täglich aus den allerschwächsten und allerschlechtesten Händen, nämlich den deinen, in die allerbesten und allerstärksten Hände. Dann kannst du ohne Sorge dein Amt führen und doch zugleich voll Freude und voll fröhlicher Hoffnung.

Der Vater übernahm 1904 auf die Bitte der Freunde aus dem Ravensberger Land ein Landtagsmandat und war fünf Jahre lang viel in Berlin, darum berief er seinen Sohn Fritz zur Mitarbeit. Im Umgang mit den Kranken war er heimisch, neu war ihm die Verwaltungsarbeit. Als der Vater, von Berlin zurückkommend, ihn am Bahnhof sah, sah er ihn ganz besorgt an:

Offenbar fürchtete er, daß ich nicht ausreichend beschäftigt sei und mich aus diesem Grunde nach meiner alten Arbeit in Dortmund zurücksehnte. Er pflegte seinen jüngeren Mitarbeitern viel zuzumuten, für seine eigene Leistung hatte er gar keinen Maßstab. Er nahm immer an, daß sein Dienst von einem anderen ebensogut gemacht werden könnte wie von ihm, und es war ihm unverständlich, daß einem Jungen bange war vor der Aufgabe, ihn während seiner Abwesenheit zu vertreten.

Als der Vater am 2. April 1910 heimgerufen wurde, wurde Pastor Fritz auf den Vorschlag seines Vaters in herzlichem Einverständnis seiner Brüder vom Vorstand zum Leiter der Anstalt Bethel gewählt. 1911 heiratete er Julia von Ledebur, die ihr Kunststudium in Berlin

Friedrich von Bodelschwingh, Vater und Sohn

abgebrochen und bei Krankenbesuchen in Bethel Fritz kennengelernt hatte.

Wahrer und Mehrer des väterlichen Werkes

In der schweren Zeit des ersten Weltkrieges bis zu dem Jahre nach dem zweiten Weltkrieg wurde das Werk des Vaters ausgebaut. Es entstanden die Krankenhäuser Gilead, Samaria und das Kinderkrankenhaus, 1927 die große Arbeitersiedlung Hermannsheide auf 3300 Morgen großem Ödland zwischen Paderborn und Bielefeld, Erweiterungen im Moor und in den Berliner Anstalten, die höheren Schulen und die Togdrangsiedlung und anderes. Pastor Fritz, wie er genannt wurde, führte das Werk mit überlegener Klugheit, scharfer Auffassung, feiner Beobachtung, klarem Urteil und unbestechlichem Tatsachensinn. Er sah sofort das Wesentliche einer Sache und hatte in seiner Vielseitigkeit einen weiten Blick. So konnte er vorausschauende Pläne und Entschlüsse fassen. Eine Anerkennung seiner Persönlichkeit war die Verleihung des medizinischen Ehrendoktors der Universität Heidelberg im Jahre 1937.

Der Geist, in dem er die Anstalten führte

Seine Arbeit war getragen von der selbstlosen Liebe. Er verzehrte sich im Dienst an andern und kannte kaum ein Privatleben. Der Trieb der Selbsterhaltung war in ihm fast verkümmert. Er hatte ein wunderbar zartes Einfühlungsvermögen und konnte die leisesten Regun-

Friedrich von Bodelschwingh d.J.

kommt und nach oben zieht. Als ich das letzte Mal in Patmos war, mußte durchaus der kleine Kurt auf meinen Arm kommen. Er ist schon fünf Jahre alt, kann aber noch kaum ein einziges Wort sprechen. Stehen kann er auch nicht, weil seine krampfbewegten Beinchen den Körper nicht tragen. Aber lachen kann er und liebhaben. Seine Tante hatte ihm einen Apfel mitgebracht. Davon hatte er schon ein großes Stück abgebissen. Aber nun wollte er mich durchaus an seiner Freude anteilnehmen lassen. Immer wieder versuchte er, mir den angebissenen Apfel in den Mund zu stecken. Seine unsicher tastenden Hände konnten die rechte Stelle nicht finden. Bald traf er meine Stirn, bald meine Backe. Seine Berührungen waren weder sanft noch sehr sauber. Doch bei diesen für ihn nicht wenig anstrengenden Bemühungen leuchteten seine schwarzen Äuglein vor unermeßlichem Vergnügen. Ich konnte ihre Sprache gut verstehen. Siehst du wohl, wollten sie mir sagen, ich weiß es gut: Selber einen Apfel essen, das ist gut; aber andern etwas davon abgeben, das ist tausendmal schöner.

Einer vollständig kranken stumpfen Frau, die auf nichts mehr reagiert, sagt er, indem er sich an den Rand ihres Bettes setzt:

»Frau S., wissen Sie, daß heute Weihnachten ist!« Keine Antwort. Ich suche sie an alte Worte aus der Kindheit zu erinnern. Kein Widerhall. Jetzt steckt die Schwester ein kleines Bäumchen an, zwei andere Schwestern richten sie ein wenig in die Höhe und drehen den Kopf den Lichtern zu. Es huscht ein Augenblick lang ein Schein über das blasse Gesicht. Schnell ist er wieder verschwunden. Immer stärker leuchtet der Weihnachtsschimmer in die Augen der Kranken. Allmählich breitet sich eine merkwürdig fremde Schönheit auf dem entstellten Antlitz aus. Nun fangen die Schwestern, meine Frau und ich leise an zu singen: O du fröhliche, o du selige. Als wir bei der dritten Zeile angekommen sind, hören wir auf einmal einen tiefen dunklen Ton, der wird langsam klarer und heller. Schließlich merken wir mit Staunen: Unsere arme Freundin singt deutlich und ohne Fehler die zweite Stimme mit: Welt war verloren, Christ ist geboren, freue, freue dich, o Christenheit. In solchen Augenblicken wird es zur Gewißheit: Das Beste und Tiefste im Menschenherzen kann keine Krankheit töten.

Die Bewährung dieser Liebe geschah, als er sich mit seiner ganzen Existenz für seine Kranken einsetzte gegen die Euthanasieverordnung des nationalsozialistischen Staates. Die Gewalt, die vor nichts zurückschreckte, scheute sich, diesen Mann anzutasten, und so ist kein Kranker aus Bethel getötet worden.

Seine Liebe galt auch der gesunden Jugend. Er entwickelte aus einer bescheidenen Familienschule eine Aufbauschule für Jungen und eine Mädchenoberschule.

Über sein Bestreben sagte er:

Auf dem ganzen Gebiet der Inneren Mission

gen in der Seele seiner Kranken, die in ihrer Ausdrucksfähigkeit so sehr gehemmt sind, merken und darauf eingehen. Er nannte die Kranken seine Lehrmeister in Glauben und Lieben. Es verging kaum ein Tag, wo nicht der mit Verwaltungsarbeit und Seelsorgearbeit an seinen Mitarbeitern überlastete Mann Zeit fand, seine Kranken zu besuchen. Besonders gern war er in Patmos, in der Station der schwächsten Kinder.

Er schreibt darüber:

Ein Besuch bei ihnen macht mir jedesmal die Arbeit ein Stück leichter; denn in den Unmündigen, deren Engel das Angesicht des Vaters im Himmel schauen, finde ich Bundesgenossen, die ihre kleine Kraft tapfer einschalten in den Stromkreis der Liebe, die von oben

muß im wachsenden Maß das Bestreben dahingehen, nicht erst den heimatlos gewordenen und gesunkenen Leuten zu dienen. Das bleibt gewiß immer eine notwendige und heilige Arbeit. Besser aber ist es, das Leck am Schiff zu verstopfen, als nur das eingedrungene Wasser auszupumpen. Verhüten ist besser als Heilen, und rechtzeitige Liebe ist zugleich die barmherzigste und die billigste.

Segensreich ist auch die im Jahre 1919 eröffnete Volkshochschule Lindenhof in Bethel, der er folgendermaßen das Ziel umriß:

Nicht viel Wissen, nicht schöne Theorien, sondern Schulung des Auges für die Wirklichkeit, Bildung des Charakters im gegenseitigen Dienst aneinander, Befestigung eines reinen Wollens, das über die eigenen Interessen hinaus die Gesamtheit der Gemeinde und des Volkes erfaßt. Aufschließung der Herzen für die großen Taten Gottes im Evangelium und in der Geschichte der Völker.

Die Missionsarbeit in Ost-Afrika wurde zur Bethelmission und verwuchs ganz und gar mit der Elendsgemeinde, die Pastor Fritz zur Mutter dieser Missionsarbeit machte.

Ich kenne kein stärkeres Heilmittel, als daß man die Kranken heraushebt aus der Passivität des Leidens in die Aktivität für das Reich Gottes. Innere und Äußere Mission sind nach Matth. 9 V. 35-38 zur selben Stunde geboren.

Nicht mit seiner außerordentlichen Willenskraft hat Fritz von Bodelschwingh das große Werk vollbracht. Professor Dr. Gerhard Schorsch sagte in seiner Gedächtnisrede:

Er verfügte über Waffen von zauberhafter Kraft, die sich wirksamer erwiesen als das Machtwort manches Gewaltherrschers: Es waren die Ehrfurcht vor seiner inneren Vornehmheit, vor dem Adel seiner Gesinnung und die Liebe zu seinem edlen, großen Menschentum, die ihm seine Durchschlagskraft sicherten und den Widerstand nicht selten im Keime schon erstickten.

Sein Dienst an der Kirche

Als die Vertreter der evangelischen Kirche ihn nahezu einmütig zum Reichsbischof ernannten, erließ er am Abend dieses Tages, am 27. Mai 1933, eine Kundgebung, in der er aussprach, wie er dieses Amt auffaßte.

Es würde nichts nützen, am äußeren Gewand der Kirche zu flicken. Von innen heraus muß sie erneuert werden. Das kann nur geschehen, wenn sie das Wort des Herrn Christus deutlich hört: Ändert euern Sinn. Sinnesänderung wächst heraus aus der Erkenntnis der eigenen Schuld. Die deutsche Kirche bekennt vor Gott, daß sie viel verschuldet und

versäumt hat. Wir Christen haben die Verantwortung, die Gott uns mit dem Evangelium gegeben hat, nicht ernst genug erfaßt. Wir hätten viel wahrhaftiger, demütiger, beweglicher sein müssen. Wir hätten tapferer den Mächten widerstehen sollen, die den Menschen zum Knecht des Geldes machten und die Selbstsucht an die Stelle des Dienstes setzen. Der Weg, den ich weiter zu gehen habe, ist der Weg der Diakonie. Ginge es nach mir, so würde ich lieber Reichsdiakon als Reichsbischof genannt werden.

In seiner Predigt am ersten Pfingsttag in Berlin zeichnete er im Anschluß an Röm. 8,2 das Bild der Kirche, wie er sie vom Neuen Testament her schaute.

Ein verstehendes Lesen des Wortes Gottes, eine innerliche Aufmerksamkeit auf die Worte Jesu, die nur die Verfälschung der Menschen als unmodern erscheinen läßt, ein Hineintauchen in die allzeit frischen Ströme, die aus der ewigen Wahrheit Gottes kommen, das macht lebendige Menschen. Das schafft nur eine lebendige Kirche. Wo Christus ist, da ist die höchste Beweglichkeit. Da ist auch innerliche Freiheit. Wenn wir uns selbst durch den Geist von offenen oder heimlichen Bindungen lösen lassen, ob sie Selbstsucht oder Geiz oder Sinnlichkeit heißen, wenn wir selbst unseren Willen durch den Geist Gottes untertan machen, auch wenn er uns schlägt und zerbricht, dann wandern wir hinein in das Reich der inneren Freiheit, das im Gehorsam gegen Gott steht.

Er verband damit den Hinweis auf die Notwendigkeit kirchlicher Unterweisung für alle Altersstufen und auf den Bau kleiner schlichter Stätten des Gebets und der Verkündigung in den Riesengemeinden der Großstädte.

Leider bekämpften die Deutschen Christen diese Wahl, da sie den Vertrauensmann Hitlers, den Wehrkreispfarrer Ludwig Müller, als Reichsbischof haben wollten. Der heftig entbrennende Streit, wobei auf der gegnerischen Seite alle Machtmittel des Staates und die ganze Presse zur Verfügung standen, so daß eine freie Meinungsäußerung öffentlich nicht möglich war, endete mit dem Rücktritt Bodelschwinghs.

Seine Mahnung an die Pastoren bei der Theologischen Woche 1936 sollte ernsthaft gehört werden:

Wie viele unter uns Pastoren reden und leben auch von Erinnerungen, indem wir wiederholen, was sie einst gelernt oder erarbeitet haben, und dadurch wird ihre Verkündigung alt, abgestanden, müde und ermüdend. Meine Brüder, es kommt in unserem Dienst nicht auf glänzende Redeweise an, auf wohl erwogene und abgerundete Formeln, sondern auf eine frische Begegnung mit dem immer lebendigen Wort. Das kostet freilich äußerliche und innerliche Arbeit. Man muß sich bücken, um aus dem Heilsbrunnen zu schöpfen.

Für den Weg der Kirche nach 1945 hat er uns Weisung gegeben:

Jede Sicherheit der Welt ist für die Kirche Christi eine ernste Gefahr. Alles, was sie ganz auf den Weg des Glaubens stellt, ist heilsames Geschenk. Je weniger äußere Hilfsmittel, desto mehr echte Liebe. Laßt uns um Weisheit und Zucht bitten, daß wir gründlich dem absagen, was so oft der tödliche Schaden der Kirche gewesen ist: Ein jeder sah auf seinen Weg. Wo immer in den verschiedenen Arbeitskreisen der Kirche Männer und Frauen zusammenkommen, um über den Neuanfang ihres Dienstes zu sprechen, da sollte man sich zuerst in der Stille unter Gottes Wort sammeln, die Vergangenheit unter seine Vergebung und die Zukunft in sein Licht stellen. So könnten über manche Gräben, die uns bisher noch getrennt haben, Brücken der Wahrheit und der Liebe gebaut werden.

Pastor Fritz entschlief am 4. Januar 1946.

Frauen in der Liebesarbeit der Erweckung

JULIANE VON KRÜDENER (1764-1825)

Juliane von Krüdener ist zu Riga aus reichem baltischem Adel am 21. November 1764 als Tochter des Barons Wietinghoff geboren. Die Eltern waren vom französischen Geist Voltaires durchweht und huldigten einem leichtsinnigen Lebensgenuß. Die bildschöne junge Tochter wird auf großen Reisen in den Strudel der vornehmen Welt an den Höfen von Paris und London eingeführt und als graziöseste Tänzerin gefeiert. Ihr französischer Biograph schreibt: »Sie machte aus sich selbst eine Göttin und sah es gern, wenn man ihr zu Füßen fiel.« Der reiche, zweimal geschiedene baltische Baron von Krüdener, ein Günstling des Zaren, gewann die Achtzehnjährige zur Frau.

Sie sucht Befriedigung im Lebensgenuß

Ihr Mann war Gesandter in Venedig, ihre höchsten Träume von Schönheit und Glück gingen in Erfüllung. Doch bald war sie unbefriedigt. Ihre Sucht zur Selbstvergötterung kam bei ihrem Mann nicht ganz auf ihre Kosten. Die sündige Flamme eines galanten Liebhabers entzündete sie. Mit einem anderen vornehmen Liebhaber brach sie bei einer Erholungsreise, die ihr Mann ihr großmütig genehmigt hatte, die Ehe. Nun schlug ihr Gewissen. Sie bekannte alles ihrem Mann, und er verzieh ihr. Sie suchte in der Religion Frieden. Aber sie wollte auf diesem Weg nur sich selbst erhöhen. In einem Brief schreibt sie: »Ich habe Religion, reizende Kinder, eine erhabene und gefühlvolle Seele.«

Sie verfaßte einen Roman, um sich einen Namen zu machen. Bald war sie die gefeiertste Frau in Paris. Aber sie langweilte sich dabei und kehrte in ihre Heimat nach Riga zurück.

Sie findet Frieden mit Gott

Als sie in ihrem Palais zu Riga an ihrem Fenster sitzt, grüßt sie huldigend ein vorüberreitender Edelmann, der zu ihren Anbetern gehört hatte. Im selben Augenblick stürzt er, vom Schlag getroffen, tot vom Pferde. Der Schrecken fuhr in ihr empfindsames Herz. Sie wurde schwermütig und war der Verzweiflung nahe. In diesem Zustand mißt ihr eines Tages ein biederer Schuhmachermeister ein Paar Schuhe an. Sie fragt ihn, ob er glücklich sei. Mit einem leuchtenden Angesicht sagt er, er sei der Glücklichste aller Menschen. Sie suchte ihn auf und hörte von ihm: »Jesus Christus ist mein Friede.« Mit schlichten Worten zeigte er ihr den Weg des Heils, und sie fand Christus und gab ihm ihr Leben. Im vertrauten Umgang mit einfachen Frauen der Brüdergemeine wuchs ihr inneres Leben.

Sie schrieb auf ein loses Blatt:

Oh, wie reich das Wort beglückte, als nun des Richters Stimme schwand, als ich des Mittlers Huld erblickte und Gott sich selber gab zum Pfand.

Einer Freundin teilt sie mit:

Sie machen sich kaum einen Begriff, wie sehr mich diese heilige Religion glücklich macht. Wie ein Kind kann ich mich erleuchten lassen, mich trösten und der Führung des barmherzigen Heilands mich anvertrauen.

Ihr Sendungsbewußtsein und ihr Zeugnis vor Königen

Sie hatte ein starkes Sendungsbewußtsein. Was sie mit Jesus erfahren hatte, mußte sie anderen mitteilen. Man hat das oft als schwärmerisch oder hochmütig empfunden, und vielleicht war auch etwas davon wahr. Auch Ernst Moritz Arndt urteilt abfällig über sie; aber es gehört zu einem lebendigen Christen, daß er, was er erfahren hat, weitergeben muß.

Im Jahre 1806 erlebte sie zu Wiesbaden, wohin die Ärzte sie gesandt hatten, die tiefe Not Deutschlands. Da hielt sie es nicht mehr im Süden aus, sondern reiste nach Norden, nach Königsberg zu Königin Luise, um ihr nahe zu sein und ihr die rettende Gottesliebe zu verkündigen.

Später schrieb die Königin in einem Brief:

Sie haben mich besser gemacht, als ich war. Die Unterredungen, die wir miteinander hatten über Religion und Christentum, haben auf mich tiefen Eindruck gemacht. Ich habe reichen Trost gefunden und bin Gott nähergekommen. Versprechen Sie mir, daß Sie mich immer die Stimme der Wahrheit hören lassen werden.

In Herrnhut hörte Frau v. Krüdener von Jung Stilling und reiste ihm zuliebe nach Karlsruhe. Er lebte am Hof des Großherzogs. So hatte sie Gelegenheit, die Königinnen von Bayern und Schweden, die Herzogin von Braunschweig, die Königin von Hannover, die Kaiserin Elisabeth von Rußland und Hortense, die Königin von Holland, kennenzulernen. In der Glut ihres Herzens pries sie ihnen die Liebe Jesu an. Ein Baron von Berckheim legte sein Amt in Mainz nieder, um sich der Ausbreitung des Evangeliums zu widmen. Er wurde 1815 ihr Schwiegersohn. Bei Kindern und Armen fühlte sie sich am wohlsten.

In ihrem Herzen war das Gebet lebendig:

O könnte ich ihm, dem angebeteten Herrn, alles zuführen, könnten alle seinen Namen preisen und in seiner Liebe entzündet werden.

In Karlsruhe bemerkte sie eine Magd, die mit verweinten Augen die Straße fegte, weil sie sich für zu gut für diese Arbeit hielt. Da nahm sie ihr den Besen aus der Hand und kehrte selbst. Sie wies das Mädchen hin auf die Jungfrau Maria und den Herrn Jesus, die aus noch viel höherem Stande waren und sich solcher Arbeit nicht schämten.

Max von Schenkendorf besuchte sie 1812 in Karlsruhe.

Von Karlsruhe aus reiste sie zu Pfarrer Oberlin im Steintal. Dort lernte sie den Pfarrer Friedrich Fontaine kennen, der mit einer Hellseherin verbunden war. Dadurch kam sie eine Zeitlang auf schwärmerische Wege. Sie hielt viel von Gesichten und Eingebungen. Fontaine nützte ihre grenzenlose Freigebigkeit für die Armen selbstsüchtig aus. Es war die Zeit des Wiener Kongresses und der Wiedererhebung Napoleons. Da fühlte sie sich gedrungen, nach Heilbronn zu Kaiser Alexander zu reisen. Mit großer Kühnheit brachte sie ihm die Botschaft von Christus. Nach der ersten dreistündigen Unterredung sagte der Kaiser: »Sie haben mir über Dinge in meinem Innern den Blick geöffnet, welche ich zuvor nie bemerkt. Ich danke Gott dafür, aber ich bedarf oft solcher Unterredungen und bitte Sie daher, sich nicht von hier zu entfernen.« Der Kaiser bat sie, auch nach Heidelberg in sein Generalquartier zu kommen, um ihm die Tiefen des göttlichen Wortes aufzuschließen. Sie ließ einen jungen tiefgegründeten Genfer Pfarrer Empeytaz nach Heidelberg kommen, der in ihrer Gegenwart den Kaiser in die Schrift einführte. Der Kaiser dehnte die Bibelstunden oft bis Mitternacht aus. Zum Schluß kniete man nieder und Empeytaz betete. Auch in Paris wurden diese Bibelstunden mit dem Kaiser auf seinen ausdrücklichen Wunsch fortgesetzt. Unter diesen Eindrücken rief Alexander die Heilige Allianz ins Leben, die bekennt, daß die christliche Nation in Wahrheit keinen anderen Herrscher hat als Gott, unseren Heiland Jesum Christum.

Die Mutter der Armen

Ihr Sohn, der russischer Gesandter in Bern war, lud sie ein. Sie reiste in die Schweiz, wurde aber bald, sowie sie den Mund für Christus öffnete, aus Bern ausgewiesen. In Basel verstand sie sich gut mit dem liebeglühenden Sekretär der »Christentumsgesellschaft« Spittler. Sie ließ durch Empeytaz in der vornehmen Gesellschaft Bibelstunden halten. Hiernach sprach sie mit den begehrten, unter vier Augen. Friedrich Zündel, der Biograph Blumhardts, kam durch sie zum inneren Erwachen. Mit Spittler zusammen gründete sie die »Basler Traktatgesellschaft«. Die eben gestiftete Basler Missionsgesellschaft empfing eine Fülle von Liebesgaben von den erweckten Menschen, die der Geist Gottes von ihrem Besitz lösen konnte. Aber auch aus Basel wurde sie ausgetrieben. Sie fand dann in Grenzach-Horn auf badischem Gebiet ein beschei-

Elizabeth Fry

letztes Wort war das Gebet: »Jesu, der du bist alleine Haupt und Hirte der Gemeinde, denk an mich, dein armes Glied«. Sie entschlief am 25. Dezember 1825.

ELIZABETH FRY (1780-1845)

Ihr Werden und Wirken

Sie ist als Tochter des Jon Gurney und der Katharina Bell geboren, die beide der »Gesellschaft der Freunde« angehörten. Nach dem Tod der frommen Eltern kam die zwölfjährige Tochter in ein äußerliches und freies Leben hinein. Sie liebte den Tanz und wurde eine gewandte Reiterin. Aber hinter der heiteren Maske war eine zerrissene und friedlose Seele.

Mit sechzehn Jahren schreibt sie:

Ich bin wie ein Schiff auf dem Meer ohne Steuermann, eine Seifenblase ohne Vernunft. Ich zweifle an allem.

Durch die Predigt eines amerikanischen Quäkers wurde sie im Jahre 1798 erweckt. Sie bekennt: »Heute habe ich das Gefühl, daß ein Gott ist.« Sie schloß sich der Gemeinschaft der Quäker an, nahm das Du in der Anrede an und die graue Tracht. Sie wurde die Gattin eines reichen Londoner Kaufmanns, der auch ein Quäker war, und Mutter seiner elf Kinder. Alle ihre Kinder wurden in ihr Glaubensleben hineingezogen. Ihr Bruder kämpfte für die Befreiung der Sklaven. Auf ihrem großen Landsitz fand sie ein Arbeitsfeld, das ihrem liebenden Herzen entsprach. Sie sorgte für Arme, verteilte christliche Schriften, half überall, wo sie Not sah. In der Quäkergemeinde wurde sie »Zeuge des Wortes« und überwand ihre natürliche Schüchternheit immer mehr. Bei einem Jahresfest der Bibelgesellschaft im Jahre 1811 sprach sie zum erstenmal vor einer größeren Versammlung, und ihre Worte hinterließen einen tiefen Eindruck. 1813 begann ihre Gefangenenarbeit mit einem Besuch im Frauengefängnis zu London. Die entsetzliche Verwilderung der dreihundert weiblichen Gefangenen ging ihr so zu Herzen, daß sie nicht ruhen konnte, bis die Verhältnisse gebessert waren. Durch ihr Gebet und ihre Schriftauslegung wurde der Zustand der Gefangenen wunderbar verändert. Ordnung und Zucht kehrten ein. Sie gründe-

denes Haus, und viele suchten sie auf. Dort geschah es auch, daß eine zweiundneunzigjährige katholische Pilgerin, die zum fünfzigsten Mal nach Maria Einsiedeln wallfahrte, durch ihr Zeugnis den Trost des Evangeliums fand, darauf den Rosenkranz ins brennende Kaminfeuer warf und fröhlich rief: Es ist vollbracht. Nun brauchte sie nicht mehr nach Maria Einsiedeln zu wallfahren und trat getröstet den Heimweg nach Belgien an.

In den Hungerjahren 1816 und 1817 war sie den ganzen Tag umlagert von Armen und Hungernden. Sie verkaufte ihre sämtlichen Kleinodien und verbrauchte den Betrag von dreißigtausend Franken für diese Notleidenden. Aber auch aus Baden wurde sie vertrieben.

Nun zog sie auf ihr Landgut in der russischen Heimat zurück. Kaiser Alexander wollte, vom Hofleben umgarnt, sie nicht mehr kennen. Durch Leiden wurde sie geläutert und ernüchtert. In einer schweren Krankheit, die zu ihrem Ende führte, erquickte sie sich besonders an den Liedern Tersteegens. Ihr

te 1817 den »Frauenverein zur Besserung weiblicher Sträflinge«. Die Behörden wurden auf sie aufmerksam und holten ihre Ratschläge ein. In dieser Weise ist sie zwanzig Jahre lang in England, Schottland und Irland tätig gewesen. Ihre Tätigkeit erstreckte sich auch auf das Festland. Dreimal war sie in Frankreich, vor allem in Paris, später besuchte sie Belgien, Holland, die Schweiz, Deutschland und Dänemark. Sie verkehrte mit den vorgesetzten Behörden, sprach in den Königspalästen vor und besuchte die Gefangenen. In Berlin bei Friedrich Wilhelm IV. fand sie am meisten Verständnis und Entgegenkommen. Er hat ihren Besuch später in London erwidert und ist unter ihrer Führung durch die Gefängnisse gegangen.

Bis zum vierundsechzigsten Jahr war sie rastlos tätig. Dann kam noch ein Jahr schwerster körperlicher und seelischer Leiden, bis sie am 12.10.1845 in Ramsgate entschlief, von Tausenden gesegnet und betrauert.

Ihre Gedanken über die Gefangenenhilfe

Sie fordert vor allem Wortverkündigung und Seelsorge für die Gefangenen. Davon erwartet sie alles Heil und alle Besserung. Sie verlangt Trennung der Männer und Frauen in besonderen Gefängnissen, für die weiblichen Gefangenen weibliche Aufsicht, die im christlichen Geist geübt werden soll. Sie will, daß den Gefangenen eine Beschäftigung gegeben werde, sie sollen unterrichtet werden in besonderen Gefängnisschulen. Ihre verantwortliche Mitbeteiligung an Ordnung und Disziplin sollte herbeigeführt werden. Sie wollte die Quelle des Verbrechens verstopfen, indem sie Vorschläge machte zur Abhilfe großer sozialer Notstände. Sie trat für die armen Hirten ein wie für die bedürftigen Seeleute, für die einsamen Küstenwächter hatte sie ein Herz. Sie regte überall Besuchsvereine zum Liebesdienst an den Armen an, sorgte für Verbreitung christlicher Schriften, für Besserung der Armen- und Irrenanstalten. Es war kaum ein Notgebiet, das nicht ihr wachsames Auge durchforschte und wo nicht ihre barmherzige Liebe auf Abhilfe sann. Die aus der Haft Entlassenen suchte sie vor Rückfällen und neuen Versuchungen zu bewahren. Die Für-

Elizabeth Fry

sorgepflicht für entlassene Strafgefangene legte sie den Behörden und den Christen nahe. Durch ihre Wirksamkeit wurde die Zahl der Rückfälle um vierzehn vom Hundert vermindert und ebenso die Zahl der weiblichen Verbrecherinnen auf den siebten Teil der früheren Straffälle. Ihr Hauptgrundsatz war, daß die Seelenpflege die Seele der Armenpflege sei. Durch eine Schrift von Dr. Bunsen wurden ihre Persönlichkeit und ihre Gedanken in Deutschland bekannt. Fliedner und Wichern konnten ihre Anregungen durch Neuordnung des Gefängnislebens in die Tat umsetzen. Im Gedächtnis an ihre Tätigkeit wurde in England die Zufluchtsstätte für verlassene Frauen gegründet.

AMALIE SIEVEKING
(1794-1859)

Die Sievekings stammen aus westfälischem Schulmeister- und Pfarrergeschlecht. Amalie Sievekings Großvater gründete in Hamburg eine Tuchhandlung und nahm tätigen Anteil am Hamburger kirchlichen Leben. Ihr Vater, Heinrich Christian Sieveking, war Kaufmann und Senator in Hamburg. In den Häusern der Sievekings sammelten sich die bedeutendsten Leute ihrer Zeit. Amalie verwaiste früh. 1799 verlor sie die Mutter, zehn Jahre später den Vater. Der wortkarge Vater betete an Neujahr 1809 am Familientisch abends mit den Seinen, was sonst nicht seine Gewohnheit war, laut zu Jesus: »Du mein Herr

Jesus Christus, segne du diesen Kreis in dem Jahr, das wir heute beginnen. Was wird aus diesen jungen Menschenkindern werden, wenn auch ich scheiden muß? Oh, bereite du ihre Herzen, daß sie gerade und aufrecht auf ihrem Lebensweg schreiten, aufwärts dem ewigen Lichte, dir entgegen.« Wenige Wochen später begrub man ihn. Da kein Vermögen da war, wurden die Kinder an Verwandte verteilt. Amalie kam zur Schwägerin Klopstocks und unterrichtete die Nichten ihrer Wohltäterin. Damit begann die Fünfzehnjährige eine Tätigkeit, die sie mit großer Freude ein Leben lang ausüben sollte. Zwei Jahre später nahm eine Verwandte ihrer Mutter sie in ihr Haus auf und hielt sie wie eine Tochter.

Amalie Sieveking

Achtundzwanzig Jahre lang wohnte sie bei ihr und hatte an ihr den Rückhalt, den sie für ihre öffentliche Tätigkeit nötig hatte. Sie unterrichtete junge Mädchen in Kursen.

Ihre Schule war Erziehungsschule. Bildung der Kinder, nicht bloßer Unterricht war ihr Ziel. Sie unterrichtete mit besonderer Freude in den modernen Sprachen, die sie mühelos beherrschte, in Geographie und in Deutsch. Für die anderen Fächer hatte sie junge Kandidaten herangezogen. Jeden Sonntagnachmittag widmete sie den armen Kindern als Lehrerin einer Armenschule, und das tat sie ihr Leben lang.

Der frühe Tod ihres jungen Bruders Gustav, der Theologie studierte und ihr persönlich und in Briefen bezeugt hatte, was er im Glauben an Christus gefunden hatte, machte einen heilsamen Eindruck auf sie. Die Vernunftreligion, in der sie aufgewachsen war, konnte ihrem Geist keine Nahrung mehr geben. Durch Thomas von Kempen kam sie zur Bibel, und durch August Hermann Franckes Anweisung, wie man die Bibel lesen müsse, lernte sie, die Schriftworte miteinander zu vergleichen und im Gebet auf sich selbst anzuwenden. In jener Zeit fand sie Verbindung mit Pastor Rautenberg, durch den Johann Hinrich Wichern so gesegnet worden ist, und wurde durch ihn weitergeführt. Sie schrieb ihre ersten Schriftbetrachtungen über einige Stellen der Heiligen Schrift. Einige Eltern nahmen ihr die Schülerinnen weg, weil sie ihren »Mystizismus« beanstandeten. Dafür kamen andere Schülerinnen, die in großer Liebe an ihr hingen. Vom acht-

zehnten Lebensjahr ab bewegte sie den Gedanken, eine barmherzige Schwesternschaft in der evangelischen Kirche zu gründen um der geistlichen Förderung der Gemeinde willen und um alleinstehenden Frauen eine nützliche Beschäftigung zu geben. 1824 besprach sie ihren Plan mit J.E. Gossner, der einige Monate in Altona wohnte. Gossner ermahnte sie, noch einige Jahre zu warten auf Gottes Stunde, zumal in ihrem eigenen Wesen noch tausend Hemmungen lägen. »Es ist noch nicht alles Demut in Ihnen, sondern durch Dienen wollen Sie herrschen.«

Als 1830 die Cholera in Hamburg ausbrach, war die Stunde gekommen, daß Amalie an die Öffentlichkeit trat. Sie erließ einen »Aufruf an christliche Seelen«, sich zur Pflege der Cholerakranken zur Verfügung zu stellen. Niemand meldete sich. Da stellte sie sich allein dem Hospital zur Verfügung. Sie tat es im Vertrauen auf Gottes Führung. Bald gab ihr der zuerst mißtrauische Arzt, der gemeint hatte, sie wolle nur den Kranken predigen, dankbar die Oberaufsicht über das gesamte männliche und weibliche Personal. Dreimal machte sie die Runde durch die Säle mit dem Arzt und dem Apotheker, nachts um halb drei Uhr zum letzten Mal. Um sechs Uhr war sie bereits wieder bei der Arbeit, um halb zwei Uhr war sie zur Ruhe gegangen. Sie merkte sich sorgfältig alle Anordnungen des Arztes und überwachte die pünktliche Ausführung durch die Wärter und Wärterinnen. Im

Gebet holte sie sich Kraft für diese ungeheure Anstrengung. Die Dankbarkeit der Kranken war ihre Erquickung. Gerade für die Elendsten empfand sie die größte Liebe. Die Pflege der widerspenstigen Kranken übernahm sie selbst. Mit den Genesenden las sie die Bibel und legte sie ihnen aus. Im Januar 1831 kehrte sie heim, als die Seuche erloschen war. Während man vorher ihr Unternehmen für Wahnsinn erklärt hatte, fand sie nun bewundernde Anerkennung. Eine Ärztekommission, die ihr feierlich den Dank aussprach, betonte, daß bei ihrer Krankenpflege ein völlig anderer Geist geherrscht habe als bei den bezahlten Wärtern und Wärterinnen, ihr Christentum scheine ihr eine unerschöpfliche Kraftquelle gewesen zu sein. Nun rief sie den »Weiblichen Verein für Armen- und Krankenpflege« ins Leben, der eine überraschend große Beteiligung fand und in vielen großen Städten nach Hamburger Vorbild in fruchtbarer Auswirkung ihrer Ideen Nachahmung fand. Einen Ruf Fliedners, als Oberin nach Kaiserswerth zu kommen, lehnte sie ab, weil sie sich von ihrer Vaterstadt und ihrem Erziehungsdienst an der Jugend nicht trennen konnte. Die Königin von Dänemark wurde ihre Freundin, die sich von ihrem Liebeswerk anregen ließ. Auch die Königin Elisabeth von Preußen ließ sie zu Vorträgen nach Berlin kommen. Man wollte sich in dem Verein vor allem der redlichen Klasse der Armen und Kranken, nicht der asozialen, annehmen. Man wollte nicht mit Geldmitteln, sondern mit Lebensmitteln und Arznei unterstützen, den Armen durch die Armen helfen, indem man etwa einer lahmen Kranken eine gesunde arbeitslose Frau zuteilte, der man ihren Dienst bezahlte. Man will die Armut nicht pflegen, sondern heilen. Jede neue angemeldete arme Familie wurde von der Frau des Bezirks besucht, ein Fragebogen wurde genau ausgefüllt und einen Tag vor der wöchentlichen Versammlung Amalie Sieveking abgegeben. Sie hatte neben ihrem Unterricht an der Jugend wöchentlich oft fünfzig Berichte zu bearbeiten. Bei jedem neu angenommenen Mitglied des Armenvereins machte sie den ersten Besuch. Dabei bereitete sie sich sorgfältig auf jede Schulstunde vor, um nicht in einen gewohnheitsmäßigen Schlendrian hineinzugeraten. Mit den

Frauen ihres Kreises las sie die Bibel und betete mit ihnen. Diesen Dienst hat sie ausgeübt bis zu ihrem fünfundsechzigsten Lebensjahr; da war ihre Kraft verzehrt. Im März 1859 hat sie noch ihre Jugend unterrichtet. Am 1. April ist sie entschlafen. Nach ihrer letzten Anordnung wurde sie in einem niedrigen Armensarg begraben. An ihrem offenen Grab wurde die Geschichte der Tabea verlesen.

Was ihr aus der inneren Zerrissenheit ihrer Jugend heraushalf, hat sie einst mit den Worten gekennzeichnet:

Der Glaube, die Entschlossenheit, die kleinen Neckereien des Lebens zu verachten, und dann ein Zeit und Herz ausfüllender Liebesberuf.

JULIE REGINE JOLBERG GEB. ZIMMERN (1800-1870)

Ihr Lebenslauf

Julie Regine Jolberg wurde am 30. Juni 1800 als Kind einer reichen jüdischen Familie geboren, die ein Handelshaus in Heidelberg betrieb. Es war die Zeit der Judenemanzipation. Begierig nahm ihre Familie die Geistesbildung der deutschen klassischen Literatur in sich auf. Regine empfing christliche Eindrücke in einem Pensionat. 1821 schloß sie die Ehe mit dem edlen Gerichtsprokurator Dr. jur. Josef Leopold Neustedel, der aus einer Hanauer jüdischen Familie stammte. Nach einigen glücklichen Ehejahren, in denen ihnen zwei Töchter geschenkt wurden, mußte der Ehemann wegen seiner leidenden Gesundheit den Süden am Mittelländischen Meer aufsuchen. Dort starb er, nachdem er sich dem christlichen Glauben stark genähert hatte. Seine Witwe zog nach Heidelberg in die Nähe ihrer Eltern. In dem Dorf Gemmingen empfing sie einige Monate christlichen Unterricht und trat dann zur evangelischen Kirche über. Dort heiratete sie ihren früheren Hauslehrer Jolberg, der mit ihr zur christlichen Kirche übertrat. Sie zogen nach Heilbronn, um dort ein Pensionat zu gründen, was ihnen bei der zunehmenden Kränklichkeit Jolbergs nicht gelang. Am 20. Mai 1829 starb ihr Mann. Zwei kleine Kinder aus dieser Ehe waren vorher schon in ein frühes Grab gesunken. Frau Jolberg zog nun nach dem kleinen Dorf Berg, bei Stuttgart am Neckar gelegen, und widmete sich der Ausbildung und Erziehung ihrer Töchter. Sie genoß den Verkehr mit hochstehenden Menschen ihrer Zeit wie mit dem Dichter Lenau. Vor allem fand sie Verbindung mit treuen Christen, die ihr die Predigten von Dann zu lesen gaben und dadurch ein Sehnen nach dem Heil in Christus in ihr weckten. Nach dem Tod ihrer Mutter siedelte sie wieder nach Heidelberg über, um ihrem Vater nahe zu sein. In einem schöngeistigen Kreis, wo man Klopstocks Oden las, sich an Claudius freute, Lavaters Leben studierte, fand sie ihre geistige Nahrung. In der ihr damals eng verbundenen Familie des Hofrats von Kieser in Stuttgart waren Krankheitsnot und Tod eingekehrt. Vater und Tochter waren in kurzer Zeit erkrankt und gestorben. Da ging ihr die Vergänglichkeit der irdischen Dinge zu Herzen. Auf einer Reise nach Straßburg besuchte sie die Pfarrersleute Ernst Fink in Leutesheim. Die Pfarrfrau hatte eine Strickschule begonnen, um sich der Dorfjugend anzunehmen. Das machte nun auf Regine Jolberg einen großen Eindruck; denn schon lange lebte in ihr der Gedanke, sich irgendwie der Kinder des Volkes anzunehmen. 1839 bis 1840 wollte sie in Stuttgart ihren schwergeprüften Freunden von Kieser beistehen. Die Art und Weise, wie diese ihr Leid durch Christus getröstet trugen, machte auch sie verlangend nach näherer Verbindung mit der Quelle des Trostes. Heilsbegierig hörte sie Wilhelm Hofakker und Albert Knapp predigen und fand dadurch den Frieden des Herzens im Glauben an den Gekreuzigten und Auferstandenen. Damit wurde der innere Wunsch, den Kindern zu dienen, immmer stärker. Als der anfängliche Widerstand ihres Vaters überwunden war, siedelte sie freudig nach Leutesheim über, um Pfarrer Fink in der Unterweisung der Dorfjugend zu helfen. Das geschah in den Julitagen des Jahres 1840. Sie konnte dort ein kleines Anwesen mieten und später käuflich erwerben, wo sie unter Mithilfe ihrer beiden Töchter und ihrer Pflegetochter Marie Benzing die Dorfjugend sammelte und in nützlicher Beschäftigung unterwies. Als Pfarrer Fink Leutesheim verließ, um als Pfarrer an die neu errichtete Heil- und Pflegeanstalt Illenau zu ziehen, legte ihr der Pfarrverweser, der ihm folgte,

in der Objektivität und Uninteressiertheit, in der er ihrer Arbeit gegenüberstand, nahe, sich auf die Arbeit an den Kleinkindern zu beschränken, um die staatliche Genehmigung eher zu erhalten. Sie schrieb ihre Gedanken über die Kleinkinderpflege und über die Möglichkeit, einige Mädchen zur praktischen Ausbildung bei sich aufzunehmen, nieder, und schickte den Aufsatz an Pfarrer Mann in Hochstetten, der den »Reichsgottesboten« herausgab. Mann hatte ohne Kenntnis von diesem Aufsatz schon selbst einen Artikel geschrieben mit dem Thema: »Weide meine Lämmer«. Der Gedanke wurde mit den Brüdern, die bei einem Missionsfest in Badenweiler versammelt waren, beraten. Die aber lehnten den Plan ab; zuerst müsse die Rettungsanstalt Hardthaus bei Karlsruhe gegründet werden. Zwei Anstalten seien zu viel für das Land. Aber schon kamen die ersten Gaben, dazu auch die Nachricht, daß ein geräumiges Haus in Leutesheim zu kaufen sei, und Mutter Jolberg hatte große Freudigkeit, zuzugreifen. Um Gottes Willen zu erkennen, schrieb sie an einen lieben Christen, den Landwirt Fink in Meisenheim, und bat ihn, sich für sie zu verwenden, daß sie eine Hypothek von 2500 Gulden bekomme. Ein christlicher Bruder aus Ichenheim gab ihr das Geld, wenn drei Pfarrer sich dafür verbürgten. Ihre drei Pfarrersfreunde Sabel, Fink und Mann sagten ihr zu. Am 8. Oktober 1844 wurde das Haus ihr Eigentum. Im nächsten Jahr traten die ersten Schwestern ein. Das schönste Gottesgeschenk dieses Jahres war die Ernennung Pfarrer Manns für Leutesheim, für die viel gebetet worden war. 1846 war das erste Jahresfest, bei dem Henhöfer die Festpredigt hielt. Ein Bruderkreis, bestehend aus Pfarrer Fink und Pfarrer Mann, Pfarrer Rein in Nonnenweier und Diakonus Kayer in Gernsbach, stand ihr zur Seite. Beim zweiten Jahresfest waren es bereits acht Kinderschulen mit neun Schwestern. An vielen Orten enstanden neue Kinderschulen. Da gab es im Revolutionsjahr 1849 einen schweren Rückschlag. Mutter Jolberg wurde mit ihren Schwestern von den Revolutionsmännern des Gemeinderats aus Leutesheim ausgewiesen. Von 1849 bis 1851 fand sie eine Zuflucht bei der gläubigen Pflugwirtin in Langenwinkel, die sie beim letzten Jahresfest in ihr Haus eingeladen hatte. Gerade in diesen Jahren wuchs das Werk in die Tiefe und in die Weite. Immer mehr Schwestern traten ein. Pfarrer Rein von Nonnenweier wurde ihr geistesmächtiger Seelsorger und Anstaltspfarrer, ein wahrer Vater des Werks. Ein Angebot, die Anstalt nach Karlsruhe, in ein zur Verfügung gestelltes Haus zu übersiedeln, wurde abgelehnt; sie wollte in der Stille des Dorfes bleiben. Da öffnete sich das Schlößchen des Freiherrn Boecklin von Boecklinsau, das in Nonnenweier hundert Jahre vorher in schmuckem französischen Mansardenstil, von Garten und Park umgeben, gebaut worden war. 1851 im Juni zog sie mit ihren Schwestern dort ein. Neunzehn Jahre durfte sie dort ihr gesegnetes Werk leiten.

Am 5. März 1870 ist sie entschlafen.

Die Zubereitung dieses Werkzeugs

Bei aller reichen Geistesbildung konnte sie doch keine innere Befriedigung finden.

Sie schreibt darüber:

Wir lasen deutsche und andere Klassiker, auch die griechischen Tragödien lernte ich kennen. Doch wie verlor sich ganz das Sehnen meines Herzens, und oft in stillen Stunden hieß es in mir: Wenn du auch allen gefällst, so kannst du doch Gott nicht gefallen. Du kannst so, wie du bist, nicht in den Himmel kommen.

Die junge Braut schreibt:

Mir fehlte immer eine innere Befriedigung, ich suchte und suchte und fand doch nicht. Freundschaft und Liebe konnten mich nicht befriedigen.

Die junge Frau bekennt:

Mein inneres Bedürfnis bekam sonst keine Nahrung. Wir waren keine Juden, keine Heiden und keine Christen.

Als sie zur evangelischen Kirche übertrat, hatte sie noch keine Heilsgewißheit. Ihr Glaubensleben hatte sich allmählich und wachstümlich entfaltet. Erst im Umgang mit treuen Christen in Stuttgart wurde sie näher zu Gott gezogen. Predigten und Bibelstunden von Albert Knapp und Wilhelm Hofacker brachten sie innerlich weiter. Die letzte Tiefe gab ihr dann die Predigt und Seelsorge der geistlichen Väter ihres Liebeswerks, Pfarrer Fink, Pfarrer Mann und Pfarrer Rein.

Die junge Witwe trat in den Heidelberger Armen- und Frauenverein ein, nähte Kleider für arme Kinder und beteiligte sich eifrig an ihrer Betreuung.

Das tiefe Sehnen nach irgendeiner Arbeit an den Kindern des Volks im Geist des Evangeliums wurde durch ihren Besuch in Leutesheim sehr verstärkt.

In ihrem Tagebuch findet sich von ihrem Einzug in Leutesheim das Gebet:

Nimm mein besseres Teil, Herr Jesus Christus, ich bin dein. Lieber mit dir in Jammer und Not als ein Glück ohne dich. Dein Weg heißt Selbstverleugnung, Angst und Trübsal, aber deines Weges Ende heißt Seligkeit in Gott. Durch Gottes Gnade bekenne ich mich von Sünden befleckt, die nur du von mir nehmen kannst, und flehe um deinen Beistand, o himmlische Barmherzigkeit! Gib mir alles, was mich zu dir führt, o Gott, und nimm mir alles, was mich von dir entfernt.

Die Mutter ihrer Schwestern

Das Ziel, das sie bei der Erziehung der Schwestern hatte, leuchtet in einer kleinen Denkschrift von 1845 auf:

Die Kinderpflege zu Leutesheim ist eine Gemeinschaft durch des Herrn Gnade und zu seiner Ehre gegründet. Es soll darin nichts gesucht werden als des Herrn Ehre. Zum inneren Wohl ist notwendig, daß wir 1. täglich die großen und vielen Wohltaten Gottes recht erwägen, damit wir dankbar und demütig werden. 2. Daß wir unsere täglichen Fehler, ja, auch unsere Sünden erkennen und bekennen und uns durch den Heiligen Geist unmittelbar durch Menschen strafen und züchtigen lassen. 3. Daß wir auch die äußeren Geschäfte mit Sinn, Verstand und pflichtgetreu nach dem Willen Gottes tun und erfüllen. Zu diesem Zweck versprechen alle Mitglieder der Gemeinschaft, sich an jedem Abend einfältig gegeneinander auszusprechen, wenn eines etwas zu klagen, zu wünschen und zu bitten hat. 4. Alle versprechen, nie heimlich untereinander über andere etwas zu sagen; 5. niemals einer Empfindlichkeit nachzugeben; 6. alles dazu beizutragen, damit Eintracht, Versöhnlichkeit und Friede unter uns wohne, damit der Herr des Friedens unter uns sein kann. 7. Zu diesem Zweck sollen die älteren Schwestern die jüngeren mit Sanftmut und Liebe unterweisen, sie nie anschnurren, sondern mit Langmut, Geduld und herzlichem Erbarmen tragen, wie der Herr uns täglich trägt. 8. Die Jüngeren sollen sich belehren lassen, fein, still und demütig sein, auch wenn ihnen einmal Unrecht geschehe. Auch die Vorsteherin ist in nichts ausgenommen.

Kurz vor ihrem Sterben sollten die Schwestern, die sie noch einmal sehen wollten, ihr singen: »Tod, mein Hüttlein kannst du brechen« und dann hereinkommen. Auf ihren Wink waren sie um ihr Lager her niedergekniet. Nun betete sie noch einmal wie eine Priesterin für sie:

Herr über Leben und Tod, du rufst mich nun ab aus meinem Arbeitsfeld in die Ewigkeit. Ich danke dir, daß ich dir habe dienen dürfen.

Julie Regine Jolberg: Sah ich in den Dörfern die kleinen Kinder so unbeachtet, so schmutzig umherlaufen, so verweilte oft mein Auge mit Tränen auf ihnen – und ein Drang, ihnen auf irgendeine Art zu helfen, war so stark in mir, daß ich wenigstens gerne gleich angefangen hätte, sie mit einem großen Schwamm alle zu waschen.

– Ich bin eine Sünderin, aber eine begnadigte, freigemacht durch das Blut Jesu. – So sei und bleibe hier bei unseren lieben Schwestern und bei dem ganzen Werk, das du angefangen. Ach Herr, ich bitte dich, mache doch unsere Schwestern treu – treu – treu.

Sie küßte noch einmal jede Schwester und sagte:

Ich bin eine große Sünderin, ich bin nichts, gar nichts. – Laßt euch frei machen vom Sohn, daß ihr willenlos seid und hingehen könnt, wohin er euch sendet.

EVA VON TIELE-WINCKLER
(1866-1930)

Ihre Familie und Ihre Jugend

Eva von Tiele-Winckler wurde am 31. Oktober 1866 in dem Grafenschloß zu Miechowitz in Oberschlesien geboren als Tochter eines evangelischen, einem ostpreußischen tüchtigen Gutsbesitzergeschlecht entsprossenen Vaters, eines Offiziers von gestrafftem Wesen, und einer katholischen gemütszarten, innig frommen Mutter mit mystischen Neigungen, der reichen Erbin oberschlesischen Bergwerkbesitzes. Der Vater dieser Mutter war ein einfacher Bergwerksinspektor und war durch Heirat in den Besitz dieser Güter gekommen und später geadelt worden. Seine Familie bewahrt das Wappen eines Ahnen auf, das umschrieben war mit dem Wort: »Jesus, Jesus, nichts als Jesus.« Die Mutter Eva von Tiele-Wincklers bekam, als sie den Rock Christi in Trier besuchte, durch einen Traum die göttliche Weisung, sich nicht dem Rock, sondern den Worten Jesu zuzuwenden. Sie kaufte eine Bibel und las fleißig darin. Als Eva dreizehn Jahre alt war, verlor sie ihre heißgeliebte Mutter. Von ihr hatte sie katholische Neigungen zum klösterlichen Leben und zur mystischen Frömmigkeit.

Jahrzehntelang wollte sie aus sich selbst eine Heilige machen durch eigene Frömmigkeitsanstrengungen. Ihre zweite Mutter, eine prachtvolle, klar evangelisch gesinnte Frau, griff dadurch bestimmend in ihr Leben ein, daß sie sie gegen ihren Willen in den Konfirmandenunterricht schickte und, als sie herangewachsen war, nach Bethel zu Bodelschwingh.

Ihre Umkehr

Eva schreibt darüber:

Ich wollte nicht konfirmiert werden; denn ich wollte nie etwas bekennen, was ich nicht glaubte. Ich biß die Zähne zusammen, rannte hinauf in mein Zimmer und drohte mit der Faust. Schließlich überlegte ich mir die Sache doch: Es ist vielleicht ganz gut, wenn du es dir mal anhörst, aber ich hatte vom Unterricht nichts. Ich kam immer mehr in Unglauben und Zweifel hinein, war jetzt oft unglücklich, hatte gar keinen Halt mehr, lag manchmal auf der Erde weinend und wußte nicht, was mir war. Ich wäre damals lieber ein Heide gewesen als ein Christ. Ich schlug einmal, als ich sechzehn Jahre alt war, die Bibel auf und las Joh. 10 Vers 27 und 28. 'Meine Schafe hören meine Stimme und ich kenne sie, und sie folgen mir'. Das hatte ich noch nie gelesen und wußte nicht, daß Jesus das selbst sagte; denn wir durften bis dahin die Bibel nicht in die Hand nehmen. Jetzt zum Unterricht mußte ich sie zum Lernen haben, und zum ersten Mal sah ich wie in einer plötzlichen Erleuchtung durch das Wort die Herrlichkeit Jesu als des guten Hirten, der das Verlorene sucht.

Sie nannte dieses Ereignis die Stunde ihrer Erweckung. Während einer Krankheitszeit las sie mit heißer Freude in Gottes Wort:

Darüber erwachte die Sehnsucht noch mehr, mein ganzes Herz dem Heiland zu schenken. Ich glaube, ein Heiland, der nicht ein großes Opfer von mir verlangt hätte, würde mir nicht gefallen haben.

Gleichzeitig wurde ihr eine große Liebe zu den Armen geschenkt:

Ich konnte kaum essen, wenn ich an die armen Leute dachte. Wenn es des Abends läutete, hatte ich das Bedürfnis einer stillen Stunde und schlich mich fort in mein Stübchen. Ich hatte da nichts als meine Bibel und ein Buch von Tauler, das erste Buch, das ich mir selbst gekauft hatte. Da ging mir eine neue Welt auf. Es kam so über mich, daß ich mich niederknien mußte und Gott bitten, daß er mich ganz in seinen Dienst nehme. Es war mir schon ganz klar, daß ich nicht heiraten durfte. Ich war damals siebzehneinhalb Jahre alt.

Ihre Sendung zur Armut

Sie schreibt in den »Denksteinen«:

Wie kam es nur, daß die schmutzigen Kinder auf der Straße, die weder hübsch noch artig waren, dieses wilde, von heiliger Hand gezähmte Mädchen so mächtig anzogen? Waren es nicht dieselben Kleinen, die Jesus einst an sich gedrückt und gesegnet hat? Konnte sie anders, als sie um seinetwillen liebhaben? Der Heiland hat nun seine Stellvertreter auf Erden, und wer ihnen dienen darf, der tut es nicht mehr mit gnädiger Herablassung, sondern hält es für eine unverdiente Ehre, den Stellvertretern des Königs aufzuwarten. So war es mit ihr. Mit niemand hätte sie tauschen mögen, wenn sie, den Korb am Arm, den Suppentopf in der anderen Hand, durchs Dorf ging, um überall einzukehren, wo man ihrer bedurfte. Ja, das war ein seliger Dienst. Hier galt es, einer kranken Mutter das Bett zu machen, dort ein elendes Kindchen zu baden, hier eine Brandwunde zu heilen, dort einem drückenden Mangel abzuhelfen.

Von all der Not ringsum bewegt, fragte sie nach dem einflußreichen, edlen Mann, der sich einsetzen wird, um die Not des Volks zu lindern. Da hörte sie die Stimme Gottes: »Brich den Hungrigen dein Brot, und die, so im Elend sind, führe in dein Haus«. Noch dringender und persönlicher vernahm ich die Frage: Wen soll ich senden? Wer will mein Bote sein? Da gab es kein Zögern. Aus dem tiefsten Herzen kam die Antwort: »Hier bin ich, Herr, sende mich! – Ich vermag alles durch den, der mich mächtig macht, Christus.«

In einem Brief an ihre ersten Mitarbeiterinnen schreibt sie: Ich kann euch nicht sagen, wie es mir ums Herz ist, wenn ich so ein Armes sehe. Es ist so eine Art Liebe, wie ich sie, nur stärker, für Jesum empfinde, eine zärtliche Hochachtung und Verehrung. Und es tut mir oft leid, daß ich bis jetzt mich habe so wenig ihnen persönlich hingeben und ihnen etwas zum Opfer bringen können.

Diese Einstellung bestimmte ihr ganzes Leben.

Ihre Ausbildung in Bethel und ihre Begegnung mit Bodelschwingh

Um die unklaren und romantischen Neigungen ihrer Tochter in die rechten Bahnen zu bringen und ihr eine Ausbildung für diesen Dienst zu gewähren, sandten sie ihre Eltern zu Bodelschwingh nach Bethel. Der Brief, den ihre Mutter an Bodelschwingh bei dieser Gelegenheit schrieb, ist außerordentlich kennzeichnend für die Entwicklung Evas.

Die Mutter schreibt:
Sie besitzt trotz ihrer zarten Erscheinung eine Energie, wie ich sie noch niemals bei einem jungen Mädchen kennenlernte, und die ich vor allem dann niemals erlahmen fand, wenn es sich um Durchführung von Dingen handelte, die sie als recht erkannt hatte. So beherrscht sie auch ihre Körperlichkeit mit eiserner Willenskraft und wird Ermüdung, Schmerzen, Schwäche niemals eingestehen, wenn man sie nicht dazu zwingt. Am allerwenigsten läßt sie etwas davon merken, wenn sie für andere einen Liebesdienst verrichten kann; denn sie besitzt eine Opferfähigkeit, die keine Grenzen kennt. Sie neigt dazu, ihre Kräfte bis zur Maßlosigkeit anzustrengen. Es gibt für ihr Herz und für ihren Willen, ja, ich muß auch dies sagen, für ihren Ehrgeiz keine Grenzen. Deshalb richte ich an Sie, hochverehrter Herr Pastor, die große Bitte, nicht anspornend auf Eva einwirken zu wollen, sondern

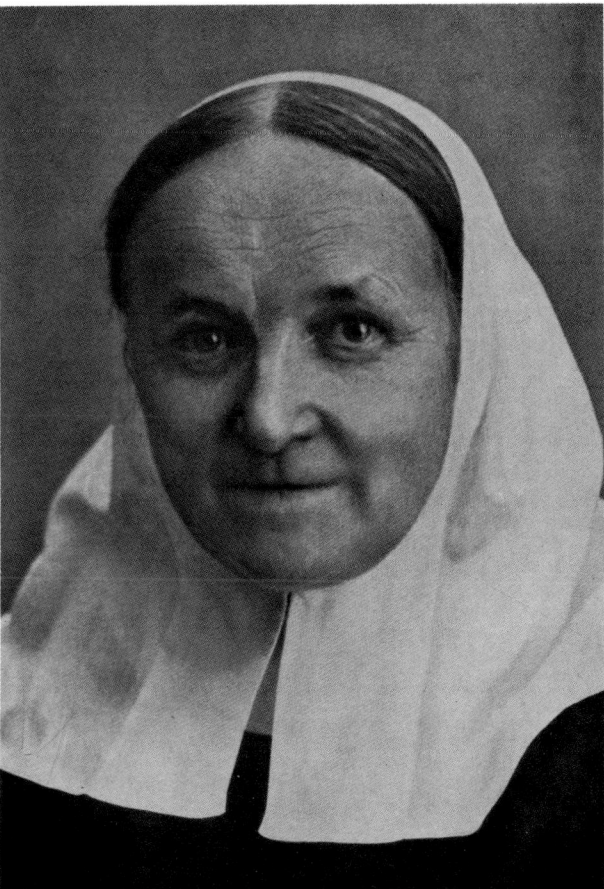

Eva von Tiele-Winckler

lieber zurückhaltend und dämpfend . . . Zu einem praktisch wertvollen Wirken im Leben gehört auch eine Dosis Nüchternheit, und die ist's, die ihr fehlt. Und nicht zu einer katholischen Heiligen möchten wir unser Kind erziehen, sondern zu einem guten Menschen, der nach Gottes Willen und zum Segen seiner Mitmenschen lebt. Der Vater kann sich nie ganz der Sorge erwehren, daß in der hiesigen katholischen Umgebung eine Neigung zum Katholizismus sich bei Eva ausbildet. Es würde dies ein großer Kummer für uns sein.

Über ihre Begegnung mit Bodelschwingh schreibt Eva:
Werkzeuge müssen Werkzeuge bereiten. Gott braucht Menschen Gottes, um Menschen Gottes zu machen. Mit neunzehn Jahren begegnete mir der Apostel der Liebe, Pastor von Bodelschwingh, zum ersten Mal. Drei Tage durfte ich in seiner Nähe zubringen, durfte staunend sehen, was Liebe vermag. Wie neigte er sich so freundlich zu dem schwächsten und blödesten Kinde; wie wußte er mit einem ermunternden Blick und einem lieblichen Wort zu trösten, aufzurichten und zu erfreuen. Sei-

Schloß Miechowitz

Keimzelle sind im Laufe der Zeit achtundzwanzig weitere Häuser geworden. Zweiundvierzig Heimaten entstanden im übrigen Deutschland. Am 29. September 1890 war die Eröffnung. Nach der Einweihungsfeier sollte sie wieder zurückkehren ins Schloß. Aber sie hielt es nicht aus. Als der Vater sie nach ihrer Betrübnis fragte, gestand sie ihm: »Ich kann keine Mutter sein, wenn ich nicht auch drüben bei meinen Kindern schlafe.« Da erlaubte er es ihr.

Sie schreibt darüber:

So hatte Gott doch erhört. Ich durfte schon die erste Nacht in dem Gott geweihten Haus schlafen. Nun war es erst richtig mein Hochzeitstag. Da habe ich mich in dieser Nacht aufs neue Ihm hingegeben und geweiht und die schlaflosen Stunden in Gebet und Flehen zugebracht, bis es Morgen wurde und ich aufstand, um mein Tagwerk zu beginnen.

Im Mai 1892 forderte sie Vater Bodelschwingh auf, zur Einsegnung nach Sarepta zu kommen und an einer vierzehntägigen Rüstzeit teilzunehmen. Sie war eingeladen zu kommen als »unsere Tochter«, so schrieb Bodelschwingh, »aber ohne Verpflichtung für Sarepta, frei nur für Deinen Heiland und Dein liebes Friedensheim«. Mit welcher Liebe Bodelschwingh an seiner geistlichen Tochter hing, – sie hat sich später in einem Brief ausgebeten, ihn mit Vater anreden zu dürfen – darüber äußert er sich in einem Brief vom Oktober 1883:

Schwester Eva ist für alle unsere Diakonissen, auch die ältesten unseres Hauses, wirklich ein Vorbild gewesen eines wahren lebendigen Christentums und eines echten, fröhlichen Diakonissensinnes. Ich habe ein Schöneres auf Erden nicht gesehen. Wenn ich dürfte, so würde ich mir ihren Friedenshort mit großer Freude auswählen, so beglückend und befriedigend muß die Arbeit sein.

Als Mutter Eva Ordnungen häufigen Gebets einführte, hielt das Bodelschwingh für seelengefährlich und warnte sie. Das gab nun einen heißen Kampf mit ihrer Neigung zum Klosterleben. In einem entscheidenden Brief ging Bodelschwingh auf diese Fragen ein:

Ich will mich nicht mit Dir in ein Disputieren einlassen über die größeren oder geringeren Gebrechen dieser vorübergehenden irdischen Kirchen, aber ich will doch fleißig dafür beten, daß Dich der Herr vor dem Irrtum bewahre, den Frieden Deines Herzens irgendwo anders zu suchen als in der freien Gnade Deines Heilandes. Ich glaube an eine heilige allgemeine christliche Kirche, und wir freuen uns darüber von Herzen, daß diese eine weder unsere evangelische noch römische noch griechische

ne Liebe kannte keine Grenzen. Alle Sünden schienen ihm verzeihlich, nur die Sünden gegen die Liebe nicht. Da konnte er aufflammen mit dem heiligen Feuer der Entrüstung und mit titanischer Kraft der Selbstzucht, der Unbarmherzigkeit und Ungerechtigkeit gegen Schwache, Kleine, Hilflose entgegentreten wie ein Löwe. Der Geist barmherziger Liebe war seinem ganzen Werk eingehaucht. Da gab es Gelegenheit zum Lernen! Seine väterliche Liebe und Fürbitte, seine Teilnahme und sein Rat begleiteten mich zurück in die oberschlesische Heimat, in die Anfänge unseres Werkes. Und als sich innere und äußere Schwierigkeiten erhoben, die gefahrdrohend schienen für meine Entwicklung, griff er mit gewaltiger Hand ein, überwand alles Widerstreben und verpflanzte mich nach Sarepta in seine unmittelbare Nähe.

Der »Friedenshort« in Miechowitz

Der Vater schenkte im Jahre 1888 seinem von der Ausbildung in Sarepta zurückkehrenden Kind den »Friedenshort«, ein Haus der Barmherzigkeit, als Stätte ihr Liebesarbeit. Aus dieser

noch armenische Kirche ist, sondern sämtliche in allen diesen äußeren Kirchengemeinschaften dem Herrn Jesus wohlbekannten, ihn liebenden, in sein Verdienst sich kleidenden armen Sünder . . . Sieh nur einmal in unser Gesangbuch. Welch ein Schatz von Liedern zum Preise Jesu. Keine Kirche ist so reich wie wir. Dringe in Gottes Wort hinein und seine Auslegung.

Sie bekannte später:

Was mich in jenen kritischen Jahren zurückgehalten hat, eine Bahn zu betreten, in die es mich mächtig zog, war sein Vertrauen, das mich stärker band als die stärksten Ketten.

Fünf Jahre Oberin in Sarepta

Als körperliche Schwachheit und seelische Erschöpfung ein Ausspannen nötig machten, sandte Bodelschwingh eine geeignete Schwester aus Sarepta zur Leitung der Anstalt nach Miechowitz. Sein Sohn Gustav begleitete Schwester Eva nach Palästina. Als sie von dort zurückkehrte, ließ er sie nicht mehr nach Miechowitz, sondern schickte sie zur Krankenpflege nach Bremen. Als sie doch nach Miechowitz abreiste, holte er sie persönlich nach Sarepta, um sie zuerst an die Seite der betagten Oberin zu stellen und dann zur Oberin zu machen. In seiner Nähe hoffte er das stürmische Herz, das sich sonst schnell wieder in maßloser Arbeit aufgerieben hätte, zum Maßhalten zu zügeln. Von der Vollmacht Bodelschwinghs überwältigt, sagte sie zu. Fünf Jahre stand sie an der Seite Bodelschwinghs in dem großen Amt der Leitung, nicht ohne heißes Heimweh nach klösterlicher Stille. Sie fand hier Gelegenheit genug zum Lieben. Auf dem Wege zur Bahn trifft sie eine elende, heimatlose, verstoßene Frau. Teilnehmend erkundigte sie sich nach ihrem Ergehen. Sie sagt der begleitenden Schwester, sie solle sie mitnehmen und pflegen. Die Schwester sagt verlegen, es sei kein Bett mehr frei. »Da trifft es sich ja gut, daß ich einige Tage verreist bin, lege sie in mein Bett«, sagte Schwester Eva.

Ein ganz verkommenes, von Schmutz starrendes Bettelweib zog sie in ihre Stube, badete sie, reinigte sie und zog ihr neue Kleider an.

Nach fünf Jahren war ihre Kraft verbraucht. Der Arzt verordnete ihr einen längeren Aufenthalt in Davos. Ihr Wunsch war, mit ihrer noch verbliebenen Kraft dem Volk ihrer Heimat zu dienen. Bodelschwingh gab sie frei; er

Der Friedenshort

schrieb ihr: »Und wenn ich meinem Heiland auch tausendmal danken wollte, wenn er Dich uns und sonderlich mir altem Mann noch ein paar Jahre leihen wollte, so will ich Dich doch nicht einen Tag gegen seinen Willen festhalten, auch nicht gegen Deinen Willen. Es ist mir heimatlich in Deiner Nähe, weil Dein Heiland Dich lieb hat und Du ihn, und sich auch gewiß dort in Miechowitz mehr als zwei oder drei Seelen um uns sammeln würden, die ihn liebten. – Da wäre Heimatluft auch für mich.«

Ihr Eingang in die Glaubensruhe

Im Mai 1900 auf der Glaubenskonferenz in Tersteegensruh begegnete sie Fritz Ötzbach.

Sie schrieb über ihn:

Ein kleiner, verwachsener Mann, ein Zwerg von Gestalt, zog meine Aufmerksamkeit an. Unscheinbar und unschön, wie er war, strahlte er doch in so wunderbarer Weise die Herrlichkeit Christi aus mit den Begleiterscheinungen von Frieden und Freude, Heiterkeit und Ruhe, daß er mir eine lebendige Antwort auf das Sehnen und Suchen meines Herzens nach Gewißheit und Klarheit des Glaubensweges zu sein schien. Die Innewohnung Christi durch den Heiligen Geist, von der ich noch kaum gehört, sah ich in ihm verkörpert. Er saß bei zweiten Tisch bei den Armen, die weniger bezahlen konnten. Er sprach nicht viel, aber wenn er betete, dann war es, als ob sich der Himmel auftat. Er erzählte an einem Nachmittag die Geschichte seines Lebens. Er war mit siebzehn Jahren schwer erkrankt an Knochenerweichung, Nerven- und Magenleiden. Sein Zustand schien hoffnungslos. Der Magenkrebs hinderte fast jede Nahrungsaufnahme. Nach siebzehnjähriger Leidenszeit fand er das Wort Jak. 5,14-16 von der Glaubensheilung. Von zwei Brüdern, die der Herr ihm zuführte, wurde er gesalbt im Namen des Herrn. Nach ihrem Weggang stellt er sich im Namen

Jesu zum ersten Mal seit Jahren wieder auf seine Füße. Er sank in sich zusammen, aber ein Strom göttlicher Kraft durchflutete ihn. Er war geheilt. Gottes Macht führte den völlig Mittellosen in einen weiten Dienst der Seelsorge. Den größten Teil des Jahres war er auf Reisen, die ihn bis nach Südrußland führten. Oft war er Gast bei der Fürstin Lieven. Dazwischen strickte er Strümpfe, um seinen Unterhalt zu verdienen. Diesem seltsamen Werkzeug Gottes, diesem Fürsten unter den Menschen, durfte ich begegnen. Eines Tages sprach er mich freundlich an, und als er mir wieder im Hause irgendwann begegnete, stellte er mir die überraschende Frage: »Haben Sie schon einmal daran gedacht, daß das Wort 'Es ist noch eine Ruh vorhanden dem Volke Gottes' schon jetzt gilt?« Er führte mich still in das Wohnzimmer, setzte sich zu mir und sprach so klar und überzeugend, wie diese Ruhe schon hier für uns bestimmt sei, sobald wir aufhören mit dem eigenen Werk und in die Glaubensruhe eingehen, die uns Christus am Kreuz erworben hat, und in die wir auch durch die Gemeinschaft seines Todes eingehen können. Ich hatte bisher gedacht, nur in klösterlicher Abgeschiedenheit und unerbittlicher Askese diese Ruhe finden zu können. Da war mir das eine höhere Offenbarung. Als ich dann todkrank an einer bedenklichen Lungenentzündung lag, da schrieb ich ihm, und er antwortete mir, es lägen noch große Aufgaben vor mir; jetzt gelte es, Mut zu fassen und die Auferstehungskräfte Christi auch für den Leib in Anspruch zu nehmen.

In Davos, wohin sie Bodelschwingh brachte, traf sie dann mit Hudson Taylor zusammen, der ihr »den Weg der Glaubensheilung zeigte und die Möglichkeit und Freude, das selige Glück, in der Kraft und Innewohnung Jesu ein Leben der Heiligung und des Wohlgefallens Gottes zu führen«.

Mit ihrer Freundin Jeanne Wasserzug reiste sie im Jahre 1905 nach England, um einen Eindruck zu bekommen von der Erweckung in Wales. Dort hatte das Zeugnis dreier junger Mädchen, die gar nichts Besonderes an sich hatten und ganz weltlich gekleidet waren, eine gewaltige Wirkung auf sie:

Die Älteste sprach einige Worte auf englisch, die andere betete in waleser Sprache, dann sang die Jüngste, die vielleicht siebzehn Jahre alt war. Wunderbar war die Veränderung, die mit der erst so toten, schläfrigen, stumpfen Versammlung vor sich ging. Es war, als würde es überall lebendig. Es kam uns zum Bewußtsein: Hier wirkt eine höhere Kraft. Mir wurde in jener Stunde eine Gnadenheimsuchung, und tief im Herzen vernahm ich die Frage des für mich am Kreuz erhöhten Herrn: »Bist du bereit, ein Narr zu werden um meinetwillen?« Da sank das Alte in den Tod. Da wurde etwas Neues gegeben, etwas bis dahin Unbekanntes – meine Sehnsucht war gestillt. Mir war, als hätte ich mein ganzes Elend zurückgelassen und hätte nun ihn selbst in mich aufnehmen dürfen. – Christus in mir, ein neues Ich, ein neues Leben.

Bisher hatte sie in eigener Kraft und Geschicklichkeit gearbeitet. Nun hatte sie erfahren, daß der Heilige Geist der eigentliche Wirker alles Dienstes ist, der dem Herrn wohlgefällt.

Sie kehrte alsbald nach Miechowitz zurück, versammelte ihre Schwestern und scheute sich nicht, sich tief vor ihnen zu demütigen, indem sie ihre Herzensbeichte, die sie gegenüber in der Stille getan hatte, vor ihnen wiederholte. Das war der Anfang einer wunderbaren geistlichen Bewegung unter ihren Schwestern.

Das Werk im Glauben

Bisher war Miechowitz eine Stiftung, der sie ihr ganzes großes Vermögen vermacht hatte. Die Zinsen mußten ausreichen für das Werk. Ein Verwaltungsrat redlicher und kluger Männer sorgte für die Verwaltung der Mittel, und sie war an seine Entscheidung gebunden. Aber die Liebe drängte über den eng begrenzten Aufgabenkreis hinaus. Ein Waisenhaus im äußersten Zipfel Oberschlesiens, das Kaiserswerth nicht mehr tragen konnte, sollte von ihr übernommen werden. Der Verwaltungsrat lehnte ab. Da schloß sie im Glauben den Kauf des Waisenhauses mit den Kaiserswerthern Vertretern als Privatperson ab. Sie schrieb den Herren des Vorstandes in einer ausführlichen Denkschrift, was ihr als innere Klarheit zuteil geworden war, worauf einer nach dem anderen sein Amt in die Hand Mutter Evas zurücklegte, und sie war frei.

Damit war ein Wendepunkt in die Entwicklung ihres Werkes gekommen. Es waren elftausend Mark Schulden gemacht worden.

Sie schreibt darüber:

Es wurde mir klar, daß wir in neue Linien hineinkommen müssen. Wir durften keine weiteren Schulden mehr machen und keine Ausgabe mehr tätigen, wenn uns das Geld dazu vorher nicht gegeben sein wird. Bisher galt der »Friedenshort« als reich. Man hatte von allen Seiten seine Hilfe angegangen. Nun mußte unser Werk auf den Glauben gestellt werden. Ich machte den Schwestern Mitteilung von der Lage, in der wir uns befanden, und sprach es aus, daß ich jetzt Schwestern brauche, die mit mir tragen konnten, die Säulen sein möchten für unser Werk. Nun erfuhren wir im Kleinen und im Großen die Wunderhilfe des Herrn. Bis zum Monatsende, zum Kassenabschluß, war die letzte Rechnung bezahlt. Als die Kassenschwester es mir leuchtenden Auges mitteilte, da knieten wir nieder und dankten unter Tränen Gott, der Gebete erhört, der auch das unmöglich Scheinende möglich macht.

Nach den schweren Kriegs- und Inflationsjahren faßte sie ihre Erfahrungen in die knappen Sätze zusammen:

Was haben diese Jahre gebracht:
1. Ströme des Segens.
2. Unzählige Freuden.
3. Neue Beziehungen zu Tausenden von Freunden.
4. Gnadenerfahrungen so zahlreich, daß nur ein kleiner Teil widerklang.
5. Glaubensproben, die uns unsere Ohnmacht zeigten.
6. Die Entwicklung unserer Kinderarbeit von 450 auf 1450 in 35 Orten und in 61 Häusern mit einem Durchgang von 2746 Kindern.
7. Die Entstehung des Sternenbundes mit 2596 Mitgliedern.
8. Die Entwicklung der Missionsarbeit im Westen Chinas.
9. Das Wachstum der Schwesternschaft von etwa 300 auf 538.
10. Ausdehnung der Arbeitsgebiete auf 4 Krankenhäuser, 33 Gemeinden, 6 Waisenhäuser und Kinderheime, 4 Erholungshäuser, 3 Rettungsheime, 6 Gemeinschaftspflegen, Diakonissenarbeit Warschau und Mission in Tatting China und Lappenmission in Norwegen, 35 Heimaten für Heimatlose.

Ein reiches Leben ging am 21. Juni 1930 zu Ende. Es war ihr geschenkt worden, ihre eigene Parole durchzuhalten, die lautete:

Der einzige Zweck des Lebens: Gottes Verherrlichung. Das einzige Ziel: die Umgestaltung in Jesu Bild. Die größte Freude: das Tun seines Willens. Die höchste Seligkeit: vollkommene Vereinigung mit ihm.

MATHILDE WREDE
(1863-1928)

Ihre Berufung

Als Tochter des Gouverneurs Karl Gustav Wrede ist Mathilde Wrede am 8. März 1863 zu Vaasa in Finnland geboren. Ihre Auffassung war rasch. Sie hatte von Kind an ein sehr zartes Empfindungsleben. Einmal sah sie, wie bei einem Schmied einem Gefangenen Ketten angeschmiedet wurden. Das tat ihr bitter weh. Oft arbeiteten Gefangene im Garten des Gouverneurs. Sie zu sehen, erweckte in ihr ein tiefes Mitleid.

Durch Finnland gingen öfter Erweckungen, deren Träger schlichte Laienprediger waren. Mathilde wurde davon ergriffen, und es wurde ihr die tiefe Kluft, die sie um ihrer Sünde willen von Gott trennte, offenbar. Aber sie wollte sie durch eiserne Willenskraft selbst überwinden, und das gelang ihr nicht. Eines Abends hörte sie vor einer großen Gesellschaftseinladung einen Laienpre-

Mathilde Wrede

diger über Johannes 3 Vers 16 reden. Da drang ein wunderbares Licht in ihre Seele. Sie erkannte, daß die Kluft zwischen Mensch und Gott überbrückt war. Gott hatte sie ausgefüllt mit seinem eigenen Herzen in Jesus Christus. Als man sie nachher bei der Gesellschaft nach ihrem Eindruck von dieser Laienpredigt fragte, erzählte sie in einer solchen Ergriffenheit davon, daß ihr die Tränen über die Wangen liefen. Sie bat ihren Vater, sie nach Hause zu bringen, und sagte ihm, sie stehe an einem entscheidenden Wendepunkt ihres Lebens. In innigem Gebet übergab sie ihr Leben ihrem Erlöser, und es kam über sie ein tiefer Friede. Am nächsten Morgen erwachte sie in einer solchen Freude, daß sie alle im Hause umarmen mußte. Einem Gefangenen, der ihr das Schloß an ihrer Zimmertür reparierte, mußte sie das große Erlebnis erzählen. Der Mann sagte: »Sie sollten zu uns hinauskommen ins Gefängnis und so mit uns reden; wir hätten es wohl nötig.« Und sie versprach es ihm. Der Vater erlaubte es zögernd. Ein Traum bestärkte sie im Wissen um ihre Berufung. Ein mit schweren Ketten beladener Gefangener erschien ihr. Ganz deutlich vernahm sie die Worte:

Tausende von armen gebundenen Seelen seufzen nach Leben, Freiheit und Frieden. Sag ihnen ein Wort von Ihm, der sie freimachen kann, solange du noch Zeit hast.

Als sie ihre Bibel aufschlug, um zur Klarheit zu kommen, fiel ihr Blick auf Jeremia 1,6: »Sage nicht, du bist zu jung, sondern du sollst gehen, wohin ich dich sende, und predigen, was ich dich heiße.« Dann sprach eine Stelle aus Hesekiel 3 zu ihr: »Geh hin zu den Gefangenen deines Volkes und predige ihnen und sprich zu ihnen.« Dieses Wort besiegte ihren letzten Widerstand. Sie war bereit, ihr ganzes Leben in den Dienst an den Gefangenen zu stellen. Ein Jahr später legte ihr Vater sein Amt nieder. Sie entschloß sich, zu dem Direktor des Gefangenenwesens zu gehen, und bat ihn um die Erlaubnis, sämtliche Gefängnisse und Strafanstalten in Finnland besuchen zu dürfen, um geistlich auf die Gefangenen einwirken zu können. Damals war sie zwanzig Jahre alt. Der Oberstaatsanwalt gab ihr die Erlaubnis, weil er dachte, es sei eine vorübergehende jugendliche Begeisterung. Aber sie sollte ein ganzes Leben lang diesen Dienst an den Gefangenen tun.

Ihre grenzenlose Liebe zu den Gefangenen führt sie zu lebenslangem Dienst

Nun begann sie sogleich ihre Reise von Gefängnis zu Gefängnis. Sie teilte Traktate unter den Gefangenen aus und redete mit ihnen. An einem Karfreitag kam sie in das größte Gefängnis Finnlands, das mehr als fünfhundert Verbrecher beherbergte. Die Hälfte von ihnen waren lebenslänglich Gefangene. Sie erhielt von dem Gefängnisdirektor und dem Gefängnispfarrer, der ihr nichts in den Weg legen wollte (was nicht überall der Fall war) die Erlaubnis, mit den Gefangenen in ihren Zellen zu reden und ihnen allen in einer Versammlung eine Ansprache zu halten. Bald darauf stand sie in der Kirche. Vor ihr saßen die Gefangenen. Als sie zu Ende war, hörte sie überall aus den Bänken das Weinen der Gefangenen. Nun besuchte sie tagelang die Zellen vom frühen Morgen bis zum späten Abend. Bei den schwierigen Gesprächen mit den Gefangenen half ihr ihr heißes Mitgefühl und ihr feines Empfinden für das, was im andern Menschen vorging. Eines Tages hat sie in der Zelle einem finsteren jungen Gefangenen ein Traktat gegeben. Aber er ist ganz unzugänglich. Doch fängt er an, seine dunklen Gedanken auszusprechen. »Das schrecklichste ist, hier mit seinen eigenen Gedanken eingesperrt zu sein,« sagte er. »Wenn ich auf mein Leben zurücksehe, so kann ich mich an nichts als Böses erinnern. Niemals habe ich auch nur das geringste Gute getan. Wenn ich doch nur eine einzige kleine gute Tat

wüßte, an die ich denken könnte. Das wäre mir ein großer Trost.« Mathilda kommt ein Gedanke, vor dessen Ausführung sie zunächst zurückschreckt. Jeden Tag bekommen die Gefangenen einen Krug Dünnbier. Sie sagt zu dem Mann: »Mein Hals ist mir ganz trocken geworden im Gefängnis, wollen Sie so gut sein und mir etwas zu trinken geben?« Der Gefangene schaut sie groß an, ist es ihr Ernst? Aber sie besteht darauf. Da nimmt er den schmierigen Krug vom Wandbrett und reicht ihn ihr. Als sie nun trinkt, geht ein Leuchten über sein Gesicht.

Ihre Aufopferung geht so weit, daß sie, als sie auf einer ausgetretenen Gefängnistreppe ihren Fuß bricht, mit dem geschwollenen Fuß den ganzen Tag noch Besuche macht, um ihre Freunde im Gefängnis, die auf sie warten, nicht zu enttäuschen. Als Gefangene nach Sibirien verbannt werden, begleitet sie ein Stück weit. Einem jungen Mörder, der ein Halseisen um den Hals trug, an dem schwere Ketten hingen, legte sie ihr Taschentuch unter das Eisen, damit es ihn nicht scheure. Jahrelang hat sie freiwillig die kargen Rationen der Gefangenen sich selbst auferlegt. Wenn das Gefängnis nicht geheizt war, fror sie lieber mit den Gefangenen, als daß sie mit einem warmen Mantel sich schützte. Als sie sich von diesen nach Sibirien geschickten Gefangenen verabschiedete, standen sie alle an den Fenstern und streckten durch die Gitter die Arme nach ihr aus. Einer der Gefangenen rief ihr schluchzend nach:

»Lebe wohl, unseres Vaterlandes geliebte Tochter, du, der einzig wahre Freund der Gefangenen.«

Zu ihrem dreiundzwanzigsten Geburtstag schenkte ihr der Vater ein Haus für die entlassenen Strafgefangenen. Sie erlebte bei diesen oft große Enttäuschungen. Einmal verkaufte sie ihr geliebtes Pferd, um einem entlassenen Gefangenen die Überfahrt nach Amerika zu ermöglichen. Einige Tage später findet sie ihn betrunken in einer Kneipe. Das Geld war bis auf einen kleinen Rest verbraucht. Aber andere Gefangene haben das Vertrauen, das sie ihnen entgegenbrachte, gerechtfertigt.

Auf einer Reise nach Petersburg zu einem Gefangenenkongreß lernte sie den Baron Paul Nikolai, einen hochvermögenden Christen am kaiserlichen

Hof, kennen. Sie wohnte im Haus des Glaubenshelden Oberst Paschkow. Aber weil sie eine Einladung zur kaiserlichen Tafel ablehnte – die Damen sollten in großer Toilette erscheinen, und sie besaß nur zwei einfache Kleider, die sie abwechselnd trug; außerdem war es Sonntag und ihr Leben mit den Gefangenen paßte nicht zu diesem großen Festmahl –, wurde sie von nun an überwacht und verfolgt und mußte schleunigst Petersburg verlassen. Im nächsten Jahr reiste sie nach England und war bei Dr. Baedecker, der mit ihr die finnischen Gefängnisse besucht hatte, zu Gast. Von dieser Reise an war sie körperlich geschwächt.

Sie schrieb nach Hause:

Oft habe ich an Marias Alabastergefäß denken müssen, das sie zerbrach, um das köstliche Nardenwasser über Jesu Haupt auszugießen. Ich sehne mich darnach, heimzukommen und meine Seele über alle meine Lieben, Freie und Gefangene, ausströmen zu lassen. Vielleicht muß mein Leib zerbrochen werden, damit dies geschehen kann. Aber was tut es, wenn nur andere dadurch geistlichen Segen erhalten.

Ein Gefangener aus Kakola schenkt ihr einen Briefbeschwerer aus Metall, der einen Baumstamm vorstellt, in dem eine Axt mit gebrochenem Stiel steckt.

Er schrieb dazu:

Wir Gefangenen sind dieser Baum. Fräulein Wrede ist mit dem Wort Gottes zu uns gekommen, das ist die Axt. Diese Axt ist in unsere Herzen eingedrungen. Aber der Stiel der Axt – Fräulein Wrede ist dieser Stiel, und ihre Kraft ist unter der Arbeit zusammengebrochen.«

Einmal hatte sie hohes Fieber und träumte, ihre Gefangenen hätten entsetzlich gefroren. Da war sie aufgestanden, um ihnen ihr Bett abzutreten und war vor dem Bett ohnmächtig zusammengebrochen. So hatte man sie am Morgen gefunden.

In den Tagen des großen Krieges sperrte man ihr die Gefängnisse. Aber als 1917 die Militärrevolution ausgebrochen war, bereiteten ihr die Gefangenen einen triumphalen Empfang. In der Revolution, die Finnland erschütterte, konnte sie vermitteln zwischen Rot und Weiß und konnte viele Schrecken und manches Blutvergießen verhindern. Ihr Leben, das sie in die Kluft zwischen den anständigen Leuten und den tief gesunkenen geworfen hatte, konnte eine Brücke bilden.

Ihr ganzes Leben war im freudigen Gehorsam gegen den göttlichen Befehl gelebt: »Geh zu den Gefangenen!« Am 25. Dezember 1928 ist sie in Helsinki entschlafen.

Christuszeugen als Lehrer der Kirche

FRIEDRICH AUGUST THOLUCK (1799-1877)

Richard Rothe nennt August Tholuck den, der am tiefsten auf die Kirche unserer Zeit gewirkt hat. Andere nennen ihn den Kirchenvater des neunzehnten Jahrhunderts. Er hat auf der Universität die Herrschaft des Rationalismus gebrochen und hat tausende von jungen Theologen für den Christusglauben gewonnen, so daß sie wieder rechte Hirten ihrer Gemeinden wurden.

Tholuck sagt selbst über sein Leben:

Ich habe viel gepredigt und doziert, das liegt vor aller Welt Augen. Was aber nicht vor der Welt Augen liegt, sondern nur vor dem Auge, das ins Verborgene sieht, sind die Werke der suchenden und nachgehenden Liebe. Das ist doch das Beste gewesen.

Seine Jugend dient der Zurüstung zu seinem großen Beruf

Er ist am 30.3.1799 in einem Breslauer Goldschmiedehaus geboren und sollte das Handwerk seines Vaters erlernen, da seiner Stiefmutter das Geld für die bereits begonnene Gymnasialbildung zu viel war. Er hatte aber eine ungeschickte Hand, so daß er für das Handwerk völlig untauglich war. So kam er doch zur ersehnten wissenschaftlichen Ausbildung. Mit Heißhunger verschlang er allen Wissensstoff, dessen er habhaft wurde. Vor allem erlernte er orientalische Sprachen, so daß er schon im Alter von sechzehn Jahren neunzehn Sprachen mehr oder weniger beherrschte.

Er pflegte mit dem Arabisten Habicht regelmäßig arabische Unterhaltung. Durch Überarbeitung schädigte er seine Gesundheit so, daß er körperlich siech und todkrank wurde. Seine Genesung wurde als medizinisches Wunder angesehen. Es war die Hand Gottes, die das Werkzeug in der Hitze der Trübsal schmiedete.

In seiner Abiturrede sprach er über die Frage »Was haben die Araber auf die Bildung Europas gewirkt?«

*Friedrich August
Tholuck*

Er berichtet:

Ich stellte die drei großen Lehrer Moses, Jesus, Mohammed nebeneinander und zog allen dreien den indischen Manu, den persischen Zoroaster und den chinesischen Konfuzius vor.

Das philologische Studium auf der Breslauer Universität sagte ihm nicht zu. Es zog ihn zu dem in Berlin lebenden ehemaligen preußischen Gesandten in Konstantinopel, dem Prälaten von Diez. Ein kräftiges Bekenntnis dieses Mannes zur Religion, das er gelesen hatte, zog ihn an. Er faßte den Plan, Diez möge ihn in sein Haus aufnehmen und unterweisen. Sein Gesuch hatte er schriftlich aufgesetzt, um es persönlich zu übergeben. Als er von dem Diener des Prälaten abgewiesen wurde, war er der Verzweiflung nahe: »Also doch kein Gott!« und stürzte in einem Schwermutsanfall an den nahen Fluß, um sein Leben zu beenden. Der Diener rief ihn erschrocken zurück. Nun durfte er eintreten und sein

Gesuch dem Prälaten selbst vorlegen. Er bekam nach langem Schweigen die Antwort: »Junger Mann, Sie sind ein seltsamer Mensch! Aber ich glaube, die göttliche Providenz hat Sie zu mir geführt.« Durch das Eingreifen dieser Providenz war Tholuck erschüttert. Diez erschien ihm bald als der »würdigste Jünger Jesu Christi und sein eigener frommer Zweitvater«. Vierzehn Tage später ließ er sich schon in die theologische Fakultät in Berlin einschreiben. Während des Studiums formten ihn vornehmlich seine Lehrer Neander, Schleiermacher und Marheinecke. Doch der Baron von Kottwitz, der Armenvater Berlins, der wie eine Leuchte aus einer anderen Welt in dem Berlin Fichtes und Schleiermachers stand, wies ihm den Weg zu Christus. Von ihm lernte er die seelsorgerliche Liebe, die das Verlorene sucht. Kraft seiner Liebe wurde später der akademische Lehrer Tholuck Seelsorger vieler Menschen.

Der Dozent

Im Jahre 1827 gab er sein entscheidendes Werk heraus, das in der ganzen evangelischen Welt großes Aufsehen erregte und den Idealismus mit seiner Menschenverherrlichung im Innersten widerlegte, »Die Lehre von der Sünde und vom Versöhner«. Im Jahre 1826 war er dem Ruf als ordentlicher Professor der Theologie nach Halle gefolgt. Der Anfang war schwer, da ihn die rationalistischen Professoren und Studenten ablehnten. Aber er eroberte sich die Herzen. Seine Vorlesungen waren bald die gefülltesten.

Noch in die Berliner Zeit fällt die Auslegung des Briefes Pauli an die Römer, 1827 erschien der Kommentar zum Johannesevangelium, 1833 der zur Bergpredigt, 1836 der zum Brief an die Hebräer, 1843 die Übersetzung und Auslegung der Psalmen. In den beiden letzten Jahrzehnten seines Lebens beschäftigte er sich mit den Studien zu einer Geschichte des Rationalismus, den er aus den Verhärtungen und Abirrungen der kirchlichen Orthodoxie des siebzehnten Jahrhunderts ableitete. Er kam aber nicht über die Darstellung der Vorgeschichte des Rationalismus hinaus.

Einige Proben daraus:

Drei Wege gibt es nur, das Böse zu fassen: Es ist entweder ewig neben Gott, ist aus einem bösen Urwesen; oder es ist aus Gott zusamt mit dem Guten; oder es ist aus dem Menschen. Suche nun ein anderer die Wurzel des Bösen, wo er will. Ich kann nach dem, was ich dartat, sie nirgends anders suchen als im Geschöpf selbst. Ich kann das Böse nicht ewig setzen neben Gott; ich kann es aber auch nicht als sich selbst verzehrenden Schatten in Gott setzen; es ist nicht ursprünglich, es ist auch kein notwendiger Mangel, es ist – Beraubung, Gegensatz. Die Schrift berichtet, Gott hat den Menschen unschuldig geschaffen. Das glaube ich. Aus Licht wird nur Licht geboren, und Gott ist der Vater der Lichter (Jak. 1,17). In und aus diesen in heiliger Unschuld lebenden Wesen ging das Böse hervor.

Die Erfahrung lehrt es, wie gerne und wie oft der Mensch ausbiegt, um sich selbst hinters Licht zu führen. So können wir uns denn auch beim ersten Menschen einen Scheingrund denken, unter dessen Form die Sünde zustande kam, und dieser war das Wort des Verführers: Ihr werdet sein wie Gott.

Durch die Abkehr des Urmenschen ging eine so wesentliche Veränderung in der menschlichen Natur vor, daß die gespaltene Willensrichtung jetzt ebensosehr zur Natur des Menschen gehört wie das Gewissen, welches an die Stelle des früheren Bewußtseins trat. («Lehre von der Sünde und vom Versöhner»).

Der Prediger

»Unter Tholucks Predigten ist mir oft zumute, als ob ein Riese mich bei den Schultern packt und so gewaltig schüttelt, daß mir angst und bange wird,« ist das Bekenntnis eines jungen Hörers. Um seine Kanzel im Dom sammelte sich eine große Gemeinde aus Studenten und allen Ständen der Stadt. »Der Löwe der Liebe«, wie ihn einer, der von seiner suchenden Seelsorge überwunden worden ist, genannt hat, sprach zu dem einzelnen so, daß er das Gefühl hatte: Der da droben hat es mit mir zu tun. Seine feurige, bilderreiche Sprache, mit der seine innerste Glut ausströmte, ergriff den Hörer.

Aus seinen Predigten:

Um Christi willen ist zugedeckt, was hinter dir liegt. Durch ihn wird in dir aufgeweckt die neue Liebe, die gerechte und heilige Werke schafft. So stehst du vor deinem Gott als eine versöhnte Kreatur, der Weg zum Vater steht dir offen. Du lobest, du dankest, du betest im Namen deines Erlösers. Der Zwiespalt ist hinweg, das Band zwischen Himmel und Erde ist wieder angeknüpft. Das glaubten unsere Väter und waren in dem Glauben selige Menschen. Das glaubten sie mit festester Zuversicht; denn es waren Menschen, welche fühlten, daß ihr Lebenszusammenhang mit Gott gestört sei, und die von Herzen darnach verlangten, Gott vollkommene Opfer zu bringen. Wir, ihre Kinder, wir sehen an ihrem Glauben hinauf, und wie viele von uns, die ihn kaum verstehen können! Warum? Wir können den Glauben an einen göttlichen Mittler nicht verstehen, weil wir es nicht lebendig empfinden, daß unser Lebenszusammenhang mit Gott zerstört ist. Wie kann man vor Gott gerecht werden? Erstens nicht durch die Werke an sich, sondern durch die Gesinnung; zweitens nicht durch sittliche Gesinnung allein, sondern durch fromme Gesinnung; drittens nicht durch fromme Gesinnung überhaupt, sondern durch gläubige Gesinnung; viertens nicht durch gläubige Gesinnung überhaupt, sondern durch den Glauben an Jesum Christum (Gliederung der fünften Predigt über das Augsburgische Glaubensbekenntnis).

Sein Lebensabend

Die Kräfte erlaubten es gegen Ende seines Lebens nicht mehr, zu reden und zu schreiben. Seine geliebte Frau, Mathilde von Gemmingen, die Tochter des Henhöfer-Freundes Julius von Gemmingen, pflegte ihn treulich. Seit 1838 stand sie ihm zur Seite. Schatten der Schwermut umdüsterten ihn, doch brach immer wieder das Licht der Gnadensonne Christus hindurch. Als er am 2. Dezember 1870 das fünfzigjährige Jubiläum seiner Dozentenlaufbahn feierte, strömten ihm aus der ganzen Welt Zeugnisse heißen Dankes zu. »Die unvergeßliche Feier«, hieß es in einem Bericht, »war ein Triumph des neuen Lebens, das seit einem halben Jahrhundert unsere Kirche umweht«.

Am 10. Juni 1877 stand sein Atem still.

JOHANN TOBIAS BECK
(1804-1878)

Sein Elternhaus. Inneres und äußeres Werden

Johann Tobias Beck wurde in der Oberamtsstadt Balingen in Württemberg am 22. Februar 1804 als Sohn eines Seifensieders geboren.

Sein Vater hatte auf der Wanderschaft einen inneren Stoß in seinem Glauben erlitten, den er nicht mehr überwand, blieb aber äußerlich der Kirche zugetan, ein ehrsamer Bürgersmann und Ratsherr. Seine Mutter war die Tochter eines innig gläubigen Bäckermeisters, eine treue Arbeiterin des Herrn, wie ihr Sohn ihr bezeugt. Sie hatte hinter dem Ladentisch die Bibel aufgeschlagen, »weil sie nicht satt werden konnte, in diesem Buch zu lesen«. Der Lehrer Hutzel mit seiner schlichten, biblischen Frömmigkeit machte tiefen

Johann Tobias Beck

Aus Becks Tagebuch:
Einem Pfarrer muß das Böse etwas so Natürliches sein, daß es ihn weder ärgert noch frappiert; auf der anderen Seite wiederum etwas so Unnatürliches, daß er es nicht ertragen kann.

Eindruck auf Tobias. Er hat ihn von Tübingen aus als Professor bei seiner letzten Krankheit fünf Tage lang besucht. Von Jugend an war die Natur ihm sehr lieb, ein Fingerzeig auf den Schöpfer hin. Schon als Knabe entschloß er sich zum Theologiestudium, bestand das Landexamen und trat im Kloster Urach ein. Auch der von diesem Plan nicht begeisterte Vater konnte ihn nicht davon abbringen. Dort wurde ihm der Ephorus Gottlieb Köstlin nicht nur ein Führer zur Wissenschaft – er schärfte ihm ein, keinen Tag ohne Lesen der Heiligen Schrift in den Grundsprachen zu verbringen –, sondern auch zum lebendigen Glauben an Christus. Beck schloß innige Freunschaft mit Wilhelm Hofacker, dem Bruder Ludwigs.

Von 1822-1826 studierte er in Tübingen Theologie. In seinen Studentenjahren hat er nur drei Semester lang Vorlesungen gehört. Seine Lehrer konnten ihn wenig anregen. Oft wanderte er nach Mössingen zu dem geistesmächtigen Pfarrer Friedrich Dann. Eine Zeitlang gehörte er auch zu dem Studentenbibelkreis, bei dem Ludwig Hofacker gewesen war. Einer Leberentzündung wegen besuchte er vom vierten Semester an keine Vorlesungen mehr, trieb aber flei-

ßig Privatstudien. Dabei hat ihn Köstlin beraten.

Er schrieb ihm:

Harren Sie nur aus in der Zucht der Wahrheit, bleiben Sie im Wort, so wird es sich aus der Gärung hervor zur inneren Wahrheit konsolidieren, daß Sie Erkenntnis und Freiheit bei sich finden. Laufen Sie nicht um der gegenwärtigen und zukünftigen Mühe willen aus der Schule, in der Sie bereits so viel gefunden, als Sie schon haben. Auch diese inneren Geistesreibungen gehören bei uns Theologen zu der Thlipsis (Angst), durch die wir ins Reich Gottes eingehen müssen, da liegt die Krone, die kein Dozent austeilt.

Köstlin empfahl ihm, die Bibel zu lesen ohne Kommentare und die Schrift aus der Schrift zu verstehen. Diesem Rat folgte Beck. 1827-1829 war er Pfarrer der verwahrlosten Bauerngemeinde Waldtann. Dorthin führte er seine Frau Luise, geb. Fischer, die Tochter eines höheren Beamten, heim. Er war innig mit ihr verbunden. Sie wurde die Mutter seiner acht Kinder. 1839 verheiratete er sich in zweiter Ehe mit Mathilde Märkin, die ihm zwei Kinder schenkte.

Bei den Waldtanner Bauern

In dieser Gemeinde durfte er in wenigen Jahren Ordnung schaffen. Seine Amtsauffassung ist durch folgenden Ausspruch gekennzeichnet:

Der Pfarrer hat sich nicht nur als Prediger des Evangeliums und Hirten der Gläubigen, sondern der Gesamtgemeinde gegenüber als Vertreter des Gesetzes zu betrachten.

In der Gemeinde herrschte eine katholisierende Gnadenlehre in äußerlicher Kirchlichkeit, die im sittlichen Leben lax machte. Beck aber, der aus der Heiligen Schrift lebte, kämpfte um die Heiligung der Gemeinde.

Wie Oberlin einst im Steintal, nahm sich Beck auch der wirtschaftlichen Not seiner Bauern an.

Nach zweieinhalbjähriger Tätigkeit folgte er einem Ruf nach Mergentheim. Die Loslösung von der Gemeinde wurde ihm leichter, weil die Bauern in einem Streitpunkt der Pfarrbesoldung lieber ihren Pfarrer ziehen ließen, als ihre Rechthaberei aufzugeben.

In Mergentheim

Ein Ministerialrat Klaiber, dem er von Waldtann aus eine Übersetzung der Schrift Ciceros über »Die Natur der Götter« geschickt hatte, hatte Becks philologische Kenntnisse entdeckt, um dererwillen er zu einer philologischen Spezialprüfung nach Stuttgart geladen und zum Oberpräzeptor des Lyzeums sowie zum Stadtpfarrer von Mergentheim ernannt wurde. Die kleine Diasporabeamtengemeinde von zweihundert Seelen machte es ihm möglich, sich der Schularbeit mit ganzer Kraft zu widmen. Er gab zuerst siebenundzwanzig, und dann einundzwanzig Wochenstunden. Es gelang ihm, das Ansehen der Schule sehr zu heben und auch die Hochachtung der katholischen Bevölkerung zu gewinnen. Wie weitherzig er war, zeigt sich darin, daß er mit dem Rabbiner auf dessen Bitte hin bei besonderen Anlässen wie Königs Geburtstag eine Art Textbesprechung hielt.

Aufgrund dieser Erfahrung sagte er später:

Wenn wir Juden zu Christus führen wollen, müssen wir sie zu allererst zu rechten Juden machen, das heißt zu bibelgläubigen Juden, die sich an Mose und die Propheten halten und auf den Messias hoffen, Der Glaube an Mose und die Propheten führt zu Christus.

So war er auch später als Professor mit theologisch ganz anders gerichteten Kollegen in freundlichem, oft häufigem Verkehr. Und doch scheute er nie das offene Eintreten für die Wahrheit.

In einem Brief an einen hohen Beamten aus der Verwandtschaft seiner Frau schrieb er damals scharfe Worte gegen die rein intellektualistische Erziehung der Studenten und gegen Mißstände im schwäbischen Beamtentum:

Die akademischen Jünglinge, die man als die Blüte der Nation sollte betrachten dürfen, in denen alle Saugadern offen sind, Stoff in sich zu schöpfen, werden gefüttert mit toten Formeln, mit der gemessenen Kost der Brotwissenschaft. In die Tiefe, in das Heiligtum, den Zentralpunkt des ganzen Menschen, wird nichts gelegt. Wie darf man sich wundern, daß den vom höheren Geiste verlassenen Sitz Lüste, Leidenschaften, gemeine Interessen und Selbstsucht einnehmen? Auf unseren Amtsstellen sieht der denkende Teil des Volkes vielfältig ein Personal, das in Herz und Geist verengt ist von den inficierenden Dünsten der Schreibstube und geschwellt von einem auf die formale Routine sich lehnenden Eigendünkel, Absprechungsgeist und herrischem Wesen, das alle Interessen, die ihnen in die Hand laufen, kleinmeistern will mit autokratischer Allwissenheit.

In der Frage der bürgerlichen und christlichen Ehe unterschied er klar zwischen Gottesreich und weltlichem Reich und trat für die standesamtliche, bürgerliche Eheschließung ein zu einer Zeit, wo man in der Kirche für einen derartigen Standpunkt noch kaum Verständnis hatte.

Das Verhältnis zu seiner Gemeinde, die von seiner geistesmächtigen Predigt angezogen wurde, war sehr herzlich, und es tat ihm weh, als er von ihr scheiden mußte, um den Ruf nach Basel als außerordentlicher Professor der Theologie anzunehmen.

Der Professor der Theologie und sein Kampf für die Schriftwahrheit

Noch während der Zeit in Mergentheim waren seine literarischen Erstlinge erschienen, die anzeigen, womit er sich beschäftigte. Es war eine exegetische Einzeluntersuchung über den Anfang von Johannes 14, weiter ein Aufsatz über die wissenschaftliche Auffassung der Versöhnungslehre, in der er sich gegen die rein forensische Rechtfertigungslehre wandte. Er betonte als Grund der Rechtfertigung die innigste Gemeinschaft mit Christus:

Jeder Teil darf nicht an und für sich selbst betrachtet sein und etwas gelten, sondern der Gläubige nur im Zusammensein mit Christus als desselben Glied, und dieser wiederum als das gemeinsame Haupt. So wäre unsere Sünde von ihm zu vertreten und seine eigene Unsündlichkeit von den Seinen zu genießen.

Eine Arbeit über die Auslegung von Römer 9 brachte »Bemerkungen über die messianische Weissagung als geschichtliches Problem über pneumatische Schriftauslegung«. Der Angriff von David Friedrich Strauß gegen das Evangelium veranlaßte einen Aufsatz in der Tübinger »Zeitschrift für Theologie« (1835): »Über mythische Auffassung der neutestamentlichen Evangeliumsurkunden, ein Beitrag zu ihrer theologischen Würdigung«.

Er erklärte:

Strauß hätte zuerst den Beweis führen müssen, daß das Wesen des Christentums, wie es uns aus den neutestamentlichen Schriften entgegentritt, vereinbar sei mit einer Darstellung der Geschichte Jesu in dichtender Sage. Der von Strauß geleistete Beweis, daß seine Ansicht von Christusgeschichte mit einer Ansicht von Christuslehre und Christusgeist sich vertrage, sei ein Zirkelbeweis. Nur von neutestamentlichen Lehrschriften könne über urchristliche Geschichtsdenkmale berichtet werden, und nach klaren Stellen der Schrift, wie 1. Tim. 4; 4,7; 6,20; Titus 1,14, sei der Unterschied zwischen Sage und Geschichte klar bewußt.

Diesen Veröffentlichungen verdankte er seine Berufung nach Basel. Beck entnahm seine systematischen Darlegungen nicht einem fremden Lehrsystem, sondern der Heiligen Schrift. So gewann er die Ursprünglichkeit, Eigenständigkeit, die seine Gedanken und seine Sprechweise so erfrischend und tiefgründig machten. Er gehört in die Reihe der Bengel, Oetinger, Roos, den er ganz besonders schätzte. Täglich las er bei der Familienandacht sorgfältig ausgewählte Abschnitte aus diesen Vätern vor. Weil er in der Heiligen Schrift wurzelte, darum lebt in seinem Wesen und in seinen Schriften die echt biblische Spannung, von der er schreibt:

Das eine, das du zu tun hast, wenn du der unvergänglichen Freude teilhaftig werden willst, ist das, daß du an Jesum Christum als den einen wahren Heiland dich hältst, ein rechter Jünger von ihm wirst und nicht ruhst, bis in seiner Schule ein neuer Mensch in dir geboren wird. Da nimm nicht zu leicht – denn der Natur geht es gar sauer ein; es kostet manche Trauer und festen Kampf. Aber nimm es auch nicht zu schwer; denn von Gott kommt dir, wenn du ringst und kämpfst, eine Gnade entgegen, stärker als die Natur, und den Aufrichtigen gibt er Gelingen, den Kämpfern den Sieg.

In Basel fand er treue Freunde, den Juristen Nikolaus Bernoulli, den Ratsherrn Adolf Christ und Ch. H. Zeller von Beuggen, mit denen er zeitlebens verbunden blieb. Seine Tätigkeit ließ ihm viel Zeit zum Studium und für seine Familie, aber es fehlte auch nicht an Anfechtungen. 1838 verlor er seine Frau. Dann geriet er mehr und mehr in Spannungen mit der Missionsleitung. Der Missionsinspektor Blumhardt hatte eine Art optimistischer Betrachtung. Er nahm oft den Mund recht voll und geriet in eine dem Wesen Becks fremde Geschäftigkeit. Dieser schwieg dazu nicht, sondern sprach seine kritische Stellung deutlich aus, insbesondere hielt er die Scheidung zwischen Gläubigen und Ungläubigen für zu eng.

In dieser Hinsicht schrieb er:

Daneben kam ich durch innere Pflicht gedrungen in eine freimütig kritische und doch nicht persönlich feindselige Stellung zum modernen Pietismus in seinen großartigsten Evolutionen nebst Berührungen mit allen Sorten christlicher Fähnlein. Man wirft unter dem Titel 'Ungläubige' ganz verschiedene Leute zusammen mit radikal ungläubigen oder gottlosen oder sittenlosen Leuten, solche, die teilweise Gläubige sind, indem sie, wenn sie auch Christum in seinem Kirchengewand nicht wollen, doch für ihn in seinem einfachen ungenähten Rock noch Sinn haben, oder wenigstens ihn als Lehrer und Vorbild noch annehmen wollen. Weder diese noch auch die, die nur Gott fürchten oder noch auf Gewissen und Rechttun halten, darf man kurzweg von sich stoßen und befehden als Ungläubige, sondern es gilt anzuknüpfen an das, was ihnen schon Wahrheit ist, und den Sinn für die höhere Wahrheit in Christus in ihnen zu wecken, indem man diese immer mehr in ihrer göttlichen Reinheit, Menschenfreundlichkeit und erlösenden Kraft schlicht und einfach ins Licht stellt und das übrige ihrem Gewissen überläßt.

Er gebrauchte als theologischer Lehrer die scharf geschliffenen Waffen des biblischen Worts zur Rechten und zur Linken, vor allem in seinen Zwischenreden in den Vorlesungen. Er warnte vor der Vermählung von Weltreich und Gottesreich, wie sie ihm entgegentrat in der kirchlichen Verherrlichung der Ereignisse von 1866 und 1870 in ihrer Folge, bald in den großartigen Organisationen Äußerer und Innerer Mission, bald in dem geistlichen Parforcetreiben, das er im neueren Pietismus sich auswirken sah.

Er schrieb am Ende seines Lebens einem Schüler:

Was die sogenannte Mission betrifft, so muß schon das, daß man die Beteiligung daran als eine christliche Zwangspflicht jedem ins Gewissen schieben will, die Behauptung der Freiheit den Eiferern gegenüber zur Pflicht machen. Es wird mit der Mission Abgötterei getrieben, über die Rechtgläubigkeit damit zu Gericht gesessen, während man die Glaubensregeln der Schrift und die Erfordernisse zur ernsten Pflege und Sicherung des inneren Christentums über äußerer Macherei lax nimmt.

Er lehnte den Konfessionalismus ab, weil er die Schrift dem Bekenntnis überordnete. Ebenso war er gegen die hierarchischen Bestrebungen des Kirchenregiments.

Die nur menschlich übertragene konsistoriale Kirchengewalt für menschliche Ordnung und Regierungsrecht in der Kirche ist nicht über, sondern unter der göttlichen Gewalt der Heiligen Schrift, welche die göttliche Ordnung in der Kirche bestimmt.

Dieser innerlich unabhängige Mann hielt auch mit seiner Kritik gegenüber der Zeitmeinung in keiner Weise zurück. Sein Wächterruf von der Bibel her gegen moderne Verwechslung von christlicher Organisation mit Reich Gottes, Lehre mit Leben, und von seelischem Treiben mit Heiligem Geist, muß von der Christenheit ernst beachtet werden.

Von 1843 an wirkte er in Tübingen. Bald hatte er die größte Zuhörerzahl und gewann durch seine Lehrtätigkeit einen segensreichen Einfluß auf die Kirche. Der Grundsatz seiner Lehre war der, daß die Wahrheit nicht bloß aus formalen Gedanken bestehe, sondern reales Leben ist.

Er betonte:

Die Mitteilung der Wahrheit kann nur als Lebenseinpflanzung stattfinden, und diese erfordert Offenheit, Stille und Ausdauer, daß Anwurzelung und Entwicklung zustandekommen.

Beck bekämpfte die offene Bestreitung und Verwerfung der Schrift ebenso wie ihre Herabwürdigung zu einem bloßen Dienst- und Handwerkszeug. Vor allem war er in seiner Frühpredigttätigkeit ein mächtiger Prediger, der durch seine Predigten auch eine große Wirkung auf die Studentenschaft ausübte. Er widmete viel Zeit der Seelsorge an den Studenten, die ihn jederzeit in seinem Gütle, wo er zur Festigung seiner schwachen Gesundheit mit eigener Hand den Garten bebaute, besuchen durften. Schwermütigen und kranken Studenten widmete er eine geduldige und tragende Liebe und konnte vielen zur Heilung helfen. Tholuck schickte ihm manche solcher Studenten zu, mit denen er selbst nicht fertig wurde.

Seine Schriften

Noch in Basel kamen die ersten größeren Veröffentlichungen heraus: »Die Propaedeutik«, »Die Lehrwissenschaft« und »Die Seelenlehre«. In Tübingen sind dann erschienen »Der Leitfaden der christlichen Glaubenslehre«, »Die christliche Liebeslehre«, »Die Lehre von den Sakramenten«. Nach seinem Tode wurde »Die Erklärung der zwei Briefe des Paulus an Timotheus«, »Die Pastorallehren des Neuen Testaments«, »Die Vorlesungen über christliche Ehtik«, »Die Erklärungen der Offenbarung Johannes Kap. 1-12« und »Die Erklärung des Briefes Pauli an die Römer«, zuletzt die Vorlesung über christliche Glaubenslehre herausgegeben.

Anfeindungen

Daß dieser Kämpfer für die Wahrheit Feinde fand, ist nicht verwunderlich. Die Hengstenbergsche Kirchenzeitung griff seine Lehre von der Kirche an, daß er der sichtbaren Kirche nur sekundäre Bedeutung zumesse. Ein Pfarrer Dr. Liebetrut trat gegen ihn auf in einer Schrift »D. Beck und seine Stellung zur Kirche, insonderheit zum Bekenntnis«. Seine Rechtfertigungslehre griff Dr. August Ebrard in der Schrift »Sola« an. Beck ließ sich in keinen gelehrten Disput mit ihnen ein.

Sein Familienleben

Mit seinen Kindern blieb Beck innig verbunden. Die Briefe, die er ihnen schrieb, wenn sie ins Leben hinauszogen, sind Kleinode erzieherischer Weisheit. In seiner Erziehung wollte er sich hüten vor Zuchtlosigkeit und vor Heuchelei. Daher wollte er das offenbar Schlechte bezwingen und das eigentlich Gute nicht erzwingen. Das war ihm die Summe göttlicher Erziehung.

Sein Ende

Beck war von Jugend an oft krank. Er mußte mit seinen Kräften sehr haushalten und lehnte daher alle Aufgaben, die über den Rahmen seiner täglichen Pflichten hinausgingen, ab. Doch hat er seine Vorlesungen bis zuletzt gehalten. Am 18. Dezember 1878 las er zum letzten Mal. Dann kamen die Weihnachtsferien. Noch stand er täglich auf und saß gewöhnlich still da mit gefalteten Händen. Am 27. Dezember verbrachte er noch den Abend mit den Seinen und seinen Freunden in lebendigem Gespräch. Am anderen Morgen, dem 28. Dezember, entschlief er still ohne Kampf.

HERMANN CREMER
(1834-1903)

Sein Lebensweg: Elternhaus

Hermann Cremer ist am 18. Oktober 1834 als Sohn des Lehrers Wilhelm Cremer zu Unna in Westfalen geboren. Der Vater stammte aus altem westfälischem Bauern- und Webergeschlecht, das von den Vätern her geistlich gesegnet war. Ein Vorfahre soll um des evangelischen Glaubens willen in der Reformationszeit seinen Bauernhof drangegeben haben. Der Vater stand in der Erweckungsbewegung und nahm innerlich teil an dem aufblühenden kirchlichen und diakonischen Leben seiner Heimat. Die Mutter war die Tochter eines Judenchristen Aaron Josephson. Ihr Bruder war der Su-

*Hermann Cremer
(1834-1903)*

dürfnis eines Wörterbuchs der neutestamentlichen Begriffe hin. Durch diese Bemerkung gab der Lehrer seinem Schüler seine Lebensaufgabe. Im sechsten Semester war er dann in Tübingen bei Beck, hörte die Römerbriefauslegung und die Ethik. Obwohl er in der Auffassung des Römerbriefes streng paulinisch dachte und anders als Beck, übernahm er doch von Beck die tiefe Gründung seines Lebens und seiner Lehre auf die Heilige Schrift. Er wurde wie Kähler und Schlatter ein Schüler Becks, ein Biblizist, doch in völliger Selbständigkeit; denn der Heilige Geist schafft keine Kopien, sondern Originale. In Tübingen war er in einem Bibelkreis.

Er schreibt darüber:

Wir haben auch Bibelkränzchen gehabt und sie oft bis zwei Uhr nachts abgehalten. Wir haben disputiert bis aufs Blut und doch nie vergessen, unter welcher Macht des göttlichen Wortes wir gestanden. Keiner von uns konnte nachher mehr auf die Kneipe gehen.

1857 bestand er sein Examen in Münster mit Auszeichnung, war dann im Wittenberger Predigerseminar, um zum zweiten Mal nach Tübingen zu ziehen, damit er dort promoviere. Der edle Buchhändler Steinkopf hatte es ihm durch eine Spende ermöglicht. Er schrieb dort eine Arbeit über die eschatologische Rede Jesu in Matth. 24 und erhielt dafür den Lizentiaten. Auch fing er schon an, an der Erläuterung biblischer Begriffe zu arbeiten.

Die Freundschaft mit Martin Kähler vertiefte sich, indem er jeden Samstagabend mit ihm in der Offenbarung des Johannes las. Diese Freundschaft hat ihn sein Leben hindurch begleitet und reich gefördert.

perintendent Josephson. Sein Vater nannte ihn Hermann August, wie er in einem Brief mitteilt, »daß ihn der Herr herrlich ausrüsten (Hermann heißt der Gerüstete, August der Herrliche) möge mit den himmlischen Waffen, wie sie Epheser 6 angedeutet sind«.

Schule und Universität

Hermann war von untersetzter Gestalt, von gewaltiger Tatkraft und Strebsamkeit erfüllt. Er war ein Schwimmer, der keine Furcht kannte. Seine Eltern schickten ihn in das christliche Gymnasium in Gütersloh, damit an seiner christlichen Erziehung alles Menschenmögliche getan werde. Mit eisernem Fleiß und unersättlichem Wissensdurst warf er sich auf das Studium. Schon um zwei Uhr morgens stand er oft auf, um Zeit zu gewinnen. Bei einem Verwandtenbesuch in Solingen lernte er die Bibelkreise der Stillen im Lande kennen, die dem frommen Arzt Collenbusch ihr Dasein verdanken. Dadurch wurde er angeregt, fleißig die Bibel zu lesen. 1853 zog er auf die Universität nach Halle, um Tholuck zu hören. Der Geist, den er hier vorfand, entsprach ganz dem seines Elternhauses. So wuchs er ohne tiefen Bruch in schlichter, kräftiger Einfalt in die Glaubenswelt des Neuen Testaments hinein. Aus der Römerbriefvorlesung Tholucks nahm er das große Thema seines Lebens und seiner Theologie, die Rechtfertigung durch den Glauben, in sein Leben hinein. Auf einem Spaziergang wies ihn Tholuck auf das Be-

Pfarrer in Ostönnen

Obwohl er nach dem akademischen Lehramt strebte, nahm er die Wahl zum Pfarrer in Östönnen bei Unna an. Damit bekam seine theolgoische Arbeit die Richtung auf das Zentrale und auf den Aufbau der Kirche. Zwölf Jahre hat er um diese Gemeinde gerungen, die es ihm mit ihrer Selbstgerechtigkeit, Eigenwilligkeit und ihrem Aberglauben nicht leicht machte. Aber diese Gemeinde hat er durch die Verkündigung des ganzen Evangeliums überwunden. Die

Unsitten traten zurück, und ein gläubiger Kern wurde geschenkt.

1860 schreibt er an Kähler:

Ich habe endlich die innere Ruhe gefunden, wie ich's in meinem Amt gedacht. Denn ich habe Jesum herzlich gebeten, mich willig zu machen, wenn es sein sollte, auch hier zu sterben. Nur etwas von der Liebe Christi im Herzen, die Ihn überall das Rechte tun, reden und treffen ließ am und im Menschen -.

Ein halbes Jahr später an denselben:

In meiner Gemeinde habe ich noch nie eine solche Freude erlebt als jetzt. Ich habe erfahren, daß ich wirklich das Evangelium gepredigt habe, welches ist Kraft Gottes zur Seligkeit. Glaube nur, das hat mich auf die Knie getrieben. Der Kirchenbesuch mehrt sich, die Aufmerksamkeit, Stille und Sittsamkeit nimmt zu. Denke Dir: Von freien Stücken haben sich vier Leute zusammengefunden und forschen in der Schrift und haben mich bitten lassen, ihnen zu helfen. Sprich auch ein Dankgebet! Persönlich begegnen mir Liebe und Vertrauen, wie ich's nicht verdiene.

Die frühen Morgenstunden widmete er der theologischen Arbeit. Er gab seine Lizentiatenarbeit heraus und arbeitete am »Wörterbuch der Neutestamentlichen Graezität«. Vor allem beschäftigte er sich mit den Begriffen Gerechtigkeit und Rechtfertigung. Dabei wuchs er über Beck hinaus. Beck hatte die zuchtvolle Gnade verkündigt aus Sorge vor Mißbrauch der Gnade. Cremer kam nun dazu, die gesetzliche Einengung der Gnade zu überwinden. Seine Botschaft war: »Nicht du mußt glauben, sondern du darfst glauben.«

Nach Ostönnen hatte er Maria Hülsemann, die Tochter eines verstorbenen Bergwerkdirektors, als seine Frau heimgeführt. Sie ergänzte ihn in seinem selbständigen Urteil in ihrer heiteren, rheinischen Gemütsart sehr gut und sah das Licht, wenn er nur Schatten sah. Vier Kinder wurden ihnen in Ostönnen geboren. Der Tod eines Töchterchens regte ihn zu seiner Schrift »Jenseits des Grabes« an, in der er den Unterschied zwischen alttestamentlicher und neutestamentlicher Jenseitshoffnung dadurch erklärte, daß die Auferstehung Jesu eine reale Veränderung der Verhältnisse für die Toten gebracht habe. Die Entscheidung für Christus bringe für Lebende und Tote die endgültige Entscheidung. Und das finde seine Anwendung auf einen großen Teil der innerhalb der kirchlichen Gemeinschaft Verstorbenen.

Professor in Greifswald

Im Jahre 1866 erschien das Neutestamentliche Wörterbuch und hatte den größten Erfolg, daß die erste Auflage bald vergriffen war. Am 17. März 1869 bekam er den Ruf an die Universität Greifswald als Professor der systematischen Theologie und als Hauptpastor der Marienkirche. Er nahm ihn mit Freuden an.

Der Anfang in Greifswald war schwer. Er mußte sich gegen den liberalen Magistrat und gegen die liberale Bürgerschaft in hartem Kampf durchsetzen. Es kam so weit, daß ihm der Magistrat das Gehalt sperrte, so daß er darum prozessieren mußte. Um in der Fakultät Stimmrecht zu haben, bedurfte er des theologischen Doktors, den ihm keine Fakultät, die er darum anging, geben wollte, bis er ihn dann 1872 in Berlin bekam. In Greifswald fand er seine Lebensarbeit. Schon im Anfang hatte er den Blick auf seine Aufgabe, das »reine Evangelium in einer positiven Fakultät zu überwintern«, während überall sonst im Reich der Liberalismus im siegreichen Vormarsch war. Mit wenig Hörern fing er an. Sein erstes dogmatisches Kolleg las er vor drei Studenten. Aber die Zahl der Studenten stieg langsam und stetig. In der Zeit nach 1870, als die Zahl der Theologiestudenten im Reich abnahm, wuchs die Zahl der Greifswalder Theologiestudenten von dreißig auf zwei- bis dreihundert. 1888 trat Schlatter an seine Seite und übernahm die Exegese des Neuen Testaments. Mit Schlatter war er innig verbunden. Die Fakultät stand nun einmütig zu dem vorher so angefochtenen Cremer. Als er sein fünfundzwanzigjähriges Professorenjubiläum feierte, gaben seine Schüler und Freunde Lütgert, Schäder, Schlatter, Öttli eine Festschrift heraus. Er bekam ehrenvolle Rufe nach Leipzig und Berlin, die er nach innerem Kampf ablehnte, um Greifswald, dem seine Lebensarbeit gegolten hatte, die Treue zu halten. Durch seinen und seiner Schüler Dienst wurde der Glaube an den biblischen Christus durch die liberalen Zeiten der Kirche hindurchgerettet.

In den Kampf der Geister griff er als Mitglied der Provinzial- und Generalsynode und durch viele Vorträge kräftig ein. Sein Wörterbuch trug seine theologische Botschaft, die dann sein Buch

»Die Paulinische Rechtfertigungslehre« ausführlich darlegte und begründete, in weite Kreise der Kirche. Seine Lehrtätigkeit und seine Predigten wirkten stark auf die Studenten. Vielen von ihnen wurde er ein geistlicher Vater. Die lebendige Verbindung seines Lehramts mit dem kirchlichen Dienst bewirkte es, daß er zu allen Zeitfragen, die die Gemeinde bewegten, Stellung nehmen mußte. Darum hat er seine Studenten nicht zu wissenschaftlichen Forschern, sondern zu Hirten erzogen.

Bis 1895 war er auf der Höhe seines Wirkens. 1901 baute er noch eine große Innere Missionsanstalt, ein Mädchenheim in Greifswald. Im Herbst 1903 mußte er mit seinen Vorlesungen aussetzen. Am 4. Oktober 1903 machte ein Herzschlag dem Leben des unermüdlichen Kämpfers ein Ende.

Aus seiner theologischen Arbeit

Cremers Theologie durchzog der Gegensatz zu der Entwicklungslehre in allen Punkten. Darum kam er zu einer der damals modernen Denkweise entgegengesetzten Beurteilung der Sünde. In der Rechtfertigungslehre des Paulus fand er den schärfsten Ausdruck dafür, was Sünde und Gnade bedeutet. So hatte seine Theologie nur ein Thema: Jesu Kreuz und unsere Sünde. Die Rechtfertigung ist für ihn die Wiedergeburt. Der Glaube selbst wird erst durch die Gnade Gottes gewirkt. Nur wer die Vergebung empfangen hat, kann auch glauben. Der Glaube bleibt Werk der Gnade, Gottes Tat im Menschen. Sache menschlicher Freiheit ist nur der Unglaube.

Seine Theologie stand im Dienst der Kirche. Er war ein ganzer Lutheraner, obwohl er Pietist und Biblizist war. Und doch gehörte er nicht zu den Konfessionalisten, hatte er doch mit gläubigen Reformierten Bruderschaft, so mit Schlatter. Er hatte sich der positiven Union früh angeschlossen und war in den Synoden einer ihrer Führer. Aber er sah in der Union nicht die Gemeinschaft der Bekenntnislosigkeit, sondern die Gemeinschaft des Bekenntnisses. Bei den Synodalverhandlungen kam ihm seine Schlagfertigkeit zugute. Zu allen Fragen des kirchlichen Lebens, die jene Zeit beschäftigten, hat er Stellung genommen und hat die Richtung gewiesen. Als die

Einführung der Zivilehe die Gemüter erregte, schrieb er eine Schrift über die kirchliche Trauung. Als den Gemeinschaftsleuten die Kindertaufe fraglich wurde, gab er seine Schrift heraus »Taufe, Wiedergeburt und Kindertaufe in der Kraft des Heiligen Geistes«.

Als Stöcker seinen Kampf um die Seele der Arbeiterschaft begann, stand er ihm treu zur Seite, wenn er auch sein selbständiges Urteil Stöcker gegenüber geltend machte. Er hatte Bedenken, daß Stöcker eine Partei gründe, er mißbilligte das Zusammengehen mit den Liberalen im evangelisch-sozialen Kongreß, weil er den Zerbruch dieser Verbindung voraussah.

Cremers Urteile über soziale Fragen

Die wesentliche Aufgabe der Kirche ist nicht die Erhaltung der bestehenden Gesellschaftsordnung, diese ist kein Glaubensartikel.

Er war durchdrungen von der Bedeutung der sozialen Gesetzgebung, der Sonntagsruhe und der Altersversorgung:

Dem Armen soll nicht nur ein Recht auf Almosen zuerkannt werden, sondern es soll ihm Eigentum geschaffen werden, damit er nicht auf Almosen angewiesen sei. Die Aufgabe der Kirche liegt in der Umwandlung der Herzen. Dafür stehen ihr nur die Mittel des Wortes und des Sakraments zu Gebot. Vor dem Unglauben an die Macht dieser Mittel wird stark gewarnt. Noch liegt die Sache so, daß niemand leichter sich die Herzen der Leute gewinnt, als wer im Dienst des Evangeliums ihnen Liebe erweist. Unser Volk hungert nach Liebe, nach christlicher Liebe.

Cremer trat für kirchliche Freiheit und Selbständigkeit ein

Er war in der Presbyterialverfassung seiner westfälischen Heimat aufgewachsen. Darum lag ihm an der Freiheit der Gemeinden.

Als die neue Agende eingeführt werden sollte, sagte er:

Die Einführung der Agende kann nur geschehen unter freier Zustimmung der Gemeinden. Die Agende kann der Landeskirche und ihren Gemeinden nur als Gabe dargeboten werden, hervorgegangen aus treuer, ernster, gemeinsamer Arbeit der dazu berufenen und befähigten Organe der Kirche. Wird sie als Gabe zur freien Annahme dargeboten, so unterliegt es keinem Zweifel, daß sie in kurzer Frist frei angeeignete Ordnung der Landeskirche werden wird.

Sein Kampf für das Apostolikum

Als auf der Generalsynode das Apostolikum freigegeben werden sollte, war er ein Vorkämpfer für das Bekenntnis. Sein großer Gegner war Harnack, des-

Schlatter sagte an Cremers Grab:
Wenn das Tiefste ans Licht kam, was in ihm war, so war es Glaube. Wenn wir fragten, wo die Quelle sei, die seine Gedanken nährte, woher er die Maßstäbe nahm, die sein Urteil bestimmten, nach denen er Gemeinschaft gewährte und versagte, woher er seine Tatkraft zog, was ihn festmachte, hart wie Stein – viele von uns sahen ihn in Stunden, wo sein Gesicht wie aus Erz gegossen war, unerschütterlich, und wiederum so zart und innig weich, wie nur je ein deutsches Gemüt gewesen ist: der Glaube war das, was ihm seine inwendige Gestalt gegeben hat.

sen Buch »Wesen des Christentums« einen Sturm der Zustimmung und Ablehnung ausgelöst hatte. 1901 hielt er Vorlesungen über das Wesen des Christentums vor allen Studierenden. Er schreibt:

Warum können wir das Apostolische Glaubensbekenntnis nicht aufgeben? Mit dem Apostolikum müssen wir aufgeben die Gebete unserer Väter, aufgeben den größten Teil der Lieder unserer Kirche, die Adventslieder: Auf, auf, ihr Reichsgenossen; Wie soll ich dich empfangen; das Kinderlied auf Weihnachten: Vom Himmel hoch da komm ich her. Aufgeben müssen wir die Passionslieder: Ein Lämmlein geht und trägt die Schuld; O Haupt voll Blut und Wunden. Die Osterlieder, Himmelfahrts- und Pfingstlieder. Aufgeben müßten wir unsere großen christlichen Feste, die unauflöslich mit den Christustatsachen verbunden sind. Hinfällig werden ausnahmslos die reformatorischen Bekenntnisse.

Der Kampf Cremers hatte den Erfolg, daß es zur einmütigen Annahme der Agende mit dem Apostolikum kam.

MARTIN KÄHLER (1835-1912)

Elternhaus und Jugend

Martin Kähler stammte aus bürgerlichem Adel eines ostpreußischen Patriziergeschlechts. Sein Vater war zuerst auf einer behäbigen Landpfarrei, dann Superintendent in Preußisch Holland, zuletzt Konsistorialrat in Königsberg. Die Mutter war lebhaften Geistes, viel beschäftigt mit schöngeistiger Literatur, ein Mittelpunkt anregenden gesellschaftlichen Verkehrs. Martin ist von Jugend an infolge einer ärztlichen Kur gegen ein Asthmaleiden geschwächt. Er ist ein altkluges, lesewütiges Kind, das schon mit zehn Jahren in Schillers Dramen zu Hause ist. Im Elternhaus war er unter der Hand pädagogisch ungeschickter Hauslehrer. Dann kam er in eine auswärtige Schule nach Elbing, wo er im Schmutz roher Klassengenossen fast versunken wäre, wenn ihn nicht das Bild der Mutter zurückgerissen hätte.

Das Geleitwort der Mutter, das sie ihren Söhnen mitgab:

So soll also das Schifflein die stille Bucht verlassen, darin es sicher lag, und soll seinen Weg durch die weiten Wasser fahren. Wer wird mir sicher helfen, daß es alle Klippen vermeide, daß es die Stürme besteht, daß es sicher einläuft in den Hafen, dahin es zu steuern hat? Befestige, mein Gott, mein flatterhaftes Herz, daß ich alles Schielen zur Rechten und zur Linken ablege. Mache mein Auge einfältig,

daß ich in aller Arbeit nur dein Wohlgefallen im Auge halte . . . O gib mir, lieber Herr, ein starkes Gewissen, damit ich auch schon vor den kleinen Sünden erschrecke. Mit der Zerstreuung fängt man an, mit der Zerstörung endet man. Der du durch die Macht deiner Stärke einen Lot hast gerecht erhalten können unter den Sodomitern, einen Joseph keusch im Hause des Potiphars und einen David fromm am Hofe des Saul, du wirst auch mich, dein Kind, nicht verlassen, wenn es nun die Hand des Vaters und der Mutter verlassen muß. Mein Kompaß ist der Glaube, mein Steuermann Jesus, vor wem sollte ich mich fürchten?

Martin Kähler

Seine Ausbildung vollendete er dann in Königsberg, aber sein Inneres war leer, ohne Gebet und ohne Gottes Wort. Er war erfüllt von dem Geist der feinen Genußsucht, die in Kunst und schöner Literatur ihre Befriedigung suchte. Er studierte Rechtswissenschaft. Da erkrankte er schwer an Typhus. Er hörte, wie der Arzt vor der Tür sagte, einen Rückfall werde er nicht mehr überstehen. Als dieser Rückfall eintrat, machte er sich auf seinen Tod gefaßt. Er sah in einen leeren Abgrund. Was bisher seine Seele erfüllt hatte, verließ ihn völlig. Die Mutter las ihm »Befiehl du deine Wege« vor, während er ihre Hand festhielt. Er fiel in einen sanften Schlaf und erwachte gesund. Nun kehrte er zur Bibel und zum Gesangbuch zurück und entschloß sich, des Vaters Wunsch zu erfüllen, dem er bisher widerstrebt hatte, und Theologie zu studieren. Nun fühlte er Boden unter sich, wie er selber bekennt. Er hatte das gelobte Land von ferne gesehen, obwohl er noch lange nicht daheim war. Er zog am 4. September 1854 auf die Universität Heidelberg. Der Liberalismus hatte im Jahre 1848 sein Gericht erhalten. Es war die positive Aera. Ullmann war in Karlsruhe der maßgebende Mann; Schenkel war damals noch positiv, aber im verborgenen ein Rationalist. Richard Rothe mit seiner feinen Art zog ihn in seinen Bannkreis. Unvergeßlich war ihm das Wort, mit dem er seine Auseinandersetzung mit Straußens »Leben Jesu« beschloß: »Das Bild Jesu in den Evangelien kann nicht erfunden sein; denn es ist größer als unser Herz.«

Die wunderbare badische Landschaft erfüllte ihn so, daß er in eine Naturschwärmerei hineingeriet. Doch hat ein südbadischer Student namens Arnold, der aus einem pietistischen Elternhaus stammte und die geistvolle Theologie des Basler Professors Auberlen in sich aufgenommen hatte, ihn so beeinflußt, daß er die ersten starken Eindrücke von der schwäbischen Schrifttheologie bekam. Im Wintersemester studierte er in Halle, von Heimweh erfüllt nach dem sonnigen Süden. Die Bußpredigt Hoffmanns stieß ihn zuerst ab; die mächtige Predigt Tholucks war ihm fast unerträglich, so griff sie in sein Gewissen. Im Widerstreben gegen diese Eindrücke geriet er in eine solche Schwermut, daß er sich seines Lebens entledigen wollte. Da erschrak er. Wieder hatte er in den Abgrund gesehen. Er begann ein Neues, gab das Widerstreben gegen Tholuck und Hoffmann auf und schloß sich der christlichen Studentenverbindung »Wingolf« an, in die ihn einige Freunde einluden. Er verdankt der Verbindung die Überwindung des altklugen Wesens,

die Fähigkeit, mit Menschen umzugehen, Jüngere zu leiten und öffentlich zu reden.

Die Liebe Tholucks gewinnt ihn vollends für Christus und zeigt ihm den Weg zur akademischen Laufbahn

Der fast blinde Professor, der keinen größeren Wunsch hatte, als alle jungen Menschen zu Christus zu führen, lud ihn zu einem Spaziergang ein.

Tholucks Eindruck auf Kähler:

Durch den tiefen Eindruck seiner Liebe, die auch in dem unreifen Jüngling nur den christlichen Bruder achtete und suchte, band er mich für immer dankbar an sich.

Tholuck war ein Geheiligter, aus dessen durchglühtem Herzen wirkende Züge des Glaubens heiligend auf alle ausgingen, die ihm wirklich nahe kamen.

Tholuck hatte eine besondere Gabe, sich in die Eigenart der Menschen einzuleben und sie zu Christus zu führen. Da Kähler seine Mutter verloren hatte, fühlte er sich von der mütterlichen Güte der Frau Rätin Tholuck besonders angezogen. Er wurde Amanuensis bei Tholuck. Das Verhältnis zu Tholuck war wie zu einem Vater. Jedenfalls hatte Kähler, der weniger »Erkenntnisse als Überzeugungen« suchte, in Tholuck seinen geistlichen Vater gefunden. Tholuck regte ihn auch an, sich an die Preisaufgabe über das Gewissen zu machen und die Universitätslaufbahn ins Auge zu fassen. Bei den Vorbereitungsarbeiten hierzu packte ihn besonders das Buch von Julius Müller über die Sünde, während die Vorlesungen Müllers ihn weniger angesprochen hatten.

Er durfte Tholucks Begleiter auf einer Reise nach Tunis sein. Darauf studierte er noch ein Semester in Tübingen, um Professor Beck, den schwäbischen Biblizisten, kennenzulernen. Dort lebte er eng verbunden mit Cremer und schloß mit ihm eine Freundschaft, die ihn das ganze Leben hindurch begleitete. 1860 promovierte er in Halle mit einer Arbeit über die Lehre vom Gewissen. Der junge Dozent versuchte so zu seinen Zuhörern bei der Auslegung der neutestamentlichen Bücher zu reden, als wenn die Verfasser in unserer Ausdrucksweise heute zu uns redeten. 1864 wurde er als außerordentlicher Professor nach Bonn berufen, 1867 kehrte er nach Halle zurück als Inspektor des Schlesischen Konvikts, als solcher kann er in der Liebe, die er selbst von Tholuck empfangen hatte, den jungen Theologen dienen und in seinen wissenschaftlichen Arbeiten ausreifen. Die Aufgabe belegt ihn so völlig mit Beschlag, daß er mit der Veröffentlichung seiner wissenschaftlichen Arbeiten kaum vorwärts kommt. Bei der Neubesetzung der Professuren wird er geflissentlich übergangen und muß manche Demütigung einstecken. Der Druck, der auf ihm lastet, macht ihn krank. Eine Rippenfellentzündung im Frühjahr 1876, die sich im folgenden Jahr wiederholt, bringt ihn an den Rand des Grabes.

Er schreibt an Cremer, als er die Krankheit mühsam überwunden hat:

Mir ist, als hätte ich eine Bergscheide erklommen und hätte damit einen zwar nur nebelhaften, aber doch weiteren Ausblick in die obere Welt gemacht, wo dann die Kleinigkeiten der unteren Welt in ihrer Geringfügigkeit zusammenschmelzen. »Wenn du mich demütigst, so machst du mich groß«. Ich spüre schon etwas von dem Mut der ganz klein Gemachten.

Im Jahre 1877 konnte endlich die auf Tholucks Rat erweiterte Arbeit »Das Gewissen« in Druck gegeben werden. Mit diesem bedeutenden und fruchtbringenden Buch war ihm der Weg zur öffentlichen Anerkennung gebahnt. Die Universität Halle ernannte ihn zum Doktor der Theologie und erteilte ihm 1879 einen ordentlichen Lehrauftrag für systematische Theologie und Neues Testament. Nun war er entdeckt, und die Zahl seiner Zuhörer schnellte in zwei Jahren von vierzehn auf fünfundachtzig hinauf. Zweimal bekam er später einen Ruf nach Berlin und nach Göttingen an die Stelle Albrecht Ritschls. Die Rücksicht auf die ihm liebgewordene Arbeit im Konvikt sowie auf den Vater Tholuck und die Frau Rätin, die im hohen Alter seiner bedurften, bestimmten ihn zum Bleiben.

Seine Lehrtätigkeit

Auch in der Vorlesung war er der Seelsorger seiner Studenten, der auf ihre Fragen und die großen Zeitprobleme einging. Im Kampf mit Schenkels »Leben Jesu« und mit Harnacks »Wesen des Christentums« wird ihm die Erkenntnis zuteil, daß diesen Historikern der Sinn für das Geschichtliche der Offenbarung fehlte. Auch Richard Rothe hatte den Ausspruch getan: Alles Geschichtliche im Christentum sei entbehrlich.

Zur Klarheit kam er darüber erst nach Jahrzehnten in seiner Schrift »Der sogenannte historische Jesus und der geschichtliche biblische Christus« und in der anderen Schrift »Gehört Jesus in das Evangelium?«

Doch trat die Polemik bei Kähler zurück; denn er hatte die »Zuversicht, eine treu schöpfende, der Bibel entstammende Theologie werde positiv so entscheidend sein, daß man der Polemik entraten könne«.

Jahrelange Ethikstudien führten zu dem Ergebnis, daß die Philosophie keine Antwort auf die Frage nach dem inhaltlichen Begriff des Sittlichen oder des Guten habe, und daß deshalb die Offenbarung in Christus die Erkenntnis der Liebe erschließen müsse.

Ein anderer sagt:

Wie manches Mal erzitterte man unter der ernsten Gewalt seiner Worte, die auch mit gewaltiger Stimme gesprochen wurden. Da redete ein Lehrer, der wirklich das Wachen über unsere Seelen zu seinem Beruf rechnete. Er war uns ein treuer und tiefer Zeuge in Beweisung des Geistes und der Kraft und der sieghaften Gewißheit des Glaubens und der Erkenntnis. Da haben wir die Hochlandsluft der Bibel eingeatmet und unser Auge im Fern- und Tiefblicken geübt. Da haben wir gejubelt und gezittert, da haben wir alte Schläuche fortgeworfen und neue mit Wein gefüllt; da haben wir alle Phrasen durchschauen und verachten gelernt; da ist uns das Wesen der Dinge gezeigt und offenbart worden, daß Gott allein es ist, der allen Formen Inhalt gibt.

An seinem siebzigsten Geburtstag überreichten ihm seine Schüler eine Adresse, in der sie seine Lehrtätigkeit schilderten:

Sie haben im bewußten Gegensatz zum Rationalismus die Selbständigkeit des christlichen Glaubens auf die Selbstbekundung des lebendigen Gottes in Christus zurückgeführt. Damit haben Sie von der Person Jesu Christi aus das Offenbarungsansehen der Heiligen Schrift neu begründet und uns den Weg gebahnt, um in wissenschaftlicher Forschung wie im praktischen Aufbau des Reiches Gottes den unerschöpflichen Reichtum des Wortes Gottes unverkürzt an das Licht zu stellen. Sie haben uns das Geheimnis der Person Christi erschlossen als des einst Geschichtlichen und noch immer lebendig Gegenwärtigen. Das Allgemeingültige seiner geschichtlichen Erscheinung ward von Ihnen mit dem Gegenwärtigen seiner Wirkung zusammengeschlossen in dem Begriff des Übergeschichtlichen. Sie haben die Versöhnungstat Gottes in Christi Tod und Auferweckung mit gesammelter Kraft in den Mittelpunkt der Erkenntnisse des Evangeliums gerückt. In dieser Weltversöh-

Ein Hörer schreibt über Kählers Vorlesungen: Im lebendigen Vortrag wurde alles sprühendes, geistblitzendes Leben von hinreißender, oft zündender Wirkung. Ich erinnere mich mancher Vorlesungen, die den Eindruck eines vollendeten Kunstwerks machten.

nung am Kreuz haben Sie uns erkennen lassen den Rechtstitel für die Weltmission . . .

Ihr durchdringender Ernst und Ihre geheiligte Liebe hat in den Zeiten des Wachsens und Werdens unser Herz ergriffen, daß Sie uns persönlich ein Führer zu Christus geworden sind.

Seine wichtigsten Schriften sind folgende: »Die Wissenschaft der christlichen Lehre«, »Das Kreuz, Grund und Maß für die Christologie«, »Dogmatische Zeitfragen«, 1. Band: Zur Bibelfrage; 2. Band: Angewandte Dogmen; 3. Band: Zeit und Ewigkeit.

Er war Mitglied der Generalsynode von 1875. Seine Losung, Selbständigkeit der Kirche nach oben und nach unten, wurde nicht verstanden, ebensowenig, daß er den Streit zwischen Unierten und Lutheranern angesichts der Kirchentfremdung der großen Massen für unverantwortlich hielt. In der Nationalkirche sah er mit prophetischem Blick eine Gefahr, weil eine solche Kirche ihr oberstes Gesetz aus dem Volkstum nehmen müsse, nicht aus ihrem ureigensten Wesen. So zog er sich aus den Kämpfen um die Kirche zurück. Mit Sorgen sah er den Tanz des Materialismus um das goldene Kalb. In seiner Schrift »Von den starken Wurzeln unserer Kraft, Betrachtung über die Gründung des deutschen Kaiserreichs und seine erste Krise« sah er mit Kassandragefühlen eine unaufhaltsame Abwärtsentwicklung voraus.

Sein Heimgang

Im März 1912 überstand er eine schwere Lungenentzündung und las während der Sommermonate wieder. Im August suchte er Erholung im geliebten Freudenstadt. Eine Erkältung brachte schwere Asthmaanfälle, eine Lungenentzündung setzte ein. Am 7. August schrieb er in sein Losungsbüchlein:

Starkes Herz und festen Sinn, die Gebrechlichkeit zu tragen, schenke Vater, zum Gewinn diesen meinen letzten Tagen.

Leuchtenden Auges konnte er auf seinem letzten Lager seinem Seelsorger Huppenbauer sagen: »Nun ist nichts mehr in mir, was wider Gott ist.« Er verlangte nach den großen Trost- und Lobliedern der Kirche. Am 7. September 1912 entschlief er ohne jeden Kampf, wie er einst gesungen:

Die Freundlichkeit des Herrn hab ich geschmeckt, sanft sinkt das Kreuz mir von dem Rücken, wenn droben segnend er die Hand ausstreckt.

Zu Halle wurde er begraben.

Kähler war ein Dichter. Seine Gedichte sind wie geschliffene Steine.

Der Jahrtausende geht seinen stillen Gang,
Gemüter durchweht die Geschlechter entlang,
In Gerichten wettert zerstörenden Flugs,
Jäh niedergeschmettert, was üppig wuchs,
Der Leben spendet, Gedeihen und Frucht,
Der Herzen wendet, daß man dich sucht,
Verborgener, Offenbarer, so nah und so fern,
Du einiger wahrer Herr aller Herrn,
Hilf aus den Gedanken ins Leben hinein,
Ganz ohne Wanken dein Eigen zu sein.

ADOLF SCHLATTER
(1852-1938)

Werden und Wirken Schlatters

Adolf Schlatter stammte aus dem St. Gallener Patrizierhaus hinter dem Turm, wo schon die Urahnen lebten, wo Anna Schlatter, seine Urgroßmutter, als schlichte Haus- und Geschäftsfrau wirkte und ihre geistvollen Briefe und Tagebücher schrieb. Sein Vater Stephan war ein aufrechter und frommer Mann, der mit gleichgesinnten Freunden eine Gemeinde Christi in St. Gallen bildete und mit ihnen die Bibel las. Seine Mutter Wilhelmine geb. Steinmann lebte mit ihren acht Kindern in den Ordnungen der Landeskirche. Am 16. August 1852 ist er als siebentes Kind seiner Eltern geboren. Er durchlief die Schulen ohne Mühe. Ein Lehrer, Dr. Misteli, widmete dem Knaben Zeit und führte ihn in die wissenschaftliche Arbeit ein. Nach seinem Abitur zog er nach Basel, um Theologie zu studieren. Drei Semester weilte er in Tübingen, um Tobias Beck zu hören. Er studierte fleißig, trieb semitische Sprachstudien, war aber auch oft im Hörsaal des Philosophen Steffensen und des Historikers Jakob Burckhardt.

1875 trat er seinen ersten Pfarrdienst in Kilchberg an. 1875-76 war er Diakonatsverweser in Zürich-Neumünster neben einem freisinnigen Pfarrer. 1877 übernahm er die Bauerngemeinde Keßwil am Südufer des Bodensees. Dort führte er Susanna Schoop aus Doswil als seine Ehefrau heim. 1880 wurde er nach Bern gerufen an das freie christliche Gymnasium und ans Lehrerseminar. Er errang sich den Zugang zum akademischen Lehramt mit unermüdlichem Studium. Seine Forschungen umspannten die Theologie der Rabbinen ebenso wie die Geschichte der Schweizer Reformation. Die erste Frucht seiner Studien war sein Buch »Der Glaube im Neuen Testament«. Aus Vorträgen vor Männern über den Römerbrief erwuchsen die Erläuterungen zum Neuen Testament. Es kamen die ersten Rufe nach Kiel und Halle, die er ablehnte. 1888 wurde er außerordentlicher Professor. Im selben Jahr wurde er nach Greifswald berufen, wo er neben Cremer köstliche fünf Jahre verlebte. 1891 machte er mit Hilfe eines Stipendiums eine Reise ins Heilige Land, um Forschungen in Geschichte und Geographie zu treiben. 1893 wurde er als Gegengewicht gegen Harnack nach Berlin berufen, um neben dem Neuen Testament auch systematische Fächer zu lesen. Er hatte einen freundlichen Verkehr mit Harnack und kam mit Stoecker und Bodelschwingh in Berührung. Gerne ließ er sich von dem Grafen Pückler in die Deutsche Christliche Studentenvereinigung und von Rothkirch in den Christlichen Verein Junger Männer rufen. 1898 rief ihn die schwäbische Universität Tübingen zum Lehrer für Neues Testament und Dogmatik und zum Frühprediger an der Stiftskirche.

Nach dem Tode seiner geliebten Frau, die ihm vier Kinder geboren hatte, im Sommer 1907, entstand Buch um Buch. Er schrieb »Das Wort Jesu« (in der zweiten Bearbeitung »Die Geschichte des Christus«), »Die Lehre der Apostel«, »Das christliche Dogma«, »Die christliche Ethik«. Bis zu seinem achtundsiebzigsten Lebensjahr führte er seine Vorlesungen weiter, so daß er eine Lehrarbeit von einhundert Semestern vollbringen durfte. Tausenden von Theologiestudenten hat er das neutestamentliche Wort aufgeschlossen und ist dadurch zu einem außerordentlichen Segen für unsere Kirche geworden. Seine Auslegung beruhte auf der wissenschaftlichen Grundlage seiner Erforschung des Spätjudentums und seiner genauen Kenntnis der rabbinischen Literatur. Aber bei seinen Vorlesungen ließ er den ganzen gelehrten Apparat fort. Seine pneumatische Auslegung in innerer Vollmacht hat viele zum lebendigen Christusglauben geführt. Als er dann im Ruhestand lebte, schrieb er noch neun wissenschaftliche Kommentare zu den wichtigsten Büchern des

Adolf Schlatter

Neuen Testaments. Sein letztes Buch war das Andachtsbuch: »Kennen wir Jesus?«, sein letzter Mahnruf an das deutsche Volk, das im Begriff war, sich vom Rosenberg'schen Mythos betören zu lassen. Ende 1937 nahm seine Kraft ab. Am 19. Mai 1938 ist er entschlafen.

Der Heilige Geist schafft keine Kopien

Dieses Wort seines Freundes Edmund Fröhlich hat er tief innerlich bejaht, ja mehr, sein Wesen ist ein Ausdruck dieses Wortes. Die Ursprünglichkeit Schlatters war bis ins hohe Alter erfrischend wie ein klarer Bergquell, nicht nur menschlich erfrischend und interessant, sondern göttlich erfrischend, gewirkt vom Heiligen Geist, so daß sein Wort ein durchschlagendes Zeugnis war.

Schlatter lehrte die Heilige Schrift. Er legte die Bibel aus als einer, der unter der Schrift stand, wie er einmal einem hochgestellten Mann im Gespräch sagte, der ihn fragte, wie er zur Heiligen Schrift stehe. Von Jugend an sprach sie zu ihm durch das vom Wort Gottes her geformte Wesen seines Vaters. Unter dem Einfluß der Heiligen Schrift stand sein Elternhaus. In seinem »Erlebten« erzählt er, wie der Vater am Sarg seiner Schwester Offenbarung 21 und 22 las, wie das zu ihm gesprochen habe. Wenn er die Schrift auslegte mit wissenschaftlich scharfer Beobachtung im heiligen Dienst der Wahrheit, dann griff das Wort Gottes nach dem Herzen des Hörers durch das geistgewirkte Zeugnis. Es war ihm anzumerken, daß das Wort zuerst zu ihm geredet hatte.

Die Universität zu Greifswald

Die Schrift sprach zu ihm, weil er von ihr Gehorsam lernte, die Ehre Gottes allein zu suchen. Als er in Kilchberg seinen ersten Dienst antrat und sich besann, was er da nun tun wolle, trat ihm vor die Seele die Bitte: »Geheiligt werde dein Name!« So schrieb er gern als Widmung: »Ich preise die Gerechtigkeit des Herrn allein!« Darum konnte er nie vergessen, was sein Freund Fröhlich sagte, als er auf der Eingangstür der katholischen Kirche in Vitznau die beiden Worte las: »Ecce deus«. »Nein, ecce homo müßte hier stehen, hier ist der fromme Mensch zu sehen.« Schlatter aber wollte Jesus sehen und an ihm den Vater, und wir, die wir ihn gehört haben, sahen Jesum.

Darum diente er und rief zum Dienst

Sein Dienst am Volk hatte für ihn eine große Bedeutung. Mit Freuden stand er als Primaner im Schweizer Volk als Ka-

dett. Obwohl ihn Hilty zurückhalten wollte, zog er mit wachem Sinn nach Deutschland, um das deutsche Volk zu stärken mit der besten und nötigsten Gabe. Er hat Deutschland seinen Sohn Paul geopfert, der im ersten Weltkrieg fiel. Nüchtern erkannte er Bismarcks Schwächen in seiner Kirchenpolitik und sah darin eine große Gefahr für das deutsche Volk. Er forderte Stoecker auf, eine Rede auf Caprivi, den Nachfolger Bismarcks, zu halten, weil er der Meinung war, daß nicht nur das Genie den Staat erhalten könne, sondern daß alle dazu berufen sind. Er wagte es in Tübingen, vor dem ersten Weltkrieg gegen Österreich zu sprechen und meinte dabei die Habsburgerei, die das Wohl des Volkes dem Wohl des Herrscherhauses hintansetzte. Den Ausgang des ersten Weltkrieges sah er als segensreich an, weil er alle Illusionen zerstörte. Er fühlte sich innerlich gedrungen, sich unter die Schuld des deutschen Volkes zu stellen. Dadurch wurde seine Verbundenheit mit dem deutschen Volk vollends befestigt. Sein letzter Dienst an diesem Volk war sein Andachtsbuch »Kennen wir Jesus?«. Er hatte den Eindruck, daß in dem Deutschland des Dritten Reiches Jesus nicht genügend bekannt sei.

Sein Dienst an der Kirche: Seine ganze theologische Arbeit, die er mit unermüdlicher Kraft und Freude tat – wie gerne stieg er nach dem Mittagessen die Treppe zu seinem schönen Arbeitszimmer hinauf mit dem Sang: O wie schön, o wie schön ist es, an die Arbeit gehen! – war Dienst an der Kirche. Der Dienst an der Wissenschaft, die ihn so ernst ergriffen hatte, daß er in hohem Alter noch die neuen wissenschaftlichen Kommentare schrieb, war Dienst an der Wahrheit und geschah für die Kirche, die nur von der Wahrheit leben kann. Er wollte, wie er so gern sagte, »beobachten, wahrnehmen«. Seine Lehrtätigkeit, die er bis zum achtundsiebzigsten Jahr fortsetzte, war Dienst an der Kirche, weil sie nur das eine Ziel hatte, die Studenten zu einer Begegnung mit dem Wort Gottes zu führen. Darum war ihm der Dienst des Frühpredigers besonders lieb, weil er ihn mit der Gemeinde zusammenbrachte. Dem hochgelehrten Professor machte es Freude, Vorstand des Tübinger Christlichen Vereins Junger Männer zu sein und mit einfachen Handwerkern und Arbeitern um die Bibel zu sitzen. Er hat sich einem Ruf zum Dienst an der Jugend – auch die weibliche Jugendarbeit erkannte er in ihrer großen Bedeutung – nie versagt. In seinen Sprechstunden hatte er ein Ohr für jedes Anliegen seiner Studenten, und an den offenen Abenden öffnete er sein gastliches Haus allen Studenten, die kamen, um ihn zu fragen und zu hören. Wenn man ihn zu Vorträgen in die Gemeinde rief, kam er bis in sein hohes Alter mit unverminderter Freudigkeit. Er hat es uns, seinen Studenten, eingeprägt, daß Christus die Seinen zum Dienst beruft, und daß in ihm die Selbstsucht überwunden ist. Wie gern hat er in den Bibelstunden der Deutschen Christlichen Studentenvereinigung gesprochen und große Mittel persönlich geopfert, um der Studentengemeinde ein herrliches Heim zu schaffen. Bei den christlichen Studentenkonferenzen sprach er das entscheidende Wort und hatte immer das Ohr der Jugend. Regelmäßig beteiligte er sich an der Theologischen Woche in Bethel. Sein Dienst an der Kirche, durch den er das Wort des Neuen Testaments ein halbes Jahrhundert lang den Pfarrersgenerationen ins Herz schrieb, hat reiche Frucht getragen. Er wurde durch Gottes Gnade ein auserwähltes Rüstzeug, »die Kirche zu erneuern in dieser gefährlichen Zeit«.

Schlatter schreibt in seinem »Erlebten«:

Hemmungen, Reibungen, Notstände in der Kirche können den Christenstand nicht erschüttern, sondern stärken ihn. Denn sie sind die allen sichtbare Auslegung des geheimnisvollen Worts: Ohne mich könnt ihr nichts tun. Da dieses Wort, das uns allen nur in der Verbundenheit mit Jesus fruchtbare Wirksamkeit gewährt, durch die Unbeweglichkeit und Arbeitsunfähigkeit der Kirche die Bestätigung bekommt, nötigt sie uns, den zu suchen, den Paulus die vorhandene Grundmauer der Kirche genannt hat, auf die ihr Aufbau gestellt werden muß.

Freudige Buße:

Auch der Landesbußtag ist ein festlicher Tag; denn die Buße ist ein freudiges Geschäft, das man nicht mit Jammern vollenden kann, sondern wozu wir Freudigkeit brauchen. Daß wir freudig alle unsere Verlogenheit, allen unseren Schmutz, alle unsere Gottlosigkeit wegwerfen dürfen, das ist das Erbe Jesu, das er uns gewährt hat. Warum fürchten wir die Buße? Wir fürchten sie wegen ihres Anfangs; denn sie tut weh, und wir fürchten sie im Blick auf ihren Ausgang; ist sie wohl möglich? Werden wir den Sieg gewinnen? Jesus bietet uns sowohl den Anfang als die Vollendung der Buße

mit freudiger Gewißheit an. (Aus einer Bußtagspredigt »Der Ruf Jesu«)

Kennen wir Jesus?

Wenn uns seine Kenntnis entschwindet, kennen wir uns selbst nicht mehr; denn in der Reihe unserer Ahnen ist er in unvergleichlicher Kraft der Wirkende. Was bedeutet neben ihm ein mit seinem Schwert verwachsener Hildebrand oder eine in rasender Leidenschaft brennende Kriemhild? In der Art unseres inwendigen Lebens und in der Gestaltung unserer völkischen Gemeinschaft wird überall sichtbar, daß das, was Jesus in die Welt hineingelegt hat, unter uns vorhanden und wirksam ist. Das wird auch durch die zahlreichen Antichristen unter uns nicht verdunkelt; denn ihr Denken und Wollen erhält gerade dann, wenn sie mit glühendem Zorn die Erinnerung an Jesus zu verdrängen suchen, unvermeidlich seine Richtung durch den, den sie als Feind bekämpfen. Mich bewegt die Frage: Können wir nicht mehr von Jesus empfangen, als wir in unserer völkischen und kirchlichen Gemeinschaft schon besitzen? Sind seine Gaben nicht

Bestallungsurkunde Schlatters von Kaiser Wilhelm I. vom 2. Juli 1888

reicher als das, was wir haben?

Wohin sollen wir gehen? Unsere Lage ist noch völlig die der Jünger, als Jesus sie vor die Wahl stellt, ob sie ihre Gemeinschaft mit ihm aufgeben wollen: Weggehen, wohin? Ein Gang ohne Ziel ist ein unsinniges Unternehmen. Rückwärts gibt es für uns keinen gangbaren Weg. Wie es für Petrus und Johannes völlig unmöglich war, zum Rabbinat und zum Talmud zurückzukehren, ebenso unmöglich ist es für uns, wieder mit unseren Ahnen vor die Altäre ihrer Kriegsgötter zu treten und die Feste ihrer Naturgötter zu feiern. Der zu Gott gewendete Glaube und die von der Ichsucht frei gewordene Liebe können nicht mehr verschwinden, nachdem Jesus sie in die Menschheit hineingepflanzt hat. Wer sie empfangen hat, kann sie nicht lassen; denn die fruchtbarste und seligste Stunde seines Lebens bleibt die, in der ihm Jesus für ihn zum Geber des Glaubens und der Liebe geworden ist. (Aus seinem Buch »Kennen wir Jesus«)

Julius Schniewind

JULIUS SCHNIEWIND
(1883-1948)

Julius Schniewind stammte aus reichem, rheinländischen Hause. Feinnervig, hochmusikalisch, in wohlgepflegter äußerer und innerer Kultur aufgewachsen, hat er doch um Christi willen alles für Schaden erachtet. Er ist am 28. Mai 1883 in Elberfeld geboren.

Im Glauben an Christus, der die Gottlosen gerecht macht

Erschütternd wach in der Selbsterkenntnis, war er doch getröstet in der Erkenntnis Christi, der die Gottlosen gerecht macht. Auf alle Sicheren und Satten wirkte er alarmierend und abstoßend. Aber er war für alle Suchenden, Fragenden voller Güte und Verständnis. Er hatte einen so demütigen Mut zur Wahrheit, daß er auch die liberale kritische Wissenschaft sehr ernst nahm und ihre Vertreter ehrte. Es ist mir selten ein Mensch begegnet, der so das neutestamentliche Wort auslebte: Achte den anderen höher als dich selbst. Ich hörte ihn einmal bei einem Vortrag sagen, das Sterben des Ichs sei eine existentielle, täglich zu übende Sache. Er erwache morgens mit dem Wort: »Nicht ich, sondern Christus«. Einem seiner Schüler sagte er einst, ehe er eine ehrenvolle Vortragsreise begann: »Beten Sie für mich; idia doxa (eigene Ehre). Da wird man alt und geehrt und wird zu so etwas aufgefordert! Beten Sie für

mich, daß ich nicht verloren gehe.« In einer Bibelstunde über Kolosser 3,20 sagte er: »Ich kenne einen Menschen, der eines Tages niederfiel und zu Gott schrie: Erbarme dich meiner, ich kann meine Mutter nicht mehr lieben, so böse bin ich!« Er stand immer unter dem radikalen Gottesgericht, darum war Jesus allein seine Gerechtigkeit.

Am Schluß seines Markuskommentars schreibt er:

Das Messiasgeheimnis ist das Geheimnis des Bußrufs, ob das Wort, das ein Alles-Drangeben, ein ganzes Sterben, Gerichtetwerden, durch's Feuergehen bedeutet, vernommen wird oder nicht. Und doch wäre es das einfache Wort, das jeder kennt: Gott und den Nächsten lieben, Gott geben, was ihm gehört, mit Gott rechnen (glauben). Jesus nimmt nur auf, was das ganze Alte Testament sagte und Johannes der Täufer vollendete. Wer aber versteht, was dies Wort bedeutet? Daß es das völlige Gericht bedeutet über alle, gerade auch über die Frommen? Daß das Leben der »Vielen« verfallen ist und nur Jesu Eintreten, nur seine Lebenshingabe das ewige Heil bringt, Gottes neue Ordnung, das Bestehen im Gericht, das ewige Leben?

Als ihn ein junger Freund acht Tage vor seinem Tode besuchte, und mit ihm über Angelegenheiten der Studentengemeinde sprach, brach er plötzlich ab. »Aber davon wollte ich heute nicht mit Ihnen reden. Heute wollen wir davon sprechen, daß Er unsere Gerechtigkeit ist!« In einer Untersuchung über Kol. 3,10 »Ziehet den neuen Menschen an, der erneuert wird zu der Erkenntnis nach dem Ebenbild des, der ihn geschaffen hat«, warnt er davor, den neuen Menschen als einen statischen Besitz anzusehen. Der neue Mensch ist Christus, der in täglicher Abkehr vom alten Menschen und in täglicher Hinkehr zu Christus im Glauben ergriffen wird. »Unsere bösen Taten kommen aus uns selbst, unsere guten Taten kommen von Gott. Die Gottlosen sagen zu ihren guten Taten: Hoc ego feci (das habe ich getan). Unsere Gebotserfüllungen sind Gottes gnädige Wunderwerke an uns.

Der Studentenvater

Dieser tiefdemütige Mann hatte die große Liebe, ganz für seine Studenten dazusein. »Andere schreiben Bücher, ich muß für meine Studenten da sein.« Er war in seinem Hause immer für die Studenten zu sprechen. Er ertrug den Widerspruch der jungen Leute, ihre oft unreife Kritik in geduldiger Liebe. Das existentielle Gerichtetsein, in dem er persönlich stand, ergriff seine Hörer und Besucher, so daß es oft zum seelsorgerlichen Gespräch und zur Beichte kam. Aber die Stolzen entzogen sich ihm. Oft war es totenstill im Kolleg, so ganz war der Professor Zeuge. Trotz des Verbots nahm er an den heimlichen Freizeiten der Theologiestudenten der Bekennenden Kirche teil und prüfte heimlich in den Prüfungsausschüssen der Bruderräte die jungen Theologen. Er war der Evangelist seiner Studenten, immer flehend und seufzend nach dem Kommen des Reiches Gottes.

Der Mitkämpfer der Bekennenden Kirche

Am Tag nach der Ernennung Hitlers zum Kanzler begann er seine Vorlesung mit den Worten: »Große Dinge sind geschehen. Wie lange wir noch lesen können? Gehen wir an die Arbeit!«

Er fürchtete sich vor den Menschen nicht, weil er Gott allein fürchtete. 1934 rief er bei einer theologischen Fachschaftsversammlung einem nationalsozialistischen Professor zu: »Nun gehen Sie hin zur Gestapo und zeigen mich an, aber lassen Sie wenigstens die anderen in Ruhe!« Er ertrug die Maßregelungen des dritten Reiches: Strafversetzung, Gehaltsentzug,

ein Jahr Vorlesungsverbot getrost in Gott; denn er wußte, daß das Evangelium nicht ohne Rumor sein kann. Sein Hauptanliegen war auch im Kirchenkampf die Evangeliumsverkündigung, auch an die Fernstehenden. Als ein jüngerer Theologe über die kirchenrechtlichen und theologischen Motive des Kirchenkampfes auf der Coburger Tagung der Bekennenden Kirche sprach, sprang er auf und rief: »Sie haben ja das Eigentliche vergessen! Warum sind wir angetreten? Weil uns Jesus Christus allein von Furcht, Tod und Sünde befreit hat, und wir es nicht lassen können, das Evangelium von dem Gekreuzigten mit Wort und Tat aller Welt zu bezeugen, die unter der Gewalt des Bösen steht. Wie könnten wir anders leben, als unter diesem Zuspruch, ihn empfangend und weitergebend.«

Propst zu Halle

Auf Bitte der Kirchenleitung übernahm er zu seiner Professur noch das Seelsorgeramt für zweihundert Pfarrer. Verlockende Angebote, in den Westen zu gehen, lehnte er ab. Die letzte private Stunde opferte er diesem Amt. Die Erneuerung des Pfarrstands war sein innerstes Anliegen. Wie dankbar war er, wenn er die Botschaft, daß Jesus allein unsere Gerechtigkeit ist, aus einer Predigt heraushörte. Die unbeschreiblich mühseligen Reisen in überfüllten, ungeheizten, fensterlosen Zügen, in die er manchmal durch die Fenster einklettern mußte, nahm er geduldig auf sich, um sich im Dienst zu verzehren. Ein schmerzhaftes, niederdrückendes Blasenleiden nahm ihm, dem schon vorher Kränklichen, die letzte Kraft. Er stieß es unter qualvollen Schmerzen heraus: »Ich will doch meinem Gott keine Schande machen.« Kurz vor seinem Tode sagte er zu einem Freund: »Ich kann nicht mehr beten, die Schmerzen sind zu groß. Aber ich klammere mich an den, der für mich betet.« Dann ließ er sich Psalmworte vorbeten, die ihm als Gebet so lieb waren.

Wer ihm begegnet ist und sein Zeugnis gehört hat, ist angeweht worden vom Heiligen Geist, der in ihm war, und kann seine Botschaft nicht vergessen: »Nicht ich, sondern Christus!«

Zur Erneuerung des Pfarrstands:

Es geht um die Gegenwart Gottes in seinem dynamischen Wort. Nur als Hörer des Wortes empfangen und erhalten wir unser Amt. Wir reden aber von der geistlichen Erneuerung des Pfarrstandes konkret einmal aus der bestimmten Not heraus, daß die eigentlichen, geistlichen Anliegen des Dienstes am Wort uns weithin fremd geworden sind, ja fremd geblieben sind. Den Pfarrern früherer Generationen, etwa zur Zeit der Erweckung des vorigen Jahrhunderts, war das geistliche Anliegen der Inhalt ihres Lebens. Man kann die Engigkeit dieser Generation bedauern und es von da aus verstehen, daß ihr ernstes Anliegen ohne Echo blieb. Aber das Anliegen selbst ist uns weithin fremd geworden, der Wille, einmal für unser eigenes Leben das freisprechende Wort Gottes zu vernehmen und dann weiterzusagen.

Am 7.9.1948 starb er.

KARL HEIM (1874-1958)

Der Erbsegen

Karl Heim

Sein Großvater, Dekan Heim in Tuttlingen, wurde in rationalistischer Zeit erweckt durch einen Traum, der ihn an sein Ende mahnte, und durch die am anderen Morgen erfolgende, seltsame Rezitation der Predigt eines englischen Predigers über dasselbe Thema durch einen jungen Menschen, der sich ihm als Lehreraspirant dadurch empfehlen wollte. Er läßt seine mathematischen Interessen – er hätte den Magister gemacht mit einer Dissertation über die Sätze Euklids – liegen und versucht durch intensives Studium in den frühen Morgenstunden in die Heilige Schrift einzudringen. In zähem Fleiß schafft er in jahrelanger Arbeit eine Bibelübersetzung aus den Ursprachen. Er wurde dadurch seines Glaubens gewiß und ein gesegneter Zeuge, einer der württembergischen Väter. Die Liebe Christi trieb ihn zur Gründung der Paulinenpflege in Winnenden, einer Anstalt der Inneren Mission, in der er verwahrloste Jugend sammelte, um ihr Jesus nahe zu bringen, was bei dem bisher üblichen Pflegestellensystem viel zu kurz gekommen war. Sein Glaubensmut entwickelte diese Anstalt aus geringen Anfängen zu einem bedeutsamen Werk. Später wurde er Dekan in Tuttlingen, weil ihm die sich immer mehr ausdehnende Arbeit in Winnenden zu viel wurde. Durch seine geistesmächtige Predigt wurde er der geistliche Vater eines jungen Kaufmannsgehilfen Elias Schrenk, der sich entschloß, Missionar zu werden, der seinerseits wieder ein geistlicher Vater von Karl Heim wurde. Von den fünf Söhnen Dekan Heims wurde nur einer Pfarrer, und das war der Vater von Karl Heim, ein Schüler von Johann Tobias Beck, ein stiller Mann. Die Mutter Karl Heims, eine geborene Kieser, war eine treue Beterin, der er viel verdankt.

Seine Jugend- und Werdejahre

In Klosterdorf Frauenzimmern im Zabergäu, in einem uralten Pfarrhaus, das früher ein Zisterzienser Nonnenkloster war und auf einer Anhöhe mit einem herrlichen Ausblick auf die Berge lag, umgeben von einem Obstgarten, wurde er am 20. Januar 1874 geboren. Als Vierzehnjähriger mußte er durch die enge Pforte des strengen Landexamens hindurch und wurde dann zur kostenlosen Erziehung in die evangelische Klosterschule des Klosters Schöntal aufgenommen. In diesem Seminar, das ganz auf das künftige Theologiestudium ausgerichtet war, ohne die Schüler zu diesem Studium zwingen zu wollen, hatte Ephorus Schmidt die Leitung. Er war als Theologe ein Anhänger Darwins und trug seinen jungen Schülern dessen Lehre vor. Ebenso führte er sie in die Quellentheorie Wellhausens ein. Nach bestandenem Konkurs, einem verschärften Abitur mit Prüfung in der hebräischen Sprache, öffneten sich Karl Heim die Tore des berühmten Tübinger Stifts. Von den Korporationen, die die schönsten Stuben des Stifts innehatten, stark umworben, entschloß er sich, sich einem kleinen Bibelkreis anzuschließen. Eine Evangelisation Elias Schrenks in der überfüllten Stiftskirche machte ihm großen Eindruck. Die schlichte Botschaft eines Mannes, der als Missionar an der Goldküste Afrikas im Schwarzwasserfieber gelernt hatte, sich allein auf Jesu Gnade zu gründen, packte sein Herz. Auf Einladung christlicher Studenten kam er auf die erste Frankfurter Studentenkonferenz, die Graf Pückler, ein Mann aus uraltem Adel – einer seiner Vorfahren war Dietrich von Bechlaren, der im Nibelungenlied vorkommt – neben Graf von der Recke-Vollmarstein und Eberhard von Rothkirch leitete. Besonders Hudson Taylor zog den Studenten an, ein Mann ganzer Hingabe. Er wurde von den Studenten gefragt, wie er an jedes Wort der Bibel glauben könne. Er antwortete: »Wie Sie es mit dem Kursbuch machen und einfach vertrauen, daß die Angaben richtig sind, so habe ich es seit fünfzig Jahren mit der Bibel gemacht, und sie hat mich nie enttäuscht.«

Das Entscheidende aber war die Sonntagspredigt Elias Schrenks, die Heim schon einmal in Tübingen gehört hatte und die Schrenk wortwörtlich wiederholte. Es war die Predigt über das Jesajawort: Achtet nicht auf das Alte, denket nicht an das Vorige! Er sprach von dem radikalen Neuanfang. Am anderen Tag ging Heim zu Schrenk in die Sprechstunde, und es kam zu einer bedingungslosen Kapitulation und zu einem radikalen Neuanfang. Als Heim nun nach der Konferenz eine Fußwanderung nach Tübingen machte, schaute ihn alles ganz anders an, die Blumen blühten leuchtender, die Sonne strahlte heller, weil der Friede Jesu sein ganzes Herz erfüllte. Die Erkenntnisse, die er von der Frankfurter Konferenz nach Tübingen mitgebracht hatte, galt es nun in seinem studentischen Kreis zu verwirklichen. Elias Schrenk hatte Heim gesagt, als dieser ihm von seinem Tübinger Studentenbibelkreis berichtete, der, ähnlich einer geschlossenen Verbindung, das Freundschaftsideal mit der Einübung im Christentum verband: »Es gibt keine christliche Freundschaft ohne Gebetsgemeinschaft«. Nun führten sie neben ihrem wöchentlichen Unterhaltungsabend, neben ihrer Turnstunde und ihrem Bibelabend noch eine Stunde gemeinsamen Gebets ein. »Diese Übung wirkte auf die ganze Arbeit der Woche, wie auf einen ausgetrockneten Garten ein Regenguß wirkt.«

Bald zeigte es sich, daß das missionarische Feuer, das in Karl Heim angezündet worden war, in seinem geschlossenen Bibelkreis sich nicht auswirken konnte, sondern unter Verzicht auf den Verbindungscharakter nach einem offenen Kreis verlangte, der die Form einer Bewegung annimmt, wie auch die Urchristenheit eine Bewegung war. So gründeten Karl Heim und seine Freunde einen neuen Kreis, der um seines missionarischen Zweckes willen offen war auch für jeden Verbindungsstudenten, der darin verkehren wollte.

Nach wohlbestandenem Examen blieb Heim noch ein halbes Jahr in Tübingen, um eine Preisaufgabe zu bearbeiten über »Glaube und Geschichte«. Dann wurde er für ein halbes Jahr Vikar in Giengen a.d. Brenz, alsdann Lehrer am christlichen Volksschullehrerseminar Tempelhof bei Crailsheim. Er hatte zu predigen und zu unterrichten. Beim Nachdenken über die Teilnahmslosigkeit der Klasse beim Unterricht kam ihm der Gedanke, es könnten Probleme der Jugendsexualität der Grund für die Abgestumpftheit und Resistenz sein. Der Bund vom Weißen Kreuz, in den er zunächst selber eintrat, kam ihm in dieser Not zu Hilfe. Er lud die Schüler ein, dem Bund beizutreten, und erlebte die Freude, daß viele kamen, um sich bei ihm auszusprechen. In diese Zeit hinein fiel der Ruf, Sekretär der jungen, weltweiten Deutschen Christlichen Studentenvereinigung zu werden. Heinrich Witt, der erste Studentensekretär, stellte sich der China-Inlandmission zur Verfügung und suchte deshalb einen Nachfolger. Er kam selbst nach Tempelhof, um Karl Heim den Ruf in die Christliche Studentenarbeit zu bringen. Nach einiger Bedenkzeit, ermuntert durch das Wort eines alten Hahnischen Bruders, den er, um seinen Rat zu erfragen, aufgesucht hatte: »Do muasch na«, entschloß er sich, den Ruf anzunehmen.

Um an die modernen Studenten heranzukommen, ging er etwa von einem literarischen Thema aus und setzte es in Beziehung zum Evangelium. Die vollsten Säle hatte er, wenn er das Thema ankündigte: »Der heutige Student und die sexuelle Frage.« Bei einer CVJM-Weltbundtagung in Paris lernte er John Mott kennen, den Energie ausstrahlenden Präsidenten des Weltbundes. Baron Nikolai aus Petersburg lud ihn ein, nach Petersburg zu kommen, um auch dort eine Christliche Studentenbewegung ins Leben zu rufen. Er kam in die ungeheuer gespannte Situation vor der russischen Revolution nach Petersburg, konnte dort nicht viel ausrichten, nahm aber unvergeßliche Eindrücke von einer geheimen Stundistenversammlung im Keller des Nikolaischen Palastes mit, die an eine urchristliche Versammlung erinnerte. Karl Heim hatte mit dieser missionarischen Arbeit an den Studenten seine Lebensarbeit gefunden. Nur sollte er sie nicht als Sekretär der D.C.S.V., sondern als akademischer Lehrer vollziehen.

Heim als Lehrer der Studenten

Im Jahre 1905 wurde Heim von Professor Martin Kähler als Konviktsinspektor in das Schlesische Konvikt berufen mit dem Auftrag, sich an der Universität Halle als Privatdozent der Theologie zu habilitieren. 1912 führte er die Tochter des Dekans Uhl in Neuenbürg als seine ihm lebenslang treu verbundene Gattin heim. Ihre Ehe blieb kinderlos. 1914 erfolgte sein Ruf als Professor der Dogmatik nach Münster, 1920 der Ruf nach Tübingen.

Seine ganze wissenschaftliche Arbeit erklärt sich aus der missionarischen Liebe zu dem von den naturwissenschaftlichen Erkenntnissen des Kausalitätsprinzips und des Gesetzes von der Erhaltung der Energie zum Materialismus hin angefochtenen Studenten. Während die bisherige Apologetik sich immer mehr zurückzog auf gewisse Inseln, die der naturwissenschaftlich-materialistische Angriff noch hatte stehen lassen müssen und nicht hatte einnehmen können, wobei aber immer die Angst bestand, auch noch die letzten Inseln von dem Meer der wissenschaftlich begründeten Zweifel verschlungen zu sehen, ging das wissenschaftliche Denken Karl Heims einen ganz anderen Weg. Ausgangspunkt war ihm die Gewißheit des Heils, wie sie ihm unter den Worten Elias Schrenks über Jes. 43,28 – Achtet nicht auf das Vorige, siehe, ich will ein Neues machen –, zuteilgeworden war. Es war für ihn zu einer direkten Forderung Gottes geworden, sein Leben vollständig Christus auszuliefern zu einer radikalen Umkehr. Damit traf ihn der Auftrag Gottes unmittelbar ins Herz und wandelte sein ganzes Leben um. Dieses persönliche Gegründetsein auf die Christustatsache war für ihn der archimedische Punkt geworden, der Fels, auf dem er im wogenden Meer der Zweifel stand. Von diesem Felsen aus konnte er das traditionelle materialistische Weltbild aus den Angeln heben. Ob das nun geschah in der Art des Avenarius-Mach'schen Psychomonismus (Motto unter dem Titel seiner Erstlingsschrift »Weltbild der Zukunft«: »Seele nur ist dieses Weltall«, eines Werks, das ihm die begeisterte Liebe vieler Studenten eintrug), oder mit den Kategorien des Neukantianismus, ausgehend von dem irrationalen Faktum, dem Felsen des Heils, auf dem sich alles Denken aufbaut, oder mit den Begriffen der Einsteinschen Relativitätslehre von dem Bezugskörper Alpha, auf den als das Absolutum alles Relative bezogen werden muß, oder ob von den modernsten physikalischen Erkenntnissen der Quantentheorie und der Elektronenlehre ausgegangen wird oder von der Lehre der neuesten Mathematik, die verschiedene Räume annimmt, zweidimensionale, vierdimensionale Räume, in denen Dinge möglich sind, die für uns dreidimensionale Geschöpfe undenkbar sind: es ging immer auf das Zeugnis von Jesus Christus hinaus.

Im Schlußkapitel seiner Selbstbiographie schreibt Karl Heim:

Es ist kein Zweifel, daß die schwere innere Auseinandersetzung zwischen dem dialektischen Materialismus und dem Christusglauben bald vollends ihren Höhepunkt erreichen wird, in dem es zu einem letzten furchtbaren Zusammenstoß kommen wird. Man kann auf der Gegenseite schon längst verstanden, daß z.B. die rein physikalische Entdeckung der Quantentheorie von Heisenberg mit allen Mitteln bekämpft werden muß, weil sie den Glauben an das alles beherrschende Kausalgesetz untergräbt, ohne den der dialektische Materialismus nicht leben kann. Aber zuletzt wird die exakte Forschung doch die Oberhand gewinnen, weil sie die jedermann zugänglichen Tatsachen auf ihrer Seite hat.

Soweit ich sehe, wird der Materialismus nicht durch die Quantenphysik des heutigen Atomzeitalters den Todesstoß erhalten, weil diese den meisten Menschen nicht zugänglich ist. Ich glaube, dieser Todesstoß wird von einer ganz anderen Seite kommen, deren Bedeutung heute in zunehmendem Maße erkannt wird, nämlich vom Okkultismus und der Fülle von unleugbaren Tatsachen, die dieser uns erschließt.

Heim hat nicht ein starres System, eine wissenschaftliche Ideologie, an der er klebt und wobei er an sich selbst Gefallen hätte, sondern er ist Missionar, der des Heils in Christus so gewiß ist, daß er das Gespräch mit dem allermodernsten Denker nicht scheut, und er führt das Gespräch aus missionarischer Liebe, um alle Vernunft gefangenzunehmen in den Gehorsam Christi, in welchem beschlossen sind alle Schätze der Weisheit und der Erkenntnis. So ist er für viele moderne Menschen ein Wegbereiter zum lebendigen Glauben an Christus geworden. Er hat uns die Waffen geschmiedet für den Geisteskampf der Gegenwart.

Karl Heim ist gestorben zu Tübingen am 30. August 1958.

HERMANN MENGE
(1841-1939)

Dr. D. Hermann Menge ist wohl der namhafteste Bibelübersetzer, den Deutschland seit Luther gehabt hat. Seine Bibelübersetzung gilt allgemein als ein Meisterwerk, und merkwürdig ist es, wie er, der klassische Philologe, zu diesem Werk gekommen ist, das er in den letzten dreißig Jahren seines Lebens geschaffen hat.

Meine Stellung im Glaubensleben ist seit meiner Jugend – (ich bin im Jahre 1841 geboren) – bis zum heutigen Tage nicht die gleiche geblieben, sondern hat um das Jahr 1900 herum eine gewaltige, nicht plötzliche, sondern allmählich erfolgende Umwandlung erfahren.

Die Erziehung, die ich im Hause und unter der Pflege meiner gottesfürchtigen und allezeit liebevoll besorgten Eltern, sowie unter der Leitung durchweg treuer Lehrer, deren erklärter Liebling ich war, sowohl in meinem Geburtsort Seesen als später (seit 1856) auf dem Gymnasium in Braunschweig (bis 1860) und auf der Universität in Göttingen (bis 1864) genossen habe, machte aus mir zwar einen ernst und sittlich gerichteten, dazu mit einer tüchtigen wissenschaftlichen Bildung ausgestatteten Jüngling und jungen Mann, wirkte aber durch den damals in vollster Blüte stehenden öden und herzerkältenden Rationalismus ungünstig auf mich ein und machte mich bezüglich meines Glaubens zu einer Persönlichkeit, die den Charakter der gebil-

Hermann Menge

deten Stände jener Zeit völlig und unverhohlen an sich trug und im ganzen mit dem auch heute noch in den oberen Schichten der Gesellschaft vorherrschenden Geiste übereinstimmte, nämlich zu einem christianisierten Weltkinde, dessen Denken, Reden und Handeln den Forderungen des Christentums nur äußerlich entsprach und auf einem infolge der mangelnden Bekanntschaft mit dem Göttlichen in Jesus durchaus ungefestigten Gottesglauben beruhte. Die gebildeten Personen, die ich in meiner ganzen Jugend und im ersten Teile meines Mannesalters kennen gelernt habe, auch meine Lehrer und die an der Kirche wirkenden Geistlichen waren, wenn sie nicht geradezu zu den Freidenkern und Atheisten gehörten, fast ausnahmslos ohne wirklichen Glauben; Repräsentanten des aufrichtigen Pietismus und des geisterfüllten und herzerneuernden Gemeinschaftslebens sind in jener ganzen Zeit nicht in meinen Gesichtskreis getreten, jedenfalls nicht zur Einwirkung auf meinen inwendigen Menschen gekommen. Kein Wunder also, daß ich nach Vollendung meiner Universitätsstudien und nach Eintritt in das Lehramt an höheren Stellen das Bild eines echten Duodezchristen und das Wesen eines natürlichen, nur mit einem Firnis des Christentums versehenen Menschen darbot und daß ich diese Beschaffenheit in einer den religiösen Interessen abgewendeten Zeit während des ruhigen Verlaufs meines Lebens lange unverändert beibehielt. Ich schien mir sogar Anspruch auf Gottes Wohlgefallen erheben zu dürfen und war auch unfraglich für die Außenwelt eine Respektsperson, die es auch in religiöser Beziehung an nichts fehlen ließ; ich stand ja doch zu der Kirche und ihren Dienern auf freundschaftlichem Fuße, hielt mich als Vorbild für meine Schüler und Kollegen zur Kirche und zum Abendmahl, sorgte mit aufrichtigem Eifer dafür, daß an jedem Morgen Schulandachten gehalten wurden und beim Schulbeginn und Schulschluß feierliche Ansprachen an die Schüler in der Aula gerichtet wurden, und zeitigte durch mein Verhalten das großartige Ergebnis, daß die beiden Gymnasien, deren Leitung mir oblag, als besonders christliche Anstalten angesehen und geschätzt wurden. Und dabei – Gott sei's geklagt! – war mir das Wesen des Christentums völlig fremd und ebenso unbekannt wie die Bibel, wenn ich auch oft genug auf der Suche nach brauchbaren Sprüchen in dem dicken Buche geblättert und zahlreiche Sprüche schon in meiner Jugend meinem Gedächtnis eingeprägt hatte. Es ist unglaublich und doch sichere Tatsache, daß ich bis zu meinem sechzigsten Lebensjahre kein einziges Kapitel im griechischen Neuen Testament gelesen und auch in der Lutherbibel vom Evangelium des Johannes kaum etwas anderes hatte kennen gelernt als Jesu Gespräch mit Nikodemus; der Inhalt des Römerbriefes oder der Epistel an die Galater war mir völlig unbekannt, und beim Besuch der Kirche war es keine Seltenheit, daß mir der Sinn mancher Stellen der verlesenen Perikopen (besonders der Episteln) verschlossen blieb. War dieser mein geistiger Zustand schon im höchsten Grade bedauernswert, so wurde das Übel bei mir noch ungleich schlimmer dadurch, daß ich von der Größe und dem Unheil der menschlichen Sündhaftigkeit und Schuld, von der Notwendigkeit der Erlösung, von dem ganzen Werke und Verdienste des Gottessohnes, von der Bedeutung seines Sterbens und seiner Auferstehung, vom wahren Glauben und wirklicher Buße (Bekehrung), kurz vom rechten Christentum durchaus keine irgendwie genügende Vorstellung und noch weniger eine mein Herz bewegende Empfindung und lebendige Wirkung besaß. Meine geistige Verfassung war eben die aller christianisierter Weltkinder, zu denen auch heute noch die bei weitem größte Zahl der sogenannten Gebildeten unseres Volkes gehört, die sich (und das ist wohl das Bedauernswerteste an ihnen) für wahre, jedenfalls für genügende Christen und wohlgefällige Gotteskinder halten, denen die göttliche Gnade, und wäre es nur die Schächergnade, gewiß sei.

1. Mose 1,1ff in der Menge-Übersetzung

Es war an einem Abend im Herbst des Jahres 1899, als ich, von tiefer Ruhe rings umgeben, in meinem Amtszimmer oben im Gymnasium mit der Ausarbeitung von Morgenandachten für die Schule beschäftigt war: da trat mir die Erkenntnis von meiner Unbekanntschaft mit der Bibel in solcher Stärke vor die Seele, daß ich mich tief und aufrichtig zu schämen begann und den festen Entschluß faßte, mich dem Studium der Bibel, und zwar zunächst des Neuen Testaments, mit aller Kraft zu widmen. Ich erbat mir zur Ausführung meiner Absicht den göttlichen Beistand und fing an, zum ersten Mal in meinem Leben im griechischen Neuen Testament zu lesen. Nun, was ich damals begonnen und meinem Gott und mir gelobt habe, das habe ich, von obenher gestärkt und erleuchtet, getreulich zur Ausführung gebracht, und zwar um so leichter, als die Kraft und Einwirkung von obenher sich immer stärker, ermutigender und erfolgreicher bei mir fühlbar machte. Zunächst war es mir allerdings nicht möglich, mich ausschließlich der Einarbeitung in das Neue Testament hinzugeben, weil meine Amtsgeschäfte und mehrere für die Lehrer und Schüler unsrer höheren Schulen bestimmte philologische Werke mich notgedrungen in Anspruch nahmen. Nachdem ich aber Ostern 1900 mein Schulamt niedergelegt und nach einigen weiteren Jahren meine weltliche Schriftstellerei zum Abschluß gebracht hatte, wandte ich mich ausschließlich der Beschäftigung mit der Heiligen Schrift zu, nach deren Kenntnis mein Herz ein immer stärkeres Verlangen fühlte. Ich arbeitete zunächst das gesamte Neue Testament im Urtext mehrfach durch, und zwar mit der Feder in der Hand, wie das meine stehende Gewohnheit war, und machte alsdann den Versuch, zuerst die Perikopen des Kirchenjahres so zu übersetzen, wie es meiner besonderen Eigentümlichkeit zusagte. Diese Versuche fielen anfangs höchst unbefriedigend aus; ich hatte die zu überwindenden Schwierigkeiten weitaus unterschätzt. Weil ich jedoch den Mut nicht sinken ließ, ich vielmehr meine Lust, offenbar unter der Einwirkung von oben, unaufhaltsam wachsen fühlte – von manchem Stücke habe ich sechsmal eine Übersetzung angefertigt –, gestalteten sich die Ergebnisse allmählich erfreulicher, und die Grundsätze, die ich bei meiner Arbeit zu befolgen hatte, stellten sich für mich mit immer größerer Klarheit heraus. Nach etwa einem Jahre war ich mit den geschichtlichen Büchern des Neuen Testaments fertig, und als mir dann der Gedanke vor die Seele trat, daß ich durch Veröffentlichung meiner Arbeit vielleicht mancher gleichgearteten Persönlichkeit einen Dienst erweisen könnte, erfaßte mich eine solche Freudigkeit, daß ich, der Außenwelt immer mehr absterbend, jede andere Beschäftigung aufgab und mich nur noch der Übertragung der übrigen Bücher, sowie der wiederholten Überarbeitung der übersetzten Teile widmete. Ich darf mir mit gutem Gewissen das Zeugnis ausstellen, daß ich zur Erreichung meines Zieles keine Mühe gescheut und keine Zeit gespart habe.

Das erste Buch Mose

(genannt Genesis, d. h. das Buch von der Schöpfung und dem Anfang).

Inhaltsübersicht:

I. Die Urgeschichte: Kap. 1—11.

1. Die Schöpfung der Welt in sechs Tagewerken: 1,1—2,4.
2. Anfangszustände auf der Erde und Erschaffung des Mannes; Pflanzung des Gottesgartens (= des Paradieses) in Eden und Erschaffung des Weibes: 2,4—25.
3. Der Sündenfall und seine Folgen: Kap. 3.
4. Adams Söhne Kain und Abel; der Brudermord; Kains Nachkommen (die Kainiten): 4,1—24.
5. Die Geburt Seths; die bessere Menschheitslinie der vorflutlichen Zeit: Stammbaum der Sethiten (die zehn Urväter von Adam bis Noah): 4,25—5,32.
6. Die Ehen der Gottessöhne mit den Töchtern der Menschen: 6,1—4.
7. Die Sintflut (d. h. große Flut): 6,5—8,22.
8. Gottes Bund mit Noah: 9,1—17.
9. Noahs Weinbau und Trunkenheit; das Verhalten seiner drei Söhne (bes. der Frevel Hams); Noahs Fluch und Segen; sein Tod: 9,18—29.
10. Die Völkertafel: Kap. 10.
11. Der Turmbau zu Babel und die Sprachverwirrung: 11,1—9.
12. Der Stammbaum Sems bis zu Tharahs Söhnen; Überleitung zur Geschichte der Erzväter: 11,10—32.

II. Die Geschichte der drei Erzväter: 12,1—50,26.

1. Die Geschichte Abrahams (bzw. Abrams): 12,1—25,18.
2. Die Geschichte Isaaks: 25,19—27,46.
3. Die Geschichte Jakobs und seiner Söhne: Kap. 28—50.

I. Die Urgeschichte: Kap. 1—11.

1. Die Schöpfung der Welt in sechs Tagewerken: 1,1—2,4.

(Vgl. Hiob 38; Psalm 104; Sprüche 8,22—33)

a) Erstes Tagewerk: Die Urschöpfung (V. 1 u. 2) und die Erschaffung des Lichts: V. 1—5.

1 Im Anfang schuf Gott den Himmel und die Erde; ²die Erde war aber eine Wüstenei und Öde, und Finsternis lag über der weiten Flut (= dem Urmeer), und der Geist Gottes schwebte (brütend) über der Wasserfläche*). ³Da sprach Gott: „Es werde Licht!" und es ward Licht. ⁴Und Gott sah, daß das Licht gut war; da schied Gott das Licht von der Finsternis ⁵und nannte das Licht „Tag", der Finsternis aber gab er den Namen „Nacht". Und es wurde Abend und wurde Morgen: erster Tag.

5

b) Zweites Tagewerk: Erschaffung des Himmelsgewölbes: V. 6—8.

⁶Dann sprach Gott: „Es entstehe ein festes Gewölbe inmitten der Wasser und bilde eine Scheidewand zwischen den beiderseitigen Wassern!" Und es geschah so. ⁷So machte Gott das feste Gewölbe und schied dadurch die Wasser unterhalb des Gewölbes von den Wassern oberhalb des Gewölbes. ⁸Und Gott nannte das feste Gewölbe „Himmel". Und es wurde Abend und wurde Morgen: zweiter Tag.

---

*) Sinngemäß könnten die zwei ersten Verse auch so übersetzt werden: Im Anfang, als Gott den Himmel und die Erde schuf, war die Erde ...

1

S. 507:
Adrian Ludwig Richter

Menge war in den letzten Jahren seines Lebens blind. Er entschlief im 98. Lebensjahr zu Goslar am 8. Januar 1939.

Ein Christuszeuge unter Künstlern

ADRIAN LUDWIG RICHTER
(1803-1884)

Sein Werden

Ludwig Richter ist am 28. September 1803 als Sohn des Zeichners und Kupferstechers August Richter in Dresden geboren und in der kleinbürgerlichen Welt seiner Vaterstadt aufgewachsen. Der Großvater Richter war auch Kupferdrucker und wohnte mit seiner erblindeten Frau in der Altstadt hinter der Frauenkirche in einer altertümlichen kleinen Wohnung. Die vielen tickenden Wanduhren erregten das Interesse seines Enkels. Der andere Großvater, der Vater der Mutter, hatte einen Kramladen und einen großen Garten. Der Vater machte nebenbei noch Radierungen

A.L. Richter:
Straßenszene bei Rom

für Volkskalender und kaufte von dem Erlös schöne, alte Stiche, die er mit Freuden seinen Kinder zeigte. Der kleine Ludwig erschrak, wenn er andere Leute über Gott spotten hörte; und er wunderte sich, daß sein Vater dazu schwieg. In der Messe, die er nicht verstand, las er lieber die Geschichten von Genoveva, als andächtig mitzumachen. Der junge Richter, der das Handwerk seines Vaters erlernte, hatte Freude an der Natur und an der Landschaft der näheren Umgebung. Der Vater war inzwischen Professor für Landschaftskunst an der Akademie geworden, behielt aber seine Werkstatt bei, die hauptsächlich der Sohn besorgte. In den Freistunden besuchte Ludwig Richter die Akademie. Der Dresdner Buchhändler Arnold gab dem Vater den Auftrag, ein größeres Sammelwerk mit malerischen Ansichten von Dresden und Umgebung zu radieren. Nun kam Ludwig ins Freie und fand Freude an der heimatlichen Landschaft. In der Akademie konnte er nicht sehr viel erlernen. Da öffnete sich ihm der Weg in die Weite. Ein russischer Fürst nahm ihn als Zeichner nach Südfrankreich und Paris mit. Sieben Monate war er unterwegs und bekam viele zeichnerische Anregungen.

Der Buchhändler Arnold hatte den

jungen Richter ins Herz geschlossen und gab ihm drei Jahre lang vierhundert Taler im Jahr für eine Italienreise. So machte sich Ludwig im Jahre 1823 auf den Weg. In seinen »Erinnerungen eines deutschen Malers« beschreibt er seine Eindrücke:

Hier in Rom war der herrlichste Frühling ausgebrochen. In der ganzen Künstlerschar deutscher Zunge, die hier sich zusammengefunden hatte, wogte und wallte ein Strom der Begeisterung, der nach einem gemeinsamen Ziel hindrängte. An diesem Frühlingswehen nahm ein jeder teil nach dem Maßstab seiner Kräfte.

Sein erstes Gemälde »Watzmann«, das er in Rom schuf, fand von der deutschen Kolonie her viel Anerkennung. Bei einem Wettbewerb, wo jeder der Künstler an einem Vormittag eine Komposition zu entwerfen hatte, zeichnete Richter ohne viel Besinnen einen Zug sächsischer Landleute mit ihren Kindern, die auf einem Pfad durch hohes Korn einer fernen Dorfkirche zuwandern. Damit war das eigentliche Thema seiner Kunst aus seinem tiefen Inneren schon zum Vorschein gekommen. Seine Kunst war wie ein offenes Fenster, durch das man in einen rechten christlichen Sonntag in deutschen Landen hineinschaut.

In seinem innersten Gemüt hatte der Christenglaube Wurzel geschlagen, und damit war es in seinem Leben Sonntag geworden. In Rom hatte er Jung Stillings »Jugend- und Wanderjahre« in die Hand bekommen. Das Lesen dieses Buches weckte in ihm ein außerordentliches Sehnen nach der Liebe Gottes. Als er am Weihnachtstag 1824 in der Dämmerung am Ofen saß und sein Leben überdachte, überkam ihn ein seltsames Freuen:

Es war, als ob ein Engel durchs Stübchen gegangen und einen Hauch seiner Seligkeit darin zurückgelassen hätte. Zum ersten Mal vielleicht seit Jahren konnte ich dankbar und innig freudig die Hände falten im Gebet.

Am Neujahrstag 1825 begann er sein Tagebuch mit der Anrufung Gottes und bekannte von sich: »Ich fange nun erst an zu leben, nämlich im Glauben und in der Wahrheit.«

Mit einigen gleichgesinnten Malerfreunden, denen er das ganze Leben hindurch verbunden blieb, fand er sich zusammen zu vertrauten Gesprächen über Kunst und Leben und über das Wort Gottes. Diese Verbundenheit gab ihm die Gewißheit, daß er zum festen Christusglauben durchgedrungen war. Gemeinsam besuchten sie die Predigten des evangelischen Gesandtschaftspredigers Richard Rothe.

Der katholisch erzogene Richter nahm unbedenklich am evangelischen Gottesdienst teil; denn er fragte weniger nach der Kirche und ihrer Gestalt als nach der göttlichen Wahrheit. So hatte er die Mitte seines Lebens gefunden, und sein reiches Gemütsleben blühte auf.

Sein Werk

Als er von Rom wieder heimgekehrt war, mit reichen malerischen Anregungen und mit der frohen Glaubensgewißheit, führte er seine Auguste Freudenberg nach siebenjährigem stillen Verlöbnis ins eigene Heim. Eine Berufung an die staatliche Zeichenschule in Meißen mit dem bescheidenen Gehalt von zweihundert Talern fiel ihm zu. In jenen Jahren machte er Bekanntschaft mit Dürers Holzschnittkunst in Dürers »Marienleben«, das er sich angeschafft hatte. 1835 wurde er als Nachfolger seines Vaters an die Dresdner Akademie berufen. Inzwischen hatte er die Sehnsucht nach Italien überwunden und hatte die deutsche Landschaft mit neuer Liebe entdeckt. 1836 trat der Verleger Georg Wiegand an ihn heran und forderte ihn zur Herausgabe einer Sammlung von Radierungen auf. Das erste Werk waren die »Malerischen und romantischen Wanderungen durch die sächsische Schweiz«. Dann kam eine »Harzwanderung« und eine »Wanderung durch das Riesengebirge« hinzu. Dieser Anlaß führte ihn in die deutsche Landschaft hinein. Wiegand ließ Richters Zeichnungen in England stechen und radieren. Das war wenig befriedigend. So kam Richter zum Holzschnitt. Damit hatte er das Ausdrucksmittel zu seiner wundervollen Illustrationskunst gefunden, mit der er in die Weite des deutschen Volkes wirken konnte. Er schuf die Holzschnitte zu etwa fünfundzwanzig Bändchen »Volksbücher aus dem deutschen Sagenschatz«. Eines seiner schönsten Werke war die Illustration zum Märchenbuch des Musäus. Es folgten dann die Illustrationen zu Hebels »Alemannische Geschichten« und zu Horns Spinnstubengeschichten, zu Bechsteins Märchen und anderen Werken.

Nun kam auch die öffentliche Anerkennung. 1852 wurde er Ehrenmitglied der Münchener Kunstakademie. 1855 bekam er für sein Bild »Brautzug im Frühling« die goldene Medaille von Paris, 1859 den Ehrendoktor von Leipzig. Die große Radierung »Christnacht« schuf er 1854. Dieses Bild ist Verkündigung der christlichen Botschaft. Vom Himmel her wird der Christbaum mit dem Christkind in eine deutsche Stadt heruntergetragen. So hat er auch in den Holzschnitten zum Vaterunser in gemütsinniger Weise das Evangelium im deutschen Gewand gezeichnet. Seine Frau wurde ihm plötzlich durch den Tod entrissen – es war in seinem bescheidenen Sommersitz am Elbufer. Gerade hatte er in sein Tagebuch geschrieben: »O Gott, wie herrlich ist hier von meinem Plätzchen auf dem Berge die weite Gegend, ich fühle da so recht die Schönheit des lieben Vaters! Ein blühender Baum, von Bienen umsummt – dieses Schauen ist mir oft lieber gewesen als die geistreichste philosophische Abhandlung vom Wesen Gottes.«

Er schrieb:

Binnen drei Stunden gesund und tot. Ich war wie betäubt, doch ruhig. Er, der Herr weiß,

warum er es geschehen ließ. Sein Wille ist ja immer gut und heilig.

Richter blieb katholisch, aber er fühlte sich auch zur evangelischen Kirche gehörig.

Er sagt:

Die christliche Wahrheits ist's, die ich suche, die ich darzuleben trachte. Aber aus einer Kirche in die andere überzuspringen, fühle ich mich jetzt nicht gedrungen. Wenn alle den Geist Christi lebendig in sich hätten, so wäre die Einigung bald hergestellt. Jetzt gehöre ich jener unsichtbaren Gemeinde an, die überall in allen christlichen Konfessionen und Sekten zerstreut ist. Ich hoffe zu Gott, diese unsichtbare Gemeinde wird wachsen und, wenn die Zeit erfüllt ist, wird sich auch die äußerliche Einigung und Ausgestaltung machen. Ein Hirte und eine Herde.

In den letzten fünfzehn Jahren kam er fast jährlich nach Bad Boll zu Blumhardt. Ihn sprach die selbstlose Liebe des Blumhardtschen Kreises ganz besonders an.

Sein achtzigster Geburtstag war ein Tag großer Ovationen, die er über sich ergehen ließ. Er hob abwehrend die Hände. Seine Arbeiten seien seine höchste Lust und Freude gewesen. Das Gute daran stamme nicht von ihm, es sei geschenkt.

A.L. Richter:
Abendandacht

Am 19. Juni 1884 entschlief er nach ganz kurzer Krankheit still und ohne Kampf.

Richter sah in dichterischer Schau die Welt des Kleinbürgertums, und er hat sie dargestellt: das Tagwerk in Gott getan, den Gang zum Sonntagsgottesdienst und den Spaziergang durch die wogenden Kornfelder am Sonntagnachmittag. Er schilderte die fröhlichen Kinder und die besinnlichen Alten, am liebsten den Feierabend und den Feiertag. Er hat das deutsche Gemüt im Bilde festgehalten und hat gezeichnet und gemalt, was Matthias Claudius dichtete. Und dabei war alles übergossen von Freude und Dank an der Schöpfung Gottes, von der Feiertagsstimmung einer in Gott durch Christus zur Ruhe gekommenen Seele.

Er war mit seiner Kunst dem deutschen Volk ein Prediger des schlichten, christlichen Gottesglaubens gewesen. Ehe die Verweltlichung mit ihrem kalten Hauch das deutsche Gemüt in den Winkel drängte, hat er mit seiner besinnlichen Kunst ein Zeichen aufgerichtet und uns gezeigt, wo die wahren Quellen unserer Kraft entspringen.

Missionare und Evangelisten

Das liebste Kind der Erweckung ist die Heidenmission. In allen Brennpunkten des geistlichen Lebens entstehen Missionsgesellschaften, die Missionare aussenden. Das Jahrhundert des Weltverkehrs wird das Jahrhundert der Weltmission.

Aber die alte Christenheit selbst wird durch die Lauheit der Christen und durch den Abfall der Massen immer mehr zum Missionsgebiet. Heidenmissionare werden Missionare und Evangelisten in der Christenheit. An ihre Seite treten andere Evangelisten als Werkzeuge, die Jesus Christus zum Dienst berufen und bereitet hat.

SAMUEL HEBICH (1803-1868)

Sein Leben

Samuel Hebich wurde am 9. April 1803 im Pfarrhaus zu Nellingen bei Ulm ge-

boren. Nach seiner Konfirmation war er Lehrling im Konditoreigeschäft seines Bruders zu Lübeck. Später ging er zum kaufmännischen Beruf über. Am 13. Juni 1821 war der Tag seiner Umkehr zu Gott. Ende 1831 trat er in das Missionshaus zu Basel als Missionsschüler ein. 1834 zog er als Missionar nach Ostindien. Am 28. September 1859 kehrte er in die Heimat zurück, um da als Volksmissionar meistens in Württemberg und Baden zu wirken.

Seine Jugend

Sein Vater war ein hochgewachsener Pfarrherr, der in den kriegerischen Zeiten am Anfang des neunzehnten Jahrhunderts den Degen besser handhabte als das Schwert des Geistes. Unter seinen sieben Söhnen, die des Vaters kämpferische Art an sich hatten, war Samuel der sanfteste. Der Vater unterrichtete ihn selbst. Doch der Unterricht war kümmerlich. Er lernte nur einige Stücke aus lateinischen Klassikern und poetische Stücke des Alten Testaments auswendig. Der Vater nahm jedesmal, wenn er den Namen Jesu nannte, sein Käpplein vom Haupt, was dem Knaben eindrucksvoll blieb. Als er nach seiner Konfirmation zu seinem Bruder zu Lübeck in die Lehre kam, bildete er sich durch Privatunterricht weiter und widmete sich dem Kaufmannsberuf. In seinen Jünglingsjahren geriet er in eine tiefe Schwermut, da ihm die Mutterliebe fehlte. Er ging mit Selbstmordgedanken um.

Seine Bekehrung und sein Entschluß, Missionar zu werden

Über seine Erweckung:

Da ich mich eben in der größten Bedrängnis befand und durchaus keine menschliche Hilfe hatte, begab es sich, daß ich an einem allgemeinen Volksfest abends auf Veranlassung meines Bruders spazierenging. Mit beklommenem Herzen drang ich ganz in mich selbst gekehrt durch die Volksmenge und kam, ohne es zu wissen, auf ein mit Kohl bepflanztes freies und stilles Land. Da war es, wo ich zum ersten Mal meinen sündigen Blick zu dem Reinen und Heiligen emporzuschlagen wagte. Auf meine Knie niedersinkend, betete ich im Staube den an, der mich im heiligen Geist überschattete. Die Last meiner Sünden ward mir abgenommen.

Durch die Predigt des christusgläubigen Pfarrers Geibel in Lübeck lernte er Jesus kennen, durch den er Vergebung seiner Sünden erlangte. Er erlitt den

Widerstand seines Vaters, der nichts mit einem kopfhängerischen Sohn zu tun haben wollte. Er las Missionszeitschriften, und sein Herz glühte für die Heidenmission. Obwohl er in Finnland eine selbständige Stellung in einem Industrieunternehmen hatte, verzichtete er darauf und meldete sich in den Missionsdienst nach Basel. Wunderbar war sein Leben bewahrt worden, als er durch merkwürdige Umstände zu spät kam, um mit dem Schiff zu fahren, für das er schon die Fahrkarte gelöst hatte. Das Schiff ging mit allen Passagieren unter. Darum beschloß er, von nun an sich ganz von Gott führen zu lassen. In Basel hatte er es schwer. Das Lernen der Sprachen machte ihm Mühe. Die Missionsleitung wollte ihn deshalb entlassen. Aber sie behielt ihn schließlich doch um seines missionarischen Eifers willen. Er benutzte jede Gelegenheit bei Wanderungen, bei Führungen durch das Missionshaus, für Christus zu zeugen. Als er nach Ostindien fuhr, erteilte er täglich drei Schiffsleuten Religionsunterricht, während die anderen ihn ablehnten. Der Steuermann kam dadurch zum Glauben und besuchte ihn in der Folgezeit als Kapitän jährlich zweimal mit seinem Schiff. Dann mußte er der Schiffsbesatzung christliche Vorträge halten.

Der Missionar

Er konnte nicht warten, bis er die Sprachen beherrschte, er ging gleich an die Heidenpredigt. Meist predige er in den Küstenstädten in englischer Sprache. In drei indischen Provinzen brach er in gewaltiger Tatkraft der Missionsarbeit Bahn, baute die nötigen Gebäude für die Missionsarbeit und übergab sie dann anderen Mitarbeitern. Er war der Pionier der Mission. Auf den von ihm gelegten Fundamenten der Arbeit bauten die bedeutenden Basler Missionare Gundert und Mögling weiter. In der Garnisonstadt Kannanur, wo viele Hindus englisch sprachen, nahm er seinen Sitz. Dort wirkte er vor allem auf die europäische Besatzung. Von dort aus zog er zu den Götzenfesten.

Er schreibt darüber:

Je mehr die Leute toben, um so mehr muß ihnen gepredigt werden, aber in der Kraft des Herrn. Der Anfang ist immer das schwerste. Mit Furcht und Zittern gehe ich oft in den Bazar, stelle mich auf, nehme den Tropenhut ab, bedecke mein Angesicht, um im stillen noch ein paar Seufzer zu meinem gekreuzigten Heiland hinaufzuschicken. Dann lese ich etwa Hebr. 9,27: »Es ist dem Menschen gesetzt zu sterben, darnach das Gericht.« Und davon ausgehend verkündige ich dann den Ernst Gottes und sein heiliges Evangelium.

Mit ihm zogen als seine Gehilfen die Erstlinge seiner Arbeit. Sie beteten und sangen mit ihm. 1847 entstand unter den Heiden seines Arbeitsgebiets eine Erweckungsbewegung. Viele kamen und bekannten ihre Sünden.

Das Geheimnis seiner missionarischen Erfolge war seine unablässige Fürbitte. Sein missionarischer Eifer machte auch vor den englischen Offizieren nicht halt. So rief er dem General Carneggie eines Abends vom Ufer aus an: »Wo fahren Sie hin?« Als er sagte: »Nach Kannanur«, rief Hebich: »Sind Sie dessen gewiß?« – »Ja!« antwortete der General. »Sind Sie ebenso gewiß, sich auf dem Weg zum Himmel zu befinden? Denken Sie darüber nach!« Der General mußte die ganze Nacht darüber nachdenken, bis er die Gewißheit des Heils bekam.

In der Zeit der Mittagsruhe, in der Gluthitze, besuchte Hebich die englischen Offiziere in ihren Häusern. Ein Major hatte sich unter das Sofa versteckt, als er ihn kommen sah. Er holte ihn hervor und erklärte ihm, daß er vor den Augen Gottes sich nicht verstecken könne. Er müsse sich von seinen Sünden bekehren. Er kniete nieder und betete mit ihm. Der Major wurde ein Christ. Vor dem Hause eines Hauptmanns, der ihn nicht einließ, betete er an drei Tagen kniend im Sonnenbrand der Straße, bis ihn der Offizier einließ und sich besiegt gab.

Der Volksmissionar in der Heimat

Als er nach fünfundzwanzigjähriger ununterbrochener Tätigkeit von Indien heimkehrte, trieb ihn das Elend der laugewordenen Christenheit zur Evangelisation. Die Erweckung hatte den Rationalismus nicht bezwungen, sondern teilweise in sich aufgenommen und zur Orthodoxie umgestaltet. Dazu kam die Lehre von Michael Hahn über die Wiederbringung, die nach seiner Meinung allem Eifer die Spitze abbrach. Seine Predigt war massives Bibelchristentum. Sie beunruhigte die Eingeschlafenen, die auf die Gnade hin sicher geworden waren. Rücksichtslos verkündigte er die

Proben aus Hebichs scharf zugespitzter Redeweise:

Man muß zuerst den Hammer nehmen und dich ganz tot schlagen, ich darf dich nicht trösten, ehe du ganz tot geschlagen bist.

Nur wenn man sich schlecht machen läßt, kann einem geholfen werden.

Alle Gnadenpredigt hat keinen Wert, ja, ist verlogen in dir, wenn du nicht gehorsam wirst.

Wahrheit, »bis der Hochmütige auf der Erde kroch wie ein Wurm.« Seine Bemerkungen sind oft schlagend.

Er predigt mit grimmigem Humor und mit der Kraft eines Löwen. Doch die Mühe war nicht vergeblich. Er hat viele aufgeweckt.

Als er auf dem Sterbebett lag, sah er noch einmal im Geist die Palmen Indiens. Entzückt streckte er die Arme danach aus. »Malabar« war sein letztes Wort, als er am Himmelfahrtstag, dem 21. Mai 1868, entschlief.

DAVID LIVINGSTONE
(1813-1873)

Der große Entdeckungsreisende Livingstone ist in Blantyre bei Glasgow geboren. Der deutsche Missionar Karl Gützlaff, der aus Jaennickes Missionsschule stammte und vor allem in China gewirkt hat, regte ihn an, Missionar zu werden. Er zog, als Missionar und Arzt ausgebildet, im Dienst der Londoner Mission nach Südafrika, hielt es aber nicht lange in stationärer Arbeit aus, sondern machte sich, von einem unwiderstehlichen Forschertrieb geleitet, auf Entdeckungsreise nach dem Norden und Inneren Afrikas. Er entdeckte den Ngamisee und erforschte das Sambesi- und Niassagebiet. Auf der dritten Reise, bei der er die Nilquellen zu entdecken hoffte, war er lange Zeit verschollen, bis ihn der englische Reisende Stanley ganz entkräftet, aber ungebrochen in seinem Entdeckungswillen, auffand. Bei ihm waren Forschertrieb und missionarischer Wille innig miteinander verbunden. Durch das Zusammentreffen mit Stanley innerlich und äußerlich neu gestärkt, machte er sich, als Stanley zurückkehren mußte, allein auf den Weg, um seine letzte Kraft in den Dienst der Erforschung Afrikas zu stellen. Eines Morgens, am 1. Mai 1873, fanden ihn seine treuen afrikanischen Freunde tot auf den Knien vor seiner Bibel. Seine Träger haben seinen Leichnam zur Küste getragen. Von dort wurde er nach England gebracht und unter großen Ehren in der Westminsterabtei beigesetzt.

Stanley über Livingstone:

Während ich mit ihm zusammen war, hielt er niemals, was man hätte eine Predigt nennen können. Aber jeder Tag wurde für mich sozu-

sagen eine Predigt. Sein ganzes Leben war eine einzige Befolgung der Bergpredigt Christi, ob er jetzt im Dschungel war, in einer Handelsniederlassung oder in einem wilden Dorf weilte. Demutsvoll, mild, barmherzig, rein auch in Gedanken, friedvoll in seinen Handlungen, schien er doch den Arabern als Spion verdächtig. Wie oft wurde er beraubt und in seinem Vordringen gehindert! Aber nie trug er jemand irgend etwas nach. Ausgeplündert von Räubern, mit Verachtung behandelt, betete er doch täglich für alle Menschen. Ob seine Diener ihn betrogen, der Hunger ihn quälte, der Regen ihn durchnäßte, die tropischen Stürme ihn durchpeitschten und Krankheit aller Art ihn befiel, blieb er dem Dienste Gottes, den er sich erwählt, treu. Unerschütterlich war sein christlicher Glaube: Wer treu ausharret bis ans Ende, dem will ich die Krone des Lebens geben.

HUDSON TAYLOR
(1832-1905)

Seine Zurüstung zur Mission

Taylor wurde als Sohn eines Apothekers, der im Nebenamt Laienprediger bei den Methodisten war, in der Grafschaft York geboren. Der Vater hatte sich an seinem Hochzeitstag unter dem Wort Josuas »Ich und mein Haus, wir wollen dem Herrn dienen« bekehrt. Der siebzehnjährige Hudson setzte sich eine Zeitlang gegen den Geist seines Elternhauses innerlich zur Wehr, doch überwältigte ihn schließlich eine kleine Schrift aus der Bücherei seines Vaters über das vollendete Werk Christi. Es leuchtete ihm die Klarheit Gottes auf: Das Werk der Erlösung ist vollendet, du brauchst es nur anzunehmen. Die Gnade Christi überwältigte ihn, und er nahm sie an. Seine Mutter, die fern auf einer Reise weilte, wurde um dieselbe Stunde zu anhaltendem Gebet für ihren Sohn getrieben. Bald darauf wurde ihm neue Klarheit in einer Begegnung mit dem Herrn geschenkt. Er wußte auf einmal, daß er bestimmt sei, seinem Herrn in China zu dienen, und daß er sich für diesen Zweck unbegrenzt zur Verfügung zu stellen habe. Schon sein Vater hatte sich viel und gern mit diesem Volk beschäftigt. Das erste Opfer, das er seinem Lebensberuf brachte, war die Neigung zu einer Freundin seiner Schwester, die nicht bereit war, mit ihm in den Missionsdienst zu gehen. Als er auf diese Neigung verzichtet hatte, erfüllte ihn eine wunderbare Gewißheit der Liebe Gottes. Sofort ging er an die Vorberei-

S. 513:
Livingstone und Stanley treffen sich in Afrika

Hudson Taylor

Wunde am Finger nicht beachtet hatte. Der Arzt gab ihn auf. Er aber sagte: »Ich glaube nicht, daß ich sterben muß; denn ich habe den Ruf, nach China zu gehen.« Er schwebte eine Zeitlang zwischen Tod und Leben, aber er genas. Er hatte in freiwilliger Armut nur einen Laib Brot und einige Äpfel am Tag gegessen, und diese Mäßigkeit half, ihn am Leben zu erhalten.

Seine missionarische Tätigkeit

Im Jahre 1853 bestieg der Einundzwanzigjährige ein Segelschiff, um nach China zu fahren.

Über seinen Abschied schreibt er:

Nachdem ich mit viel Gebet dem Dienst des Herrn geweiht worden war, reiste ich von London nach Liverpool. Meine geliebte Mutter war dahin gekommen, um Abschied von mir zu nehmen. Niemals werde ich diesen Tag vergessen, wie ich mit ihr in die Kabine ging, die nun ein halbes Jahr meine Wohnung sein sollte. Mit liebender Hand strich sie über das schmale Bett. Sie setzte sich neben mich und stimmte mit ein in das letzte Lied, das wir vor der Trennung sangen. Dann knieten wir nieder, und sie betete – das letzte Muttergebet. Sie gab mir den Segen und ging an Land, als das Abfahrtssignal ertönte. Als wir durch die Schleusen fuhren und die Trennung zur Tatsache wurde, entfuhr ein solcher Angstschrei dem Mutterherzen, daß ich es nie vergessen werde. Es ging mir wie ein Schwert durch die Seele. Niemals bis zu diesem Augenblick hatte ich so erfaßt, was es bedeutet: »Also hat Gott die Welt geliebet!«

Die Seefahrt war sehr schwer, aber sie wurden immer wieder wie durch ein Wunder gerettet. Das bestärkte ihn in seiner Gewißheit, daß ihn Gott nach China gerufen habe. Seine Ausbildung war sehr lückenhaft, aber er hatte in seinem jungen Leben eine Summe von Erfahrungen göttlicher Treue gesammelt, und sein Entschluß stand fest, sich auf diese Treue unbedingt zu verlassen.

Im Chinesenviertel in Schanghai, in einem ärmlichen Zimmer, kämpfte er um das Erlernen der schweren Sprache. Der Bürgerkrieg der Taipingrebellion hatte begonnen. Es entstand eine große Teuerung. Er mußte viel mehr ausgeben, als seine Missionsgesellschaft für ihn ausgeworfen hatte. Das brachte seinem zarten Empfinden viel Not.

Er schrieb nach Hause:

Wer es nicht erfahren hat, was es heißt, unter solchen Umständen zu arbeiten, kann die Notlage und deren fortwährenden Einfluß auf Leib und Seele nicht begreifen. Ich bin in Gefahr, so nervös und reizbar zu werden, daß ich

tung für seinen Beruf. Aus einem chinesischen Lukasevangelium erlernte er in mühsamer Entzifferung die chinesischen Schriftzeichen, auch ging er zu einem Arzt in die Lehre, um sich ärztliche Kenntnisse für seinen späteren Dienst anzueignen. Er gab ein angenehmes Leben bei Verwandten auf, um in einem ärmlichen Stadtteil ein billiges Zimmer zu mieten, wo er in äußerster Bedürfnislosigkeit lebte. Seine Ersparnisse gab er den Armen. Er brachte es nicht über sich, den vielbeschäftigten Arzt, dem er diente, an sein fälliges Gehalt zu erinnern, sondern entschloß sich, seine Not allein Gott zu sagen. Da litt er oft große Not. Aber Gott half ihm wunderbar.

Der Freund der Armen

Einmal machte er einen seelsorgerlichen Besuch bei einem armen Iren, der ihn geholt hatte, daß er mit seiner kranken Frau bete, da der katholische Priester nicht ohne Bezahlung kommen wollte. Er hatte sein letztes Geld in der Tasche, eine halbe Krone. Er kämpfte mit sich selbst, als er die hohlwangigen Kinder sah und die große Armut der Familie. Dann gab er sein ganzes Geld den Armen und wurde innerlich sehr froh dabei. Am nächsten Morgen bekam er von unbekannter Seite ein Päckchen mit einem Zehnschillingstück. Es war viermal so viel wie er gegeben hatte. Nun wußte er, daß die göttliche Bank gute Zinsen bezahlt, und er beschloß, künftighin alles auf dieser Bank anzulegen. Solche Erfahrungen machte er immer wieder.

Die Erprobung seines Glaubens

Bei einer Leichensektion zog er sich eine Blutvergiftung zu, weil er eine kleine

Eure Gebete dringend nötig habe, um in der rechten Verfassung zu bleiben.

Er machte Evangelisationsreisen so tief wie möglich in das Land hinein. Die Not der von Christus unberührten Menschenmassen bedrückte ihn schwer.

Er schreibt im Mai 1855:

Ich war auf dem Weg zur nächsten Stadt traurig und niedergeschlagen. Wo man auch hingeht, nichts als Städte und Dörfer voller Menschen, von denen kaum einer jemals den köstlichen Namen gehört hat, in dem allein Heil ist. Wenn man sie nur besucht, ihnen Schriften gibt, eine kurze Ansprache hält und dann weitergeht, was hat man eigentlich für sie getan? Man muß einen starken Glauben haben, wenn man nicht verzweifeln will.

Nach dreijähriger Tätigkeit wurde es ihm klar, daß er die Verbindung mit der Chinesischen Evangelisationsgesellschaft, die ihn ausgesandt hatte, lösen müsse, weil sie Schulden machte. Das widersprach seinem Glaubensbegriff. Nun hatte er auch in der Heimat keinen Rückhalt mehr. Da wurden ihm die ersten Bekehrungen geschenkt. Es waren sechzehn Personen und zwölf Taufbewerber, die er bis zu seiner ersten Heimreise sammeln konnte.

Inzwischen hatte ihm ein Missionsarzt, der zur Erholung nach Hause reisen wollte, die Leitung eines kleinen Missionsspitals in Ningpo übergeben. Dort fand er in der kaum zwanzigjährigen Mary Dyer seine Lebensgefährtin, die Missionarin mit Leib und Seele war. Wie ein Engel Gottes diente sie im Krankenhaus mit den niedrigsten Dienstleistungen an den Kranken. Wie ihr Mann von ihr bezeugt, »lebte sie in kindlichem Glauben an die Leitung Gottes in großen und kleinen Dingen«.

Als er mit seiner Frau und seinem Kind seinen Heimaturlaub antrat, brachte er ein Herz mit, das für die Arbeit in China glühte.

An seine Geschwister schrieb er:

Lieber Bruder, liebe Schwester, kommt doch herüber und helft uns. Besäß ich ein ganzes Vermögen, es würde für China gut angelegt sein. Hätte ich tausend Leben, jedes sollte China gehören.

Ihn ängstigte der Gedanke an das sterbende chinesische Volk. Mit einer Anzahlung von zehn Pfund auf einer Londoner Bank eröffnete er ein Konto für die »China-Inlandmission«, die damit in aller Form gegründet war. Ein Jahr später reiste er mit einem Mitarbeiterstab von zweiundzwanzig Personen

wieder hinaus. Nach fünfzig Jahren zählte die China-Inlandmission tausend Missionsarbeiter.

Das Leben Hudson Taylors war außerordentlich bewegt. Elfmal machte er die Reisen nach China. Seine Reisen nach Nordamerika, Skandinavien, Australien, nach Deutschland und in die Schweiz gewannen ihm die Freundeskreise, die sein Werk trugen. War er in China, lag die Last der Leitung auf seinen Schultern. In dieser Zeit der Überlastung, zwanzig Jahre nach seiner Bekehrung, lernte er, sich ganz der Ruhe des Glaubens zu überlassen. Bis dahin hatte er mit eigener Kraft, oft unter heißen Tränen, um beständige Gemeinschaft mit Gott gerungen. Jetzt wurde es ihm klar, daß der Glaube nicht ein eigenes Mühen, sondern Ruhen in der Treue Gottes bedeutet.

Damit war Taylor der Seelsorger seiner Missionare geworden. Auch Eva von Tiele-Winckler bezeugt, daß der schwerkranke, müde Mann, der in der Schweiz Erholung suchte, ihr bei einer Begegnung zu dieser Ruhe des Herzens verholfen hat.

Der Mann der Liebe

Er wurde einmal von einem Chinesen aus Fremdenhaß mißhandelt, blieb aber ruhig in der Kraft der Liebe Christi, obwohl sein stolzes englisches Blut aufwallen wollte. Höflich sprach er mit dem Mann und ließ ihn zuerst in das Fährboot steigen. Diese Liebe überwältigte den Chinesen, so daß der ihn fragte nach der Quelle seiner Geduld. Nun erzählte er ihm von dem demütigen und sanftmütigen Jesus, der auch für die Chinesen in den Tod gegangen sei. Da brach der Chinese in sich zusammen.

Als bei dem Boxeraufstand im Jahre 1900 achtundfünfzig Missionsleute und einundzwanzig Kinder zu Märtyrern wurden, weilte Taylor als ein gebrochener Mann in Davos. Durch dieses tiefe Dunkel ging er als einer, der dennoch im Glauben ruhte.

Was er von seinen Missionaren verlangte

Sein Leitwort war: »Nichts zu kostbar für Jesus«. Ein Wort, mit dem ein amerikanischer Vater sein Kind in die Mission gegeben hatte. Er verlangte von seinen Mitarbeitern Abhängigkeit von Gott, Verzicht auf äußere Sicherung des Le-

Hudson Taylor:
Wenn wir nicht glauben, so bleibt er doch treu. Ich sah auf Jesus und erkannte, daß er gesagt hat, ich will dich nie verlassen. Da ist Ruhe, dachte ich. Ich habe umsonst darum gerungen, in ihm zu ruhen. Ich will nicht mehr ringen. Hat er nicht versprochen, in mir zu bleiben und mich nie zu verlassen?

Hudson Taylor:
Ich kann nicht lesen, ich kann nicht denken, ich kann nicht einmal beten; aber ich kann vertrauen.

bensunterhalts. Um der Selbstentäußerung Christi willen mußten sie chinesische Kleidung, Zopf und Schnabelschuhe tragen. In einem Brief über die Beschaffenheit des rechten Missionars schreibt er, es müsse ein Mann sein, der an Gott und sein Wort glaube und darum sich opfern könne. Er machte in dem Zeugenberuf für Jesus zwischen Mann und Frau keinen Unterschied. Er sandte jeweils zwei unverheiratete Schwestern aus. Keine wurde je von den Chinesen angetastet, doch den Märtyrertod haben einige erlitten.

Die Männer und Frauen, die wir brauchen, müssen Jesus, China und die Seelen immer vor alles andere stellen, auch vor ihr eigenes Leben. Wer nicht von vornherein vorbereitet ist auf viel Arbeit, Selbstverleugnung und Enttäuschung, kann uns kein rechter Helfer sein.

Der Beter

Er war ein kühner Beter und erbat sich die Missionare von dem Herrn:

Es würde mich nicht beunruhigen, wenn ich Missionare hätte und kein Geld; denn es ist des Herrn Sache, sich der Seinen anzunehmen. Er verlangt nicht von mir, daß ich seine Verantwortung übernehme. Aber Geld zu haben und keine Missionare, das ist wirklich sehr ernst.

Nicht großen Glauben habe der Herr erwartet, sondern Glauben an einen großen Gott.

Weil ihm seine Tagespflichten keine Zeit ließen für Gebet und Gottes Wort, gewöhnte er sich an, in der Nacht zu erwachen, Licht zu machen und sich ungestört in das Wort Gottes zu vertiefen. Dem alten Mann war es ein Schmerz, daß ihm seine körperliche Schwachheit nicht mehr erlaubte, länger als eine Viertelstunde im Gebet zuzubringen.

Neben den starken, schönen Eichbäumen stehen die unscheinbaren kleinen Wiesenblumen, und beide hat seine Hand an ihren Platz gesetzt. Ich bin nicht besonders begabt und bin schüchtern von Natur. Aber mein gnädiger, barmherziger Gott und Vater neigte sich zu mir und stärkte meinen schwachen Glauben schon in meiner Jugend. Er lehrte mich, mit meiner ganzen Hilflosigkeit in ihm zu ruhen und selbst Kleinigkeiten, die andere allein machen, nicht ohne Gebet zu tun. Er kannte den Wunsch meines Herzens, und einfach ihm vertrauend wie ein Kind, brachte ich alles im Gebet vor Ihn. So erfuhr ich schon früh, wie bereit er ist, die Seinen zu stärken und die Bitten derer zu erfüllen, die ihn fürchten. So erging es mir auch in späteren Jahren: Wenn ich betete, kam das Geld.

Sein Heimgang

Den Dreiundsiebzigjährigen trieb es noch einmal nach China. Er durfte noch einmal tief in das Innere des Landes vordringen nach der Stadt Changsha. Dort ging er nach einem letzten Aufflackern seines missionarischen Geistes am 3. Juni 1905 zur Ruhe des Volkes Gottes ein, um seine Auferstehung in Chinas Boden zu erwarten.

LUDWIG INGWER NOMMENSEN (1834-1918)

Der Sohn der Halliginsel wird Missionar

Nommensen ist als Schleusenwärtersohn geboren aus einem im zähen Kampf mit Meer und Sturm bewährten Stamm. Der dreizehnjährige Knabe wird von einem Fuhrwerk überfahren. Das dabei verletzte Bein eitert an seinem zerschmetterten Knochen und will nicht heilen. Als endlich nach einem Jahr ein Arzt auf die Insel kommt, den man aus Armut nicht vorher holen konnte, weiß er nur einen Rat: Amputation des Beines, sonst sei der Junge verloren. Die Eltern wehren sich gegen diese Operation, und der Junge siecht weiter dahin. Da liest er in dem einzigen Buch der Hütte, der Bibel, Joh. 16,23. Er fragt die Mutter: »Ist das wahr?« Sie antwortet: »Alles, was in der Bibel steht, ist wahr.« Und der Junge betet und glaubt und gibt sich willig dem Herrn hin. Er will ihm nach seiner Genesung als Missionar unter den Heiden dienen. Nach drei Wochen ist er gesund und gewinnt die ganze Kraft. Er ist bis in sein Alter behend, kräftig, zäh in ,allen körperlichen Anforderungen, im Schwimmen, Segeln, Laufen und Reiten. Der Zwanzigjährige steht eines Tages vor dem Missionshaus in Barmen. Sie wollen ihn nicht aufnehmen, weil gerade kein Aufnahmetermin ist. Er läßt sich nicht abweisen, Gott habe ihn berufen. Er blieb bis zum späten Abend, den von einer Reise zurückkehrenden Direktor abwartend. Von dieser berufungsgewissen Zähigkeit wurde der Missionsvorstand überwunden und nahm ihn auf. Er wurde einer der gesegnetsten Missionare der Rheinischen Mission.

Der Mann des zuversichtlichen Glaubens

Schon im Werdegang des jungen Nommensen zeichnen sich die großen Linien seines Lebens ab. Der durch den Glauben an Gottes Wort Genesene unternimmt als Missionar auf Sumatra das Menschenunmögliche. Trotz Warnung der Missionsleitung, gegen ausdrückliches Verbot der Kolonialregierung, die für das Leben der Missionare fürchtet, wagt er den Vormarsch in das Innere des Landes auf demselben Weg, auf dem 1834, im Jahr seiner Geburt, die englischen Missionare Lyman und Mumson von Eingeborenen ermordet und aufgefressen worden sind. Er vereinigt die Tollkühnheit des Glaubens mit der klugen Umsicht und Bedachtsamkeit eines geborenen Feldherrn, der die Angriffskriege des großen Königs Jesus zu führen hat und mit seinem Beistand unbedingt rechnen kann.

Er braucht keinen Dometscher, denn er hat bei van der Tuuk, dem Kenner der Batakschen Sprache und Schriften in Holland, vor seiner Ausfahrt die Sprache des Volks gelernt, dem er dienen will. Bei dem Königshäuptling von Silindung wird er persönlich vorstellig und bittet um Wohnrecht zur Unterweisung des Volks. Der Häuptling: »Wenn man ein Reiskorn auf die Straße wirft, werden es dann die Hühner nicht auffressen?« Nommensen: »Wenn der Mann, der das Reiskorn hingeworfen hat, die Hühner wegscheucht, werden sie auch das eine Korn nicht fressen.«

Sein erstes war, Hilfe zu bringen gegen die Krankheitsnot: Wunder wirkte seine Hand; seine Arzneien und Anweisungen segnete Gott zur Heilung der Elenden. Sein Ruf wuchs. Damit begann er den Kampf gegen die Zauberer und Medien des Animismus und erwies seinen Gott als den Stärkeren.

Kritisch war die Lage, als er bei einem großen, von Tausenden besuchten Opferfest getötet werden sollte. Immer ungestümer und offener verlangten es die Medien, aus denen nach animistischer Auffassung die Gottheit spricht. Als Nommensen anfängt zu reden, stürzt das Medium wie tot zu seinen Füßen, und die große Furcht vor dem überlegenen Gott des Weißen lähmt die Mordlust der Eingeborenen. Der Haupthetzer

Ludwig Ingwer Nommensen

fällt durch eine Kugel bei einem Überfall durch Stammesfeinde.

Einmal streute ihm ein Zauberer, während Nommensen ihm eine erbetene Arznei aussuchte, Gift in den Reis. Aber es schadete ihm nichts, denn er vertraute auf Gott.

In seinem zuversichtlichen Glauben wird das Wort »Vorwärts« (tole) seine Losung. 1881 wagte er die Expedition nach dem Tobasee, den bis dahin noch kein Europäer gesehen hatte. Nur durch ein Wunder gelang es ihm, sein Leben und das seiner Gefährten in eiliger Flucht zu retten.

Nach drei Jahren hat die christliche Gemeinde in Silindung, die auf 4 000 Seelen angewachsen war, ihren Weg gebahnt in die bisher verschlossenen Gebiete von Pearadja. Dorthin verlegte er die Stätte seiner Wirksamkeit, nachdem die rückwärtigen Verbindungen gesichert waren. Sein Platz ist immer an der Front. Als auch die Gemeinde von Pearadja auf 4000 Seelen angewachsen war, begann er den Kampf um den Süden der Insel (1887). Es ist ein Zweifrontenkampf gegen Heidentum und den in siegreichem Vormarsch sich befindlichen Islam. Alle Häuptlinge und alle Lehrer der Gouvernementschule sind Moslems. Die Häuptlinge sind fanatisch und gefürchtet. Der Kampf scheint aussichtslos. Wie ein Bohrer im harten Gestein arbeitet, so muß hier gearbeitet werden, bis ein einziger gewonnen ist. Und Nommensen siegt in zähem Glauben. Nach einem Jahrzehnt sind fast alle Radschahs und alle Lehrer an der Regierungsschule Christen. Das ganze Volk der Bataks für Christus, ja Indonesien durch indonesische Missionare für den König Jesus zu gewinnen, das ist sein Ziel. Er bildet auch Lehrer und Pfarrer heran. Er arbeitet an ihrer Vertiefung im Glaubensleben, ebenso widmet er sich den Ältesten auf Kursen und Rüstzeiten. Es entsteht die Bataksche Mission unter Batakscher Leitung. Er erringt mit rücksichtslosem persönlichem Einsatz die Grundlagen des Siegs. Seine stahlblauen Augen blitzen. Sie sehen in die Ferne. Wie ein Kapitän steuert er sein Schiff durch manchen Sturm. Und er erlebt, wie aus geringen Anfängen eine große Volkskirche erwächst. Bis zu seinem vierundachtzigsten Lebensjahr darf er wirken. Eine Kirche von dreihunderttausend Bataks weint um ihn, als er stirbt.

Es ist eine Kirche, von der er selber in seinem Taschenbuch schreibt:

Die Adat-Sitte bildet sich langsam um in christlichen Geist. Die Kinderverlobungen haben ganz aufgehört. Wer im Anfang mehr als eine Frau mitbrachte, brauchte sie nicht zu verstoßen. Heute sind diese Alten fast ausgestorben. Die Einehe wird streng durchgeführt. Selbstverständlich gibt es für die Gesamthaltung eines Volkes nur ein langsames Ansteigen zu den Hochzielen christlicher Eheführung. Die Leistungen von Muttergemeinde und Außendörfern für den Unterhalt der Lehrer und für die eigenen Gemeindebedürfnisse werden immer besser. Wir kommen nah an finanzielle Selbständigkeit heran. Daneben brauche und erhalte ich vieles für meine Blinden und Waisen, für Innere und Äußere Mission.

Der Mann brennender Liebe

Wie er einmal an die Missionsleitung nach Barmen schrieb, so war er selbst:

Es müssen die tüchtigsten Leute sein, die wir haben. Keine heißblütigen cholerischen Naturen, sondern langmütige, freundliche, aufopferungsfähige, liebevolle Männer; auch keine Sanguiniker, die den einen Augenblick himmelhoch jauchzen und dann gleich über kleinste Widerwärtigkeiten im Leben stolpern. Leute vielmehr, die mit Gott als der unbedingten Wirklichkeit rechnen wie mit Zahlen und sich am Anfang des Kampfes schon des Sieges freuen. Wählen Sie für uns Brüder aus, die vor keinen Strapazen zurückschrecken und mit ihrem Gott auch über Mauern springen. Augenblicksmenschen sind wenig brauchbar. So recht zähe Deutsche, wenn auch nicht allseitig begabt, die aber unseren Herrn über alles lieben, sind für hier die Brauchbarsten; Behäbige, Bequeme, Pedantische und Nervöse hätten wir lieber nicht. Wenn sie junge, begabte, gesunde, gläubige, ein bißchen ängstlich gewissenhafte, aber mit Energie und langmütiger Geduld, mit inniger Liebe zum Herrn, zu den Brüdern und zu allen Umkämpften ausgerüstete Brüder haben, die schicken Sie uns.

Aus seinem Glauben strömte seine unversiegbare heiße Liebe zu diesem heidnischen Volk, dessen Not ihn vorwärts trieb. Er, der seine Urlaubsreise nach der Heimat verschob, um am Küstenort drei Tage lang einen zum Tod verurteilten holländischen unbekannten Soldaten zu einem seligen Ende vorzubereiten, er, der Hunderttausenden Medizin austeilte, der Aussätzigenasyle baute und die mit der Botschaft von Jesus oft besuchte, der Hebammenschule, Industriewerkstätten gründete und, um ein geraubtes Mädchen zu retten, in tagelangem scharfen Ritt über steile Schluchten und Felsen hinwegjagte und sie mit eigenen Händen vom Marterpfahl losschnitt, der als über Siebzigjähriger noch in der Nacht aufbrach, um einer schwer erkrankten Missionarsfrau auf gefährlichem, anstrengendem Ritt ärztliche Hilfe zu bringen, der den Zauberer, der die beiden Missionare ermordet hatte, in seiner Hütte aufsuchte, um feurige Kohlen auf sein Haupt zu sammeln – er war ein Mann brennender Jesusliebe.

Diese Liebe machte ihn weise, ein tief gesunkenes heidnisches Volk zur Seligkeit zu führen. Er wurde den Batakern ein Batak und bewahrte das Gut ihrer Volkssitte, das er in christlichem Sinn umbildete. Er ist mit seinen Mitarbeitern demütig den Hintergrund getreten und wurde dafür um so heißer von seinem Volk geliebt. Der große Tuan ward der ungekrönte König dieses Volks. Zwei deutsche Forscher, die im verbotenen Gebiet angetroffen worden waren, blieben nur deshalb in Freiheit, weil sie sich auf ihn berufen konnten und Deutsche waren wie er.

Aus Liebe zu den Batak trennte sich das Ehepaar von seinen Kindern, die es nach Deutschland zur Ausbildung schickte.

Sein väterliches Herz wallt über in seinem Tagebuch:

Nun ist's Bettgehenszeit. O könnte ich doch einmal wieder Euch die Hände aufs Haupt legen, Ludwig und Gottlieb, Ihr Fernen. Ihr Eltern daheim, wenn ihr Euren Kindern des Abends segnend die Hände auflegt und sie dem großen Kinderfreund anbefiehlt, gedenket auch eurer Brüder, die draußen im Kampfe stehen und ihrer Kinder, die geschieden vom Elternherzen, solche Augenblicke entbehren müssen.

Gustav Warneck

GUSTAV WARNECK
(1834-1911)

Als Sohn eines bescheidenen Nadlermeisters ist er zu Naumburg am 6. März 1834 geboren. Trotz zarter Gesundheit und dauernder Kränklichkeit war er ein lebhaftes, freimütig keckes Kind, dem die harte Zucht und mannigfache Not des Elternhauses, die ihn früh zur mechanischen Arbeit zwang, heilsam waren. Da er in den unruhigen Revolutionszeiten des Jahres 1848 keine Lehrstelle fand, lernte er das Handwerk des Vaters. Beim Stecknadelkopfschneiden kam ihm eines Tages der Gedanke, ob er nicht noch studieren könnte. Ein verwandter Gymnasiallehrer half ihm, daß er in die Quarta des Gymnasiums zu Halle, auf die er sich neben aller Arbeit ein halbes Jahr hindurch notdürftig vorbereitet hatte, aufgenommen wurde. Der Taler, den ihm die Mutter beisteckte, war die einzige Unterstützung des Elternhauses, so daß er mit Privatstunden seinen Unterhalt verdienen mußte. Trotzdem war er bald unter den ersten Schülern. Es war eine göttliche Fügung, daß er als Schüler in einen Kreis erweckter Jugend hineingezogen wurde und da seine Bekehrung erlebte. Als Theologiestudent in Halle erschloß er sich ganz dem Einfluß Tholucks, der ihn in der Zeit, da Warneck an Lungenbluten schwerkrank darniederlag, oft besuchte und aufrichtete. Alttestamentliche und pädagogische Studien zogen ihn am meisten an. Nach seinem theologischen Examen besorgte ihm Tholuck eine Hauslehrerstelle bei einem Wuppertaler Fabrikanten. Dort lernte er das reichbewegte geistliche Leben des Wuppertals kennen. Warnecks Erstlingspfarrei war Roitzsch bei Bitterfeld. Dorthin führte er seine Frau Henriette Gerlach aus Naumburg heim, mit der er in gesegneter Ehe lebte. Mit Feuereifer ging er in der verwahrlosten Gemeinde an die Arbeit. Und seine Arbeit trug gute Frucht. Dort lernte er den nachmaligen Missionswissenschaftler Grundemann kennen und schloß mit ihm eine Freundschaft, die für das ganze Leben war. Nach zwei Jahren kam er als Archidiakonus nach Dommitsch. Von dort aus erlebte er den österreichischen Feldzug als Lazarettpfarrer und konnte in der Einzelseelsorge an Verwundeten und Sterbenden viel Segen stiften. Kurz bevor er einen Ruf als Seminardirektor bekam, hatte er sich schon entschieden, als theologischer Lehrer und Reiseprediger ans Barmer Missionshaus zu gehen. Der Unterricht nötigte ihn zu fortgesetzten biblischen Studien und zur Inangriffnahme der Missionsprobleme, die er später in seiner Missionslehre und in der von ihm gegründeten Allgemeinen Missionszeitschrift systematisch durcharbeitete. Siebenunddreißig Jahrgänge dieser Zeitschrift hat er herausgegeben, eine Fundgrube missionarischen Wissens und missionarischer Arbeit. Als seine Gesundheit dem aufreibenden Dienst nicht mehr standhielt, wurde er Pfarrer in der kleinen Gemeinde Rotenschirmbach bei Eisleben, wo er zweiundzwanzig glückliche Jahre verlebte. 1876 hörte er Pearsall Smith in Brighton und bekannte, von da an ein fröhlicher Christ geworden zu sein. In Rotenschirmbach konnte er sich neben der Gemeindearbeit der Missionswissenschaft widmen. Er gründete die Missionskonferenz in Halle, die die besten Kräfte der Mission und viele Pfarrer anzog und in ganz Deutschland Schule machte. 1883 bekam er den Doktortitel der theologischen Fakultät Halle. Als er sich 1896 pensionieren ließ und nach Halle übersiedelte, übertrug ihm die Fakultät eine ordentliche Honorarprofessur für Missionswissenschaft. Er schrieb eine Missionsgeschichte: »Abriß einer Geschichte der protestantischen Mission«, »Protestantische Beleuchtung der römischen Angriffe auf die evangelische Heidenmission«, »Die Mission in der Schule« und seine Missionslehre. 1911 erkrankte er schwer und entschlief nach raschem Kräftezerfall am 26. Dezember in einem Alter von 77 Jahren.

Elias Schrenk

Martin Kähler schreibt über ihn:

Im Pietismus wurzelt sein ganzes Leben. Gerne wäre er selbst hinausgezogen – es war seine Freude, daß sein Sohn es für ihn tat. – Er suchte emsig durch die ganze Hl. Schrift nach ihren Missionsgedanken. Nun trat ihm der Apostel der Rechtfertigung hell in das Licht eben seines Heidenapostolats. Nun war ihm kein Hergang draußen zu klein, um nicht der ganzen Sorgfalt ehrlicher Erforschung wert zu sein. Nun lauschte er den Schritten des Weltenlenkers in der Geschichte und fragt unaufhörlich, wohin seine Winke das weltweite Werk weisen . . . So wurde er unter uns zum Herold der evangelischen Mission.

ELIAS SCHRENK
(1831-1913)

Elias Schrenk ist am 19. September 1831 als Sohn des Schneiders und Kaufmanns Jakob Schrenk und der Regina geb. Glunz zu Hausen bei Tuttlingen geboren. 1847 kam er in eine kaufmännische Lehre nach Tuttlingen; 1853 trat er bei Christian Mez in Freiburg im Breisgau ein. In diesem Jahr bekehrte er sich zu Gott. Im August 1854 wurde er Missionszögling in Basel. Die Missionsleitung sandte ihn 1859 als Generalkassierer an die Goldküste. 1866 schloß er den Ehebund mit der Schweizer Pfarrerstochter Bertha Tappolet. 1872 kehrte er nach Europa zurück. Nach einem vorübergehenden Aufenthalt in England war er von 1875 an Missionsprediger für Hessen und Thüringen mit dem Wohnsitz in Frankfurt/Main. 1885 evangelisierte er dreiundvierzig Tage lang in dieser Stadt. Im Herbst 1879 rief ihn die evangelische Gesellschaft als Prediger nach Bern. Im Oktober 1886 zog er nach Marburg, um sich ganz der Evangelisation Deutschlands zu widmen. 1890 siedelte er nach Barmen über. 1911 zog der einundachtzigjährige Mann in ein stilles Häuschen nach Bethel. Dort entschlief er am 21. Oktober 1913.

Sein Leben: die Schule des großen Evangelisten

Sein Vater, der ein begabter, strebsamer Mann war, starb, als Elias elf Jahre alt war. Tägliche Hausandacht, Beten zum Abendläuten, sonntäglicher Kirchgang pflanzten christlichen Sinn in sein Gemüt. Die fromme Großmutter betete ihm den Trost des Blutes Christi ins Herz. Ein frommer Lehrer legte den Grund zur Bibelkunde und erweckte in ihm den Wunsch, einmal Missionar zu werden. Von seinem Konfirmandenunterricht nahm er nichts mit als seinen Konfirmationsspruch. Doch machte ihm der Visitator des Religionsunterrichts, der fromme Dekan Heim von Tuttlingen, den tiefen Eindruck einer geheiligten Persönlichkeit. Der junge, sehr streng gehaltene Kaufmannslehrling lernte die nüchterne Betrachtung der Dinge, pünktliche Ordnung, Briefe schreiben, Menschenkenntnis und Umgang mit mancherlei Leuten. Die Entscheidung in seinem Leben fiel in Freiburg, als ihn der fromme Carl Mez zum Abendessen einlud. Der Gesang in der sich anschließenden Hausandacht ergriff ihn. Als zum Schluß Carl Mez mit der ganzen Familie auf den Knien betete, beeindruckte ihn das tief. Er schreibt darüber:

Mein Herz sprach zu allem Amen.

Auf dem Heimweg nach der Stadt sagte ich mir: Diese Leute haben, was du seit Jahren gesucht, aber nirgends gesehen hast. Ich besann mich keinen Augenblick, gab allen bisherigen Umgang auf und suchte und pflegte von Stund an nur gläubigen Umgang, den ich auch fand.

Freiburg bildete einen Wendepunkt in meinem Leben für Zeit und Ewigkeit, und ich bleibe meinen dortigen zwei Hauptfreunden Carl Mez und Lehrer Gilg (Gilg war ein Schüler des frommen Seminardirektors Stern in Karlsruhe) für immer dankbar. Dem ersteren für seinen christlichen Anschauungsunterricht und die außerordentlich reiche Anregung, und dem letzteren für Vertiefung und Befestigung.

Wenn der spätere Evangelist Schrenk einen Blick für die Gesamtheit unseres Volkes und für die Gegenwartsnöte hatte, wenn er reichgottesmäßig und kirchlich auf das Ganze sah, so hatte er diesen weiten Horizont in der Schule von Carl Mez gewonnen.

Werkzeuge müssen Werkzeuge zubereiten. So half ihm Pfarrer von Brunn in Basel durch eine Predigt über die Kraft des Blutes Christi zu einer tiefgehenden Reinigung seiner Phantasie. Inspektor Josenhans, der tatkräftige Missionsleiter, trieb ihm die Schüchternheit aus. Pfarrer Peter wirkte durch seine geheiligte Persönlichkeit auf ihn. Pfarrer Gess, ein gründlicher Bibeltheologe aus Bengels Schule, führte ihn in die Schrift ein. In einem langen Gebetsringen kämpfte der junge Missionszögling um die Versiegelung seines Gnadenstandes, der ihm immer wieder zweifelhaft wurde. Im Garten des Missionshauses bekam er das Wort aus Offb. 7,13-17 in göttlicher Beleuchtung geschenkt. Von da an war or seines Gnadenstandes gewiß. Aber bei den inneren Kämpfen hatte er seine Kopfnerven schwer geschädigt. Die Ärzte konnten ihm nicht helfen, bis er nach langem Sträuben Jungfer Trudel in Männedorf aufsuchte. Sie tat ihm gründlich den Rost herunter, legte ihm die Hände auf an drei Tagen. Da wurde er geheilt und konnte angestrengt studieren, während er seit seiner Erkrankung nicht zu der geringsten Kopfarbeit fähig war.

Der Missionar

Seine ersten Jahre in Afrika nennt er sein Midian. Er mußte als Generalkassierer geringe Dienste tun. Doch ließ er sich die Predigt nicht nehmen. Schwere Tropenkrankheiten brachten ihn an den Rand des Grabes und demütigten ihn tief. In der schwierigen Küstengemeinde erlebte er schmerzliche Enttäuschungen. Schon 1864 mußte er einen Krankheitsurlaub nach Europa antreten. In dieser Erholungszeit fand er seine Frau Bertha Tappolet, mit der er eine vorbildliche Ehe führte. Mit großer Umsicht und Tatkraft erzog sie bei der oft monatelangen Abwesenheit ihres Mannes ihre sechs Söhne und zwei Töchter zu tüchtigen Menschen. In seiner Missionsarbeit lernte er, daß vor Gott sich kein Fleisch rühmen kann, aber auch, daß Jesus Christus eine vollkommene Erlösung vollbracht hat. Der leberkranke Missionar ist gereizt, empfindlich und oft getrübt in seinem Urteil. Er erfuhr manche Hilfe von den Ärzten, wußte aber auch um das Vorrecht der Gotteskinder, von Gott Hilfe in Krankheitsnöten erwarten zu dürfen, ohne aus der Glaubensheilung ein Gesetz zu machen. Die Erfahrungen, die Schrenk bei der täglichen Verkündigung in Heiden, im Kanton Appenzell, machte, legten ihm den Antrieb zur Evangelisation ins Herz. Aber Gottes Stunde war noch nicht gekommen. Nach seiner zweiten Rückkehr von Afrika weilte er in England, um für die Assantemission zu werben. Dabei hörte er den Evangelisten Moody. Nun schrieb er an Josenhans, er möchte deutscher Evangelist werden. Josenhans riet entschieden ab und bot ihm eine Reisepredigerstelle mit dem Sitz in Frankfurt am Main an. 1879 bekam er einen Ruf von der »Evangelischen Gesellschaft« in Bern, ihr Prediger und Seelsorger zu werden. Den nahm er an und freute sich der schönen Arbeit in Bern, denn er war des Reisens müde. Er dachte nicht mehr an die Evangelisationsarbeit. »Aber Gott dachte daran« - sagt Schrenk schlicht in seinem »Pilgerleben« -, »Ich sollte in Bern meine Lehrlingsjahre als Evangelist durchleben. Ein Ruf nach dem andern kam zur Evangelisation.«

Von seiner ersten Arbeit in Hamburg schrieb Schrenk nach Hause: Vierhundertfünfzigtausend Menschen hat Hamburg. Fünftausend gehen zur Kirche, und die Pfarrer sind gegen Evangelisation.

Der Evangelist

Zweimal bekam er Pfarrer zu Gehilfen für die Evangelisationsarbeit, damit er sich ganz der Arbeit in Bern widmen könne. Aber beide hatten keine erweckliche Gabe, nur eine Lehrgabe. Dadurch bekam er, wie er schreibt, »den Eindruck, Gott will es, daß ich Evangelist bin«. 1884 machte er den ersten Versuch einer Evangelisation in Deutschland auf die wiederholte Aufforderung von Professor Christlieb hin. Er arbeitete in Bremen und Frankfurt. Hier sprach er 43 Tage lang, und es war seine fruchtbarste Arbeit. Hernach sprach er in Bergen, Hanau, Kassel, Heidelberg und Bonn. Im Herbst 1886 entschloß er sich, freier Evangelist in Deutschland zu werden. Er brach alle Brücken hinter sich ab, verzichtete auf Pension und Altersversorgung und wagte im Vertrauen auf den Herrn den Schritt. Er war fünfundfünfzig Jahre alt, als das Ehepaar mit seinen acht Kindern nach Marburg zog.

Schrenks Predigtweise war schlicht, er wollte nicht glänzen, sondern retten. Sein Geheimnis war, daß er in der Kraft des Heiligen Geistes redete. Seine Predigt war erbetet und umbetet. Vor lauter Arbeit keine Zeit zum Gebet zu haben, hielt er für eine satanische Versuchung.

Er hatte grobe Feindschaft und viel Verständnislosigkeit zu überwinden. In der Schweiz wäre er einmal von Betrunkenen schier totgeschlagen worden, wenn nicht ein Freund den Schlag aufgefangen hätte. Er wurde mit Jauche übergossen, ein schwerer Stein fiel in das Zimmer, wo er schlief. In Deutschland machte man ihm den Vorwurf des Methodismus, wenn er in Nachversammlungen das ausgeworfene Netz zuzuziehen versuchte.

Er sieht nüchtern die geistliche Not seines Volkes

Wir leben in einer Zeit, wo die Majorität in allen Lebensfragen entscheidet; Minoritäten gelten nichts mehr. Der Geist unserer Zeit ist verflacht. Überall begegnen wir dem Mangel an Gottesfurcht. Zweifel und Unglauben fressen um sich wie der Krebs. Der Kirche fehlt die Kraft. Zehntausende haben ihr den Rücken gekehrt. In den großen Städten ist die Zahl der Seelsorger viel zu klein. Heute dienen hauptsächlich noch Frauen Gott; die Männer gehen einen anderen Weg. In unserer evangelischen Kirche muß es anders werden, aber sie ist gehemmt dadurch, daß sie vom Staat regiert wird. Wenn es so weiter geht, steuern wir in die völlige Auflösung unserer evangelischen Kirche hinein. Die Regierungen stützen sich auf die römische Kirche, und Rom ist auf dem Weg, uns Evangelische in die Stellung von Geduldeten zu drängen. Der zweite Faktor der Auflösung ist, daß man die Autorität der Heiligen Schrift mehr und mehr aufgibt und damit das Existenzrecht der evangelischen Kirche.

Den dritten Grund für die Auflösung der Kirche sieht er in dem Anwachsen der Gemeinschaftsbewegung und der Freikirchen.

Alle Allianzversuche sind nur künstlich. Man sieht nur seine eigene Fahne. Es wird zu wenig gebetet um Erweckung und Neubelebung unserer Gemeinden. Es wird in den Gebetsgemeinschaften zu lange und ermüdend gebetet, was auf Geistlosigkeit und Mangel an Gottesfurcht schließen läßt. Man redet vor Menschen, man predigt Abwesenden.

Als der Geburtenrückgang einsetzte, schrieb er sein Flugblatt »Notsignal«. Er sah nüchtern die Not der Zeit. Neben der Bibel las er auch täglich die Zeitung.

Wie er uns das Wort Gottes gesagt hat

Sein Wort ist ein von Gott erbetenes Wort. Das Gebet ist ihm das Hauptgeschäft bei seiner Arbeit.

Leute, die viel schaffen und wenig beten, fürchtet der Teufel nicht.

Darin sieht er auch den Grund, weshalb bei so vieler christlicher Arbeit wenig herauskommt. Darum geht seine Rede ins Gebet über:

Ach Herr, erbarme dich, bringe uns alle zum Aufwachen, zum lebendigen Glauben an dich, zur Erlösung durch dein Blut.

Aber er vertraute auch zuversichtlich auf die Wirkung des Wortes Gottes:

Wenn man mit Gebet Gottes Wort redet, so wirkt es Buße.

Er verkündigt die schlichte biblische Wahrheit von Buße und Glauben. Es gibt ein deutliches Bild des menschlichen Herzens. Jesus, der die Sünder selig macht, steht im Mittelpunkt seiner Evangelisationsrede. Er hat eine großartige Gabe praktischer Auslegung der Schrift. Seine Beispiele sind aus der nüchternen Prosa des Lebens genommen. Bewußt verzichtet er auf jeden künstlerischen Glanz. »Wer nach Jerusalem will, der nehme sich ein Billett auf Golgatha.« Er hat die Bibel in das Leben der Gegenwart als Lebensmacht hineingestellt. Bei seiner Verkündigung war es nicht so wie bei vielen Predigten, von denen er einmal sagte: »Der Garten vieler Pfarrer hat keine Beete.« Er schied zwischen Bekehrten und Unbekehrten, weil er der Meinung war, daß es ohne diese Unterscheidung keine fruchtbare Arbeit gibt.

Er ist der Bahnbrecher der Evangelisationsarbeit in Deutschland geworden.

Sein Feierabend

Bis ins zweiundachtzigste Jahr hinein hat er gearbeitet. Er kannte in seinem hohen Dienst kein Müdewerden. 1912 zog er sich nach Bethel zurück. Seine letzte Arbeit war eine praktische Auslegung der sieben Sendschreiben. Als diese Arbeit fertig war, sagte er: »Das Büchlein ist fertig; ich bin auch fertig.« Als er an einem Blasenleiden schwer erkrankte, eine Operation nötig wurde und seine Schwäche zunahm, lag er still mit gefalteten Händen auf seinem Lager:

Man muß lernen, gar nicht mehr in seinen Leistungen, sondern allein und ganz im Herrn Befriedigung zu finden. Ich stehe im Zentrum; es kommt nur noch darauf an, im Zentrum zu bleiben. Ich habe dem Herrn gedient, wenn auch in großer Schwachheit; er hat mir viel zu vergeben.

Im Blick auf die Lehre von der Wiederbringung, die er verwarf, sagte er in seinen letzten Tagen:

Wir dürfen nicht der Versuchung erliegen, alles glatt machen zu wollen im Blick auf die zukünftigen Dinge. Es ist nicht unsere Aufgabe, alles so in ein System zu bringen, daß es vollständig klappt.

Am 21. Oktober 1913 um die Mittagszeit ist er entschlafen.

SAMUEL KELLER (1856-1925)

Herkunft und Werdegang

Sein Vater stammte aus einer Schweizer Bauernfamilie des Kantons Schaffhausen. Sein Urahne war Kellermeister der Klosterherren zu Schaffhausen. Dieser führte 1527 die Reformation in seinem Dorf ein und schrieb einen kräftigen Absagebrief an das Kloster. Mit fünfzehn Jahren kam Samuels Vater zum lebendigen Christusglauben und trat in die bekannte Erziehungsanstalt Beuggen ein, um sich als Lehrer ausbilden zu lassen. Mit 19 Jahren war er schon Lehrer. Mit 26 Jahren wurde er an ein Waisenhaus nach St. Petersburg berufen. Ein Jahr nach dem Tod seiner ersten Frau, 1855, heiratete er Christine geb. Hesse aus altem baltischen Pfarrersgeschlecht. Den

Samuel Keller

Fleiß und die Tatkraft hatte Samuel Keller von seinem Vater geerbt, die lebhafte Phantasie und Rednergabe von seiner Mutter. Der Vater war so ernst, daß in seiner Gegenwart kein Geplauder aufkam. Doch in seinen Leidensjahren wurde er sonniger und milder. Durch einen Schlaganfall verlor er seine Stellung und war zwanzig Jahre fast blind.

Samuel war fünf Jahre alt, als der Vater in den Ruhestand nach Ahrensburg auf der Insel Ösel zog. Mit drei Jahren fand ihn seine Mutter hinter dem Lehnstuhl kniend. Sie fragte ihn: »Was tust du hier?« Er antwortete: »Samuel betet«. In der Volksschule hatte er rohe Kameraden, die ihn oft schlugen. Dann tröstete er sich: »Aber selig werde ich doch«. In den Anfangsjahren seiner Gymnasialzeit wollte er nicht recht lernen. Aber die schwere Erkrankung seines Vaters rüttelte ihn auf, so daß er von nun an fleißig war. Von seinem siebzehnten Lebensjahr an erhielt er sich selbst durch Privatstunden. 23 Jahre lang sorgte er für seine gelähmte Mutter. Seine Lebenskraft war so groß, daß er allen zugänglichen Sport trieb und im Reiten und Schwimmen ein Meister war. In den Adelshäusern der Umgebung war er darum auch ein beliebter Gast, und mit seinem sprühenden Geist, seinem leuchtenden Humor und seiner natürlichen Lebhaftigkeit belebte er jede Gesellschaft. Mit 19 Jahren wurde er Student der Theologie in Dorpat. Er gedachte daran, daß seine Mutter ihn vor seiner Geburt dem Dienst des Herrn geweiht hatte. Das hielt ihn auch auf der beschrittenen Bahn fest, als ein reicher Pelzhändler ihn zu seinem Schwiegersohn und Geschäftsteilhaber machen wollte. Der Student hat nie Geld besessen, teils mußte er es sich selbst durch Stundengeben verdienen, teils sorgte seine Schwester Lydia für ihn. Mit zweiundzwanzig Jahren verlobte er sich mit einer achtzehnjährigen Estländerin, die die Predigt ihres Konfirmationstages, die er gehalten hatte, bei ihm abschrieb. Dabei fanden sich ihre Herzen. Er bestand sein theologisches Examen gut, nur in der praktischen Theologie versagte er, in der er später so Außerordentliches leisten sollte. Er galt als ein solider, gläubiger Theologe, aber niemand wußte besser als er, wie erbärmlich es innerlich mit seiner Gebetstreue und Heiligung stand. Im Jahre 1879 wurde er Hilfsgeistlicher in Petersburg. Am liebsten wäre er ständiger Pfarrer in Petersburg geworden, aber das Konsistorium setzte ihn in den Süden Rußlands zu den evangelischen Bauern der Insel Krim nach Grunau. Mit dem Feuereifer seines lebhaften Temperamentes warf er sich auf die neue Aufgabe. Seine blühende Beredsamkeit füllte bald die Kirche. Doch ein alter Bauer, der nach jedem Gottesdienst zu ihm kam, sagte immer wieder: »Das war nichts; so will der Herr Jesus nicht verkündigt werden.«

Seine Bekehrung

Am 18. Februar 1881 war der Tag seiner Umkehr. Alles hatte sich gegen ihn verschworen; er hatte Zahnschmerzen, aber kein Zahnarzt war in der Nähe; er hatte kein Geld und sollte Rechnungen bezahlen; mit seinem treuesten Lehrer hatte er sich überworfen. Dem Konsistorium hatte er einen unverschämten Brief geschrieben und erwartete einen strengen Tadel. Seine Frau sah an diesem Tage der Geburt ihres ersten Kindes entgegen. Er wollte beten und konnte nicht. Da stand vor ihm in göttlichem Licht der Bibelspruch Ps. 50, 16. 17: »Was verkündigst du meine Rechte und nimmst meinen Bund in deinen Mund, so du doch Zucht hassest und wirfst meine Worte hinter dich!« Das schlug bei ihm ein, das war seine Sünde. Er war ein eigenwilliger, rücksichtsloser, zuchtloser Mensch. Seine Sünden gingen wie Wo-

gen über sein Haupt. Da rief er das Lamm Gottes an, das der Welt Sünde trägt. Nicht lange darauf hatte er Heilsgewißheit. Und nun kamen auch am selben Tage alle Schwierigkeiten in Ordnung. Als er danach auf der Kanzel stand, war er ein anderer. Es gab eine Erweckung um die andere. 600 Familien fingen ein neues Leben an. Sein Kirchspiel war fast so groß wie die Schweiz. Er war ständig im Sattel und unterwegs. Doch sein Deutschtum und seine rege Tätigkeit für die Innere und Äußere Mission fielen bei der Regierung auf. Es bestand Gefahr, daß er nach Sibirien verbannt wurde. Da kam plötzlich im September 1890 eine Berufung aus Berlin zum Generalsekretär der deutschen Sittlichkeitsvereine. Gott hatte ihn wunderbar gerettet. Die Tränen standen Keller und seiner Frau in den Augen, als sie glücklich auf deutschem Boden angekommen waren. Nur ein Jahr lang hat er diese aufreibende Tätigkeit auf sich genommen. Sie sagte ihm innerlich wenig zu. Da berief ihn die Gemeinde Düsseldorf, die Gefallen an ihm fand, auf eine freigewordene Pfarrstelle. Sechseinhalb Jahre war er dort tätig in reichgesegneter Arbeit. Doch war ihm, dem Mann der weiten russischen Steppe, seine Tätigkeit zu eng. Er mußte zu viel Rücksicht auf die Menschen nehmen. Als der Ruf an ihn kam, freier Evangelist zu werden – Elias Schrenk war schon sechsundsechzig Jahre alt, – riß er sich los, gab seine sichere Stellung auf, um an den Dienst Gottes alles zu wagen.

Der Evangelist

Seine lebendige, anschauliche Predigtweise, die geradezu künstlerische Fähigkeit der Veranschaulichung, der feurig sprühende Geist, wobei je und dann der sonnige Humor aufblitzte, zogen Einfache und Gebildete in Massen unter seine Kanzel. In einem Vierteljahrhundert hat er in über 6000 öffentlichen Vorträgen vor über 6 Millionen Menschen geredet. In seinen Sprechstunden waren über 24 000 Besucher. Er hat 70 000 Briefe geschrieben und gab regelmäßig sein Blatt »Auf dein Wort« heraus. Außerdem schrieb er christliche Erzählungen, die hohe Auflagen erlebten. Er war der gesuchteste und ein reich gesegneter Evangelist und hat sich, obwohl er eine schier unerschöpfliche Kraft hatte, in seinem Dienst allmählich aufgerieben. Atemnot und Herzbeschwerden machten ihm zu schaffen. Doch sagte er im Jahre 1920 zu mir, als ich ihn nach Konstanz berief, nie habe er bei seinen Vorträgen irgendwelche Herzbeschwerden, die ihm doch bei Nacht den Schlaf raubten; der Herr trage ihn durch. Ein Vermächtnis war mir folgendes Wort:

Wenn ich noch einmal zu leben hätte, würde ich weniger arbeiten und mehr beten.

Er sagte mir sein Abendgebet:

Ich will zur Ruh mich legen
wie ins Bett in deine Hand,
deck mich zu mit deinem Segen,
weck mich auf im Vaterland.

Zu Freiburg, wo er wohnte, ging er am 14. November 1925 im Frieden heim, 68 Jahre alt.

Heidenchristen

PANDITA RAMABAI
(1858-1922)

Ihr Weg

Pandita Ramabai war die Tochter eines gelehrten Brahmanen im Distrikt Mangalur, der zur Erkenntnis gekommen war, daß die Frau dasselbe Recht und dieselbe Fähigkeit zur geistigen Bildung habe wie der Mann. Er erzog seine Tochter sorgfältig in aller indischen Weisheit, in der Mythologie und Philosophie der Veden. Sie erlernte die schwierige altindische Sprache des Sanskrit. Im zwölften Lebensjahr konnte sie schon achtzehntausend Verse aus den Purana auswendig. Sie war sechzehn Jahre alt und noch nicht verheiratet, was ganz gegen die indische Sitte ging. 1873-1876 vernichtete eine furchtbare Teuerung und Hungersnot den Wohlstand ihrer Familie. Der Hunger trieb sie zur Wanderung, um da und dort von barmherzigen Leuten ein Stückchen Brot und eine Handvoll Reis zu erbetteln. Vater und Mutter starben unterwegs an Hungertyphus. Ihr Bruder legte alle Kastenvorurteile nieder und arbeitete, um sein Brot zu verdienen. Schließlich fand er in Kalkutta eine Stellung als Lehrer. Der Glaube an die Hindureligion, deren Fluch des Kastenwesens und der Ver-

Pandita Ramabai

elendung der Frau sie kennengelernt hatten, war mächtig erschüttert. Ramabai trat nun als Vorkämpferin der indischen Frauenbewegung mit gelehrten Vorträgen auf und wies aus den heiligen Büchern nach, daß die Kinderheirat und die Behandlung der Witwen nicht in Einklang stünde mit den uralten Weisheitslehren. Die gelehrten Brahmanen Kalkuttas gaben ihr den Panditatitel (Professorentitel!). Sie verheiratete sich mit einem indischen Rechtsgelehrten, der nach kurzer Ehe starb und sie mit ihrem Töchterchen als Witwe zurückließ. Ramabai kannte seit kurzem die Bibel und wurde willig, sich von christlichen Freunden nach England zur Weiterbildung schicken zu lassen. Am 29. September 1883 wurde sie dort zugleich mit ihrer Tochter getauft. Sie schrieb ein Buch »Die Hindufrau höherer Kasten«, das die Frauennot Indiens weiten Kreisen bekanntmachte. Dadurch gewann sie viele Frauenherzen in England und Amerika, die bereit wurden, sie in ihrer Rettungsarbeit an der indischen Frau zu unterstützen.

Ihr Rettungswerk an der verelendeten indischen Frau

Nach Indien zurückgekehrt, gründete sie ein Witwenheim in Puna. Mit vierzig bis sechzig Witwen lebte sie zusammen und suchte, sie ihrer Unwissenheit durch Bildungsarbeit zu entreißen. In der Versammlung eines geisterfüllten englischen Missionars wurde sie zu einer innerlichen Hingabe an Christus geführt. Fortan war sie entschlossen, nicht nur für die soziale Hebung der Frau, sondern für ihre Bekehrung zu Christus, dem Sünderheiland, sich einzusetzen. In der Hungersnot im Jahre 1897 unternahm sie eine Reise in die Notstandsgebiete und kam mit zweihundert verelendeten Frauen und Mädchen zurück. In Kedgaon besaß sie ein Stück Land. Dort siedelte sie die elenden Frauen an, und so entstand das große Rettungswerk Mukti. In den drei Jahren der Hungersnot unternahm sie vier Reisen und brachte schließlich zwölfhundert Mädchen und Frauen nach Kedgaon. Sie lebten und arbeiteten nach einheimischer Sitte. Der Tag begann mit der Morgenandacht, die Ramabai selber hielt. Am Morgen und am Nachmittag waren zwei Stunden Schule, in der Zwischenzeit wurde in der Landwirtschaft und im Gartenbau gearbeitet. Drei Bunnen, die sie im Glauben gegraben hat, spenden diesem dürren Lande eine Fülle von Wasser, daß es für 1750 Menschen täglich zum Kochen und Baden reicht. In großen Werkstätten wird industriell gearbeitet: Spinnerei, Weberei und Färberei liefern die Kleidungsstücke für die Frauen. In einem besonderen Heim, das streng abgeschlossen ist von den übrigen Anstalten, nahm sie sich um dreihundert tief gesunkene, meistens lasterhafte und kranke Frauen und Mädchen an. Außerdem hat sie in ihrer ersten Anstalt in Puna eine sehr gute Schule errichtet, die bis zum Abitur führt. Dort war ihre hochbegabte Tochter als Lehrerin tätig.

Ihre Zöglinge wurden christliche Ehefrauen, Lehrerinnen, Bibelfrauen, Krankenpflegerinnen und waren in Indien sehr begehrt und angesehen. Geistlich begabte Frauen wurden in der Bibelschule, die sie 1904 gegründet hat, zu Missionarinnen ausgebildet. Im Jahre 1905 wurde dem Werk eine große Erweckung geschenkt. Dieser Erweckung voraus ging die Gründung eines Gebetvereins. Es bildeten sich Gebetsketten, Gruppen von Frauen und Mächen, die abwechselnd Tag und Nacht in der Kirche beteten. Die Erweckung hat einer Flut gleich Unrat und Sünde hinweggeschwemmt.

Eine Inderin Sundari, ihre erste Mitarbeiterin, schreibt davon:

Unser bisheriges Gebet vertrieb nicht die Sünde des Herzens. Wir beteten, und es war uns gleichgültig, ob wir Antwort erhielten oder nicht. Unser jetziges Beten ist wie das Blitzen elektrischer Funken. Es hat auch eine neue Verkündigung des Wortes gewirkt. Bis jetzt

haben wir geglaubt, daß wir zu reden und zu überzeugen hätten, daß es dabei ganz auf unsere Art und Weise ankomme. Aber jetzt bin ich überzeugt von vielen andere, die jahrelang gearbeitet haben, daß es die Gebete sind, die die Herzen erreichen, sie mögen noch so hart sein. Und das hat mich gebracht, mit meinen Bibelfrauen, ehe wir in die Dörfer gehen, viel zu beten, aber in den Dörfern wenig zu reden.

Am 5. April 1922 ist Ramabai im Frieden heimgegangen.

Mit der Hebung der Bildung und der sozialen Arbeit hat sie begonnen, durch Christus wurde sie zum Glauben und zur Liebe geführt; und das Große, was sie tun durfte, war die Tat Jesu Christi an den elenden Frauen Indiens.

SADHU SUNDAR SINGH
(geboren 1889)

Seine Bekehrung

Die innige Frömmigkeit seiner heidnischen Mutter hat ihm tiefen Eindruck gemacht, zumal sie früh verstarb, als er vierzehn Jahre alt war. Er hat ihr Vermächtnis immer hoch gehalten:

Du darfst nicht oberflächlich und weltlich werden wie deine Brüder. Du mußt den Frieden deiner Seele suchen und die Religion lieben. Und eines Tages sollst du ein heiliger Sadhu werden.

Er warf sich auf das Studium der heiligen Bücher, las die Upanishaden und den Koran, gab sich stundenlanger Meditation hin und übte die Technik des Yoga. Aber Frieden fand er nicht. In einer Missionsschule lernte er die Bibel kennen. Aber er verbrannte sie im Haß gegen die Religion des Abendlandes am 18. Dezember 1904. Am Abend desselben Tages beschloß er, wenn er in dieser Nacht nicht den Weg zum Frieden finde, sich zu töten, um Gott in einer anderen Welt zu begegnen. Er betete ohne Unterlaß, ohne Erhörung zu finden. Gegen fünf Uhr morgens erfüllte ein großes Licht sein Gemach, und er sah das liebestrahlende Angesicht eines Menschen. Er dachte, es sei eine seiner heidnischen Gottheiten, da vernahm er auf Hindustani die Worte:

Wie lange willst du mich verfolgen. Ich bin für dich gestorben und habe für dich mein Leben gegeben.

Nun entdeckte er die Wundenmale jenes Jesus von Nazareth und wußte: Jesus ist nicht tot, sondern er lebt, und das ist er selbst. Und er sank ihm anbetend zu Füßen. Im Nu wurde sein Innerstes umgewandelt. Er fühlte, wie Christus gleich einem göttlichen Strom ihn ganz und gar durchdrang. Wunderbarer Friede erfüllte sein ganzes Herz. Sogleich verkündigte er seinem Vater: Ich bin ein Christ. Die Familie versuchte alles, um ihn umzustimmen. Ein hochgestellter Oheim zeigte ihm seine Schatzkammer und versprach ihm alles, wenn er der väterlichen Religion der Sikhs treu bleibe. Der Fürst ließ ihn kommen und sprach ihm zu. Alles vergeblich. Er wurde aus dem Hause ausgestoßen. In der letzten Mahlzeit reichte man ihm Gift. Er schleppte sich noch zu den Christen in Ropur. Dort brach er zusammen, es traten heftige Blutungen auf, der Arzt gab ihn auf. Aber Sundar wußte, daß er noch nicht sterben muß, er sollte ein Zeuge Christi werden. Er betete zu Christus, und mit ihm beteten die Christen. Am andern Morgen trat eine Wendung zur Besserung ein; er wurde wieder gesund. Die Missionare sandten ihn nun nach einer fernen Missionsstation, wo er am 3. September 1905 die Taufe empfing.

Sundar wird Missionar

Kurz nach seiner Taufe entschloß er sich, in dem gelben Gewand des indischen Asketen als Sadhu das Evangelium Christi seinem Volk zu verkündigen. Er tat das zuerst in seinem Heimatort und in der Umgebung; dann zog er predigend nach dem Norden, nach Afghanistan und Kaschmir. Dort traf er einen anderen christlichen Sadhu, den Amerikaner Stokes, der ein Franziskusjünger war. Im Jahre 1907 widmeten sich beide der Aussätzigen- und Krankenpflege. 1908 faßte der kaum Neunzehnjahrige den Entschluß, nach Tibet zu wandern, dem Hochland des Himalajagebirges, wo der Fanatismus der buddhistischen Priester jegliche Evangeliumsverkündigung bis jetzt unmöglich gemacht hatte. Er fand dort Erinnerungen an christliche Missionare und heimliche Christen. Ein buddhistischer Priester nahm ihn freundlich auf, ein anderer aber verurteilte ihn zum Tode und warf ihn in einen leeren Brunnen, dessen Deckel er abschloß. Leichen lagen in der Tiefe, es war eine furchtbare Totengruft. In inbrünstigem Gebet fand Sundar Frieden. In der dritten Nacht wurde der Deckel geöffnet und der Gefangene herausgezogen. Aber seinen Befreier sah er nicht mehr. Den einzigen Schlüssel zum Brunnen hatte der Lama am Gürtel getragen. Er erschrak, als er Sundar wiedersah, und befahl ihm, sofort die Stadt zu verlassen.

Von 1909 an studierte er zwei Jahre lang an einem amerikanischen College Theologie. Von da an hatte er eine Abneigung gegen den theologischen Intellektualismus. In der Kathedrale zu Lahore legte er mit Missionar Stokes zusammen sein feierliches Gelübde als Mitglied einer Franziskanischen Botschaft ab. Er wird Diakon der anglikanischen Kirche und bekommt die Erlaubnis zu predigen. Bald aber kommt er zu der Erkenntnis, daß diese Bindung ihm zu eng ist. Er gibt das Amt wieder zurück, um ganz frei zu sein.

1912 führte er im Dschungel ein vierzigtägiges Fasten durch, an dem er fast gestorben wäre, wenn nicht Holzfäller ihn gefunden und Christen ihn sorgsam gepflegt hätten, bis er wieder zu Kräften kam. Durch das Fasten fühlte er sich erneuert und gestärkt. Hemmungen und Unklarheiten waren überwunden. Es war ihm ganz gewiß geworden, daß der Geist vom Körper unabhängig ist. Er wußte, daß der Friede nicht eine Funktion körperlichen Wohlbefindens, sondern die Wirkung der göttlichen Gegenwart ist.

1914 zog er missionierend durch Nordindien nach Nepal, das für die christliche Botschaft ebenso verschlossen war wie Tibet. Dort wurde er in den Block gespannt, während Blutegel sein Blut aussaugten. Aber als die abergläubische Menge am anderen Morgen sein friedvolles heiteres Gesicht sahen, ließen sie ihn frei.

Im Jahre 1918 reiste er durch Madras nach Südindien und besuchte dort die Thomaschristen. In Riesenversammlungen konnte er zu ihnen sprechen und sie ermahnen, das Evangelium ihren heidnischen Volksgenossen zu bringen. 1919 reiste er wieder nach Tibet. Bei seiner Rückkehr in die Heimat nahm ihn sein Vater freundlich auf und fragte ihn nach dem Weg zu Christus. Durch Bibellesen und Gebet fand auch der Vater zum Frieden und ließ sich taufen. Nun ermöglichte er es seinem Sohn, nach England zu reisen, wohin ihn Gott eines

Nachts gerufen hatte. 1921 war er wieder in Tibet, 1922 in Palästina. Dann reiste er über die Schweiz und Deutschland nach Schweden, wo er Gast von Erzbischof Söderblom war. Er war tief enttäuscht von dem, was er an der Christenheit in Europa sah.

Sein Bußwort an Europa:

Ich dachte früher, daß die Bewohner dieser Länder alle wunderbare Leute seien. Als ich hörte, was sie für uns tun, dachte ich: Sie müssen lebendige Christen sein. Als ich aber diese Länder durchreiste, änderte sich meine Meinung. Ohne Zweifel gibt es auch hier wahre Diener Gottes, aber nicht alle sind Christen. Ich entdeckte in den sogenannten christlichen Ländern eine schlimmere Art von Heidentum. Die Menschen beten sich selbst an. Viele von ihnen gehen ins Theater statt zu beten und das Wort Gottes zu lesen. Materialismus und Intellektualismus haben die Herzen hart gemacht. Wie ein Stein, der jahrhundertelang im Wasser liegt und im Innern doch ganz trocken bleibt, so sind die Menschen hier in Europa: Jahrhunderte sind sie vom Christentum umflutet, aber es ist nicht in sie eingedrungen.

Je länger er in Europa weilte, desto mehr wurde seine Verkündigung zur Buß- und Gerichtspredigt.

Seine Botschaft

In seiner Verkündigung betont er vor allem die Wichtigkeit des Gebets:

Diejenigen Christen, die keine ruhige Zeit im Gebet zubringen können, haben das wahre Leben in Christus noch nicht zu erfassen vermocht. Die geistige Milch, die Nahrung unserer Seele, empfangen wir durch das Gebet. Wir müssen sie durch das eifrige Beten in uns eintrinken. Das Wesen des Gebets besteht nicht darin, daß wir etwas von Gott begehren, sondern daß wir unsere Herzen Gott öffnen, mit ihm reden und mit ihm in ständigem Umgang leben. Das Gebet ist ständige Überlassung an Gott.

Im Mittelpunkt seiner Predigt steht das Zeugnis für den lebendigen Christus:

Haben wir wirklich Gottes erlösendes Evangelium empfangen, so wird es in uns eine Kraft, die uns zwingt, vom Herrn zu reden. Es geht nicht, daß die, die das erfahren haben, stille bleiben und vom Werk des Herrn schweigen, nein, sie müssen reden. Wir haben kein Recht zu schweigen, auch wenn uns das Bekenntnis Christi Verfolgung und Leiden kosten sollte. Wir müssen zeugen. – Christ sein heißt, Jesus ins Herz aufzunehmen. Er lebt nicht in den Blättern der Bibel, sondern in unseren Herzen.

In seinen europäischen Ansprachen bekämpft er die rationalistisch-moralistische Jesusauffassung.

Die jenseitige Welt ist für ihn nicht eine eschatologische Größe, sondern sie ist jetzt schon für ihn da; im Gebet und in der Versenkung weilt er in ihr.

Seine Schranke

Sundar ist Mystiker und darum ein Einsamer. Die Gemeinschaft der Gläubigen und die Kirche treten bei ihm zurück. Das Heimweh nach der beschaulichen Stille des Einsiedlers, wie er sie bei dem uralten Einsiedler in den Himalajabergen, dem Maharischi von Kailas, fand, lebt stark in seinem Herzen. Aber der Drang zur Mission der Heiden hält diesem Bedürfnis nach Stille die Waage. Kurz vor dem zweiten Weltkrieg unternahm er eine Reise nach Tibet, von der er nicht mehr zurückgekehrt ist. Ob sein Leben zum Blutzeugnis für Christus gegeben hat, oder ob er als Einsiedler in einer Höhle des Himalaja lebt?

KANSO UTSCHIMURA
(1861-1930)

Wie er ein Christ wurde

Utschimura stammt aus einer alten japanischen Kriegerfamilie, den Samurai, und ist am 28. März 1861 geboren. Seine Eltern waren redliche Leute. Die Samurai waren jedem Mammonsdienst abhold. Die japanischen Sitten der Treue gegenüber dem Lehnsherrn und der Aufopferung im Kriege, der Achtung gegen Eltern und Lehrer hat er in seinem Elternhaus erlebt – sein Vater war Konfuzianer – und auch noch als Christ hochgehalten. Er sah im Heidentum eine Vorstufe für das Christentum und hat es nie negativ eingeschätzt, sondern ist ihm achtungsvoll begegnet. Doch bemängelt er die Neigung des Heidentums zu geschlechtlicher Zuchtlosigkeit. Utschimura war ein religiöser Heide.

Er schreibt:

Die Zahl der Götter, die meine Achtung forderten, mehrten sich täglich, und meine Seele fand es bald unmöglich, allen zu Gefallen zu leben. Da kam die Befreiung.

Durch die Einladung eines Schulkameraden kam er in einen christlichen Gottesdienst..

Von seinen ersten christlichen Eindrücken erzählt er:

Ich fand das Christentum ganz nett, solange man es nicht mir selbst aufdrängen wollte. Der Gesang, die Erzählung, die Freundlichkeit der Christen – das alles gefiel mir ungeheuer. Aber als man mir fünf Jahre später zumutete, das Christentum nebst gewissen Gesetzen und Opfern, die es forderte, anzunehmen, da empörte sich meine ganze Natur dagegen.

Er trat in eine staatliche Landwirtschaftsschule ein, deren oberste Klasse durch einen amerikanischen Lehrer für Christus gewonnen worden war. Der missionarische Eifer dieser Klasse setzte den unteren Klassen so zu, daß die Widerstandskraft Utschimuras erlahmte. Er unterschrieb die Satzungen des Bundes der Bekenner Jesu 1877. Damit verpflichtete er sich, wöchentlich mindestens eine Bibel- und Gebetsstunde zu besuchen.

Er berichtet:

Der praktische Nutzen des neuen Glaubens wurde mir bald klar. Ich hatte ihn schon geahnt, als ich mich noch mit allen Kräften gegen diesen Glauben wehrte. Man lehrte mich jetzt, daß es nur einen Gott gebe und nicht viele, – über acht Millionen, wie ich früher geglaubt hatte. Mein Gewissen und meine Vernunft sagten Ja dazu.

In seinem Tagebuch heißt es vom 21. April 1877:

Wir hatten um neun Uhr morgens Gebetsstunde. Ich fühlte zum ersten Mal große Freude. Ich wurde allmählich geistlicher gesinnt und hatte Freude am Gebet. Meine Bekehrung war ein langsamer allmählicher Vorgang.

Am 2. Juni 1878 empfing er durch einen Methodistenmissionar die Taufe. Wenn er sich der Methodistenkirche auch nicht anschloß und zeitlebens Wert darauf legte, eine selbständige Gemeinde zu bauen, so war doch die Art seines Gemeindeideals vom Methodismus her geprägt. Die hochkirchliche Form erinnerte ihn an den Buddhismus, auch hatte er eine starke Abneigung gegen eine hauptamtliche Betreuung des Predigeramtes; der Laienprediger war sein Ideal, und am liebsten hatte er es, daß in der kleinen Gemeinde jeder seinen Beitrag zur Gestaltung des Gottesdienstes gab. So war es in dem ersten Studentengemeindlein, das seine geistliche Heimat wurde, gewesen. Jeder Christ sollte Missionar sein.

Seine missionarische Arbeit

Er wurde der Missionar seiner eigenen Familie. Am meisten Widerstand setzte ihm sein so rechtlich denkender Vater entgegen. Alle Schriften, die er von der Schule aus seinem Vater geschickt hatte, ließen ihn unbewegt. Als er am Ende der Schule mit fast allen seinen christlichen Kameraden, obwohl sie sonntags nie gearbeitet hatten, während die Heiden studierten, einen Geldpreis erhalten hatte, kaufte er für seinen Vater eine Erklärung des Markusevangeliums von Dr. Faber, einem deutschen Missionar in China. Aber der Vater las das Buch nicht und warf es in eine Kiste zum Gerümpel. Da nahm es der Sohn aus der Kiste und legte es dem Vater auf den Tisch. Der las ein wenig darin, dann landete es wieder in der Kiste. Zum zweiten Mal legte es der Sohn dem Vater auf den Tisch, und der Vater las den ersten Band. Nun legte er ihm den zweiten Band bereit, und er las auch den. Er fing an, anerkennend über das Christentum zu sprechen. Als er den dritten Band gelesen hatte, trank er weniger Wein und war freundlich gegen Frau und Kinder. Beim vierten Band war sein Herz überwunden.

Der Sohn über die Bekehrung des Vaters:

Er sagte zu mir: »Mein Sohn, ich bin ein hochmütiger Mensch gewesen. Von heute an will ich ganz gewiß ein Jünger Jesu werden.« Ich führte ihn in eine Kirche und konnte beobachten, wie das, was er hörte, ihn tief bewegte. Die Augen mit dem mannhaften kriegerischen Ausdruck waren in Tränen gebadet. Nach Jahresfrist ließ er sich taufen. Nach dem Fall von Jericho fielen auch die anderen Städte Kanaans, und als das Haupt des Hauses Christ geworden war, folgten ihm die anderen Familienglieder.

1884-1888 war Utschimura in Nordamerika, um die alte Christenheit kennenzulernen. Er studierte auch einige Zeit Theologie. Zuerst war er erschüttert von den Sünden der Christenheit. Die Unruhe der modernen Zivilisation erweckte in ihm Heimweh nach der Ruhe seines Heimatlandes. Und doch erkannte er, welche Bedeutung das Christentum für die abendländische Kultur hat. Besonders schmerzlich bewegten ihn die Rassenvorurteile der Amerikaner, die er ganz und gar als unchristlich empfand. Im Umgang mit treuen Christen wurde es ihm deutlich, was Christentum eigentlich ist: nicht eine neue Sittenlehre, sondern »Befreiung von der Sünde durch die versöhnende Gnade des Gottessohnes«.

Als er wieder heimgekehrt war, sammelte er eine selbständige Gemeinde in seiner Heimatstadt Tokio, nicht weit vom kaiserlichen Palast. Die Gottesdienste dauerten oft zwei Stunden lang.

Es waren oft Hunderte von Zuhörern. Zugelassen wurde nur, wer eine Bibel mitbrachte und sich bereit erklärte, einen monatlichen Beitrag zu bezahlen, dessen Höhe zu bemessen der Freiwilligkeit überlassen war. Es kam ihm nicht auf die Gewinnung einer großen Zahl an, sondern darauf, daß die gewonnenen Christen Mitarbeiter wurden. Monatlich gab er eine Zeitschrift heraus, »Das Bibelstudium«, die in dreitausend Exemplaren erschien und im ganzen Land gelesen wurde.

Seine hohe Vaterlandsliebe nötigte ihn zur Selbständigkeit seiner Gemeinde, die er unter großen Opfern und Entbehrungen durchhielt. Er wollte, daß das Christentum bodenständig wurde in seinem Land und nicht eine von ausländischen Gesellschaften in ausländischer Form importierte Angelegenheit. Er sah in den japanischen Volkssitten einen wertvollen Schutz gegen drohende Zersetzung. Für jede biblische Vertiefung war er dankbar.

Kurz vor seinem Tode schrieb er in einem Artikel:

Mein Werk? Es ist bereits getan. Wann und wo? Einmal vor ungefähr 1900 Jahren am Kreuz auf Golgatha, außerhalb der Stadt Jerusalem. Durch wen? Nicht durch mich, sondern durch meinen Herrn und Erlöser Jesus Christus, der an meiner Statt für meine Sünden gelitten hat und dafür gestorben ist. Was habe ich denn noch zu tun? Ich blicke nur noch mit meinen geistigen Augen nach ihm am Kreuz, und während ich hinschaue, kommt eine neue Kraft in mich hinein und macht mich zu seinem Instrument und tut in mir und durch mich das, was in den Augen meines himmlischen Vaters wohlgefällig ist.

Am 28. März 1930 ist Utschimura, beinahe siebzigjährig, entschlafen. Er hat sein ganzes Leben eingesetzt für die Missionierung seines Volkes.

Väter der Jungmännerarbeit und der Studentenbewegung

EBERHARD VON ROTHKIRCH (1852-1911)

Elternhaus und Jugend, Rothkirch wird Soldat und schwer verwundet

Von Rothkirch ist aus altem schlesischen Adel. Er wurde am 3. August 1852 zu Groß Schottgau geboren, einem Gut fünfzehn Kilometer von Breslau entfernt, das sein Urahne erworben hatte. Seine Eltern waren Oskar von Rothkirch und Helene von Rosenberg. Die Mutter war sinnigen, heiteren Gemüts. Sie bat auf dem Sterbebett ihren Mann, ihre Cousine Tosca von Bergen zu heiraten. Der Vater war ein begabter Schüler, der glänzend sein Abitur bestanden hatte und das juristische Examen, um später Landwirt zu werden. Er war heftig und leidenschaftlich, ritterlich und unbeugsamen Willens. Zum Christenglauben war er positiv eingestellt, aber verschlossen. Die Kinder wurden streng erzogen. Nie wurde über andere Menschen in ihrer Gegenwart geurteilt. Sie durften den Dienstboten nicht befehlen, sondern hatten sie zu bitten. Als die Mutter starb, war Eberhard sechs Jahre alt. Die Kinder hatten auf dem großen Gutshof alle Freiheit. Sie konnten nach Herzenslust reiten, schwimmen, klettern. Die Sprachen zu erlernen, fiel Eberhard schwer, aber um seines edlen, heiteren Wesens willen war er so beliebt bei seinen Klassengenossen, daß sie ihm den Klassenpreis zuerkannten. Der Direktor der Königlichen Ritterakademie in Liegnitz gab ihm, als er im Januar 1869 die Schule verließ, um in Berlin das Fähnrichexamen vorzubereiten, folgendes Zeugnis:

Sein Betragen hat ihn bei seinen Erziehern und Lehrern aufs beste empfohlen. Er ist bescheiden, gehorsam, pietätvoll, straff und streng gegen sich selbst, ordnungsliebend, so daß er unter seinen Kameraden hohe Achtung und Wertschätzung, bei seinen Vorgesetzten unbedingtes Vertrauen genießt. Sein Fleiß ist regelmäßig und angestrengt gewesen, und er hat durch seine Energie ein sicheres Fortschreiten ermöglicht, obwohl es ihm eben nicht leicht fällt, zumal die grammatischen Einzelheiten zu prompter und sicherer Anwendung sich anzueignen.

Kaum war er in Görlitz ausgebildet, da mußte das Jägerbataillon in den Krieg gegen Frankreich ziehen. Der junge Fähnrich wurde nach tapferstem Einsatz am 1. September 1870 in den Kämpfen um Sedan am rechten Bein schwer verwundet. Der Vater suchte ihn am 9. September auf, um nicht mehr von seinem Schmerzenslager zu weichen. Das Bein mußte abgenommen werden, so schwer war die Verwundung. Trotz aufopfernder Pflege des Vaters und der französischen Krankenschwester war der Schwerverwundete dem Tode nahe.

Da wurde ihm am 21. Oktober das eiserne Kreuz verliehen, und er wurde einige Wochen später zum Leutnant ernannt. Die Freude durchdrang ihn so, daß es von nun an mit ihm aufwärts ging. Der Vater konnte sich mit dem schwerverwundeten Sohn auf den Heimweg machen und erreichte am 10. November das Gut Matzdorf, in das die Familie übergesiedelt war. Bis Juni 1871 war er so weit hergestellt, daß er den siegreichen Einzug der Jäger in Görlitz miterleben konnte.

Er wird Forsthilfsarbeiter an der Hofkammer in Berlin, hört Stöcker, Büchsel und Schlümbach und kommt in den Christlichen Verein Junger Männer

Im Jahre 1872 wurde er auf die Forstakademie kommandiert und machte fünf Jahre später das forstliche Staatsexamen, um dann an der Hofkammer die Stelle eines forstlichen Hilfsarbeiters einzunehmen. Er erlebte mit lebhafter Beteiligung die Gründung der christlich-sozialen Partei durch Stöcker mit. Sein Beruf, der ihn an den Schreibtisch fesselte, befriedigte ihn nicht. Das Sehnen nach dem inneren Frieden wurde durch seine Freundschaft mit dem Grafen Eduard Pückler verstärkt. Pückler wurde später der Gründer und Leiter der Deutschen Christlichen Studentenvereinigung. Pückler nahm ihn zu den Predigten des Generalsuperintendenten Büchsel mit.

Rothkirch schreibt 1879:
Pückler und ich sind möglichst viel vereint und stehen uns sehr nahe.

Am 18. Februar 1882 berichtet er nach Hause:
Ich habe in der zunehmenden inneren Herzenszufriedenheit und glücklichen Lebensauffassung die segensvolle Wirkung des Wortes Gottes an mir selbst empfunden. Wenn mich Gott weiter gnädig führt und mir durchhilft, so erwarte ich diese zeitige Frucht meiner freudigen christlichen Zufriedenheit immer mehr. Sie muß nach meiner festen Überzeugung schon deshalb eintreten, weil sie ja der einzige irdische Beweis für die Wahrheit des Wortes Gottes ist.

Seine innere Entwicklung geht geradlinig vorwärts. Bald tut er den ersten Schritt zur Mitarbeit in der Sonntagsschule, die der Graf Bernstorff gegründet hat. Auch dabei war Graf Pückler beteiligt. Im Jahre 1882 berief Stöcker den Deutsch-Amerikaner Friedrich

Eberhard von Rothkirch

Schlümbach zur Evangelisation nach Berlin. Schlümbach war ein württembergischer Fähnrich, der wegen seiner Trinkschulden den Staatsdienst hatte aufgeben müssen und nach Nordamerika ausgewandert war, um dort im Unabhängigkeitskrieg mitzukämpfen. Als Schwerverwundeter wurde er durch den Dienst methodistischer Pfleger und Pflegerinnen äußerlich und innerlich zur Genesung geführt und Reisesekretär der deutsch-amerikanischen Jungmännervereine. Bei einer Weltkonferenz in London lernten ihn Elberfelder Jungmänner kennen, die ihn zur Evangelisation nach Deutschland riefen. Er gab die Anregung zur Gründung des Berliner Christlichen Vereins Junger Männer und lud durch ein Inserat in einigen Zeitungen zur Gründungsversammlung am 22. Januar 1882 ein. Sechzehn ältere und jüngere Männer fanden sich ein, darunter auch Eberhard von Rothkirch, der in derselben Versammlung zum stellvertretenden Vorsitzenden des rasch gebildeten Vereins gewählt wurde. Damit hatte sein Leben die klare Ausrichtung bekommen. Wie er an seine Arbeit ging, bezeugt ein Wort aus einem Brief an seine Schwester:
Nur aus dem Gebet können wir ja die Kraft nehmen und bedürfen so sehr der Fürbitte.

Im April waren es schon 125 Mitglieder und Ende des Jahres 452. So stürmisch war die Aufwärtsentwicklung. 1889 siedelte der Verein in die Wilhelmstraße über, wo ein großes Vereinshaus gebaut wurde, das den Bedürfnissen der heimatlosen großstädtischen jungen Männer entsprach.

Rothkirch wird der gesegnetste Seelsorger an der männlichen Jugend des Christlichen Vereins Junger Männer in Berlin

Er wuchs in die Arbeit immer mehr hinein. Alle persönlichen Wünsche opferte er dem Dienst Jesu. Er wohnte zu ebener Erde im Hospiz der Wilhelmstraße in zwei bescheidenen Zimmerchen, in die kein Sonnenstrahl fiel, direkt dem Vereinshaus gegenüber. Aber im Blick auf die Stätte seines Dienstes war es ihm wohl, so daß er keine andere Wohnung begehrte.

Rothkirch war kein geborener Redner, er mußte seine Reden wortwörtlich aufschreiben und mühsam memorieren. Aber im Laufe der Zeit gewann sein Wort eine wunderbare Macht über die Herzen.

Er schrieb in sein Tagebuch im März 1889:

Durch eine wunderbar gnädige Führung Gottes kam ich in den achtziger Jahren immer mehr an das Evangelium heran, bis mich schließlich am 23. Januar 1883 Gott der Herr als Vorsitzenden des Christlichen Vereins Junger Männer in Berlin in die direkte Arbeit in seinem Reich einstellte. In diesem Missionswerk empfing ich selbst den allergrößten Segen an meiner Seele, so daß ich in die persönliche Gemeinschaft unseres Herrn Jesu Christi eintrat und so ein gläubiges Gotteskind wurde.

Das Geheimnis seiner Persönlichkeit war sein unreflektierter, einfältiger, freudiger Glaube und seine herzliche Liebe. Aus Liebe zu den jungen Männern nahm er die Weiße-Kreuz-Arbeit auf, der er vorher kritisch gegenübergestanden hatte.

Er schreibt darüber:

In den ersten sieben Jahren, ehe wir die Weiße-Kreuz-Arbeit trieben, war unsere Einzelseelenpflege eine sehr geringe; jetzt, seit die Versammlungen des Weißen Kreuzes allmonatlich stattfinden, ist es gerade umgekehrt.

Seine Freizeit gehörte den jungen Männern. Um der jungen Männer willen hat er auf die Ehe verzichtet. Er war immer für sie zu sprechen; er aß mit ihnen im Hospiz und war ein Meister in der Anknüpfung des Gesprächs. Paul le Seur sagt von Rothkirchs Zimmer, es sei die gesegnetste Beichtkammer Deutschlands gewesen. Bis 1896 ging er täglich als Oberförster in die Hofkammer zu seiner Büroarbeit. Dann trat er in den Ruhestand, um sich ganz der Jungmännerarbeit zu widmen.

Le Seur berichtet von seinem Zusammentreffen mit ihm:

Bei einem Gespräch fragte Rothkirch mich: »Haben Sie einen lebendigen Heiland?« Etwas verlegen antwortete ich: »Ja, ich hoffe doch«. – »Denken Sie einmal, Sie wären verlobt und ich würde sie fragen, ob Sie eine Braut haben. Würden Sie da antworten: Ich hoffe? Wenn man wirklich in Lebensgemeinschaft mit dem Heiland steht, so ist einem das tiefste Gewißheit.« Diese Frage, gestellt von diesem Mann, bewegte mich im Innersten. Ich sagte mir, entweder ist er ein Narr, oder es gibt etwas, wovon du noch nichts geahnt hast. Und ich spürte mit zwingender Macht ein Leuchten, das von ihm ausging, das mir noch nirgends in der Welt begegnet war. Nach einigen Tagen saß ich wieder bei ihm. »Lesen Sie täglich in der Bibel?« – »Nun ja, meistens, ich muß es ja schon im Kolleg tun.« – »Denken Sie einmal wieder, Sie wären verlobt und täglich läge ein Brief Ihrer Braut auf Ihrem Tisch, würden Sie den nicht lesen? – Gewiß nicht aus wissenschaftlichem Interesse, um Orthographie, Grammatik und Stil zu prüfen, sondern um die Liebe Ihrer Braut auf sich wirken zu lassen und ihre Wünsche kennenzulernen. Mein lieber junger Freund, lesen Sie täglich Ihre Bibel, um ihren Gott und seine Liebe zu erkennen.«

Aus Liebe schuf er die Berufsabteilungen unter den jungen Männern für Bäcker, Kaufleute und Studenten

Bisher hatte man die Mittel für die Arbeit durch Bitten um Gelder bei Privaten und Behörden zusammengebracht. Dabei stieg die Schuldenlast des Werks. Angeregt durch die Erfahrungen Georg Müllers in London wurde von der Vereinsleitung beschlossen, die Finanzen des Werks auf die Opfer der Mitglieder und den Glauben zu gründen und die beträchtlichen Mittel von Gott zu erwarten. In einer Gebetsstunde des Vorstands war man sehr bedrückt, weil eine große Summe kurzfristig nötig war. Rothkirch kam fröhlich herein. Er fand es herrlich, so ganz hilflos vor Gott zu stehen. Die Bitte wurde rasch erhört, und man kam zu einer Dankstunde zusammen, in der nun Rothkirch sehr ernst war, weil er die Gefahr sah, wie er sagte, »daß wir uns auf unseren Glauben etwas einbilden«.

Weil er von Herzen demütig war, hatte er die Gabe, ausgezeichnete Mitarbeiter zu finden und ans Werk zu stellen. Er war mit ihnen in ernster Gebets- und Glaubensgemeinschaft verbunden.

Folgende Forderungen stellte er an einen Jungmännerkreis:

1. Zweifellos göttliche Berufung auf Grund inniger Herzensbekehrung zum Herrn Jesus.
2. Bekenntnisstand der evangelischen Allianz, aber möglichst Zugehörigkeit zur Landeskirche.
3. Besitz der Geistesfrüchte nach Galater 5,22.
4. Gute Erziehung und Schulbildung, möglichst auch Sprachkenntnisse.
5. Kenntnis der Buchführung usw.
6. Alter nicht unter 22 und nicht über 35 Jahre beim Eintritt.

Seine Stellung zu Kirche und Gemeinschaft

Rothkirch gehört zu den Gründern des Gnadauer Verbands und wollte die Gemeinschaften innerhalb der Landeskirche. Es lag ihm daran, daß der Segen der Volkskirche und der Einfluß des geordneten Pfarramtes anerkannt werde. Auch zu den Mitgründern der Deutschen Christlichen Studentenvereinigung gehörte er, wie er auch der Arbeit der Schülerbibelkreise seine Liebe und tätige Mitarbeit widmete.

Der treue Beter bis zum letzten Augenblick

Sein Zimmer hätte nicht der »gesegnetste Beichstuhl Deutschlands« sein können, wie Le Seur sagte, wäre er nicht der treue Beter gewesen. Die ersten Morgenstunden widmete er dem Gebet und pflegte erst nach seiner stillen Zeit zu frühstücken. Darin war er geradezu gesetzlich treu und ließ sich auch durch seine Reisen nicht von dieser heilsamen Gewohnheit abbringen.

Am 15. Dezember 1911 entschlief er ohne Kampf, mitten aus der Arbeit gerissen, nach seinem Morgengebet. Seine letzte Ruhestätte fand er an seinem Geburtsort in der schlesischen Heimat, der seine Liebe gehörte. Er hatte auch bis zuletzt an dem Ergehen seiner Geschwister und ihrer Kinder innigsten, betenden Anteil genommen und war der anerkannte Mittelpunkt der Familie gewesen.

Dieser edle Mann konnte deshalb ein auserwähltes Rüstzeug der Gnade Gottes werden, weil er sich völlig dem Herrn zur Verfügung stellte. Er, der die Natur so liebte, daß er am liebsten im grünen Wald sein Leben zugebracht hätte, ging gehorsam auf Gottes Führung ein und opferte sein Leben in dem stillen sonnenlosen Zimmer der Wilhelmstraße

Eduard Graf Pückler

dem fröhlichen seelsorgerlichen Dienst am jungen Mann. Und sein Opfer war ihm Freude. Diese Freude strahlte aus seinem gütigen Gesicht und gewann ihm die Herzen der jungen Männer.

EDUARD GRAF PÜCKLER (1853-1924)

Graf Pückler stammt aus altem schlesischen Adel, einem reichsgräflichen, sehr begüterten Geschlecht. Er studierte in Bonn Rechtswissenschaften und war dort Husar. Dankbar nahm er regelmäßig teil an der kirchlichen Verkündigung. Seine Bekehrung erfolgte, während er die Einsetzungsworte bei einer Abendmahlsfeier auf sich wirken ließ.

Er berichtet davon:

Meine Bekehrung fiel in das Jahr 1878, wo ich den Herrn – ich kann sagen: ohne Vermittlung eines Menschen – durch das Licht fand, das von den Einsetzungsworten des heiligen Abendmahls ausstrahlte.

Seine feurige Natur, die alles, was sie tat, mit ganzem Einsatz vollbrachte, drängte ihn sofort zu einer völligen Hingabe seines Lebens an den Herrn Christus. Er gab seinen Beruf als Jurist auf, um sich ganz in den Dienst des Herrn zu stellen. Gott hatte ihm die Stadt Berlin auf das Herz gelegt, und für die Reichsgottesaufgaben in Berlin setzte er nun seine ganze Zeit, alle Kraft und seine großen Geldmittel mit Freuden ein. Er hätte den schönsten Magnatensitz in Schlesien innehaben können. Er aber zog es vor, wie ein schlichter Stadtmissionar sein Leben in Berlin zuzubringen. Er gründete und leitete die Gemeinschaft St. Michael. Sein Leben lang hat er in vieler Kleinarbeit darum gerungen, etliche selig zu machen. Seine große Freude war, daß die Gemeinschaft wuchs. »Ein kriegsstarkes Bataillon«, sagte er einmal, als die Gemeinschaft mit Mann und Weib und Kind ihren Sommerausflug machte. In Verbindung mit dieser Gemeinschaftsarbeit gehört er zu den Begründern der Gnadauer Konferenz und des Gnadauer Verbandes.

Sein größtes Werk war die christliche Studentenarbeit. Sie liebte er mit ganzer Glut seiner Seele. Er hat die »Deutsche Christliche Studentenvereinigung« gegründet und ihr in den ersten Jahrzehnten Form und Gestalt gegeben. Als alter Korpsstudent wußte er um die Gefahr der Studentenromantik, die das geistliche Leben bald erstickt. Er wußte auch, wie tödlich für das geistliche Leben es ist, wenn Studenten in das theoretische Diskutieren kommen. Darum hat er die apologetische Aufgabe bewußt zurückgestellt zu Gunsten der erwecklichen Predigt. Er hatte nur einen Gedanken, nur ein Ziel, für das er sich mit der ganzen Leidenschaft einsetzte: Deutschlands studierende Jugend zu Jesus zu führen. Dabei war er einseitig, vielleicht etwas drängerisch und hat dadurch manche abgestoßen. Aber es war doch eine ungeheure Kraft in dieser Einseitigkeit und eine heilige Liebe. Er verzichtete ganz und gar auf jeden Versuch, die Botschaft in einer akademischen Form darzubieten. Er, der eine reiche Allgemeinbildung hatte und außerordentlich anregend sich unterhalten konnte über alle Gebiete des Wissens, war als Bote seines Herrn nur bestrebt, daß der Geist Gottes sich Bahn brechen konnte. Er hat um seiner Aufgabe willen auf die Ehe verzichtet wie auch sein Freund Eberhard von Rothkirch und hat täglich und nächtlich Stunden im Gebet zugebracht. Das Bild von dem Altar, der aus unbehauenen Steinen aufgebaut wurde, schwebte ihm immer vor, so daß er Angst hatte vor jeder menschlichen Mache. Es konnte vorkommen, daß er mitten im Gebet, das er stehend begonnen hatte, niederkniete und dann weiterbetete. So merkwürdig das alles war, so war es doch überwältigend, was an Kraft wahren geistlichen Lebens von ihm ausstrahlte. Das brachte alle Vorurteile und Einwendungen gegen ihn zum Schweigen.

Seine leidenschaftliche Seele liebte die englischen Lieder. Dabei hatte er dem englischen Christentum gegenüber Vorbehalte; er hielt es für etwas oberflächlich – vielleicht aufgrund einzelner persönlicher Eindrücke. Er hatte ein starkes Bedürfnis nach Anbetung und

Paul Humburg erzählt: Einmal beschlossen wir, ihm die Leitung einer Versammlung nicht zu überlassen. Ich wurde beauftragt, ihm das mitzuteilen. Er sah mich lange an. Nachher fragte ich ihn, was der Blick hätte bedeuten sollen. Er sagte: »Ich habe nur eines gesagt: Herr Jesus, halte die Nägel fest.«

Auszug aus einem Brief des Grafen Pückler

war von Herzen seiner lutherischen Kirche zugetan, geradezu in einer hochkirchlichen Art. Dabei hatte er eine große Liebe zu den mittelalterlichen Mystikern.

Nach dem ersten Weltkrieg wurde er mehr und mehr ein stiller Mann, verklärt vom Licht der Ewigkeit. Am 31. März 1924 ging er heim. Sein Begräbnis, das nach seinen Anordnungen verlief, paßte ganz zu seiner Art. Hier kamen noch einmal die Quellen, aus denen sein menschliches und geistliches Leben geflossen war, zum Ausdruck. Es wurde gesungen: »Jerusalem, du hochgebaute Stadt«, das Lied seiner lieben Kirche, dann »Laßt mich gehen«, das Gemeinschaftslied und zuletzt sein geliebtes englisches Herrlichkeitslied: »Herrlich, herrlich wird es einmal sein«. Und dann krachte die Ehrensalve, eine Erinnerung an das preußische soldatische Wesen des Reichsgrafen.

GEORG MICHAELIS
(1857-1936)

Sein Erbe von seinen Vätern her

Georg Michaelis ist am 8. September 1857 in Haynau in Schlesien, wo sein Vater Kreisrichter war, geboren und nach dem frühen Tod seines Vaters in bescheidenen Verhältnissen in einem großen Geschwisterkreis aufgewachsen. Seine väterlichen Vorfahren waren Richter. Sie standen unter dem stolzen Eindruck eines Ahns, der ein hervorragender Finanzminister des alten Fritz war. Das Verwaltungsgeschick dieses Vorfahren, sein produktiver Unternehmergeist aus Verantwortung im Dienst des Staates bewährte sich bei der Durchführung von großen landwirtschaftlichen Meliorationen. Sein König gab ihm das Zeugnis: »Ihr habt das alles vortrefflich gemacht. Ich werde deshalb gewiss weiter an Euch denken und für Euch sorgen.«

Georgs Mutter war die Tochter Carl von Tschirschky-Zoegendorffs, eines Rittmeisters aus schlesischem Adel, der im Jahrzehnt nach den Befreiungskriegen zu lebendigem Christusglauben erweckt, in stürmischer Wahrheitsliebe und in leidenschaftlicher Auflehnung gegen alles Böse und Unreine in seinem feudalen Garderegiment sich zu Jesus bekannte und gegen das kommandierte

Georg Michaelis

Kirchgehen zu ungläubigen Pfarrern vergeblich kämpfte, seinen Abschied bekam, dann als Bauernknecht bei schlichten Christen, die den Quäkern nahestanden, auf ihrem Hof in Westfalen arbeitete. Er sprach hinreißend in den Versammlungen der Freunde. Bei seinem lauten Protest im Gottesdienst gegen die Predigt eines ungläubigen Predigers wurde er verhaftet und ins Gefängnis geworfen, wo er an einem heftigen Nervenfieber im Alter von 31 Jahren starb.

Georg Michaelis hat als väterliches Erbe die praktische Begabung seines Urahns mitbekommen, den scharfen Verstand, die Fähigkeit, große Zusammenhänge rasch zu überblicken und im Großen zu organisieren, die Gabe der Initiative zu großen produktiven Unternehmungen im Dienst des Staates. Das Segenserbe seines Großvaters mütterlicherseits, die Aufrichtigkeit und Lauterkeit des Herzens schenkte ihm, als er als reifer Mann in hoher gesellschaftlicher Stellung dem lebendigen Christus begegnete, eine ganze Entscheidung mit klarer Wendung und offenem Bekenntnis gegenüber den Gesellschaftskreisen, in denen er verkehrte.

In Liegnitz kamen wir mit dem dortigen Gemeinschaftskreis in Verbindung, und im Anschluß an eine von ihm veranstaltete Evangelisation kamen wir zu klarer Erkenntnis des göttlichen Willens und zu freudiger Bejahung des für richtig Erkannten und zur festen Stellungnahme in unserem Leben. Wenn man den als Richtpunkt nimmt, der unser aller Erlöser ist, und dann auch wirklich marschiert, d.h. die Wahrheit tut, begangenes Unrecht gutmacht, schädliche Verbindungen löst, das Leben von Gefahrensmöglichkeiten in Gesellschaft und in seinen Passionen befreit, dann kann jeder erleben, daß ihm sein Glaube Gewißheit und der Stand seiner Gotteskindschaft bewußt wird, und daß Frieden und Kraft in sein Herz kommt. Zu einer wirklichen Bekehrung gehört mehr Mut als zu einer Pistolenmensur unter dem Zwang traditioneller Ehrbegriffe. Das ist nun das große Elend unserer Landeskirche, daß es unter den Geistlichen verhältnismäßig so wenige gibt, die etwas von dem Leben in dieser Kraft wissen. Am schlimmsten liegt's bei den Totorthodoxen, die der Meinung sind, die rechte Lehre sei die genügende Voraussetzung der Gotteskindschaft. Damals in Liegnitz galt es also, Farbe zu bekennen, den Vorsitz in der Ressource niederzulegen, dem Präsidenten zu erklären, daß man die Kneipabende der Regierung und solche Geselligkeiten nicht mehr mitmachen werde, die lediglich des Essens, des Trinkens und Tanzens wegen stattfinden.

Der hohe Verwaltungsbeamte

Georg Michaelis besuchte das Gymnasium in Frankfurt a.d. Oder, studierte 1876-79 Rechtswissenschaft in Berlin, Leipzig und Würzburg, war Referendar beim Landesgericht in Frankfurt a.O. und am Kammergericht in Berlin, ging dann für vier Jahre nach Japan als Hochschullehrer der Rechtswissenschaften, wo er einen weiten Blick bekam. Nach kurzer Tätigkeit als Staatsanwalt in Schneidemühl trat er als Justitiar in den Verwaltungsdienst beim Regierungspräsident in Trier, dann war er als Gewerbereferent im westfälischen Industriebezirk, bis er 1900 Stellvertreter des Regierungspräsidenten in Liegnitz wurde. 1902 wurde er Oberpräsidialrat und Stellvertreter des Oberpräsidenten von Schlesien, des genialen Verwaltungsbeamten Graf von Zedlitz, der ihm wertvollste Anregungen gab. Er war maßgebend beteiligt am Odergesetz und beim Regulierungswerk der Oder. 1909-1917 war er Unterstaatssekretär im preußischen Finanzministerium in Berlin und konnte das schöne Schinkelsche Haus beim Museum beziehen. Während des ersten Weltkriegs führte er als Ernährungskommissar die Bewirtschaftung des Getreides und die Brotkarte ein. In der Bewältigung dieser ungeheuren organisatorischen Aufgabe hat er seinem Vaterland entscheidende Dienste geleistet.

Der Reichskanzler

Am 13. Juli 1917 berief der Kaiser Michaelis als Nachfolger Bethmanns in das Reichskanzleramt, in dessen ungeheure Not er angesichts der negativen Kritik der Mehrheitsparteien an der Reichspolitik im Vertrauen an die Tageslosung Josua 1,9: »Siehe, ich habe dir geboten, daß du getrost und freudig seiest. Lasse dir nicht grauen und entsetze dich nicht, denn der Herr, dein Gott ist mit dir in allem, was du tun wirst«, hineinsprang, indem er als ein gehorsamer Diener des Staates sich dem Ruf des Kaisers zur Verfügung stellte. Reinhold von Thadden schreibt über seine Reichskanzlerschaft:

Das Problem des christlichen Staatsmanns existierte für ihn nicht unmittelbar. Das politische Leben bedeutete für ihn eine Welt, zu deren positiven, ordnenden Funktionen er ein merkwürdig ungebrochenes, optimistisches Verhältnis hatte, deren dämonische unheimliche Seiten er zu wenig in Rechnung stellte. Für eine staatsmännische Tat nach Cromwellschem oder Bismarckschem Muster mangelten vor dem Krieg auf deutschem Boden die geistesgeschichtlichen Voraussetzungen, und der Christ D. Dr. Michaelis mußte zutiefst als Reichskanzler scheitern, weil ihn Erkenntnis, Lehre, Kraft und Gehorsam der Kirche Jesu Christi im Stich ließ.

Michaelis hatte das Versprechen der preußischen Wahlreform, die Friedensresolution, das Regierenmüssen mit den Mehrheitsparteien, die ihn von vornherein ablehnten, von seinem Vorgänger als Belastungshypothek übernommen. Das Aufdecken des Skandals der Verschwörung unter den Mannschaften der Hochseeflotte machte ihn bei den Mehrheitsparteien vollends unmöglich. Als die Mehrheitsparteien seinen Rücktritt verlangten, hatte er nicht die eiserne Festigkeit zu bleiben und bat den Kaiser um seinen Abschied, den er auch am 31. Oktober 1917 erhielt.

Am 1. April 1918 berief man ihn zum Oberpräsidenten von Pommern. Dieses Amt hat er bis zum 5. März 1919 geführt.

Der Vorsitzende der Deutschen Christlichen Studentenvereinigung

Nun konnte er sich ganz der Christlichen Studentenarbeit widmen, deren Vorsitz er schon seit 1913 innehatte als Nachfolger von Graf Pückler. Die Arbeit der DCSV bestand darin, Studierende, die ein Bedürfnis nach Stärkung ihres Christenstands hatten, auf Universitäten und Hochschulen zusammenzuschließen, auf Konferenzen christliches Leben unter den Studenten zu vertiefen und christliches Werk anzuregen. Unter seiner Führung entstand das Werk, das die Liebesgaben deutscher Hochschüler an alle Studenten im Heer sandte. Er rief einen Ausschuß zur Gründung deutscher Soldatenheime an der Ost- und Südfront ins Leben, der 226 Heime schuf. Daraus entwickelte sich in der Nachkriegszeit der Deutsche Studentendienst, das große soziale Werk an der notleidenden Deutschen Studentenschaft. Später wurde die Soziale Arbeit selbständig gemacht, um das missionarische Werk der DCSV nicht damit zu belasten. In der missionarischen Studentenarbeit war sein Wort besonders gewichtig bei Konferenzen, Seniorenbibelkursen und im Einzelgespräch.

R.v. Thadden bezeugt in seinem Nachruf:

Danken werde ich es ihm allezeit, daß er dem Kandidaten für das juristische Staatsexamen damals die Heilige Schrift aufschloß, ihm – vielleicht am meisten in den unvergeßlichen Morgen- und Abendandachten – an Hand der Losungen der Brüdergemeine das Geheimnis des Alten und Neuen Testaments als Gotteswort enthüllte und den frohen Entschluß stärkte, ein ganzes junges Leben auf den lebendigen Gott hin zu wagen, um hundertfältig an geistigem und geistlichem Reichtum zurückzuempfangen, was man um Christi willen drangegeben hatte.

Am 24. Juli 1936 ist Georg Michaelis auf seinem Ruhesitz in Bad Saarow entschlafen.

JOHN RALEIGH MOTT
(1865-1955)

Eine ungewöhnliche Persönlichkeit

Dr. John Raleigh Mott war eine ungewöhnliche Persönlichkeit der ersten Hälfte unseres Jahrhunderts.

John Rockefeller schrieb über ihn: »Mehr als ein Vierteljahrhundert war ich stolz, ihn als meinen persönlichen Freund zu kennen. Er ist einer der größten Weltführer. Zwei Hauptzüge seines Wesens muß ich nennen: seine äußerste Selbstlosigkeit mit nie im geringsten auf sich selber bezogenem Ansinnen sowie seine völlige Hingabe an die ihm gestellte Aufgabe gemäß dem Titel eines seiner zahlreichen Bücher: junge Menschen zu Christus zu führen«.

Präsident Theodor Roosevelt (1901-1909) sagte ihm einst »Ich gratuliere Ihnen und Ihren Mitarbeitern zu dem, was Sie in den letzten Jahren vollbracht ha-

ben. Ich denke, daß Ihr dem Kongreß unterbreiteter Bericht zum Wertvollsten gehört, was ich je gelesen habe«.

Prof. Karl Barth schrieb in einer Studentenzeitschrift: »Wenn ich einmal die Brille des Europäers und des Akademikers abgelegt habe, dann entdeckte ich in Herrn Mott eine ungewöhnliche Persönlichkeit. Er ist ein einzigartiger Mann. In den Hochschulen sieht er die Brennpunkte des Lebens. In jedem Studenten sieht er einen künftigen Seelsorger und Leiter von Menschen, deshalb verlangt er von ihnen, daß sie Jünger Jesu werden. Menschheit – Hochschulen – der Student – die Person - Jesus, das ist die Gedankenfolge Motts. Für uns alles Theorie und Diskussionsthemen, für Mott einfach Tatsache. Herr Mott bleibt

Dr. John Raleigh Mott

Aus der Zeitschrift »The Living Church« (1942): Dr. Mott hat Tausende von jungen Herzen aus drei Generationen der Kirchengeschichte maßgeblich beeinflußt und ist eine der bedeutendsten christlichen Persönlichkeiten unserer Zeit.

nicht, wie wir, plötzlich an einem Punkte stehen. Er will die Menschen zu Jesus führen, und durch Jesus wird er wieder zu den Menschen geführt. Deshalb ist er ein Apostel unter Akademikern. Mott ist das, worüber wir nur Reden halten oder Bücher schreiben, eine Persönlichkeit für Jesus. Das, was er ist, können wir zwar trefflich dogmatisch oder ästhetisch schildern, nur selten jedoch wirklich erleben und erleben lassen wie er. Bei ihm geschieht etwas, und ich kann nur sagen, hätten wir doch mehr solche Amerikaner. . .«.

John Mott erhielt 17 höchste Auszeichnungen von Staatsoberhäuptern nicht zuletzt für die Betreuung von tausenden von Soldaten vor und hinter den Fronten, ehemalige CVJM-Leute. Der Nobelpreis wurde ihm 1946 auf Antrag von Präsident Truman verliehen. In der Laudatio hieß es:

»Dr. John Mott ist Weltbürger, Internationaler Leiter, Missionar, Reisender, Staatsmann, Autor von unzähligen christlichen Büchern und Schriften, Führer der Jugend durch persönliche christliche Seelsorge aus Erfahrung, freundliche Betreuung, Erziehung, aufbauende Freizeitgestaltung und andere Formen der Charakterschulung, weltweiter Freund von Jungen, Jünglingen und Studenten, zu deren Dienst er mehr als 50 Jahre seines Lebens weihte«.

Außer seinem angestammten Doktortitel verliehen ihm folgende Universitäten den Ehrendoktortitel: Yale (1899, M.A.), Edinburgh (1910, LL.D.), Princeton (1911, LL.D.), Providence (1931, LL.D.), Russisches Theologisches Seminar von Paris (1941, D.D.), La Fayette (1943, Litt. D.) und Toronto (1944, LL.D.).

Diese beeindruckende Palette umfaßt sämtliche Fakultäten mit Ausnahme der Medizinischen, obschon er gerade für die Gesundheit der Jugendlichen Großes leistete. Gegen Ende seines langen Lebens sagte er selber, es sei sein Vorrecht gewesen, eng mit der Entstehung oder Entwicklung folgender Werke verbunden zu sein:
- Studentischer Freiwilligenbund für Außenmission (1888),
- Christlicher Verein Junger Männer, (gegr. 1844),
- Weltbund der Christlichen Studentenvereine (1895),
- Internationaler Missionsrat (1910 Edinburgh),

- Neben verschiedenen Hilfsorganisationen auch in der Ökumenischen Bewegung, worunter er eindeutig die überkonfessionelle Einheit der wiedergeborenen Christen verstand, im Gegensatz zu der 1948 gegründeten Organisation.

Kindheit und Werdegang

John Mott wurde am 25. Mai 1865 in der kleinen Ortschaft Livingston Manor im Staate New York als Sohn eines Holzflößers geboren. Kirchgang, Sonntagsschule, Familienandacht in einer noch heilen Landschaft am Rande der Prärie von Iowa prägten eine ausgeglichene Kindheit. Die zur Erschließung des Westens gebaute Eisenbahn endete anfangs noch in seinem Dorfe und inspirierte die Jugend zu weitläufigen Eisenbahnspielen durchs Dorf und die ganze Umgebung. Das dauerte oft bis in die Nachtstunden hinein, solange, bis eines Abends ein alter Mann mit seinem Eiertransport durch eine der rasenden »Seifenkisten« stürzte und der Bürgermeister und Vater Johns das Treiben verbot. Mott fand einen Ersatz auf der Station beim Drehscheiben- und Weichenstellen, Lokomotivenputzen und -heizen. Streckenpläne, Bahnhöfe, Brücken und Tunnels des damaligen nordamerikanischen Bahnnetzes prägten sich dem Jungen so ein, daß er später keine Orientierungsmittel mehr brauchte, wenn er durchschnittlich 70 000 Kilometer pro Jahr zu Land und Wasser zurücklegte.

Auf Drängen seines Lehrers schickten ihn seine Eltern auf das christlich geführte Upper-Iowa-College von La Fayette. Das oberflächliche Christentum einer solchen Anstalt sagte ihm nicht zu, so daß er ohne Wissen seiner Eltern auf die Freidenkeruniversität von Cornell wechselte. Statt aber – wie er beabsichtigt hatte – Gott zu entrinnen, wurde er dort schon bei seiner Ankunft am Bahnhof von einer Studentengruppe des CVJM in Obhut genommen. Als der bekannte englische Cricketspieler J.E.K. Studd aus Cambridge (GB) eine Evangelisation an der Schule durchführte, besuchte Mott auf Drängen seiner Kameraden den dritten Abendvortrag. Er nahm in einer der letzten Reihen Platz, wurde dort aber von den Worten: »Suchst du große Dinge für dich selbst, tue das nicht, suche zuerst das Reich Gottes«, so gepackt, daß er in den folgenden Tagen zu Studd ging, welcher ihn zu einer klaren Entscheidung für Christus führte und ihm die Anweisung gab: »Richte deine Augen auf Jesus Christus, lies jeden Morgen, was er für dich schreiben ließ, und rede mit ihm darüber unter vier Augen«.

Über die Arbeit in einer Bibelklasse und Gefängnisbesuchen mit einem Kollegen wurde er bald Leiter der CVJM-Gruppe seiner Schule. Mit diesen Kameraden meldete er sich zur ersten Studenten-Konferenz des berühmten Evangelisten Dwight L. Moody im Sommer 1886 auf Mount Hermon bei Northfield, wo über 200 Vertreter aus 89 Universitäten während eines vollen Monats zu Füßen des »größten Gottesmannes des 19. Jahrhunderts« – wie ihn Mott nannte – und seines Teams saßen, um unvergeßliche Kenntnisse der Heiligen Schrift vermittelt zu bekommen. Moody war unter anderem auch eine der tragenden Säulen des CVJM. Seine Frage an die Zuhörer: »Haben Sie schon überlegt, was ein Mann, der sich völlig Gott zur Verfügung stellte, alles mit seinem Leben tun könnte?« beantwortete Mott gleich anschließend, allein draußen im Wald auf einem Stein sitzend: »Dieser Mann will ich nun sein«.

Gott antwortete sofort. Der Reisesekretär der Schul-CVJM forderte Mott auf, für ein Jahr seine Arbeit zu übernehmen, damit er sich inzwischen einem anderen Aufgabenbereich widmen könne. Ähnlich wie in der Reformation Farels Ruf an Viret und später an Calvin, änderte diese brüderliche Intervention auch Motts Leben. Seinem Vater schrieb er gleich danach, nun habe er alle weltlichen Berufspläne an den Nagel gehängt und wolle ein Leben mit und für Gott allein beginnen. Aus dem einen Jahr wurden deren 60!

Leitlinien fürs Leben

Anläßlich seines 70. Geburtstages gab Mott 1935 im Hotel Beau-Sejour in Genf die von ihm seinerzeit aufgestellten Richtlinien für sein Leben bekannt:

1. Die Universitäten und höheren Schulen der Welt zu Festungen und Ausstrahlungszentren eines lebendigen Christentums zu machen.

2. Die unbegrenzten Möglichkeiten der christlichen Laienkräfte zu entwickeln.

3. Junge Leute mit dem lebendigen Christus zu konfrontieren. Bis zu meinem Lebensende ein Evangelist zu sein. Das Zentrum des Christentums ist ein Willensentscheid für das Herz und ein voller Einsatz des Geistes. Aus den schwächsten Menschen werden die stärksten.

4. Das Leben in bestimmte Abschnitte einteilen. Siegreiches Leben nimmt jeden Tag für sich und nützt ihn so aus, als ob es der letzte wäre. Beginnt er mit der Morgenwache, so wird es ein von Gott beherrrschter Abschnitt.

5. Durch richtige Organisation der Arbeit und der Pflichten sowie sinnvolle Delegation von Aufgaben wirkungsvoll arbeiten.

6. Die fruchtbarste Arbeit ist Rekrutierung und Ausbildung möglichst vieler Mitarbeiter.

7. Die Evangelisation der Welt in dieser Generation bedeutet nicht die Christianisierung der Welt, sondern den Einsatz so vieler Verkündiger des Evangeliums, daß jeder willige Mensch die Frohe Botschaft hören kann.

8. Dafür sorgen, daß Menschen Jesus Christus kennen, ihm vertrauen, ihn lieben und ihm nachfolgen, nicht nur im Leben des Einzelnen, sondern in allen menschlichen Beziehungen, geschäftlich, sozial, international und unter allen Rassen.

9. Die (wiedergeboreren) Christen der Welt so zusammenbringen, daß sie sich in Zusammenarbeit und Einheit um den Lebendigen Christus scharen. Ich suchte damit die Gemeinschaft der Bekenntnisse der großen Gemeinschaften, der Nationen und Rassen wie auch der Lebensanschauungen.

Ein Leben für den Lebendigen Christus

Nun war Mott also Mitarbeiter einer Weltjugendbewegung, die 1844 durch George Williams und elf junge Leute in London gegründet wurde. Nach gut 40 Jahren waren es eine halbe Million junger Leute, die sich in allen Erdteilen zur

Mott:
Christ is Lord of all or not Lord at all«
(Entweder ist Christus Herr über alles oder Er ist gar nicht Herr)

Artikel und Referate Motts in den Jahren 1889-1944 (Auszug)
1889: Gelegenheiten eines Lehrers im christlichen Werk
1889: Aufgabe der Sekretäre in den Schulen (Organe)
1893: Gründe für das Wachstum der Bewegung (Chicago)
1894: Rechenschaftsbericht am Londoner Jubiläum
1895: über das 6-fache Ziel der CVJM-Arbeit
1895: Bedeutung der Morgenwache (Jaffna, Ceylon)
1895: Ziele der Schulbubenarbeit
1896: Bibelstudium für geistliches Wachstum (Lahore, Indien)
1896: Gebetsleben im Stillen (Calcutta)

1855 aufgestellten Pariser Basis bekannten, die ganz genau Motts Leitlinien und dem Sehnen seines Herzens entsprach. Das sollte sich auch im Kleinen an der Cornell-Gruppe zeigen, deren Leitung Mott nun in Händen hatte. Innerhalb von zwölf Monaten wuchs ihre Mitgliederzahl von 130 auf 330.

Seine Studien schloß Mott 1888 mit einer Dissertation über den Einfluß der Reformation auf die USA ab und übernahm sogleich im Auftrag Moodys die von ihm im gleichen Jahr gegründete Arbeit des »Freiwilligen Studentenwerkes für Außenmissionare«. Dadurch, so statuierte er, daß sich ein Schüler oder Student in die Nachfolge Christi stellt, wird nicht nur additive, sondern mulitplikative Arbeit geleistet: Die von ihm ausgehende Kraft überträgt sich auf viele andere, die auch wieder Fackelträger des Evangeliums werden. Das beweise die bisherige Laienarbeit des CVJM, aus welcher schon 600 hauptamtliche Missionare und 3 000 Geistliche hervorgegangen seien. , Rechne man dazu die 60 000 bisherigen Mitglieder der Studentengruppen des CVJM, welche im Berufsleben, an ihrem Arbeitsplatz, in ihren Familien, Freundeskreisen und Kirchen Zeugnis von Jesus ablegen, dann werde die Dynamik einer solchen Bewegung offensichtlich. »Gab es seit Pfingsten irgendwo und irgendwann ein eindruckvolleres Wirken des Heiligen Geistes unter jungen Menschen?« fragte mit Recht ein Mitarbeiter des Werkes, dem Mott nun sein Leben und seine Kräfte lieh. Im Mai 1889 umriß er im Rahmen einer Sekretärkonferenz das generelle Ziel der CVJM-Studentenarbeit:

Aus den Studenten intelligente und ehrliche Jünger Jesu Christi als ihres Herrn und Heilandes werden zu lassen. Ihnen im Kampf gegen die Versuchungen des Schullebens in Freundschaft beizustehen, ihren Glauben zu stählen, in ihnen einen gesunden, ausgeglichenen, christlichen Charakter zu entwickeln, sie zum aufbauenden, fruchtbaren Dienst in der Kirche auszurüsten und in ihnen Verantwortlichkeitssinn für die Ausdehnung des Reiches Christi auf der ganzen Welt zu wecken im Dienste an ihrer Generation.

Mit diesem Auftrag bereiste Mott nun während Jahrzehnten mehrmals die ganze Welt. Anfänglich kreuz und quer durch die USA und Kanada, ohne je neben der Evangelisation das Ziel der Rekrutierung und Schulung hervorragen-

der Mitarbeiter und Seelsorger aus den Augen zu verlieren. Es war ihm Ermutigung und Ansporn, daß durch persönlichen Einsatz von Kommilitonen bereits innerhalb kurzer Zeit 14 000 Studenten in mehr als tausend Bibelklassen gewonnen wurden und für die Außen- und Innenmission motiviert werden konnten.

Die Gymnasien, andere höhere Schulen und Universitäten, so sagte Mott, sind besonders gefährliche Stätten für das Innenleben der Jungen. Ohne Christus sehe sich der angehende Erwachsene unüberwindlichen Versuchungen ausgesetzt, die seine körperliche, geistige und sittliche Gesundheit zu ruinieren trachten.

Das Bekenntnis eines 17-jährigen hat Mott die Augen dafür geöffnet, daß schon Jungen und Mädchen mit dem Evangelium bekannt zu machen sind. Eine persönliche Untersuchung zeigte ihm, daß von 1 000 Entscheidungen für Christus 548 unter 20 und 337 unter 30 Jahren erfolgten. Daher sein steter Rat: »Nehmt Euch der Jungen an, faßt sie zu Gruppen und Klassen zusammen, um sie vor vielen Sünden und Entgleisungen zu bewahren und aus ihnen reine und brauchbare Studenten und Werkzeuge Gottes werden zu lassen«.

Seine »Liebe auf den ersten Blick«, Leila Ada White aus Wooster/Ohio brannte ebensosehr für Jesus und wurde ihm unschätzbare Mitarbeiterin auch auf etlichen Weltreisen, wo sie jeweils parallel zu seinen Veranstaltungen Evangelisationen für Mädchen und Studentinnen zu halten pflegte. Berühmt wurde das Ehepaar schon auf seiner ersten Weltreise, als sie in 17 Monaten über 100 000 Kilometer in 24 Ländern zurücklegten mit Besuch von 144 Mitarbeitern und Missionaren beiderlei Geschlechts sowie mehr als 500 seelsorgerlichen Gesprächen. Bei der Rückkehr warnte Mott: »Man muß sich vor allem hüten, stolz über die Früchte zu werden, die doch allein nur Gottes Geist zu verdanken sind. Man muß sich vor allem hüten, Jesus die Ehre zu rauben und dem Teufel durch Eigenlob zu dienen«.

Grund zu Stolz hätte Mott in Hülle und Fülle gehabt, wuchsen doch allein in den ersten sieben Jahren seines Wirkens bis 1895 die Gruppenzahl auf 513, die Mitglieder auf 33 000, die Bibelklassen auf mehr als 8 000 und die Missionare im Einsatz auf den Feldern auf 750.

Zu Beginn jener ersten Weltreise wurde am 7. August 1895 in Schweden der »Weltbund Christlicher Studentenvereine« unter Anwesenheit vieler Vertreter aus zahlreichen Ländern gegründet. Das Ziel hieß: »Gemeinschaft mit Studenten anderer Länder herstellen, die ebenfalls ihre Kommilitonen zu Christus führen und sie schulen wollen, um ihrerseits wieder in die Welt auszustrahlen, damit Sein Reich wachse«.

Als Weltreisender hat John Mott alle damaligen Verkehrsmittel benützt. Mit der Eisenbahn reiste er unzählige Male quer durch den Neuen Kontinent, Europa, Afrika und den Fernen Osten. Dampfschiffe, auf denen er regelmäßig gegen Seekrankheit anzukämpfen hatte, nahmen ihn 16 mal über den Pazifik und durchschnittlich alle sieben Monate – insgesamt über 100 Mal – über den Atlantik nach Europa. Gott veranlaßte, daß Mott – ohne genau zu wissen, warum – seine Buchung auf der »Titanic« in letzter Stunde auf einen Parallelkurs umbuchen ließ. Diese Reisen wurden stets ausgenützt, um Bücher, die er jeweilig in Kisten mitschleppte, zu verschlingen oder seinem Sekretär Briefe und Berichte zu diktieren.

In diesem hektischen Leben blieb er nach übereinstimmendem Zeugnis seiner Umgebung stets der gleiche, ruhige, ausgeglichene Mann, den langjährige Begleiter nie zornig oder aufgebracht gesehen haben wollen.

Ein Auszug aus der Liste gehaltener Referate und Orte mag einen kleinen Einblick in Motts Reisetätigkeit vermitteln.

Höhepunkte eines Lebens

Daß es an solchen nie fehlte, liegt auf der Hand. Mit größter Bewunderung betrachtet man die in sechs Bänden zusammengefaßten »Papers and Addresses«, wo auf 2 500 Seiten eine Fülle von Briefen, Berichten, Botschaften kurz vor seinem Tode von ihm persönlich zusammengestellt worden sind.

1910 war mit zwei Ereignissen ein besonderes Jahr in Motts Leben: im Juni die von Mott vorbereitete und geleitete erste Weltkirchenkonferenz von Edinburgh und vier Monate später die im Weißen Haus stattfindende große Mitarbeiterkonferenz des CVJM. Das ökumenische Sammeln verschiedener Kräfte war für ihn nie und nimmer organisatorische Nivellierung. Das zeigt seine Schlußrede vom 23. Juni 1910 in Edinburgh unmißverständlich:

»... ich wage zu behaupten, daß die Kirche bis heute nie ernsthaft darum bemüht war, allen lebenden Menschen den lebendigen Christus zu bringen. Sie hat die grenzenlosen Kräftereserven, welche in der ernsthaften Fürbitte liegen, noch nicht entdeckt. ... wir müssen nicht nur unsere Pläne, sondern auch unsere Leben und Gewohnheiten vom Geist Gottes erneuern lassen; um sofort ans Werk zu gehen, müssen wir mit Jesus nach Gethsemane gehen und bitten, Herr, nicht mein, sondern DEIN WILLE geschehe ...«

Es sei, so hatte er in jener denkwürdigen Versammlung hoher kirchlicher Würdenträger stets unterstrichen, nur mit Christi Hilfe möglich, die drohenden Gefahren von Materialismus und Nihilismus von unserer Jugend abzuwenden. Der Kampf gegen diese die Welt und ihre Zukunft bedrohenden Gefahren beginne in der stillen Kammer des einzelnen Christen, was die Kirche bisher stets vernachlässigt habe, zu lehren und vorzuleben.

Vier Monate später waren Mott und eine riesige Zahl von Mitarbeitern Gäste des amerikanischen Präsidenten Taft im Weißen Haus und hörten dort aus dessen Munde, daß das Werk der CVJM besonders unter Studenten nationale und internationale Bedeutung habe, weil durch ihre Arbeit die Charaktere und Herzen junger Menschen umgewandelt würden, was sonst von keiner anderen Veranstaltung gesagt werden könne. Taft fand höchste Lobesworte für das, was Gott durch den CVJM und dessen Leiter an der jungen Generation tue.

Tafts Nachfolger Woodrow Wilson berief Mott, »gewiß einen der edelsten und hilfreichsten Männer der Welt«, zweimal in den Dienst delikater Vermittlermissionen: 1916 nach Mexiko und 1917 ins brodelnde Pulverfaß Rußland: in beiden Fällen hat Mott nach amtlichem Zeugnis erfolgreich verhandelt.

John Mott sagte es fünf Präsidenten der USA, dem britischen Königspaar, der Königin der Niederlande, dem Kaiser von Japan, einigen indischen Maharadjas sowie unzähligen Regierungschefs und Kirchenführern östlicher und west-

1896: Gefahren für unsere Bewegung

1899: Religionen vor allem Sache des Willens (Halle/S.)

1900: Eure Sünden werden euch verraten (Northfield)

1902: Aufruf für christliche Arbeiterwerbung

1903: Richtiger Gebrauch unserer Zunge (Peking)

1903: Seid erfüllt mit dem Heiligen Geist (Shanghai)

1903: Grundsätze und Hilfsmittel der Berufung (Melbourne)

1903: Gefahren einer religiösen Konferenz (Northfield)

1905: Wie wird Jesus Christus eine Realität für mich (Oxford)

1905: Die Macht Jesu Christi in einem Studentenleben (London)

1905: Bruch mit der Sünde

1906: Warum wir im CVJM an Jesus glauben (Mexico-City)

1908: Volle Hingabe (Liverpool)

1908: Das Geheimnis von Erfolg und Mißerfolg im Studentenleben

1909: Warum immer mehr Jugendliche an Jesus als Herr glauben (Yale-Univ.)

1909: Die Macht der Sünde (Coimbra-Universität P)

1910: Leitung der ersten Oekumenischen Weltkonferenz von Edinburgh.

1910: Internationale Mitarbeitertagung im Weißen Haus, Washington

1910: Unsere Aufgaben in Übersee (Toronto)

1911: Der Kampf mit der Unreinheit (Cairo-Amphitheater)

1911: Anzeichen von Schwächung (Northfield)

1913: Anleitungen für Charakterschulung (Shanghai)

1914: Bubenwelt, größte Herausforderung für eine Nation

1918: Warum die Missionstätigkeit der CVJM im Krieg nicht aufhören darf.

1919: Die Fackel weiterreichen (Detroit)
1920: Botschaften am großen Londoner Zentralfest der CVJM
1921: Der CVJM an einer Wegkreuzung
1922: Einsatz zum Gewinn einer neuen Generation (Atlanta)
1923: Buben- und Mädchenarbeit, das Ziel (Pörtschach, Oest.)
1923: Wichtigkeit, Leiter von Schulgruppen zu finden (Pörtschach)
1924: Wie Gott Menschen führt (Indianapolis)
1925: Der CVJM und seine Missionsaufgabe (Chicago)
1926: Die Notwendigkeit, Jesus selber zu sehen (Nanking)
1926: Der CVJM bringt Menschen zusammen
1927: Jesus Christus als Mittelpunkt von allem erkennen (Off. Brief)
1927: Das Geheimnis des Sieges über die Versuchung (Chicago)
1930: die heutige Weltlage, Gefahren und Möglichkeiten (Edinburgh)
1932: Vorteile von Versuchungszeiten (Lake Mohonk-Konferenz)
1933: Möglichkeiten unter der Orthodoxen Jugend
1934: Richtige Anwendung der Zeit (Südafrika)
1935: Die Jugend der Welt und wir (Washington)
1939: Die konstruktiven Kräfte einspannen (Schottland)
1939: Aufgaben der Pfadfinderei an der kommenden Jugend (Artikel)
1939: Der Christ als Botschafter (Amsterdam)
1941: Geistliche Lähmung und Wirkungslosigkeit (Lima-Peru)
1944: Moody, größter Evangelist des 19. Jahrhunderts (Artikel)
1944: Brennende Aufgaben für den Einzelnen (USA)

licher Kirchen, Schulrektoren und herausragenden Persönlichkeiten wie z.B. Mahatma Gandhi, daß Christus die einzige Lösung aller internationalen, interrassischen und individuellen Probleme ist, und daß dieser lebendige Gottessohn den Kontakt mit uns Menschen aller Rassen, Kulturen und Sprachen sucht, um uns von der Macht der Finsternis, die sich in Kriegen und Konflikten äußert, zu erretten.

Eine Botschaft für Tausende.

John Mott hatte gelobt, sein Leben lang Evangelist zu sein. Als solcher erlebte er immer wieder Höhepunkte und größere Abenteuer. Neben ungezählten verwaltungstechnischen Sitzungen und Gesprächen, die der Vorbereitung, Organisation und Nacharbeit von Evangelisationen dienten, neben der Redaktion von Hunderten von Artikeln, Berichten, Pamphleten und Büchern, die der Zurüstung von Mitarbeitern dienten und als Unterrichtsmaterial für die ungezählten Bibelklassen verwendet wurden, stellten die Abendversammlungen auf fünf Kontinenten Höhepunkte für John Mott dar. Tausende, die nicht selten keinen Platz mehr fanden und auf einen zweiten Vortrag warten mußten, strömten herbei, wenn der Amerikaner angesagt war. Universitätstore und Aulen, die überhaupt noch nie einem Ausländer oder einem Protestanten zugänglich waren, öffneten sich ihm bereitwillig. Eine Sensation für Petersburg, Moskau, Kiew, Peking, Nanking, Shanghai, Tokio, Seoul, Mukden, Madras, Bombay, Calcutta, wo Abend für Abend Tausende junger Leute, vor allem auch Studenten zusammenkamen. Völlig unfaßbar, daß – was er stets an jedem Ort als nötige Voraussetzung für sein Kommen verlangte – engagiertes Beten einer Handvoll Jesus ergebener Studenten oder Schüler solche Anstürme bewirken konnte. Eine Sensation auch für Kairo, wo das größte offene Theater neben den Pyramiden zu wenig Platz hatte.

Wie in Ceylon, so schenkte Gott auch in London, Oxford, Cambridge, Edinburgh, Glasgow, in Australien, Neuseeland, Südafrika, Lima und Mexiko wie an Dutzenden amerikanischen Universitäten große Erweckungen unter den jungen Menschen.

John Mott war echter Evangelist. Den

Zuhörern, die nach den zwei bis vierstündigen Vorträgen vor seinen Ausspracheoder Hotelräumen warteten, schaute er mit apostolischem Blick – wie einst Studd ihm – in die Augen. Ein Ratsuchender, welcher ein halbstündiges Interview forderte, ärgerte sich maßlos über die Auskunft des Pförtners, daß ihm wegen des Ansturmes höchstens zehn Minuten gewährt würden. Der Mann erschien aber nach acht Minuten freudestrahlend wieder und wurde ein gesegneter Mitarbeiter. Nicht anders erging es einem Studenten, welcher nach einem Vortrag über die Gottheit Christi hochtrabend als Leugner derselben aufkreuzte und behauptete, er sei bisher ohne diesen Glauben immer gut durchgekommen. Als ihm Mott anbot, ein halbes Jahr freizunehmen und ihn zu begleiten, um seinen Auditorien zu zeigen, daß es neben der einseitigen Lehre Motts auch noch einen anderen Weg zum Glück gebe, verschwand der junge Mann lautlos, erschien aber nach einer halben Stunde weinend wieder, entschuldigte sich bei Mott und bekannte, ihn angelogen zu haben. Auch er wurde einer von Motts wertvollsten Mitarbeitern und führte viele Menschen zum Glauben an Jesus.

Noch zwei Jahre vor seinem Tod am 31. Januar 1955 in Florida, hatte Mott zum x-ten Mal Indien besucht. Dann kam für ihn nach seinen eigenen Worten »das Umsteigen von einem Zug auf den anderen«.

Väter und Mütter der Gemeinschaftsbewegung und der Allianz; Freikirchliche Väter

THEOPHIL KRAWIELITZKI (1866-1942)

Krawielitzki als Gemeindepfarrer und Führer der westpreußischen Erweckungsbewegung

Theophil Krawielitzki entstammte einem ostpreußischen Masurengeschlecht. Seine Vorväter waren Bauern und Lehrer von ernster persönlicher Frömmigkeit. So hatte sein Großvater den Grabstein unter dem Bett liegen, um an seinen Tod zu gedenken. Sein Vater war Pfarrer in Westpreußen. Er war durch schwere Krankheit, die ihn sein Leben lang kränklich machte, ohne Hilfe gläubiger Christen zum Herrn Jesus gezogen worden. Man fand nach seinem Tode Schriften aus St. Chrischona, aus der Schweizer Erweckungsbewegung, die ihm den Umgang mit gläubigen Christen ersetzen mußten. Seine Gemeinde war für seinen jahrelangen Dienst so dankbar, daß sie ihn nach seinem Tode in Öl malen ließ und das Bild neben die Kanzel hängte. Theophil war auf dem Gymnasium in Danzig und nahm in großem Bildungshunger alles Wissenswerte in sich auf und legte damit den Grund zu einer großen Allgemeinbildung. Als Student der Theologie trat er in glühendem Patriotismus in eine Burschenschaft ein. Er hielt an der väterlichen Tradition fest und ließ sich den tiefen Respekt vor dem Wort Gottes nicht rauben, aber er begegnete in seiner Studienzeit keinem lebendigen Christuszeugen unter seinen Lehrern. Das unerwartete Sterben seines Vaters schlug wie ein Blitz bei ihm ein.

Er berichtet:

Da hat der lebendige Gott so gewaltig in meinem Leben geredet wie nie zuvor, und wie ich es nie vergessen werde. Er hat damals ein Verlangen in meinem Herzen erweckt, das zuzeiten wohl wieder zurücktrat, aber doch die Veranlassung wurde, daß ich zu seiner Stunde ihn als meinen Herrn und Erretter fand.

Nach wohlbestandenem Examen wurde er als Pfarrer mit seiner Gemahlin Thusnelda von Kolkow, die ihm eine treue Gehilfin und Mutter seiner vier Kinder wurde, nach Vandsburg in Westpreußen an der Posenschen Grenze berufen. In seinem Dienst und mit seinem Dienst ist er gereift und zugerüstet worden. Dort waren Gemeinschaftsleute, die zur Gnadauer Konferenz gehörten. Auch die Evangelische Gemeinschaft hatte eine Kapelle und einen Prediger in Vandsburg. Die Pfarrei umfaßte viele Örtschaften. Er hatte den Auftrag von seinem Superintendenten bekommen, überall in den zwölf Außenorten in den Schulsälen Bibelstunden einzurichten. In Vandsburg baute er eine Pfarrscheune zum Betsaal um. In diesen Bibelstunden bekam er nun Fühlung mit den erweckten Gemeindemitgliedern, vor allem mit einem bekehrten Schmied, der ihn öfter besuchte und den er seinen geistlichen Vater nannte. Er faßte Vertrauen zu den Gemeinschaftsleuten und nahm an ihren Versammlungen teil, wenn ihm auch die kniend vollzogene Gebetsgemeinschaft befremdete. Da in

Theophil Krawielitzki

den Gemeinschaftsstunden viel von Bekehrung geredet wurde, forschte er in den Bekenntnisschriften der Kirche und fand auch dort die Notwendigkeit der Umkehr bezeugt. Ein Jahr nach seinem Amtsantritt, so erzählte er später, kniete er eines Abends, bevor er in den Betsaal zur Bibelstunde ging, in seinem Amtszimmer nieder und übergab sich »einfältig dem Herrn, um ihm als sein Eigentum im Glauben fernerhin zu leben und zu dienen«.

Sein Arbeitseifer war so groß, daß er Hauptgottesdienst, Nachmittagsgottesdienst und Sonntagsabends und Mittwochabends Bibelstunde im Betsaal hielt. Am Buß- und Bettagabend wurden drei junge Mädchen erweckt. Er verstand nicht, was die Ursache ihrer Bewegung war, und schickte ihnen die Gemeindeschwester, die ihm dann am andern Morgen berichtete, daß die Mädchen sich zum Herrn bekehrt hätten und ihrer Errettung gewiß geworden wären. Am Sylvesterabend war es ein junger Mann, der vor innerer Angst an allen Gliedern schlotterte und dann zum Frieden kam. Nun schloß Krawielitzki die Gebetswoche an, von der er einmal gelesen hatte, und daraufhin noch eine Evangelisation, die er selbst hielt. Und jeden Abend kamen einige Menschen zum Glauben. Die Erweckung war im Gang. Jugendbundarbeit und Blaukreuzarbeit kamen hinzu. Nun suchte er die Verbindung mit den Nachbarpfarrern von Pommern, die ähnlich geführt worden waren wie er. Pastor Girkon aus

Ostpreußen, der ihm in der Blaukreuzarbeit half, lehrte ihn, daß der Glaube sich allein auf das Wort Gottes, nicht auf unsere Empfindungen gründe.

Inzwischen setzten von seiten einflußreicher Kirchengemeinderäte, die bei der Erweckung nicht mitgingen, Feindseligkeiten ein. Er wurde bei der Behörde verklagt. Diese schrieb solange Neuwahlen aus, bis die Gegner die Mehrheit gewannen. Nun wurde der unbeschränkte Gebrauch der Kirche und des Betsaals durch den Gemeindekirchenrat verboten. Kurz entschlossen gründete Krawielitzki einen Brüderverein und baute einen großen Saal für die Gemeinschaft.

In dieser Zeit erlitt Krawielitzki große Anfechtungen, weil ihm der Sieg über die Sünde oft fehlte, von dem die Heilige Schrift und das Glaubenslied so mächtig zeugten. Er suchte Zuflucht bei Pfarrer Stockmayer in Hauptwyl, der sein Seelsorger wurde. Da ist er der eigenen Kraft abgestorben. Als ein tief Gedemütigter, dem Gott Gnade um Gnade geben konnte, kehrte er heim.

Er schreibt darüber:

Wie war ich glücklich, nun durchzuschauen in das vollkommene Gesetz der Freiheit und einfältig glauben zu dürfen, daß mein Heiland Jesus Christus der siegreiche Erlöser für mich ist, der jedes Band zerreißt. Ich wußte nun für meine eigene Person wie für alle Kinder Gottes, daß Jesus, der uns errettet hat von der Schuld der Sünde, auch ein Retter ist von der Macht der Finsternis, des Fleisches und des eigenen Lebens, der uns in der Sterbens- und Lebensgemeinschaft mit ihm selbst Schritt für Schritt weiterführen will, daß wir im kindlichen Glauben an ihn immer mehr uns selbst verlieren und umgewandelt werden nach seinem Bilde.

1902 war er zum Vorsitzenden des Bruderrats der westpreußischen Gemeinschaftsbewegung gewählt worden. In vielen Reisen bezeugte er auf Gemeinschaftstagungen und Konferenzen das volle Heil in Jesus Christus. Der Posaunenarbeit, dem erwecklichen Lied (Reichslieder), der Evangelisation widmete er seine besondere Liebe. Dabei trat er für den Grundsatz des Gnadauer Verbandes tatkräftig und zielklar ein: In der Kirche, wenn möglich mit der Kirche, aber nicht unter der Kirche.

Der nachhaltigste Dienst, den er der Gemeinschaftsbewegung leistete, war die Übernahme und Weiterführung des Gemeinschaftsschwesternhauses, einer Gründung von Pfarrer Blazejewski in Borken (Ostpreußen), nach dessen frühem Tode (1900).

Der Diakonissenvater

Am 2. Februar 1899 hatten die Brüder, die bei einer großen Gemeinschaftskonferenz in Danzig versammelt waren, in lebendigem Bewußtsein der Nähe des Herrn die Gründung eines eigenen Diakonissenhauses beschlossen. Blazejewski, einem ehemaligen Marinepfarrer, einem ritterlichen Mann voll brennender Heilandsliebe, wurde die Leitung übertragen. Mit vier Schwestern, von denen zwei aus Vandsburg kamen, wurde das Diakonissenhaus eröffnet. Die Grundsätze, die vorher schon feststanden, waren folgende:

1. Fundament der Arbeit ist allein das Wort Gottes, nicht im Sinn einer bloßen Rechtgläubigkeit, sondern weil wir wissen und erfahren haben, daß im Wort Gottes Christus selbst für uns gegenwärtig und wirksam ist.
2. Das Ziel aller Arbeit der Schwestern ist, Seelen zu gewinnen für Christus. In allem zielen wir nur auf ihn ab. Die für ihn gewonnenen Seelen sind allein die Beglaubigung unseres Dienstes.
3. Die Bedingung für alle Arbeit ist auch wieder nur Er, die tiefinnige Verbindung mit Ihm selbst. Darum kommt bei der Arbeit alles auf die persönliche Vertiefung in Christus an.
4. Die Voraussetzung ist, daß zwei Bedingungen für die Aufnahme erfüllt sein müssen;
a) Bekehrung, daß die Schwester persönlich ihres Heils gewiß geworden ist,
b) persönliche Berufung zum Dienst, so daß die Schwester deutlich weiß: Der Herr will, daß ich seine Magd sei. Er hat mich berufen.
5. In der Probezeit ist vor allem darauf zu achten, ob die Schwester bereit ist, sich heiligen und lösen zu lassen von allem eigenen Wesen.
6. Dieser Heiligung soll auch die Hausordnung dienen, die täglich Zeit läßt sowohl zum eigenen Bibellesen als auch zur Sammlung vor dem Angesicht des Herrn in der stillen halben Stunde, abgesehen von Andachten, in denen jedes Gebetsmonopol unbarmherzig schwindet gegenüber dem Recht und auch der Pflicht jedes Gotteskindes, zu seinem Vater zu reden.
7. Die Ausbildung hat zu geschehen
a) in der Hausarbeit
b) in der biblischen Erkenntnis
c) in der Krankenpflege.

Diesen Schwestern hat Krawielitzki nun väterlich und seelsorgerlich gedient unter Aufopferung auch der Zeit, die er für seine Familie hätte erübrigen können. Er hatte die Gnade, treue Mitarbeiter zu bekommen, die ihm in der Diakonissenarbeit halfen, so Pfarrer Lange, der zum Leiter des neu zu gründenden Gemeinschaftsbrüderhauses nach Vandsburg berufen wurde, und Evangelist Hoff. 1906 legte Krawielitzki wegen Überlastung das Pfarramt in Vandsberg nieder. Sein Nachfolger war ein Gegner der Gemeinschaftsarbeit. Vor Gericht wollte man dem Gemeinschaftswerk die Rechtsgrundlage entziehen, weil es eine eigene Religionsgemeinschaft darstelle. Das Gerichtsurteil erging auch in dieser Richtung, wurde aber in dritter Instanz nach heißen Kämpfen auch in der kirchlichen Presse aufgehoben. Krawielitzki bekannte beim nächsten Jahresfest: »Ich bin zu gering aller Barmherzigkeit und Treue, die du an deinem Knecht getan hast.«

Nun setzte eine stürmische Aufwärtsentwicklung des Diakonissenwerks ein. 1908 waren es schon zweihundertzwanzig Schwestern. Im selben Jahr wagte er, das Diakonissenhaus Hebron in Marburg als Tochteranstalt zu gründen und übersiedelte mit seiner Familie und einem Kern Vandsburger Schwestern dorthin. Einige Jahre später erfolgte, gerufen durch einen Stifter Direktor Mehl, die Gründung des Bayrischen Mutterhauses Hensoltshöhe in Gunzenhausen. Im Jahre 1926 waren es 1975 Schwestern und 131 Brüder. 245 neue Stationen, darunter 17 Krankenhäuser, wurden übernommen.

Seelen, Seelen, Seelen und keine Allotria! Dieses Wort Scrivers war die Parole seiner Diakonie. Darum bekam er eine offene Tür für die missionarische Arbeit seiner Schwestern. Mit seinem glühenden Herzen gab er den Rufen aus Polen, aus Österreich, aus der Schweiz, wo Minna Popken ihm ihr Kurhaus Ländli übertrug, aus Holland, aus USA, aus Canada, aus Brasilien Gehör und sandte dahin Schwestern aus, deren landsmännische Vorstände aber in eigener Verantwortung arbeiteten. Ja, selbst in China übernahm er ein Gebiet der China-Inlandmission, wo dann nach dreizehn Jahren vierzig Missionare und Missionarinnen auf fünfzehn Stationen arbeiteten.

Sein Biograph Fritz Mund weist nach, daß Krawielitzki in seiner Berufsordnung der Diakonie die alte Hausordnung Fliedners in Kaiserswerth zu neuem Leben erweckt und sie durch die Berner Diakonissenordnung Dändlikers ergänzt hat. Sein Grundsatz war, wie Lic. Brandt in einem großangelegten Vortrag über die Berufsordnungen des Kaiserswerther Verbands ausführte:

»Zurück zur alten Entschiedenheit! Es hat hier ein Mann zweifellos das beste Erbe der Kaiserswerther Diakonie verstanden.«

Krawielitzki war berufen, in persönlicher, gläubiger Unmittelbarkeit zu Christus, in Schlichtheit, mit großer Lehrgabe die Linien des neutestamentlichen Glaubenslebens auf dem Gebiet der Diakonie in die Praxis umzusetzen. Daß ihn der Patriotismus des Grenzlanddeutschen das Antichristentum des Nationalsozialismus lange nicht erkennen ließ, führte zu erheblichen Spannungen innerhalb des Gnadauer Verbandes und der bayerischen Gemeinschaftsbewegung.

ERNST MODERSOHN
(1870-1948)

Ernst Modersohn wurde im Februar 1870 zu Soest als Sohn eines mittleren Beamten geboren. Beide Eltern waren aus westfälischem Stamm. Er wuchs in Münster auf, wo sein Vater Feuerversicherungsinspektor war. Die Eltern nahmen nicht geringe Entbehrungen auf sich, um ihren drei Söhnen eine gediene Ausbildung zu ermöglichen. Seine fromme Mutter säte ihm die ersten Samenkörner des Evangeliums ins Herz. Ernst studierte nach einigem Schwanken seinem Vater zuliebe Theologie, obwohl ihn weder Predigt noch Konfirmandenunterricht angesprochen hatten. Aber weder in Tübingen, noch in Berlin, noch in Halle fand er den Zugang zum Wort Gottes. Dafür nahm er Textkritik und liberale Theologie, die damals dominierten, in sich auf. So hatte er, als er nun Vikar wurde, keine Botschaft, und das Predigen fiel ihm überaus schwer. Zuerst war er ein Jahr lang

Ernst Modersohn

Volksschullehrer im Sauerland, bis er infolge Überarbeitung – er hatte im zweiten Halbjahr noch ein Pfarramt daneben versehen – körperlich zusammenbrach. Er hatte sich aber zum Jünglingsverein Schalksmühle einladen lassen. So lernte er bei der Lehraufgabe, für die er keinerlei Ausbildung besaß und die deshalb sein Vermögen überstieg, auch durch die innere Schau des Wortes »Befiehl dem Herrn deine Wege«, das Beten, und durch die Nötigung der Predigtvorbereitung das Bibellesen. Entscheidend war aber das Lehrvikariat bei Pastor Kühn in Siegen. Pastor Kühn war ein Freund der Gemeinschaftsleute, dessen Ausspruch er sich merkte: »Eine gut behandelte Gemeinschaft ist ein Damm gegen Sektiererei, eine schlecht behandelte Gemeinschaft eine Brücke zur Sektiererei.« Bei Kühn erlebte Modersohn auch eine Evangelisation mit Elias Schrenk, über dessen Mithilfe Kühn sich herzlich freute. Ein schlichter Gemeinschaftsmann namens Ludwig Roth aus Weidenau half ihm seelsorgerlich weiter dadurch, daß er ihm die Botschaft aus 1. Joh. 1,8 »das Blut Christi, des Sohnes Gottes, macht mich rein von aller Sünde« bezeugte.

Nun hatte er ein persönliches Zeugnis, und die Gemeinschaftsleute hörten es mit Freuden aus seiner Predigt heraus und faßten Vertrauen zu ihm. So wurde er im Jahre 1895 von der Mehrheit des Presbyteriums zum Pfarrer in Weidenau gewählt. Getragen von den Gebeten der Frommen, durfte er im geistlichen Erwachen einer Anzahl von Gemeindegliedern Früchte seiner Aussaat sehen. Inzwischen hatte er sich mit seiner gleichgesinnten Frau Hedwig verbunden, die ihm in herzlicher Liebe zu seiner Gemeinde eine rechte Gehilfin wurde. Drei Kinder hat sie ihm geboren. Nach schwerer Krankheit wurde sie ihm im Jahre 1900 durch den Tod entrissen. 1910 mußte er das Sterben seines innigfrommen achtjährigen Sohnes Werner miterleiden. 1899 war er nach Mülheim an der Ruhr als Pfarrer gerufen worden.

War Weidenau schon eine Stadt reicher geistlicher Anregungen gewesen mit einer großen, lebendigen Gemeinde, waren ihm dort schon viele christliche Originale in den alten Siegerländer Brüdern begegnet, hatte er Stöcker, Dammann und Krummacher kennengelernt, so war das Mülheim Gerhard Tersteegens seit Jahrhunderten, seit den Brüdern vom gemeinsamen Leben vor der Reformationszeit, mit einer großen lebendigen Gemeinde gesegnet. Neben ihm stand der geistesmächtige Pastor Girkon, mit dem Modersohn innerlich sehr verbunden war. Dreitausend Gemeindeglieder sammelten sich sonntäglich zum Gottesdienst in der großen Petrikirche, wo er und Girkon predigten. Die Tersteegenkonferenz, die vor den Toren von Mülheim unter der Leitung von Oberstleutnant von Knobelsdorf tagte, führte ihn mit erleuchteten Gottesmännern zusammen, mit v. Viebahn, Stockmayer, Fritz Ötzbach, Jellinghaus, Jakob Vetter und Pastor Paul. Im Jahre 1905, als in Wales die große Erweckung ausbrach, schlug sie ihre Wellen auch nach Mülheim. Es begann mit einer Allianzgebetsversammlung mit der Ev. Gemeinschaft. Das große Zelt kam mit seinen 3000 Sitzplätzen von Lüdenscheid herüber. Jakob Vetter und v. Viebahn sprachen. Die Bewegung griff in die ganze Umgegend über. Man beschloß, um die Erweckten zu sammeln, ein Gemeinschaftshaus zu bauen und eine Gemeinschaft zu gründen.

Da kam der Ruf nach Blankenburg mit der Aufgabe, das Erholungsheim des Allianzhauses, einer bedeutenden Gründung Anne v. Welings, zu leiten und im Winter Evangelisationen zu halten. Modersohn erbat sich Weisung von dem Herrn und bekam das Wort aus 5. Mose 1: »Ihr seid lange genug an diesem Berge gewesen; wendet euch und ziehet hin.« Zwar mußten sie auf die Pension der Landeskirche verzichten, aber Modersohn und seine Frau Gertrud, geb. von Werthern, die ihm in zweiter Ehe verbunden war, entschlossen sich, dem Ruf nach Blankenburg Folge zu leisten (1906). Im gleichen Jahr wurde dort eine große Konferenzhalle für die Allianzkonferenz gebaut, da die erste Halle zu klein geworden war.

1906 war er zum Vorsitzenden des Thüringer Gemeinschaftsverbandes gewählt worden. Die Schriftleitungen des Blattes »Heilig dem Herrn« und des Verteilblattes »Der Weg zum Glück« lagen ihm außerdem noch ob. So mußte er 1910 die Leitung des Allianzhauses abgeben, um seinen großen Aufgaben

nachzukommen: der Schriftstellerei und der Evangelisation.

Seinen 70. Geburtstag feierte er 1940 im Sonnenschein des Glücks und der Dankbarkeit vieler. Kurze Zeit darauf erfolgte seine Verhaftung durch die geheime Staatspolizei. Er wurde zwar nach einigen Wochen wieder entlassen, bekam aber Rede- und Schreibverbot.

Am 15. April 1945, nach dem Einmarsch der Amerikaner, durfte er in einer Buß- und Betversammlung zum ersten Mal das Schweigeverbot brechen. Er sprach über den tiefsten Grund unse-

Oben:
Bad Blankenburg mit der Konferenzhalle

Unten:
Blick in die Halle

res Zusammenbruchs, daß wir uns als Volk von Gott abgewendet haben. Am 2. Februar 1948 ist er entschlafen.

Der Dienst Ernst Modersohns an der Christenheit

besteht nicht nur in dem Zeugnis eines Mannes, der aus liberaler Theologie zu einem christozentrischen Glauben hindurchdringen und durch seinen Verkündigungs- und Seelsorgedienst viele zu Christus führen durfte, sondern sein Dienst bestand darin, daß er früh das Vertrauen der lebendigen Gemeinschaftskreise suchte. Die großen Gemeinschaftskonferenzen beriefen ihn zur Wortverkündigung, so trat er in die Reihe mit von Viebahn, von Knobelsdorf, Stockmayer, Dammann und Vetter.

Ihm wurde eine echte Allianz mit der Ev. Gemeinschaft in Mülheim a.d. Ruhr geschenkt. Damit griff die Erweckung zugleich auf seine Gemeinde über. So stand er mitten im Strom des geistlichen Lebens, als die Pfingstbewegung einbrach und die Gemüter verwirrte. Er hat als führender Mann der Erweckung ihre Auswüchse schweren Herzens erkannt. Doch hat er diese Entgleisungen als seelische, nicht als dämonische Wirkungen milder beurteilt als andere Gemeinschaftsführer.

Mit seiner besonderen Gabe, schriftgemäß, anschaulich und seelsorgerlich zu schreiben, hat er mit der jahrzehntelangen Herausgabe der Wochenschrift »Heilig dem Herrn« der Gemeinde Jesu einen großen Dienst getan. Mit immer neuer Liebe hat er durch seinen evangelistischen Dienst auch im Raum der Volkskirche gewirkt. So war seine Bereitschaft zur Allianz echt, weil sie in der Liebe Christi alle umfaßte.

Er hat in übergroßer Arbeit sich selbst, seine geldliche Sicherstellung, manche seiner Freunde der Gemeinschaftsbewegung im Dienste Jesu zum Opfer gebracht. Er war im Dienst seines Herrn auch zum geduldigen Tragen seiner ihm auferlegten Leiden willig bis zu den Leiden, die er um seines Bekenntnisses willen im Gefängnis und Irrenhaus von der Gestapo erlitten hat. So war er einer unserer Väter.

Das Bekenntnis der Christenheit war ihm einst im Feuer der Bibelkritik verbrannt. Durch das Zeugnis der Siegerländer Christen hatte ihn die Hand des lebendigen Christus auf den Fels des Heils gestellt. So war ihm das auf das Wort vom Kreuz gegründete Heil das Wichtigste geworden. Der Unterschied der kirchlichen Bekenntnisse bekümmerte ihn nicht so sehr, daß er darum gekämpft hätte. Schon von daher gesehen war er der Mann der Allianz. Es ging ihm um den lebendigen Glauben, es ging ihm um das Testament Jesu, daß sie alle eins seien.

DORA RAPPARD
(1842-1923)

Ihr Vätererbe

Wie Bächlein und Flüsse in einem See zusammenfließen, in dessen klaren Fluten sich Berge und Himmel spiegeln, so ist das Leben von Dora Rappard. In ihrem Leben sammeln sich verschiedene Ströme geistlichen Lebens. Der Hauptstrom entspringt dem gesegneten Leben von Spittler, der St. Chrischona gründete, wo sie ihre Lebensarbeit vollbracht hat, der aber auch ihren Großvater Christian Heinrich Zeller nach Beuggen rief, wo sie viele frohe Ferien zugebracht hat. Spittler war aber auch der Gründer der Basler Mission, in deren Missionshaus ihr Vater Samuel Gobat seine Ausbildung erhielt. Der Gedanke an die Apostelstraße von Jerusalem bis Abessinien entsprang dem kühnen Planen Spittlers und seines Freundes Krapf. So kam Samuel Gobat nach Abessinien als Missionar. In die Familie Rappard wirkten Einflüsse Ludwig Hofackers, zu dessen Kreis der Schwiegervater Dora Rappards gehört, wie Eindrücke aus dem niederdeutschen Tersteegenkreis, dem Carl August Rappard als Vikar zu Repeln am Niederrhein zweieinhalb Jahre lang nahestand und dem er durch seinen Schwager, den Gründer des Neukirchener Erziehungsvereins, Andreas Bräm, verbunden blieb.

Dora Rappard wurde am 1. September 1842 als Tochter des Missionars Samuel Gobat auf der Insel Malta geboren, wo ihr Vater, der krankheitshalber Abessinien hatte verlassen müssen, im Auftrag der Mittelmeermission eine Übersetzungsanstalt und Druckerei leitete. Ihre Mutter war die Tochter von Christian Heinrich Zeller, dem Gründer der Anstalt Beuggen. 1846 erhielt Gobat durch den preußischen König Friedrich Wilhelm IV. den Ruf auf den von ihm und England gemeinsam gegründeten Bischofsstuhl von Jerusalem. Der Bischof mußte Anglikaner, d.h. durch den Erzbischof von Canterbury geweiht, sein und wurde einmal von England und das andere Mal von Preußen ernannt.

Dora erlebte eine beglückende Kindheit. Vater und Mutter machten ihr das Wort Gottes lieb. Wie wundervoll und anschaulich ließen sich doch die heiligen Geschichten im heiligen Land erzählen, wenn man im Frühjahr die glänzend roten Anemonen in der Nähe des Gartens Gethsemane suchte oder im Sommer in Zelten unter dem Schatten der Olivenhaine hauste und den weiten Blick nach dem Rama des Propheten Samuel hatte. Ihre einzigartige Bibelkenntnis erwarb sie sich schon in ihrer Jugend. Eine Gehirnhautentzündung, von der sie in früher Jugend genesen durfte, machte ihr Jahre hindurch durch heftige Kopfschmerzen viel zu schaffen und erschwerte ihr das Lernen. Als sie dann für vier Jahre zur Ausbildung in das Töchterpensionat der Brüdergemeine nach Montmirail kam, ließ sie die Freundschaft mit der englischen Mitschülerin Florence Barker in den Frieden eines Lebens mit Jesus hineinschauen. Ihre Weiterbildung erhielt sie dann in dem anregenden Leben des Jerusalemer Elternhauses, wo leuchtende Christen als Pilger des Heiligen Landes einkehrten. Sie las viel in ihres Vaters Bibliothek und machte sich in sauber geschriebenen Bänden Auszüge aus dem, was sie las. So übte sie früh ihre schriftstellerische Gabe. In den Februartagen des Jahres 1858 kam sie nach heißen Kämpfen zum inneren Frieden.

Sie berichtet darüber:

Innerlich fing in den Wintertagen des Jahres 1856 eine Zeit der Angst, der inneren Unruhe an. Obwohl ich von Kindheit an den Heiland geliebt, zu ihm gebetet und sein Wort mit Freuden gelesen hatte, auch nach außen hin als ein frommes Kind galt, fühlte ich auf einmal die Verderbnis meines ganzen Wesens so sehr, daß ich mich für das schlechteste und lerärmste Menschenkind ansah. Es war in der stürmischen Nacht im Februar 1858. Da mitten in der Not trat ein längst bekanntes Wort vor meine Seele: Glaube an den Herrn Jesus Christus, so wirst du und dein Haus selig! Mein Glaube erfaßte fest und kühn das klare Wort des Evangeliums: 'Herr, ich glaube, ja, ich glaube an dich, so bin ich gerettet!' So jubelte es in mir. Und unmittelbar an dieses erste Wort reihte sich ein zweites: Es ist vollbracht! Ich erfuhr damals, was ich später aus-

Dora Rappard

sprechen lernte: O Wort des Lebens! Hier kann mein Glaube ruhn, auf diesen Felsen kann ich mich gründen nun. Ewig vollkommen ist unseres Gottes Heil; nimm es, o Sünder, an, so wird dir's ganz zuteil! Nichts kannst du machen mehr, Gott hat's gemacht: Es ist vollbracht!

Im heiligen Dienst

Im Jahre 1861/62 half sie ihrem Bruder Benoni, dem Vikar der anglikanischen Kirche in Romsey in Südengland, bei der Führung seines Haushaltes und als Gemeindehelferin in der Sonntagsschule und bei Krankenbesuchen. Da lernte sie die Kraft des Namens Jesu kennen, wie sie einmal berichtete. Bei einem Besuch in Nordengland bekam sie einen tiefen Eindruck von der englischen Erweckungsbewegung, wenn auch der Ausschließlichkeitsstandpunkt der damaligen Anglikanischen Kirche gegenüber den freikirchlichen Bewegungen ihr schmerzliche Zurückhaltung auferlegte. Nach Jerusalem zurückgekehrt, übernahm sie dort die Leitung einer von ihrem Vater gegründeten Mädchenschule, bis ein Kehlkopfleiden infolge Überanstrengung beim Sprechen der arabischen Kehllaute dieser Tätigkeit ein Ende machte. Unter äußeren und inneren Anfechtungen erlebte sie bei vielen Reisen die landschaftlichen Herrlichkeiten des heiligen Landes. 1867 gab sie Heinrich Rappard, dem Missionar der Apostelstraße an St. Matthäus in Alexandrien, der ihr schon vor einigen Jahren mit seiner hochgewachsenen ritterlichen Erscheinung in St. Chrischona

*St. Chrischona: West-
flügel des Brüderhauses
und »Kirchheim«
(1867)*

begegnet war, ein freudiges Jawort. Ihre Brautbriefe spiegeln die zarte, innige Liebe der beiden wider. Im November 1867 wurde die Hochzeit in Beuggen gefeiert. Sie wurde eine treue Gehilfin ihres Mannes, zuerst auf der Missionsstation in Alexandrien, dann als Hausmutter der Anstalt St. Chrischona, wohin sie ein Jahr später berufen wurden. Die Anstalt entwickelte sich zu einer großen Evangelistenschule mit über einhundert Schülern. Ihr Mann war viel auf Reisen, um Evangelisationen zu halten. Da bekam sie einen großen Tätigkeitsbereich als Mutter von zehn Kindern und als Anstaltsmutter. 50 Jahre lang hat sie die Anstaltskasse verwaltet. 1874 gründete ihr Mann die Monatsschrift »Des Christen Glaubensweg«, bei der sie ihm mit ihrer schriftstellerischen und dichterischen Gabe eine gesegnete Mitarbeiterin wurde. Gleichzeitig begann sie ihren ersten öffentlichen Dienst bei christlichen Frauenversammlungen. Gemeinsam mit ihrem Mann besuchte sie im Jahre 1875 die Glaubenskonferenz von Brighton und nahm die Botschaft von der Heiligung durch den Glauben tief in sich auf, ohne in einen unnüchternen Perfektionismus zu geraten. Es fehlte in den kommenden Jahrzehnten nicht an herbem Leid. Ein hochbegabter einundzwanzigjähriger Sohn, Theologiestudent in Göttingen, starb in den Armen der Mutter. In seiner Tasche fand man auf einem Blatt das Lied, das er bei sich getragen hatte: Fort, mein Herz, zum Himmel, fort, fort dem Himmel zu!

1909 kam der letzte Abschied von ihrem Mann, der auf einer Dienstreise in Gießen in die Ewigkeit abgerufen wurde. Durch ihr Herz klang es:

Alles, alles Irdische vergehet; Blume verwelkt, der Wind darüber wehet, Freude wechselt über Nacht mit Leiden; auch vom Liebsten muß die Liebe scheiden: Du aber bleibest!

Viele Lieder wurden von ihr gedichtet und gesungen. Ihre Feder schrieb Bücher tiefer, froher Glaubenserfahrung: Ein Andachtsbuch: »Sprich Du zu mir«, mit täglichen Andachten, ein Buch »Frohes Alter«, worin sie ihre reife Lebenserfahrung weitergibt, »Lichte Spuren«, Erinnerungen aus ihrem Leben, »Die heilige Woche«, das Leiden, Sterben und Auferstehen unseres Herrn Jesu.

Wie sie über die Aufgabe der christlichen Frau dachte, sagt ein Gedicht:

Das Recht zu dienen und zu lieben,
das Recht, Barmherzigkeit zu üben;
das Recht, die Kindlein sanft zu hegen,
zu ziehen, lehren, mahnen, pflegen;
das Recht, wenn alles schläft, zu wachen;
das Recht, im Dunkel Licht zu machen;
das Recht, gekrönt mit sanfter Würde
zu tragen andrer Last und Bürde;
das Recht, wenn trübe Zweifel walten,
den Glauben fest und treu zu halten;
das Recht, ohn' Ende zu verzeihn,
das Recht, ein ganzes Weib zu sein,
voll wahrer Güte, fromm und echt:
das ist das schönste Frauenrecht!

Als Patriarchin feierte sie im Inspektorhäuschen zu St. Chrischona noch still ihren 81. Geburtstag. Die Nähe der oberen Schar umgab sie, wie sie schreibt:

Unsere selig Entschlafnen sind bei Christo. Christus aber ist bei uns. Das ergibt eine wunderbare Verbindung.

Die Sehnsucht nach dem himmlischen Jerusalem erfüllte sie, die das irdische Jerusalem so lieb hatte.

Jerusalem, Jerusalem!
Ein Strahl von deiner Pracht
fällt wie ein güldener Morgenstern
in unsere Tränennacht.
Das Kleinod ist des Ringens wert,
halt aus, o Herz, halt aus!
Ein schmaler Weg, ein dunkler Steg,
und dann sind wir zu Haus!

Am 10. Oktober 1923 ging sie heim.

Zum Schluß das Bekenntnis ihres Lebens:

Es ist mir oft ein Bedürfnis gewesen, Gott, dem Schöpfer und Erhalter aller Dinge, von Herzen zu danken dafür, daß er mich hat geboren werden lassen, und zwar in eine Welt, die er geliebt, und in eine Menschheit, die er erlöst und zur Herrlichkeit berufen hat. Auch heute, im Rückblick auf meinen Erdenlauf, preise ich ihn, daß er mich gemacht und für die Ewigkeit bestimmt hat.

ANNE VON WELING
(1837-1900)

wurde 1837 als einziges Kind ihrer Eltern in Neuwied geboren. Früh verlor sie ihren Vater. Die Mutter, eine gläubige Schottin, erzog sie streng und hielt sie von Kind auf zum Herzensgebet und zum Bibellesen an. Bei einer Reise nach Schottland zu ihren Verwandten hörte sie den Evangelisten Radcliffe bei einer Evangelisation. Sie kam dadurch zu einer gründlichen Umkehr und zur freudigen Hingabe in den Dienst Jesu. Als ihre Mutter im Jahre 1870 nach aufopfernder Pflege durch die Tochter heimging, war sie frei zum Dienst. Zunächst diente sie als Krankenschwester an den Verwundeten. Einer ihrer Pfleglinge, der Riese, wie sie ihn nannte, den sie durch ihre sorgfältige Pflege vor einer Amputation bewahrt hatte, blieb immer mit ihr in Verbindung. Sie half ihm zum Fortkommen durch die Einnahmen aus ihrer Schriftstellerei. Durch diese Verbindung kam sie nach Branderoda in Thüringen, und es ging ihr ans Herz, als sie sah, wie die Frauen und Kinder dort in völliger Unkenntnis des Evangeliums dahinlebten. Sie fühlte sich gedrängt, ihnen das Evangelium selbst zu verkündigen. Sie tat das zunächst bei einer Diphterieepidemie als Krankenpflegerin in aufopfernder Liebe. Dann gründete sie dort eine Kinderschule und einen Nähverein für Frauen, hielt Sonntagsschule und schließlich eine Frauenbibelstunde. Nun wurde sie wegen ihres Singens und Betens angeklagt wegen »Ruhestörung und Hausfriedensbruch« und vor das Gericht gestellt. Sie wurde zuerst verurteilt, dann wurde nach langen Verhandlungen schließlich der Prozeß eingestellt. Nun zog sie nach Weißenfels, sammelte auch dort die Kinder und die Frauen und wartete ab, wo der Herr sie

hinführen würde. Nach einem Jahr konnte sie in Blankenburg von einem alten Christen ein bescheidenes Haus erwerben. Dieser Mann hatte lange für das geistlich so tote Thüringen um eine Stätte für das Evangelium gebetet. In dieses Haus nahm sie nun Waisenkinder auf, Erholungsgäste und hielt Sonntagsschule und Bibelstunden. Im Jahre 1886 gab es ihr der Herr ins Herz, Christen verschiedener Benennungen zu einer Glaubenskonferenz einzuladen. Und es ka-

Anne von Weling

men Ende August 28 Personen, darunter als erster Dr. Bädecker, der Evangeliumssänger Gebhardt und andere. Das war die erste Blankenburger Allianzkonferenz. Die Allianz ist 1846 in London entstanden auf Anregung des Schotten Thomas Chalmers, sie bekam in Deutschland durch die Blankenburger Konferenz einen neuen Aufschwung. Sie entstand nicht als eine Vereinigung von Kirchen, sondern als eine Vereinigung von Personen, denen das Testament Jesu von Joh. 17 am Herzen liegt. Sie will keine Organisation sein. Ihre Arbeitsform sind die alljährliche Gebetswoche im Januar und die Konferenzen.

Die zweite Blankenburger Konferenz hatte 45, die dritte 70 Besucher. 1898 mußte die Konferenzhalle gebaut werden, weil der Platz für die Besucher nicht mehr ausreichte. Segensströme ergossen sich von da in die geistlich dürren Gefilde Thüringens. Hudson Taylor, v. Viebahn, v. Knobelsdorf, Stockmayer,

Rappard, Elias Schrenk, Hans Werner von Tiele-Winckler und Dr. Torrey waren da und dienten mit dem Zeugnis von Jesus Christus. 1900, am Himmelfahrtstag, wurde Anna von Weling begraben, aber ihr Werk ging weiter. 1906 war Modersohn dorthin berufen worden. Die zweite, noch größere Konferenzhalle entstand. Das Reich Gottes ist wie ein Senfkorn, das ein Mensch nahm und säte es auf seinen Acker.

Johann Gerhard Oncken

hatte vor der Geburt seines Sohnes seine Verlobte im Stich gelassen und war nach London gezogen. Er bekannte sich in einem Brief an das Varelsche Pfarramt zu seinem Sohn, pflegte aber weiter keine Verbindung mit ihm und soll schon 1802 gestorben sein. Die Großmutter, bei der Johann Gerhard aufwuchs, war eine gottesfürchtige Frau, die dem Knaben vor dem sonntäglichen Kirchgang den Segen gab. Der herangewachsene Knabe fand dann Stellung in dem Gasthaus seines Onkels, des Bruders seiner Mutter. Dort kehrte ein schottischer Kaufmann John Walker Anderson ein, um Schmuggelgelder einzuziehen. Es war die Zeit der Kontinentalsperre, und der illegitime Handel mit England blühte. Dieser Anderson nahm den Knaben mit nach Edinburgh, um, wie er sagte, aus ihm einen Mann zu machen. Da in Varel kaum geistliches Leben war, war die Übersiedlung des jungen Menschen in den schottischen Raum entscheidend für seine innere Entwicklung. Für die Gesinnung des vornehmen schottischen Kaufmanns war es bezeichnend, daß er in Hamburg auf dem Wege in seine Heimat dem Knaben eine Bibel kaufte.

Er wird Missionar

In Schottland lernte nun Oncken ein ernstes Gemeindeleben kennen, das durch John Knox vom alttestamentlichen Bundesgedanken her geprägt war und unter der Leitung von Ältesten stand. Im Gegensatz zum klerikalen Katholizismus und zum katholischen Königtum waren diese Gemeinden in harten Kämpfen entstanden und wurden vom strengen Geist Calvins geprägt.

Oncken wurde, als er in London weilte, in die Gemeinde der Methodisten geführt und durch eine Predigt über Röm. 8,1 »So ist nun nichts Verdammliches an denen, die in Christo Jesu sind« seines Heils gewiß. Der junge Christ fühlte nun den Drang in sich, Missionar für Jesus zu sein. Er verteilte Traktate und Flugblätter. Er verließ den Kaufmann Anderson, um Missionar zu werden. Seine Beweggründe spricht ein Brief an Henri Drummond aus:

Ich wünschte mir die Worte, um den gegenwärtigen, jämmerlichen Zustand der Kirchen einigermaßen schildern zu können. Hier (in Hamburg) einen Christen zu treffen, ist wahrlich ein seltenes Ding. O Sir, wenn Sie mit eigenen Augen sich nur an einem Sabbath von

Johann Gerhard Oncken

JOHANN GERHARD ONCKEN
(1800-1884)

Der Gründer der deutschen Baptistengemeinde

Seine Jugend

Johann Gerhard Oncken ist am 26. Januar 1800 zu Varel am Jadebusen geboren. Seine Mutter Anna Elisabeth Vaupel stammte aus einem hessischen Geschlecht, das südlich vom Main seine Heimat hatte. Sein Vater Gerd Oncken

den traurigen Szenen überzeugen könnten, so wäre ich sicher, daß Sie Ihrer Seele keine Ruhe gönnen würden, bis Sie alles getan hätten, um die armen, verlorenen Sünder zu Christo zu bringen. So ist seit dem letzten Winter der Wunsch meines Herzens und mein Gebet gewesen, er möge mich an diesem Ort als Werkzeug zur Bekehrung von Sündern gebrauchen.

In einem anderen Brief schreibt er:

Aller menschlichen Wahrscheinlichkeit nach hätte ich für immer verloren gehen müssen, wenn nicht Gott mich von meinem Geburtsort hinweggenommen und in ein Land gebracht hätte, in dem es an Mitteln der Gnade nicht gebricht . . .

Was wären viele meiner christlichen Freunde geworden, wenn sie nicht in England geboren wären? Ich liebe Euer teures Land!

Oncken wohnte als Bibel- und Schriftenmissionar der englischen Kontinentalgesellschaft im Hause von Pfarrer Matthews, dem Prediger der englischen Independentengemeinde zu Hamburg. Diese »unabhängige« Gemeinde hatte vom Hamburger Senat die Erlaubnis zu freier Religionsausübung erhalten. Ihr Prediger Matthews, der zuerst die streng calvinistische Lehre von der ewigen Gnadenwahl verkündigt hatte, machte unter dem Einfluß der Schriften des Schotten Erskine eine Schwenkung und verkündigte die Allversöhnungslehre. Ein wenig später öffnete er sich den großtäuferischen Gedanken des dänischen Offiziers Carl von Bülow und eines durch diesen getauften Adligen Leopold von Lücken und ließ sich von ihm taufen.

Taufe, Gemeindegründung und Bedrängnisse

Oncken ging in dieser Gemeinde aus und ein und erlebte ihre Kämpfe und Nöte mit. Er hielt als Bibelbote Gottesdienste auf den Schiffen vor den Matrosen, half eine Sonntagsschule von St. Georg gründen, machte eine Bibel- und Schriftenniederlage in der Neumannstraße in seinem eigenen Hause auf und hielt dort dienstags, donnerstags, freitags und sonntags gottesdienstliche Versammlungen. Schon 1832 gibt er bei einem Verhör auf dem Stadthaus in Hamburg an, daß 20 000 Bibeln und 10 000 Testamente durch ihn verkauft worden seien. 1828 wechselte er zur Edinburgher Bibelgesellschaft über, die ihm mehr Freiheit ließ als die Kontinentale Gesellschaft. Inzwischen klärten sich seine Ansichten sowohl über die Wiederbringungslehre, die er ablehnte, als auch über die Art der Gemeindebildung

Titelseite von »Glaubensbekenntniß und Verfassung der Gemeinde getaufter Christen« (1847) und »Manifest des freien Urchristenthums an das deutsche Volk« von Julius Köbner (1848)

durch einen Entscheidungsakt, nämlich die Großtaufe. Am 22. April 1834 ließ er sich durch den amerikanischen Professor und Baptistenprediger Dr. Barnas Sears mit sieben anderen im Licht des Vollmonds in der Elbe, am flachen sandigen Ufer taufen. Am Tag darauf kamen die Neugetauften zusammen, um eine Gemeinde zu bilden. Oncken wurde zu ihrem Vorsteher gewählt und von Sears feierlich zum Dienst bestellt. Es wurden ihm und seiner Schar unter dem Schutz eines wohlgesinnten Hamburger Ratsherrn, der Kirchmeister und Polizeiherr war, stille Jahre der Entwicklung beschert.

Unter dem nachfolgenden Polizeiherrn Dr. Binder geschahen viele Verhöre und Bedrückungen der Gemeinde und mehrere kürzere Verhaftungen Onckens auf dem Winserbaum, einem bürgerlichen Arresthaus, dessen nicht geringe Verpflegungskosten von dem Häftling selbst bestritten werden mußten. Onckens zäher Wille ließ sich dadurch nicht brechen noch entmutigen. Wegen tödlicher Erkrankung seines Kindes aus der Haft entlassen, reiste er vom Sterbebett des Kindes weg nach Kopenhagen, um dort unbeachtet im Schatten der Krönungsfeierlichkeiten Christians VIII. eine Taufe zu vollziehen. Als bekannt wurde, daß die Baptisten während des großen Brandes in Hamburg mehrere Abgebrannte in ihrem Lokal aufgenommen und eine bedeutende Anzahl von Abgebrannten auf

bestätigkeit. Sie bekamen erst, als Oncken' im Greisenalter stand, mitbestimmenden Einfluß. Die Gesamtgemeinde übte strenge Zucht, besonders auch in Fragen der Sonntagsheiligung und der Enthaltung vom Alkohol. Das Ideal der schottischen Gemeinden war grundlegend. Die Entscheidung zur Großtaufe und der Beschluß der Gemeinde, sie zu gewähren, sollte der Gewinnung einer dem neutestamentlichen Stand entsprechenden Gemeinde dienen. Die Gemeinde wollte Bundesgenosse sein. Sie schloß den Bund mit Gott in der Taufe, sie hielt den Bund mit Gott in heiliger Zucht.

Die Reisen des Bibelboten Oncken führten ihn in alle Gegenden deutscher Abstammung. Meistens wurde er zum Dienst gerufen und, wo er hinkam, entstanden baptistische Gemeinden in Dänemark, Holland, in Pommern, in Berlin, in Schlesien, in Rußland und in Württemberg und in der Schweiz. Sein Dienst hat manche Ähnlichkeit mit der Arbeit Dr. Bädeckers.

Oncken wollte, daß die Gemeinden im großen Verband, er sagte bezeichnenderweise Bund, eigenständig und selbständig seien. In der Gemeindeversammlung sollten sie abstimmen über alle ihre Angelegenheiten. Über der Gemeinde aber sollte sich die von Gott eingesetzte Ordnung der Gemeinde- und Bundesältesten erheben.

Sein Familienleben

In seiner Familie hat ihn nicht geringes Leid getroffen. 1844, als die Verfolgungszeit aufhörte, starb seine Frau Sarah, geb. Mann, die Mutter seiner fünf Kinder. Kurz zuvor war ihm sein jüngstes Töchterchen entrissen worden, während er zuerst in Haft und dann auf fernen Reisen war. 1846 schloß er den Ehebund mit Ann Dodgshun, die jahrelang gichtkrank war. 1850 verlor er seinen Sohn Philipp bei einem Brand in seinem Waschhaus. 1874 heiratete er seine dritte Gattin, die 25 Jahre jünger war als er, Jane Clark, die die Pflegerin seines Alters wurde, bis er in seinem stillen Heim am Züriberg am 2. Januar 1884 die Augen schloß.

Seine Lehre

Oncken wußte mit Calvin um die radikale Verderbtheit des menschlichen

ihre Kosten lange Zeit beköstigt und verpflegt hatten, schwenkte der Polizeiherr Binder um und duldete fortan die Gemeinde.

Der Aufbau der Gemeinden

Nun konnte Oncken, der Mann restloser Hingabe an die Sache, seine Tätigkeit entfalten. Sie geschah in der Leitung der Gemeinde, die als solche die von ihren Ältesten vorgeschlagenen Beschlüsse nach eingehender Beratung faßte. Oncken nahm nie Gehalt von der Gemeinde, um nicht von ihr abhängig zu sein. Er lebte von der Schriften- und Bibelmission, die bei seinen vielen und weiten Reisen einen großen Umfang erreichte. Die neben den Ältesten stehenden Diakone hatten eine dienende Stellung im Hausbesuch und in der Lie-

Herzens:

Solange das Herz nach Menschenehre geizt, kann man nicht glauben. Christus kann und will nur da einziehen, wo man sein Sündenelend erkannt hat und sich nach ihm sehnt.

Er wußte aber auch von der vollbrachten Erlösung, daß nichts Verdammliches ist an denen, die in Christo Jesu sind. Diese Heilserfahrung war sein methodistisches Erbe.

So sah er nicht so sehr den Geschenkcharakter der Taufe und des Abendmahls, sondern mehr das bewußte Erlebnis der Wiedergeburt als Voraussetzung der Taufe. Das Calvinische Pflichtzeichen der Taufe und des Abendmahlsbesuchs als Bekenntnis vor den Menschen mit dem Entscheidungscharakter des Eintritts in die Gemeinde und des Bundesschlusses waren ihm wesentlich, um dadurch zu einer selbständigen, tätig missionierenden Gemeinde zu gelangen.

Wie sich bei ihm Gabe und Aufgabe miteinander verbanden, zeigt sein Wort: Je mehr uns Gott mit seiner Gnade überschüttet, je mehr werden wir dadurch bestimmt, nach seiner Verherrlichung zu trachten.

Ich habe den Schlüssel zu meinem ganzen Leben gefunden, weil ich Christus gefunden habe, der mir mein Leben aufschließt, indem er sich selbst mir aufschließt und mir zeigt, wie er selbst mein Leben ist und ich ohne ihn tot bin. Alles würde mir fehlen, wenn Jesus mir fehlte, ich Jesus besitze, dem alles gehört.

1838 trat er als Kaufmannsgehilfe bei der Seidenweberei Neviandt und Pfleiderer in Mettmann ein und fand ein inniges Verhältnis zu dieser Familie, in der er zum ersten Male christliches Familienleben kennenlernte. 1842 verlobte er sich mit der ältesten Tochter des Hauses, mit Maria Neviandt. Der hochbegabte junge Mensch arbeitete unablässig an seiner Weiterbildung. 1842 wurde er von der Firma nach Lyon geschickt, um dort die fortgeschrittene Seidenweberei zu studieren. Dort kam er in die freie Gemeinde Adolphe Monods, die mit der Erweckung (Reveil) in Verbindung stand, die von Robert Haldane in Genf ausging. Monod war von der Staatskirche aus dem Pfarrdienst entlassen worden, weil er aus Gewissensnot die strenge Abendmahlszucht Calvins einführen wollte, und hatte eine freie Gemeinde gegründet. Dieses von Staat und Volks-

HERMANN HEINRICH GRAFE
(1818-1869)

Er wurde am 3. Februar 1818 auf der Mühle Palsterkamp bei Osnabrück als Sohn des Müllers Friedrich Wilhelm Grafe und der Bernhardine Luise geb. Hobbelmann geboren. Er hatte keinerlei tiefere religiöse Eindrücke, weder aus seinem Elternhaus, noch von Schule und Kirche mitbekommen, wie sein Biograph sagt: Es bestand bei ihm keinerlei Bindung der Dankbarkeit an die Kirche und ihre Diener. Er besuchte ein Jahr lang die Gewerbeschule in Bielefeld und trat dann als Kaufmannslehrling bei der Weberei Davidis und Michaelis in Duisburg ein. Als er beim Turnen den Riesenschwung nicht fertigbrachte und in seiner unbändigen Willenskraft zu seinem Kameraden Eduard Neviandt sagte: »Ich zwinge es doch; was ich will, das kann ich auch, wer will mich daran hindern!«, das sagte dieser: »Gott.« Dieses Wort schlug bei ihm ein wie ein Blitz. Er lieh sich von seinen Hausleuten eine Bibel und schloß sich ein. Später schreibt er in sein Tagebuch:

Hermann Heinrich Grafe

kirche unabhängige Gemeindeleben, das nach der Bibel ausgerichtet war, machte Grafe den allertiefsten Eindruck und blieb zeitlebens sein Ideal. Wie reif das Glaubensleben des jungen Grafe damals schon gewesen ist, geht aus einem Brief an seinen Freund hervor, wo er schreibt:

Erklärung

vom 19. December 1856

über

den Austritt aus den reformierten, lutherischen und evangelischen Gemeinden in Elberfeld und Barmen, wie überhaupt aus der Landeskirche

von

Geleiteter Kaufmann Herman Heinrich Grafe zu Elberfeld et consorten

Mit diesem Schreiben erklärt Hermann Heinrich Grafe, daß er und seine Frau aus den »reformierten, lutherischen und evangelischen Gemeinden« in Elberfeld und Barmen austreten.

Verflucht sei mir jedes Heiligungsgelüste, das der Selbstgerechtigkeit entspringt. Aber daß mein Herz in Dank überfließe über die unaussprechliche Wohltat, die mir Gott in seiner unbegreiflichen Gnade in der Dahingabe seines eingeborenen Sohnes zur Tilgung aller meiner Schuld und Versöhnung mit ihm geschenkt hat!

Es war die Blütezeit des geistlichen Lebens im Wuppertal nach den Befreiungskriegen, von der Krummacher sagt:

Die Gotteshäuser faßten die sich herzudrängenden Massen nicht mehr. Die Wochengottesdienste waren nicht minder stark besucht als die sonntäglichen. Die gesellige Unterhaltung bewegte sich um die Wahrheiten der Bibel. Am Feierabend kam man in unzähligen trauten Bruderkreisen zusammen.

Grafe hatte seit Lyon nicht mehr am Abendmahl der Kirche teilgenommen. Er nahm eine abwartende Stellung ein. Ein Diakonenamt in der Kirche, zu dem er sich hatte bestimmen lassen, gab er nach kurzer Zeit wieder zurück:

da es mir unmöglich ist, unter einer evangelischen Kirche nach der Bibel etwas anderes zu begreifen als eine Gemeinschaft von Gläubigen, in der sich wohl falsche Brüder befinden können, die aber als solche bezeichnet und

nach der Vorschrift der Apostel von der kirchlichen Gemeinschaft ausgeschlossen werden sollen.

Nach den Revolutionsjahren, die den tiefen Schaden der Volkskirche offenbarten, kam es im Hause Neviandt zu Mettmann unter tatkräftiger Mitwirkung von Grafe zur Gründung eines Ev. Brüdervereins, der es sich zur Aufgabe machte, gläubige Laienprediger zur Evangelisation und zur Gemeinschaftspflege auszusenden. Die Arbeit sollte unabhängig sein von der Kirche und übergemeindlich auf dem Boden der Allianz.

In diese Arbeit des Brüdervereins kam ein tiefer Riß dadurch, daß neun Prediger des Brüdervereins 1852 zur Gemeinde John Nelson Darbys (1800 geboren) übergingen. Grafe hielt fest an seinem Ziel der Gründung einer biblischen Gemeinde. Er steuerte das Schiff des Brüdervereins zwischen Darbysmus und Baptismus hindurch. Im November 1854 traten je drei Brüder aus Elberfeld und Barmen zur freien Evangelischen Gemeinde Elberfeld-Barmen zusammen. Glaubensbekenntnis und Verfassung wurden nach dem Vorbild der Genfer freien Gemeinde entworfen. Die Kindertaufe wurde bejaht und die Erwachsenentaufe freigegeben. »Die Vereinigung der Kinder Gottes und ihre Trennung von der Welt«, wie eine kleine Schrift Grafes betitelt ist, war das Hauptthema. In dem Schreiben an das Presbyterium der Reformierten Gemeinde, mit dem die Brüder ihren Austritt erklärten, heißt es:

Diese Gemeinschaft selbst soll aber auch eine Wahrheit sein, und da dürften wir uns und Ihnen nicht verhehlen, daß wir in Wahrheit und Gemeinschaft in Christus da nicht finden, wo auch offenbare Ungläubige und Feinde Jesu Christi noch Raum haben. Wir trennen uns deshalb von Ihrer Gemeinde, weil die Gläubigen in derselben sich grundsätzlich nicht von der Welt trennen wollen, deren Freundschaft doch Gottes Feindschaft ist und bleibt. Wir wissen gut aus der Geschichte der ersten Gemeinde, daß sich Heuchler und falsche Brüder nebeneinschleichen können. Sie werden aber mit uns den großen Unterschied erkennen, der darin besteht, Heuchler in der Gemeinde zu dulden, die nur Gott bekannt sind, oder aber mit der offenbaren Welt Gemeinschaft zu pflegen oder an einem Joch zu ziehen, die als solche doch den Weg des Verderbens geht. Wir erklären es vor Gott dem Herrn, daß wir die Brüder in Ihrer Gemeinde, wie die anderen Kirche, von Herzen liebhaben und daß wir das Band, welches uns mit Ihnen in Christus, unserem erhöhten Haupt, umschlingt, nicht gering achten.

Beilage zu Nr. 53 des Säemanns.

Statut

des

evangelischen Brüdervereins.

§. 1.

Der evangelische Brüderverein, dessen Sitz in Elberfeld ist, hat sich die Verbreitung des lauteren Evangeliums von Jesu Christo, dem Heilande der Sünder, zur ausschließlichen Aufgabe gesetzt.

§. 2.

Er benutzt zu diesem Zwecke alle von Gott erlaubten Mittel, die sich ihm darbieten. Es werden von ihm namentlich Bibelstunden gehalten, Hausbesuche gemacht und außer der heil. Schrift auch Tractate und Handblätter verbreitet.

§. 3.

An diesem heiligen Werke, welches die Pflicht und das Vorrecht aller Kinder Gottes ist, kann jeder evangelische Christ Theil nehmen, weß Standes er auch sei, der die erlösende Kraft des Evangeliums an seinem eigenen Herzen erfahren hat.

Titelseite des Statuts des evangelischen Brüdervereins

In seiner Schrift »Die Vereinigung der Kinder Gottes« spricht Grafe ein ähnliches Wort brüderlicher Liebe aus, das seine Allianzbereitschaft kennzeichnet:

Wo wir das Feuer der Liebe Christi empfinden, da fragen wir nicht lange, auf welchem Herde es brennt.

Otto Funcke schildert in den »Fußspuren« eine Begegnung mit Grafe:

Gewaltigen Eindruck machte mir ferner ein Kaufmann namens Grafe. Er war der vornehmste Stifter der freien Gemeinde. Da ich meine Wohnung im Hause eines trefflichen Gliedes dieser Gemeinde nahm, so lernte ich sie gründlich kennen. Ich mußte staunen über den Reichtum an geistigen Kräften, sowie über die gewaltige Opferwilligkeit, welche in so einem kleinen Kreise, der nahezu nur aus gläubigen Leuten bestand, sich entwickeln konnte. Grafe war nicht nur der Gründer, sondern auch der alles beseelende Mittelpunkt der Gemeinde. Jeder Zoll an ihm ein Mann und jeder Zoll ein Christ. Er war allezeit bereit zur Verantwortung gegen jedermann. Göttliche und geistliche Dinge zu reden, war ihm so natürlich wie dem Vogel sein Gesang. »Ich verlasse nie einen Postwagen oder ein Eisenbahnabteil, ohne ein Wort von Jesus oder eine Gewissensfrage unter die Mitreisenden geworfen zu haben«, sagte er einmal.

Grafe schreibt:

Es macht einen viel größeren Eindruck auf die unbekehrte Welt, wenn wir ihr einfach unseren Glauben bekennen, als wenn wir ihn mit vielen Gründen beweisen wollen. Die unvergleichliche Kürze des Wortes Gottes kann uns da zum Muster dienen.

Eines seiner letzten Gebete auf dem Sterbebett – er erkrankte im Alter von 51 Jahren an Typhus – war:

Wenn du, Herr, kommen wirst, dann werden alle Großen dieser Welt wie Eichenblätter dahinfallen. Ja Herr, du bist groß und hoch erhaben! Du bist das Leben, und alles, was vom Leben in dir ist, hast du auch mir, deinem Kind, gegeben. Nimm alle eigene Gerechtigkeit hin, weil dir der Ruhm gebührt.

Am 26. Dezember 1869 entschlief er.

Mit einem Vers, den Grafe gedichtet hat, aus einem Wirlied, sei dieser kurze Abriß seines Lebens abgeschlossen:

Ein einig Volk von Brüdern,
das laß, o Herr, uns sein,
in allen seinen Gliedern
auf ewig, ewig dein!

Carl Brockhaus

CARL BROCKHAUS
(1822-1899)

Jugend und Bekehrung

Carl Friedrich Wilhelm Brockhaus wurde am 7. April 1822 als zweiter Sohn des Lehrers Friedrich Wilhelm Brockhaus und seiner Ehefrau Kathrine Wilhelmine, geb. Kruft, zu Himmelmert bei Plettenberg geboren. Die Familie Brockhaus ist eine alte westfälische Familie, die wahrscheinlich von einem Gut Brockhaus bei Unna stammt. Er erhielt nach Vollendung seiner Ausbildung im Seminar zu Soest die Lehrerstelle in Breckerfeld, einem Städtchen bei Hagen. Dort erlebte er im Dezember 1845 seine Bekehrung. Von da an war er erfüllt von dem Bewußtsein:

Meine Kraft wider alle Sünde und Unreinigkeit, mein Freund und Bruder, meine Lust und Freude war Jesus allein.

Die Christen, mit denen er umging, hielten das für ein Gefühlschristentum der ersten Begeisterung, man müsse zu einer vertieften Sündenerkenntnis kommen, daß man erkenne, wie alles, was wir tun und denken, von der Sünde befleckt sei. Diese Auffassung machte ihn von neuem unruhig.

Mein gläubiges Aufsehen auf Jesum verwandelte sich in ein ungläubiges Herabsehen auf mich selbst und auf die Welt. Mein Gewissen war dabei sehr unruhig. Ich tröstete mich, daß ich dieselben Erfahrungen machte, wie andere Brüder, daß jene sich mit mir freuten, wenn ich von der furchtbaren Last und Kraft der Sünde und von der Ohnmacht des Fleisches sprach. Beides wußte ich aber schon, ehe ich zum Glauben an Christus Jesum kam. Das Ziel

ward mir also verrückt. Ich hielt dafür, daß eine innere tiefere Sünden- und Selbsterkenntnis die alleinige Aufgabe und das Ziel eines Christen sei, damit er am Ende zu der gewissen Überzeugung komme, daß er nur aus Gnaden selig werden könne.

Aber durch den Umgang mit dem Bibelwort, besonders mit dem Römerbrief und den Johannesbriefen, erkannte er, daß uns in Jesus mehr gegeben ist als Erkenntnis der Sünde, denn er ist um unserer Sünden willen dahingegeben, aber um unserer Gerechtigkeit willen auferweckt. Diese neue Erkenntnis fällt zeitlich mit seiner Verheiratung mit Emilie Löwen, Tochter des Bäckermeisters Johann Peter Löwen in Breckerfeld, und seiner Umsiedlung nach Elberfeld zusammen.

Er lebte mit seiner Frau in einundfünfzigjähriger, glücklicher Ehe zusammen. Dreizehn Kinder wurden dem Ehepaar geschenkt. Hatte er schon in Breckerfeld in seinem Schulsaal mit Erlaubnis der beiden Pfarrer und auf einzelnen Gehöften Bibelstunden gehalten, so war ihm das in Elberfeld ausdrücklich untersagt worden. Er machte zwar reichlich Hausbesuche, die in jener unruhigen Zeit der Revolution und der Cholera dankbar aufgenommen wurden, er gründete den Elberfelder Erziehungsverein mit einem eigenen Organ, dem »Kinderboten«; aber volle Befriedigung fand er erst, als er sich dem 1850 zu Mettmann gegründeten Brüderverein anschloß, der mit seinen Beiträgen Laienbrüder zur Mission und Evangelisation aussandte. Nun ließ er sich selbst aussenden und wurde ein Bote des Evangeliums, indem er seine Lehrerstelle aufgab, aus dem Erziehungsverein austrat und die Redaktion des Kinderboten niederlegte. Er gründete im Dienst des Brüdervereins die Wochenzeitschrift »Der Säemann« und empfing reiche Anregungen durch den Dienst der Brüder. Besonders ein Schweizer Bruder Thorens, der aus der freien Gemeinde Adolphe Monods in Genf kam, gewann einen großen Einfluß auf ihn. Es kam zu Spannungen zwischen ihm und dem Brüderverein. Es ging weniger um die Frage der Organisation der Kirche, als um die Frage der Heiligung. Es ging darum, ob wir durch die Erlösung Jesu Christi nur von Fluch und Strafe der Sünde oder von der Sünde selbst erlöst werden. Dabei sind sich beide Partner

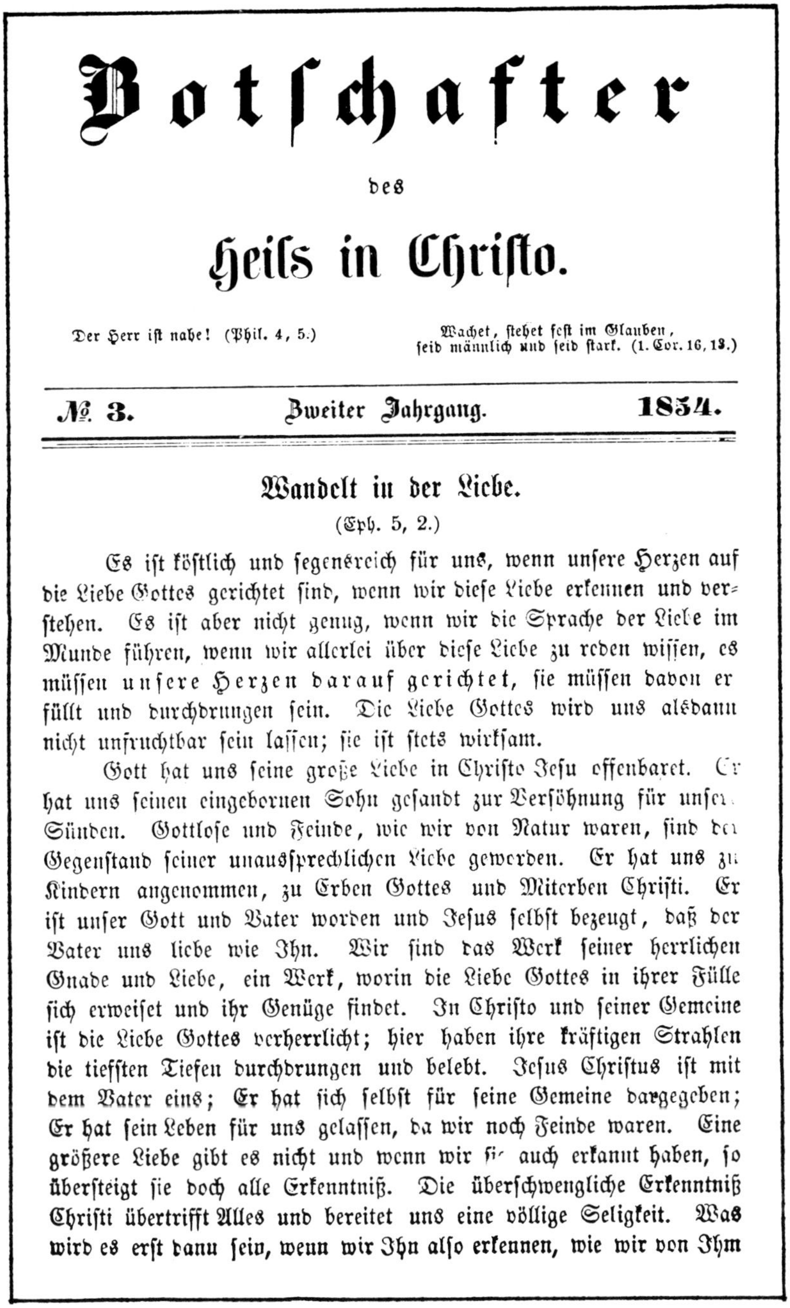

Botschafter

des

Heils in Christo.

Der Herr ist nahe! (Phil. 4, 5.)   Wachet, stehet fest im Glauben, seid männlich und seid stark. (1. Cor. 16, 13.)

№ 3.	Zweiter Jahrgang.	1854.

Wandelt in der Liebe.

(Eph. 5, 2.)

Es ist köstlich und segensreich für uns, wenn unsere Herzen auf die Liebe Gottes gerichtet sind, wenn wir diese Liebe erkennen und verstehen. Es ist aber nicht genug, wenn wir die Sprache der Liebe im Munde führen, wenn wir allerlei über diese Liebe zu reden wissen, es müssen unsere Herzen darauf gerichtet, sie müssen davon erfüllt und durchdrungen sein. Die Liebe Gottes wird uns alsdann nicht unfruchtbar sein lassen; sie ist stets wirksam.

Gott hat uns seine große Liebe in Christo Jesu offenbaret. Er hat uns seinen eingebornen Sohn gesandt zur Versöhnung für unsere Sünden. Gottlose und Feinde, wie wir von Natur waren, sind der Gegenstand seiner unaussprechlichen Liebe geworden. Er hat uns zu Kindern angenommen, zu Erben Gottes und Miterben Christi. Er ist unser Gott und Vater worden und Jesus selbst bezeugt, daß der Vater uns liebe wie Ihn. Wir sind das Werk seiner herrlichen Gnade und Liebe, ein Werk, worin die Liebe Gottes in ihrer Fülle sich erweiset und ihr Genüge findet. In Christo und seiner Gemeine ist die Liebe Gottes verherrlicht; hier haben ihre kräftigen Strahlen die tiefsten Tiefen durchdrungen und belebt. Jesus Christus ist mit dem Vater eins; Er hat sich selbst für seine Gemeine dargegeben; Er hat sein Leben für uns gelassen, da wir noch Feinde waren. Eine größere Liebe gibt es nicht und wenn wir sie auch erkannt haben, so übersteigt sie doch alle Erkenntniß. Die überschwengliche Erkenntniß Christi übertrifft Alles und bereitet uns eine völlige Seligkeit. Was wird es erst dann sein, wenn wir Ihn also erkennen, wie wir von Ihm

Mit dem » Botschafter des Heils in Christo« beginnt Carl Brockhaus' verlegerische Tätigkeit

einig in dem Wissen, daß die Heiligung Gottes Werk in uns ist. Aber bei der Beurteilung des Grades der Heiligung sah der Brüderverein auf den unvollkommenen menschlichen Zustand, während Brockhaus auf das vollbrachte Erlösungswerk Christi schaute und im Glauben dazu Stellung nahm. Man beschloß,

Neue Uebersetzung

des

zweiten Theiles

der

Heiligen Schrift

genannt

Neues Testament.

Aus dem Urtext übersetzt

von

einigen Christen.

Selbstverlag der Herausgeber.

Elberfeld, 1855.

Gedruckt bei Sam Lucas

Elberfelder Übersetzung des Neuen Testaments

C. Brockhaus schreibt 1884 von Stuttgart:
Es gibt hier viel Christentum, aber alles bewegt sich in Satzungen oder lebt in Irrtümern. Die menschlichen Organisationen sind nur Hindernisse für die göttliche Wahrheit.

sich zu trennen, aber so, »daß die brüderliche Liebe möglichst wenig darunter litte.«

Sein Lebenswerk

Das geschah im Jahre 1853. Er gründete eine Monatszeitschrift, den »Botschafter in der Heimat«, der dann bald den Namen »Botschafter des Heils in Christo« bekam (heute »Die Botschaft«). Er entfaltete eine ausgedehnte Reisetätigkeit, die den »Anfang eines ganz neuen Werkes des Geistes Gottes in Deutschland« (so Ernst Brockhaus in dem Lebensabriß über seinen Vater) bildete, den Anlaß zur Entstehung der »Brüderbewegung« in Deutschland. Den Rhein entlang von der Schweiz bis Holland,

aber auch in Schlesien, Sachsen und Brandenburg entstanden zahlreiche Gemeinden, »Versammlungen«. Inzwischen fand er schriftlichen und bald persönlichen Austausch mit dem Engländer John Nelson Darby (1800 in London als Sohn einer irischen Adelsfamilie geboren). Er wurde bald der Führer der schon vorhandenen Brüderversammlungen. Das sonntägliche Brotbrechen, das er einführte, und seine große Reisetätigkeit, der Anschluß ähnlicher Versammlungen in der Schweiz und in Deutschland verbreitete die Brüderbewegung weithin. Das Entscheidende war der Verzicht auf jede Organisation. Es wurden keine Mitgliederverzeichnisse geführt. Was in einer Gemeinde gelehrt wird, soll für alle verbindlich sein. In England kam es so zu verschiedenen Trennungen und Spaltungen, von denen aber die deutschen Brüderversammlungen größtenteils verschont blieben, wie auch die deutschen Brüder ihre Eigenständigkeit wahrten. So ist z.B. Darby für die Kindertaufe, während die deutschen Brüder viele Beziehungen zu den Baptisten haben. Doch machen die deutschen Brüder der Versammlungen aus der Großtaufe kein Schibboleth. Carl Brockhaus, im übrigen ein sanfter Mann, hat ein scharfes Urteil, nicht nur über die Christen anderer Benennungen, sondern auch über die ihm Nahestehenden.

Er sieht die Gefahr des Lauwerdens auch für seine eigenen Versammlungen:

Was früher Kraft und Leben war, ist jetzt mehr Form und Gewohnheit geworden. Wir versammeln uns zwar im Namen Jesu, aber im Grunde kommen sie nur, um sich hinzusetzen und einen mehr oder weniger begabten Bruder zu hören, statt mit der Gegenwart des heiligen Geistes zu rechnen. Bei den älteren Geschwistern ist nicht mehr die frühere Frische, und bei den jüngeren gibt es wenige, die sie je gehabt haben. Man interessiert sich für die persönlichen Dinge mehr als für die Wahrheit als solche. Unsere Person und unser Glück sind weit mehr der Gegenstand unserer innerlichen Beschäftigung, als die Person des Herrn und seine Herrlichkeit.

Abgesehen von dem aufopfernden Reiseleben hat er auch um des Evangeliums willen manche Schmach erlitten, aber er war darin getröstet.

So schreibt er seiner Frau:

Hier unten haben wir viel zu leiden; wie? wie es Ihm gefällt, und im Leiden Gott zu verherrlichen. Wer am meisten im Leiden auszuharren lernt, der versteht's am besten. Ich will

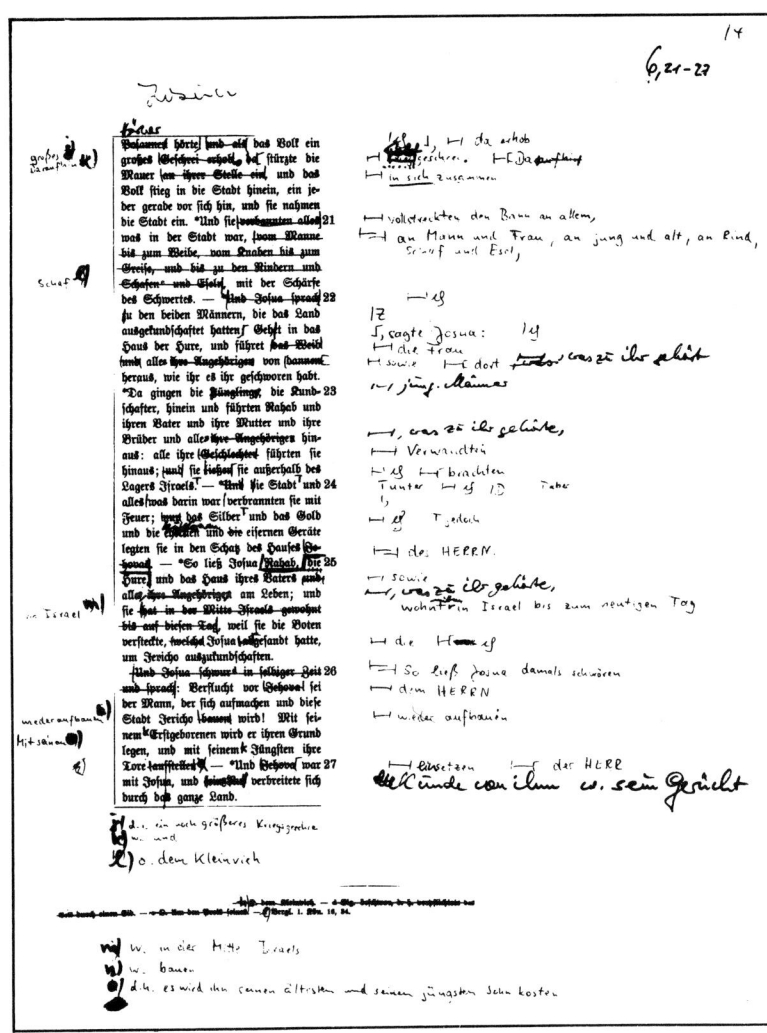

Revision der Elberfelder Übersetzung

von Deinen Händen mich lassen drehen und wenden, genug, daß Du mein alles bist!

Eine wichtige Tat vollbrachte Carl Brockhaus dadurch, daß er die Elberfelder Bibel herausgab, wobei ihn der Gedanke leitete,

dem einfachen und nicht gelehrten Leser eine möglichst genaue Übersetzung in die Hand zu geben.

Darby, der Jurist von Poseck, der Holländer H.C. Voorhoeve – beide wie Darby Altsprachler – arbeiten mit. 1855 erschien die Übersetzung des Neuen Testaments, 1859 die Psalmen, 1869/70 wurde das Alte Testament übersetzt. 1871 erschien die ganze Bibel. Hermann

Menge hat sich sehr anerkennend gerade über die Übersetzung des Alten Testaments ausgesprochen.

Von den 147 Liedern, die die »kleine Sammlung geistlicher Lieder« (Elberfeld 1908) enthält, werden 62 Lieder Carl Brockhaus zugeschrieben. Sie sind biblisch und auf den Ton der Anbetung gestimmt.

Die Frage der Heiligung, die in schweren inneren Kämpfen bei ihm eine biblische Lösung fand im Sinne des vollkommenen Erlösungswerks Christi, das dem Glaubenden zugerechnet wird, hat Carl Brockhaus am tiefsten bewegt, während Darby die Frage der Wiederherstellung der neutestamentlichen Gemeinde am meisten am Herzen lag. »Einheit durch Trennung« – diese Losung Darbys, die die Einheit des Leibes Christi durch Trennung von alten »kirchlichen« Systemen erhalten wollte, konnte Carl Brockhaus in solcher Schärfe nicht nachvollziehen; er findet auch in den kirchlichen Organisationen die Brüder, sofern sie nur im Glauben stehen. So bewahren die deutschen »Versammlungen« ihre Selbständigkeit gegenüber dem englischen Darbysmus.

GEORG VON VIEBAHN
(1840-1915)

Er steht neben Eberhard von Rothkirch, Graf Pückler und anderen als Christuszeuge aus dem christlichen Adel der deutschen Nation, preußischer Soldat vom Scheitel bis zur Sohle und doch noch mehr als das. Er ist Soldat Jesu Christi, ein wirkungskräftiger Evangelist des deutschen Offiziersstandes und des deutschen Heeres mit Schrift und Rede, ein Laienchrist mit großer geistlicher Vollmacht, ein Mann des allgemeinen Priestertums und in seiner kompromißlosen Art ein evangelischer Christ ohne Konfession, für sich selbst ganz eng, für andere weitherzig.

Georg von Viebahn

Seine Jugend

Er wurde am 15. November 1840 als Sohn eines hohen preußischen Beamten zu Arnsberg in Westfalen, der engeren Heimat seines Geschlechts, geboren. Er

war der dritte Sohn des Oberregierungsrates Johann Georg von Viebahn und seiner Gattin Auguste, geb. Bitter. Sein Vater war Geh. Finanzrat in Berlin und später Regierungspräsident in Oppeln. Von seinen Eltern wurde er zur Gottesfurcht und zur Vaterlandsliebe erzogen. Das Abendgebet, das die Mutter mit ihrem Kinde betete, zeigt den heiligen Ernst ihrer Erziehung: Lieber Gott, ich bet' zu dir, mach' ein frommes Kind aus mir. Und sollte ich es nicht werden, so nimm mich lieber von der Erden!

Sein Konfirmandenunterricht durch Pastor Snethlage führte ihn zu klarer Glaubensentscheidung für Christus. Er gesteht seinem Freund Walter Prittwitz und Gaffron, als der ihn nach einem Ringkampf fragt, warum er so unglücklich aussähe, »weil ich den Herrn Jesus nicht so liebhabe, wie ich ihn haben müßte«, worauf dieser ihm ein Wegweiser zum Frieden mit Gott wird. So wurden die beiden Spielkameraden Freunde, die ein Leben lang in der Nachfolge des Herrn verbunden waren. Als Georg von Viebahn nach dem Abitur sein Elternhaus verließ, kniete er vor seinem Bett nieder in ernstem Gebet, daß der Herr ihn auch in seinem Berufsleben leiten, bewahren und segnen möge. Dieses Gebet wurde erhört.

Der Soldat

Er wurde Fahnenjunker beim Garde-Grenadierregiment Nr. 1 in Berlin. 1864 bekam der junge Offizier Urlaub, um sich dem 15. Infanterieregiment für den Feldzug gegen Dänemark anzuschließen. Wegen Überschreitung seines Urlaubs – er machte den Sturm auf die Düppeler Schanzen mit – bekam er, heimgekehrt nach Berlin, dafür Stubenarrest und einen Orden. Unter seinen Regimentskameraden lernte er den Leutnant Bernd von Lettow-Vorbeck kennen, der ein ernster Christ war. Mit ihm verband ihn eine enge Freundschaft. Von 1863 bis 1866 besuchte er die Kriegsakademie. Im Feldzug gegen Österreich zeichnete er sich aus. 1867 wurde er Adjutant der 42. Infanteriebrigade in Frankfurt a.M. Durch seinen Freund Lettow-Vorbeck kam er in Verbindung mit dem Pfarrhaus in Großkarben und lernte dort seine künftige Frau, Christine Ankersmit, kennen, die ernstgläubige Tochter eines holländischen Großkaufmannes. Als Generalstabsoffizier beim Oberkommando der dritten Armee machte er den Feldzug gegen Frankreich mit. Am 5. August 1870 wurde ihm sein Pferd bei einem wichtigen Erkundungsritt unter dem Leibe erschossen. Er entrann, durch den reißenden Sauerbach schwimmend, der Gefangennahme und brachte wichtige Meldungen mit, die ihm das eiserne Kreuz einbrachten. In der Schlacht bei Wörth fiel sein geliebter Freund von Lettow-Vorbeck. 1872 heiratete er. In jener Zeit trat er als Militärschriftsteller hervor mit einer Denkschrift »Erhöhung des Militärbudgets, Lösung der Unteroffizierfrage«. Er schrieb eine Kampfschrift: »Die Angriffe des Herrn Richter gegen die Armee, beleuchtet von einem deutschen Soldaten.« 1883 erfolgte seine Berufung zum Kommandeur der königlichen Kriegsschule zu Engers am Rhein. 1892 wurde er Generalmajor und Kommandeur der 5. Infanteriebrigade in Stettin.

Der Soldat Jesu Christi

Der willensstarke, klarblickende, ruhig abwägende Soldat war auch zu einem bewußten Christen, der mit ganzer Hingabe an seinen Herrn in der Nachfolge Christi stand, herangereift. Dabei hatte ihm seine Frau, die in der Hingabe an Christus mit ihm eines Sinnes war, entscheidend geholfen. Er war der Meinung, daß ein Christ, ob Mann oder Frau, nur einem Gläubigen angehören dürfe. In zwei Schriften »Verlobung und Verheiratung der Gläubigen im Lichte des Wortes Gottes« und »Die Ehe der Gläubigen im Lichte des Wortes Gottes«, hatte er das eingehend begründet.

Bezeichnend für seine Berufsauffassung war, daß er aus soldatischer Verantwortung in höherer Kommandostelle zum aktiven missionarischen Dienst geführt wurde. Als Regimentskommandeur in Bonn gründete er ein christliches Soldatenheim und berief zu diesem Dienst einen Bibelboten. Er sah, wie die Gottesentfremdung unter der deutschen Jugend zunahm. Darum fühlte er sich getrieben, das Wort Gottes in volkstümlicher, leichtverständlicher Sprache seinen Soldaten nahe zu bringen. So gab er als aktiver General ein kleines, wöchentlich erscheinendes Blatt heraus unter dem Titel »Zeugnisse eines alten Soldaten an seine Kameraden«. Er ließ es unter seinen Truppenteilen kostenlos verteilen.

Später dehnte sich diese Schriftenmission auf die ganze Wehrmacht aus. Über elfhundert verschiedene Nummern sind erschienen. Nach langem Ringen um innerliche Klarheit nahm Georg von Viebahn im Jahre 1896 seinen Abschied aus dem Heeresdienst, um sich ganz dem Dienst Christi zu widmen. In einem Gasthof zu Berlin hielt er vor vielen Offizieren seinen ersten Vortrag über »Die siegreiche Kraft des Wortes Gottes im Leben des deutschen Offiziers«, der das Signal wurde zur Sammlung einer wachsenden Zahl gläubiger Offiziere. Diesem Offizierskreis widmete er von 1900 an die Vierteljahresschrift »Schwert und Schild«.

Als Beilage dazu gab er Bibellesezettel heraus, die eine vielen willkommene Handreichung zum täglichen Bibellesen gaben. In großen Soldatenversammlungen, auf Gemeinschaftskonferenzen, bei Tagungen der Deutschen Christlichen Studentenvereinigung sprach er vollmächtig.

Es lag ihm besonders daran, die Sünde zu strafen, Gericht und Gnade zu verkündigen, den Unterschied zwischen Gott gegenüber gleichgültigen Menschen und in der Nachfolge Christi stehenden Gläubigen klar zu kennzeichnen, um damit jeden Zuhörer zur Entscheidung aufzufordern. Er wollte eine deutliche Stellungnahme zur Person unseres Heilandes, zur ganzen Heiligen Schrift, zu den Gläubigen und zur Welt. Da er durch seine Heirat mit der Brüderbewegung bekannt geworden war, führte ihn seine kompromißlose Art dazu, sich bald nach seinem Abschied vom Heeresdienst diesen Kreisen zu nähern und sich schließlich als »Evangelischer Christ ohne Konfession« zu bezeichnen, ein Schritt, der ihm oft verdacht worden ist. Doch war er ein Mann der Allianz und rang um die Einheit der Gläubigen.

Der erste Weltkrieg rief ihn auf zur Versorgung der Truppen mit christlichen Schriften. Der Verlust zweier Söhne traf ihn tief. Ein starker Kräftezerfall trat ein, der am 15. Dezember 1915 zu seinem Ende führte. Die Abschiedsbotschaft, die sein Sohn an seinem Sarg verlas, lautete:

Wenn diese Worte verlesen werden, so bin ich bei dem Herrn. Mein Auge schaut den, der mich geliebt hat von Ewigkeit her und der für mich Gericht und den Fluch meiner Sünde trug. Sein Blut hat mich in Sünden geborenen

Menschen fleckenlos gewaschen, weißer als Schnee. Als Kind und Erbe Gottes gehe ich in die ewige Herrlichkeit. Ich bezeuge, daß der Herr mir alles, was die Schrift den Kindern Gottes verheißt, buchstäblich erfüllt hat. Er hat mich in göttlicher Treue und unerschöpflicher Liebe getragen. Er erhörte meine Gebete. Ihm sei Preis und Ehre jetzt und in Ewigkeit. Allen, die ihn noch nicht als ihren Herrn und Erretter kennen, rufe ich zu: 'Kommt zu Jesus, da findet ihr, wonach eure Seele dürstet: Friede, Freude, Kraft für diese Zeit, ewige Errettung und Herrlichkeit droben.'

ERNST GEBHARDT
(1832-1899)

Zeuge und Sänger des Evangeliums

Herkunft und geistliche Entwicklung

Seine Vorfahren waren Bauern zu Öhringen im Hohenloheschen. Der Großvater war ein frommer Lehrer, der genaue Anweisungen für sein Begräbnis gab, da »ich täglich mehr empfinde, daß ich meine Hülle bald ablegen muß«. Er wollte in dem schwarzen Mantel, den er oft bei Beerdigungen und am Tisch des Herrn getragen hatte, begraben sein, in seine Hände sollte man ein Gesangbuch legen, aus dem er sich so oft erbaut und gestärkt habe. Ernsts Vater war Lehrer am Städtischen Arbeitshaus in Ludwigsburg, später dort Verwalter. Er war ein Freund des Gartenbaues. Seine Mutter hatte von ihrer frommen Mutter unvergeßliche Eindrücke mitbekommen. Sie besuchte die Versammlungen der Brüdergemeine in Ludwigsburg. In späteren Jahren fand sie unter der Wortverkündigung der Methodisten Heilsgewißheit und schloß sich ihnen ganz an. Ihr umgewandeltes, zur Freude am Herrn durchgedrungenes Wesen war Lockung und Mahnung für ihren Sohn, auch zu Jesus zu kommen. Er besuchte das Privatgymnasium, den »Salon«, der von einem Sohn der bekannten Flattichenkelin Beate Paulus geleitet wurde. Zwei Jahre studierte er auf der landwirtschaftlichen Hochschule zu Hohenheim. Dann wanderte er mit seinem Schwager 1852 zur Kolonisation nach Chile aus. Sie erwarben ein stattliches Gut, verloren aber durch ein tödliches Fieber Frau und Schwester. Nach vier Jahren fuhr Ernst zum Besuch seiner Mutter nach Hause. In einem schweren Sturm flehte er um Rettung seiner Seele. Wohlbehalten kam er nach Hause, aber da er mit seiner musikalischen und geselligen Gabe viel in Gesellschaften eingeladen wurde, wurde ihm das zum Strick. Ein Nervenfieber riß ihn aus dem Strudel. Ein jungbekehrter, feuriger Christ, den seine Mutter in ihre Wohnung aufgenommen hatte, bewegte ihn, in die Versammlung der Methodisten zu kommen. In der Sylvesternacht 1858, als einige Gemeindeglieder von ihren geistlichen Erfahrungen Zeugnis gaben, entschied er sich zur ganzen Hingabe an Christus. Er entschloß sich, in ein methodistisches Missionarsseminar nach Bremen zu gehen, um nach seiner Ausbildung Missionar in Chile zu werden. Aber er war der Leitung der Methodistenkirche gehorsam, die ihn in das Werk in Deutschland rief. 1860 führte er die Tochter des Direktors Dr. Paulus heim, Christiane Beate Paulus, die auch in derselben Gemeinde zum lebendigen Glauben gekommen war. Sein opfervoller Verzicht auf sein großes Gut in Chile war mit das Geheimnis seines gesegneten Dienstes. Als nach Jahren das Gut verkauft war, warf sein Bruder, der mit dem reichen Erlös nach Hause reiste, in geistiger Umnachtung alle Effekten ins Meer. Ernst Gebhardt aber sagte, als er es erfuhr: »Der Herr hats gegeben, der Herr hats genommen, der Name des Herrn sei gelobt.«

Seine Tätigkeit als Prediger, Distriktvorsteher, Sänger, Komponist und Redakteur

Nach der Ordnung der Methodistenkirche wurde er alle drei Jahre versetzt. Zuerst war er in Ludwigsburg, dann in Heilbronn, Pforzheim, dann als Distriktvorsteher in Bremen, Ludwigsburg, Straßburg, Zwickau, Zürich, Biel, zuletzt in Karlsruhe. In Pforzheim hatte er z.B. die Stadtgemeinde und zwanzig Außenorte zu bedienen. Aber die Arbeit war ihm Lust und keine Last. Überall erlebte er den Aufschwung der Gemeinde und viele Bekehrungen. Seine musikalische Gabe kam ihm sehr zustatten. Er war ein Meister des Sprechsingens und des erwecklichen Liedes. 1875 hatte er in London den Evangelisten Moody und den Sänger Sankey gehört und erkannte, welche Bedeutung das Evangeliumslied für das Zeugnis der Botschaft hat. Der englische Bote der

Glaubensheiligung Pearsall Smith nahm ihn bei seiner Evangelisationsreise durch Deutschland als Sänger mit.

Am 17. April 1875 schreibt Gebhardt über eine Vortragstätigkeit von Pearsall Smith in Karlsruhe:

Zuerst waren die Versammlungen in der kleinen Kirche, die sich als zu klein erwies. Nachmittags um 2 Uhr fand der Vortrag in der Stadtkirche statt, die durch den persönlichen Einfluß der großherzoglichen Familie geöffnet worden war. Die Großherzogin war in der Hofloge anwesend.

Gebhardt sang die selbstgedichteten Verse, deren Refrain die ganze Versammlung wiederholte:

Hört es, ihr Lieben, und lernet ein Wort,
das euch zum Segen gesetzt;
sprecht es mir nach und dann sagt's weiter fort:
»Jesus errettet mich jetzt.«
Chor: Jesus errettet mich jetzt,
Jesus errettet mich allezeit
Jesus errettet mich jetzt.
Sind eure Sünden gleich blutrot und schwer,
ist das Gewissen verletzt,
o so sprecht gläubig, vergeßt es nicht mehr:
»Jesus errettet mich jetzt.«

Er war einer der Gründer des Christlichen Sängerbunds. 26 Liedersammlungen hat er herausgegeben mit zusammen 436 Auflagen.

Er war der Freund der Evangelischen Allianz. Obwohl er mancherlei Bedrängnisse erlitt, teils von gottlosen christentumsfeindlichen Elementen, teils von einigen landeskirchlichen Pfarrern, die nur organisationsmäßig, aber nicht reichgottesmäßig dachten, ließ er sich nicht erbittern. Er schätzte die geistlichen Güter, die die Landeskirchen dem Volk vermitteln und erhalten, hoch ein und blieb verbunden mit Pfarrern der Landeskirche, die im Glauben und in der Liebe standen.

Seine Arbeitsleistung war erstaunlich. Nur die Liebe Christi konnte ihn dazu beflügeln. Zuletzt gab er das theologische Blatt seiner Kirche, aber auch das Gemeindeblatt, die Kindergottesdienstblätter heraus. Aber seine Kraft war verbraucht. 1899 siedelte er zum Ruhestand nach dem geliebten Ludwigsburg über. Dort wurde er am 9. Juni desselben Jahres abgerufen.

In einer Zuschrift an den Vorstand der Gemeinschaft Augsburgischen Bekenntnisses in Baden beklagt er sich darüber, daß die Landeskirche, die doch wie der Methodismus auf dem dogmatischen Erbe der Reformation stehe, den grundstürzenden Rationalismus, die

Häupter und Jünger der Tübinger Schule, den Protestantenverein, die roten Sozialisten, die Tausende, die in erklärter Gottes- und Kirchenfeindschaft leben, ruhig in ihrem Verband dulde, während sie den Methodismus, durch dessen Zeugnisse Scharen in Sünde und Laster versunkener Menschen erweckt und bekehrt würden, nicht dulden könne, sondern wie einen Feind bekämpfe. Er schreibt:

Teure Brüder, halten Sie es mir zugute, wenn ich Ihnen zuletzt in aller Bescheidenheit und Liebe zurufe: Sind wir denn Ihre Feinde, die wir mit Ihnen einen Herrn, einen Glauben, eine Taufe bekennen? Die wir mit Ihnen aus einem Born des Heils Licht und Leben schöpfen?

Seine Hoffnung, daß die große Kirche die methodistischen Gemeinden noch rufe zum evangelistischen Dienst an den Tausenden entfremdeter Glieder, hat sich nicht erfüllt.

Wir haben oft so wenig Verbindung mit Christen anderer Kreise, weil wir sie nicht kennen. Man muß die Glieder am Haupte Jesu Christi kennen, um sie zu lieben.

Ein Lied Ernst Gebhardts, 1874

Blutzeugen des 20. Jahrhunderts

TRAUGOTT HAHN
(1875-1919)

Sein Leben

Traugott Hahn ist am 1. Februar 1875 im Pastorat Rauge (Livland) als Sohn christlicher Eltern geboren. Der christliche Glaube wurde von Jugend an sein Lebenselement. Er studierte in Dorpat und Göttingen und wurde in jungen Jahren zum Pastor der Universitätsgemeinde in Dorpat erwählt. Nach Veröffentlichung seiner Schrift »Evangelisation und Gemeinschaftspflege« wurde er Professor der praktischen Theologie in Dorpat. Wort Gottes und Gebet waren ihm Lebensbedürfnis. »Ein Tag, an dem ich nicht meine stille Morgenandacht gehabt, ist für mich nicht zum Aushalten.«

Die Echtheit seines Ringens zog viele an, die angefochten waren. Sein Konfir-

Traugott Hahn

mandenunterricht an den achtzehnjährigen Konfirmanden, die im Baltenland in diesem Alter eine sechswöchige Unterweisung im Pastorat empfingen, war vielen zum Segen. Es wurde durch seinen Dienst eine junge Generation gestählt zu außerordentlichen Leiden, und manche wurden berufen zu geistlicher Führerschaft in der evangelischen Kirche. Sein demütiger Wille, sich ganz in die Lage des anderen zu versetzen, öffnete ihm die Tür zur Seelsorge an seinen Studenten und Gemeindegliedern. Als der Weltkrieg kam, wurde er aus dem Baltenland ausgewiesen, aber infolge der Bemühungen der lettischen und estnischen Studenten von den russischen Machthabern wieder zurückgerufen. Er litt unter dem Konflikt, daß sein Volk gegen die Deutschen kämpfen mußte, und erlebte mit Freuden die Besetzung des Baltenlandes durch deutsche Truppen. Als der Zusammenbruch Deutschlands kam, sah er die kommenden Leiden für die baltische Heimat voraus. Als viele Balten nach Deutschland auswanderten, entschloß er sich mit seiner Frau zu bleiben. »Er fürchtete nichts so sehr, als ein Mietling zu sein«. Er rang sich im Glauben zu der Stellung durch, die er seiner Gemeinde in einer Predigt mitteilte:

Mein Tod liegt ganz in meines Herrn Hand. Er wird über Zeit und Art meines Todes bestimmen. Ich werde sterben, sicher nicht, wenn Zufall oder blindes Schicksal mich trifft oder wenn es böse Menschen es wollen, sondern dann, wenn mein Herr es will, nicht einen Augenblick früher oder später – und dort, wo er gerade mein Sterben brauchen wird, und so, wie er es für nötig findet. Auch alle Umstände meines Todes wird er, wie einst beim Sterben seines Sohnes auf Golgatha, fügen. – Gegenüber den Mächten der Finsternis braucht der Herr jetzt so viele große Dienste und hochgesinnte Diener. Möge doch in uns der urchristliche Märtyrersinn wieder aufleben, der nie zum Martyrium sich drängt, wohl aber, wenn es kommt, tapfer ihm entgegengeht. Nur ganz wenige von uns dürften so weit sein, aber erstreben und erbitten sollten wir uns jetzt diesen heldenhaften Christensinn. – Er, der nun einmal der Herr der Märtyrer ist, braucht das Sterben der Seinen je und je als die kostbarste Aussaat seines Reiches.

Einem Amtsbruder schrieb er:

Ich glaube, wir werden es vor dem Herrn der Kirche sehr ernst zu verantworten haben, ob, wann und wie wir unsere Posten, die doch seine Posten sind, die er uns anvertraut, räumen. Der Wert des Hirtenstandes entscheidet sich ganz wesentlich in solchen Zeiten.

Sein Martyrium

Ungeachtet des Schreckensregiments der Kommunisten, das im Dezember 1918 begann, hielt er ruhig seine Gottesdienste. Als am 29. Dezember das Abhalten von Gottesdiensten untersagt wird, die Kirchen zum Eigentum der Kommune erklärt werden und den »Pfaffen« befohlen wird, Dorpat zu verlassen, sammelt Hahn kleine Kreise im Pfarrhaus und in Privathäusern zu gottesdienstlichen Feiern. Am Abend eines solchen Arbeitstages sagte er zu seiner Frau:»Wenn ich jetzt sterben müßte, so hätte sich mein Bleiben doch gelohnt.« Am 3. Januar 1919 wurde er verhaftet und in das Gefängnis, das im Erdgeschoß eines Bankgebäudes lag, geführt. In dem kleinen Raum waren fünfzig Personen eingepfercht, die eisernen Fensterläden heruntergelassen, eine Luft zum Ersticken. Mit dem griechischen Bischof Platon und vielen Gemeindegliedern pflegte er geistiges und geistliches Leben. In den Verhören wird ihm vorgeworfen, er habe die Bolschewiken Räuberhorden genannt. Es wurde von ihm verlangt, er solle Christus nicht mehr predigen, was sowohl er wie Bischof Platon ablehnten. Sein Eindruck war:»Ich war verurteilt, ehe ich noch ein Wort gesagt.« Die ersten Todesurteile werden vollzogen. Hahn lebt nur noch im Wort Gottes und im Gebet. Schon heulen die Granaten der deutschen Befreier über die Stadt. Da wird der Bischof Platon von dem Kommissar herausgerufen. Im Keller ertönt ein kurzer Schuß. Der Priester Beschanitzki wird gerufen. Wieder der dumpfe Knall im Keller unter den Gefangenen. Als Dritter wird Hahn aufgerufen. Mit auf der Brust gefalteten Händen, nach oben gerichtetem Blick verläßt er mit großen Schritten den Raum. Auf dem Flur des Gefängnisses findet man seine Bibel. Sie öffnet sich immer wieder bei 2. Korinther 12 Vers 9. Als die Schergen vor den Befreiern geflohen waren, fand man seine Leiche im Mordkeller. Man trug sie ins Pfarrhaus, wo sie aufgebahrt wurde. Es war am 14. Januar 1919.

Fünfundvierzig baltische evangelische Pfarrer haben in jenen Tagen den Tod erlitten.

MARION VON KLOT
(1897-1919)

Am 30. März 1897 wurde Marion von Klot auf einem baltischen Gut geboren. In einem reichen Familienleben, das verschönt war durch edle Geselligkeit und Freude an der Musik, ist sie aufgewachsen. Bei ihrer Konfirmation bekam sie den Spruch:»Seid fröhlich in Hoffnung, geduldig in Trübsal, haltet an am Gebet.« Als der Weltkrieg ausbrach, war es ihr eine Freude, in den Lazaretten mitzuhelfen. Ihr Seelsorger, Pastor Döbler zu Riga, entdeckte das Lied der deutschen Dichterin Hedwig v. Redern:»Weiß ich den Weg auch nicht, du weißt ihn wohl.« Das schien ihm für die Not der Balten recht geeignet zu sein. Eine passende englische Melodie wurde dazu gefunden, und so sang es der Kirchenchor in der St. Jakobikirche von Riga nach einer Predigt. Auch bei der Konfirmation eines Bruders Marions wurde es gesungen. Es wurde das Trostlied dieser schweren Zeit. Mit ihrer schönen Stimme sang es Marion, als ein junger Verwandter, der von Wilderern erschossen worden war, begraben wurde. Als die Bolschewiken kamen, blieb sie bei ihrer vierundachtzigjährigen Großmutter, die nicht mehr fliehen konnte. Am 4. April wurde sie zusammen mit ihrer Mutter eingekerkert. In ihrer großen Not war das Neue Testament ihr Trost. Tag für Tag stimmte sie ihren Mitgefangenen zum Trost das wunderbare Lied an. So gingen sechs Wochen der Qual dahin. Nur aus den überirdischen Quellen des Wortes Gottes und des Liedes lebten die Unglücklichen. Als die deutschen Befreier die Stadt stürmten, erschossen die Bolschewiken noch sechsunddreißig Männer und Frauen. Unter Gebeten des mitverurteilten Propstes Eckart waren sie auf den Gefängnishof vor die Maschinengewehre gezogen. Marion sagte: »Jetzt nur nicht schwach werden.« Es war der 22. Mai 1919, als die Zweiundzwanzigjährige ihr Leben gab zum Blutzeugnis für ihren Herrn und seine Kirche.

ELISABETH VON THADDEN
(1890-1944)

Elisabeth von Thadden wurde am 29. Juli 1890 als Tochter des Landrats

Adolf von Thadden-Trieglaff aus altem pommerschen Adelsgeschlecht, das seit sechshundert Jahren auf seinem Gut saß, geboren. Ihr Urgroßvater Adolf war der Freund Bismarcks. Er war ein Mitkämpfer für Deutschlands Freiheit und dabei ein tapferer Christ. Von ihm stammt das Wort, das auch in dem Leben Elisabeths sich verwirklichen sollte: »Es ist ein tiefes schmerzvolles Glück, ein Christ zu sein, und es geht dabei nicht um Ehrenpokale und Serenaden, sondern um ehrliche Galgen und fröhliche Auferstehung.«

Zuerst führte sie als junges Mädchen dem verwitweten Vater den großen Gutshaushalt. Dann stand sie an der Seite Sigmund Schulzes, des Bahnbrechers der deutschen Settlementsarbeit, und lebte mit ihm in Berlin-Ost unter der Arbeiterschaft. Später war sie, die im Viktoriapensionat zu Baden-Baden ihre Ausbildung empfangen und eine große Liebe zur süddeutschen Landschaft behalten hatte, in der Kinderarbeit auf dem Heuberg. 1928 gründete sie im Schloß Wieblingen ein evangelisches Landerziehungsheim für Mädchen. Sie wollte den Töchtern der norddeutschen Güter für einige Jahre das Erlebnis des süddeutschen Raumes und eine tiefe christliche Bildung geben. Weite, vielseitige Bildung und eine klare christliche Lebensführung führten diese Schule zu hoher Anerkennung. Bei Kriegsbeginn verlegte sie die Schule nach Tutzing in Bayern, und während sie in Baden kaum Schwierigkeiten hatte, wurde sie in Bayern von der Staatspolizei mißtrauisch beobachtet. Man nahm es ihr übel, daß sie die Schulfeier nach Beendigung des Krieges gegen Frankreich mit dem 103. Psalm beginnen ließ. Sie war eine tapfere Frau. Tapferkeit war ihr Erbgut von den Vätern. Sie stand ganz auf seiten der Bekennenden Kirche und machte kein Hehl daraus. Da nahm man ihr die Schule. In Berlin tat sie, tief verletzt durch den Verlust ihres Lebenswerks, schlicht den Dienst im Roten Kreuz. Dort fiel sie einem SS-Spitzel in die Hände, einem jungen Mann, der sich als Dr. Reckzeh ausgab und ihr Grüße von einer Freundin in der Schweiz brachte, die sie bat, sich seiner anzunehmen und ihm seiner schweizerischen Gesinnung entsprechenden Umgang zu besorgen. Sie lud ihn gleich am andern Tag zu einem Tee

ein mit einigen Freunden. Mussolini war gerade gestürzt, und das Gespräch ging über die Zukunft Deutschlands. Alle Gespräche wurden verraten. Weihnachten 1943 wurde sie verhaftet. Nun begannen unsägliche Quälereien. Am 1. Juli 1944 wurde sie zum Tod durch den Strang verurteilt, und es wurden ihr eiserne Fesseln um die Handgelenke gelegt.

In der Todeszelle hat sie ihren Mitgefangenen den Weg zu Christus gezeigt. Von ihrem letzten Tag hat eine Frau, die zu diesem Dienst kommandiert war, um einen etwaigen Selbstmord zu verhüten, berichtet. Mit den anderen zum Tod verurteilten Frauen las sie in den Psalmen und im Neuen Testament. Sie sagte ihnen die Lieder von Paul Gerhardt zum Trost vor. Mit den wundgescheuerten gefesselten Armen schrieb sie den Abschiedsbrief an ihre Familie, der mit dem 103. Psalm beginnt und bezeugt, daß Christus ihr Leben und Sterben ihr Gewinn ist.

Ihr letztes Wort war: Bleibet in seiner Liebe. Vor ihrer Hinrichtung flehte sie: »Mach End', o Herr, mach Ende mit aller unsrer Not!« Es war am 8. September 1944 nachmittags um fünf Uhr.

DIETRICH BONHOEFFER
(1906-1945)

Dietrich Bonhoeffer, geboren am 4.2.1906 in Breslau, entstammte einem Elternhaus, das geschichtliches und geistiges Erbe treulich hütete. Seine Eltern lebten in hohem Verantwortungsbewußtsein. Als im Jahre 1933 der Kampf der Bekennenden Kirche begann, war er Lektor für systematische Theologie an der Berliner Universität. Er unterschrieb die Eingabe der Berliner Pfarrer an die Nationalsynode und protestierte damit gegen Gewaltherrschaft und Irrlehre, gegen Arierparagraph und Führerprinzip in der Kirche. Er ging alsdann als Pfarrer der deutschen evangelischen Gemeinde nach London. Als er im Jahre 1935 nach Deutschland zurückkehrte, wurde ihm die Leitung des Predigerseminars der Bekennenden Kirche übertragen, das in Zingst an der Ostsee eröffnet wurde. Er führte die jungen Menschen, die sich ihm anvertrauten, tief in die Schrift ein und blieb in seelsorgerlicher Verbindung mit ihnen, auch als sie in den Krieg zogen. 1937 erschien sein aufsehenerregendes Buch »Nachfolge«. Ihm war es klar, daß es nicht genügt, wenn die Kirche einen bekennenden Stand hat, sondern sie muß im aktiven Bekennen stehen. Die Kirche ist nicht unsichtbar, sondern »die Nachfolgenden sind die sichtbare Gemeinde, ihre Nachfolge ist ein sichtbares Tun, durch das sie sich aus der Welt herausheben, oder es ist eben nicht Nachfolge. Und zwar ist die Nachfolge so sichtbar wie das Licht in der Nacht, wie ein Berg in der Ebene. Flucht in die Unsichtbarkeit ist Verleugnung des Rufes. Gemeinde Jesu, die unsichtbare Gemeinde sein will, ist keine nachfolgende Gemeinde mehr.«

Er betonte, daß das Evangelium unverfälscht verkündigt werden muß.

Die Versündigung gegen die Lehre wiegt schwerer als die Versündigung im Wandel. Wer der Gemeinde das Evangelium raubt, verdient uneingeschränkte Verurteilung. Darum muß vor der Gemeindezuchtübung die Zucht an den Amtsträgern, die Lehrzucht, stehen.

Die Ordnung der Gemeinde hielt er für göttlichen Ursprunges.

Ein ungegliederter Leib ist im Zustand der Verwesung.

Mit Sorge sah Bonhoeffer, wie die Bekennende Kirche mundtot gemacht wurde. Die übliche Auslegung von Römer 13 lehnte er ab, als würde hier nur der passive, leidensmäßige Gehorsam gegen die Obrigkeit verlangt. Es war ihm klar, daß gegen das gottwidrige Wesen einer Obrigkeit aktiver Widerstand geleistet werden muß. Der Urtext in Römer 13 redet nach seiner Meinung nicht von Untertansein, sondern von Einordnung. So kam er zur politischen Widerstandsbewegung. Er wollte darin ernst machen mit der Nachfolge. »Wer in die Nachfolge eintritt, begibt sich in den Tod Jesu.«

Im Februar 1944 wurde er von der Gestapo verhaftet, Ende März 1945 in das Konzentrationslager Flossenbürg überführt. Dort wurde er am 9. April 1945 auf Befehl Himmlers ermordet. Im gleichen Monat ist sein Bruder Klaus durch Genickschuß getötet worden.

Er hatte den schweren Weg deutlich vorausgesehen. Er schrieb:

Wir nehmen den Leidenskelch dankbar ohne Zittern aus Christi guter und geliebter Hand. Von guten Mächten wunderbar geboren

Dietrich Bonhoeffer

Erwarten wir getrost, was kommen mag. Gott ist mit uns am Abend und am Morgen Und ganz gewiß an jedem neuen Tag.

Er nannte die Leiden seines Kerkers »Stationen auf dem Weg zur Freiheit«. Sein Gedicht »Tod« spricht davon.

Komm nun, höchstes Fest, auf dem Weg zur ewigen Freiheit, Tod, leg nieder beschwerliche Ketten und Mauern, Unsres vergänglichen Leibes und unsrer verblendeten Seele, Daß wir endlich erblicken, was hier uns zu sehen mißgönnt ist, Freiheit, dich suchten wir lange in Zucht und in Tat und in Leiden. Sterbend erkennen wir nun im Angesicht Gottes dich selbst.

PAUL SCHNEIDER
(1897-1939) Der Prediger von Buchenwald

Das Elternhaus

Paul Schneider ist am 29. August 1897 zu Pferdsfeld, Kreis Kreuznach, geboren. Das dörfliche Pfarrhaus mit seinem Garten, seinen Tieren, die schlichten, bäuerlichen Menschen hat er immer geliebt. Sein Vater ist mutterlos aufgewachsen. Dieser kam als Theologiestudent unter den Einfluß Becks in Tübingen. Er war schwerfällig und nach dem frühen Tod seiner Frau in sich gekehrt und einsam. Er litt am Zusammenbruch 1918 und konnte ihn nie verwinden. Er war gesetzlich streng im Pfarramt und kämpfte um Aufrechterhaltung des letzten Restes alter Kirchenzucht. Er war

Paul Schneider

Er arbeitete ein Vierteljahr an einem Schmelzofen in Hörde und wohnte in einem Ledigenheim. So lernte er die Arbeiter kennen und lieben.

Im Jahre 1922 bis 1923 erlebte er im Predigerseminar in Soest eine Zeit tiefer theologischer Besinnung, die zu seiner völligen Umwandlung führte. Mittel dazu ist ein Seminar über Schlatters Dogma.

Ich lernte Schlatter während des Semester immer mehr und mehr schätzen. Hand in Hand geht damit eine Wandlung meiner theologischen Ansichten. Ich glaube, ein bißchen verstanden zu haben, was die Positiven zu sagen haben, und möchte mich selber meiner Grundstruktur nach auch eher positiv als liberal nennen. Im eigenen Sündenbewußtsein erschließt sich uns mit absoluter Geltung die Gottheit und Erlösungskraft Jesu Christi. (Brief vom 8. April 1923)

Im Ruhrkampf leidet er schwer an der Not seines Vaterlandes. Aber er ist durch die Propheten des Alten Testaments gelehrt worden, das Reich Gottes über alles zu stellen.

Die tiefere Freude in Gott soll auch kein noch so schweres Geschick des Vaterlandes uns rauben dürfen. (Brief vom 11. Juli 1923)

In der Berliner Stadtmission des Ostens wird er reich gesegnet. Er lernt wirkliche Christen kennen. Er wird aus einem Subjekt der Mission zuerst einmal ihr Objekt. Im Jahre 1925 wird er in Hochelheim durch den Superintendenten ordiniert, um darauf eine Hilfspredigerstelle in Essen anzutreten. Der Dienst wird ihm schwer. Er erwägt, aus dem Pfarramt zu fliehen. Aber die Freude am Dienst des Evangeliums behält den Sieg.

Im Pfarramt

Die Gemeinde Hochelheim, die Gemeinde seines Vaters, wählte ihn nach dessen plötzlichem Tod zu ihrem Pfarrer. Nun kann er die Margarete, jüngste Tochter aus dem schwäbischen Pfarrhaus in Weilheim, mit der er seit seiner Tübinger Studentenzeit verbunden ist, heimführen, eine Frau, die ihn im Innersten versteht. In den Nöten seiner Gemeinde lernte er das Beten im Kämmerlein.

Er sagte in einer Predigt über Daniel 6 im Jahre 1936:

Das Gebet macht aus Menschen Männer, die sich beugen allein vor Gott, und den Gott bekennen vor der Welt. Das Gebet ist die Kraft Gottes für den Lebens- und Glaubenskampf.

Er ist ein treuer Seelsorger der Kran-

auch streng in der Erziehung seiner Kinder. Bei der sonnig fröhlichen Mutter, die ihren Kindern eine frohe Kindheit zu bereiten verstand, hatte sich nach der Todgeburt ihrer beiden ersten Kinder ein unheilbares Gichtleiden eingestellt, das sie mehr und mehr an den Stuhl fesselte. Trotzdem war sie getrost und froh und sangesfreudig, eine Heldin. Im Sommer 1914 starb die Mutter. Die treue Pfarrmagd Sophie versorgte ihr Leben lang die Pfarrersbuben. Sie saß hochgeschätzt bis in ihr hohes Alter an Pauls Tisch.

Seine innere Entwicklung

Noch als Achtundzwanzigjähriger litt er unter einer Lüge, mit der er als Knabe seinen Vater angelogen hatte, um einer Strafe zu entgehen. »Mit der Lüge vor dem irdischen Vater begann auch die Lüge vor dem himmlischen, den ich nun nicht finden kann.« (Aus einem Brief vom Jahre 1925).

Sein Konfirmationsspruch Joh. 18,37: »Wer aus der Wahrheit ist, der hört meine Stimme« leitete ihn. So rang er sich aus Bibelkritik und radikalem Liberalismus zum Glauben an den Sohn Gottes hindurch. Er studierte in Gießen, Marburg und Tübingen. Die Ethik Karl Heims erweckte in ihm ein tiefes Sehnen nach Gott. 1921 zerschnitt er das Band, das ihn in der Verbindung seines Vaters, im Wingolf, gehalten hatte, da er Kommentformen und Institutionsformen, vor allem den Trinkkomment, ablehnte.

ken. Eine junge Frau sagte vor ihrem Sterben: »Eine selige Sterbestunde wiegt das ganze Leben auf! Das hat mich Pfarrer Schneider gelehrt.«

Er machte in einem Fall schwerer Seelsorge geradezu Blumhardtsche Erfahrungen. Der Hitlerbewegung gegenüber war er sehr zurückhaltend. Allmählich faßte er Vertrauen zu dem sozialen Wollen Hitlers. Er ließ sich sogar von den deutschen Christen zum Anschluß an ihre Sache bewegen, weil er hoffte, wenigstens an dieser einen Stelle mit gutem Gewissen mitmachen zu können, trat aber bald wieder aus und bekannte das offen vor seiner Gemeinde. Von nun an führte er den Kampf für den Glauben in Einfalt und Lauterkeit ohne Rücksicht und ohne Menschenfurcht.

Sein Kampf für die Kirche

Er protestierte auf der Kanzel gegen den Röhmschen Aufruf wider das Muckertum. Das Konsistorium beurlaubte ihn, um ihn gegen eine Verhaftung zu schützen. Er wurde vor den Bischof Oberheid, einen Deutschen-Christen-Bischof, vorgeladen und ließ sich bestimmen, den Protest zurückzunehmen. So ließen die Stützpunktleiter ihn wieder predigen.

Er schrieb in einem Brief vom 29. Januar 1934:

Ich glaube nicht, daß unsere evangelische Kirche um eine Auseinandersetzung mit dem NS-Staat herumkommen wird, daß es nicht einmal gelingen wird, sie noch länger hinauszuschieben, bei allem schuldigen christlichen Gehorsam.

Da sein Kirchengemeinderat Paul Schneider wegen seines schriftgemäßen Verständnisses der Abendmahlsfeier und wegen der ernstzunehmenden Beichtfrage beim Konsistorium verklagt hatte, war das Konsistorium nicht gut auf ihn zu sprechen. Gleichzeitig war eine Äußerung Schneiders gegen den Goebbels'schen »Moralinaufsatz« bekannt geworden, und der Landrat verlangte seine Beurlaubung. Ende Januar 1934 hatte er auf der Kanzel die Notbunderklärung gegen den Reichsbischof verlesen. So erhielt er am 19. Februar das amtliche Schreiben von seiner Versetzung nach Dickenschied im Hunsrück. Bis Ende April war ihm kein Dienst mehr gestattet. Da die Gemeinde es nicht wagte, für ihn einzutreten, nahm er die Versetzung an. In Frieden und

Freundlichkeit schied er von der Gemeinde, die ihm jetzt ihre Dankbarkeit bezeugte.

Dickenschied war eine Gemeinde reformierten Gepräges mit ernster Kirchenzucht. Gelegentlich einer Beerdigung, als sich Paul Schneider gegen die Ansprache des Kreisleiters, der den Verstorbenen in den Sturm Horst Wessels versetzte, verwahrte, kam es zu einem Zusammenstoß. Schneider wurde in Schutzhaft genommen, aber auf die Eingabe, die fast alle Gemeindeglieder unterschrieben hatten, wieder freigelassen.

Daß in dem totalitärem System antichristlichen Charakters Paul Schneider in seiner unbestechlichen Wahrheitsliebe und in seinem männlichen Mut, der keine Furcht kannte, wenn es um die Wahrheit ging, und der sich mehr fürchtete, aus Menschenrücksicht der Wahrheit ungehorsam zu werden, immer von neuem auffiel und Schwierigkeiten bekam, ist begreiflich. Im Winter 1935/36 waren es nicht weniger als zwölf Vorladungen vor das Bürgermeisteramt.

Zur Wahl im Jahre 1936, die keine Wahl war, weil sie keine Möglichkeit für ein Nein offen ließ, verfaßte er eine Erklärung an seine Gemeinde, in der er die erzwungene Anteilnahme der Kirche an der Reichstagswahl durch Fahnenzeigen und Glockenläuten vor dem Mißverständnis einer Segensanwünschung der Kirche schützen will. Er sagt darin:

Diese Segensanwünschung kann die Kirche dem Staat im Augenblick nicht geben. Mit dieser Reichstagswahl ist offenbar nicht nur verbunden, daß wir dem Führer unsere Stimme geben und die Außenpolitik des Führers billigen, sondern auch, daß wir die das ganze Schicksal der Nation zutiefst berührende Weltanschauungspolitik des Nationalsozialismus billigen, die sich immer mehr offenbar werdendem Gegensatz zum biblischen Christentum setzt. Deutschlands Schicksal entscheidet sich nicht an den Truppen am Rhein, sondern an der Stellung des Deutschen Volkes zum Wort Gottes. Darum ist die Weltanschauungsfrage ungleich wichtiger als jede andere. Bis zum heutigen Tage aber ist dem Worte Gottes und dem bekenntniskirchlichen Leben die freie Entfaltung unter allen deutschen Volksgenossen immer mehr verwehrt worden. Vielmehr ist das deutsche Volk und seine Jugend einer immer offensichtlicheren Entfremdung von der Kirche Christi und von der Lehre der Heiligen Schrift und damit dem Abfall und der Empörung gegen Gott entgegengeführt worden . . . Die Kirche ist es schuldig, dem Führer und der Regierung die göttliche Warnung und Gottes Gericht anzusagen,

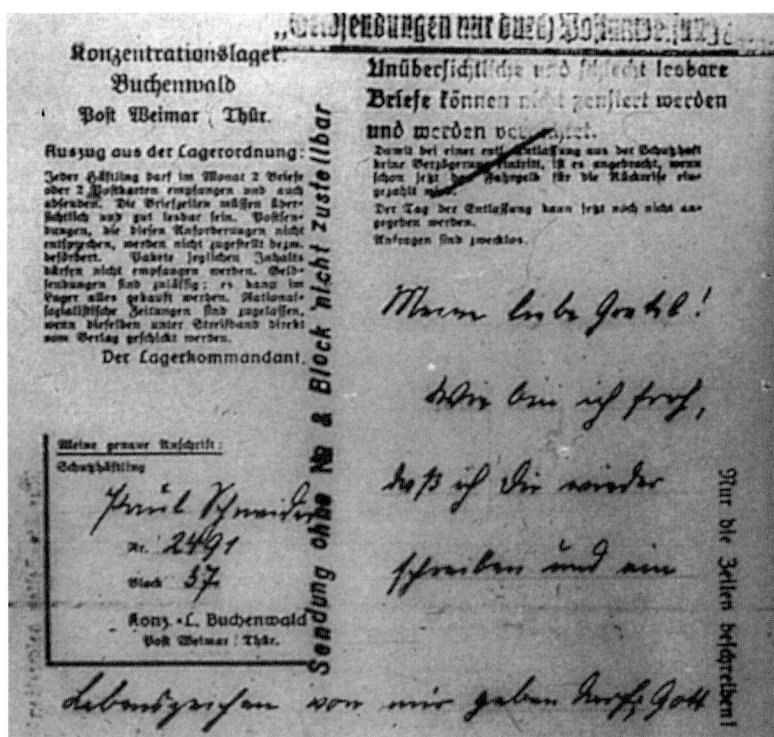

Brief Paul Schneiders aus dem KZ Buchenwald an seine Frau (1939)

wenn von der Politik der Entchristlichung und Entkonfessionalisierung des öffentlichen Volkslebens nicht Abstand genommen wird. Du aber, liebe evangelische Gemeinde, werde wach und verteidige mannhaft deine heiligsten Glaubensgüter, bezeuge die Ehre und Majestät des lebendigen Gottes, des Vaters unseres Herrn Jesu Christi gegenüber den Herrgöttern und Abgöttern dieser vergehenden Welt.

Inzwischen nimmt das Presbyterium zwei Lehrer und einen Parteimann, die Unterschriften für die Deutschen Christen Thüringer Richtung sammeln und ihre Kinder vom Gottesdienst zurückhalten, in öffentlicher Mitteilung an die Gemeinde im Gottesdienst in Bußzucht (Ausschluß vom Heiligen Abendmahl und von den Rechten der Kirche). Zwei Unfälle mit dem Motorrad – er ist nachts unterwegs, um in den Gemeinden Vorträge zu halten zur Vorbereitung der Kirchenwahl – halten ihn einige Zeit im Krankenhaus fest. Das gebrochene Bein hat er noch in Gips, als er wieder predigt. Seine letzte reguläre Predigt am Sonntag Estomihi 1937 beschließt er mit den Worten:

Der Herr, der uns vorangeht im Kreuz, der wird auch uns stärken und erhalten vor dem

Bösen. Er wird unser Leben, wenn wir es hier verlieren, erhalten zum ewigen Leben. Er wird uns seine Herrlichkeit sehen lassen hier und dort.

Am 31. Mai 1937 wird er auf seinem Studierzimmer von einem Gestapobeamten verhaftet. In der Zeitung stand: Pfarrer Schneider aus Dickenschied wurde durch die Geheime Staatspolizei in Schutzhaft genommen, weil er in unverantwortlicher Weise von der Kanzel herab gegen einen Bauern zum Boykott aufgefordert hat.

Das Martyrium

Am 25. Juli wurde er aus der Haft entlassen, nach Hessen-Nassau gebracht und dort auf freien Fuß gesetzt. Man händigt ihm den Ausweisungsbefehl aus. Er aber fährt sofort nach Hause und predigt in beiden Gemeinden. Sein Freund Langensiepen, der einen weiten Weg gefahren war, um ihn zu treffen, überredet ihn, nach Baden-Baden zu gehen, um sein Bein auszukurieren. Vier Wochen sind ihm dort vergönnt. Dann ist er noch einmal vier Wochen in Hessen, um einen Freund, der in Urlaub war, zu vertreten. Im September rufen ihn die Presbyterien seiner beiden Gemeinden nach Hause. Er wartet noch eine Entscheidung des Rheinischen Bruderrats der Bekennenden Kirche ab, die aber keine allgemeingültige Weisung gibt, sondern den einzelnen Gewissen die Entscheidung überläßt. Paul Schneider kehrt in seine Gemeinden zurück, hält die Erntedankfestpredigt und wird am Abend dieses Sonntags verhaftet und zuerst in den Gewahrsam nach Kirchberg und dann in das Gefängnis nach Koblenz gebracht. Das Schwere an dieser Haft ist, daß Paul Schneider weiß, in dem Augenblick, da er den Ausweisungsbefehl anerkennt, ist er frei. Und doch kann er das nicht, da er in seinem Gewissen an sein Hirtenamt gebunden ist. Ende November 1937 kommt er ins Konzentrationslager Buchenwald. Er lebt dort innerlich ganz vom Glauben her und zu der Liebe hin.

Aus einem Brief vom 29.11.1937:
Wir wollen uns in diesem Jahr umso mehr die tiefinnerliche Weihnachts- und Adventsfreude, die unabhängig ist von den äußeren Umständen, erbitten.

Mithäftlinge bezeugen:
Paul Schneider war ein großes Vorbild tagaus, tagein. Sprach Mut zu und half in unvergleichlicher Kameradschaft. Keiner, auch der fanatischste Gottlose, ließ etwas auf ihn kommen.

Ein anderer schreibt:
Schneider hat seinen Beruf als Pfarrer den anderen Häftlingen gegenüber nie verleugnet. Er versuchte, durch christlichen Zuspruch, Mahnung, Bitte, tätige Mithilfe seine Mitgefangenen für Christus zu gewinnen.

Aus dem Glauben heraus und um der Wahrhaftigkeit willen ging er auf keinen Kompromiß ein, der das unwahre und lieblose System verschleiert hätte. Er grußte nicht die Fahne, um sich nicht des Götzendienstes schuldig zu machen. Um der Wahrhaftigkeit willen strafte er mit Worten die heimlichen Schandtaten der Mordmenschen, um der Liebe willen rief er Gottes Wort über den Appellplatz und betete laut für die verzweifelten Menschen im Arresthaus. Und er hat um der Wahrheit und der Liebe willen Unsägliches gelitten. Sein Zeugnis brachte ihm das tägliche Martyrium bis zum letzten Atemzug. Er war die Stimme der Kirche, die sich nicht zum Schweigen bringen ließ. Mit seinem Zeugnis hat er der Christenheit, die viel-leicht bald in antichristliche Verfolgungszeiten hineingehen muß, den Dienst eines Vorbeters und Vorbildes getan.

Berichte seiner Kameraden aus dem KZ

Notar A. Leikam:
Im Frühjahr 1938 war es beim Ausmarsch der Arbeitskommandos aus dem Lager noch üblich, daß die SS-Fahne durch Abnehmen der Mütze beim Vorbeimarsch von den Häftlingen gegrüßt werden mußte. Paul Schneider verweigerte den Gruß, weil er ihn für Götzendienst hielt. Als erstes bekam er 25 Stockhiebe und wurde dann in Dunkelarrest gesperrt, in dem er bis zu seinemTode verblieb. Er nannte die Teufel bei Namen: »Mörder, Ehebrecher, Ungerechte, Scheusale.« Durch dieses Bekenntnis, dem er immer wieder die Gnade Christi gegenüberstellte und zur Buße rief, wurde Schneider abwechselnd schweren körperlichen Martern, Demütigungen und Ängsten ausgesetzt. Die körperlichen Martern bestanden in schweren Schlägen, Aufhängen am Fensterkreuz an den nach rückwärts gedrehten Armen frei oberhalb des Bodens, Essensentzug, abgedunkelte Zelle ohne Schlafmöglichkeit, in Angst- und Leidensschreien aus den nebenliegenden Zellen . . . Schneider war unermüdlich, den anderen Häftlingen immer wieder Worte der Schrift zuzurufen, vor allem morgens und abends beim Zählappell, so einmal: Im Namen Jesu Christi bezeuge ich den Mord an den Häftlingen . . ., worauf ein weiteres Bekenntnis durch Schläge erstickt wurde . . . Die schlimmste Zeit für Schneider dürfte der Frühsommer 1939 gewesen sein. Während dieser Tage war er in halber Höhe an den nach rückwärts gezerrten Händen gefesselt, so daß er immer in halbgebückter Stellung bleiben mußte. Das Andenken an Schneider war bei allen Häftlingen ehrerbietig und des Lobes voll.

Karl Trzmiel berichtet in einem Brief vom 22.3.48:
In dem Bunker, in dem sich die Dunkelarrestzellen befanden, lernte ich Pfarrer Schneider kennen. Jeden Morgen hielt er für uns Häftlinge die Morgenandacht, wofür er stets Schläge und Mißhandlungen durch die Scharführer Sommer und Pleisner einstecken mußte. Er bekam täglich nur eine halbe Ration zu essen.

Präses Wilm berichtet von einem Gefangenen, der es ihm erzählte:
Ich stand auf dem Appellplatz grenzenlos allein, ohne Glauben, entschlossen, in der nächsten Nacht in den elektrischen Draht zu gehen und Schluß zu machen. Da hörte man an diesem Ort des Grauens eine laute, klare Stimme über den Platz der zwanzigtausend Gefangenen schallen. Diese Stimme rief aus einem Fenster der Bunkerzelle heraus: Jesus Christus spricht: »Ich bin das Licht der Welt, wer mir wird nachfolgen, der wird nicht wandeln in der Finsternis, sondern wird das Licht des Lebens haben.« Das war die Stimme des rheinischen Pastors Schneider. Er hat mich durch diesen Ruf gerettet.

Denkmal zur Erinnerung an Paul Schneider in der Nationalen Mahn- und Gedenkstätte Buchenwald

Der österreichische Geistliche Leonhard Steinwender berichtet:

Trotz Hungersnot verweigerte er Freitag, dem Todestag des Herrn, jede Nahrungsaufnahme. Am Ostersonntag hörten wir plötzlich die mächtigen Worte: »So spricht der Herr: Ich bin die Auferstehung und das Leben!«

Walter Poller, der Häftling und Arztschreiber:

Im Sommer 1939 bekam ich Paul Schneider zum ersten Mal zu Gesicht. Welch ein Anblick: Das große, edle fahlgelbe Gesicht mit den hellen offenen Augen leidzerfurcht, und doch voll jener Verklärung . . . Der Körper abgemagert zum Skelett, die Arme unförmig geschwollen, an den Handgelenken blaurote, grüne und blutige Einschnürungen und die Beine – es waren keine Menschenbeine mehr – es waren Elephantenbeine – Wasser!

Paul begegnet einem Koblenzer Kameraden und sagt:

Ich habe dicke Füße und auch schon Herzwasser. Es ist keine Stelle an mir, die nicht blau geschlagen wäre. Man hat mir Spritzen gegeben. Seit der zweiten Spritze ist das Herz furchtbar unruhig. Ich werde wohl nicht mehr lange leben. Ich will dich zum Abschied segnen und auch für dich beten, daß du auf den rechten Weg kommst.

Seine Frau schreibt: Über den Tod Pauls sind wir uns soweit klar, daß er durch den Lagerarzt vorsätzlich durch eine überdosierte Strophantinspritze und darauffolgende intensive Lichtbestrahlung herbeigeführt wurde, wie W. Poller in seinem Buch »Arztschreiber in Buchenwald« berichtet.

Am 18. Juli 1939 bekam seine Frau die telegraphische Nachricht von seinem Tod. Sie durfte den in einer Baracke aufgebahrten Toten kurz sehen und bekam die Überführung nach Dickenschied erlaubt. Der Sarg war siebenfach versiegelt. Die Gemeinde hatte in freiwilliger Arbeit einen großen Platz unter dem großen Holzkreuz von Hecken und Steinen gesäubert. Nach kurzer Aufbahrung in der Kirche trugen ihn seine Presbyter zu Grab. Es war am 21. Juli 1939. Eine große Gemeinde von nah und fern – fast alle Landeskirchen waren in Abordnungen der Bekennenden Kirche vertreten – gab ihm das Geleit.

Seine letzten Briefe ließen das Leiden, das er durchmachte, nicht von weitem ahnen. Liebevoll gehen sie nur auf die von zu Hause empfangenen Briefe ein. Er wollte seiner tapferen Gefährtin keine Sorgen machen. Er hat auch da überwunden!

ALPHABETISCHES NAMENSVERZEICHNIS

Abälard	85
Albertus Magnus	87
Ambrosius	30
Andreä, Jakob	230
Andreä, Johann Valentin	235
Anselm von Canterbury	84
Ansgar	62
Antonius	18
Argula von Grumbach	167
Arndt, Ernst Moritz	324
Arndt, Johannes	231
Arnold, Gottfried	247
Athanasius	16
Augustin	31
Bach, Johann Sebastian	252
Bädecker, Friedrich Wilhelm	427
Basilius der Große	26
Beck, Johann Tobias	483
Benedikt von Nursia	40
Bengel, Johann Albrecht	276
Bernhard von Clairvaux	71
Berthold von Regensburg	80
Beza, Theodor	151
Bezzel, Hermann von	388
Blarer, Ambrosius	147
Blarer, Margarete	168
Blumhardt, Christoph Friedrich	366
Blumhardt, Johann Christoph	357
Bodelschwingh d. Ä., Friedrich von	457
Bodelschwingh d. J., Friedrich von	462
Böhme, Jakob	201
Bonhoeffer, Dietrich	568
Bonifatius, Wynfrith	54
Bonifaz VIII.	96
Boos, Martin	300
Bost, Ami	371
Brenz, Johannes	146
Brockhaus, Carl	558
Bucer, Martin	144
Bugenhagen, Johann	141
Bullinger, Heinrich	148
Bunyan, John	211
Calixt, Georg	195
Calvin, Johannes	132
Canstein, Karl Hildebrand Freiherr von	244
Carey, William	310
Chlodovech/Chlodwig	48
Christlieb, Alfred	339
Claudius, Matthias	318
Clemens von Rom	4
Columba der Ältere	50
Columba der Jüngere	51
Comenius, Johan Amos	198
Cranmer, Thomas	138
Cremer, Hermann	487
Cromwell, Oliver	208
Cyprian	10
Cyrill	37
Dante Alighieri	94
David, Christian	260
Denck, Hans	179
Dober, Johann Leonhard	261
Dominicus von Caraloga	79
Dunant, Jean Henri	414
Duns Scotus	89
Dürer, Albrecht	225
Eckhart	90
Egede, Hans	265
Elisabeth von Thüringen	78
Empeytaz, Henry-Louis	371
Engels, Jakob Gerhard	338
Erasmus von Rotterdam	182
Ernst der Fromme	172
Falk, Johannes	430
Farel, Guillaume	155
Finney, Charles Grandison	417
Flattich, Johann Friedrich	286
Fleming, Paul	222
Fliedner, Theodor	432
Fox, George	210
Francke, August Hermann	241
Franz von Assisi	74
Franz von Sales	193
Freylinghausen, Johann Anastasius	248
Friedrich Barbarossa	69
Friedrich II.	69
Friedrich III., der Weise	169
Frommel, Emil	346
Fry, Elizabeth	468
Gebhardt, Ernst	564
Gellert, Christian Fürchtegott	267
Gerhard, Johann	233
Gerhardt, Paul	220
Goßner, Johann Evangelista	329
Gottschalk der Sachse	63
Grafe, Hermann Heinrich	555
Gregor der Große	41
Gregor VII.	68
Gregor von Nazianz	27
Grundtvig, Nikolai Fr. Severin	400
Grünewald, Matthias	223
Gustav II. Adolf von Schweden	171

Hahn, Michael 295
Hahn, Philipp Matthäus 291
Hahn, Traugott 566
Hamann, Johann Georg 269
Harms, Claus 326
Harms, Ludwig (Louis) 377
Hauge, Hans Nielsen 392
Händel, Georg Friedrich 254
Hebich, Samuel 510
Heermann, Johann 218
Heim, Karl 500
Heinrich I. 64
Heinrich IV. 66
Helianddichter 64
Henhöfer, Aloys 341
Herberger, Valerius 234
Herman, Nikolaus 217
Hieronymus 25
Hieronymus von Prag 107
Hiller, Philipp Friedrich 289
Hofacker, Ludwig 348
Hubmaier, Balthasar 176
Hus, Johannes 105

Ignatius 4
Ignatius von Loyola 190
Innozenz III. 70
Irenäus 7

Jännicke, Johann 328
Janow, Matthias von 104
Johann Friedrich der Beständige . 169
Johann Friedrich der Großmütige 170
Johannes Cassian 21
Johannes Chrysostomus 28
Jolberg, Julie Regine 471
Jonas, Justus 142
Jung-Stilling, Heinrich 316
Justinian 40

Kähler, Martin 491
Karl der Große 58
Keller, Samuel 523
Kepler, Johannes 228
Kierkegaard, Søren Aabye 396
Klopstock, Friedrich Gottlieb . . 266
Klot, Marion von 567
Knox, John 206
Kohlbrügge, Hermann Friedrich . 401
Konstantin 14
Krawielitzki, Theophil 542
Kremster, Johann Milicz von . . 103
Krüdener, Juliane von 466
Krummacher, Gottfried Daniel . 333
Kuyper, Abraham 405

Labadie, Jean de 202
Lasco, Johannes von 166

Lästadius, Lars Levi 395
Lavater, Johann Kaspar 271
Leo der Große 38
Livingstone, David 512
Löhe, Wilhelm 384
Lombardus, Petrus 87
Ludwig der Fromme 61
Luther, Martin 108

Martell, Karl 57
Martin von Tours 47
Melanchthon, Philipp 120
Menge, Hermann 503
Mez, Carl 435
Michaelis, Georg 535
Michelangelo Buonarotti 226
Modersohn, Ernst 545
Monod, Adolphe 412
Moody, Dwight Lyman 424
Moser, Johann Jakob 280
Mott, John Raleigh 537
Müller, Georg 446
Müntzer, Thomas 186

Neander, Joachim 249
Neff, Felix 372
Nestorius 37
Neumark, Georg 222
Nicolai, Philipp 219
Niklaus von der Flüe 81
Nommensen, Ludwig Ingwer . . 516
Norbert von Xanten 73

Oberlin, Johann Friedrich 297
Occam, Wilhelm 89
Oetinger, Friedrich Christoph . 283
Oncken, Johann Gerhard 552
Origenes 12
Otto der Große 65

Pachomius 19
Pascal, Blaise 204
Patricius/Patrick von Irland . . . 48
Penn, William 213
Pippin 57
Polykarp 5
Pückler, Eduard Graf 533

Ramabai, Pandita 525
Rambach, Johann Jakob 249
Rappard, Dora 548
Richter, Adrian Ludwig 506
Rinckart, Martin 222
Rothkirch, Eberhard von 530
Ruotsalainen, Paavo 393

Sachs, Hans 223
Savonarola, Girolamo 99

Schlatter, Adolf 494
Schneider, Paul 569
Schniewind, Julius 498
Schrenk, Elias 520
Schütz, Heinrich 251
Schwenckfeld von Ossig,
    Kaspar 185
Scriver, Christian 236
Seitz, Johannes 365
Siebel, Tillmann 336
Sieveking, Amalie 469
Simons, Menno 180
Singh, Sadhu Sundar 526
Söderblom, Nathan 409
Spangenberg, August Gottlieb . 263
Spener, Philipp Jakob 238
Speratus, Paul 217
Spittler, Christian Friedrich . . . 354
Spurgeon, Charles 419
Stark, Johann Friedrich 250
Stein, Heinrich Karl Friedrich
    vom 320
Steinbach, Erwin 95
Stockmayer, Otto 369
Stoecker, Adolf 451
Suso/Seuse, Heinrich 91

Tauler, Johannes 92
Taylor, Hudson 512
Tersteegen, Gerhard 274
Tertullian 9
Thadden, Elisabeth von 567
Tholuck, Friedrich August 481
Thomas von Aquino 87
Thomas von Kempen 93

Tiele-Winckler, Eva von 474
Trudel, Dorothea 361

Utschimura, Kanso 528

Viebahn, Georg von 562
Vilmar, August 380
Viret, Pierre 155
Volkening, Johann Heinrich . . . 334

Waldhausen, Konrad von 101
Waldus, Petrus 81
Warneck, Gustav 519
Weling, Anne von 551
Werner, Gustav 443
Wesley, Charles 303
Wesley, John 303
Whitefield, George 307
Wichern, Johann Hinrich 438
Wiclif/Wycliff, Johann 98
Widukind 60
Williams, George 421
Willibrord 54
Wolfram von Eschenbach 93
Woltersdorf, Ernst Gottlieb . . . 250
Wrede, Mathilde 479
Wulfila 45

Zell, Katharina 168
Zeller, Christian Heinrich 352
Zeller, Samuel 363
Ziegenbalg, Bartholomäus 245
Zinzendorf, Nikolaus Ludwig
    Graf von 256
Zwingli, Huldreich 126

BILDNACHWEIS

Balders, Günter (Hg.): Ein Herr, ein Glaube, eine Taufe, [3]1989   553

Balders, Günter: Theurer Bruder Oncken, [2]1984   552. 554

Bärenfänger, Manfred   176. 177. 178. 181. 182

Beyreuther, Erich: Der Weg der Evangelischen Allianz in Deutschland, 1969   482. 547 (2)

Beyreuther, Erich: Ludwig Hofacker, 1988   350. 351

Beyreuther, Erich: Nikolaus Ludwig von Zinzendorf in Selbstzeugnissen und Bilddokumenten, 1975   257. 258. 260. 263

Bildwerk zur Kirchengeschichte, Christophorus Verlag Freiburg i. Br., Fotos Helmuth Nils Loose, Nr. 266, 277   91. 93

Braun, Max: Adolf Stoecker, 1912   452. 453. 454. 456

Clowney, Paul und Tessa: Kirchen entdecken. Ein Bildführer durch 2000 Jahre Kirchenbau, [2]1991   57. 96. 129

Dankbar unterwegs – 100 Jahre Gnadauer Gemeinschaftsbewegung, 1988   534

Das Bildnis des evangelischen Menschen. Von Martin Luther bis zur Gegenwart, 1965   218. 219. 221. 223. 224. 226. 229. 234. 245. 246. 251. 255. 267. 268. 269. 272. 274. 277. 298. 324. 326. 330. 358. 401. 409. 439. 457. 475. 491. 517. 537

Das Große Bibellexikon, hg. von Helmut Burkhardt, Fritz Grünzweig †, Fritz Laubach, Gerhard Maier, Bd. 1, 1987, Bd. 2, 1988, Bd. 3, 1989   6 (2). 8. 39

Der Weg der Schweiz, hg. von Bächinger, Fisch und Kaiser, Bd. 1, 1968   83

Ein Act des Gewissens – Erinnerungen von Hermann Heinrich Grafe. Geschichte und Theologie der Freien evangelischen Gemeinden Bd. 1, 1988   557

. . . – Dokumente zur Frühgeschichte der Freien evangelischen Gemeinden. Geschichte und Theologie der Freien evangelischen Gemeinden Bd. 2, 1988   556

Einsteigen – Ankommen. Gemeindeunterricht 13–16, Schülerarbeitsbuch I. hg. von Dorothea Nowak, Gerhard Ullner, Klaus Fiedler, Ernst Bohnet, Siegfried Karg, Bodo Riedel, Hinrich Schmidt, Francois Traudisch, 1980   130. 175

Evangelisches Gemeindelexikon, hg. von Helmut Burkhardt, Erich Geldbach, Kurt Heimbucher   295. 318. 333. 342. 352. 363. 366. 370. 377. 380. 385. 389. 393. 412. 428. 430. 436. 443. 469. 470. 479. 488. 498. 503. 520. 523. 533. 543. 551. 555. 558. 562. 569

Fuhrmann, Horst: Von Petrus zu Johannes Paul II. Das Papsttum Gestalt und Gestalten, [2]1984   66. 68. 69. 70

Funke, Alex: Eva von Tiele-Winckler, 1981   476. 477

Gemeindelieder   220. 222. 249 (2). 250. 275. 290. 320. 565

Grundzüge der Geschichte, hg. von E. Kaier und J. Lehmann, Bd. 1 Von der Urgeschichte bis zum Ende der Karolingerzeit, 1966   60. 61

. . .Bd. 2: Von der Begründung des deutschen Reiches bis zum ausgehenden Absolutismus, 1966   67 (2). 69. 78. 94. 102 (2). 115. 116 (2). 119. 171

. . . Bd. 3: Von der bürgerlichen Revolution bis zur Gegenwart, 1969   321

Günther, Klaus   225

Hahn, Anny: Traugott Hahn, 1988   566

Hahn, Joachim, Mayer, Hans: Das Evangelische Stift in Tübingen. Geschichte und Gegenwart – Zwischen Weltgeist und Frömmigkeit, 1985   279

Hahn, Otto W.: Johann Heinrich Jung-Stilling, 1990   316. 317. 334. 349

Handbuch Die Geschichte des Christentums, 1979   9. 13 (2). 14 (2). 15 (2). 35. 36. 37. 85. 95. 97. 100. 103. 113. 114. 123 (2). 129. 152. 173. 174. 183. 208. 227. 228. 253. 254. 256. 398. 405 (niederländische Ausgabe). 426. 450

Hellmann, Manfred: Friedrich von Bodelschwingh d.J., Widerstand für das Kreuz Christi, 1988   463. 464

Irle, Lothar: Unser Siegerland, [4]1968   337

Jäckh, Werner: Blumhardt. Vater und Sohn und ihre Welt, 1977   356. 360

Klassiker der Theologie I. Von Irenäus bis Martin Luther, hg. von Heinrich Fries und Georg Kretschmar, 1981   28. 38. 89. 90

Köberle, Adolf: Karl Heim. Leben und Denken, 1979   500

Lexikon zur Weltmission hg. von Stephen Neill, Gerald H. Anderson, John Goodwin, Niels-Peter Moritzen und Ernst Schrupp, 1975   514. 519. 525

Lilje, Hanns: Luther, 1965   115

Meyers Enzyklopädisches Lexikon in 25 Bänden, 1971ff., Bde. 11.16   64. 535

Mit Bibel und Botschaft fing's an – 125 Jahre R. Brockhaus Verlag, 1978   559. 560. 561

Müller, Georg: Und der himmlische Vater ernährt sie doch, 1985   451

Mützenberg, G.: A L'écoute du Réveil, 1989   415. 416

Neuer, Werner: Adolf Schlatter, 1988   484. 495. 496. 497

Niedersächsisches Staatsarchiv Wolfenbüttel   91

Orthbandt, Eberhard, Teuffen, Dietrich Hans: Ein Kreuz und tausend Wege. die Geschichte des Christentums im Bild, 1962   58

Richter, Ludwig: Lebenserinnerungen eines deutsche Malers, (1870) 1982   506. 507. 509

Rogge, Joachim: Martin Luther. Sein Leben, seine Zeit, seine Wirkungen, 1982   121. 122. 141. 142. 144. 146. 148. 149. 151. 166. 170. 185. 187. 189. 231

Sauberzweig, Hans von: Er der Meister, wir die Brüder. Geschichte der Gnadauer Gemeinschaftsbewegung, 1959   531

Scharpff, Paulus: Geschichte der Evangelisation, 1964   422

Schmitt, Jakob: Die Gnade bricht durch, 1958   337

Schwäbischer Olymp und württembergische Pfarrerschmiede – 450 Jahre Evangelisches Stift Tübingen 1536–1986, Katalog zur Ausstellung von Wolfgang Schöllkopf, 1986   278

Smith, George: The Life of William Carey D.D. Shoemaker and Missionary, 1985   311

Spahr, Silvio 156. 157. 158. 159. 160 (2). 165. 194. 199. 203. 214. 215. 372. 373. 376

Spurgeon, Charles H.: Alles zur Ehre Gottes, 1984   420

Sticker, Anna: Theodor und Friederike Fliedner, 1989   432. 433. 434. 435

Stoecker, Adolf und Anna: Brautbriefe (hg. von Dietrich von Oertzen), 1913   453

Wegener, Günther S.: 6000 Jahre und ein Buch, 1985   45. 117 (2). 118. 125. 127

Wenn Gottes Liebe Kreise zieht – 150 Jahre Pilgermission St. Chrischona 1840–1990   549. 550

Wentorf, Rudolf: Paul Schneider, [2]1986   570. 572. 574

Weyer-Menkhoff, Michael: Friedrich Christoph Oetinger, 1990   281. 284. 285. 291

Woodbridge, John D.: Great Leaders of the Christian Church, 1988   1. 2. 3. 5. 7. 8. 9. 10. 11. 12. 17 (2). 18. 22. 23. 25. 26. 27. 29. 30. 32. 33. 40. 41. 42. 44. 49. 50 (2). 51. 52 (2). 53. 54. 55. 56 (2). 57. 59. 60. 71. 72. 74. 75. 76 (2). 77. 85. 86 (2). 87. 88. 93. 98 (2). 106 (2). 108. 109 (2). 111. 112. 113. 128. 132. 133. 135. 138. 139. 140. 169. 191. 193. 204. 206. 207. 211 (2). 212 (2). 213 (2). 239. 242. 304 (2). 305. 306. 308. 312. 397. 399. 418. 419. 420. 425. 447. 449. 468. 513